STRATEGIC MANAGEMENT

COMPETITIVENESS & GLOBALIZATION

12th Edition

Michael A. Hitt
R. Duane Ireland
Robert E. Hoskisson

글로벌 시대의 경쟁력 강화를 위한

전략경영

류용규 박태영 홍성진 김현정 박기찬 공역

CENGAGE Learning 한 경 사

Andover • Melbourne • Mexico City • Stamford, CT • Toronto • Hong Kong • New Delhi • Seoul • Singapore • Tokyo

CENGAGE Learning

Strategic Management: Concepts and Cases: Competitiveness and Globalization

12th Edition

Michael A. Hitt
R. Duane Ireland
Robert E. Hoskisson

Original edition © 2017 South Western, a part of Cengage Learning.
Strategic Management: Concepts and Cases: Competitiveness and Globalization, 12th Edition
by Michael A. Hitt, R. Duane Ireland and Robert E. Hoskisson
ISBN: 9781305502147

ISBN-13: 978-89-6844-138-7

Cengage Learning Korea Ltd.
14F, YTN Newsquare, 76 Sangamsan-ro,
Mapo-gu, Seoul, 03926, Korea
Tel: (82) 2 330 7000
Fax: (82) 2 330 7001

Cengage Learning is a leading provider of customized learning solutions with office locations around the globe, including Singapore, the United Kingdom, Australia, Mexico, Brazil, and Japan. Locate your local office at: **www.cengage.com/global**

Cengage Learning products are represented in Canada by Nelson Education, Ltd. For

product information, visit **www.cengageasia.com**

Printed in Korea
1 2 3 4 20 19 18 17

| 간단한 차례 |

| 차례 |

| 역자 머리말 |

전략 경영의 대가인 Hitt, Ireland, Hoskisson이 공저한 「Strategic Management」는 세계적으로 가장 많이 사용되는 전략 경영 교과서 중 하나로 손꼽힌다. 그동안 국내에도 전략 경영과 관련된 다양한 전문 서적과 번역서가 출간되었지만, 체계적인 이론과 실용적인 사례가 함께 요구되는 대학 교재로 활용하기에는 다소의 아쉬움이 있었다. 특히 「Strategic Management」 영문판이 12판까지 개정되어 오면서 글로벌 베스트셀러를 유지해온 데 비해 한글판으로 소개되지 않았던 아쉬움이 무엇보다 컸다. 그래서 한경사의 도움으로 5명의 경영학자에 의해 완성된 번역서 출간은 그만큼 더 큰 의미가 있다고 본다.

한글판 「글로벌 시대의 경쟁력 강화를 위한 전략 경영」은 전략 경영의 투입 요소–전략 수립–전략 실행 프로세스 관점에서 크게 3개의 '부'로 구성되어 있다. 그리고 각 부의 세부 주제는 이론과 실제 사례가 균형 있게 설명되어 기업의 실무자들과 경영학 전공 학생들의 전략 경영 입문서로 활용될 수 있도록 구성되었다. 번역서에는 1,200개 이상의 참고 문헌이 사용되었고 각 장별 미주로 처리되었다. 각 장의 주제에 맞춰 정리된 참고 문헌은 경영학을 전공하는 대학원생과 연구자에게 유용한 연구 자료로 활용될 수 있을 것이다.

최근 경쟁 환경과 관련한 가장 큰 특징은 글로벌 경쟁 환경과 기술적 변화에 따른 혁신이라 할 수 있다. 본 서는 역동적인 기업의 경영 환경의 변화를 내용 전반에 반영하여 전략 경영 프로세스와 관련한 개념을 충실히 설명하고 있다. 무엇보다도 개정판의 백미는 이들 경쟁 환경의 변화를 고려하여 기술한 각 장의 도입사례와 Mini Case, 그리고 전략 포커스라 할 수 있다. 이러한 사례는 알리바바, 구글, 아마존 등과 같이 최근 급부상하고 있는 IT 기업뿐만 아니라, 테슬라, 이케아, 슈퍼드라이, 월마트, 알디 같은 제조와 유통 분야의 선도 기업, 그리고 맥도날드, 스타벅스, 사우스웨스트 항공사 등 서비스 기업의 전략 경영 프로세스를 상세히 다루고 있다. 그리고 사례 기업들의 전략 경영 프로세스를 통한 경쟁 우위 창출 과정을 최신 자료를 활용해 구체적으로 설명하고 있다.

번역 과정에서 5명의 역자는 「Strategic Management」 원문이 가진 의미를 최대한 살리면서 독자가 이해하기 쉽게 번역하려고 노력했다. 하지만 번역은 또 하나의 창조 활동이라고 하듯이 부분적인 실수에서 자유로울 수는 없을 것이다. 혹시 발견될 수 있는 실수와 오류는 지속해서 수정해나가고자 한다.

마지막으로 역자 서문을 빌어 번역 과정에서 격려해 주신 동료 및 선후배 교수님들께 감사드린다. 교정에 많은 도움을 준 김지영 조교에게 감사의 말을 전한다. 그리고 번역 작업의 지연을 인내심을 가지고 기다려주신 한경사 이계남 사장님 이하 직원 여러분께도 깊은 감사의 말씀을 전하고자 한다.

2017년 2월 역자 일동

| 저자 머리말 |

본 서는 독자에게 최신 전략 경영 프로세스와 관련한 지식을 제공하기 위해 집필되었다. 이를 위해 개정된 12판은 독자에게 전략 경영의 제반 이론과 실무 분석을 상세히 설명하고 있다.

이전 11판의 개정을 통해 저자들은 독자에게 전략 경영과 관련한 이해를 돕기 위한 집필 노력을 해왔다. 방대한 분량의 연구 논문을 검토하였고 본 서에 전략 경영과 관련한 최신 내용을 담기 위해 심혈을 기울였다. 저자들은 다양하고 광범위하게 출판되고 있는 기존 경영학 서적과 경영 출판물도 참고했다(예: Wall Street Journal, Bloomberg BusinessWeek, Fortune, Financial Times, Fast Company, Forbes 등). 또한 최근 정보 전달 채널로 많이 활용되는 블로그와 같은 소셜 미디어의 자료들도 참고하였다. 다양한 정보 수집과 검토를 통해 저자들은 기업의 전략 경영 프로세스 사용과 관련한 사례들을 선별할 수 있었다. 본 서에서 다루고 있는 수백 개의 기업은 독자에게 익숙한, 비교적 잘 알려진 기업일 것이다. 하지만 본 서는 독자에게 잘 알려지지 않은 기업의 사례도 다루고 있다. 이번 개정판에서 저자들은 기업의 글로벌화를 설명하기 위해 전 세계 기업을 대상으로 사례를 선별하였다. 이 책은 최신 연구를 바탕으로 하여 독자가 기업의 전략 경영 방법, 기술, 개념 등과 관련한 내용을 쉽게 이해하여 학습 기회를 극대화할 수 있도록 작성되었다. 다음과 같은 12판의 주요 특징을 파악하면 학습에 도움이 될 것이다.

- 본 서는 현재 시중에 있는 책 중에서 전략 경영에 대해서 가장 포괄적이고 광범위한 지식을 전달하고 있다.
- 이 책에서 인용한 연구들은 전략 경영 분야에서 가장 고전적인 연구에서부터 최신의 연구를 아우르고 있다. 기존 문헌의 고전적 연구 결과는 전략 경영에 대해 기본적인 설명을 제공해준다. 수록된 최신 연구 결과는 현대 기업이 경쟁하고 있는 복잡하고 글로벌화된 사업 환경 속에서 어떻게 전략 경영을 효과적으로 활용해야 할지 설명해준다. 독자의 이해 증진을 위해 전략 경영 학자들에 의해 개발된 다양한 전략 경영 방법, 기술, 개념과 이러한 연구 결과의 실무적 활용과 관련한 방대한 최신 사례를 수록하고 있다. 예를 들어 이번 개정판을 위해 전략 경영 활용과 관련한 600개 이상의 기업을 조사하였다. 본 서는 다양한 종류의 조직에 대한 통찰력 있는 연구 결과와 실제 응용 사례와 관련해 시중의 다른 전략

| 저자 머리말 |

경영 도서보다 체계적으로 작성되었다고 자부한다. 예를 들어 애플, 아마존닷컴, 보잉, 스타벅스, 월마트, 월트 디즈니, GE, 델, 캠벨수프, 코카콜라, 구글, 타깃, 유나이티드 테크놀로지, 켈로그, 듀퐁, 메리어트, 홀푸드 등과 같은 미국의 기업들을 다루고 있다. 또한 소니, 알디, 혼다, 타타 컨설터시, 알리바바, 이케아, 레노버, 룩소티카, 삼성 등과 같은 해외 기업들도 다루고 있다. 이 책에서 언급된 사례 기업은 다른 제품과 서비스를 제공하는 다양한 산업 분야에 속해 있다.

- 전략 경영이란 무엇인가? 본 서는 이 질문과 관련한 논의를 위해 저명 학자들의 연구를 인용했다(예: Ron Adner, Rajshree Agarwal, Gautam Ahuja, Raffi Amit, Afica Arino, Jay Barney, Paul Beamish, Peter Buckley, Ming-Jer Chen, Russ Coff, Rich D'Aveni, Kathy Eisenhardt, Gerry George, Javier Gimeno, Luis Gomez-Mejia, Melissa Graebner, Ranjay Gulati, Don Hambrick, Connie Helfat, Amy Hillman, Tomas Hult, Dave Ketchen, Dovev Lavie, Michael Lennox, Yadong Luo, Shige Makino, Costas Markides, Danny Miller, Will Mitchell, Margie Prteraf, Michael Poter, Nandini Rajagopalan, Jeff Reuer, Joan Ricart, Alan Rugman, Richard Rumelt, David Sirmon, Ken Smith, Steve Tallman, David Teece, Michael Tushman, Magarethe Wiersema, Oliver Williamson, Mike Wright, Anthea Zhang, Ed Zajac 등). 그리고 전략 경영이 다양한 조직에서 어떻게 활용되는지 설명하기 위해서 유명한 경영인의 실무 사례도 활용했다(예: Mary Barra, Jack Ma, Reed Hastings, Howard Schultz, Johan Mackey, Yang Yuanqing, Angela Ahrendt, Marilyn Hewson, Jeff Immelt, Ellen Kullman, Elon Musk, Paul Pullman, Li Ka-Shing, Karen Patz 등).

본 서의 저자들은 전략 경영 분야에서 왕성한 연구 활동을 하고 있다. 저자들은 연구를 통해 전략 경영 문헌의 확장과 효과적인 전략 경영 방법, 기술, 기념들의 적용을 통한 조직의 성과 향상 방안과 관련한 독자의 이해 증진에 도움을 주고자 한다. 각 장의 주제와 관련된, 저자들의 그간 연구 결과는 다른 전략 경영 학자들의 연구 결과와 통합되어 있다. 이번 12판의 주요 개정사항은 다음과 같다.

- **새로운 도입사례와 전략 포커스.** 사례 기업 대다수는 북미 외 다른 지역에 본사를 두고 있는 기업이다. 각 장에서 다루고 있는 개별 기업의 특수 사례는 새로운 것들이거나 기존에 수록되었던 사례는 상당 부분 보완되었다. 이러한 사례들을 통해 자국 시장뿐 아니라

국제적인 경쟁에 참여하는 다양한 조직이 어떻게 전략 경영 프로세스를 활용하여 경쟁 우위와 성과를 달성하는지 설명하였다.

- **새로운 Mini Case 13개가 추가되었다.** 각 장에 수록된 Mini Case는 학생을 비롯한 여러 독자에게 전략 경영 프로세스를 적용하고 조직적 상황을 이해하고 분석적인 견해를 갖게 하는 데 도움을 준다. 학생들은 Mini Case를 그룹별 토론과 분석에 활용할 수 있다. 또한 Mini Case를 활용하여 수업 내 토의를 활성화시킬 수 있을 것이다. 각 Mini Case는 분석과 토론을 위한 토의 문제를 담고 있다.
- **1,200개 이상의 참고 문헌을 각 장의 마지막에 미주로 배치하였다.** 참고 문헌은 본 서에서 활용환 새로운 정보와 최신 경영 전략 개념 등을 뒷받침해준다.
- **새로운 내용이 다수의 장에 추가되었다.** 1장과 4장의 애플의 전략적 생태계, 3장의 지속 가능한 환경, 12장의 CEO 모니터링과 가족기업의 전략적 리더십, 4장과 14장에 수록된 개방형 혁신, 혁신 포트폴리오 관리 등이다.
- **새로운 정보도 추가되었다.** 이해관계자 집단(1장), 민족적 분포와 지리적 분포 등과 관련한 최신 인구통계학적 자료와 경제 환경(2장), 사모펀드의 파트너 전략(7장), 해외 투자의 정치적 위험도와 관련한 World Economic Forum Competitiveness Report의 정보(8장), 다양한 국가의 기업 구조와 관련한 최신 정보(10장), 현대 기업의 내부, 외부의 CEO 선택과 관련된 정보(12장) 등이다.
- **최신 연구 문헌과 실제 사례 간의 균형을 이루었다.** 이번 개정판에는 최신 연구 문헌뿐 아니라 전략 경영 개념의 응용과 관련한 광범위한 전 세계 실제 사례를 담았다. 이를 통해 독자는 조직의 비전과 사명을 달성하기 위해 활용되는 다양한 전략을 이해할 수 있을 것이다.
- **20개의 사례가 포함되었다.** 본 서에 수록된 최신 사례들은 북미에 본사를 둔 기업뿐 아니라 다른 지역에 본사를 둔 여러 조직의 전략 경영과 관련한 다양한 주제를 다루고 있다. 이러한 최신 사례는 독자에게 전략 경영 프로세스의 활용 방법을 제공하고 조직 환경에 대한 이해도를 제고시킬 것이다. 나아가 조직이 당면한 전략적 문제와 관련한 해결책을 사례를 통해 제공하고 있다.

Michael A. Hitt
R. Duane Ireland
Robert E. Hoskinsson

저자 소개

Michael Hitt 박사는 Texas A&M University의 석좌 명예교수이며 Texas Christian University의 석학 연구원이다. Hitt는 the University of Colorado에서 박사 학위를 받았다. 27권의 책을 편집했으며 다수의 논문을 국제 저명 학술지에 게재하였다. Hitt 교수의 논문은 최근 25년간 경영학 분야에서 가장 많이 인용된 Top10 논문 중 하나로 선정되었다. The Times Higher Education 2010은 Hitt 교수를 경제, 재무, 경영 분야의 최고학자 중 한 명으로 선정하였다. 최근 Academy of Management Perspectives에 출간된 논문은 학계와 산업계에 가장 영향력이 높은 Top2 논문으로 선정되었다. 그는 Academy of Management Journal의 편집장과 Strategic Management Journal의 공동 편집장을 역임한 바 있으며, 1996년과 1999년에 American Society of Competitiveness로부터 최우수 연구상을 받았다. Hitt는 Academy of Management, Strategic Management Society, Global Consortium of Entrepreneurship Centers로부터 펠로우십을 받았으며, 스페인 University Carlos iii de Madrid에서 명예 박사 학위를 받았다. 그는 Academy of Management와 Strategic Management Society의 President를 각각 역임하였으며, Academy of Management Journal의 명예의 전당에도 이름을 올렸다. 1999년 Academy of Management Executives, 2000년 Academy of Management Journal, 2006년 Journal of Management, 2012년 Family Business Review에 출간한 논문들은 최우수 논문상을 받았다. 이외에도 2001년 Academy of Management로부터 최우수 교육자상과 봉사상을, 2004년 Strategic Management Society로부터 최우수 논문상을, 2006년 Syracuse University로부터 Falcone 최우수 기업가 학자상을 받았다. 2014년과 2015년 Thomson Reuters사는 논문 피인용 횟수가 높은 학자와 영향력 있는 과학 지성인 중 한 명으로 Hitt 박사를 선정하였다.

R. Duane Ireland 박사는 Texas A&M University의 May Business School의 석좌교수이며, 동 경영대학원의 New Venture Leadership 프로그램의 석좌교수로 재직하고 있다. Ireland 박사는 전략 경영과 관련한 다양한 수준의 강의를 하고 있다. 25권의 책을 포함해 200편 이상의 연구 결과를 출간하였다. 그의 연구 주제는 다각화, 혁신, 기업가정 신, 비공식 경제 등이다. Ireland 교수는 Academy of Management Journal의 편집위원장을 역임했으며 12개 이상의 특별호를 편집하였다. Ireland 교수는 Academy of Management의 President를 역임하였고 Academy of Management, Strategic Management Society, Global Consortium of Entrepreneurship Centers로부터 펠로우십을 받았다. 1999년 American Society for Competitiveness로부터 최우수 지식공헌상을 받은 바 있다. 2005년 Syracuse University로부터 Falcone 최우수 기업가 정신 학자상을, 2004년 USASBE로부터 기업가 정신 학자상을, 2014년 Oklahoma State University로부터 Riata 최우수 기업가 정신 학자상을 받았다. 1999년 Academy of Management Executives, 2000년 Academy of Management Journal, 2010년 Journal of Applied Management and Entrepreneurship에서 최우수 논문상을 받았다. 2014년과 2015년 Thomson Reuters사는 논문 피인용 횟수가 높은 학자와 영향력 있는 과학 지성인 중 한 명으로 Ireland 박사를 선정하였다.

Robert E. Hoskisson 박사는 Rice University의 Jesse H. Hones Graduate School 전략 경영 석좌교수로 재직 중이다. 그는 the University of California-Irvine에서 박사 학위를 취득하였다. 기업 지배구조, 인수와 철수, 다각화, 기업 전략 등의 주제를 연구하고 있다. 기업과 국제 전략 경영, 협업 전략, 전략 컨설팅 등 과 관련한 강의를 하고 있다. 그는 사업 전략과 경쟁 우위와 관련한 26권의 책의 공동 저자로 참여했다. Hoskinsson 박사는 Strategic Management Journal(부편집장), Academy of Management Journal(컨설팅 편집장), Journal of International Business Studies(컨설팅 편집장), Journal of Management(부편집장), Organization Science의 편집위원으로 참여하고 있다. 그는 Strategic Management Journal, Academy of Management Journal, Academy of Management Review, Organization Science, Journal of Management, Academy of Management Perspective, Academy of Management Executive, Journal of Management Studies, Journal of International Business Studies, Journal of Business Venturing, Entrepreneurship Theory and Practice, California Management Review, Journal of World Business 등에 130편 이상의 논문을 출간하였다. 그는 Academy of Management로부터 펠로우십을 받으며, Academy of Management Journal의 명예의 전당에도 이름을 올렸다. Strategic Management Society로부터 펠로우십을 받았고 American Society of Competitiveness에서 상을 수상하였으며 Brigham Young University의 Marriott School of Management로부터 William G. Dyer 동문상을 받았다. Hoskinsson 교수는 3년 동안 Academy of Management의 운영위원으로 봉사하였고, 현재 Strategic Management Society의 President이다.

역자 소개

류용규 박사는 한국외국어대학교 경영대학 부교수로 재직 중이다. 영국 The University of Manchester에서 경영학 박사 학위 취득 후, The University of Hull의 Business School, The University of Manchester의 Manchester Business School 등에서 국제 경영 조교수로 근무하였다. 관심 연구 분야는 국제 전략적 제휴, 글로벌 전략, 다국적기업의 지식 이전, 제도와 지역/기업 혁신과 국제화 등이다. 이와 관련한 연구 결과는 Journal of International Business Studies, Global Strategy Journal, International Business Review, Long Range Planning, R&D Management, Industry and Innovation, International Marketing Review 등 국제 학술지에 논문으로 출간되었다. 2013년 British Academy of Management와 2016년 한국국제경영학회에서 최우수논문상을 수상한 바 있으며 Multinational Business Review, 국제경영연구 등 국내외 학술지의 편집위원으로 봉사하고 있다.

홍성진 박사는 영남대학교 상경대학의 국제경영 및 경영전략 담당 조교수로 재직 중이다. 미국 University of Texas at Dallas에서 전략 경영 전공으로 박사 학위 취득 후, 영국 Queen's University Belfast에서 조교수로 근무하였다. 관심 연구 분야는 기업의 해외 직접 투자를 통한 조직 학습, 신흥시장에서의 비시장 전략(nonmarket strategies), 기업 집단의 제휴 전략 등이다. 관련 연구 결과는 Journal of World Business, Asia Pacific Journal of Management, Canadian Journal of Administrative Sciences 등의 국제학술지에 출간되었다. 현재 전략경영연구, 국제경영연구, 무역학회지 등의 국내외 학술지 편집위원으로 봉사하고 있다.

박기찬 박사는 인하대학교 경영대학 교수로 재직 중이다. 프랑스 파리정치대학(IEP Paris) 및 HEC Paris Business School에서 경영학 박사 학위 취득 후, INSEAD(Fontainebleau) 연구원을 거쳐 인하대 경영대학장, 미래기획위원장, 대한항공 임원, 한국공항공사이사회 의장, 윤리경영학회장 등을 역임하였으며, 현재 한국연구재단(NRF) 전문위원, 산업정책연구원(IPS) 이사, 학교법인서울아카데미(aSSIST) 이사 및 지속경영학회장으로 활동하고 있다. 관심 연구 분야는 지식 경영, 전략적 제휴, 업적 평가, 항공 정책, 경영 혁신 등이다. 이와 관련한 연구 결과는 Journal of Business Research, African Journal of Business Management, International Review of Business Research Papers, Journal of US-China Public Administration 등 국제학술지에 논문으로 출간되었으며, 국제학술대회(GLOBELICS 2014, GIKA 2015)에서 최우수논문상(Best Paper Award)을 연속 수상하였다.

박태영 박사는 한양대학교 경영대학 조교수로 재직 중이다. 한국과학기술원(KAIST)에서 경영학 박사 학위를 취득 후 KPMG 컨설팅과 ㈜기술과 가치에서 경영 전략과 기술 정책 컨설팅 업무를 했으며, KIST 유럽 연구소에서 R&D 국제협력정책업무를 담당했다. 주 연구 분야는 개도국의 기술 추격, 기업의 기술 혁신 전략, Sectoral Innovation System, 복합제품시스템(CoPS) 혁신, 사용자 창업, 여성 창업 등이다. 한국 기업의 성공적인 기술 추격 및 기술 혁신 전략을 주제로 한 다수의 논문을 World Development, Industrial and Corporate Change, IEEE Transaction on Engineering Management, Development Policy Review, Asian Journal of Technology and Innovation 등의 국제학술지에 출간했다. 현재 기술경영경제학회의 이사 및 학술위원으로 봉사하고 있다.

김현정 박사는 인하대학교 경영대학 교수로 재직 중이다. 영국 University of London(LSE)에서 석사와 The University of Warwick에서 경영학 박사 학위를 취득하였다. 대통령자문 '사람입국일자리위원회' 민간전문위원, 인천시 지방재정 계획 심의위원을 지냈고, 고용노동부 적극적 고용개선조치 심의위원, 피터 드러커 소사이어티 이사로 활동하고 있다. 관심 연구 분야는 조직 변화, 조직 학습, 경영 혁신, 지식 경영, 리더십 등이다. 이와 관련한 연구 결과는 International Human Resource Management, Asian Journal of Technology Innovation, Government Information Quarterly 등 국제 학술지에 논문으로 출간되었다. 창조와 혁신 학술저널 부편집장, 국내외 학술지의 심사위원으로 봉사하고 있다.

STRATEGIC
MANAGEMENT
COMPETITIVENESS
& GLOBALIZATION

글로벌시대의
경쟁력강화를 위한
전략경영

1

전략 경영과 전략적 경쟁력

● 학습목표 ●

1-1 전략적 경쟁력, 전략, 경쟁 우위, 평균 이상의 수익, 전략 경영 프로세스를 정의한다.

1-2 경쟁 환경에 대해 설명하고 글로벌화와 기술적 변화에 대해 설명한다.

1-3 산업 조직 모델을 이용하여 기업이 어떻게 평균 이상의 수익을 달성하는지 설명한다.

1-4 자원 기반 모델을 이용하여 기업이 어떻게 평균 이상의 수익을 달성하는 설명한다.

1-5 비전과 사명에 대해 설명하고 이들의 가치에 대해 논의한다.

1-6 기업의 이해관계자들을 정의하고 이들이 조직에 미치는 영향에 대해 설명한다.

1-7 전략적 리더의 업무에 대해 설명한다.

1-8 전략 경영 프로세스를 설명한다.

알리바바: 중국의 온라인 기업이 세계로 나가다

중국은 세계에서 가장 많은 인터넷 사용자를 보유한 국가이다. 알리바바(Alibaba)는 중국에서 가장 규모가 큰 온라인 기업인데 알리바바 지분의 23%는 야후가 보유하고 있으며, 일본의 소프트뱅크(SoftBank)가 36%의 지분을 보유하고 있다. 2014년 알리바바는 뉴욕증권거래소에서 상장되었는데 기업 가치는 아마존과 이베이를 합한 것보다도 크다. 그리고 알리바바의 자본 규모는 월마트보다도 더 크다. 2012년 알리바바의 온라인 거래 규모는 중국 GDP의 2%를 넘어섰다. 2012년 월마트의 매출은 미국의 GDP의 0.03%에 불과했다. 알리바바의 등장으로 중국은 미국 다음으로 세계에서 두 번째로 큰 전자상거래 시장이 되었다. 중국의 고객은 알리바바의 티몰(Tmall)에서 제품을 구매한다. 티몰은 백화점이나 아마존과 유사한 알리바바의 고객 전용 쇼핑 사이트이다. 중국의 고객 시장은 방대하고 개발 진행 중이기 때문에, 아직까지 현재 중국 본토를 대표할만한 쇼핑몰이나 백화점 체인은 많지 않다. 알리바바의 출현으로 중국에서는 기존에 없었던 소비가 촉진되고 있으며 고객의 구매 습관까지 바꾸어 놓았다. 예를 들어 도심에서 떨어진 지방 소도시의 거주자들은 과거 지방에서 구매할 수 없었던 제품을 알리바바를 통해 구매할 수 있게 되었다.

알리바바는 타오바오(Taobao)라는 인터넷 사이트도 보유하고 있는데 이 사이트는 미국의 이베이와 견줄만하다. 알리바바는 타오바오에서 재고를 유지하면서 제품을 판매하는 것이 아니라, 제조업자나 재판매업자(reseller)와 같은 중간상이 온라인 비즈니스를 할 수 있도록 상거래 플랫폼을 제공한다. 대형 브랜드 제품들은 티몰을 더 선호하는데, 이는 알리바바가 자체 정책을 통해 불법 브랜드가 입점하지 못하도록 규제하기 때문이다. 예를 들어 프라다(Prada) 핸드백처럼 인기 있는 제품의 경우 티몰에서 판매 허가를 받기 전에 브랜드사로부터 인가를 받은 유통업자임을 증명해야만 한다. 타오바오는 중간 규모 소매상을 위한 상거래 사이트인데, 현재 다양한 제품군에 걸쳐 600만 판매업자가 등록되어 있다.

티몰과 타오바오를 보유한 알리바바는 외국의 소매상들에게 가장 쉽게 중국 시장으로 진출하는 통로가 되고 있다. 중국에서 온라인 시장의 규모는 오프라인 시장의 규모의 90%에 달한 반면, 2014년 미국에서는 약 24%에 그쳤다. 알리바바는 자사의 웹사이트들을 통해서 수많은 고객과 접촉할 수 있다는 장점 덕분에 외국의 소매상들에게 중국 시장에 진출하기에 가장 쉬운 통로가 된 것이다. 이로 인해 알리바바의 사이트들은 중국 제조업체들에게도 국내 매출을 늘릴 수 있는 기회도 제공하게 되었다. 예를 들어, 원래 베드배스앤비욘드(Bed Bath&Beyond)사에 가정용, 공업용 저울을 납품하던 웨잉어패러투스(Weighing Apparatus Group)는 2009년 타오바오에 입점했는데, 2014년 국내 매출의 약 20% 정도가 타오바오 온라인 거래를 통해 이루어졌다. 다시 말해 단순히 다른 기업의 제품을 제공해주는 단순 납품 사업에서 온라인으로 사업 영역을 확장할 수 있게 되었다.

알리페이(Alipay) 시스템을 통해서 알리바바는 애플과 함께 합작 회사를 준비하고 있다. 알리페이 시스템은 애플의 지불결제 시스템과 관련한 관리 서비스를 제공함으로써 중국에 있는 아이폰 사용자가 자신의 알리페이 계좌를 사용해 애플페이로 제품 구매를 가능하게 한다. 이러한 방법으로 알리바바의 모바일 온라인 전략은 더욱 발전되고 있다. 이를 통해 알리바바 사이트에서 제품을 찾아보고 구매하고 싶어하는 온라인상

Alibaba Drone.PNG

의 애플 아이폰 사용자에게 편리한 서비스를 제공한다.

미국 고객에게 기존의 판매된 중국산 제품의 회수와 금지 등과 관련한 제조물 책임 소송 때문에 불법 제품은 중국에서 중요한 전략적인 이슈가 될 수 있다. 알리바바는 미국고객안전위원회(United States Consumer Product Safety Commission)와 협력해 모조품이나 불법 브랜드 제품의 유통을 금지하거나 회수하는 등 미국 고객에게 신뢰도를 향상시키기 위해 노력하고 있다.

알리바바는 온라인 미디어 콘텐츠 사업과 비디오 스트리밍 서비스 사업도 시작을 했다. 2014년에는 차이나비전미디어(China Vision Media)를 인수했고, 「와호장룡(Crouching Tiger, Hidden Dragon)」이나 「깨어난 침묵(Breaking the Silence)」를 포함한 다양한 영화에 제작자나 공동 제작자로 참여했다. 아마존과 넷플릭스가 자체 미디어 콘텐츠를 제작하듯이 알리바바도 이러한 분야에 관심을 가지고 있다. 이 결과 텐센트(Tencent)와 바이두(Baidu)와 같은 다른 인터넷 서비스 제공자들과 중국 내 인터넷 커뮤니케이션과 방송 분야에서 경쟁하게 되었다. 이와 같은 알리바바의 전략은 중국 국내 시장뿐만 아니라 해외 시장에서도 성공할 수 있게 한 핵심 요인이다.

출처: D. Tsuruoka, 2015, Alibaba blocks sale of unsafe goods to U.S. shoppers, *Investor's Business Daily*, www.investorsbusinessdaily.com, Jan 13; S. Cendrowski, 2014, Alibaba's Maggie Wu and Lucy Peng: The dynamic duo behind the IPO, Fortune, www.fortune.com, September 17; R. Flannery, 2014, China media entrepreneur's fortune soars on Alibaba investment, Forbes, www.forbes.com, March 12; C. Larson, 2014, In China its meet me at Tmall, *Bloomberg Businessweek*, www.bloombergbusinessweek.com, September 11.

알리바바의 성공 사례는 중국 내에서 기업의 전략이 어떻게 거대한 개발도상국 온라인 시장에서 큰 영향력을 행사할 수 있도록 도와주었는지 보여준다. 알리바바는 글로벌한 성장을 도모하고 있으며 최근 2014년 뉴욕증시 기업 공개를 통해 브랜드 인지도를 높이고 있다. 이러한 전략적 접근을 통해 알리바바는 국제 온라인 시장에서 경쟁력을 강화하였다. 즉 알리바바는 전략적 경쟁력를 가지고 있다고 말할 수 있다. 적어도 중국 내에서 평균 이상의 수익(above average returns)을 낸 것은 확실하다. 하지만 알리바바는 모조품과 불법 제품을 판매했다는 점 때문에 많은 비판을 받았고, 미국소비자안전위원회와 협력을 통해 이러한 문제를 해결해 나가고 있다. 알리바바의 최고 경영진은 전략 경영 프로세스(그림 1-1)를 알리바바가 추구하는 전략적 우위와 평균 이상의 수익을 달성하기 위한 몰입과 의사결정, 사업 활동의 기본적인 개념으로 사용했다. 1장은 전략 경영 프로세스에 대해 소개하고 있으며 세부적인 각 프로세스는 본 서의 전반에서 다루고 있다.

전략적 경쟁력은 한 기업이 가치 창출 전략을 성공적으로 개발하고 실행함으로써 달성 가능하다.

전략은 핵심 역량을 활용하여 경쟁 우위를 달성하기 위해서 통합되고 조화롭게 결합된 몰입과 행동의 결정체이다.

전략적 경쟁력(strategic competitiveness)은 한 기업이 가치 창출 전략을 성공적으로 구체화해서 실행할 때 달성된다. **전략**(strategy)은 핵심 역량(core competencies)을 활용하고 경쟁 우위를 달성하기 위해 계획된 통합되고 조정된 몰입과 실행의 결정체이다. 전략을 결정할 때, 기업은 전략적 경쟁력을 달성하는 데 영향을 주는 여러 대안 중에서 선택을 하게 된다. 이러한 의미에서 볼 때 선택된 전략을 보면 그 기업이 무엇을 할 것인가뿐 아니라, 하지 않을 것인가도 알 수 있다.

도입사례의 알리바바는 중국 온라인 비즈니스에서 가장 성공적인 기업으로 시장에서 선도자 역할을 해왔고 이제는 국제적인 기업으로 도약하기 위해 준비 중이다. 하지만 성장의 과정에서 국내 환경의 변화를 포함한 급변하는 경영 환경에 대응해야 하며, 큰 변화도 시도해야 한다. 예를 들어 알리바바는 애플페이와 함께 중국 내의 수많은 아이폰 사용자에게 향상된 서비스를 제공하고 있다.

경쟁 우위는 한 기업이 고객에게 우수한 가치를 창출할 수 있는 전략의 실행을 통해 달성할 수 있다. 이러한 전략은 경쟁사가 복제와 모방이 어려워야 한다.

기업이 고객에게 더 우월한 가치를 제공하고 경쟁사들이 따라할 수 없거나 그러기에 너무 많은 비용을 수반하는 전략을 수행할 때 **경쟁 우위**(competitive advantage)를 가진다.[1] 어떤 조직의 경쟁자들이 그 조직의 전략을 복제하기를 멈추거나 실패한 결과로, 조직에게 하나 이상의 경쟁 우위가 주어질 때 그 조직은 자신의 전략을 확신하게 된다. 하지만 기업의 어떠한 경쟁 우위도 영원할 수는 없다.[2] 경쟁사가 한 기업의 가치 창출 전략의 이점을 따라 할 수 있는 능력을 얼마나 빨리 습득하는가는 그 기업이 경쟁 우위를 얼마나 지속할 수 있는지 결정짓는다.[3]

평균 이상의 수익이란 투자자가 비슷한 위험을 가진 다른 투자를 통해서 예상되는 수익보다 초과하는 수익이다.

위험은 특정 투자를 통한 투자자의 경제적인 손익에 대한 불확실성을 말한다.

평균 이상의 수익(above-average returns)이란 투자자가 비슷한 위험을 가진 다른 투자를 통해서 예상되는 수익보다 초과하는 수익이다. **위험**(risk)이란 특정한 투자를 통해 투자자의 경제적인 손익에 대한 불확실성을 의미한다. 성공적인 기업은 위험을 효율적으로 관리하는 방법을 터득한다.[4] 그리고 효율적인 위험 관리는 투자자들의 투자 결과에 대한 불확실성을 줄여준다.[5] 수익은 총자산순이익률(returns on assets), 자기자본이익률(returns on equity), 매출액순이익률(returns on sales)과 같은 회계적 수치로 측정한다. 수익은 월별 수익(기말 주식 가격에서 기초 주식 가격을 차감하고, 기초 주식 가격으로 나눈 뒤, 수익에서 차지하는 비율로 계산함)과 같은 주식수익률(stock market returns)로 측정할 수도 있다.[6] 규모가 작은 신규 벤처 기업은 전통적인 수익 평가 방법[7]보다는 성장 정도와 속도(예: 연간 매출)로 수익을 측정하기도 하는데 그 이유는 신규 벤

그림 1-1 전략 경영 프로세스

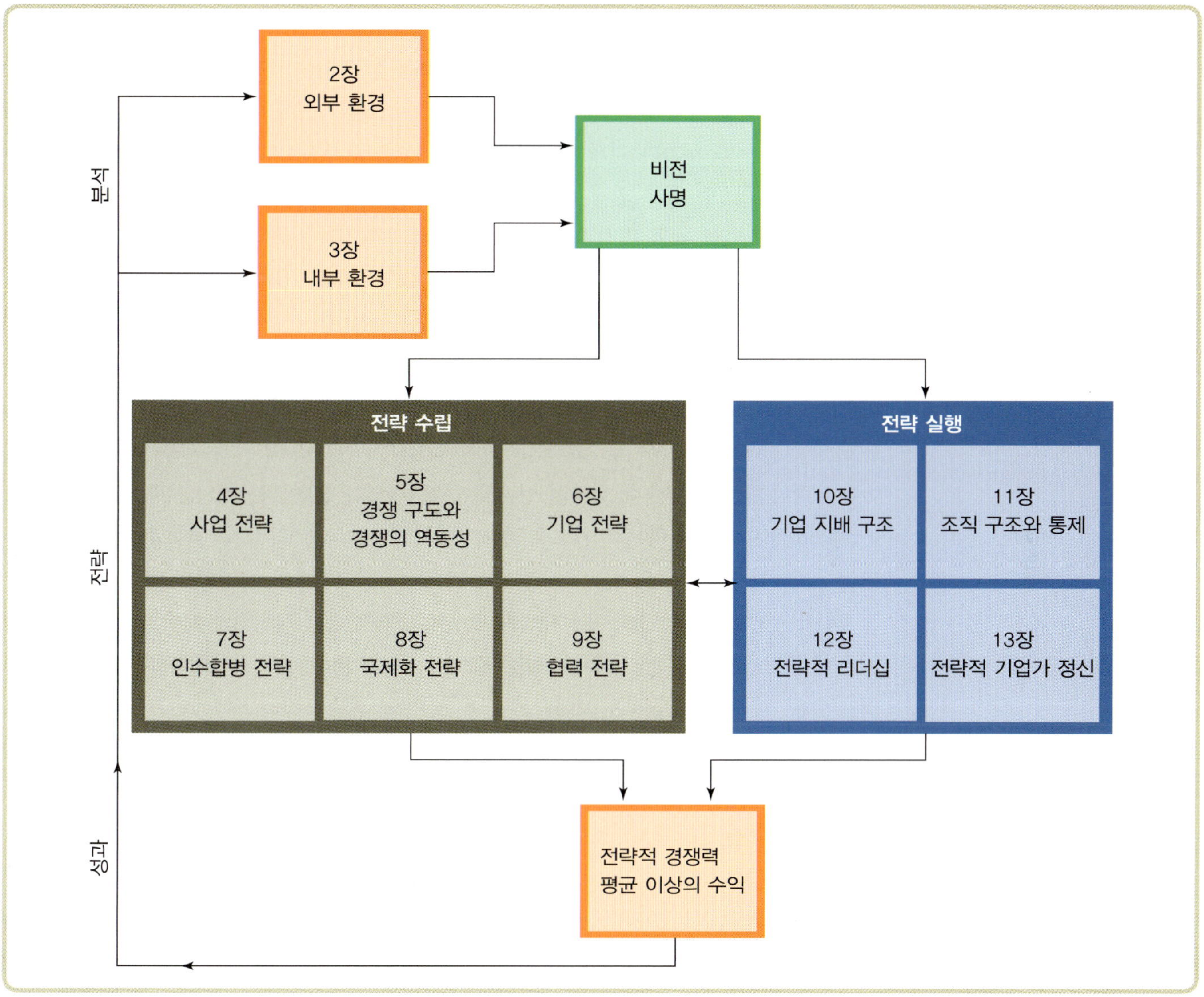

처 기업은 투자 대비 적정 수준의 수익(총자산수익률 등)을 달성하는 데 시간이 필요하기 때문이다.[8]

경쟁 우위를 활용할 방법을 숙지하는 것은 기업이 평균 이상 수익 달성에 있어 매우 중요하다.[9] 기업의 경쟁 우위가 존재하지 않거나 기업이 매력적인 시장에서 경쟁하지 않고 있다면 평균 수익밖에 올리지 못할 것이다. 여기서 **평균 수익**(average returns)이란 유사한 수준의 위험을 감안한 다른 투자를 통해 예상하는 수익을 의미한다. 단기적으로 평균 수익의 미달성은 기업의 쇠퇴를 의미하지만, 장기적으로 평균 수익을 달성하지 못하는 기업은 파산에 이를 수 있다.[10] 파산은 투자자들이 평균 이하 수익(less-than-average returns)을 일으키는 기업으로부터 투자를 회수하기 때문에 발생한다.

평균 수익은 유사한 수준의 위험도를 가진 다른 투자를 통해 예상하는 수익을 말한다.

위에서 언급한 바와 같이 영원한 성공을 보장하는 것이란 없기 때문에 사업을 잘 진행하는 기업도 성과에 대한 과신은 금물이다. 기업의 성과에 대한 과신은 기업을 위험으로 몰아간다는 연구 결과도 있다.[11] 시장에서 탁월한 수준의 성과를 달성하고 있는 애플도 예외일 수 없다. 기업은 시장에서 선두가 되기 위해서 끊임없이 노력을 경주해야만 한다.

전략 경영 프로세스란 한 기업이 전략적 경쟁력을 달성하고 평균 이상의 수익을 달성하기 위해 필요한 몰입, 의사결정, 실행의 총체이다.

전략 경영 프로세스(strategy management process)란 한 기업이 전략적 경쟁력을 달성하고 평균 이상의 수익을 달성하기 위해 필요한 몰입, 의사결정과 실행의 총체이다(그림 1-1).[12] 프로세스는 분석, 전략, 성과와 깊게 관련되어있다(A-S-P 프로세스)(그림 1-1). 기업이 가장 처음 해야 하는 프로세스는 외부 환경과 내부 조직을 분석하고, 전략을 기본으로 하는 기업의 자원(resources), 역량(capabilities)과 핵심 역량(core competencies)을 결정하는 것이다. 알리바바는 이런 프로세스를 탁월하게 사용했기 때문에 지금까지 시장에서 주도적인 위치를 지켜왔다. 이러한 전략적인 모델은 전략의 구체화와 전략의 수행 과정을 포함한다.

외부와 내부 분석을 바탕으로, 기업은 비전(vision)과 사명(mission)을 발전시켜 하나 이상의 전략으로 구체화시킨다. 전략을 수행하기 위해서 기업은 전략적 경쟁력과 평균 이상 수익(성과)을 달성할 전략을 구체적으로 실행한다. 효율적 전략 방안은 주의 깊게 통합된 전략 구체화와 이행 노력이 함께 동반될 때 긍정적 성과를 얻을 수 있다. 또한 역동적인 전략 경영 프로세스는 변화무쌍한 시장과 경쟁적 구조가 계속 변화하는 기업의 전략적 투자와 함께 조화를 이루면서 유지되어야 한다.[13]

본 서는 기업이 전략 경영 프로세스를 활용해 전략적 경쟁력과 평균 이상의 수익을 달성하기 위해 무엇을 해야 하는지 상세히 설명하고 있다. 이를 위해 경쟁 시장에서 성공한 기업의 사례와 실패 기업의 사례를 모두 보여줄 것이다.[14] 글로벌 경쟁(global competition)은 전략 경영 프로세스의 중요한 부분이 되고 있으며 기업의 성과에도 큰 영향을 미친다.[15] 글로벌 시장에서 성공적으로 경쟁하는 방법을 이해하는 것은 현대 기업에게 가장 중요한 요소가 되었다.[16]

1장은 다양한 주제를 다루고 있다. 먼저, 경쟁 환경에 대해 상세히 기술하고 있다. 경쟁 환경 관련, 글로벌 경제의 등장, 이로 인한 세계화, 빠른 기술적 변화와 관련해 설명한다. 다음으로 기업이 효율적으로 전략을 선택하고 실행할 때 필요한 정보와 지식 수집과 관련한 두 가지 모델에 대해서 살펴본다. 이러한 모델들로부터 얻어진 통찰력은 기업의 비전과 사명을 개발하는 토대가 된다. 첫째, 산업 조직(industrial organization: I/O) 모델은 외부 요인을 전략의 주요 결정 요인으로 본다. 이 모델에 따르면 매력적인(수익성 있는) 산업군이나 특정 산업군 내에서 사업 분야를 먼저 선택한 후, 사업을 효과적으로 운영하는 것이 경쟁적 성공을 달성하는 핵심이라고 본다.[17] 둘째, 자원 기반(resource-based) 모델은 한 기업이 보유한 독특한 자원과 역량이 전략적 경쟁력과 밀접하게 연관되어 있다고 본다.[18] 따라서 첫 번째 모델에서는 주로 기업의 외부 환경을 고려하는 반면, 두 번째 모델은 기업의 내부 구조에 집중한다. 다음으로 비전과 사명, 그리고 전략의 선택과 활용에 영향을 미치는 기업의 방향 설정과 관련한 기술서(statements)에 대한 논의 후, 이해관계자(stakeholders)에 대해 자세히 살펴볼 것이다. 이해관계자의 니즈(needs)는 기업이 전략적 경쟁력을 달성하고 평균 이상 수익을 달성했을 때 충족된다. 마지막으로 리더와 전략 경영 프로세스의 요소에 대해 설명한다.

1-1 경쟁 환경

최근 전 세계의 다양한 산업 분야에서 경쟁의 본질이 변하고 있다. 세계적으로 금융 자본은 풍족해졌지만 시장은 점점 더 불안정해지고 있다.[19] 변화의 속도는 정말 빠르게 진행되고 있으며 산업 간 경계가 무너지고 있다. 컴퓨터 네트워크와 통신 기술의 발달이 엔터테인먼트 산업의 경계를 어떻게 허물고 있는지 살펴보자. 최근 엔터테인먼트 산업을 보면 케이블TV 회사나 위성네트워크 회사들이 TV뿐만 아니라, 광케이블 라인의 비약적인 발전에 힘입어 통신사업자도 이 산업에 뛰어들어 기존 사업자들과 경쟁하고 있다.[20] 과거 단순한 스트리밍 서비스를 제공하던 인터넷 사업자도 케이블, 위성네트워크TV, 통신사가 제공하는 프로그램과 경쟁하고 있다. "수년 내에 슬링TV(Sling TV)는 과거 통신사와 미디어 회사가 제공했던 콘텐츠를 제공하는 주요 사업자가 될 것이고 이러한 변화는 연간 1,700억 달러에 달하는 기존 TV 산업에 큰 위협이 될 것이다. 반면 아마존, 훌루(Hula), 넷플릭스와 같은 스트리밍 사업자들은 양질의 콘텐츠를 개발하기 위해 계속해서 노력할 것이다. 소니(Sony), CBS, HBO와 같은 기업은 인터넷 전용 가입 서비스를 시작하고 있다."[21] 넷플릭스와 아마존과 같은 스트리밍 콘텐츠 공급자들은 독자적인 콘텐츠도 개발하고 있다. 예를 들어 넷플릭스는 「House of Cards」, 「Orange Is the New Black」, 「Marco Polo」와 같은 시리즈를 제작하고 있다.[22] 넷플릭스와 다른 콘텐츠 공급자와 제작자들이 국제 시장으로 진입하는 것처럼 사례에서 소개한 알리바바도 엔터테인먼트 산업에도 진출하려 한다.

최근의 경쟁 환경 관련 두드러진 변화는 과거 기업들이 경쟁 우위 확보에 활용했던 규모의 경제(economies of scale)와 막대한 광고비 예산 집행과 같은 전통적인 자원이 기업의 평균 이상 수익 창출에 있어서 그리 효과적인 수단이 되지 못한다는 것이다(예: 소셜 미디어 광고). 전통적인 경영 사고 방식은 더 이상 기업이 전략적 경쟁력을 갖는 데 큰 도움이 되지 못한다. 경영자는 이제 시장의 변화에 대처하기 위해 유연성, 속도, 혁신, 통합, 도전 등과 같은 새로운 사고방식을 도입해야 한다.[23] 이러한 경쟁 환경의 변화는 기업의 사업 환경을 더욱 어렵게 만들고 있다. 경쟁의 글로벌화에 따라 기업은 막대한 글로벌 수준의 투자를 요구받게 되었으나, 글로벌 경쟁의 실패는 기업에게 돌이킬 수 없는 참혹한 결과를 가져다줄 수 있다.[24] 따라서 기업은 전략 경영 프로세스를 효과적으로 활용하여 치열한 경쟁 환경에서 사업 실패 가능성이 줄여야 한다.

초경쟁(hypercompetition)이란 예측이 어렵고 복잡한 경쟁 환경을 의미하는데 초경쟁적 환경은 기업에 불안전성(instability)을 야기하고 기업의 지속적인 급진적 변화를 요구한다.[25] 초경쟁은 혁신적인 글로벌 기업 간의 경쟁과 관련한 기업의 전략적 역동성의 결과물이기도 하다.[26] 초경쟁은 가격-품질 포지셔닝 기반의 경쟁, 새로운 노하우를 만들기 위한 경쟁, 선점자의 우위를 위한 경쟁, 이미 선점한 제품이나 시장을 보호하거나 빼앗기 위한 경쟁 등을 가속화시킨다.[27] 초경쟁적 시장에서 기업은 시장 내 입지를 구축하고 향상시켜 궁극적으로 성과 증대를 위해 매우 공격적으로 경쟁자에게 도전한다.[28]

초경쟁이란 예측이 어렵고 복잡한 경쟁 환경을 의미하는데 초경쟁적 환경은 기업에 불안정성을 야기하고 지속적인 급진적 변화를 요구한다.

무엇보다 글로벌 경제의 출현과 신기술의 개발과 급변하는 기술적 환경이 초경쟁적 환경을 조성하는 데 큰 영향을 끼쳤다.

1-1a 글로벌 경제

글로벌 경제는 재화, 서비스, 용역, 기술, 아이디어가 자유롭게 지리적인 국경을 넘나드는 것을 의미한다.

글로벌 경제(global economy)는 재화, 서비스, 용역, 기술, 아이디어가 자유롭게 지리적인 국경을 넘나드는 것을 의미한다. 이러한 재화나 서비스의 이동에 상대적으로 제한을 덜 받는 글로벌 경제의 규모는 점점 커지고 있고 이는 기업의 경쟁 환경을 복잡하게 만들고 있다.[29]

글로벌 경제의 출현은 기업에게 새로운 기회와 도전을 만들었다.[30] 예를 들어 유럽연합(European Union)은 유럽의 여러 국가로 구성되어 있지만, 유로(Euro)라는 단일 화폐를 사용하고 통합된 경제 주체로 세계 경제에 참여하고 있다. 유럽연합은 인구 7억이라는 커다란 잠재 고객을 가진 큰 시장이 되었다. "과거 중국은 일반적으로 저경쟁 시장이며 저가 제품을 생산하는 국가로 여겨졌다. 하지만 오늘날 중국은 극도로 경쟁적인 시장이 되었다. 중국에 진출한 수많은 시장 추구형(market-seeking) 다국적기업(multinational corporation)은 중국의 내수 시장 선점을 위해 서로 경쟁하고 있으며, 비용효율적 제품 개발에서 유리한 위치를 가지고 있는 중국의 기업들과도 치열하게 경쟁하고 있다. 중국은 과거 저가제품을 생산하는 세계의 공장으로 여겨졌으나, 최근 P&G(Procter and Gamble)과 같은 대형 다국적기업은 본사의 인력을 중국에 파견하기보다는 중국의 우수한 현지 인력을 해외 시장으로 파견하고 있다."[31] 중국은 일본을 뛰어 넘어 세계에서 두 번째로 큰 경제 대국이 되었다. 세계에서 가장 큰 민주국가인 인도의 경제 역시 빠르게 성장하고 있다. 인도는 전 세계에서 네 번째로 영토가 큰 국가이다.[32] 중국, 인도 등과 같은 개발도상국의 일부 기업은 국제 시장에 진출하여 해외 시장에서 사업을 운영하는 다국적기업이 되었다. 중국의 IT 장비 회사 화웨이(Huawei)는 개발도상국 다국적기업의 좋은 예로 미국 시장에도 진출하였다. 하지만 화웨이와 같은 개발도상국 다국적기업들에게 외국 시장 진입 장벽은 아직도 높다. 화웨이는 미국 기업들의 인수합병 시, 미국 정부로부터의 인허가 등과 관련한 어려움을 겪은 바 있다. 화웨이는 미국 시장에서 신뢰를 쌓아야 하고 미국 정부와 같은 이해관계자들과 우호적인 관계를 형성해야 한다.

글로벌 경제 환경은 초경쟁적 산업 환경을 반영하고 있으며 개별 기업이 경쟁하고 있는 시장을 혹독하게 평가하기도 한다. 일례로 GM(General Motors)의 경우 중국에서 354만 대의 자동차를 판매했지만 북미에서는 이보다 적은 340만 대의 자동차를 판매하는 데 그쳤다.[33] GM이 중국 시장에서 다른 경쟁사들과 치열하게 경쟁하고 있다는 것은 중국이 전 세계에서 가장 큰 자동차 시장이 되었음을 증명한다.

GE(General Electric)의 경우를 살펴보자. GE의 본사는 미국에 위치해 있지만 2015년 매출 성장의 60%는 중국이나 인도 같은 개발도상국에서 창출될 것으로 예상된다. 다국적기업의 경영진이 미국이나 유럽과 같은 선진국보다 개발도상국에서 높은 매출 성장을 기대하고 의사결정하는 것은 글로벌 경제 환경을 고려했을 때 합당하다. GE는 2010년에 괄목할만한 성장을 이루었는데, 주요인은 중국과 러시아에서 사회 기반 시설과 관련한 대형 프로젝트 계약을 수주했기 때문이다. GE의 CEO인 제프리 이멜트(Jeffrey Immelt)는 신경제 시대로 나아가야 한다고 주장한다. 그가 말하는 신경제 시대에서 글로벌 경제 환경은 더욱 변화무쌍해질 것이며 앞으로의 경제 성장은 브라질, 중국, 인도와 같은 개발도상국에 의해 창출될 것이라고 말한다.[34] 따라서 GE는 이러한 개발도상국 시장에 막대한 투자를 하고 있다. 물론 투자의 목적은 성장 잠재력이 큰 개발도상국 시장에서 수익을 창출하고, 시장에서 경쟁적 지위를 향상시키기 위함이다.

미디어 스트리밍 비디오 서비스를 제공하는 넷플릭스의 경우 미국 시장에서 저조한 성장을 보여왔다. 넷플릭스는 2014년 4분기에 미국 시장에서 190만 신규 가입자를 모집했는데 이 수치는 전년 동기 대비 230만 명이나 감소한 것이었다. 하지만 넷플릭스는 해외 시장에서 예상치를 훌쩍 상회하는 430만 명의 신규 가입자를 확보하였다. 이러한 해외 시장에서의 성공은 넷플릭스의 주가 16% 상승을 견인했다. 넷플릭스는 현실에 안주하지 않고 현재 50개 해외 진출국을 200개국으로 확대할 계획이다. 넷플릭스의 CEO 리드 헤이스팅스(Reed Hastings)는 캐나다, 북유럽과 남미 시장에 진출하여 새로운 스트리밍 서비스와 관련한 막대한 투자를 집행했고 높은 수준의 수익을 달성했다. 넷플릭스는 2015년 상반기에 호주와 뉴질랜드 시장 진출할 계획이며 중국 시장 진출도 염두에 두고 있다. 넷플릭스는 미국 외 해외 시장에서 243만 신규 가입자를 확보하게 되었는데, 이는 예상치인 215만 명을 넘어서는 수준이다. 국제화를 통해 「House of Cards」, 「Orange is the New Black」, 「Marco Polo」와 같은 자체 제작 시리즈의 시청자 수도 대폭 증가했다. 이는 넷플릭스가 자체 제작한 콘텐츠의 가격이 대형 제작사로부터 라이선스 형태로 공급받은 미디어 콘텐츠보다 저렴하므로 자사의 수익성에 크게 기여할 수 있음을 의미한다. 넷플릭스 채널에 등록된 프로그램이 증가하면서 고객은 이제 케이블TV와 위성TV를 멀리하게 되었다. 고객이 원하는 바를 적시에 제공할 수 있게 한 넷플릭스의 탁월한 기술력은 미국 내 시장에서 우위를 가지게 했을 뿐 아니라, 성공적인 해외 사업 확장을 가능케 했다(8장의 넷플릭스의 국제화 전략과 관련한 사례 참조).[35]

M4OS Photos / Alamy

해외 시장 진출과 함께 넷플릭스는 일반 TV뿐 아니라 다양한 미디어 기기에서 콘텐츠를 볼 수 있도록 기능을 확장했다.

글로벌화

글로벌화(globalization)는 국경을 넘어선 재화, 서비스, 금융 자본, 지식의 이동의 증가, 이로 인한 국가 간 경제적 상호 의존성 증대를 의미한다.[36] 글로벌화는 글로벌 경제 환경에 참여하고 경쟁하는 무수히 많은 기업이 만들어낸 산물이다. 글로벌화된 시장과 산업 환경 속에서 특정 국가에서 조달한 금융 자본은 다른 국가의 원자재를 구매하는 데 사용될 수 있다. 제3국가에서 구매한 생산 장비는 제품 생산에 활용되고, 이를 통해 생산된 제품은 또 다른 제4국가로 판매된다. 따라서 글로벌화는 오늘날 경쟁 환경 속에서 경쟁에 참여하는 기업들에게 많은 기회를 제공한다.[37]

기업 활동의 글로벌화를 추구하는 기업은 전략 경영 프로세스를 통해 국가 간 문화적 차이에 기인하는 문화적으로 민감한 사안에 대해 의사결정을 내려야 한다(예: 스타벅스의 유럽 진출). 고도로 글로벌화된 기업은 지리적인 국경뿐 아니라 국가 간 시장을 자유롭게 넘나드는 재화, 서비스, 인력의 이동과 관련한 기업 활동에 수반하는 복잡성을 고려해야만 한다.

글로벌화는 품질, 원가, 생산성, 제품 도입 시기, 운영 효율성과 같은 다양한 측면에서 기업의 고성과 기준을 요구한다. 또한 글로벌 경제에서 경쟁하는 기업들의 고성과 기준은 국내 기업들의 사업 활동에도 영향을 준다. 글로벌 기업의 제품과 서비스가 국내 기업보다 우수하기 때문에 고객은 글로벌 기업의 제품과 서비스를 선호한다. 글로벌 경제에서 인력의 이동은 자유롭고 인적자원은 경쟁 우위의 원천이 된다.[38] 따라서 관리자들은 서로 다른 사업 환경과 특징을 가진 각국의 시장에서 어떻게 효과적으로 사업 활동을 진행해야 할지 학습해야만 한다.[39] 기업은 21세기 경쟁 환경에 대처할 수 있어야 한다. 글로벌 스탠다드를 충족할 수 있는 역량 있는 기업만이 평균 이상의 수익을 달성할 수 있다.

글로벌화가 기업에 잠재적인 기회를 제공한다고 해서 위험으로부터 자유로운 것은 아니다. 글로벌 경제에서 기업이 국내 시장이 아닌 해외 시장에 참여할 때 나타나는 위험을 "외국인 비용(liabilities of foreignness)"이라 한다.[40] 글로벌 시장 진입을 고려하는 기업에 수반하는 위험은 새로운 시장에서 경쟁하는 방법을 배우는 데 소요되는 시간이다. 특히 현지 시장에서 (경쟁하는 방법과 관련한) 시장 지식을 개발하거나 본사의 지식이 진출 시장에 완전히 이전될 때까지 고전할 수도 있다.[41] 기업의 과도한 글로벌 확장은 성과 달성을 어렵게 만들 수도 있다. 예를 들어 기업은 사업 확장을 위해 보유한 역량을 초과하는 과도한 국제적 다각화를 추진할 수 있다.[42] 이 경우 과도한 다각화는 전반적인 기업 성과에 부정적인 영향을 미칠 수도 있다.

최근 글로벌 경제의 특징은 개발도상국의 영향력이 점차 증가하고 있다는 것이다. 주요 개발도상국으로 BRIC(브라질, 러시아, 인도, 중국)와 VISTA(베트남, 인도네시아, 남아프리카, 터키, 아르헨티나) 국가들이 있다. 이 외에 멕시코와 태국도 점점 더 중요한 시장이 되고 있다.[43] 개발도상국이 성장에 따라 이러한 대형 시장들은 다국적기업의 목표 시장이 되고 있다. 또한 개발도상국 기업들도 글로벌 시장에서 경쟁하기 시작했고 이 중 일부는 성공 사례를 만들어내고 있다.[44] 예를 들어, 연 매출 10억 달러를 초과하는 개발도상국 다국적기업의 수는 1,000개 이상 된다.[45] 국제 시장에 등장하는 개발도상국 다국적기업의 출현은 선진국의 대형 다국적기업에게 글로벌 시장에서 경쟁 역량 강화를 위한 노력이 더 필요하게 되었음을 시사한다.[46]

따라서 글로벌 경제에 이미 상당한 경험을 축적한 기업 역시 성공적인 국제 시장 진입을 위해서 전략 경영 프로세스를 효과적으로 운영해야만 한다. 글로벌 시장이 특정 기업에게 매력적인 전략적 선택일 수 있으나, 국제화만이 전략적 경쟁력의 원천이 아니라는 점도 인지해야 한다. 글로벌 시장에서 성공적으로 경쟁하는 역량 있는 다국적기업을 포함한 대다수 기업은 전략적 경쟁력을 유지하기 위해 국내·외 시장에 지속적으로 몰입하고 전략적인 경쟁력을 가져가야 하며 기술 혁신에 의해 유발되는 시장에서의 기술적 기회와 급진적 기술 혁신이 초래하는 기술 단절과 같은 파급 효과에도 적절한 대응이 필요하다.[47] 다음 **전략 포커스**의 스타벅스 사례는 국제적 확장뿐 아니라 혁신을 통한 매장당 수익 증대 가능성을 보여준다.

1-1b 기술과 기술적 변화

최근 기술과 관련된 동향은 기술의 확산과 (기존 기술과) 단절적 기술, 정보화 시대, 그리고 지식의 강도, 세 가지로 요약할 수 있다. 이러한 유형의 변화를 통해 기술은 경쟁의 본질을 변화시키고 결과적으로 다양한 경쟁 환경을 조성한다.

전략 포커스

스타벅스의 기술적 혁신을 통한 매장당 수익 증대

새로운 CEO의 영입과 임명은 기업에 있어 매우 중요한 사안이다. 스타벅스의 하워드 슐츠(Howard Schultz)는 성공적인 전략 경영을 통해 스타벅스를 성공으로 이끌어왔다. 슐츠의 후임으로 2015년 케빈 존슨(Kevin Johnson)이 스타벅스의 CEO가 되었는데 존슨은 주니퍼 네트워크(Juniper Networks)의 CEO를 역임한 바 있으며 마이크로소프트에서도 16년간 근무한 경력이 있다. 존슨은 스타벅스에 디지털 경영을 도입했고 정보기술과 공급망도 관리할 것이다.

온라인 시장이 성장하면서 많은 미국 내 작은 소매상의 매출은 크게 감소했다. 하지만 2014년 4분기 스타벅스의 매장 매출은 5% 증가했다. 이 중 2%는 매출에 기인한 성장이고, 다른 3%는 1인당 구매량 증대에 기인한 것이다. 그리고 매출 증대의 또 다른 주요인은 신기술의 도입이었다.

스타벅스는 매장당 매출 증대를 위해 모바일 결제 플랫폼과 같은 디지털 기술을 도입했다. 또한 매출 증대를 위해서 온라인상 선물 카드 판매도 장려했다. 2014년 12월 포틀랜드와 오리건 지역의 고객들은 온라인으로 커피를 주문하고, 지역 내 150개 매장 어디에서나 픽업할 수 있게 되었다. 경영진의 리더십과 디지털 기술의 활용 외에도 스타벅스는 직원들이 제안하는 각종 아이디어와 실험적인 방법에 귀 기울였다. 바리스타라고 불리는 스타벅스의 직원들은 파트너 역할을 담당하는데 전 세계 21,000개 넘는 매장에서 스타벅스만의 특색 있는 커피를 직접 만들어낸다. 슐츠는 스타벅스의 직원이야말로 수익 창출의 근원이라 여겼다.

직원의 동기부여를 위해 스타벅스는 최초로 직원 대상 종합 건강검진 프로그램을 실시했으며 비정규직 직원에게도 스톡 옵션을 제공했다. 현재까지 스타벅스의 직원들은 스톡 옵션 프로그램을 통해서 약 10억 달러를 인센티브로 받았다. 슐츠는 애리조나주립대학교와 특별 교육 과정을 개발했는데 미국의 직원에게 학비를 전액 지원한다. 지금까지 약 1,000명의 직원이 이 과정에 지원했다.

스타벅스는 매장에서 새로운 방식의 혁신을 추구하는 것으로 잘 알려져 있다. 예를 들어, 뉴욕에서 고객의 대기 시간을 줄이기 위해서 작은 익스프레스 스토어(express store)를 실험적으로 운영하기도 한다. 앞서 언급한 대로, 스타벅스는 매장에서 주문–제조–결제–픽업 시간을 단축하기 위해 온라인 결제에도 많은 관심을 가지고 있는데, 모바일 결제를 선호하는 1,200만 명의 고객을 대상으로 보상 프로그램도 운영하고 있다. 스타벅스 모바일 앱 사용자가 계속 늘어나고 있어 조만간 아이튠즈(iTunes)나 아메리카 익스프레스 서브(American Express Serve) 이용자 수보다도 많아질 것으로 예상된다.

혁신을 실현시키기 위해 스타벅스는 최초의 "Reserve Roastery and Tasting Room"을 오픈 했다. 이 공간은 15,000평방피트 규모로 커피 로스팅 시설과 고객이 커피를 구매할 수 있는 매장도 갖추고 있다. 슐츠는 "Reserve Roastery and Tasting Room"은 일종의 커피 소매 극장(retail theater)이라고 한다. 이 체험 공간에서 고객은 "원두를 직접 볶는 것을 구경할 수 있고 커피를 갈고있는 마스터와도 이야기할 수도 있다. 다양한 방식으로 만들어진 커피도 시음할 수 있다. 그리고 커피 도서관의 라운지에서 음식도 주문할 수 있다"고 한다. 슐츠는 뉴욕에 있는 이 매장을 「찰리와 초콜릿 공장」에 비유하여 "커피의 윌리웡카 공장(Willie Wonka Factory of Coffee)"라고 부른다. 스타벅스는 2015년 뉴욕에 이런 콘셉트과 유사한 매장들을 오픈할 계획이다.

스타벅스는 해외 시장에서도 이와 같은 혁신적인 기술이 적용되었고 다양한 특색 있는 매장을 오픈하고 있다. 예를 들어 스타벅스는 새로운 스타일의 매장을 인도에 오픈했다. 작은 변두리 지역 도시에는 처음으로 시도해보는 새로운 컨셉의 매장이었는데, 이 매장의 크기는 기존 인도의 일반적인 스타벅스 매장의 절반 정도의 크기이다.

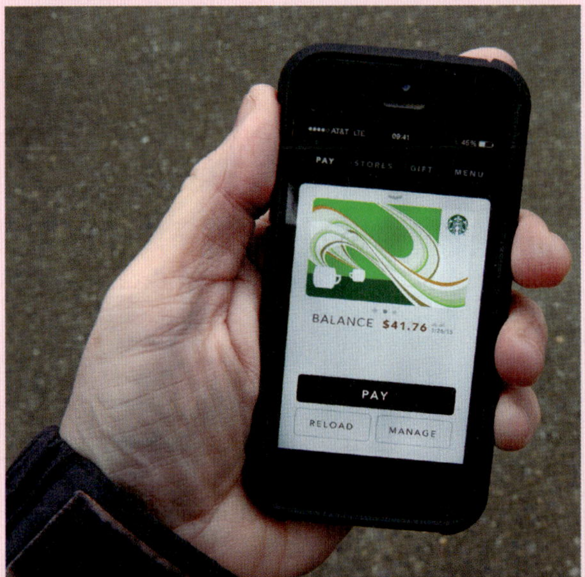

고객은 스타벅스의 모바일 앱을 사용해 커피를 선 주문할 수 있다. 이를 통해 커피 제공과 결제에 소요되는 시간을 절약할 수 있다.

출처: I. Brat & T. Stynes, 2015, Earnings: Starbucks picks a president from technology industry, *Wall Street Journal*, www.wsj.com, January 23; A. Adamczyk, 2014, The next big caffeine craze? Starbucks testing cold-brewed coffee, *Forbes*, www.forbes.com, August 18; R. Foroohr, 2014, Go inside Starbucks' wild new "Willie Wonka Factory of coffee", *Time*, www.time.com, December 8; FRPT-Retail Snapshot, 2014, Starbucks' strategy of expansion with profitability: to debut in towns and suburbs with half the size of the new stores, *FRPT-Retail Snapshot*, September 28, 9–10; L. Lorenzetti, 2014, Fortune's world most admired companies: Starbucks where innovation is always brewing, *Fortune*, www.fortune.com, October 30; P. Wahba, 2014, Starbucks to offer delivery in 2015 in some key markets, *Fortune*, www.fortune.com, November 4; V. Wong, 2014, Your boss will love the new Starbucks delivery service, *Bloomberg Businessweek*, www.businessweek.com, November 3.

기술 확산과 단절적 기술

새로운 기술이 가능해지고 본격적으로 확산되기 시작하는 속도를 기술 확산의 속도라고 하는데 이는 지난 15년에서 20년 사이 이 속도는 매우 빠르게 증가했다. 다음의 기술 확산의 속도를 생각해보자.

> 미국 가정의 25%가 전화기를 보유하는 데 35년이 걸렸다. TV는 26년, 라디오는 22년, PC는 16년, 인터넷 보급은 7년이 걸렸다.[48]

기술 변화는 각 기업과 산업에 광범위하게 상당한 영향을 미친다. 불과 십여 년 전만 해도 사람들은 대여점에서 영화와 비디오 테이프를 빌리곤 했었다. 이제 영화 대여는 대부분 전자 시스템을 통해 이뤄진다. 출판업계(책, 논문, 잡지, 신문)의 출판물도 디지털 형태로 급속하게 변하고 있다. 기술적 변화로 인해 과거의 전통적인 사업 모델을 가진 산업 분야의 많은 기업은 고전을 면치 못하고 있다. 기술적 변화는 트럭 운송업에서 우편 서비스에 이르기까지(공공 서비스와 개인 서비스) 다양한 산업에 영향을 미치고 있다.

영속적 혁신(perpetual innovation)은 정보 기반의 신기술이 얼마나 빠르고 지속적으로 이전 기술을 대체하는지를 지칭하는 용어다. 신기술의 빠른 확산으로 인해 제품의 수명주기는 더욱 짧아지게 되었다. 기술의 발전에 기인하는 제품의 수명주기 단축은 시장에 혁신적인 제품과 서비스를 발 빠르게 출시하는 기업에게 경쟁력을 제공한다.[49]

또한 광범위하고 빠른 기술적 확산 때문에 제품의 기술적 차별성을 갖기 어렵게 되었다. 따라서 혁신적인 제품을 적시에 출시하는 것은 기업 경쟁 우위의 근원이 될 수 있다(5장 참조).[50] 그야말로 지속적인 혁신이 글로벌 경제를 견인하고 있다. 무엇보다 글로벌 스탠다드를 이해하고 제품의 기능성에 대한 정확한 예측이 성공적인 혁신의 출발점이 된다. 혹자는 오늘날 대기업들은 혁신 때문에 큰 어려움을 겪을 것이라고 말한다. 하지만 오히려 많은 대기업이 급진적이고 혁신적인 기술을 개발하고 있으며, 신기술은 전통적인 산업을 변화시키거나 새로운 산업을 창조하고 있다.[51] 애플은 이러한 급진적 혁신을 이룬 기업의 좋은 사례다. 기술을 보급하고 혁신의 가치를 강화하기 위해서 기업은 신기술 개발뿐 아니라, 개발한 신기술을 활용하여 이를 상업적으로 제품화하는 데도 혁신적이어야 한다.[52]

급진적 기술 확산을 보여주는 여러 증거가 있다. 예를 들어 기업이 경쟁사의 연구개발과 제품 결정에 대한 정보를 수집하는 데 단지 12개월에서 18개월 정도만 소요된다는 사실이다.[53] 글로벌 경제에서 경쟁하는 기업은 불과 며칠만에 성공적인 특정 기업의 사업을 쉽게 모방할 수도 있다. 기술 확산의 속도는 특허권(patents)의 혜택을 축소시킨다.[54] 오늘날 특허권은 제약 산업과 같은 일부 산업 분야에서만 기술을 보호할 수 있는 효과적 수단일지도 모른다. 실제로 전자 산업에서 경쟁하는 일부 기업은 자사의 기술적 지식을 경쟁사들이 사용하지 못하도록 하는 특허 출원을 하지 않기도 한다.

단절적 기술(disruptive technologies)이란 기존 기술의 가치를 소멸시키고 새로운 시장을 창출하는 급진적 기술을 의미한다.[55] 파괴력이 큰 단절적 기술은 오늘날 경쟁 시장에서 쉽게 찾아볼 수 있다. 아이팟, 아이패드, 무선 인터넷, 브라우저 등과 같은 제품을 기반으로 발전한 새로운 시장을 생각해보자. 이런 종류의 제품은 다소 급진적이고 획기적인 혁신을 대변하는 것들이다(급진적 혁신은 13장 참조).[56] 파괴적이고 급진적인 기술은 근본적으로 완전히 새로운 산업을 만들어내기도 하지만, 기존 사업자들을 어렵게 만들 수도 있다. 그럼에도 불구하고 일부 기존 사업자는 상대적으로 우월한 자원과 경험, 이외의 다양한 방법(예: 전략적 제휴, 인수합병, 지속적인 연구 등)을 통해 신기술에 접근하여 기술적 변화에 적응하기도 한다.[57]

애플은 아이팟와 같은 단절적 기술을 개발해 시장에 출시했다. 이를 통해 다른 산업들도 변화시켰다. 예를 들어 아이폰은 모바일 산업에 상당한 변화를 가져왔고, 아이팟와 상호 보완적인 아이튠즈는 음악이 고객에게 판매되는 방식과 고객의 이용 패턴을 혁신적으로 변화시켰다. 애플의 아이패드는 상호 보완적이고 경쟁적인 제품들과 협력하여 다른 산업에 영향을 주기도 했다. 예를 들어 아마존의 킨들(Kindle)은 과거 제본된 책의 형태를 전자책으로 변화시켰다. 이러한 애플의 급진적 기술은 출판업계의 변화를 가속화시켰다. 애플의 신기술과 제품은 새로운 "정보화 시대"의 도래를 가속화시켰다. 애플의 혁신적 신기술의 파급력과 기업가 정신의 중요성을 설명하는 좋은 사례이다.[58]

정보화 시대

최근 정보기술 분야에서 극적인 변화가 나타났다. 개인용 컴퓨터, 휴대전화, 인공지능, 가상현실, 빅데이터, 소셜 네트워킹 서비스 기술의 발전은 정보가 얼마나 다양하게 사용될 수 있는지 보여준다. 이런 변화의 결과는 효과적, 효율적으로 정보에 접근하고 활용할 수 있는 능력이다. 그리고 이러한 능력은 많은 산업 분야에서 중요한 경쟁 우위의 원천이 되고 있다. 인터넷과 정보기술의 발달은 효율적으로 기술을 활용하는 중소기업도 대기업과 유연하게 경쟁할 수 있도록 만들었다.[59]

정보기술의 변화 속도와 확산 속도는 지속적으로 빠르게 증가할 것이다. 일례로 개인용 컴퓨터 수는 2015년까지 전 세계적으로 230억 대가 넘을 것으로 보인다. 전 세계적으로 2011년에 3억 7,200만 대의 컴퓨터가 팔렸지만, 2015년에는 약 5억 1,800만 대가 판매될 것으로 예상된다.[60] 정보기술 비용 감소와 정보기술 접근 가능성의 증가는 중요한 경쟁 환경의 변화라 할 수 있다. 상대적으로 저렴한 정보처리 능력이 전 세계적으로 확산되고, 컴퓨터 네트워크를 통한 글로벌 규모의 지식의 상호 연결은 정보기술의 속도와 확산을 증대시켰다. 따라서 정보기술력은 이제 특정 기업의 전유물이 아니라 개발도상국을 포함한 전 세계 모든 규모의 기업이 활용할 수 있게 되었다.[61]

증가하는 지식 강도

지식(정보, 지능, 전문지식)은 기술과 기술응용에 기반이 된다. 21세기 경쟁 환경에서 지식은 매우 중요한 조직의 자원이자 경쟁 우위의 원천이 된다.[62]

1980년대부터 경쟁의 기반은 유형 자산에서 무형 자원으로 변하기 시작했다. 예를 들어 "월마트의 전매특허인 공급망 관리(supply chain management) 기법과 방대한 양의 고객과 공급자 정보 활용 능력은 유통 산업을 크게 변화시켰다."[63] 고객과 공급자와의 관계는 기업이 잘 관리해야 하는 무형 자원의 좋은 예이다.[64]

지식은 경험, 관찰, 추론 등을 통해 얻어지는 무형 자원이다(유·무형 자원과 관련한 내용은 3장 참조). 지식을 포함한 무형 자원의 가치는 오늘날 경쟁 환경에서 기업의 주식 가치만큼이나 중요하게 되었다.[65] 브루킹스 연구소(Brookings Institution)는 무형 자원이 전체 주식 가치의 약 85%를 차지한다고 추정한다.[66] 정보를 선별하고 활용 가능한 지식으로 전환한 후, 이를 빠르게 조직 전반에 확산시킬 수 있는 추진력 있는 기업은 전략적 경쟁력을 달성할 가능성이 높다.[67] 따라서 기업은 교육 프로그램 등을 통해 지식을 개발하고, 교육을 받았거나 경험이 있는 직원 고용 등을 통해서 지식을 습득해야 한다. 그리고 새로운 지식을 내부 조직에 통합시켜 기업 역량을 강화하고, 내부에 통합된 지식을 활용하여 전략적 우위를 달성해야 한다.[68]

기업이 보유한 지식 기반은 혁신에 필수적인 요소다. 내부의 지식 자원이 부족한 기업은 연구개발에 대한 투자를 게을리한다는 연구 보고도 있다.[69] 지식은 경쟁 기업에 흘러들어갈 수 있으므로 기업은 지속적인 학습을 통해 지식 기반을 축적해야 한다. 예를 들어 조직 내 지식의 전파와 확산은 전문적 지식을 가진 경쟁사의 직원이나 관리자 고용을 통해 일어날 수 있다.[70] 지식 파급 효과의 잠재력을 고려하여 기업은 보유한 지식을 생산적인 방법으로 빠르게 전환시켜야 한다. 기업은 필요한 모든 곳에 내부 지식이 전파되고 활용될 수 있도록 절차와 방법을 만들어야 한다.[71] 그리고 이러한 지식은 기업이 전략적 유연성을 가질 때 더 효과적으로 관리할 수 있다.

전략적 유성성은 역동적이고 불확실한 환경에 존재하는 다양한 수요와 기회에 반응하는 역량을 의미한다.

전략적 유연성(strategic flexibility)은 역동적이고 불확실한 환경에 존재하는 다양한 수요와 기회에 반응하는 역량을 의미한다. 그래서 전략적 유연성은 불확실성에 동반하는 위험 대처와 관련이 있다.[72] 기업은 사업 전반에 있어 전략적 유연성을 개발해야 한다. 하지만 기업이 가지고 있는 과거의 조직적 관성(inertia)은 전략적 유연성 개발을 어렵게 한다. 기업의 집중도나 과거의 핵심 역량(core competencies)에 대한 고착은 조직의 변화와 전략적 유연성 개발을 어렵게 만들 수도 있다.[73]

기업이 전략적 유연성을 지속시키기 위해서는 조직의 학습 역량을 증대시켜야 한다. 지속적인 학습을 통해 기업은 신기술을 보유할 수 있게 되고, 학습을 통해 기업은 사업에서 직면하게 되는 일련의 환경 변화에 대한 적응력을 증대시킬 수 있다.[74] 특정 기업이 빠르고 광범위하게 학습을 조직 전반에 적용할 수 있을 때, 이 기업은 전략적 유연성과 변화에 대응하는 능력을 보유했다고 말할 수 있다. 전략적 유연성을 보유한 기업은 불확실하고 초경쟁적 환경을 성공적으로 대처할 가능성이 높다.

1-2 평균 이상 수익의 산업 조직 모델

1960년대부터 1980년대를 거쳐 외부 환경은 기업이 성공하기 위한 전략의 주요 결정 요인이 되고 있다.[75] 평균 이상 수익의 산업 조직 모델(the industry organization model of above average returns: I/O model)은 외부 환경이 기업의 전략적 행동에 절대적인 영향을 미친다고 설명한다. I/O 모델은 내부 경영진의 의사결정보다는 기업이 경쟁하기 위해 선택한 특정 산업이나 산업 내 분야의 특성이 기업의 성과에 훨씬 더 큰 영향을 미친다고 본다.[76] 규모의 경제, 시장 진입 장벽, 다각화, 제품 차별화, 특정 산업에서 기업의 집중도, 시장 마찰 등과 같은 산업 특정적 요인에 의해 기업의 성과가 주로 결정된다는 주장이다.[77] 이러한 산업의 특징은 2장에서 상세히 다룰 것이다.

경제학에 기초를 둔 산업 조직 모델에는 네 가지 주요 가정이 있다. 첫째, 외부 환경은 기업의 (평균 이상의 수익을 만들 수 있는) 전략을 결정하는 데 압박과 제약을 준다고 가정한다. 둘째, 동일 산업이나 한 산업의 특정 분야에 속해 경쟁하는 대다수 기업은 전략적으로 유사한 자원을 보유하고 통제하며, 기업은 이러한 자원을 고려해 유사한 전략을 추구한다고 본다. 셋째, 전략을 실행할 때 사용되는 자원은 이동성이 높아 기업이 보유한 차별화된 자원의 상이성은 오래 지속되지 못한다고 가정한다. 마지막으로 이윤 극대화를 위해 조직의 의사결정자는 이성적인 판단을 하며, 이들은 기업의 최대 이윤 추구에 최선을 다해 매진한다고 본다.[78] 산업 조직 모델에 따르면 기업은 경쟁하기에 가장 매력적인 산업을 찾으려 하는데 그 이유는 다음과 같다. 특정 산업에 속한 대다수 기업은 기업 간 이동이 자유로운 비슷한 자원을 보유하고 있기 때문에 가장 높은 잠재 수익을 실현할 수 있는 산업을 선택함으로써, 그리고 이 산업의 구조적 특성에 따라 보유한 자원을 제대로 활용하여 전략을 수행함으로써, 기업은 성과를 달성할 수 있다는 논리다. 그리고 이를 위해서 기업들은 서로를 모방해야 한다.[79]

경쟁의 다섯 가지 세력 모델(five forces model)은 기업이 가장 매력적인 시장을 찾는 데 분석적인 도움을 준다. 이 모델(2장에서 상세히 설명)은 몇 가지 변수를 가지고 경쟁의 복잡성을 설명한다. 다섯 가지 세력 모델에 따르면 산업의 수익성(예: 자본 비용 대비 투자자본 순이익률)은 다섯 가지 세력(forces), 즉 공급자, 구매자, 기업이 속한 산업 내 경쟁자, 대체재, 산업의 잠재적 진입자로부터 영향을 받는다.[80]

기업은 다섯 가지 세력 모델을 통해 주어진 산업의 구조적 특징을 분석하여 산업의 매력도를 측정하고(잠재적 수익률 계산을 통해), 산업에 진입하기에 가장 유리한 포지션도 파악할 수 있다.[81]

다섯 가지 세력 모델에서 기업은 경쟁자보다 저가에 표준화된 제품이나 서비스를 제공하거나(원가 우위 전략), 더 높은 가격을 지불할 의도가 있는 고객을 대상으로 차별화된 제품이나 서비스를 제공함으로써(차별화 전략) 평균 이상의 수익을 달성할 수 있다고 본다. 원가 우위 전략(cost leadership strategy)과 차별화 전략(differentiation strategy)은 4장에서 상세히 다룬다. 패스트푸드 산업이 "높은 원자재 가격, 극심한 경쟁, 제로에 가까운 성장률, 저임금 고객에 의한 구매"[82] 등과 같은 문제에 직면했다는 것은 이 산업의 선두 기업인 맥도날드가 상대적으로 덜 매력적인 산업에서 경쟁하고 있다는 것을 의미한다.

〈그림 1-2〉처럼 산업 조직 모델은 기업은 매력적인 산업을 규정하고 적절한 전략 실행에 기반이 되는 외부 환경을 효과적으로 분석할 수 있을 때 평균 이상의 수익이 실현된다고 본다. 예를 들어 특정 산업에서는 기업은 합작 투자(joint venture)를 통해서 경쟁 구도를 줄이고 진입 장벽을 높일 수 있다. 결과적으로 이런 합작 기업은 해당 산업에서 수익성을 높일 수 있다.[83] 외부 환경이 요구하는 전략을 실행할 때 경쟁에 필요한 내부 기술을 개발하거나 보유한 기업은 성공 가능성이 높지만, 그렇지 못한 기업은 실패할 가능성이 높다.[84] 산업 조직 모델에 따르면 수익은 기업의 내부에 보유한 독특한 자원과 역량보다는 외부적인 특징에 의해 결정된다고 본다.

그림 1-2 평균 이상 수익의 산업 조직 모델

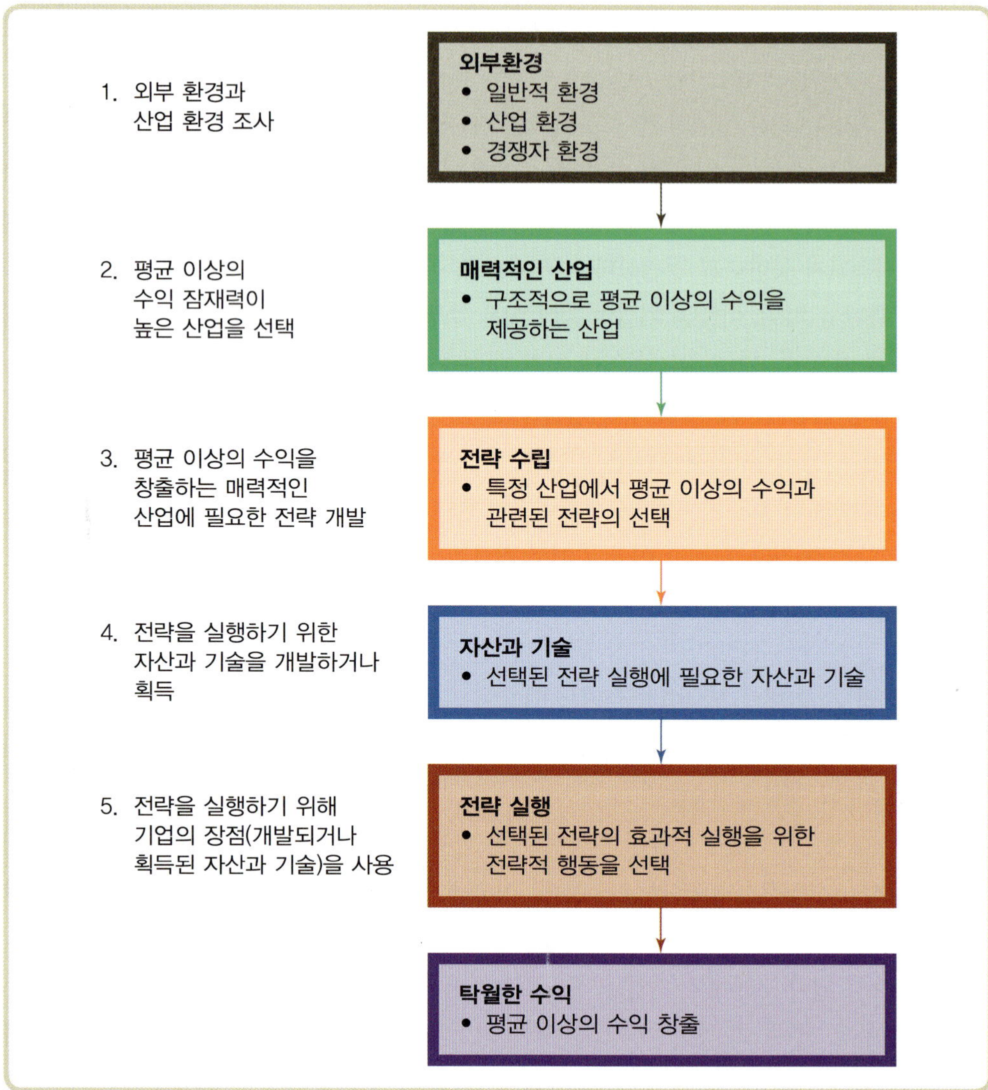

한 연구 결과에 의하면 기업 수익의 약 20%는 참여하는 산업 요인에 의해 결정된다고 한다. 이러한 결과는 산업 조직 모델을 지지한다. 그렇지만 이 연구는 기업의 수익성과와 관련한 변수 중 36%는 기업 자체의 특징과 행동과 관련이 있다고 보고하고 있다.[85] 다시 말해 경영자의 전략적 행동은 기업의 성과뿐 아니라 외부 환경에도 영향을 미칠 수 있다고 볼 수 있다.[86] 이러한 연구 결과를 통해 외부 환경뿐 아니라 기업이 보유한 자원, 역량, 핵심 역량, 경쟁 우위(3장 참고)는 기업의 전략적 경쟁력과 평균 이상의 수익을 실현할 수 있는 능력에 영향을 준다고 정리할 수 있다.

항공 산업 내 대다수 기업은 서로 유사한 서비스를 제공하고 유사한 성과 측정 기준을 가지고 있다. 이들은 광범위한 수준에서 서로를 모방해왔지만 수년간 사업 성과는 매우 좋지 않았다. 하지만 사우스웨스트 항공사(Southwest Airlines)와 같이 경쟁사를 모방하지 않는 소수의 항공사는 전통적인 대형 항공사들보다 (낮은 가격에 더 좋은 서비스를 제공하는) 우수한 서비스를 제공할 수 있는 자신의 독특한 자원과 역량을 개발해왔다.

〈그림 1-2〉 산업 조직 모델이 보여주듯 기업의 전략은 경쟁에 참여하기로 결정한 산업의 특징에 반응하는 기업의 몰입과 행동의 집합이라 할 수 있다. 다음에 소개하는 자원 기반 모델은 다른 관점에서 기업의 전략 선택 시 영향을 미치는 요인들에 대해 논의하고 있다.

1-3 평균 이상 수익의 자원 기반 모델

평균 이상 수익의 자원 기반 모델(resource-based view of above-average of returns)은 개별 조직을 독특한 자원과 역량의 집합으로 가정한다. 자원과 역량의 독특함이 기업의 전략과 평균 이상 수익 창출의 기반이 된다는 견해다.[87]

자원(resources)은 설비, 종업원의 기술, 특허권, 자본, 유능한 관리자 등 기업의 제품 생산과정에 투입되는 요소들이다. 일반적으로 기업의 자원은 물리적, 인적, 조직적 자본 등 세 가지 범주로 나눌 수 있다. 3장에서 자세히 설명하겠지만 자원의 본질에 따라 유형 자본과 무형 자본으로 구분할 수도 있다.

자원은 설비, 종업원의 기술, 특허, 유능한 관리자 등 기업의 생산 과정에 투입되는 요소들이다.

기업은 보유한 자원만으로 경쟁 우위를 달성할 수 없다.[88] 자원이 역량으로 전환될 때, 비로소 자원은 기업 경쟁 우위의 원천이 될 수 있다. **역량**(capability)은 기업이 보유한 일련의 자원을 통합적으로 활용하여 기업의 과업이나 사업 활동을 수행할 수 있는 능력을 의미한다.[89] **핵심 역량**(core competencies)이란 기업이 경쟁 상대를 이길 수 있는 경쟁 우위를 가져다 주는 자원과 역량을 말한다.[90] 핵심 역량은 조직의 기능(예: 연구개발, 물류, 생산, 마케팅 등)에서 나타나기도 한다. 예를 들어 애플의 연구개발 기능은 핵심 역량이라 할 수 있다. 시장에서 주목받는 혁신적인 신제품을 개발하여 생산하는 능력이 애플의 성공에 큰 영향을 주었다.

역량은 기업이 보유한 일련의 자원을 통합적으로 활용하여 기업의 과업이나 사업 활동을 수행할 수 있는 능력을 말한다.

핵심 역량은 경쟁 상대를 이길 수 있는 경쟁 우위를 가져다 주는 자원과 역량이다.

자원 기반 모델은 산업의 구조적 특성보다는 기업이 가진 독특한 내부 자원과 역량이 기업성과에 지대한 영향을 끼친다고 본다. 이 이론은 기업이 차별된 자원을 획득하고, 획득한 자원을 잘 결합해 활용하는 방법을 기반으로 독특한 역량을 개발해야 한다고 주장한다. 그리고 자원과 역량은 기업들 간에 절대 모방할 수 없기 때문에 기업들 간 자원과 역량의 차이는 개별기업의 경쟁 우위에 결정적인 원천이 된다.[91] 특정 기업이 보유한 역량은 지속적으로 활용되면서 강화되므로 경쟁사는 이러한 역량을 이해하고 모방하기 매우 어렵게 된다. 즉 경쟁 우위의 기반이 되는 역량은 경쟁사가 쉽게 모방할 수 없어야 하며, 기업 내부에서 쉽게 이해하고 관리할 수 있어야 하므로 너무 복잡해서도 안 된다.[92]

〈그림 1-3〉는 자원 기반 모델을 설명하고 있다. 이 모델에 따르면 기업이 매력적이라고 판단해 선택한 전략은 이 기업이 경쟁하는(참여하는) 산업에서 경쟁 우위를 달성할 수 있게 한다(산업 조직 모델은 매력적인 산업을 정의하는 데 사용될 수 있다).

그러나 기업의 모든 자원과 역량이 경쟁 우위의 기반이 되지는 않는다. 경쟁 우위의 기반이 될 수 있는 잠재력은 기업이 보유한 자원과 역량이 가치 있고(valuable), 희소하고(rare), 모방에 비용이 많이 들며(costly to imitate), 대체 불가능(non-substitutable)할 때 비로소 실현된다.[93] 가치 있는 자원의 획득은 기업에 기회를 제공하거나 외부 환경에서 야기되는 위협을 줄여줄 수 있어야 한다. 그리고 가치 있는 자원은 극소수의 잠재적 경쟁자들에게 드물게 존재하는 희소한 자원이어야 한다. 자원은 경쟁 기업이 구입할 수 없거나, 설령 경쟁 기업이 구매하려 한다 해도 상당히 불리한 금액으로 구입할 수밖에 없을 때 모방에 비용이 많이 든다고 할 수 있다. 그리고 특정 기업이 보유한 자원과 동등한 자원을 구할 수 없을 경우, 대체 불가능하다고 한다. 사실 그간 많은 자원이 모방되어 왔고 대체되어 왔다. 따라서 자원에만 의존해서는 경쟁 우위를 획득하고 유지하기가 어렵게 되었다. 개별 자원은 통합되어 다양한 역량을 개발하기 위한 환경을 만드는 데 사용되곤 한다. 이러한 역량들은 위 네 가지 속성을 갖는 경향이 있다.[94] 위에서 언급한 대로 네 가지 속성을 모두 충족했을 때, 비로소 자원과 역량은 핵심 역량이 될 수 있다.

위에서 언급했듯이 기존 연구 결과는 산업 환경과 기업의 내부 자원 모두 기업의 성과에 영향을 미친다고 보고하고 있다.[95] 이에 기업은 비전과 사명을 명확히 설정한 후, 한두 개의 전략을 선택하고 전략 실행 방안을 결정해야 한다. 이를 위해 기업은 산업 조직 모델과 자원 기반 모델 두 가지를 모두 사용할 수 있다.[96] 산업 조직 모델은 기업의 외부 환경에 초점을 두고 있는 반면, 자원 기반 모델은 기업 내부에 초점을 두고 있다. 따라서, 두 모델은 상호 보완적이

그림 1-3 평균 이상 수익의 자원 기반 모델

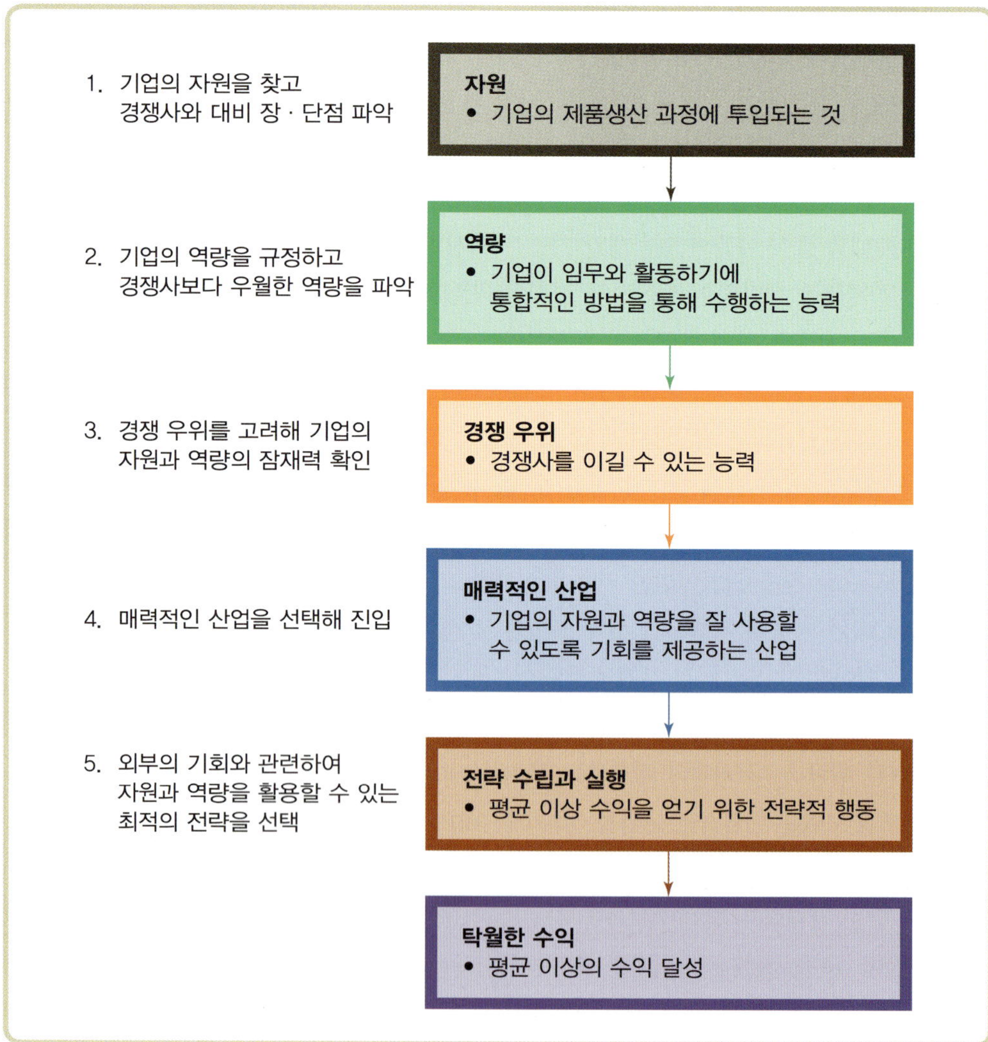

라 하겠다. 지금까지 기업의 외부 환경(2장 참조)과 내부 조직 구조(3장 참조)에 대해 논의하였다. 1-4절에서는 기업의 비전과 사명 설정에 대해 논의한다.

1-4 비전과 사명

기업은 외부 환경과 내부 조직에 대한 분석을 통하여 비전과 사명 설정에 필요한 정보를 습득할 수 있다(그림 1-1 참고). 기업의 성과에 영향을 주고 받는 이해관계자는 비전과 사명에 대해 이해하게 되고 기업에 많은 것들을 알게 된다. 기업의 비전 선언문과 사명 선언문의 작성 목적은 이해관계자들에게 기업이 무엇을 하는지, 무엇을 달성하려고 하는지, 그리고 누구를 위해서 일하는지 알게 하는 것이다.

1-4a 비전

비전(vision)은 넓은 의미에서 기업이 되고자 하는 것, 궁극적으로 추구하는 것과 관련한 청사진이다.[97] 따라서 비전 선언문(vision statement)에는 조직 추구하는 이상을 기술하고 기업이 의도하는 미래에 대한 구체적인 그림을 그려야 한다. 다시 말해 비전 선언문에는 기업이 어디에서 향후 어느 방향으로 나아갈지에 대한 언급이 필요하다. 효과적인 비전은 사람들을 앞으로 나아가게 하고 도전하게 한다. 애플의 성공한 CEO인 스티브 잡스에 대해 기술한 책에서 저자 카민 갤로(Carmine Gallo)는 애플이 혁신적일 수 있었던 이유에 대해 설명하고 있다. 카민은 애플의 혁신과 관련한 핵심 성공 요인으로 애플에 대한 잡스의 비전을 뽑는다. 이 책은 스티브 잡스가 보통 사람들보다 광범위하게 생각하는 독특한 사고 방식을 가지고 있다고 말한다. 애플에서 잡스가 제품이 아닌 꿈을 팔았던 것처럼, 기업은 제품과 고객에 대해 다르게 사고해야 한다.[98] 스티브 잡스의 사망 후, 애플이 기존처럼 계속 혁신적일 수 있을지에 대해서 세간의 관심이 높다. 잡스가 그랬듯이 창업가들은 벤처 사업을 시작할 때 매우 낙관적인 경향이 있다.[99] 하지만 소수의 기업가만이 잡스처럼 기업의 비전을 설정하고 성공적으로 실행할 수 있다.

비전은 기업의 되고자 하는 것 궁극적으로 추구하고자 하는 것과 관련한 청사진이다.

비전 선언문은 기업의 가치와 열망을 반영해야 한다. 그리고 기업 내 모든 종업원과 많은 이해관계자의 공감을 얻을 수 있도록 작성되어야 한다. 사명은 사업 환경의 변화에 따라 바뀔 수 있지만, 기업의 비전은 사명보다 더 오랫동안 지속된다. 따라서 비전 선언문은 짧고 간략하게 작성해 쉽게 기억될 수 있도록 작성하는 것이 좋다. 비전 선언문의 예는 다음과 같다.

> 우리의 비전은 세계에서 가장 빠른 서비스를 제공하는 레스토랑이 되는 것이다.
>
> 맥도날드
>
> 모든 미국인이 자동차에 다가가기 쉽게 만드는 것.
>
> 헨리 포드가 만든 창업 초기 포드자동차의 비전

최고 경영자는 기업의 가장 중요한 전략적 리더로서 종업원들과 함께 기업의 비전을 만들어야 하는 책임이 있다. 최근 연구 결과에 의하면 최고 경영자와 이해관계자(예: 경영진, 다양한 부서의 종업원, 공급자, 고객)이 함께 비전 선언문 작성에 참여할 때, 가장 효과적으로 작성될 수 있다고 한다. 다시 말해, 기업의 성공을 위해서 명료하고 공유된 비전을 함께 개발해야 한다.[100] 기업이 지향하는 미래의 모습과 탁월한 성과를 달성하기 위해서 비전 선언문은 기업의 외부 환경과 내부 조직을 잘 연계시켜야 한다. 또한 기업의 비전 개발과 관련한 최고 경영자(CEO)와 C레벨 경영진(예: COO, CMO, CTO 등)의 의사결정과 행동은 반드시 비전과 일치되어야 한다.

1-4b 사명

사명은 기업이 경쟁하는 시장과 고객에게 제공하고자 하는 바를 기술한 것이다.

비전을 바탕으로 기업은 경쟁에 참여하고자 하는 시장과 고객에게 제공고자 하는 것을 기술한 **사명**(mission)을 설정한다.[101] 기업의 사명은 비전보다 구체적이어야 한다. 하지만 비전과 유사하게 사명에는 각 기업만이 가진 독특함을 나타내야 하고, 모든 이해관계자에게 영감을 줄 수 있는 내용을 담아야 한다.[102] 비전과 사명은 모두 기업이 선택하고 실행해야 하는 전략의 기반이 된다. 특히 종업원들이 높은 수준의 윤리적 기준을 가진 조직은 종업원들이 기업의 비전 달성을 위해 열심히 노력하게 된다. 따라서 이러한 조직은 효과적인 사명을 만들어낼 수 있다.[103] 사업 윤리는 기업의 미래에 대한 모습(비전), 누구에게 제공되어야 하는지 그리고 어떠한 방법으로 제공될 것인지(사명)와 밀접히 관련된다. 따라서 사업 윤리는 비전과 사명 결정에 중요한 영향을 미친다.[104]

기업의 사명을 결정하는 최종 책임은 최고 경영자에게 있다. 하지만 최고 경영자는 다른 최고 경영진, 종업원들과 함께 사명을 발전시켜 나간다. 사명은 제품 시장과 고객을 직접적으로 다루기 때문에, 현업에 종사하는 종업원, 중간 관리자, 상위 관리자들도 사명 수립 과정에 참여하는 것이 바람직하다. 사명 선언문의 예는 다음과 같다.

> 전 세계의 각종 지역사회의 모든 구성원에게 최고의 고용자가 되자. 그리고 모든 매장에서 고객에게 최상의 서비스를 제공하자.
>
> 맥도날드

> 우리의 사명은 응용공학 분야에서 최고의 기업으로 고객에게 인식되는 것이다. 우리는 항상 고객이 열망하는 것에 대해 집중하고, 고도로 동기부여 되어있으며 원자재, 디자인, 제조 기술 분야에서 기술적 지식을 진보시키기 위해서 노력한다.
>
> LNP(GE의 플라스틱 부문 계열사)

맥도날드의 사명 선언문은 세계 최고의 패스트푸드 음식점이 된다는 비전에서 비롯된 것이다. LNP의 사명 선언문은 기업이 경쟁(참여)하고자 하는 사업 분야에 대해서(원자재, 디자인, 제조 기술 분야) 기술하고 있다.

잘못 설정된 비전 선언문과 사명 선언문은 기업이 적절한 전략적 행동을 취하는 데 필요한 방향을 제공하지 못한다. 〈그림 1-1〉에서 보여주듯이 한 기업의 비전과 사명은 전략적 경쟁력을 달성하고 평균 이상의 수익을 달성하게 하는 기업의 전략적 행동과 관련한 분석에 있어서 가장 중요한 요소라고 할 수 있다. 따라서 기업은 효과적인 비전과 사명을 수립하는 데 각고의 노력을 기울여야 한다.

1-5 이해관계자

모든 기업은 이해관계자 집단과 관련이 있으며, 기업은 이해관계자 집단과의 관계를 관리해야 한다.[105] **이해관계자**(stakeholders)란 기업의 비전과 사명에 영향을 끼치는 개인, 집단, 조직을 의미한다. 이들은 기업의 전략적 결과에 영향을 받고, 기업 성과에 대해 이의를 제기할 수 있다.[106] 이해관계자들은 조직의 생존, 경쟁력, 수익성 등과 관련한 참여를 거부하고 보류함으로써 기업의 성과에 대해 이의 제기를 한다.[107] 조직의 성과가 이해관계자들의 기대를 충족시키고 넘어설 때 이해관계자들은 이 조직을 지속적으로 지지한다.[108] 이해관계자와 관련한 연구 결과들은 이해관계자들과의 관계를 효과적으로 유지하는 기업은 그러지 못한 기업보다 성과가 좋은 것으로 보고하고 있다. 따라서 이해관계자들과의 관계와 이해관계자들이 인식하는 기업의 명성은 경쟁 우위의 근원이 될 수 있다.[109] **전략 포커스**의 블랙베리(Blackberry)와 애플 사례는 이 두 기업이 다르게 이해하고 활용한 이해관계자 전략과 생태계 시스템을 다루고 있다. 이 사례를 통해 우리는 이해관계자 관리의 중요성을 이해할 수 있다. 블랙베리는 애플의 앱 공급자들과 같은 이해관계자 생태계 시스템을 개발할 수 없었다.[110]

이해관계자는 기업의 비전과 사명에 영향을 주는 개인, 집단, 조직 말함. 이해관계자는 기업의 전략적 결과에 영향을 받으며 기업에 성과에 대해서도 이의제기를 할 수 있다.

조직은 이해관계자와 의존적 관계를 가지게 되지만, 모든 이해관계자에게 동등하게 의존적이지는 않다. 다시 말해, 모든 이해관계자가 같은 수준의 영향력을 기업에 행사하는 것은 아니다.[111] 이해관계자들의 참여가 더 중요하고 존중될수록 기업의 이해관계자에 대한 의존성은 커진다. 따라서 기업의 의존성이 더 커질수록 이해관계자는 기업의 몰입, 의사결정, 행동 등에 영향력을 더 행사할 수 있게 된다. 이해관계자들이 기업의 주요 자원을 통제할 경우, 관리자는 이러한 이해관계의 요구를 조직적으로 수용하거나 보호할 수 있는 방법을 모색해야 한다.[112]

1-5a 이해관계자의 분류

기업의 운영에 관련된 집단은 세 가지로 분류 가능하다.[113] 〈그림 1-4〉이 보여주듯이 이해관계자 집단은 자본 시장 이해관계자(주주와 기업 자본의 주 공급원), 제품 시장 이해관계자(기업의 주요 고객, 공급자, 주·지방정부, 노동조합)과 조직의 이해관계자(경영진과 비경영진을 포함한 기업의 모든 종업원)으로 구분할 수 있다.

각 이해관계자 집단은 전략적 의사결정이 조직의 리더십을 제공하고, 이를 통해 기업은 가치 있는 목표를 달성할 수 있을 것으로 기대한다.[114] 기업을 둘러싼 다양한 이해관계자 집단의 목적은 상이할 수 있기 때문에, 기업은 이들 집단의 이해의 균형점을 찾아 전략적 결정을 내리기도 한다. 우리가 잘 알고 있는 이해관계자 집단으로 주주(shareholders)가 있다. 주주는 수익을 기대하고 특정 기업에 자본 투자를 한 개인 또는 단체를 의미한다. 이러한 이해관계자들의 권리는 사유 재산과 사기업을 관할하는 법에 근거를 두고 있다.

주주와 달리 고객과 같은 이해관계자 집단은 투자자들이 투자 대비 최소한의 수익을 가져가길 바란다. 고객은 가격 상승 없이 기업이 제공하는 제품의 품질과 신뢰도가 향상되길 바라기 때문이다. 따라서 기업이 고객에게 높은 수준의 혜택을 제공할수록 자본 시장 이해관계자들의 수익은 줄어들게 된다.

전략 포커스

블랙베리의 이해관계자 생태계에 대한 이해 부족

2007년 애플의 아이폰은 스마트폰이라는 이름으로 고객에게 판매되기 시작했다. 이 당시 시장의 선두 주자는 블랙베리로 알려진 RIM(Research in Motion)이었다. 2010년 이전까지만 해도 블랙베리는 상업 및 공공 통신 서비스 분야에서 43%의 시장을 점유하고 있었다. 하지만 이 분야에 스마트폰 출시 후, 고객은 스마트폰이 기능면에서 매우 유용하다는 것을 알게 되었다. 결과적으로 블랙베리의 시장 점유율은 급격히 하락하기 시작했다. 블랙베리는 이메일과 전화 통화 서비스에 기술적으로 훌륭한 통신기기였다. 하지만 고객은 아이폰을 휴대용 컴퓨터로 사용한다. 아이폰은 메시지와 전화 기능을 포함하는 정말 다양한 기능을 제공한다.

블랙베리의 실패는 성공적 사업모델의 실행과 관련한 경쟁 환경 변화의 좋은 사례다. 과거에 기업들은 탁월한 성과를 달성하기 위해서 좋은 제품과 서비스 제공하고 건전한 자금 구조와 비용 효율적으로 사업을 운영하는 것으로 충분했다. 하지만 근래에 새로운 사업 모델들은 공급자와 고객의 생태계와 네트워크를 이해하는 효과적인 전략이 되었음을 보여준다. 블랙베리는 두터운 충성 고객층을 보유하고 있었고 제품 모델 또한 훌륭했기 때문에 휴대용 스마트폰의 사용 범위와 다양성을 증대시킨 애플의 혁신 생태계의 중요성을 인식하지 못했다. 산업의 보완재(2장 참조) 개념이 애플 혁신 생태계의 핵심이었는데, 이 중에서도 앱 개발자들의 생태계가 생태계에서 중요한 역할을 담당했다. 애플은 아이폰과 아이팟를 만들어 내는 가치사슬에만 집중한 것이 아니라, 이러한 기기에서 활용하는 중요한 앱 개발의 생태계에도 관심을 기울였다.

결과적으로 많은 소프트웨어 개발자가 아이폰의 애플리케이션 개발에 큰 관심을 보였고 애플의 기기 사업에 간접적으로 참여하게 되었다. 즉 이해관계자 네트워크가 만들어졌고 앱 개발사가 늘어남에 따라 고객은 스마트폰에 앱을 쉽게 다운로드 받을 수 있게 되었다. 수많은 앱 개발자가 네트워크에 참여했는데 2008년 앱 스토어가 처음 출시되었을 때 등록된 앱은 대략 500개 정도에 불과했다. 이후 1년 내에 앱의 수는 55,000개로 증가했고 10억 건의 다운로드가 일어났다. 여기서 중요한 것은 블랙베리에만 집중했던 소규모 개발자 커뮤니티와 아이폰의 애플리케이션을 개발했던 대규모 개발자 네트워크 커뮤니티의 차이다. 구글은 안드로이드 시스템을 활성화시키기 위해 활용한 "개방형" 시스템 전략으로 앱스토어를 출시했고, 결과적으로 아이폰의 앱 생태계와 경쟁하게 되었다. 현재까지 블랙베리는 애플이나 구글과 비교할만한 이해관계자 생태계를 구축하지 못했다.

2010년 이후 블랙베리는 두 명의 CEO를 임명했다. 이 기간 동안 많은 발전이 있었음에도 불구하고 블랙베리는 시장에서 그다지 성공적이지 못했다. 블랙베리는 실제 키보드와 유사한 모양의 패드와 같은 과거 디자인 스타일을 유지하면서 기업과 공공 분야에 사업을 집중했으나 2014년 4분기 매출은 오히려 34% 감소했다. 최신 제품인 블랙베리 클래식을 보면 실제 키보드와 마우스처럼 생긴 트랙패드를 장착해 외관상 복고적 디자인으로 고객에게 어필하려 했으나, 기기에 탑재된 앱의 성능은 느렸고 기능 면에서도 뒤처졌다. 앱과 관련한 근본적인 문제는 블랙베리가 애플이나 구글의 생태계에 참여하는 수많은 소프트웨어 개발자가 없었다는 것이다. 블랙베리 전용 앱이 개발되었으나 대부분의 앱은 다운로드에 어려움이 있었다. 앱을 클래식의 스크린 사이즈에 맞추어야 하는 사이즈 조정에도 어려움이 있었다. 쉽게 이메일과 캘린더 기능을 사용하고 웹 브라우징을 편리하게 할 수 있도록 키보드가 장착되었지만 사용할 수 있는 양질의 소프트웨어 애플리케이션은 소수에 불과했다. 클래식은 지금까지 출시되었던 블랙베리 제품 중 가장 우수하지만 경쟁자 생태계가 보유한 기능 좋은 앱의 수가 절대적으로 부족하기 때문에 블랙베리의 사업은 계속 하락세를 면치 못할 것으로 예상된다. 반면 애플은 새로운 애플리케이션과 콘텐츠를 구축하기 위해 개발자를 직접 고용하기보다는 외부 기업에 혁신적인 아웃소싱 전략을 펼쳤다. 그리고 더 많은 개발자의 생태계 참여를 유도하기 위해 투명한 수익 분배 정책을 펼쳤다. 하지만 블랙베리는 개발자 커뮤니티를 금지해 아이폰과 같은 빠른 혁신을 이룰 수 없었다. 아이폰은 고객–혁신가–콘텐츠 제작자가 연결된 순환고리로부터 긍정적인 피드백을 얻었다. 결과적으로 시장 점유율을 확대할 수 있었고 투자자들도 관심을 갖게 되었다.

© Bloomua/Shutterstock.com

아이폰과 안드로이드 시스템은 블랙베리보다 잘 개발된 앱 생태계를 가지고 있다. 앱 생태계에 대한 이해 부족으로 인해 블랙베리는 큰 성공을 거둘 수 없었다.

이 사례를 요약하면 블랙베리의 실패 요인은 다른 생태계에서 사용 가능한 대체적 소프트웨어 개발에 관심을 전혀 기울이지 않았다 데 있다. 이 사례의 교훈은 기업이 공급자와 이해관계자의 가치를 창출할 수 있도록 관리함으로써 고객으로부터 지지를 얻을 수 있다는 것이다. 이를 통해 기업은 이해관계자들에게 가치를 제

전략 포커스

공할 수 있고 자본 조달과 주가 상승과 같은 기업의 가치 증대도 가능하다.

출처: S. Cojocaru & C. Cojocaru, 2014, New trends in mobile technology leadership, *Manager*, 19(1): 79–89; M. Cording, J. S. Harrison, R. E. Hoskisson, & K. Jonsen, 2014, "Walking the talk": A multi-stakeholder exploration of organizational authenticity, employee productivity and post-merger performance, *Academy of Management Perspectives*, 28(1): 38–56; B. Dummit, 2014, BlackBerry's revenue falls 34%; decline underscores challenges smartphone maker faces, even as it cuts costs, *Wall Street Journal*, www.wsj.com, Dec 20; M. Freer, 2014, Four success strategies from failed business models, *Forbes*, www.forbes.com, Jul 21; D. Gallagher, 2014, BlackBerry's new plan could bear fruit; attempt at revival is showing signs of life, *Wall Street Journal*, www.wsj.com, Nov 16; D. Reisinger, 2014, Why BlackBerry is showing signs of stability under CEO John Chin, *eWeek*, www.eweek.com, Dec 22; M. G. Jacobides, 2013, BlackBerry forgot to manage the ecosystem, *Business Strategy Review*, 24(4), 8; B. Matichuk, 2013, BlackBerry's business model led to its failure, *Troy Media*, www.troymedia.com, Oct 1.

그림 1-4 세 가지 이해관계자 집단

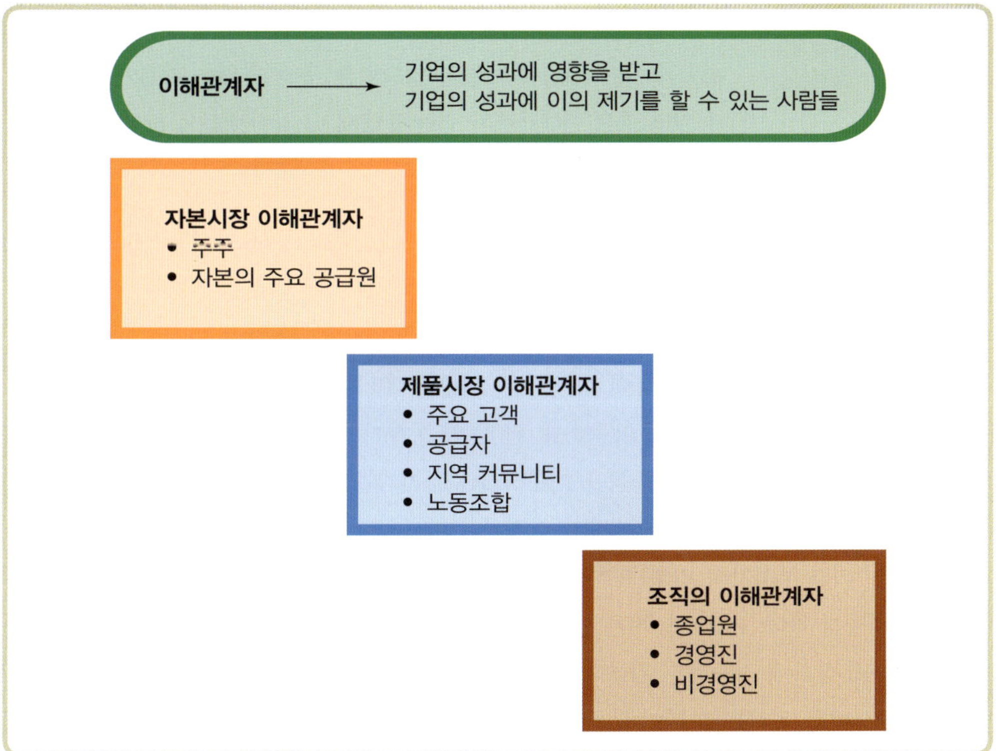

이해관계자 집단 간의 갈등을 방지하기 위해 기업은 이해관계자를 신중하게 관리해야 한다. 무엇보다도 기업은 모든 주요 이해관계자를 세부적으로 확인하고 이들을 이해할 수 있어야 한다. 둘째, 기업이 모든 이해관계자의 이익을 충족시킬 수 없을 경우, 이해관계자 집단의 우선 순위를 정해야 한다. 우선 순위 설정과 관련하여 특히 권력(power)은 이해관계자 우선 순위 설정에 중요한 기준이 된다. 기타 기준으로는 특정 이해관계자 집단과 관련한 사안의 긴급성, 기업에 영향을 주는 개별 집단의 중요도 등을 고려할 수 있다.[115]

기업이 평균 이상의 수익을 달성할 경우 이해관계자와의 관계를 효과적으로 유지할 수 있다. 기업이 평균 이상의 수익을 올릴 수 있는 역량과 유연성을 보유하고 있다면 쉽게 다수의 이해관계자를 한 번에 만족시킬 수 있다. 하지만 기업이 산업 평균 정도의 수익을 올릴 경우, 이해관계자 모두를 만족시킬 수 없게 된다. 이 경우 기업은 적어도 각 이해관계자 집단의 관

기업이 전략을 구체화할 때, 제품과 자본 시장 그리고 조직의 주주들을 포함한 모든 주요 이해관계자들을 고려해야 한다.

심사의 일부분이라도 충족시켜야 한다.

기업의 균형 있는 결정은 각 이해관계자 집단의 중요도를 고려해 진행된다. 예를 들어 환경 관련 단체는 에너지 산업에 속한 기업에게 매우 중요한 이해관계자 집단이지만, 법률이나 회계 서비스와 같은 전문 서비스업에 속한 기업에게는 중요도가 떨어진다. 평균 이하의 수익을 거둘 것으로 예상하는 기업은 모든 이해관계자를 만족시킬 수 없다. 이 경우 이 기업의 관리자들은 이해관계자들의 손실을 최소화하는 균형 잡힌 결정을 내려야 한다. 사회적인 가치는 세 가지 이해관계자 집단에도 영향을 준다(그림 1-4 참조). 주요 산업 국가들을 살펴보면 이 세 집단은 기업과 영향을 주고 받지만, 각 국가가 가진 문화적, 제도적 차이 때문에 이들의 영향력과 우선 순위는 다르게 나타난다. 세 가지 주요 이해관계자 집단에 대해 더 알아보도록 하자.

자본 시장 이해관계자

주주와 대출 기관은 이들이 위탁한 자산을 기업이 보호하고 자산 가치를 상승시킬 것으로 기대한다. 이들이 예상하는 수익은 투자 대비 수용할 수 있는 위험의 정도에 비례한다(고위험의 경우 높은 수익률을 기대하고 저위험의 경우 낮은 수익률을 기대). 기업의 성과에 불만족한 대출 기관은 향후 대출 심사에 더 엄격한 기준을 추가할 것이며 불만족한 주주는 보유 주식 매도와 같은 수단을 통해서 표출하게 된다. 기관 투자자(예: 연금 기금, 투자 기금)는 수익이 예상치를 하회할 때, 보유 주식을 매도하거나 투자기업의 성과를 향상시키기 위해 최고 경영진이나 이사회에 압박을 가해 전략적 결정이나 지배 구조를 변화시키기도 한다.[116] 경영 관련 대주주인 기관 투자자의 견해는 기업의 경영진의 방향과 다를 수도 있는데 이러한 상황은 경영진을 힘들게 한다. 어느 한 쪽은 단기 수익 증대를 기대하지만, 다른 한쪽은 중장기적인 기업의 경쟁력 강화에 집중하길 원한다.[117] 경영진은 다양한 주주의 이해관계 사이에서 균형을 맞춰 거나, 상이한 목적으로 기업에 투자한 기관 투자자들의 우선 순위를 정해야 한다. 특히 지배주주(10장 참조)라고 불리는 대주주들은 기업의 자본 구조(예: 부채 대비 자본) 결정에 있어 강한 영향력을 행사한다. 이들은 부채의 위험, 이에 따른 비용, 그리고 기업의 채무 불이행 시, 자산 회수 가능성 등과 관련해 기업 부채의 최소화를 기대한다.[118]

기업이 자본 시장 이해관계자들의 잠재적·실제적인 불만족을 인식했다면 대응책을 마련해야 한다. 이러한 문제에 대한 대응 수준은 기업이 가진 특정 이해관계자 집단에 대한 의존도와 관련이 있다(위에서 언급한 대로 사회적 가치도 영향을 받는다). 의존도가 강하면 강할수록, 기업은 더 신중하고 중요하게 대응한다. 채권자와 같은 주요 이해관계자들을 만족시키지 못해서 기업이 파산 신고를 하는 경우도 있다.

제품 시장 이해관계자

제품 시장 이해관계자들(고객, 공급자, 주·지방정부, 노동조합) 간에는 공통 관심사가 거의 없을 것처럼 보인다. 하지만 이러한 제품 시장과 관련한 이해관계자 집단은 기업이 경쟁적인 시장에 참여함으로써 많은 혜택을 얻을 수 있다. 예를 들어 제품과 산업 특성에 대한 의존도와 시장 경쟁은 고객에게 제품 가격 인하를 가능케 하고, 공급자들에게 더 높은 가격을 지불하게 한다(어떤 기업은 시장에서 성공을 위해 공급자로부터 원하는 제품과 서비스를 제공받기 위해 더 높은 가격을 지불한다).[119]

이해관계자로서 고객은 양질의 제품을 저가로 구매하길 원한다. 공급자는 제품과 서비스에 가장 높은 가격을 지불하는 충성도 높은 고객을 원한다. 제품 시장의 모든 이해관계자가 중요하지만 기업에게 가장 중요한 제품 시장 이해관계자는 고객이다. 따라서 기업은 현재 고객과 잠재 고객에 대해 이해하고 연구해야만 한다.[120]

국내외 국가, 주정부 및 지역단체 등은 기업 유치의 주체로서 기업이 협상을 해야 하는 이해관계자들이다. 정부는 투자 기업에게 지역 주민들의 장기고용, 과도하지 않은 수준의 공공서비스 요청, 성실한 납세 등을 원한다. 이러한 이해관계자들은 법과 규칙을 통해 기업에 영향력을 행사한다. 중앙정부, 지방정부, 지방자치단체의 법과 규정은 다중심적(polycentric)일 수도 있기 때문에 기업은 다양한 수준의 제도를 이해해야 한다.[121]

노동조합은 종업원을 대표하며 근로자의 업무환경 개선과 고용안정에 관심을 갖는다. 정리하면, 제품 시장 이해관계자는 일반적으로 기업의 순이익이 주주나 투자기관과 같은 자본시장 이해관자에게 돌아가는 수익과 제품 시장 이해관계자에게 돌아가는 혜택이 균형을 이루면 만족한다.

조직의 이해관계자

조직의 이해관계자로서 종업원은 기업으로부터 역동적이고 실험적이며 보상 체계가 잘 갖춰진 업무 환경을 제공받길 원한다. 종업원들은 개인의 능력과 기술을 개발하고 발전시킬 수 있는 기업에서 근무하길 원한다. 특히 효과적인 팀의 구성원이 되기 위해 필요한 기술이나 글로벌된 업무 등과 관련한 기술 습득을 기대한다. 새로운 지식을 생산적으로 활용할 수 있는 역량 있는 종업원들은 조직의 성공에 지대한 영향을 끼친다. 기업의 전체적인 관점에서 볼 때, 교육훈련과 종업원들이 보유한 기술은 기업의 전략 실행과 성과에 영향을 미치는 중요한 무기가 된다.[122] 전략적 리더(strategic leader)는 항시 조직 이해관계자들의 니즈를 충족시켜야 하는 책임이 있다. 조직의 성공을 위해 전략적 리더는 기업이 보유한 인적자원을 효과적으로 활용해야 한다.[123] 인적자원의 중요성과 관련한 연구 결과는 기업의 사외 이사는 사내의 전략적 리더보다 종업원의 해고를 쉽게 제안하는 반면, 사내 경영진(전략적 리더)은 비용을 절감하고 내부 직원들을 보호하려 하는 경향이 있음을 보여준다.[124] 종업원들이 글로벌 경쟁 환경에 적합한 기술 습득할 수 있게 하는 중요한 방법 중의 한 가지는 종업원들에게 해외사업과 관련한 국제적인 직책을 부여하는 것이다. 해외 시장에 파견된 관리자의 관리와 이들이 지식을 쌓을 수 있게 도와주는 기업의 프로세스는 글로벌 시장에서 경쟁력을 강화시킨다.[125]

1-6 전략적 리더

전략적 리더는 기업의 각 분야에서 직책을 가지고 전략 경영 프로세스를 활용하여 기업의 비전과 사명 달성을 위한 전략적 행동을 선택하는 리더이다.

전략적 리더(strategic leaders)는 기업의 각 분야에서 직책을 보유하면서 전략 경영 프로세스

Thomas SAMSON/Getty Images

신발과 의류판매업사 자포스닷컴(Zappos.com)의 CEO 토니(Tony Hsieh)는 자포스의 기업가적 문화를 형성하는데 큰 기여를 해왔다.

를 활용하여 기업의 비전과 사명달성을 위한 전략적 행동을 선택하는 사람들이다. 기업 내 직책에 상관없이 성공적인 전략적 리더는 결단력이 있고 인재 육성에 관심이 많으며 모든 이해관계자를 만족시키기 위한 기업의 가치 창출에 최선을 다한다.[126] 최근 종업원 대상 연구 결과에 따르면, 자신의 CEO가 비전을 가지고 있다고 생각하는 종업원은 CEO가 주주의 이익극대화보다는 기업의 모든 이해관계자 집단의 가치에 상응하는 경영을 할 것이라고 믿는다고 한다. 즉 비전을 가진 리더십은 직원들에게 지속적으로 동기부여를 하고 결과적으로 기업 성과 향상에 기여한다.

보통 전략적 리더로 기업의 CEO나 최고 경영진을 떠올리게 된다. 물론 이들은 전략적 리더가 맞다. 최근 실증적 연구에 의하면 CEO는 전략 경영 프로세스를 효과적으로 사용하는 것에 책임이 있으며, CEO들이 받는 전략 경영에 대한 압박은 그 어느 때보다 상당히 심하다고 한다.[127] 그러나 다른 사람들도 전략의 선택과 전략의 성공적인 이행을 위한 위한 결정에 참여한다.[128] 위에서 언급한 바와 같이 21세기 경쟁의 본질(예: 글로벌 경제, 글로벌화, 급진적 기술 변화, 지식과 인적자원의 중요성 등)은 현실적으로 실행 가능한 의사결정을 요구한다. 전략적 리더로서 경영자들은 글로벌하게 사고하고 현지인의 입장에서 행동해야만 한다.[129] 그래서 가장 효과적인 CEO와 최고 경영자들은 조직적인 자원을 사용하는 데 있어서 영향을 주는 기업 내부의 사람들에게 전략적 책임을 위임하는 방법을 이해하고 있다. 책임을 위임함으로써 최고 경영자의 자만심과 경영 재량권의 남용도 방지할 수 있다.[130]

조직 문화란 기업 전반에 공유된 사업에 영향을 미치는 이념, 상징, 핵심 가치의 집합이다.

조직 문화(organizational culture)는 전략적 리더들과 이들의 업무에 영향을 준다. 또한 전략적 리더의 결정과 행동들은 조직 문화를 형성하기도 한다. 조직 문화란 기업 전반에 공유된 사업에 영향을 미치는 이념, 상징, 핵심 가치를 의미한다. 조직 문화는 한 조직을 성공적으로 이끌거나 혹은 성공을 방해하는 사회적인 에너지라 할 수 있다.[131] 예를 들어 사우스웨스트 항공사는 독특하고 가치 있는 조직 문화로 유명하다. 사우스웨스트의 조직 문화는 직원들을 더 열심히 일하면서도 동시에 업무를 즐길 수 있도록 독려한다. 이러한 조직 문화는 직원과 고객에 대한 존중도 포함하고 있다. 이 기업은 고객을 대상으로 POS(Positively Outrageous Services)라 불리는 무한 긍정 서비스 등과 같은 프리미엄 서비스도 제공하고 있다.

1-6a 전략적 리더의 업무

성공적인 전략적 리더로의 전제 조건은 근면성실성과 정직함, 그리고 분석적이고 성과 지향적인 성향 등이다. 전략적 리더는 오랫동안 축적된 인적 자산과 기술 등의 역량에 바탕을 두고 선발된다. 효과적인 최고 경영진은(인적자원, 경영 기술, 인지 능력) 더 나은 전략적 의사결정을 한다.[132] 전략적 리더는 강한 전략적 지향점이 있어야 하며, 경쟁 환경과 관련한 기업을 둘러싼 역동적인 변화들도 포용할 줄 알아야 한다.[133] 이러한 변화를 효과적으로 관리하기 위해서 전략적 리더들은 혁신적인 사고력을 가져야 하고, 조직의 혁신을 촉진시켜야 한다.[134] 혁신은 다양한 분야의 전문가로 구성된 최고 경영진이 다양한 외부 조직과의 관계를 잘 관리함으로써 촉진될 수 있다.[135] 특히 전략적 리더들이, 양손잡이 역량이라 불리는 혁신성과 혁신의 실행 능력을 모두 가지고 있을 때 외부 조직들과의 관계를 극대화할 수 있다.[136] 전략적 리더는 글로벌한 사고를 해야한다. 특히 글로벌한 경영 환경 속에서 전략적 리더들은 각 시장의 문화적 이질성을 이해할 수 있어야 한다.[137]

조직 내 지위와 상관없이 전략적 리더들은 남들보다 더 오래 일하고, 이들의 업무는 불확실한 환경과 관련한 어려운 의사결정과 관련이 있다. 하지만 이들은 때론 어려운 과업을 통해 새로운 기회를 상상하기도 하고, 매력적인 사업 기회를 포착하기도 한다. 아래의 짧은 문장은 타임워너(Time Warner)사의 이사회 의장이자 공동 CEO였던 스티븐 로스(Steven J. Ross)가 그의 아버지로부터 받은 조언인데, 전략적 리더의 업무를 통한 기회를 잘 표현하고 있다.

> 세상에는 세 종류의 사람이 있다. 출근 후 책상에 앉아서 12시간을 꿈꾸는 사람, 아침 5시에 출근해 16시간을 일하고 꿈꾸기를 절대 멈추지 않는 사람, 책상에 앉아서 1시간 꿈을 꾸고 그 꿈에 관련된 일을 하는 사람이 있다.[138]

위에서 언급된 꿈이란 단어는 조직을 도전하게 만들고 활력을 불어 넣는 비전이라 할 수 있다. 훌륭한 전략적 리더는 기업의 사명과 전략의 토대가 되는 비전을 제시한다.[139]

1-7 전략 경영 프로세스

〈그림 1-1〉과 같이 전략 경영 프로세스는 기업이 전략적 경쟁력을 가지고 평균 이상의 수익을 얻기 위해 사용하는 합리적인 접근 방법이다. 〈그림 1-1〉는 본 서에서 자세히 살펴봐야 할 전략 경영 프로세스와 관련한 주제들을 보여준다.

본 서는 위에서 간략히 언급한 A-S-P 프로세스에 맞추어 세 파트로 구성되어 있다. 첫째, 전략 개발을 위한 분석(A: Analyses)의 필요성에 대해서 서술한다. 특히 기업이 외부 환경(2장)과 내부 조직(3장)을 분석할 때 무엇을 해야 하는지에 대해 설명한다. 이러한 분석은 외부 환경에서(2장) 시장의 기회와 위기를 확인하고, 기업의 내부 조직에서 기회를 찾고 위기(3장)를 극복할 자원, 역량, 핵심 역량 그리고 경쟁 우위를 어떻게 사용할지를 결정함으로써 완성된다. 2장과 3장에서 다루고 있는 분석 방법은 잘 알려진 SWOT 분석(Strengths, Weaknesses, Opportunities, Threats)이다.[140] 외부 환경과 내부 조직에 대한 정보를 기반으로 기업은 비전과 사명을 고려해 전략을 수립한다.

기업 분석(그림 1-1)은 다수의 전략(S: strategies)의 선택과 실행과 관련한 기반을 제공한다. 〈그림 1-1〉의 중간에 위치한 두 가지 네모상자와 상호 연결된 화살표가 보여주는 것처럼, 전략의 수립(formulation)과 실행(implementation)은 성공적인 전략 경영 프로세스를 위해 동시에 통합적으로 이루어져야 한다. 전략 수립과 전략 실행의 통합을 위해서 의사결정자들은 전략의 선정 단계에서 전략의 실행 방안을 검토하고 전략수행과 관련하여 요구되는 현재 전략의 변화를 고려해야 한다.

본 서의 두 번째 파트는 기업이 선정하는 다양한 전략에 대해서 다룬다. 4장에서는 사업 전략(business level strategy)을 살펴 본다. 사업 전략이란 기업이 경쟁사 대비 전략적 우위를 달성하기 위해 취하는 행동을 의미한다. 단일 제품 시장에서 경쟁에 참여하는 기업은(예: 한 지역에 유일하게 있는 지역 주민 소유의 식료품 가게) 단 한 개의 사업 전략을 가진다. 하지만 다양한 제품 시장에서 경쟁에 참여하는 다각화된 기업은(예: GE) 각 사업에 각기 다른 전략을 만들어 낸다. 5장은 기업이 시장경쟁에서 하는 행동과 반응에 대해서 다루고 있다. 경쟁자들은 서로의 행동에 반응하고 상대의 행동에 예측하려고 한다. 경쟁의 역학관계는 기업이 선택하는 전략뿐 아니라 선택된 전략의 실행방법에도 영향을 준다.[141]

6장의 기업 전략(corporate level strategy)은 기업이 경쟁하고자 하는 분야에서 기업의 사업결정, 그리고 다수의 사업을 어떻게 관리할 것인지 설명하고 있다. 특히 다각화된 기업에게 전략 수립과 관련된 중요한 주제는 다른 사업의 인수와 기업의 사업 포트폴리오 재구성(7장), 국제화 전략(international strategy)(8장)이다. 9장의 협력 전략(cooperative strategy)을 통해서 기업은 경쟁 우위를 개발하기 위해 외부 조직과 자원과 역량을 공유하는 파트너십을 형성한다. 기업은 글로벌 시장에서 경쟁하기 위해 다양한 방법을 모색해야 하므로 전략적 제휴와 같은 협력 전략의 중요성은 날로 증대되고 있다.[142]

본 서의 세 번째 파트는 전략의 실행을 위한 필요한 일련의 행동(actions)을 다루고 있다. 우선, 기업 지배 구조와 관련한 다양한 메커니즘을 살펴본다(10장).

기업의 사업 환경과 관련하여 이해관계자들은 기업 지배 구조(corporate governance)에 많은 관심이 있으며 기업은 이해관계자들의 다양한 이익을 동시에 충족시킬 방안을 모색해야 하는 어려움이 있다.[143] 마지막으로, 기업의 운영을 통제에 필요한 조직 구조와 통제(11장), 오늘날 기업과 경쟁 환경에 적합한 전략적 리더십의 유형(12장), 그리고 지속적 혁신과 관련한 전략적 기업가 정신(13장)을 설명한다.

위와 같은 다양한 주제는 기업과 이해관계자들 간 상호작용과 관련되어 있으므로 모든 전략 경영 프로세스의 결정에는 윤리적인 측면이 고려되어야 한다.[144] 조직의 윤리는 조직 문화에 반영된다. 즉, 기업의 의사결정은 조직의 관리자들과 종업원들이 공유하고 있는 핵심 가치의 산물이다. 격변하는 글로벌 경영 환경에서 기업의 전략 경영 프로세스와 관련한 의사결정은 자본 시장, 제품 시장과 조직의 이해관계자들에게 다양한 영향을 미치게 된다. 그리고 기업은 장기적으로 전략적 의사결정과 관련한 윤리적 영향 평가도 고려해야 한다.[145] 이와 같은 사안을 제대로 파악하지 못한 의사결정자는 경쟁 열위(competitive disadvantage)로 인한 위험과 불이익을 받아들여야 한다.[146]

앞으로 더 논의하겠지만, 본 서의 전략 경영 프로세스는 기업의 경쟁 우위 개발의 기반이 되는 방법들을 설명하고 있다. 따라서 전략 경영 프로세스는 기업의 성과(P: performance)에 지대한 영향을 미친다.[147] 성과는 기업이 전략적 경쟁력을 가지고 평균 이상의 수익을 낼 수 있는 능력을 나타낸다. 본 서를 통해 독자들이 근무하는 조직에서 전략 경영 프로세스를 효과적으로 활용할 수 있기를 바란다.

요약

- 기업은 전략 경영 프로세스를 활용하여 전략적 경쟁력을 달성하고 평균 이상의 수익을 올릴 수 있다. 기업은 외부 환경과 내부 조직 분석 후, 전략수립과 실행을 통해 성과를 창출한다(A-S-P). 성과에는 기업의 전략적 경쟁력 수준과 평균 이상의 수익성이 반영된다. 전략적 경쟁력은 기업이 가치 창출전략을 개발하고 실행함으로써 달성되며, 평균 이상의 수익(유사한 수준의 위험을 감안한 투자자의 예상투자수익을 상회하는 수익)은 기업의 모든 이해관계자들을 만족시킬 수 있는 토대가 된다.
- 경쟁과 관련한 속성은 오늘날의 경쟁 환경에서 다양하게 나타난다. 기업의 전략적 의사결정은 기존과 다른 사고 방식을 채택해야 한다. 이러한 사고 방식의 선택을 통해 불확실성이 높은 급변하는 경영 환경에서 경쟁하는 방법을 학습할 수 있다. 급변하는 경쟁 환경의 두 가지 주요인은 산업과 시장의 글로벌화와 급변하는 기술적 변화이다.
- 기업은 비전과 사명을 발전시키기 위해 산업 조직 모델과 자원 기반의 모델을 활용한다. 그리고 전략적 경쟁력과 평균 이상의 수익을 얻기 위해 하나 이상의 전략을 선택한다. 산업 조직 모델은 기업의 외부 환경이 기업의 내부 자원, 역량, 핵심 역량보다 전략선택에 더 큰 영향을 준다고 본다. 따라서 산업 조직 모델은 경쟁사와의 경쟁에서 활용될 전략들을 선택할 때 산업의 특징이 기업에 미치는 영향력을 분석하고 이해하는데 활용된다. 산업 조직 모델의 주요 논리는 기업이 매력적인 산업이나 산업 분야에 위치하고, 해당 산업에 영향을 받는 전략을 성공적으로 실행할 때 평균 이상의 수익을 달성한다는 것이다. 자원 기반 모델의 주요 가정은 전략 결정과 사용에 있어 기업의 독특한 자원, 역량, 핵심 역량이 기업의 외부 환경보다 더 큰 영향을 미친다는 것이다. 자원 기반 모델에 따르면 한 개 이상의 산업에서 기업이 경쟁할 때 기업은 가치 있고, 희소하며, 모방이 어렵고, 대체 불가능한 자원과 역량을 활용할 때 평균 이상 수익이 실현된다. 기존 연구 결과를 살펴보면, 이 두 모델은 기업의 성공적인 전략 선택과 활용에 깊게 관련된다. 즉, 개별 기업은 보유한 독특한 자원, 역량, 핵심 역량 등을 전략의 기초로 활용하여 해당 산업에서 경쟁사들과 효과적으로 경쟁하게 된다.
- 비전과 사명은 기업의 내부 조직과 외부 환경 분석을 통해 얻은 정보를 기초로 전략 선택의 방향성을 제시한다. 비전은 넓은 의미에서 기업이 지향하며 궁극적으로 달성하고 자 하는 기업의 청사진과 같다. 사명은 구체적으로 기업이 경쟁하려고 하는 사업과 사업 군과 기업과 관련된 고객을 명시한다. 비전과 사명은 기업의 방향성을 제시하며 이해관계자들과 관련한 주요정보를 담고 있다.
- 이해관계자란 기업의 성과에 영향을 주고 또한 그로 인해 영향을 받는 사람이나 집단이다. 기업은 지속적으로 주주, 고객, 공급자, 지역사회 등 이해관계자에게 의존하며, 이러한 의존성에 기인해 이해관계자는 기업의 성과에 대해서 다양한 요구를 할 수 있다. 기업이 평균 이상의 수익을 달성했을 경우, 일반적으로 모든 이해관계자들의 욕구를 만족 시킬 수 있는 자원을 가지게 된다. 하지만, 기업이 평균 정도의 수익만을 달성했을 때, 이해관계자들의 지속적인 지원을 받기 위해 이들에 대한 신중한 관리가 필요하다. 기업은 평균 이하의 수익을 냈을 때, 불만족한 이해관계자들로부터 야기될 수 있는 지원손실을 최소화 해야 한다.
- 전략적 리더는 기업의 다양한 분야와 다양한 지위에서 전략 경영 프로세스를 활용해 기업의 비전 달성과 사명을 이행하도록 한다. 일반적으로 최고 경영자의 책임은 기업에 가장 적합한 전략 경영 프로세스를 활용하게 하는 것이다. 전략 경영 프로세스는 기업의 윤리적 의도와 행위에 기반할 때 효과가 증대된다. 전략적 리더들은 여러 대안들 중 균형 잡힌 의사결정을 해야 한다. 특히 CEO나 최고 경영진을 포함한 모든 전략적 리더들에게는 기업이 직면하는 상황에 대한 분석, 높은 수준의 정직성, 그리고 정확한 전략의 선택과 실행을 위한 노력이 무엇보다 중요하다.

핵심 용어

경쟁 우위 4
글로벌 경제 8
비전 19
사명 20
역량 17
위험 4
이해관계자 21
자원 17
전략 4
전략 경영 프로세스 6
전략적 경쟁력 4
전략적 리더 25
전략적 유연성 14
조직 문화 26
초경쟁 7
평균 이상의 수익 4
평균 수익 5
핵심 역량 17

복습 문제

1. 전략적 경쟁력, 전략, 경쟁 우위, 평균 이상 수익, 전략 경영 프로세스란 무엇인가?
2. 오늘날 경쟁 환경의 특징은 무엇인가? 경쟁 환경에 영향을 주는 두 가지 주요인은 무엇인가?
3. 산업 조직 모델은 기업이 평균 이상의 수익 달성을 위해 무엇을 해야 한다고 주장하는가?
4. 자원 기반 모델은 기업이 평균 이상의 수익을 내기 위해서 무엇을 해야 한다고 주장하는가?
5. 비전과 사명은 무엇인가? 전략 경영 프로세스를 위한 비전과 사명의 가치는 무엇인가?
6. 이해관계자란 무엇인가? 세 가지 주요 이해관계자 집단이 조직에 어떻게 영향을 주는가?
7. 전략적 리더의 업무를 설명하라.
8. 전략 경영 프로세스는 어떻게 구성되어 있는가? 그리고 이들은 어떻게 상호 연관되어 있는가?

[Mini Case] 항공 산업 내 경쟁

오랫동안 항공 산업은 높은 수준의 규제를 받아왔고 이 결과 대다수 항공 회사는 서로 비슷한 사업 형태를 갖추게 되었다. 그러나 과거 30년 동안 항공 산업에 부분적인 규제 완화가 이뤄졌음에도 불구하고 대다수 대형 항공사 사이에는 많은 유사점이 발견된다. 항공사들의 서비스, 항공 노선, 성과 등은 상당히 비슷하다. 예를 들어 항공사들은 종종 새로운 서비스(예: 기내 무선 인터넷)를 제공하지만 이러한 서비스는 매우 쉽게 모방된다. 따라서 대형 항공사들의 차별화된 서비스는 일시적일 수밖에 없다.

최근 몇 년간 유럽과 미주 항공 회사들 사이의 합병이 진행되었다. 예를 들어 저조한 성과로 인해 US에어(US Air)와 아메리카웨스트(America West)가 합병되었고, 유사한 이유로 노스웨스트(Northwest Airlines)와 델타(Delta Airline)도 합병되었다. 특히 유나이티드(United Airlines)와 컨티넨탈(Continental)이 합병되어 항공업계에 거대 항공사가 출현하기도 하였다. 그리고 아메리칸(American Airlines)과 US에어 간 합병이 진행되고 있다. 이러한 항공 산업 내 합병은 대부분의 항공사가 파산 절차를 밟고 있기 때문이다. 예를 들어, 컨티넨탈과 유나이티드 항공사는 모두 합병 전에 파산절차를 밟은 바 있다. 이러한 합병으로 인해 아주 다른 서비스(혹은 가격)가 제공되는 것은 아니었다. 모든 항공사는 서로 유사한 서비스와 가격을 제공했고 이는 고객에게 낮은 수준의 차별화를 제공했음을 의미한다.

이러한 항공사들의 경쟁은 서비스와 비행기 운행에 있어서 실수를 줄이고 차질 없이 진행하는 것이었다. 대다수 항공 산업 보고서의 통계는 수화물 분실, 비행 취소, 비행 연착을 최소화 등에만 초점을 맞추고 있다. 하지만 이러한 영역에서 보고서가 초점을 맞추는 몇몇 사항조차 여전히 문제가 되고 있다. 항공사들의 보고서에 화물 분실율의 감소를 내세우고 있다는 것은 이러한 서비스 영역에 여전히 문제가 있음을 반증한다. 최근 항공사들의 일부 실적 개선은 이들의 전략적 변화의 결과라기보다는 연료 비용의 감소나 항공 수요의 증대 등에 기인한다.

시대에 따라 항공사들 간에 서로 다른 차이점이 있었다. 유나이티드는 가장 큰 항공사이고 컨티넨탈과 합병해서 재무적 효율성 개선하고 고객에게 더 많은 여행 선택의 기회를 제공하고 있다. 그러나 이들 간의 서로 다른 시스템을 효과적으로 합병하는 데는 성공하지 못했다. 유나이티드는 2012년 큰 손실을 기록했는데, 공시를 통해 상이한 시스템의 효과적인 통합의 문제였다고 밝히기도 했다. 예를 들어 2012년 11월에 소프트웨어 문제 때문에 전 세계적으로 유나이티드 항공의 250개의 비행기가 약 2시간 동안 연착했다. 2012년에는 예약 시스템은 두 번이나 문제가 되었는데, 이로 인해 웹사이트 운영이 중단되고 비행기는 연착되거나 취소되었다. 유나이티드 항공은 정시 출발/도착 서비스 영역에서 고전을 면치 못했고, 이로 인해 2012년 업계에서 가장 최악의 기업으로 선정되었다. 유나이티드 항공의 서비스에 불만족한 고객이 과거 어느 때보다도 많았다. 2012년 순손실을 기록한 이유는 명백하다. 하지만 수년 전 낮은 성과를 보였던 델타의 성과는 2014년에 개선되었다. 델타는 3년 연속 순이익을 기록했다. 이 기업의 정시 출발/도착 서비스 성공률은 유나이티드 항공보다 10%나 높았다. 유나이티드 항공은 비용을 줄이기 위해(수익을 내기 위해) 비행기 수를 줄이고 직원을 임시해고 했다. 2012년 델타는 버진 아틀란틱(Virgin Atlantic)의 49% 지분을 구매해서 가치가 높은 뉴욕-런던 간의 루트와 탑승구를 확보했다. 델타는 항공사 중 가장 먼저 비행 중 무료 인터넷 접속 서비스를 제공했고 대부분의 다른 경쟁 항공사는 이 서비스를 바로 모방했다.

많은 항공사가 차별화를 위해 로열티 프로그램을 제공한다. 하지만 로열티 프로그램의 사용처가 많지 않았고 차감되는 마일리지가 높아 로열티 프로그램으로 얻는 고객의 혜택은 점점 줄어들었다. 한 연구에 의하면 항공사들은 제공하는 혜택에 따라 쉽게 항공사 브랜드를 바꾸는 고객에게 더 집중한다고 한다.

일부 저가 항공사가 수익, 정시 출발 서비스, 고객 불만 처리 등과 관련한 분야에서 좋은 점수를 받았다. 그 예로 사우스웨스트 항공사가 있다. 그런데 흥미로운 점은 이 항공사가 저가 항공사로 시작했음에도(그리고 오랫동안 그 형태를 유지했음에도) 불구하고 전통적인 항공사와 경쟁할만한 고급 서비스를 점진적으로 제공하고 있다는 점이다. 전통적인 대형 항공사들은 사우스웨스트를 모방하려 했으나 실패했다. 사우스웨스트는 자사가 가지고 있는 자원과 역량을 개발해왔고 이를 통해 이 항공사는 전통적인 대형 항공사 낮은 가격에 좋은 서비스를 효과적으로 제공할 수 있었다. 하지만 제트블루(JetBlue)는 출장이 잦은 사업가를 대상으로 사우스웨스트의 전략을 상당 부분 모방하는 데 성공했다.

출처: E. Glusac, 2015, What price loyalty?, *Entrepreneur*, May, 16; S. Sharf, 2015, American Airlines reports lower revenue, higher profit, *Forbes*, www.forbes.com, April 24; S. Schaefer, 2015, Cleared for takeoff, *Forbes Asia*, May, 18; C. M. Voorhees, R. C. White, M. McCall, & P. Randhawa, 2015, Fool's gold? Assessing the impact of the value of airline loyalty programs on brand equity perceptions and share of wallet, *Cornell Hospitality Quarterly*, 56(2): 202–212; 2013, Anatomy of 99.5%, Delta Airlines Website, blog.delta.com, February 15; S. McCartney, 2013, Believe it or not, flying is improving, *Wall Street Journal*, www.wsj.com, January 9; J. Freed, 2012, Delta grabs bigger share of key NY–London route, *Bloomberg Businessweek*, www.businessweek.com, December 11; D. Benoit, 2012, Delta lands London space with Virgin joint venture, *Wall Street Journal*, blogs.wsj.com/deals, December 11; J. Mouawad, 2012, For United, big problems at biggest airline, *New York Times*, www.nytimes.com, November 28; C. Negroni, 2012, Good airlines news: Losing fewer bags, *New York Times*, www.nytimes.com, August 6.

토의 문제

1. 항공 산업의 환경은 항공사의 성과에 어느 정도 영향을 미치는가? 산업 조직 모델을 활용하여 기업이 어떻게 평균 이상의 수익을 달성할 수 있는지 설명하라.
2. 항공 산업에서 기업들 간에 많은 모방이 이뤄지는 이유는 무엇인가? 산업 내 모방은 항공사의 성과에 어떻게 영향을 미치는가?
3. 항공 산업에서 기업의 탁월한 성과를 설명함에 있어 자원 기반의 모델의 중요성을 설명하라.
4. 항공 산업에서 전략적 리더들은 어떻게 성공할 수 있을까?

미주

1. D. J. Teece, 2014, The foundations of enterprise performance: Dynamic and ordinary capabilities in an (economic) theory of firms. *Academy of Management Perspectives*, 28: 328–352; D. G. Sirmon, M. A. Hitt, R. D. Ireland, & B. A. Gilbert, 2011, Resource orchestration to create competitive advantage: Breadth, depth and life cycle effects, *Journal of Management*, 37: 1390–1412; D. G. Sirmon, M. A. Hitt, & R. D. Ireland, 2007, Managing firm resources in dynamic environments to create value: Looking inside the black box, *Academy of Management Review*, 32: 273–292.
2. J. Denrell, C. Fang, & Z. Zhao, 2013, Inferring superior capabilities from sustained superior performance: A Bayesian analysis, *Strategic Management Journal*, 34: 182–196; R. D'Aveni, G. B. Dagnino, & K. G. Smith, 2010, The age of temporary advantage, *Strategic Management Journal*, 31: 1371–1385; R. D. Ireland & J. W. Webb, 2009, Crossing the great divide of strategic entrepreneurship: Transitioning between exploration and exploitation, *Business Horizons*, 52: 469–479.
3. G. Pacheco-de-Almeida, A. Hawk, & B. Yeung, 2015, The right speed and its value, *Strategic Management Journal*, 36: 159–176; G. Pacheco-de-Almeida & P. Zemsky, 2007, The timing of resource development and sustainable competitive advantage, *Management Science*, 53: 651–666.
4. D. Gaddis Ross, 2014, Taking a chance: A formal model of how firms use risk in strategic interaction with other firms, *Academy of Management Review*, 39: 202–226.
5. A. Nair, E. Rustambekov, M. McShane, & S. Fainshmidt, 2014, Enterprise risk management as a dynamic capability: A test of its effectiveness during a crisis, *Managerial & Decision Economics*, 35: 555–566; K. D. Miller, 2007, Risk and rationality in entrepreneurial processes, *Strategic Entrepreneurship Journal*, 1: 57–74.
6. C. C. Miller, N. T. Washburn, & W. H. Glick, 2013, The myth of firm performance, *Organization Science*, 24: 948–964.
7. P. Steffens, P. Davidsson, & J. Fitzsimmons, 2009, Performance configurations over time: Implications for growth-and profitoriented strategies, *Entrepreneurship Theory and Practice*, 33: 125–148.
8. E. Karniouchina, S. J. Carson, J. C. Short, & D. J. Ketchen, 2013, Extending the firm vs. industry debate: Does industry life cycle stage matter? *Strategic Management Journal*, 34: 1010–1018; J. C. Short, A. McKelvie, D. J. Ketchen, Jr., & G. N. Chandler, 2009, Firm and industry effects on firm performance: A generalization and extension for new ventures, *Strategic Entrepreneurship Journal*, 3: 47–65.
9. R. Mudambi & T. Swift, 2014, Knowing when to leap: Transitioning between exploitative and explorative R&D, *Strategic Management Journal*, 35. 126–145, D. G. Sirmon, M. A. Hitt, J. L. Arregle, & J. T. Campbell, 2010, The dynamic interplay of capability strengths and weaknesses: Investigating the bases of temporary competitive advantage, *Strategic Management Journal*, 31: 1386–1409.
10. D. Ucbasaran, D. A. Shepherd, A. Lockett, & S. J. Lyon, 2013, Life after business failure: The process and consequences of business failure for entrepreneurs,

Journal of Management, 39: 163–202.

11. P. M. Picone, G. B. Dagnino, G., & A. Minà, 2014, The origin of failure: A multidisciplinary appraisal of the hubris hypothesis and proposed research agenda, *Academy of Management Perspectives*, 28: 447–468.

12. J. Hansen, R. McDonald, & R. Mitchell, 2013, Competence resource specialization, causal ambiguity, and the creation and decay of competitiveness: The role of marketing strategy in new product performance and shareholder value, *Journal of the Academy of Marketing Science*, 41: 300–319; Y. Zhang & J. Gimeno, 2010, Earnings pressure and competitive behavior: Evidence from the U.S. electronics industry, *Academy of Management Journal*, 53: 743–768.

13. J. Garcia-Sanchez, L. F. Mesquita, & R. S. Vassolo, 2014, What doesn't kill you makes you stronger: The evolution of competition and entry-order advantages in economically turbulent contexts, *Strategic Management Journal*, 35: 1972– 1992; J. Bock, T. Opsahl, G. George, & D. M. Gann, 2012, The effects of culture and structure on strategic flexibility during business model innovation, *Journal of Management Studies*, 49: 275–305.

14. Garcia-Sanchez, Mesquita, & Vassolo, What doesn't kill you makes you stronger; J. T. Li, 2008, Asymmetric interactions between foreign and domestic banks: Effects on market entry, *Strategic Management Journal*, 29: 873–893.

15. N. Hashai & P. J. Buckley, 2014, Is competitive advantage a necessary condition for the emergence of the multinational enterprise? *Global Strategy Journal*, 4: 35–48; R. G. Bell, I. Filatotchev, & A. A. Rasheed, 2012, The liability of foreignness in capital markets: Sources and remedies, *Journal of International Business Studies*, 43: 107–122.

16. A. Kuznetsova & O. Kuznetsova, 2014, Building professional discourse in emerging markets: Language, context and the challenge of sensemaking, *Journal of International Business Studies*, 45: 583–599; J. H. Fisch, 2012, Information costs and internationalization performance, *Global Strategy Journal*, 2: 296–312.

17. R. Makadok & D. G. Ross, 2013, Taking industry structuring seriously: A strategic perspective on product differentiation, *Strategic Management Journal*, 34: 509–532; Karniouchina, Carson, Short, & Ketchen, Extending the firm vs. industry debate; M. A. Delmas, & M. W. Toffel, 2008, Organizational responses to environmental demands: Opening the black box, *Strategic Management Journal*, 29: 1027–1055.

18. A. V. Sakhartov & T. B. Folta, 2014, Resource relatedness, redeployability, and firm value, *Strategic Management Journal*, 35: 1781–1797; J. Barney, D. J. Ketchen, & M. Wright, 2011, The future of resourcebased theory: Revitalization or decline? *Journal of Management*, 37: 37: 1299–1315.

19. R. Scaggs, 2014, Markets take wild ride on ruble, oil, *Wall Street Journal*, www.wsj.com, December 17; M. Statman, 2011, Calm investment behavior in turbulent investment times, in What's Next 2011, New York: McGraw-Hill Professional, E-Book; E. Thornton, 2009, The new rules, *Businessweek*, January 19, 30–34; T. Friedman, 2005, *The World Is Flat: A Brief History of the 21st Century*, New York: Farrar, Strauss and Giroux.

20. D. Searcey, 2006, Beyond cable. Beyond DSL. *Wall Street Journal*, July 24, R9.

21. E. Steel, 2015, Dish Network unveils Sling TV, a streaming service to rival cable (and it has ESPN), *New York Times*, www.nytimes.com, January 5.

22. V. Luckerson, 2014, Netflix wants new original content every three weeks, *Time*, www.time.com, December 9.

23. B. Agypt & B. A. Rubin, 2012, Time in the new economy: The impact of the interaction of individual and structural temporalities and job satisfaction, *Journal of Management*, 49: 403–428; J. A. Lamberg, H. Tikkanen, T. Nokelainen, & H. Suur-Inkeroinen, 2009, Competitive dynamics, strategic consistency, and organizational survival, *Strategic Management Journal*, 30: 45–60.

24. A. Hawk, G. Pacheco-De-Almeida, & B. Yeung, 2013, Fast-mover advantages: Speed capabilities and entry into the emerging submarket of Atlantic basin LNG, *Strategic Management Journal*, 34: 1531–1550; J. Hagel, III, J. S. Brown, & L. Davison, 2008, Shaping strategy in a world of constant disruption, *Harvard Business Review*, 86(10): 81–89.

25. B. L. King, 2013, Succeeding in a hypercompetitive world: VC advice for smaller companies, *Journal of Business Strategy*, 34(4): 22–30; D'Aveni, Dagnino, & Smith, The age of temporary advantage; A. V. Izosimov, 2008, Managing hypergrowth, *Harvard Business Review*, 86(4): 121–127; J. W. Selsky, J. Goes, & O. N. Babüroglu, 2007, Contrasting perspectives of strategy making: Applications in "Hyper" environments, *Organization Studies*, 28: 71–94.

26. S. Greengard, 2015, Disruption Is the New Normal. *CIO Insight*, January 5, 2; D'Aveni, Dagnino, & Smith, The age of temporary advantage.

27. D'Aveni, Dagnino, & Smith, The age of temporary advantage.

28. A. Kriz, R. Voola, & U. Yuksel, 2014, The dynamic capability of ambidexterity in hypercompetition: Qualitative insights, *Journal of Strategic Marketing*, 22: 287–299; D. J. Bryce & J. H. Dyer, 2007, Strategies to crack well-guarded markets, *Harvard Business Review* 85(5): 84–92.

29. P. Regnér & U. Zander, 2014, International strategy and knowledge creation: The advantage of foreignness and liability of concentration, *British Journal of Management*, 25: 551–569; S. H. Lee & M. Makhija, 2009, Flexibility in internationalization: Is it valuable during an economic crisis? *Strategic Management Journal*, 30: 537–555.

30. K. E. Meyer & Y. Su, 2015, Integration and responsiveness in subsidiaries in emerging economies. *Journal of World Business*, 50: 149–158; Y. Luo & S. L. Wang, 2012, foreign direct investment strategies by developing country multinationals: A diagnostic model for home country effects, *Global Strategy Journal*, 2: 244–261.

31. Y. Luo, 2007, From foreign investors to strategic insiders: Shifting parameters, prescriptions and paradigms for MNCs in China, *Journal of World Business*, 42: 14–34.

32. S. Awate, M. M. Larsen, & R. Mudambi, 2015, Accessing vs sourcing knowledge: A comparative study of R&D internationalization between emerging and advanced economy firms, *Journal of International Business Studies*, 46: 63–86; M. A. Hitt & X. He, 2008, Firm strategies in a changing global competitive landscape, *Business Horizons*, 51: 363–369.

33. M. Rhodan, 2015, GM sold a record number of vehicles in 2014. *Time*, www.time.com, January 16.

34. A. Ritesh, 2014, Jeffrey Immelt on General Electric's exposure in Russia, growth in emerging markets, *Benzinga*, www. benzinga.com, December 17; J. F. Hennart, 2012, Emerging market multinationals and the theory of the multinational enterprise, *Global Strategy Journal*, 2: 168–187; S. Malone, 2011, GE's Immelt sees new economic era for globe, *Financial Post*, www.financialpost.com, March 13.

35. S. Ramachandran & T. Stynes, 2015, Netflix steps up foreign expansion: Subscriber editions top streaming service's forecast, helped by growth in markets abroad, *Wall Street Journal*, www.wsj.com, January 21.

36. R. M. Holmes, T. Miller, M. A. Hitt, & M. P. Salmador, 2013, The interrelationships among informal institutions, formal institutions, and inward foreign direct investment, *Journal of Management*, 39: 531–566; K. D. Brouthers, 2013, A retrospective on: Institutions, cultural and transaction cost influences on entry mode choice and performance, *Journal of International Business Studies*, 44: 14–22.

37. U. Andersson, P. J. Buckley, & H. Dellestrand, 2015. In the right place at the right time!: The influence of knowledge governance tools on knowledge transfer and utilization in MNEs, *Global Strategy Journal*, 5: 27–47; H. Kirca, G. T. Hult, S. Deligonul, M. Z. Perry, & S. T. Cavusgil, 2012, A multilevel examination of the drivers of firm multinationality: A meta-analysis, *Journal of Management*, 38: 502–530.

38. D. G. Collings, 2014. Integrating global mobility and global talent management: Exploring the challenges and strategic opportunities, *Journal of World Business*, 49: 253–261; Y. Y. Chang, Y. Gong, & M. W. Peng, 2012, Expatriate knowledge transfer, subsidiary absorptive capacity, and subsidiary performance, *Academy of Management Journal*, 55: 927–948.

39. J. P. Quinlan, 2011, Speeding towards a messy, multi-polar world, in *What's Next 2011*, New York: McGraw-Hill Professional, E-Book.

40. H. Kim & M. Jensen, 2014, Audience heterogeneity and the effectiveness of market signals: How to overcome liabilities of foreignness in film exports? *Academy of Management Journal*, 57: 1360–1384; B. Elango, 2009, Minimizing effects of "liability of foreignness": Response strategies of foreign firms in the United States, *Journal of World Business*, 44: 51–62.

41. F. Jiang, L. Liu, & B W. Stening, 2014, Do foreign firms in China incur a liability of foreignness? The local Chinese firms' perspective, *Thunderbird International Business Review*, 56: 501–518; J. Mata & E. Freitas, 2012, Foreignness and exit over the life cycle of firms, *Journal of International Business Studies*, 43: 615–630.

42. T. Chi & Z. J. Zhao, 2014, Equity Structure of MNE affiliates and scope of their activities: distinguishing the incentive and control effects of ownership, *Global Strategy Journal*, 4: 257–279; M. A. Hitt, R. E. Hoskisson, & H. Kim, 1997, International diversification: Effects on innovation and firm performance in product-diversified firms, *Academy of Management Journal*, 40: 767–798.

43. S. Keukeleire & B. Hooijmaaijers, 2014, The BRICS and other emerging power alliances and multilateral organizations in the Asia- Pacific and the Global South: Challenges for the European Union and its

view on multilateralism, *Journal of Common Market Studies*, 52: 582–599.

44. K. Kalasin, P. Dussauge, & M. Rivera- Santos, 2014, The expansion of emerging economy firms into advanced markets: The influence of intentional pathbreaking change, *Global Strategy Journal*, 4: 75–103; R. Ramamurti, 2012, What is really different about emerging market multinationals? *Global Strategy Journal*, 2: 41–47.
45. M. Naim, 2013, Power outage, Bloomberg *Businessweek*, March 3: 4–5.
46. H. Kim, R. E. Hoskisson, & S. H. Lee, 2015. Why strategic factor markets matter: 'New' multinationals' geographic diversification and firm profitability, Strategic Management Journal, Forthcoming; G. McDermott, R. Mudambi, & R. Parente, 2013, Strategic modularity and the architecture of the multinational firm, *Global Strategy Journal*, 3: 1–7.
47. R. D. Ireland & J. W. Webb, 2007, Strategic entrepreneurship: Creating competitive advantage through streams of innovation, *Business Horizons*, 50(1): 49–59; G. Hamel, 2001, Revolution vs. evolution: You need both, *Harvard Business Review*, 79(5): 150–156.
48. K. H. Hammonds, 2001, What is the state of the new economy? *Fast Company*, September, 101–104.
49. M. E. Schramm & M. Y. Hu, 2013, Perspective: The evolution of R&D conduct in the pharmaceutical industry, *Journal of Product Innovation Management*, 30: 203–213; S. W. Bradley, J. S. McMullen, K. W. Artz, & E. M. Simiyu, 2012, Capital is not enough: Innovation in developing economies, *Journal of Management Studies*, 49: 684–717; D. Dunlap-Hinkler, M. Kotabe, & R. Mudambi, 2010, A story of breakthrough versus incremental innovation: Corporate entrepreneurship in the global pharmaceutical industry, *Strategic Entrepreneurship Journal*, 4: 106–127.
50. G. Pacheco-de-Almeida, A. Hawk, & B. Yeung, B. 2015, The right speed and its value, *Strategic Management Journal*, 36: 159–176; A. Hawk, G. Pacheco-De- Almeida, & B. Yeung, B. 2013, Fast-mover advantages: Speed capabilities and entry into the emerging submarket of Atlantic basin LNG, *Strategic Management Journal*, 34: 1531–1550.
51. P. C. Patel, S. A. Fernhaber, P. P. McDougall-Covin, & R. P. van der Have, 2014, Beating competitors to international markets: The value of geographically balanced networks for innovation, *Strategic Management Journal*, 35: 691–711; N. Furr, F. Cavarretta, & S. Garg, 2012, Who changes course? The role of domain knowledge and novel framing in making technological changes, *Strategic Entrepreneurship Journal*, 6: 236–256; L. Jiang, J. Tan, & M. Thursby, 2011, Incumbent firm invention in emerging fields: Evidence from the semiconductor industry, *Strategic Management Journal*, 32: 55–75.
52. M. G. Jacobides, 2013, BlackBerry forgot to manage the ecosystem, *Business Strategy Review*, 24(4): 8; R. Adner & R. Kapoor, 2010, Value creation in innovation ecosystems: How the structure of technological interdependence affects firm performance in new technology generations, *Strategic Management Journal*, 31: 306–333.
53. C. M. Christensen, 1997, *The Innovator's Dilemma*, Boston: Harvard Business School Press.
54. K Bilir, 2014, Patent laws, product life-cycle lengths, and multinational activity, 2014, *American Economic Review*, 104: 1979–2013.
55. C. Christensen, 2015, Disruptive innovation is a strategy, not just the technology, *Business Today*, 23(26): 150–158; A. Kaul, 2012, Technology and corporate scope: Firm and rival innovation as antecedents of corporate transactions, *Strategic Management Journal*, 33: 347–367.
56. J. Henkel, T. Rønde, & M. Wagner, 2015, And the winner is—acquired. Entrepreneurship as a contest yielding radical innovations. *Research Policy*, 44: 295–310; C M. Christensen, 2006, The ongoing process of building a theory of disruption, *Journal of Product Innovation Management*, 23: 39–55.
57. U. Stettner & D. Lavie, 2014, Ambidexterity under scrutiny: Exploration and exploitation via internal organization, alliances, and acquisitions, *Strategic Management Journal*, 35: 1903.1929; L. Capron & O. Bertrand, 2014, Going abroad in search of higher productivity at home, *Harvard Business Review*, 92(6): 26; L Capron, 2013, Cisco's corporate development portfolio: A blend of building, borrowing and buying, *Strategy & Leadership*, 41: 27.30.
58. R. Kapoor & J. M. Lee, 2013, Coordinating and competing in ecosystems: How organizational forms shape new technology investments, *Strategic Management Journal*, 34: 274.296; J. Woolley, 2010, Technology emergence through entrepreneurship across multiple industries, *Strategic Entrepreneurship Journal*, 4: 1.21.
59. P. Chen & S. Wu, 2013, The impact and implications of on-demand services on market structure, *Information Systems Research*, 24: 750.767; K. Celuch, G. B. Murphy, & S. K. Callaway, 2007, More bang for your buck: Small firms and the importance of aligned information technology capabilities and strategic flexibility, *Journal of High Technology Management Research*, 17: 187.197.
60. 2013, Worldwide PC Market, eTForecasts, www.etforecasts.com, accessed on March 10, 2013.
61. F. De Beule, S. Elia, & L. Piscitello, 2014, Entry and access to competencies abroad: Emerging market firms versus advanced market firms. *Journal of International Management*, 20: 137.152; M. S. Giarratana & S. Torrisi, 2010, Foreign entry and survival in a knowledge-intensive market: Emerging economy countries' international linkages, technology competences and firm experience, *Strategic Entrepreneurship Journal*, 4: 85.104.
62. C. Phelps, R. Heidl, & A., Wadhwa, 2012, Knowledge, networks, and knowledge networks: A review and research agenda, *Journal of Management*, 38: 1115.1166; R. Agarwal, D. Audretsch, & M. B. Sarkar, 2010, Knowledge spillovers and strategic entrepreneurship, *Strategic Entrepreneurship Journal*, 4: 271.283.
63. M. Gottfredson, R. Puryear, & S. Phillips, 2005, Strategic sourcing: From periphery to the core, *Harvard Business Review*, 83(2): 132.139.
64. R. J. Jean, R. R. Sinkovics, & T. P. Hiebaum, 2014, The effects of supplier involvement and knowledge protection on product innovation in customersupplier relationships: A study of global automotive suppliers in China. *Journal of Product Innovation Management*, 31: 98.113.
65. M. J. Donate & J. D. Sanchez de Pablo, 2015, The role of knowledge-oriented leadership in knowledge management practices and innovation, *Journal of Business Research*, 68: 360.370; J. T. Macher & C. Boerner, 2012, Technological development at the boundary of the firm: A knowledgebased examination in drug development, *Strategic Management Journal*, 33: 1016.1036.
66. E. Sherman, 2010, Climbing the corporate ladder, *Continental Magazine*, November, 54.56.
67. K. Srikanth & P. Puranam, 2014, The Firm as a coordination system: Evidence from software services offshoring, *Organization Science*, 25: 1253.1271; K. Z. Zhou & C. B. Li, 2012, How knowledge affects radical innovation: Knowledge base, market knowledge acquisition, and internal knowledge sharing, *Strategic Management Journal*, 33: 1090.1102.
68. D. Laureiro-Martinez, S. Brusoni, N. Canessa, & M. Zollo, 2015, Understanding the exploration-exploitation dilemma: An fMRI study of attention control and decision-making performance, *Strategic Management Journal*, 36, 319.338; C. A. Siren, M. Kohtamaki, & A. Kuckertz, 2012, Exploration and exploitation strategies, profit performance and the mediating role of strategic learning: Escaping the exploitation trap, *Strategic Entrepreneurship Journal*, 6: 18.41.
69. A. Cuervo-Cazurra & C. A. Un, 2010, Why some firms never invest in formal R&D, *Strategic Management Journal*, 31: 759.779.
70. S. Carnahan & D. Somaya, 2013, Alumni effects and relational advantage: The impact on outsourcing when a buyer hires employees from a supplier's competitors, *Academy of Management Journal*, 56: 1578.1600; H. Yang, C. Phelps, & H. K. Steensma, 2010, Learning from what others have learned from you: The effects of knowledge spillovers on originating firms, *Academy of Management Journal*, 53: 371.389.
71. R. Aalbers, W. Dolfsma, & O. Koppius, 2014, Rich ties and innovative knowledge transfer within a firm, *British Journal of Management*, 25: 833.848; A. Jain, 2013, Learning by doing and the locus of innovative capability in biotechnology research, *Organization Science*, 24: 1683.1700.
72. D. Herhausen, R. E. Morgan, & H. W. Volberda, 2014, A meta analysis of the antecedents and consequences of strategic flexibility, *Academy of Management Annual Meeting Proceedings*, 1051.1057; S. Kortmann, C. Gelhard, C. Zimmermann, & F. T. Piller, 2014, Linking strategic flexibility and operational efficiency: The mediating role of ambidextrous operational capabilities, *Journal of Operations Management*, 32(7/8): 475.490.
73. Garcia-Sanchez, Mesquita, & Vassolo, What doesn't kill you makes you; R. G. McGrath, 2013, *The end of competitive advantage*, Boston: Harvard Business School Press.
74. E. G. Anderson Jr. & K. Lewis, 2014, A dynamic model of individual and collective learning amid disruption, *Organization Science*, 25: 356.376; M. L. Santos-Vijande, J. A. Lopez-Sanchez, & J. A. Trespalacios, 2011, How organizational learning affects a firm's flexibility, competitive strategy and performance, *Journal of Business Research*, 65: 1079.1089; A. C. Edmondson, 2008, The competitive imperative of learning, *Harvard Business Review*, 86(7/8): 60.67.
75. R. E. Hoskisson, M. A. Hitt, W. P. Wan, & D. Yiu, 1999, Swings of a pendulum: Theory and research in strategic management, *Journal of Management*, 25:

417-456.

76. Karniouchina, Carson, Short, & Ketchen, Extending the firm vs. industry debate: Does industry life cycle stage matter; E. H. Bowman & C. E. Helfat, 2001, Does corporate strategy matter? *Strategic Management Journal*, 22: 1.23.

77. S. F. Karabag & C. Berggren, 2014, Antecedents of firm performance in emerging economies: Business groups, strategy, industry structure, and state support, *Journal of Business Research*, 67: 2212-2223; J. T. Mahoney & L. Qian, 2013, Market frictions as building blocks of an organizational economics approach to strategic management, *Strategic Management Journal*, 34: 1019.1041.

78. Schramm & Hu, Perspective: The evolution of R&D conduct in the pharmaceutical; J. Galbreath & P. Galvin, 2008, Firm factors, industry structure and performance variation: New empirical evidence to a classic debate, *Journal of Business Research*, 61: 109-117.

79. R. Casadesus-Masanell & F. Zhu, 2013, Business model innovation and competitive imitation: The case of sponsor-based business models, *Strategic Management Journal*, 34: 464-482; H. E. Posen, J. Lee, & S. Yi, 2013, The power of imperfect imitation, *Strategic Management Journal*, 34: 149-164; M. B. Lieberman & S. Asaba, 2006, Why do firms imitate each other? *Academy of Management Journal*, 31: 366-385.

80. M. E. Porter, 1985, *Competitive Advantage*, New York: Free Press; M. E. Porter, 1980, *Competitive Strategy*, New York: Free Press.

81. F. J. Mas-Ruiz, F. J., Ruiz-Moreno, & A. Ladron de Guevara Martinez, 2014, Asymmetric rivalry within and between strategic groups, *Strategic Management Journal*, 35: 419.439; J. C. Short, D. J. Ketchen, Jr., T. B. Palmer, & G. T. M. Hult, 2007, Firm, strategic group, and industry influences on performance, *Strategic Management Journal*, 28: 147.167.

82. B. Kowitt, 2014, Fallen arches, *Fortune*, December 1, 106.116.

83. S. D. Pathak, Z. Wu, & D. Johnston, D. 2014, Toward a structural view of co-opetition in supply networks, *Journal of Operations Management*, 32: 254.267; T. W. Tong & J. J. Reuer, 2010, Competitive consequences of interfirm collaboration: How joint ventures shape industry profitability, *Journal of International Business Studies*, 41: 1056–1073.

84. P. Brody & V. Pureswaran, 2015, The next digital gold rush: How the internet of things will create liquid, transparent markets, *Strategy & Leadership*, 43(1): 36–41; C. Moschieri, 2011, The implementation and structuring of divestitures: The unit's perspective, *Strategic Management Journal*, 32: 368–401.

85. A. M. McGahan & M. E. Porter, 2003, The emergence and sustainability of abnormal profits, *Strategic Organization*, 1: 79–108; M. McGahan, 1999, Competition, strategy and business performance, *California Management Review*, 41(3): 74–101.

86. N. J. Foss & P. G. Klein, 2014, Why managers still matter, *MIT Sloan Management Review*, 56(1): 73–80; J. W. Upson, D. J. Ketchen, B. L. Connelly, & A. L. Ranft, 2012, Competitor analysis and foothold moves, *Academy of Management Journal*, 55: 93–110; A. Zavyalova, M. D. Pfarrer, R. K. Reger, & D. K. Shapiro, 2012, Managing the message: The effects of firm actions and industry spillovers on media coverage following wrongdoing, *Academy of Management Journal*, 55: 1079–1101.

87. L. A., Costa, K. Cool, & I. Dierickx, 2013, The competitive implications of the deployment of unique resources, *Strategic Management Journal*, 34: 445–463; M. G. Jacobides, S. G. Winter, & S. M. Kassberger, 2012, The dynamics of wealth, profit and sustainable advantage, *Strategic Management Journal*, 33: 1384–1410; J. Kraaijenbrink, J. C. Spender, & A. J. Groen, 2010, The resource-based view: A review and assessment of its critiques, *Journal of Management*, 38: 349–372.

88. M. Naor, J. S. Jones, E. S. Bernardes, S. M. Goldstein, & R. Schroeder, 2014, The culture-effectiveness link in a manufacturing context: A resource-based perspective, *Journal of World Business*, 49, 321–331; A. Arora & A. Nandkumar, 2012, Insecure advantage? Markets for technology and the value of resources for entrepreneurial ventures, *Strategic Management Journal*, 33: 231–251.

89. O. Schilke, 2014, On the contingent value of dynamic capabilities for competitive advantage: The nonlinear moderating effect of environmental dynamism, *Strategic Management Journal*, 35: 179–203; Teece, The foundations of enterprise performance: Dynamic and ordinary capabilities in an (economic) theory of firms.

90. P. J. Holahan, Z. Z. Sullivan, & S. K. Markham, 2014, Product development as core competence: How formal product development practices differ for radical, more innovative, and incremental product innovations, *Journal of Product Innovation Management*, 31: 329–345.

91. J. R. Lecuona & M. Reitzig, 2014, Knowledge worth having in 'excess': The value of tacit and firm-specific human resource slack, *Strategic Management Journal*, 35: 954–973; H. Wang & K. F. E. Wong, 2012, The effect of managerial bias on employees' specific human capital investments, *Journal of Management Studies*, 49: 1435–1458.

92. Y. Lin & L. Wu, 2014, Exploring the role of dynamic capabilities in firm performance under the resource-based view framework, *Journal of Business Research*, 67: 407–413; C. Weigelt, 2013, Leveraging supplier capabilities: The role of locus of capability development, *Strategic Management Journal*, 34: 1–21; S. L. Newbert, 2007, Empirical research on the resource-based view of the firm: An assessment and suggestions for future research, *Strategic Management Journal*, 28: 121–146.

93. R. Nag & D. A. Gioia, 2012, From common to uncommon knowledge: Foundations of firm-specific use of knowledge as a resource, *Academy of Management Journal*, 55: 421–455; D. M. DeCarolis, 2003, Competencies and imitability in the pharmaceutical industry: An analysis of their relationship with firm performance, *Journal of Management*, 29: 27–50.

94. Y. Y. Kor & A. Mesko, 2013, Dynamic managerial capabilities: Configuration and orchestration of top executives' capabilities and the firm's dominant logic, *Strategic Management Journal*, 34: 233–244; M. Gruber, F. Heinemann, & M. Brettel, 2010, Configurations of resources and capabilities and their performance implications: An exploratory study on technology ventures, *Strategic Management Journal*, 31: 1337–1356.

95. R. Kapoor & N. R. Furr, 2015, Complementarities and competition: Unpacking the drivers of entrants' technology choices in the solar photovoltaic industry, *Strategic Management Journal*, 36: 416–436; E. Levitas & H. A. Ndofor, 2006, What to do with the resource-based view: A few suggestions for what ails the RBV that supporters and opponents might accept, *Journal of Management Inquiry*, 15: 135–144.

96. B. Larrañeta, S. A. Zahra, & J. L. Galán González, 2014, Strategic repertoire variety and new venture growth: The moderating effects of origin and industry dynamism, *Strategic Management Journal*, 35: 761–772; M. Makhija, 2003, Comparing the source-based and market-based views of the firm: Empirical evidence from Czech privatization, *Strategic Management Journal*, 24: 433–451.

97. S. E. Reid & U. Brentani, 2015, Building a measurement model for market visioning competence and its proposed antecedents: organizational encouragement of divergent thinking, divergent thinking attitudes, and ideational behavior, *Journal of Product Innovation Management*, 32: 243–262.

98. C. Gallo, 2010, *The Innovation Secrets of Steve Jobs*, NY: McGraw-Hill.

99. G. Christ, 2014, Leadership & strategy: Life after Steve Jobs: CEO succession. *Industry Week*, April, 28.

100. A. M. Carton, C. Murphy, & J. R. Clark, 2014, A (blurry) vision of the future: How leader rhetoric about ultimate goals influences performance, *Academy of Management Journal*, 57: 1544–1570; Foss & Klein, Why managers still matter.

101. P. Bolton, M. K. Brunnermeier, & L Veldkamp, L. 2013, Leadership, coordination, and corporate culture, *Review of Economic Studies*, 80: 512–537; R. D. Ireland & M. A. Hitt, 1992, Mission statements: Importance, challenge, and recommendations for development, *Business Horizons*, 35: 34–42.

102. B. E. Perrott, 2015, Building the sustainable organization: An integrated approach, *Journal of Business Strategy*, 36(1): 41–51; S. Khalifa, 2012, Mission, purpose, and ambition: Redefining the mission statement, *Journal of Business and Strategy*, 5: 236–251.

103. R. Srinivasan, 2014, Visioning: The method and process, *OD Practitioner*, 46(1): 34–41; J. H. Davis, J. A. Ruhe, M. Lee, & U. Rajadhyaksha, 2007, Mission possible: Do school mission statements work? *Journal of Business Ethics*, 70: 99–110.

104. A. Ebrahim & V. K. Rangan, V. K. 2014, What Impact? *California Management Review*, 56(3): 118–141; L. W. Fry & J. W. Slocum, Jr., 2008, Maximizing the triple bottom line through spiritual leadership, *Organizational Dynamics*, 37: 86–96; A. J. Ward, M. J. Lankau, A. C. Amason, J. A. Sonnenfeld, & B. A. Agle, 2007, Improving the performance of top management teams, *MIT Sloan Management Review*, 48(3): 85–90.

105. M. Cording, J. S. Harrison, R. E. Hoskisson, & K. Jonsen, 2014, "Walking the talk": A multi-stakeholder exploration of organizational authenticity, employee productivity and post-merger performance, *Academy of Management Perspectives*, 28: 38–56; K. Basu & G. Palazzo, 2008, Corporate social responsibility: A process model of sensemaking, *Academy of Management Review*, 33: 122–136.

106. R. Garcia-Castro & R. Aguilera, 2015, Incremental value creation and appropriation in a world with

multiple stakeholders, *Strategic Management Journal*, forthcoming; G. Kenny, 2012, From a stakeholder viewpoint: Designing measurable objectives, *Journal of Business Strategy*, 33(6): 40–46; D. A. Bosse, R. A. Phillips, & J. S. Harrison, 2009, Stakeholders, reciprocity, and firm performance, *Strategic Management Journal*, 30: 447–456.

107. N. Darnell, I. Henrique, & P. Sadorsky, 2010, Adopting proactive environmental strategy: The influence of stakeholders and firm size, *Journal of Management Studies*, 47: 1072–1122; G. Donaldson & J. W. Lorsch, 1983, *Decision Making at the Top: The Shaping of Strategic Direction*, New York: Basic Books, 37–40.

108. S. Sharma & I. Henriques, 2005, Stakeholder influences on sustainability practices in the Canadian forest products industry, *Strategic Management Journal*, 26: 159–180.

109. Y. Mishina, E. S. Block, & M. J. Mannor, 2015, The path dependence of organizational reputation: How social judgment influences assessments of capability and character, *Strategic Management Journal*, forthcoming; D. Crilly & P. Sloan, 2012, Enterprise logic: Explaining corporate attention to stakeholders from the 'insideout', *Strategic Management Journal*, 33: 1174–1193.

110. Jacobides, BlackBerry forgot to manage the ecosystem.

111. K. Chang, I. Kim, & Y. Li, 2014, The heterogeneous impact of corporate social responsibility activities that target different stakeholders, *Journal of Business Ethics*, 125: 211–234.

112. J. Wolf, J. 2014, The relationship between sustainable supply chain management, stakeholder pressure and corporate sustainability performance, *Journal of Business Ethics*, 119: 317–328; A. Soleimani, W. D. Schneper, & W. Newburry, 2014, The impact of stakeholder power on corporate reputation: A cross-country corporate governance perspective, *Organization Science*, 25: 991–1008; G. Pandher & R. Currie, 2013, CEO compensation: A resource advantage and stakeholder-bargaining perspective, *Strategic Management Journal*, 34: 22–41.

113. A. H. Reilly & K. A. Hynan, 2014, Corporate communication, sustainability, and social media: It's not easy (really) being green, *Business Horizons*, 57: 747–758; D. Bush & B. D. Gelb, 2012, Antitrust enforcement: An inflection point? *Journal of Business Strategy*, 33(6): 15–21; J. L. Murrillo-Luna, C. Garces-Ayerbe, & P. Rivera-Torres, 2008, Why do patterns of environmental response differ? A stakeholders' pressure approach, *Strategic Management Journal*, 29: 1225–1240.

114. J. P. Doh & N. R. Quigley, 2014, Responsible leadership and stakeholder management: Influence pathways and organizational outcomes, *Academy of Management Perspectives*, 28: 255–274; R. Boutilier, 2009, *Stakeholder Politics: Social Capital, Sustainable Development, and the Corporation*, Sheffield, U.K.: Greenleaf Publishing.

115. W. J. Henisz, S. Dorobantu, & L. J. Nartey, 2014, Spinning gold: The financial returns to stakeholder engagement, *Strategic Management Journal*, 35: 1727–1748; F. G. A. de Bakker & F. den Hond, 2008, Introducing the politics of stakeholder influence, *Business & Society*, 47: 8–20.

116. M. Goranova & L. V. Ryan, 2014, Shareholder activism: A multidisciplinary review, *Journal of Management*, 40: 1230–1268.

117. I. Filatotchev & O. Dotsenko, 2015, Shareholder activism in the UK: Types of activists, forms of activism, and their impact on a target's performance, *Journal of Management & Governance*, 19: 5–24; B. L. Connelly, L. Tihanyi, S. T. Certo, & M. A. Hitt, 2010, Marching to the beat of different drummers: The influence of institutional owners on competitive actions, *Academy of Management Journal*, 53: 723–742.

118. L. Jiang & Y. Zhu, 2014, Effects of foreign institutional ownership on foreign bank lending: Some evidence for emerging markets, *International Review of Finance*, 14: 263–293.

119. S. Wilkins & J. Huisman, 2014, Corporate images' impact on consumers' product choices: The case of multinational foreign subsidiaries, *Journal of Business Research*, 67: 2224–2230; L. Pierce, 2009, Big losses in ecosystems niches: How core firm decisions drive complementary product shakeouts, *Strategic Management Journal*, 30: 323–347.

120. M. Bertini & O. Koenigsberg, 2014, When customers help set prices, *MIT Sloan Management Review*, 55(4): 57–64; O. D. Fjeldstad & A. Sasson, 2010, Membership matters: On the value of being embedded in customer networks, *Journal of Management Studies*, 47: 944–966.

121. B. Batjargal, M. A. Hitt, A. S. Tsui, J. L. Arregle, J. Webb, & T. Miller, 2013, Institutional polycentrism, entrepreneurs' social networks and new venture growth, *Academy of Management Journal*, in press.

122. H. Su, 2014, Business ethics and the development of intellectual capital, *Journal of Business Ethics*, 119: 87–98; D. A. Ready, L. A. Hill, & J. A. Conger, 2008, Winning the race for talent in emerging markets, *Harvard Business Review*, 86(11): 62–70.

123. S. E. Jackson, R. S. Schuler, & K. Jiang, 2014, An aspirational framework for strategic human resource management, *Academy of Management Annals*, 8: 1–56; T. R. Crook, S. Y. Todd, J. G. Combs, D. J. Woehr, & D. J. Ketchen, 2011, Does human capital matter? A meta-analysis of the relationship between human capital and firm performance, *Journal of Applied Psychology*, 96: 443–456.

124. R. Eckardt, B. C. Skaggs, & M. Youndt, 2014, Turnover and knowledge loss: An examination of the differential impact of production manager and worker turnover in service and manufacturing firm, *Journal of Management Studies*, 51: 1025– 1057; J. I. Hancock, D. G. Allen, F. A. Bosco, K. R. McDaniel, & C. A. Pierce, 2013, Metaanalytic review of employee turnover as a predictor of firm performance, *Journal of Management*, 39: 573–603.

125. W. A. Schiemann, 2014, From talent management to talent optimization, *Journal of World Business*, 49: 281–288; R. Takeuchi, 2010, A critical review of expatriate adjustment research through a multiple stakeholder view: Progress, emerging trends and prospects, *Journal of Management*, 36: 1040–1064.

126. S. E. Reid & U. Brentani, 2015, Building a measurement model for market visioning competence and its proposed antecedents: organizational encouragement of divergent thinking, divergent thinking attitudes, and ideational behavior, *Journal of Product Innovation Management*, 32: 243–262; M. A. Hitt, K. T. Haynes, & R. Serpa, 2010, Strategic leadership for the 21st century, *Business Horizons*, 53: 437–444.

127. S. Gunz & L. Thorne, 2015, Introduction to the special issue on tone at the top, *Journal of Business Ethics*, 126: 1–2; C. Crossland, J. Zyung, N. Hiller, & D. Hambrick, 2014. CEO career variety: Effects on firm–level strategic and social novelty. *Academy of Management Journal*, 57: 652–674; D. C. Hambrick, 2007, Upper echelons theory: An update, *Academy of Management Review*, 32: 334–339.

128. G. Bhalla, 2014, How to plan and manage a project to co-create value with stakeholders, *Strategy & Leadership*, 42: 19–25; J. C. Camillus, 2008, Strategy as a wicked problem, *Harvard Business Review* 86(5): 99–106; A. Priestland & T. R. Hanig, 2005, Developing first-level managers, *Harvard Business Review*, 83(6): 113–120.

129. M. Voronov, D. De Clercq, & C. R. Hinings, 2013, Conformity and distinctiveness in a global institutional framework: The legitimation of Ontario fine wine, *Journal of Management Studies*, 50: 607–645; B. Gutierrez, S. M. Spencer, & G. Zhu, 2012, Thinking globally, leading locally: Chinese, Indian, and Western leadership, *Cross Cultural Management*, 19: 67–89.

130. D. B. Wangrow, D. J. Schepker, & V. L. Barker, 2014, Managerial discretion: An empirical review and focus on future research directions, *Journal of Management*, 41: 99–135; J. Li & Y. Tang, 2010, CEO hubris and firm risk taking in China: The moderating role of managerial discretion, *Academy of Management Journal*, 53: 45–68.

131. C. A. O'Reilly, D. F. Caldwell, J A. Chatman, & B. Doerr, B. 2014, The promise and problems of organizational culture: CEO personality, culture, and firm performance, *Group & Organization Management*, 39: 595–625.

132. D. C. Hambrick, S. E. Humphrey, & A. Gupta, 2015, Structural interdependence within top management teams: A key moderator of upper echelons predictions, *Strategic Management Journal*, 36: 449–461; K. D. Clark & P. G. Maggitti, 2012, TMT potency and strategic decision making in high technology firms, *Journal of Management Studies*, 49: 1168–1193.

133. M. M. Heyden, S. van Doorn, M. Reimer, F. J. Van Den Bosch, & H. W. Volberda, 2013, Perceived environmental dynamism, relative competitive performance, and top management team heterogeneity: Examining correlates of upper echelons' advice-seeking, *Organization Studies*: 34: 1327–1356; R. Shambaugh, 2011, Leading in today's economy: The transformational leadership model, in *What's Next 2011*, NY: McGraw-Hill.

134. S. Khavul & G. D. Bruton, 2013, Harnessing innovation for change: Sustainability and poverty in developing countries, *Journal of Management Studies*, 50: 285–306; A. Leiponen & C. E. Helfat, 2010, Innovation objectives, knowledge sources and the benefits of breadth, *Strategic Management Journal*, 31: 224–236.

135. L Wei & L. Wu, 2013, What a diverse top management team means: Testing an integrated model, *Journal of Management Studies*, 50: 389–412; T. Buyl, C. Boone, W. Hendriks, & P. Matthyssens, 2011, Top management team functional diversity and firm performance: The moderating role of CEO characteristics, *Journal of Management Studies*, 48: 151–177.

136. Stettner & Lavie, Ambidexterity under scrutiny: Exploration and exploitation via internal organization, alliances, and acquisitions; Q. Cao, Z. Simsek, & H. Zhang, 2010, Modelling the joint impact of the CEO and the TMT on organizational ambidexterity, *Journal of Management Studies*, 47: 1272–1296.

137. N. Gaffney, D. Cooper, B. Kedia, & J. Clampit, 2014, Institutional transitions, global mindset, and EMNE internationalization, *European Management Journal*, 32: 383–391; M. J. Chen & D. Miller, 2010, West meets east: Toward an ambicultural approach to management, *Academy of Management Perspectives*, 24: 17–37.

138. M. Loeb, 1993, Steven J. Ross, 1927–1992, *Fortune*, January 25, 4.

139. F. Jing, G. Avery, & H. Bergsteiner, 2014, Enhancing performance in small professional firms through vision communication and sharing, *Asia Pacific Journal of Management*, 31: 599–620.

140. R. F. Everett, 2014, A crack in the foundation: Why SWOT might be less than effective in market sensing analysis, *Journal of Marketing & Management*, 1: 58–78; M. M. Helms & J. Nixon, 2010, Exploring SWOT analysis—where are we now? A review of the academic research from the last decade, *Journal of Strategy and Management*, 3: 215–251.

141. T. Keil, T. Laamanen, & R. G. McGrath, 2013, Is a counterattack the best defense? Competitive dynamics through acquisitions, *Long Range Planning*, 46: 195–215; T. Yu, M. Subramaniam, & A. A. Cannella, Jr., 2009, Rivalry deterrence in international markets: Contingencies governing the mutual forbearance hypothesis, *Academy of Management Journal*, 52: 127–147.

142. O. Schilke & K. S. Cook, 2015, Sources of alliance partner trustworthiness: Integrating calculative and relational perspectives, *Strategic Management Journal*, 36: 276–297; K. H. Heimeriks, C. B. Bingham, & T. Laamanen, 2015, Unveiling the temporally contingent role of codification in alliance success, *Strategic Management Journal*, 36: 462–473.

143. L. A. Cunningham, 2015, The secret sauce of corporate leadership, *Wall Street Journal*, www.wsj.com, January 26; S. D. Julian, J. C. Ofori-Dankwa, & R. T. Justis, 2008, Understanding strategic responses to interest group pressures, *Strategic Management Journal*, 29: 963–984; C. Eesley & M. J. Lenox, 2006, Firm responses to secondary stakeholder action, *Strategic Management Journal*, 27: 765–781.

144. Y. Luo, Y. Liu, Q. Yang, V. Maksimov, & J. Hou, 2015, Improving performance and reducing cost in buyer–supplier relationships: The role of justice in curtailing opportunism, *Journal of Business Research*, 68: 607–615; Y. Luo, 2008, Procedural fairness and interfirm cooperation in strategic alliances, *Strategic Management Journal*, 29: 27–46.

145. H. S. James, D. Ng, & P. J. Klein, 2015, Complexity, novelty, and ethical judgment by entrepreneurs, *International Journal of Entrepreneurial Venturing*, forthcoming; B. A. Scott, A. S. Garza, D. E. Conlon, & K. You Jin, 2014, Why do managers act fairly in the first place? A daily investigation of "hot" and "cold" motives and discretion, *Academy of Management Journal*, 57: 1571–1591.

146. M. Sharif & T. Scandura, T. 2014, Do perceptions of ethical conduct matter during organizational change? Ethical leadership and employee involvement, *Journal of Business Ethics*, 124: 185–196; B. W. Heineman Jr., 2007, Avoiding integrity land mines, *Harvard Business Review*, 85(4): 100–108.

147. D. C. Hambrick & T. J. Quigley, 2014, Toward more accurate contextualization of the CEO effect on firm performance, *Strategic Management Journal*, 35: 473–491; P. Klarner & S. Raisch, 2013, Move to the beat—Rhythms of change and firm performance, *Academy of Management Journal*, 56: 160–184.

© RomanOkopny/Getty Images

2

외부 환경 분석: 기회, 위협, 산업 구조, 경쟁자

● 학습목표 ●

2-1 기업 외부 환경의 이해 및 분석의 중요성을 설명한다.

2-2 일반 환경 및 산업 환경을 설명한다.

2-3 외부 환경 분석을 위한 네 과정을 설명한다.

2-4 일반 환경의 구성 요인을 설명한다.

2-5 다섯 가지 경쟁 요인을 정의하고 각 요인이 산업의 잠재 수익을 결정짓는 방법을 설명한다.

2-6 전략 집단을 정의하고 전략 집단이 기업에 미치는 영향을 설명한다.

2-7 경쟁자 분석 및 경쟁자 정보를 수집하는 다양한 방법을 설명한다.

흔들리는 맥도날드의 황금 아치

맥도날드는 세계에서 가장 큰 레스토랑 체인업체이다. 미국에만 14,350개의 지점이 있으며, 이러한 체인 레스토랑 중에서 가장 큰 시장 점유율(7.3%)을 확보하고 있다. 또한 전 세계에 36,000개 이상의 레스토랑을 보유한 맥도날드는 지난 수년간 패스트푸드 시장의 강자였다. 시장 점유율에서뿐만 아니라 신제품을 선보이는 데 있어서도 단연 앞섰다. 예를 들면 현재 전체 매출의 25%를 차지하고 있는 아침메뉴를 패스트푸드 업계 최초로 맥도날드가 소개했으며, 치킨 맥너겟이라는 메뉴를 성공적으로 출시해서 세계 제일의 치킨 유통업체인 타이슨(Tyson Foods)의 최대 고객이 되었다. 맥도날드는 고급 커피도 성공적으로 도입해서 스타벅스의 경쟁사가 되기도 했다. 이와 같은 성공에도 불구하고 맥도날드에 무슨 문제가 발생한 것일까?

문제는 시장이 경쟁 상황 및 변화하는 고객의 입맛을 중심으로 돌아간다는 것이다. 소비자는 예전보다 더 건강에 신경을 쓰기 시작했고 경쟁자들은 그러한 소비자 욕구에 맞춰 제품을 변경하였다. 그 결과 패스트푸드 업체인 맥도날드는 2014년 총매출이 2.4% 감소하였고 순이익이 15%나 감소하는 어려움을 겪게 되었다. 매출과 이익 모두 감소한 것은 33년 만에 처음 있는 일이었다. 이는 맥도날드가 환경, 특히 경쟁자와 소비자 환경을 분석하는 데 형편없었기 때문이라 여겨진다. 같은 기간에 맥도날드의 일부 경쟁자는 번창했다. 예를 들어 소닉(Sonic)은 매출이 7% 상승했고, 치폴레(Chipotle)은 20%나 증가했다. 또한, 버거전문 레스토랑인 스매시버거(Smashburger)는 맥도날드보다 가격이 다소 높은데도 불구하고 고객을 빼앗아 가고 있다. 이들 경쟁자 제품의 품질은 맥도날드보다 높은 것으로 인식되고 있으며, "주문 제작(made to order)" 방식으로 소비자 개개의 욕구가 잘 반영된 것으로 보인다. 그리고 맥도날드의 메뉴가 다양해지고 복잡해짐에 따라 서비스 시간이 길어지게 된 것도 맥도날드 문제의 한 원인이다. 이렇게 대기 시간이 길어지는 현상은 드라이브 스루(drive-through) 레스토랑에서 확연히 알 수 있는데 최근 대기 시간이 20%까지 증가했다.

시장 및 경쟁자의 변화에 대한 이해 부족으로 맥도날드는 더 이상 시장을 주도할 수 없게 되었고, 현 상황에 대응하는 수동적인 행동을 취하고 있다. 실패의 예로 2013년 치킨윙을 메뉴에 넣기로 결정하고 홍콩에서 매우 성공적인 판매를 거둔 뒤, 미국 애틀랜타의 시장 반응이 좋아 미국 전역을 대상으로 치킨윙 판매를 위한 캠페인을 벌이게 되는데, 여기서 맥도날드는 비참할 정도의 실패를 경험하게 된다. 그 원인은 미국 전역을 대상으로 하기에 치킨윙의 맛이 너무 매웠고, 날개당 1달러라는 가격 또한 너무 비쌌다. 날개 5개 들이 1박스의 가격을 KFC와 비교해 봐도 맥도날드가 1달러 이상이 비쌌기 때문이다. 이러한 문제들로 인해 맥도날드는 2015년에 새로운 최고 경영자를 교체하여 이 난관을 타개하고자 하였다.

새로 부임한 최고 경영자는 빠르게 움직여야만 했다. 맥도날드는 최근 소비자의 건강을 우려하여 항생제를 먹이지 않은 닭만을 사용하겠다고 선언했다. 또한, 호주에서는 맞춤 버거를 판매해서 성공을 거두고 있다. 호주는 세계 여러 나라 중에서 맥도날드의 미래를 밝혀줄 곳으로 여겨진다. 왜냐하면 맥도날드가 미국, 유럽, 아시아에서 어려움을 겪고 있을 때 유일하게 호주에서 매출이 증가했기 때문이다. 맥도날드가 메뉴에 중요한 변화를 준다는 것은 큰 도전이 될 수 있다. 왜냐하면 매년 수천만 파운드의 닭을 수분해야 되는데 항생제를 먹이지 않은 닭을 키워서 전 세계에 완벽하게 공급하려면 수년이 걸릴 수

Ruaridh Stewart/ZUMA Press/Newscom

있기 때문이다. 또한 어린이를 대상으로 하는 해피밀에서 채소를 변경하는 것(예: 어린 당근을 추가)과 오이와 같은 새로운 야채를 추가했을 때 요구되는 새로운 포장지를 개발하고 실행하는 것 역시 시간이 걸린다. 왜냐하면 필요한 장소에 요구되는 양과 품질에 맞춰 공급할 수 있는 대규모의 공급업체를 획득하는 것이 쉽지 않기 때문이다.

맥도날드는 한때 시장의 리더였다. 그러나 지금은 뒤처지지 않으려 애를 쓰고 있으며, 사업 침체를 막기 위해 노력하고 있다. 맥도날드는 외부의 환경에 특히 소비자와 경쟁자의 변화에 빠르게 그리고 효과적으로 대응할 필요가 있다.

출처: A. Gasparro, 2015, For McDonald's, a minor menu change takes planning, MSN, www.msn.com/en-us/money, March 5; A. Gasparro, 2015, McDonald's new chief plots counter attack, *Wall Street Journal*, www.wsj.com, March 1; M. Hefferman, 2015, It's still a happy meal in Australia for McDonald's, *Sidney Times Herald*, www.smh.com.au, March 10; J. Kell, 2015, McDonald's sales still down as a new CEO takes the helm, *Fortune*, www.Fortune.com, March 9; D. Shanker, 2015, Dear McDonald's new CEO: Happy first day. Here's some (unsolicited) advice, *Fortune*, www.Fortune.com, March 2; S. Strom, 2015, McDonald's seeks its fast-food soul, New York Times, www.nytimes.com, March 7; S. Strom, 2015, McDonald's tests custom burgers and other new concepts as sales drop, *New York Times*, www.nytimes.com, January 23; B. Kowitt, 2014, Fallen Arches, *Fortune*, December, 106–116.

도입사례에서 보듯이 기업의 외부 환경은 경쟁 기업을 능가하고 평균 이상의 수익을 올리기 위해 기업이 취하는 경쟁 행위 및 대응(response)에 영향을 준다.[1] 맥도날드는 소비자 입맛의 변화와 경쟁의 심화 때문에 최근 수익의 감소를 경험했다. 그래서 맥도날드는 메뉴 및 공급 내용을 변경함으로써 이러한 환경 변화의 위협에 대응하고 있다. 건강한 음식의 선택을 강조하는 사회의 변화는 본 장에서 배우게 될 일반 환경의 사회문화적 요인이다. 도입사례는 항생제를 먹이지 않은 치킨만을 공급함으로써 소비자의 건강을 염려하는 식으로 반응하는 맥도날드의 환경 변화 대응을 보여준다.

1장에서 설명했듯이 오늘날 외부 환경은 역사적 환경과는 다른 특성을 갖는다. 기술 변화가 계속해서 일어나고, 정보 수집 및 처리 능력이 발전함에 따라 기업은 예전보다 더욱 시기적절한 경쟁 행위 및 대응의 필요성이 더욱 증대되고 있다(기업의 경쟁 행위 및 대응에 대해서는 5장에서 본격적인 논의가 이루어질 것이다).[2] 게다가 여러 나라에서 일어나고 있는 빠른 사회적 변화는 노동 관행과 제품 특성(예: 소비자 요구의 다양성 증대)에 영향을 준다. 각국의 정부 정책과 법 역시 기업들이 어디서 어떻게 경쟁할지를 선택하는 데 영향을 준다.[3] 그리고 2010년 이후 조치가 이루어진 여러 국가의 금융 규제 시스템의 변화는 기업 금융 거래의 복잡성을 더욱 증가시키는 역할을 할 것이다.[4]

기업은 자신의 지식 기반 및 역량을 구축하기 위해 경쟁자, 소비자, 기타 이해관계자들에 대한 정보를 획득함으로써 외부 환경을 이해하려 한다.[5] 그리고 새로운 정보를 바탕으로 기업은 어떤 행동(예: 새로운 역량 및 핵심 역량의 구축)을 취하는데, 이러한 행동을 통해서 기업은 부정적 환경을 방어하거나, 이해관계자들의 요구를 좀 더 만족시킴으로써 또 다른 기회를 추구할 수 있다고 기대한다.[6]

결론적으로 기업의 경쟁적 행동 및 대응은 기업 외부 환경(external environment)의 세 가지 조건(일반 환경, 산업 환경, 경쟁자 환경)과 그 환경 조건에 대한 이해를 통해서 결정된다(그림 2-1 참조). 다음은 기업 외부 환경을 구성하고 있는 각 요인에 대해 설명하고자 한다.

2-1 일반, 산업, 경쟁자 환경

일반 환경은 산업과 산업 내 기업들에 영향을 미치는 사회 전반의 여러 차원으로 구성된다.

일반 환경(general environment)은 산업과 산업 내 기업들에 영향을 미치는 사회 전반의 여러 차원으로 구성된다.[7] 그리고 이 차원은 일곱 가지 환경 부문(인구통계학적, 경제적, 정치적/법적, 사회문화적, 기술적, 세계적, 물리적)으로 구분할 수 있으며, 각 부문별로 분석 가능한 예시 요소가 〈표 2-1〉에 잘 나타나 있다.

기업은 일반 환경을 직접적으로 통제할 수 없다. 따라서 기업이 할 수 있는 일은 일반 환경 각 부분의 미래 동향을 파악하고, 기업에 미치게 될 효과를 예측하는 것이다. 예를 들면, 향후 10년에서 20년 사이 신흥 시장 국가에 살고 있는 수백만 명이 중산층에 합류할 것이라고 한다. 물론 대규모 다국적기업을 포함해서 어떤 기업도 향후 10년 또는 20년간 잠재적 소비자의 성장이 어디서 일어날지는 예측하기 어렵다. 그럼에도 불구하고 기업은 변한 시장 조건에서도 전략이 성공적으로 작동될 수 있도록 지속적으로 미래를 연구해야만 한다.[8]

그림 2-1 외부 환경

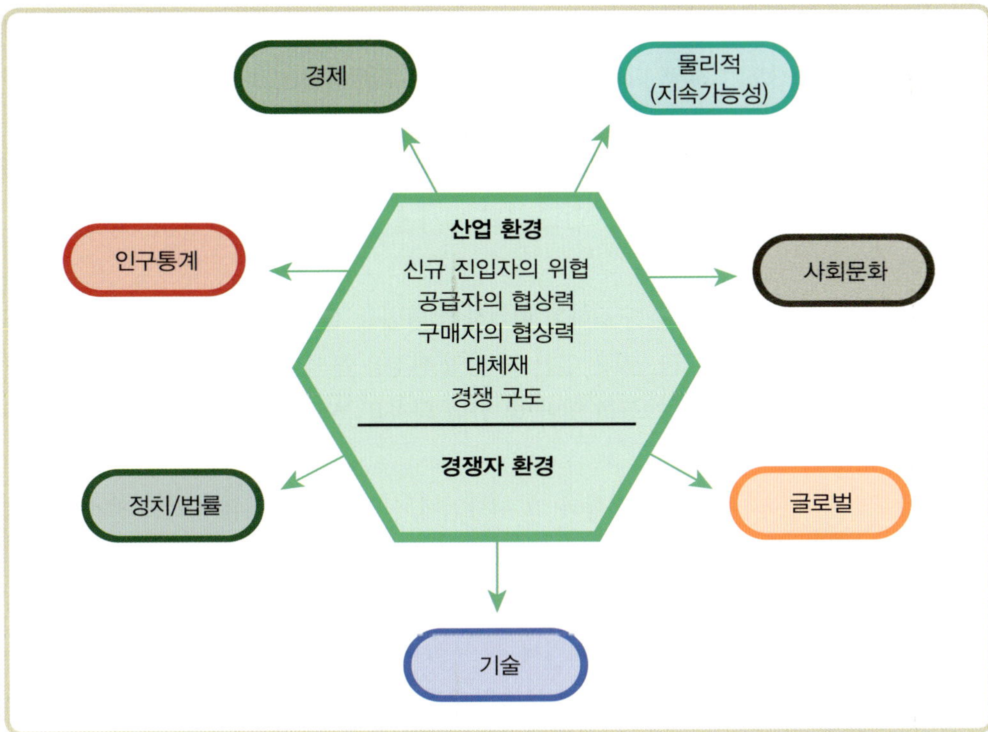

표 2-1 일반 환경: 부문과 구성 요소

부문	구성 요소	
인구통계 부문	• 인구 규모 • 연령 구조 • 지리적 분포	• 인종 구성 • 소득 분포
경제 부문	• 인플레이션율 • 이자율 • 무역 적자 또는 흑자 • 예산 적자 또는 흑자	• 개인 저축률 • 기업 저축률 • 국내총생산
정치적/법률적 부문	• 반독점법 • 세법 • 탈규제 철학	• 직업 훈련법 • 교육 철학 및 정책
사회문화 부문	• 여성 노동 인구 • 노동 인구의 다양성 • 직장 생활의 질에 대한 태도	• 직장 및 경력 선호의 변화 • 제품 및 서비스 특성을 고려한 선호의 변화
기술 부문	• 제품 혁신 • 지식의 응용	• 민간 및 정부가 지원하는 연구개발 비용 • 새로운 통신 기술
글로벌화 부문	• 중요한 정치적 사건 • 중요한 글로벌 시장	• 신 산업화 국가 • 문화 및 제도적 속성의 차이
지속 가능한 물리적 환경 부문	• 에너지 소비 • 에너지 자원 개발의 관례 • 재생 가능한 에너지 확보 노력 • 기업의 환경발자국 최소화	• 물 부존량 • 환경 친화적인 제품 생산 • 자연 또는 인간에 의한 재해 대비

산업 환경은 기업과 기업의 경쟁적 행동 및 대응에 직접적으로 영향을 주는 일련의 요인으로, 신규 진입 위협, 공급자의 협상력, 구매자의 협상력, 대체재의 위협, 경쟁 기업 간의 경쟁 강도를 포함한다.

산업 환경(industry environment)은 기업과 기업의 경쟁적 행동 및 대응에 직접적으로 영향을 주는 일련의 요인으로, 신규 진입 위협, 공급자의 협상력, 구매자의 협상력, 대체재의 위협, 경쟁 기업 간의 경쟁 강도, 이렇게 다섯 가지로 구성된다.[9] 한마디로 이 다섯 가지 요인 간의 상호작용은 특정 산업의 잠재적 수익을 결정짓고 결국에는 각 기업이 취할 경쟁적 행동 및 대응에 영향을 미치게 되는 것이다. 따라서, 기업의 당면과제는 이 다섯 가지 요인이 모두 자사에 우호적이거나, 다섯 가지 요인의 영향력으로부터 자사를 성공적으로 방어할 수 있는 산업을 찾아 위치를 확보하는 것이다.

경쟁자 분석은 기업이 경쟁자에 대한 정보를 수집하고 해석하는 방법이다.

기업이 경쟁자에 대한 정보를 수집하고 해석하는 방법을 **경쟁자 분석**(competitor analysis)이라고 한다. 경쟁자 환경을 이해하는 것은 일반 및 산업 환경을 분석함으로써 제공되는 통찰력을 보완해준다.[10] 이는 맥도날드가 그들의 일반 및 산업 환경을 분석하고 이해하는 활동을 더 잘 할 필요가 있음을 의미한다.

일반 환경 분석은 환경의 미래 동향과 그 시사점에, 산업 환경 분석은 사업의 잠재적 수익에 영향을 주는 요인 및 조건에, 경쟁자 분석은 경쟁자들의 행동, 반응, 의도를 예측하는 데 초점을 둔다. 그리고 이 세 가지 분석을 결합한 결과는 기업의 비전, 미션, 전략적 선택, 경쟁적 행동 및 대응에 영향을 준다. 우리는 여기서 각 분석을 따로따로 설명하겠지만, 기업의 성과 향상을 위해서는 각 분석에서 제공되는 통찰력을 효과적으로 통합시켜야 한다.

2-2 외부 환경 분석

대부분의 기업은 치열하고 복잡한 글로벌화된 외부 환경에 직면하기 때문에 외부 환경을 어려운 것으로 인식한다.[11] 기업은 모호하고 불완전한 환경 정보를 관리하고 일반 환경에 대한 이해를 높이기 위해 외부 환경 분석(external environmental analysis)을 실시한다. 이 분석은 정밀조사, 모니터링, 예측, 평가라는 네 과정을 포함한다(표 2-2 참조).

기회는 기업이 효과적으로 활용한다면 전략적 경쟁력을 얻는 데 도움이 되는 환경이다.

기회와 위협을 정의하는 것은 일반 환경 분석의 중요한 목적이다. 여기서 **기회**(opportunity)란 기업이 효과적으로 활용한다면 전략적 경쟁력을 얻는 데 도움이 되는 환경을 의미한다. 대부분의 기업은 계속해서 위협뿐만 아니라 다수의 기회와 마주치게 된다.

실현 가능한 기회의 관점에서 살펴보았을 때, 문화, 정치, 경제적 요인을 종합해보면 아프리카, 아시아, 라틴 아메리카의 일부 지역에서 소매 산업이 빠르게 성장할 수 있음을 주목하게 된다. 따라서 세계에서 가장 큰 월마트와 그 다음으로 큰 글로벌 거대 소매업체들(프랑스의 까르푸, 영국의 테스코, 독일의 메트로)은 위에서 언급된 지역들로 사업을 확장하고 있다. "월마트는 칠레(404개 매장), 인도(20개 매장), 남아프리카(360개 매장)에 매장 수를 늘리고 있다.

표 2-2 외부 환경 분석의 네 과정

정밀조사	• 환경 변화 및 동향의 조기 신호를 정의
모니터링	• 환경 변화 및 동향의 지속적인 모니터링을 통해 그 의미를 파악
예측	• 모니터링된 변화 및 동향에 근거하여 예측되는 결과물을 예측
평가	• 기업의 전략 및 경영을 위해 환경 변화 및 동향의 시기와 중요성을 결정

까르푸(Carrefour)는 인도에서 4년의 영업을 접고 2014년 퇴출한 반면 같은 해 테스코(Tesco)는 인도에 점포를 개장했다. 메트로(Metro)는 이집트에서 영업을 중단한 반면, 중국, 러시아, 일본, 베트남, 인도 및 여러 동유럽 국가에 진출하고 있다."[12]

위협(threat)은 전략적 경쟁력을 획득하기 위한 기업의 노력을 방해할 수 있는 일반 환경이다.[13] 핀란드 기업인 노키아(Nokia)는 지적재산권과 관련된 위협을 처리하고 있는데, 그 예로 노키아의 특허 9개를 침해한 것으로 여겨지는 대만 스마트폰 제조업체인 HTC에 대해 2013년경 추가적으로 2개의 특허 침해를 주장한 것이다.[14] 이와 같은 위협은 확실히 정치적/ 법적 부문에 해당된다.

위협은 전략적 경쟁력을 획득하기 위한 기업의 노력을 방해할 수 있는 일반 환경이다.

기업은 정밀조사, 모니터링, 예측, 평가를 통한 일반 환경 분석을 위해 다양한 자료를 활용한다. 다양한 인쇄 매체(예: 무역 보고서, 신문, 사업 보고서, 논문, 여론), 무역박람회, 공공 기관의 공급업체, 소비자, 종업원 등을 활용할 수 있다. 인터넷 정보 또한 일반 환경을 분석하는 데 점차 중요성이 점차 증가하고 있다.

2-2a 정밀조사

정밀조사(scanning)는 일반 환경 일곱 부문을 모두 분석하는 활동이 수반되기 때문에 매우 험난한 과정이지만, 일반 환경에서 각 부문의 동향을 이해하고 함의를 끌어내려는 기업의 노력을 위해 매우 중요하다. 이 활동은 환경 변동성이 매우 높은 곳에서 경쟁하는 기업에게 특히 중요하다.[15]

정밀조사를 통해 기업은 일반 환경에서 일어날 잠재적 변화의 신호를 조기에 감지하고, 이미 진행 중인 변화를 추적할 수 있다.[16] 정밀조사 활동은 반드시 조직적 상황에 맞아야 하는데, 예를 들면 변동성이 높은 환경을 위해 설계된 정밀조사 시스템은 안정적 환경에 놓여 있는 기업에게는 적합하지 않다.[17] 정밀조사는 종종 모호하거나, 불완전하거나, 서로 연관성이 없는 정보를 보여주기 때문에 주의 깊은 분석이 요구된다.

환경에서 실제 일어나고 있거나 대중 매체에 발표되고 있는 사건들을 알아내기 위해 많은 기업이 특별한 소프트웨어를 활용한다. 예를 들면 뉴스 이벤트 감지는 텍스트를 분류하고, 중요한 이벤트를 놓치는 실수나 이벤트의 허위 감지를 줄이기 위해 정보 기반 시스템을 활용한다. 이 시스템은 점차적으로 사회 매체를 연구하는 데 자주 사용될 것이다.[18]

인터넷은 정밀조사를 위한 기회를 제공한다. 예를 들어 아마존은 자사 웹사이트를 방문하는 개인에 대한 정보를 기록하는데, 특히 구매가 이루어지는지에 대해 기록한다. 그리고 구매한 소비자가 웹사이트를 다시 방문했을 때 아마존은 구매자별로 이름을 불러 환영하고, 특별 제품 및 이전에 구매했던 것과 유사한 신제품에 대한 정보를 구매자에게 보낸다. 넷플릭스(Netflix)를 포함한 수많은 다른 기업 역시 소비자의 취향을 알아내기 위해 소비자의 인구통계학적 데이터를 수집한다. 24억 명 이상의 사람이 인터넷을 사용하고 있는데, 이 숫자는 북미 인구의 78.6%에 해당되고 유럽 인구의 63.2%에 해당된다. 따라서 인터넷은 사용자에 대한 정보를 수집하는 아주 좋은 기회를 만들어낸다.[19]

2-2b 모니터링

모니터링(monitoring) 시, 분석가들은 중요한 환경 동향이 정밀조사를 통해 발견된 사항인지를 확인한다.[20] 성공적 모니터링은 환경 동향 및 사건들 속에 담겨진 의미를 찾아내는 기업의 능력에 달려 있다. 예를 들면 2013년 미국 은퇴 동향을 모니터링한 결과 설문에 응답한 미국 노동자의 57%가 은퇴를 위해 따로 준비한 저축 및 투자액은 보유한 집을 제외하면 25,000달러 이하임을 알 수 있었다. 이 설문을 통해 또 알 수 있는 것은 "미국인의 28%가 편안하게 은퇴할 정도의 돈을 확보할 수 있을 거라는 확신이 없다"[21]는 것이다. 이러한 이유는 경제적 침체와 낮은 임금 성장이 한몫하고 있는 것이다. 최근 설문 조사에 따르면 응답자의 67%는 저축액이 6개월치 또는 그 이하의 지출액밖에 되지 않고, 약 28%는 저축이 전혀 없다고 응답했다.[22] 퇴직자의 재정 욕구를 만족시켜주고자 하는 기업들은 위와 같은 현상이 고착화되는지 확인하기 위해 계속해서 노동자들의 저축 및 투자 패턴의 변화를 모니터링할 것이다. 은퇴를 위해 (또는 다른 욕구를 위해) 저축을 적게 하는 것이 실제로 하나의 동향으로 구축될 때 기업은 그 현상으로부터 경쟁적인 시사점을 파악하고자 할 것이다.

효과적인 모니터링을 위해서 기업은 중요한 이해관계자를 규명하고, 그 이해관계자별 고유의 요구(이해관계자별 고유의 요구에 대해서는 1장에서 설명하였음)를 만족시키기 위해 이해관계자 간의 명성을 이해하는 것이 요구된다.[23] 주요 이해관계자를 모니터링하는 수단으로 다른 이사회에 활동하는 이사들을 활용하는 것이다(이것을 겸임 중역회라고 함). 그들은 외부의 정보 및 지식을 이전하는 것을 수월하게 만들어준다.[24] 정밀조사와 모니터링이 특히 중요한 경우는 불확실성이 높은 하이테크놀로지 산업에서 경쟁하는 기업에 해당된다.[25] 정밀조사와 모니터링은 기업에게 정보를 제공하며, 시장에 대한 지식을 입수하는 수단뿐만 아니라 기업이 개발한 신기술의 성공적 상업화 방법까지도 알 수 있게 해준다.[26]

2-2c 예측

정밀조사와 모니터링은 어느 한 시점에서 일반 환경의 사건 및 동향에 관심을 갖는 것이다. 예측(forecasting)을 할 때는 정밀조사와 모니터링을 통해 알아낸 사건 및 동향의 결과로써 무엇이 얼마나 빠르게 일어날지 분석가들이 실현 가능한 전망을 내놓는다.[27] 예를 들면 분석가는 신기술이 시장에 도달할 때까지 걸리는 시간, 예상되는 노동 인구 구성비의 변화에 적응하는 데 필요한 기업의 교육훈련 절차가 생기기까지 걸리는 시간, 정부의 세제 정책이 소비자의 구매 패턴에 변화를 주기까지 걸리는 시간을 예측할 수 있다.

사건 및 결과를 정확하게 예측하는 것은 매우 도전적인 일이다. 기술 변화가 계속해서 제품의 생명주기를 짧게 하기 때문에 신기술 제품에 대한 수요 예측은 어렵다. 인텔의 제품은 소비자의 여러 기술 제품(예: 전자 제품) 안에 포함되어 있고, 계속해서 업데이트되어야 하기 때문에 예측이 더욱 어렵다. 예측의 어려움이 증가할수록 인텔은 전 세대(generation)보다 훨씬 비싼 새 웨이퍼 제작과 실리콘 칩 생산 공장에 투자를 했다. 이러한 이유 때문에 전자 제품 수요를 정확히 예측할 수 있는 수단의 보유는 인텔의 입장에서 매우 가치 있는 일이다.[28]

2-2d 평가

평가(assessing)의 목적은 알려진 환경 변화 및 동향의 효과에 대한 시기 및 중요성을 결정하는 것이다.[29] 정밀조사, 모니터링, 예측을 통해 분석가들은 일반 환경을 이해할 수 있다. 여기서 한 발자국 더 나아가 평가의 목적은 이해한 내용의 시사점을 구체화하는 것이다. 평가 과정이 없다면 기업은 흥미롭지만 알려지지 않은 경쟁적 관련성을 보유한 데이터만을 남길 뿐이다. 공식적인 평가가 부적합하다 할 지라도 정보에 대한 적절한 해석은 중요하다.

기업의 일반 환경에서 일어날 것으로 기대되는 동향을 정확히 평가하는 것이 중요하지만, 그 동향이 갖는 의미를 해석하는 것은 더욱 중요하다. 즉, 정보를 수집하고 조직화하는 것이 중요하지만, 일반 환경에서 알려진 동향이 위협인지 기회인지를 결정하기 위해 수집된 정보가 제공하는 의미를 적절히 해석하는 것이 더 중요하다.[30]

2-3 일반 환경

일반 환경은 〈표 2-1〉에서 보듯이 기업 외부와 관련된 부문이다. 충격의 정도가 다양하지만 일반 환경은 그 속에서 경쟁하는 모든 산업과 기업에 영향을 준다. 따라서 기업의 과제는 일반 환경이 기업에 미치는 영향을 예측하기 위해 일반 환경의 각 부문을 구성하는 요소들을 정밀조사, 모니터링, 예측 및 평가하는 것이다. 기회 및 위협을 인식하고 평가하기 위한 기업의 노력에 있어서 효과적인 정밀조사, 모니터링, 예측 및 평가 활동은 필수적이다.

2-3a 인구통계학적 부문

인구통계학적 부문(demographic segment)은 인구 규모, 연령 구조, 지리적 인구 분포, 인종 구성, 소득 분포 등과 관련이 있다.[31] 인구통계학적 부문은 보편적으로 글로벌 수준에서 분석되는데, 그 이유는 많은 기업이 글로벌 시장에서 경쟁하고 있고, 국경을 넘는 인구통계학적 부문의 잠재적 영향력 때문이다.

인구통계학적 부문은 인구 규모, 연령 구조, 지리적 인구 분포, 인종 구성, 소득 분포 등과 관련이 있다.

인구 규모

세계의 인구는 1959년과 1999년 사이에 30억에서 60억으로 두 배가 되었다. 세계 인구는 21세기에도 계속 성장하겠지만 그 속도는 늦추어질 것으로 전망되고 있다. 2015년 세계 인구는 73억이었으며, 2042년경에는 90억이 2050년경에는 대략 92억 5천명이 될 것이라고 한다.[32] 2015년 중국은 약 14억 인구를 가지면서 세계에서 가장 큰 나라가 되었다. 그러나 2050년경이 되면 인도가 약 16억 9천으로 세계에서 가장 큰 인구를 보유한 나라가 될 것이며, 그 뒤로 중국(14억), 미국(4억 3,900만), 인도네시아(3억 1,300만), 파키스탄(2억 7,600만)의 순으로 세계에서 가장 많은 인구를 갖는 나라가 될 것이다.[33] 기업은 자사의 제품 및 서비스를 팔 수 있는 성장세 시장을 찾는 데 노력을 기울이고 있으며, 다들 위 다섯 국가에서 각자의 시장 잠재력을 얻기를 희망한다.

다른 나라 및 지역의 인구를 모니터링하는 한편 기업은 자사의 전략적 시사점을 평가하기 위해 서로 다른 인구 개체군 내에서 발생하는 변화 또한 알고 싶어한다. 예를 들면 2011년 기준 일본 시민의 23%가 65세 이상이지만, 미국과 중국의 경우 2036년이 되어야 일본과 같은 수준에 도달한다고 한다.[34] 노령 인구의 증가는 모든 국가에서 심각한 문제이다. 왜냐하면 노동력 부족과 퇴직 지원 프로그램이 재정적 부담으로 다가오기 때문이다. 이와 같은 문제를 해결하기 위해서 일본을 비롯한 일부 국가는 종업원의 근무 기간을 연장시키고 있다.

연령 구조

인구통계학적 부문 중에서 가장 주목할만한 요인은 세계 인구가 급속히 노령화되고 있다는 것이다. 예를 들면 미국은 2012년 기준 인구의 7분의 1만이 65세 이상의 인구이지만, 2050년이 되면 인구의 5분의 1 이상이 65세 이상 인구가 된다. 또한, 100세가 넘는 인구 숫자는 2023년에 현재의 두 배가 되고 2035년에 또 다시 그 두 배가 된다고 한다. 21세기 후반이 되면 일부 산업 국가의 기대 수명은 100세를 훌쩍 넘을 것으로 바라보고 있다.[35] 중국의 경우 2050년경이 되면 65세 이상의 인구가 대략 3억 3천명에 이를 것이고, 이것은 중국 인구의 거의 4분의 1에 해당된다.[36] 1950년대 일본은 세상에서 가장 젊은 인구 구성비를 자랑했었다. 현재 일본에서 중년은 45세를 가리키지만, 2040년이 되면 중년의 나이는 55세가 된다고 한다. 또 다른 전망에 따르면 일본의 출생률이 너무 저조해서 2040년경 100세 이상의 인구와 신생아의 인구가 비슷해질 것이라고 한다.[37] 2050년경 세계 인구의 약 25%는 65세 이상이 될 것이다. 이와 같은 인구 변화는 양질의 가용 노동, 퇴직자를 위한 의료 정책, 사업 기회에 대해 여러 가지 시사점을 제공한다.[38]

위와 같은 전망은 상반된 가능성을 보여준다. 일본의 노동 연령 인구가 2012년 8,100만 명에서 2040년 5,700만 명으로 감소한다는 전망은 일본 기업의 운영 능력에 위협이 될 수 있다. 반면에 일본 기업은 노동자의 생산성을 올리거나 다른 나라에 생산 기지를 설립하는 방법을 발견하는 기회를 가질 수도 있을 것이다. 미국에서 (아마 다른 국가들에서도) 예상했던 베이비 부머(1947년에서 1965년에 출생한 사람들)의 은퇴가 지연됨으로써 잠재적 기회가 나타날 수 있다. 즉, "오랫동안 심상치 않았던 베이비 부머 세대 두뇌 유출을 유보 또는 회피할 수 있게" 된 것이다. 어떤 면에서 "조직은 과거 수십 년 동안 인원 삭감의 여파로 발생한 경험의 간극뿐만 아니라, 시장에서 중요한 기술 부족으로 일어나는 능력의 간격까지 해결할 수 있는 새로운 기회를 갖게 된 것이다."[39] 기업은 젊은 직원들에게 지식을 전수하고 고도의 기술을 빨리 터득하도록 도움을 줄 수 있는 경험이 풍부한 장년층 직원을 활용할 수 있다. 또한, 기업은 유용한 노동력을 좀 더 효과적으로 활용할 기회를 얻게 되었다. 예를 들면 높은 수준의 전문직과 관리직에 여성을 배치하는 것은 전반적으로 활용 가능한 인력 부족의 문제점을 해소시킬 수 있다. 그리고 연구에 따르면 이렇게 하는 것이 전반적인 성과를 높일 수 있다고 한다.[40]

지리적 인구 분포

국가 내에서 또는 지역 내에서 인구 분포의 유형은 시간이 지나면서 변하기 마련이다. 예를 들면 지난 몇십 년 동안 미국의 인구는 북동 지역과 오대호 지역에 있는 주에서 서쪽의 캘리포니아, 남쪽의 플로리다, 남서쪽의 텍사스주로 이동하였다. 2000년 이후 캘리포니아 인구는 약 500만까지 증가했고, 텍사스는 610만 명까지 증가했으며, 플로리다는 같은 기간에 390만 명까지 증가했다.[41] 인구가 "한랭지대"에서 "온난지대"로 이동한 것이다. 그 결과로 2011년 기준 캘리포니아의 국내총생산액은 20조 달러로 세계에서 아홉 번째로 큰 경제 규모를 갖게 되었다. 같은 해에 텍사스의 국내총생산액은 13조 달러로 캘리포니아 다음이다.[42]

최근 몇 년 동안 인구가 많이 유출된 주는 일리노이, 뉴저지, 뉴욕, 미시간, 메인, 코네티컷, 위스콘신주이다. 21세기 최초 10년간의 패턴을 보면 오리건주과 함께 워싱턴 DC가 인구 유입 지역으로 인기가 높았다. 워싱턴 DC가 인기 있는 이유는 하이테크 섹터가 밀집해있고, 연방정부의 일거리가 넘쳐 불경기에도 끄덕 없는 경제적 기회를 갖고 있기 때문으로 보인다. 또한, 포틀랜드시는 경제적 성장, 최첨단의 도시 계획, 좋은 경치 등이 어우러져 오리건주의 매력을 한껏 발산하는 도시로 알려졌다.[43]

기업은 기회와 위협을 규명하기 위해 나라와 지역의 인구 분포의 패턴을 주의 깊게 연구한다. 그래서 미국 현재 인구 분포 패턴에 따르면 오리건주를 포함하여 서쪽 해안선을 따라 위치한 주들과 남쪽 및 남서쪽에 있는 주들뿐만 아니라 워싱턴 DC에 기회의 가능성이 높음을 알 수 있다. 반면에 북동쪽 및 오대호 지역에서 경쟁하는 기업들은 수익성 있는 운영에 위협이 되는 것이 무엇인지를 알아내는 데 집중할 필요가 있다.

물론, 지리적 분포의 유형은 전 세계에 걸쳐 다양하다. 예를 들면 중국은 대부분의 인구가 시골에서 거주하지만, 최근의 성장 유형을 보면 상하이나 베이징과 같은 대도시로 인구가 이동하고 있다.[44] 최근 유럽에서 일어난 변화를 보면 프랑스, 독일, 영국과 같은 나라는 적은 양이지만 인구가 늘어난 반면 그리스는 인구가 감소되었다. 전반적으로 유럽의 지리적 인구 분포의 모습은 꽤 안정적이다.[45]

인종 구성

나라들의 인종 구성은 계속해서 변하며, 그 결과는 기업들에게 기회 또는 위협으로 작용한다. 예를 들면 미국에서 히스패닉계는 가장 규모가 큰 소수 인종이다.[46] 미국 히스패닉계 시장은 브라질과 멕시코 다음으로 큰 "라틴 아메리카" 경제이다. 최근 텍사스, 캘리포니아, 플로리다, 뉴멕시코와 같은 미국 일부 주에서 스페인어가 대세이다. 이와 같은 사실 때문에 기업들은 자사 제품 및 서비스가 히스패닉 소비자의 독특한 요구에 부합할지 또는 만족스러울지를 알고 싶어한다. 2020년 즈음이면 미국 아이의 50% 이상이 소수 인종의 구성원이 되고, 2044년이 되면 소수 인종이 미국 인구의 다수를 차지하게 된다고 한다.[47] 인구의 인종 다양성은 소비자의 욕구 때문만이 아니라 노동력의 구성 때문에도 중요하다. 연구에 따르면 경영진의 인종 다양성이 높은 기업일수록 더 높은 성과를 낸다고 한다.[48]

인종 구성을 조사할 때 기업은 또 다른 점에 관심을 두어야 하는데, 예를 들면 아프리카 국가들은 매우 다양한 인종을 가지고 있다는 것이다. 그중 우간다가 인종 다양성이 높고, 그 다음이 리베리아이다. 반면에 일본과 한국은 인종 다양성이 낮은 나라에 속한다. 유럽 국가들은 인종적으로는 동질적인 반면 미국은 다양한 편이다. "미국에서 중앙 아메리카를 거쳐 브라질로 내려오는 '신세계(new world)'로 불리는 나라들은 상대적으로 개방적인 이민의 역사와 때로는 원주민과 개척민이 섞여 인종적으로 매우 다양한 경향이 있다."[49]

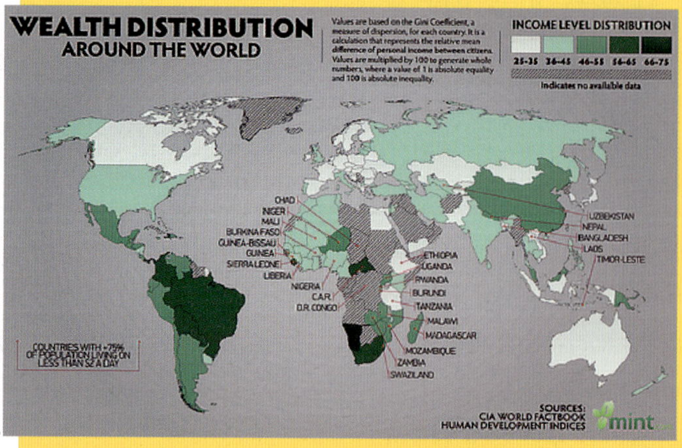

global wealth distribution.PNG

전 세계 소득 분포는 매우 다르다.

소득 분포

소득이 국민들 사이에 어떻게 분포되는지를 이해하는 것은 기업에게 서로 다른 구매력 집단에 대한 정보와 재량 소득(discretionary income)에 대한 정보를 준다. 기업이 특별히 관심을 두는 항목은 가계 및 개인의 평균 소득이다. 예를 들면 맞벌이 부부의 증가는 평균 소득에 영향을 주는데, 전반적으로 실질 소득이 감소함에도 불구하고 맞벌이 부부의 가계 소득이 증가하는 현상이 그것이다. 특히 미국에서 이와 같은 현상이 나타난다. 이 같은 수치는 전략적으로 관련성이 높은 정보를 기업에게 준다. 예를 들면 종업원이 맞벌이 부부인지 아닌지가 국제적인 업무 배치 수용 의향에 강하게 영향을 준다고 한다. 그러나 많은 기업이 여전히 국제적인 업무 배치를 하고 있지만, 최근 글로벌 경제 여건의 악화로 국외거주자 지원을 위한 추가 비용을 피하려는 경향으로 바뀌고 있다.[50]

중국 경제의 성장은 많은 기업을 끌어들이고 있는데, 그 이유는 중국이 저원가 생산지일 뿐만 아니라 대규모 인구 탓에 거대한 잠재적 수요를 보유하고 있기 때문이다. 그러나 최근에 중국의 국내 소비는 국민총생산량의 3분의 1로, 주요 경제국 중 가장 낮은 위치를 차지했다. 반면, 인도의 경우 소비재에 대한 국내 소비는 인도 경제의 3분의 2를 차지하는데 이는 중국 규모의 두 배가 된다. 흔히 말하는 서구의 다국적기업들은 인도의 중산층이 광범위하게 성장하고 있는 만큼 소비 시장으로써 인도를 고려하고 있다. 인도는 열등한 국가 기반 시설을 갖고 있긴 하지만, 소비에 있어서는 인도 소비자가 우월한 위치에 있다. 게다가 도시와 시골 간의 임금 격차가 중국보다 빠르게 줄어들고 있다. 이 같은 상황 때문에 소득 분포를 기반으로 한 시장 간의 격차에 주의를 기울이는 것은 매우 중요하다.[51] 국가 간의 소득 차이는 기업들에게 가장 높은 소득 증대와 시장 기회를 생산할만한 경제적 시스템이 무엇인지 정의하는 것이 매우 중요함을 알려준다.[52] 그래서 기업 환경 분석에서 경제적 부문이 결정적으로 중요하다.

2-3b 경제적 부문

경제 환경은 기업이 경쟁하거나 또는 경쟁할 수도 있는 경제 상황의 속성 및 방향을 의미한다.

경제 환경(economic environment)은 기업이 경쟁하거나 또는 경쟁할 수도 있는 경제 상황의 속성 및 방향을 가리킨다.[53] 일반적으로 기업은 강력한 성장 잠재력을 가진 비교적 안정적인 경제 상황에서 경쟁하기를 원한다. 글로벌 경제의 결과로서 국가들은 서로 연결되어 있기 때문에 기업은 밖의 경제 상황뿐만 아니라 본거지의 경제 상황에 대해서 정밀조사, 모니터링, 예측, 평가를 해야 한다.

경제적 환경에서 발생하는 동향 및 그 영향력을 예측할 목적으로 경제적 환경을 분석하는 기업에게 있어 그 결과물은 항상 불확실하고 도전적이다. 이러한 데는 적어도 두 가지 이유가 있다. 첫째, 2008년과 2009년의 세계 경제 침체는 전 세계 기업들에게 소비자의 수요 감소, 기업의 재고량 증가, 이전에 없던 정부의 규제 조치, 자금 조달 원천에 대한 접근의 어려움 등 수많은 문제점을 안겨주었다. 둘째, 그 두 해의 경기 침체로부터 회복하기 위한 세계적인 노력의 결과가 이전보다 상대적으로 느리고 약하다고 보기 때문이다. 기업들은 경제 쇼크에 적응해야만 할 뿐만 아니라 회복을 위한 노력도 해야 한다. 예를 들면 다수 유럽 국가(예: 그리스와 스페인)의 경제는 여전히 심각한 침체를 겪고 있다. 역사적으로 보았을 때 경제적 불확실성이 높으면 항상 저성장이 함께 온다는 가능성에 기업들은 우려한다. 일부 연구는 "경제적 불확실성이 최근 증가하고 있음이 분명하다"라고 재확인해주고 있다.[54] 현재의 경제적 불확실성의 정도는 예측 가능한 미래의 경우 그 성장이 느릴 수 있음을 확인해준다.

Christopher Polk/ACMA2010/Getty Images

오늘날 합법화된 도박은 MGM과 같은 리조트업체 내에서 제공하게 되어 있다. 그러나 최근 미국 네바다주는 온라인 도박을 허가하였고, 이는 리조트업체에 새로운 기회로 평가된다.

경제적 불확실성에 직면한 기업은 분명히 전 세계의 국가 및 지역의 경제적 환경을 분석하기 원한다. 유럽에서 경제 성장이 비교적 더디고, 경제적 불확실성이 강하다 할지라도 미국의 경제적 성장은 나을 수 있다. 예를 들면 2015년과 2017년 사이 유럽의 연평균 경제 성장률은 1.4%이나 미국은 2.9%로 전망되었다. 2015년과 2017년 사이 중국의 연평균 경제 성장률은 7.0%, 인도는 6.8%, 브라질은 2.6%, 멕시코는 3.6%로 전망되었다. 이러한 추정은 신흥 경제의 지속적인 발전을 강조한 것으로 볼 수 있다.[55] 기업은 느린 성장의 위협이 잠재된 환경을 피하고 성장의 기회가 존재하는 지역 및 나라로 진출할 수 있다.

2-3c 정치적/법률적 부문

정치적/법률적 부문(political/legal segment)은 기업과 다양한 지방 정부 기관 사이뿐만 아니라 국가들 사이의 상호작용의 가이드라인이 되는 법 및 규제 기구를 감시하는데 기업과 이해 집단이 이익, 자원, 주장에 대해 서로 경쟁하는 장이다.[56] 필수적으로 이 부문은 기업이 정부에 어떻게 영향을 행사할 수 있는지, 기업의 경쟁적 행위 및 대응에 대한 정부의 현재 및 예상되는 영향력을 어떻게 알 수 있는지와 관련이 있다. 공통적으로 기업은 서로 다른 시점에서 제때에 정치적/법적 부문의 기회와 위협을 성공적으로 처리할 수 있는 접근법(예: 로비)뿐만 아니라 정치적/법적 부문을 어떻게 연구할지를 명시한 정치적 전략을 개발해야 한다.[57]

정치적/법률적 부문은 기업과 다양한 지방 정부 기관 사이뿐만 아니라 국가들 사이의 상호작용의 가이드라인이 되는 법 및 규제 기구를 감시하는데 기업과 이해 집단이 이익, 자원, 주장에 대해 서로 경쟁하는 장이다.

입법화된 새로운 국가, 지역, 주, 지방 법에 대응하여 만든 규제들은 종종 기업의 경쟁적 행동 및 대응에 영향을 준다.[58] 예를 들면 미국 네바다주는 온라인 포커/도박을 합법화시켰다. 뉴저지와 델라웨어주도 빠르게 동일한 행동을 취했다. 네바다주의 규제 변화에 대한 대응으로 MGM(MGM Resorts International)과 같은 기업은 규제 변화로 얻을 수 있는 기회가 얼마나 되는지 판단했다. 그리고 MGM의 관계자는 "네바다주는 너무 작아서 수익성 좋은 온라인 시장을 제공하기는 어려울 것이다"라는 우려를 표명했다.[59]

유럽 은행들의 규제와 관련된 법적 변화에 대해서 논쟁이 여전히 활발하다.[60] 페이스북, 구글, 아마존과 같은 기술 기반의 기업들은 "세계에서 가장 강력한 데이터 보호법을 채택하고 있는 유럽에서 사업 노력의 일환으로 미국의 기술 및 광고 회사로부터 수많은 로비스트를 끌어

모으고 있다."[61] 소비자의 사생활을 매우 엄격히 보호하고 있는 유럽의 법은 위의 기업들이 유럽연합(European Union: EU) 국가에서 사업을 하는 데 위협이 될 수 있다. 마지막으로 포괄적인 관점에서 국가 소유의 기업이 민간기업으로 전환하는 현상이 최근 여러 나라에서 일어나고 있는데 이것은 여러 나라와 여러 산업에서 경쟁적 모습이 달라질 수 있는 큰 시사점을 제공한다.[62]

2-3d 사회문화 부문

사회문화 부문은 한 사회의 태도 및 문화적 가치와 관련이 있다.

사회문화 부문(sociocultural segment)은 한 사회의 태도 및 문화적 가치와 관련이 있다. 태도와 가치는 한 사회의 초석을 형성하기 때문에 종종 인구통계적, 경제적, 정치적/법적, 기술적 상황 및 변화를 몰아간다.

개인 사회의 태도 및 문화적 경향은 기업이 관련된 기회와 위협을 인식하기 위해 그것들을 주의 깊게 검사, 모니터링, 예측, 평가해야만 하는 것으로 고정되지 않은 어떤 것이다. 사회문화 부문에 대한 사고의 또 다른 접근으로는 기업은 격리된 상태에서 존재하지 않는 다는 것이다. 이러한 이유 때문에 성공한 기업조차도 그들이 경쟁하고 있는 사회 및 문화에서 일어나는 변화를 인식해야만 한다. 실제로 사회 및 문화적 변화는 기업에게 "항상 경쟁자보다 한발 앞서고, 소비자의 마음을 읽는" 방법을 발견해야 할 과제를 안겨 준다.[63] 연구에 따르면 사회 문화 요인은 신시장 진입과 한 나라에서 신생 기업의 발생에 영향을 준다고 한다.[64]

건강 관리에 대한 태도 및 접근법은 전 세계적으로 고려해야 할 문제이다. 유럽의 경우 유럽위원회(European Commission: EC)는 유럽 전역을 위한 건강 관리 전략을 개발했으며, 이 전략은 영양 상태, 근무 조건, 육체 활동과 같이 건강에 영향을 주는 생활 요소 개선을 위해 씨름하는 한편 질병을 예방하는 쪽으로 설계되었다. 유럽위원회는 개인의 건강을 돌보는 태도를 촉진하는 것은 현재 노령화되고 있는 유럽 상황에 특히 중요하다고 주장한다. 전망에 따르면 유럽의 65세 이상의 인구 비율은 2010년 17%였으나 2060년에 가면 30%까지 증가된다고 한다.[65] 기업의 경우 문제는 종업원의 건강 관리에 대한 태도 및 가치가 기업에 영향을 줄 수 있다는 것이다. 따라서 기업은 운영에 미치는 영향을 예측하기 위해 건강 관리와 관련된 동향을 주의 깊게 조사해야 한다.

미국은 계속해서 더 많은 여성과 소수 인종이 일터에 유입되면서 노동력이 커졌고 다양해졌다. 1993년 미국의 총경제활동인구는 1억 3,000만 명 이하였는데, 2005년에는 1억 4,800만 명 이상으로 증가했다. 그리고 2050년경에는 1억 9,200만 명까지 증가가 예상된다.

그러나 미국 인구 성장 속도가 느려지고, 경제 활동 참여율의 감소세로 미국 노동력의 성장률은 과거 20년 동안 줄어 들었다. 좀 더 정확히 말하면 미국의 경제 활동 참여율은 거의 50년간 꾸준한 성장이 있은 후 1997년에서 2000년 사이 매년 평균 67.1%로 최고치를 경신하다가, 2012년 9월경 63.6% 로 떨어졌고,[66] 2050년경이 되면 58.5%까지 떨어질 전망이다. 2010년에서 2050년 사이 미국 노동력에서 다른 변화들이 예상된다. 이 기간 동안에 아시아 노동력이 두 배 이상이 될 것이고 반면에 다른 인종에 비해 백인 노동력의 성장은 매우 둔화될 것이다. 반대로 남미인들은 전체 노동력 성장의 거의 80%를 차지할 것이다. 그리고 남성 노동력보다 여성 노동력의 성장이 훨씬 클 것이고, 이러한 현상은 2020년까지 지속되며, 2020년과 2050년

© Alexander Raths/Shutterstock.com

전 세계적으로 많은 나라에서 65세 이상의 인구 비율이 늘어남에 따라 건강 관리가 점차 중요해지고 있다.

사이에는 남성과 여성의 노동력 성장률이 유사해질 것이다.[67]

노동력의 다양성은 도전과 기회를 만들어낸다. 노동력의 다양성이 성과를 개선시키는 데 잠재력을 가질 수 있지만, 연구에 따르면 그와 같은 혜택을 얻기 위해서는 다양성을 성공적으로 관리해만 한다.

생활 양식과 노동 인구의 변화는 미국인의 태도와 가치에 영향을 주지만 나라마다 사회문화적 지표에 있어서 독특함을 갖고 있다. 한 나라의 문화적 가치는 조직 행동에 영향을 미쳐 조직의 성과(예: 최고 경영자의 보상)까지 결정한다.[68] 마찬가지로, 한 나라의 문화는 모국에 대해 기업이 취하는 국제화 전략의 정도를 결정하기도 한다.[69] 지식을 공유하는 것은 조직 내에 새로운 지식을 확산시키고, 혁신을 빠르게 실천하는 데 중요하다. 중국에서는 꽌시(guanxi)(개인적 관계 또는 좋은 인맥)와 같은 개인적인 관계가 특히 중요한데, 이것은 그 나라에서 사업을 하는 한 방법이 되었으며, 좀 더 개방적인 시장 사회에서 그들의 경력을 발전시키는 방법이기도 하다. 꽌시의 중요성을 이해하는 것은 외국 기업이 중국에서 사업을 하는 데 필수적이다.[70]

2-3e 기술 부문

기술 변화는 사회의 여러 부분에 영향을 준다. 이러한 영향은 주로 신제품, 공정, 물질을 통해서 발생한다. **기술 부문**(technological segment)은 새로운 지식을 창조하고, 그 지식을 새로운 성과물, 제품, 공정 및 물질로 변화시키는 과정에 관여하는 제도 및 활동을 포함한다.

기술 부문은 새로운 지식을 창조하고, 그 지식을 새로운 성과물, 제품, 공정 및 물질로 변화시키는 과정에 관여하는 제도 및 활동을 포함한다.

빠른 속도의 기술 변화 및 파괴의 위험 때문에 기업은 기술 부문을 철저하게 분석하는 것이 중요하다.[71] 이러한 노력의 중요성은 신기술의 조기 채택이 좀 더 높은 시장 점유율과 수익을 올릴 수 있다는 연구 결과를 통해 알려졌다. 그래서 대기업 및 소기업 둘 다 현재 사용하고 있는 기술의 잠재적 대체 기술을 알아내고, 기업이 경쟁 우위를 추구할 수 있는 신생 기술을 규명하기 위해 일반 환경을 계속해서 정밀 검사해야만 한다.[72]

엄청난 기술 발달의 한 예로써, 인터넷은 일반 환경을 검사, 모니터링, 예측 및 평가하는 기업들의 노력에 놀랄만한 능력을 제공한다. 인터넷은 기업이 미래에 소비자를 위한 가치를 더 많이 만들어낼 수 있을지 또는 미래 동향이 어떤지를 예측하는 뛰어난 능력을 가지고 있기 때문에 기업은 계속해서 이러한 인터넷 역량을 분석한다.

인터넷은 전 세계에 걸쳐 엄청난 양의 기회 및 위협을 양산하고 있다. 2016년경에는 전 세계 인터넷 사용자가 30억에 이를 것으로 추정된다. 이 숫자는 세계 인구의 거의 절반에 해당된다. 그리고 "인터넷 경제는 G20국가에서만 42조 달러에 이르는데 이 숫자는 미국, 중국, 일본, 인도 다음으로 큰 경제 규모이며, 그 다음이 독일의 경제 규모이다."[73] 앞으로 한동안 인터넷은 "더 많은 유선 사용자(특히 개발도상국 시장에서), 더 많은 무선 사용자, 여러 대의 단말기를 보유하고, 소셜 네트워크에 참여하는 더 많은 사람들"을 양산할 것으로 전망된다.[74]

인터넷의 영향력과 인터넷의 잠재력이 가진 기회 및 위협에도 불구하고 무선통신기술은 기업들이 추구할 수 있는 중요한 기술적 기회가 된다. 소형 장치와 무선 통신 장비는 다양한 네트워크 기반 서비스에 접속하는 데 사용된다. 무선 네트워크가 연결되어 있는 소형 컴퓨터의 사용, 웹이 가능한 무선 전화기 및 기타 신생 플랫폼(예: 아이폰, 아이패드, 킨들과 같은 소비자 인터넷 접속 기기)이 엄청나게 증가했으며, 이들이 곧 통신 및 상업의 지배적인 형태가 될 것이다. 이 제품들의 새로운 형태, 추가 기능, 응용 소프트웨어는 많은 기회를 창출하고 있으며, 많은 기업에게 잠재적 위협이 되고 있다.

2-3f 글로벌화 부문

글로벌화 부문은 새로운 글로벌 시장, 변하고 있는 기존 시장, 국제정치적으로 중요한 사건, 글로벌 시장의 문화 및 제도적 특성과 관련이 있다.

글로벌화 부문(global segment)은 새로운 글로벌 시장, 변하고 있는 기존 시장, 국제정치적으로 중요한 사건, 글로벌 시장의 문화 및 제도적 특성과 관련이 있다.[75] 예를 들면 대다수 나라의 소비자는 자동차를 구매할 때 "어느 나라에서 왔는지는 상관하지 않는다"[76]는 사실이 말해 주듯이 자동차 산업에서 경쟁하는 기업들은 반드시 글로벌화에 대해 인지해야만 한다.

글로벌화 부문을 분석할 때 자동차 제조업체를 포함하여 기업들은 글로벌화를 통해서 새로운 시장에 진출함으로써 기회를 만들어내기도 하지만 다른 경쟁자들이 자신의 시장에 들어옴으로써 위협이 될 수도 있다는 것을 인식해야만 한다.[77] 자동차 제조업체를 위한 기회의 관점에서 자사의 제품을 자국 시장 이외에 팔 수 있다는 것은 대단히 매력적으로 보이나, 과연 어떤 시장을 들어가야만 할까? 현재 브라질, 러시아, 인도, 중국 그리고 좀 더 규모가 작은 나라로 인도네시아와 말레이시아는 자동차 판매가 증가할 것으로 기대되는 나라이다. 유럽과 일본은 적어도 가까운 시기에 자동차의 판매가 감소할 것으로 기대된다. 이와 같은 전망은 자국 시장 밖으로 나오고자 하는 자동차 제조업체에게 가장 매력적인 또는 가장 매력적이지 않은 시장에 대한 정보를 준다. 마찬가지로 위협의 관점에서 일본, 독일, 한국, 스페인, 프랑스, 미국은 자동차 제조 산업에서 생산 능력을 초과하는 나라들이다. 결국 초과 생산 능력은 기업이 자국 시장의 판매와 수출을 동시에 늘리려는 가능성이 있음을 알려주는 신호이다.[78] 그래서 글로벌 자동차 제조업체는 모든 기회와 위협을 정확하게 규명하기 위해 글로벌화 부문을 매우 주의 깊게 분석해야 한다.

국제 시장 참여로 인한 위협 때문에 일부 기업은 글로벌화에 신중한 태도를 취한다. 이와 같은 기업을 집중화된 글로벌(globalfocusing)이라 부르는데 이들은 중간 정도의 국제화 수준을 추구하고, 주로 글로벌 틈새 시장에 초점을 둔다.[79] 이 같은 접근 방식은 기업의 위험을 틈새 시장으로 제한하면서 그들의 핵심 역량을 구축하거나 활용하는 것이다. 또 다른 접근 방식은 여러 나라 중 한 지역에만 집중해서 사업 및 판매를 하는 것이다.[80] 이와 같은 노력이 성공을 거두는 것은 기업이 집중한 시장에 대해 지식 및 관계를 구축했기 때문이다. 이렇게 성공한 기업들이 자사의 강점을 쌓는 동안 경쟁자들은 그 시장에 들어가서 성공적으로 경쟁하기가 더욱 어려워진다.

글로벌 시장에서 경쟁하는 기업은 각 시장의 사회문화적 및 제도적 특성을 잘 알고 있어야 한다. 예를 들면 한국은 많은 아시아 국가의 특성 중의 하나인 공동체주의를 강조한다. 한편, 중국은 꽌시의 중요성을 요구하는 반면, 일본은 와(wa)(집단의 화합 및 사회적 결속)에 초점을 둔다.[81] 중국의 제도적 상황은 정부에 의해 집중화된 계획을 강조한다. 중국 정부는 중국 시장에 새로운 기술을 도입하고 지식을 축적할 수 있다는 희망으로 고도의 기술을 보유한 해외 기업들과 제휴를 맺는 기업에게 인센티브를 제공한다.[82] 해외에서 특히 자국 기업이 장기적으로 해외 기업들의 이점을 감소시킬 수 있는 기술을 이전 받고 있는 지역에서 제휴 및 합작투자를 할 때는 반드시 해외 기업의 전략적 의도를 분석하는 것이 중요하다.[83]

세계 시장에서 퇴출할 때 비공식 경제(informal economy)는 점차 분석의 중요성이 높아지는 글로벌 부문의 또 다른 측면이다. 규모가 점차 증가하고 있는 비공식 경제는 공식화된 경제에서 경쟁하는 기업들이 점차 비공식 경제 기업들과 경쟁하고 있음을 발견했다는 점에서 기업의 경쟁적 행동과 대응에 시사점을 준다. 비공식 경제에 대한 추가적인 통찰력은 다음에 오는 **전략 포커스**에서 소개될 것이다.

2-3g 지속 가능한 물리적 환경 부문

지속 가능한 물리적 환경 부문(sustainable physical environment segment)은 물리적 환경 및 사업 관행에서 발생하는 잠재적, 실질적 변화와 관련이 있으며, 기업은 이러한 변화에 긍정적으로 대응 및 처리하려는 경향이 있다.[84] 세계의 물리적 환경을 유지하려는 경향과 관련해서 기업이 알아두어야 할 것은 생태학적, 사회적, 경제적 시스템이 서로 작용하여 물리적 환경에 영향을 주고 있다는 것과 그 시스템들은 상호 연결된 글로벌 사회의 일부분이라는 것이다.[85]

지속 가능한 물리적 환경 부문은 물리적 환경 및 사업 관행에서 발생하는 잠재적, 실질적 변화와 관련이 있으며, 이러한 변화에 긍정적으로 대응 및 처리하려는 경향이 있다.

전 세계의 기업은 "지속가능성"과 "기업의 사회적 책임"이라는 명목으로 취해진 수많은 조치와 물리적 환경에 관심을 갖는다. 게다가 전반적으로 지속 가능한 발전에 관심을 갖는 기업의 숫자가 증가하고 있으며, "이러한 발전은 미래 세대의 능력을 해치지 않으면서 현재의 요구를 충족시킬 수 있음을 의미한다."[86]

물리적 환경 부문에서 동향을 파악하고자 할 때 기업이 고려해야 할 물리적 환경의 속성이 존재한다.[87] 지속가능성의 중요성 때문에 기업이 지속 가능한 조직이 되기 위해 무엇을 해야 할지 이해할 수 있도록 도와주는 인증 프로그램이 개발되었다.[88] 세계에서 가장 큰 소매업체인 월마트의 환경 발자국(environmental footprint)은 대단한데, 이것은 물리적 환경에서 발생하는 동향이 월마트에 상당한 영향을 주었고 그래서 어떻게 기업을 운영할지를 선택한 결과로 보인다. 아마도 월마트는 물리적 환경에서 일어나는 추세를 고려해서 쓰레기 배출 제로를 목표로 하고, 100% 재생 가능한 에너지를 활용하겠다고 발표했다.[89]

일반 환경의 설명을 통해 알 수 있듯이 일반 환경 각 부문에서 발생할 것으로 예상되는 변화 및 동향을 규명하는 것은 환경 분석의 핵심 목표이다. 미래에 초점을 둔 일반 환경의 분석은 기업으로 하여금 기회와 위협을 파악할 수 있게 해준다. 그리고 일반 환경을 효과적으로 분석하기 위해서 최고 경영진은 경험, 지식, 예리함을 필수적으로 갖춰야 된다.[90]

타깃의 이전 CEO는 깊이 있는 환경 분석에 노력을 기울이지 않았다(**전략 포커스**를 참조). 그러나 새로운 CEO 브라이언 코넬은 자신의 사무실을 데이터 수집 센터에 가깝게 위치시키고 매일 아침 센터 직원과 만나서 최신 정보를 얻음으로써 환경 분석에 몰입하는 모습을 보였다.

전략 포커스

타깃의 시장 지배력 상실

타깃(Target)은 저렴하지만 세련된 제품을 제공하는 소매상(Tar-zhey: 타깃의 별칭)으로서 고객에게 알려졌다. 이 기업은 월마트와 같은 할인 소매상보다는 다소 높은 가격에 질 좋은 제품을 제공하지만 메이시(Macy's)나 노드스트롬(Nordstrom)과 같은 업계 최고 업체보다는 질이나 가격 면에서 다소 낮은 제품을 갖추고 있다. 그리고 이 기업은 다른 제품들과 함께 의류, 장난감, 건강 제품, 식품 등을 한 번에 구매할 수 있는 원스톱 상점으로 알려졌다. 오랜 동안, 타깃은 목표 시장을 잘 맞추었으며, 이 거대 틈새 시장을 성공적으로 만족시켜왔다. 하지만 타깃은 이 목표 시장에서 눈을 돌렸고 엄청난 시장 점유율 하락을 경험했다.

타깃이라는 배에 심각한 금이 가기 시작한 것은 고객 개인 정보가 담긴 회사 컴퓨터 시스템에 사이버 공격이 있었던 사실이 밝혀지면서부터다. 이 보안 문제로 인해 타깃의 7천만 고객은 신용카드 사기로 인해 엄청난 손실이 발생될 수 있는 상황에 노출되었다. 타깃은 이 사건에 대해 적절히 대응하지 못했고 그 결과 타깃의 다른 문제들까지 조명되는 계기가 되었는데, 타깃의 캐나다 해외 시장 진출과 관련한 전략적 의사결정이 실패했었다는 것도 포함되었다. 결국 타깃은 기존의 경쟁자들, 새로운 라이벌들, 특히 인터넷 소매상(예: 아마존닷컴)들에게 고객을 뺏기고 있다는 분석 결과가 나왔다.

타깃의 마케팅 대표는 "우리가 배타적으로 변한 것이 아니라, 타깃은 원래 배타적이었다"라고 말했다. 이는 타깃이 자사를 둘러싼 환경을 전혀 분석하지 않았음을 의미한다. 타깃은 경쟁자의 유입, 특히 인터넷 경쟁자들의 유입을 허용하면서 고객을 뺏기고, 매출, 시장 점유율, 이익까지 잃었다. 이는 인터넷 경쟁자로부터 발생되는 심각한 경쟁을 예측하지도 준비하지도 못했음이 분명하다. 인터넷 경쟁자들은 온라인 판매를 통해 다양한 상품과 편의성을 제공함으로써 고객에게 더 나은 가치를 제공하고 있었다. 반면 타깃은 대규모 고객 정보 해킹 사건으로 인해 고객의 신뢰는 깨지고 타깃의 명성과 시장 점유율은 심각한 손상을 입게 되었다.

2년이라는 매우 짧은 시간 동안 캐나다 진출의 전무후무한 실패 역시 시장에 대한 이해 부족을 보여주고 있다. 타깃은 캐나다의 주요 소매상(예: 로브로Loblaw Companies)으로부터 고객을 유인하는 데 실패한 반면 코스트코와 월마트는 캐나다 시장에서 자리를 확실히 잡고 있었다. 타깃은 캐나다의 기존 소매상들이 제공하는 가치와 차별화된 것을 제공할 수 없었으며, 캐나다 공급망에 있어서도 문제를 겪게 되었다. 이 역시 캐나다 시장에서 사업이 어떻게 돌아가는지 완벽하게 이해하지 못했음을 의미한다.

이러한 문제로 인해 2014년 5월 타깃의 CEO는 사임하고, 3개월 후 브라이언 코넬(Brian Cornell)이 새로운 CEO로 부임하게 되었다. 그는 펩시코(PepsiCo)의 최고 경영자였으며, 월마트의 샘스 웨어하우스(Sam's Warehouse)를 지휘한 경험도 있었다. 코넬은 밖에서 영입한 최초의 CEO였으며, 그의 경험 대부분도 소매상과 다른 분야였다. 2014년 8월 CEO로 부임된 이후 코넬은 변화를 단행하기 시작했다. 예를 들면 패션, 유아 용품, 어린이 용품, 건강 제품에 초점을 둠으로써 타깃의 "세련된" 이미지를 다시 얻고자 노력했다. 식품에 있어서는 평균 이상으로 향상시키고, 유기농 식품에 초점을 두었는데 특별히, 그래놀라, 커피, 차, 와인, 맥주에 집중했다. 그 결과 2014년 4분기의 매출은 최근 3년 중 가장 높은 수치로 예측치를 넘어섰다. 2015년 1월 코넬은 모든 캐나다 매장을 폐쇄했으며, 매우 고통스럽지만 꼭 필요한 조치로 1만 7,600명의 종업원을 해고하였다. 마지막으로 그는 2015년 3월 타깃을 슬림하고 민첩한 조직으로 변화시키기 위해 본사 인력 2천 명을 감축시키겠다고 발표했다.

흥미롭게도 코넬은 전 CEO와 달리 시장 데이터를 수집하는 부서와 가까운 작은 사무실을 선택했다. 그 부서에는 10명의 직원이 핀터레스트(Pinterest), 페이스북, 트위터와 같은 소셜 미디어와 텔레비전 뉴스를 통해 정보를 수집하고 있으며, 이들 정보는 9개의 대형 스크린을 통해 볼 수 있게 되어 있다. 코넬은 매일 아침 그곳에 들러서 최신 시장 정보를 확인한다. 이러한 코넬의 행동은 시장과 경쟁자에 대한 정보 수집과 분석의 중요성을 보여준다.

Target Lily Pulitzer Line.PNG

타깃이 제공하는 릴리 퓰리처(Lily Pulitzer) 의류 제품. 이 회사는 50년 이상 휴양지 의류에서 매우 대범한 패션을 소개하고 있다.

출처: 2015, What your new CEO is reading: Smell ya later; targets new CEO, *CIO Journal/Wall Street Journal*, www.wsj.com/cio, March 6; I. Austen & H. Tabuchi, 2015, Target's red ink runs out in Canada, *New York Times*, www.ntimes.com, January 15; H. Tabuchi, 2015, Target plans to cut jobs to help save $2 billion, *New York Times*, www.ntimes.com, March 3; P. Ziobro & C. Delaney, 2015, Target sales grow at fastest rate in three years, *Wall Street Journal*, www.wsj.com, February 25; J. Reingold, 2014, Can Target's new CEO get the struggling retailer back on target? *Fortune*, www.fortune.com, July 31; G. Smith, 2014, Target turns to PepsiCo's Brian Cornell to restore its fortunes, *Fortune*, www.fortune.com, July 31; P. Ziobro, M. Langley, & J. S. Lublin, 2014, Target's problem: Tar-zhey isn't working. *Wall Street Journal*, www.wsj.com, May 5.

전략 포커스에서 설명했듯이, 타깃은 자사가 속한 산업을 이해하는 데 실패했고, 그 결과 기존 경쟁자와 신규 인터넷 소매상들에게 시장 점유율을 뺏겼다. 또한, 타깃은 캐나다의 시장, 경쟁자, 공급업체에 대해 이해하지 못했고, 그 결과 캐나다 시장으로의 진입이 참패로 끝나게 되었다. 이를 통해 기업의 전략적 선택이나 경쟁적 행동 및 대응에 있어서 산업 환경 및 경쟁자 이해가 매우 중요하다는 결론을 내릴 수 있다. 그리고 한 국가의 일반적 환경은 산업 및 경쟁 환경에도 영향을 미친다.[91]

2-4 산업 환경 분석

특정 **산업**(industry)은 서로 대체재가 될 수 있는 제품을 생산하는 기업의 집단을 의미한다. 경쟁의 과정에서 이 기업들은 서로에게 영향을 준다. 전통적으로 기업들은 특정 산업에서 경쟁을 할 때 평균 이상의 수익을 올리기 위해 서로 다른 경쟁 전략 믹스를 활용한다. 산업의 구조적 특성은 기업의 전략 선택에 영향을 준다.[92]

산업은 서로 대체재가 될 수 있는 제품을 생산하는 기업의 집단이다.

일반 환경과 비교했을 때 주로 산업의 특성에 따라 측정되는 산업 환경은 기업이 성공을 위해 취하는 경쟁적 행위 및 대응에 좀 더 직접적인 효과를 갖는다.[93] 기업은 한 산업을 분석하기 위해서 그 산업 내에서 수익을 구현하는 모든 기업의 능력에 영향을 주는 다섯 가지 경쟁 요인을 조사한다. 〈그림 2-2〉에서 보듯이 다섯 가지 경쟁 요인은 신규 진입자의 위협, 공급자의 협상력, 구매자의 협상력, 대체재, 경쟁자들 간의 경쟁 강도를 포함한다.

〈그림 2-2〉의 경쟁 모델 다섯 가지 요인은 기업의 경쟁 분석의 범위를 확장한 것이다. 역사적으로 경쟁 환경을 연구할 때 기업은 직접 경쟁하는 기업들에 집중을 했다. 그러나 기업은 잠재적 소비자를 알아냄으로써 현재 및 잠재적 경쟁자를 좀 더 폭넓게 인식할 필요가 있다. 예를 들면 현재 통신 산업은 미디어, 통신, 엔터테인먼트 회사 및 스마트폰과 같은 통신 단말

그림 2-2 경쟁 모델의 다섯 가지 요인

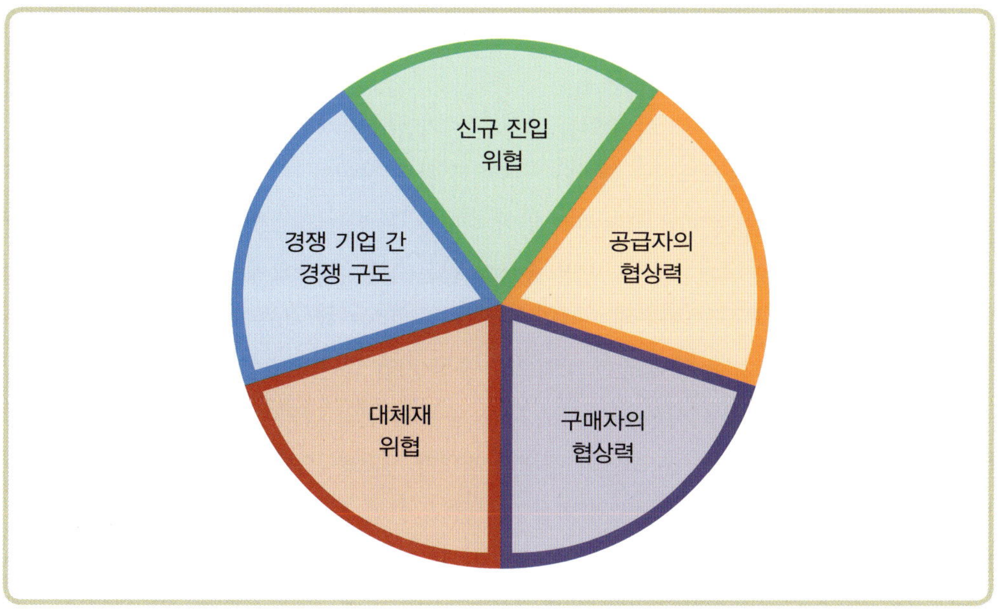

기를 생산하는 회사를 모두 포함하여 정의하고 있다.[94] 이러한 이유 때문에 기업은 자사 상품과 경쟁이 가능한 상품을 생산할 수 있는 기술 기반 능력을 가지고 있는 기업을 정의하기 위해서는 자사가 속한 산업 이외 다른 산업들을 많이 알아야 한다.

산업 환경 분석 시 기업이 반드시 알아야 할 사항은 구매 업체는 후방 통합을 통해, 공급업체는 전방 통합을 통해서 경쟁사가 될 수 있다는 것이다. 예를 들면 제약 산업에서 일부 기업은 유통업체 및 도매상을 인수함으로써 전방 통합을 이루었다. 또한 새로운 시장에 진입하려는 기업과 기존 제품에 적합한 대체재를 생산하고 있는 기업은 모두 경쟁자가 될 수 있다.

다음은 경쟁하고 있는 산업 또는 경쟁할 산업의 잠재적 수익성을 파악하기 위해 기업이 분석할 다섯 가지 경쟁 요인을 설명하고자 한다.

2-4a 신규 진입 위협

신규 진입을 정의하는 것은 기존 경쟁자들의 시장 점유율을 위협할 수 있기 때문에 중요하다.[95] 신규 진입이 이와 같은 위협을 만들어내는 원인은 진입기업이 추가적 생산량을 발생시키기 때문이다. 제품 또는 서비스에 대한 수요가 증가하지 않는 한 추가적인 생산량은 소비자의 비용을 하락시키고 결국 경쟁 기업의 수익을 낮추게 된다. 종종 신규 진입은 대규모 시장 점유율을 얻는 데 촉각을 곤두세운다. 결국 새로운 경쟁자의 등장으로 기존 기업은 좀 더 효율적이 되어야만 하고, 새로운 영역(예: 인터넷 기반 유통 채널 활용)에서 어떻게 경쟁할지를 배워야 한다.

기업이 특정 산업에 진입할 가능성은 기존 참여자들로부터 얻게 될 보복과 진입 장벽이라는 두 요인의 함수이다. 진입 장벽은 신규 진입자가 특정 산업에 들어가기 어렵게 만들고, 종종 진입하더라도 경쟁적 약점으로 간주된다. 높은 진입 장벽은 그 산업 내 기존 기업들의 수익을 증가시키는 경향이 있으며, 어떤 기업들은 그 산업을 지배하기도 한다.[96] 그래서 한 산업에서 성공적으로 경쟁하는 기업은 그 산업에 들어가기로 결정한 잠재적 경쟁자들을 단념시킬 목적으로 높은 진입 장벽을 유지하려 든다.

진입 장벽

한 산업에서, 특히 평균 이상의 수익을 달성하는 기업은 잠재적 경쟁자를 좌절시키는 진입 장벽을 개발하려 한다. 일반적으로 북미와 서유럽과 같은 산업화 국가에서 진입 장벽은 잘 알려져 있다(기업들이 진입 장벽을 극복하기 위해 시도할 수 있는 경로뿐만 아니라 진입 장벽이 어떻게 발달되었는지에 대해서까지). 반면 중국과 같은 신흥 시장에서 진입 장벽은 상대적으로 덜 알려졌다. 그러나 최근 연구에 따르면 중국을 진입하는 데 광고 효과가 가장 심각한 장벽이고, 자본은 오히려 가장 덜 심각한 장벽으로 중국 기업 임원들이 인식하고 있다고 한다.[97]

기업이 진입하고자 하는 시장에는 서로 다른 종류의 진입 장벽이 존재한다. 그리고 특정 산업 내에서 경쟁하는 기업들은 그들의 경쟁적 지위가 새로운 경쟁자의 진입 가능성을 얼마나 줄여줄 수 있는지 알기 위해 진입 장벽을 연구한다. 한편, 신규 산업에 진입을 고려하는 기업은 그 산업에서 매력적인 경쟁적 지위를 획득할 가능성이 어느 정도 인지 알기 위해 진입 장벽을 연구한다. 다음은 경쟁자가 시장에 진입하지 못하도록 하거나 현재 경쟁하는 시장에서 자사의 경쟁력을 유지할 수 있도록 해주는 주요 진입 장벽에 대한 설명이다.

규모의 경제 규모의 경제(economies of scale)는 한 기업의 규모가 커지는 경험을 통해서 효율성이 점진적으로 개선되는 것을 말한다. 즉, 일정 기간 동안 생산하는 제품의 양을 증가시키면 단위당 생산 원가를 감소시키는데, 신규 진입자는 규모의 경제가 발생할 정도로 수요를 빠르게 증가시키지 못함에 따라 신규 진입에 장벽이 된다.

규모의 경제는 마케팅, 제조, 연구개발, 구매 등 모든 부문에서 형성될 수 있다.[98] 기업은 종종 전략적 제휴 또는 합작 투자로 규모의 경제를 달성할 수 있다. 그러한 예로 미쓰비시(Mitsubishi) 중공업 회사와 히타치(Hitachi)는 글로벌 경쟁 기업에 대항할 규모를 확보하기 위해 두 회사의 화석 연료 기반 에너지 시스템 운영을 통합시킨 합작 투자를 설립했다.[99]

수요 변화에 융통성 있는 대처가 가능하다는 것은 기존 기업에게는 혜택이지만 진입하고자 하는 기업에게는 장벽이 된다. 예를 들어 한 기업이 시장 점유율을 높일 목적으로 가격을 내릴 수도 있지만, 그 반대로 이익을 높이기 위해 가격을 유지할 수 도 있다. 그렇게 함으로써 기업의 잉여 현금 흐름을 증가시키고, 그것은 재정적으로 어려운 상황에서 매우 도움이 된다.

특정 경쟁 상황은 규모와 상관없는 자원을 활용함으로써 진입 장벽을 구축하는 규모의 경제 능력을 감소시키는 경우가 있다.[100] 최근 많은 기업이 소규모 소비자 그룹에 맞추어 자사의 제품을 공급하는데, 이 경우 맞춤화된 제품은 규모의 경제를 획득할 수 있는 대량 생산이 불가능하다. 맞춤화는 융통성 있는 생산 시스템과 기타 요인들에 의해 이루어진다. 예를 들면 선진화된 정보 시스템 덕택에 가능해진 새로운 생산 기술은 대량 맞춤 생산을 가능하게 했다. 대량의 맞춤 생산 방식은 구현이 어렵고, 이 방식으로 모든 제품을 생산할 수 있는 것은 아니지만 점차 일반화되고 있다. 온라인 주문으로 소비자는 맞춤화된 제품을 구매하는 데 요구가 더욱 까다로워짐에 따라 맞춤화된 제품을 생산하는 기업은 규모의 경제를 획득하려는 노력보다 소비자의 요구에 빠르게 대응하는 방법을 배워야 한다.

제품 차별화 시간이 흐르면서 소비자는 특정 기업의 제품이 독특하다고 믿게 될 것이고 이러한 믿음은 그 기업이 소비자에게 제공하는 서비스, 광고 캠페인, 가장 먼저 시장에 출시되는 제품 및 서비스를 통해 형성된다.[101] 기업의 제품에 대한 차별성을 많이 인식할수록 소비자는 그 기업의 제품을 계속해서 구매하려 든다. 따라서 신규 진입자들은 기존 제품의 독특함과 겨루기 위해 자사 제품을 저가에 공급하는 결정을 내리게 되는데, 이는 신규 진입자들의 수익을 감소시키고 손실까지 초래할 수 있다.

코카콜라와 펩시코는 그들이 경쟁하는 시장에서 강력한 브랜드 입지를 구축해왔으며, 전 세계 각지에서 서로 경쟁하고 있다. 두 기업은 각자 브랜드 구축을 위해 엄청난 양의 자원을 수십 년에 걸쳐 투자해왔기 때문에 각 기업의 소비자는 높은 브랜드 충성도를 갖는다. 만약 이 두 거대 기업이 사업하고 있는 청량음료 사업에 진입하고자 한다면 두 기업이 보유한 브랜드 이미지와 소비자 충성도를 극복할 수 있는 방법을 찾아내는 데 뛰어난 조언이 필요할 것이다.

필요 자본 새로운 산업에서 경쟁하려면 투자 자원이 필요하며, 물리적 설비 이외에도 재고 확보, 마케팅 활동, 기타 경영 활동에 자본이 필요하다. 새로운 산업이 아무리 매력적이라 할

지라도 성공적인 시장 진입에 필요한 자본을 획득하는 것은 쉽지 않다.[102] 예를 들어 방위 산업은 상당한 양의 자원 투자가 경쟁적으로 요구되기 때문에 시장 진입에 어려움이 있다. 또한, 방위 산업에 대한 높은 수준의 지식이 필요하기 때문에 이 산업에 진입하려면 기존 기업을 활용해야 하며, 이를 위해 요구되는 자본에 대한 접근도 가능해야 한다.

전환 비용 전환 비용(switching costs)은 소비자가 공급업체를 바꾸었을 때 발생하는 일시적 비용이다. 이 비용에는 공급업체를 바꿈으로써 새로운 부수 설비를 구매하는 데 드는 비용, 종업원을 재훈련시키는 데 드는 비용, 이전 공급업체와 관계를 끊는 데 필요한 물리적 비용 등이 포함된다. 소비자가 청량음료를 다른 브랜드로 바꾸어 구매하는 것과 같은 예에서 전환 비용은 상대적으로 낮으나 그 비용은 매우 다양하게 나타난다. 예를 들어 대학생이 다른 대학으로 전학하고자 했을 때 졸업 학점 이수에 덜 투자한 신입생이 졸업반 학생보다 전환 비용은 훨씬 낮을 것이다.

가끔 새롭고 혁신적인 제품을 생산하는 제조업체의 결정은 소비자의 전환 비용을 높이는 결과를 낳게 된다. 항공사에서 제공하는 마일리지 적립과 같은 소비자 충성도를 높이는 프로그램은 소비자의 전환 비용을 증가시키는 경향이 있다. 전환 비용이 높으면 신규 진입자는 가격을 현저히 낮추거나 더욱 매력적인 제품을 공급해야 된다. 일반적으로 여러 단체와 관계가 많이 맺어져 있을수록 전환 비용은 더욱 높아진다.

유통 채널에 대한 접근 시간이 지날수록 산업의 참여자들은 자사의 제품을 효과적으로 유통하는 법을 배우게 된다. 그리고 일단 유통업체와 관계를 형성하게 되면 기업은 그 관계를 육성하려 할 것이고 그럴수록 유통업체의 전환 비용은 높아지게 된다. 유통 채널의 확보 여부는 신규 진입자에게 장벽으로 작용한다. 특히 상품 진열 공간이 제한되어 있는 식품점과 같이 비내구성 소비재 산업과 국제 시장에서 더욱 그렇다.[103] 신규 진입자는 유통업체에 자사제품을 진열해줄 것을 설득해야 하고 현재 다른 제품을 진열하고 있는 공간을 차지해야만 한다. 그러기 위해서 신규 진입자는 가격을 파괴하고 유통업체와 협력하여 광고 비용을 부담하는 행위를 선택하게 되는데, 이는 신규 진입자의 잠재적 수익을 감소시키는 결과가 된다. 최근 인터넷을 기반으로 판매되는 제품은 유통 채널의 확보가 덜 중요하므로 진입 장벽의 효과가 상대적으로 낮다.

규모에 무관한 비용 열위 종종 기존 기업들은 신규 진입자가 흉내낼 수 없는 비용 우위를 보유하는데, 기술에 대한 전유성, 원재료 확보의 용이성, 지리적 위치의 우수성, 정부의 보조 등이 그와 같은 예이다. 따라서 신규 진입자는 위 요소와 관련된 기존 기업의 전략적 우위 효과를 감소시킬 필요가 있다. 예를 들어 구매자에게 직접 구매 상품을 배송함으로써 기존 기업이 보유하고 있는 지리적 위치의 우수성을 무력화시킬 수 있다. 인디텍스(Inditex)가 소유한 세계에서 가장 큰 패션 의류 소매점인 자라(Zara)[104] 역시 매우 경쟁적인 세계 의류 시장에 성공적으로 진입하기 위해 세련되고, 잘 재단된 의류를 상대적으로 싸게 각 민족에 맞춰 생산하고 제조하였다.[105]

정부 정책 정부는 면허의 승인 및 허가와 같은 문제를 결정함으로써 산업 내 진입을 통제할 수 있다. 주류 소매상, 주파수 할당, TV 방송 사업, 금융업, 화물자동차 운송업은 정부가 관여하는 대표적인 산업들이다. 또한, 정부는 일부 산업에서 서비스 품질 유지와 일자리 보호라는 이유 때문에 진입을 제한하기도 한다. 반면 미국의 항공 및 공익 산업은 정부 규제가 풀려 많은 기업이 새롭게 진입하여 경쟁할 수 있게 되었다.[106] 그리고 정부가 그 나라의 경제에 중요하다고 생각하는 산업에 진입하는 외국 기업을 규제하는 것은 이상한 것이 아니다.[107] 반독점과 관련된 문제에 대한 정부의 의사결정 및 정책 역시 진입 장벽에 영향을 준다. 예를 들어 미국 법무부 반독점 부서 및 미국무역위원회는 기업 간 합병을 허락하지 않을 때가 있는데, 그 이유는 합병을 통해 만들어진 새로운 기업이 특정 산업을 지배하여 불공정 경쟁을 낳을 수 있기 때문이다.[108] 이러한 정부의 통제는 분명 기업을 인수하는 데 진입 장벽이 될 수 있다.

예상되는 보복

새로운 산업에 들어가려는 기업은 그 산업의 기존 기업들의 반응에 대해 대비할 필요가 있다. 기존 기업의 재빠르고 격렬한 반응은 새로운 기업의 진입 가능성을 줄여주게 된다. 그리고 기존 기업의 격한 보복 행위는 그 기업이 특정 산업에 의존도가 클수록(예: 다른 산업에 활용할 수 없는 고정 자산을 많이 가지고 있는 경우), 그 산업과 관련된 보유 자원이 클수록, 그 산업의 성장이 느리고 정체되어 있을수록 더욱 커진다.[109] 예를 들면 항공 산업에 진입하고자 하는 기업은 초과 공급의 이유로 기존 경쟁자들의 심한 보복을 예상할 수 있다.

기존 기업이 제공하지 않는 틈새 시장을 발견함으로써 신규 진입자는 진입 장벽을 피할 수 있다. 규모가 작은 창업 기업들은 간과되어 있는 시장을 찾아내어 상품을 제공하는 것이 일반적으로 적합한 행동이다. 일본의 혼다(Honda) 역시 처음에 미국 오토바이 시장에 진입했을 때 할리데이비슨(Harley-Davison)이 간과했던 소형 엔진 오토바이 시장에 집중했었다. 이렇게 틈새 시장에 집중함으로써 혼다는 탄탄한 기존 업체들과 직접 부딪히는 일을 피할 수 있었다. 혼다의 시장 지위가 확고해진 후에야 대형 오토바이를 시장에 소개함으로써 경쟁자와 맞붙게 되었으며, 그리고 더 큰 시장에서 경쟁하기 시작했다.

© Hadrian/Shutterstock.com

애플워치는 스마트 시계 시장의 진입 장벽이 높을 것이라 예상했다. 그러나 구글은 애플에 대응할 스마트 시계를 개발하기 위해 태그호이어(TAG Heuer) 및 인텔과 파트너십을 형성했다.

2-4b 공급자의 협상력

가격을 올리거나 제품의 품질을 낮추는 행위는 공급업체가 특정 산업 내에서 경쟁하는 기업들에게 권력을 행사하는 데 사용하는 수단이다. 만약 기업이 자사의 원가 구조를 통해 공급업체가 발생시키는 원가 상승을 커버할 수 없다면 그 기업의 수익성은 감소될 것이다.[110] 공급업체는 아래와 같은 경우에 협상력을 높일 수 있다.

- 공급자가 일부 대기업에 의해 지배되고 있고 공급받는 산업보다 공급하는 산업의 집중도가 높은 경우
- 공급자가 제공하는 제품을 대신할 만족스러운 대체재가 없는 경우

- 공급자에게 구매 업체가 중요한 고객이 아닌 경우
- 공급자의 제품이 구매 업체의 성공에 있어 결정적인 역할을 하는 경우
- 공급자의 제품이 구매 업체에게 높은 전환 비용을 발생시키는 경우
- 공급자가 구매 산업 쪽으로 전방 통합을 하겠다는 위협을 표명한 경우로 공급자의 자원이 많을수록, 고도로 차별화된 제품을 보유할수록 그 위협은 실현 가능성이 높음[111]

구매 업체들은 공급업체와 장기 관계를 구축함으로써 공급업체의 협상력을 조정 및 감소시키려 한다. 이러한 장기 관계는 구매 업체의 협상력을 감소시킬 수 있지만 한편 장기 관계(판매 확보)에 대한 감사의 표시로 구매 업체에 협조 및 도움을 주고자 하는 공급업체의 인센티브를 증가시킬 수 있다. 이는 특히 파트너 간에 신뢰가 구축되었을 때 가능하다.[112]

항공 산업은 공급업체의 협상력이 변화하는 대표적인 산업이다. 항공기를 공급하는 업체의 숫자가 줄어든다 하더라도 주요 항공기에 대한 수요가 낮기 때문이다. 항공기를 공급하는 보잉(Boeing)사와 에어버스(Airbus)사는 공격적으로 주문 경쟁을 함으로써 구매 업체의 협상력을 높이는 결과를 낳게 되었다. 대형 항공사가 폭이 넓은 항공기를 누가 생산하든 "엄청난 양"을 주문할 거라는 신호를 보내면 보잉과 에어버스는 그 주문을 따내기 위해 거의 전쟁과 같은 상황에 돌입하게 되고 그 결과 구매 업체의 협상력이 높아지게 된다.

2-4c 구매자의 협상력

기업은 투자한 자본에 대해 수익을 극대화하려는 경향이 있다. 그 대신에 구매 업체는 가장 낮은 가격에 제품을 사고 싶어한다. 구매 업체는 원가를 줄이기 위해 고품질, 더 많은 서비스, 좀 더 낮은 가격을 위해 협상을 한다.[113] 구매 업체는 다음과 같은 경우에 협상력을 높일 수 있다.

- 구매자가 특정 산업 내에서 생산된 제품을 대량으로 구매하는 경우
- 구매자가 구매한 양이 판매업체의 연간 매출의 대부분을 차지하는 경우
- 구매자가 적은 비용으로 다른 제품으로 전환할 수 있는 경우
- 구매자가 구매하는 제품이 차별화되어 있지 않거나 표준화되어 있기 때문에 구매 업체가 판매업체 산업 쪽으로 후방 통합을 하겠다는 위협이 충분히 실현 가능한 경우

제조업체의 원가구조를 잘 알고 있으며, 쇼핑 및 유통의 대안으로 인터넷의 파워도 잘 파악하고 있는 소비자는 최근 여러 산업에서 협상력이 점차 커지고 있다.

2-4d 대체재의 위협

대체재란 특정 산업이 생산하는 제품과 동일하거나 유사한 기능을 하는데 그 산업 밖에서 만들어진 제품 및 서비스를 말한다. 예를 들면 설탕의 대체재인 인공 감미료(NutraSweet)로 인해 설탕 제조업체의 설탕 가격 상한선이 정해지게 되었다. 그 이외 대체재의 예로는 익일 우편 서비스 대체재인 전자메일 또는 팩스, 유리병의 대체재인 플라스틱 병, 커피의 대체재인 차 등이 있다.

신문사는 과거 수십 년 동안 신문 판매 부수의 감소를 경험해왔다. 이러한 감소는 인터넷 신문, 케이블 TV뉴스, 전자메일, 핸드폰의 알람 정보 등이 신문을 대체한 결과이다. 마찬가지로 위성 TV와 케이블 및 통신 회사가 텔레비전, 인터넷, 전화 서비스를 대체하고 있다. 또한, 아이패드와 같은 태블릿은 PC 판매 숫자를 감소시키고 있는데, 2010년 이후 매년 감소하는 세계 PC 생산 대수가 이를 입증해주고 있다.[114]

일반적으로 대체재는 소비자의 전환 비용이 낮고, 기존 경쟁 제품과 비교해서 가격이 싸면서도 기능이나 품질이 비슷하거나 더 뛰어나다면 강력한 위협이 될 것이다. 대체재의 매력을 감소시키기 위해서는 소비자에게 품질, 판매 후 서비스, 지리적 위치와 같이 중요한 가치를 부여하여 제품을 차별화하는 방법이 있다.

2-4e 경쟁 구도

한 산업 내에서 기업들은 상호 의존적이기 때문에 한 기업이 취한 행동은 다른 기업의 반응을 일으키기 마련이다. 산업 내에서 기업들은 서로 치열하게 경쟁한다. 경쟁자로부터 도전을 받았을 때, 자신의 시장 지위를 개선시킬 수 있는 기회를 인식했을 때 경쟁 의식은 더욱 강해진다.[115]

산업 내 기업들은 대부분 서로 이질적인데, 보유 자원 및 역량이 서로 다르고 경쟁자와 자신을 구분지으려 부단히 노력한다. 보통 기업은 자사의 경쟁 우위를 활용하고 소비자에게 가치를 제공함으로써 경쟁자의 제품과 차별화시키려 한다. 경쟁은 주로 가격, 판매 후 서비스, 혁신에서 발생한다. 최근에 기업들은 경쟁 우위를 얻기 위해 빠르게 행동하기(예: 신제품의 시장 출시 속도를 빠르게) 시작했다.[116]

다음은 경쟁 구도에 영향을 주는 주요 요인들에 대해 설명하고자 한다.

비슷한 수준의 경쟁자가 많은 경우

기업의 수가 많은 산업에서 치열한 경쟁은 보편적이다. 다수의 경쟁자가 있는 경우 소수의 기업만이 경쟁자의 반응에 상관없이 행동할 수 있다고 믿지 일반적으로 대다수의 기업은 경쟁자의 행동을 의식하고 그들에게 반응하는 것이 보편적이다. 규모나 파워에 있어서 유사한 몇 개 업체만이 산업 내 존재하는 경우 경쟁 강도는 특히 강하다. 이 같은 업체들은 기업 규모가 크고 유사한 수준의 자원을 보유하고 있기 때문에 서로 치열하게 행동하고 반응한다. 보잉과 에어버스 간, 코카콜라와 펩시코 간의 경쟁적 싸움이 유사한 경쟁자들끼리 벌이는 치열한 경쟁 의식의 전형적 예이다.

PC 제조업체는 경쟁적 우위를 확보하기 위해 자사 제품을 차별화시키고자 했다. 애플의 경우 위 그림처럼 기존 PC와 다른 Mac의 특성을 시각적으로 보여주었다.

산업 성장이 느린 경우

시장이 성장할 때 기업은 오직 증가하는 고객을 위해 효과적인 자원 활용에 최선을 다한다. 시장 규모가 증가하면 기업은 경쟁자로부터 고객을 뺏어와야 한다는 압박감을 덜 느낀다. 그러나 시장이 더 이상 성장하지 않거나 느리게 성장하면 기업은 경쟁자의 고객을 유인해서 자사 시장 점유율을 증가시키는 전쟁을 시작함으로써 경쟁은 더욱 격렬해진다. 이 같은 경쟁은 도입사례 맥도날드에서 설명한 패스트푸드 시장에서 찾아볼 수 있다. 맥도날드, 웬디스(Wendy's), 버거킹은 서로의 고객을 확보하기 위해서 각 사의 자원, 능력, 핵심 역량을 활용하여 치열하게 경쟁한다. 이 같은 시장의 불안정성은 그 경쟁에 참여한 모든 기업의 수익성을 감소시키는데, 도입사례의 맥도날드 역시 이 같은 경쟁을 겪고 있는 것이다.

고정 비용과 재고 비용이 높은 경우

총비용에서 고정 비용이 차지하는 비중이 크면 기업은 생산 능력 극대화에 최선을 다하는데, 그 이유는 생산량이 많을수록 고정 비용을 최대로 분산시킬 수 있기 때문이다. 그러나 기업이 모두 자사의 생산 능력을 극대화시키려고 한다면 그 산업에는 초과 생산량이 발생하게 된다. 그렇게 되면 초과 생산으로 인한 재고를 줄이기 위해 개별 기업들은 가격을 낮추거나, 리베이트를 제공하거나, 특별 할인을 하려 들 것이다. 결국 경쟁은 더욱 심해지게 된다. 이처럼 기업 수준의 치열한 경쟁은 산업 수준에서 초과 생산을 발생시키게 되는데 이런 현상은 종종 재고 비용이 높은 산업에서 발견된다. 쉽게 상하는 제품의 경우 시간이 지남에 따라 제품의 가치가 급격히 떨어지기 때문에 그 제품의 생산자는 빠른 처분을 위해 가격 전략을 활용한다.

차별화가 부족하거나 전환 비용이 낮은 경우

소비자는 자신의 요구를 만족시켜주는 차별화된 제품을 발견했을 때 그 제품을 구매하고 충성도도 높아진다. 자사의 제품을 차별화하는 데 성공한 기업들이 많은 산업의 경우 기업 수준에서 경쟁 강도가 낮다. 그리고 경쟁자들이 쉽게 모방할 수 없도록 제품을 차별화한 기업은 종종 높은 수익을 거둘 수 있다. 그러나 소비자가 산업 내 제품을 차별화된 특성이나 역량이 없는 일상 용품으로 인식하는 순간 경쟁은 심해진다. 이런 경우 소비자의 구매 의사결정은 전적으로 가격에 의존한다. PC는 일상 제품으로 어떤 제조업체의 PC를 구매하든 전환 비용이 매우 낮다. 그렇기 때문에 델(Dell), HP, 레노버(Lenovo)와 다른 PC 제조업체 간의 경쟁은 심하며, 그 경쟁에서 살아남기 위해 그들은 끊임없이 차별화 방법을 찾는 데 노력하고 있다.

전략적 중요성이 큰 경우

경쟁자 모두 특정 시장에서 성공하는 것이 전략적으로 매우 중요한 경우 그 시장에서 경쟁 강도는 매우 높아진다. 반도체, 석유화학, 패션, 제약, 고층빌딩 및 발전소 건설과 같이 다양한 사업에서 경쟁하고 있는 삼성은 최근 글로벌 스마트폰 시장에서 애플의 만만치 않은 경쟁자로 등장하였다. 삼성은 애플을 앞서기 위해 엄청난 양의 자원을 쏟아 혁신적인 제품을 개발하는 데 노력했다. 얼마 전, 삼성은 시장 점유율 면에서 애플을 크게 앞섰으나(삼성 33%, 애플 18%), 2014년 4분기에 두 기업의 시장 점유율은 거의 비슷해졌다. 이는 애플이 아이폰6를 출시하면서 매출을 상당히 신장시켰기 때문이다.[117] 그러나 이 시장은 양쪽 기업에게 매우 중요하기 때문에 앞으로 두 기업 간의 경쟁은 계속해서 치열할 것이다.

높은 전략적 중요성은 지리적 위치에 의해서도 발생될 수 있는데, 수많은 자동차 제조업체가 중국에 공장을 설립했거나 설립하려고 하는 이유는 2009년 이후로 중국이 세계 최대 자동차 시장이 되었기 때문이다.[118] 고급 자동차를 생산하는 GM과 다른 자동차 제조업체들(중국 자동차 제조업체를 포함)은 모두 중국에 대해 전략적 중요성을 높이 평가하고 있기 때문에 중국 시장에서 이들 간의 경쟁은 꽤 치열하다.

퇴출 장벽이 높은 경우

간혹 투자한 자본 대비 수익이 낮거나 적자임에도 불구하고 계속해서 경쟁하는 경우가 있다. 이와 같은 선택을 하는 기업은 높은 퇴출 장벽에 직면했을 경우가 많은데, 그 장벽은 경제적, 전략적, 감정적 요소에 의해 형성된다.

퇴출 장벽은 항공 산업에서 특히 높다. 최근 글로벌 금융 위기 발발 때문에 항공 산업에서 수익성을 확보한다는 것은 지난 몇 년간 매우 어려웠다. 그러나 2013년과 2014년에 항공 산업의 수익은 증가했다. 그리고 여러 나라의 경제적 상황이 개선됨과 더불어 항공사 간 제휴를 통해 활동을 통합하고 효율성을 개선하여 항공사들의 비용을 절감시켰다. 그 결과 여행의 수요가 증가하였고 이는 당분간 항공 산업에 긍정적인 신호가 될 것이다. 만약에 항공 여행 산업에서 퇴출을 고려했더라면 그 항공사들은 실제로 높은 퇴출 장벽에 직면했을 것이다.[119] 기업들이 직면하는 일반적인 퇴출 장벽은 다음과 같다.

- 특수 자산(특정 사업 또는 특정 지역에 국한에서 가치를 갖게 되는 자산)
- 퇴출 고정 비용(예: 노동 계약)
- 전략적 상호 관계(예: 설비 및 금융 시장 접근을 상호 공유하는 사업체들 간의 상호 의존적 관계)
- 감정적 장벽(경력 파괴 및 종업원의 충성심에 대한 배신의 두려움 때문에 경제적으로 타당한 결정인 퇴출을 회피)
- 정부 및 사회적 구속(고용 손실에 대한 정부의 우려 및 지역 경제의 파급 효과)

2-5 산업 환경 분석의 해석

효과적인 산업 분석이란 다양한 자료에서 수집한 데이터와 정보를 주의 깊게 해석 및 분석한 결과물이다. 산업 고유의 데이터가 풍부하다는 것은 기업이 그 산업의 경쟁적 현실을 보다 잘 이해할 수 있음을 의미한다. 글로벌화 때문에 국제 시장 및 경쟁자들을 반드시 분석에 포함시켜야 한다. 그리고 글로벌 시장의 발달은 한 나라의 국경이 더 이상 산업 구조를 결정짓지 못함을 의미한다. 일반적으로 글로벌 시장에 진입한다는 것은 기존 기업뿐만 아니라 벤처 기업에게도 성공의 기회를 얻을 수 있는 것이다.[120]

특정 산업에서 다섯 가지 경쟁 요인을 분석함으로써 기업은 수익 잠재력 차원에서 그 산업의 매력도를 결정할 수 있게 된다. 일반적으로 다섯 가지 경쟁 요인이 강하면 강할수록 기업이 자사의 전략을 실행해서 얻을 수 있는 수익 잠재력은 낮아진다. 매력적이지 않은 산업은 낮은 진입 장벽과 강력한 협상력을 가진 공급업체와 구매 업체가 있으며, 대체재가 주는 경쟁 위협이 높고, 경쟁자 간의 경쟁 강도도 심하다. 이와 같은 산업 특성은 기업이 전략적 경쟁력을 확보하거나 평균 이상의 수익을 얻기 어렵게 만든다. 반면, 매력적인 산업은 높은 진입 장벽과 낮은 협상력을 가진 공급업체와 구매 업체가 있으며, 대체재의 경쟁 위협은 낮고, 경쟁자 간의 경쟁 강도도 약하다.[121] 다음에는 산업 경쟁 측면에서 전략 집단을 설명하고자 한다.

2-6 전략 집단

전략 집단은 유사한 전략적 차원을 강조하고 유사한 전략을 활용하는 일련의 기업을 의미한다.

유사한 전략적 차원을 강조하고 유사한 전략을 활용하는 일련의 기업들을 **전략 집단**(strategic group)이라고 한다.[122] 한 전략 집단 내에 있는 기업들 간의 경쟁은 그 전략 그룹 내에 있는 한 기업과 밖에 있는 다른 기업 간의 경쟁보다 더 심하다. 그래서 전략 집단 내의 경쟁은 전략 집단 간의 경쟁보다 더 강하다. 전략 집단 간보다는 그룹 내에 있는 기업들의 성과에서 이질성이 더 높은 것이 분명하다. 왜냐하면 그룹 내에서 성과를 선도하는 기업은 다른 기업들의 전략과 유사한 전략을 따를 수 있지만 평균 이상의 수익을 얻기 위해서 전략적 차별성을 유지해야 하기 때문이다.[123]

기술적 우위, 제품의 품질, 가격 정책, 유통 채널, 소비자 서비스가 전략 집단 내에 있는 기업들이 유사하게 구사할 수 있는 전략적 수단의 예이다. 그래서 특정 전략 집단 내에 있는 구성원들은 그들의 전략적 특성에 의해 구분된다.

전략 집단의 개념은 산업의 경쟁 구조를 분석할 때 유용할 수 있다. 즉, 한 산업 내에서 경쟁하는 기업들의 경쟁, 위치 선정, 수익성을 진단하는 데 유용할 수 있다. 한 산업 내에 있는 기업들 간에 높은 이동 장벽, 높은 경쟁 의식, 적은 자원은 전략 집단을 형성하는 데 제약이 된다.[124] 그러나 일단 전략 집단이 형성되고 나면 그 그룹 내 구성원들은 상대적으로 안정을 유지할 수 있다. 한 산업의 경쟁적 구조를 이해하기 위해 전략 집단을 활용하는 것은 기업으로 하여금 가격 결정, 제품 품질, 유통 채널과 같은 전략적 차원에 따라 기업의 경쟁적 행동과 대응이 어떻게 일어나는지 계획해보는 것과 같다. 이와 같은 분석은 특정 기업이 어떻게 유사하게 경쟁하는지를 보여준다.

전략 집단은 몇 가지 시사점을 제공한다. 첫째, 그룹 내에 있는 기업들은 동일한 고객들에게 유사한 제품을 제공하기 때문에 그들간의 경쟁은 강할 수 있다. 경쟁이 강하면 강할수록 각 기업이 얻게 되는 수익에 대한 위협은 커진다. 둘째, 다섯 가지 경쟁 요인의 강도는 전략 집단마다 다르다. 셋째, 전략 집단 간에 활용하는 전략적 수단이 비슷하면 비슷할수록 그들간의 경쟁가능성은 높아진다.

전략 포커스에서 설명하듯이, 아마존은 구글과 월마트와 같은 무서운 경쟁자들을 상대로 승리하는 모습을 보여주었다. 그러나 아마존 시장을 뒤쫓고 있는 젯닷컴이라는 새로운 경쟁자 때문에 아마존은 더욱 부지런해야 할 것이다. 아마존과 같이 성공한 기업이라 할지라도 그들의 경쟁자를 계속해서 분석하고 이해해야 한다. 그래야만 리더로서의 자리를 유지할 수 있는 것이다.

2-7 경쟁자 분석

경쟁자 분석은 외부 환경 분석에 필요한 마지막 부분이라 할 수 있다. 경쟁자 분석은 기업

전략 포커스

소매 시장의 경쟁자: 월마트, 아마존, 젯닷컴

2014년 아마존의 매출은 2013년 대비 19.4%가 증가한 889억 9천만 달러였다. 2014년의 매출은 4년 전인 2010년에 비해 160%로 엄청나게 증가했다. 아마존이 온라인 시장에서 놀라운 수익을 거둘 수 있었던 이유는 고품질의 빠르고 (경쟁자들과 비교해서) 상대적으로 저가 서비스를 제공했기 때문이다. 아마존은 월마트, 구글, 반스앤노블(Barns & Noble)과 같은 쟁쟁한 경쟁자들을 대상으로 경쟁하여 최근 4~5년간의 승자로 인정받게 되었다.

월마트도 온라인 사업에서 진전을 보이고 있다. 2014년 온라인 매출액이 약 30억 달러까지 증가했는데 이는 30%가 증가한 것이다. 동 기간 아마존의 매출은 145억 달러를 기록했다. 2014년 전체 온라인 매출은 3천억 달러였기 때문에 월마트와 아마존 모두 매출을 향상시킬 기회는 여전히 많이 남아있다고 볼 수 있다.

구글은 정보 검색 시장의 88%를 차지하고 있으므로 거대 인터넷 검색 엔진 기업임에 틀림없다. 그러나 고객이 제품을 구매하기 위해 쇼핑을 할 때는 구글이 아닌 아마존을 방문한다. 2014년 3분기에서 미국 내 39%의 온라인 쇼핑 고객이 아마존으로 검색하기 시작했다. 반면, 구글로 검색한 온라인 쇼핑 고객은 11%밖에 되지 않는다. 2009년 온라인 쇼핑 검색 점유율은 아마존이 18%, 구글이 24%였지만, 불과 수년 후에 아마존이 리더의 위치를 차지하게 된 것이다.

반스앤노블은 구글의 위협을 가볍게 여겨 이미 시장에서 구글로부터 밀려났다. 요즘 반스앤노블은 구글과 경쟁하지 않는 틈새 시장에서 다시 자리매김하고 있다. 예를 들면 반스앤노블의 대학 부문 사업부는 각 대학이 부여한 독점 판매권을 가지고 있는 학내 서점을 통해 대학 교재를 판매하고 있다. 그러나 이 틈새 시장도 경쟁으로부터 안전하지 않은데, 아마존은 지금 대학 시장 진출을 목표로 하고 있기 때문이다. 이들은 대학 교재 및 대학 티셔츠 등의 대학 물품을 판매할 수 있는 공동 브랜드 웹사이트 운영에 대해 대학들과 협약을 진행하고 있다. 많은 미국 대학생이 이미 아마존을 통해 다양한 제품을 구매하고 있다.

몇 년 전, 아마존은 인터넷 세상의 월마트라고 불렸다. 그러나 이제 아마존은 월마트보다 더 많은 제품과 서비스를 제공하고 있다. 예를 들면 아마존은 영상 오락물을 제공하는 서비스 업체들(넷플릭스를 포함)과 경쟁하고 있다. 2015년 아마존이 제작한 2개의 영상 프로그램이 골든글로브상을 타기도 했다. 아마존은 최근 남성과 여성 모두를 위한 하이 패션 의류를 판매하기 시작했다. 아마존의 창립자이며 CEO인 제프 베조스(Jeff Bezos)는 아마존의 목표는 2천억 가치의 기업이 되는 것이고, 이를 위해서는 아마존은 의류와 식품을 판매하는 방법을 배워야만 할 것이라고 하였다.

아마존은 구글이나 월마트와 같은 대형 경쟁사들을 모두 쓰러뜨리고 있다. 그러나 새로운 경쟁자들이 아마존에 도전하고 있다. 마크 로어(Marc Lore)에 의해 설립된 신생 기업 젯닷컴(Jet.com)은 아마존을 목표로 경쟁하려 한다. 로어는 다이퍼닷컴(Diaper.com)과 아마존의 이전 경쟁자였던 퀴디시(Quidsi)을 창업한 바 있다. 아마존은 온라인 시장의 가격 전쟁에서 퀴디시에게 엄청난 피해를 주었고, 결국 퀴디시는 5억 5천만 달러에 아마존에 인수되었다. 로어는 2년 동안 아마존에서 근무했으며 아마존에서 사직한 후 젯닷컴을 창업했다. 젯닷컴은 천만 개의 제품을 최저가에 판매할 계획이다. 젯닷컴의 연간 회원 가입비는 50달러로 아마존 프라임 회원 가입비 99달러에 비해 저렴한 수준이다. 아마존과의 경쟁은 굉장한 도전이 될 것이다. 젯닷컴은 베인 캐피탈(Bain Capital Ventures), 구글 벤처스, 골드만삭스, 노웨스트 벤처 파트너스(Norwest Venture partners)와 같은 벤처 캐피탈로부터 2억 4천만 달러의 투자를 받았다. 현재 젯닷컴의 시장 가치는 약 6억 달러로 추정된다. 향후 아마존과 젯닷컴의 경쟁을 지켜보는 것은 매우 흥미로울 것이다.

출처: G. Bensiger, 2015, Amazon makes a push on college campuses, *Wall Street Journal*, www.wsj.com, February 1; K. Bhasin & L. Sherman, 2015, Amazon Coutre: Jeff Bezos wants to sell fancy clothes, *Bloomberg*, www.bloomberg.com, February 18; L. Dormehl, 2015, Amazon and Netflix score big at the Golden Globe, *Fast Company*, www.fastcomany.com, January 12; S. Soper, 2015, Amazon.com rival Jet.com raises $140 million in new funding, *Bloomberg*, www.bloomberg.com, February 11; B. Stone, 2015, Amazon bought this man's company. Now he is coming for him, *Bloomberg*, www.bloomberg.com, January 7; M. Kwatinetz, 2014, In online sales, could Walmart ever top Amazon? *Fortune*, www.fortune.com, October 23; R. Winkler & A. Barr, 2014, Google shopping to counter Amazon, *Wall Street Journal*, www.wsj.com, December 15.

이 직접 경쟁하고 있는 기업 하나하나에 초점을 둔 것이다. 코카콜라와 펩시코, 홈디포(Home Depot)과 로우스(Lowe's), 까르푸 SA와 테스코 PLC, 아마존과 구글은 서로의 목적, 전략, 추정, 역량에 대해 예민한 관심을 가지고 있는 경쟁자의 예이다. 강한 경쟁의식은 경쟁자를 이해하려는 강한 욕구를 일으킨다.[125] 경쟁자 분석에서 각 기업은 경쟁자에 대해 다음과 같은 것을 알고 싶어 한다.

- 경쟁자를 움직이게 만드는 경쟁자의 미래 목표

- 경쟁자가 무엇을 하고 있고 무엇을 할 수 있는지 보여주는 경쟁자의 현재 전략
- 해당 산업에서 경쟁자가 산업에 대해 가지고 있는 주요 가정
- 경쟁자의 역량과 관련한 경쟁자의 강점과 약점[126]

위의 네 가지 차원에 대한 지식은 기업이 경쟁자의 대응을 예견하는 데 도움이 된다(그림 2-3). 효과적인 경쟁자 분석의 결과는 기업이 경쟁자의 행동과 대응을 이해하고, 해석하고, 예측하는 데 도움을 준다. 경쟁자의 행동과 대응을 안다는 것은 기업이 그 산업에서 성공적으로 경쟁하는 데 확실히 큰 도움이 된다.[127] 연구 결과에 따르면 경영진은 그들이 취한 경쟁적 조치[128]에 대한 경쟁자들의 대응을 분석하는 데 종종 실패하고, 이 실패는 기업의 잠재적 경쟁 열위를 초래한다고 한다.

경쟁자 정보는 경쟁자의 목표, 전략, 추정, 역량을 이해하고 예측할 수 있도록 기업이 수집한 일련의 데이터와 정보이다.

효과적인 경쟁자 분석에서 중요한 것은 경쟁자의 의도와 전략적 시사점을 이해하는 데 도움이 될만한 데이터와 정보를 수집하는 것이다.[129] 유용한 데이터와 정보가 결합되어 **경쟁자 정보**(competitor intelligence)를 형성한다. 여기서 경쟁자 정보는 경쟁자의 목표, 전략, 추정, 역량을 더 잘 이해하고 예견할 수 있도록 기업이 수집한 일련의 데이터와 정보를 의미한다. 경쟁자 분석에서 기업은 경쟁자에 대한 정보뿐만 아니라 전 세계 각국의 공공 정책에 대한 정보도 수집해야 한다. 그런 정보는 해외 경쟁자들의 전략적 태도를 쉽게 이해할 수 있게 도와준다. 효과적인 경쟁적 및 공공 정책에 대한 정보를 통해서 기업은 경쟁자에 대항해서 어떻게 경쟁할 것인지에 대한 전략적 의사결정을 내릴 수 있다.

그림 2-3 경쟁자 분석의 구성 요소

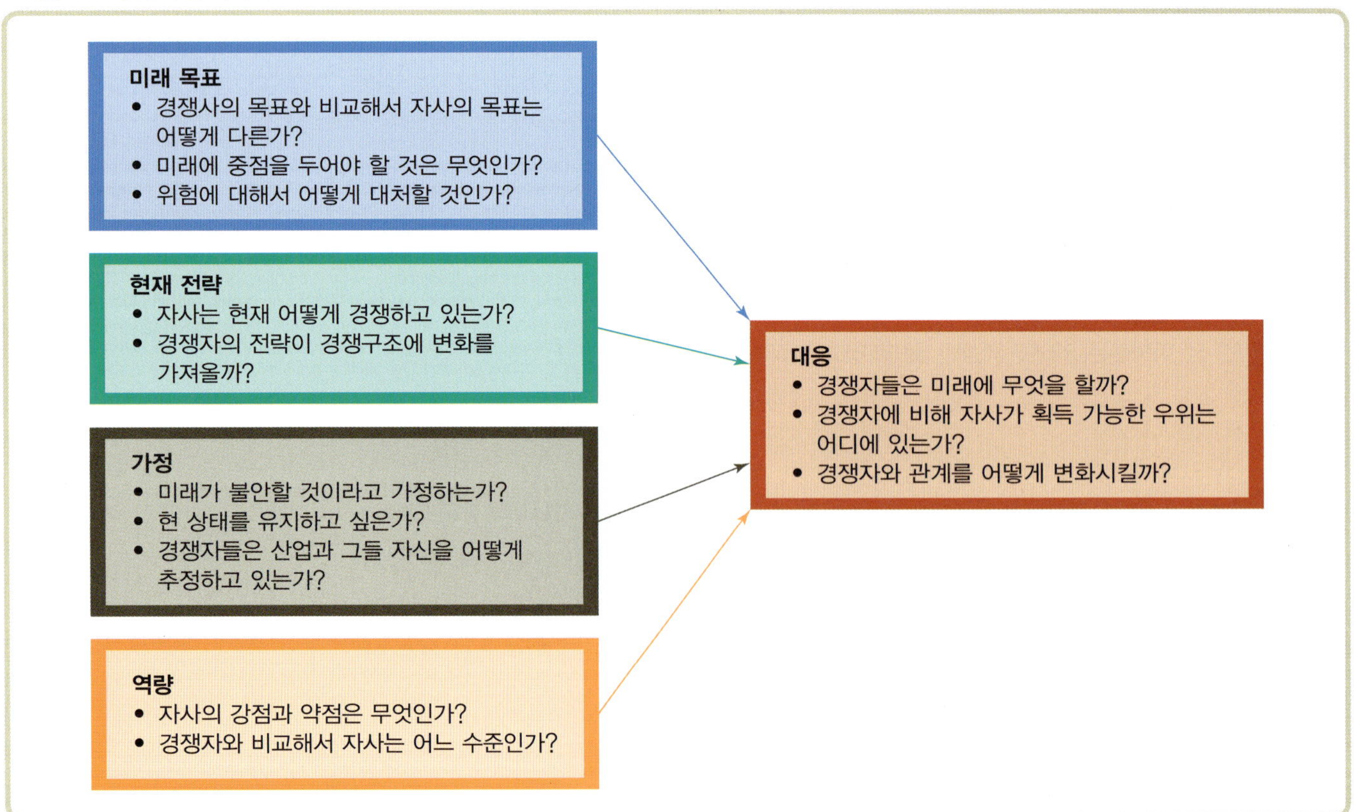

경쟁 정보(competitive intelligence)라는 용어를 떠올릴 때 첩보 활동이나 산업 스파이와 같은 용어가 연상된다. 이러한 문구들은 경쟁 정보 활동이 상호 상충(trade-off)적임을 보여준다.[130] 예를 들어, 특정 국가의 윤리적 잣대는 다른 국가의 윤리적 기준과 다를 수 있다. 다시 말해, 경쟁 정보를 수집할 때 따라야 할 교전 규칙이 상황에 따라 변할 수 있음을 의미한다.[131] 그러나 기업이 경쟁 정보 수집 과정에서 법적 기준이나 윤리적 지침과 같은 게임의 법칙을 따른다면 윤리적, 법적 책임을 피할 수 있다.[132] 기업은 경쟁 정보 수집 과정에서 관련법 및 규정을 따라야 할 뿐만 아니라 윤리적인 행동 및 조치는 반드시 지켜야 한다.

경쟁 정보를 수집할 때 기업은 자사의 제품 및 전략적 보완 기업에게 주의를 기울여야만 한다.[133] **보완 기업**(complementors)은 주요 기업이 생산하는 제품 및 서비스를 보완하는 상품을 판매하는 기업 또는 그들의 네트워크를 의미한다. 한 보완 기업의 제품 및 서비스가 핵심 기업이 생산하는 상품의 기능을 향상시키는 데 중요한 공헌을 한다면 결국 핵심 기업의 가치가 추가적으로 증대되는 것이다.

보완 기업은 주요 기업의 제품 및 서비스를 보완하는 상품을 판매하는 기업 또는 그들의 네트워크이다.

다른 기업의 제품을 보완해주는 제품 및 서비스를 판매하는 기업들에 대한 사례는 많다. 예를 들면 가정용 사진 복사기를 제조하는 업체는 디지털 카메라를 판매하는 기업의 노력을 보완해준다. 인텔과 마이크로소프트는 가장 널리 알려진 보완 기업 사례이다. 마이크로소프트사는 "인텔 인사이드"라는 슬로건을 통해서 서로의 제품을 직접 구매 및 판매하는 관계가 아니지만 서로 강력한 보완 관계를 맺고 있다.

원월드(Oneworld)와 스타(Star)와 같은 항공사 간의 제휴는 회원사 기업들이 항로와 고객 마일리지 적립 프로그램을 공유함으로써 서로의 운영을 보완하는 수단이 되고 있다(제휴 및 기타 협업 전략은 9장에서 다룸). 아메리칸 에어라인스, 브리티시 에어웨이스, 핀에어(Finnair), 재팬 에어라인스, 로얄 요르단 항공(Royal Jordanian)은 원월드라는 제휴를 형성하였다. 에어 캐나다, 브뤼셀 에어라인스, 크로아티아 에어라인스, 루프트한자(Lufthansa), 유나이티드 에어라인스는 스타라는, 27개의 회원사가 형성한 제휴에 속해 있다. 이 두 가지 항공사 제휴는 보완 기업의 네트워크에 해당된다. 원월드와 스타는 둘 다 고객의 요구를 좀 더 만족시킬 수 있도록 회원사와 서비스를 계속해서 조정하고 있다.

위에서 살펴보았듯이 경쟁자 분석을 할 때는 보완 기업을 반드시 분석할 필요가 있다. 이런 관점에서 아메리칸 에어라인스와과 유나이티드 에어라인스는 서로를 직접적인 경쟁자로서 뿐만 아니라 서로 다른 제휴 네트워크를 활용하는 회원사로써 보완 기업 측면에서도 분석되어야 한다. 그리고 어떤 경우에도 윤리적 약속 및 조치는 경쟁자 분석의 기본이 되어야 한다.

2-8 윤리적 고려

기업이 경쟁자 정보를 수집할 때는 정해진 윤리적 지침을 따라야 할 뿐만 아니라 관련 법 및 규제 역시 지켜야 한다. 산업협회는 기업이 채택할 수 있는 관행 목록을 만들기도 한다. 법적·윤리적 측면을 고려한 관행은 다음과 같다.

1. 공개적으로 이용 가능한 정보(예: 법원 기록물, 경쟁자들의 구인 광고, 연감, 대중에게 공개

된 재무 보고서, 미국연방통일상법전의 기록물)를 획득한다.

2. 무역박람회에 참석해서 경쟁 기업의 안내 책자를 확보하고, 경쟁자의 전시물을 보며, 경쟁자 제품에 대한 토론을 경청하는 것이 포함된다.

반면 협박, 무단 침입, 도청, 도안/샘플/서류의 절도와 같은 활동은 비윤리적이며 불법적인 것으로 간주된다.

경쟁 정보 수집 활동은 법적 테두리 안에서 수행되어야 한다. 한 걸음 더 나아가, 기업은 경쟁 정보 수집 활동이 사회라는 맥락에서 자사가 추구하는 기업시민 이미지에 부합하는지, 그리고 이러한 활동이 윤리적인지 고려해야 한다. 특히, 전자적인 형태의 정보 전송과 관련한 경쟁 정보 활동은 법적, 윤리적 관행 사이의 경계에 있다. 예를 들면 한 기업이 경쟁자의 웹사이트와 비슷한 이름의 사이트 주소를 만들어서 가끔 경쟁자에게 보내고자 한 전자메일을 받는 경우가 있다. 이와 같은 관행은 어떻게 경쟁자의 정보를 수집할지를 결정해야 하는 문제뿐만 아니라 경쟁자들이 자사에 대해 너무 많이 알지 못하도록 방어하는 방법을 결정하는 문제와도 관련된다. 이와 같은 문제를 다루기 위해 기업은 경쟁 정보 수집 활동과 관련한 원칙을 확립해야 하고 일관성 있는 조치를 취해야 한다.

경쟁 정보 수집 관행을 파악하기 위해 기업은 전문협회를 이용할 수 있다. 협회는 기업이 "경쟁적 정보를 통해 더 나은 의사결정을 할 수 있도록" 도와주는 한편 기업이 경쟁 정보를 수집할 때 활용 가능한 방법이 될 수 있도록 전문적 관행 및 윤리 규정을 제공한다.[134]

정보 수집 방법에 대한 공개 토론을 통해 기업은 다양한 이해관계자(예: 종업원, 고객, 공급업체)와 잠재적 경쟁자에게 자사의 윤리적인 정보 수집 활동에 대해 알릴 수 있다. 경쟁자 정보 수집 관행에 대한 적절한 지침은 도덕적 원칙과 자사의 제품, 운영, 의도에 대한 정보를 드러내고 싶지 않은 경쟁자의 권리를 존중하는 것이기도 하다.

요약

- 기업의 외부 환경은 어렵고 복잡하다. 외부 환경은 성과에 영향을 미치기 때문에 기업은 외부 환경으로부터 기회와 위협을 알아내는 기술을 개발해야 한다.
- 외부 환경은 크게 세 가지로 구분되는데, 첫째, 일반 환경(산업과 기업에 영향을 주는 사회 구성 요소), 둘째, 산업 환경(기업, 기업의 경쟁적 행위 및 대응, 산업의 잠재적 수익성에 영향을 주는 요소), 셋째, 경쟁 환경(각 기업이 주요 경쟁자의 미래 목표, 현재 전략, 추정, 역량을 분석하는 것)이 있다.
- 정밀조사, 모니터링, 예측, 평가는 외부 환경 분석에 필요한 네 가지 과정이다. 기업이 이 과정을 효과적으로 활용하면 기회와 위협을 정의하는 데 도움을 받을 수 있다.
- 일반 환경은 경제적, 인구통계적, 정치적/법률적, 기술적, 글로벌, 사회문화적, 지속 가능한 물리적 환경, 이렇게 일곱 부문으로 구성된다. 기업은 각 부분에서 발생하는 환경 변화 및 동향이 전략적으로 관련성이 있는지를 파악해야 한다.
- 일반 환경과 비교해서 산업 환경은 기업의 경쟁 행위 및 대응에 더 직접적인 영향을 준다. 다섯 가지 경쟁 요인 모델은 진입 위협, 공급업체의 협상력, 구매 업체의 협상력, 대체재의 위협, 경쟁 강도를 포함한다. 기업은 이 경쟁 요인을 연구함으로써 전략적 경쟁력을 획득하고 평균 이상의 수익을 얻을 수 있는 위치(경쟁 요인에 자사가 우호적 영향력을 행사할 수 있거나 경쟁 요인으로부터 자사를 보호할 수 있는 위치)를 찾을 수 있다.
- 산업은 서로 다른 전략 집단으로 구성된다. 전략 집단이란 유사한 차원을 기준으로 비슷한 전략을 구사하는 일련의 기업 집단이다. 그리고 경쟁은 서로 다른 전략 집단 간보다는 동일한 전략 집단 내에서 더 높다.

- 경쟁자 분석은 직접 경쟁하는 기업들의 미래 목표, 현 전략, 추정, 역량에 대한 정보를 준다. 치밀한 경쟁자 분석은 경쟁 전략을 세우고 실천하는 데 도움이 될 보완 기업을 찾아내는 것이다.
- 기업은 다양한 방법을 통해 경쟁자 정보를 생성할 수 있다. 경쟁자 정보는 경쟁자들이 취할 수 있는 경쟁 행위와 이에 대한 전략적 대응과 관련한 데이터, 정보, 지식 등을 포함한다. 경쟁자 정보를 수집할 때, 기업은 윤리적 사안을 반드시 고려해야 한다. 인터넷은 경쟁자들의 전략적 의도를 파악할 수 있게 하는 데 중요한 역할을 한다.

핵심 용어

복습 문제

1. 기업의 외부 환경을 조사하고 이해하는 것이 왜 중요한가?
2. 일반 환경과 산업 환경 간의 차이점은 무엇인가?
3. 외부 환경 분석의 네 과정은 무엇인가? 기업이 이 과정을 활용할 때 알고자 하는 것은 무엇인가?
4. 일반 환경의 일곱 부문은 무엇인가? 각 부문의 차이점을 설명하라.
5. 산업의 다섯 가지 경쟁 요인이 그 산업의 잠재적 수익에 어떻게 영향을 주는지 설명하라.
6. 전략 집단이 무엇인가? 기업이 전략을 수립할 때 전략 집단에 대한 지식은 어떤 가치를 갖는가?
7. 경쟁자에 대한 데이터와 정보를 수집하고 해석하는 것이 왜 중요한가? 경쟁자의 정보를 수집할 때 기업이 따라야 하는 관행은 무엇이고 왜 그렇게 해야만 하는가?

[Mini Case] 비공식 경제: 비공식 경제는 무엇이고 왜 중요한가?

비공식 경제는 부분적으로 통제 기구의 감시, 조세, 규제를 벗어난 곳에서 발생하는 상업적 활동을 일컫는다. 사회학자인 마누엘 카스텔스(Manuel Castells)와 알레한드로 포르테스(Alejandro Portes)는 비공식 경제는 "유사한 활동들이 규제되는 법적·사회적 환경에서 사회의 제도에 의해 규제되지 않는 특성을 갖는다"고 한다. 비공식 경제 안에 있는 기업들은 등록되지는 않았지만, 법적 제품을 생산 및 판매하는 사업체로 간주된다(즉, 비공식 경제는 공식 경제에서 판매하는 것과 동일한 제품을 많이 판매하는데 이 제품은 당신이 법적인 사업체로부터 구매할법한 그러나 정부 수수료나 세금을 낼 필요가 없기 때문에 값싼 제품들이다). 비공식 경제와 상반되는 공식 경제는 통제 기구가 사회의 이익에 대해 조세 및 점검을 하는 상업적 활동으로 구성되며, 그 활동의 결과물은 국내총생산(GDP)에 포함된다.

어떤 사람이 비공식 경제에서 일을 하는 것은 마치 개인이 공식 경제에서 고용되어 벌어들인 수입을 보충하기 위해 비공식 경제에서 부업을 하는 경우처럼 선택적일 수 있다. 그러나 비공식 경제에서 일하는 대부분의 사람은 선택이 아니라 해야만 하는 경우가 많다. 비공식 경제에서 고용의 질에 대해 일반화하기는 힘들지만, 연구 결과에 따르면 그와 같은 고용은 고용의 질 저하와 더 큰 빈곤을 낳는다고 한다.

전 세계에 걸쳐 비공식 경제 규모에 대한 추정치는 다양하다. 개발도상국의 경우 비공식 경제의 고용인은 농업에 종사하지 않는 전체 고용인의 4분의 3을 차지하고, 남아시아 및 사하라 사막 이남 아프리카의 일부 나라에서는 90%에 이른다. 그러나 비공식 경제는 핀란드(총 경제 규모의 18.3%), 독일(16.3%), 프랑스(15.3%)와 같은 선진국에서도 두드러진다. 최근 미국의 비공식 경제에서는 해마다 2조의 경제 활동이 발생하고 있다고 하는데, 이 숫자는 2009년 미국 비공식 경제 규모의 두 배에 달한다. 비공식 경제에서 일하고 있는 사람은 "인도의 경우는 가게 주인, 농부, 건설 노동자, 택시 운전사, 노점 상인, 넝마주이, 재단사, 수리공, 중간 상인, 암시장 거래자 등"이다.

비공식 경제가 성장하는 데는 많은 원인이 있는데, 일자리를 창출해내지 못하는 무능력한 국가와 경제 환경 등도 포함된다. 비공식 경제는 최근 세계적인 경기 침체 기간 동안 첨예한 문제가 되고 있다. 한 스페인 사람은 "지하(비공식) 경제가 없다면 우리는 심각한 사회적 혼란에 빠지게 될 것이다."라고 말했다. 국가 경제를 성장시키지 못하는 정부의 무능력도 한 이유가 된다. 이와 관련해 한 스페인 국민은 "정부는 효율적이고 경쟁력 있는 공식 경제를 만드는 데 집중해야 한다"라고 정부의 역할을 강조했다.[135]

일반적으로 비공식 경제는 공식 경제 안에 있는 기업들에게 위협과 기회를 가져다 준다. 위협은 비공식화된 사업들이 세금 및 규제 비용을 발생시키지 않기 때문에 공식화된 경제 안에 있는 기업과의 경쟁에서 원가 우위를 점할 수 있다. 그러나 비공식 경제는 기회를 가져다 주기도 한다. 예를 들면, 공식화된 경제 내의 기업들은 비공식 경제 내의 기업이 만족시키는 소비자의 요구를 이해하려고 노력하며, 이를 위해 소비자 요구를 만족시킬 수 있는 더 나은 방법을 찾게 된다. 또 다른 기회로는 비공식 경제에서 능력 있는 인력을 고용함으로써 공식 경제 기업 안으로 끌어들일 수 있다는 것이다.

출처: A. Picchi, 2013, A shadow economy may be keeping the U.S. afloat, *MSN Money*, www.msn.com, May 3; 2013, Meeting on informal economy statistics: Country experience, international recommendations, and application, *United Nations Economic Commission for Africa*, www.uneca.org, April; 2013, About the informal economy, Women in informal employment: Globalizing and organizing, www.wiego.org, May; G. Bruton, R. D. Ireland, & D. J. Ketchen, Jr., 2012, Toward a research agenda on the informal economy, *Academy of Management Perspectives*, 26(3): 1–11; R. D. Ireland, 2012, 2012 program theme: The informal economy, *Academy of Management*, www.meeting.aomonline.org, March; R. Minder, 2012, In Spain, jobless find a refuge off the books, *New York Times*, www.nytimes.com, May 18.

토의 문제

1. 공식 경제 내에서 운영되고 있는 기업들에게 비공식 경제가 주는 시사점은 무엇인가?
2. 기업이 경쟁자 분석을 할 때 비공식 경제 내에 있는 기업들을 포함시켜야 하는가? 포함시켜야 한다면 그 이유는 무엇인가? 포함시키지 말아야 한다면 그 이유가 무엇인지 설명하라.
3. 공식 경제에서 운영되고 있는 기업들에게 비공식 경제가 제공하는 기회는 무엇인가?
4. 공식 경제에서 운영되고 있는 기업들에게 비공식 경제가 제공하는 위협은 무엇인가?
5. 공식 경제에서 운영되고 있는 기업들은 자사의 전략과 관련된 비공식 경제를 어떻게 정의하고 분석할 수 있는가?

미주

1. R. Krause, M. Semadeni & A. A. Cannella, 2013, External COO/presidents as expert directors: A new look at the service of role of boards, *Strategic Management Journal*, 34: 1628–1641; Y. Y. Kor & A. Mesko, 2013, Dynamic managerial capabilities: Configuration and orchestration of top executives' capabilities and the firm's dominant logic, *Strategic Management Journal*, 34: 233–234.
2. K. Y. Hsieh, W. Tsai, & M. J. Chen, 2015, If they can do it, why not us? Competitors as reference points for justifying escalation of commitment, *Academy of Management Journal*, 58: 38–58; R. Kapoor & J. M. Lee, 2013, Coordinating and competing in ecosystems: How organizational forms shape new technology investments, *Strategic Management Journal*, 34: 274–296.
3. C. E. Stevens, E. Xie, & M. W. Peng, 2015, Toward a legitimacy-based view of political risk: The case of Google and Yahoo in China, *Strategic Management Journal*, 36: in press; E. H. Kim, 2013, Deregulation and differentiation: Incumbent investment in green technologies, *Strategic Management Journal*, 34: 1162–1185.
4. R. J. Sawant, 2012, Asset specificity and corporate political activity in regulated industries, *Academy of Management Review*, 37: 194–210; S. Hanson, A. Kashyap, & J. Stein, 2011, A macroprudential approach to financial regulation. *Journal of Economic Perspectives*, 25: 3–28.
5. S. Garg, 2013, Venture boards: Distinctive monitoring and implications for firm performance, *Academy of Management Review*, 38: 90–108; J. Harrison, D. Bosse, & R. Phillips, 2010, Managing for stakeholders, stakeholder utility functions, and competitive advantage, *Strategic Management Journal*, 31: 58–74.
6. S. C. Schleimer & T. Pedersen, 2013, The driving forces of subsidiary absorptive capacity, *Journal of Management Studies*, 50: 646–672; M. T. Lucas & O. M. Kirillova, 2011, Reconciling the resource-based and competitive positioning perspectives on manufacturing flexibility, *Journal of Manufacturing Technology Management*, 22: 189–203.
7. M. Taissig & A. Delios, 2015, Unbundling the effects of institutions on firm resources: The contingent value of being local in emerging economy private equity, *Strategic Management Journal*, 36: in press; C. Qian, Q. Cao, & R. Takeuchi, 2013, Top management team functional diversity and organizational innovation in China: The moderating effects of environment, *Strategic Management Journal*, 34: 110–120.
8. EY, 2015, Middle class growth in emerging markets entering the global middle class, www.ey.com, March 6; EY, 2015 Middle class growth in emerging markets hitting the sweet spot, www.ey.com, March 6.
9. E. V. Karniouchina, S. J. Carson, J. C. Short, & D. J. Ketchen, 2013, Extending the firm vs. industry debate: Does industry life cycle stage matter? *Strategic Management Journal*, 34: 1010–1018.
10. R. B. MacKay & R. Chia, 2013, Choice, chance, and unintended consequences in strategic change: A process understanding of the rise and fall of NorthCo Automotive, *Academy of Management Journal*, 56: 208–230; J. P. Murmann, 2013, The coevolution of industries and important features of their environments, *Organization Science*, 24: 58–78; G. J. Kilduff, H. A. Elfenbein, & B. M. Staw, 2010, The psychology of rivalry: A relationally dependent analysis of competition, *Academy of Management Journal*, 53: 943–969.
11. R. E. Hoskisson, M. Wright, I. Filatotchev, & M. W. Peng, 2013, Emerging multinationals from mid-range economies: The influence of institutions and factor markets, *Journal of Management Studies*, 50: 127–153; A. Hecker & A. Ganter, 2013, The influence of product market competition on technological and management innovation: Firmlevel evidence from a large-scale survey, *European Management Review*, 10: 17–33.
12. Walmart, 2015, Our locations. www.corporate.

walmart.com, March 6; Metro Cash and Carry, 2015, International Operations, en.wikipedia. org, February 1; BBC news, 2014, Carrefour to exit India business, www.bbc.com, July 8; BBC news, 2014, Tesco signs deal to enter India's supermarket sector, www.bbc. com, March 21.

13. F. Bridoux & J. W. Stoelhorst, 2014, Microfoundations for stakeholder theory: Managing stakeholders with heterogeneous motives, *Strategic Management Journal*, 35: 107–125; B. Gilad, 2011, The power of blindspots. What companies don't know, surprises them. What they don't want to know, kills them, *Strategic Direction*, 27(4): 3–4.

14. B. Bradlee, 2014, Patent battle between Nokia and HTC ends with the signing of a patent and technology collaboration agreement, *Capital Technologies*, www. captees.com, February 9; A. Poon & J. Rossi, 2013, Patent battle between Nokia, HTC heats up, *Wall Street Journal*, www.wsj.com, May 24.

15. D. Li, 2013, Multilateral R&D alliances by new ventures, *Journal of Business Venturing*, 28: 241–260; A. Graefe, S. Luckner, & C. Weinhardt, 2010, Prediction markets for foresight, *Futures*, 42: 394–404.

16. J. Tang, K. M. Kacmar, & L. Busenitz, 2012, Entrepreneurial alertness in the pursuit of new opportunities, *Journal of Business Venturing*, 27: 77–94; D. Chrusciel, 2011, Environmental scan: Influence on strategic direction, *Journal of Facilities Management*, 9(1): 7–15.

17. D. E. Hughes, J. Le Bon, & A. Rapp, 2013, Gaining and leveraging customer-based competitive intelligence: The pivotal role of social capital and salesperson adaptive selling skills, *Journal of the Academy of Marketing Science*, 41: 91–110; J. R. Hough & M. A. White, 2004, Scanning actions and environmental dynamism: Gathering information for strategic decision making, *Management Decision*, 42: 781–793; V. K. Garg, B. A. Walters, & R. L. Priem, 2003, Chief executive scanning emphases, environmental dynamism, and manufacturing firm performance, *Strategic Management Journal*, 24: 725–744.

18. C. H. Lee & T. F. Chien, 2013, Leveraging microblogging big data with a modified density-based clustering approach for event awareness and topic ranking, *Journal of Information Science*, 39: 523–543.

19. The Culturist, 2013, More than 2 billion people use the Internet, here's what they're up to, www. theculturist.com, May 9.

20. S. Garg, 2013, Venture boards: Distinctive monitoring and implications for firm performance, *Academy of Management Review*, 38: 90–108; L. Fahey, 1999, *Competitors*, New York: John Wiley & Sons, 71–73.

21. K. Greene & V. Monga, 2013, Workers saving too little to retire, *Wall Street Journal*, www. wsj.com, March 19.

22. M. Hadley, 2014, Americans still don't have enough savings, *USA Today*, www.usatoday. com, June 23.

23. B. L. Connelly & E. J. Van Slyke, 2012, The power and peril of board interlocks, *Business Horizons*, 55: 403–408; C. Dellarocas, 2010, Online reputation systems: How to design one that does what you need, *MIT Sloan Management Review*, 51: 33–37.

24. G. Martin, R. Gozubuyuk, & M. Becerra, 2015, Interlocks and firm performance: The role of uncertainty in the directorate interlockperformance relationship, *Strategic Management Journal*, 36: 235–253.

25. K. L. Turner & M. V. Makhija, 2012, The role of individuals in the information processing perspective, *Strategic Management Journal*, 33: 661–680; X. Zhang, S. Majid, & S. Foo, 2010, Environmental scanning: An application of information literacy skills at the workplace, *Journal of Information Science*, 36: 719–732.

26. L. Sleuwaegen, 2013, Scanning for profitable (international) growth, *Journal of Strategy and Management*, 6: 96–110; J. Calof & J. Smith, 2010, The integrative domain of foresight and competitive intelligence and its impact on R&D management, *R & D Management*, 40(1): 31–39.

27. S. Phandis, C. Caplice, Y. Sheffi, & M. Singh, 2015, Effect of scenario planning on field experts judgment of longrange investment decisions, *Strategic Management Journal*, in press; A. Chwolka & M. G. Raith, 2012, The value of business planning before start-up—A decisiontheoretical perspective, *Journal of Business Venturing*, 27: 385–399.

28. S. D. Wu, K. G. Kempf, M. O. Atan, B. Aytac, S. A. Shirodkar, & A. Mishra, 2010, Improving new-product forecasting at Intel Corporation, *Interfaces*, 40: 385–396.

29. K. D. Miller & S. J. Lin, 2015, Analogical reasoning for diagnosing strategic issues in dynamic and complex environments, *Strategic Management Journal*, in press; R. Klingebiel, 2012, Options in the implementation plan of entrepreneurial initiatives: Examining firms' attainment of flexibility benefit, *Strategic Entrepreneurship Journal*, 6: 307–334; T. Sueyoshi & M. Goto, 2011, Methodological comparison between two unified (operational and environmental) efficiency measurements for environmental assessment, *European Journal of Operational Research*, 210: 684–693.

30. P. Jarzabkowski & S. Kaplan, 2015, Strategy tools-in-use: A framework for understanding "technologies of rationality" in practice, *Strategic Management Journal*, 36: 537–558; N. J. Foss, J. Lyngsie, & S. A. Zahra, 2013, The role of external knowledge sources and organizational design in the process of opportunity exploitation, *Strategic Management Journal*, 34: 1453–1471.

31. D. Grewal, A. Roggeveen, & R. C. Runyan, 2013, Retailing in a connected world, *Journal of Marketing Management*, 29: 263–270; R. King, 2010, Consumer demographics: Use demographic resources to target specific audiences, *Journal of Financial Planning*, 23(12): S4–S6.

32. 2015, World, population clock: 7 billion people (2015), www.worldometers.info/world-population, March 6; 2013, U.S. Census Bureau, International Programs World Population, www.census.gov/ population/international/data/worldpop/, May 21.

33. World population clock; 2013, The world population and the top ten countries with the highest population, *Internet World Stats*, www. internetworldstats.com, May 21.

34. T. Kambayashi, 2011, Brief: Aging Japan sees slowest population growth yet, *McClatchy-Tribune Business News*, www.mcclatchy.com, February 25; S. Moffett, 2005, Fast-aging Japan keeps its elders on the job longer, *Wall Street Journal*, June 15, A1, A8.

35. D. Bloom & D. Canning, 2012, How companies must adapt for an aging workforce, *HBR Blog Network*, www.hbr.org, December 3.

36. 2012, Humanity's aging, *National Institute on Aging*, www.nia.nih.gov, March 27.

37. M. B. Dougherty, 2012, Stunning facts about Japan's demographic implosion, *Business Insider*, www. businessinsider.com, April 24.

38. M. Chand & R. L. Tung, 2014, The aging of the world's population and its effects on global business, *Academy of Management Perspectives*, 28: 409–429.

39. 2013, The aging workforce: Finding the silver lining in the talent gap, *Deloitte*, www.deloitte.com, February.

40. D. Cumming, T. Leung, & O. Rui, 2015, Gender diversity and securities fraud, *Academy of Management Journal*, in press; A. Joshi, J. Son, & H. Roh, 2015, When can women close the gap? A meta-analytic test of sex differences in performance and rewards, *Academy of Management Journal*, in press.

41. 2015, List of U.S. states and territories by population, *Wikipedia*, en.wikipedia.org, March 9.

42. 2013, 2013 Cal Facts, Legislative Analysts' Office, www.lao.ca.gov, January 2.

43. J. Goudreau, 2013, The states people are fleeing in 2013, *Forbes*, www.forbes.com, February 7.

44. R. Dobbs, S. Smit, J. Remes, J. Manyika, C. Roxburgh & A. Restrepo, 2011, *Urban world: Mapping the economic power of cities*, Chicago: McKinsey Global Institute, March.

45. 2012, Population and population change statistics, *European Commission*, www.epp. eurostat.ec.europa. eu, October.

46. S. Reddy, 2011, U.S. News: Latinos fuel growth in decade, *Wall Street Journal*, March 25, A2.

47. 2015, New census bureau report analyzes U.S. population projects, www.census.gov, March 3.

48. G. Andrrevski, O. C. Richard, J.D. Shaw, & W. J. Ferrier, 2014, Racial diversity and firm performance: The mediating role of competitive intensity, *Journal of Management*, 40: 820–844.

49. M. Fisher, 2013, A revealing map of the world's most and least ethnically diverse countries, *The Washington Post*, www. washingtonpost.com, May 16.

50. A. Hain-Cole, 2010, Companies juggle cost cutting with competitive benefits for international assignments, *Benefits & Compensation International: A Magazine for Global Companies*, 40: 26.

51. J. Lee, 2010, Don't underestimate India's consumers, *Bloomberg Businessweek*, www. businessweek.com, January 21.

52. W. Q. Judge, A. Fainschmidt, & J. L. Brown, 2014, Which model of capitalism best delivers both wealth and equality? *Journal of International Business Studies*, 45: 363–386.

53. G. A. Shinkle & B. T. McCann, 2013, New product deployment: The moderating influence of economic institutional context, *Strategic Management Journal*, 35: 1090–1101; L. Fahey & V. K. Narayanan, 1986, *Macroenvironmental Analysis for Strategic Management (The West Series in Strategic Management)*, St. Paul, Minnesota: West Publishing Company, 105.

54. A. Chakrabarti, 2015, Organizational adaptation in an economic shock: The role of growth reconfiguration, *Strategic Management Journal*, in press; N. Bloom, M. A. Kose, & M. E. Terrones, 2013, Held back by uncertainty, *Finance & Development*, 50: 38–41, March.

55. 2015, Global economic prospects: Having physical space and using it, The World bank, www.worldbank. org, January.

56. J. K. Ault & A. Spicer, 2014, The institutional context

of poverty: State fragility as a predictor of cross-national variation in commercial microfinance lending, *Strategic Management Journal*, 36; R. J. Sawant, 2012, Asset specificity and corporate political activity in regulated industries, *Academy of Management Review*, 37: 194–210.

57. T. A. Khoury, M. Junkunc, & S. Mingo, 2015, Navigating political hazard risks and legal system quality: Venture capital investments in Latin America, *Journal of Management*, 41: 808–840; M. R. King, 2015, Political bargaining and multinational bailouts, *Journal of International Business Studies*, 46: 206–222; N. Jia, 2014, Are collective political actions and private political actions substitutes or complements? Empirical evidence from China's private sector, *Strategic Management Journal*, 35: 292–315.
58. S. G. Lazzarini, 2015, Strategizing by the government: Can industrial policy create firm-level competitive advantage, *Strategic Management Journal*, 36: 97–112.
59. S. Zeidler, 2013, MGM assessing costs of operating online poker in Nevada, *Reuters*, www.mobile,reuters.com, May 2.
60. R. Ayadi, E. Arbak, W. P. de Goren, & D. T. Llewellyn, 2013, *Regulation of European Banks and Business Models: Towards a New Paradigm?* Brookings Institution Press, Washington, D.C.
61. K. J. O'Brien, 2013, Firms brace for new European data privacy law, *New York Times*, www.nytimes.com, May 13.
62. C. Jiang, S. Yao, & G. Feng, 2013, Bank ownership, privatization, and performance: Evidence from a transition country, *Journal of Banking & Finance*, 37: 3364–3372; N. Boubakri & L. Bouslimi, 2010, Analysts following of privatized firms around the world: The role of institutions and ownership structure, *International Journal of Accounting*, 45: 413–442.
63. L. Richards, 2013, The effects of socioculture on business, *The Houston Chronicle*, www.chron.com, May 26.
64. J. G. York & M. J. Lennox, 2014, Exploring the sociocultural determinants of de novo and de alio entry into emerging industries, *Strategic Management Journal*, 35: 1930–1951.
65. 2013, Health strategy, *European Commission Public Health*, www.europa.eu, May 23.
66. M. Toosi, 2012, Projections of the labor force to 2050: A visual essay, *Monthly Labor Review*, October.
67. Ibid., 13.
68. T. Grenness, 2011, The impact of national culture on CEO compensation and salary gaps between CEOs and manufacturing workers, *Compensation & Benefits Review*, 43: 100–108.
69. G. Lucke, T. Kostova, & K. Roth, 2014, Multiculturalism from a cognitive perspective: Patterns and implications, *Journal of International Business Studies*, 45:169–190; Y. Zeng, O. Shenkar, S. H. Lee, & S. Song, 2013, Cultural differences, MNE learning abilities, and the effect of experience on subsidiary mortality in a dissimilar culture: Evidence from Korean MNEs, *Journal of International Business Studies*, 44: 42–65.
70. J. Liu, C. Hui, C. Lee, & Z. X. Chen, 2013, Why do I feel valued and why do I contribute? A relational approach to employee's organization-based selfesteem and job performance, *Journal of Management Studies*, 50: 1018–1040; C. M. Chan, S. Makino, & T. Isobe, 2010, Does subnational region matter? Foreign affiliate performance in the United States and China, *Strategic Management Journal*, 31: 1226–1243; P. J. Buckley, J. Clegg, & H. Tan, 2006, Cultural awareness in knowledge transfer to China—The role of guanxi and mianzi, *Journal of World Business*, 41: 275–288.
71. S. Grodal, 2015, The co-evolution of technologies and categories during industry emergence, *Academy of Management Review*, in press; N. R. Furr & D. C. Snow, Intergenerational hybrids: Spillbacks, spillforwards and adapting to technological discontinuities, *Organization Science*, in press; J. P. Eggers, 2014, Competing technologies and industry evolution: The benefits of making mistakes in the flat panel display industry, *Strategic Management Journal*, 35: 159–178.
72. L. Fuentelsaz, E. Garrido, & J. P. Maicas, 2015, Incumbents, technological change and institutions: How the value of complementary resources varies across markets, *Strategic Management Journal*, in press; A. Furlan, A. Cabigiosu, & A. Camuffo, 2014, When the mirror gets misted up: Modularity and technological change, *Strategic Management Journal*, 35; 789–807.
73. 2013, Consumers (everywhere) know a good deal when they see it, *bcg.perspectives*, www.bcgperspectives.com, January 11.
74. W. Bock, D. Field, P. Zwillenberg, & K. Rogers, 2015, The growth of the global mobile Internet economy, *bcg.perspectives*, www. bcgperspectives.com; The Culturist, 2013.
75. P. Buckley & R. Strange, 2015, The governance of the global factory: Location and control of world economic activity, *Academy of Management Perspectives*, in press; J. E. Vahlne & I. Ivarsson, 2014, The globalization of Swedish MNEs: Empirical evidence and theoretical explanations, *Journal of International Business Studies*, 45: 227–247; E. R. Banalieva & C. Dhanaraj, 2013, Home-region orientation in international expansion strategies, *Journal of International Business Studies*, 44: 89–116.
76. K. Kyung-Tae, R. Seung-Kyu, & O. Joongsan, 2011, The strategic role evolution of foreign automotive parts subsidiaries in China, *International Journal of Operations & Production Management*, 31: 31–55.
77. S. T. Cavusgil & G. Knight, 2015, The born global firm: An entrepreneurial and capabilities perspective on early and rapid internationalization, *Journal of International Business Studies*, 46: 3–16; S. Sui & M. Baum, 2014, Internationalization strategy, firm resources and the survival of SMEs in the export market, *Journal of International Business Studies*, 45: 821–841.
78. 2013, Growth and globalization: Keeping a lid on capacity, KPMG, Automotive executive survey, www.kpmb.com, January 15.
79. T.J. Pukall & A. Calabro, 2014, The internationalization of family firms: A critical review and integrative model, *Family Business Review*, 27: 103–125; K. E. Meyer, 2006, Globalfocusing: From domestic conglomerates to global specialists, *Journal of Management Studies*, 43: 1110–1144.
80. R. G. Flores, R. V. Aguilera, A. Mahdian, & P. M. Vaaler, 2013, How well do supra-national regional grouping schemes fit international business research models? *Journal of International Business Studies*, 44: 451–474; Hoskisson, Wright, Filatotchev, & Peng, Emerging multinationals.
81. F. J. Froese, 2013, Work values of the next generation of business leaders in Shanghai, Tokyo, and Seoul, *Asia Pacific Journal of Management*, 30: 297–315; M. Muethel & M. H. Bond, 2013, National context and individual employees' trust of the outgroup: The role of societal trust, *Journal of International Business Studies*, 4: 312–333; M. A. Hitt, M. T. Dacin, B. B. Tyler, & D. Park, 1997, Understanding the differences in Korean and U.S. executives' strategic orientations, *Strategic Management Journal*, 18: 159–167.
82. D. Ahlstrom, E. Levitas, M. A. Hitt, T. Dacin, & H. Zhu, 2014, The three faces of China: Strategic alliance partner selection in three Chinese economies," *Journal of World Business*, 49: 572–585; X. Li, 2012, Behind the recent surge of Chinese patenting: An institutional view, *Research Policy*, 41: 236–249.
83. T. Yu, M. Subramaniam, & A. A. Cannella, Jr., 2013, Competing globally, allying locally: Alliances between global rivals and hostcountry factors, *Journal of International Business Studies*, 44: 117–137; T. K. Das & R. Kumar, 2011, Regulatory focus and opportunism in the alliance development process, *Journal of Management*, 37: 682–708.
84. B. Perrott, 2014, The sustainable organization: Blueprint for an integrated model, *Journal of Business Strategy*, 35: 26–37; A. G. Scherer, G. Palazzo, & D. Seidl, 2013, Managing legitimacy in complex and heterogeneous environments: Sustainable development in a globalized world, *Journal of Management Studies*, 50: 259–284; J. Harris, 2011, Going green to stay in the black: Transnational capitalism and renewable energy, *Perspectives on Global Development & Technology*, 10: 41–59.
85. B. W. Lewis, J. L. Walls, & G. W. S. Dowell, 2014, Difference in degrees: CEO characteristics and firm environmental disclosure, *Strategic Management Journal*, 35: 712–722; P. Berrone, A. Fosfuri, L. Gelabert, & L. R. Gomez-Mejia, 2013, Necessity as the mother of 'green' inventions: Institutional pressures and environmental innovations, *Strategic Management Journal*, 34: 891–909; M. Delmas, V. H. Hoffmann, & M. Kuss, 2011, Under the tip of the iceberg: Absorptive capacity, environmental strategy, and competitive advantage, *Business & Society*, 50: 116–154.
86. 2013, What is sustainable development? *International institute for sustainable development*, www.iisd.org, May 5.
87. J. K. Hall, G. A. Daneke, & M. J. Lenox, 2010, Sustainable development and entrepreneurship: Past contributions and future directions, *Journal of Business Venturing*, 25: 439–448.
88. M. A. Delmas & O. Gergaud, 2014, Sustainable certification for future generations: The case of family firms, *Family Business Review*, 27: 228–243.
89. D. Ferris, 2012, Will economic growth destroy the environment—or save it? *Forbes*, www.forbes.com, October 17.
90. S. M. Ben-Menahern, Z. Kwee, H. W. Volberda, & F. A. J. Van Den Bosch, 2013, Strategic renewal over time: The enabling role of potential absorptive capacity in aligning internal and external rates of change, *Long Range Planning*, 46: 216–235; V. Souitaris & B. Maestro, 2010, Polychronicity in top management teams: The impact on strategic decision processes and performance of new technology ventures, *Strategic Management Journal*, 31: 652–678.
91. S. J. Chang & B. Wu, 2014, Institutional barriers and industry dynamics, *Strategic Management Journal*, 35:

1103–1121.

92. M. Schimmer & M. Brauer, 2012, Firm performance and aspiration levels as determinants of a firm's strategic repositioning within strategic group structures, *Strategic Organization*, 10: 406–435; J. Galbreath & P. Galvin, 2008, Firm factors, industry structure and performance variation: New empirical evidence to a classic debate, *Journal of Business Research*, 61: 109–117.
93. J. J. Tarzijan & C. C. Ramirez, 2011, Firm, industry and corporation effects revisited: A mixed multilevel analysis for Chilean companies, *Applied Economics Letters*, 18: 95–100; V. F. Misangyl, H. Elms, T. Greckhamer, & J. A. Lepine, 2006, A new perspective on a fundamental debate: A multilevel approach to industry, corporate, and business unit effects, *Strategic Management Journal*, 27: 571–590.
94. E. T. Fukui, A. B. Hammer, & L. Z. Jones, 2013, Are U.S. exports influenced by stronger IPR protection measures in recipient markets? *Business Horizons*, 56: 179–188; D. Sullivan & J. Yuening, 2010, Media convergence and the impact of the Internet on the M&A activity of large media companies, *Journal of Media Business Studies*, 7(4): 21–40.
95. G. D. Markman & T. L. Waldron, 2014, Small entrants and large incumbents: A framework of micro entry, *Academy of Management Perspectives*, 28: 179–197; K. Muller, K. Huschelrath, & V. Bilotkach, 2012, The construction of a low-cost airline network—facing competition and exploring new markets, *Managerial and Decision Economics*, 33: 485–499.
96. F. Karakaya & S. Parayitam, 2013, Barriers to entry and firm performance: A proposed model and curvilinear relationships, *Journal of Strategic Marketing*, 21: 25–47; B. F. Schivardi & E. Viviano, 2011, Entry barriers in retail trade, Economic Journal, 121: 145–170; A. V. Mainkar, M. Lubatkin, & W. S. Schulze, 2006, Toward a product-proliferation theory of entry barriers, *Academy of Management Review*, 31: 1062–1075.
97. V. Niu, L. C. Dong, & R. Chen, 2012, Market entry barriers in China, *Journal of Business Research*, 65: 68–76.
98. R. Vandaie & A. Zaheer, 2014, Surviving bear hugs: Firm capability, large partner alliances and growth, *Strategic Management Journal*, 35: 566–577; V. K. Garg, R. L. Priem, & A. A. Rasheed, 2013, A theoretical explanation of the cost advantages of multi-unit franchising, *Journal of Marketing Channels*, 20: 52–72.
99. P. Jackson & M. Iwata, 2012, Global deal: Mitsubishi Heavy, Hitachi to merge businesses, *Wall Street Journal*, www.wsj. com, November 30.
100. C. G. Asmussen, 2015, Strategic factor markets, scale free resources and economic performance: The impact of product market rivalry, *Strategic Management Journal*, in press.
101. G. A. Shinkle & B. T. McCann, 2014, New produce deployment: The moderating influence of economic institutional context, *Strategic Management Journal*, 35: 1090–1101.
102. J. J. Ebbers & N. M. Wijnberg, 2013, Nascent ventures competing for start-up capital: Matching reputations and investors, *Journal of Business Venturing*, 27: 372–384; T. Rice & P. E. Strahan, 2010, Does credit competition affect small-firm finance? *Journal of Finance*, 65: 861–889.
103. Z. Khan, Y. K. Lew, & R. R. Sinkovics, 2015, International joint ventures as boundary spanners: Technological knowledge transfer in an emerging economy, *Global Strategy Journal*, 5: 48–68.
104. 2013, Zara-owned Inditex's profits rise by 22%, *BBC News Business*, www.bbc.co.uk, March 13.
105. M. Hume, 2011, The secrets of Zara's success, *Telegraph.co.uk*, www.telegraph.co.uk, June 22.
106. Y. Pan, L. Teng, A. B. Supapol, X. Lu, D. Huang, & Z. Wang, 2014, Firms; FDI ownership: The influence of government ownership and legislative connections, *Journal of International Business*, 45: 1029–1043; 2011, Airline deregulation, revisited, *Bloomberg Businessweek*, www.businessweek.com, January 21.
107. S. H. Ang, M. H. Benischke, & J. P. Doh, 2015, The interactions of institutions on foreign market entry mode, *Strategic Management Journal*, in press.
108. J. Jaeger, 2010, Anti-trust reviews: Suddenly, they're a worry, *Compliance Week*, 7(80): 48–59.
109. N. Argyes, L. Bigelow, & J. A. Nickerson, 2015, Dominant designs, innovation shocks and the follower's dilemma, *Strategic Management Journal*, 36: 216–234.
110. J. B. Heide, A. Kumar, & K. H. Wathne, 2014, Concurrent sourcing, governance mechanisms and performance outcomes in industrial value chains, *Strategic Management Journal*, 35: 1164–1185; L. Poppo & K. Z. Zhou, 2014, Managing contracts for fairness in buyer-supplier exchanges, *Strategic Management Journal*, 35: 1508–1527.
111. M. J. Mol & C. Brewster, 2014, The outsourcing strategy of local and multinational firms: A supply base perspective, *Global Strategy Journal*, 4: 20–34.
112. J. Roloff, M. S. ABländer, & D. Z. Nayir, 2015, The supplier perspective: Forging strong partnerships with buyers; *Journal of Business Strategy*, 36(1): 25–32; L. Poppo, K. Z. Zhou, & J. J. Li, 2015, When can you trust "trust?" Calculative trust, relational trust and supplier performance, *Strategic Management Journal*, in press.
113. F. H. Liu, 2014, OEM supplier impact on buyer competence development, *Journal of Strategy and Management*, 7: 2–18; S. Bhattacharyya & A. Nain, 2011, Horizontal acquisitions and buying power: A product market analysis, *Journal of Financial Economics*, 99: 97–115.
114. 2015, Computer sales statistics, Statistic Brain, www. statisticbrain.com, January 14; I. Sherr & S. Ovide, 2013, Computer sales in free fall, *Wall Street Journal*, www.wsj.com, April 11.
115. C. Giachetti & G. B. Dagnino, 2014, Detecting the relationship between competitive intensity and firm product line length: Evidence from the worldwide mobile phone industry, *Strategic Management Journal*, 35: 138–1409.
116. G. Pacheco-de-Almeida, A. Hawk, & B. Yeung, 2015, The right speed and its value, *Strategic Management Journal*, 36: 159–176.
117. M. J. Lee & J. Cheng, 2015, Samsung vs. Apple: who was no. 1? *Wall Street Journal Digits*, blog.wsj.com, January 29; P. Cohan, 2013, Samsung trouncing Apple, *Forbes*, www.forbes.com, April 26.
118. K. Bradsher, 2014, China's embrace of foreign cars, *New York Times*, www.nytimes. com, April 8; K. Bradsher, 2013, Chinese auto buyers grow hungry for larger cars, *New York Times*, www.nytimes.com, April 21.
119. H. Martin, 2014, Global airline industry expects record profits in 2014, *Los Angeles Times*, articles. latimes.com, February 9; R. Wall, 2013, Airline profits to top $10 billion on improving sales outlook, *Bloomberg*, www.bloomberg.com, March 20.
120. M. A. Hitt, D. Li, & K Xu, 2015, International Strategy: From local to global and beyond, *Journal of World Business*, in press; A. Goerzen, C. G. Asmussen, & B. B. Nielsen, 2013, Global cities and multinational enterprise location strategy, *Journal of International Business Studies*, 44: 427–450.
121. M. E. Porter, 1980, *Competitive Strategy*, New York: Free Press.
122. F. J. Mas-Ruiz, F. Ruiz-Moreno, & A. L. de Guevara Martinez, 2013, Asymmetric rivalry within and between strategic groups, *Strategic Management Journal*, in press; M. S. Hunt, 1972, Competition in the major home appliance industry, 1960–1970 (doctoral dissertation, Harvard University); Porter, *Competitive Strategy*, 129.
123. D. Miller, I. Le Breton-Miller, & R. H. Lester, 2013, Family firm governance, strategic conformity, and performance: Institutional vs. strategic perspectives, *Organization Science*, 24: 189–209; S. Cheng & H. Chang, 2009, Performance implications of cognitive complexity: An empirical study of cognitive strategic groups in semiconductor industry, *Journal of Business Research*, 62: 1311–1320; G. McNamara, D. L. Deephouse, & R. A. Luce, 2003, Competitive positioning within and across a strategic group structure: The performance of core, secondary, and solitary firms, *Strategic Management Journal*, 24: 161–181.
124. B. P. S. Murthi, A. A. Rasheed, & I. Goll, 2013, An empirical analysis of strategic groups in the airline industry using latent class regressions, *Managerial and Decision Economics*, 34(2): 59–73; J. Lee, K. Lee, & S. Rho, 2002, An evolutionary perspective on strategic group emergence: A genetic algorithm-based model, *Strategic Management Journal*, 23: 727–746.
125. K. Y. Hsieh, W. Tsai, & M. J. Chen, 2015, If they can do it, why not us? Competitors as reference points in justifying escalation of commitment, *Academy of management Journal*, 58: 38–58; T. Keil, T. Laarmanen, & R. G. McGrath, 2013, Is a counterattack the best defense? Competitive dynamics through acquisitions, *Long Range Planning*, 46: 195–215.
126. Porter, *Competitive Strategy*, 49.
127. R. L. Priem, S. Li, & J. C. Carr, 2012, Insights and new directions from demand-side approaches to technology innovation, entrepreneurship, and strategic management research, *Journal of Management*, 38: 346–374; J. E. Prescott & R. Herko, 2010, TOWS: The role of competitive intelligence, *Competitive Intelligence Magazine*, 13(3): 8–17.
128. D. E. Hughes, J. Le Bon, & A. Rapp, 2013. Gaining and leveraging customer-based competitive intelligence: The pivotal role of social capital and salesperson adaptive selling skills, *Journal of the Academy of Marketing Science*, 41: 91–110; D. B. Montgomery, M. C. Moore, & J. E. Urbany, 2005, Reasoning about competitive reactions: Evidence from executives, *Marketing Science*, 24: 138–149.
129. H. Akbar & N. Tzokas, 2012, An exploration of new product development's front-end knowledge conceptualization process in discontinuous innovations, *British Journal of Management*, 24: 245–263; K. Xu, S. Liao, J. Li, & Y. Song, 2011, Mining comparative opinions from customer reviews for competitive intelligence, *Decision Support Systems*, 50: 743–754; S. Jain, 2008, Digital piracy: A competitive

analysis, *Marketing Science*, 27: 610–626.
130. S. Wright, 2013, Converting input to insight: Organising for intelligence-based competitive advantage. In S. Wright (ed.), *Competitive Intelligence, Analysis and Strategy: Creating Organisational Agility*. Abingdon: Routledge, 1–35; J. G. York, 2009, Pragmatic sustainability: Translating environmental ethics into competitive advantage, *Journal of Business Ethics*, 85: 97–109.
131. R. Huggins, 2010, Regional competitive intelligence: Benchmarking and policymaking. Regional Studies, 44: 639–658.
132. L. T. Tuan, 2013, Leading to learning and competitive intelligence, *The Learning Organization*, 20: 216–239; K. A. Sawka, 2008, The ethics of competitive intelligence, *Kiplinger Business Resource Center Online*, www.kiplinger.com, March.
133. R. B. Bouncken & S. Kraus, 2013, Innovation in knowledge-intensive industries: The double-edged sword of coopetition, *Journal of Business Research*, 66: 2060–2070; T. Mazzarol & S. Reboud, 2008, The role of complementary actors in the development of innovation in small firms, *International Journal of Innovation Management*, 12: 223–253; A. Brandenburger & B. Nalebuff, 1996, *Co-opetition*, New York: Currency Doubleday.
134. 2015, SCIP Code of ethics for CI professionals, www.scip.org, March 25.

3

내부 조직 분석: 자원, 역량, 핵심 역량, 경쟁 우위

● 학습목표 ●

3-1 기업 내부 분석 및 그 중요성을 설명한다.

3-2 기업 내부의 가치를 정의하고 그 중요성을 토론한다.

3-3 기업 내부의 유형 자원과 무형 자원의 차이를 설명한다.

3-4 기업 내부의 역량을 정의하고 개발 방법에 대해 토의한다.

3-5 핵심 역량의 네 가지 기준에 대해 설명한다.

3-6 가치사슬 분석 방법을 설명한다.

3-7 아웃소싱을 정의하고 아웃소싱 활용의 필요성을 알아본다.

3-8 기업 내부의 강점 및 약점 파악의 중요성을 설명한다.

3-9 핵심 경직성의 중요성에 대해 설명한다.

데이터 분석, 대형 제약 회사, 핵심 역량: 멋진 신세계

어떤 조직에서는 전략적으로 데이터를 활용한다는 생각이 여전히 새로울 수 있다. 그러나 "빅데이터"와 "빅데이터의 분석"이라는 현실(숨겨진 패턴, 알려지지 않은 상관 관계, 다른 유용한 정보를 드러내기 위해 빅데이터를 조사하는 과정으로 좀 더 나은 의사결정을 할 수 있도록 도와줌)은 더 이상 새로운 것이 아니다. 실제로 어떤 이들은 제안하길 조직이 혁신적이길 원한다면 고객을 상대하는 모든 채널(모바일, 웹, 이메일, 오프라인 상점)뿐만 아니라 공급망을 대상으로 빅데이터 분석(Big data analytics: BDA)을 활용하는 방법을 빠르게 터득할 필요가 있다고 한다.

이 같은 상황은 대형 제약 회사에서 일어나고 있는데, 왜냐하면 많은 대형 제약 회사가 BDA 관점에서 핵심 역량 개발의 가능성을 고려하고 있기 때문이다. 그렇다면 왜 대형 제약 회사들은 이 같은 가능성을 고려하는 것일까? 여기에는 몇 가지 이유가 있는데, 경쟁적인 목적을 위해 연구되고 해석되어야 하는 데이터의 양이 엄청나게 증가하고 있을 뿐만 아니라 전 세계적으로 일어나고 있는 의료 개혁과 보건 의료 서비스 전달체계의 변화가 그 주요 이유이다.

BDA를 핵심 역량으로 구축한 대형 제약 회사가 누릴 수 있는 혜택은 여러 가지다. 예를 들어 핵심 역량으로써 BDA를 보유한다는 것은 기업이 재빨리 실험 후보를 규명하는 데 도움을 주고, 실험 후보의 활용을 가속화하고, 임상 실험에 사용될 포함 기준과 배제 기준을 개발하고, 의도하지 않은 제품의 용법 및 증상을 드러낼 것으로 기대하기 때문이다. 성능이 탁월한 제품은 훨씬 빠른 속도로 환자들이 건강한 삶을 사는 데 도움을 줄 수 있다.

대형 제약 회사들은 핵심 역량으로써 BDA를 스스로 개발하거나, 그렇게 할 수 있도록 도와주는 전문기업들과 협력한다. 현재 벤처 캐피탈리스트들은 데이터 분석 분야에 전문성을 가진 수많은 스타트업에게 자금을 지원하고 있다. 사용하는 접근 방법에 상관없이 조직 내에서 BDA를 적절하게 활용하기 위해서는 조직 문화 변화가 필요할 수 있다.

© Creativa Images/Shutterstock.com

BDA를 활용한 사례로 포드 자동차가 있는데 이 회사는 자동차 회사라기보다는 이동성(mobility)을 추구하는 회사라는 이미지를 구축하기 위해 BDA를 사용했다. 포드는 BDA의 활용과 자율 주행 및 이동 기술에 대한 연구를 통해 이동성을 추구하는 기업이 되기 위해 고객에게 제공될 수 있는 다양한 기능을 파악했다. 예를 들면 고객에게 제공되는 기능 중에는 자동차가 집의 온도 조절 장치와 통신하여 집에서 차를 타고 떠나게 되면 자동적으로 집의 온도를 낮추어주는 기능이 포함될 수 있다.

역량은 핵심 역량을 개발하기 위한 초석이 되는데, 대형 제약 회사들이 BDA를 핵심 역량으로 만들기 위해 강조되는 몇 가지 역량이 있다. 지원 설계, 데이터 과학자들의 적절한 조합, 데이터 거버넌스, 데이터 품질, 높은 수준의 데이터 보안, 새로운 데이터 형태와 원천을 유연하고 측정 가능하도록 통합 및 관리할 수 있는 기술이 바로 대형 제약 회사들이 BDA를 핵심 역량으로 만들고자 할 때 추구해야 할 역량의 예이다.

대다수의 기업과 마찬가지로 대형 제약 회사들은 핵심 역량으로써 BDA 개발을 추구할 때 단기적으로 어려움에 처할 수 있다. 최근 설문 조사에 따르면 상급 관리자들이 BDA 과정에 대해 완벽하게 이해하지 못하는 것, 전략적으로 가장 관련성이 높은 데이터를 선택하는 데 어려움을 겪는 것, 완전하고 정확한 데이터에 대한 접근이 지속적이면서도 빠르게 이루어지지 못하는 것 등이 가장 큰 도전이다. 물론 모든 대형 제약 회사가 BDA를 핵심 역량으로 개발하는 데 성공하지는 못할 것이다.

출처: Big data analytics: What it is & why it matters, 2015, SAS, www.sas.com, April 2; Big data for the pharmaceutical industry, *Informatica*, www.informatica.com, March 17, D. Atkins, 2015, Big data and the board, *Wall Street Journal Online*, www.wsj.com, April 16; D. Gage, 2015, Zetta Venture Partners closes $60M fund to back data-analytics startups, *Wall Street Journal Online*, www.wsj.com, February 11; R. King, 2015, Ford wants to sharpen big data skills at its Silicon Valley innovation center, *Wall Street Journal Online*, www.wsj.com, January 22; Are you prepared to make the decisions that matter most? *PcW's Global Data & Analytics Survey 2014*, www.pwc.com, November 12; S. F. DeAngelis, 2014, Pharmaceutical big data analytics promises a healthier future, *Enterrasolutions.com*, www.enterrasolutions.com, June 5; T. Wolfram, 2014, Data analytics has big pharma rethinking its core competencies, *Forbes Online*, www.forbes.com, December 22.

1장과 2장에서 살펴보았듯이 인터넷 역량의 빠른 발전과 글로벌화는 기업이 경쟁 우위 개발 방법을 찾는 것을 더 어렵게 만들고 있다.[1] 그리고 혁신은 점차 경쟁 우위, 특히 지속 가능한 경쟁 우위를 개발하는 데 핵심이 되고 있다.[2] 패션 소매업체인 자라(Zara)는 빠르게 새로운 디자인을 공급하는 것이 이 기업의 핵심 역량이며 경쟁 우위이다. 이 능력은 실시간 재고 검색에 사용되는 복잡한 정보기술과 새로운 패션을 빠르게 개발하기 위해 개인에게 의존하기보다 혁신적인 디자인 그룹에 의존하는 자라가 만들어낸 혁신의 부산물이다. 자라는 혁신을 통해서 지속적으로 새로운 디자인을 공급하였고, 그 덕택에 경쟁 점포는 일 년에 고객당 3번 방문에 불과한 반면, 자라는 고객당 17번 방문이라는 기록을 세우게 되었다.[3] 자라에 대해서는 Mini Case를 통해 좀 더 자세히 살펴볼 것이다. 혁신적 행동은 빅데이터 분석 과정을 핵심 역량으로 만들고자 하는 대형 제약 회사들에게도 요구된다(도입사례 참조).

자라와 대형 제약 회사의 사례에서처럼 혁신은 성공을 위해 중요하다. 이는 많은 기업이 혁신을 핵심 역량으로 개발시키고자 함을 의미한다. 3장은 핵심 역량에 대해 정의하고, 기업들이 핵심 역량을 형성하기 위해 어떻게 자원 및 역량을 활용하는지 설명할 것이다. 핵심 역량으로서 혁신은 오랜 기간 보잉(Boeing)사가 성공을 지켜오는 데 중요한 역할을 했다. 현재 이 기업은 점진적 혁신(incremental innovation)에 초점을 두고 있지만, 787 Dreamliner와 같은 주요 혁신 및 프로젝트와 관련된 신기술 개발도 진행하고 있다. 점진적 혁신이란 보잉이 신뢰할만한 제품을 빠르고도 저렴하게 고객에게 제공할 수 있는 것을 의미한다.[4] 혁신은 미국 의과 대학에서도 점점 필수적이 된다. "미국 전역에서 변화하는 보건 의료 서비스 체계의 요구에 잘 대응할 수 있는 젊은 의사를 양성하는 데" 활용될 방법을 찾기 위해 많은 노력이 진행 중이다.[5] 이 장에서 언급하는 기업 및 조직은 고객을 위한 가치를 창출할 목적으로 그들의 자원을 획득하고, 결합시키고, 활용하여 전략적 경쟁력을 얻고 평균 이상의 수익을 올리고자 한다.[6]

기업이 핵심 역량과 경쟁 우위를 만들어낼 수 있도록 자원을 개발하고 관리했다 하더라도 경쟁자들은 결국 핵심 기업의 전략이 주는 편익을 어떻게 복제할지 알게 되고 그래서 모든 경쟁 우위의 생명력은 한계가 있다.[7] 이러한 이유 때문에 경쟁 우위의 복제에 대한 의문은 그것이 일어날지 말지가 아니라 언제 일어나는가 하는 것이다. 일반적으로 경쟁 우위의 지속가능성은 세 가지 요인의 함수라 할 수 있다.

1. 환경 변화로 인한 핵심 역량의 진부화율
2. 핵심 역량의 대체 가능성
3. 핵심 역량의 모방 가능성[8]

모든 기업에 있어서 새로운 핵심 역량을 개발하면서 동시에 현재의 핵심 역량을 효과적으로 관리한다는 것은 큰 도전이다.[9] 기업이 이 도전을 완수했을 때만 전략적 경쟁 우위를 획득할 수 있고, 평균 이상의 수익을 올릴 수 있으며, 경쟁자보다 앞설 수 있게 된다.

2장에서 일반 환경, 산업 환경, 경쟁 환경에 대해 살펴보았다. 외부 환경의 현실과 상황에 대한 지식으로 무장한 기업들은 기회가 존재하는 경쟁 환경의 특성과 시장에 대해 더 잘 이해한다. 이 장에서 우리는 기업 자체에 초점을 둘 것이다. 기업 내부를 분석함으로써 기업은 자사가 무엇을 할 수 있는지 알게 된다. 기업이 할 수 있는 것(기업 내부의 자원, 역량, 핵심 역량의 함수)과 기업이 할지도 모르는 것(외부 환경의 기회와 위협의 함수)을 일치시키는 것이 기업이 전략을 선택하는 데 필요한 통찰력을 얻는 과정이다.

먼저, 기업 내부 분석과 관련된 상황을 간략히 설명한 후, 경쟁 우위의 원천이 되는 핵심 역량을 개발하는 과정에서 자원 및 역량의 역할을 논의할 것이다. 이 논의는 기업의 자원과 역량을 정의하고, 핵심 역량을 규정하는 기준에 대한 내용을 담고 있다. 자원 그 자체는 경쟁 우위가 아니지만, 기업은 역량을 형성하기 위해 자원을 활용하여 가치를 만들어낸다. 자원 일부는 핵심 역량 경쟁 우위가 된다. 이와 같은 자원, 역량, 핵심 역량 사이의 관계 때문에 가치사슬에 관한 논의가 필요하며, 기업이 자사의 역량이 핵심 역량인지 아닌지를 결정하는 데 사용되는 네 가지 기준에 대해서도 설명할 것이다.[10] 또한 아웃소싱의 위험과 기업의 핵심 경쟁력이 핵심 경직성으로 변화되지 않도록 조심할 필요성에 대해 설명할 것이다. 핵심 경직성은 기업이 과거에 매몰되어 새로운 역량 및 핵심 경쟁력을 지속적으로 개발하는 것을 방해하는 것으로 알려져 있다.

3-1 내부 분석

3-1a 내부 분석 환경

기업 내부 분석과 관련된 환경 중 하나는 우리가 오늘날 글로벌 경제 속에 있다는 현실이다. 즉, 기업이 자사의 제품 및 서비스를 생산, 판매, 유통하는 데 전통적으로 중요했던 자원(예: 인건비, 가용 자본과 원자재, 규제 받는 시장에 접근 등)이 여전히 중요하다고 하지만, 이러한 자원들이 경쟁 우위가 될 가능성은 점차 낮아지고 있다.[11] 그 이유는 많은 기업이 전통적인 자원을 통해 발생되는 우위를 극복하기 위해 국제화 전략(8장에서 논의)을 성공적으로 활용하여 핵심 역량을 개발하기 때문이다.

고급 소매업체인 니만 마커스 그룹(Neiman Marcus Group)은 전 세계 부유한 쇼핑객을 대상으로 케이터링(음식 제공) 서비스를 시작했다. 이 같은 결정은 니만 마커스를 국제적인 기업으로 키우려는 카렌 카츠(Karen Katz) CEO의 야심을 보여주는 것이다. 니만 마커스는 국제 시장에 빠르게 접근하기 위해 미국 밖의 전자상거래 사이트를 인수했다. 최근 뮌헨에 기반을 둔 Mytheresa.com을 인수했는데, 이 인수로 인해 니만 마커스는 유럽에 튼튼한 발판을 마련할 수 있었고, 아시아에 토대 마련도 가능했다. 니만 마커스가 전 세계의 부유한 고객들에게 서비스를 제공하기 위해서 개발해야 할 가장 중요한 경쟁력은 바로 효과적인 유통 채널의 구축이다.[12]

글로벌 경제의 중요성이 증가하기 때문에 기업 내부를 분석할 때 **글로벌 사고 방식**(global mind-set)이 필요하다. 글로벌 사고 방식은 기업 내부를 분석하고 이해하고 관리할 때, 나라, 문화, 맥락을 한 곳에 국한시키지 않고 세계 수준에서 바라보려는 능력이다.[13] 기업은 의도적으로 사업 영역을 확장할 수 있기 때문에 글로벌 사고 방식이 있는 기업들은 국가 특유의 요인 및 문화에 의해 영향을 받는 경쟁 상황을 이해하고 적절하게 대응할 수 있는 자원 및 역량을 보유해야 함을 알고 있다. 기업 내부 분석을 위해 글로벌한 사고 방식과 안목을 활용함으로써 경쟁자를 능가할 수 있는 잠재적 역량을 갖출 수 있다.[14] 이 같은 글로벌 사고 방식은 니만 마커스가 미국뿐만 아니라 전 세계의 부유한 고객을 대상으로 서비스를 제공하겠다는 결정에 영향을 주었다.

글로벌 사고 방식은 기업 내부를 분석하고, 이해하고, 관리할 때 나라, 문화, 상황을 한 국가에 국한시키지 않고 글로벌 수준에서 바라보려는 능력을 말한다.

그림 3-1 내부 분석의 구성 요소

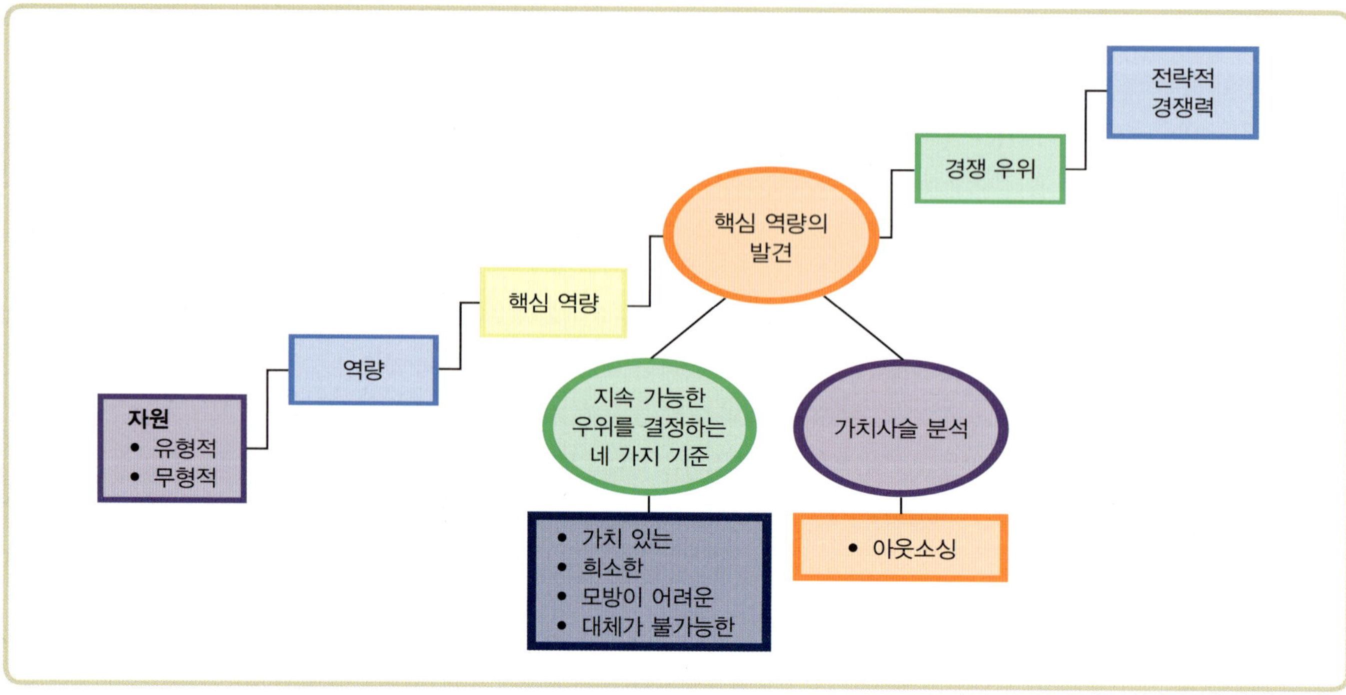

마지막으로 내부 분석을 위해서는 평가자가 자원 및 역량의 전사적 포트폴리오를 검토할 수 있어야 한다. 이것이 의미하는 바는 다른 기업들이 가지고 있지 않은, 적어도 동일한 조합이 아닌 다른 자원 및 역량의 조합을 자사가 보유하고 있어야 한다는 것이다. 자원은 역량의 원천이고, 역량 중 일부는 핵심 역량으로 발전되며, 핵심 역량 중 일부는 기업의 경쟁 우위가 될 수 있다.[15] 기업 고유의 자원과 역량을 어떻게 활용할지를 알아내는 것은 기업 내부 분석 시 의사결정자들이 찾아내고 싶어하는 핵심 결과물이다.[16] 〈그림 3-1〉은 자원, 역량, 핵심 역량, 경쟁 우위 간의 관계를 설명하고 있으며, 이들이 통합적으로 활용되었을 때 최종적으로 기업은 전략적 경쟁력을 갖게 된다. 다음은 소비자 가치 창출을 위해 기업 내부에서 자원을 어떻게 사용하는지 설명한다.

3-1b 가치 창출

가치는 고객이 기꺼이 지불하고자 하는 제품의 성능과 속성에 의해 측정된다.

기업은 소비자를 위해 가치를 창출하는 제품 및 서비스를 생산하고 생산의 토대로써 그들의 자원을 활용한다.[17] **가치**(value)는 소비자가 기꺼이 지불하고자 하는 제품의 성능과 속성에 의해 측정된다. 기업은 그들의 자원을 혁신적으로 묶거나 활용하여 역량 및 핵심 역량으로 만들고 그 결과 가치가 창출된다.[18] 경쟁 우위를 보유한 기업들은 경쟁자들보다 소비자를 위한 가치를 더 많이 창출한다.[19] 월마트는 "매일 최저가(everyday low price)" 전략을 사용한다. 이는 월마트의 핵심 역량인 정보기술과 유통 채널에 기반을 둔 전략으로 경쟁업체 가격 대비 더 낮은 가격에 제품을 구매하려는 소비자를 위한 가치 창출이라고 할 수 있다. 기업의 핵심 역량이 강하면 강할수록 소비자에게 제공 가능한 가치의 양도 커진다.[20]

궁극적으로 소비자를 위한 가치 창출은 기업의 평균 이상 수익의 원천이 된다. 가치 창출과 관련해서 기업이 의도하는 바에 따라 사업 전략(4장 참조)과 조직 구조(11장 참조)의 선택이 달라진다.[21] 4장에서 우리는 사업 전략을 논의하게 될 텐데 가치는 경쟁자와 비교해서 더 낮은 원가 및 더 높은 차별화 특성에 의해서 또는 그 두 가지의 조합에 의해서 창출됨을 알 수 있다. 사업 전략은 기업이 자사의 역량과 핵심 역량을 활용한 토대 위에서 만들어졌을 때만 효과적이다. 그래서 성공 기업은 현재의 역량 및 핵심 역량의 효과를 지속적으로 조사하는 한편 미래 성공을 위해 필요한 역량 및 경쟁력에 대해서도 고민한다.[22]

기업의 가치 창출 노력은 기업이 경쟁하고 있는 산업 특성에 대한 이해를 높이거나, 산업의 특성을 고려해서 경쟁자에 대해 자사가 취해야 할 포지션을 결정하는 데 있다. 산업의 특성과 경쟁 전략에 대한 강조는 경쟁 우위의 원천이 되는 핵심 역량을 개발하는 데 자원 및 역량의 역할을 과소평가하게 만든다. 핵심 역량은 제품-시장 포지션에서 기업의 가장 중요한 경쟁 우위의 원천이다.[23] 기업의 전략적 선택은 자사의 핵심 역량과 외부 환경 분석 결과가 합쳐졌을 때 이루어져야 한다.[24] 클레이튼 크리스텐슨(Clayton Christensen)은 "성공적인 전략가는 경쟁 및 진행 과정뿐만 아니라 각 경쟁 우위 요소를 떠받히는 요인들에 대해 철저히 이해할 필요가 있다"고 하였다. 그렇게 했을 때라야 전략가는 오래된 경쟁 우위가 언제 사라지고 새로운 우위 요소를 어떻게 안정적으로 구축할지를 파악할 수 있게 된다.[25] 전략을 선택하고 실행할 때 핵심 역량을 강조함으로써 기업은 고유의 차별성을 기반으로 한 경쟁 방법을 알게 된다. 한편 기업은 핵심 역량이 외부 환경에서 어떻게 변할지도 동시에 파악하고 있어야만 한다.[26]

3-1c 내부 분석의 어려움

기업 내부에 대해 행해지는 전략적 의사결정은 일상적인 일이 아니고,[27] 윤리적 시사점이 있으며,[28] 기업이 평균 이상의 수익을 획득하는 데 영향을 준다.[29] 이러한 의사결정은 기업이 필요한 자원의 선택과 그 자원을 최고로 활용할 수 있는 방법과 관련된 것이다. 기업의 자산과 관련된 의사결정 (즉, 자원, 역량, 핵심 역량의 정의, 개발, 배치, 보호)은 상대적으로 쉬워 보인다. 그러나 이러한 의사결정은 매우 어렵고, 글로벌 사업 환경에서 기업의 국제화까지도 고려해야 한다.[30] 그리고 경영자는 시장분석가들이 예상하는 분기 수익을 충족시키는 데 도움이 될 의사결정만을 내려야 한다는 압박 때문에 정확한 내부 분석을 수행하는 데 어려움이 있다.[31]

기업 내부 의사결정의 절반이 실패한다는 연구 결과는 효과적인 의사결정의 어려움을 보여준다.[32] 기업은 내부 상황을 분석할 때 실수를 저지르는 경우가 왕왕 있다.[33] 예를 들면 실제 핵심 역량이 아닌 데 경영자가 핵심 역량으로 간주하는 실수를 범하는 것이다. 이러한 실수의 예는 폴라로이드(Polaroid)에서 볼 수 있다. 경쟁자들은 디지털 카메라를 소개하는 데 필요한 역량을 개발하고 활용하던 시기에 폴라로이드의 의사결정자는 즉석 필름 카메라에서 구축할 때 활용된 역량이 여전히 중요할 것이라고 믿은 것이다.

Gene Blevins/Polaris/Newscom

한때 폴라로이드 카메라는 고객에게 엄청난 가치를 제공해주었다. 하지만 잘못된 의사결정으로 더 이상의 가치 창출을 할 수 없게 되었고, 결국 2001년 파산 신고를 하게 되었다.

폴라로이드 의사결정자는 탁월한 제조 역량이 핵심 역량이라고 결론을 지었다. 만약 폴라로이드처럼 기업의 자원을 분석하고 관리하는 데서 실수가 발생한 것이라면, 의사결정자는 반드시 실수를 인정하고 수정 조치를 취해야만 한다.[34]

기업은 실수를 검토함으로써 개선될 수 있다. 실수를 수정하는 과정에서 발생하는 학습은 새로운 역량과 핵심 역량 창출에 중요하다.[35] 사업의 중단 시기를 파악하는 것도 실패로부터 학습할 수 있는 역량이다. 폴라로이드가 전략을 좀 더 일찍 바꾸었더라면 지금과 같은 실패를 피할 수 있었을 것이다. 또 다른 예로는 2006년 뉴스코퍼레이션(News Corp.)의 마이스페이스(MySpace)의 인수이다. 뉴스코퍼레이션은 5억 8천만 달러를 들여서 마이스페이스를 인수하였는데 페이스북에 의해 심각할 정도로 시장 점유율을 잃게 되자 결국 3,400만 달러에 다시 팔았다.[36]

불확실성, 복잡성, 조직 간의 갈등과 같은 세 가지 조건은 경영자가 내부 분석을 하고 자원에 대해 의사결정을 내릴 때 영향을 미친다(그림 3-2 참조).

경영자는 수많은 문제 때문(예: 새로운 전유 기술, 빠르게 변화는 경제 및 정치 동향, 사회적 가치의 변화, 소비자의 수요 변화 등)에 불확실성에 직면하게 된다.[37] 환경의 불확실성은 내부 환경을 검토할 때 복잡성을 증가시키고 조사할 범위를 더 넓게 만든다.[38] 석탄 회사인 피바디 에너지(Peabody Energy Corp.)와 아크콜(Arch Coal Corp.)에서 불확실성이 자원 활용 방법에 어떤 영향을 주는지 한 번 생각해보자.

피바디는 세계에서 가장 큰 민간 석탄 회사이다. 피바디가 생산하는 석탄 연료는 미국 전기 발전량의 10%, 세계 전기 발전량의 2%를 차지한다. 그러나 이 기업을 포함하여 석탄 산업에서 경쟁하는 기업들은 상당한 정치적 불확실성에 직면해 있다. 그래서 피바디와 경쟁자들은 내일의 성공을 위해 오늘의 자원을 어떻게 할당하는 것이 최선인지 의문을 갖게 된다. 석탄은 "비청정 연료(dirty fuel)"로 간주되고 석탄의 생산은 환경 친화적인 것과 거리가 먼 것으로 인식되고 있기 때문에 미국 환경보호청(Environmental Protection Agency: EPA)은 2014년에 새로운 규제를 발표했고, 바로 다음해인 2015년 그 규제를 좀 더 구체화시켰다. 탄소 배출에 집중하고 있는 EPA의 탄소 규제는 "2005년의 탄소 배출 수준을 기준으로 발전소의 탄소 배출을 2030년까지 30%까지 감축할 것을 요청하였다." 석탄 제조업체인 피바디, 아크콜, 머레이 에너지(Murray Energy)는 이 규제가 너무 엄격하고, 나아가 EPA가 대기청정법(Clean Air Act)을 제대로 이해하지 못했다고 한다. 이와 관련된 이슈들이 해결되는 데는 시간이 필요한데 이 중 일부는 주 지방정부(예: 웨스트버지니아주)와 기업(예: 머레이 에너지)이 소송을 통해 법정에서 결정될 것이다.[39]

그림 3-2 자원, 역량, 핵심 역량에 대한 관리자의 의사결정에 영향을 미치는 조건

조건	불확실성	불확실성은 기업의 일반 환경 및 산업 환경의 특성과 고객 니즈와 관련해서 발생함
	복잡성	복잡성은 기업을 형성하는 조건들간의 상호관계의 결과임
	조직 간의 갈등	조직 간의 갈등은 의사결정 결과에 영향을 받는 관리자 사이에서 뿐만 아니라 의사결정을 실제 내리는 관리자 사이에서 존재할 수 있음

이러한 이슈는 에너지 회사의 의사결정자들이 자사 내부를 구성하고 있는 자원, 역량, 핵심 역량을 조사할 때 많은 불확실성에 직면하는 것과 관련이 있다.[40]

불확실성에 대처하는 방법에 대한 편견 역시 기업의 자원과 역량을 어떻게 관리할 지 결정하는 데 영향을 준다.[41] 게다가 조직 간 갈등은 기업이 개발 및 육성시킬 필요가 있는 핵심 역량을 결정할 때 표면화 될 수 있다. 즉 새로운 "청정 기술"을 지원하는 핵심 역량을 구축하는 데 어떤 자원과 역량을 사용해야 할지를 결정할 때 피바디 또는 아크콜 내부에서 갈등이 표면화될 수 있다.

위에서 언급한 세 가지 조건에 의해 영향을 받는 의사결정을 내릴 때 판단이 요구된다. 판단은 명백히 정확한 모델이나 규칙이 이용 가능하지 않거나, 관련 데이터가 신뢰성이 없거나 완전하지 않은 상황에서 의사결정을 성공적으로 내릴 수 있는 능력이다. 이 같은 상황에서 의사결정자는 지나친 확신을 조심해야 한다. 기업의 자원을 어떻게 활용할지에 대한 의사결정에 지나치게 과신하는 사람들은 의사결정에 영향을 주는 조건을 제대로 평가하지 못할 수 있다.[42]

의사결정자는 결정을 내릴 때 종종 지적 위험(intelligent risk)을 감수해야 한다. 현재 경쟁 환경에서 경영진의 판단은 가치 있는 역량이 될 수 있다. 그 이유는 시간이 지나면서 의사결정자가 보여주는 효과적인 판단은 기업에게 탄탄한 명성을 쌓게 해주고, 주주들의 충성도가 유지되며, 주주의 지지는 결국 평균 이상의 수익과 연결되기 때문이다.[43]

기업의 자원을 활용하는 데 가장 성공적인 의사결정을 할 수 있는 사람을 발견하는 것은 매우 어렵지만 그와 같은 사람을 찾아내는 것은 중요하다. 왜냐하면 자원의 선택 및 관리와 관련된 리더의 의사결정 품질은 전략적 경쟁력을 확보할 수 있는 기업의 능력에 영향을 주기 때문이다. 이와 같은 핵심적인 의사결정의 포지션을 차지할 사람을 우리는 전략적 리더(strategic leaders)라고 부른다. 전략적 리더에 대해서는 12장에서 더 자세히 논의하게 될 것이다. 이 장에서 전략적 리더는 기업의 자원, 역량, 핵심 역량의 선택과 활용에 대해 효과적인 의사결정을 내릴 수 있는 능력을 보유한 사람으로 한정하고자 한다.

다음에서 우리는 기업의 자원, 역량, 핵심 역량 간 관계에 대해 설명할 것이다. 기업은 역량보다는 자원을 더 많이 가지고 있고, 핵심 역량보다는 역량을 더 많이 보유하고 있다.

3-2 자원, 역량, 핵심 역량

자원, 역량, 핵심 역량은 경쟁 우위의 토대가 된다. 자원은 조직 역량을 만들어낼 수 있고 역량은 경쟁 우위의 기초가 되는 핵심 역량의 원천이다.[44] 이들 간의 관계는 〈그림 3-1〉에 잘 나타나 있는데, 경쟁 우위를 구성하는 요소에 대한 정의와 사례를 살펴보고록 하자.

3-2a 자원

자원(resources)은 개인, 사회, 조직 현상의 범위를 전부 포함한다. 자원은 스스로 평균 이상의 수익을 얻을 수 있는 가치를 만들어내지 못한다. 실제로 자원은 역량(capabilities)을 형성하기 위해 여러 개의 자원이 혼합되어야 한다.[45] 서브웨이(Subway)는 체인점을 운영하는 점주들에게 지속적인 훈련과 신선한 식재료 제공과 같은 여러 자원의 결합을 통해 서브웨이의 역량인 고객 서비스를 제공한다. 그리고 이 고객 서비스는 서브웨이에게 핵심 역량(core competence)의 역할을 한다. 유일한 유통 채널로써 인터넷을 사용하고 있는 아마존닷컴에게 인터넷은 자원이다. 아마존은 인터넷을 활용하여 경쟁자들이 재래식 소매점을 통해 비싸게 팔던 상품을 훨씬 낮은 가격에 판매하고 있다. 아마존은 인터넷 활용뿐만 아니라 폭넓은 제품 구색과 같은 다른 자원을 결합시킴으로써 훌륭한 고객 서비스에 대한 명성을 구축했다. 고객 서비스 관점에서 아마존의 역량은 소비자에게 독특한 가치를 부여해주었다는 점에서 핵심 역량이 된다. 아마존은 또한 AWS(Amazon Web Services)라는 서비스를 제공하기 위해 기술적 핵심 역량을 활용하고 있다. 이 서비스는 사업체들이 시간당 페니(pennies) 수준으로 싼 가격에 아마존으로부터 컴퓨팅 파워를 임대할 수 있도록 하는 것이다. AWS 서비스 책임자의 말에 따르면 "AWS는 인터넷에 연결되어 있고 신용카드가 있는 사람이라면 누구든지 연간 340억 달러어치의 소매점을 운영하는 세계 최고의 아마존 컴퓨팅 시스템에 접근할 수 있다"고 한다.[46]

유형 자원은 관찰할 수 있고 계량화가 가능한 자산이다.

무형 자원은 기업 역사와 함께하고 시간에 따라 축적되는 자산으로 경쟁자가 분석하거나 모방하는 것이 상대적으로 어렵다.

어떤 자원은 유형적이지만 또 다른 자원들은 무형적이기도 하다. **유형 자원**(tangible resources)은 관찰할 수 있고 계량화 가능한 자산(assets)이다. 유형 자원의 예로는 생산 설비, 제조 시설, 유통 센터, 공식적인 보고 체계 등이 있다. 에너지 기업인 킨더 모건(Kinder Morgan)의 파이프라인은 유형 자원의 한 예이다. **무형 자원**(intangible resources)은 기업의 역사와 함께하고 시간이 흐름에 따라 축적되는 자산이다. 무형 자원은 기업의 일상적 패턴에 독특한 형태로 체화되어 있기 때문에 경쟁자들이 특정 기업의 무형 자원을 분석하거나 모방하는 것이 매우 어렵다. 무형 자원의 예로 지식, 경영자와 종업원 간의 신뢰, 관리역량, 사람들이 함께 일하는 독특한 방식인 조직 루틴(organizational routines)(사람들이 함께 일하는 독특한 방식), 과학적 역량, 혁신 역량, 브랜드명, 제품 및 서비스에 대한 기업의 명성, 종업원·소비자·공급업체와 상호작용하는 방식, 조직 문화가 있다.[47]

표 3-1 유형 자원

재무 자원	• 차입 능력 • 사업 운영을 통한 기금 마련 능력
조직 자원	• 공식적 보고 체계
물리적 자원	• 공장 및 장비의 정교성과 지리적 매력도 • 유통 시설 • 제품 재고
기술적 자원	• 저작권, 특허, 상표, 사업 비밀과 같은 기술 관련 자원의 이용 가능성

출처: Adapted from J. B. Barney, 1991, Firm resources and sustained competitive advantage, *Journal of Management*, 17: 101; R. M. Grant, 1991, Contemporary Strategy Analysis, Cambridge: U.K.: Blackwell Business, 100–102.

표 3-2 무형 자원

인력 자원	• 지식 • 신용 • 스킬 • 다른 사람과 협동하는 능력
혁신 자원	• 아이디어 • 과학적 능력 • 혁신 능력
평판 자원	• 브랜드 명성 • 제품의 품질, 견고성 및 신뢰성에 대한 인식 • 공급업체 및 고객과 같은 이해관계자들이 인식하는 긍정적 평판

출처: Adapted from J. B. Barney, 1991, Firm resources and sustained competitive advantage, *Journal of Management*, 17: 101; R. M. Grant, 1991, Contemporary Strategy Analysis, Cambridge: U.K.: Blackwell Business, 101–104.

무형 자원은 기업의 경쟁에 도움이 되기 때문에 지속적으로 육성할 필요가 있다. 무형 자원의 예로는 브랜드가 있는데, 코카콜라에게 브랜드는 매우 가치 있는 무형 자원이다. 로고가 잔뜩 박힌 영국 브랜드인 슈퍼드라이(Superdry)도 마찬가지다. 그러나 최근 슈퍼드라이의 모기업인 슈퍼그룹(SuperGroup)이 그들의 브랜드 가치를 유지 및 강화하려는 노력에 문제가 발생되었다. **전략 포커스**는 슈퍼드라이의 사례를 다루고 있다.

각각의 분석을 위해서 유형 자원과 무형 자원으로 구분하였다. 유형 자원은 재무 자원(financial resources), 조직 자원(organizational resources), 물리적 자원(physical resources), 기술적 자원(technological resources), 네 가지로 분류할 수 있으며(표 3-1 참조), 무형 자원은 인력 자원(human resources), 혁신 자원(innovation resources), 평판 자원(reputation resources), 세 가지로 분류할 수 있다(표 3-2 참조).

전략 포커스

슈퍼드라이의 브랜드 강화: 전략적 성공의 초석

영국에 기반을 둔 슈퍼그룹은 슈퍼드라이 및 관련 제품 라인을 보유하고 있는데 이 기업은 최근 실적에 문제가 생겨 이를 해결하기 위한 조치를 취하고 있다. 이 문제는 여러 측면에서 슈퍼그룹의 실상을 드러나게 했는데, 예를 들면 6개월 동안 3번이나 이윤에 대한 경고가 발령되었고, 2014년 주가가 2013년에 비해 34%나 하락했다.

이 기업은 1985년에 설립되었으며, 품질 좋은 의류 및 액세서리를 판매하는 매우 독특한 패션 브랜드이다. 슈퍼그룹은 "슈퍼드라이 브랜드가 사업의 심장부"라고 말한다. 이 브랜드는 "독특하게 디자인되고 품질이 좋은 스타일리쉬한 의류"를 구매하려는 안목이 있는 고객을 목표로 한다. 이 브랜드의 남성 및 여성 의류는 보편적인 호소력과 미국의 빈티지 스타일, 일본의 이미지, 영국의 깔끔함을 교묘히 섞어 놓았으며, '도시' 및 '거리패션'이라는 디자인 요소를 담아 내었다. 따라서 목표 고객인 10대와 20대 초반에게 전달하는 브랜드 이미지가 매우 중요하다. 슈퍼그룹의 경영진은 고객이 슈퍼드라이 제품을 사랑할 뿐만 아니라 제품을 판매하는 매장의 "극장적 요소와 개인화"도 좋아한다고 생각한다. 이것은 단순히 의류를 판매하기보다 기업이 의도적으로 개인화된 쇼핑 경험을 고객에게 제공하여 브랜드 이미지를 강화시키는 것이 중요함을 의미한다.

위에서 언급한 바와 같이 여러 문제가 슈퍼그룹의 성과에 영향을 끼쳤다. 물론 슈퍼드라이의 브랜드가 손상되기 전에 이러한 문제들은 해결되었어야 했다. 슈퍼그룹의 가장 큰 문제는 혼란스런 경영이었다. 2015년 1월 CEO가 갑자기 떠났으며, 거의 동시에 CFO는 개인 파산 신고 때문에 정직되었고, COO는 슈퍼그룹을 떠났다. 분석가들은 이 기업의 성장이 잘못 구상되었고, 기업의 최고리더들이 비효과적인 전략적 의사결정을 했을 가능성이 높다고 한다. 또 다른 분석가는 슈퍼그룹은 제대로 된 지원 인프라스트럭처를 갖추지 못한 상황에서 지나치게 빠르게 성장한 것이 문제였다고 지적한다.

슈퍼그룹은 이 문제를 해결하기 위해 현재 노력 중에 있다. 특히 현재 슈퍼그룹의 경영진은 브랜드 가치를 보호하기 위해 기업의 통제 및 관리에 많은 노력을 쏟고 있다. "사업은 상당 부분 통제 속에 있어야 한다"고 믿는 인물이 새로운 CEO로 선임되었으며 좋은 평가를 받는 인물이 임시 CFO로 지목되었다. 또한 이사진도 경험있는 사람들로 새롭게 구성되었다. 이러한 변화에 대해 한 분석가는 다음과 같이 이야기하였는데 슈퍼그룹은 "소유-창업 스타일의 경영에서 전문적이고 능숙한 경영 스타일로 변화하고 있으며, 중요한 것은 과거보다 지금이 훨씬 낫다는 것이다."

슈퍼드라이는 브랜드 이미지를 강화시킬 수 있는 직접적인 조치를 취하였다. HBO 드라마 「와이어」에 출연했던 배우 이드리스 엘바(Idris Elba)를 광고 모델로 채택한 것은 브랜드 이미지를 높이기 위한 주요 노력으로 여겨진다. 슈퍼그룹은 배우 엘바는 영국스럽고, 현실적이고, 쿨한 슈퍼드라이 이미지의 전형이라고 말했다. 엘바는 42세에 슈퍼드라이의 광고 모델이 되었기 때문에 슈퍼드라이와 "함께 성장한" 고객에게 높은 호소력을 가질 수 있게 되었다. 25세 이상 되는 고객을 위해 슈퍼그룹은 과거 유명했던 대형 로고의 화려함을 줄인 슈퍼드라이 제품을 개발하기 시작했다. 슈퍼그룹은 최근에 부딪힌 문제를 해결한 후 중국을 비롯한 해외 시장으로 확장할 계획을 갖고 있다. 슈퍼그룹은 경쟁적 지역을 새롭게 진입할 때마다 그들의 브랜드를 보호하고자 할 것이고, 성공을 위한 전략으로 브랜드를 적극적으로 활용할 것으로 기대된다.

Bloomberg/Getty Images

슈퍼드라이는 고객의 쇼핑 경험을 개별화시킬 수 있도록 매장에 의류를 진열한다.

출처: About SuperGroup, 2015, SuperGroupPLC.com, www.supergroup.co.uk, April 5; S. Chaudhuri, 2015, Superdry brand works to iron out problems, *Wall Street Journal Online*, www.wsj.com, April 15; S. Chaudhuri, 2015, Superdry looks to U.S. to drive growth, *Wall Street Journal Online*, www.wsj.com, March 26; H. Mann, 2015, SuperGroup strategy oozes Hollywood glamour, *Interactive Investor*, www.iii.co.uk, March 26; A. Monaghan & S. Butler, 2015, Superdry signs up Idris Elba, *The Guardian Online*, www.theguardian.com, March 26; A. Petroff, 2015, Is this the worst CFO ever? *CNNMoney*, www.money.cnn.com, February 25.

유형 자원

유형 자원인 기업의 차입능력과 물리적 설비는 눈에 보이는 것들이다. 따라서 대부분 유형 자원은 기업 재무제표상에 표시가 되지만, 기업이 보유한 자산 전부를 반영하지는 못하는데, 그 이유는 재무제표가 무형 자원을 소홀이 하기 때문이다.[48] 또한, 유형 자원은 한 번 사용 후 추가적인 사업이나 가치를 끌어내는 데 어려움이 있기 때문에 가치에 있어 한계가 따른다. 예를 들면 비행기는 유형 자원으로 "동일한 비행기를 동시에 서로 다른 다섯 항로에서 운행시킬 수 없고, 승무원 역시 다섯 항로에서 동시에 활용할 수 없듯이" 유형 자원은 추가적인 가치를 창출하는 데 한계가 있다.[49]

제조 자산은 유형 자원이지만 제조에 활용되는 필수적인 프로세스는 대부분 무형 자원이다. 제조 설비라는 유형 자원과 관련된 학습 및 잠재적 전유성을 보유한 프로세스는 특유의 무형 자원의 특성을 갖는데, 그와 같은 예로 품질 통제 프로세스, 독특한 제조 과정 및 기술 등이 있다.[50]

무형 자원

유형 자원과 비교해서 무형 자원은 더 우수한 역량의 원천으로 결국 핵심 역량이 된다.[51] 글로벌 경제에서 기업의 지적 자본은 물리적 자산보다 기업의 성공에 더 중요한 역할을 담당한다.[52] 이러한 이유 때문에 지적 자본을 효과적으로 관리하는 것은 오늘날 리더의 중요한 기량이라 할 수 있다.[53]

무형 자원은 보이지 않고 경쟁자들이 자원을 이해하거나, 구매하거나, 모방하거나, 대체하기가 어렵기 때문에 기업은 유형 자원보다 무형 자원을 역량의 기반이 된다. 관찰이 어려운 자원일수록(즉, 무형적일수록) 더 많은 가치를 보유하고 그 결과 더 많은 역량을 창출한다.[54] 무형 자원의 또 다른 혜택은 대부분의 유형 자원과 다르게 활용도가 높다는 것이다. 예를 들면 종업원들 간에 공유한 지식은 어떤 사람이 사용해도 그 가치가 줄어들지 않는다. 오히려 각자의 지식을 공유한 두 사람은 공유한 지식을 활용해서 새로운 지식을 만들어내고, 그 새로운 지식은 기업의 성과 향상에 공헌할 잠재력을 갖게 된다.

평판 자원(표 3-2 참조)은 기업의 역량 및 핵심 역량의 중요한 원천이다. 긍정적인 평판은 경쟁 우위의 원천도 될 수 있다.[55] 기업의 말뿐만 아니라 행동을 통해서 얻게 된 평판은 그 기업이 수년간 우수한 시장 경쟁력을 구축해서 얻게 된 부산물이며, 이와 같은 평판은 이해관계자들에 의해 인식된다.[56] 평판은 이해관계자들 사이에서 형성된 기업에 대한 인식 수준이며, 이해관계자들이 기업을 높이 평가하는 정도이다.[57]

잘 알려져 있고 높은 가치를 지닌 브랜드는 특별한 평판 자원이다.[58] 지속적인 혁신과 공격적인 광고는 자사 브랜드에 대한 평판을 향상시킨다.[59] 할리데이비슨(Harley-Davidson)은 독특한 디자인과 최상의 오토바이를 생산 및 서비스하는 기업이라는 평판이 있다. 할리데이비슨은 고품질의 독특한 제품을 제공한다는 평판을 활용하여 다양한 액세서리 품목을 생산 및 판매하고 있다. 선글라스, 보석, 벨트, 지갑, 셔츠, 바지, 모자 등 다양한 액세서리를 할리데이비슨 매장을 통해서 또는 온라인 상점을 통해서 구매할 수 있다.[60]

오늘날 기술적 우위를 이용하려는 기업은 자사의 평판을 향상시키기 위해 소셜 미디어를 활용하고 있다. 예를 들면 컴캐스트(Comcast)는 비효율적, 무반응, 평범한, 무례한 고객 서비스에 대한 평판을 개선하고자 소셜 미디어에 공을 들이고 있다.[61] GM 역시 과거 리콜(recall)을 경험한 고객들의 관심에 대응하기 위해 소셜 미디어를 활용하고 있다. GM 소셜 미디어 광고의 핵심 목적은 "GM은 개방적이고, 투명하고, 들을 줄 아는 조직이라는 이미지를 재정의"하는 것이다.[62] 코카콜라는 종업원들로 하여금 소셜 미디어 기반의 토론에 참여하도록 권유하여 자사의 평판에 긍정적인 영향을 주려고 한다. 코카콜라 종업원은 다양한 소셜 미디어에 참여하여 사업의 투명성과 소비자의 사생활 보호 이미지를 증대시키고 있다.[63]

©iStock Photo.com/Courtney Keating

특정 분야에서 역량을 개발함으로써 기업에 경쟁 우위를 가져다 줄 수 있다. 특정 시장에서 효과적으로 소셜 미디어 광고를 활용함으로써 기업은 경쟁자에 대해 우위를 확보할 수 있다.

3-2b 역량

기업은 유형 자원과 무형 자원을 결합시켜 역량(capabilities)를 만들어낸다. 결국 역량은 소비자에게 가치를 제공할 목적으로 만든 제품 및 서비스를 생산, 유통, 서비스하는 데 필요한 조직 업무를 완성하는 데 활용된다.[64] 핵심 역량을 구축하고 희망컨대 경쟁 우위가 될 수 있는 역량은 기업의 인적 자본을 통한 정보 및 지식의 개발, 전달, 교환에 기초를 한다.[65] 핵심 역량이 될 역량을 개발하고 활용하는 데 있어서 인적 자본의 가치는 매우 중요한 역할을 한다.[66] IBM의 경우 하드웨어, 소프트웨어, 서비스 분야에서 장기적 고객 관계를 구축하고, 높은 기량의 과학 및 연구 활동을 쌓고, 폭넓은 기술을 보유하기 위해 IBM의 역량을 형성 및 활용하는 데 인적 자본의 역할이 매우 중요했다.[67]

〈표 3-3〉에서 보듯이 역량은 제조, 연구개발, 마케팅과 같이 특정 부문에서 종종 개발되거나, 또는 광고와 같이 한 부문(마케팅)의 일부 분야에서 개발되기도 한다. 〈표 3-3〉은 기업의 부문 또는 부문의 하위 부서 관점에서 기업이 보유할 수 있는 역량을 보여준다.

3-2c 핵심 역량

1장에서 정의했듯이 핵심 역량(core competencies)은 경쟁 우위의 원천이 될 수 있는 역량을 의미한다. 핵심 역량은 기업을 다른 기업과 구별해주며, 그 기업의 특성을 반영한다. 핵심 역량은 서로 다른 자원과 역량을 배치하는 방법을 학습하고, 조직 내에 축적하는 과정에서 발생된다.[68] 기업의 핵심 역량은 "왕관에 달린 보석"과 같은 기업 활동으로, 소비자에게 제공하는 제품이나 서비스에 경쟁자와 다른 독특한 가치를 부가하는 것이다.[69] 그래서 화이자(Pfizer)와 같은 대형 제약회사가 핵심 역량으로 빅데이터 분석 기법을 개발했다면 사람들은 그 기업이 아주 우수한 방식으로 방대한 양의 데이터를 분석하고 효과적으로 활용할 수 있는 역량을 갖추고 있다고 생각할 것이다.

혁신은 애플의 핵심 역량으로 간주된다. 역량으로써 연구개발 활동은 핵심 역량의 원천이

표 3-3 기업의 역량 예시

부문	역량	사례 기업
유통	• 물류 관리 기술의 효과적인 활용	• 월마트
인적자원	• 종업원의 동기부여, 권한 위임 및 유지	• 마이크로소프트
정보 시스템 관리	• 판매 시점 데이터 수집 방법을 통한 재고의 효과적, 효율적 관리	• 월마트
마케팅	• 브랜드에 대한 효과적인 홍보 • 효과적인 고객 서비스 • 혁신적인 상품 계획	• P&G(Procter & Gamble) • 랄프로렌(Ralph Lauren Corp.) • 맥킨지(McKinsey & Co.) • 노드스트롬(Nordstrom Inc.) • 크레이트앤베럴(Crate & Barrel)
경영	• 의류의 미래를 내다보는 능력	• 휴고보스(Hugo Boss) • 자라
제조	• 신뢰할만한 제품을 만들기 위한 설계 및 생산 기술 • 제품 및 디자인 품질 • 부품 및 제품의 소형화	• 고마쓰(Komatsu) • 위트개스(Witt Gas Technology) • 소니
연구개발	• 혁신적인 기술 • 정교한 엘리베이터 통제 솔루션 개발 • 신제품 및 신 공정을 위한 빠른 기술 변환 • 디지털 기술	• 캐터필러(Caterpillar) • 오티스 엘리베이터(Otis Elevator Co.) • 샤패럴 철강(Chaparral Steel) • 톰슨(Thomson Consumer Electronics)

된다. 좀 더 구체적으로 말하자면 애플이 보유한 유형 자원인 재무 자원 및 연구실과 무형 자원인 과학자, 공학도 및 조직의 루틴을 결합시켜 연구개발 업무를 완성하게 되면 연구개발 부문에서 하나의 역량이 탄생되는 것이다. 애플은 연구개발 역량을 강조함으로써 소비자를 위한 독특한 가치 창출에 혁신적일 수 있게 되었고, 이러한 혁신은 애플의 핵심 역량이 되는 것이다.

소매 점포에서 훌륭한 고객 서비스는 애플의 또 다른 핵심 역량이다. 이 경우 독특하고 현대적인 매장 설계(유형 자원)는 기술과 제품에 해박한 종업원(무형 자원)과 결합되어 고객에게 최고의 서비스를 제공하는 것이다. 주의 깊게 설계된 수많은 훈련과 개발 절차는 하나의 역량으로 이 역량을 바탕으로 훌륭한 고객 서비스라는 애플의 핵심 역량이 탄생한 것이다. 애플의 역량 탄생 과정에는 "고객과 상호작용하는 종업원 대응 방법의 집중적인 관리, 현장 기술 지원을 위해 대본에 따른 훈련, 모든 매장의 데모 기기에 업로드된 사진 및 음악에 대한 상세한 설명" 등이 포함된다.[70]

3-3 핵심 역량 구축

기업이 자사의 핵심 역량을 정의하는 데 도움을 주는 두 가지 도구가 있다. 첫 번째 도구는 지속 가능한 경쟁 우위가 되기 위한 네 가지 기준이다. 〈표 3-3〉에서 나와 있는 역량은 이 네 가지 기준을 만족시켰기 때문에 핵심 역량이 된 것이다. 두 번째 도구는 가치사슬 분석이다. 이 도구는 기업이 반드시 유지시키거나, 업그레이드시키거나, 개발시켜야만 할 경쟁력과 아웃소싱해야 할 경쟁력을 선택하는 데 사용한다.

3-3a 지속 가능한 경쟁 우위를 위한 네 가지 기준

가치 있고, 희소하고, 모방이 어렵고, 대체할 수 없는 역량은 핵심 역량이 된다(표 3-4 참조). 핵심 역량은 기업이 경쟁 우위를 차지할 수 있게 한다. 네 가지 기준을 만족시키지 못한 역량은 핵심 역량이 될 수 없는데 이는 모든 핵심 역량은 역량에 해당되지만 그렇다고 해서 모든 역량이 핵심 역량이 되는 것은 아님을 의미한다. 조금 다르게 표현하면 핵심 역량은 고객의 관점에서 가치 있고 특별해야 하며, 경쟁자의 관점에서는 모방 및 대체가 어려워야 한다.[71]

지속 가능한 경쟁 우위는 경쟁자들이 전략적 혜택을 복제할 수 없을 때 또는 모방할 자원이 없을 때만 존재한다. 얼마 동안은 기업은 가치 있고, 드물고, 모방하기 힘든 역량을 활용하여 핵심 역량을 보유할 수 있게 된다. 예를 들어 어떤 기업들은 경쟁자를 환경보호에서 벗어나게 함으로써 핵심 역량과 잠재적 경쟁 우위를 개발하려 노력한다.[72] ("환경보호"라는 핵심 역량의 개발은 사회에 폭넓게 혜택을 주면서 동시에 기업의 평균 이상의 수익을 얻을 수 있다.) 지난 수년 간 월마트는 환경의 지속가능성을 실천하는 데 그들의 자원을 쏟았으며 그 과정에서 경쟁 우위를 구축하고자 했다. 이 같은 노력을 용이하게 하기 위해 최근 월마트는 자사의 전자상거래 사이트에서 판매되고 있는 1만 개의 제품에 "지속가능성 리더가 만든 제품"이라는 라벨을 붙였다. 최초 이 라벨은 대략 80개의 제품 카테고리에 적용했다. 이러한 행동을 통해 월마트는 경쟁 우위를 추구할 뿐만 아니라 고객이 제품을 구매할 때 "지속 가능한 선택"을 더 많이 할 수 있기를 희망한다. 또한, 월마트는 에너지 소비와 대기오염을 줄이기 위해 그들이 필요로 하는 에너지 100%를 신재생 에너지로 공급하고, 제로 쓰레기를 달성하며, 청정 기술을 사용하는 산업의 리더가 되고자 노력하고 있다.[73] 물론 타깃(Target)과 같은 월마트의 경쟁자들 역시 유사한 행동을 취하고 있다. 시간이 흐르면서 월마트의 환경보호 행동이 모방될 수 있는 것인지 알게 될 것이다.

기업이 핵심 역량을 활용해서 가치 창출을 할 수 있는 시간의 길이는 경쟁자들이 얼마나 빨리 성공적으로 그 기업의 제품, 서비스, 또는 공정을 모방할 수 있는가 하는 것과 관련된다. 가치를 창출하는 핵심 역량은, 다음에 논의하게 될 네 가지 기준을 모두 만족시켰을 때만 오래 지속될 수 있다. 따라서 월마트의 환경보호를 위한 자원 활용 방법이 이 네 가지 기준을 모두 만족시켰을 때만 월마트가 핵심 역량과 경쟁 우위를 확보했다고 할 수 있다.

표 3-4 지속 가능한 경쟁 우위가 되기 위한 네 가지 기준

가치	• 위협을 감소시키거나 기회를 활용하는 데 도움이 됨
희소성	• 다른 기업들이 소유하지 않은 역량
모방의 어려움	• 역사적: 독특하고 가치 있는 조직 문화 또는 브랜드 • 모호한 원인: 경쟁력의 원인 및 사용이 불명확함 • 사회적 복잡성: 대인 관계, 신뢰 및 기업, 공급업체, 고객 간의 우호적 관계
대체 불가능	• 대등한 전략이 존재치 않음

가치 있는

가치 있는 역량은 기업이 기회를 활용할 수 있도록 하거나, 외부 환경의 위협을 감소시킬 수 있도록 한다.

가치 있는 역량(valuable capabilities)은 기업이 기회를 활용할 수 있도록 하거나, 외부 환경의 위협을 감소시킬 수 있도록 한다. 기업은 기회를 활용하거나 위협을 감소시키기 위해 역량을 효과적으로 활용함으로써 소비자에게 가치를 부여한다.[74] 그루폰(Groupon)의 경우 "매일의 거래(daily deal)"라는 마케팅 공간을 만들고 역사상 가장 빠르게 10억 달러의 수익을 올린 기업이 되었다. 요컨대, 2008년 그루폰을 창업할 때 추구했던 사업 기회는 할인 가격에 각 기업의 제품 및 서비스를 소개할 수 있는 장터를 만들어내는 것이었다. 음식점, 헤어 및 네일 살롱, 호텔들이 그루폰 서비스를 자주 사용하는 기업의 예가 된다. 젊고 도시에 사는 전문직 종사자(여피족)가 그 기업들의 목표 고객이 된다.[75] 그러나 리빙소셜(LivingSocial)과 블랙보드이츠(Blackboard Eats)와 같은 일상의 거래를 다루는 웹사이트와의 경쟁이 급속하게 일어나고, 유사하지만 비교적 싼 거래들이 제공된다. 그루폰은 성공할 수 있었지만, 비교적 짧은 개발주기, 특히 온라인 기업의 짧은 개발주기로 인해 계속해서 지속 가능한 경쟁 우위를 만들어내는 것이 어려웠다. "다시 말해서 스타트업 기업은 지속 가능한 기업 자산을 개발하기 전까지는 대기업들이 겪는 것과 동일한 자본-시장 압력 때문에 점차 취약해질 수밖에 없다."[76]

희소한

희소한 역량은 어떤 경쟁자도 소유하고 있지 않은 역량을 말한다.

희소한 역량(rare capabilities)은 어떤 경쟁자도 소유하고 있지 않은 역량이다. 이 기준을 평가할 때 핵심 질문은 "얼마나 많은 경쟁 기업이 가치 있는 역량을 소유하고 있는가?"이다. 많은 경쟁업체가 소유하고 있는 역량은 어떤 기업에도 핵심 역량이 될 수 없다. 대신, 가치 있으나 평범한(희소하지 않은) 역량은 경쟁적 동등성의 원천이 된다.[77] 경쟁 우위의 가능성이 있고, 경쟁자가 갖고 있는 것과 다르나 가치 있는 역량을 기업이 개발하고 활용했을 때만 경쟁 우위가 되는 것이다. 그루폰의 가장 큰 문제는 "일상의 거래"를 제공하는 역량이 너무 빨리 경쟁자들에 의해 모방되었다. 그루폰과 유사한 사례로 월마트는 가치가 있으며, 지속가능성을 보유한 환경보호 계획을 조성하는 역량을 개발했지만, 타깃이라는 또 다른 대형 할인점이 그 역량[78]을 복제해버렸고, 그 결과 월마트의 역량은 더 이상 희소하지 않게 되었다.

모방이 어려운

모방이 어려운 역량이란 다른 기업들이 쉽게 개발할 수 없는 역량이다.

모방이 어려운 역량(costly-to-imitate capabilities)이란 다른 기업들이 쉽게 개발할 수 없는 역량을 의미한다. 모방이 어려운 역량은 〈표 3-4〉에 나와 있는 한 가지 이유 또는 다른 세 가지 이유의 복합 작용에 의해 형성된다. 모방을 어렵게 하는 첫 번째 조건은 기업이 보유한 독특한 역사적 상황(unique historical conditions)으로, 기업이 진화하면서 그들에게만 맞는 독특한 역량을 확보하거나 개발할 때 발생한다.[79]

회사 설립 초기에 출현한 독특하고 가치 있는 조직 문화를 가진 기업은 "다른 기업에 의해 덜 귀하거나 경쟁적으로 덜 유용한 가치 및 신념의 형태로 불완전하게 모방됨으로써 혜택을 누리게 된다."[80] 1장에서 간략히 살펴본 바에 따르면 조직 문화는 조직 내 모든 구성원이 공유하는 가치의 집합이다. 조직 문화는 종업원이 그들의 신념에 의해 강하게 결속할 때 장점의 원천이 되고, 리더는 조직 문화 형성을 도와준다.[81] 청결과 일관성을 강조한 서비스 및 훈련은 맥도날드의 가치를 강화시킨 것으로 이와 같은 맥도날드의 문화는 핵심 역량 및 경쟁 우위로 간주되기도 한다. 그러나 2장의 도입사례에서 설명했듯이 맥도날드의 최근 성과는 투자자들을 걱정시키고 있다. 이와 같은 문제를 해결하기 위해 맥도날드가 취한 조치 중 하나는 미국의 조직 구조를 변경한 것인데, 22개 미국 지역의 리더들에게 지역 메뉴 및 마케팅에 대한 의사결정권을 부여하였다.[82] 서로 다른 조직 구조가 조직 문화에 새로운 바람을 일으키고자 했던 맥도날드의 노력을 좀더 쉽게 만들어줄 것이다.

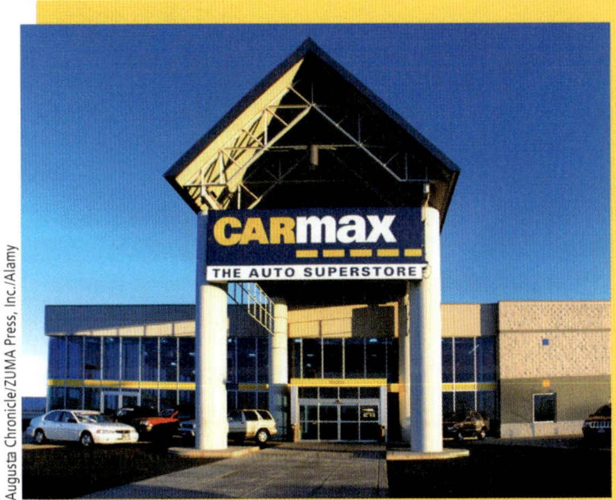

Augusta Chronicle/ZUMA Press, Inc./Alamy

카맥스는 150개 가까운 상점과 2만 2천 명의 종업원을 보유하고 있지만, 경쟁자들이 모방하기 어려운 소기업 문화를 개발했다.

모방이 어려운 두 번째 조건은 기업의 핵심 역량과 경쟁 우위 간의 관계가 우연적이며 이들의 인과 관계가 모호(causally ambiguous)할 경우 발생한다.[83] 이러한 경우 경쟁자들은 경쟁 우위의 기반이 되고 핵심 역량이 되는 역량을 그 기업이 어떻게 활용했는지를 정확히 이해할 수 없게 된다. 결국 경쟁자들은 그들이 모방해야 할 역량에 대해 확신을 갖지 못하게 된다. 몇 년 동안 기업들은 사우스웨스트 항공사(Southwest Airlines)의 저가 전략을 모방하기 위해 애썼으나 대부분의 기업이 성공하지 못했는데 주요 이유는 사우스웨스트의 독특한 문화를 모방할 수 없었기 때문이다.

사회적 복잡성(social complexity)은 모방이 어려운 세 번째 조건이다. 사회적 복잡성은 기업의 역량 중에 일부 또는 많이 그리고 자주 복잡한 사회 현상의 부산물로 나타나는 경우를 의미한다. 관리자 간에 그리고 관리자와 종업원 간에 형성된 상호 관계, 믿음 및 우정과, 공급업체와 소비자가 갖는 기업의 명성이 대표적인 예이다. 사우스웨스트는 자사의 문화에 맞는 사람을 고용하는 데 매우 신중했다. 문화와 인적 자본 간의 복잡한 상호 관계는 다른 항공사들이 할 수 없는 방식으로 가치를 부여했는데, 승선 중에 승무원이 하는 유머나 게이트 직원들과 파일럿 간의 협력이 그러한 예이다.

대체 불가능한

대체 불가능한 역량(nonsubstitutable capabilities)이란 전략적으로 대등할 수 없는 역량을 의미한다. 이 역량은 "희귀하지도 않고 모방할 수 있지만, 전략적으로 동등한 가치를 가질 수 없어야 한다. 두 개의 가치 있는 자원이 있다고 했을 때 동일한 전략을 구현하기 위해 만약 두 자원이 따로 따로 활용될 수 있다면 그 두 자원은 전략적으로 동등하다고 할 수 있다."[84] 일반적으로 대체하기 어려울수록 그 역량의 전략적 가치는 증가한다. 무형적 역량이 대체도 어렵고,

대체 불가능한 역량이란 전략적으로 대등할 수 없는 역량을 의미한다.

표 3-5 지속 가능한 경쟁 우위 기준의 결합을 통한 성과

가치가 있나?	희귀한가?	모방하기 힘든가?	대체 불가능한가?	경쟁적 결과	성과
아니요	아니요	아니요	아니요	경쟁적 비우위	평균 수익 이하
네	아니요	아니요	네/아니요	경쟁적 동위	평균 수익
네	네	아니요	네/아니요	일시적 경쟁 우위	평균 수익 ~ 평균 수익 이상
네	네	네	네/아니요	지속 가능한 경쟁 우위	평균 수익 이상

가치 창조 전략을 모방하는 경쟁자에게 더 많은 도전을 안겨준다. 기업 특유의 지식과, 경영진과 직원 간의 신용을 기반으로 한 노동 관계, 즉 사우스웨스트 항공사에 수년 동안 존재해왔던 역량은 규정하기도 어렵고, 대체할 수 있는 역량을 발견하기도 어렵다. 또한, 우연한 모호함은 기업이 배우는 것을 더 어렵게 만들고 그래서 매우 느리게 진척되는데, 그 이유는 역량을 쉽게 성문화시킬 수 없어서 그 모호한 과정을 어떻게 개선시켜야 할지를 기업이 모르기 때문이다.[85]

정리해보면 가치 있고, 희귀하고, 모방하기 어렵고, 대체하기 힘든 역량을 활용하는 것만이 기업이 지속 가능한 경쟁 우위를 창출할 수 있는 잠재력을 갖게 되는 것이다. 〈표 3-5〉는 지속 가능한 네 가지 기준의 결합을 통해 나올 수 있는 경쟁 결과 및 성과를 설명하고 있다. 표에서 제안하고 있는 분석은 관리자들이 기업 역량의 전략적 가치를 결정하는 데 도움을 줄 것이다. 기업은 표의 첫 번째 행(예: 가치 있지 않고, 희귀하지 않으며, 모방할 수 있고, 전략적 대체가 존재하는 자원 및 역량)에 제시된 기준과 맞는 역량은 강조하지 말아야만 한다. 그러나 경쟁적 동등성을 확보하는 역량과 일시적 또는 지속 가능한 경쟁 우위는 지지되어야 한다. 코카콜라와 펩시코, 보잉과 에어버스는 경쟁적 동등성을 확보한 역량을 가졌다. 그와 같은 경우에 그 기업들은 일시적 또는 지속 가능한 경쟁 우위를 낳을 수 있는 역량을 개발함과 동시에 경쟁적 동등성을 확보한 역량 또한 육성할 것이다.

3-3b 가치사슬 분석

가치사슬 분석은 가치를 창출하는 운영 과정과 그렇지 못한 과정을 기업이 이해할 수 있도록 해준다.[86] 이 같은 문제를 이해하는 것은 중요한데 그 이유는 기업이 창출한 가치가 그 가치를 창출하기 위해 발생된 비용보다 클 때만 평균 이상의 수익을 올릴 수 있기 때문이다.[87]

가치사슬은 자사의 비용을 분석하고, 선택된 전략의 구현을 돕는데 활용될 수 있는 여러 수단을 정의하는 데 활용하는 일종의 템플릿이다.[88] 오늘날과 같은 경쟁 환경에서 기업은 국내에 국한하기보다는 전 세계 차원에서 가치사슬을 분석할 것이 요구된다.[89] 특히 공급망과 관련된 활동은 반드시 글로벌 환경 내에서 분석되어야 한다.[90]

〈그림 3-3〉은 가치사슬 모델을 보여주고 있는데 이 모델에서 보여주듯이 기업의 가치사슬은 가치사슬 활동과 지원 기능으로 구분된다. **가치사슬 활동**(value chain activities)은 소비자에게 가치가 전달될 수 있도록 제품의 생산, 판매, 유통 및 사후 서비스를 위해 기업이 행하는 활동 또는 임무를 의미한다. **지원 기능**(support functions)은 제품의 생산, 판매, 유통 및 사후 서비스를 위해 행했던 일들을 지원하기 위해 기업이 행하는 활동 또는 임무를 포함한다. 기업은 가치사슬 활동과 지원 기능의 어떤 부문에서도 역량 및 핵심 역량을 개발할 수 있다. 기업이 그렇게 했을 때 그 기업은 소비자를 위한 가치 창출 능력을 보유하게 된다. 〈그림 3-3〉에서 보듯이 기업이 자사의 역량과 핵심 역량 규명을 위해 가치사슬 분석을 활용할 때 봉사하고자 하는 대상은 바로 소비자이다. 소비자를 위한 독특한 가치를 창출하기 위해 경쟁자들이 모방할 수 없는 특이한 핵심 역량을 활용할 때 기업은 하나 또는 그 이상의 경쟁 우위를 구축하게 된다.[91] 이 장 후반부에 있는 아웃소싱에 대한 전략적 포커스에서 설명하듯이 도이치뱅크(Deutsche Bank)

가치사슬 활동은 소비자에게 가치가 전달될 수 있도록 제품을 생산, 판매, 유통 및 서비스하기 위해 기업이 행하는 활동 또는 임무이다.

지원 기능은 제품의 생산, 판매 유통 및 사후 서비스를 위해 행했던 일을 지원하기 위해 기업이 행하는 활동 또는 임무를 포함한다.

그림 3-3 가치사슬 모델

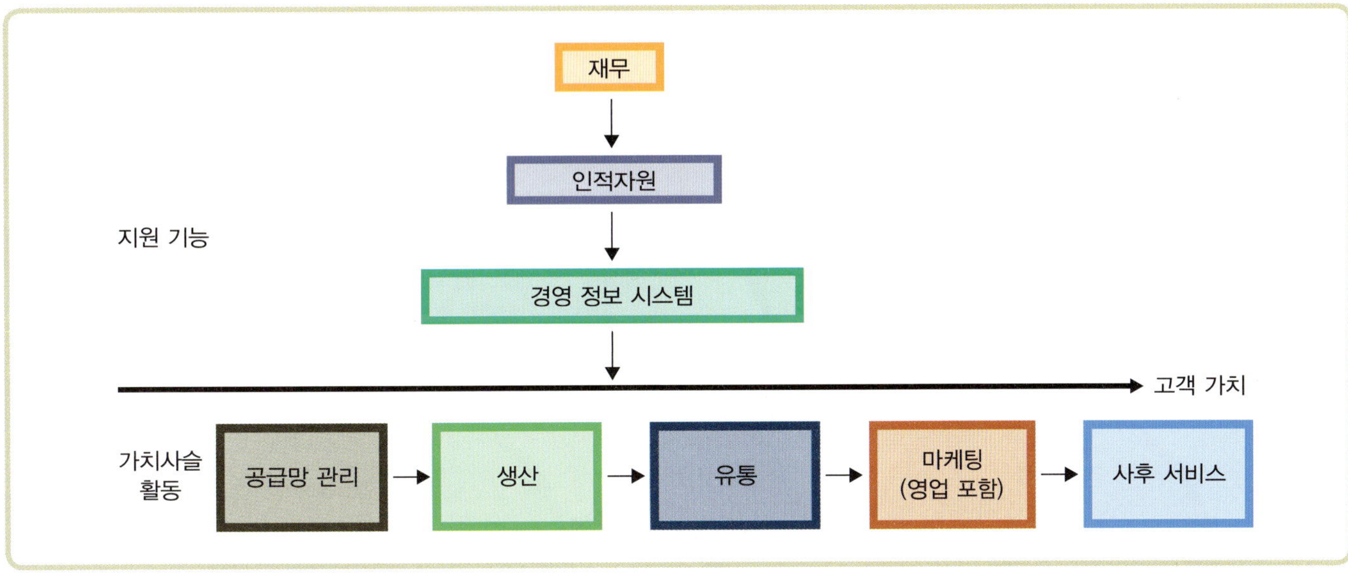

는 고객에게 가치를 창출할 수 있는 수단이 되는 두 기술을 아웃소싱하지 않았다.

가치사슬 각 부분과 관련된 활동은 〈그림 3-4〉에 잘 설명되어 있으며, 한편 지원 기능과 관련된 활동은 〈그림 3-5〉에서 살펴볼 수 있다. 양 그림에 설명된 모든 항목은 경쟁자의 역량 및 핵심 역량에 대해 상대적으로 평가되어야 한다. 핵심 역량과 경쟁 우위의 원천이 되기 위해서 기업의 역량은 반드시 다음 중 하나를 할 수 있어야 한다.

1. 경쟁자들보다 나은 가치를 제공할 수 있어야 한다.
2. 경쟁자들이 수행할 수 없는 가치 창출 활동을 수행할 수 있어야 한다.

이와 같은 조건에서만 기업은 소비자를 위한 가치를 창출하고, 그 가치를 포착하는 기회를 갖게 된다.

소비자를 위한 가치 창출은 공급업체와의 효과적인 제휴 구축(가끔 기업이 활동을 다른 기업에 아웃소싱할 때 그 아웃소싱의 대상도 포함)과 소비자와의 강력하고 긍정적인 관계 형성을 요구하기도 한다. 기업이 공급업체 및 소비자와 강력하고 긍정적인 관계를 형성했을 때 그 기업은 "사회적 자본(social capital)"을 보유했다고 말할 수 있다.[92] 여기서 관계 그 자체가 가치를 갖게 되는데, 그 이유는 관계를 통해서 지식 이전이 발생하고, 기업 내부에 보유하지 못한 자원에 접근이 가능하기 때문이다.[93] 지식이 조직 간에 이전되는 것과 같은 사회적 자본을 구축하기 위해서는 거래 당사자 쌍방 간 신뢰(trust)가 요구된다. 파트너들은 서로를 신뢰해야 한다. 그래야만 상대방의 약점을 이용하지 않고, 서로 자원 활용을 허락할 수 있으며, 그 결과 양쪽 당사자 모두 혜택을 얻을 수 있기 때문이다.[94]

기업의 가치사슬 활동과 지원 기능을 실행하는 기업의 역량을 평가하는 데는 어려움이 따른다. 본 장의 앞부분에서 우리는 기업의 자원 및 역량의 가치를 규명하고 평가하는 데 판단이 필요함을 주목했다. 판단은 가치사슬 분석을 활용할 때도 똑같이 요구되는데, 그 이유는

그림 3-4 가치사슬 활동을 통한 가치 창출

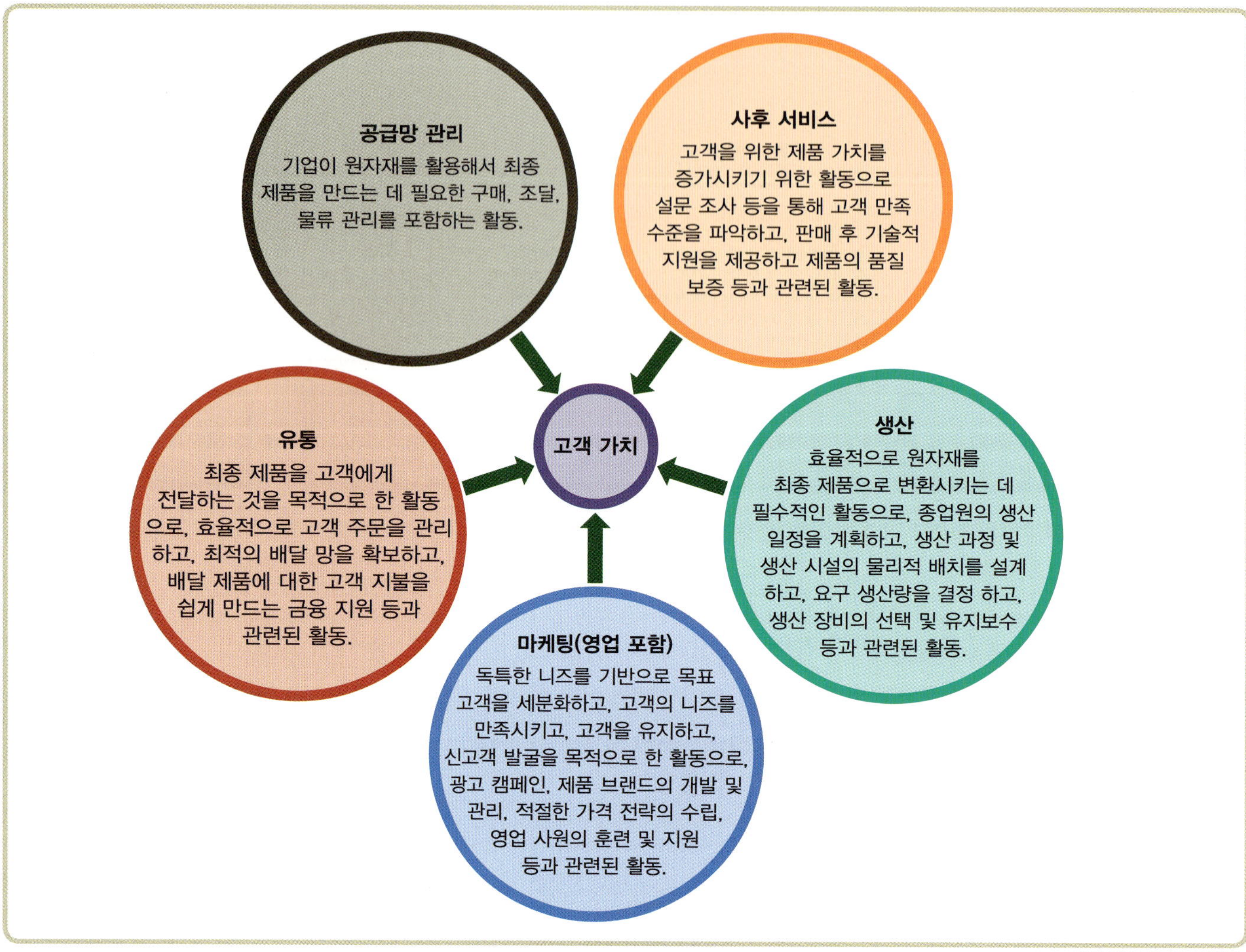

그림 3-5 지원 기능을 통한 가치 창출

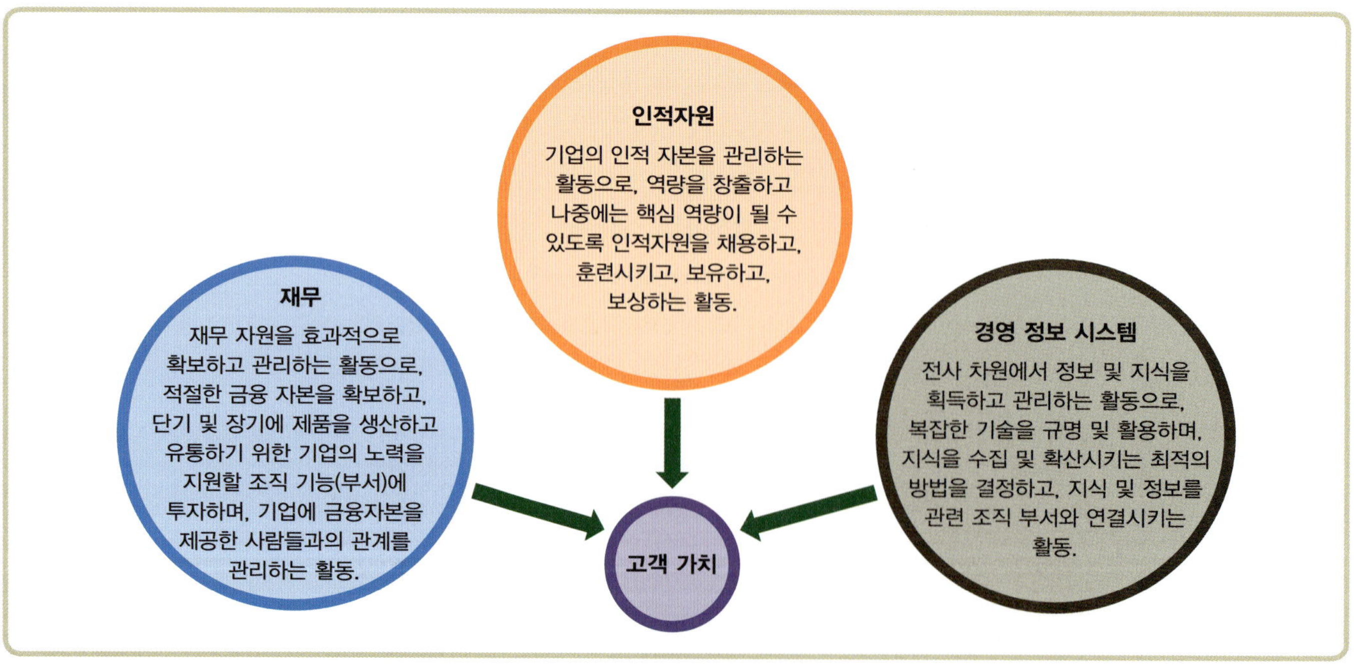

가치사슬 분석 과정에서 참고가 되는 분명하고 정확한 모델 또는 규칙이 존재하지 않기 때문이다.

핵심 역량의 원천으로 부적합한 가치사슬 활동과 지원 기능에 대해 기업은 어떤 조치를 취해야만 할까? 이 질문에 아웃소싱이 좋은 해결책이 될 수 있다.

3-4 아웃소싱

아웃소싱이란 외부 공급업체로부터 가치 창출 및 지원 기능 활동을 구매하는 것이다.

부품, 최종 제품 및 서비스를 어떻게 확보할 수 있는지와 관련해서 **아웃소싱**(outsourcing)이란 외부 공급업체로부터 가치 창출 및 지원 기능 활동을 구매하는 것이다. 영리 조직뿐만 아니라 비영리 조직도 활발하게 아웃소싱을 체결한다.[95] 효과적인 아웃소싱을 체결한 기업은 유연성을 확보할 수 있고, 위험을 완화시킬 수 있으며, 자본 투자를 줄일 수 있다.[96] 복잡한 글로벌 산업 환경에서 아웃소싱은 빠른 속도로 진행되고 있다.[97] 게다가 어떤 산업에서는 모든 기업들이 아웃소싱을 통해 가치를 확보하려고 한다. 기업이 아웃소싱을 결정하기 전에 다른 전략적 경영 과정과 함께 주의 깊은 분석이 요구된다.[98] 그리고 만약 아웃소싱을 하기로 결정했다면, 기업이 창출할 수 없는 가치를 갖는 활동 또는 경쟁자와 비교해서 상당한 단점을 보유하고 있는 활동만을 아웃소싱해야 한다는 것을 알고 있어야 한다.[99] 다음에 오는 **전략 포커스**에서 아웃소싱하는 활동이 기업 간 서로 다름에 대해 논의할 것이다. 또한 아웃소싱 업체가 미래 고객의 아웃소싱 요구를 만족시킬 수 있는 핵심 역량도 고려해야 한다.

아웃소싱은 효과적일 수 있는데 왜냐하면 모든 가치사슬 활동 및 지원 기능에서 경쟁적 우월성을 확보하는 데 필요한 자원 및 역량을 외부 조직들이 보유하고 있기 때문이다. 예를 들면 어떤 기업도 내부에서 모든 기술을 개발하여 경쟁 우위를 선도할 여력을 갖고 있지는 못하다.[100] 과도한 확장을 하지 않고 적은 숫자의 역량만을 배양함으로써 기업은 핵심 역량을 개발하고 경쟁 우위를 확보할 가능성을 증가시킬 수 있다. 게다가 경쟁력이 부족한 활동을 아웃소싱함으로써 기업은 가치를 창출할 수 있는 부분에 완벽하게 집중할 수 있게 된다.

하지만 아웃소싱과 관련한 문제점도 있다.[101] 아우소싱에 대한 우려는 자사의 활동을 다른 기업에 아웃소싱하기로 결정한 기업 내에서의 일자리 감소와 혁신 역량 감소와 관련된 것이다. 하지만 아웃소싱한 기업은 어떻게 외주한 활동을 수행하는지를 학습함으로써 자사의 혁신 역량을 오히려 강화시킬 수 있다.[102] 기업이 아웃소싱할 외주 업체를 선택할 때 해외 업체에 대해서는 잘 알지 못하기 때문에 부정적인 아웃소싱 효과가 발생할 수 있으므로 해외 아웃소싱에는 세심한 연구와 분석이 필요하다.[103] 해외 공급자에게 아웃소싱하는 것을 오프쇼어링(offshoring)이라고 한다.

3-5 경쟁력, 강점, 약점, 전략적 의사결정

내부 조직 분석을 통해 기업은 자사의 자원, 역량, 핵심 역량과 관련한 강점과 약점을 파악할 수 있다. 예를 들어 경쟁 우위 확보가 요구되는 분야에서 자사의 역량이 약하거나 아예 핵심 역량이 없다면 그 기업은 반드시 요구되는 자원을 확보하고 필요한 역량 및 경쟁력을 키워

전략 포커스

어떤 활동을 아웃소싱해야 하는가?

기업 가치를 만들어낼 수 있는 활동은 아웃소싱을 하고 싶어하지 않는다. 게다가 그들은 엄청난 양의 가치가 잠재된 가치사슬 상의 주요 기능과 지원 기능의 활동에만 집중하고자 한다. 이 두 카테고리의 활동을 인식하는 것은 기업의 내부 조직을 연구하는 사람들에게 주요 책임이 있다.

도입사례에서 보았듯이 대형 제약 회사들은 자사의 가치를 증대시킬 수 있는 핵심 역량으로 빅데이터 분석 역량을 개발하기 위해 어떻게 자원 및 역량을 활용해야 할지 고민하고 있다. 한편 이들 제약 회사는 약물의 안전성 점검 과정 및 절차를 인도에 위치한 수많은 기업에게 아웃소싱하고 있다. 약물의 안전성 점검은 최첨단 아웃소싱 서비스에 속한다. 규제 기관들이 약물 간의 상호작용과 희귀한 부작용까지 치밀하게 추적해주기를 원하기 때문에 이 사업 규모는 약 2억 달러에 이른다. 아스트라제네카(AstraZeneca PLC), 노바티스(Novartis AG), 브리스톨마이어스(Bristol-Myers Squibb Co.)와 같은 대형 제약 회사들은 약물의 안전성 감시를 위해 엑센츄어(Accenture), 코그니전트(Cognizant), 타타컨설턴시(Tata Consultancy Services Ltd.)와 같은 기업에 아웃소싱을 맡긴다. 즉, 대형 제약 회사는 데이터 분석 과정은 가치를 창출할 수 있는 활동이라고 생각하지만 약물의 안전성 점검은 가치를 창출하는 활동이 아니라고 결정한 것이다.

다른 산업에도 이와 비슷한 예가 있다. 도이치뱅크(Deutsche Bank)는 데이터 센터 서비스를 HP에 아웃소싱했다. 그러나 가치 창출을 통해 핵심 역량으로서 전유할 수 있다고 믿는 특정한 기술 응용 분야에 대해서는 아웃소싱을 하지 않고 내부에서 통제한다. 유나이티드 항공사(United Airline)는 체크인, 수하물 관리, 고객 서비스를 포함하는 미국 공항 업무를 아웃소싱하고 있다. 이와 같은 아웃소싱의 결정은 유나이티드가 공항 업무를 내부에서 해결함으로써 가치를 창출할 수 없다고 판단했거나, 너무 비용이 많이 들어 지속시킬 수 없다고 결정했기 때문이다.

인도에 기반을 두고 있는 위프로(Wipro)와 인포시스(Infosys)는 다른 기업들이 맡긴 아웃소싱 업무를 수행함으로써 성공한 기업이다. 그러나 이러한 성공은 복잡성이 상당히 낮은 업무를 상대적으로 값싸게 수행할 수 있었던 프로그래머 덕분이었다. 이제 더 이상 아웃소싱 기업들은 인도 기업들에게 대용량의 데이터를 분석하고 컴퓨팅을 목적으로 한 클라우드를 만들어달라고 하지 않는다. 다시 말해 "인도 방갈로의 아웃소싱 산업은 지난 몇 년 동안 급속하게 성장했고 세계의 IT 작업 방식도 변화시켰지만 이제 그 산업은 포화 상태이다. 인도는 값싼 프로그래머와 엔지니어들의 재능을 파는 방법을 계속 강구함과 동시에 번영을 지속하길 원한다면 새로운 사업을 구상할 필요가 있다."

초기 아웃소싱 기업들의 핵심 역량이었던 고객 소프트웨어의 통합 및 유지 보수 서비스에서 벗어나 다른 형태의 가치를 고객에게 제공할 수 있도록 하기 위해서는 자신만의 소프트웨어를 개발할 방법을 찾아야만 한다. 위프로나 인포시스와 같은 기업들이 소프트웨어 틈새 시장에서 경쟁력을 개발하는 데 도전하고 SAP과 같은 기업과 경쟁하기 위해 그들의 신제품에 경쟁적 가격을 책정하는 방법을 배워야 한다. 새로운 전문성을 갖추기 위해 아웃소싱 업체들은 전문적인 코드 작성가, 데이터 전문가, 통계학자를 고용하여 가치를 창출할 수 있는 전유성이 강한 자신만의 독특하고 가치 있는 소프트웨어를 만들어내야 한다.

Stuart Forster/Alamy

기업의 가치사슬 활동의 일부를 대신하는 아웃소싱 기업에서 일하는 사람들.

출처: Sources: Deutsche Bank, H-P divide IT responsibility in cloud deal, *Wall Street Journal Online*, www.wsj.com, February 25; D. A. Thoppil, 2015, Indian outsourcers struggle to evolve as growth slows, *Wall Street Journal Online*, www.wsj.com, February 22; S McLain, 2015, Big Pharma farms out drug safety to India, *Wall Street Journal Online*, www.wsj.com, February 2; S. McLain, 2015, New outsourcing frontier in India: Monitoring drug safety, *Wall Street Journal Online*, www.wsj.com, February 1; D. A. Thoppil, 2015, Wipro profit rises 8.8%, *Wall Street Journal Online*, www.wsj.com, January 16; S. Carey, 2015, United studies outsourcing up to 2,000 airport jobs, *Wall Street Journal Online*, www.wsj.com, January 13; D. A. Thoppil, 2015, Infosys profit rises 13%, *Wall Street Journal Online*, www.wsj.com, January 9.

야 한다. 반대로 그 기업은 가치를 창출할 수 있는 기존 자원의 활용 능력을 더욱 개선시키기 위해 현재 약한 활동 또는 기능을 아웃소싱 주기로 결정할 수도 있다.[104]

기업 내부 조직을 조사한 결과를 검토하는 과정에서 경영자는 많은 양의 자원을 보유했다는 것이 "적합한" 자원을 보유한 것과는 다르다는 것을 반드시 알아야 한다. "적합한" 자원은 핵심 역량으로 변환될 수 있고 그 결과 경쟁 우위를 개발할 수 있는 잠재력을 가진다. 의사결정자는 기업 전체 자원이 제약을 받게 될 때 적합한 자원을 발견하는 데 더 많은 노력을 기울여야 한다.[105]

아웃소싱과 같은 도구는 기업이 경쟁 우위의 원천으로써 자사의 핵심 역량에 집중할 수 있도록 도와준다. 그러나 핵심 역량의 가치 창출 능력은 쉽게 저절로 얻을 수 있는 것이 아니다. 영구적인 경쟁 우위가 될 수 있는 핵심 역량이 무엇인지를 파악하기란 매우 어렵다. 또한 핵심 역량은 핵심 경직성(core rigidities)이 될 수 있는 가능성이 있다.[106] 전형적으로 기업 외부 환경에서 발생하는 사건들은 핵심 역량이 핵심 경직성으로 변하거나, 관성 및 느린 혁신을 발생시킬 수 있는 상황을 만들어낸다. "종종 핵심 역량의 이면 또는 어두운 면은 새로운 경쟁자가 더 나은 방법으로 고객에게 서비스를 제공할 때, 새로운 기술이 출연할 때, 또는 정치적 및 사회적 사건이 근간을 흔들 때 나타난다.[107]

보더스그룹(Borders Group)은 고객 편의를 고려하여 점포 앞에 딸린 공간을 넓게 활용하여 즐거운 분위기 속에서 고객이 책과 잡지를 구경할 수 있도록 했으며, 이는 보더스의 경쟁적 성공의 원천이 되었다. 하지만 지난 십여 년 동안 디지털 기술(기업 외부 환경 요소 중 하나)은 고객의 읽을거리에 대한 쇼핑 패턴을 급속히 바꾸어 놓았다. 아마존닷컴의 인터넷 활용은 보더스를 포함하여 반스앤노블과 같은 유사 경쟁자들의 경쟁 환경을 엄청나게 바꾸어 놓았다. 보더스의 핵심 역량이었던 상점의 위치와 고객이 선호하던 물리적 환경은 이제 보더스의 핵심 경직성이 되었으며, 2011년 초 보더스는 파산 신고 후, 청산하게 되었다.[108] 기업의 내부 조직을 분석하는 관리자들은 기업의 핵심 역량이 핵심 경직성으로 바뀌지 않도록 해야 하는 책임이 있다.

2장에서 설명했던 것처럼 무엇을 해야 할지(what it might choose to do)를 결정하기 위해 외부 환경을 분석하고, 무엇을 할 수 있는지(what we can do)를 이해하기 위해 내부 조직을 분석하게 되면 기업은 경쟁자들에 대응하여 활용할 수 있는 사업 전략의 선택에 필요한 정보를 얻게 된다. 다음 장에서는 사업 전략에 대해 설명할 것이다.

요약

- 오늘날과 같은 경쟁 환경에서 가장 효과적인 조직은 내부 분석을 통해 규명된 핵심 역량과 외부 환경 분석을 통해 정의된 기회가 맞아 떨어질 때 전략적 경쟁력을 확보하고 평균 이상의 수익을 달성한다.
- 어떤 경쟁 우위도 영원할 수 없다. 시간이 지나면서 경쟁자들은 자사의 독특한 자원, 역량, 핵심 역량을 활용하여 서로 다른 가치를 창출함으로써 핵심 기업의 능력을 복제하게 된다. 경쟁 우위가 영원히 지속되지 않기 때문에 기업은 반드시 현재 보유한 우위를 충분히 활용하면서 한편으로는 미래에 경쟁적 성공을 확보할 수 있는 새로운 우위를 형성하기 위해 자사의 자원과 역량을 활용해야 한다.
- 효과적으로 핵심 역량을 관리하는 것은 기업의 자원(생산 공정의 투입물) 및 역량(특정 업무 또는 일련의 업무를 달성하기 위해 의도적으로 통합된 자원) 에 대한 주의 깊은 분석이 요구된다. 기업의 인적 자본이 소유하고 있는 지식은 조직 역량 중에서 중요한 것에 해당되며, 이 지식은 대개 경쟁 우위의 토대가 된다. 조직 구성원 개인이 가지고 있는 지식과 다른 사람이 가진 지식을 통합시키는 것을 서로 허용하는 조직 문화를 만들게 되면, 그 기업은 결국 매우 많은 양의 가치를 창출할 수 있는 조직적 지식을 보유하게 된다.

- 역량은 핵심 역량의 원천이기가 쉽고, 결국 개별 자원이기 보다는 경쟁 우위가 될 수 있다. 기업이 자사의 역량을 핵심 역량이 될 수 있도록 육성하고 지원하는 방법은 주요 기업의 역량을 이해하고 모방하는 데 어려움을 겪는 경쟁자들에게는 잘 보이지 않을 수 있다.
- 가치 있고, 희소하며, 모방이 어렵고, 대체할 수 없을 때만 그 역량은 핵심 역량이 되고 경쟁 우위의 원천이 된다. 시간이 흐르면서 핵심 역량 강화를 위한 지원을 많이 받지만 그들은 핵심 경직성으로 변화될 수 있다. 또한, 핵심 역량은 기업 외부 환경에서 발굴한 기회를 통해 그 기업이 가치를 창출할 수 있게 되었을 때만 경쟁 우위의 원천이 된다. 만약 이것이 더 이상 가능하지 않게 되면, 그 기업은 지속 가능한 경쟁 우위의 네 가지 기준을 만족시키는 다른 역량을 형성시키는 데 집중해야 한다.
- 가치사슬 분석은 자원과 역량의 경쟁적 잠재력을 규명하고 평가하는 데 사용된다. 가치사슬 활동 및 지원 기능과 관련된 기업의 기량을 분석함으로써 자사의 비용 구조를 이해하고, 가치 창출이 가능한 활동을 정의할 수 있다.
- 기업은 가치사슬 활동이나 지원 기능에서 가치를 창출할 수 없을 때, 아웃소싱을 고려할 수 있다. 아웃소싱은 글로벌 경제에서 보편적으로 활용되는 전략으로 외부 공급업체로부터 가치 창출 활동을 구매하는 것이다. 따라서 기업은 자사의 특정 주요 활동과 지원 활동을 고려하여 경쟁 우위를 보유한 외부 기업에 아웃소싱을 해야 한다 또한 기업은 (가치를 직접 창출할 수 있는) 아웃소싱이 불필요한 활동이 무엇인지 지속적으로 검토해야 한다.

핵심 용어

복습 문제

1. 기업이 조직 내부를 분석하고 이해하는 것이 왜 중요한가?
2. 가치란 무엇인가? 기업이 가치를 창출하는 것이 왜 중요한가? 기업은 어떻게 가치를 창출하는가?
3. 유형 자원과 무형 자원의 차이는 무엇인가? 의사결정자들이 이 둘의 차이를 이해하는 것이 왜 중요한가? 역량을 만들어내는 데 무형 자원보다 유형 자원이 더 가치 있을까? 아니면 그 반대일까? 그 이유는 무엇인가?
4. 역량이란 무엇인가? 기업이 역량을 어떻게 창출하는가?
5. 단순한 역량이 핵심 역량이 되기 위해 만족시켜야 하는 네 가지 기준은 무엇인가? 자사 역량의 가치 창출 잠재력을 평가하기 위해 네 가지 기준을 사용하는 것이 왜 중요한가?
6. 가치사슬 분석이 무엇인가? 기업이 성공적으로 이 분석을 활용하면 무엇을 얻을 수 있는가?
7. 아웃소싱이 무엇인가? 기업은 왜 아웃소싱을 하는가? 미래에 아웃소싱의 중요성이 증가할까? 그렇다면 왜 그럴까?
8. 기업은 자사의 강점과 약점을 어떻게 정의하는가? 경영자가 자사의 강점과 약점에 대해 정확히 이해하는 것이 왜 중요한가?
9. 핵심 경직성이란 무엇인가? 핵심 역량이 핵심 경직성이 될 수 있다는 말의 의미가 무엇인가?

[Mini Case] 자라: 스페인 패스트 패션업체의 숨겨진 역량

아만시오 오르테가(Amancio Ortega)는 자라(Zara)라는 브랜드를 통해 세계에서 가장 큰 패션 왕국을 건설했다. 그리고 그는 마이크로소프트의 빌 게이츠와 멕시코의 카를로스 슬림 엘루(Carlos Slim Helú) 다음으로 세계에서 세 번째 부자로 꼽힌다.

오르테가는 주력 브랜드로 자라를 포함한 인디텍스그룹(Inditex Group)을 스페인 갈리시아 지방 라코루냐(La Coruña)라는 도시에 설립했다. 스페인은 24%의 실업률과 주체할 수 없을 정도의 부채에 시달렸음에도 불구하고 2012년 자라의 매출은 17%

나 증가했다. 또한, 같은 해 영국 옥스포드 거리에 개장한 6,000번째 소매점을 포함하여 평균적으로 하루에 한 개씩 점포를 개장했다. 경제적 환경(2장에서 배운 외부 환경 중 하나)이 자라의 성공에 영향을 주었다고 하지만 자라가 자사의 자원 및 역량을 활용하는 방식은 핵심 역량(1장에서 정의한 핵심 역량은 경쟁 우위의 잠재적 원천이 되는 기업의 역량을 의미) 구축을 위한 토대로써 기업 내부 환경(3장의 주제)을 이해하는 것이 얼마나 중요한지 보여준다.

오르테가의 성공적 사업은 다음 두 가지 목표를 기반으로 하는데, (1) "소비자가 원하는 것을 주자!" (2) "어느 누구보다 빠르게 소비자에게 다가가자!"이다. "패스드 패션(fast fashion)"으로 불리기 위해서는 몇 가지 중요한 역량이 있어야만 했다. 첫 번째 중요 역량은 빠르게 디자인하는 능력이었는데, 자라에서 디자인 속도는 "광기(frantic)"로써 표현될 수 있다. 디자이너는 하루에 세 종류의 새로운 옷을 디자인하고, 제작자는 각 디자인별로 하나의 샘플을 제작해낸다. 두 번째 중요한 역량은 자라의 지역 점포마다 있는 광고 판매 전문가이다. 그들은 점포 관리자로부터 보고 받은 소비자의 구매 습관과 취향을 파악한다. 그리고 그들은 오르테가가 자라를 설립한 이후 늘 해왔듯이 사람들이 무엇을 입는지 주시하는 훈련을 받는다. 자라는 새로운 패션 아이디어를 내기 위해 지역 및 섹터 전문가를 통해 판매사원으로부터 들어온 정보를 디자이너들이 받아서 거기에 맞추어 혁신적으로 빠르게 디자인하는 팀 접근법을 사용해왔다.

자라의 공급망(supply chain)은 다른 기업들보다 훨씬 효율적으로 관리되었다. 물류는 자라의 핵심 부서이다. 자라는 디자인이 끝난 후 새로운 옷감이 들어오길 기다리지 않는다. 이미 기본 옷감을 상당량 확보하고 있음은 물론이고, 염색 공정을 자체적으로 보유하고 있어 생산량 및 생산 속도를 원하는 대로 유지할 수 있다. 자라는 진출한 국가의 모든 지역 소매점에 맞춤화된 주문을 유럽, 중동, 미국을 포함한 지역에는 24시간 내 전달하고, 아시아 및 남미 지역은 48시간 내 전달하는 것을 목표로 한다. 또한, 자라는 새로운 제품을 매우 적게 선적하는 방법을 사용하고 있는데, 이 방법은 소비자로 하여금 자주 점포를 방문하게 하는 효과뿐만 아니라 혹시 내일이 되면 자신이 찾는 제품이 품절될지도 모른다는 생각에 그 자리에서 구매를 결정하게 만드는 효과까지 발생시켰다. 그 결과 경쟁 기업은 일 년 동안 소비자당 평균 점포 방문 횟수가 3번에 불과한데 자라의 경우는 17번에 이른다.

2010년까지 자라는 온라인 전략을 가지고 있지 않았다. 다른 소매업체와 다르게 자라는 광고에 매우 소극적이었는데, 그 이유는 자라가 값싸고 유행성이 강하다는 데 초점을 두었기 때문이다. 그런데 자라의 패션은 소비자의 관심을 끌어냈고, 페이스북에 팔로잉되면서 거의 1천만 명의 팔로워를 갖게 되었다. 이는 경쟁자인 갭(Gap)과 비교해도 손색이 없을만한 수치이다. 의류 한 장마다 다르게 디자인하는 개념이 부족하던 시대에 자라는 사람들에게 의류의 개인화라는 감각을 충족시켜주었다. 그 결과, 자라는 경쟁자에 대해 온라인 전략을 추구할 수 있을 정도의 강한 잠재력을 보유하게 되었다.

대부분의 자라 매장은 본사 소유이며 본사를 통해 직접 관리된다. 반면 물품 공급은 계약을 통해 공급사와 장기적인 관계 지향적 파트너십을 갖는다. 이 파트너들은 자라와 동일한 정체성을 가지며, 자라에 대한 충성도가 매우 높다. 이와 같은 공급사와의 파트너십은 자라를 돋보이게 만들며, 복제하기 힘든 전략으로 간주된다. 자라의 다양한 경영 활동과 역량은 자라만의 통합된 문화와 일치되어 있는데, 이는 경쟁사들이 쉽게 복제할 수 있는 것이 아니다. 위에서 주목했듯이 자라는 자사의 염색 공장을 운영하고 있고, 제품에 대한 상당한 통제권을 쥐고 있다. 마찬가지로 자라는 자사 공장에서 의복을 재봉하기 때문에 높은 수준의 품질 통제와 빠른 변화를 단행할 수 있다. 전반적으로 자라는 매우 독특한 역량을 보유하고 있다. 자라는 소비자로부터 수요를 창출하고 공급업체 파트너로부터는 충성심을 확보하면서 "패스트 패션"이라는 생산 활동을 관리할 뿐만 아니라 모두 함께 맞추어나가는 능력을 갖고 있다.

출처: E. Carlyle, 2013, The year's biggest winner: Zara billionaire Amancio Ortega, *Forbes*, www.forbes.com, March 4; R. Dudley, A. Devnath, & M. Townsend, 2013, The hidden cost of fast fashion, *Bloomberg Businessweek*, February 11, 15–17; V. Walt, 2013, Meet the third-richest man in the world, *Fortune*, January 14, 74–79; 2012, Inditex, Asos post double-digit sales gains, *Women's Wear Daily*, September 20, 6; B. Borzykowski, 2012, Zara eludes the pain in Spain, *Canadian Business*, September 17, 67; K. Willems, W. Janssens, G. Swinnen, M. Brengman, S. Streukens, & N. Vancauteren, 2012, From Armani to Zara: Impression formation based on fashion store patronage, *Journal of Business Research*, 65: 1487–1494.

토의 문제

1. 어떤 외부 환경이 향후 몇 년 동안 자라의 경쟁 방식에 영향을 줄 거라고 생각하는가?
2. 경쟁자들이 자라의 공급망을 모방하는 것이 쉬울까? 아니면 어려울까?
3. 의류 이외의 다른 산업에서도 고객에게 빠르게 제품을 제공함으로써 가치를 창출할 수 있는가? 만약 그렇다면 어떤 산업이, 왜 그렇다고 생각하는가?
4. 자라가 고객을 위해서 만들어낸 가치는 무엇인가?
5. 자라의 경쟁 방식 및 경쟁을 위해 활용한 역량을 살펴보았을 때 자라가 아웃소싱할 영역이 있다고 생각하는가? 만약 있다면 어떤 영역이고, 그 이유는 무엇인가?

미주

1. A. Gambardella, C. Panico, & G. Valentini, 2015, Strategic incentives to human capital, *Strategic Management Journal*, 36: 37–52; C. Gilbert, M. Eyring, & R. N. Foster, 2012, Two routes to resilience. *Harvard Business Review*, 90(12): 65–73; H. A. Ndofor, D. G. Sirmon, & X. He, 2011, Firm resources, competitive actions and performance: Investigating a mediated model with evidence from the in-vitro diagnostics industry, *Strategic Management Journal*, 32: 640–657.
2. R. Khanna, I. Guler, & A. Nerkar, 2015, Fail often, fail big, and fail fast: Learning from small failures and R&D performance in the pharmaceutical industry, *Academy of Management Journal*, in press; C. Engel & M. Kleine, 2015, Who is afraid of pirates? An experiment on the deterrence of innovation by imitation, *Research Policy*, 44: 20–33; K. Wilson & Y. L. Doz, 2012, 10 rules for managing global innovation, *Harvard Business Review*, 90(10): 84–90.
3. S. Denning, 2015, How Agile and Zara are transforming the U.S. fashion industry, *Forbes Online*, www.forbes.com, March 13; M. Schoultz, 2015, Is Zara the most innovative fashion retailer? *Digital Spark Marketing*, www.digitalsparkmarketing. com, April 10.
4. J. Ostrower, 2015, At Boeing, innovation means small steps, not giant leaps, *Wall Street Journal Online*, www. wsj.com, April 2.
5. M. Beck, 2015, Innovation is sweeping through U.S. medical schools, *Wall Street Journal Online*, www.wsj. com, February 16.
6. M. Keyhani, M. Levesque, & A. Madhok, 2015, Toward a theory of entrepreneurial rents: A simulation of the market process, *Strategic Management Journal*, 36: 76–96; L. Ngo & A. O'Cass, 2012, In search of innovation and customer-related performance superiority: The role of market orientation, marketing capability, and innovation capability interactions, *Journal of Product Innovation Management*, 29: 861–877; D. G. Sirmon, M. A. Hitt, & R. D. Ireland, 2007, Managing firm resources in dynamic markets to create value: Looking inside the black box, *Academy of Management Review*, 32: 273–292.
7. M. J. Chen & D. Miller, 2015, Reconceptualizing competitive dynamics: A multidimensional framework, *Strategic Management Journal*, 36: 758–775; F. Polidoro, Jr. & P. K. Toh, 2011, Letting rivals come close or warding them off? The effects of substitution threat on imitation deterrence, *Academy of Management Journal*, 54: 369–392; A. W. King, 2007, Disentangling interfirm and intrafirm causal ambiguity: A conceptual model of causal ambiguity and sustainable competitive advantage, *Academy of Management Review*, 32: 156–178.
8. I. Le Breton-Miller & D. Miller, 2015, The paradox of resource vulnerability: Considerations for organizational curatorship, *Strategic Management Journal*, 36: 397–415; M. Semadeni & B. S. Anderson, 2010, The follower's dilemma: Innovation and imitation in the professional services industry, *Academy of Management Journal*, 53: 1175–1193.
9. U. Stettner & D. Lavie, 2014, Ambidexterity under scrutiny: Exploration and exploitation via internal organization, alliances, and acquisitions, *Strategic Management Journal*, 35: 1903–1929; M. G. Jacobides, S. G. Winter, & S. M. Kassberger, 2012, The dynamics of wealth, profit, and sustainable advantage, *Strategic Management Journal*, 33: 1384–1410.
10. S. Nadkarni, T. Chen, & J. Chen, 2015, The clock is ticking: Executive temporal depth, industry velocity and competitive aggressiveness, *Strategic Management Journal*, in press; L. A. Costa, K. Cool, & I. Dierickx, 2013, The competitive implications of the deployment of unique resources, *Strategic Management Journal*, 34: 445–463; M. A. Peteraf & J. B. Barney, 2003, Unraveling the resource-based tangle, *Managerial and Decision Economics*, 24: 309–323; J. B. Barney, 2001, Is the resource-based "view" a useful perspective for strategic management research? Yes, *Academy of Management Review*, 26: 41–56.
11. R. Roy & M. B. Sarkar, 2015, Knowledge, firm boundaries, and innovation: Mitigating the incumbent's curse during radical technological change, *Strategic Management Journal*: in press; G. Zied & J. McGuire, 2011, Multimarket competition, mobility barriers, and firm performance, *Journal of Management Studies*, 48: 857–890.
12. P. Wahba, 2014, Neiman Marcus goes after international luxury with e-commerce deal, *Fortune Online*, www. fortune.com, September 15.
13. D. Piaskowska & G. Trojanowski, 2014, Twice as smart: The importance of managers' formative-years' international experience for their international orientation and foreign acquisition decisions, *British Journal of Management*, 25: 40–57; M. Javidan, R. M. Steers, & M. A. Hitt (eds.), 2007, *The Global Mindset*. Amsterdam: Elsevier Ltd.
14. H. Liang, B. Ren, & S. Li Sun, 2015, An anatomy of state control in the globalization of state-owned enterprises, *Journal of International Business Studies*, 46: 223–240; A. Diaz, M. Magni, & F. Poh, 2012, From oxcart to Wal-Mart: Four keys to reaching emerging-market consumers, *McKinsey Quarterly*, October, 58–67; O. Levy, S. Taylor, & N. A. Boyacigiller, 2010, On the rocky road to strong global culture, *MIT Sloan Management Review*, 51: 20–22.
15. J. J. Ebbers, 2014, Networking behavior and contracting relationships among entrepreneurs in business incubators, *Entrepreneurship Theory and Practice*, 38: 1159–1181; R. A. D'Aveni, G. B. Dagnino, & K. G. Smith, 2010, The age of temporary advantage, *Strategic Management Journal*, 31: 1371–1385; E. Danneels, 2008, Organizational antecedents of second-order competences, *Strategic Management Journal*, 29: 519–543.
16. R. Vandaie & A. Zaheer, 2015, Alliance partners and firm capability: Evidence from the motion picture industry, *Organization Science*, in press; S. A. Zahra & S. Nambisan, 2012, Entrepreneurship and strategic thinking in business ecosystems, *Business Horizons*, 55: 219–229.
17. A. Waeraas & H. L. Sataoen, 2015, Being all things to all customers: Building reputation in an institutionalized field, *British Journal of Management*, 26: 310–326; D. G. Sirmon, M. A. Hitt, R. D. Ireland, & B. A. Gilbert, 2011, Resource orchestration to create competitive advantage: Breadth, depth, and life cycle effects, *Journal of Management*, 37: 1390–1412; R. Adner & R. Kapoor, 2010, Value creation in innovation ecosystems: How the structure of technological interdependence affects firm performance in new technology generations, *Strategic Management Journal*, 31: 306–333.
18. C. Grimpe & K. Hussinger, 2014, Resource complementarity and value capture in firm acquisitions: The role of intellectual property rights, *Strategic Management Journal*, 35: 1762–1780; M. A. Hitt, R. D. Ireland, D. G. Sirmon, & C. A. Trahms, 2011, Strategic entrepreneurship: Creating value for individuals, organizations, and society, *Academy of Management Perspectives*, 25: 57–75; D. G. Sirmon, S. Gove, & M. A. Hitt, 2008, Resource management in dyadic competitive rivalry: The effects of resource bundling and deployment, *Academy of Management Journal*, 51: 919–935.
19. B. Clarysse, M. Wright, J. Bruneel, & A. Mahajan, 2014, Creating value in ecosystems: Crossing the chasm between knowledge and business ecosystems, *Research Policy*, 43: 1164–1176; J. S. Harrison, D. A. Bosse, & R. A. Phillips, 2010, Managing for stakeholders, stakeholder utility functions, and competitive advantage, *Strategic Management Journal*, 31: 58–74; J. L. Morrow, Jr., D. G. Sirmon, M. A. Hitt, & T. R. Holcomb, 2007, Creating value in the face of declining performance: Firm strategies and organizational recovery, *Strategic Management Journal*, 28: 271–283.
20. P. Bromiley & D. Rau, 2014, Towards a practice-based view of strategy, *Strategic Management Journal*, 35: 1249–1256; V. Rindova, W. J. Ferrier, & R. Wiltbank, 2010, Value from gestalt: How sequences of competitive actions create advantage for firms in nascent markets, *Strategic Management Journal*, 31: 1474–1497.
21. C. Tantalo & R. L. Priem, 2015, Value creation through stakeholder synergy, *Strategic Management Journal*, in press; E. R. Brenes, D. Montoya, & L. Ciravegna, 2014, Differentiation strategies in emerging markets: The case of Latin American agribusinesses, *Journal of Business Research*, 67: 847–855; D. G. Sirmon, M. A. Hitt, J. L. Arregle, & J. T. Campbell, 2010, The dynamic interplay of capability strengths and weaknesses: Investigating the bases of temporary competitive advantage, *Strategic Management Journal*, 31: 1386–1409.
22. S. Nadkarni & J. Chen, 2015, Bridging yesterday, today, and tomorrow: CEO temporal focus, environmental dynamism, and rate of new product introduction, *Academy of Management Journal*, in press; S. Nadkarni, T. Chen, & J. Chen, 2014, The clock is ticking: Executive temporal depth, industry velocity, and competitive aggressiveness, *Strategic Management Journal*, in press; F. Aime, S. Johnson, J. W. Ridge, & A. D. Hill, 2010, The routine may be stable but the advantage is not: Competitive implications of key employee mobility, *Strategic Management Journal*, 31: 75–87.
23. M. Arrfelt, R. M. Wiseman, G. McNamara, & G. T. M. Hult, 2015, Examining a key corporate role: The influence of capital allocation competency on business unit performance, *Strategic Management Journal*, in press; D. Li & J. Liu, 2014, Dynamic capabilities, environmental dynamism, and competitive advantage: Evidence from China, *Journal of Business Research*, 67: 2793–2799; D. J. Teece, 2012, Dynamic capabilities: Routines versus entrepreneurial action, *Journal of Management Studies*, 49: 1395–1401.

24. A. M. Kleinbaum & T. E. Stuart, 2015, Network responsiveness: The social structural microfoundations of dynamic capabilities, *Academy of Management Perspectives*, in press; M. H. Kunc & J. D. W. Morecroft, 2010, Managerial decision making and firm performance under a resource-based paradigm, *Strategic Management Journal*, 31: 1164–1182.
25. C. M. Christensen, 2001, The past and future of competitive advantage, *Sloan Management Review*, 42(2): 105–109.
26. J. Gomez, R. Orcos, & S. Palomas, 2015, Competitors' strategic heterogeneity and firm performance, *Long Range Planning*, in press; S. K. Parker & C. G. Collins, 2010, Taking stock: Integrating and differentiating multiple proactive behaviors, *Journal of Management*, 36: 633–662.
27. M. G. Butler & C. M. Callahan, 2014, Human resource outsourcing: Market and operating performance effects of administrative HR functions, *Journal of Business Research*, 67: 218–224; Y. Y. Kor & A. Mesko, 2013, Dynamic managerial capabilities: Configuration and orchestration of top executives' capabilities and the firm's dominant logic, *Strategic Management Journal*, 34: 233–244; D. P. Forbes, 2007, Reconsidering the strategic implications of decision comprehensiveness, *Academy of Management Review*, 32: 361–376.
28. E. Maitland & A. Sammartino, 2015, Decision making and uncertainty: The role of heuristics and experience in assessing a politically hazardous environment, *Strategic Management Journal*, in press; L. B. Mulder, J. Jordan, & F. Rink, 2015, The effect of specific and general rules on ethical decisions, *Organizational Behavior and Human Decision Processes*, 126: 115–129; T. M. Jones, W. Felps, & G. A. Bigley, 2007, Ethical theory and stakeholder-related decisions: The role of stakeholder culture, *Academy of Management Review*, 32: 137–155.
29. D. C. Hambrick & T. J. Quigley, 2014, Toward a more accurate contextualization of the CEO effect on firm performance, *Strategic Management Journal*, 35: 473–491; M. S. Gary & R. E. Wood, 2011, Mental models, decision rules, and performance heterogeneity, *Strategic Management Journal*, 32: 569–594.
30. T. W. Tong, J. J. Reuer, B. B. Tyler, & S. Zhang, 2015, Host country executives' assessments of international joint ventures and divestitures: An experimental approach, *Strategic Management Journal*, 36: 254–275; A. Arrighetti, F. Landini, & A. Lasagni, 2014, Intangible assets and firm heterogeneity: Evidence from Italy, *Research Policy*, 43: 202–213; C. B. Bingham & K. M. Eisenhardt, 2011, Rational heuristics: The 'simple rules' that strategists learn from process experience, *Strategic Management Journal*, 32: 1437–1464.
31. R. Mudambi & T. Swift, 2014, Knowing when to leap: Transitioning between exploitative and explorative R&D, *Strategic Management Journal*, 35: 126–145; Y. Zhang & J. Gimeno, 2010, Earnings pressure and competitive behavior: Evidence from the U.S. electricity industry, *Academy of Management Journal*, 53: 743–768; L. M. Lodish & C. F. Mela, 2007, If brands are built over years, why are they managed over quarters? *Harvard Business Review*, 85(7/8): 104–112.
32. M. Jenkins, 2014, Innovate or imitate? The role of collective beliefs in competences in competing firms, *Long Range Planning*, 47: 173–185; P. Madsen & V. Desai, 2010, Failing to learn? The effects of failure and success on organizational learning in the global orbital launch vehicle industry, *Academy of Management Journal*, 53: 451–476; P. C. Nutt, 2002, *Why Decisions Fail*, San Francisco, Barrett-Koehler Publishers.
33. A. O. Laplume & P. Dass, 2015, Outstreaming for ambidexterity: Evolving a firm's core business from components to systems by serving internal and external customers, *Long Range Planning*, in press; D. Maslach, 2015, Change and persistence with failed technological innovation, *Strategic Management Journal*, in press; J. P. Eggers, 2012, All experience is not created equal: Learning, adapting and focusing in product portfolio management, *Strategic Management Journal*, 33: 315–335.
34. S. Singh, P. D. Corner, & K. Pavlovich, 2015, Failed, not finished: A narrative approach to understanding venture failure stigmatization, *Journal of Business Venturing*, 30: 150–166; S. Mousavi & G. Gigerenzer, 2014, Risk, uncertainty, and heuristics, *Journal of Business Research*, 67: 1671–1678; J. D. Ford & L. W. Ford, 2010, Stop blaming resistance to change and start using it, *Organizational Dynamics*, 39: 24–36.
35. V. Desai, 2015, Learning through the distribution of failures within an organization: Evidence from heart bypass surgery performance, *Academy of Management Journal*, in press; J. P. Eggers & L. Song, 2015, Dealing with failure: Serial entrepreneurs and the costs of changing industries between ventures, *Academy of Management Journal*, in press; K. Muehlfeld, P. Rao Sahib, & A. Van Witteloostuijn, 2012, A contextual theory of organizational learning from failures and successes: A study of acquisition completion in the global newspaper industry, 1981–2008, *Strategic Management Journal*, 33: 938–964.
36. L. Colby, 2015, News Corp.'s $1 billion plan to overhaul education is riddled with failures, *Bloomberg Online*, www.bloomberg.com, April 7.
37. W. Smith, 2015, Dynamic decision making: A model of senior leaders managing strategic paradoxes, *Academy of Management Journal*, in press; 2013, Strategy in a world of "biblical change": Our era of uncertainty calls for business leaders with vision, foresight and a global perspective, *Strategic Direction*, 29(3): 19–22; G. S. Dowell, M. B. Shackell & N. V. Stuart, 2011, Boards, CEOs, and surviving a financial crisis: Evidence from the internet shakeout, *Strategic Management Journal*, 32: 1025–1045.
38. S. R. Hiatt & W. D. Sine, 2014, Clear and present danger: Planning and new venture survival amid political and civil violence, *Strategic Management Journal*, 35: 773–785; A. Arora & A. Nandkumar, 2012, Insecure advantage? Markets for technology and the value of resources for entrepreneurial ventures, *Strategic Management Journal*, 33: 231–251; S. S. K. Lam & J. C. K. Young, 2010, Staff localization and environmental uncertainty on firm performance in China, *Asia Pacific Journal of Management*, 27: 677–695.
39. B. Kendall & A. Harder, 2015, Litigation awaits new EPA emissions rules, *Wall Street Journal Online*, www.wsj.com, March 22.
40. C. Dulaney, 2015, Peabody Energy names new CEO, *Wall Street Journal Online*, www.wsj.com, January 22.
41. J. Winkler, C. P. Jian-Wej Kuklinski, & R. Moser, 2015, Decision making in emerging markets: The Delphi approach's contribution to coping with uncertainty and equivocality, *Journal of Business Research*, 68: 1118–1126; O. H. Azar, 2014, The default heuristic in strategic decision making: When is it optimal to choose the default without investing in information search? *Journal of Business Research*, 67: 1744–1748.
42. D. M. Cain, D. A. Moore, & U. Haran, 2015, Making sense of overconfidence in market entry, *Strategic Management Journal*, 36: 1–18; M. Gary, R. E. Wood, & T. Pillinger, 2012, Enhancing mental models, analogical transfer, and performance in strategic decision making, *Strategic Management Journal*, 33: 1229–1246; J. R. Mitchell, D. A. Shepherd, & M. P. Sharfman, 2011, Erratic strategic decisions: When and why managers are inconsistent in strategic decision making, *Strategic Management Journal*, 32: 683–704.
43. D. Laureiro-Martinez, 2014, Cognitive control capabilities, routinization propensity, and decision-making performance, *Organization Science*, 25: 1111–1133; P. D. Windschitl, A. M. Scherer, A. R. Smith, & J. P. Rose, 2013, Why so confident? The influence of outcome desirability on selective exposure and likelihood judgment, *Organizational Behavior & Human Decision Processes*, 120: 73–86.
44. D. Albert, M. Kreutzer, & C. Lechner, 2015, Resolving the paradox of interdependency and strategic renewal in activity systems, *Academy of Management Review*, 40: 210–234; L. Alexander & D. van Knippenberg, 2014, Teams in pursuit of radical innovation: A goal orientation perspective, *Academy of Management Review*, 39: 423–438; C. Weigelt, 2013, Leveraging supplier capabilities: The role of locus of capability deployment, *Strategic Management Journal*, 34: 1–21.
45. A. Lipparini, G. Lorenzoni, & S. Ferriani, 2014, From core to periphery and back: A study on the deliberate shaping of knowledge flows in interfirm dyads and networks, *Strategic Management Journal*, 35: 578–595; J. M. Shaver, 2011, The benefits of geographic sales diversification: How exporting facilitates capital investment, *Strategic Management Journal*, 32: 1046–1060.
46. J. Bloomberg, 2015, Is Rackspace the Nordstrom of cloud? *Forbes Online*, www.forbes.com, January 21.
47. S. Raithel & M. Schwaiger, 2015, The effects of corporate reputation perceptions of the general public on shareholder value, *Strategic Management Journal*: in press; B. S. Anderson & Y. Eshima, 2013, The influence of firm age and intangible resources on the relationship between entrepreneurial orientation and firm growth among Japanese SMEs, *Journal of Business Venturing*, 28: 413–429.
48. A. Vomberg, C. Homburg, & T. Bornemann, 2015, Talented people and strong brands: The contribution of human capital and brand equity to firm value, *Strategic Management Journal*, 36: in press; J. Choi, G. W. Hecht, & W. B. Tayler, 2012, Lost in translation: The effects of incentive compensation on strategy surrogation, *Accounting Review*, 87: 1135–1163.
49. A. M. Webber, 2000, New math for a new economy, *Fast Company*, January/ February, 214–224.
50. R. Sydler, S. Haefliger, & R. Pruksa, 2014, Measuring intellectual capital with financial figures: Can we predict firm profitability? *European Management Journal*, 32: 244–259; F. Neffke & M. Henning, 2013, Skill relatedness and firm diversification, *Strategic Management Journal*, 34: 297–316; E. Danneels, 2011, Trying to become a different type of company: Dynamic capability at Smith Corona, *Strategic*

Management Journal, 32: 1–31.

51. F. Honore, F. Munari, & B. van Pottelsberghe de La Potterie, 2015, corporate governance practices and companies' R&D intensity: Evidence from European countries, *Research Policy*, 44: 533–543; J. Gómez & P. Vargas, 2012, Intangible resources and technology adoption in manufacturing firms, *Research Policy*, 41: 1607–1619; K. E. Meyer, R. Mudambi, & R. Narula, 2011, Multinational enterprises and local contexts: The opportunities and challenges of multiple embeddedness, *Journal of Management Studies*, 48: 235–252.
52. J. Y. Lee, D. G. Bachrach, & D. M. Rousseau, 2015, Internal labor markets, firm-specific human capital, and heterogeneity antecedents of employee idiosyncratic deal requests, *Organization Science*, in press.
53. J. Raffiee & R. Coff, 2015, Microfoundations of firm-specific human capital: When do employees perceive their skills to be firm-specific? *Academy of Management Journal*, in press.
54. A. Jain & R. A. Thietart, 2014, Capabilities as shift parameters for the outsourcing decision, *Strategic Management Journal*, 35: 1881–1890; R. E. Ployhart, C. H. Van Iddekinge, & W. I. MacKenzie, Jr., 2011, Acquiring and developing human capital in service contexts: The interconnectedness of human capital resources, *Academy of Management Journal*, 54: 353–368.
55. S. Raithel & M. Schwaiger, 2015, The effects of corporate reputation perceptions of the general public on shareholder value, *Strategic Management Journal*, in press; K. Kim, B. Jeon, H. Jung, W. Lu, & J. Jones, 2012, Effective employment brand equity through sustainable competitive advantage, marketing strategy, and corporate image, *Journal of Business Research*, 65: 1612–1617; L. Diestre & N. Rajagopalan, 2011, An environmental perspective on diversification: The effects of chemical relatedness and regulatory sanctions, *Academy of Management Journal*, 54: 97–115.
56. W. Y. Hun, H. Kim, & J. Woo, 2014, How CSR leads to corporate brand equity: Mediating mechanisms of corporate brand credibility and reputation, *Journal of Business Ethics*, 125: 75–86; G. Dowling & P. Moran, 2012, Corporate reputations: Built in or bolted on? *California Management Review*, 54(2): 25–42; M. D. Pfarrer, T. G. Pollock, & V. P. Rindova, 2010, A tale of two assets: The effects of firm reputation and celebrity on earnings surprises and investors' reactions, *Academy of Management Journal*, 53: 1131–1152; T. G. Pollock, G. Chen, & E. M. Jackson, 2010, How much prestige is enough? Assessing the value of multiple types of high-status affiliates for young firms, *Journal of Business Venturing*, 25: 6–23.
57. A. P. Petkova, A. Wadhwa, X. Yao, & S. Jain, 2014, Reputation and decision making under ambiguity: A study of U.S. venture capital firms' investments in the emerging clean energy sector, *Academy of Management Journal*, 57: 422–448; Y. Wang, G. Berens, & C. van Riel, 2012, Competing in the capital market with a good reputation, *Corporate Reputation Review*, 15: 198–221; J. J. Ebbers & N. M. Wijnberg, 2012, Nascent ventures competing for start-up capital: Matching reputations and investors, *Journal of Business Venturing*, 27: 372–384.
58. P. Foroudi, T.C. Melewar, & S. Gupta, 2014, Linking corporate logo, corporate image, and reputation: An examination of consumer perceptions in the financial setting, *Journal of Business Research*, 67: 2269–2281; S. Tischer & L. Hildebrandt, 2014, Linking corporate reputation and shareholder value using the publication of reputation rankings, *Journal of Business Research*, 67: 1007–1017.
59. C. A. Roster, 2014, Cultural influences on global firms' decisions to cut the strategic brand ties that bind: A commentary essay, *Journal of Business Research*, 67: 486–488; N. Rosenbusch & J. Brinckmann, 2011, Is innovation always beneficial? A meta-analysis of the relationship between innovation and performance in SMEs, *Journal of Business Venturing*, 26: 441–457.
60. 2015, Harley-Davidson Motor Apparel, www.harley-davidson.com, April 5.
61. T. Arbel, 2015, Comcast gets social to shake bad customer-service reputation, Yahoo.com, www.yahoo.com, March 24.
62. V. Goel, 2014, G.M. uses social media to manage customers and its reputation, *New York Times Online*, www.nytimes.com, March 23.
63. Social media principles, 2015, Coca-Cola Company Home page, www.cocacolacompany. com, April 6.
64. Y. Lin & L. Y. Wu, 2014, Exploring the role of dynamic capabilities in firm performance under the resource-based view framework, *Journal of Business Research*, 67: 407–413; R. W. Coff, 2010, The coevolution of rent appropriation and capability development, *Strategic Management Journal*, 31: 711–733; J. Bitar & T. Hafsi, 2007, Strategizing through the capability lens: Sources and outcomes of integration, *Management Decision*, 45: 403–419.
65. S. Chowdhury, E. Schulz, M. Milner, & D. Van De Voort, 2014, Core employee based human capital and revenue productivity in small firms: An empirical investigation, *Journal of Business Research*, 67: 2473–2479; A. M. Subramanian, 2012, A longitudinal study of the influence of intellectual human capital on firm exploratory innovation, *IEEE Transactions on Engineering Management*, 59: 540–550; T. Dalziel, R. J. Gentry, & M. Bowerman, 2011, An integrated agency-resource dependence view of the influence of directors' human and relational capital on firms' R&D spending, *Journal of Management Studies*, 48: 1217–1242.
66. K. Freeman, 2015, CEOs must prioritize human capital, *Wall Street Journal Online*, www.wsj.com, February 27.
67. S. Moore, 2015, How pizza became a growth stock, *Wall Street Journal Online*, www.wsj.com, March 13.
68. D. J. Teece, 2014, The foundations of enterprise performance: Dynamic and ordinary capabilities in an (economic) theory of firms, *Academy of Management Perspectives*, 28: 328–352; K. M. Heimeriks, M. Schijven, & S. Gates, 2012, Manifestations of higher-order routines: The underlying mechanisms of deliberate learning in the context of postacquisition integration, *Academy of Management Journal*, 55: 703–726; C. Zott, 2003, Dynamic capabilities and the emergence of intraindustry differential firm performance: Insights from a simulation study, *Strategic Management Journal*, 24: 97–125.
69. Y. Zhao, E. Cavusgil, & S. T. Cavusgil, 2014, An investigation of the black-box supplier integration in new product development, *Journal of Business Research*, 67: 1058– 1064; H. R. Greve, 2009, Bigger and safer: The diffusion of competitive advantage, *Strategic Management Journal*, 30: 1–23; C. K. Prahalad & G. Hamel, 1990, The core competence of the corporation, *Harvard Business Review*, 68(3): 79–93.
70. D. Reisinger, 2015, Apple's genius bar to get smarter with 'concierge'—report, *CNET.com*, www.cnet.com, February 24; Y. I. Kane & I. Sherr, 2011, Secrets from Apple's genius bar: Full loyalty, no negativity, *Wall Street Journal*, www.wsj. com, June 15.
71. J. Schmidt, R. Makadok, & T. Keil, 2015, Customer-specific synergies and market convergence, *Strategic Management Journal*, in press; M. Makri, M. A. Hitt, & P. J. Lane, 2010, Complementary technologies, knowledge relatedness, and invention outcomes in high technology mergers and acquisitions, *Strategic Management Journal*, 31: 602–628; S. Newbert, 2008, Value, rareness, competitive advantage, and performance: A conceptual-level empirical investigation of the resource-based view of the firm, *Strategic Management Journal*, 29: 745–768.
72. J. Boynton, 2015, Walmart unveils virtual sustainability shop, *Triple Pundit.com*, www.triplepundit.com, February 24.
73. Walmart environmental sustainability, 2015, *Wall-Mart Homepage*, www.walmart. com, March 30; A. Winston, 2015, Can Walmart get us to buy sustainable products? *Harvard Business Review blog*, www.hbr.org, February 24.
74. A. Kaul & Z (Brian) Wu, 2015, A capabilitiesbased perspective on target selection in acquisitions, *Strategic Management Journal*: in press; D. S. K. Lim, N. Celly, E. A. Morse, & W. G. Rowe, 2013, Rethinking the effectiveness of asset and cost retrenchment: The contingency effects of a firm's rent creation mechanism, *Strategic Management Journal*, 34: 42–61.
75. D. Roos, 2011, How does Groupon work? *Howstuffworks.com*, www.howstuffworks. com, June 12.
76. S. D. Anthony, 2012, The new corporate garage, *Harvard Business Review*, 90(9): 44–53.
77. H. A. Ndofor, D. G. Sirmon, & X. He, 2015, Utilizing the firm's resources: How TMT heterogeneity and resulting faultlines affect TMT tasks, *Strategic Management Journal*: in press; Q. Gu & J. W. Lu, 2011, Effects of inward investment on outward investment: The venture capital industry worldwide—1985–2007, *Journal of International Business Studies*, 42: 263–284.
78. Sustainability, 2015, *Target Home Page*, www.target. com, April 10.
79. S. G. Lazzarini, 2015, Strategizing by the government: Can industrial policy create firm-level competitive advantage? *Strategic Management Journal*, 36: 97–112; H. Rahmandad, 2012, Impact of growth opportunities and competition on firmlevel capability development trade-offs, *Organization Science*, 23: 138–154; C. A. Coen & C. A. Maritan, 2011, Investing in capabilities: The dynamics of resource allocation, *Organization Science*, 22: 199–217.
80. J. B. Barney, 1991, Firm resources and sustained competitive advantage, *Journal of Management*, 17: 99–120.
81. M. E. B. Herrera, 2015, Creating competitive advantage by institutionalizing corporate social innovation, *Journal of Business Research*: in press; C. M. Wilderom, P. T. van den Berg, & U. J. Wiersma, 2012, A longitudinal study of the effects of charismatic leadership and organizational culture on objective and perceived corporate performance, *Leadership*

Quarterly, 23: 835–848; C. C. Maurer, P. Bansal, & M. M. Crossan, 2011, Creating economic value through social values: Introducing a culturally informed resource-based view, *Organization Science*, 22: 432–448.

82. J. Jargon, 2014, McDonald's plans to change U.S. structure, *Wall Street Journal Online*, www.wsj.com, October 30.

83. T. Alnuaimi & G. George, 2015, Appropriability and the retrieval of knowledge after spillovers, *Strategic Management Journal*: in press; L. Mulotte, P. Dussauge, & W. Mitchell, 2013, Does pre-entry licensing undermine the performance of subsequent independent activities? Evidence from the global aerospace industry, 1944–2000, *Strategic Management Journal*, 34: 358–372; A. W. King & C. P. Zeithaml, 2001, Competencies and firm performance: Examining the causal ambiguity paradox, *Strategic Management Journal*, 22: 75–99.

84. Barney, Firm resources, 111. 85. Z. Erden, D. Klang, R. Sydler, & G. von Krogh, 2014, Knowledge-flows and firm performance, *Journal of Business Research*, 67: 2777–2785; E. Beleska-Spasova & K. W. Glaister, 2013, Intrafirm causal ambiguity in an international context, *International Business Review*, 22: 32–46; K. Srikanth & P. Puranam, 2011, Integrating distributed work: Comparing task design, communication, and tacit coordination mechanisms, *Strategic Management Journal*, 32: 849–875.

86. M. G. Jacobides & C. J. Tae, 2015, Kingpins, bottlenecks, and value dynamics along a sector, *Organization Science*: in press; J. B. Heide, A. Kumar, & K. H. Wathne, 2014, Concurrent sourcing, governance mechanisms, and performance outcomes in industrial value chains, *Strategic Management Journal*, 35: 1164–1185; G. K. Acharyulu & B. Shekhar, 2012, Role of value chain strategy in healthcare supply chain management: An empirical study in India, *International Journal of Management*, 29: 91–97.

87. M. E. Porter, 1985, *Competitive Advantage*, New York: Free Press, 33–61.

88. P. Frow, S. Nenonen, A. Payne, & K. Storbacka, 2015, Managing co-creation design: A strategic approach to innovation, *British Journal of Management*: in press; R. Garcia-Castro & C. Francoeur, 2015, When more is not better: Complementarities, costs and contingencies in stakeholder management, *Strategic Management Journal*, in press; J. Alcacer, 2006, Location choices across the value chain: How activity and capability influence co-location, *Management Science*, 52: 1457–1471.

89. Y. M. Zhou, 2015, Supervising across borders: The case of multinational hierarchies, *Organization Science*, in press; S. T. Cavusgil & G. Knight, 2014, The born global firm: An entrepreneurial and capabilities perspective on early and rapid internationalization, *Journal of International Business Studies*, 46: 3–16; N. Haworth, 2013, Compressed development: Global value chains, multinational enterprises and human resource development in 21st century Asia, *Journal of World Business*, 48: 251–259.

90. R. Garcia-Castro & R. V. Aguilera, 2015, Incremental value creation and appropriation in a world with multiple stakeholders, *Strategic Management Journal*, 36: 137–147; S. Manning, M. M. Larsen, & P. Bharati, 2015, Global delivery models: The role of talent, speed and time zones in the global outsourcing industry, *Journal of International Business Studies*, in press; A. Jara & H. Escaith, 2012, Global value chains, international trade statistics and policymaking in a flattening world, *World Economics*, 13(4): 5–18.

91. C. Boulton & S. Norton, 2015, Deutsche Bank, H-P divide IT responsibility in cloud deal, *Wall Street Journal Online*, www.wsj. com, February 26.

92. R. Lungeanu & E. Zajac, 2015, Venture capital ownership as a contingent resource: How owner/firm fit influences IPO outcomes, *Academy of Management Journal*, in press; J. Y. Lee, D. G. Bachrach, & K. Lewis, 2014, Social network ties, transactive memory, and performance in groups, *Organization Science*, 25: 951–967.

93. S. G. Lazzarini, 2015, Strategizing by the government: Can industrial policy create firm-level competitive advantage? *Strategic Management Journal*, 36: 97–112; H. Yang, Y. Zheng, & X. Zhao, 2014, Exploration or exploitation: Small firms' alliance strategies with large firms, *Strategic Management Journal*, 35: 146–157.

94. C. Lioukas & J. Reuer, 2015, Isolating trust outcomes from exchange relationships: Social exchange and learning benefits of prior ties in alliances, *Academy of Management Journal*, in press; J. Song, 2014, Subsidiary absorptive capacity and knowledge transfer within multinational corporations, *Journal of International Business Studies*, 45: 73–84.

95. G. E. Mitchell, 2014, Collaborative propensities among transnational NGOs registered in the United States, *The American Review of Public Administration*, 44: 575–599.

96. S. M. Handley & C. M. Angst, 2015, The impact of culture on the relationship between governance and opportunism in outsourcing relationships, *Strategic Management Journal*, in press; D. J. Teece, 2014, A dynamic capabilitiesbased entrepreneurial theory of the multinational enterprise, *Journal of International Business Studies*, 45: 8–37.

97. C. Peeters, C. Dehon, & P. Garcia- Prieto, 2015, The attention stimulus of cultural differences in global services sourcing, *Journal of International Business Studies*, 46: 241–251; D. O. Kazmer, 2014, Manufacturing outsourcing, onshoring, and global equilibrium, Business Horizons, 57: 463–472; A. J. Mauri & J. Neiva de Figueiredo, 2012, Strategic patterns of internationalization and performance variability: Effects of US-based MNC cross-border dispersion, integration, and outsourcing, *Journal of International Management*, 18: 38–51.

98. A. Gunasekaran, Z. Irani, K. L. Choy, L. Filippi, & T. Papadopoulos, 2015, Performance measures and metrics in outsourcing decisions: A review for research and applications, *International Journal of Production Economics*, 161: 153– 166; W. L. Tate, L. M. Ellram, T. Schoenherr, & K. J. Petersen, 2014, Global competitive conditions driving the manufacturing location decision, *Business Horizons*, 57: 381–390; C. Weigelt & M. B. Sarkar, 2012, Performance implications of outsourcing for technological innovations: Managing the efficiency and adaptability trade-off, *Strategic Management Journal*, 33: 189–216.

99. A. Jain & R. A. Thietart, 2014, Capabilities as shift parameters for the outsourcing decision, *Strategic Management Journal*, 35: 1881–1890; J. Li, 2012, The alignment between organizational control mechanisms and outsourcing strategies: A commentary essay, *Journal of Business Research*, 65: 1384–1386.

100. R. Kapoor & N. R. Furr, 2015, Complementarities and competition: Unpacking the drivers of entrants' technology choices in the solar photovoltaic industry, *Strategic Management Journal*, 36: 416–436; N. Raassens, S. Wuyts, & I. Geyskens, 2012, The market valuation of outsourcing new product development, *Journal of Marketing Research*, 49: 682–695.

101. S. Holloway & A. Parmigiani, 2015, Friends and profits don't mix: The performance implications of repeated partnerships, *Academy of Management Journal*, in press; A. Arino, J. J. Reuer, K. J. Mayer, & J. Jane, 2014, Contracts, negotiation, and learning: An examination of termination provisions, *Journal of Management Studies*, 51: 379– 405; A. Martinez-Noya, E. Garcia-Canal, & M. F. Guillen, 2013, R&D outsourcing and the effectiveness of intangible investments: Is proprietary core knowledge walking out of the door? *Journal of Management Studies*, 50: 67–91.

102. J. Alcacer & J. Oxley, 2014, Learning by supplying, *Strategic Management Journal*, 35: 204–223; S. Sonenshein, 2013, How organizations foster the creative use of resources, *Academy of Management Journal*, 57: 814–848; C. Grimpe & U. Kaiser, 2010, Balancing internal and external knowledge acquisition: The gains and pains from R&D outsourcing, *Journal of Management Studies*, 47: 1483–1509.

103. T. Obloj & P. Zemsky, 2015, Value creation and value capture under moral hazard: Exploring the micro-foundations of buyer-supplier relationships, *Strategic Management Journal*, in press; S. M. Handley, 2012, The perilous effects of capability loss on outsourcing management and performance, *Journal of Operations Management*, 30: 152–165; P. D. O. Jensen & T. Pederson, 2011, The economic geography of offshoring: The fit between activities and local context, *Journal of Management Studies*, 48: 352–372.

104. S. M. Handley & C. M. Angst, 2015, The impact of culture on the relationship between governance and opportunism in outsourcing relationships, *Strategic Management Journal*, in press; M. Kang, X. Wu, P. Hong, & Y. Park, 2012, Aligning organizational control practices with competitive outsourcing performance, *Journal of Business Research*, 65: 1195–1201.

105. M. Taussig & A. Delios, 2015, Unbundling the effects of institutions on firm resources: The contingent value of being local in emerging economy private equity, *Strategic Management Journal*, in press; O. Baumann & N. Stieglitz, 2014, Rewarding valuecreating ideas in organizations: The power of low-powered incentives, *Strategic Management Journal*, 35: 358–375.

106. U. Stettner & D. Lavie, 2014, Ambidexterity under scrutiny: Exploration and exploitation via internal organization, alliances, and acquisitions, *Strategic Management Journal*, 35: 1903–1929; E. Rawley, 2010, Diversification, coordination costs, and organizational rigidity: Evidence from microdata, *Strategic Management Journal*, 31: 873–891.

107. D. L. Barton, 1995, *Wellsprings of Knowledge: Building and Sustaining the Sources of Innovation*, Boston: Harvard Business School Press, 30–31.

108. J. Linkner, 2014, Book highlight— Disrupt or be disrupted, *Global Business and Organizational Excellence*, 34: 78–87; J. Milliot, 2013, As e-books grow, so does Amazon, *Publishers Weekly*, February 11, 4.

4

사업 전략: 사업부 차원의 전략

● 학습목표 ●

4-1 사업 전략을 정의한다.

4-2 고객과 사업 전략 간의 관계를 논의한다.

4-3 유형별 사업 전략의 차이점을 설명한다.

4-4 각 사업 전략이 평균 이상의 수익을 얻을 수 있는 방법을 설명한다.

4-5 사업 전략의 위험을 논의한다.

헤인셀레스철그룹: "유기농"을 강조한 차별화

4장은 사업 전략을 논의한다. 이 장은 특정 산업 또는 산업 내 특정 분야에서 기업이 경쟁에서 이기기 위해 어떤 전략을 취해야 하는지에 대해 설명한다. 헤인셀레스철그룹(Hain Celestial Group)은 차별화 전략의 좋은 사례다. 차별화는 사업 전략 중 하나로 경쟁자와 다른 차별성을 확보하여 충성스러운 고객을 구축하는 것이다. 2장에서 언급했듯이 고객은 종종 사회적 트렌드를 따르는데, 헤인셀레스철그룹은 식품 사업 및 관련 산업 (소비 식품 제조업, 슈퍼마켓, 레스토랑)에서 일어나고 있는 고객의 트렌드 변화를 활용하여 자연 및 유기농 식품을 생산하는 데 높은 역량을 구축했다.

헤인셀레스철그룹은 현 CEO인 어윈 사이먼(Irwin Simon)에 의해 1983년에 설립되었으며 1993년에 상장되었다. 이 기업은 규모가 작은 유기농 및 자연 식품 공급업체의 지속적인 인수를 통해 성장했다. 사이먼은 "성장은 엘스(Ell's)나 블루프린트(BluePrint)와 같은 스타트업에서 나오는 것이지 GE, 하인즈(Heinz) 또는 캠벨(Campbell)과 같은 대기업으로부터 나오는 것이 아니다"라고 하였다. 헤인셀레스철그룹이 인수한 것 중 가장 큰 규모는 셀레스철 시즈닝(Selestial Seasonings)으로, 차와 주스를 공급하고 있다. 여러 기업의 인수로 인해 헤인셀레스철은 자연 식품 소매상과 도매 식품 시장에서 가장 큰 공급업체가 되었다. 위에서 언급한 블루프린트는 사람의 신체를 '정화'시키는 천연 주스 시장에 주력하고 있다. 'Terra 야채칩(스낵)', 'Dream 비유제품 우유', 'Celestial Seasoning 차'와 같은 브랜드는 건강을 신경 쓰는 고객은 누구나 알게 되었고 이 브랜드들로 인해 헤인셀레스철은 세계에서 가장 큰 자연식품 회사가 되었다.

자연식품에 대한 소비자의 선호로 인해 헤인셀레스철의 제품들이 전통적 슈퍼마켓 체인점에 판매될 수 있었는데, 그 규모는 미국 총매출의 약 60%에 해당된다. 또한 2014년 총매출의 약 40%를 차지하는 미국 밖의 매출에도 헤인셀레스철 브랜드는 강력한 영향을 미쳤다. 이 회사의 성공적 인수 전략은 "다른 사람이 시작한 브랜드를 구매"해서 "그 브랜드들이 더 성장할 수 있는 방법을 모색하는" 것이었다.

한편, 자연식품에 크게 관심을 두지 않았던 대형 브랜드 식품 회사들은 이익에 있어서 '소화불량'을 겪고 있었다. 켈로그(Kellogg), 크래프트(Kraft), 캠벨, 콘아그라(ConAgra), 스머커(J. M. Smucker), 몬델리즈(Mondelez)와 같은 브랜드화된 패키지 제품을 생산하는 대형 회사들은 헤인셀레스철 만큼 고객이 원하는 자연 및 유기농 식품에 대해 신경을 쓰지 않음으로 인해서 이익이 오르지도 내리지도 않는 상태가 지속되었다. 반면 헤인셀레스철의 이익과 주가는 상대적으로 많이 올랐다. 게다가 미국 달러가치가 상승함으로 인해서 대형 브랜드 식품 회사들의 이익은 감소를 겪어야만 했다. 헤인셀레스철 역시 해외에 진출하고 있기 때문에 달러가치의 변화에 영향을 받았다.

이와 같은 경기 침체를 벗어나기 위해 대형 식품 업체들은 서로 다른 전략적 접근법을 취했는데, 예를 들면 스머커는 빅하트(Big Heart)라는 애완동물 식품 업체의 인수를 통해서 애완동물 식품 사업에 진출했다. 네슬레는 사탕 및 초콜릿의 색깔을 내는 인공감미료를 줄이는 방법을 택했다. 세계 포장 캔디 시장의 65%를 차지하는 허시(Hershey)와 마스(Mars)는 액상과당을 줄이고 설탕을 증가시켰다. 몬델리즈는 과자의 포화지방과 나트륨을 10%까지 줄였다. 그러나 이 같은 변화는 자연식품

Bob Kreisel/Alamy

으로 빠르게 변하고 있는 소비자의 기호에 대한 문제를 극복하는 데 큰 도움이 되지 못했다.

슈퍼마켓 역시 자연 식품 시장에 들어가고 싶어 한다. 자연 및 유기농 식품 시장에 들어가고 싶어하는 트레이더조(Trader Joe's), 홀푸드(Whole Foods)와 기타 슈퍼마켓들(예: 크로거 Kroger와 세이프웨이Safeway)과 경쟁하기 위해 월마트는 저가 유기농 식품 라인을 소개했다. 월마트는 약 100여 가지 유기농 제품을 진열하기 위해 와일드오츠(Wild Oats Marketplace)와 손을 잡았다. 와일드오츠는 전국 유기농 경쟁 브랜드들보다 25% 싼 가격에 제공할 수 있다. 그러니 헤인셀레스철은 자연 및 유기농을 선호하는 경향을 활용하는 전략과 이미지가 월마트보다 강하고 주로 자연 및 유기농 식품 전문 매장에 식품을 공급하고 있다.

자연 친화적인 식품을 선호하는 경향은 레스토랑 업계에서도 일어나고 있다. 치폴레멕시칸그릴(Chipotel Mexican Grill)은 이

러한 취향을 적극적으로 활용하여 성공한 업체이다. 반면 맥도날드는 이 같은 트렌드를 활용하는 데 어려움을 겪고 있다.

출처: J. Bacon, 2015, Brands capitalise on health-driven resolutions, *Marketing Week*, www.marketingweek.com, January 29; A. Chen & A. Gasparro, 2015, Smucker's latest food firm hurt by changing tastes, *Wall Street Journal*, February 14–15, B4; A. Gasparro, 2015, Indigestion hits food giants, *Wall Street Journal*, February 13, B1; A. Gasparro, 2015, Nestlé bars artificial color, flavors, *Wall Street Journal*, February 18, B6; M. Esterl, 2015, PepsiCo earnings, revenue drop on foreign-exchange impact. *Wall Street Journal*, www.wsj.com, February 12; L. Light, 2015, How to revive McDonald's, *Wall Street Journal*, www.wsj.com, February 11; M. Alva, 2014, Organic growth comes naturally to Hain Celestial Group, *Investor's Business Daily*, July 24, A5; A. Kingston, 2014, Juice junkies, Maclean's, June 30, 64–66; SCTWeek, 2014, Walmart to sell low-price organic food, 2014, SCTWeek, April 11, 4.

기업의 성공에 있어 중요한 전략은 두 개 이상의 대안 중 무엇을 선택하느냐와 관련 있다.[1] 1장에서 살펴보았듯이, 전략을 선택할 때 기업은 하나의 행동 방침을 추구할 것을 결정한다. 그 선택은 기업의 외부 환경에서 나타난 기회와 위협에 의해 영향을 받을 뿐만 아니라(2장 참조)[2] 조직 내부에서 나타난 자원, 역량, 핵심 역량의 특성과 질에 의해서도 영향을 받는다(3장 참조).[3] 도입사례에서 보았듯이 헤인셀레스철그룹은 산업 환경에서 발생한 기회(자연 및 유기농 식품에 대한 고객의 강한 요구)에 딱 맞는 역량(자연 및 유기농 식품의 강력한 공급업체)을 가지고 있었고 그로 인해 평균 이상의 수익을 발생시킬 수 있는 경쟁자가 되었다. 그러나 대형 브랜드 식품 업체들은 변화하는 소비자의 기호를 맞추는 데 어려움을 겪고 결국 좋지 못한 성과를 얻게 되었다.[4]

전략 경영 프로세스의 첫 번째 단계로 외부 환경과 기업 내부 자원 및 역량 분석에 대해서는 이전 장들에서 논의했었다. 이 장은 1장의 〈그림 1-1〉에서 설명한 전략 경영 프로세스의 두 번째 단계인 전략에 해당된다. 어떤 형태의 전략을 활용하든지 기본 목적은 전략적 경쟁력을 확보하고 평균 이상의 수익을 얻는 것이다. 전략에는 목적이 있으며, 기업의 비전 및 미션에 대해 이해된 공유 가치를 제시하고 적용한다.[5] 효과적으로 개발된 전략은 기업의 자원, 역량, 경쟁력을 집결, 통합, 할당함으로써 기업 외부 환경에 맞게 적절히 재배치한다.[6] 또한, 적절하게 개발된 전략은 기업의 미션 및 비전을 달성하기 위해 취한 행위들을 합리화시킨다.[7] 적합한 전략을 개발하고 활용하기 위해서는 시장, 고객, 기술, 글로벌 금융, 변화하는 세계 경제와 같은 여러 변수에 대한 정보가 수집되고 분석되어야 한다. 최종 분석에서 결과에 대한 불확실성을 줄여주는 바람직한 전략적 선택은 성공적인 전략을 형성하기 위한 토대가 된다.[8]

사업 전략은 특정 제품 시장에서 경쟁 우위를 획득하기 위해 기업이 활용하는 통합 및 조정된 일련의 신념과 활동이다.

이 장의 핵심인 **사업 전략(business-level strategy)**은 특정 제품 시장에서 경쟁 우위를 획득하기 위해 기업이 활용하는 통합 및 조정된 일련의 신념과 활동이다.[9] 사업 전략은 기업이 개별 제품 시장에서 경쟁을 어떻게 할 것인지에 대한 선택을 나타낸다. 그 선택이 중요한 이유는 기업의 장기적 성과가 기업의 전략과 관련이 있기 때문이다. 글로벌 경제에서 성공하려면 고려해야 할 것이 너무나 복잡해서 어떻게 경쟁할지를 결정하는 것이 어렵다.[10] 예를 들어, 소셜 네트워킹 사이트의 하나인 마이스페이스(Myspace)는 2006년 당시 약 5천만 명의 사용자를 보유한 가장 큰 사이트였다. 그러나 2년 후 마이스페이스는 급속히 성장한 다른 소셜 네트워킹 사이트인 페이스북에게 리더의 자리를 내주고 만다. 페이스북은 빠르게 시장 점유율을 확보해서 2011년 6억 명 이상의 사용자를 보유하게 된 반면 마이스페이스는 3,400만 명밖에 안 되었다. 페이스북은 최근 몇 년간 주요한 경쟁적 움직임을 보여 주었었는데, 여러 경쟁적 싸움에 개입

될 때마다 마이스페이스에 도전하도록 기업의 전략을 조정해왔다. 결국 마이스페이스의 종업원은 2008년 1,600명에서 2013년 약 200명까지 계속해서 줄어들게 되었다. 현재 마이스페이스는 인터넷 총 트래픽 양으로 따지면 220위 정도이다.[11] 결국 마이스페이스는 경쟁력을 상실하여 생존을 우려하는 신세가 되었다.

모든 기업은 사업 전략을 개발하고 실행해야 한다. 그러나 어떤 기업은 모든 전략 — 6~9장에서 논의할 기업 전략, 인수합병, 국제 전략, 협업 전략 — 을 사용하지 못할 수도 있다. 단일 지역의 단일 제품 시장에서만 경쟁하는 기업의 경우, 제품 다각화 또는 지리적 다양성을 다루는 기업 전략이 필요 없다. 반대로 다각화 기업은 개별 제품 시장마다 독립된 사업 전략뿐만 아니라 기업 전략도 필요하다. 지역 세탁소부터 다국적기업에 이르기까지 모든 기업은 적어도 하나의 사업 전략을 개발하고 활용해야 한다. 그래서 사업 전략은 기업이 특정 제품 시장에서 경쟁하고자 하는 방법이기 때문에 핵심 전략이다.[12]

사업 전략을 알아보기 위해 몇 가지 주제를 논의할 것이다. 고객은 성공적인 사업 전략의 기초가 된다.[13] 기업이 사업 전략을 선택할 때 고객 관점에서 결정해야 할 것은 다음과 같다.

1. 누가 서비스를 받는가?
2. 만족시켜야 할 목표 고객의 니즈는 무엇인가?
3. 고객의 니즈를 어떻게 만족시킬 것인가?

고객을 선택하고, 고객의 니즈 중 어떤 니즈를 만족시킬지 결정하며, 어떻게 만족시키는지는 어려운 과제이다. 글로벌 경쟁은 고객에게 매력적인 선택을 다양하게 주기 때문에 그들에게 최고의 서비스를 제공하는 전략을 결정한다는 것이 쉬운 일이 아니다.[14] 효과적인 글로벌 경쟁자들은 문화와 지리적 위치가 다른 고객의 니즈를 규명하는 데 능숙할 뿐만 아니라 고객의 니즈를 맞추기 위해 기업의 제품 또는 서비스의 기능을 신속하고 훌륭하게 조정하는 방법을 배우는 데도 능숙하다.

사업 전략과 고객과의 관계에 대해 살펴본 후 사업 전략의 목적 및 다섯 가지 사업 전략에 대해 설명할 것이다. 이 다섯 가지 전략은 본원적(generic)이라고 불리는데 그 이유는 그 전략들이 어떤 산업에서 경쟁하든 상관없이 모든 기업에서 활용할 수 있기 때문이다.[15] 우리는 또한, 각 전략의 효과적인 활용이 어떻게 산업 내 다섯 가지 경쟁 요인에 대해 기업이 우호적인 포지션을 확보할 수 있을지를 설명할 것이다(2장 참조). 그리고 특정 사업 전략을 실행하는 데 필요한 주 활동과 보조 활동의 예를 보여주기 위해 가치사슬 분석도 활용할 것이다(3장 참조). 어떤 전략도 위험에서 자유롭지 못하기 때문에[16] 전략을 활용할 때 당면하게 될 서로 다른 위험에 대해서도 설명할 것이다. 각 사업 전략을 성공적으로 활용하기 위한 조직 구조 및 통제에 대해서는 11장에서 설명할 것이다.

4-1 고객: 사업 전략과의 관계

기업이 자사의 경쟁 우위를 활용하여 고객 그룹을 만족시키려고 했을 때만 전략적 경쟁력을 얻게 되는 것이다.[17] 기업이 사업 전략을 통해 고객을 만족시켜야만 하는 중요한 이유는 고

객과의 관계로부터 벌어들인 수익이 모든 기업의 생명선이기 때문이다.[18]

Rubberball/Mike Kemp/Getty Images

식료품점의 계산대에 줄을 서있는 고객. 성공적인 사업 전략은 고객의 니즈를 만족시켜주어야 한다.

성공한 기업들은 현재 고객을 만족시키는 새로운 방법을 발견하고자 하고 (또는) 새로운 고객의 니즈를 맞추는 방법을 발견하려고 노력한다. 기업과 고객 모두 어려운 경제적 상황에 직면하게 되면 이러한 노력이 훨씬 어려워질 수 있다. 경제적으로 어려운 상황에서 기업은 비용을 통제하기 위해 노동력을 줄이는 결정을 할 수 있다. 이것은 문제를 야기할 수 있는데 왜냐하면 적은 인력으로 고객의 니즈와 기대를 맞추는 것이 힘들어지기 때문이다. 이와 같은 예에서 기업은 몇 가지 가능한 조치를 취할 수 있는데, 기업의 베스트 고객에게 더 많은 신경을 쓰거나, 상호 교차 훈련(cross-training)을 통해 종업원이 한 가지 이상의 작업에 대해 책임을 지도록 하여 노동력의 유연성을 높이는 것이다.

4-1a 고객과의 관계에 대한 효과적 관리

기업이 고객에게 탁월한 가치를 전달해줄 때 이들 간 관계는 강화된다. 고객과의 강한 상호작용 관계는 종종 고객의 독특한 니즈를 맞춰 이익을 창출하려는 기업의 노력에 토대가 된다.

기업은 고객에게 탁월한 가치를 전달함으로써 고객의 만족도를 증대시킬 수 있다. 고객의 만족과 수익성은 양의 관계를 갖게 되는데 그 이유는 만족한 고객은 반복 고객이 되기 쉽기 때문이다. 그러나 제품 기능에 대한 정보를 쉽게 얻을 수 있고 선택의 폭이 넓어질수록 복잡하고 박식한 고객을 증가시키게 되고, 결국 고객으로부터 충성도를 얻는 것이 더욱 어려워진다. 그래서 많은 기업은 고객의 만족을 확보하기 위해 그들과의 공동 작업을 통해 함께 가치를 창출한다.[19]

많은 기업은 여러 측면에서 고객과의 관계를 관리하는 기술에 능숙하다.[20] 예를 들면 아마존닷컴은 고객에 대한 고품질의 정보, 제공하는 서비스, 고객의 니즈를 예측하는 능력이 뛰어난 것으로 알려져 있다. 아마존은 보유한 정보를 활용하여 각 고객의 독특한 니즈에 맞는 서비스를 제공하려 노력한다. 그래서 아마존은 고객의 니즈를 훌륭하게 만족시킨다는 평판을 얻게 되었다.[21]

다음은 기업과 고객과의 관계를 접근성, 풍요성, 제휴성 세 가지 차원에서 설명하고자 한다. 에이서(Acer)나 아마존닷컴과 같은 기업은 이러한 관점을 이해하고 고객과의 관계를 관리해야 한다.

4-1b 접근성, 풍요성, 제휴성

고객과의 관계에 대한 접근성(reach) 차원은 고객에 대한 기업의 접근 및 연결과 관련이 있다. 일반적으로 기업은 접근성을 확장시키려 하는 데, 그 과정에서 고객을 늘릴 수 있기 때문이다.

접근성은 특히 페이스북과 마이스페이스와 같은 소셜 네트워크 사이트에서 중요하다. 왜냐하면 그 기업들이 고객을 위해 창출한 가치가 바로 고객을 다른 사람과 연결시키는 것이기 때문이다. 이전에 설명했듯이 마이스페이스의 트래픽 양은 최근 몇 년 사이에 감소했는데 같은 기간에 페이스북의 사용자 숫자는 미국과 해외에서 급격이 증가했다. 접근성은 넷플릭스에게도 중요했다. 운 좋게도 이 기업은 최근 접근성이 계속해서 확장되고 있는 것으로 알려졌는데, 2012년 말 총 가입자 수는 약 3,300만 명으로 이 수치는 2011년에 비해 43.5%가 증가한 것이다.[22]

고객과 기업 간의 관계의 두 번째 차원인 풍요성(richness)은 고객과 기업 간 양방향으로 흐르는 정보의 깊이 및 구체성과 관련된다. 풍요성 차원은 기업이 고객과의 관계에서 경쟁적 우위를 구축하는 데 도움을 주는데, 그렇기 때문에 많은 기업이 고객과의 보다 나은 정보 교환을 위해 온라인 서비스를 제공한다. 더 넓고 더 깊게 하는 정보 교환은 고객 및 그들의 니즈에 대한 기업의 이해를 높여준다. 그 교환은 고객 입장에서 기업이 고객을 어떻게 만족시켜줄지에 대해 더 많은 것을 알 수 있게 해준다. 인터넷 기술과 전자상거래는 현재 및 잠재적 고객과의 의미 있는 정보 교환의 비용을 상당히 낮춰준다. 앞서 주목했듯이 아마존은 고객과의 관계를 구축하기 위한 인터넷 활용의 선도기업이다. 아마존은 스스로 지구상에서 최고의 "고객 지향적 기업"으로 자칭한다. 아마존을 포함한 여러 기업은 고객의 니즈를 더 잘 만족시킬 수 있는 혁신적인 신제품 개발을 돕기 위해 고객으로부터 풍부한 정보를 입수하여 활용한다.[23]

제휴성(affiliation)은 고객과의 유용한 상호작용을 쉽게 만드는 것과 관련이 있다. 고객의 눈을 통해 세상을 바라보고 고객을 위해 더 많은 가치를 창출하는 방법을 계속해서 찾아 다니는 것은 제휴성의 관점에서 긍정적인 효과가 있다.[24] 이러한 접근법은 고객 만족을 강화시키고 고객 불만족을 줄여준다. 고객은 서비스에 대해 불만족스러울 때 종종 불평을 하지 않고 대신 조용히 그들의 니즈를 만족시켜주는 경쟁자한테 간다.[25] 영국에서 가장 큰 소매상인 테스코(Tesco)는 최고 마케팅 책임자의 직책을 "최고 고객 책임자(Chief Customer officer)"로 바꾸었다. 이것은 대부분의 사업 특히 고객에 초점을 두는 사업에서 고객이 얼마나 중요한지를 보여주는 것이다. 또한, 디지털화를 통해 기업은 엄청난 양의 고객 데이터를 보유할 수 있게 되었고, 이와 같은 데이터 수집 경향의 증가로 인해 기업은 제품 및 서비스를 고객별로 맞춤화시킬 수 있게 되었다.[26]

접근성, 풍요성, 제휴성 차원에 따라 고객 관계를 효과적으로 관리하는 것은 기업이 누구에게, 무엇을, 어떻게 할 것인가라는 문제에 답을 할 수 있도록 도와준다.

4-1c 누구에게: 서비스를 제공할 고객을 결정

목표 고객을 누구로 할지 결정하는 것은 기업이 누구를 대상으로 사업 전략을 구사할지에 대한 의도가 담겨 있기 때문에 중요하다.[27] 기업은 이러한 결정을 하기 위해 고객의 니즈(니즈에 대해서는 다음 파트에서 더 자세히 다룸)에 따라 몇 개 그룹으로 고객을 분리한다. 고객을 그들의 니즈에 따라 집단화하는 것을 **시장 세분화**(market segmentation)라고 하며, 이것은 유사한

시장 세분화는 유사한 니즈를 보유하고 있는 사람들을 정의할 수 있는 집단으로 각각 분류하는 과정이다.

표 4-1 고객 세분화의 기준

소비자 시장
1. 인구통계학적 요인 (나이, 소득, 성, 등)
2. 사회경제적 요인 (사회 계층, 가족 생애주기의 단계)
3. 지리적 요인 (문화, 지역, 국가 간 차이)
4. 심리적 요인 (라이프 스타일, 인성)
5. 소비 패턴 (대량, 중간, 소량 소비자)
6. 인지적 요인 (세분화 혜택, 지각 맵)
산업 시장
1. 최종 사용자 세분화 (표준 산업 분류 코드별 구분)
2. 제품 세분화 (기술 차이 또는 생산 경제학적 관점에서 구분)
3. 지리적 세분화 (국가 간 경계 또는 국가 내 지역 간 경계로 구분)
4. 공동 구매 요인 세분화 (제품 시장과 지리적 세분화 간 교차 구매를 통한 원가 절감)
5. 고객 규모 세분화

출처: Based on information in S. C. Jain, 2009, *Marketing Planning and Strategy*, Mason, OH: South-Western Cengage Custom Publishing.

니즈를 보유하고 있는 사람들을 정의할 수 있는 집단으로 각각 분류하는 과정을 의미한다.[28] 예를 들면 동물 사료 사업에서 애완동물(예: 개와 고양이)을 위한 사료는 번식동물(예: 가축)을 위한 사료와 서로 다르다. 콜게이트파몰리브(Colgate-Palmolive)의 자회사인 힐스펫(Hill's Pet Nutrition)은 애완동물을 위한 사료를 판다. 이 기업의 미션은 "사람과 애완동물 간의 관계를 강화시키고 오래가게 도와주는 것"이다.[29] 그래서 힐스펫은 여러 개로 세분화된 니즈를 목표로 하고 있다. 사람과 조직의 특성은 무엇이 되었든 세분화 과정에 활용될 수 있다. 고객의 니즈를 다양하게 구분할 수 있는 일반적인 특성들이 〈표 4-1〉에 잘 정리되어 있다.

4-1d 무엇을: 고객의 어떤 니즈를 만족시킬지 결정

기업이 누구를 대상으로 서비스를 제공할지 결정한 후에는 반드시 자사의 제품 및 서비스로 만족시킬 수 있는 목표 고객 집단의 니즈를 정의해야만 한다. 일반적으로 제품의 니즈(무엇)는 제품의 혜택 및 특성과 밀접한 관계가 있다. 성공한 기업들은 소비자가 원하는 것을 그들이 원하는 때에 전달하는 방법에 대해 잘 안다. 현재 및 잠재적 고객과의 긴밀하고 빈번한 상호작용은 개인 또는 집단의 현재 및 미래 니즈를 기업이 정의하는 데 도움을 준다.[30]

전략적 관점에서 모든 고객의 니즈는 그들에게 가치를 전달해주는 제품을 구매하는 것이다. 제품 및 서비스가 제공하는 가치의 일반적인 형태는 보통 수용할 만한 특성을 갖춘 저가이거나 수용할만한 가격의 매우 차별화된 특성을 보유하는 것이다. 가장 효과적인 기업들은 고객 니즈의 변화에 대비하기 위해 부단히 노력한다. 고객 니즈 변화를 인지하지 못하거나 대비하는 데 실패한 기업은 경쟁자에게 고객을 잃게 된다. 경쟁자들의 제품이 주요 기업의 고객에게 더 많은 가치를 제공하기 때문이다. 최근 몇 년 고객의 니즈와 욕구가 변하고 있음이 인지되고 있다. 예를 들면 제품 및 서비스를 단순히 구매하기보다 경험에 대한 욕구가 점차 증가하고 있다. 이러한 이유 때문에 스타벅스는 단순히 커피를 제공하는 것이 아니라 경험을 제공하는 것을 목표 중 하나로 삼게 되었다. 고객은 또한 맞춤화된 제품 및 서비스를 받는 것을 선호한다. 그래서 스타벅스는 한 동안 소비자에게 스스로 음료를 디자인해서 메뉴에 집어 넣는 것을 허락하기도 했다(시간이 지나면서 메뉴가 점점 길어지게 됨).

고객은 또한 빠른 서비스를 원했다. 미국 고객이 상대적으로 인내심이 부족하다는 것은 잘 알려졌는데 지금은 대부분의 고객이 빠른 서비스를 원한다는 것이다.[31] 행복하지 않은 고객, 즉 고객의 불만족과 그들의 불만족을 알게 된 다른 사람들의 불만족은 모두 매출을 감소시키는 결과를 낳는다. 그래서 고객의 니즈를 맞추어줌으로써 그들을 만족한 상태로 유지시키는 것이 중요하다.[32]

4-1e 어떻게: 고객 니즈를 만족시키는 데 필요한 핵심 역량

기업은 누구에게 서비스를 제공하고 어떤 니즈를 만족시킬지 결정한 후, 목표 고객의 니즈를 만족시킬 수 있는 제품을 개발하기 위해 자사가 가진 역량과 경쟁력을 사용할 방법을 결정한다. 1장과 3장에서 설명했듯이 핵심 역량은 경쟁 기업에 대해 경쟁 우위의 원천이 될 수 있는 자원 및 역량이다. 기업은 가치 창출 전략을 실행하기 위해 핵심 역량을 활용하고 그 결과 고객의 니즈를 만족시킨다. 지속적으로 기업의 역량을 개선하고, 혁신하고, 업그레이드 하는 능력을 가진 기업만이 시대를 넘어 고객의 니즈를 만족시키거나 그 이상을 제공할 수 있다.[33] 기업이 탁월한 제품을 고객에게 제공함으로써 경쟁 기업에 대해 우위를 유지하려면 반드시 계속해서 그들의 역량을 업그레이드 시켜야 한다.[34] 이와 같은 역량은 경쟁자들이 부분적으로 모방하는 것이 어려운데, 왜냐하면 그런 역량은 계속해서 업그레이드 되었을 뿐만 아니라 중요한 활동(예: 연구개발)을 위해 여러 역량이 통합되어 활용되었기 때문이다.[35]

기업은 고객의 니즈를 만족시킬 수 있는 제품과 서비스를 생산하기 위해 다양한 핵심 역량을 활용한다. 예를 들어 머크(Merck)는 연구개발 역량으로 아주 잘 알려진 대형 제약 회사다. 머크는 연구개발에 막대한 투자를 함으로써 그 분야에서 역량을 구축해왔다. 머크가 생산하고자 하는 신약들은 고객의 니즈를 충족시키고 제약 산업에서 머크의 경쟁 우위를 유지하는데 직결된다.[36]

SAS사는 세계에서 가장 큰 개인 소유의 소프트웨어 기업이고, 기업 정보 및 분석 분야에서 최고이다. 고객은 데이터 웨어하우징(data warehousing), 데이터 마이닝(data mining), 의사결정 지원 목적을 위해서 SAS 프로그램을 사용한다. SAS사는 135개국의 6만 개 지역에 서비스를 제공하고, 포춘 100대 기업의 90%에 해당하는 업체가 SAS를 이용한다. SAS사는 매출의 25%를 연구개발에 투자하는데 이 수치는 경쟁자들보다 훨씬 높다. SAS는 미국 인구조사국, 소비재 기업의 호스트(예: 호텔, 은행, 카탈로그 회사 등)와 같은 고객의 니즈를 만족시키기 위해서 연구개발 핵심 역량에 의존한다.[37]

기업은 새로운 고객을 위한 새로운 제품이나 서비스를 제공하기 위해서 핵심 역량을 활용해야 한다는 것을 알게 된다. 이는 미국의 작은 자동차 부품 공급업체에게 해당될 수도 있다. 최근 몇 년간 미국의 자동차 생산량은 3분의 1 수준으로 떨어졌다. 이에 수많은 소규모 자동차 부품 공급업체는 사업 다각화를 모색함으로써 자동차 산업에서 퇴출하고자 했다. 분석가들이 생각하는 자동차 부품사들의 최우선 과제는 지금까지와 다른 가치를 고객에게 제공할 수 있는 제품을 생산할 수 있는 역량과 경쟁력을 결정하는 것이었다. 한 분석가는 이러한 부품사들의 문제를 어떻게 해결할 것인가에 대해 "자동차 문의 손잡이를 만드는 기업이 인공 어깨관절 부품을 만들지 못할 이유는 없다"라고 비유해 설명하기도 했다.[38]

고객에 대한 논의 결과 모든 조직은 반드시 그들의 제품 및 서비스를 제공할 고객(누구)을 선택하고, 그 목표 고객의 니즈(무엇)를 만족시키기 위해 그들의 역량 및 핵심 역량(어떻게)을 활용해야 한다는 것을 알 수 있다. 다음은 기업이 평균 이상의 수익을 얻기 위해 고객 만족에 활용할 수 있는 서로 다른 수준의 전략을 소개하고자 한다.

4-2 사업 전략의 목적

사업 전략의 목적은 한 기업과 경쟁자들 간 포지션(position)의 차이를 만들어내는 것이다.[39] 기업이 자신을 경쟁자와 다르게 위치시키기 위해서 기업은 활동을 다르게 수행할지 또는 다른 활동을 수행할지를 결정해야 한다. 전략은 조직의 지도자들이 취하게 될 행동의 방향을 나타내는 경로를 규정한다.[40] 경쟁자와 활동을 다르게 실행하거나 다른 활동을 실행하는 것은 사업 전략의 핵심이다.[41] 그래서 기업의 사업 전략은 독특한 가치를 창조할 수 있도록 자사 가치사슬의 주요 및 지원 활동을 어떻게 실행할지를 결정하는 정교한 선택이다. 실제로 오늘날과 같은 복잡한 경쟁 환경에서 사업 전략의 성공적인 활용은 고객에게 우수한 가치를 제공하는 형태로 활동을 통합하는 방법을 배운 기업에서 나온다.

기업은 그들이 수행할 활동을 어떻게 통합시킬지를 보여주는 활동 맵을 개발한다. 사우스웨스트 항공사(Southwest Airlines)의 경우 자사 활동을 통합시키는 방법으로 원가 우위 전략(본 장의 후반부에서 자세히 설명)뿐만 아니라 고객에게 제공하는 독특한 서비스를 통한 차별화를 포함하고 있다. 사우스웨스트 활동들 간의 타이트한 통합은 경쟁자보다 더 높은 수익을 올릴 수 있었던 능력의 주요 원천이다.

사우스웨스트는 자사가 수행하는 활동을 여섯 가지 전략적 의도에 — 제한된 승객 서비스, 비교적 시간을 잘 지키는 출발, 군더더기 없고 생산적인 지상 및 출입구 직원, 높은 수준의 항공기 활용성, 매우 낮은 가격, 근거리 여행 그리고 중간 규모 도시와 이차 공항 사이의 점 대 점 연결 — 에 맞춰 설정하였다. 견고하게 연결된 활동의 집단은 사우스웨스트가 전략적 의도를 성취할 수 있도록 해주었다. 예를 들면 식사를 제공하지 않고, 지정 좌석이 없고, 수하물 서비스가 없는 활동은 제한된 승객 서비스를 제공한다는 전략적 의도를 실현시킨다.

사우스웨스트의 견고하게 연결된 활동은 경쟁자로 하여금 사우스웨스트의 원가 우위 전략을 모방하기 어렵게 만든다. 또한 이 기업의 독특한 문화와 고객 서비스는 경쟁자들이 모방할 수 없는 경쟁 우위의 원천이 된다. 어떤 기업은 사우스웨스트를 따라 하려고 노력했지만 대부분 실패했다(예: US Airways의 MetroJet, United Airlines의 United Shuttle, Delta의 Song, Continental Airlines의 Continental Lite). 「Hindsight」* 프로그램은 사우스웨스트 경쟁 기업들이 고객에게 낮은 가격을 제공했지만 사우스웨스트의 원가우 위를 따라잡지 못하거나, 비행 중의 독특한 경험과 같은 차별화가 가능한 주목할만한 원천을 발견하지 못했음을 보여주

*폭스(Fox)사가 제공하는 TV 시리즈. — 역자주

었다. 사우스웨스트의 성공 비결은 고객에게 수용할만한 수준의 차별화를 제공하면서 계속해서 낮은 가격을 유지한 데 있다. 원가 우위 전략을 사용하는 기업들은 원가 우위와 동반되는 차별화에 대해 고객이 수용할만한 수준을 파악하고 있어야 한다. 또한, 활동 간의 적합성이 사우스웨스트를 포함한 모든 기업이 경쟁 우위를 지속할 수 있는 핵심이다. 즉, 여러 활동 사이의 전략적 적합성이 바로 경쟁 우위의 핵심이다. 경쟁자들은 판매 촉진 또는 공정 기술과 같은 특정 활동을 모방하는 것보다 여러 활동을 통합시키는 방식을 따라 하는 것을 더 어려워하기 때문이다.[42]

4-3 사업 전략의 유형

기업은 경쟁자에 대해 바람직한 전략적 위치를 세우고 방어하기 위해 다섯 가지 사업 전략 — 원가 우위 전략, 차별화 전략, 집중화된 원가 우위 전략, 집중화된 차별화 전략, 원가 우위와 차별화 통합 전략 — 중에서 선택한다(그림 4-1 참조). 각 사업 전략은 기업이 특정 경쟁적 범위(competitive scope) 내에서 경쟁 우위(competitive advantage)를 달성하고 활용하는 데 도움을 준다. 각 사업 전략에서의 활동을 통합하는 방법은 기업마다 다르다.[43] 예를 들면 기업은 서로 다른 활동 맵을 보유하고 있어서 사우스웨스트 항공사의 활동 맵은 제트블루(JetBlue), 콘티넨탈(Continental), 아메리칸 항공사(American Airlines)와 같은 경쟁자들의 활동 맵과 다르다. 사업 활동을 좀 더 우수하게 통합시키는 것은 경쟁자로부터 우위를 획득할 가능성과 평균 이상의 수익을 올릴 가능성을 높여준다.

그림 4-1 사업 전략의 다섯 유형

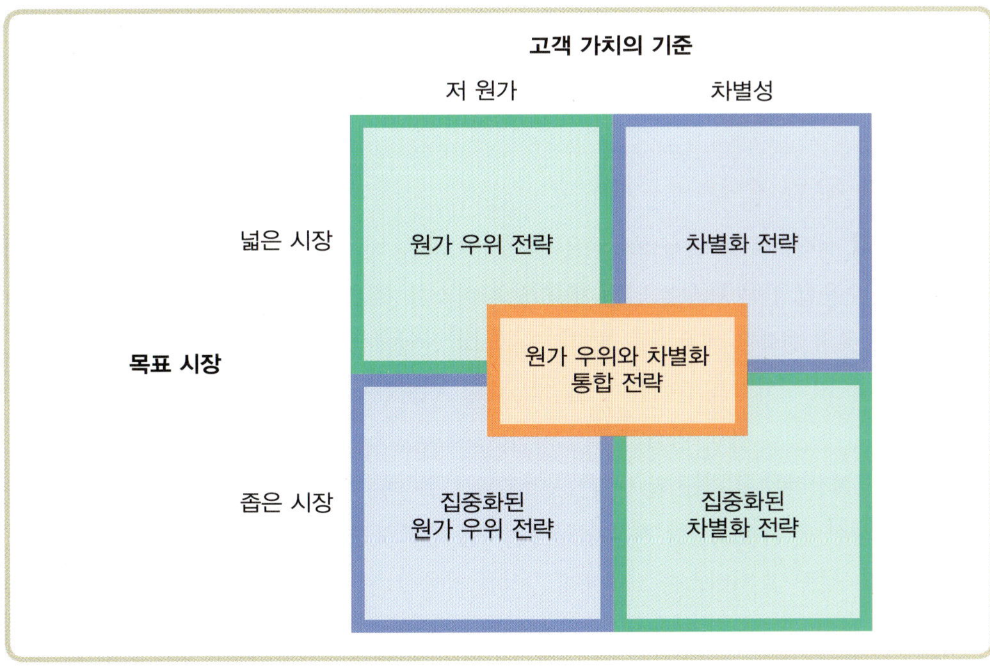

출처: Based on M. E. Porter, 1998, *Competitive Advantage: Creating and Sustaining Superior Performance*, New York: The Free Press; D. G. Sirmon, M. A. Hitt, & R. D. Ireland, 2007, Managing firm resources in dynamic environments to create value: Looking inside the black box, *Academy of Management Review*, 32: 273–292; D. G. Sirmon, M. A. Hitt, R. D. Ireland, & B. A. Gilbert, 2011, Resource orchestration to create competitive advantage: Breadth, depth and life cycles effects, *Journal of Management*, 37: 1390–1412.

하나의 사업 전략을 선택했을 때 기업은 두 가지 유형의 잠재적 경쟁 우위 — "경쟁자보다 낮은 원가 또는 차별화할 수 있는 능력과 차별화로 발생하는 추가 비용을 초과하는 가격을 책정할 수 있는 능력" — 를 평가한다.[44] 저원가를 취하는 것은 동일한 활동을 경쟁자와 다르게 할 수 있는 능력에서 나오는 것이고, 차별화를 취하는 것은 다른 (그러면서 가치 있는) 활동을 실행하는 능력에서 나오는 것이다. 그래서 기업의 내부 자원, 역량, 핵심 역량의 특성과 품질을 파악하여 사업 전략의 기본으로 원가 경쟁 우위를 할지 또는 차별화 경쟁 우위를 할지를 결정해야 한다.[45]

목표 시장은 두 종류로 넓은 시장과 좁은 시장이다(그림 4-1 참조). 넓은 시장을 대상으로 하는 기업은 한 산업 전체를 기반으로 고객에게 가치를 창출할 수 있는 역량을 활용하려는 것이다. 반면 좁은 시장은 좁은 고객 집단의 니즈를 대상으로 사업하고자 하는 기업을 의미한다. 이러한 경우 기업은 집중화 전략을 활용하는데, 즉 "산업 내에서 세분 시장 하나 또는 몇 개를 선택하여 다른 것은 모두 제외하고 오직 선택한 세분 시장에 맞는 전략을 구사하는" 것이다.[46] 특별한 니즈를 가진 구매자와 특정 지리적 장소에 위치해 있는 구매자가 좁은 고객 그룹의 예이다. 〈그림 4-1〉에서 보듯이 어떤 기업은 저원가와 차별화를 결합한 접근법을 개발하기도 하는데, 이들이 대상으로 하는 목표 고객 그룹은 위에서 말한 좁은 시장보다는 넓으나, 산업 전체를 대상으로 하는 것만큼 넓지는 않다. 이 경우 기업은 저원가와 차별화를 통합시킨 전략을 활용한다.

〈그림 4-1〉의 다섯 가지 사업 전략 중 어떤 것도 본질적으로 또는 보편적으로 다른 것보다 탁월한 것은 없다.[47] 각 전략의 효과성은 기업 외부 환경이 주는 기회와 위협 그리고 기업 내부 자원 포트폴리오가 갖는 강점과 약점에 따라 다르다. 그래서 기업이 기회 및 위협과 기업 내부 조직의 강점 사이에 효과적인 적합성이 일어나도록 사업 전략을 선택하는 것이 중요하다.[48] 기업이 자사의 전략을 선택한 후 그 전략을 성공적으로 활용하기 위해 요구되는 행동을 기업은 지속적으로 강조해야 한다.

4-3a 원가 우위 전략

원가 우위 전략은 경쟁자의 제품 및 서비스에 비해 매우 낮은 원가에 소비자가 수용할 만한 특징을 담은 제품 및 서비스를 제공하는 일련의 통합된 활동이다.

원가 우위 전략(cost leadership strategy)은 경쟁자의 제품 및 서비스에 비해 매우 낮은 원가에 소비자들이 수용할 만한 특성을 담은 제품 및 서비스를 제공하는 일련의 통합된 활동을 의미한다.[49] 원가 우위 전략을 활용하는 기업은 대개 그 산업에서 가장 보편적인 고객을 대상으로 표준화된 제품 및 서비스를 판매한다. 기업이 보다 효율적으로 운영될 수 있게 해주는 기술과 새롭게 설계된 생산 및 유통 방식인 공정 혁신(process innovation)은 원가 우위 전략을 성공적으로 수행하는 데 결정적이다. 최근 몇 년 간 기업은 원가를 매우 낮게 유지시키기 위해서 여러 기능(예: 제품 생산)을 아웃소싱할 저원가 공급업체를 발굴하는 전략을 개발했었다.[50]

원가 우위 제품 및 서비스는 고객에게 가치를 창출할 수 있는 차별화의 경쟁적 수준을 갖추고 있어야 한다. 뱅가드그룹(Vanguard Group)은 뮤추얼(mutual)과 상장지수 펀드(exchange traded fund: ETF) 산업에서 저원가 전략을 취했다. 이 같은 접근법은 가능한 수동적인 인덱스 펀드를 활용하여 투자자의 비용을 낮추는 데 초점을 두었고 이는 고객에게 이로웠다. 2014년 투자자들은 능동적으로 관리하는 뮤추얼 및 ETF 펀드에서 984억을 인출한 반면 1,668억을 수동적으로 관리하는 뮤추얼 및 ETF 펀드에 투자했다. 이러한 경향의 최고 수혜자는 뱅가드그룹이었으며 2014년 상당량의 자산이 이 기업으로 유입되었다. 한 분석가는 이를 두고 "저원가 마케팅 광고에 대항하기 어렵다"고 했다. 높은 비용이 수반되는 능동적으로 관리되는 인덱스 펀드들은 브랜드에 초점을 두어 홍보 활동을 한다. 그런데 저비용에 초점을 두고 수동적으로 관리되는 펀드들이 시장에서 더 좋은 성과를 올리자 또 다른 분석가는 "성과와 브랜드 파워가 싸운다면 그것은 매우 힘든 일이 될 것이다"라고 했다.[51]

제품과 서비스를 생산하는 데 드는 총원가의 상당 부분을 주요 활동인 유입 물류(예: 원자재, 창고 및 재고 관리)와 유출 물류(예: 수집, 저장, 유통)가 차지하는 경우가 종종 있다. 연구 결과 물류에서 경쟁 우위를 확보하는 것은 차별화 전략보다는 원가 우위 전략에 좀 더 많은 가치를 부여해줄 수 있다고 한다.[52] 그래서 원가를 절감하는 방법을 경쟁적으로 찾는 원가 우위 기업은 내부 및 외부 물류 활동에 집중하기를 원한다. 그러한 과정에서 많은 기업은 저임금 종업원을 가지고 있는(예: 중국) 저원가 기업들에게 생산운영을 맡기는 아웃소싱 전략을 선택한다.[53] 그러나 아웃소싱을 하게 되면 통제할 수 없는 공급업체에 대한 아웃소싱 기업의 의존도가 높아지기 때문에 아웃소싱 전략은 조심스럽게 접근해야 한다. 아웃소싱에는 아웃소싱 기업과 공급업체 간에 상호 의존성이 존재한다. 만약 공급업체에 대한 아웃소싱 기업의 의존성이 커지게 된다면 공급하는 제품 및 서비스의 가격을 올릴 수 있는 힘을 공급업체에게 부여하게 된다. 그렇게 되면 아웃소싱 기업은 원가 경쟁 우위를 유지할 수 없게 된다.[54]

원가 우위를 추구하는 기업은 추가적인 원가 절감을 위해 모든 지원 활동을 주의 깊게 조사해야 한다. 기업의 제품 및 서비스를 생산하는 데 필요한 원재료의 차별화 수준과 저원가의 최적 조합을 발견하는 시스템을 개발하는 것은 조달 지원활동이 원가 우위 전략을 성공적으로 실현시킬 수 있는 한 방법이 된다.

빅랏츠(Big Lots)사는 원가 우위 전략을 사용한다. "세상에서 가장 저렴한 곳"이라는 비전이 보여주듯이 빅랏츠는 미국에서 가장 큰 정리 마감 세일 소매업체이다. 이 기업은 1,400개 이상의 상점을 보유하고 있으며 그곳에서 연간 50억 달러의 매출을 올리고 있다. 빅랏츠는 다른 소매업체가 파는 것보다 훨씬 더 싼 가격에 3천 개 브랜드 제조업체에서 제공하는 마감 세일 제품을 판매하는 곳이다.[55]

3장에서 설명했듯이 기업은 가치를 창출하는 부분과 그렇지 않은 부분을 규명하기 위해 가치사슬 분석을 한다고 했다. 〈그림 4-2〉는 기업이 원가 우위 전략을 통해서 가치를 창출할 수 있는 가치사슬 활동 및 지원 기능을 보여준다. 이 그림에서 보여주고 있는 활동 및 기능을 효과적으로 통합할 수 없는 기업은 대부분 원가 우위 전략을 성공적으로 활용하는 데 필요한 핵심 역량이 부족한 것으로 나타난다.

기업은 강한 경쟁 세력(forces)이 존재하는 시장에서 원가 우위 전략의 효과적인 사용을 통해 평균 이상의 수익을 달성할 수 있다. 다음은 기업이 어떻게 원가 우위 전략을 실행하는지 설명할 것이다.

그림 4-2 원가 우위 전략과 관련된 가치 창출 활동의 예

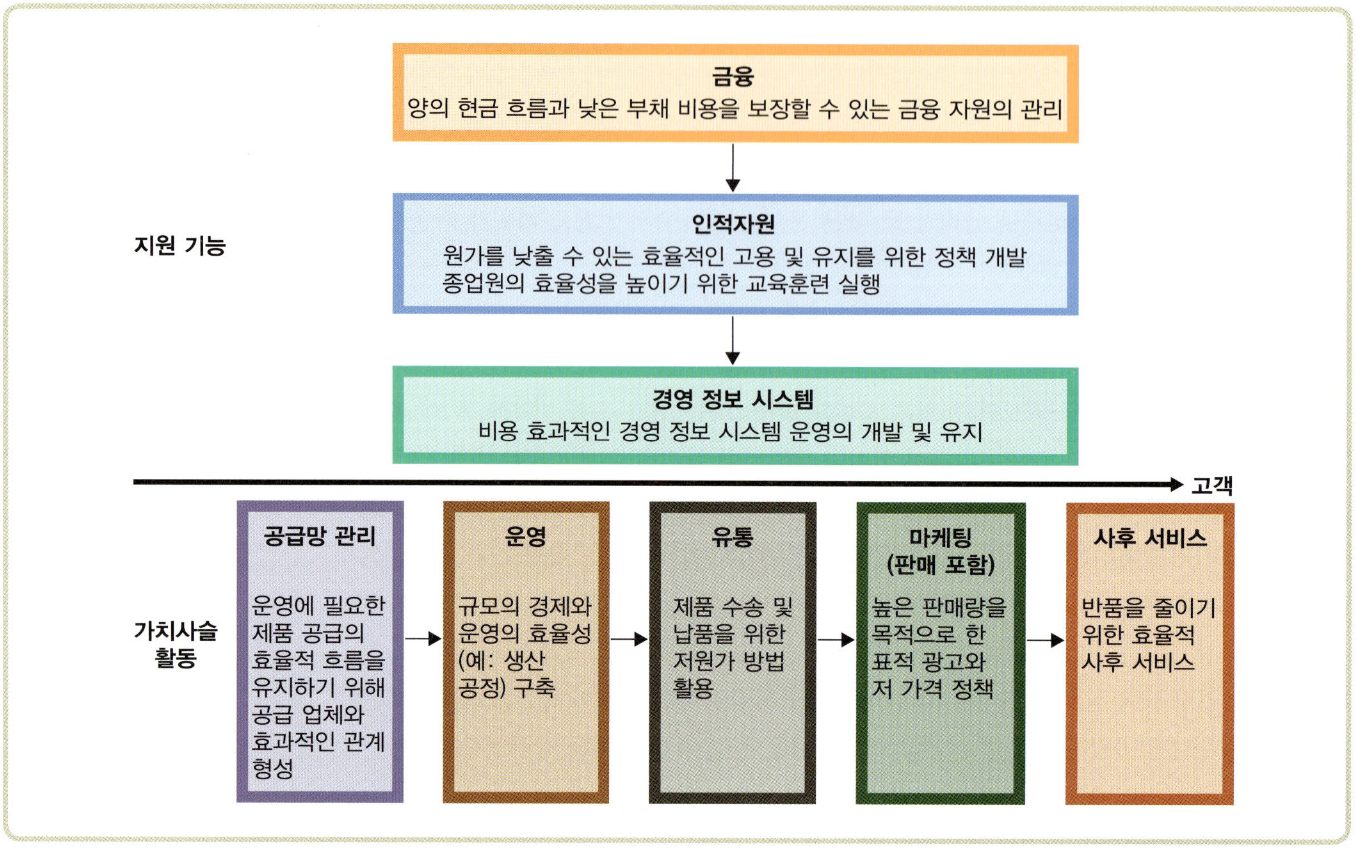

출처:Based on M. E. Porter, 1998, *Competitive Advantage: Creating and Sustaining Superior Performance*, New York: The Free Press; D. G. Sirmon, M. A. Hitt, & R. D. Ireland, 2007, Managing firm resources in dynamic environments to create value: Looking inside the black box, *Academy of Management Review*, 32: 273–292; D. G. Sirmon, M. A. Hitt, R. D. Ireland, & B. A. Gilbert, 2011, Resource orchestration to create competitive advantage: Breadth, depth and life cycles effects, *Journal of Management*, 37: 1390–1412.

기존 경쟁자들과의 경쟁

저원가 포지션을 취하는 것은 경쟁자를 상대할 때 유용하다. 원가 우위 포지션 때문에 경쟁자들은 가격에 기반한 경쟁을 주저하게 된다.[56] 월마트가 행한 고소득층 고객을 끌어들이려는 변화의 시도는 이 기업의 저원가 전략을 취약하게 만들었다. 그 결과 달러스토어(Dollar Store), 아마존닷컴, 그 외 기업들이 기회를 포착하여 이점을 누리게 되었다. 아마존은 저원가 우위 기업으로 표명했으며 달러스토어 역시 저원가와 접근의 용이성을 고객에게 제공했다. 이 두 경쟁자는 월마트 고객의 일부를 빼돌리는 데 성공했다.

현존하는 경쟁의 강도는 경쟁자들의 규모 및 자원, 특정 시장에 대한 의존도, 지리적 위치, 과거 경쟁적 상호작용과 같은 다양한 요인에 의해 결정된다.[57] 기업은 경쟁을 줄이기 위한 조치를 취하는데, 예를 들면 경쟁을 줄이고 수익성을 증가시킬 수 있는 합작 투자(joint venture)를 형성하기도 한다.[58] 중국 기업은 정부의 주요 공무원 및 단체, 공급업체, 고객과 같은 핵심 이해관계자들과 꽌시(guanxi)라고 불리는 강력한 관계를 구축하고 있으며, 이를 통해 경쟁 강도를 줄인다.[59]

구매자(고객)의 협상력

고객의 협상력이 강해지면 원가 우위 기업으로 하여금 가격을 낮추도록 할 수 있다. 협상력이 강한 고객은 수준 이하로 가격을 낮추게 할 수 있지만 이런 선택을 하지 않는다. 왜냐하면 두 번째로 원가 우위를 가진 기업이 평균 수익조차 벌어들이지 못할 정도로 가격이 떨어지게 되면 그 기업들은 시장에서 퇴출할 것이다. 그렇게 되면 남아 있는 최고 원가 우위 기업은 경쟁 강도가 줄어들어 고객에 강한 위치를 점하게 된다. 결국, 고객은 협상력을 상실하고 경쟁자가 존재하지 않아 오직 한 기업으로부터 구매해야 하는 상황이 되면, 고객은 더 높은 가격을 지불해야만 한다. 그래서 위 **전략 포커스**에서 보았듯이 협상력이 강한 고객은 가격을 내리도록 강요하기보다는 기업에게 혁신적인 제품 및 서비스를 제공하라고 압력을 넣는 경우가 더 많다.

기업은 또한 각각의 고객을 철저히 분석하고 이해함으로써 고객의 협상력에 대응할 수 있다. 고객을 이해하고 정보를 수집하는 데 도움을 주기 위해 기업은 고객 네트워크에 참여할 수 있는데, 그 과정에서 기업은 고객과 함께 정보를 공유하고, 신뢰를 구축하며, 함께 문제를 풀기도 한다.[60] 결국 기업은 획득한 고객 정보를 활용하여 고객의 요구를 가장 효과적으로 만족시키고, 우수한 가치를 고객에게 전달하는 제품을 제공한다.

공급업체의 협상력

원가 우위 기업은 일반적으로 경쟁자들보다 큰 이익률을 가지며, 종종 원가를 더욱 낮추어 마진을 증가시키려 한다. 경쟁자에 비해 높은 매출총이익률은 공급업체의 가격 인상을 흡수할 수 있게 해준다. 특정 산업에서 공급 원가가 많이 증가했을 경우 원가 우위 기업만이 높아진 가격을 지불하면서도 계속해서 평균 또는 평균 이상의 수익을 달성할 수 있는 것이다. 그렇지 않으면 강력한 원가 우위 기업은 공급업체에게 가격 인하를 종용하여 결국 공급업체의 이익률을 낮출 수 있다. 이 점에서 월마트는 실수를 범한 바 있다. 월마트는 판매 제품의 숫자와 종류를 줄임으로써 일부 공급업체와의 협상력을 감소시켜버렸다. 이 과정에서 월마트는 경쟁자에 비해 낮은 가격으로 공급업체로부터 제품을 구매할 수 없게 되었다. 따라서 아마존과 달러스토어가 더 낮은 가격을 고객에게 제시할 수 있었고, 그 결과 월마트의 시장 점유율은 하락했다.

월마트가 북미에서 가장 큰 소매점을 유지하고 있다는 점은 공급업체에 대한 강한 협상력을 갖고 있음을 의미한다. 월마트는 미국에서 가장 큰 슈퍼마켓 운영사이며, 샘스클럽(Sam's club)은 미국에서 두 번째로 가장 큰 창고형 클럽이다. 월마트의 판매량은 2013년 거의 4,660억 달러에 달하고, 매주 1만 700개의 점포 중 하나를 방문하는 고객이 2억 명 이상에 달하는 시장 침투력을 보면 월마트는 공급업체로부터 저가에 구입할 수 있는 능력을 보유하고 있음을 알 수 있다.[61]

어떤 기업은 자사 기능 전체를 아웃소싱함으로써 공급업체에 대한 의존성이 높아지기도 한다. 이 기업들은 자사의 전반적인 원가를 줄이기 위해 이런 선택을 하는데,[62] 종종 주주로부터 받게 되는 이익의 압력 때문에 아웃소싱을 하기도 한다.[63] 그러나 아웃소싱은 공급업체와 파트너업체 간에 창출된 가치를 공유해야 하기 때문에 새로운 추가 비용이 발생할 수 있다.[64]

이익에 대한 압력이 있을 때 기업은 비용이 좀 더 낮은 해외 공급업체를 찾게 되고, 이를 통해 낮은 가격에 제품을 공급할 수 있는 여력이 생긴다.[65] 그러나 기업들이 아웃소싱할 때 (특히 해외 공급업체에 아웃소싱 시) 계약 쌍방간 신용이 구축될 수 있도록 좋은 관계를 형성하는 데 시간과 노력을 투자해야만 한다. 이 같은 노력은 공급업체를 기업의 가치사슬 내부로 좀 더 수월하게 통합시켜 준다.[66]

잠재적 진입자

경쟁자보다 낮은 수준으로 원가를 떨어뜨리기 위한 부단한 노력을 통해서 원가 우위를 확보한 기업은 매우 효율적이다. 효율성 수준의 증가(예: 규모의 경제)는 이익률을 높여주고, 이는 잠재적 경쟁자들에게 높은 진입 장벽으로 작용한다.[67] 신규 진입자는 원가 우위 기업의 효율성을 도달하는 데 필요한 경험을 얻기까지는 평균 수익에도 못 미치는 정도에서 만족해야 한다. 평균 수익을 달성하기 위해서 신규 진입자는 원가 우위 기업보다는 경쟁자들의 원가 수준에 도달할 수 있는 경쟁력을 갖추고 있어야 한다. 원가 우위 전략은 차별화 전략에 비해 수익 마진이 낮기 때문에 원가 우위 기업이 평균 이상의 수익을 얻으려면 제품을 대량으로 판매해야 한다. 그리고 판매량을 증가시켜도 수익이 나지 않을 정도로 제품 가격을 낮게 책정하는 것은 피해야 한다.

대체재

산업 경쟁자들과 비교했을 때, 원가 우위 기업은 대체재에 비해 매력적인 위치를 점한다. 대체재의 특색 및 특성이 고객에게 잠재적으로 매력적이라면 원가 우위 기업에게는 걱정이 아닐 수 없다. 그러나 대체재가 나타났을 때 원가 우위 기업은 경쟁자에 비해 좀 더 유연할 수 있다. 왜냐하면 대체재가 나타나면 고객을 유지하기 위해 제품 및 서비스의 가격을 낮추는 경우가 많은데, 원가 우위 기업은 이미 저가격과 경쟁적 수준의 차별성을 확보했기 때문에 고객이 대체재보다 원가 우위 기업의 제품을 선호할 가능성이 높다.

원가 우위 전략의 경쟁 위험

원가 우위 전략은 위험에서 자유롭지 않다. 첫 번째 위험은 원가 우위 기업이 자사의 제품 및 서비스를 생산하고 유통하는 데 활용했던 과정이 경쟁자의 혁신 때문에 진부해졌을 때이다.[68] 이러한 혁신은 최초 원가 우위 기업보다 경쟁자가 더 낮은 가격에 제품을 생산하고, 고객에게 제품 가격을 올려 받지 않고도 추가적인 차별화 특성을 제공할 수 있게 한다.

두 번째 위험은 원가 우위 기업이 원가 절감을 지나치게 강조하게 되면 "차별화의 경쟁적 수준"에 대한 고객의 인식을 이해하지 못하게 된다. 예를 들면 월마트는 고객을 도와줄 수 있는 판매 사원과 계산 직원의 숫자가 너무 적다는 비평을 받고 있다. 이와 같은 고객의 불평은 "최소 서비스 수준"에 대한 월마트 고객의 정의와 원가를 계속해서 낮추려는 월마트의 노력 사이에 불일치가 발생된 것이다.

마지막으로, 모방은 원가 우위 전략의 위험이 된다. 자사의 핵심 역량을 활용한 경쟁자들은 어떻게 원가 우위 전략을 성공적으로 모방할지를 배우게 된다. 이것이 일어날 때 원가 우위 기업은 자사의 제품 또는 서비스의 가치를 증가시켜야만 한다. 일반적으로 가치는 현 제품을 전보다 더 낮은 가격에 판매하거나, 기존 가격에 차별화 특성을 추가시킴으로써 증가시킬 수 있다.

4-3b 차별화 전략

차별화 전략은 고객에게 의미 있는 방식으로 차별성을 인식시키는 제품 또는 서비스를 생산할 목적으로 기업이 취하는 일련의 통합된 행동이다.

차별화 전략(differentiation strategy)은 고객에게 의미 있는 방식으로 차별성을 인식시키는 제품 또는 서비스를 (허용 가능한 비용에서) 생산할 목적으로 기업이 취하는 일련의 통합된 행동이다.[69] 원가 우위 기업은 일반적인 고객에게 제품 및 서비스를 제공하는 반면, 차별화 기업은 경쟁자와 다른 방식으로 가치를 창출할 수 있는 고객을 목표로 한다. "고객의 문제를 해결하기 위해 새로운 방식으로 생명을 불어넣은 결과는 고객과 기업 양쪽에 혜택을 주는데,"[70] 이와 같은 제품 혁신은 차별화 전략의 성공적인 활용에 매우 중요하다.[71]

기업은 고객이 지불해야 하는 가격의 상승 압력을 줄이기 위해 어느 정도 원가 경쟁력을 갖춘 상태에서 차별화 제품을 생산할 수 있어야 한다. 원가 경쟁력이 없는 상태에서 차별화된 제품이 생산될 때 그 제품의 가격은 목표로 하는 고객이 기꺼이 지불하고자 하는 가격을 초과하게 될 것이다. 만약 기업이 목표 고객이 중요하게 생각하는 가치, 여러 니즈에 대한 상대적 중요성, 프리미엄 지불 의향에 대해 철저하게 이해했다면 그 기업의 차별화 전략은 평균 이상의 수익을 올리는 데 매우 효과적일 수 있다. 물론 이와 같은 수익을 위해 기업은 가치를 가지고 있는 차별화 제품을 고객에게 제공하기 위해 자사의 직원 및 경영자가 보유한 지식 자본(knowledge capital)을 활용해야 한다.[72]

차별화 전략을 통해서 기업은 저원가에 가치를 두기보다 차별화 특성에 가치를 두는 고객을 위해 비표준화된(즉, 특색 있는) 제품을 제공한다. 예를 들면 우수한 제품 신뢰성, 내구성, 고성능 사운드 시스템은 도요타 렉서스(Lexus) 자동차의 차별화된 특징이다. 그럼에도 불구하고 렉서스는 다른 고급 승용차에 비해 상대적으로 싼 값에 제공한다. 그렇지만 렉서스가 고객에게 제공하는 가치는 싼 가격이라기보다는 제품의 독특한 특성이다. 차별화 전략의 결과 성공을 유지하기 위해서 기업은 고객이 가치를 느끼는 차별화된 특성을 지속적으로 업그레이드해야 한다. 그리고 큰 원가 증가 없이 가치 있는 새로운 특성을 창출해야 한다.[73] 이와 같은 접근법은 기업들에게 제품군을 계속해서 변화시킬 것을 요구한다.[74] 차별화 기업은 또한 서로 보완할 수 있는 제품 포트폴리오를 갖춤으로써 고객에게 풍부한 차별성을 제공하고, 고객 니즈의 포트폴리오를 만족시킨다.[75] 차별화 제품은 고객의 독특한 니즈를 만족시키기 때문에 차별화 전략을 따르는 기업은 프리미엄 가격을 매길 수 있다. 기업의 차별화 특성을 창출하는 데 든 비용을 초과하는 가격에서 제품 또는 서비스를 판매하는 능력은 경쟁자를 능가하게 하고 평균 이상의 수익을 달성할 수 있게 한다. 원가보다 차별화 전략을 활용하는 기업은 주로 고객에게 가치를 제공할 수 있는 차변화 특성을 개발하고 투자하는 데 집중한다.[76] 전반적으로 차별화 전략을 활용하는 기업은 가능한 여러 차원에서 경쟁자와 다른 것을 추구한다. 자사의 제품 또는 서비스가 경쟁자의 것과 유사성이 적을수록 경쟁자의 행동에 대한 완충 효과가 클 것이다. 일반적으로 알려진 차별화 제품에는 도요타의 렉서스 자동차, 랄프로렌(Ralph Lauren)의 다양한 제품군, 캐터필러(Caterpillar)의 중장비, 맥킨지(McKinsey)의 컨설팅 서비스가 있다.

Bernhard Lang/fortune.com

운동 의류 전문업체인 언더아머는 강력한 고객 기반 지식이 구축되어있다. 마이피트니스팔과 같은 운동 앱 기업을 인수함으로써 고객 기반 지식을 더욱 강화시켰다.

언더아머(Under Armour)는 일반 고객 및 전문 시장 양쪽에서 하이테크 운동 장비 사업을 하는 의류 전문 회사이다. 이 기업은 최근 미국에서 소매 매출을 기준으로 아디다스를 앞질러 두 번째로 많이 판매하는 스포츠 의류 회사가 되었다. 아주 오랫동안 1위를 고수해온 나이키에는 한참 못 미치지만 언더아머는 차별화 전략을 통해서 높은 성장을 유지하고 있다. 언더아머는 영양분 섭취와 운동량을 추적하는 플랫폼인 마이피트니스팔(MyFitnessPal)과 엔도몬도(Endomondo)를 인수함으로써 소비자에 대한 정보를 더욱 탄탄하게 구축했다. 마이피트니스팔의 가입자는 대부분 미국 거주자로 1억 2천만 명이고, 엔도몬도의 가입자는 대부분 유럽 거주자로 8천만 명이다. 2015년 라스베가스에서 열린 소비가전쇼에서 언더아머가 소개한 US레코드(US Record)는 "디지털 정보를 하나로 통합시켜 보여주는 계기판"에 해당된다. 향후 인수가 개별적으로 진행되어도 인수된 업체들은 언더아머의 잠재적 고객에 대해 유일무이한 데이터를 제공하는 디지털 생태계를 구축하는 데 도움을 줄 것이다. 이러한 정보를 통해서 언더아머의 제품은 고객에게 점차 맞춤화될 것이다.[77]

제품 또는 서비스는 여러 방식으로 차별화될 수 있다. 흔치 않은 특성, 즉각적인 고객 서비스, 빠른 제품 혁신 및 기술 주도권, 인지된 명성 및 지위, 다른 맛, 공학 설계 및 성능이 차별화의 예가 된다.[78] 원가를 절감하는 방법은 한정되어 있지만 실제 또는 인지된 가치를 창출하기 위해 기업이 할 수 있는 것은 모두 차별화의 기반이 될 수 있다. 딱 들어 맞는 사례로 제품 디자인을 생각해보자. 디자인은 고객에게 긍정적 경험을 만들어낼 수 있기 때문에 차별화의 중요한 원천이 되고 특히 경쟁 우위의 원천의 하나로 디자인을 강조하는 기업에게는 더욱 더 중요하다.[79] 아이팟, 아이폰, 아이패드가 애플사의 제품 디자인 능력을 보여줌으로써 애플은 제품 디자인에서 표준을 결정하는 기업으로 알려졌다. 애플의 최고로 성공한 신제품이 출시되면 경쟁자들의 시장 점유율을 함락시키는데, 삼성은 그 와중에 생존한 주목할만한 경쟁자에 해당된다. 3장에서 설명한 것처럼 삼성은 특정한 부분에서 강한 역량을 보유하고 있었고 그래서 만만치 않은 경쟁자가 될 수 있었다. 흔히들 삼성이 애플의 제품을 모방했다고 하지만 한편으로는 고객에게 매력적인 특성을 부가함으로써 그들의 제품을 개선하였다(불완전한 모방).[80] 따라서 삼성은 애플의 차별화된 제품을 부분적으로 다시 차별화시킨 것으로 볼 수 있다.

기업의 차별화 전략이 가치 창출에 필요한 활동과 연계될 수 있는지를 파악하기 위해서는 가치사슬 분석이 수행되어야 한다. 제품 또는 서비스를 차별화하는 데 일반적으로 활용될 수 있는 가치사슬 활동과 지원 기능의 예는 〈그림 4-3〉에 설명되어 있다. 이와 같은 가치사슬 활동을 하는 데 필요한 기술이 없는 기업은 차별화 전략을 성공적으로 활용할 수 없을 것이다. 다음은 평균 이상의 수익을 올리기 위해 차별화 전략을 활용하는 기업이 자사를 어떻게 성공적으로 포지션 하는지 다섯 가지 경쟁 요인 관점에서 설명하고자 한다.

그림 4-3 차별화 전략과 관련된 가치 창출 활동의 예

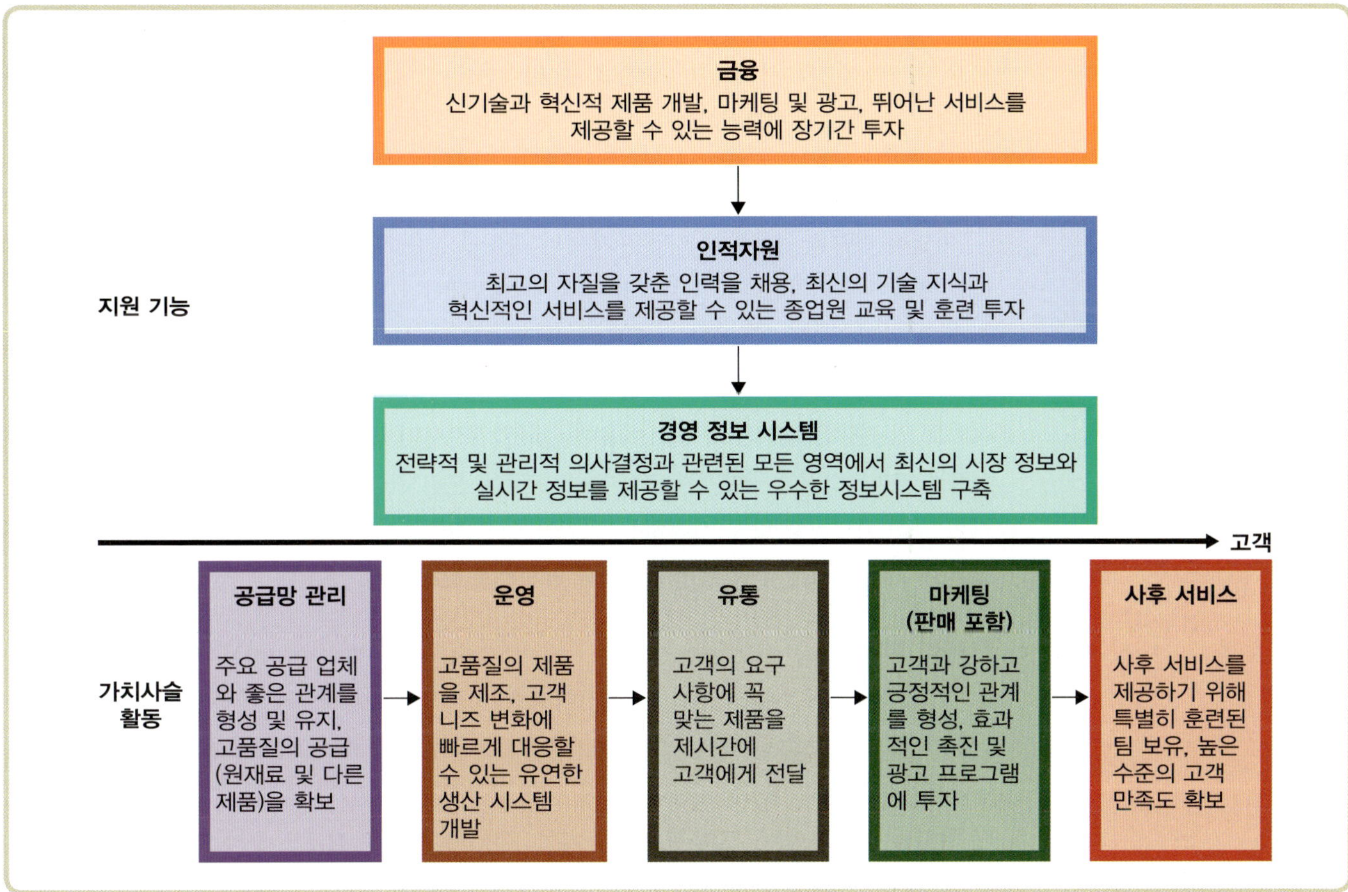

출처:Based on M. E. Porter, 1998, *Competitive Advantage: Creating and Sustaining Superior Performance*, New York: The Free Press; D. G. Sirmon, M. A. Hitt, & R. D. Ireland, 2007, Managing firm resources in dynamic environments to create value: Looking inside the black box, *Academy of Management Review*, 32: 273–292; D. G. Sirmon, M. A. Hitt, R. D. Ireland, & B. A. Gilbert, 2011, Resource orchestration to create competitive advantage: Breadth, depth and life cycles effects, *Journal of Management*, 37: 1390–1412.

기존 경쟁자와의 경쟁

고객은 차별화된 제품에 대해 충성스러운 구매자가 되는 경향이 있다. 한 브랜드에 대해 고객의 충성도가 증가할수록 가격 인상에 대한 고객의 민감도는 줄어든다. 그래서 높은 명성은 차별화 전략을 활용하는 기업의 경쟁적 우위를 지킬 수 있게 만든다.[81] 그렇지 않으면 애플 제품을 모방하고 자사 제품을 개선하는 데 뛰어난 능력을 가진 삼성과 같은 기업을 애플이 신경 써야만 한다. 이러한 이유 때문에 애플은 아이폰과 아이패드 제품을 점진적으로 개선해야 할 뿐만 아니라 새로운 시장을 형성할 수 있는 매우 새롭고 가치 있는 제품을 탐색하는 데 투자를 해야만 한다. 그래야 삼성을 지속적으로 앞지를 수 있다.[82]

구매자(고객)의 협상력

차별화 제품 또는 서비스가 갖는 독특함은 가격 인상에 대한 고객의 민감도를 줄여준다. 경쟁자가 제공하는 것보다 자사 제품이 고객의 독특한 니즈를 지속적으로 만족시켜준다면 고객은 가격 인상을 기꺼이 수용하려 든다. 그래서 골퍼는 캘러웨이(Callaway)가 자신의 니즈를 만족시켜주기 때문에 가격이 비싸져도 캘러웨이 골프 클럽을 계속해서 구매하게 되는 것이다.

하인즈 케첩, 크리넥스(Kleenex) 화장지와 같은 브랜드 제품을 구매하는 고객은 제품이 계속해서 독특한 니즈를 만족시켜준다고 인식하는 한 가격 인상을 수용한다. 이와 같은 예에서 보면 고객은 상대적으로 가격 인상에 대해 덜 민감한데 그 이유는 허용할 만한 수준의 대체재가 존재하지 않는다고 생각하기 때문이다.

공급업체의 협상력

차별화 전략을 활용하는 기업은 자사의 제품에 높은 가격을 매기기 때문에 공급업체는 그들의 원가가 올라가더라도 고품질의 부품을 제공해야만 한다. 차별화 전략을 사용하는 기업은 높은 마진을 얻을 수 있고 그 덕택에 공급업체가 제시하는 높은 비용을 지불할 수 있기 때문에 공급업체의 영향에서 자유로울 수 있다.[83] 그렇지 않으면 차별화 제품의 가격 인상에 상대적으로 덜 민감한 고객의 특성을 이용해 공급업체로부터 요구되는 추가 비용을 고객에게 전가시킬 수 있다. 그러나 구매자가 전체 또는 상당 부분의 기능을 한 공급업체로부터 아웃소싱할 경우, 특히 차별화 전략을 사용하는 기업이 연구개발을 아웃소싱할 경우, 공급업체에게 매우 의존적이 될 수 있고 결국 공급업체에게 취약성을 드러낼 수 있다.[84]

잠재적 진입자

고객 충성도와 차별화 제품이 갖는 독특함은 잠재적 진입자에게 큰 장벽이 된다. 이 같은 상황에 있는 산업에 진입을 하는 경우 상당히 많은 양의 자원을 필요로 하고 고객 충성도를 얻기까지는 많은 인내심이 요구된다. 이 경우 일부 잠재적 진입자는 그 시장에서 성공의 발판을 마련하기 위해 먼저 작은 규모의 투자를 결정한다. 만약 결과가 좋지 않으면 많은 자원을 잃지 않고 그 시장에서 빠져 나올 수 있고, 결과가 좋다면 더 많은 자원을 투자하여 경쟁적 지위를 확고히 할 수 있다.[85]

대체재

충성스러운 고객에게 브랜드 제품 및 서비스를 판매하는 기업은 대체재에 대해 효과적으로 자사의 지위를 구축할 수 있다. 반면 브랜드 충성도가 없는 기업은 동일한 기능을 제공하지만 좀 더 매력적이고 차별화된 특성을 제공하는 대체재로 갈아타는 고객 때문에 어려움을 겪게 될 것이다. 만약 대체재의 가격까지 저렴하다면 더욱 심각한 어려움에 직면하게 된다. 대부분의 기업은 산업 내에서 고객의 니즈를 더 잘 만족시키기 때문에 경쟁하는 산업 밖에서 일어나는 혁신에는 취약하다(예: 음악 산업에서 애플의 아이팟).[86]

차별화 전략의 경쟁적 위험

차별화 전략의 위험 중 하나는 차별화 기업의 제품과 원가 우위 기업의 제품 간에 가격 차별 정도가 너무 크다고 고객이 인식하는 데 있다. 이러한 위험을 줄이기 위해 기업은 목표 고객의 니즈를 초과하는 차별화 특성을 제공하게 되는데, 이렇게 되면 고객의 니즈 수준에 맞는 특성을 상대적으로 저렴한 가격에 제공하는 경쟁자들보다 약해질 수 있다.

차별화 전략의 또 다른 위험은 기업의 차별화 수단이 고객이 기꺼이 지불하고자 하는 정도의 가치를 제공하지 못하는 경우이다. 차별화 제품을 경쟁자들이 모방하게 되면 고객은 유

전략 포커스

애플 대 삼성: 애플은 차별화하고 삼성은 불완전하게 모방한다

최근에 일어난 일들을 보면 애플은 선발자 우위를 통해 지속적으로 신시장을 개척함으로써 하이테크 산업을 지배하는 혁신 기업이라 할만하다. 애플은 새로운 개념의 제품들(예: 아이팟, 아이폰, 아이패드)을 소개함으로써 혁신가가 되었다. 삼성, 노키아, 블랙베리, 구글, 델, 그리고 최근에는 레노버까지 포함하여 애플의 경쟁자들 중 어느 누구도 애플만큼 완전히 새로운 모바일 제품을 만들어 내지는 못했다. 그러나 최근 삼성이 애플 제품에 성공적으로 도전하고 있다. 삼성의 도전은 너무 성공적이어서 애플은 특허 침해라는 이유를 들어 삼성과 법정 소송을 해야 했다. 애플은 그 소송에서 이겼고 삼성은 10억 달러의 손해 배상 판결을 받게 되었다. 안드로이드(구글이 만듦) 운영 시스템을 사용하고 있는 삼성은 애플의 차별화 전략을 빠르게 추종 또는 모방하는 기업으로 알려졌다. 삼성의 갤럭시 S4 스마트폰은 애플보다 큰 화면을 채택한 덕택에 엄청난 성공을 거두었지만 갤럭시 S5는 평이했고 결국 애플의 아이폰 6로부터 시장 점유율을 추월당하게 되었다.

삼성은 최근 저가의 모방 제품들에 의해 공격받고 있다. 이러한 경쟁자들 중 하나가 샤오미이고, 이 기업은 중국 북경에 위치한 민간 소유의 스마트폰 제조업체이다. 샤오미의 스마트폰 제품은 중국 전역에서 성공을 거두었고 유명해졌는데 그 이유는 "팬 기반(fan base)" 네트워크와 저가 판매를 위한 온라인 활용 때문이었다. 샤오미의 경쟁자 중 하나인 레노버는 최근에 구글로부터 모토롤라 모바일 사업부를 인수했다. 그러나 샤오미가 레노버보다 더 성공적이었다. 레노버의 CEO인 양 위엔칭(Yang Yuanqing)은 "샤오미의 온라인 판매 모델은 전통적인 판매 방식을 파괴시켰으며 …. 우리는 이 문제를 해결할 필요가 있다"라고 말했다. 샤오미의 팬 클럽 접근 방식과 온라인 유통은 간접비를 낮추게 되었고, 결국 전통적 판매상들에 비해 낮은 가격을 책정할 수 있었다. 2014년 4분기에 애플이 샤오미보다 더 많이 팔렸다 하더라도 샤오미의 판매량이 애플에 비해 크게 뒤처지지 않았다. 애플이 차별화된 "고급 제품"으로 인식되는 동안 샤오미는 애플의 시장 점유율을 넘나 볼 수 있을 정도의 품질을 구축하였다. 그러나 갤럭시 S5는 상대적으로 소비자에게 덜 인식되었고, 샤오미가 삼성의 매출을 추월하게 되었다. 마찬가지로 인도의 저가스마트 제품인 마이크로맥스 역시 샤오미의 "모방 전략"을 따라 함으로써 인도에서 삼성의 매출을 추월했다. 보통 저가 제조업체라고 불리는 이 기업들은 비전통적인 유통망을 통해(예: 샤오미의 팬 클럽과 온라인 판매망) 종종 고품질의 제품을 공급하기도 한다. 그리고 이 업체들은 애플의 빠른 이류 추종자(second follower)들로써 삼성을 진퇴양난에 빠뜨리고 있다.

아이폰 6의 성공과 거대 신흥 시장에서의 엄청난 성공을 거두고 있는 저가폰에 대한 대응으로 삼성은 최근에 갤럭시 S6 제품을 출시했다. 애플과의 경쟁을 고려해볼 때 삼성 갤럭시 S6는 아이폰 6의 특성들(고급형 알루미늄 뒷면과 유리 화면 — 갤럭시 S5는 플라스틱 뒷면이었음, 부드러운 커브형 모서리, 일체형 배터리, 개선된 지문감식)을 모방했다. 삼성은 또한 품질이 낮다고 인식되고 있는 전용 앱의 수를 줄이는 것을 감수하면서 앱의 고품질화에 초점을 맞추었다. 그리고 아이폰 6보다 긴 배터리 수명을 만들기 위해 노력했으며 무선 충전 기능을 추가함으로써 제품을 업그레이드 시켰다. 삼성은 아이폰6의 성공에 빠르게 대응하여 강력한 업그레이드 제품을 보여주었다. S6가 고급 시장에서 탁월함을 인정받을 수 있을지 없을지는 좀 더 지켜봐야 할 것이다. 삼성은 S6 성공에 많은 것을 걸고 있음에는 틀림없다.

게다가 S6은 애플페이(apple pay)와 유사한 삼성페이 시스템을 갖고 있다. 그리고 삼성의 지불 시스템은 애플과 반대되는 형태로 대부분의 가게에서 현재 사용하고 있는 기기와의 호환성을 보유하고 있다. 반면 애플의 지불 시스템을 사용하려면 새로운 기기로 바꾸어야 되는 전환 비용(switching cost) 때문에 소매상들의 애플 지불 시스템 수용 속도는 느려질 수 있다. 결론적으로 애플의 고급 제품이나 샤오미, 레노버, 마이크로맥스와 같은 저가 제품들로부터 삼성이 얼마나 차별화 할 수 있을지 여부는 앞으로 지켜봐야 할 것이다.

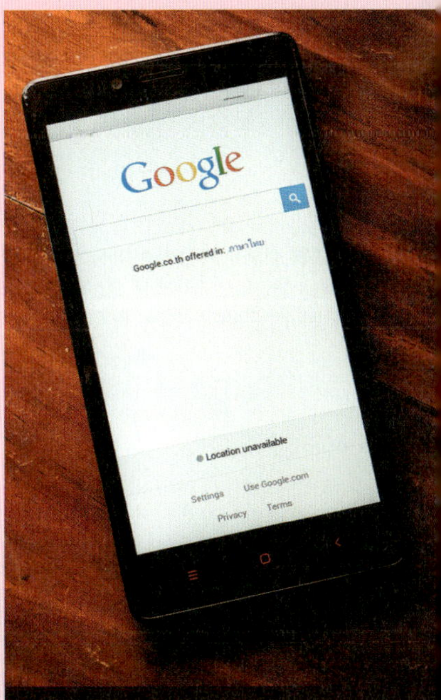

저가의 샤오미 노트(Note)는 중국과 신흥 시장에서 애플과 삼성의 스마트 제품에 대항할 수 있게 했다.

출처: J. Cheng, 2015, Samsung unveils Galaxy S6 to answer iPhone 6, *Wall Street Journal*, www.wsj.com, March 1; E. Dou, 2015, Lenovo's smartphone challenge: Battling Apple, Xiaomi in China with Motorola, *Wall Street Journal*, www.wsj.com, February 4; A. Fitzpatrick, 2015, Apple might finally be beating Samsung in smartphone sales, *Time*, www.time.com, February 3; R. Flannery, 2015, China's smartphone sensation Xiaomi says sells triple in '14: Eyes int'l growth, *Forbes*, www.forbes.com, January 3; V. Govindarajan & G. Bagla, 2015, Can Indians innovate in India?, *Business Today*, 24(4): 120 121; S. Grobart, 2015, Samsung's fancy new Galaxy S6 Edge phones, *Bloomberg BusinessWeek*, www.bloomberg.com, March 1; S. Y. Lee & H. T. Wolde, 2015, Samsung unveils sleek new Galaxy phones to battle Apple, *Reuters*, www.reuters.com, March 2; P. Olson, 2015, Apple's U.S. iPhone sells surpass Android for first time in years, *Forbes*, www.forbes.com, February 4; M. Reardon, 2015, Samsung answers Apple with curvy Galaxy S6 phones, Samsung Pay, *CNET*, www.cnet.com, March 1; T. Bajarin, 2014, How tiny tech firms are disrupting the giants, *PC Magazine*, December, 36–38. B. Einhorn, B. Shrivastava, & J. Lee, 2014, Samsung's China problems come to India, *Bloomberg BusinessWeek*, October 27, 44–45; D. Reisinger, 2014, Xiaomi sours while Samsung sinks in Gartner smartphone market study, *eWeek*, www.eweek.com, December 16.

사 제품 및 서비스를 더 싼 가격에 경쟁자로부터 제공받을 수 있음을 인식하게 되고, 그 결과 차별화 제품의 가치는 줄어들게 된다. 이는 **전략 포커스**에서 설명했던 사례와 관련이 있는데 중국과 인도에서 저가 스마트폰을 제공하여 삼성과의 경쟁에서 성공한 샤오미(Xiaomi)와 마이크로맥스(Micromax)가 해당된다.[87] 차별화 전략의 세 번째 위험은 고객의 경험이 차별적 특성의 가치를 별 것 아닌 것으로 만들 수 있다는 것이다. 예를 들어 보통 화장지에 대해 긍정적인 경험을 가지고 있는 고객은 더 많은 돈을 들여 크리넥스라는 차별적 특성을 가진 화장지를 구매할 필요가 없다라고 생각할 수 있다. 이러한 위험을 줄이기 위해 기업은 고객이 기꺼이 지불할만한 가격 수준에서 지속적으로 그들의 제품을 고객에게 의미 있는 형태로 차별화(예: 혁신을 통해)시켜야 한다.[88]

위조는 차별화 전략의 네 번째 위험이다. 위조는 등록된 상표와 똑같이 또는 구별하기 어려울 정도로 똑같은 상표를 포함하고 있는 제품으로 이것은 상표 소유자의 권리를 침해하는 것이다. 소비자가 그와 같은 제품을 구매하고 속임수를 발견했을 때 그 제품에 대해 불신이 생기고 차별성은 감소된다.[89] 예를 들어 델(Dell)과 같이 모방 제품 문제로 권리를 침해당했을 때는 문제에 대해 조치를 취해야만 한다.

4-3c 집중화 전략

집중화 전략은 특정 부문의 니즈를 맞추는 제품 또는 서비스를 생산하기 위해 취하는 일련의 통합된 활동이다.

집중화 전략(focus strategy)은 특정 부문의 니즈를 맞추는 제품 또는 서비스를 생산하기 위해 취하는 일련의 통합된 활동이다. 그래서 기업이 특정 산업 부문 또는 틈새 시장의 니즈를 만족시키는 데 핵심 역량을 활용하고자 할 때 집중화 전략을 선택한다. 집중화 전략의 목표가 될 수 있는 세분 시장의 예는 다음과 같다.

1. 특정 구매 집단 (예: 젊은 층 또는 노년층)
2. 동일 제품 라인의 다른 세분 시장 (예: 전문 화가를 위한 제품 또는 DIY 그룹을 위한 제품)
3. 지리적 세분 시장 (예: 북이탈리아 또는 남이탈리아).[90]

집중화 전략을 활용하여 제공할 수 있는 고객의 니즈는 다양하다. 예를 들면 고야푸드(Goya Foods)는 미국에 기반을 둔 라틴 아메리카계 소유의 가장 큰 식품 회사이다. 고야는 라틴 아메리카 시장을 여러 개의 독특한 집단으로 세분화시킨 후 고객에게 1,500개 이상의 제품을 제공하고 있다. 이 기업은 라틴계 식품의 선도자로써 "진정한 라틴 요리를 위한 최고의 원료가 되는 것"을 목표로 하고 있다.[91] 고야와 같이 집중화 전략을 사용하는 기업은 산업 전반에 걸쳐 경쟁 우위를 확보할 수 없지만 특정 세분 시장 또는 틈새 시장에서 경쟁 우위를 달성할 수 있다.

목표 시장의 폭이 얼마냐는 정도의 문제이지만 집중화 전략의 핵심은 산업 평균에서 벗어난 작은 시장을 목표로 한다.[92] 집중화 전략을 활용하는 기업은 산업 전반의 경쟁자들이 할 수 있는 것보다 좀 더 효과적으로 특정 세분 시장을 만족시키는 경향이 있다. 보통 특정 세분 시장 또는 틈새 시장을 목표로 하는 창업기업은 전체 시장을 대상으로 사업하기에는 지식과 자원을 충분히 보유하고 있지 못하기 때문이다. 또한, 이러한 기업은 전체 시장을 대상으로 하는 대규모 기업의 "레이더망에 잡히지 않는 곳에서" 사업하는 것을 선호한다. 집중화 전략을 활용하는 기업이 성공하는 경우는 그들이 목표로 하는 세분 시장의 니즈가 너무나 특별해서 전체 시장을 대상으로 하는 경쟁자들이 그 시장을 아예 선택하지 않을 때 또는, 그 경쟁자들이 그 시장을 선택했으나 형편없는 수준으로 시장 니즈를 만족시켰을 때이다.

기업은 집중화된 원가 우위 전략 또는 집중화된 차별화 전략을 활용하여 특정 세분 시장에서 고객의 가치를 창출할 수 있다.

집중화된 원가 우위 전략

스웨덴에 기반을 둔 이케아(IKEA)는 글로벌 가구 소매점으로 35개 국가 및 영토에 위치해 있고, 2012년 27억 5천만 유로의 매출을 올리고 있으며, 집중화된 원가 우위 전략을 활용하는 기업이다. 낮은 비용으로 스타일을 추구하는 젊은 층의 구매자가 바로 이케아의 목표 고객이다.[93] 이와 같은 고객을 위해 그 기업은 좋은 디자인과 기능, 수용할만한 수준의 품질과 낮은 가격을 혼합시킨 가정용 가구를 제공하고 있다. 그 기업에 따르면 "언제나 우리의 전략은 저가에 집중화되어 있고, 모든 활동의 매단계마다 저가 원칙이 적용된다"고 한다.[94]

이케아는 낮은 원가를 유지하기 위해 몇 가지 활동을 강조한다. 예를 들면 제3자 생산에 의존하는 대신에 고객이 직접 조립할 수 있도록 모듈러 형식의 낮은 원가로 설계를 한다. 판매 대리점 또는 실내 장식가의 필요성을 줄여주기 위해 이케아는 가구가 가정에 놓여졌을 때 어떻게 보일지 고객의 상상을 도와주기 위해 가구(소파, 의자, 테이블 등)를 완벽하게 갖춘 방을 보여준다. 그리고 이와 같이 완벽하게 인테리어된 방들을 보여줌으로써 고객이 보고 선택할 수 있도록 하였다. 이케아가 원가를 낮게 유지시킬 수 있는 세 번째 방법은 가구 배달 서비스를 제공하지 않고 고객이 구매한 가구를 직접 운송하도록 만든 것이다.

이케아가 원가 우위 기업이지만 이 기업 역시 목표 고객에게 호소할 수 있는 차별화된 특성을 제공한다. 예를 들면 독특한 가구 디자인을 포함해서 매장 내 어린이를 위한 놀이방, 고객이 사용할 수 있는 휠체어, 매장 운영 시간의 연장이 있다. 그래서 이케아의 집중화된 원가 우위 전략은 낮은 원가의 제품과 함께 차별화된 특성을 포함한다.

집중화된 차별화 전략

기업이 자사 제품 또는 서비스를 차별화시킬 수 있는 차원은 매우 많다. 예를 들면 뉴욕, 샌프란시스코, 로스앤젤레스, 심지어 텍사스주의 칼리지 스테이션과 같은 도시에서 일상이 된 런치 트럭이 바로 집중화된 차별화 전략을 활용한 것이다. 풀을 먹여 키운 소로 만든 햄버거, 식용 달팽이, 크렘브릴레와 같이 고가의 음식을 제공하는 고도로 숙련된 주방장과 잘 알려진 레스토랑이 이들 런치 트럭을 소유하고 운영한다. "지속적으로 나타나는 이 런치 트럭은 미식가적이고, 최신 기술에 능통하고, 정치적으로도 옳아 보인다." 이와 같은 특성을 여지 없이 보여주고 있는 그런 트럭은 로스앤젤레스에 위치에 있으며, 환경 파괴 없이 수확한 생선으로 만든 타코를 식물성 기름을 연료로 사용하는 차량에서 판매한다. 게다가 이 트럭의 소유주들은 트위터와 페이스북을 활용해서 그들이 움직일 때마다 고객에게 위치 정보를 알려준다.[95]

집중화 전략을 활용하는 기업이 경쟁 우위를 개발 및 유지하고, 평균 이상의 수익을 올리기 위해서는 가치사슬의 다양한 유형의 주요 활동과 지원 기능을 전부 갖추고 있어야 한다. 집중화된 원가 우위 전략을 활용하는 데 요구되는 활동은 전 산업을 대상으로 한 원가 우위 전략에서 필요한 것과 동일하며(그림 4-2 참조), 집중화된 차별화 전략을 활용하는 데 필요한 활동 역시 전 산업을 대상으로 한 차별화 전략에서 요구되는 것과 거의 동일하다(그림 4-3 참조). 집중화된 원가 우위와 차별화 전략은 전 산업을 대상으로 하는 원가 우위와 차별화 전략에서처럼 다섯 가지 경쟁 세력을 성공적으로 다룰 수 있어야 한다. 이 두 전략의 유일한 차이점은 경쟁의 범위로 집중화 전략을 추구하는 기업은 좁은 산업을 대상으로 경쟁하는 것이 다르다. 따라서 전 산업을 대상으로 언급한 〈그림 4-2〉와 〈그림 4-3〉, 그리고 다섯 가지 경쟁 세력에 대한 내용은 집중화의 두 가지 전략과 경쟁 우위간의 관계를 설명할 때도 동일하게 적용된다. 다만 산업의 경쟁적 요인들이 원가 우위 또는 차별화 중에 하나를 선호하는 경향이 있다.[96]

집중화 전략의 경쟁적 위험

원가 우위이든 또는 차별화 전략이든 산업 전반을 대상으로 집중화 전략을 활용했을 때 기업은 동일한 보편적 위험에 직면하게 된다. 그러나 집중화 전략은 보편적 위험에 세 가지 위험이 더 추가된다.

첫째, 경쟁자는 기존 집중화 전략 기업보다 훨씬 더 좁게 정의된 시장을 대상으로 집중화 전략을 펼칠 수 있는데, 이렇게 되면 기존 기업을 "아웃포커스(out-focus)"시킴으로써 그 기업의 전략을 흐릿하게 만들 수 있다. 만약에 이케아의 고객(세련된 가구를 낮은 가격에 구매하는 데 관심이 있는 젊은 구매자들)에게 동일한 가격에 추가적인 차별화를 제공하거나 또는 더 낮은 가격에 동일한 차별화 요소를 가진 같은 서비스를 제공하는 방식을 다른 기업이 발견했다면 이케아는 "아웃포커스"가 된다. 둘째, 전체 산업을 대상으로 경쟁하는 기업이 집중화 전략 기업의 세분 시장을 매력적이고 경쟁할만한 가치가 있다고 판단할 때 위험이 나타난다.[97] 도입 사례에서 소개되었듯이 크로거, 세이프웨이, 월마트와 같은 기업들이 유기농 식료품을 집중적으로 팔고 있는 홀푸드와 트레이더조와 경쟁하고자 하는 것이 그 예이다. 홀푸드는 효과적으로 경쟁하기 위해서 여러 아이템의 가격을 낮추었고, 광고를 증가시키고, PB(private brand) 상품을 늘리고, 고객 충성 프로그램을 도입하고 있다. 공동 최고 경영자이며 창립자인 존 맥키(John Mackey)는 "홀푸드는 매우 경쟁력 있는 기업이고, 도전받았을 때, 경쟁이 고개를 들 때 우리는 즉각 대응한다"라고 했다.[98] 대응 초기에 이 전략은 이윤에 있어 적자가 발생될 수 있겠지만 결국 더 많은 고객을 유인할 것이다.

집중화 전략과 관련된 세 번째 위험은 좁은 세분 시장에 있던 고객의 니즈가 시간이 점차 지나면서 산업 전반의 고객 니즈와 유사해지는 경우이다. 결국 집중화 전략의 우위가 감소되거나 사라지게 되는 것을 의미한다. 다음의 **전략 포커스**에서 볼 수 있는 것처럼 라디오색(RadioShack)이 전통적으로 집중했던 손수 제작 전기 애호가들의 독특한 수요가 시간이 지나면서 사라지게 되었다. 라디오색의 임원은 수년 동안 어느 곳에 집중할지를 찾는데 애썼고 그 과정에서 너무나 많은 전략적 변화가 일어남에 따라 결국 파산에 이르게 되었다.

전략 포커스

라디오색의 실패한 집중화 전략: 전략적 돌변

거의 1세기 동안 미국 쇼핑 센터의 대들보 역할을 했고 미국 전역의 "중심가"에 위치해있었던 라디오색이 2015년 2월에 파산 신청을 했다. 이유는 전기 부품을 파는 사업이 아마존과 같은 온라인 쇼핑 업체들에 의해 격하되었기 때문이다. 라디오색은 상점을 폐쇄함으로써 파산을 피해보려 했으나 기대했던 것보다 재무 상태가 빠르게 악화되었다. 심각한 재무 상태 때문에 성과 회복을 위해 사모펀드에 의존했었지만 채권자들의 요구로 인해 결국 파산하였다.

전략이 어려움은 일관성 있는 기본 전략 없이 다수의 서로 다른 트렌드만을 쫓으려는 데 있다. 라디오색은 1921년 보스톤에서 설립되었고, 파산 전까지 94년을 유지했다. 이 기업은 1970년대와 1980년대 동안 "전자 장치"에 집중함으로써 번영을 누렸다. 초기 전략은 아마추어 무선 취미가들에게 집중했다. 1963년 찰스 탠디(Charles Tandy)가 최고 경영자를 맡은 후 몇십 년 동안 취미가와 손수 제작자(do-it-yourselfers)들에게 집중했다. 그 당시 라디오색은 전국 브랜드 제품보다는 부속품, 배터리, 여러 종류의 트랜지스터와 콘덴서를 포함한 라디오색 자체 브랜드 제품을 팔았다. 사람들은 이와 같은 전략을 고객이 수정하고 덧붙임으로써 스스로 개선시킬 수 있는 전자 장치를 강조하는 집중 차별화 전략이라고 말한다. "목표 고객은 매주 부품 하나를 필요로 하는 사람"으로서 라디오색 제품에 열정을 가지고 있으며 기술 지향적인 사람들을 대상으로 했다.

라디오색은 축음기의 바늘, 테이프 헤드 탈자기, Realistic(라디오색의 브랜드)의 수신기, 스피커, 인터콤, 대형 휴대용 카세트 라디오와 같은 것들이 담겨진 100페이지가 넘는 카달로그를 만들었다. CB라디오는 모든 라디오색 고객이 따라 하는 트렌드가 되었으며, 1970년대 초 유가 파동 기간 동안에 유명해졌다. CB라디오라는 트렌드가 느려지자 이 기업은 PC에 집중했다. 최초의 대중적인 PC 제품이었던 TRS80이 CB라디오 유행을 대체했다. 16K 메모리를 갖고 있는 컴퓨터가 그 당시 전혀 알려지지 않은 마이크로소프트라는 스타트업 기업에 의해 설계된 소프트웨어를 사용했다. 컴퓨터 역시 제품화되고 이윤 폭이 감소하게 되자 라디오색은 또 다른 제품이 필요했다. 그래서 발견한 것이 셀룰러폰이었다.

1990년대에 라디오색은 Incredible Universe, Famous Brand Electronics, Computer City 브랜드를 포함한 대형 전자 상가를 수없이 개장했다. 이들은 근본적으로 "라디오색을 반대하는 입장"이었다. 라디오색이 소유한 이 브랜드들은 결국 대형 온라인 전자 제품 산전들에 의해 약탈되었고, 제품의 대량 판매로 1996년 최고의 매출(63억 달러)을 달성했지만 이 브랜드들은 라디오색에게 걸림돌이 되었다. 라디오색의 대형 전자 상가는 실패했는데, 최고 경영자 레오나르드 로버츠(Leonard Roberts)가 통탄한 마음으로 회고한 "이 상가들을 어떻게 운영할지 몰랐던 것 같다"는 데서 실패 이유를 찾을 수 있다.

라디오색은 셀룰라폰 판매에 매우 뛰어났다. 라디오색 고객은 신제품에 관심이 많았다. 그리고 판매 사원들은 고객이 올바른 제품을 선택하는 데 도움을 주었다. 그러나 한 명의 고객이 모바일폰 사용 계약에 사인하기까지 45분이나 걸렸다. 즉 대부분의 상점에서 모바일폰 고객을 위해 한 명의 종업원으로 긴 시간 동안 상담을 해주어야만 했다. 소규모 전자 부품 또는 부속품을 찾던 기존의 정규 고객은 셀룰라폰 고객에게 밀려 필요한 도움을 제대로 받지 못하게 되었다. 라디오색은 전자상거래에서도 고객을 잃었다. 라디오색의 임원들이 전자상거래에 진심 어린 관심을 두지는 않았기 때문이다. 원래 라디오색의 주요 타겟은 취미가와 전자 제품을 좋아하는 고객이었는데, 라디오색은 변화하는 트렌드에 따라 매번 타깃을 바꾸는 타협을 함으로써 라디오색은 차별화의 초점을 회복하지 못하고 일관성 있는 전략적 접근도 결코 할 수 없게 되었다.

결국 라디오색의 대들보 역할을 했던 기술 지향적인 고객은 제품 구매를 위해 다른 상점을 찾게 되었고 대부분 온라인 상점을 통해 구매하게 되었다. 라디오색은 매출을 회복할만한 고객을 확보하지 못했고 차별화 전략은 실패로 돌아갔다.

Paul Hawthorne/WireImage/Getty Images

초반기(2003년의 사진)에 라디오색은 매우 성공적이었으나, 너무나 다른 전략을 다양하게 접근함으로써 차별화 초점을 잃어버리게 되었다.

출처: J. Brustein, 2015, Inside RadioShack's collapse: How did the electronics retailer go broke? Gradually, then all at once, *Bloomberg BusinessWeek*, Feb 9–15, 54–59; L. Chen, 2015, Next RadioShack? Here are the most troubled retail stores. *Forbes*, February 10, 13; D. Fitzgerald & M. Jarzemsky, 2015, Beseiged RadioShack spirals into bankruptcy, *Wall Street Journal*, Feb 6, A1–A2; S. Grossman, 2015, John Oliver wants you to remember that one day we'll all be like RadioShack, *Time*, www.time.com, February 12; C. Mims, 2015, RadioShack suffers as free time evaporated, *Wall Street Journal*, Feb 9, B1, B6; P. Wahba, 2015, RadioShack pulls the plug and files for bankruptcy, *Fortune*, www.fortune.com, February 9.

4-3d 원가 우위와 차별화 통합 전략

원가 우위와 차별화 통합 전략은 원가 우위와 차별화를 동시에 추구하고자 하는 기업이 가치사슬의 주요 및 지원 활동에 관여하는 것이다.

대부분의 고객은 제품 또는 서비스를 구매할 때 기대가 높다. 일반적으로 고객은 다소 높게 차별화된 특성을 보유한 제품을 낮은 가격에 구매하고 싶어한다. 이와 같은 고객의 기대 때문에 수많은 기업은 원가 우위와 차별화를 동시에 추구할 수 있는 가치사슬의 주요 및 지원 활동에 관여한다.[99] 이 같은 기업들이 추구하는 것이 바로 **원가 우위와 차별화 통합 전략**(integrated cost leadership/differentiation strategy)이다. 이 전략을 활용하는 목적은 차별화된 특성을 가진 제품을 효율적으로 생산하기 위한 것이다. 효율적 생산은 저원가를 유지하는 원천이 되고 한편, 차별화는 독특한 가치를 창출하는 근원이 된다. 원가 우위와 차별화 통합 전략을 성공적으로 활용하는 기업은 대개 그들 외부 환경에서 일어나는 새로운 기술과 변화에 빠르게 적응한다. 동시에 원가 우위와 차별화라는 두 가지 경쟁 우위 원천을 개발하는 데 집중한다는 것은 가치사슬의 주요 활동 및 지원 기능의 수를 증가시킴을 의미한다. 또한, 이 같은 기업은 가치사슬의 주요 활동 및 지원 기능을 수행하는 외부 기관들과도 강력한 네트워크를 형성한다.[100] 결국, 가치사슬의 다양한 주요 활동 및 지원 기능에서 기량을 확보한다는 것은 기업을 좀 더 유연하게 만드는 것을 의미한다.

기업의 핵심 고객 집단(고소득, 유행에 민감한 할인 쇼핑족)에 집중한 타깃은 "기대는 더 많이 지불은 더 적게"라는 약속을 통해 원가 우위와 차별화를 통합한 전략을 활용했다. 타깃의 연차 보고서에 따르면 "기대는 더 많이 지불은 더 적게"라는 약속은 우리로 하여금 고객에게 더 많은 편의성, 적은 지출, 좀 더 개인화된 쇼핑 경험을 전달할 수 있게 도와 준다고 적고 있다. 2012년 타깃은 50번째 기념일 행사를 했으며, 캐나다에 첫 번째 점포를 개장했다.[101]

JC페니(J.C. Penny)가 실행했던 실패한 전략 역시 매장 내 대부분의 제품 가격을 낮춤으로써 원가 우위를 확보하고 동시에 각 매장 내 브랜드 제품을 위한 특별한 점포를 마련함으로써 차별화를 확보하려는 통합의 시도로 보인다. 그러나 이 전략은 효과적으로 실행되기가 매우 어렵기 때문에 실패하기가 쉽다. 이 전략을 활용하는 기업은 효과적으로 차별화도 못하고 고객이 만족할만한 수준의 낮은 가격으로 제품을 제공하지도 못하는 "샌드위치 신세(caught in the middle)"가 된다. JC페니는 이와 같은 실패의 대표적인 예이다. 이 기업은 월마트와 달러스토어와 같은 원가 우위 기업들과 경쟁할 수 없었으며, 마찬가지로 타깃과 메이시(Macy's)와 같은 좀 더 고급스럽고 차별화된 백화점들에게 효과적으로 경쟁하는 데도 실패했다.

대부분의 신흥 시장 기업들은 원가 우위 전략을 활용하여 경쟁하고 있다. 그 이유는 신흥 시장 기업들의 노동 및 공급 물품 원가는 선진국에 기반을 둔 다국적기업들에 비해 훨씬 싸기 때문이다. 그러나 최근 몇 년, 일부 신흥 시장 기업들은 혁신을 생산하는 역량을 구축하고 있다. 만약 신흥 시장 기업들의 저원가 제품을 생산하는 능력과 혁신 역량이 합쳐진다면 그들은 대규모 다국적기업에 비해 우위를 확보할 수 있게 된다. 그래서 일부 신흥 시장 기업들은 저원가와 차별화가 통합된 전략을 활용하기 시작했다.[102]

어떤 방식으로든 상대적으로 낮은 원가에 차별화된 제품을 생산하기 위해서는 반드시 원가 우위와 차별화를 통합한 전략이 필요하다. 그러기 위해서는 가치사슬의 주요 활동 및 지원 기능이 그와 같은 전략을 지원할 수 있도록 완성될 필요가 있으며, 그것이 완성되었을 때 기업의 유연성이 확보된다. 따라서 기업이 통합 전략을 활용하려면 유연성이 반드시 요구된다. 중국 자동차 제조업체들은 저원가 생산이 가능할 뿐 아니라 경쟁자와도 차별되는 디자인이 가능한 유연한 제품 설계 수단을 개발했다.[103] 유연한 제조 시스템, 정보 네트워크, 전사적 품질 관리 시스템은 유연성 확보의 세 가지 원천으로, 원가 절감과 차별화 둘 다를 확보하려는 기업들에게 특히 유용하다.

유연한 제조 시스템

유연한 제조 시스템(flexible manufacturing system: FMS)을 활용하는 기업은 상대적으로 낮은 가격에 차별화된 제품을 창출하기 위해 인적·물적·정보 자원을 통합시킨다. 기술적으로 상당히 진보된 FMS는 컴퓨터 기반의 통제 과정으로, 수동 조작을 최소화하고, 생산 수량을 유연하게 조정하면서, 다양한 제품을 생산하는 데 활용된다.[104] 중국 충칭에 있는 포드(Ford)-창안(Changan) 간의 제휴로 만들어진 자동차 제조 공장은 유연 생산 방식의 혜택을 분명하게 보여준다. 창안포드(Changan Ford)의 제조 엔지니어링 매니저는 "신모델의 생산 라인을 간단히 재조정함으로써 우리는 몇 시간 내 신모델을 생산할 수 있으며, 동시에 신모델을 소개하는 기간 동안 기존 모델 역시 생산할 수 있다. 이것은 생산 능력이나 리드 타임에 영향을 받기보다는 시장 수요 변화에 따라 즉각적으로 신제품을 도입하고 기존 제품을 감소시키는 것이 가능하다. 그리고 유연 생산 방식은 인프라 스트럭처 구축을 기다릴 필요도 없다."[105] 유연성은 제조 공정(그리고 종종 다른 가치사슬 활동에서도)의 모듈화를 통해서 확보되기도 한다.[106]

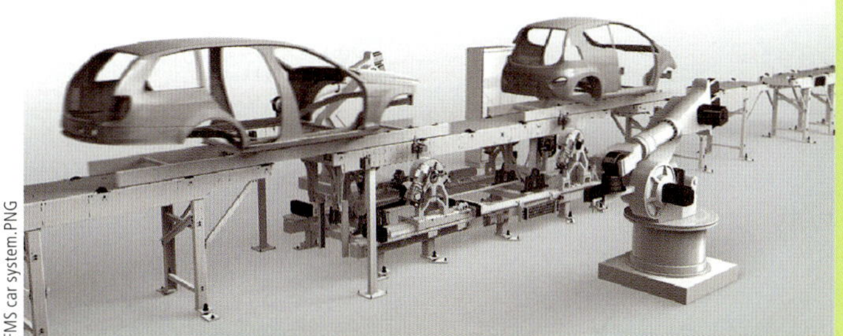

FMS car system.PNG

컴퓨터 지원 생산 라인의 유연성을 보여준다. 두 종류의 차체가 동일한 생산 라인에서 함께 조립되고 있다.

FMS의 목표는 전통적인 제조 기술에 내재된 "저원가와 제품의 다양성" 간의 상충 효과를 제거하기 위한 것이다. 기업은 한 제품에서 다른 제품으로 생산을 쉽고 빠르게 변화시키기 위해 FMS를 활용한다. FMS를 적절하게 사용하면 저원가에 동일한 제품 품질을 유지하면서 고객의 니즈 변화에 좀 더 효과적으로 대응할 수 있게 된다. FMS는 또한 제품을 효율적으로 제조하는 데 필요한 로트(lot) 규모를 줄여줄 수 있기 때문에 협소한 시장에서 요구하는 독특한 니즈를 만족시키는 데 기업의 역량을 높일 수 있다. 모든 유형의 산업에서 기업의 유형 자산(예: 기계)과 무형 자산(예: 종업원의 기량)의 효과적인 조합은 복잡한 경쟁 전략 특히, 원가 우위와 차별화 통합 전략의 실행을 좀 더 쉽게 해준다.

정보 네트워크

공급업체, 유통업체, 고객을 기업과 연결시킴으로써 정보 네트워크는 유연성의 또 다른 원천을 제공한다. 이 네트워크가 효과적으로 사용되면 제품 품질 및 배송 속도 면에서 고객의 기대를 만족시키는 데 도움을 준다.[107]

앞에서 고객의 니즈를 이해하기 위해서는 고객과 기업 간의 관계 관리가 중요하다는 것을 이야기한 바 있다. 고객 관계 관리(customer relationship management: CRM)는 이와 같은 목적을 달성하기 위해 활용하는 정보 기반 네트워크 과정의 한 형태이다.[108] 효과적인 CRM 시스템은 모든 접점, 비즈니스 과정, 의사소통 매체, 판매 경로를 포함하여 기업과 고객 간의 관계를 360도 관점에서 제공한다.[109] 이렇게 나온 정보를 기업은 고객이 차별화 특성과 낮은 원가 사이에서 내리는 균형점을 결정하는 데 활용할 수 있으며, 이러한 평가는 원가 우위와 차별화 통합 전략을 활용하는 기업에게 매우 중요하다. 이 시스템은 기업이 자사의 시장 및 이해관계자를 모니터링하는 데 도움을 주고 미래를 더 잘 준비할 수 있게 해준다.[110] 그래서 전략적 의사결정을 종합적으로 내리기 위해서는 풍부한 정보의 흐름이 필수적이며, 효과적인 경영 의사결정을 위해서는 기업 환경에 대한 정확한 정보가 요구된다.

전사적 품질 관리 시스템

전사적 품질 관리는 고객에 대한 조직의 헌신과 종업원의 권리 이양을 통해 문제를 스스로 해결함으로써 모든 공정을 지속적으로 개선할 것을 강조하는 관리 프로세스이다.

전사적 품질 관리(total quality management: TQM)는 고객에 대한 조직의 헌신과 종업원의 권리 이양을 통해 문제를 스스로 해결함으로써 모든 공정을 지속적으로 개선할 것을 강조하는 관리 프로세스이다.[111] 기업은 다음과 같은 목적을 위해 TQM을 개발 및 활용한다.

1. 고객 만족을 위해
2. 원가 절감을 위해
3. 혁신 제품을 시장에 출시하기까지 소요되는 시간을 줄이기 위해[112]

혁신 제품을 개발하는 능력을 강화시키면서 동시에 원가를 절감하는 것은 기업의 유연성을 높이는 데 도움을 준다. 고객의 기대를 초과하는 품질은 차별화의 요소가 되고, 원가 절감을 위한 비효율적 공정을 제거하는 것은 동일한 품질의 제품을 상대적으로 낮은 가격에 제공할 수 있도록 해준다. 그래서 효과적인 TQM 시스템은 차별화를 증가시키고 동시에 원가를 절감시킬 수 있는 기회를 발견하는 데 도움을 준다. 연구에 따르면 TQM 시스템은 전략을 단독으로 사용했을 경우 차별화 전략보다는 원가 우위 전략을 실행하는 데 훨씬 더 큰 도움이 된다고 한다.[113] 그러나 전략을 통합하여 사용한 경우 TQM 시스템은 두 개의 전략 사이에 잠재적 시너지를 만들어내는 데 도움이 된다. TQM 시스템은 모든 경쟁자가 이용 가능한 것이기 때문에 기업이 경쟁적 동등성을 유지하는 데 도움이 되지만 경쟁적 우위를 확보하기는 어렵다.[114]

원가 우위와 차별화 통합 전략의 경쟁적 위험

원가 우위와 차별화 통합 전략을 성공적으로 활용함으로써 평균 이상의 수익을 얻을 수 있는 잠재력은 높다. 그러나 이 전략은 위험을 수반한다. 왜냐하면 목표 고객에게 가치를 제공할 수 있는 차별화 수준에서 상대적으로 싼 제품을 생산하는 가치사슬의 주요 활동 및 지원 기능을 실행시키는 것이 어렵기 때문이다. 게다가 지속적으로 이 전략을 활용하기 위해서는 기업은 제품 차별화를 증가시키면서(차별화 전략에 의해 요구되는) 동시에 제품을 생산하기 위해 발생되는 원가를 절감할(원가 우위 전략에 의해 요구되는) 수 있어야 한다.

이 전략에 실패한 기업은 "샌드위치 신세"가 된다.[115] 즉, 기업의 원가 구조가 매력적인 가격을 제시할 만큼 충분히 낮지도 않고, 목표 고객을 만족시킬만한 가치를 제공할 차별성을 보유하고 있지도 않다는 것이다. 이러한 현상은 JC페니가 경험한 문제에 잘 나타나 있다. 고객에 의해 인식된 가격은 충분히 낮지 않았고, 차별화 역시 고객의 요구에 비해 매력적이지 않았다. JC페니의 매출 감소는 다른 고객을 끌어들이지 못한 채 상당수의 기존 고객을 잃어 버렸음을 의미한다. 이와 같은 기업은 평균 이상의 수익을 달성할 수 없고 경쟁하는 산업의 구조가 매우 우호적일 경우에만 평균 정도의 수익을 달성할 것이다.[116] 그래서 원가 우위와 차별화의 통합 전략을 활용하는 기업은 반드시 상대적으로 낮은 원가와 가격 수준에서 차별화된 요소를 동시에 담은 제품을 목표 고객에게 제공할 수 있어야 한다.

원가 우위 전략 또는 차별화 전략 중 어느 하나를 성공적으로 실행시키지 못했을 때도 기업은 샌드위치 신세가 된다. 다시 말해서 전 산업을 대상으로 하는 경쟁자 역시 샌드위치 신세가 될 수 있다는 것이다. 그리고 통합 전략을 활용하려는 시도는 기업이 반드시 저원가와 차별화 둘 다를 추구해야만 하기 때문에 상당히 많은 비용이 든다.

기업은 차별화를 확보하기 위해서 다른 기업과 제휴를 형성할 필요가 있다. 그러나 전략적 파트너가 제공하는 자원 활용을 위한 비용 부담이 커서 원가 절감을 어렵게 만들 수도 있다.[117] 기업은 그들의 차별화를 유지하기 위해 또는 경쟁자보다 좀 더 완벽한 제품 포트폴리오를 형성하기 위해 다른 기업을 인수한다.[118] 통합 전략 활용의 위험을 제시한 한 연구에 따르면 원가 우위 전략 또는 차별화 전략 중 하나만 선택하는 "순수 전략(pure strategies)"을 사용하는 기업이 "혼합 전략(hybrid strategies)"(예: 원가 우위 전략과 차별화 전략의 통합)을 사용하는 기업보다 성과가 더 좋다고 한다.[119] 그러나 통합 전략은 기술 진보와 글로벌한 경쟁 때문에 점차 보편화되고 있고 많은 산업에서 필요하게 되었다. 통합 전략이 효과적으로 작동되기 위해서는 장기적 관점이 필요하다. 이러한 이유 때문에 오랜 기간이 요구되는 장기 전략을 실행할 수 있는 헌신적인 경영자가 필요하다.[120]

요약

- 사업 전략은 특정 제품 시장에서 경쟁 우위를 획득하기 위해 기업이 활용하는 통합 및 조정된 일련의 신념과 활동이다. 이 장은 다섯 가지 사업 전략(원가 우위, 차별화, 집중화된 원가 우위, 집중화된 차별화, 원가 우위와 차별화 통합)을 설명하였다.
- 고객은 성공적인 사업 전략의 기초가 된다. 고객을 고려했을 때 기업은 세 가지 이슈(누구에게, 무엇을, 어떻게)에 대해 동시에 답을 내릴 수 있어야 한다. 이 세 가지 이슈는 서비스할 고객 집단, 기업이 만족시켜야 할 고객 집단의 니즈, 고객의 니즈를 만족시키기 위해 기업이 활용할 핵심 역량을 포함한다. 글로벌 경제 전체를 대상으로 세분화 시장을 증가시키는 것은 전보다 더 독특한 고객 니즈를 정의할 수 있는 기회를 늘리는 것과 같다.
- 원가 우위 전략을 통해 경쟁 우위를 추구하는 기업은 불필요한 서비스 없이 표준화된 제품을 일반 고객에게 제공한다. 그러나 저원가 제품도 경쟁에서 밀리지 않을 정도의 차별화를 제공해야 한다. 기업이 지속적으로 효율성을 강조하게 되면 그 기업의 원가는 경쟁자의 것보다 낮아지게 될 것이고 동시에 적정 수준으로 차별화한 제품을 고객에게 제공할 때 평균 이상의 수익을 얻을 수 있게 된다.
- 원가 우위 전략과 관련된 경쟁적 위험은 (1) 새로운 기술의 출현으로 경쟁 우위를 잃었을 때, (2) 고객 니즈에 대한 변화를 추적하는 데 실패했을 때, (3) 경쟁 기업이 독특한 전략적 행동을 통해 원가 우위 기업의 경쟁 우위를 모방했을 때 발생한다.
- 차별화 전략을 통해 가치 있는 독특한 특색을 담은 제품을 고객에게 제공한다. 차별화 전략을 활용하는 제품은 경쟁자 제품의 원가/차별성 조합과 비교했을 때 상대적으로 경쟁적이라고 고객이 믿는 수준에서 판매되어야 한다. 차별성 때문에 차별화된 제품 및 서비스는 고가에 팔릴 수 있다. 일부 고객 집단이 가치 있다고 생각한다면, 이들 고객 집단을 대상으로 어떠한 차별화도 가능하다. 차별화 전략을 활용하는 기업은 경쟁사의 제품 및 서비스에 대해 가능한 여러 차원에서 그들의 제품을

차별화시키려 한다. 그 이유는 경쟁사 제품과 유사성이 적을수록 그들과의 경쟁에서 더욱 멀어질 수 있기 때문이다.

- 차별화 전략과 관련된 위험은 (1) 차별화 제품이 제공하는 독특함이 비싼 가격을 지불할 만큼의 가치가 더 이상 없다고 고객집단이 판단한 경우, (2) 고객이 비싼 가격을 기꺼이 지불하면서 얻고자 했던 가치를 차별화 제품이 더 이상 만들어내지 못하는 경우, (3) 경쟁자가 차별화 제품과 유사한 특성을 보유하면서 싼 원가에 제품을 제공할 수 있는 능력이 생긴 경우, (4) 차별화 제품 또는 서비스를 싸게 모방하는 위조의 위협이 나타난 경우 발생한다.
- 원가 우위와 차별화 집중 전략을 통해서 기업은 좁은 세분 시장(예: 구매 집단별, 제품별, 지리적 영역별 세분화)의 니즈를 만족시킨다. 이 전략은 전체 시장을 대상으로 하는 기업이 만든 가치보다 더 매력적이고, 세분 시장이 요구하는 가치를 제공하는 데 필요한 핵심 역량을 기업이 가지고 있을 때 성공할 수 있다.
- 집중화 전략의 위험은 (1) 경쟁자가 핵심 역량을 활용하여 더 좁게 규정된 세분 시장을 만족시킴으로써 집중화 기업을 "아웃포커스"시켜버리는 경우, (2) 산업 전체를 대상으로 운영하는 경쟁자가 특정 고객 집단의 니즈에 집중하겠다고 결정한 경우, (3) 세분 시장과 전체 시장의 고객 집단 니즈가 유사해진 경우에 발생한다.
- 원가 우위와 차별화의 통합 전략을 사용하는 기업은 상대적으로 낮은 가격에 차별화 특성을 보유한 제품을 제공하려고 애쓴다. 상대적으로 낮은 가격에 차별화 제품을 생산하기 위해서는 기업의 유연성을 확보하는 것이 필수적인데, 이는 가치사슬의 주요 활동과 지원 기능의 연계 활동을 통해 가능하다. 이 전략의 주요 위험은 기업이 낮은 원가 또는 차별화 어떤 부분에서도 충분한 가치를 제공하지 못하는 제품을 생산할 때 발생한다. 그러한 경우 기업은 "샌드위치 신세"가 되며, 그와 같은 기업은 불리한 입장에서 경쟁하기 때문에 평균 수익 이상을 달성할 수 없게 된다.

핵심 용어

사업 전략 106
시장 세분화 109
원가 우위와 차별화 통합 전략 128
원가 우위 전략 114
전사적 품질 관리 130
집중화 전략 124
차별화 전략 119

복습 문제

1. 사업 전략은 무엇인가?
2. 누구에게, 무엇을, 어떻게라는 관점에서 기업의 고객과 사업 전략 간의 관계를 어떻게 정의할 수 있는가? 이 관계가 왜 중요한가?
3. 원가 우위, 차별화, 집중화 원가 우위, 집중화 차별화, 원가 우위와 차별화의 통합 전략 간의 차이점이 무엇인가?
4. 기업이 평균 이상의 수익을 달성하기 위해 각각의 사업 전략은 다섯 가지 경쟁 요인에 대해 어떤 포지션을 취할 수 있는가?
5. 각 사업 전략을 활용할 때 발생되는 위험은 무엇인가?

[Mini Case] JC페니는 실패한 전략과 함께 사라질까?

몇 년 전, JC페니(이하 JCP)는 쇠락하고 있는 전통적인 저가 백화점 체인이었다. 퍼싱스퀘어(Pershing Square Capital Management)사의 헤지 펀드 투자가인 빌 애크맨(Bill Ackman)은 JCP의 지분을 상당량 사들였고, 론 존슨(Ron Johnson)이라는 새로운 CEO를 고용했다. 애플사의 소매점 개념을 성공적으로 창조해낸 존슨은 JCP의 운명을 바꿀 임무를 부여받았다.

2012년 1월 존슨은 JCP 브랜드를 재구축하기 위해 새로운 전략을 발표했다. 이 전략은 JCP 소매점의 재탕으로 리바이스, 아이조드(IZOD), 리즈클레이본(Liz Claiborne)과 같은 특정 브랜드와 각 매장 내에 마사 스튜어트(Martha Stewart) 제품의 특성을 살린 가정용 제품에 초점을 두었다. 동시에 존슨은 새로운 가격 시스템을 발표했다. 과거에는 일년 내내 특별 할인을 제공하였으나, 새로운 가격 정책은 전 품목에 대해 40%까지 감소한 가격을 책정했다. 이러한 새로운 가격 정책에서는 추가적인 할인이 없이 책정된 가격을 지불해야 했다. 이 전략의 의도는 특정한 제품에 대해서만 높은 할인 혜택을 제공하기보다 모든 제품에 대해 고객에게 "더 좋은 조건을(better deal)" 제공하자는 것이었다.

이러한 변화의 의도는 JCP를 좋은 조건에 브랜드 제품(대개 의류와 가정 용품)을 제공하는 좀 더 고품질의 소매점으로 변신시키고자 한 것이다. 그러나 이러한 변화는 JCP의 현재 고객을 간과한 것이었다. 즉, JCP는 타깃, 메이시, 노드스트롬(Nordstrom)과 같은 고급 상점의 고객을 끌어들이려고 하였으나, 불행하게도 이 전략은 실행한 첫해에 실패로 드러났다. 2012년 총매출이 2011년 보다 낮은 42억 8천만 달러였으며, 기업의 주가는 55%까지 하락하였다. 인터넷 매출 역시 새로운 경쟁자인 메이시가 48%나 증가한 것과 달리 34%나 감소했다. 이러한 것들이 결국 그 해 JCP에 10억 달러의 순 손실을 가져오게 되었다.

JCP의 새로운 경영진은 그들이 기존 고객 기반을 유지하면서 (아마도 전 품목의 40% 할인 가격) 동시에 "상점 내 상점(store-within-a-store)"이라는 개념으로 새로운 고객까지 끌어들일 수 있을 것으로 생각했다. 전략 전문가이며 전 경영진이고 현재 토론토대학의 학장으로 있는 로저 마틴(Roger Martin)에 따르면 "새로운 JCP는 과거 JCP를 대상으로 경쟁했고 그 경쟁자를 도살시키려 했다"고 한다. JCP가 새로운 전략적 개념을 강하게 홍보하기 시작했을 때 그 전략을 받아들여 변신한 상점은 3분의 1에 불과했다. 새롭게 변신한 상점들은 평방피트당 매출의 증가를 보였으나, 기존 상점들은 평방피트당 매출의 급격한 감소를 나타냈다. 이것은 JCP의 새로운 상점들이 경쟁자로부터 고객을 뺏어온 것이 아니라 기존 JCP 상점의 고객을 끌고 온 것으로 여겨진다. 마틴에 따르면 새로운 CEO는 자본 시장에 대해서는 잘 알고 있지만 고객을 만족시키고 경쟁 우위를 확보하는 방법에 대해서는 몰랐다고 한다. 이전 CEO인 알렌 퀘스트롬(Allen Questrom)은 새로운 CEO 존슨이 몇 가지 훌륭한 역량(예: 지적이고 강한 의사소통자)을 보유하고 있지만, 그와 그의 경영진은 주요한 전략적 실수를 저질렀고, 특히 JCP 고객에 대한 이해가 부족했다고 말했다.

매출과 주가 하락에도 불구하고 JCP가 생존할 수 있을까? JCP는 최근 약 2,200명의 종업원을 해고하여 비용을 절감하겠다고 발표했다. 존슨은 선택적인 가격 할인 정책을 재도입하고, 제품별 비교 가격(경쟁사와 비교한 상대적 가격)을 제공하겠다는 것도 발표했다. 좋은 소식은 새롭게 변신한 JCP 상점들의 평방피트당 매출이 268달러에 달한다는 것이다. 그러나 기존 JCP 상점은 동일 공간당 134달러의 매출만을 올리고 있다. 모든 JCP 상점이 새롭게 변신할 때까지 존슨의 전략이 생존해서 JCP를 회생시킬 수 있을지 의문이다. 그 대답은 아마도 아닌 것 같다로 판명되었다. 왜냐하면 2013년 4월 8일 JCP 이사회는 존슨을 해고했는데, 그가 CEO 직책을 맡은 지 약 1년 반밖에 되지 않았기 때문이다.

출처: P. Wahba, 2015, J.C. Penney still blaming Ron Johnson-era for slow profit growth *Fortune*, www.fortune.com, March; N. Tichy, 2014, J.C. Penney and the terrible costs of hiring an outsider CEO, *Fortune*, www.fortune.com, November 13; J. Reingold, A. Sloan, & D. Burke, 2013, When Wall Street wears the pants, *Fortune*, April 8, 74–81; S. Schaefer, 2013, Ron Johnson out as JCPenney chief, *Forbes*, www.forbes.com, April 8; M. Nisen, 2013, Former JC Penney CEO says Ron Johnson is 'a very nice man' who will probably fail, *Yahoo! Finance*, finance.yahoo.com, accessed April 6; B. Byrnes, 2013, How J.C. Penney is killing itself, *The Motley Fool*, www.fool.com, March 31; B. Jopson, 2013, JC Penney cuts 2,200 jobs as retailer struggles, *Financial Times*, www.ft.com, March 8; J. Macke, 2013, J.C. Penney's last shot at survival, *Yahoo! Finance*, finance.yahoo.com, accessed March 1; S. Clifford, 2013, Chief talks of mistakes and big loss at JC Penney, *New York Times*, www.nytimes.com, February 27; M. Halkias, 2013, J.C. Penney CEO Ron Johnson says changes will return retailer to growth, *Dallas Morning news*, www.dallasnews.com, February 9; They're back: JCPenney adds sales, 2013, *USA Today*, www.usatoday.com, January 28; A. R. Sorkin, 2012, A dose of realism for the chief of J.C. Penney, *New York Times DealB%k*, dealbook.nytimes.com, November 12.

토의 문제

1. JCP의 새로운 CEO는 4장에서 논의한 본원적 전략을 실행하기 위해 어떤 전략을 추구했나?
2. 전략 실행 후 변화의 결과는 무엇이었는가?
3. JCP가 실행한 전략은 왜 실패했는가?
4. 두 개의 전략(원가 우위 전략과 차별화 전략) 사이에 끼어 옴짝달싹 할 수 없다는 것은 무슨 의미인가?

미주

1. J. Garcia-Sanchez, L. F. Mesquita, & R. S. Vassolo, 2014, What doesn't kill you makes you stronger: The evolution of competition and entry-order advantages in economically turbulent contexts, *Strategic Management Journal*, 35: 1972–1992; H. Greve, 2009, Bigger and safer: The diffusion of competitive advantage, *Strategic Management Journal*, 30: 1–23.
2. O. Schilke, 2014, On the contingent value of dynamic capabilities for competitive advantage: The nonlinear moderating effect of environmental dynamism, *Strategic Management Journal*, 35: 179–203; M. A. Delmas & M. W. Toffel, 2008, Organizational responses to environmental demands: Opening the black box, *Strategic Management Journal*, 29: 1027–1055.
3. M. E. Porter & J. E. Heppelmann, 2014, How smart, connected products are transforming competition, *Harvard Business Review*, 92(11): 64–88; M. G. Jacobides, S. G. Winter, & S. M. Kassberger, 2012, The dynamics of wealth, profit, and sustainable advantage, *Strategic Management Journal*, 33: 1384–1410.
4. A. Gasparro, 2015, Indigestion hits food giants, *Wall Street Journal*, February 13, B1.
5. F. F. Suarez, S. Grodal, & A. Gotsopoulos, 2015, Perfect timing? Dominant category, dominant design, and the window of opportunity for firm entry, *Strategic Management Journal*, 36: 437–448; J. Schmidt & T. Keil, 2013, What makes a resource valuable? Identifying the drivers of firm-idiosyncratic resource value, *Academy of Management Review*, 38: 208–228; C. Zott & R. Amit, 2008, The fit between product market strategy and business model: Implications for firm performance, *Strategic Management Journal*, 29: 1–26.
6. S. E. Reid & U. Brentani, 2015, Building a measurement model for market visioning competence and its proposed antecedents: Organizational encouragement of divergent thinking, divergent thinking attitudes, and ideational behavior, *Journal of Product Innovation Management*, 32: 243–262; S. Kaplan, 2008, Framing contests: Strategy

making under uncertainty, *Organization Science*, 19: 729–752.

7. J. R. Lecuona & M. Reitzig, 2014, Knowledge worth having in 'excess': The value of tacit and firm-specific human resource slack. *Strategic Management Journal*, 35: 954–973; L. A. Costa, K. Cool, & I. Dierickx, 2013, The competitive implications of the deployment of unique resources, *Strategic Management Journal*, 34: 445–463; K. Shimizu & M. A. Hitt, 2004, Strategic flexibility: Organizational preparedness to reverse ineffective strategic decisions, *Academy of Management Executive*, 18: 44–59.
8. C. Eesley, D. H. Hsu, & E. B. Roberts, 2014, The contingent effects of top management teams on venture performance: Aligning founding team composition with innovation strategy and commercialization environment, *Strategic Management Journal*, 35: 1798–1817; J. A. Lamberg, H. Tikkanen, T. Nokelainen, & H. Suur-Inkeroinen, 2009, Competitive dynamics, strategic consistency, and organizational survival, *Strategic Management Journal*, 30: 45–60.
9. R. Kapoor & N. R. Furr, 2015, Complementarities and competition: Unpacking the drivers of entrants' technology choices in the solar photovoltaic industry, *Strategic Management Journal*, 36: 416–436; I. Goll, N. B. Johnson, & A. A. Rasheed, 2008, Top management team demographic characteristics, business strategy, and firm performance in the U.S. airline industry: The role of managerial discretion, *Management Decision*, 46: 201–222.
10. S. L. Fourné, J. P. Jansen, & T. M. Mom, 2014, Strategic agility in MNEs: Managing tensions to capture opportunities across emerging and established markets, *California Management Review*, 56(3): 13–38; J. W. Spencer, 2008, The impact of multinational enterprise strategy on indigenous enterprises: Horizontal spillovers and crowding out in developing countries, *Academy of Management Review*, 33: 341–361.
11. D. Gallagher, 2015, King not yet fit to wear a crown, *Wall Street Journal*, Feb 14–15, B14.
12. R. E. Hoskisson, M. A. Hitt, R. D. Ireland, & J. S. Harrison, 2013, *Competing for Advantage*, Mason, OH: Cengage Learning.
13. M. Subramony & S. D. Pugh, 2015, Services management research: Review, integration, and future directions, *Journal of Management*, 41: 349–373; R. J. Harrington & A. K. Tjan, 2008, Transforming strategy one customer at a time, *Harvard Business Review*, 86(3): 62–72.
14. M. J. Mol & C. Brewster, 2014, The outsourcing strategy of local and multinational firms: A supply base perspective, *Global Strategy Journal*, 4: 20–34; K. R. Fabrizio & L. G. Thomas, 2012, The impact of local demand on innovation in a global industry, *Strategic Management Journal*, 33: 42–64.
15. M. E. Porter, 1980, *Competitive Strategy*, New York: Free Press.
16. J. Calandro Jr., 2015, A leader's guide to strategic risk management, *Strategy & Leadership*, 43: 26–35; M. Baghai, S. Smit, & P. Viguerie, 2009, Is your growth strategy flying blind?, *Harvard Business Review*, 87(5): 86–96.
17. I. Le Breton-Miller & D. Miller, 2015, The paradox of resource vulnerability: Considerations for organizational curatorship, *Strategic Management Journal*, 36(3): 397–415; D. G. Sirmon, S. Gove, & M. A. Hitt, 2008, Resource management in dyadic competitive rivalry: The effects of resource bundling and deployment, *Academy of Management Journal*, 51: 919–935.
18. L. A. Bettencourt, R. F. Lusch, & S. L. Vargo, 2014, A service lens on value creation: Marketing's role in achieving strategic advantage, *California Management Review*, 57(1): 44–66.
19. F. J. Gouillart, 2014, The race to implement co-creation of value with stakeholders: Five approaches to competitive advantage, *Strategy & Leadership*, 42: 2–8.
20. L. A. Bettencourt, C. P. Blocker, M. B. Houston, & D. J. Flint, 2015, Rethinking customer relationships, *Business Horizons*, 58: 99–108; P. E. Frown & A. F. Payne, 2009, Customer relationship management: A strategic perspective, *Journal of Business Market Management*, 3: 7–27.
21. M. Ritson, 2014, Amazon has seen the future of predictability, Marketing Week, January 23, 10; H. Green, 2009, How Amazon aims to keep you clicking, *BusinessWeek*, March 2: 34–35.
22. S. Ramachandran & T. Stynes, 2015, Netflix steps up foreign expansion: Subscriber editions top streaming service's forecast, helped by growth in markets abroad, *Wall Street Journal*, www.wsj.com, January 21.
23. R. Parmar, I. Mackenzie, D. Cohn, & D. Gann, 2014, The new patterns of innovation, *Harvard Business Review*, 92(1/2): 86–95; M. Bogers, A. Afuah, & B. Bastian, 2010, Users as innovators: A review, critique and future research directions, *Journal of Management*, 36: 857–875.
24. D. Yagil & H. Medler-Liraz, 2013, Moments of truth: Examining transient authenticity and identity in service encounters. *Academy of Management Journal*, 56: 473–497.
25. A. S. Balaji & B. C. Krishnan, 2015, How customers cope with service failure? A study of brand reputation and customer satisfaction, *Journal of Business Research*, 68: 665–674; L-Y Jin, 2010, Determinants of customers' complaint intention, *Nankai Business Review International*, 1: 87–99.
26. R. Mortimer, 2014, The creation of a chief customer officer role at Tesco signals a quiet revolution in marketing thinking, *Marketing Week*, June 6, 3.
27. P. Skålén, J. Gummerus, C. Koskull, & P. Magnusson, 2015, Exploring value propositions and service innovation: A service-dominant logic study, *Journal of the Academy of Marketing Science*, 43: 137–158; M. Dixon, E. V. Karniouchina, B. D. Rhee, R. Verma, & L. Victorino, 2014, The role of coordinated marketing-operations strategy in services: Implications for managerial decisions and execution, *Journal of Service Management*, 25: 275–294; S. F. Slater, E. M. Olson, & G. T. Hult, 2010, Worried about strategy implementation? Don't overlook marketing's role, *Business Horizons*, 53: 469–479.
28. S. Han, Y. Ye, X. Fu, & Z. Chen, 2014, Category role aided market segmentation approach to convenience store chain category management, *Decision Support Systems*, 57: 296–308; P. Riefler, A. Diamantopoulos, & J. A. Siguaw, 2012, Cosmopolitan consumers as a target group for segmentation, *Journal of International Business Studies*, 43: 285–305.
29. 2015, About Hill's pet nutrition, Hill's Pet Nutrition, www.hillspet.com, February 23.
30. H. B. Corrigan, G. Craciun, & A. M. Powell, 2014, How does Target know so much about its customers? Utilizing customer analytics to make marketing decisions, *Marketing Education Review*, 24(2): 159–166.
31. J. Jargon, 2014, Millennials lose taste for McDonald's, *Wall Street Journal*, August 25, B1.
32. A. S. Sengupta, M. Balaji, & B. C. Krishnan, 2015, How customers cope with service failure? A study of brand reputation and customer satisfaction, *Journal of Business Research*, 68: 665–674; C. A. Funk, J. D. Arthurs, L. J. Trevino, & J. Joireman, 2010, Consumer animosity in the global value chain: The effect of international shifts on willingness to purchase hybrid products. *Journal of International Business Studies*, 41: 639–651.
33. Schilke, On the contingent value of dynamic capabilities for competitive advantage; P. J. Holahan, Z. Z. Sullivan, & S. K. Markham, 2014, Product development as core competence: How formal product development practices differ for radical, more innovative, and incremental product innovations, *Journal of Product Innovation Management*, 31: 329–345.
34. D. J. Teece, 2014, The foundations of enterprise performance: Dynamic and ordinary capabilities in an (economic) theory of firms, *Academy of Management Perspectives*, 28: 328–352; D. J. Teece, 2012, Dynamic capabilities: Routines versus entrepreneurial action, *Journal of Management Studies*, 49: 1395–1401; P. L. Drnevich & A. P. Kriauciunas, 2011, Clarifying the conditions and limits of the contributions of ordinary and dynamic capabilities to relative firm performance, *Strategic Management Journal*, 32: 254–279.
35. R. Mudambi & T. Swift, 2014, Knowing when to leap: Transitioning between exploitative and explorative R&D, *Strategic Management Journal*, 35: 126–145; M. Gruber, F. Heinimann, M. Brietel, & S. Hungeling, 2010, Configurations of resources and capabilities and their performance implications: An exploratory study on technology ventures, *Strategic Management Journal*, 31: 1337–1356.
36. J. Haas, 2014, Focus on the core: Merck claims R&D restructuring poised to produce results, *In Vivo*, 32: 6–8.
37. 2015, About SAS, www.sas.com, February 24.
38. WWD: Women's Wear Daily, 2014, Change agents set the agenda, *WWD: Women's Wear Daily*, May 23, 8–10.
39. M. E. Porter, 1985, *Competitive Advantage*, New York: Free Press, 26.
40. R. Rumelt, 2011, *Good Strategy/Bad Strategy*, New York: Crown Business.
41. M. E. Porter, 1996, What is strategy?, *Harvard Business Review*, 74(6): 61–78.
42. Porter, *What is strategy?*
43. A. Agnihotri, 2014, The role of the upper echelon in the value chain management, *Competitiveness Review*, 24: 240–255; J. S. Srai & L. S. Alinaghian, 2013, Value chain reconfiguration in highly disaggregated industrial systems: Examining the emergence of health care diagnostics, *Global Strategy Journal*, 3: 88–108.
44. M. E. Porter, 1994, Toward a dynamic theory of strategy. In R. P. Rumelt, D. E. Schendel, & D. J. Teece (eds.), *Fundamental Issues in Strategy*. Boston: Harvard Business School Press: 423–461.
45. Porter, *What is strategy?*, 62.
46. Porter, *Competitive Advantage*, 15.
47. J. Block, K. Kohn, D. Miller, & K. Ullrich, 2015, Necessity entrepreneurship and competitive strategy,

Small Business Economics, 44: 37–54; J. Gonzales-Benito & I. Suarez-Gonzalez, 2010, A study of the role played by manufacturing strategic objectives and capabilities in understanding the relationship between Porter's generic strategies and business performance, *British Journal of Management*, 21: 1027–1043.

48. Schilke, On the contingent value of dynamic capabilities for competitive advantage: The nonlinear moderating effect of environmental dynamism; Hoskisson, Ireland, Hitt, & Harrison, *Competing for Advantage*.
49. Porter, *Competitive Strategy*, 35–40.
50. B. Berman, 2015, How to compete effectively against low-cost competitors, *Business Horizons*, 58: 87–97; P. D. Orberg Jensen & B. Petersen, 2013, Global sourcing of services: Risk, process, and collaborative architecture, *Global Strategy Journal*, 3: 67–87; C. Weigelt, 2013, Leveraging supplier capabilities: The role of locus of capability deployment, *Strategic Management Journal*, 34: 1–21.
51. K. Grind, 2015, Vanguard problem riddles Fidelity, *Wall Street Journal*, Feb 13, C2.
52. J. K. Park & Y. K. Ro, 2013, Product architectures and sourcing decisions: Their impact on performance, *Journal of Management*, 39: 814–846; M. Kotabe & R. Mudambi, 2009, Global sourcing and value creation: Opportunities and challenges, *Journal of International Management*, 15: 121–125.
53. S. Carnahan & D. Somaya, 2013, Alumni effects and relational advantage: The impact on outsourcing when a buyer hires employees from a supplier's competitors, *Academy of Management Journal*, 56: 1578–1600; R. Liu, D. J. Feils, & B. Scholnick, 2011, Why are different services outsources to different countries? *Journal of International Business Studies*, 42: 558–571.
54. M. J. Lennox, S. F. Rockart, & A. Y. Lewin, 2010, Does interdependency affect firm and industry profitability? An empirical test, *Strategic Management Journal*, 31: 121–139.
55. 2015, Company overview, Big Lots, www. biglots. com, February 25.
56. A. Hinterhuber & S. M. Liozu, 2014, Is innovation in pricing your next source of competitive advantage? *Business Horizons*, 57: 413–423; J. Morehouse, B. O'Mera, C. Hagen, & T. Huseby, 2008, Hitting back: Strategic responses to low-cost rivals, *Strategy & Leadership*, 36: 4–13.
57. J. Alcácer, C. L. Dezsö, & M. Zhao, 2013, Firm rivalry, knowledge accumulation, and MNE location choices, *Journal of International Business Studies*, 44: 504–520; G. J. Kilduff, H. A. Elfenbein, & B. W. Staw, 2010, The psychology of rivalry: A relationally dependent analysis of competition, *Academy of Management Journal*, 53: 943–969.
58. S. D. Pathak, Z. Wu, & D, Johnston, D. 2014, Toward a structural view of co-opetition in supply networks, *Journal of Operations Management*, 32: 254–267; T. W. Tong & J. J. Reuer, 2010, Competitive consequences of interfirm collaboration: How joint ventures shape industry profitability, *Journal of International Business Studies*, 41: 1056–1073.
59. Y. Luo, Y. Huang, & S. L. Wang, 2011, Guanxi and organizational performance: A metaanalysis, *Management and Organization Review*, 8: 139–172.
60. G. Bhalla, 2014, How to plan and manage a project to co-create value with stakeholders, *Strategy & Leadership*, 42: 19–25; O. D. Fjeldstad & A. Sasson, 2010, Membership matters: On the value of being embedded in customer networks, *Journal of Management Studies*, 47: 944–966.
61. 2015, Our story, http://corporate.walmart. com, accessed February 25.
62. F. J. Contractor, V. Kumar, S. K. Kundu, & T. Pedersen, 2010, Reconceptualizing the firm in a world of outsourcing and offshoring: The organizational and geographical relocation of high-value company functions. *Journal of Management Studies*, 47: 1417–1433.
63. Y. Zhang & J. Gimeno, 2010, Earnings pressure and competitive behavior: Evidence from the U.S. electricity industry, *Academy of Management Journal*, 53: 743–768.
64. Heppelmann & Porter, *How smart, connected products are transforming competition*.
65. M. M. Larsen, S. Manning, & T. Pedersen, 2013, Uncovering the hidden costs of offshoring: The interplay of complexity, organizational design, and experience, *Strategic Management Journal*, 34: 533–552.
66. S. Chang & B. Wu, 2014, Institutional barriers and industry dynamics, *Strategic Management Journal*, 35: 1103–1123; Heppelmann & Porter, *How smart, connected products are transforming competition*; T. J. Kull, S. C. Ellis, & R. Narasimhan, 2013, Reducing behavioral constraints to supplier integration: A sociotechnical systems perspective, *Journal of Supply Chain Management*, 49: 64–86; J. Dyer & W. Chu, 2011, The determinants of trust in supplierautomaker relations in the U.S., Japan and Korea: A retrospective, *Journal of International Business Studies*, 42: 28–34.
67. Heppelmann & Porter, *How smart, connected products are transforming competition*; O. Ormanidhi & O. Stringa, 2008, Porter's model of generic competitive strategies, *Business Economics*, 43: 55–64; J. Bercovitz & W. Mitchell, 2007, When is more better? The impact of business scale and scope on long-term business survival, while controlling for profitability, *Strategic Management Journal*, 28: 61–79.
68. Heppelmann & Porter, *How smart, connected products are transforming competition*; A. Kaul, 2012, Technology and corporate scope: Firm and rival innovation as antecedents of corporate transactions, *Strategic Management Journal*, 33: 347–367; K. Z. Zhou & F. Wu, 2010, Technological capability, strategic flexibility and product innovation, *Strategic Management Journal*, 31: 547–561.
69. Porter, *Competitive Strategy*, 35–40.
70. 2015, Product innovation, www.1000ventures.com, March 5.
71. H. Ryu, J. Lee, & B. Choi, 2015, Alignment between service innovation strategy and business strategy and its effect on firm performance: An empirical investigation, *IEEE Transactions on Engineering Management*, 62: 100–113; C. A. Siren, M. Kohtamaki, & A. Kuckertz, 2012, Exploration and exploitation strategies, profit performance and the mediating role of strategic learning: Escaping the exploitation trap, *Strategic Entrepreneurship Journal*, 6: 18–41.
72. M. Terpstra & F. H. Verbeeten, 2014, Customer satisfaction: Cost driver or value driver? Empirical evidence from the financial services industry, *European Management Journal*, 32: 499–508; U. Lichtenthaler & H. Ernst, 2012, Integrated knowledge exploitation: The complementarity of product development and technology licensing, *Strategic Management Journal*, 33: 513–534.
73. K. Rahman & C. S. Areni, 2014, Generic, genuine, or completely new? Branding strategies to leverage new products. *Journal of Strategic Marketing*, 22: 3–15; R. Kotha, Y. Zheng, & G. George, 2011, Entry into new niches: The effects of firm age and the expansion of technological capabilities on innovative output and impact, *Strategic Management Journal*, 32: 1011–1024.
74. M. J. Donate, & J. D. Sánchez de Pablo, 2015, The role of knowledge-oriented leadership in knowledge management practices and innovation, *Journal of Business Research*, 68: 360–370; J. T. Macher & C. Boerner, 2012, Technological development at the boundaries of the firm: A knowledgebased examination in drug development, *Strategic Management Journal*, 33: 1016–1036.
75. R. Kapoor & J. M. Lee, 2013, Coordinating and competing in ecosystems: How organizational forms shape new technology investments, *Strategic Management Journal*, 34: 274–296; F. T. Rothaermel, M. A. Hitt, & L. A. Jobe, 2006, Balancing vertical integration and strategic outsourcing: Effects on product portfolio, product success and firm performance, *Strategic Management Journal*, 27: 1033–1056.
76. Kapoor & Furr, 2015, Complementarities and competition: Unpacking the drivers of entrants' technology choices in the solar photovoltaic industry; D. Somaya, 2012, Patent strategy and management: An integrative review and research agenda, *Journal of Management*, 38: 1084–1114.
77. S. Germano, 2015, UnderArmour grows online, *Wall Street Journal*, Feb 5, B3.
78. Bettencourt, Lusch, & Vargo, A service lens on value creation; N. E. Levitas & T. Chi, 2010, A look at the value creation effects of patenting and capital investment through a real-option lens: The moderation role of uncertainty, *Strategic Entrepreneurship Journal*, 4: 212–233; L. A. Bettencourt & A. W. Ulwick, 2008, The customer-centered innovation map, *Harvard Business Review*, 86(5): 109–114.
79. R. Simons, 2014, Choosing the right customer. *Harvard Business Review*, 92(3): 48–55; M. Abbott, R. Holland, J. Giacomin, & J. Shackleton, 2009, Changing affective content in brand and product attributes, *Journal of Product & Brand Management*, 18: 17–26.
80. H. E. Posen, J. Lee, & S. Yi, 2013, The power of imperfect imitation, *Strategic Management Journal*, 34: 149–164.
81. Y. Mishina, E. S. Block, & M. J. Mannor, 2015, The path dependence of organizational reputation: How social judgment influences assessments of capability and character, *Strategic Management Journal*, forthcoming; B. K. Boyd, D. D. Bergh, & D. J. Ketchen, 2010, Reconsidering the reputation-performance relationship: A resource-based view, *Journal of Management*, 36: 588–609.
82. D. Laureiro-Martínez, S. Brusoni, N. Canessa, & M. Zollo, 2015, Understanding the exploration-exploitation dilemma: An fMRI study of attention control and decision-making performance, *Strategic Management Journal*, 36, 319–338; R. Mudambi & T. Swift, 2013, Knowing when to leap: Transitioning between exploitative and explorative R&R, *Strategic Management Journal*, in press.

83. S. Wilkins & J. Huisman, 2014, Corporate images' impact on consumers' product choices: The case of multinational foreign subsidiaries, *Journal of Business Research*, 67: 2224–2230; O. Chatain, 2011, Value creation, competition and performance in buyer-supplier relationships, *Strategic Management Journal*, 32: 76–102.
84. A. Marinez-Noya, E. Garcia-Canal, & M. F. Guillen, 2013, R&D outsourcing and the effectiveness of intangible investments: Is proprietary core knowledge walking out the door? *Journal of Management Studies*, 5: 67–91.
85. Heppelmann & Porter, How smart, connected products are transforming competition; J. W. Upson, S. J. Ketchen, B. L. Connelly, & A. L. Ranft, 2012, Competitor analysis and foothold moves, *Academy of Management Journal*, 55: 93–110.
86. J. Harvey, P. Cohendet, L Simon, & S. Borzillo, 2015, Knowing communities in the front end of innovation, *Research Technology Management*, 58: 46–54; S. Anokhin & J. Wincent, 2012, Start-up rates and innovation: A cross-country examination, *Journal of International Business Studies*, 43: 41–60.
87. T. Bajarin, 2014, How tiny tech firms are disrupting the giants, *PC Magazine*, December, 36–38. B. Einhorn, B. Shrivastava, & J. Lee, 2014, Samsung's China problems come to India, *Bloomberg BusinessWeek*, October 27, 44–45.
88. J. West & M. Bogers, 2014, Leveraging external sources of innovation: A review of research on open innovation, *Journal of Product Innovation Management*, 31: 814–831; M. M. Crossan & M. Apaydin, 2010, A multi-dimensional framework of organizational innovation: A systematic review of the literature, *Journal of Management Studies*, 47: 1154–1180.
89. J. Chen, L. Teng, L., S. Liu, & H. Zhu, 2015, Anticipating regret and consumers' preferences for counterfeit luxury products, *Journal of Business Research*, 68: 507–515; X. Bian & L. Moutinho, 2009, An investigation of determinants of counterfeit purchase consideration, *Journal of Business Research*, 62: 368–378.
90. Porter, Competitive Strategy; M. Selove, 2014, How do firms become different? A dynamic model, *Management Science*, 60: 980–989.
91. 2015, About Goya foods, www.goyafoods. com, March 3.
92. Porter, *Competitive Advantage*, 15.
93. J. Mcintosh, 2015, IKEA profits flat in fiscal 2014. *Furniture/Today*, February 2, 47; K. Kling & I. Goteman, 2003, IKEA CEO Andres Dahlvig on international growth and IKEA's unique corporate culture and brand identity, *Academy of Management Executive*, 17: 31–37.
94. 2015, About IKEA, IKEA, www.ikea.com, March 3.
95. 2015, about Green Truck, www. greentruckonthego. com; March 3; A. Kadet, 2015, City news–metro money: Wheelin' and dealin' from a truck, *Wall Street Journal*, www.wsj.com, February 28. K. McLaughlin, 2009, Food truck nation, *Wall Street Journal*, www.wsj. com, June 5.
96. A. Barroso & M. S. Giarratana, 2013, Product proliferation strategies and firm performance: The moderating role of product space complexity, *Strategic Management Journal*, 34: 1435–1452.
97. C. E. Armstrong, 2012, Small retailer strategies for battling the big boxes: A "Goliath" victory?, *Journal of Strategy and Management*, 5: 41–56.
98. A. Gasparro & T. Stynes, 2015, Whole Foods benefits from increase in customers, *Wall Street Journal*, February 12, B4.
99. R. D. Banker, R. Mashruwala, & A. Tripathy, 2014, Does a differentiation strategy lead to more sustainable financial performance than a cost leadership strategy? *Management Decision*, 56: 872–896; C. L. Hill, 1988, Differentiation versus low cost or differentiation and low cost: A contingency framework, *Academy of Management Review*, 13: 401–412.
100. C. Cennamo & J. Santalo, 2013, Platform competition: Strategic trade-offs in platform markets, *Strategic Management Journal*, 34: 1331–1350; H. A. Ndofor, D. G. Sirmon, & X. He, 2011, Firm resources, competitive actions and performance: Investigating a mediated model with evidence from the in-vitro diagnostics industry, *Strategic Management Journal*, 32: 640–657; R. A. D'Aveni, G. B. Dagnino, & K. G. Smith, 2010, The age of temporary advantage, *Strategic Management Journal*, 31: 1371–1385.
101. 2015, Mission and Value, www.target.com, March 5.
102. S. Awate, M. M. Larsen, & R. Mudambi, 2015, Accessing vs sourcing knowledge: A comparative study of R&D internationalization between emerging and advanced economy firms, *Journal of International Business Studies*, 46: 63–86; E. R. Brenes, D. Montoya, & L. Ciravegna, 2014, Differentiation strategies in emerging markets: The case of Latin American agribusinesses, *Journal of Business Research*, 67: 847–855; G. A. Shinkle, A. P. Kriauciunas, & G. Hundley, 2013, Why pure strategies may be wrong for transition economy firms, *Strategic Management Journal*, 34: 1244–1254.
103. C. Eckel, L. Iacovone, B. Javorcik, & J. P. Neary, 2015, Multi-product firms at home and away: Cost-versus quality-based competence, *Journal of International Economics*, 95: 216–232; H. Wang & C. Kimble, 2010, Low-cost strategy through product architecture: Lessons from China, *Journal of Business Strategy*, 31(3): 12–20.
104. M. I. M. Wahab, D. Wu, and C. G. Lee, 2008, A generic approach to measuring the machine flexibility of manufacturing systems, *European Journal of Operational Research*, 186: 137–149.
105. 2014, Rethinking car assembly, *Automotive Manufacturing Solutions*, November, 2–3.
106. A. Furlan, A. Cabigiosu, & A. Camuffo, 2014, When the mirror gets misted up: Modularity and technological change, *Strategic Management Journal*, 35, 789–807; M. Kotabe, R. Parente, & J. Y. Murray, 2007, Antecedents and outcomes of modular production in the Brazilian automobile industry: A grounded theory approach, *Journal of International Business Studies*, 38: 84–106.
107. P. Theodorou & G. Florou, 2008, Manufacturing strategies and financial performance—the effect of advanced information technology: CAD/CAM systems, *Omega*, 36: 107–121.
108. N. A. Morgan & L. L. Rego, 2009, Brand portfolio strategy and firm performance, *Journal of Marketing*, 73: 59–74.
109. P. Barlas, 2015, Salesforce.com large deals boom, fueling growth, *Investors Business Daily*, www.investors. com, February 26; D. Elmuti, H. Jia, & D. Gray, 2009, Customer relationship management strategic application and organizational effectiveness: An empirical investigation, *Journal of Strategic Marketing*, 17: 75–96.
110. D. J. Ketchen, T. R. Crook, & C. W. Craighead, 2014, From Supply chains to supply ecosystems: Implications for strategic sourcing research and practice, *Journal of Business Logistics*, 35: 165–171; B. Huo, Y. Qi, Z. Wang, & X. Zhao, 2014, The impact of supply chain integration on firm performance: The moderating role of competitive strategy, *Supply Chain Management*, 19: 369–384.
111. J. D. Westphal, R. Gulati, & S. M. Shortell, 1997, Customization or conformity: An institutional and network perspective on the content and consequences of TQM adoption, *Administrative Science Quarterly*, 42: 366–394. 112. H. Su, K. Linderman, R. G. Schroeder, & A. H. Van de Ven, 2014, A comparative case study of sustaining quality as a competitive advantage, *Journal of Operations Management*, 32: 429–445; S. Modell, 2009, Bundling management control innovations: A field study of organisational experimenting with total quality management and the balanced scorecard, *Accounting, Auditing & Accountability Journal*, 22: 59–90.
113. C. D. Zatzick, T. P. Moliterno, & T. Fang, 2012, Strategic (mis)fit: The implementation of TQM in manufacturing organizations, *Strategic Management Journal*, 33: 1321–1330.
114. J. Singh & H. Singh, 2015, Continuous improvement philosophy—literature review and directions, *Benchmarking: An International Journal*, 22: 75–119; A. Keramati & A. Albadvi, 2009, Exploring the relationship between use of information technology in total quality management and SMEs performance using canonical correlation analysis: A survey on Swedish car part supplier sector, *International Journal of Information Technology and Management*, 8: 442–462; R. J. David & S. Strang, 2006, When fashion is fleeting: Transitory collective beliefs and the dynamics of TQM consulting, *Academy of Management Journal*, 49: 215–233.
115. Porter, *Competitive Advantage*, 16.
116. Ibid., 17.
117. Y. Wang & N. Rajagopalan, 2014, Alliance capabilities: Review and research agenda, *Journal of Management*, 41: 236–260; M. A. Hitt, L. Bierman, K. Uhlenbruck, & K. Shimizu, 2006, The importance of resources in the internationalization of professional service firms: The good, the bad, and the ugly, *Academy of Management Journal*, 49: 1137–1157.
118. C. Christensen, 2015, Disruptive innovation is a strategy, not just the technology, *Business Today*, 23: 150–158; P. Puranam, H. Singh, & M. Zollo, 2006, Organizing for innovation: Managing the coordinationautonomy dilemma in technology acquisitions, *Academy of Management Journal*, 49: 263–280.
119. S. Thornhill & R. E. White, 2007, Strategic purity: A multi-industry evaluation of pure vs. hybrid business strategies, *Strategic Management Journal*, 28: 553–561.
120. A. Faelten, M. Gietzmann, & V. Vitkova, 2015, Learning from your investors: Can the geographical composition of institutional investors affect the chance of success in international M&A deals?, *Journal of Management & Governance*, 19: 47–69; B. Connelly, L. Tihanyi, S. T. Certo, & M. A. Hitt, 2010, Marching to the beat of different drummers: The influence of institutional owners on competitive actions, *Academy of Management Journal*, 53: 723–742.

5

경쟁 구도와 경쟁의 역동성

● 학습목표 ●

5-1 경쟁자, 경쟁 구도, 경쟁 행위, 경쟁의 역동성을 정의한다.

5-2 경쟁자 분석의 구성 요소로써 시장의 공통성과 자원의 유사성을 논의한다.

5-3 경쟁 행위의 동인으로써 인식, 동기부여, 능력을 설명한다.

5-4 경쟁자의 경쟁적 조치에 영향을 주는 요인을 논의한다.

5-5 경쟁자의 경쟁적 조치에 대한 대응에 영향을 주는 요인을 논의한다.

5-6 시장 유형에 따른 경쟁의 역동성 차이를 설명한다.

구글의 경쟁: 하이테크 시장의 역동성

구글은 검색 엔진 사업으로 유명하다. 사람들은 인터넷에서 특정 정보를 검색할 때 "구글한다"라고 말할 정도이다. 검색 엔진 시장에서 구글의 시장 점유율은 미국에서는 약 75%에 이르고, 유럽에서는 90%를 넘고 있다. 그래서 사람들은 이렇게 높은 시장 점유율 때문에 구글이 검색 엔진 시장에서 효과적으로 독점을 누릴 수 있다고 한다. 당연히 이 정도의 시장 점유율이라면 광고주와 소비자에게 상당한 파워를 행사할 수 있고, 경쟁자에게도 대항할 수 있는 파워를 가질 수 있다. 예를 들면, 미국 연방통상위원회(FTC)에 따르면 구글은 옐프(Yelp), 트립어드바이저(TripAdvisor), 아마존과 같은 사이트의 이용자 정보를 구글이 확보할 수 있도록 허용해달라는 압박을 가하고 있다고 한다. 게다가 FTC는 구글이 광고주들에게 다른 검색 사이트에 광고를 하지 못하도록 막았다고 주장한다. 그러나 FTC는 구글이 법적으로는 어떤 위반도 하지 않았다고 말한다. 검색 시장에서 구글의 가장 큰 경쟁자는 빙(Bing)과 야후(Yahoo!)이고, 이들은 약 12%의 시장 점유율을 확보하고 있다. 그러나 인터넷 기반의 다른 기업들, 예를 들면 아마존과 페이스북은 변화를 거듭해나가면서 조만간 검색 시장의 중요한 경쟁자로 등장할 것이다. 이 기업들과는 여러 시장에서 광고주를 확보하기 위한 경쟁을 벌이고 있다.

구글은 검색 사업 이상의 사업을 한다. 구글은 이미 여러 시장에 진입했고 더 많은 시장에 진입하기 위해 준비 중에 있다. 예를 들면, 최근 구글은 최초로 구글 소매점을 런던에 개장했고 더 많은 매장을 열 계획이다. 이러한 의도는 아마도 성공한 애플 소매점과 경쟁하려는 것으로 여겨진다. 또 다른 서비스 시장으로 구글은 애플페이나 삼성페이에 대한 경쟁적 대응으로 안드로이드페이(Android Pay)를 출시했다. 구글은 또한 'Google Flight'라는 비행기 검색 서비스를 소개했는데, 이 서비스는 고객이 (가장 싼 비행기를 포함하여) 최고의 비행기를 찾는 데 도움을 준다. 구글의 이 서비스는 기존에 유사한 서비스를 하고 있는 업체들, 특히 2015년에 이 서비스의 핵심 경쟁자였던 트레블로시티(Travelocity)와 오르비츠(Orbitz)를 인수한 가장 큰 경쟁자인 엑스피디아(Expedia)(마이크로소프트에 의해 출발한 업체)와 붙게 될 것이다.

구글은 최근 보험 검색 시장(예: 최고의 자동차 보험)에 진입했고, 대형 통신 서비스 제공 업체인 AT&T와 비라이존(Verizon)과 경쟁하기 위해 무선 인터넷 연결 서비스를 제공하고 있다. 구글은 스마트폰과 스마트워치 사업에도 진입할 계획이다. 스마트워치 제품은 태그호이어(TAG Heuer)와 인텔과의 제휴를 통해서 개발 중이다. 그리고 구글 스마트폰 시제품은 핵심 부품과 여러 개의 부품으로 구성되어 있어 마치 레고 블록처럼, 소비자가 슈퍼볼과 같은 스포츠 경기를 대형 화면에서 보고 싶다면 좀 더 큰 스크린을 선택해서 바꿔 낄 수 있게 해놓았다. 당연히 구글의 스마트폰과 스마트워치는 애플 제품 및 다른 부품들과 직접적으로 경쟁하게 될 것이다.

구글은 여러 시장에서 많은 경쟁자와 경쟁을 하고 있다. 어떤 시장(예: 정보 검색 시장)에서는 구글이 지배적인 역할을 한다. 그러나 또 다른 시장에서 구글은 시장 점유율이 낮은 신규 진입자로서 기존 주요 기업(예: 비행기 검색 및 무선 인터넷 서비스)과 경쟁하고 있다. 어떤 시장에서 구글은 신규 서비스를 제공하는 주요 참여자(예: 검색 서비스)인 반면 또 다른 시장에서는 대응적인 역할(예: 안드로이드페이)만 하기도 한다. 구글의 경쟁적 행동은 다수의 시장과 다수의 경쟁자에게서 나타나는 경쟁의 역동성으로 점차 복잡해지고 있다.

rexphotostwo497914

출처: K. Benner, 2015, Don't be afraid of the big, bad Google, *The New Zealand Herald*, www.nzherald.co.nz, March 28; S. Buckley, 2015, Google Fiber's presence pressures AT&T to adjust 1 gig pricing plans, *FierceTelecom*, www.fiercetelecom.com, April 1; A. Chowdhry, 2015, Google's new flight search tool helps you find the best price, *Forbes*, www.forbes.com, February 27; C. Dougherty, 2015, Google and Intel to team up with TAG Heuer on a luxury smartwatch, *New York Times*, bitys.blog.nytimes.com, March 19; 2015, Google high street riposte to Apple, *Yahoo*, uk.news.yahoo.com, March 11; 2015, Google opens its first retail store, *RTE News*, www.rte.ie, March 11; D. Lumb, 2015, Google answers Apple Pay with (surprise) Android Pay, *Fast Company*, www.fastcompany.com, March 2; V. Kotsev, 2015, Google shows off the smartphone of the future, and it's basically a Lego set, *Fast Company*, www.fastcompany.com, January 14; D. Lyons, 2015, Five myths about Google, *The Washington Post*, www.washingtonpost.com, March 20; 2015, Zuckerberg downplays Facebook/Google rivalry, *SeekingAlpha*, www.seekingalpha.com, March 26; 2014, Google plans to test high-speed wireless Internet, *Fortune*, fortune.com, October 15.

경쟁자는 동일한 시장에서 사업을 하고, 유사한 제품을 제공하고, 비슷한 고객을 목표로 하는 기업을 말한다.

동일한 시장에서 사업을 하고, 유사한 제품을 제공하며, 비슷한 고객을 목표로 하는 기업을 **경쟁자**(competitor)라고 한다.[1] 구글은 여러 시장에서 경쟁을 하고 있기 때문에 많은 경쟁자를 갖는다. 예를 들면, 구글은 일반 검색 시장에서는 빙과 야후, 무선 인터넷 시장에서는 AT&T와 버라이즌, 향후 진입을 계획하고 있는 스마트폰 시장에서는 애플과 삼성과 경쟁할 것이다. 그래서 구글은 현재 수많은 경쟁에 참여하고 있다.

기업은 평균 이상의 수익을 얻기 위해 노력하는 한편 그들이 속해있는 상황에서 경쟁자와 함께 상호작용을 한다.[2] 어떤 기업도 외부와 단절된 상태로 경쟁하지는 않는다. 각 경쟁 기업의 행동은 우수한 성과라는 동일한 목적을 추구하는 다수의 경쟁자 사이에서 일어나는 경쟁적 행동과 대응의 한 조각이라고 할 수 있다. 그리고 경쟁자들과 상호작용을 어떻게 할지 결정하는 것은 평균 이상의 수익을 올리는 능력에 큰 영향을 준다고 증명되었다.[3] 이러한 이유 때문에 기업은 최적의 의사결정을 통해 경쟁자와의 경쟁 방법을 선택하려고 한다.[4]

경쟁 구도는 기업이 유리한 시장 지위를 확보하기 위해 움직일 때 기업 간에 발생하는 지속적인 일련의 경쟁 행위와 대응이다.

경쟁 구도(competitive rivalry)는 기업이 유리한 시장 지위를 확보하기 위해 움직일 때 기업 간에 발생하는 지속적인 일련의 경쟁적 행동과 대응이다.[5] 특히 경쟁이 심한 산업에서 경쟁자의 움직임에 반응하거나 전략적 행동을 취하고 대응할 때 기업은 계속해서 우위를 확보하기 위해 앞다툰다.[6] 선발자들이 경쟁 구도를 이해하는 것은 중요하다. 왜냐하면 현실에서 기업은 경쟁자를 능가할 수 있는 법을 배워야 하는데, 경쟁 구도는 경쟁 우위를 얻고 유지시킬 수 있도록 개별 기업의 역량에 영향을 주기 때문이다.[7] 연속적으로 발생되는 기업의 행동인 경쟁은 한 기업이 먼저 자신의 경쟁적 행동을 발생시키고 그에 대응하여 경쟁자가 어떤 행동을 취하면 다시 그 행동에 반응하는 것이다.[8]

경쟁 행위는 경쟁 우위를 구축하거나 방어하기 위해, 시장 지위를 향상시키기 위해 기업이 취하는 일련의 경쟁적 행동 및 대응이다.

경쟁 행위(competitive behavior)는 경쟁 우위를 구축하거나 방어하기 위해 그리고 시장 지위를 향상시키기 위해 기업이 취하는 일련의 경쟁적 행동(competitive actions) 및 대응(responses)이다.[9] **전략 포커스**에 나와 있듯이 자라(Zara)와 H&M은 각자의 경쟁 우위를 지키고, 시장 지위를 향상시키기 위해 경쟁 행위에 참여한다. 경쟁 행위를 통해서 이 기업들은 각자 경쟁의 다섯 요인에 대해 우호적인 위치를 점하고(2장 참조), 현재의 경쟁 우위를 방어함과 동시에 미래를 위한 우위를 구축하려고(3장 참조) 한다.

복합시장 경쟁은 기업들이 여러 제품 또는 여러 지역 시장에서 서로 경쟁할 때 발생한다.

경쟁의 역동성은 모든 경쟁 행위로, 한 시장 내에서 경쟁하는 모든 기업이 취하는 일련의 행동과 대응의 총체를 말한다.

경쟁자는 점차적으로 여러 시장의 경쟁적 행동과 대응에 참여하게 된다.[10] 여러 제품 또는 여러 지역의 시장에서 경쟁하는 기업들은 **복합시장 경쟁**(multimarket competition)에 연루된다.[11] 모든 경쟁 행위 즉, 한 시장 내에서 경쟁하는 모든 기업들이 취하는 일련의 행동과 대응의 총체를 **경쟁의 역동성**(competitive dynamics)이라고 부른다. 이 모든 핵심 개념 사이의 관계가 〈그림 5-1〉에 잘 설명되어 있다.

이 장은 경쟁 구도와 경쟁 역동성에 초점이 맞추어져 있다. 기업의 전략은 특성상 역동적이다. 왜냐하면 한 기업에 의해 취한 행동은 경쟁자로부터 반응을 끌어내고 결국 최초 행동을 취한 기업이 경쟁자의 반응에 대해 대응을 하기 때문이다.[12] 예를 들면 담배 제조업체가 오늘날 실행하고 있는 전략은 상대적으로 새로운 제품인 전자담배와 관련된 행동을 포함한다. 일반적으로 e-담배라고 불리는 이 제품은 배터리를 사용하여 열을 가하면 니코틴이 가미된 액체가 수증기로 변하는 형태로, 건강에 미치는 영향에 대해 아직 덜 알려졌다. 미국 대형 담배 제

그림 5-1 경쟁에서 경쟁의 역동성까지의 과정

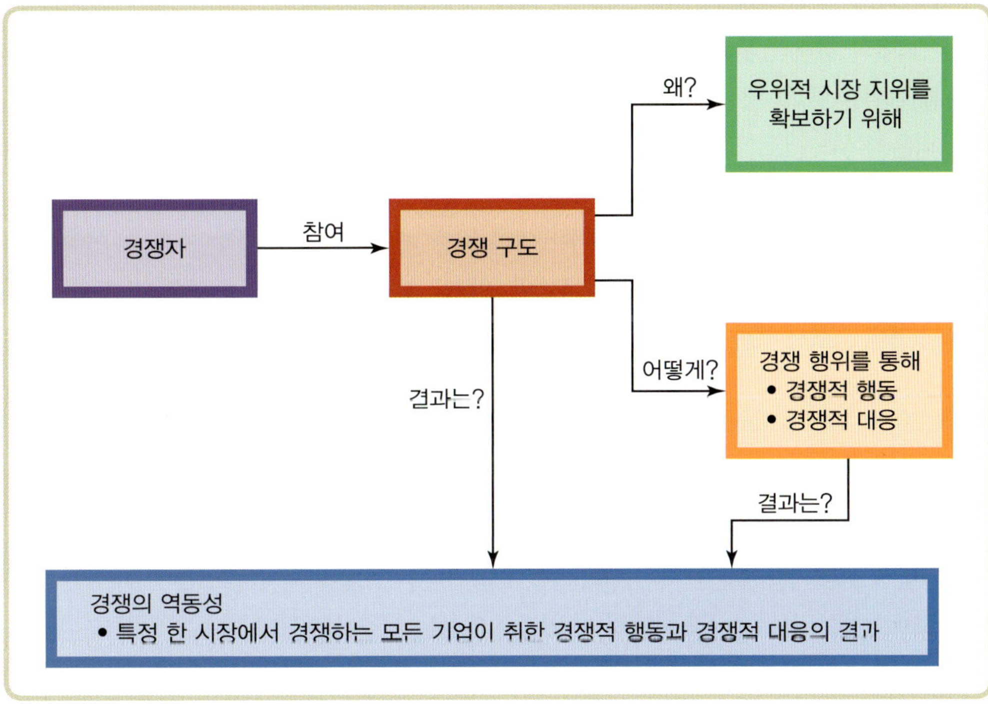

출처: Adapted from M. J. Chen, 1996, Competitor analysis and inferfirm rivalry: Toward a theoretical integration, *Academy of Management Review*, 21: 100-134.

조업체인 알트리아그룹(Altria Group)과 레이놀즈 아메리칸(Reynolds American)은 2013년 중반에 "e-담배 전략"을 새롭게 했다. 이 변화에 영향을 준 것은 이 제품에 대한 시장 규모의 증가와 미국에서 세 번째로 큰 담배회사인 로릴라드(Lorillard Inc.)가 전자담배 시장에 구축해 놓은 지위이다. 국제적인 담배 제조업체들뿐만 아니라 이 기업들 사이에 발생되는 추가적인 경쟁 행동과 대응이 예상된다.[13]

경쟁 구도는 기업의 전략에 영향을 준다. 왜냐하면 전략의 성공은 기업의 초기 경쟁적 행동에 의해 결정될 뿐만 아니라, 그 행동에 경쟁자들의 대응을 얼마나 잘 대비하는가 그리고 경쟁자의 (공격이라고 불리는) 초기 행동에 얼마나 잘 준비하고 대응하는가에 달렸기 때문이다.[14] 경쟁 구도는 모든 유형의 전략(예: 기업 전략, 인수합병, 국제화 전략)에 영향을 주지만, 사업 전략에 가장 큰 영향력을 행사한다. 실제로 경쟁자의 행동과 대응에 대해 기업의 행동과 대응은 사업 전략 구성 요소를 구축하는 토대가 된다.[15]

4장에서 학습한 사업 전략이 특정한 제품 시장에서 기업의 핵심 역량을 성공적으로 활용하기 위한 것에 관심을 두었다는 점을 기억하기 바란다. 글로벌 경제에서 경쟁 구도는 격렬해지고, 이는 기업들의 전략에 대한 효과가 점차 중요해지고 있음을 의미한다. 효과적인 사업 전략을 개발하고 활용하는 기업은 격렬한 경쟁 구도를 경험한다 하더라도 개별 제품 시장에서 경쟁자를 능가하는 경향이 있다.

5-1 경쟁 구도의 모델

한 기업의 경쟁적 행동이 경쟁자로부터 경쟁적 반응을 끌어내고 경쟁자에게 주목할만한 효과를 발휘할 때 그 행동과 대응의 패턴에서 경쟁 구도가 만들어진다.[16] 이 패턴은 기업들이 상호 의존적이고, 서로의 행동과 대응에 의해 영향을 받고 있으며, 시장에서의 성공은 개별 전략과 그것의 활용 결과의 함수임을 말해준다.[17]

경영진들은 경쟁 구도가 기업의 재무성과와 시장 지위에 주요한 영향을 줄 수 있다는 것을 점차 인식하게 되었다.[18] 한 연구에 따르면 격렬한 경쟁이 존재하는 산업은 경쟁 기업들의 평균 수익을 감소시키는 결과를 가져온다고 한다.[19] 애플이 2007년 아이폰을 출시함으로써 스마트폰 시장을 창출했지만, 2012년 선적되는 스마트폰의 절반이 안드로이드 플랫폼을 내장하고 있다는 사실을 통해 구글의 안드로이드가 그 시장을 빠르게 재편했음을 알 수 있다. 도입 사례는 구글이 미래의 스마트폰을 어떻게 만들지, 언제 출시할지에 대해 설명하고 있는데 이로 인해 구글은 애플, 삼성, 다른 스마트폰 제조업체들과의 경쟁이 증가될 것이다.

〈그림 5-2〉는 기업 수준에서 경쟁의식에 대한 간단한 모델을 제시하고 있다. 이와 같은 유형의 경쟁은 대개 역동적이고 복잡하다. 기업이 취하는 경쟁적 행동과 대응은 시장 우위 확보를 위한 기업의 역량과 핵심 경쟁력을 성공적으로 구축하고 활용하기 위한 토대다.[20]

〈그림 5-2〉의 모델은 경쟁에 참여했을 때 한 기업과 그 기업의 경쟁자들 사이에서 발생되는 일련의 행동을 나타낸 것이다. 기업은 경쟁자의 행동을 예측하는 방법을 이해하고 그와 관련된 불확실성을 줄이기 위해 이 모델을 활용한다.[21] 경쟁자의 행동과 대응을 예측할 수 있다는 것은 기업의 시장 지위에 긍정적인 효과를 주고 결국 재무적 성과를 가져다 준다.[22] 특정 시장에서 발생되는 모든 경쟁을 〈그림 5-2〉의 모델에 포함한다는 것은 그 시장에서의 경쟁의 역동성을 반영하는 것과 같다.

이 장의 나머지는 〈그림 5-2〉 모델의 구성 요소에 대한 설명이다. 먼저 경쟁자 분석의 구성 요소인 시장 공통성과 자원의 유사성에 대해 살펴보고 그 다음 기업의 경쟁 행위에 대한 세

그림 5-2 경쟁 현실의 모델

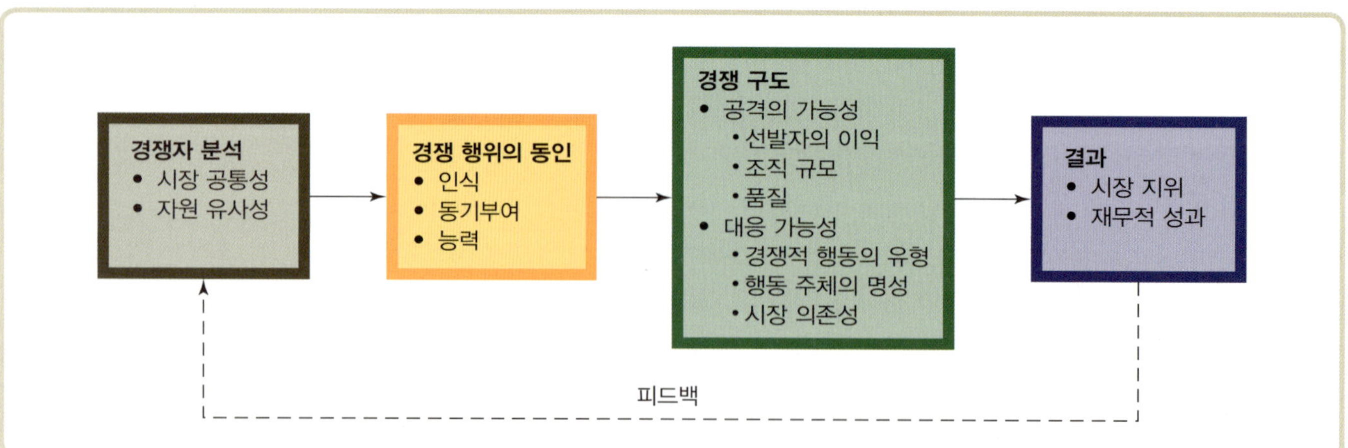

출처: Adapted from M. J. Chen, 1996, Competitor analysis and inferfirm rivalry: Toward a theoretical integration, *Academy of Management Review*, 21: 100–134.

가지 조직적 특성 — 인식, 동기부여, 능력 — 의 효과를 설명할 것이다. 그리고 기업 간의 경쟁 구도를 알아보기 위해 기업이 경쟁적 행동을 할 가능성과 경쟁자의 행동에 대응할 가능성에 영향을 주는 요소를 살펴보고자 한다. 마지막으로 저속, 고속, 표준 순환주기 시장의 특성이 경쟁 의식에 어떤 영향을 주는지 설명하기 위해 경쟁의 역동성을 논의할 것이다.

5-2 경쟁자 분석

경쟁자 분석은 각 경쟁자가 보유하고 있는 경쟁의 강도 및 특성을 예측하기 위해 기업이 취하는 첫 번째 단계이다. 경쟁자 분석은 특히 해외 시장에 진출할 때 중요한데, 그 이유는 해외 지역 경쟁의 특성과 해외 경쟁자들이 그 시장에서 지금 어떻게 하고 있는지 이해할 필요가 있기 때문이다.[23] 그러한 분석 없이는 기업은 성공하기가 어렵다.

기업이 서로 경쟁하는 시장의 숫자를 시장 공통성이라 부르고 반면 그들의 자원이 유사한 것을 자원의 유사성이라고 부른다(두 용어에 대해서는 나중에 설명할 것임). 이 두 가지의 경쟁 차원은 경쟁의 정도를 결정한다. 시장 공통성이 높고 자원의 유사성이 높은 기업들 간에는 서로 인정하는 직접적인 경쟁자가 된다. 그리고 경쟁 행위의 동인들 — 한 경쟁자가 경쟁적 행동을 시작할 가능성뿐만 아니라 그 경쟁자의 행동에 대응할 가능성에 영향을 주는 요인들 — 은 경쟁 강도에 영향을 준다.[24]

2장에서 경쟁 환경을 이해하기 위한 기술로써 경쟁자 분석에 대해 설명했다. 산업과 경쟁 환경은 다같이 기업의 외부 환경을 구성한다. 그리고 기업이 그들의 경쟁자를 이해하는 데 경쟁자 분석이 어떻게 도움을 주는지도 설명했다. 이와 같은 이해는 경쟁자의 미래 목표, 현재 전략, 추정, 역량에 대한 연구를 통해서 얻을 수 있다(그림 2-3 참조). 이 장에서는 경쟁자 분석을 경쟁적 행동과 대응의 관점에서 경쟁자의 행위를 예측하기 위해 기업이 무엇을 연구해야 하는지에 대해 알아보고자 한다. 2장에서 경쟁자 분석에 대한 논의와 이 장에서의 논의는 서로 보완적인데, 그 이유는 경쟁자의 경쟁적 행동과 대응을 예측하기 전에(5장에서 논의) 기업은 경쟁자를 먼저 이해해야(2장에서 논의) 하기 때문이다.

경쟁자의 경쟁적 행동과 대응의 가능성을 정확히 예측할 수 있다는 것은 경쟁자의 목표, 전략, 추정, 역량에 대해 무지한 상황을 피할 수 있다는 것이다. 경쟁자 상황을 예측하는 데 필요한 정보가 부족하다는 것은 경쟁의 사각지대를 만드는 것과 같다. 경쟁의 사각지대로 인해 경쟁자의 행동에 기업이 놀라게 되고, 잠재적으로 부정적인 결과가 나올 수 있다.[25] 이사회 구성원들은 그들이 보유한 사업 및 산업 환경에 대한 지식과 전문성을 경쟁의 사각지대를 피하는 데 활용되기를 기대한다.[26]

5-2a 시장 공통성

모든 산업은 다양한 시장으로 구성된다. 금융 서비스 산업은 보험, 중개 서비스, 은행 및 기타의 시장으로 구성된다. 서로 다르고 독특한 고객 집단의 니즈에 집중하기 위해서 시장은 여러 개로 분리된다. 보험 시장은 시장 세분화(예: 기업고객과 일반고객), 제품 세분화(예: 건강보험, 생명보험), 지역 시장(예: 동남아시아, 서유럽)으로 다시 구분될 수 있다. 일반적으로 인터넷 기술을 기반으로 한 능력은 산업 내에서 시장의 특성을 형성하는 데 도움을 준다. 그 한 예로 P&G(Procter and Gamble)의 관계자에 따르면 "P&G가 팬들을 위한 페이지에 'f-commerce(페이스북을 활용한 전자상거래)'를 구축했을 때 페이스북은 마케팅과 유통의 통로가 되었고, 아마존에 의해 상거래가 수행되었을 때, 일회용 기저귀인 팸퍼스(Pampers)가 'Top 10' 안에 드는 소매 제품이 되었다"고 한다.[27]

경쟁자들은 산업을 구성하는 개별 시장의 서로 다른 특성을 인정하는 경향이 있다. 예를 들면 운송 산업에서 민간 항공 시장은 육상 수송 시장과 다르다. 육상 수송 시장에는 YRC월드와이드(YRC Worldwide)(북미에서 가장 크고, 활동 영역이 가장 넓은 소량화물(less-than-truckload: LTL) 회사)와 아칸소 베스트(Arkansas Best), 콘웨이(Con-way Inc.), 페덱스프라이트(FedEx Freight)가 활동하고 있다.[28] 한 산업 내 시장마다 차이점이 존재하지만, 경쟁 우위를 개발하는 데 필요한 핵심역량 및 활용 기술의 관점에서 보면 시장 사이에 일부 서로 관련이 있다. 예를 들면 철도와 트럭 수송은 서로 다른 시장에서 경쟁하고 서로 대체될 수 있지만, 신뢰할만한 서비스를 제공하고 시간을 잘 맞춰야 한다는 것은 공통적이다. 따라서 사우스웨스트, 유나이티드, 제트블루와 같은 민간 항공 수송기, TRC와 같은 육상 수송, 철도, 그 외 경쟁자들 모두 똑같이 고객을 만족시킬 서비스 경쟁력을 개발해야 한다.

시장 공통성은 기업과 경쟁자가 함께 관계하는 시장의 수와 각 관계자가 인식하는 개별 시장의 중요성 정도와 관련이 있다.

기업들은 시장 공통성이라고 불리는 일부 시장에서 서로 경쟁한다. **시장 공통성**(market commonality)은 기업과 경쟁자가 함께 관계하는 시장의 수와 각 관계자가 인식하는 개별 시장의 중요성 정도와 관련이 있다.[29] 다수의 시장에서 서로 경쟁하는 기업은 복합시장 경쟁에 참여하게 된다.[30] 코카콜라와 펩시코는 다수의 제품(예: 청량음료, 생수)에서뿐만 아니라 여러 지역(예: 북미를 포함한 전 세계 많은 국가)에서 서로 경쟁한다. 기업들이 복합시장에서 경쟁하는 산업의 예로 항공, 화학, 제약, 소비재 등이 있다.

동일 시장에서 경쟁하는 기업은 일련의 행동이 취해진 시장 내에서뿐만 아니라 경쟁해야 할 또 다른 시장에서 경쟁자의 행동에 대응해야만 한다. 이러한 잠재적 대응은 복잡한 형태의 경쟁 상황을 만들어낼 수 있는데, 그 이유는 한 시장에서 취한 경쟁적 행동 또는 대응이 두 번째 시장의 경쟁 결과에 영향을 주도록 디자인될 수도 있기 때문이다.[31] 이러한 잠재적 상황이 경쟁자들 사이의 경쟁을 더욱 복잡하게 만든다. 연구에 따르면 더 많은 시장에 관여하는 기업일수록 공격을 먼저 개시하지 않고, 대신 공격받았을 때 좀 더 적극적으로 대응한다고 한다. 컴퓨터 산업에 대한 연구에 따르면 경쟁자의 공격에 대해 신제품 소개로 대응하지만, 공격에 대한 보복의 수단으로 가격을 사용하지 않는다고 한다.[32] 이런 연유에서 복합시장 경쟁은 경쟁 구도를 축소시킨다. 그러나 일부 기업은 잠재적 보상이 높다고 판단할 때(예: 잠재적 시장 점유율 확보) 경쟁을 멈추지 않을 것이다.[33]

5-2b 자원 유사성

자원 유사성은 한 기업이 보유한 유·무형 자원이 경쟁사의 자원과 유사한 정도(예: 유형, 양)를 의미한다.

자원 유사성(resource similarity)은 한 기업이 보유한 유·무형 자원이 경쟁사의 자원과 유사한 정도(예: 유형, 양)를 의미한다.[34] 자원의 유형과 양이 비슷한 기업들은 유사한 강점과 약점을 가지기가 쉽고, 그들의 강점을 바탕으로 역시 비슷한 전략을 구사할 것이다.

5장 말미의 Mini Case에서 페덱스와 UPS(United Parcel Service) 간의 "자원 유사성"을 보여줄 것이다. 이 두 기업은 동일한 여러 시장에서 경쟁을 하고 있기 때문에 시장 공통성도 정확히 설명될 수 있다. 자원 관점에서 이 두 기업은 유사한 형태의 트럭과 항공 수송기를 보유하고 있으며, 금융 자본 수준도 비슷하고, 서비스 완성에 필수적인 정보 기술 시스템을 다루는 숙련된 인적자원에 의존하는 점도 서로 유사하다. 이들은 북미 시장뿐 아니라 다른 해외 시장에서도 경쟁하며 시장 점유율도 비슷하다. 페덱스는 대략 220개 국가에 진출했고, UPS는 약 200개 국가에 배송 서비스를 하고 있다. 유사한 자원을 보유한 두 기업은 정말 치열하게 경쟁하고 있다.

경쟁자 분석을 수행할 때 기업은 시장 공통성과 자원 유사성의 관점에서 각각의 경쟁자를 분석한다. 이러한 분석 결과는 〈그림 5-3〉처럼 시각화시킬 수 있는데, 〈그림 5-3〉은 시장 공통성과 자원 유사성의 관점에서 기업과 경쟁자들 사이의 가상적인 교집합을 보여준다. 교집합은 자신과 비교한 기업이 경쟁 기업이 될 정도이다. 예를 들어 1사분면에 있는 기업과 그 기업의 경쟁자는 유형과 양에 있어서 비슷한 수준의 자원을 가지고 있다(즉, 두 기업은 비슷한 자원 포트폴리오를 가짐). 1사분면에 있는 기업과 경쟁자는 각자에게 중요한 시장에서 서로 경쟁할 때 유사한 자원 포트폴리오를 활용한다. 이러한 상황 때문에 1사분면에 있는 기업들은 상호 인정하는 직접적인 경쟁자가 된다.

반면에 3사분면의 기업과 그 기업의 경쟁자는 공동으로 점유하는 시장이 거의 없고 자원에 있어서도 유사성이 거의 없다. 이는 그들이 상호 인정하는 직접적인 경쟁자가 아님을 의미한다. 따라서 "미식가를 위한" 햄버거에 집중한 협소한 지역을 기반으로 가족이 경영하는 작은 레스토랑은 맥도날드와 직접적인 경쟁자가 되지 않는 것이다. 시장에서 새로운 기업이 진입하고 기존 기업은 퇴출되기도 한다. 그리고 경쟁자가 보유한 자원의 유형과 양은 변하기 마

그림 5-3 경쟁자 분석의 프레임워크

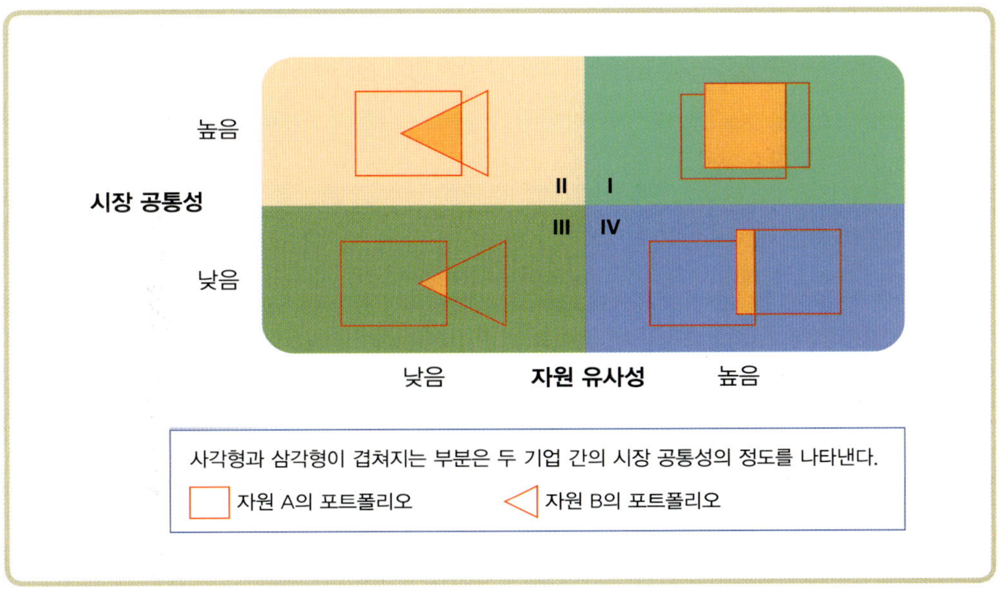

출처: Adapted from M. J. Chen, 1996, Competitor analysis and inferfirm rivalry: Toward a theoretical integration, *Academy of Management Review*, 21: 100–134.

전략 포커스

켈로그는 예상 외의 곤경에 빠진 것인가?

켈로그(Kellogg)는 한동안 미국에서 가장 큰 시리얼 시장을 점유한 리더였다. 이 기업은 한때 미국 시리얼 시장의 45%를 점유했었다. 수년 동안, 켈로그는 '호랑이 토니(Tony the Tiger)'라는 광고와 함께 성공을 누렸으며, 냉동 시리얼(Frosted Flakes, Frosted Mini-Wheats, Special K와 같은 제품)의 강자가 되었다. 그러나 이제 더 이상 그렇지 않게 되었다. 한때 미국 아침 식사용으로 시리얼이 38%나 판매되었으나, 지금은 28%밖에 안 될 정도로 아침 식사 식품 시장에 변화가 생긴 것이다. 미국 소비자들은 가공 식품과 탄수화물에서 과일, 요구르트, 단백질(예: 아침 식사용 계란)로 움직이고 있다. 결국 켈로그의 시리얼 판매는 급감하고, 수익은 줄어들고, 주가는 내려가고 있다. 주식 분석가를 대상으로 한 서베이 결과에 의하면 90%의 분석가들이 켈로그 주식을 팔거나 살 것을 보류하도록 권고하고 있으며, 오직 10%만이 그 주식에 투자할 것을 권고 하고 있다.

2014년에 켈로그의 최고 25개의 시리얼 품목 중에서 19개 품목의 판매가 감소되었다. 다른 주요 시리얼 시장 역시 어려움을 겪고 있으나, 제너럴밀즈(General Mills')는 켈로그보다 50%를 더 많이 팔았다. 같은 해 포스트(Post)조차도 순판매를 2% 증가시켰다. 켈로그의 경쟁자들은 켈로그보다 위기에 잘 대응하는 것으로 보인다. 감소하는 판매를 해결하기 위해 켈로그는 프링글스(Pringles)를 27억 달러에 인수했다. 프링글스는 분명히 소비자가 저항하기 시작한 가공 식품을 대표하고 있다. 반면에 제너럴밀즈는 세계에서 두 번째로 큰 요구르트 제조업체인 요플레(Yoplait)의 지분을 상당량 획득했다. 요구르트에 대한 수요 증가와 함께 요플레의 인수는 제너럴밀즈의 시장 지위를 강화시켰다. 켈로그 역시 Special K와 Kashi라는 제품에 과일 및 다른 아이템들을 첨가함으로써 회생하고자 노력했지만 사람들은 켈로그의 이런 행동이 수익을 높이는 데 전혀 도움되지 않았을 것이라고 한다. 게다가 켈로그는 매년 10억 달러 이상이 되는 경비를 광고에 지출하고 있다.

켈로그는 확실히 시리얼 시장의 주요 경쟁자들로부터 시장 점유율을 뺏기고 있으며, 아침 식사를 제공하는 다른 기업들에게도 시장을 뺏기고 있다. 2014년 켈로그의 아침 식사 대용 시리얼 판매는 6%까지 감소했으며, 앞으로의 전망 역시 좋지 않다. 이런 상황에도 불구하고 켈로그는 아침 식사로 더 많은 시리얼을 먹도록 소비자에게 권장하는 특별 광고 캠페인을 벌이고 있다. 한때 켈로그는 규모가 커서 이점을 누렸었다. 즉 광고와 마케팅에 더 많은 투자를 할 수 있었고, 그렇게 함으로서 소매상이나 고객과 좋은 관계를 구축할 수 있었다. 그러나 지금은 그 큰 규모가 오히려 기업에 피해를 주고 있으며, 아침 식사 식품 시장에서 일어나는 새로운 수요에 대응하기 위해 요구되는 변화를 만들어낼 수 없는 기업처럼 보인다. 반면 켈로그의 경쟁자들은 훨씬 효과적으로 대응함으로써 켈로그에 어두운 미래를 드리우고 있다.

ElinaManninen/Getty Images

켈로그는 시리얼을 포함한 건강한 아침 식사(예: 과일, 우유, 주스 및 계란과 함께)를 권장했어야 했다.

출처: J. Kell, 2014, Decline in cereal sales bites into Kellogg's results, *Fortune*, www.fortune.com, October 30; A. A. Newman, 2014, With a night campaign, Kellogg's aims for snappier sales, *New York Times*, www.nytimes.com, December 17; S. Danshkhu and S. Neville, 2015, Food companies give frosty reception to labour sugar clamp, *Financial Times*, www.ft.com, January 15; M. Badkar, 2015, Kellogg loses ground after forecasts cut, *Financial Times*, www.ft.com, February 12; S. A. Gasparro, 2015, Kellogg posts loss, cautions on outlook, *Wall Street Journal*, www.wsj.com, February 12; S. Strom, 2015, A sharp loss for Kellogg as sales of cereal falter, *New York Times*, www.nytimes.com, February 12; 2015, Kellogg cuts long-term outlook on sluggish cereal, snack sales, *Fortune*, www.fortune.com, February 12; D. Leonard, 2015, Bad news in cereal city, *Bloomberg Business*, March 2–6, pp. 42–47.

련이다. 즉, 〈그림 5-3〉과 같은 경쟁 맵은 변할 수 있다. 시장의 경쟁자는 시간이 지나면서 변하게 된다.

켈로그(Kellogg)는 과거 오랫동안 냉동 시리얼 판매 시장에서 지배적인 지위를 유지해왔으나, **전략 포커스**에서 설명한 바와 같이 최근 켈로그의 시장 점유율이 줄어들기 시작했다. 이 기업의 주요 경쟁자들은 시장 변화에 켈로그보다 더 잘 대응하고 있다. 켈로그는 소비자의 니즈를 만족시키기 위해 제품 라인을 변화시키기보다는 자사 제품을 시장에 강요하는 것처럼 보인다. 제너럴밀즈(General Mills')는 요플레(Yoplait)를 인수함으로써 아침식사 시장에서 새로운 위치를 차지할 수 있었다. 하지만 켈로그의 시장 대응은 약하고 비효과적인 듯하다. 큰 변화를 만들어 내지 못한다면 켈로그는 시장에서 고전할 것이다.

5-3 경쟁 행위의 동인

시장 공통성과 자원 유사성은 경쟁 행위의 동인(인식, 동기부여, 능력)에 영향을 준다(그림 5-2 참조). 결국 그 동인은 기업이 경쟁 구도에 참여하는 동안 취하게 될 행동과 대응으로 나타나는 실제적인 경쟁 행위에 영향을 준다.[35]

인식(awareness)은 기업이 취하는 경쟁적 행동 또는 대응의 전제 조건으로, 시장 공통성과 자원 유사성의 결과에서 나오는 상호 의존성의 정도에 대해 경쟁자가 인식하는 정도와 관계가 있다.[36] Mini Case에서 설명한 바와 같이 페덱스와 UPS는 양사 간의 상호 의존성 정도를 높게 인식했다. 인식은 기업이 경쟁적 행동과 대응의 결과를 이해하는 정도에 영향을 준다. 인식의 부족은 지나친 경쟁을 유발할 수 있고 결국 모든 경쟁자의 성과에 부정적 효과를 준다.[37]

인식은 복합시장에서 기업들이 서로 경쟁할 때 사용하는 자원의 유사성(유형과 수량에 있어서)이 매우 높을 때 최고가 되는 경향이 있다. 일본 최고의 건설 기계 제조회사인 고마쓰(Komatsu Ltd.)와 미국 기반의 기업인 캐터필러(Caterpillar Inc.)는 유사한 자원을 가지고 있으며, 전 세계를 대상으로 서로 경쟁할 때 취한 행동에 대해 잘 인식하고 있다. 1925년에 설립된 캐터필러는 세계 제일의 건설 및 채굴 장비, 디젤 및 천연가스 엔진, 산업 가스 터빈 제조업체이며, 고마쓰는 캐터필러 뒤를 이어 세계에서 두 번째로 큰 건설 및 채굴 장비 판매업체이다.[38] 수년에 걸쳐서 이 두 기업은 여러 나라와 지역에서 시장 점유 확보를 위해 공격적으로 서로 경쟁을 해왔다.

동기부여(motivation)는 경쟁자의 공격에 대해 행동 또는 대응을 취함으로써 예상되는 기업의 이익 또는 손실 정도에 따라 달라진다. 기업이 경쟁자를 인식해서 대응했다 하더라도 특별히 기업의 시장 지위가 나아지지 않고 반대로 대응하지 않아도 시장 지위에 해를 입지 않는 경우 기업은 경쟁에 가담할 동기가 없게 된다.[39] 경쟁자와의 경쟁에 가담할 동기가 없는 경우 장점은 좀 더 동기부여가 될만한 경쟁자와의 경쟁에 사용될 자원을 유보해둘 수 있다는 것이다.

시장 공통성은 기업의 인식에 영향을 주고 결국 동기부여에 영향을 준다. 예를 들면 기업은 복합시장에서 경쟁하는 경쟁자보다 시장 공통성이 낮은 경쟁자를 더 공격하는 경향이 있다. 이러한 이유는 많은 시장을 공유하는 기업과의 경쟁에서 우위를 점하려는 시도에 대한 대가가 크기 때문이다. 복합시장 경쟁은 행동이 취해진 시장이 아닌 다른 시장을 대상으로 경쟁자가 대응하기도 한다. 이러한 유형의 행동과 대응은 두 기업 모두 핵심 시장에 집중할 수 없게 만들고, 다른 목적으로 할당해 놓은 자원까지 투입해서 서로 경쟁하게 만든다. 시장 공통성하에서는 경쟁의 대가가 크기 때문에 공격받은 기업은 하나 또는 그 이상의 시장에서 자신을 방어하기 위해 경쟁자의 행동에 대응할 가능성이 높다.[40]

기업은 경쟁자와 공유하는 시장을 인식하고 그 경쟁자의 공격에 대응할 동기가 부여되기도 하지만, 대응할 능력이 없을 수 도 있다. 능력(ability)은 각 기업의 자원과 그들이 제공하는 유연성과 관련이 있다. 이용 가능한 자원(금융 자본 및 인력) 없이 경쟁자를 공격하거나 경쟁자의 행동에 대응할 수는 없다. 예를 들어 작은 신생 기업은 좀 더 혁신적일지 모르지만 일반적으로 그들은 자원이 적어서 큰 기존 경쟁자들을 공격하기는 어렵다. 마찬가지로 해외 기업들은 종종 자국 기업에 비해 불리한데 그 이유는 자국 기업의 고객, 공급업체, 정부 공무원들과 구축해놓은 사회적 자본 때문이다.[41] 그러나 유사한 자원은 공격과 대응하는 데 유사한 능력을 갖는다. 기업이 비슷한 자원을 가진 경쟁자와 직면했을 때는 공격을 시작하기 전에 가능한 공격에 대해 주의 깊은 조사가 필요하다. 왜냐하면 비슷한 자원으로 무장한 경쟁자는 기업의 공격에 대응하기가 쉽기 때문이다.[42]

자원의 비유사성(dissimilarity)은 또한 기업들 사이의 경쟁적 행동과 대응에 영향을 주는데, 행동을 취한 기업과 그 행동에 대응한 기업이 가진 자원 간의 차이가 클수록 불리한 자원을 가진 기업의 대응이 더 느려진다.[43] 예를 들면 초기에 월마트는 작은 지역사회(인구가 2만 5천명 이하의 지역사회)를 대상으로 집중화된 원가 우위 전략을 활용하여 경쟁했다. 경쟁 우위 확보를 위한 여러 방법 중에서도 최신의 물류 시스템과 효율적인 구매 관행을 활용한 월마트는 작은 소매상 시장에서 고객에게 새로운 형태의 가치(주로 가장 싼 가격으로 폭넓은 제품의 선택을 제공하는 형태)를 창출하게 되었다. 지역 경쟁자들은 월마트의 행동에 빠르고 효과적으로 대응할 자원을 구할 능력이 없었다. 월마트와 같이 더 많은 자원(더 많은 능력) 또는 더 매력적인 시장 지위를 가지고 있는 경쟁자의 행동을 인식한 기업은 반드시 그 행동에 대응해야만 한다. 대응하지 않으면 결국 실패하게 되는데, 이 같은 일은 월마트의 경쟁적 행동에 대응하지 않은 일부 지역 소매상에게 실제 일어났다. 가장 큰 소매상이 되어 버린 월마트에 대해 소규모 경쟁자가 월마트의 경쟁적 행동 또는 경쟁적 대응에 대해 효과적으로 대응할 자원을 갖는다는 것은 어려운 일이다.[44]

David Grossman/Alamy

'AT&T 그로서리'와 같은 소규모 경쟁자들은 월마트가 주는 경쟁적 위협에 대응하는 것이 어렵다. 그러나 이들은 위협에서 살아남기 위해서는 반드시 대응할 방법(예: 맞춤화된 서비스 제공)을 찾아야 한다.

5-4 경쟁 구도

기업과 경쟁자 간 계속되는 행동과 대응은 양쪽 기업의 성과에 영향을 준다. 따라서 경쟁하는 시장에 존재하는 경쟁 구도에 대해 기업은 주의 깊은 분석과 이해가 필요하다.[45]

인식, 동기부여, 능력의 관점에서 경쟁자를 분석해서 나온 예측은 시장 공통성과 자원 유사성에 토대를 둔다. 이러한 예측은 매우 일반적이다. 경쟁자의 경쟁적 행동과 대응에 대해 기업이 개발한 예측의 가치는 〈그림 5-2〉에 나와 있는 "공격 가능성" 요인들(예: 선발자 우위, 조직의 규모)과 "대응 가능성" 요인들(예: 행동 주체의 명성)의 분석을 통해 향상될 수 있다. 이 요소를 평가하고 이해함으로써 경쟁자의 행동과 대응에 대한 기업의 예측을 개선할 수 있다.

5-4a 전략적, 전술적 행동

기업이 경쟁 구도에 참여하여 경쟁적 행동과 경쟁적 대응을 형성할 때 그들은 전략적, 전술적 행동 둘 다 사용한다.[46] **경쟁적 행동**(competitive actions)은 기업이 자신의 경쟁 우위를 구축하거나 방어하기 위해 또는 시장 지위를 개선하기 위해 기업이 취하는 전략적 또는 전술적 행동이다. **경쟁적 대응**(competitive response)은 경쟁자의 경쟁적 행동의 효과에 대응하여 기업이 취하는 전략적 또는 전술적 행동이다. **전략적 행동**(strategic action) 또는 **전략적 대응**(strategic response)은 많은 양의 조직 자원을 투입하는 시장을 대상으로 한 활동이며, 실행한 후 바꾸는 것이 힘들다. **전술적 행동**(tactical action) 또는 **전술적 대응**(tactical response)은 전략의 미세 조정을 위해 시장을 대상으로 취하는 활동으로 좀 더 적은 자원을 투입하고, 상대적으로 실행 및 변화가 쉽다. 경쟁에 참여할 때 기업은 전략적 그리고 전술적 행동과 대응 간의 차이를 인식해야 하고, 두 가지 유형의 경쟁적 행동과 대응 사이의 균형을 효과적으로 확보해야 한다.

경쟁적 행동은 기업이 자신의 경쟁 우위를 구축하거나 방어하기 위해 또는 시장 지위를 개선하기 위해 기업이 취하는 전략적 또는 전술적 행동이다.

경쟁적 대응은 경쟁자의 경쟁적 행동의 효과에 대응하여 기업이 취하는 전략적 또는 전술적 행동이다.

전략적 행동 또는 **전략적 대응**은 많은 양의 조직 자원을 투입하는 시장을 대상으로 한 활동이며, 실행한 후 바꾸는 것이 힘들다.

전술적 행동 또는 **전술적 대응**은 전략의 미세 조정을 위해 시장을 대상으로 취하는 활동으로 좀 더 적은 자원을 투입하고 상대적으로 실행 및 변화가 쉽다.

몇 년 전, 노키아는 마이크로소프트와 파트너십을 맺음으로써 중요한 전략적 행동을 취했다. 이 파트너십의 목적은 "스마트폰 사업에서 글로벌한 부와 규모를 보유한 에코시스템을 형성하자"는 것이었다. 이 관계는 애플의 성공에 대한 전략적 대응의 일부라고 볼 수 있다. 그러나 2013년 마이크로소프트는 자사의 모바일 기기 전략의 핵심으로 노키아의 셀룰러폰 사업부를 인수했다.[47] 이것은 마이크로소프트의 전략적 행동을 보여준다.

월마트의 가격은 경쟁자의 희생으로 매출을 올리고 시장 점유율을 얻는 수단이 된다. 이 점을 고려해볼 때 월마트는 제품의 가격을 조금씩 변화시켜 경쟁자를 공격하는 전술적 행동과 코스트코(Costco)나 타깃(Target)과 같은 경쟁자들이 취한 가격 변화에 반응하는 전술적 대응에 끊임없이 참여할 것이다.

5-5 공격 가능성

시장 공통성, 자원 유사성, 인식, 동기부여, 능력과 같은 동인 이외에 다른 요인들이 경쟁자를 공격하기 위한 전략적, 전술적 행동의 활용 가능성에 영향을 미친다. 이 다른 요인들에는 선발자 우위, 조직의 규모, 품질이 있으며, 바로 이어서 이에 대한 논의가 있을 것이다. 후발자에 대해서는 선발자 우위를 논의할 때 함께 설명할 것이다.

5-5a 선발자 우위

선발자(first mover)란 경쟁 우위를 구축하거나 방어하기 위해 또는 시장 지위를 향상시키기 위해 최초의 경쟁적 행동을 취하는 기업을 말한다. 선발자라는 개념은 유명한 경제학자 조지프 슘페터(Joseph Schumpeter)의 연구에 영향을 받았는데, 그는 기업이 혁신적인 행동을 취할 때 경쟁 우위를 확보할 수 있다고 주장했다(혁신에 대한 정의와 논의는 13장 참조).[48] 일반적으로 선발자는 고객이 가치를 느낄 혁신적인 제품 또는 서비스를 개발하기 위해 연구개발을 강조한다.[49]

선발자란 경쟁 우위를 구축하거나 방어하기 위해 또는 시장 지위를 향상시키기 위해 최초의 경쟁적 행동을 취하는 기업을 말한다.

성공적인 선발자가 되면 그 혜택이 상당하다.[50] 특히 변화가 빠르고, 일정 시간 동안 경쟁 우위를 유지하는 것이 거의 불가능한 고속 순환주기 시장(이 장의 후반부에서 설명)에서 선발자는 후발자보다 유리하다.[51] 선발자의 혜택이 절대적이지는 않지만, 빠른 기술 발전과 상대적으로 짧은 제품주기를 보유한 산업에서 선발자의 혜택은 성공에 결정적인 역할을 하는 사례가 종종 있다.[52] 선발자의 성공적인 경쟁적 행동에 경쟁자들이 대응할 때까지 평균 이상의 수익을 얻을 수 있는 것 외에도 선발자는 다음과 같은 이득을 얻을 수 있다.

- 최초로 만든 기업의 제품 또는 서비스에 헌신하는 고객의 충성도
- 미래의 경쟁에서 경쟁자들이 확보하기 어려운 시장 점유율[53]

선발자가 갖는 최고의 혜택은 선발자가 후발자보다 생존율이 높다는 것이다.[54]

경쟁자의 경쟁 행동을 예측하고자 하는 기업은 선발자의 혜택을 얻기 위해 공격적인 전략적 행동을 취할 것이다. 그러나 그 기업이 선발자가 되고 싶다는 동기가 있어도 그렇게 할 능력이 없을 수 있다. 선발자는 공격적인 경향이 있으며, 기꺼이 혁신을 실험하고, 평균 이상의 위험을 감수한다. 그리고 그들의 장기적 성공은 그렇게 할 능력을 보유하고 있느냐에 달려있다.[55]

선발자가 되기 위해서 기업은 연구개발에 많은 투자를 할 수 있어야 하고, 혁신적인 제품을 빠르고, 성공적으로, 지속적으로 생산하고 출시할 수 있는 자원을 확보해야 한다.[56] 조직에 여유가 있으면 기업이 선발자가 될 수 있는 능력(이용 가능한 자원에 의해 측정됨)을 갖는 것이 가능하다. 조직의 여유 자원(slack resources)은 일종의 잉여 자원으로 조직의 성과를 만들어내기 위해 필요한 최소 수준의 자원을 초과하는 자원, 또는 지금 당장 사용하지 않아도 되는 자원을 의미한다.[57] 유동적 자원처럼 이 여유 자원은 선발자의 우위를 가져올 연구개발 투자와 공격적인 마케팅 및 광고와 같은 경쟁적 행동을 지원하는 데 빠르게 할당된다. 여유 자원과 선발자가 될 수 있는 능력 간의 관계를 통해서 기업은 선발자가 이용 가능한 여유 자원이 있을지 그리고 지속적으로 혁신 제품을 출시하기 위해 공격적인 경쟁적 행동을 취할지를 예측할 수 있게 해준다. 게다가 그 기업은 한 선발자의 경쟁자들이 효과적으로 선발자에게 대응할 수 있을 때까지 선발자가 평균 이상의 수익을 얻기 위해 시장 점유율과 고객 충성도를 빠르게 확보할 것이라는 것을 예측할 수 있다.

경쟁자를 평가하는 기업들은 선발자가 갖는 위험을 인식해야 한다. 우선, 시장에 혁신 제품을 최초로 소개함으로써 얻게 되는 수익을 정확하게 예측할 수 없고,[58] 제품 혁신을 개발하기 위해 상당한 비용을 감수해야 하며, 이로 인해 다음 혁신에 필요한 여유 자원이 감소하게 된다. 그래서 기업은 한 경쟁자가 선발자로서 획득하게 되는 결과에 대해 신중하게 조사해야 한다. 경쟁자의 계속되는 성공은 그들의 추가적인 제품 혁신에서 나온다. 그러나 경쟁자가 혁신하는 동안 그 제품의 수용력이 떨어지게 되면 미래에 선발자가 되려는 경향은 줄어들게 될 것이다.[59]

후발자는 전형적으로 모방을 통해 선발자의 경쟁적 행동에 대응하는 기업이다.

후발자(second mover)는 전형적으로 모방을 통해 선발자의 경쟁적 행동에 대응하는 기업이다. 선발자보다 좀 더 신중한 후발자는 제품 혁신에 대한 고객의 반응을 연구한다. 그렇게 하는 과정에서 후발자는 선발자가 저지른 실수를 발견하려 노력하고 그 결과 후발자는 선발자가 저지른 문제와 실수를 피할 수 있게 된다. 선발자의 혁신을 성공적으로 모방하게 되면 후발자는 선발자가 저지른 실수와 그들이 했던 엄청난 투자를 하지 않아도 된다.[60]

후발자는 선발자가 사용했던 것보다 더 효율적인 공정과 기술을 개발할 수 있는 시간을 갖게 되고, 고객에게 추가적인 가치를 부여해줄 수 있게 된다.[61] 가장 성공적인 후발자들은 너무 빠르게도 (그래서 후발자는 선발자의 행동을 완전히 분석할 수 있음) 너무 느리게도 (그래서 후발자는 선발자가 실수를 수정하고 고객의 충성도를 제고시킬 수 있는 시간을 주지 않음) 행동하지 않는다. 전반적으로 선발자의 경쟁적 행동은 후발자에게 제공하는 청사진과 같은데, 이는 후발자가 그들의 경쟁적 대응의 특성과 시간을 결정할 때 유용하다.[62]

경쟁자가 효과적인 후발자(그들의 과거 행동을 통해)인지를 판단함으로써 그들이 빠르게 대응할 수 있을지를 예측한다. 후발자인 경쟁자는 선발자의 제품보다 소비자에게 더 많은 가치를 제공하는 제품으로 응수하려고 한다. 가장 성공적인 후발자는 선발자의 성공적인 혁신에 신속히 대응할 수 있도록 시장의 반응을 빠르고 정확하게 해석해야 한다.

주택 개조 순위 사이트인 앤지스 리스트(Angie's List)는 약 20년 전에 창립되었다. 미국의 200만 이상의 가구가 지역 회사에서 제공하는 700 플러스 서비스(배관, 전기 등)의 품질 정보를 얻기 위해 앤지스 리스트 사이트를 이용한다. 앤지스 리스트 회원들은 매달 6만 개 이상의 순위 정보를 제공한다. 앤지스 리스트는 초창기에 성공적이였으나 2009~2014년 적자를 기록했고 주가는 최고치 대비 50% 하락했다. 이러한 저조한 경영 성과는 경쟁에 기인한다. 앤지스의 최대 경쟁사는 컨슈머리포트(Consumer Reports)인데, 이 기업 또한 무료 서비스를 제공하는 Yelp, Porch.com, home improvement networks, Google Local 등의 후발 기업과의 경쟁에 어려움을 겪고 있다.[63] 후발자들은 앤지스 리스트의 초기 성공에 적극적으로 대응했다. 각 후발자는 앤지스 리스트가 제공하는 정보보다 품질, 범위, 깊이 측면에서 좀 더 차별화했다.

Daniel Acker/Bloomberg/Getty Images

앤지스 리스트 웹사이트. 앤지스 리스트가 갖고 있는 특성을 개선하고, 좀 더 좁은 세분 시장을 목표로 하는 무수한 고객 후기 웹사이트 후발자들이 탄생하고 있다.

늦은 후발자(late mover)는 선발자와 후발자의 대응 후 한참의 시간이 지난 후 경쟁적 행동에 대응하는 기업이다. 일반적으로 늦은 경쟁적 대응에서 얻은 성공이 선발자나 후발자가 얻는 성공보다 상당히 작은 경향이 있지만, 늦은 대응은 전혀 대응하지 않는 것보다 낫다. 그러나 늦은 후발자가 시장 진입 및 경쟁에서 독특한 방식을 개발한다면 가끔 늦은 후발자가 성공할 수도 있다. 신흥 경제 국가의 기업들이 저원가 생산 및 제조라는 틈새 전략을 활용하는 것이 그 예가 된다.[64]

늦은 후발자는 선도자와 후발자의 대응 후 한참의 시간이 지난 후 경쟁적 행동에 대응하는 기업이다.

늦은 후발자와 경쟁하는 기업은 선발자와 후발자가 성공을 확보한 후에 늦은 후발자가 그 시장에 진입할지를 예측할 수 있다. 또한 늦은 후발자와 경쟁하는 기업은 선발자와 후발자들의 고객 가치 창출 방법이 확산된 후에 늦은 후발자의 행동이 평균 이상의 수익을 낼 수 있을지를 예측할 수 있다.

5-5b 조직 규모

조직 규모는 경쟁적 행동의 유형과 시간뿐만 아니라 그 행동을 취할 가능성에 영향을 준다.[65] 일반적으로 소규모 기업은 대규모 기업보다 경쟁적 행동을 취하기가 더 쉽고 좀 더 신속하게 행동하는 경향이 있다. 소규모 기업은 날렵하고 유연한 경쟁자로 인식되는데, 그들은 경쟁 우위를 방어하거나, 시장우위 확보를 목적으로 대기업과 경쟁할 때는 새로운 경쟁 우위 개발을 위해 주로 속도와 기습에 의존한다.[66] 작은 기업의 민첩성과 유연성은 다양한 형태의 경쟁적 행동을 개발할 수 있게 해준다. 반면 대기업은 사용하는 경쟁적 행동의 유형에 한계가 있다.[67]

그러나 대기업은 주어진 기간 동안 전략에 따라 경쟁적 행동을 먼저 시작하기 쉽다.[68] 그래서 조직 규모의 관점에서 경쟁자를 조사할 때 기업은 총매출 또는 총 종업원 수와 같은 측정 지표를 사용해야 한다. 좀 더 큰 경쟁자와 직면했을 때 기업이 취할 경쟁적 행동과 좀 더 작은 경쟁자와 직면했을 때 기업이 취할 경쟁적 행동은 서로 다를 것이다.

조직 규모는 한층 더 복잡성을 증가시킨다. 경쟁 구도에 참여할 때 기업은 독특한 다수의 경쟁적 행동을 취하는 데 필요한 역량을 확보하길 원한다. 만약 기업이 상당히 많은 경쟁적 행동을 취하고자 한다면 그 기업은 여유 자원을 많이 확보할 필요가 있다. 보통 이 여유 자원은 성공한 큰 기업이 많이 가지고 있는 편이다. 마찬가지로 그 기업이 상당히 다양한 경쟁적 행동을 취할 수 있다면 그 기업은 자신이 취할 경쟁적 행동과 대응을 고려했을 때 유연할 필요가 있다. 종합해보면, 다양한 경쟁적 행동과 대응을 유연하게 취할 수 있을 정도로 기업의 규모가 클 때 경쟁력을 확보할 수 있다.

5-5c 품질

품질은 제로 불량률을 가진 제품 및 서비스의 생산과 관련된 것, 또는 지속적 개선 주기와 같이 여러 의미로 정의될 수 있다.[69] 전략적 관점에서 품질이란 기업의 가치사슬 활동과 지원 기능을 통해(3장 참조) 경쟁한 결과물로 간주한다. 그래서 **품질**(quality)은 기업의 제품 또는 서비스가 고객의 기대를 만족하거나 초과했을 때 존재한다. 품질은 기업 고객을 만족시키는데 가장 중요한 요소가 될 수 있다고 한다.[70]

품질은 기업의 제품 또는 서비스가 고객의 기대를 만족하거나 초과했을 때 존재한다.

고객의 눈에 품질은 다른 주요 성과 지표에 비해 옳게 행동하는 것으로 여겨진다.[71] 고객은 폭넓은 범위에서 기업의 제품과 서비스의 품질을 측정하는 데 관심을 가질 수 있다. 고객이 공통적으로 관심을 갖는 표본 품질 측정 항목이 〈표 5-1〉에 잘 나와있다. 품질은 최고 경영자의 지원을 받을 때, 품질의 중요성이 조직 전체에 그리고 가치사슬상에 제도화되었을 때 가능하다.[72] 품질이 제도화되고 모든 사람이 그 가치를 인정할 때라야 종업원과 경영자 모두가 한결 같은 마음으로 품질 개선 방법을 찾는 데 경계를 늦추지 않게 된다.[73]

품질은 글로벌 경제에서 공통의 주제이며 필수적이지만 경쟁에서 이기는 데는 불충분 조건이다.[74] 품질이 좋지 않다는 것은 기업의 제품에 대한 신뢰성이 떨어지는 것이고, 그것은 고객이 그 제품을 가능한 대안으로 생각하지 않음을 의미한다. 실제로 고객은 그들이 중요하게 생각하는 품질 차원에서 고객이 기대하는 최소 수준을 만족시키지 못하는 제품 또는 서비스

표 5-1 제품과 서비스의 품질 항목

제품 품질 항목
1. 성능: 생산의 속성
2. 특성: 중요한 특성
3. 유연성: 일정 기간 동안 제조 명세서를 충족
4. 내구성: 성능이 멈추기 전까지 사용 가능한 양
5. 적합성: 기존에 만들어진 표준과의 일치
6. 서비스 가능성: 수리 가능 및 속도
7. 심미성: 제품의 모양 및 느낌
8. 인지된 품질: 제품 특성(제품 이미지)에 대한 주관적인 평가
서비스 품질 항목
1. 적시성: 약속된 시간을 준수
2. 공손함: 기분 좋게 서비스를 수행
3. 일관성: 매번 모든 고객에게 유사한 서비스를 제공
4. 편의성: 고객의 접근 용이성
5. 완결성: 요구대로 서비스를 완결
6. 정확성: 매번 정확하게 서비스를 수행

출처: Adapted from J. Evans, 2008, *Managing for Quality and Performance*, 7th Ed., Mason, OH: Thomson Publishing.

는 구매나 사용을 고려하지 않는다.[75]

품질은 경쟁 구도에 영향을 준다. 불량 품질을 가지고 있는 경쟁자를 평가하는 기업은 그 품질 문제가 해결될 때까지 경쟁자의 매출이 감소할 것이라는 것을 예측할 수 있다. 품질 문제가 해결되어 고객의 신뢰가 회복될 때까지 경쟁자는 공격적으로 경쟁적 행동을 취할 수 없다는 것도 예측할 수 있다.[76] 그러나 문제가 수정된 후에는 경쟁자는 전보다 더 공격적인 행동을 취하기 쉽다.

5-6 대응 가능성

기업의 경쟁적 행동의 성공은 대응하는 유형(전략적 또는 전술적)과 효과성뿐만 아니라 경쟁자가 대응할 가능성에 의해서도 영향을 받는다. 전에도 이야기했듯이 경쟁적 대응은 경쟁자의 경쟁적 행동의 효과에 대응해서 취하는 전략적 또는 전술적 행동이다. 일반적으로 기업은 아래 상황 중 하나일 때 경쟁자의 행동에 대응한다.

- 더 강한 경쟁 우위를 개발하거나 시장 지위를 개선할 수 있는 역량을 경쟁자가 더 효과적으로 활용할 때
- 경쟁 우위를 창출하고 유지하기 위한 핵심 역량을 활용하는 데 해가 가게 할 때
- 기업의 시장 지위 방어를 더욱 어렵게 할 때[77]

시장 공통성, 자원 유사성, 인식, 동기부여, 능력 이외에도 기업은 세 가지 다른 요소를 평가하는데, 그 요소에는 경쟁적 행동의 유형, 행동 주체의 명성, 시장 의존성이 포함되며, 이러한 평가를 통해 경쟁자가 경쟁적 행동에 어떻게 대응할지 예측할 수 있다(그림 5-2 참조).

5-6a 경쟁적 행동의 유형

전략적 행동에 대한 경쟁적 대응은 전술적 행동에 대한 대응과 다르다. 이러한 차이는 경쟁자에 대해 취한 경쟁적 행동에 경쟁자가 대응할 가능성을 예측할 수 있다. 전략적 행동은 보통 전략적 대응을 받게 되고 전술적 행동은 전술적 대응을 받게 된다. 전략적 행동은 좀 더 적은 경쟁적 대응을 끌어내는데, 그 이유는 전략적 대응은 상당량의 자원이 투여되어야 하고, 실행 및 변화가 어렵기 때문이다.[78]

전략적 행동이 전술적 행동보다 좀 더 적은 대응을 낳는 또 다른 이유는 전략적 행동을 실행하고 그것의 효과성을 평가하는 데 걸리는 시간이 경쟁자의 대응을 지연시킬 수 있기 때문이다.[79] 반대로 경쟁자는 전술적 행동에 즉각적으로 반응하는 경향이 있다. 이와 같은 예로 특정 시장에서 비행기 티켓 가격을 인하하는 경쟁자의 전술적 행동에 즉각적으로 다른 항공사가 대응하는 경우가 있다. 그러나 전략적 행동이든 전술적 행동이든 경쟁자의 고객을 목표로 하는 것이라면 강력한 대응을 이끌어내는 경향이 있다.[80] 만약 핵심 기업에 대한 경쟁자의 전략적 행동의 효과가 크다면(예: 시장 점유율의 손실, 핵심 종업원의 유출과 같은 주요 자원의 손실) 대응은 민첩하고 강력해지기 쉽다.[81]

5-6b 행동 주체의 명성

경쟁이라는 맥락에서 행동 주체(actor)는 행동 또는 대응을 취하는 기업이다. 반면, 명성(reputation)은 "과거 경쟁 행위를 토대로 라이벌 기업 간 경쟁이 만들어낸 특정 (라이벌) 기업에 대한 긍정적 또는 부정적 속성(attribute)"이다.[82] 긍정적인 명성은 평균 이상의 수익을 올릴 수 있는 원천이 되는 데, 특히 소비재 제조업체에서 더욱 그렇다.[83] 그래서 긍정적인 기업 명성은 전략적 가치가 있으며,[84] 경쟁 구도에 영향을 준다. 현재 또는 계획된 행동에 대해 경쟁자의 대응 가능성을 예측하기 위해 과거 경쟁자들이 공격 당했을 때 취했던 대응 방법을 평가한다. 왜냐하면 과거 행위는 미래 행위를 예측할 수 있는 변수이기 때문이다.

시장 선도 기업이 취한 전략적 또는 전술적 행동에 대해서 경쟁자들은 쉽게 대응할 수 있다.[85] 특히 성공한 행동 특히 전략적 행동은 빠르게 모방되는 경향이 있다. 예를 들면 정보 서비스 시장에서 후발자였던 IBM은 시장에 진입하기 위해 막대한 자원을 투입했다. HP나 델(Dell)을 포함한 경쟁자들 역시 정보 서비스 시장에 진입하기 위한 전략적 행동에 대응했다.[86] IBM은 소프트웨어와 관련된 역량을 축적하기 위해 엄청난 투자를 했는데, 투자 성과는 성공적이었다. 최근 IBM의 SaaS(Software-as-a-Service)를 활용한 800개 기업을 연구한 결과의 보고에 따르면 IBM SaaS를 사용한 기업들은 각자 속한 시장에서 경쟁 우위를 확보했다는 것이다. 이는 IBM이 제공하는 소프트웨어 서비스가 그만큼 가치가 있음을 말해주는 것이다.[87]

IBM 브랜드는 매우 훌륭한 명성을 오랫동안 유지하고 있다.

IBM Service Software.PNG

강한 명성을 가진 기업에 대해서 경쟁자들은 위험하고, 복잡하고, 예측 불가능한 경쟁적 행위에 덜 대응하는 경향이 있다. 예를 들면 가격 약탈자(이득을 얻기 위해 또는 시장 점유율을 유지하기 위해 빈번히 가격을 낮추는 행동의 주체)의 명성을 가진 기업은 가격 전술 행동에 대한 반응을 만들어내지 못한다. 왜냐하면 경쟁에서 신뢰성을 상실한 가격 약탈자는 일단 시장 점유 목표를 달성하면 일반적으로 가격을 인상하기 때문이다.[88]

5-6c 시장 의존성

시장 의존성(market dependence)이란 기업의 매출 또는 이익이 특정 시장에서 창출되는 정도를 의미한다.[89] 일반적으로 높은 시장 의존성을 가진 경쟁자들은 시장의 지위를 위협하는 공격에 강력하게 대응하는 경향이 있다.[90] 흥미롭게도 중요한 시장에서 시장 지위를 위협받은 기업은 그 공격에 대해 효과적으로 대응하는 것이 중요하지만, 항상 공격에 빠르게 대응할 수는 없다.

11%의 연평균 성장률을 보이는 전자상거래 매출은 적어도 2017년까지는 다른 어떤 소매 산업보다 크게 성장할 것이라고 한다. 이 성장률은 월마트를 포함하여 모든 종류의 기업에게 매력적이다. 2000년 설립된 세계적인 온라인 소매 기업 월마트닷컴은 매출 기준(2012년 기준 매출액은 대략 4,690억 달러)으로 전자상거래 시장에서 성공하길 열망한다. 현재 100만 개 이상의 제품이 월마트닷컴에서 이용 가능하며, 정기적으로 제품이 업데이트 되고 있다. 전자상거래에서 경쟁을 한다는 것은 지구상에서 가장 큰 온라인 상점인 아마존닷컴과 정면으로 경쟁함을 의미한다.[91]

현재 월마트는 전자상거래 시장에 의존하지는 않지만, 다양한 경쟁적 행동을 취하고 있다. 예를 들면 기술 및 물류 스킬[92]을 보유한 오프라인 상점을 통합시키는 시도와 월마트 입점 고객이 온라인 구매자들에게 택배 서비스를 하도록 하는 급진적인 계획과 좀 더 빠른 택배 서비스를 위한 새로운 시도 등을 고려하고 있으며, 이 모두 아마존닷컴과의 성공적 경쟁을 위한 시도이다.

월마트와 달리 아마존닷컴의 매출은 대부분 전자상거래 시장에서 발생하고 있는데, 이는 아마존이 그 시장에 크게 의존함을 의미한다. 2014년 890억 달러의 매출을 올린 아마존은 월마트닷컴의 전자상거래 규모를 왜소하게 만들지 모르지만 4,760억 달러를 상회하는 월마트 매출에 비교하면 그 규모가 상당히 작다.[93] 전자상거래에서 지배적인 시장 지위를 갖고 있고, 그 시장에 의존성이 높기 때문에 아마존닷컴은 월마트닷컴의 경쟁적 행동과 대응에 끊임없이 대응할 것이다.

5-7 경쟁의 역동성

경쟁 구도는 시장 우위를 확보하기 위해 기업과 그 기업의 직접적인 경쟁자 간에 계속되는 행동과 대응과 관련이 있지만, 경쟁의 역동성(competitive dynamics)은 동일한 시장 내에서 경쟁하는 모든 기업 사이에서 일어나는 행동과 대응을 다룬다.

경쟁의 역동성을 설명하기 위해서는 특정 시장 내에 있는 모든 경쟁자의 행위(행동과 대응)에 대해 경쟁 속도가 서로 다른 시장(저속, 고속, 표준 순환주기 시장)이 갖는 효과를 탐색할 필요가 있다. 경쟁적 행위를 하는 이유 및 경쟁적 행위는 동일한 유형의 시장 내에서 유사하지만 시장의 유형이 다르면 달라진다. 그래서 경쟁의 역동성은 저속, 고속, 표준 순환주기 시장에 따라 다르다.

1장에서 살펴보았듯이 어떤 경쟁 우위도 영원히 지속될 수 없지만 기업은 가능한 오랫동안 그들의 경쟁 우위를 유지하고 싶어한다. 다음에 논의할 내용은 기업의 경쟁 우위의 지속가능성이 시장의 유형에 따라 달라진다는 것이다. 지속가능성의 정도는 얼마나 빨리 경쟁자의 경쟁 우위를 모방하느냐와 그것을 위해 얼마나 대가를 지불하느냐에 달려 있다.

5-7a 저속 순환주기 시장

저속 순환주기 시장은 기업의 경쟁 우위가 모방으로부터 장기간 보호되는 시장으로 여기서는 모방에 많은 비용이 든다.

저속 순환주기 시장(slow-cycle markets)은 기업의 경쟁 우위가 모방으로부터 장기간 보호되는 시장으로 여기서는 모방에 많은 비용이 든다.[94] 그래서 경쟁 우위가 저속 순환주기 시장에서 좀 더 오래 지속 가능하다.

독특하고 전유성이 있는 역량을 구축하는 것은 저속 순환주기 시장에서 경쟁 우위와 성공을 생산하는 것과 같다. 이러한 종류의 경쟁 우위는 경쟁자들이 이해하기 힘들다. 3장에서 논의했듯이 이해하기 어렵고 모방하기 힘든 역량은 대개 독특한 역사적 상황, 우연한 모호성, 사회적 복잡성의 결과였다. 저작권과 특허는 이러한 유형의 역량에 해당된다. 전유성이 있는 경쟁 우위가 개발된 후 기업이 저속 순환주기 시장에서 취한 경쟁적 행동과 대응은 그 우위를 보호하고, 유지하고, 확장하려는 것이 목적이다. 이 시장에서의 주요 전략적 행동의 예로는 인수가 있으며, 이것은 대개 고속 순환주기 시장에서보다 덜 위험하다.[95] 분명히 우위를 획득한 기업은 산업에서 일어나는 것을 단순히 쫓아가는 기업보다 더 크게 성장하고 더 많은 수익을 올릴 수 있는데, 특히 성숙 및 쇠퇴 산업에서 더욱 그렇다.[96] 그러나 켈로그 사례에서 알 수 있듯이, 경쟁자와 시장의 변화 때문에 경영진은 성공에 대해 지나친 자신감을 갖지 않도록 주의해야만 한다.[97]

월트디즈니사는 미키마우스, 미니마우스, 구피와 같은 전유성이 있는 캐릭터를 계속해서 만들어왔다. 월트디즈니의 독특한 역사를 담고 있는 캐릭터들은 사람들을 즐겁게 해주자는 월트(Walt)와 로이 디즈니(Roy Disney)의 창의성과 비전의 결과물이다. 디즈니의 만화 영화 캐릭터를 기반으로 한 제품들은 디즈니의 테마파크 상점을 통해 판매되고 있으며, 디즈니스토어라고 불리는 독립된 소매 상점에서도 팔리고 있다. 저작권이 캐릭터 제품을 보호하고 있기 때문에 만화 캐릭터 상표 관점에서 디즈니는 전유성(appropriation)을 확보하고 있으며, 이러한 경쟁 우위는 그 기업을 경쟁자의 모방으로부터 보호할 수 있게 된다.

저속 순환주기 시장에서 경쟁의 또 다른 속성과 일치하는 디즈니는 자사의 캐릭터에 대해 배타적인 권리를 가지며, 캐릭터 사용을 보호한다. 저속 시장에서 경쟁하는 다른모든 기업과 마찬가지로 디즈니의 경쟁적 행동(예: 프랑스, 일본, 중국에 테마파크 건설)과 대응(예: 만화 캐릭터의 사용을 완벽하게 통제할 수 있는 권리를 보호하기 위한 소송)은 전유적 경쟁 우위를 유지하고 확장할 수 있게 한다.

미국에서 신제품을 출시하기 위해서는 미국 식품의약청(FDA)의 승인을 요구하는 것처럼 특허법과 규제는 미국 제약 회사의 지위를 보호한다. 제약 시장에서 경쟁자들은 특허가 제공하는 우위적인 지위를 유지하기 위해 그들 약품에 대한 특허를 확대하려고 노력한다. 그러나 특허가 만료되면 기업은 더 이상 경쟁으로부터 보호받지 못하게 되고, 모방이 허락되기 때문에 대개 매출과 이익의 감소가 따르게 된다. 이러한 사례는 화이자(Pfizer)에서 찾아볼 수 있는데, 리피토(Lipitor)(역사상 가장 잘 팔린 약품)의 특허가 2011년 가을에 만료되었다. 화이자의 이익은 특허 만료 후 첫 사분기 동안 19%가 감소했다. 특허의 손실은 산업 수준에서도 염려스러울 정도이다. 특허가 만료된 의약품에서 2012년 한해 동안 대략 385억 달러의 매출 손실을 입었다.

저속 순환주기 시장에서 경쟁하는 기업들에 의해 발생된 경쟁 역동성은 〈그림 5-4〉가 잘 보여주고 있다. 저속 순환주기 시장에서 기업은 전유적 경쟁 우위(예: 연구개발)를 통해서 신제품을 개발하고, 그 제품이 경쟁으로부터 보호될 때까지 가능한 오랫동안 그 제품으로부터 이익을 취한다. 결국 경쟁자들은 반격으로 대응하는데, 의약품 시장에서 이 반격은 보통 특허 만료 또는 법적 수단이 소멸되면서 발생된다. 한편, 보호받는 시장 지위를 추구하는 기업들에 의해 또 다른 제품에 대한 니즈가 창출된다.

5-7b 고속 순환주기 시장

고속 순환주기 시장(fast-cycle markets)은 경쟁 우위의 주요 공헌을 한 기업의 역량이 모방으로부터 보호되지 못하는 시장이고, 이곳에서는 종종 빠르고 저렴하게 모방할 수 있다.[98] 그래서 이 시장에서 경쟁 우위는 지속 가능하지 않다. 고속 순환주기 시장에서 경쟁하는 기업들은 속도의 중요성을 인지하고 있으며, 이 기업들은 "시간은 돈 또는 사람만큼이나 기업 자원으로써 매우 소중한 것으로 평가하고 있고, 그래서 주저하고 지연하는 데 드는 비용은 예산을 초과하거나 재무적 예측을 생략하는 것만큼이나 크다는 것을 안다."[99] 그와 같은 고속 환경은 최고 경영자에게 빠르고 동시에 효과적인 전략적 의사결정을 해야 한다는 중압감을 안겨준다. 종종 경쟁이 높고 전략적 초점이 기술에 있는 경우 전략적 의사결정을 복잡하게 만들기 때문에 의사결정 속도뿐만 아니라 전략적 의사결정 과정에서 발생하는 갈등까지 통합할 수

고속 순환주기 시장은 경쟁 우위의 주요 공헌을 한 기업의 역량이 모방으로부터 보호되지 못하는 시장이고, 이곳에서 모방은 종종 빠르고 저렴하게 할 수 있다.

그림 5-4 지속 가능한 경쟁 우위의 점진적인 침식

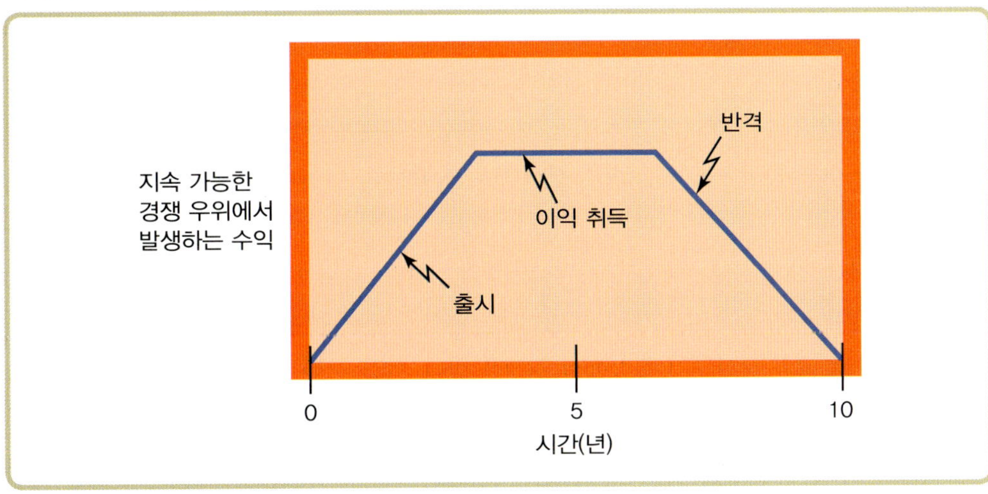

출처: Adapted from I. C. MacMillan, 1988, Controlling competitive dynamics by taking strategic initiative, *Academy of Management Executive*, II(2): 111–118.

있는 포괄적인 접근방법이 요구된다.[100]

역 설계(reverse engineering)와 기술 확산은 고속 순환주기 시장에서 모방이 급속히 일어날 수 있게 한다. 경쟁자는 모방에 필요한 지식을 빠르게 확보하거나 자사의 제품을 개선할 목적으로 역 설계를 활용한다. 이 시장에서는 기술이 빠르게 확산되기 때문에 경쟁자들은 짧은 시간 내에 그 기술을 이용할 수 있게 된다. 고속 순환주기 시장의 경쟁자가 가지고 있는 기술은 전유성이 없거나 느린 시장에서 경쟁하는 기업들이 가진 기술만큼 특허로도 보호되지 않는다. 예를 들면 PC를 만드는 데 필요한 몇백 개의 부품들은 공개 시장에서 쉽게 이용할 수 있는 것들이다. 특허는 이들 부품 중 단지 몇 개(예: 마이크로프로세서 칩)만 보호할 뿐이다. 연구에 따르면 기존 기업의 지식과 그 회사의 연구 역량을 드러내는 것은 기존 시장에 들어오는 신규 진입자(심지어 고속 순환주기 시장도)를 저지할 수 있다고 한다.[101]

고속 순환주기 시장은 저속이나 표준 순환주기 시장보다 변동이 심하다. 고속 순환주기 시장의 경쟁 속도는 경쟁하는 기업들이 기술을 성장 엔진으로 생각할 때 더욱 광란으로 치닫는다. 가격은 종종 이 시장에서 빠르게 하락하기 때문에 기업은 제품 혁신을 통해서 이익을 회복할 필요가 있다.

고속 순환주기 시장에서 기업들은 제품에 대한 충성도보다는 경쟁자들이 모방에 성공하기 전에 자사 제품의 매출을 감소시키는 것을 선호한다. 이는 고속 순환주기 시장이 저속 순환주기 시장과 상당히 다른 경쟁 역동성을 가지고 있음을 보여준다. 저속 순환주기 시장에서는 경쟁 우위를 보호하고, 유지하고, 확장하는 데 집중하는 반면 고속 순환주기 시장에서 경쟁하는 기업은 경쟁자의 대체품보다 어떻게 하면 우수하고 새로운 경쟁 우위를 빠르고 지속적으로 만들어낼 수 있을 것인가를 강조한다. 변화가 빠른 시장에서 경쟁하는 기업은 대개 신제품 개발을 빠르고 효과적으로 할 수 있는 수단을 찾는다. 예를 들면 고속 순환주기를 갖는 일부 산업에서 기업들은 신기술에 접근하기 위해 전략적 제휴를 활용하고, 그렇게 함으로써 더 많은 신제품을 개발하고 시장에 출시한다.[102] 최근 몇 년간 수많은 제휴가 해외에서 일어났는데 그 이유는 원가를 절감함과 동시에 적정 기술을 확보하기 위해서이다. 그러나 해외 파트너와 지식 및 기술을 공유하는 것과 그 파트너들이 제휴를 통해 얻은 가치를 전유하지 못하도록 하는 것 사이에서 균형을 유지하는 것이 어렵다.[103]

고속 순환주기 시장에서 경쟁하는 기업의 경쟁적 행위는 〈그림 5-5〉에 잘 나타나 있다. 이 시장의 경쟁의 역동성은 빠르고 지속적인 제품의 소개와 끊임없이 변하는 경쟁 우위의 개발에 목적을 둔 행동과 대응을 수반한다. 경쟁 우위를 확보하기 위해 제품을 출시한 후 가능한 오래 그 경쟁 우위에서 이득을 취한다. 그러나 기업은 경쟁자들이 첫 번째 경쟁 우위에 대응하기 전에 또 다른 임시 경쟁 우위를 개발하는 데 노력한다. 그래서 고속 순환주기 시장에서의 경쟁의 역동성은 빠른 제품의 업그레이드와 제품 혁신을 낳게 된다.[104]

애플은 주로 고속 순환주기 시장에서 경쟁을 한다. 예를 들면 새로운 시계를 소개하면서, 애플과 경쟁자들은 전형적인 표준 순환주기 시장을 '스마트' 시계라는 것을 통해 고속 순환주기 시장으로 변화시킨다. 많은 분석가는 애플이 공식적인 시판일 전에 적어도 수백만 개의 시

그림 5-5 지속 가능한 경쟁 우위 창출을 위한 임시 경쟁 우위 개발

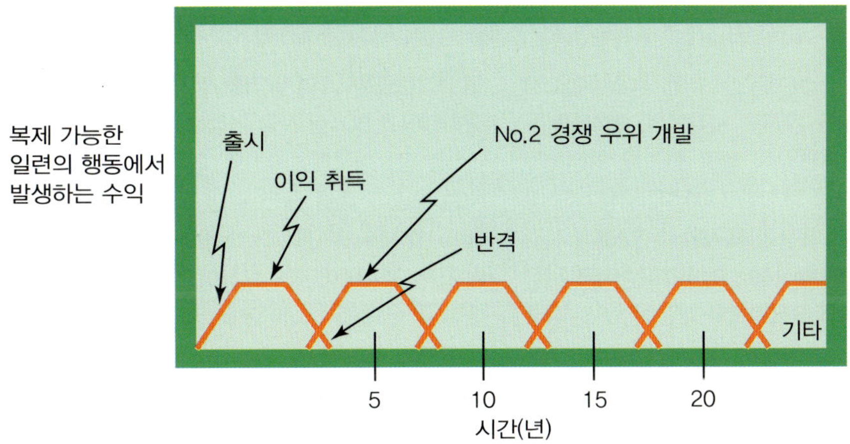

출처: Adapted from I. C. MacMillan, 1988, Controlling competitive dynamics by taking strategic initiative, *Academy of Management Executive*, II(2): 111–118.

계를 주문받을 것으로 예상했다. 그러나 애플의 시계는 기능적인 목적을 제공할 뿐만 아니라 시계 소유자의 '독특한 패션 감각'을 엿볼 수 있는 그런 시장에 진입했다. 이러한 애플의 진입은 다양한 각도에서 많은 경쟁을 초래하고 있다. 도입사례에서 주목했듯이, 구글은 최고의 '스마트시계'를 개발하기 위해 태그호이어, 인텔과 파트너십을 맺었다. 애플 역시 시계에 가격을 매기는 데 어려움을 겪을 수 있다. 시계의 기준 가격은 알루미늄 케이스와 탄력이 있는 손목 밴드의 형태일 때는 349달러가 된다. 그러나 18캐럿의 금장식이 있고 가죽 밴드와 황동으로된 버클이 있는 경우는 1만 7천 달러가 된다. 애플의 시계는 경쟁자들이 겨루어보거나 패배시키기 힘든 기술적 우월성이라는 전통을 그대로 보유하고 있다. 이 새로운 제품 시장은 매우 흥미로운 경쟁 역동성을 갖게 될 것이다.[105]

여기서 논의된 바와 같이 고속 순환주기 시장의 경쟁 역동성에서 혁신은 핵심적인 역할을 한다. 따라서 개별 기업에 있어서 혁신은 경쟁 우위의 핵심 원천이 된다. 혁신을 통해서 기업은 경쟁자들이 모방을 성공하기 전에 기존 제품의 매출을 줄이고 차세대 제품을 소개함으로써 우위를 지속시킬 수 있다.

다음의 **전략 포커스**에서 전 세계에 걸쳐, 특히 영국, 미국, 호주의 소매 식품 시장에서 상당한 영향을 주고 있는 알디(Aldi)를 살펴볼 것이다. 알디의 극단적인 저가 정책은 각 나라의 주요 슈퍼마켓 체인들에게 위협이 되지만, 알디에게는 시장 점유율을 더 확보할 수 있는 기회가 된다. 일반적으로 소매 식품 산업은 수익률이 낮으며, 표준 순환주기 시장에 속한다. 이 산업에서 알디의 빠른 성장은 다른 기업들에게 더 낮은 마진으로 사업을 운영하게 만든다. 알디의 경쟁사들은 가격 경쟁을 위해 이윤을 줄이거나 아니면 원가를 줄여야 할 것이다.

전략 포커스

슈퍼마켓 전쟁의 파급 효과: 알디는 여러 나라에서 소매 식품 시장을 변화시키고 있다.

알디는 1913년 알브레히트(Albrecht) 부인에 의해 독일 에센 지방에 위치한 소규모 가족경영 식품 가게로 시작했다. 1946년 두 아들인 칼(Karl)과 테오(Theo)가 물려받았고, 바로 점포를 확장하기 시작했다. 그들은 처음부터 저비용을 강조했기 때문에 경쟁자에 비해 소비자에게 매우 저렴한 가격에 제품을 제공할 수 있었다. 시간이 지나 알디는 유럽의 다른 나라로 확장해갔고, 1976년 미국 시장에 진입했다. 현재 알디는 전 세계에 8,500개의 매장이 있고, 미국에만 1,400개의 매장이 있다. 알디는 18개 나라에서 영업하고 있으며, 미국에는 36개 주에서 운영되고 있다. 그리고 미국 연간 매출액은 약 7천만 달러에 이른다.

알디는 매우 다양한 방식으로 원가를 절감하는데, 주로 'no frill(부가적 서비스가 전혀 없는)' 매장에서 자사 브랜드를 붙인 제품을 팔았다. 그리고 외부 브랜드 제품의 수를 제한해서 대개 제품당 하나 또는 두 개의 브랜드만을 취급했다. 또한 포장, 수송, 종업원 비용을 낮추었다. 제품은 창고형 매장과 유사한 형태—판지 상자에 담겨 파렛트 위에 상자째 쌓아 놓음—로 판매된다. 알디는 독일에서는 광고를 거의 하지 않았으나 미국에서는 광고를 활용했다. 알디는 외부 광고 회사를 활용하지 않고 자체적으로 광고를 제작했으며, 대부분은 신문지 사이에 광고지를 삽입하는 방식을 채택했고 텔레비전 광고는 매우 적게 사용했다.

알디와 다른 할인 매장인 리들(Lidl)은 미국 시장에서 규모가 큰 슈퍼마켓인 테스코, 월마트, 아스다(Asda), J세인스버리(J. Sainsbury), Wm. 모리슨(Morrison)에 타격을 입혔다. 알디와 리들은 이 소매상들로부터 시장 점유율을 빼앗았는데 특히, 테스코와 모리슨으로부터 많이 뺏어 왔으며, 현재 알디와 리들은 약 8.6%의 시장을 점유하고 있다. 그리고 향후 5년 안에 17%까지 시장 점유율을 높이는 것이 그들의 목표이다. 테스코는 할인 슈퍼마켓 시장의 약 30%를 지배하고 있으나 점차 감소하고 있는 실정이다. 최근 경영 성과의 악화로 인해 모리슨의 최고 경영진 대부분이 물갈이 되었다. 모리슨에 새로 부임한 CEO 데이비드 포츠(David Potts)가 추진하는 대부분의 주요 업무 변화는 가격 경쟁과 밀접한 관계가 있는 원가 절감에 대한 것들이다. 비용 절감 결과 모리슨은 우유와 계란 등 주요 130개 품목에서 가격을 인하할 수 있었다. 마찬가지로 테스코도 자사 브랜드 제품 380개 품목에서 약 25%까지 가격을 낮추었다. 알디는 새롭게 확보한 시장 점유율에서 얻은 이익으로 해외에 대담한 투자를 진행하고 있는데 약 9억 달러를 투자해서 2022년까지 영국에 550개의 새로운 점포를 개점할 계획이다.

알디는 호주 시장에서도 유사한 효과를 일으키고 있다. 이 회사는 호주의 대형 슈퍼마켓인 콜스(Coles)와 울워스(Woolworths)로부터 시장 점유율을 빼앗았다. 울워스는 자사의 제품이 "비싼 선택"으로 인식되지 않도록 하기 위해 가격 인하 계획을 하고 있다. 울워스의 이러한 행동은 알디가 현재 호주에 있는 300개 매장에 더하여 2020년까지 7억 달러를 투자해서 120~130개의 매장을 더 확충하겠다고 발표한 것을 걱정해서 한 것 같지는 않다.

알디는 미국뿐만 아니라 여러 나라에서 경쟁을 해치고 있는 것처럼 보인다. 예를 들면 경쟁 할인 식품 소매상인 바텀달러(Bottom Dollar)(벨기에 출신의 Delhaize가 소유)는 미국에 있는 모든 매장(뉴저지, 펜실베이니아, 오하이오)의 문을 닫고 알디에게 그 매장을 매각 및 임대했다. 미국에서 알디에게 힘든 경쟁 상대는 샘스클럽(월마트의 창고형 매장)과 코스트코이다. 그러나 알디는 여전히 생존하고 있을 뿐만 아니라 미국 시장에서 성장하고 있다.

알디에 의해 여러 나라에서 일어난 슈퍼마켓 전쟁은 전 세계적으로 파급 효과를 일으켰을 뿐만 아니라 도매상과 다른 공급업체에게까지 영향을 주었다. 예를 들면, 도매 가격이 내려갔고, 테스코와 모리슨과 같은 주요 슈퍼마켓 체인점들이 매장에 진열된 브랜드 제품의 수를 줄였다. 흥미로운 점은 인기 있는 제품의 제조업체들(예: Mr. Kipling의 케이크와 Bistro의 그레이비 소스)은 계속해서 진열대 공간을 차지할 수 있었고, 경쟁 제품이 진열대에서 빠져줌에 따라 매출을 증가시킬 수 있었다. 물론 진열대에서 사라진 제품을 공급하는 업체들은 고통을 겪어야만 할 것이다.

요점은 알디가 여러 나라의 경쟁자들뿐만 아니라 그 산업에 제품을 공급하는 수많은 기업에게까지 영향을 미치고 있다는 것이다.

Aldi Organic Product.PNG

제품을 판지 상자에 담아 파레트 위에 상자째로 진열하고 판매하는 것이 알디의 저원가 비결이다.

출처: 2014, Aldi targets doubling of UK stores with 600 million pound investment, *New York Times*, www.nytimes.com, November 10; T. Hua, 2015, Tesco's overhaul points to a price war, *Wall Street Journal*, www.wsj.com, January 5; L. Northrup, 2015, Bottom dollar food to close stores, sell chain to Aldi, *Consumerist*, www.consumerist.com, January 5; 2015, Mr. Kipling Maker Premier Foods sees positives in supermarket wars, *New York Times*, www.nytimes.com, January 23; 2015, Morrisons cuts prices on 130 grocery staples like milk, eggs, *New York Times*, www.nytimes.com, February 15; 2015, British shop price decline steepens in February—BRC, *New York Times*, www.nytimes.com, March 3; K. Ross, 2015, Supermarket wars: Aldi takes on market share as Woolworths drops prices, *Smart Company*, www.smartcompany.com, March 9; A. Felsted, 2015, Morrison chiefs take express checkout from struggling supermarket, *Financial Times*, www.ft.com, March 24; 2015, Aldi Foods, www.grocery.com, accessed March 25.

5-7c 표준 순환주기 시장

표준 순환주기 시장(standard-cycle markets)은 기업의 경쟁 우위가 모방으로부터 부분적으로 보호되는 시장이고, 이 시장에서 모방을 하려면 어느 정도 비용이 든다. 표준 순환주기 시장에서 경쟁 우위는 부분적으로 지속 가능한데, 단 기업이 경쟁자를 지속적으로 앞지를 수 있을 정도로 그들의 역량을 계속 향상시킬 때만 그렇다. 이 시장에서 경쟁적 행동과 대응은 시장 점유율을 높이기 위해, 브랜드를 통해 고객 충성도를 확보하기 위해, 고객에게 계속해서 긍정적 경험을 제공할 목적으로 생산의 완벽한 통제를 위해 설계된다.[106]

표준 순환주기 시장은 기업의 경쟁 우위가 모방으로부터 부분적으로 보호되는 시장이고, 이 시장에서 모방을 하려면 어느 정도 비용이 든다.

표준 순환주기 시장에서 경쟁하는 기업들은 대개 경쟁이 심한 시장에서 대규모 고객을 대상으로 서비스하는 경향이 있다. 이 기업들의 경쟁 우위의 토대가 되는 역량과 핵심 역량이 덜 전문화된 형태이기 때문에 지속 순환주기 시장에 비해서 모방이 빠르고 비용도 적게 든다. 그래서 표준 순환주기 시장의 경쟁 역동성은 저속 순환주기와 고속 순환주기 시장의 역동성 특성 사이에 있다. 만약 표준 순환주기 시장에 있는 기업이 대규모 생산량과 설계 및 제조 공정을 조정 및 통합함으로써 규모의 경제를 확보할 수 있다면 그 시장에 있는 경쟁자는 그 기업을 모방하는 데 좀 더 시간이 걸리고 비용도 더 들 것이다.

대규모 생산량, 대규모 시장, 규모의 경제 확보 필요성 때문에 표준 순환주기 시장에서 시장 점유를 위한 경쟁은 격렬하다. 이러한 형태의 경쟁은 사탕 제조업체와 같은 소비 식품 제조업체들 사이에서 극명한데, 주요 경쟁자로 허시(Hershey Co.), 네슬레(Nestlé), SA, 몬델레즈(Mondelez International, Inc.)(크래프트Kraft Foods Inc.의 새로운 이름), 마스(Mars)가 있다(허시가 다른 기업들보다 사탕 매출에 의존성이 높음). 사탕을 개발하기 위해 사용된 맛과 재료, 광고 캠페인, 포장 디자인, 유통 채널의 확보는 시장 점유율을 증가시키기 위해 공격적으로 경쟁하는 여러 수단 중의 일부분이다.[107] 그러나 최근 몇 년간, 사탕 제조업체들은 사탕이 제공하는 설탕, 포화 지방, 칼로리와 같은 특성들이 개인 건강에 얼마나 부정적인 효과를 줄 수 있는지에 대해 건강 전문가들로부터 나오는 비평에 동의를 해야만 하는 상황이 되었다.[108]

혁신은 표준 순환주기 시장에서 경쟁적 행동과 대응을 만들어낸다. 특히, 경쟁이 심할 경우 더욱 그렇다. 표준 순환주기 시장에서 발생하는 혁신은 그 특성이 급진적이기보다 점진적이다(점진적, 급진적 혁신은 13장에서 논의). 예를 들어 소비 식품 제조업체는 건강 제품 라인 내에서 혁신을 해야 한다. 오늘날 많은 기업은 표준 순환주기 시장에서 경쟁하는 수단으로 혁신에 의존하고 있고, 혁신을 통해 평균 이상의 수익을 달성하고 있다.

전반적으로 혁신은 저속, 고속, 표준 순환주기 시장에서 경쟁하는 모든 기업의 행동과 대응에 영향을 주기 때문에 결국 혁신은 경쟁의 역동성에 중요한 영향력을 갖는다. 전 장에서는 기업의 전략적 경쟁력 확보를 위해 혁신의 중요성을 강조했다. 혁신은 13장에서 다시 다룰 것이다. 기업이 경쟁하는 경쟁 역동성의 유형에 상관없이 혁신은 기업에게 매우 중요한 과제이다.

요약

- 경쟁자란 동일한 시장에서 경쟁하는 기업으로 유사한 제품을 제공하고 비슷한 고객을 목표로 한다. 경쟁 구도는 계속되는 일련의 경쟁적 행동과 대응으로 시장 우위를 점하기 위해 치열하게 경쟁에 참여하는 경쟁 기업들 사이에서 발생한다. 경쟁 구도의 결과는 기업의 재무적 수익성(평균, 평균 이하 또는 평균 이상)뿐만 아니라 경쟁 우위를 유지하는 기업의 능력에 영향을 준다.
- 경쟁적 행위는 개별 기업이 경쟁 구도에 참여하는 동안 취하게 되는 일련의 경쟁적 행동과 대응이다. 경쟁의 역동성은 특정 시장 내에 있는 모든 기업이 취한 일련의 행동과 대응이다.
- 기업은 경쟁자들이 취할 가능성이 있는 행동과 대응을 예측하기 위해 경쟁 구도를 분석한다. 경쟁적 행동은 전략적 또는 전술적 특성을 갖는다. 기업은 자신의 경쟁 우위를 구축 또는 방어하기 위해서 그리고 시장 지위를 개선하기 위해서 경쟁적 행동을 취한다. 경쟁적 대응은 경쟁자의 경쟁적 행동의 결과에 맞서기 위해 취해진다. 상당한 조직의 자원이 투여되는 전략적 행동 또는 전략적 대응은 성공적으로 실행하기도 어렵고 바꾸기도 어렵다. 반대로 조직의 자원이 상대적으로 적게 필요한 전술적 행동 또는 전술적 대응은 실행을 변경하기가 더 쉽다. 예를 들어 항공사가 신시장에 진입하는 경우가 전략적 행동 또는 전략적 대응이 되며, 특정 시장에서 가격을 변화시키는 것은 전술적 행동 또는 전술적 대응이 된다.
- 경쟁자 분석은 기업이 경쟁자의 행동과 대응을 예측할 수 있는 첫 번째 단계이다. 2장에서 기업이 경쟁자를 이해하기 위한 분석의 중요성에 대해 논의했다. 이 논의를 확장하여 본 장에서는 시장에 기반을 둔 경쟁자의 행동을 예측하기 위해 기업이 무엇을 해야 하는지에 대해 설명했다. 즉, 경쟁자에 대한 이해가 예측보다 우선되어야 한다. 시장 공통성(경쟁자들이 함께 참여한 시장의 숫자 및 경쟁자별 시장의 중요성 정도)과 자원 유사성(유형과 양적인 관점에서 경쟁자들의 자원이 서로 호환 가능한 정도)은 경쟁자 분석을 완성하기 위해 조사되어야 한다. 일반적으로 시장 공통성과 자원 유사성이 큰 기업일수록 서로 직접적인 경쟁자인지를 인지하게 된다.
- 시장 공통성과 자원 유사성은 기업의 인식(기업과 그 기업의 경쟁자들이 상호 의존적임을 이해하고 있는 정도), 동기부여(공격 또는 대응할 기업의 유인), 능력(공격과 대응을 위해 이용 가능한 기업 자원의 품질)을 형성한다. 한 경쟁자에 대해 위 세 가지 특성을 모두 파악하고 있다는 것은 경쟁자의 행동과 대응을 예측할 수 있는 기업의 역량이 높은 수준임을 의미한다.
- 시장 공통성과 자원 유사성, 인식, 동기부여, 능력 외 다른 세 가지 요소가 경쟁자의 경쟁적 행동에 영향을 준다. 첫 번째 요소는 선발자 우위다. 최초 경쟁적 행동을 취한 선발자는 경쟁자들이 성공적으로 행동에 대응하기 전까지 고객 충성도를 확보하고 평균 이상의 이익을 얻는다. 누구나 선발자가 될 수는 없는데, 그 이유는 모든 기업이 선발자가 되기 위한 경쟁적 행위를 취하는 데 필요한 인식, 동기부여, 능력을 보유하고 있지는 않기 때문이다. 어떤 기업은 후발자(선발자의 행동에 대응하는 기업)가 되길 선호하는데, 그 이유는 빠르게 행동하는 후발자는 성공적으로 선발자와 경쟁할 수 있기 때문이다. 선발자의 제품과 고객의 반응, 다른 경쟁자들의 대응을 평가함으로써 후발자는 초기 진입 시 실수를 피하고, 선발자의 제품 및 서비스보다 더 나은 가치를 창출할 수 있는 방법을 발견할 수 있다. 늦은 후발자(최초 행동이 발생하고 한참 후에 대응하는 기업)는 일반적으로 성과가 낮고 경쟁력이 약하다.
- 조직의 규모는 대기업이 실행할 경쟁적 행동의 다양성을 줄이는 경향이 있는 반면, 소기업이 취할 행동의 다양성은 증가시킨다. 기업이 경쟁 구도에 가담할 때 다수의 다양한 행동의 실행을 선호한다. 품질은 글로벌 경제에서 경쟁에 성공하기 위한 필수 요소이다. 품질은 경쟁에서 동등해지기 위해서 필요한 전제 조건이다. 그러나 품질은 경쟁 우위를 확보하는 데 필수 조건이긴 하지만 충분 조건은 아니다.
- 기업이 취하는 행동의 유형(전략적 또는 전술적), 경쟁자 행위에 대한 명성, 행동이 취해진 시장에 대한 경쟁자의 의존성은 기업의 행동에 대한 경쟁자의 대응을 예측하기 위해 조사되어야 한다. 일반적으로 취해진 전술적 대응의 수는 전략적 대응의 수를 초과한다. 경쟁자들은 예측 가능하고 이해 가능한 경쟁적 행위를 하는 것으로 잘 알려진 선도 기업이 취한 행동에 대해서는 더 자주 대응한다. 일반적으로 어떤 기업이 행동을 취한 시장에 대해 경쟁자가 매출 및 수익 면에서 의존도가 높을 때 그 경쟁자는 강력한 대응을 할 것이다. 그러나 여러 시장에 다각화를 한 기업의 경우는 단지 한 시장에 영향을 주는 행동에 대해서는 덜 적극적으로 대응할 것이다.
- 저속 순환주기 시장에서 경쟁 우위는 최소 일정 기간 동안 유지될 수 있으며, 이 시장의 경쟁 역동성은 전유적 이점을 보호, 유지, 확장할 목적으로 행동 및 대응을 하는 기업을 포함한다. 고속 순환주기 시장에서는 일련의 임의적인 경쟁 우위를 개발하는 데 전념하는 기업들로 경쟁이 치열하다. 고속 순환주기 시장에서는 지속적인 경쟁 우위 개발이 필수적인데, 그 이

유는 이 시장에서는 기업의 경쟁 우위가 전유적이지 않으며, 모방 또한 빠르고 상대적으로 비용이 덜 들기 때문이다. 표준 순환주기 시장은 경쟁의 수준이 저속 순환주기 시장과 고속 순환주기 시장의 중간에 위치한다. 그리고 이 시장에서 기업의 경쟁 우위는 중간 정도의 지속 가능성을 가지며, 경쟁 우위 개발을 위해 역량을 활용할 때 경쟁으로부터 보호되는 수준은 중간 정도이다. 표준 순환주기 시장에서 경쟁자들은 대규모 시장에 서비스를 제공하고, 수익성 강화를 위해 규모의 경제를 개발하려 한다. 혁신은 세 가지 유형의 시장에서 경쟁적 성공을 위해 중요하다. 기업이 취하는 일련의 경쟁적 행동과 대응은 시장 유형에 따라 다르다.

핵심 용어

경쟁 구도 140
경쟁의 역동성 140
경쟁자 140
경쟁적 대응 149
경쟁적 행동 149
경쟁 행위 140
고속 순환주기 시장 157
늦은 후발자 151
복합시장 경쟁 140
선발자 149
시장 공통성 144
자원 유사성 144
저속 순환주기 시장 156
전략적 대응 149
전략적 행동 149
전술적 대응 149
전술적 행동 149
표준 순환주기 시장 161
품질 152
후발자 150

복습 문제

1. 경쟁자는 누구인가? 경쟁 의식, 경쟁 행위, 경쟁의 역동성을 어떻게 정의할 수 있는가?
2. 시장 공통성은 무엇인가? 자원의 유사성은 무엇인가? 어떻게 이 개념들이 경쟁자 분석의 구성 요소가 되는지 설명하라.
3. 인식, 동기부여, 능력은 기업의 경쟁적 행위에 어떤 영향을 주는가?
4. 기업의 경쟁적 행동에 영향을 주는 요인들은 무엇인가?
5. 경쟁자의 행동에 대한 기업의 경쟁적 대응에 영향을 주는 요인들은 무엇인가?
6. 저속 순환주기 시장에서 경쟁하는 기업들 사이에 예상되는 경쟁 역동성은 어떤 모습인가? 고속 순환주기 시장에서는 어떠한가? 표준 순환주기 시장에서는 어떠한가?

[Mini Case] 페덱스와 UPS: 공격적으로 경쟁하면서 성공을 유지하는 라이벌

시장의 라이벌인 페덱스와 UPS는 여러 면에서 유사하다. 그들의 자원을 포함해서 서비스를 제공하는 시장, 그들이 전략을 실행하기 위해 강조하는 경쟁의 차원도 비슷하다. 이와 같은 유사성은 그들이 서로 직접적인 경쟁자이고, 서로에 대해 날카롭게 인식하고 있으며, 상대에게 취한 경쟁적 행동에 대응할 동기와 능력을 가지고 있음을 의미한다. 이 두 기업은 글로벌하게 경쟁이 심한 물품 수송 산업에서 양대 산맥이다.

페덱스와 UPS는 익일 배송, 저가 육상 수송, 지정 시간 내 배송(국내와 국제 둘 다), 소화물 취급과 같은 비슷한 제품 시장에서 경쟁한다. 그러나 이 기업들은 좀 더 나은 가치를 창출하려는 시도와 여러 시장에서 직접적이고 전면적인 경쟁을 피하기 위해 서로 다른 세분 시장에 집중하기도 한다. 이러한 노력과 관련해서 페덱스는 "브랜드를 활용하고 확장하여 수송 서비스를 완전히 통합시킴으로써 고객에게 끊김 없는 서비스를 제공하고자 시도하고 있다." 반면 UPS는 "공급사슬(원재료부터 부품 그리고 최종재에 이르기까지의 흐름) 전체에 흐르는 제품, 정보, 자금의 주요 조정자의 역할을 맡으려 시도하고 있다."

따라서 이 두 기업은 유사하지만 한편으로는 전략적 경쟁력을 강화하고 평균 이상의 수익을 올릴 수 있도록 스스로를 차별화하기도 한다. 즉, 페덱스는 수송 서비스와 해외 시장(최근 페덱스의 매출의 48%가 해외 시장에서 발생한 반면 UPS는 22%만 해외 시장에서 발생했음)에 좀 더 집중하는 한편, UPS는 공급사슬을 완성하고 해외보다는 국내 시장에서의 경쟁에 집중하고 있다. 따라서 페덱스는 세계에서 가장 큰 국제 항공 운송 기업인 반면 UPS는 세계에서 가장 큰 택배 서비스 기업으로 간주된다.

최근 두 기업은 주요 경쟁자를 따라 잡기 위해 그들의 능력을 향상시키려는 행동들을 많이 했었다. 2013년 중반 페덱스는 미국 우편 서비스를 위한 국내 우편 수송을 담당하는 계약을 재개하였다. UPS 역시 그 계약에 입찰했으나 경쟁자인 페덱스에게 졌다. 공급 체인의 일부인 물류에서의 강점을 지원하기 위해 UPS는 최근 "헝가리의 제약 물류 회사 Cemelog Zrt를 미공개 액수에 인수했는데, 이는 유럽의 건강 관리 사업을 강화시키고, 점차 중요해지는 중부 및 동유럽 시장의 접근성을 확보하기 위한 것이었다." UPS는 또한 국경을 초월한 유럽연합 서비스를 성장 엔진으로 강조하고 있다. UPS를 포함한 여러 경쟁자와의 경쟁 능력을 강화시키기 위해 페덱스는 효율성 증대를 위한 구조 조정을 단행했다. 페덱스 역시 특급, 육상, 화물 수송 네트워크를 통합시켜 시너지를 낼 수 있는 방안을 점점 강조하고 있다.

페덱스와 UPS 간의 경쟁은 격렬하고 공격적이지만, 각자 상대방을 능가하기 위해 최선을 다해야만 한다는 점에서 각 기업은 더 강해질 수도 더 약해질 수 도 있다. 그래서 여러 측면에서, 이들 기업은 서로에게 "좋은 경쟁자"가 된다.

출처: 2013, FedEx Corp., *Standard & Poor's Stock Report*, www.standardandpoors.com, May 25; 2013; United Parcel Service, Inc., *Standard & Poor's Stock Report*, www.standardandpoors.com, May 25; L. Eaton, 2013, FedEx CEO: Truck fleets to shift to natural gas from diesel, *Wall Street Journal*, www.wsj.com, March 8; V. Mock, 2013, UPS to appeal EU's block of TNT merger, *Wall Street Journal*, www.wsj.com, April 7; B. Morris & B. Sechler, 2013, FedEx customers like slower and cheaper, *Wall Street Journal*, www.wsj.com, March 20; B. Sechler, 2013, Online shopping boosts profit for UPS, *Wall Street Journal*, www.wsj.com, April 25; B. Sechler, 2013, FedEx fends off rivals for U.S. Postal, *Wall Street Journal*, www.wsj.com, April 23.

토의 문제

1. 페덱스와 UPS는 유사한 자원을 보유하고 있으며 동일 시장에서 경쟁하고 있다. 이 두 기업은 어떻게 다른가? 이 두 기업은 각각 어떻게 차별화하고 있는가?
2. 각 기업이 취한 독특한 전략적 행동은 무엇인가? 이러한 조치는 성공적이었나?
3. 사례에서 주어진 정보와 추가 조사를 통해 두 기업 중 어떤 기업이 미래에 더 성공적일지 이유를 설명해보라.

미주

1. S. Carnahan & D. Somaya, 2013, Alumni effects and relational advantage: The impact of outsourcing when your buyer hires employees from your competitors, *Academy of Management Journal*, 56: 1578–1600; M. J. Chen & D. Miller, 2012, Competitive dynamics: Themes, trends, and a prospective research platform, *Academy of Management Annals*, 6: 135–210; M. J. Chen, 1996, Competitor analysis and interfirm rivalry: Toward a theoretical integration, *Academy of Management Review*, 21: 100–134.
2. M. G. Jacobides & C. J. Tae, 2015, Kingpins, bottlenecks, and value dynamics along a sector, *Organization Science*, in press; P. C. Patel, S. A. Fernhaber, P. P. McDougall- Covin, & R. P. van der Have, 2014, Beating competitors to international markets: The value of geographically balanced networks for innovation, *Strategic Management Journal*, 35: 691–711.
3. S. B. Choi & C. Williams, 2014, The impact of innovation intensity, scope and spillovers on sales growth in Chinese firms, *Asia Pacific Journal of Management*, 31: 25–46; T. Zahavi & D. Lavie, 2013, Intra-industry diversification and firm performance, *Strategic Management Journal*, 34: 978–998.
4. K. M. Park, K. Jung, & K. C. Noh, 2014, Strategic actions and customer mobility: Antecedents and consequences of strategic actions in the Korean mobile telecommunications service industry, *Asia Pacific Journal of Management*, 31: 171–193; P. T. M. Ingenbleek & I. A. van der Lans, 2013, Relating price strategies and price-setting practices, *European Journal of Marketing*, 47: 27–48.
5. F. J. Mas-Ruiz, F. Ruiz-Moreno, & A. L. de Guevara Martinez, 2014, Asymmetric rivalry within and between strategic groups, *Strategic Management Journal*, 35: 419–439; P. J. Derfus, P. G. Maggitti, C. M. Grimm, & K. G. Smith, 2008, The red queen effect: Competitive actions and firm performance, *Academy of Management Journal*, 51: 61–80; C. M. Grimm, H. Lee, & K. G. Smith, 2006, *Strategy as Action: Competitive Dynamics and Competitive Advantage*, New York: Oxford University Press.
6. C. Giachetti & G. B. Dagnino, 2014, Detecting the relationship between competitive intensity and firm product line length: Evidence from the worldwide mobile phone industry, *Strategic Management Journal*, 35: 1398–1409; R. B. Mackay & R. Chia, 2012, Choice, chance, and unintended consequences in strategic change: A process understanding of the rise and fall of NorthCo Automotive, *Academy of Management Journal*, 56: 1–13.
7. M. Srivastava, A. Frankly, & L. Martinette, 2013, Building a sustainable competitive advantage, *Journal of Technology Management & Innovation*, 8: 47–60; G. J. Kilduff, H. A. Elfenbein, & B. M. Staw, 2010, The psychology of rivalry: A relationally dependent analysis of competition, *Academy of Management Journal*, 53: 943–969; D. G. Sirmon, S. Gove, & M. A. Hitt, 2008, Resource management in dyadic competitive rivalry: The effects of resource bundling and deployment, *Academy of Management Journal*, 51: 919–935.
8. R. Kapoor & N. R. Furr, 2015, Complementarities and competition: Unpacking the drivers of entrants' technology choices in the solar photovoltaic industry, *Strategic Management Journal*, 6: 416–436; S. J. Chang & S. H. Park, 2012, Winning strategies in China: Competitive dynamics between MNCs and local firms, *Long Range Planning*, 45: 1–15.
9. A. Nair & D. D. Selover, 2012, A study of competitive dynamics, *Journal of Business Research*, 65: 355–361; Grimm, Lee, & Smith, Strategy as Action.
10. R. Chellappa, V. Sambamurthy, & N. Saraf, 2010, Competing in crowded markets: Multimarket contact and the nature of competition in the enterprise systems software industry, *Information Systems Research: Special Issue on Digital Systems and Competition*, 21: 614–630.
11. T. Yu, M. Subramaniam, & A. A. Cannella, 2009, Rivalry deterrence in international markets: Contingencies governing the mutual forbearance hypothesis, *Academy of Management Journal*, 52: 127–147; K. G. Smith, W. J. Ferrier, & H. Ndofor, 2001, Competitive dynamics research: Critique and future directions. In M. A. Hitt, R. E. Freeman, & J. S. Harrison (eds.), *Handbook of Strategic Management*, Oxford, U.K.: Blackwell Publishers, 326.
12. F. Bridoux, K. G. Smith, & C. M. Grimm, 2011, The management of resources: Temporal effects of different types of actions on performance, *Journal of Management*, 33: 1281–1310; G. Young, K. G. Smith, & C. M. Grimm, 1996, "Austrian" and industrial organization perspectives on firm-level competitive activity and performance, *Organization Science*, 73: 243–254.
13. R. Duprey, 2015, Giant tobacco merger finds itself at the mercy of a tiny rival, *Motley Fool*, www.motleyfool.com, March 23; 2014, Altria set to pose a stiff challenge to existing e-cigarette leaders, *Forbes*, www. forbes.com, June 3; M. Esteri, 2013, Big tobacco is about to dive into e-cigarettes, *Wall Street Journal*, www.wsj.com, May 29.

14. R. Katila, E. L. Chen, & H. Piezunka, 2012, All the right moves: How entrepreneurial firms compete effectively, *Strategic Entrepreneurship Journal*, 6: 116–132; J. Marcel, P. Barr, & I. Duhaime, 2011, The influence of executive cognition on competitive dynamics, *Strategic Management Journal*, 32: 115–138.
15. R. Casadesus-Masanell & F. Zhu, 2013, Business model innovation and competitive imitation: The case of sponsor-based business models, *Strategic Management Journal*, 34: 464–482; M. J. Chen & D. C. Hambrick, 1995, Speed, stealth, and selective attack: How small firms differ from large firms in competitive behavior, *Academy of Management Journal*, 38: 453–482.
16. M. A. Abebe & A. Angriawan, 2014, Organizational and competitive influences of exploration and exploitation activities in small firms, *Journal of Business Research*, 67: 339–345; V. Rindova, W. Ferrier, & R. Wiltbank, 2010, Value from gestalt: How sequences of competitive actions create advantage for firms in nascent markets, *Strategic Management Journal*, 31: 1474–1497; T. Yu & A. A. Cannella, Jr., Rivalry between multinational enterprises: An event history approach, *Academy of Management Journal*, 50: 665–686.
17. A. E. Bass & S. Chakrabarti, 2014, Resource security: Competition for global resources, strategic intent and governments as owners, *Journal of International Business Studies*, 45: 961–979; J. Villanueva, A. H. Van de Ven, & H. Sapienza, 2012, Resource mobilization in entrepreneurial firms, *Journal of Business Venturing*, 27: 19–30; Smith, Ferrier, & Ndofor, *Competitive dynamics research*, 319.
18. C. Boone, F. C. Wezel, & A. van Witteloostuijn, 2013, Joining the pack or going solo? A dynamic theory of new firm positioning, *Journal of Business Venturing*, 28: 511–527; H. Ndofor, D. G. Sirmon, & X. He, 2011, Firm resources, competitive actions and performance: Investigating a mediated model with evidence from the in-vitro diagnostics industry, *Strategic Management Journal*, 32: 640–657.
19. S. J. Chang & B. Wu, 2014, Institutional barriers and industry dynamics, *Strategic Management Journal*, 35: 1103–1123; L. M. Ellram, W. L. Tate, & E. G. Feitzinger, 2013, Factor-market rivalry and competition for supply chain resources, *Journal of Supply Chain Management*, 49: 29–46; D. G. Sirmon, M. A. Hitt, J. Arregle, & J. Campbell, 2010, The dynamic interplay of capability strengths and weaknesses: Investigating the bases of temporary competitive advantage, *Strategic Management Journal*, 31: 1386–1409.
20. H. Rahmandad, 2012, Impact of growth opportunities and competition on firmlevel capability development trade-offs, *Organization Science*, 34: 138–154; Y. Y. Kor & J. T. Mahoney, 2005, How dynamics, management, and governance of resource deployments influence firmlevel performance, *Strategic Management Journal*, 26: 489–496.
21. Y. Zhang, Y. Li, & H. Li, 2014, FDI Spillovers over time in an emerging market: The roles of entry tenure and barriers to imitation, *Academy of Management Journal*, 57: 698–722; L. Mulotte, P. Dussauge, & W. Mitchell, 2013, Does pre-entry licensing undermine the performance of subsequent independent activities? Evidence from the global aerospace industry, 1944–2000, *Strategic Management Journal*, 34: 358–372.
22. L. K. S. Lim, 2013, Mapping competitive prediction capability: Construct conceptualization and performance payoffs, *Journal of Business Research*, 66: 1576–1586; J. C. Baum & A. Satorra, 2007, The persistence of abnormal returns at industry and firm levels: Evidence from Spain, *Strategic Management Journal*, 28: 707–722.
23. M. A. Hitt & K. Xu, 2015, The transformation of China: Effects of the institutional environment on business actions, *Long Range Planning*, in press; J. L. Arregle, T. L. Miller, M. A. Hitt, & P. W. Beamish, 2013, Do regions matter? An integrated institutional and semiglobalization perspective on the internationalization of MNEs, *Strategic Management Journal*, 34: 910–934.
24. R. M. Holmes, H. Li, M. A. Hitt, & K. DeGetto, 2015, The effects of China's location advantages and location disadvantages on MNCs' establishment of China R&D centers, *Long Range Planning*, in press; O. Alexy, G. George, & A. Salter, 2013, Cui Bono? The selective revealing of knowledge and its implications for innovative activity, *Academy of Management Review*, 38: 270–291; Chen, Competitor analysis, 109.
25. T. Lawton, T. Rajwani, & P. Reinmoeller, 2012, Do you have a survival instinct? Leveraging genetic codes to achieve fit in hostile business environments, *Business Horizons*, 55: 81–91; 2011, The power of blindspots. What companies don't know, surprises them. What they don't want to know, kills them, *Strategic Direction*, 27(4): 3–4; D. Ng, R. Westgren, & S. Sonka, 2009, Competitive blind spots in an institutional field, *Strategic Management Journal*, 30: 349–369.
26. E. Metayer, 2013, How intelligent is your company? *Competia*, www.competia.com, March.
27. J. Neff, 2011, P&G e-commerce chief sees blurring of sales, marketing, *Advertising Age*, April 11, 8.
28. 2015, About YRC, *YRC homepage*, www.yrc. com, April 13.
29. J. W. Upson, D. J. Ketchen, Jr., B. L. Connelly, & A. L. Ranft, 2012, Competitor analysis and foothold moves, *Academy of Management Journal*, 55: 93–110; Chen, *Competitor analysis*, 106.
30. T. Yu & A. A. Cannella, Jr., 2013, A comprehensive review of multimarket competition research, *Journal of Management*, 39: 76–109; J. Anand, L. F. Mesquita, & R. S. Vassolo, 2009, The dynamics of multimarket competition in exploration and exploitation activities, *Academy of Management Journal*, 52: 802–821.
31. S. P. L. Fourne, J. J. P. Jansen, & T. J. M. Mom, 2014, Strategic agility in MNEs: Managing tensions to capture opportunities across emerging and established markets, *California Management Review*, 56(3): 1–26.
32. W. Kang, B. Bayus, & S. Balasubramanian, 2010, The strategic effects of multimarket contact: Mutual forbearance and competitive response in the personal computer industry, *Journal of Marketing Research*, 47: 415–427.
33. V. Bilotkach, 2011, Multimarket contact and intensity of competition: Evidence from an airline merger, *Review of Industrial Organization*, 38: 95–115; H. R. Greve, 2008, Multimarket contact and sales growth: Evidence from insurance, *Strategic Management Journal*, 29: 229–249; J. Gimeno, 1999, Reciprocal threats in multimarket rivalry: Staking out "spheres of influence" in the U.S. airline industry, *Strategic Management Journal*, 20: 101–128.
34. M. Liu, 2015, Davids against goliaths? Collective identities and the market success of peripheral organizations during resource partitioning, *Organization Science*, in press; L. A. Costa, K. Cool, & I. Dierickx, 2013, The competitive implications of the deployment of unique resources, *Strategic Management Journal*, 34: 445–463; Chen, Competitor analysis, 107.
35. P. J. Patel, S. A. Fernhaber, P. P. McDougal-Covin, & R. P. Van Der Have, 2014, Beating competitors to international markets: The value of geographically balanced networks for innovation, *Strategic Management Journal*, 35: 691–711; J. Haleblian, G. McNamara, K. Kolev, & B. J. Dykes, 2012, Exploring firm characteristics that differentiate leaders from followers in industry merger waves: A competitive dynamics perspective, *Strategic Management Journal*, 33: 1037–1052; Chen, Competitor analysis, 110.
36. K. Y. Hsieh, W. Tsai, & M. J. Chen, 2015, If they can do it, why not us? Competitors reference points for justifying escalation of commitment, *Academy of Management Journal*, 58: 38–58; C. Flammer, 2013, Corporate social responsibility and shareholder reaction: The environmental awareness of investors, *Academy of Management Journal*, 56: 758–781.
37. B. Larraneta, S. A. Zahra, & J. L. Galan, 2014, Strategic repertoire variety and new venture growth: The moderating effects of origin and industry dynamism, *Strategic Management Journal*, 35: 761–772; J. Tang & B. S. C. Liu, 2012, Strategic alignment and foreign entry performance: A holistic approach of the impact of entry timing, mode and location, *Business and Systems Research*, 6: 456–478; R. S. Livengood & R. K. Reger, 2010, That's our turf! Identity domains and competitive dynamics, *Academy of Management Review*, 35: 48–66.
38. S. D. Singh, 2015, Caterpillar faces 'aggressive' Komatsu fueled by yen, Yahoo, finance.yahoo.com, March 23; B. Tita, 2013, Caterpillar expected to cut 2013 forecasts, *Wall Street Journal*, www.wsj.com, April 21.
39. A. Compagni, V. Mele, & D. Ravasi, 2015, How early implementations influence later adoptions of innovation: Social positioning and skill reproduction in the diffusion of robotic surgery, *Academy of Management Journal*, 58: 242–278; S. H. Park & D. Zhou, 2005, Firm heterogeneity and competitive dynamics in alliance formation, *Academy of Management Review*, 30: 531–554.
40. T. J. A. Peng, S. Pike, J. C. H. Yang, & G. Roos, 2012, Is cooperation with competitors a good idea? An example in practice, *British Journal of Management*, 23: 532–560; Chen, Competitor analysis, 113.
41. L. H. Lin, 2014, Subsidiary performance: The contingency of the multinational corporation's strategy, *European Management Journal*, 32: 928–937; C. Williams & S. Lee, 2011, Entrepreneurial contexts and knowledge coordination within the multinational corporation, *Journal of World Business*, 46: 253–264; M. Leiblein & T. Madsen, 2009, Unbundling competitive heterogeneity: Incentive structures and capability influences on technological innovation, *Strategic Management Journal*, 30: 711–735.
42. R. Makadok, 2010, The interaction effect of rivalry restraint and competitive advantage on profit: Why the whole is less than the sum of the parts, *Management Science*, 56: 356–372.
43. C. M. Grimm & K. G. Smith, 1997, *Strategy as Action: Industry Rivalry and Coordination*, Cincinnati: South-Western Publishing Co., 125.

44. H. Brea-Solis, R. Casadesus-Masanell, & E. Grifell-Tatje, 2015, Business model evaluation: Quantifying Walmart's sources of advantage, *Strategic Entrepreneurship Journal*, 9: 12–33.
45. M. A. Cusumano, S. J. Kahl, & F. F. Suarez, 2015, Services, industry evolution and the competitive strategies of product firms, *Strategic Management Journal*, 36: 559–575; J. Alcacer, C. L. Dezso, & M. Zhao, 2013, Firm rivalry, knowledge accumulation, and MNE location choices, *Journal of International Business Studies*, 44: 504–520.
46. G. Gavetti, 2012, Perspective—Toward a behavioral theory of strategy, *Organization Science*, 23: 267–285; B. L. Connelly, L. Tihanyi, S. T. Certo, & M. A. Hitt, 2010, Marching to the beat of different drummers: The influence of institutional owners on competitive actions, *Academy of Management Journal*, 53: 723–742.
47. T. B. Lee, 2013, Here's why Microsoft is buying Nokia's phone business, *Washington Post*, www. washingtonpost. com, September 3; 2011, Nokia and Microsoft announce plans for a broad strategic partnership to build a new global mobile ecosystem, *Microsoft Home Page*, www.microsoft.com, February 10.
48. J. Schumpeter, 1934, *The Theory of Economic Development*, Cambridge, MA: Harvard University Press.
49. N. Argyres, L. Bigelow, & J. A. Nickersoon, 2015, Dominant designs, innovation schocks and the follower's dilemma, *Strategic Management Journal*, 36: 216–234; S. Bakker, H. van Lente, & M. T. H. Meeus, 2012, Dominance in the prototyping phase—The case of hydrogen passenger cars, *Research Policy*, 41: 871–883.
50. C. B. Bingham, N. R. Furr, & K. M. Eisenhardt, 2014, The opportunity paradox, *MIT Sloan Management Review*, 56(1): 29–39; L. Sleuwaegen & J. Onkelinx, 2014, International commitment, post-entry growth and survival of international new ventures, *Journal of Business Venturing*, 29: 106–120; F. F. Suarez & G. Lanzolla, 2007, The role of environmental dynamics in building a first mover advantage theory, *Academy of Management Review*, 32: 377–392.
51. G. M. McNamara, J. Haleblian, & B. J. Dykes, 2008, The performance implications of participating in an acquisition wave: Early mover advantages, bandwagon effects, and the moderating influence of industry characteristics and acquirer tactics, *Academy of Management Journal*, 51, 113–130.
52. R. K. Sinha & C. H. Noble, 2008, The adoption of radical manufacturing technologies and firm survival, *Strategic Management Journal*, 29: 943–962; D. P. Forbes, 2005, Managerial determinants of decision speed in new ventures, *Strategic Management Journal*, 26: 355–366.
53. H. R. Greve, 2009, Bigger and safer: The diffusion of competitive advantage, *Strategic Management Journal*, 30: 1–23; W. T. Robinson & S. Min, 2002, Is the first to market the first to fail? Empirical evidence for industrial goods businesses, *Journal of Marketing Research*, 39: 120–128.
54. J. C. Short & G. T. Payne, 2008, First-movers and performance: Timing is everything, *Academy of Management Review*, 33: 267–270.
55. E. de Oliveira & W. B. Werther, Jr., 2013, Resilience: Continuous renewal of competitive advantages, *Business Horizons*, 56: 333–342.
56. A. Hawk, G. Pacheco-De-Almeida, & B. Yeung, 2013, Fast-mover advantages: Speed capabilities and entry into the emerging submarket of Atlantic basin LNG, *Strategic Management Journal*, 34: 1531–1550; N. M. Jakopin & A. Klein, 2012, First-mover and incumbency advantages in mobile telecommunications, *Journal of Business Research*, 65: 362–370.
57. E. R. Banalieva, 2014, Embracing the second best? Synchronization of reform speeds, excess high discretion slack and performance of transition economy firms, *Global Strategy Journal*, 4: 104–126; K. Mellahi & A. Wilkinson, 2010, A study of the association between level of slack reduction following downsizing and innovation output, *Journal of Management Studies*, 47: 483–508.
58. R. Mudambi & T. Swift, 2014, Knowing when to leap: Transitioning between exploitative and explorative R&D, *Strategic Management Journal*, 35: 126–145; M. B. Lieberman & D. B. Montgomery, 1988, First-mover advantages, *Strategic Management Journal*, 9: 41–58.
59. H. R. Greve & M. D. L. Seidel, 2015, The thin red line between success and failure: Path dependence in the diffusion of innovative production technologies, *Strategic Management Journal*, 36: 475–496; G. Pacheco-De-Almeida, 2010, Erosion, time compression, and self-displacement of leaders in hypercompetitive environments, *Strategic Management Journal*, 31: 1498–1526.
60. J. Y. Yang, J. Li, & A, Delios, 2015, Will a second mouse get the cheese? Learning from early entrant's failures in a foreign market, *Organization Science*, in press; F. Zhu & M. Iansiti, 2012, Entry into platform-based markets, *Strategic Management Journal*, 33: 88–106.
61. M. A. Stanko & J. D. Bohlmann, 2013, Demand-side inertia factors and their benefits for innovativeness, *Journal of the Academy of Marketing Science*, 41: 649–668; M. Poletti, B. Engelland, & H. Ling, 2011, An empirical study of declining lead times: Potential ramifications on the performance of early market entrants, *Journal of Marketing Theory and Practice*, 19: 27–38.
62. S. Bin, 2011, First-mover advantages: Flexible or not?, *Journal of Management & Marketing Research*, 7: 1–13; J. Gimeno, R. E. Hoskisson, B. B. Beal, & W. P. Wan, 2005, Explaining the clustering of international expansion moves: A critical test in the U.S. telecommunications industry, *Academy of Management Journal*, 48: 297–319; K. G. Smith, C. M. Grimm, & M. J. Gannon, 1992, *Dynamics of Competitive Strategy*, Newberry Park, CA: Sage Publications.
63. A. Picchi, 2014, Why Angie's list is getting a rash of bad reviews, *CBS News*, www. cbsnews.com, January 16.
64. N. K. Park, J. M. Mezias, J Lee, & J. H. Han, 2014, Reverse knowledge diffusion: competitive dynamics and the knowledge seeking behavior of Korean high-tech firms, *Asia Pacific Journal of Management*, 31: 355–37; A. Fleury & M. Fleury, 2009, Understanding the strategies of late-movers in international manufacturing, *International Journal of Production Economics*, 122: 340–350; J. Li & R. K. Kozhikode, 2008, Knowledge management and innovation strategy: The challenge for latecomers in emerging economies, *Asia Pacific Journal of Management*, 25: 429–450.
65. E. Golovko & G. Valentini, 2014, Selective learning-by-exporting: Firm size and product versus process innovation, *Global Strategy Journal*, 4: 161–180; F. Karakaya & P. Yannopoulos, 2011, Impact of market entrant characteristics on incumbent reactions to market entry, *Journal of Strategic Marketing*, 19: 171–185; S. D. Dobrev & G. R. Carroll, 2003, Size (and competition) among organizations: Modeling scale-based selection among automobile producers in four major countries, 1885–1981, *Strategic Management Journal*, 24: 541–558.
66. W. Stam, S. Arzianian, & T. Elfring, 2014, Social capital of entrepreneurs and small firm performance: A meta-analysis of contextual and methodological moderators, *Journal of Business Venturing*, 29: 152–173; L. F. Mesquita & S. G. Lazzarini, 2008, Horizontal and vertical relationships in developing economies: Implications for SMEs access to global markets, *Academy of Management Journal*, 51: 359–380.
67. G. D. Markman & T. L. Waldron, 2014, Small entrants and large incumbents: A framework of micro entry, *Academy of Management Perspectives*, 28: 178–197; C. Zhou & A. Van Witteloostuijn, 2010, Institutional constraints and ecological processes: Evolution of foreign-invested enterprises in the Chinese construction industry, 1993–2006, *Journal of International Business Studies*, 41: 539–556; M. A. Hitt, L. Bierman, & J. D. Collins, 2007, The strategic evolution of U.S. law firms, *Business Horizons*, 50: 17–28.
68. Young, Smith, & Grimm, "Austrian" and industrial organization perspectives.
69. P. B. Crosby, 1980, *Quality Is Free*, New York: Penguin; W. E. Deming, 1986, *Out of the Crisis*, Cambridge, MA: MIT Press.
70. X. Luo, V. K. Kanuri, & M. Andrews, 2014, How does CEO tenure matter? The mediating role of firm-employee and firm-customer relationships, *Strategic Management Journal*, 35: 492–511; R. C. Ford & D. R. Dickson, 2012, Enhancing customer self-efficacy in co-producing service experiences, *Business Horizons*, 55: 179–188.
71. B. G. King & E. T. Walker, 2014, Winning hearts and minds: Field theory and the three dimensions of strategy, *Strategic Organization*, 12: 134–141; L. A. Bettencourt & S. W. Brown, 2013, From goods to great: Service innovation in a productdominated company, *Business Horizons*, 56: 277–283.
72. F. Pakdil, 2010, The effects of TQM on corporate performance. *The Business Review*, 15: 242–248; A. Azadegan, K. J. Dooley, P. L. Carter, & J. R. Carter, 2008, Supplier innovativeness and the role of interorganizational learning in enhancing manufacturing capabilities, *Journal of Supply Chain Management*, 44(4): 14–35.
73. M. Terziovski & P. Hermel, 2011, The role of quality management practice in the performance of integrated supply chains: A multiple cross-case analysis, *The Quality Management Journal*, 18(2): 10–25; K. E. Weick & K. M. Sutcliffe, 2001, *Managing the Unexpected*, San Francisco: Jossey-Bass, 81–82.
74. D. P. McIntyre, 2011, In a network industry, does product quality matter? *Journal of Product Innovation Management*, 28: 99–108; G. Macintosh, 2007, Customer orientation, relationship quality, and relational benefits to the firm, *Journal of Services Marketing*, 21: 150–159.
75. K. R. Sarangee & R. Echambadi, 2014, Firm-specific determinants of product line technology strategies

in high technology markets, *Strategic Entrepreneurship Journal*, 8: 149–166; S. Thirumalai & K. K. Sinha, 2011, Product recalls in the medical device industry: An empirical exploration of the sources and financial consequences, *Management Science*, 57: 376–392.

76. M. Su & V. R. Rao, 2011, Timing decisions of new product preannouncement and launch with competition, *International Journal of Production Economics*, 129: 51–64.

77. M. L. Sosa, 2013, Decoupling market incumbency from organizational prehistory: Locating the real sources of competitive advantage in R&D for radical innovation, *Strategic Management Journal*, 34: 245–255; T. R. Crook, D. J. Ketchen, J. G. Combs, & S. Y. Todd, 2008, Strategic resources and performance: A metaanalysis, *Strategic Management Journal*, 29: 1141–1154.

78. S. W. Smith, 2014, Follow me to the innovation frontier? Leaders, laggards and the differential effects of imports and exports on technological innovation, *Journal of International Business Studies*, 45: 248–274; C. Lutz, R. Kemp, & S. Gerhard Dijkstra, 2010, Perceptions regarding strategic and structural entry barriers, *Small Business Economics*, 35: 19–33; M. J. Chen & I. C. MacMillan, 1992, Nonresponse and delayed response to competitive moves, *Academy of Management Journal*, 35: 539–570.

79. S. Awate, M. M. Larsen, & R. Mudambi, 2015, Accessing vs sourcing knowledge: A comparative study of R&D internationalization between emerging and advanced economy firms, *Journal of International Business Studies*, 46: 63–86; S. M. Ben-Menahern, Z. Kwee, H. W. Volberda, & F. A. J. Van Den Bosch, 2013, Strategic renewal over time: The enabling role of potential absorptive capacity in aligning internal and external rates of change, *Long Range Planning*, 46: 216–235; M. J. Chen, K. G. Smith, & C. M. Grimm, 1992, Action characteristics as predictors of competitive responses, *Management Science*, 38: 439–455.

80. S. Ansari & P. Krop, 2012, Incumbent performance in the face of a radical innovation: Towards a framework for incumbent challenger dynamics, *Research Policy*, 41: 1357–1374; M. J. Chen & D. Miller, 1994, Competitive attack, retaliation and performance: An expectancy-valence framework, *Strategic Management Journal*, 15: 85–102.

81. K. Muller, K. Huschelrath, & V. Bilotkach, 2012, The construction of a low-cost airline network—facing competition and exploring new markets, *Managerial and Decision Economics*, 33: 485–499; N. Huyghebaert & L. M. van de Gucht, 2004, Incumbent strategic behavior in financial markets and the exit of entrepreneurial start-ups, *Strategic Management Journal*, 25: 669–688.

82. O. Sorenson, 2014, Status and reputation: Synonyms or separate concepts? *Strategic Organization*, 12: 62–69; Smith, Ferrier, & Ndofor, *Competitive dynamics research*, 333.

83. E. Fauchart & R. Cowan, 2014, Weak links and the management of reputational interdependencies, *Strategic Management Journal*, 35: 532–549; V. Babic-Hodovic, M. Arlsanagic, & E. Mehic, 2013, Importance of internal marketing for service companies corporate reputation and customer satisfaction, *Journal of Business Administration Research*, 2: 49–57; T. Obloj & L. Capron, 2011, Role of resource gap and value appropriation: Effect of reputation gap on price premium in online auctions, *Strategic Management Journal*, 32: 447–456.

84. Q. Gu & X. Lu, 2014, Unraveling the mechanisms of reputation and alliance formation: A study of venture capital syndication in China, *Strategic Management Journal*, 35: 739–750; I Stern, J. M. Dukerich, & E. Zajac, 2014, Unmixed signals: How reputation and status affect alliance formation, *Strategic Management Journal*, 35: 512–531; P. W. Roberts & G. R. Dowling, 2003, Corporate reputation and sustained superior financial performance, *Strategic Management Journal*, 24: 1077–1093.

85. B. Larraneta, S. A. Zahra, & J. L. G. Gonzalez, 2014, Strategic repertoire variety and new venture growth: The moderating effects of origin and industry dynamism, *Strategic Management Journal*, 35: 761–772; W. J. Ferrier, K. G. Smith, & C. M. Grimm, 1999, The role of competitive actions in market share erosion and industry dethronement: A study of industry leaders and challengers, *Academy of Management Journal*, 42: 372–388.

86. R. Karlgaard, 2011, Transitions: Michael reinvents Dell, *Forbes*, www.forbes.com, May 9.

87. 2014, While many companies try SaaS for cost savings, top performers discover competitive advantage according to IBM study, *IBM News Release*, www-03.ibm.com, January 28.

88. M. Fassnacht & S. El Husseini, 2013, EDLP versus Hi-Lo pricing strategies in retailing—a state of the art article, *Journal of Business Economics*, 83: 259–289; Smith, Grimm, & Gannon, *Dynamics of Competitive Strategy*.

89. J. Xia & S. Li, 2013, The divestiture of acquired subunits: A resource dependence approach, *Strategic Management Journal*, 34: 131–148; A. Karnani & B. Wernerfelt, 1985, Multiple point competition, *Strategic Management Journal*, 6: 87–97.

90. G. Ahrne, P. Aspers, & N. Brusson, 2014, The organization of markets, *Organization Studies*, 36: 7–27; Smith, Ferrier, & Ndofor, *Competitive dynamics research*, 330.

91. C. O'Connor, 2013, Wal-Mart vs. Amazon: World's biggest e-commerce battle could boil down to vegetables, *Forbes*, www. forbes.com, April 23.

92. J. Wohl & A. Barr, 2013, Wal-Mart steps up its online game with help from stores, *Reuters*, www.reuters. com, March 26.

93. 2015, Walmart Stores, Inc., *MarketWatch*, www. marketwatch.com, April 15; 2015, Amazon.com's investor relations, *Amazon.com*, www.amazon.com, January 29.

94. C. Boone, F. C. Wezel, & A. van Witleloostuijn, 2013, Joining the pack or going solo? A dynamic theory of new firm positioning, *Journal of Business Venturing*, 28: 511–527; J. R. Williams, 1992, How sustainable is your competitive advantage? *California Management Review*, 34(3): 29–51.

95. R. A. D'Aveni, G. Dagnino, & K. G. Smith, 2010, The age of temporary advantage, *Strategic Management Journal*, 31: 1371–1385; N. Pangarkar & J. R. Lie, 2004, The impact of market cycle on the performance of Singapore acquirers, *Strategic Management Journal*, 25: 1209–1216.

96. G. N. Chandler, J. C. Broberg, & T. H. Allison, 2014, Customer value propositions in declining industries: Differences between industry representative and high-growth firms, *Strategic Entrepreneurship Journal*, 8: 234–253.

97. D. M. Cain, D. A. Moore, & U. Haran, 2015, Making sense of overconfidence in market entry, *Strategic Management Journal*, 36: 1–18.

98. M. A. Schilling, 2015, Technology shocks, technological collaboration and innovation outcomes, *Organization Science*, in press; L. C. Hsu & C. H. Wang, 2012, Clarifying the effect of intellectual capital on performance: The mediating role of dynamic capability, *British Journal of Management*, 23: 179–205.

99. 2003, How fast is your company? *Fast Company*, June, 18.

100. N. R. Furr & D. C. Snow, 2015, Intergenerational hybrids: Spillbacks, spillforwards and adapting to technological discontinuities, *Organization Science*, in press; R. Klingebiel & A. De Meyer, 2013, Becoming aware of the unknown: Decision making during the implementation of a strategic initiative, *Organization Science*, 24: 133–153; C. Hall & D. Lundberg, 2010, Competitive knowledge and strategy in high velocity environments, *IUP Journal of Knowledge Management*, 8(1/2): 7–17.

101. C. B. Dobni, M. Klassen, & W. T. Nelson, 2015, Innovation strategy in the U.S.: Top executives offer their views, *Journal of Business Strategy*, 36(1): 3–13; G. Clarkson & P. Toh, 2010, 'Keep out' signs: The role of deterrence in the competition for resources, *Strategic Management Journal*, 31: 1202–1225.

102. A. K. Chatterji & K. R. Fabrizio, 2014, Using users: When does external knowledge enhance corporate product innovation? *Strategic Management Journal*, 35: 1427–1445; M. Kumar, 2011, Are joint ventures positive sum games? The relative effects of cooperative and noncooperative behavior, *Strategic Management Journal*, 32: 32–54; D. Li, L. Eden, M. A. Hitt, & R. D. Ireland, 2008, Friends, acquaintances or strangers? Partner selection in R&D alliances, *Academy of Management Journal*, 51: 315–334.

103. M. M. Larsen, S. Manning, & T. Pedersen, 2013, Uncovering the hidden costs of offshoring: The interplay of complexity, organizational design, and experience, *Strategic Management Journal*, 34: 533–552; F. Zirpoli & M. C. Becker, 2011, What happens when you outsource too much? *MIT Sloan Management Review*, 52(2): 59–64.

104. B. Wu, Z. Wan, & D. A. Levinthal, 2014, Complementary assets as pipes and prisms: Innovation incentives and trajectory choices, *Strategic Management Journal*, 35: 1257–1278; D. Desai, 2013, The competitive advantage of adaptive networks: An extension of the dynamic capability view, *International Journal of Business Environment*, 5: 379–397.

105. R. Mohammed, 2015, The Apple watch's big pricing problem, *Harvard Business Review*, hbr.org, April 10.

106. S. P. Gudergan, T. Devinney, N. F. Richter, & R. S. Ellis, 2012, Strategic implications for (non-equity) alliance performance, *Long Range Planning*, 45: 451–476; V. Kumar, F. Jones, R. Venkatesan, & R. Leone, 2011, Is market orientation a source of sustainable competitive advantage or simply the cost of competing? *Journal of Marketing*, 75: 16–30.

107. L. Josephs, 2011, Candy lovers face bitter Easter, *Wall Street Journal*, February 18, C10.

108. M. Kulas, 2015, Why is candy bad for your health? *Livestrong.com*, www.livestrong. com, January 28.

6

기업 전략: 전사 차원의 전략

● 학습목표 ●

6-1 전사 차원의 기업 전략을 정의하고 그 목적을 논의한다.

6-2 각 유형의 기업 전략에 의해 달성되는 여러 수준의 다각화를 설명한다.

6-3 다각화의 세 가지 주요 동기를 설명한다.

6-4 기업의 관련 다각화 전략을 통한 가치 창출에 대해 서술한다.

6-5 비관련 다각화 전략을 통한 두 가지 가치 창출 방법을 설명한다.

6-6 다각화 유인과 경영 자원에 대해 논의한다.

6-7 경영자의 다각화 선택 동기에 대해 설명한다.

디즈니의 관련 다각화 전략을 사용한 가치 창출

월트디즈니(Walt Disney Company)는 자사의 영화에 등장하는 주인공의 캐릭터를 이용하여 프랜차이즈와 플랫폼을 창출하는 관련 다각화 전략을 추구해왔다. 디즈니는 컴캐스트에 이어 세계 2위의 대중매체 사업자이다. CBS나 비아콤(Viacom) 같이 방송에 집중하는 다른 콘텐츠 제공업자들이 TV 광고 감소와 시청률 저하로 매출액 감소에 직면한 데 반하여 디즈니의 매출은 다른 다각화 사업으로 인해 증가하였다. 디즈니의 다각화된 사업 영역은 소비재, 테마공원, 리조트 등이다. 디즈니는 또한 ESPN과 ABC를 통해 강력한 케이블 및 공중파 TV 채널을 보유하고 있다. 다른 방송 위주 콘텐츠 제공 업자와 마찬가지로 디즈니의 광고 매출도 감소하였지만 다른 사업의 성장에 힘입어 경쟁업체 대비 높은 이익을 유지하고 있다.

디즈니의 성공은 사업부 수준의 사업 전략보다는 전사 차원의 기업 전략에 기인한다고 볼 수 있다. 각 개별 사업이 독자적으로 창출할 수 있는 가치에 비해 다각화된 사업을 통해 더 많은 기업 가치를 창출하기 때문이다. 전략 경영 문헌에서는 이러한 효과를 시너지 또는 범위의 경제(economies of scope)라고 부른다. 첫째, 디즈니는 영화 제작, 소비재, 쌍방향 미디어, 테마공원 및 리조트 등 관련된 일련의 사업군을 운영한다. 영화 제작 사업 내에서도, 터치스톤(Touchstone Pictures), 헐리우드(Hollywood Pictures), 디멘션(Dimension Films), 픽사, 마블 등의 영화 제작사 간에 가치 활동을 공유할 수 있다. 자사가 보유한 영화 제작사 간에 가치 활동을 공유함으로써, 영화 제작 관련 전문 지식을 더 신속하게 학습할 수 있기 때문이다. 둘째로, 디즈니는 소비자 대상 광고와 마케팅 관련 지식을 폭넓고 깊게 보유하고 있다. 이러한 전사 차원 역량을 바탕으로 영화에서 만들어진 동일 캐릭터를 활용하여 다양한 사업에서 이 캐릭터에 기반을 둔 제품과 서비스를 교차 판매(cross sell)하는 것이 가능하다.

예를 들어, 최근에 디즈니는 자사 역사의 중심에 있던 애니메이션을 동명 타이틀의 실사 영화로 전환하는 시도를 하고 있다. 최근에 개봉한 「신데렐라」의 경우, 1950년 출시된 고전 애니메이션의 실사 버전이다. 이러한 방식은 디즈니의 자사 고객에 대한 깊은 이해와 지식을 바탕으로 한다. 이와 유사한 시도는 조니 뎁이 출연한 「이상한 나라의 엘리스」나 잠자는 숲속의 미녀를 변형한, 안젤리나 졸리가 출연한 「말레피센트」의 예에서도 빌견할 수 있다. 실사 버전의 이 두 영화는 각각 전 세계 시장에서 130억 달러와 8억 1,300만 달러의 총수익을 달성하였다. 「존카터(John Carter)」나 「론 레인저(The Lone Ranger)」와 같이 일부 실패한 사례가 있었지만 디즈니의 애니메이션 동화를 바탕으로 실사 영화를 제작하는 시도는 상대적으로 성공적이었다고 평가된다. 또한, 디즈니는 「이상한 나라의 앨리스」, 「말레피센트」, 「겨울왕국(Frozen)」에 이어 「신데렐라」 캐릭터 제품들을 자사 매장 및 소매 유통 채널을 통해 프로모션할 예정이다. 기존의 캐릭터 기반 소비재에서의 성공이 「신데렐라」 제품에서도 이어질 것으로 기대하고 있다. 디즈니는 「미녀와 야수」 및 「정글북」의 액션 영화도 계획하고 있다. 이러한 영화 사업 기반 캐릭터들은 다른 사업에서의 교차판매로 이어지며 관련 매출을 증가시킨다.

CriEnglish.com

이와 같이 동화 주제를 기반으로 한 다각화 전략의 잠재적 문제점은 동화의 내용이 이미 대중에게 노출되어 있다는 점이다. 이로 인해, 경쟁 기업이 디즈니의 전략을 모방하려고 시도할 가능성이 있다. 예를 들어 타임워너(Time Warner)의 자회사인 워너브라더스 스튜디오(Warner Bros. Studio)가 디즈니의 예전 「피터 팬」 성공에 대응하는 시도로 보이는 「Pan」을 출시할 예정이다. 마찬가지로, 타임워너는 2017년에 정글북을 개봉할 예정이며 별도의 미녀와 야수 각본을 준비 중인 것으로 알려졌다. 컴캐스트의 자회사인 유니버설(Universal Pictures)은 인어공주를 준비 중이다. 다만 이 두 경쟁자 모두 디즈니가 보유한 마케팅 파워 및 관련 사업 간 프랜차이징 역량을 보유하지 못했다. 디즈니의 고유한 역량을 이 경쟁 기업들이 개발하려는 시도를 할 수는 있지만, 콘텐츠 제작과 유통에만 집중하는 기업 전략 때문에 디즈니의 관련 사업 간 다각화 기업 전략을 동일하게 재현(duplicate)하는 것은 불가능하다. 따라서 디즈니의 현재 전략은 기업 본사 차원의 우위를 제공한다고 볼 수 있다. 디즈니는 포춘지가 선정한 존경받는 세계 10대 기업에 선정되었다.

출처: B. Fritz, 2015, Disney recycles fairy tales, minus cartoons, *Wall Street Journal*, March 11, B1, B6; M. Gottfried, 2015, Walt Disney has built a better mousetrap, *Wall Street Journal*, Feb 5, C8; M. Lev-Ram, 2015, Empire of tech, *Fortune*, January 1, 48.58; C. Palmeri & A. Sakoui, 2015, Disney's princesses' give a little live action, *Bloomberg BusinessWeek*, March 9, 30.31; C. Tkaczyk, 2015, The world's most admired companies, *Fortune*, March 1, 97.104; D. Leonard, 2014, The master of Marvel universe, *Bloomberg BusinessWeek*, April 7, 62.68; C. Palmeri & B. Faries, 2014, Big Mickey is watching, *Bloomberg BusinessWeek*, March 10, 22.23.

기업 전략은 어느 기업이 서로 다른 제품 시장에서 여러 사업 분야의 사업을 선택하고 관리함으로써 경쟁 우위를 창출하고자 하는 행위이다.

사업 전략(4장)과 경쟁의 역동성(5장)에 대한 논의는 단일 산업 또는 단일 제품 시장에서의 경쟁에 집중되어 있다.[1] 이 장에서는 기업이 단일 시장에서 여러 제품 시장 및 사업 분야로 다각화하는 기업 전략을 소개한다. 그러므로 전사 차원의 **기업 전략**(corporate strategy)은 어느 기업이 서로 다른 제품 시장에서 여러 사업 분야의 사업을 선택하고 관리함으로써 경쟁 우위의 창출을 시도하는 행위를 말한다. 기업 전략은 기업들로 하여금 자사의 가치를 증가시킬 것으로 기대하는 새로운 전략적 포지션을 선택할 수 있게 돕는다.[2] 도입사례에서 설명한 바와 같이, 디즈니는 여러 관련된 엔터테인먼트 산업에서 경쟁하고 있다.[3]

각 기업은 기업 전략을 매출 및 이익 증대의 수단으로 사용하고 있지만, 이외에도 성장을 위한 다른 전략적 동기(strategic intents)가 있을 수 있다. 기업은 새로운 지역 시장에 진출함으로써 성장을 추구할 수도 있다(8장에서 논의). 또한 경쟁자를 인수(수평 통합)하거나 가치사슬 상의 공급자 또는 고객을 인수(수직적 통합)할 수도 있다. 디즈니는 픽사(Pixar)와 마블(Marvel movie production studios)을 인수하여 영화 제작 및 유통 사업에서 수평적 통합을 추구하였다. 이러한 인수 전략은 7장에서 논의할 것이다. 이 장의 기본적 주제는 다각화에 초점이 맞추어져 있다.

기업에게 성장 추구는 위험을 수반할 수밖에 없는 선택이다. GE(General Electric)는 미디어 사업인 NBC로 인해 어려움을 겪고 결국은 컴캐스트(Comcast)에 매각하였다. GE는 또한 금융 서비스 사업에서 매출 감소로 이 산업의 자산 규모를 감소시켰으며, 석유 산업용 장비 및 인터넷 관련 산업 장비와 같은 다른 사업에서 성장을 추구하고 있다. 효과적인 기업일수록 경영자원 투입 이전에 자사의 성장 대안들을 면밀히 검토한다.

다각화된 기업은 여러 개의 서로 다른 제품 시장에서 사업 활동을 하기 때문에, 전사 차원의 기업 전략과 개별 사업 차원의 경쟁 전략을 수립한다.[4] 기업 차원의 전략은 두 가지 핵심이슈를 다룬다. 어느 사업에서 이 기업이 경쟁해야 하며, 기업 본사는 이 서로 다른 사업들은 어떻게 관리해야 하는가.[5] 다각화된 기업의 경우는, 사업 전략(4장 참조)은 해당 기업이 경쟁하기로 결정한 각 사업단위로 선택하여야 한다. 이런 점 때문에, GE의 각 사업부는 서로 다른 사업 전략을 사용한다. 대부분의 사업은 차별화 전략을 추구하는 데 반해 가전 사업은 평균적 구매력을 보유한 소비자를 대상으로 틈새 시장에서 경쟁을 하기 때문에 일정 수준의 품질이 보장된다는 전제하에 비용이 중요한 관건이 된다.

사업 전략과 마찬가지로, 기업 전략은 가치 창출에 기반을 둔 평균 이상의 수익률 획득을 기대하며 사용한다.[6] 일부의 주장에 따르면 기업 전략은 실제로는 그다지 가치 창출의 기여하지 못한다.[7] 도입사례에서 보는 바와 같이, 기업 전략을 통한 가치 창출이 가능한 목표이기는 하지만 달성하기가 어렵다. 사실, 디즈니는 역사적으로 성공적 다각화를 이룩한 소수의 대기업 중 하나이다.

실증 분석에 의하면, 기업 전략의 가치는 "사업 포트폴리오 내의 개별 사업이 다른 기업의 소유가 아닌 해당 기업의 경영관리하에 있을 때 더 가치를 잘 창출하는" 정도에 의해 결정된다.[8] 그러므로 효과적인 기업 전략은 기업의 모든 사업 영역에 걸쳐 이 전략을 사용하지 않았을 때 얻게 될 수익률을 초과하는 수익률을 창출하며,[9] 기업이 초과 수익률을 얻을 수 있는 경쟁력 향상에 기여한다.[10]

제품 시장 다각화(product diversification)는 기업 전략의 주요 형태로서 기업이 경쟁하는 산업의 범위에 관한 의사결정이며, 기업에게 부여된 사업 기회와 해당 기업의 강점을 매칭하는 과정에서 어떻게 경영자가 여러 사업 분야를 인수하고, 신설하고, 매각할 것인가를 결정하는 것이다.[11] 성공적인 다각화는 서로 다른 사업 분야에서 이익이 창출된다는 점에서 수익성의 변동을 감소시키는 효과가 있다.[12] 또한 다각화는 기업이 특정 시장에만 의존하지 않고 최대의 수익률을 제공하는 시장으로 투자를 전환할 수 있는 유연성을 제공한다.[13] 기업이 다각화하는 과정에서 개발 및 감독 비용이 발생하기 때문에 이상적인 사업 포트폴리오는 다각화의 비용과 이익의 균형을 이룰 수 있어야 한다. 경영자들은 이러한 최적 포트폴리오 결정에 책임을 진다.[14]

다음 절에서는 서로 다른 수준의 다각화에 대한 논의부터 시작한다. 다각화를 추구하는 동기에 대해 설명한 후, 두 가지 유형의 관련 다각화를 논의한다. 관련 다각화는 경영 자원 사업 간 공유(제약적 관련 전략), 또는 사업 간 핵심 역량의 이전(연계적 관련 전략)을 통해 가치 창출에 기여할 수 있다. 다각화 전략의 또 다른 유형인 비관련 다각화에 대해서도 논의한다. 그 후에는 다각화를 촉진하는 유인과 경영 자원의 특징에 대해 설명한다. 마지막으로, 경영자의 사적 다각화 동기는 오히려 기업의 가치를 감소시킬 수 있다는 점에 대해서 논의한다.

6-1 다각화의 수준

다각화된 기업은 다각화의 수준과 사업 간의 연계 관계에 따라 다양하게 구성된다. 〈그림 6-1〉은 다각화의 수준에 따라 다섯 가지 유형으로 분류하고 있다. 우선 단일 사업 또는 지배적 사업(dominant business) 유형은 낮은 수준의 다각화 단계로 분류된다. 두 가지 관련 다각화 유

그림 6-1 다각화의 수준과 유형

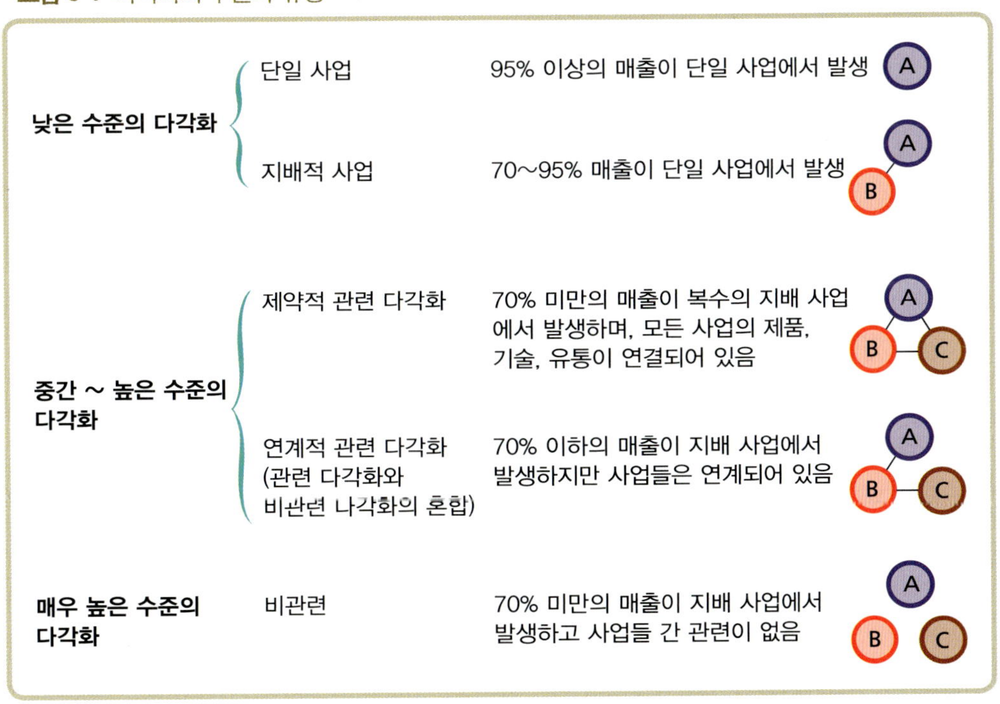

출처: Adapted from R. P. Rumelt, 1974, *Strategy, Structure and Economic Performance*, Boston: Harvard Business School.

형은 중간 수준의 다각화, 비관련 다각화 유형은 높은 수준의 다각화 단계에 도달한 기업으로 분류할 수 있다. 기업 다각화의 관련성은 시장, 기술, 유통 채널의 공유 등 여러 연계(links)를 통해 결정된다. 사업 간의 연계 관계가 많을수록 다각화의 수준은 더 "제약받게" 된다. "비관련성"은 이러한 사업 간 직접적 연계의 부재를 의미한다.

6-1a 낮은 수준의 다각화

낮은 수준의 다각화를 추구하는 기업은 기업 전략으로서 단일 사업 또는 지배적 사업 유형을 선택한다. 단일 사업 전략은 기업의 총매출 중 95% 이상이 하나의 핵심 사업으로부터 발생하는 경우이다.[15] 예를 들어, 루이지애나에 본사를 둔 매킬러니사(McIlhenny Company)는 타바스코(Tabasco) 브랜드의 생산자이며 7대에 걸쳐 핫소스 사업에만 전념해 왔다. 회사 홈페이지에 게시된 제품에 대한 언급에 따르면, "1868년 에드먼드 매킬러니(Edmund McIlhenny)는 멕시코 등에서 가져온 고추씨를 사용해서 독자적인 루이지애나 핫소스를 개발하였다. 그 이후로 지속적으로 실험적 소스를 개발하는 노력을 해왔다. 요즘에는 순한 맛에서 강렬한 맛까지 모두를 위한 소스를 제공하고 있다."[16] 역사적으로 이 회사는 한 가지 사업 영역에만 집중하는 단일 사업 전략을 택해왔다. 최근에 매킬러니는 타바스코 소스를 젤리빈 캔디 또는 치즈잇 크랙커 등과 결합하는 파트너십을 시작하였다.

지배적 사업 다각화 전략(dominant-business diversification strategy)은 기업의 총매출의 약 70~95% 정도가 단일 사업 영역에서 발생하는 다각화 수준을 말한다. UPS(United Parcel Service)의 경우 이 전략을 선택하고 있다. 최근 기준으로 UPS 총매출의 약 61%가 미국 내 포장 배송 사업에서 발생하였고 22%는 해외 포장 배송 사업에서, 그리고 단지 17%의 매출만이 비포장(nonpackage) 사업에서 발생하였다.[17] 현재는 미국 내 포장 배송 사업에서 가장 큰 비중의 매출이 발생하고 있지만 UPS는 차후에 나머지 두 사업 분야가 매출 성장에 더 큰 비중을 차지하기를 기대하고 있다. 이러한 기대는 UPS가 앞으로 더 다각화된 사업자가 될 것이라는 점을 시사한다.

단일 사업 또는 소수 사업에 집중하는 기업은 해당 시장에 필요한 역량을 개발하고 고객에게 양질의 서비스를 제공할 수 있다는 점 때문에 높은 수익률을 얻는 경향이 있다. 또한, 단일 사업 또는 소수의 사업만을 운영하면 관리상의 어려움도 적기 때문에, 이러한 기업들은 규모의 경제를 달성하고 경영 자원을 효율적으로 활용하기가 유리하다.[18] 매킬러니의 타바스코 소스 사업과 같이 가족이 소유하고 경영하는 기업들은 일반적으로 다각화 수준이 낮다. 가족의 명성이 영향을 미칠 수 있는 사업은 핵심 사업과 관련성이 높은 사업들이기 때문에 소수의 사업에 집중하려는 경향을 보인다. 그러므로 가족기업의 구성원들은 소수의 사업 분야에서 양질의 제품과 서비스를 제공하는 전략에 집중한다.[19]

삼일중공업(Sany Heavy Industry)은 중국의 중장비 산업 1위 사업자이다. 또한 전 세계 시장 기준으로는 5위이다. 삼일중공업의 핵심 사업은 콘크리트 기계, 굴착기, 도로 건설장비, 풍력 터빈 등이다.[20] 각 제품 영역이 고유하기는 하지만 제품 생산에 유사한 기술이 사용된다. 또한, 연관 기술로 인해 생산 공정이 유사해지고, 각 사업 간 지식 이전을 용이하게 한다. 또한 각 사업 분야의 시장과 고객이 건설업과 관련되어 있다는 공통점이 있다. 삼일중공업은 일련의 차별화된 제품을 활용한 제품 확산 전략(product proliferation strategy)을 채택한 것으로 볼 수 있다. 제품 확산 전략은 산업 내 다각화 전략의 한 형태로 볼 수 있다.[21] 그러나 삼일중공업의 7개 사업부는 각각 고유한 중장비를 생산한다. 따라서 어떤 이의 시각에서는 이 기업의 다각화 수준이 중간 수준의 전략인 제약적 관련 다각화로 볼 수도 있다.

6-1b 중간 및 높은 수준의 다각화

어느 기업이 지배적 사업 이외의 사업에서 30% 이상의 매출이 발생하고 각 사업이 연관되어 있을 때 관련 다각화 전략을 사용한다고 한다. 각 사업 간의 연계가 직접적인 경우, 제약적 관련 다각화 전략이라고 한다. 캠벨수프(Campbell Soup), P&G(Procter & Gamble), 머크앤드컴퍼니(Merck & Co.) 등이 이 전략을 사용한다. 이 전략을 사용하는 기업은 각 사업 간 경영 자원과 사업 활동을 공유한다.

예를 들어, 퓌블리시스그룹(Publicis Groupe)은 모바일, 온라인 커뮤니케이션, TV, 잡지, 신문, 영화, 라디오 등 다양한 사업군 간에 잠재적 시너지를 통해 가치를 창출하는 제약적 관련 다각화 전략을 사용한다. 최근 퓌블리시의 성과를 보면 이 전략은 적절한 미디어 및 디지털 전략으로 인해 퓌블리시스 고객과 주주에게 가치를 창출한 것으로 보인다.[22]

사업 간의 연계의 종류가 적은 사업 포트폴리오로 다각화한 기업은 연계적 관련 다각화 전략을 사용한다고 한다(그림 6-1 참조). GE는 이러한 전략을 사용한다. 제약적 관련 다각화와 비교할 때, 연계적 관련 다각화 기업은 사업 간의 경영 자원 공유의 빈도는 적은 반면에 기업의 지식 및 핵심 역량을 사업 간에 이전하여 활용하는데 중점을 둔다. GE는 "divisions"라고 부르는 네 개의 전략사업단위(strategic business units)를 갖고 있다. 각 전략사업단위 간에는 관계가 적지만, 각 전략산업단위 내의 자회사와 세부 단위 부서 간에는 긴밀한 관계가 존재한다. 연계적 관련 다각화를 실행하는 기업들은 자사의 사업 포트폴리오를 지속적으로 조정한다.[23] GE와 같은 방식으로 다각화된 기업을 경영하는 데에는 큰 어려움이 있지만 이 기업의 다각화 전략은 성공적인 것으로 평가된다.

각 사업 간의 연관성이 약한 사업 포트폴리오를 보유하고 높은 수준의 다각화를 추구하는 전략을 비관련 다각화 전략이라고 한다. 유나이티드테크놀로지스(United Technologies Corporation), 텍스트론(Textron), 삼성, HWL(Hutchison Whampoa Limited) 등이 이러한 기업 전략을 채택한 기업들의 예이다. 이러한 비관련 다각화 전략을 사용하는 기업들을 흔히 컨글로머리트(conglomerates)라고 부른다. HWL은 항만 관련 서비스, 부동산 및 호텔, 유통, 에너지, 인프라 및 기타 투자, 통신 등을 핵심 사업으로 하는 국제적 기업이다. 이들 사업 간에는 별다른 관련성이 없으며 기업 차원에서 가치 활동의 공유 또는 핵심 역량의 이전을 시도하는 노력도 기울이지 않는다. 유통 사업의 규모가 33개국 9,300개 매장을 보유할 만큼 각 사업의 규모가 크다. 이처럼 거대한 규모와 다양한 사업을 거느린 기업을 성공적으로 경영하기 위해 감수해야 할 어려움이 클 것이라는 점을 쉽게 짐작할 수 있다. 이러한 어려움에도 불구하고, HWL의 전임 최고 경영자인 리자청(Li Ka-shing)은 현명한 인수 결정과 적절한 시기에 사업 철수를 결정하는 데 있어 성공적인 성과를 거두었다.[24] 또 다른 형태의 비관련 다각화 전략을 추구하는 기업들은 칼라일그룹(Carlyle Group), 블랙스톤(Blackstone), KKR 등의 사모펀드(private equity firms)를 예를 들 수 있다.[25] 이들 사모펀드는 종종 관련성이 약한 기업들로 포트폴리오를 구성한다.

6-2 다각화의 동기

한 기업이 기업 전략을 사용하는 데에는 여러 동기가 작용할 수 있다(표 6-1 참조). 전형적으로, 다각화 전략은 기업의 성과를 향상하기 위해 사용된다. 다각화로 인한 가치 창출은 매출을 증가시키거나 비용을 감소시키는 관련 또는 비관련 다각화 전략을 통해 이루어진다.[26]

표 6-1 다각화의 동기

가치 창출 다각화

• 범위의 경제(관련 다각화)
  • 가치 활동의 공유
  • 핵심 역량의 이전
• 시장 지배력(관련 다각화)
  • 다시장 경쟁을 통한 경쟁 기업 제어
  • 수직적 통합
• 재무적 경제성(비관련 다각화)
  • 효율적 내부 자본 할당
  • 사업 구조 조정

가치 중립적 다각화
• 반독점 규제 • 세법 • 낮은 성과 • 불확실한 미래 현금 흐름 • 기업 위험 감소 • 유형의 경영 자원 • 무형의 경영 자원
가치 감소 다각화
• 경영자 고용위험 분산 • 경영자 보상 증대

기업 가치 창출과는 무관한 다각화 동기들도 있다. 사실, 다각화는 가치 중립적 효과 또는 심지어 가치파괴 효과를 야기할 수 있다. 다각화의 가치 중립적 동기는 경쟁자의 시장 지배 확대를 방어하기 위한 목적의 다각화도 포함된다. 또한, 기업의 사업 포트폴리오를 경영자의 고용위험을 감소시킬 목적이나 경영자 보상을 증대하기 위한 목적으로 다각화 할 경우 기업 가치의 감소를 야기할 수 도 있다. 다각화 수준이 높아지면, 일개 사업의 실패가 기업 전체의 실패로 인식되지 않는 경향이 있기 때문에 경영자의 고용 위험을 감소시키는 역할을 한다. 또한, 다각화는 기업규모의 증가와 이에 비례한 경영자 보상의 증가를 가져오기 때문에, 경영자들은 기업 가치가 감소하는 것을 감수하고서라도 다각화를 추구할 사적 동기를 갖게 된다.[27]

사업 운영 관련성과 기업 차원 관련성은 기업이 다각화 전략을 통해 가치를 창출하는 두 가지 방법이다(그림 6-2 참조). 이 두 종류의 관련성에 대한 연구 결과는 경영 자원과 핵심 역량의 중요성을 보여준다.[28] 그림의 수직 축은 각 사업 간 사업 운영 측면의 가치 활동 공유 기회의 정도를 보여주며, 수평 축은 기업 차원의 핵심 역량 이전 가능성의 정보를 보여준다.

핵심 역량은 주로 기업의 본사에 축적되어 있다. 사업 운영 관련성 및 기업 차원 관련성 모두에 의존하지 않고 재무적 경제성에 의존한 다각화는 비관련 다각화 전략으로 분류된다.

6-3 가치 창출 다각화: 관련 다각화

관련 다각화 기업 전략을 활용하여 기업은 고객을 위한 가치를 창출함으로써 경쟁 우위를 개발하고 자사의 경영 자원 및 역량을 향상시킨다.[29] 관련 다각화 전략을 사용하는 기업은 사업 간 **범위의 경제**(economy of scope)를 개발하고 활용하기 원한다.[30] 실제로, 비영리 조직도 관련 다각화를 주의 깊게 계획하고 실행하면 가치 창출에 도움이 된다는 점을 경험하였다.[31]

범위의 경제는 경영 자원 및 역량을 성공적으로 공유하거나 본사 또는 다른 사업에서 개발된 핵심 역량을 각 사업으로 성공적으로 이전하여 활용할 경우 달성되는 비용 절감이다.

범위의 경제는 경영 자원 및 역량을 성공적으로 공유하거나 본사 또는 다른 사업에서 개발된 핵심 역량을 각 사업으로 성공적으로 이전하여 활용할 경우 달성되는 비용 절감을 말한다.[32]

〈그림 6-2〉에서 설명하는 바와 같이, 기업은 두 가지 종류의 범위의 경제를 추구한다. 사업

그림 6-2 가치 창출 다각화 전략: 사업 운영 관련성과 기업 차원 관련성

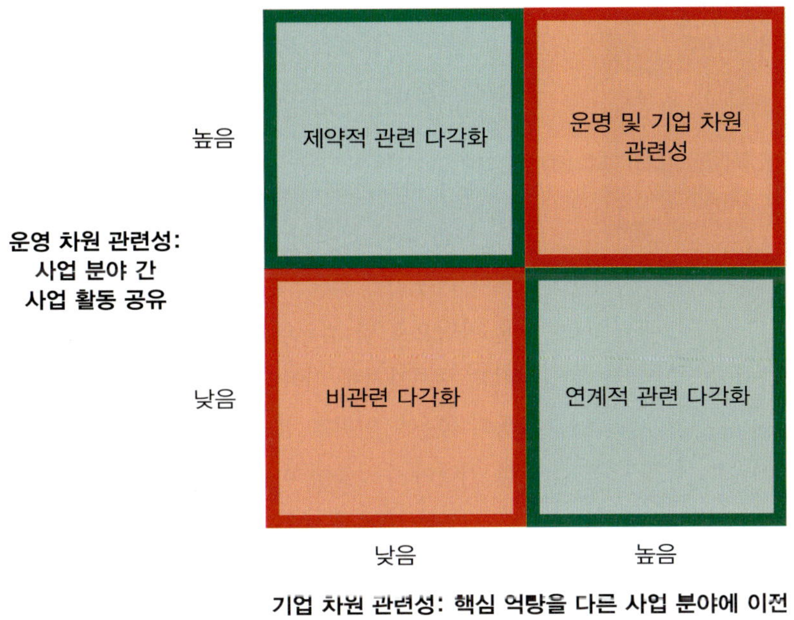

간 경영 자원의 공유를 통해 달성되는 사업 운영 관련성(operational relatedness)과 전사 차원의 핵심 역량을 각 사업에 이전함으로써 달성되는 기업 차원 관련성(corporate relatedness)이다. 이 두 관련성의 차이는 어떻게 별개의 자원이 범위의 경제를 달성하도록 공동으로 활용되는지에 따라 결정된다. 범위의 경제를 달성하기 위해서는, 공장과 기타 제조 설비와 같은 유형 자산은 반드시 공유되어야 한다. 제조 노하우나 기술적 역량과 같은 무형 자산 또한 공유가 가능하다.[33] 그러나 물리적, 유형적 경영 자원을 수반하지 않는 노하우의 별개의 사업 활동 간 이전 및 활용은 기업 차원의 핵심 역량 이전에 해당하며 특정 활동의 사업 간 공유라고 볼 수 없다.[34]

6-3a 사업 운영 관련성

3장의 가치사슬 논의에서 살펴본 바와 같이, 기업은 주요 가치 활동(primary activity)(예: 재고 운송 시스템) 또는 보조적 가치 활동(support activity)(예: 구매 활동)을 사업 간 공유함으로써 사업 운영 관련성을 창출할 수 있다. P&G는 이와 같이 동일한 가치 활동의 사업 간 공유하는 기업 전략을 사용한다. 앞서 소개한 삼일중공업의 경우에는, 서로 다른 사업 간에 마케팅 활동을 공유하는데 그 이유는 판매되는 모든 장비가 건설 산업에 종사하는 기업들에게 판매되기 때문이다. 이러한 점에서 삼일중공업의 나스카(NASCAR) 레이싱 후원은 건설 산업 임원들을 공략하기 위한 수단으로 볼 수 있다.

사업 간 가치 활동을 공유하는 것은 사업 간 연계로 인해 한 사업의 성과가 다른 사업의 성과에도 영향을 미치기 때문에 위험을 수반한다. 예를 들어, 어느 한 사업에서 해당 제품의 수요가 감소하면, 이로 인해 공유되는 설비를 운영하기 위해 필요한 고정비를 감당할 만큼의 충분한 매출이 발생하기 어렵다. 이러한 어려움이 가치 활동 공유의 성공 가능성을 낮추게

Charles Pertwee/Corbis News/Corbis

P&G는 다양한 소비재 사업을 하는 기업으로 다양한 사업부에서 많은 가치 창출 활동을 한다. 예를 들어 대부분 제품은 소매상을 통해 판매되고 사업부들을 이러한 활동을 공유한다.

된다. 또한, 가치 활동의 공유는 관련된 사업 간 긴밀한 조율을 필요로 한다. 따라서 적절한 가치 활동의 공유를 위해서는 효과적인 사업 간 조율이 선행되어야 한다(자세한 논의는 11장 참조).[35]

비록 가치 활동의 공유가 위험을 수반하기는 하지만, 연구 결과에 따르면 다각화를 통한 가치 창출에 도움이 될 수 있다. 예를 들어, 은행업 및 소프트웨어 산업과 같이 동일 산업에서 이루어진 인수 성과에 대한 연구에서 가치 활동 공유를 바탕으로 한 범위의 경제 효과는 인수 후 성과를 향상시키고 주주가치에 기여하는 것으로 나타났다.[36] 또한 가치 활동의 공유가 범위의 경제달성 원천이 되는 관련 사업을 매각한 기업의 수익률이 비관련 사업을 매각한 기업의 수익률보다 저조한 결과를 보였다.[37] 다른 연구에서는, 밀접하게 연관된 사업들의 위험이 낮게 나타났다.[38] 이러한 연구 결과는 사업 간 가치 활동의 공유를 통해 범위의 경제를 달성하는 것이 위험 감소와 가치 창출에 중요하다는 시사점을 제공한다. 특히, 강력한 기업 본사가 사업 간 가치 활동의 공유를 촉진하는 경우 그 효과는 더 크게 나타날 수 있다.[39]

6-3b 기업 차원 관련성: 핵심 역량의 이전

기업 차원 핵심 역량은 주로 경영관리 및 기술적 지식, 경험, 전문성을 바탕으로 서로 다른 사업들을 연계하는 복잡한 경영 자원 및 기업 역량의 집합을 말한다.

점점 더 기업이 보유한 노하우와 같은 무형 자산이 핵심 역량의 기초가 되고 있다. **기업 차원 핵심 역량**(corporate-level core competencies)은 주로 경영관리 및 기술적 지식, 경험, 전문성을 바탕으로 서로 다른 사업들을 연계하는 복잡한 경영 자원 및 기업 역량의 집합이다.[40] 연계적 관련 다각화 전략을 사용하는 GE와 같은 기업들은 핵심 역량 이전을 통해 가치 창출을 시도한다.

최소한 두 가지 면에서 이 전략은 가치 창출에 기여할 수 있다. 첫째, 이미 기업 내 한 사업 분야에서 해당 핵심 역량의 개발에 비용이 발생하였기 때문에 이 핵심 역량을 효과적으로 다른 사업에 이전할 수 있다면 이전 받는 사업부는 이 핵심 역량의 개발을 위해 중복된 비용을 부담하지 않아도 된다. 기업 차원 연관성을 통해 가치 창출 할 수 있는 두 번째 원천은 경영 자원의 무형성(intangibility) 때문이다. 무형 자원은 경쟁자가 이해하고 모방하기가 어렵다. 이러한 모방의 어려움 때문에 기업 차원 핵심 역량을 이전 받는 사업부는 종종 경쟁자 대비 상당 기간 지속되는 경쟁 우위를 획득할 수 있다.[41]

많은 기업이 기업 차원 핵심 역량을 여러 사업 분야에 성공적으로 이전하고 있다. 영국의 버진 아틀란틱(Virgin Atlantic Ltd.)의 경우는 자사의 마케팅 핵심 역량을 항공 운송, 철도, 화장품, 음악, 음료, 휴대폰, 헬스클럽 등 다양한 사업에 이전하여 활용한다.[42] 혼다는 자사의 엔진 설계 및 제조 관련 핵심 역량을 승용차 및 트럭 사업뿐만 아니라 오토바이, 제초기에도 이전하여 활용한다. 혼다의 공식 표현을 빌면 이 회사는 모든 종류의 이동성을 위한 제품의 엔진을 제조하는 주요 사업자이다.[43]

경영자가 전사 차원 핵심 역량의 사업 간 이전을 촉진하는 방법 중의 하나는 핵심 인력을 새로운 지위에 이동 배치하는 것이다.[44] 그러나 상대적으로 역사가 오래 축적된 사업단위에서는 해당 사업의 성공에 중요한 지식과 경험을 보유한 핵심 인력의 이동에 소극적일 수 있다. 핵심 인력 본인이 다른 사업부서로의 이동을 기피할 가능성이 있기 때문이다. 또한, 다른 부서로 이동 배치를 받은 최고 경영자급의 고위 임원은 신규 사업으로 핵심 역량을 이전하는 다각화 목표의 달성을 원하지 않을 수도 있다.[45] 연구 결과에 따르면, 최고 경영진의 특성이 기업 내 지식 이전 과정의 성공에 중요한 영향을 미치는 것으로 나타났다.[46] 또 다른 연구 결과는 아웃소싱에 대한 지나친 의존은 핵심 역량의 유용성을 감소시켜 결과적으로 다각화된 기업 내 핵심 역량 이전의 유용성 자체도 감소시킬 가능성이 있다는 점을 제시하였다.[47]

6-3c 시장 지배력

관련 다각화 전략을 사용하는 기업은 성공적으로 사용하기만 하면 시장 지배력을 강화시킬 수 있다. **시장 지배력**(market power)은 어느 기업이 자사 제품을 시장의 기존 가격보다 높은 가격으로 판매할 수 있거나, 제품의 비용을 시장의 기존 비용 이하로 낮출 수 있는 경우에 발생한다.[48] 하인즈(Heinz)는 브라질의 사모펀드인 3G캐피탈(3G Capital Partners LP)에 의해 인수되었다. 이 거래는 워렌 버핏의 버크셔 해서웨이(Berkshire Hathaway & Co.)가 3G와 팀을 이루어 하인즈의 케첩 및 냉동 식품 브랜드 사업을 230억 달러에 인수하고 이루어졌다. 이와 유사한 시장 지배력 확보 차원의 거래로, 3G는 버거킹(Burger King Worldwide Inc.)과 팀호튼(Tim Hortons Inc.)(캐나다의 커피 및 도넛 패스트푸드 레스토랑)을 인수하였다. 워렌 버핏은 이 거래 역시 지원하기 위해 1,100만 달러를 투자하였다. 이러한 인수 거래는 해당 기업의 시장 지배력을 증가시킨다.[49]

시장 지배력은 어느 기업이 자사 제품을 시장의 기존 가격보다 높은 가격으로 판매할 수 있거나, 제품의 비용을 시장의 기존 비용 이하로 낮출 수 있는 경우에 발생한다.

에릭슨(Ericsson)은 통신 장비 글로벌 시장에서 가장 큰 시장 점유율을 갖고 있고, 오랜 기간 동안 시장 지배력을 행사해왔다. 이 회사는 이러한 시장 지배력을 바탕으로 주요 통신 장비 계약 실적을 쌓아왔다. "전 세계 무선 음성 통화 및 데이터 서비스의 약 40%가 에릭슨의 네트워크 장비를 통해 이루어진다."[50] 통신 기업들이 "클라우드(cloud)" 사업으로 이동하자 에릭슨은 시장 지배력을 유지하기 위한 인수 및 계약을 추구하고 있다.

시장 지배력 강화 수단으로서 규모 확대만 있는 것은 아니다. 기업들은 **다시장 경쟁**(multipoint competition)과 수직적 통합(vertical integration)을 통해 시장 지배력 강화를 촉진할 수 있다. 다시장 경쟁은 둘 이상의 다각화된 기업이 동일한 제품 시장(product areas) 또는 지역 시장(geographic markets)에서 동시에 경쟁할 때 발생한다.[51] 다시장 경쟁으로 인해, 라이벌 기업들은 종종 다각화의 압력에 직면하는데 이는 자신들의 핵심 사업부문 경쟁자 들이 다른 사업 부문에서도 인수를 통한 경쟁을 시도하기 때문이다. UPS와 페덱스(FedEX)의 경쟁도 이러한 다시장 경쟁의 예에 해당한다. UPS의 경우는 페덱스가 강점을 가진 분야인 당일 배송에 진출하였으며, 페덱스의 경우는 UPS의 핵심 분야인 육송 배달 분야에 신규 투자를 하였다. 유사한 예로, 스낵류 생산업체인 JM스머커(J. M. Smucker Company)는 빅하트펫(Big Heart Pet Brands)을 인수하였다. 또한 스머커의 경쟁 기업인 마스(Mars)는 P&G의 독앤캣(dog and cat food division) 사업의 지분을 인수하였다. 스머커의 애완동물 스낵류 사업 진출은 마스와의 다시장 경쟁을 염두에 둔 다각화로 해석

다시장 경쟁은 둘 이상의 다각화된 기업이 동일한 제품 시장 또는 지역 시장에서 동시에 경쟁할 때 발생한다.

© Oleksiy Mark/Shutterstock.com

기업이 수직적 통합을 할 때 본사에서는 많은 양의 정보를 처리하게 되는데, 위 사진과 같은 서버를 통해 수많은 지식이 처리된다. 이러한 정보 네트워크는 다양한 외부 공급사와의 관계도 처리한다.

할 수 있다.[52]

관련 다각화를 추구하는 기업 중에 시장 지배력 강화를 목적으로 수직적 통합을 사용하는 경우가 있다. 수직적 통합은 어느 기업이 자사 제품의 생산 요소를 직접 생산하거나(후방 통합), 자사 제품의 유통을 직접 담당하는 경우 발생한다(전방 통합). 어떤 경우에는, 자사 제품의 생산 및 판매를 직접 운영 사업과 아웃소싱 모두에 의존하는 부분적 통합을 시도하기도 한다.[53]

수직적 통합은 어느 기업이 자사 제품의 생산 요소를 직접 생산하거나(후방 통합), 자사 제품의 유통을 직접 담당하는 경우 발생한다.

수직적 통합(vertical integration)은 주로 해당 기업의 핵심 사업에서 경쟁자 대비 시장 지배력 강화를 위한 목적으로 사용된다. 시장 지배력은 제품 품질 향상 능력이 뛰어나거나 경쟁 기업으로부터 기술을 잘 보호할 수 있을 때 강화된다. 수직적으로 통합된 기업은 보완적인 정보와 지식에 대한 접근성이 뛰어나기 때문에 특화된 기업(수직적 통합을 추구하지 않는 기업)보다 품질 향상과 기술 보호에 유리하다.[54] 또한 시장 지배력은 시장 가격이 형성되지 않은 자산을 보유한 경우에 창출된다. 시장 가격을 결정하는 것은 많은 거래 비용(transaction costs)을 수반하기 때문에 별개의 사업으로 운영하기보다는 수직적 통합을 추구하게 된다.[55]

수직적 통합에는 한계가 존재한다. 예를 들어, 외부의 공급자가 더 낮은 비용으로 생산할 수 있다. 결과적으로, 수직적 통합으로 인한 내부적 거래(internal transactions)가 더 많은 비용을 발생시켜 경쟁자 대비 이윤을 감소시킬 수 있다.[56] 또한 수직적 통합에는 관료적 조직 비용(bureaucratic costs)이 발생할 수 있다.[57] 수직적 통합이 특정 기술에 대한 상당 규모 투자를 요구하기 때문에 특히 기술이 빠른 속도로 변화할 때 기업의 유연성을 감소시킬 가능성이 있다. 또한 수요의 변화로 인해 규모의 균형(capacity balance) 문제를 야기할 수 있다. 예를 들어 사업부 1이 사업부 2의 공급을 담당하기 위해 생산 설비를 구축할 때 내부 구매자인 사업부 2의 수요 규모가 규모의 경제를 충족시키지 못하는 수준이면 사업부 1은 내부 구매자뿐만 아니라 외부 수요자에게도 판매해야 하는 상황에 직면한다. 그러므로 수직적 통합이 경쟁자 대비 시장 지배력 강화를 통해 가치 창출에 기여할 수 있으나 이는 위험과 비용을 수반하는 전략이다.[58]

21세기 들어서, 인텔이나 델(Dell) 같은 기업은 자체 제작 제품과 부품을 줄이기 시작했다. 이러한 추세는 포드(Ford)와 GM(General Motors) 같은 일부 대형 자동차 기업이 독립적인 공급자 네트워크를 구축하는 예에서도 나타난다.[59] 전자 제품 제조 기업인 플렉스트로닉스(Flextronics)는 이러한 계약 기반 제조 방식을 공급망 관리에 적용한 기업이다.[60] 이와 같은 계약 기반 제조업체들은 종종 고객의 전체 제품 라인을 재고 관리에서 배달이 사후 고객 관리까지 담당한다. 그리고 일부 기업은 자사 제품 품질의 효과적 통제 및 부품 공급의 적시성을 위해 재통합을 시도하기도 한다.[61] 삼성은 경쟁자인 애플의 공급업자인 동시에 가전 사업 분야에서 수직적 통합 전략을 통해 사업에 대한 통제를 유지해 왔다.

6-3d 사업 운영 관련성 및 기업 차원 관련성 동시추구

〈그림 6-2〉에서 보는 바와 같이 일부 기업은 범위의 경제 창출을 위해 사업 운영 관련성과 기업 차원 관련성을 동시에 추구한다.[62] 가치 활동의 공유(사업 운영 관련성)와 핵심 역량의 이전(기업 차원 관련성)을 통해 범위의 경제를 동시에 달성하는 능력은 경쟁자들이 이해하거나 어떻게 모방할지 배우기가 어렵다. 그러나 이러한 두 종류의 관련성을 달성하는 데 발생하는 비용이 창출되는 이익에 의해 상쇄되지 않는다면 오히려 비경제성(diseconomies)을 가져오는데, 그 이유는 조직 및 유인 구조의 비용이 크기 때문이다.[63]

도입사례에서 살펴본 바와 같이, 디즈니는 관련 다각화 전략을 사업 운영 관련성과 기업 차원 관련성 측면의 범위의 경제를 동시에 추구하기 위한 수단으로 사용한다. 디즈니는 미디어 네트워크, 테마공원, 스튜디오, 소비재, 쌍방향 미디어 등 5개의 연관된 사업 분야를 갖고 있다. 예를 들어 스튜디오 엔터테인먼트 사업에서는 터치스톤, 헐리우드픽처스, 디멘션필름 등 서로 다른 영화 유통 회사 간 가치 활동 공유를 통해 범위의 경제를 추구할 수 있다. 자사의 고객에 대한 넓고 깊은 지식이 디즈니의 광고 및 마케팅에 있어 기업 차원 핵심 역량의 기초가 된다. 이러한 핵심 역량을 활용하여 영화 사업에서 개발된 캐릭터 기반 제품 및 서비스를 테마공원 및 소비재 사업 분야에서도 교차 판매하여 범위의 경제를 창출할 수 있다. 따라서 영화에서 만들어진 캐릭터는 디즈니 상점에서 다양한 제품으로 판매된다. 또한 영화에서 만들어진 주제가 테마공원 놀이기구의 새로운 소재가 된다.[64]

디즈니가 이러한 동시 추구 전략으로 통해 성공적으로 관련 다각화 전략을 수행하였지만, 투자자 입장에서는 이 기업에 의해 창출된 가치를 파악하기가 어렵다. 이러한 이유로, 범위의 경제 창출을 위해 다각화 전략을 사용하는 기업의 자산가치는 종종 투자자들에 의해 낮게 평가된다.[65]

RICHARD B. LEVINE/Newscom

디즈니는 수많은 소매 상점뿐만 아니라 자사의 상점에서도 영화와 관련된 많은 제품을 판매한다.

6-4 비관련 다각화

다각화를 통해 사업 운영 관련성 또는 기업 차원 관련성 중 어떠한 범위의 경제를 추구하지 않는 경우 이 기업은 비관련 다각화 전략을 사용한다고 말한다. 비관련 다각화 전략(그림 6-2 참조)은 두 종류의 재무적 경제성을 통해 가치를 창출할 수 있다. **재무적 경제성**(financial economies)은 기업 내부 또는 기업 외부 재무 자원 배분의 효율성 향상을 통해 실현되는 비용 절감을 의미한다.[66]

재무적 경제성은 기업 내부 또는 기업 외부 재무 자원 배분의 효율성 향상을 통해 실현되는 비용 절감을 의미한다.

효율적 내부 자본 배분은 재무적 경제성을 달성하게 해준다. 예를 들어, 서로 다른 위험 성향을 가진 사업 간 포트폴리오 구성을 통해 기업 위험 수준을 감소시킨다. 재무적 경제성의 두 번째 유형은 인수한 자산의 구조 조정을 통해 달성된다. 다각화된 기업이 다른 기업을 인수하여 피인수 기업 자산을 수익성을 높여 외부 시장에 매각하여 이익을 창출하는 방식이다.[67]

6-4a 효율적 내부 자본 시장

시장 경제에서 자본 시장은 자본을 효율적으로 배분한다고 시장 참가자들은 믿는다. 효율적 시장에서 투자자는 보유한 주식으로부터 높은 수익률의 미래 현금 흐름(future cash-flow)을 기대할 수 있다. 채권자도 자신의 투자 가치를 높이기 위해 고성장 및 고수익을 기대하는 기업에 투자할 것이기 때문에 부채를 통해서도 자본이 배분된다.

규모가 큰 다각화 기업에서는 기업 본사가 기업 전체 가치 창출에 기여할 수 있는 사업에 자본을 배분하는 경우가 있다. 다음 **전략 포커스**와 같이 GE는 비관련 사업 분야에 내부 자본 할당 방식을 사용해왔다. 이러한 내부 자본 할당의 특징은 외부 자본 시장에 의한 자본 할당의 결과로 주주에게 발생하는 수익률보다 더 높은 수익률을 내부 자본 시장에 의해 발생시킬 수 있다.[68] 기업 본사에서는 자사 사업 포트폴리오의 실제 및 미래 성과에 대해 더 구체적이고 정확한 정보를 갖고 있기 때문에 자본의 배분 결정에서 외부 자본 시장보다 유리하다.[69]

기업 본사의 담당자들에 비해, 외부 투자자들은 상대적으로 제한된 기업 내부 정보에 접근할 수 있어 다각화된 기업의 개별 사업 성과와 미래 전망에 대해서는 추정만이 가능한 입장이 된다. 또한, 자본 투자가 필요한 기업은 자본 공급자에게 필요한 정보를 제공해야 하기 때문에, 내부 자본 시장을 보유한 기업들은 최소한 두 가지의 정보상 우위를 누릴 수 있다. 첫째, 연차 보고서 등 외부 자본 시장에 공급되는 기업 정보는 긍정적인 전망과 성과를 강조한다. 외부 자본 공급자들은 다각화된 대기업의 실제 운영에 대해 제한적 정보만을 알 수 있고 충분한 정보 공개는 이루어질 가능성이 적기 때문이다.[70] 둘째, 기업이 자본 조달을 위해 기업 정보를 공시하면 이러한 정보는 동시에 해당 기업의 현재 및 잠재적 경쟁자에게도 이용이 가능해진다. 경쟁 기업들은 자본 조달 목적으로 공개된 정보를 활용하여 해당 기업의 가치 창출 전략을 모방하고자 시도할 가능성이 있다. 따라서 내부 자본 시장을 통해 자본을 효율적으로 배분할 수 있는 능력을 갖춘 기업은 이러한 모방을 방지하고 기업의 경쟁 우위를 보호하기가 더 용이하다.

외부 자본 시장에 의해 기업의 자본 할당이 변경될 경우 기업에 매우 큰 충격이 될 수 있다. 외부 관계자에 의한 자본 활당 변화는 주로 기업의 이사진 등을 통한 간접적 방식으로 이루어지기 때문에 최고 경영진의 교체 등 큰 변화가 발생할 수 있다. 반면에, 내부 자본 시장에서는 기업 본사가 자본 할당의 변화를 추구할 때 경영자의 유인 체계를 조정하거나 특정 사업의 전략적 변화를 추구하는 것이 일반적이다.[71] 따라서 내부 자본 시장을 통한 자본 할당은 외부 자본 시장보다 구체적인 기준에 의해 결정하는 것이 가능해진다. 외부 자본 시장의 경우 상대적으로 덜 정확한 정보에 의존하기 때문에 성공 잠재력이 높은 투자 안에 자본 할당이 어려울 수 있다. 다각화된 기업의 본사 경영자는 낮은 성과를 보인 경영진에 대한 징계를 경영자원 배분상의 조정을 통해 행할 수 있기 때문에 외부 자본 시장 당사자보다 효율적인 자본 할당이 더 수월하다.[72]

비관련 다각화 전략 수행의 어려움에도 불구하고 유럽 및 신흥 시장의 많은 기업이 비관련 다각화 전략을 채택하고 있다. 독일의 컨글로머리트인 지멘스(Siemens)는 자사가 직면하는 경제적 위험의 균형을 추구하기 위해 다각화 전략을 사용한다. 경제적 불황기에는, 다각화를 통

전략 포커스

GE와 유나이티드 테크놀로지의 내부 자본 할당과 구조 조정 전략

GE는 가전, 에너지, 금융 서비스, 의료, 풍력 터빈에 이르기까지 다양한 산업에서 경쟁한다. 역사적으로는, GE가 다양한 사업 분야에 자본을 할당하는 의사결정에 있어 탁월한 성과를 보여왔다. GE는 연계적 관련 다각화 전략을 추구하는 기업으로 분류되기는 하지만, 각 주요 전략사업단위에 차별적으로 자본을 할당한다. 최근에 GE는 자사의 금융 서비스인 GE캐피탈(GE Capital)의 사업 포트폴리오의 균형을 꾀하고 있다.

특히, 최고 경영자인 제프 이멜트(Jeff Immelt)는 금융 위기 이후 주가 하락 등의 이유로 인해 투자자들로부터 GE를 보다 제조업에 중점을 둔 기업으로 탈바꿈하라는 압박에 직면하였다. 궁극적인 목표는 2014년 기준 GE 총이익의 42%를 차지하는 GE캐피탈의 비중을 2016년에는 약 25% 수준으로 낮추는 것이다. 금융 위기 이전에는 기업 이윤의 약 50%가 GE캐피탈에 의해 발생했다. 정부 규제로 인해 "배당금을 바탕으로 자사주를 매입하고 이를 통해 GE의 제조업을 지원하는" 방식의 재무 전략을 더 이상 사용하지 못하게 되었다. 예를 들어, GE는 자사의 가정용 기구 사업을 매각하기 원했지만 금융 위기 기간 동안 예상 매각액이 너무 낮아져서 몇 년간 연기해야만 했다. 이멜트는 "분명히 GE캐피탈의 규모는 경쟁력, 수익률, 정부 규제에 근거해 결정될 것이다"라고 밝혔다. 그러나 금융 위기 이후 GE는 GE캐피탈에 투자된 자본 위험 때문에 GE 사업 전체가 곤경에 직면할 수 있다는 점을 인식하게 되었다.

한편으로 GE는 인수를 통해 진출한 석유 및 가스 공급 서비스 때문에 투자자의 압력에 직면하고 있다. 이 사업을 인수할 당시의 원유가는 배럴당 약 100달러 수준이었으나 최근에 원유가는 배럴당 약 50달러 수준으로 하락하였다.

비관련 다각화 전략을 사용하는 유나이티드 테크놀로지(United Technology) 경우에도 내부 경영 자원을 가장 효율적 사용할 수 있는 사업부순으로 할당해왔다. 이러한 전략은 다른 기업을 인수하여 사업의 구조 조정을 실시하고 합리적 매각 시점이 도래할 때까지 구조 조정이 이루어진 사업들을 운영하는 과정을 거친다. 유나이티드 테크놀로지가 보유한 사업은 오티스 엘리베이터(Otis Elevator)와 블랙호크 헬리콥터로 잘 알려져 있는 시코르스키 에어크래프트(Sikorsky Aircraft) 등이 있다. 유나이티드 테크놀로지의 신임 최고 경영자인 그레고리 하예스(Gregory J. Hayes)는 애널리스트를 대상으로 자사의 사업 포트폴리오를 재검토 중이라고 말했다. 시코르스키 사업부는 국방 예산의 감축과, 종업원을 헬리콥터로 수송하는 정유회사 수요의 감소로 어려움에 직면하게 되었다. 분사를 고려하였지만, 결과적으로는 시크르스키 사업부를 대규모 국방 관련 사업자인 록히드마틴(Lockheed Martin)에게 매각하였다. 하예즈는 여전히 유나이티드 테크놀로지 사업 포트폴리오에 인수 후 구조 조정을 단행할 사업을 추가하기 위한 모색을 하고 있다.

GE와 유나이티드 테크놀로지 모두 내부 자본을 다각화된 사업 간 자원 할당의 수단으로 활용하였다. 또한, 두 기업 모두 사업 효율성 증대 목적으로 구조 조정 전략을 사용하여, 구조 조정 대상 사업을 시장에서 다른 인수 기업에게 매각하거나 분사하는 방식으로 처분하였다(7장 구조 조정 전략 참조).

Simon Dawson/Bloomberg/Getty Images

GE는 금융 사업을 축소시키려 하지만 유가와 가스 가격 하락으로 인해 정유와 가스 사업 부문은 어려움을 겪고 있다.

출처: D. Cameron, 2015, Lockheed Martin to buy Sikorsky for $9 billion, *Wall Street Journal*, www.wsj.com, July 21; R. Clough, 2015, A crude awakening for GE, *Bloomberg Businessweek*, March 16, 19; C. Dillow, 2015, What happens if United Technologies unloads Sikorsky? *Fortune*, www.fortune.com, March 23; C. Grant, 2015, GE's capital control isn't a cure; selling its Asian lending unit won't be enough to revive its stock, *Wall Street Journal*, www.wsj.com, March 16; T. Mann, 2015, GE weighs deeper cuts in bank unit, *Wall Street Journal*, March 12, B1, B2; D. Mattioli & D. Cimilluca, 2015, Sikorsky spin-off considered, *Wall Street Journal*, March 12, B3; G. Smith, 2015, Siemens' long-feared slimdown isn't as drastic as feared, *Fortune*, www.fortune,com, February 23; J. Bogaisky, 2014, Is Bouygues crying uncle on Alstom?, GE said in talks for $13b acquisition. *Forbes*, April 23, 19; T. Mann, 2014, United Technologies CEO hunting for major acquisition, *Wall Street Journal*, www.wsj.com, December 12.

해 미래 성과 향상을 도모할 수 있기 때문이다.[73]

선진국에서 비관련 다각화 전략을 사용하는 기업의 치명적 약점은 비관련 다각화를 추구하는 기업이 관련 다각화 전략을 사용하는 기업의 범위의 경제 효과를 모방하는 것보다, 관련 다각화 추구 기업이 비관련 다각화를 통해 재무 경제성을 달성하는 것이 상대적으로 쉽다는 점이다. 이러한 이슈는 효과적 금융 기관, 건전한 규제, 계약법 등 제도적 기반이 약한 신흥 시장에서는 문제가 상대적으로 덜하기 때문에 비관련 다각화 전략의 사용을 촉진하는 요소가 된다.[74] 연구 결과에 따르면, 한국, 인도, 칠레 등의 신흥 시장에서 다각화된 기업 집단(business groups)은 다각화로 인해 성과를 향상시키는 결과를 보였다.[75]

6-4b 자산 구조 조정

기업이 인수, 구조 조정, 구조 조정된 피인수 기업의 매각을 통해 어떻게 가치를 창출할지 학습하게 되는 경우에도 재무 경제성은 달성할 수 있다.[76] 특히 부동 산업의 경우에 자산을 저가에 사서, 이 자산의 구조 조정 후 구조 조정 비용을 초과하는 이익을 남기고 매각하는 방식으로 투자 자산 대비 수익률을 높일 수 있다. 이러한 전략은 주로 4~5년 기간 내에 인수, 구조 조정, 매각의 과정을 완료하는 사모펀드가 사용한다.[77]

이 전략을 사용하는 비관련 다각화 기업들은 재무 경제성 창출 과정에서 발생하는 상충 관계(trade-offs)를 감수하여야 한다. 유나이티드 테크놀로지가 이 전략을 사용하였다. 마찬가지로, 다나허(Danaher Corp.)는 하이테크 제품 수요의 불확실성 때문에 성공을 위해서는 성숙 산업에 집중해야 한다. 이 기업은 1984년 이래 약 400개의 사업을 인수해왔다.[78] 하이테크 사업의 경우 경영 자원 배분 결정은 매우 복잡하기 때문에 때로는 비관련 다각화 전략을 채택한 본사의 의사결정자 입장에서 정보 과부하가 될 수 있다. 또한 하이테크 서비스사업은 인적자원에 의존한다. 이 들 인력은 회사를 떠나거나 더 높은 급여를 요구할 가능성이 있기 때문에 피인수 기업의 가치를 감소시킬 수 있다.[79]

따라서 서비스 자산을 인수 후 구조 조정할 경우에는 구조 조정 후 외부 자본 시장에서 차익을 남기고 매각하기가 쉽지 않다. 그러므로 하이테크 기업과 서비스 기업의 경우에는, 구조 조정을 통해 가치를 창출할 수 있는 무형 자산이 희소하다고 볼 수 있다. 인적자원과 같은 무형 자산을 구조 조정하기가 어려울 뿐만 아니라, 판매자(기업의 서비스 인력)와 구매자(고객 기업) 간의 관계 또한 시간이 흐를수록 진화해가기 때문이다. 이상적으로는, 불황의 중간기에 저가로 인수해서 경기 확장기의 후반부에 매각하면 이익을 극대화할 수 있다.[80] 해외 인수 등 글로벌 경제 활동의 증가로 인해, 내부 시장에 의한 구조 조정과 해외 시장 철수의 빈도도 증가하고 있다. 해외 시장 철수는 국내 시장 철수보다도 복잡한 전략적 선택이므로 신중하게 결정되어야 한다.[81]

6-5 가치 중립적 다각화

기업이 관련 다각화 또는 비관련 다각화를 추구할 때 공통적인 목표는 기업 전략을 통해 가치를 창출하는 것이다. 그러나 다각화 전략은 때로는 가치 중립적 목표의 달성에 사용된다. 이러한 동기들은 다양하며 가치 창출 여부는 경영 자원의 효과적 활용에 의해 결정된다.

6-5a 다각화의 유인

기업이 다각화를 추구하는 유인은 외부 환경 및 기업의 내부 환경으로부터 모두 발생한다. 외부 환경 요인으로는 반독점 규제 및 세법의 영향을 들 수 있고, 내부 환경 요인은 낮은 성과, 불확실한 미래 현금 흐름, 그리고 시너지 및 기업 위험 감소의 추구 등을 들 수 있다.

반독점 규제 및 세법

미국의 경우, 기업들이 1960년대와 1970년대에 다각화를 추구하는 데 정부의 반독점 정책과 세법이 중요한 역할을 하였다.[82] 시장 지배력 강화 목적의 합병을 금지하는 반독점법 은 이 시기에 강력한 정부 규제를 주도하였다.[83] 수평적 또는 수직적 합병을 금지하는 법률 때문에 1960년대와 1970년대의 합병은 주로 합병에 관련된 기업들이 서로 다른 비관련 사업에 종사하는 "컨글로머리트(conglomerate)" 특성을 보였다. 예를 들어 1973년부터 1977년까지 이루어진 합병의 약 79.1%가 "컨글로머리트 특성을 보였다.[84]

1980년대 들어서는, 반독점 규제의 완화로 보다 빈번한 대규모 수평적 합병(석유 회사 간 합병과 같이 합병되는 기업이 동일 산업에 종사하는 기업 간 합병)이 이루어졌다.[85] 또한 규제 완화에 부응하여 투자은행들은 보다 적극적으로 적대적 인수합병(takeovers)을 시도하였다.[86] 이러한 규제 완화의 영향으로 1980년대와 1990년대 초반에는 다각화 기업들의 점차 사업 집중을 시도하였다.[87]

21세기 초반에는 대규모 인수합병의 증가로 반독점 이슈가 다시 출현하였다(7장 참조).[88] 이제 합병은 1980년와 1990년대보다 더 비판의 대상이 되고 있다.[89]

다각화의 세금 효과는 법인세 변화뿐만 아니라 개인 소득세의 영향을 받았다. 일부 성숙 산업의 기업들은 이윤의 재투자 시 기대 수익률보다 현재의 주력 사업 영업 이익률이 더 높다. 또한 잉여 현금 흐름(free cash flow)이 주주에게 배당금의 형태로 환원되는 것이 바람직하다는 주장도 있다.[90] 그러나 1960년대와 1970년대에는 배당금에 대해 자본 이득(capital gain)에 비해 더 높은 세율의 소득세가 부과되었다. 결과적으로, 이 시기에는 주주들이 잉여 현금 흐름을 고수익 사업에 투자하는 기업의 주식을 선호하였다. 장기적으로 주가가 상승하면 주식 처분 후 얻게 되는 자본 이득에 대한 과세가 배당금에 대한 과세보다 더 유리하기 때문이다.

1986년의 과세 개혁법(Tax Reform Act)에 의해 개인 소득세에 대한 최고세율 구간은 50%에서 28%로 하향 조정되었다. 또한 특별 자본 이득세는 일반 개인 소득세 항목으로 변경되었다. 이러한 세법 개정은 주주들로 하여금 다각화 목적으로 이익을 유보하는 기업에 대한 투자 유인을 현저하게 감소시켰다. 또한 이 세법 개정으로 인해 기업들의 비관련 사업 철수가 증가하였다. 이에 따라, 1986년 이후에는 세금 감면이 가능한 부채 활용 다각화를 제외한 기업의 일반적 다각화는 감소하는 경향을 보였다.

법인세율 역시 다각화에 영향을 미친다. 인수는 일반적으로 기업의 자산 감가상각액을 높인다. 감가상각액이 증가하면 기업의 비현금 비용이 증가하므로 이익은 감소하게 된다. 이는 법인세 절감을 위한 기업의 인수 시도 유인이 된다. 한때 인수는 법인세 절감을 위한 매력적 대안 중 하나였으나 재무회계기준위원회(FASB)가 피인수 기업의 자산을 반영하는 지분통합법(pooling of interests)* 방식을 제외한 이후, 그리고 진행 중인 연구개발에 대한 세금 감면을 제외한 이후에는 하이테크 산업에서 유행하던 법인세 목적의 인수 시도 유인이 감소하고 있는 추세이다.[91]

*지분통합법은 기업 합병의 회계 처리 방법이다. — 역자주

논의한 바와 같이 정부 규제의 변화는 다각화의 유인을 증가시킬 수도 있고 역으로 감소시킬 수도 있다. 역사적으로, 유럽의 반독점법은 미국에 비해 수평적 합병에 대해 더 엄격한

입장이었지만, 최근 들어 미국의 반독점 규제와 유사해지는 경향을 보인다.[92]

낮은 성과

어떤 연구 결과에 따르면 성과가 낮은 기업일수록 더 다각화를 추진할 가능성이 높다고 한다.[93] **전략 포커스**에 소개된 코카콜라는 최근 주력 사업인 소프트드링크 사업에서 만족할만한 성장 및 이윤을 달성하지 못했다. 이에 따라, 성장률이 높은 사업 분야인 생수, 차, 주스 등의 사업에 다각화를 추진해 왔다.

코카콜라와 같이 낮은 성과가 동기가 되어 다각화를 추구하는 기업은 자사가 사업 경험과 전문성을 갖고 있지 않은 신규 사업에 진출할 때 브랜드 위험에 직면할 수 있기 때문에 주의해야 한다. 인수 기업과 피인수 기업 간의 시너지 창출이라는 기대가 환상에 불과할 수도 있고, 주력 사업과 인수한 사업이 문화적으로 어울리지 않을 수도 있기 때문이다.[94] 연구 결과에 따르면, 〈그림 6-3〉에서 보는 바와 같이, 기존 기업 성과와 다각화의 관계는 비선형 관계(curvilinear relationship)를 보인다.[95] 낮은 성과가 다각화의 동기가 될 수는 있지만, 지나친 다각화로 인해 경쟁자보다 더 낮은 성과에 직면할 수도 있다는 것이다.

불확실한 미래 현금 흐름

어느 기업의 제품 구성이 성숙기 단계에 있거나 시장의 위협에 직면할 때, 다각화는 중요한 방어 전략이 될 수 있다.[96] 특히 성숙기 산업에서 활동하는 중소기업들은 장기적 생존을 위해 다각화가 필요한 상황에 직면하기도 한다.[97]

다른 제품 시장 및 사업 분야로 다각화하는 것은 기업의 미래 현금 흐름에 대한 불확실성을 감소시킨다. 미국 최대의 알루미늄 생산 기업인 알코아(Alcoa)는 알루미늄 사업의 높은 경쟁 강도 때문에 다각화 전략을 추구해왔다.[98] 다양한 최종재 시장에 진출함과 동시에 알루미늄 이외의 금속 산업으로 다각화한 것이다. 예를 들어 2015년에 이 회사는 항공 산업용 티타늄 제조 기업인 RTI(RTI International Metals Inc.)를 인수한다고 발표하였다. 알코아의 최고 경영자인 클

그림 6-3 다각화와 성과 간의 관계

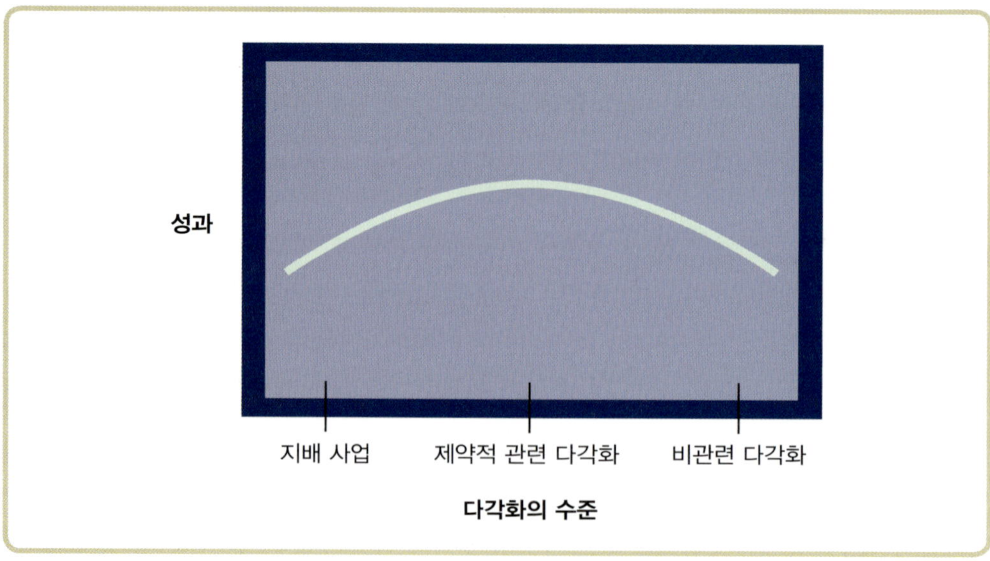

전략 포커스

소프트 드링크 시장의 성장 둔화에 대응하는 코카콜라의 다각화 전략

대다수 식음료 기업이 소비자의 기호 변화로 인해 어려움을 겪고 있다. 맥도날드의 경우는 멕시칸 그릴 음식을 제공하는 치폴레(Chipotle)와의 경쟁에서 고전해왔고, 캠벨수프나 제너럴밀즈(General Mills)는 건강에 대한 관심이 많아진 소비자의 등장으로 시장에서 어려움을 겪고 있다. 코카콜라 역시 주력 사업인 소프트 드링크 시장에서 수요 감소를 경험해왔다. 코카콜라 최고 경영자인 무타르 켄트(Muhtar Kent)는 투자자에게 2014년에 연매출 성장률 3~4%를 약속하였다. 그러나 2015년 초 기준 이러한 목표 달성에 실패하였다. 매출액은 2% 감소한 460억 달러를 기록하였고, 이익은 2013년 대비 17% 감소한 71억 달러에 불과하였다. 소비자들의 기호 변화로 인해 코카콜라는 광고와 같은 마케팅 활동의 변화를 통해 소프트 드링크 시장에서의 수요 회복을 시도하였으나 마케팅 활동의 변화만으로 시장의 성장 둔화에 대응하기에 충분하지 않았다.

시장의 성장 둔화를 경험한 코카콜라는 사업 다각화를 시도하고 있다. 갤럽의 2014년 조사에 의하면 미국 소비자의 약 63%가 소프트 드링크를 기피하고 싶다고 응답하였다. 실제로 소프트 드링크 매출은 10년 연속 감소하였으며 그 결과, 코카콜라의 매출은 전 세계적으로 감소하고 있다. 한 예로, 슈퍼마켓 사업자인 홀푸드(WholeFoods)는 자사 매장에 코카콜라 제품을 판매하지 않으며, 그 이유로 소비자는 더 건강하고, 더 맛있고 더 독특하고, 대량 생산되지 않은 제품을 원하기 때문이라고 밝혔다. 이러한 추세는 켈로그(Kellogg Company), 크래프트푸드(Kraft Foods Group) 등 일반 소비자 시장에 집중해온 기업들의 전략에 영향을 미치고 있다. 예를 들어 3G캐피탈에 의해 비상장 기업이 된 하인즈는 크래프트푸드와 합작으로 크래프트하인즈(Kraft Heinz Company)를 설립하였다. 코카콜라처럼 독립적인 사업을 하는 기업들은 소비자의 기호 변화에 따른 위험에 다각화 전략으로 대응하고 있다.

2007년 코카콜라는 무알콜 음료의 연구개발에 집중하였다. 신생 기업들과의 협력 관계를 형성하기 위한 "VEB(Venture & Emerging Brands)" 사업부를 출범하면서, Fuze Tea, Zico coconut water, 오가닉 브랜드인 Honest Tea 등을 개발하였다. 2003년부터 2013년까지 10년간 소프트 드링크 소비는 90% 가까이 감소한 반면, 스포츠 음료와 생수 소비는 거의 40% 정도 증가하였다. 코카콜라는 에너지 음료의 선도기업인 몬스터(Monster)와 협력 관계를 맺고 2015년에는 몬스터의 비에너지(non-energy) 음료 사업의 지분을 인수하였다. 주스 시장에서는 장수 브랜드인 미닛메이드(MinuteMaid)뿐만 아니라 Odwalla, Simply, Fuze 등의 브랜드를 보유하게 되었다. 코카콜라는 기존의 무카페인 콜라 브랜드인 코크제로뿐만 아니라 새로운 제품들을 마케팅 전략에 포함시키는 전략적 조정을 시도하고 있다. 아무도 실패를 경험한 "new Coke" 전략의 사례를 반복하기를 원하지 않기 때문에, 이러한 제품 확장 전략이 브랜드에 손상을 주지 않도록 조심스런 접근을 할 것으로 예상된다.

코카콜라 의 또 다른 시도는 Freestyle 소다 파운틴 기계를 설치하여 소비자가 "오렌지 코크 등 캔 음료로는 구매가 불가능한 100종류 이상의 다양한 소다 음료를 직접 고를 수 있도록" 유도하는 방식이다. 현재 이 소다 파운틴 기계는 파이브가이스(Five Guys)나 버거킹 같은 패스트 푸드 체인 사업에 공급하고 있다. 이러한 방법을 통해 코카콜라는 소다 음료 매출을 증가시키고 있다. 표준 코카콜라 캔 제품 용량이 16온스이지만 파운틴 음료의 가장 큰 용기는 40온스이며, 용기의 용량도 다양하다.

이러한 방식에 대해서도 코카콜라를 비판하는 여론은 주스로 분류된 음료의 경우 과다한 당분이 함유되어 있음에도 불구하고 "건강한 제품"으로 광고하는 것에 대해 비난하고 있다. 코카콜라의 주스 제품에도 소프트 드링크와 비슷한 수준의 설탕이 함유되어 있기 때문이다. 이처럼 매출이 하락하는 핵심 사업 외에 신규 분야로 다각화하는 것은 새로운 사업 영역에서의 성장 추구라는 점에서 위험을 수반할 뿐만 아니라, 신규 사업에서 실수가 발생하면 전체 브랜드 자산에 타격을 입힐 수 있기 때문에 쉽지 않은 일이다. 이러한 위험과 불확실성에도 불구하고 코카콜라 사례와 같이 기업은 성장과 위험 회피를 위해 다각화를 추진한다.

Freestyle Soda Fountain.PNG

코카콜라의 프리스타일 자동판매기.

출처: M. Chahal, 2015, Coca-Cola's strategy: Heritage with 'digital backbone', *Marketing Week*, www.marketingweek.com, March 11; D. Cimilluca, D. Mattioli, & A. Gasparro, 2015, Brazil's 3G in serious talks for Kraft, *Wall Street Journal*, www.wsj.com, March 25, A1, A6; M. Esterl, 2015; Soft drinks hit 10th year of decline, *Wall Street Journal*, www.wsj.com, March 27; M. Esterl, 2015, What is Coke CEO's solution for lost fizz? More soda: Despite changing consumer taste, Muhtar Kent pushes strategy to sell more cola, *Wall Street Journal*, www.wsj.com, March 19; B. Geier, 2015, Coke's plan to save Coke is to sell more Coke, *Fortune*, www.fortune.com, March 19; A. Brones, 2014, Americans are drinking less soda, but we're still addicted to sugar, *Care2*, www.care2.com, April 15; S. Sharf, 2014, Coca-Cola profit declines 14%, future growth plan fails to impress, *Forbes*, www.forbes.com, October 21; C. Suddath & D. Stanford, 2014, Coke confronts its big fat problem, *Bloomberg BusinessWeek*, www.bloombergbusinessweek.com, July 31.

라우스 클레인필드(Klaus Kleinfield)는 이 인수에 대해 "기존 사업과의 중복 없이 티타늄 및 하이테크 기계류 분야에서 시장 지위를 강화하는" 거래로 평가하였다.[99] 그러나 여전히 약 40%의 매출이 수요 부족 및 초과 설비, 그리고 중국 기업 등 해외 사업자와의 경쟁으로 어려움을 겪는 알루미늄 원자재 사업에서 발생한다.

시너지와 기업 위험감소

다각화된 기업이 범위의 경제를 추구할 때 때로는 사업 간에 시너지를 실현하기에는 지나치게 유연성이 부족한 투자를 하기도 한다. 결과적으로 많은 문제점이 야기될 가능성이 있다. **시너지**(synergy)는 서로 다른 사업을 함께 운영하여 창출되는 가치가 각 사업을 독립적으로 운영하여 얻게 되는 가치의 합을 초과할 때 발생한다. 그러나 시너지 추구를 위해 사업 간 관련성이 증가하면 이러한 사업 간 상호 의존성으로 인해 유연성을 제약하게 되고 기업 수준의 실패 위험도 증가한다. 이러한 위협 때문에 다음의 두 대안이 도출된다.

시너지는 서로 다른 사업을 함께 운영하여 창출되는 가치가 각 사업을 독립적으로 운영하여 얻게 되는 가치의 합을 초과할 때 발생한다.

첫째, 기업은 보다 확실한 경영 환경에서 사업함으로써 기술적 변화의 수준을 감소시킬 수 있다. 이러한 행동은 기업을 위험 회피적으로 만들어 가치 창출 잠재력은 있으나 검증되지 않은 신규 사업으로의 진출은 관심을 덜 갖게 된다. 또는 해당 기업이 공유하는 가치 활동의 수준을 제약하고 잠재적 시너지를 포기하는 결정을 할 수도 있다. 이 대안 중 어떤 경우도 추가적 다각화를 유도할 수는 있다.[100] 불확실성이 적은 경영 환경에서의 사업 추구는 잠재적 성장 기회가 부족한 관련 다각화를 유도할 가능성이 높으며,[101] 가치 활동 공유의 수준을 제약하는 선택은 기업의 핵심 역량이 부족한 비관련 다각화를 유도할 가능성이 높다. 연구 결과에 따르면, 관련 다각화 전략을 사용하는 기업은 신규 사업 진출을 위한 인수 시도 시에 보다 신중하게 인수 가격을 결정하고, 반면에 비관련 다각화 전략을 사용하는 기업은 인수 대상 기업에 대한 정보가 충분치 않기 때문에 인수 가격을 과다하게 책정하는 경향이 있다.[102] 비관련 다각화 전략은 물론 관련 다각화 전략을 사용하는 기업도 지나치게 높은 인수 프리미엄을 지불하는 경우 어떤 결과를 초래하는지 이해해야 한다.[103] 이처럼 과다한 인수 프리미엄 문제 때문에 경영자는 더 위험 회피 성향을 갖게 되고 단기적 수익률 달성에 집중하는 경향을 보이게 된다. 혁신 등 장기적 투자에는 덜 관심을 갖게 되는 것이다. 그러나 이러한 다각화 전략을 적절하게 활용할 수 있는 기업은 오히려 더 혁신적인 기업이 될 수 있다.[104]

6-5b 경영 자원과 다각화

앞서 논의한 바와 같이 기업은 가치 창출 다각화 동기(범위의 경제를 창출할 수 있는 능력) 외에도 여러 다양한 가치 중립적 동기를 가지고 다각화를 추진한다. 다각화의 동기가 존재하더라도 성공적 다각화를 위해서는 해당 기업이 다각화를 기업 전략으로서 실행하기 위한 경영 자원 및 핵심 역량을 갖추고 있어야 한다.[105] 유형 및 무형 경영 자원이 모두 다각화를 촉진하기는 하지만 가치 창출 가능성에서는 차이가 있다. 요약하면, 경영 자원의 희소성, 모방의 어려움, 대체 불가능성 등이 기업의 경영 자원이 다각화를 통해 가치를 창출할지 여부를 결정한다. 예를 들어, 잉여 현금 흐름은 기업이 다각화할 때 사용하는 유형의 재무적 자원이다. 그러나 무형의 경영 자원에 기반한 다각화와 비교하면, 재무적 경영 자원에 기반한 다각화는 경영자에게 모방당할 가능성이 더 높으며 장기적인 가치 창출의 가능성도 더 낮다.[106] 공장 및 생산 설비도 유형 자원의 대표적 예에 해당하며 고정 자산에 가깝다. 초과 생산 설비가 있더라도 매우 유사한 생산 기술을 요구하는 제품 등 연과성이 높은 제품에만 활용할 수 있기 때문이다. 예를 들어 컴퓨터 생산자인 델과 HP(Hewlett-Packard)는 태블릿 컴퓨터의 수요를 과소평가했다. 애플은 태블릿 컴퓨터인 아이패드를 개발하였고 많은 분석가가 태블릿 컴퓨터가 전통적 PC를 대체할 것으로 예측하고 있다. 실제로 델과 HP의 PC 매출은 아이패드 출시 이후에 감소하였다. 델, HP, 레노버(Lenovo) 등 애플의 경쟁자들은 태블릿과 유사한 노트북 및 아이패드와 유사한 태블릿 컴퓨터 등 지나친 다각화가 요구되지 않는 제품 위주로 경쟁을 계속하고 있다.[107]

생산 설비와 비교할 때, 판매 인력과 같은 다른 유형의 잉여 유형 자원은 더 용이하게 다각화에 활용될 수 있나. 특히 판매 인력을 초과적으로 보유한 경우 관련 다각화에 더 효과적인데, 이는 유사한 시장에서의 제품 판매에 더 효과적으로 활용될 수 있는 인력이라는 의미이다. 판매 인력은 보다 유사한 제품 특성, 고객, 유통 채널에 대해 더 많은 지식을 보유하는 경향이 있다.[108] 유형의 경영 자원도 생산, 마케팅, 조달, 기술 등 서로 다른 가치 활동의 공유를 달성할 수 있다. 영국의 진공 청소기 생산 기업인 다이슨(Dyson)은 배터리 기술에 투자해왔다. 다이슨의 최고 경영자인 제임스 다이슨(James Dyson)은 이 기업이 배터리로 작동하는 진공 청소기뿐만 아니라 "새로운 제품 100 종류를 출시"할 것이라고 언급했다.[109]

무형 경영 자원은 유형의 물리적 자산과 비교하면 다각화를 촉진하는 데 더 많은 유연성을 확보할 수 있다. 특히 암묵적 지식(tacit knowledge)과 같은 무형 자원은 다각화 추진에 보다 효과적으로 활용할 수 있다.[110] 서비스 기업은 주로 신규 설립 방식을 통해 다각화를 추진한다. 금융 자문 서비스를 제공하는 알바레즈앤마살(Alvarez & Marsal)는 기업 대상 구조 조정 관련 자문 서비스를 제공하며, 추가적으로 다른 서비스들에 진출해왔다. 뉴욕 금융가에서 이 기업은 파산 위기와 같은 재무적 곤경에 처한 기업들에게 일시적인 경영 관리를 담당하는 등 구조 조정을 돕는 데 명성을 축적해왔다. 특히 이 기업은 미국 기업 파산 역사상 가장 큰 규모인 리먼브라더스(Lehman Brothers)의 파산 과정에서 국공채 및 현금의 관리를 담당하여 기존 주주와 채권자에게 가능한 최대의 자산 회수가 이루어지도록 돕는 역할을 맡았다. 리먼브라더스 파산 관리 경험은 알바레즈앤마살로 하여금 다른 기업들의 국공채 및 현금 자산 투자 관리를 담당하는 새로운 사업으로 다각화할 수 있는 기회를 제공하였다. 또 다른 신규 사업으로는 주로 재무적 곤경에 처한 기업들을 상대로 구조 조정 전략을 제공해야 하는 사모펀드 를 대상으로 한 컨설팅 서비스를 개시하였다. 사모펀드 고객을 대상으로 한 컨설팅 사업에서의 명성을 바탕으로 사모펀드 사업에 대한 지식을 습득하여 독자적인 사모펀드 사업을 시작하였다.[111] 이러한 방식의 서비스 기업의 다각화 방식은 베인(Bain)과 같은 전략 컨설팅 제공 기업에게도 익숙한 방식이다. 베인은 컨설팅 사업 소유주인 파트너들의 지원에 힘입어 베인캐피탈(Bain Capital)이라는 사모펀드를 시작하였다.

그러나 때로는 가치 창출 또는 가치 중립적 다각화 시에 사용되는 경영 자원이 예상한대로 가치를 창출하지 못하는 경우가 있다. 연구 결과에 따르면, 인수의 성공을 위해서는 적합한 피인수 기업을 선택하는 것이 핵심적이다.[112] 예를 들어, 사라리(Sara Lee Corporation) 경영진은 자신들이 다각화된 사업 포트폴리오로부터 시너지를 실현할 수 없다는 점을 알게 되었다. 결과적으로, 정육 제품에 특화하는 힐샤이어(Hillshire Brands)와 음료 및 베이커리 사업에 특화된 DE 마스터블렌더(D. E. Master Blenders) 등 두 개의 별도 사업으로 분사해야 했다. 힐샤이어는 2014년에 타이슨푸즈(Tyson Foods)에 매각되었으며 사라리는 타이슨푸즈의 브랜드 중 하나로 편입되어 더 이상 독립적 기업으로는 존재하지 않는다.[113]

6-6 가치감소 다각화

다각화를 추구하는 경영자 개인의 동기는 가치 중립적 동기 또는 가치 창출 동기(범위의 경제 추구)와는 별개로 존재한다. 최고 경영진이 다각화를 추구하는 개인적 동기는 보상 가능성 증대와 경영자 위험의 감소이다.[114] 달리 말하면, 최고 경영자는 기업의 수익성이 과도하게 악화되지만 않는다면 자신의 고용 위험을 분산시킬 수 있는 다각화를 추구한다.[115]

다각화는 주주들이 선호하지 않은 별도의 혜택을 경영자에게 제공한다. 연구 결과에 따르면, 다각화는 기업 규모와 양의 상관 관계가 있으며, 기업 규모가 클수록 경영자에 대한 보상도 증가하는 것으로 나타났다.[116] 대기업이 복잡하고 관리하기 어려운 조직이기 때문에 일반적으로 최고 경영자는 막대한 금전적 보상을 받지만 그 액수는 나라마다 차이가 크다.[117] 다각화 수준이 증가할수록 기업 경영의 복잡성이 증가하여 경영자는 더 큰 보상을 받는 경향을 보인다. 경영자의 과도한 다각화를 제약할 지배 구조 메커니즘으로는 이사회, 주주의 감독, 경영자 보상 시스템, 기업 지배권 시장(market for corporate control) 등이 있다.[118] 이러한 기업 지배 구조에 대해서는 10장에서 더 자세히 논의할 것이다.

취약한 기업 지배 구조를 가진 기업은 경영자에 의한 과도한 다각화로 평균적 수익률도 얻지 못할 수가 있다.[119] 적절한 기업 내부 지배 구조의 미비가 부진한 경영 성과로 이어지면 궁극적으로 적대적 인수합병의 위협을 야기할 가능성이 있다. 적대적 인수합병을 통해 비효율적 경영진이 교체되고 기업의 효율성이 향상될 수 있지만, 적대적 인수합병을 방어하기 위해 경영진은 "포이즌필(poison pills)(높은 매수가로 주식 발행)"나 "황금 낙하산(golden parachute)(고액의 퇴직금 지급 조항)" 등의 수단을 활용하기도 한다.[120] 그러므로 외부의 경영권 위협을 통한 지배 구조는 경영자의 사적 다각화 동기를 완벽하게 통제하지는 못한다.[121]

주식시장에 상장된 대부분의 대기업은 경영자가 기업 경영 자원의 청지기(stewards) 역할을 담당하여 다각화 등 기업 경영 전략을 기업의 성공을 위해 활용하기 때문에 이익을 발생시킨다.[122] 기업 지배 구조 메커니즘은 경영자의 의사결정 및 행동 규범의 예외적인 상황까지 고려해서 설계해야 한다. 그러므로 경영자가 일상적으로 기업의 목표와는 상반되는 사익(self-interest)에 따라서 행동하는 것은 지나치게 비관적인 가정이다.[123]

최고 경영자의 다각화 의사결정은 때로는 자신의 평판에 대한 염려 때문에 제약되기도 한다. 부정적 평판은 경영자의 권한을 감소시킨다. 마찬가지로, 경영자 고용 시장의 경쟁이 심한 경우, 경영자가 부적절한 다각화를 추구하는 경향을 억제할 수 있다.[124] 또한, 다각화된 기업은 비효율적으로 운영되는 기업의 자산을 인수하여 구조 조정할 가능성이 있다. 비효율적인 경영진의 경우 해당 기업이 인수될 가능성이 있다는 점을 알고 있기 때문에 이러한 위험을 감소시

그림 6-4 다각화와 기업 성과 간의 관계 요약

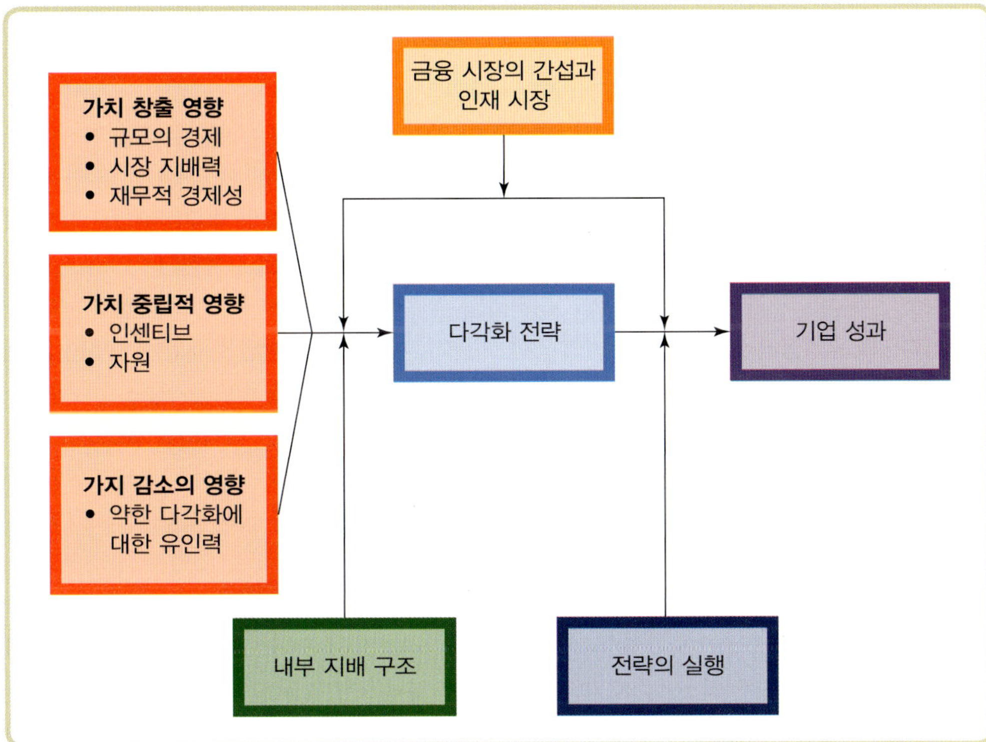

출처: Adapted from R. E. Hoskisson & M. A. Hitt, 1990, Antecedents and performace outcomes of diversification: A review and critique of theoretical perspectives, *Journal of Management*, 16: 498.

키기 위해 가치 창출 다각화를 추구할 가능성이 높아진다.

〈그림 6-4〉에서 보는 바와 같이, 다각화를 통해 성과를 향상시킬 수 있는 가능성은 경영 자원, 경영자의 동기, 다각화 전략 추구 동기 간의 상호작용에 의해 결정된다. 그리고, 재무적 자원은 가장 유연한 자원이라는 점 때문에 다른 유형 자원보다 더 다각화를 촉진할 가능성이 높다. 유형의 경영 자원은 상대적으로 관련 다각화에 더 유용하다.

기업이 다각화 전략을 효과적으로 사용하면 가치 창출에 도움이 되지만, 이를 위해서는 효과적인 내부 지배 구조의 최고 경영자 견제가 필요하다(10장 참조). 조직 구조와 같은 적절한 전략 실행 도구도 다각화 전략의 성공에 중요하다(11장 참조).

이 장에서는 기업 전략을 개관하였다. 다음 장에서는 다각화 전략의 수단으로서 인수합병 전략에 대해 논의한다. 또한 인수를 통한 다각화 전략의 학습의 결과로서의 구조 조정에 대해서도 논의한다.[125] 따라서 다각화를 추구하는 기업은 지나친 다각화보다는 상대적으로 소수의 사업에 집중하는 신중한 전략이 필요하다. 연구 결과에 따르면, 1990년대부터 21세기 초반에 걸쳐 지속된 구조 조정의 여파로 비관련 다각화 빈도는 감소하고 관련 다각화 빈도는 증가했다는 결과를 제시하였다. 다각화에 이은 구조 조정 추세는 미국과 영국에 이어 유럽과 한국에서도 나타났다.[126] 결론적으로, 기업이 자사의 경영 자원 및 핵심 역량에 적합한 다각화 수준을 선택하고 자국의 제도적, 경쟁 환경이 제공하는 기회 및 위협 요인을 고려한 다각화 전략을 채택한다면 경쟁력을 향상시킬 수 있다.[127]

요약

- 다각화를 추구하는 기업 전략을 선택하는 동기는 가치 창출에 있다. 사업 간 범위의 경제 달성 또는 재무적 경제성을 달성할 수 없다면, 또는 시장 지배력을 다각화를 통해서 강화할 수 없다면 단일 사업 전략 또는 지배적 사업 전략을 채택하는 것이 바람직할 것이다. 범위의 경제와 시장 지배력은 중간 또는 높은 수준의 다각화를 추구하는 기업에게 주요 가치 창출 원천이 된다.
- 관련 다각화 전략은 기업의 사업 포트폴리오를 관리함에 있어, 사업 간 가치 활동의 공유 또는 핵심 역량의 이전을 통해 가치 창출을 추구하는 기업 전략을 말한다.
- 가치 활동의 공유는 주로 사업 간 유형 경영 자원의 공유를 수반한다. 핵심 역량의 이전은 한 사업에서 개발된 역량의 다른 사업으로 이전 또는 본사 역량의 각 사업부로의 이전을 의미한다.
- 가치 활동의 공유는 주로 제약적 관련 다각화 전략과 밀접한 관계를 갖는다. 가치 활동의 공유에는 실행 및 조율에 많은 비용이 발생하기 때문에 가치 활동 공유에 참여하는 사업부 간 혜택이 불균등할 가능성이 있으므로 경영자는 위험을 감수하지 않으려 할 수 있다.
- 기업 차원 핵심 역량의 이전은 연계적 관련 다각화 전략과 보다 밀접한 관계를 갖는다.
- 자본의 효율적인 기업 내부 할당 또는 피인수 기업 자산의 구조 조정이 성공적 비관련 다각화 전략의 달성하는 두 가지 방식이 된다. 요약하면, 비관련 다각화를 추구하는 기업들은 재무적 경제성을 가치 창출의 수단으로 사용한다.
- 기업이 다각화를 추구하는 이유 중에는, 반독점 정부 규제 및 세법의 영향, 기존의 저성과, 미래 현금 흐름 관련 불확실성 등과 같이 그 자체로 가치 창출과 중립적인 동기들도 존재한다.
- 경영자의 사적 다각화 동기는 과도한 다각화를 유도하고 기업 가치를 하락시킬 가능성이 있다. 실증 분석 결과에 따르면, 대다수 경영자는 기업 자산의 충실한 집사 역할을 맡아 다각화로 인한 기업 가치 감소를 피하려고 하는 것으로 나타났다.
- 경영자들은 기업의 최적 다각화 수준을 결정함에 있어, 내부 조직 요인과 외부 환경 요인을 모두 고려해야 한다. 내부 경영 자원이 다각화 방향의 중요한 결정 요인이지만, 경쟁자의 위협과 같은 기업 외부 환경의 조건들이 추가적인 다각화를 촉진시킬 수 있다.

핵심 용어

복습 문제

1. 기업 전략은 무엇이며 왜 중요한가?
2. 기업 전략을 사용하여 추구하는 다각화 수준의 유형은 무엇인가?
3. 기업 가치 창출을 위해 다각화하는 세 가지 동기는 무엇인가?
4. 관련 다각화 전략을 사용하는 기업은 어떻게 가치를 창출하는가?
5. 비관련 다각화 전략을 사용할 때 재무적 경제성을 달성하는 두 가지 방법은 무엇인가?
6. 어떠한 유인과 경영 자원이 다각화를 촉진시키는가?
7. 어떠한 동기가 경영자의 과도한 다각화를 추구하는 데 영향을 미치는가?

[Mini Case] 삼일중공업

삼일중공업(Sany Heavy Industry Co., Ltd)은 중국의 중장비 생산 1위 사업자이며, 글로벌 시장에서는 시장 점유율 5위를 차지한다. 2014년에 이 기업의 매출은 중국 경제의 불황으로 하락하였다. 삼일중공업의 2012년도 매출액은 129억 달러로 산업 내 1위 기업인 캐터필러(Caterpillar)의 659억 달러와 격차가 꽤 있다. 그럼에도 불구하고 삼일중공업은 캐터필러의 1위 자리를 차지하려는 목표를 갖고 있다. 10년 내에 연 매출액 470억 달러를 차지하겠다는 것이다. 삼일중공업은 중국 내수 시장에서는 이미 캐터필러를 제치고 1위이다.

삼일중공업은 (1) 크래인, (2) 도로 건설 기계, (3) 항만용 기계, (4) pumpover 기계 등 4개의 핵심 사업을 보유하고 있다. 각 사업 영역은 고유하지만, 유사한 생산 기술을 사용한다. 또한, 유사한 기술 사용으로 생산 공정도 유사하며 사업 간에 지식의 이전도 이루어진다. 또한, 모든 사업이 건설업과 관련이 있다는 점에서 고객과 시장의 유사성도 높다. 이러한 이유는 미국 시장에서 삼일중공업은 미국 건설 산업 관계자에게 중요한 행사인 나스카 레이싱 쉐보레 후원사를 맡고 있다.

삼일중공업은 기존 제품의 지속적 품질 향상, 새로운 기술의 파악, 신제품의 개발을 위해 매출의 약 5%를 연구개발에 투자한다. 연구개발 노력에 힘입어, 2012년 말 기준으로 삼일중공업은 3,303개의 특허를 보유하고 있다. 2013년에는 중국의 국가기술 혁신상을 수상하였다.

기술 혁신을 추구하고 있기는 하지만, 다른 한편으로는 삼일중공업은 특허권 침해 혐의로 크레인을 비롯한 중장비 제조업체인 매니트워크(Manitowoc)에 의해 소송을 당하였다. 2014년에 내려진 판결에 의하면 "삼일중공업의 크레인 제품 중 하나가 매니트워크의 특허권 및 영업 기밀을 침해하였다"는 것이다. 이 재판 결과는 삼일중공업이 해외 시장에서 다각화를 통한 성장을 추구하는 데 부정적 시그널로 작용한다.

삼일중공업은 유기적 성장뿐만 아니라 인수를 통한 성장을 지속하고 있다. 예를 들어, 2012년에 이 기업은 콘크리트 펌프 제조업체인 푸츠마이스터(Putzmeister)를 인수하였으며, 미국, 독일, 브라질을 비롯한 여러 국가에 자회사를 설립하여 해외 시장 매출 확대를 시도 하였다. 기업의 국제화를 위해 삼일중공업은 최근 본사를 후난성의 창사에서 수도인 베이징으로 이전하였다.

출처: 2015, Sany Heavy Industry Co. Ltd., www.sanygroup.com, accessed on June 12; 2015, www.manitowoc.com, press release, The Manitowoc Company receives favorable final determination in Sany patent infringement lawsuit, April 17; R. Flannery, 2014, Profit drops by 48% at Chinese billionaire's equipment flagship Sany Heavy, *Forbes*, www.forbes.com, August 31; 2015, www.manitowoc.com, 2013, Yellow Table Survey: Sany ranks no. 5 among construction machinery manufacturers in 2013, *China Construction Machinery Online*, www.cmbol.com, April 15; M. Barris, 2013, Sany turns to NASCAR to fuel sales, *China Daily*, www.chinadaily.com, April 4; 2013, Awarded National Technology Invention Prize, *Get to Know Sany*, 15th issue, February 15; L. Hooks, P. J. Davis, & N. Munshi, 2013, Caterpillar digs into trouble in China, *Financial Times*, www.ft.com, February 12; J. R. Hagerty & C. Murphy, 2013, Sany tries to gain traction in the U.S., *Wall Street Journal*, www.wsj.com, January 28; 2013, Sany Heavy Industry Co. Ltd: Sany Group's top 10 events in 2012, *$-traders*, www.4-traders.com, January 22; Z. Yangpeng & F. Zhiwei, 2012, Sany to move HQ to Beijing from Changsha, *China Daily*, www.usa.chinadaily.com, November 11.

토의 문제

1. 삼일중공업이 추구하는 기업 다각화 전략은 어떤 유형인가? 어떤 근거에 의해 그렇게 판단하는가?
2. 삼일중공업과 같은 기업에게 국내 시장 총생산량의 변화는 어떠한 영향을 미치는가?
3. 삼일중공업처럼 중장비 산업에 참여하는 기업들이 연구개발과 혁신에 집중적인 투자를 하는 이유는 무엇인가?
4. 이 기업이 해외 시장 진출을 추구한다는 전제하에 삼일중공업이 특허권을 침해했다는 법원 판결은 해외 시장에서의 성장에 어떠한 영향을 미칠 것으로 보이는가?

미주

1. M. E. Porter, 1980, *Competitive Strategy*, New York: The Free Press, xvi.
2. J. P. O'Brien, P. David, T. Yoshikawa, & A. Delios, 2014, How capital structure influences diversification performance: A transaction cost perspective, *Strategic Management Journal*, 35: 1013–1031; M. D. R. Chari, S. Devaraj, & P. David, 2008, The impact of information technology investments and diversification strategies on firm performance, *Management Science*, 54: 224–234.
3. M. Gottfried, 2015, Walt Disney has built a better mousetrap, *Wall Street Journal*, Feb 5, C8.
4. M. E. Porter, 1987, From competitive advantage to corporate strategy, *Harvard Business Review*, 65(3): 43–59.
5. P. C. Nell & B. Ambos, 2013, Parenting advantage in the MNC: An embeddedness perspective on the value added by headquarters, *Strategic Management Journal*, 34: 1086–1103; M. E. Raynor, 2007, What is corporate strategy, really? *Ivey Business Journal*, 71: 1–3.
6. Queen, P. 2015, Enlightened shareholder maximization: Is this strategy achievable? *Journal of Business Ethics*, 127: 683–694; W. P. Wan, R. E. Hoskisson, J. C. Short, & D. W. Yiu, 2011, Resource-based theory and corporate diversification: Accomplishments and opportunities, *Journal of Management*, 37: 1335–1368.
7. C. Custódio, 2014, Mergers and acquisitions accounting and the diversification discount, *Journal of Finance*, 69: 219–240; K. Lee, M. W. Peng, & K. Lee, 2008, From diversification premium to diversification discount during institutional transitions, *Journal of World Business*, 43: 47–65.
8. Campbell, M. Goold, & M. Alexander, 1995, Corporate strategy: The question for parenting advantage, *Harvard Business Review*, 73(2): 120–132.
9. W. Su & E. W. K. Tsang, 2015, Product diversification and financial performance: The moderating role of secondary stakeholders, *Academy of Management Journal*, forthcoming; K. Favaro, 2013, We're from corporate and we are here to help: Understanding

the real value of corporate strategy and the head office, *Strategy+Business Online*, www.strategybusiness.com, April 8; D. Collis, D. Young, & M. Goold, 2007, The size, structure, and performance of corporate headquarters, *Strategic Management Journal*, 28: 283–405.

10. M. Kleinbaum & T. E. Stuart, 2014, Inside the black box of the corporate staff: Social networks and the implementation of corporate strategy, *Strategic Management Journal*, 35: 24–47; G. Kenny, 2012, Diversification: Best practices of the leading companies, *Journal of Business Strategy*, 33(1): 12–20; D. Miller, 2006, Technological diversity, related diversification performance, *Strategic Management Journal*, 27: 601–619.
11. D. D. Bergh, 2001, Diversification strategy research at a crossroads: Established, emerging and anticipated paths. In M. A. Hitt, R. E. Freeman, & J. S. Harrison (eds.), *Handbook of Strategic Management*, Oxford, U.K.: Blackwell Publishers, 363–383.
12. S. F. Matusik & M. A. Fitza, 2012, Diversification in the venture capital industry: Leveraging knowledge under uncertainty, *Strategic Management Journal*, 33: 407–426.
13. J. R. Lecuona & M. Reitzig, 2014, Knowledge worth having in 'excess': The value of tacit and firm-specific human resource slack, *Strategic Management Journal*, 35: 954–973; G. Ray, X. Ling, & J. B. Barney, 2013, Impact of information technology capital on firm scope and performance: The role of asset characteristics, *Academy of Management Journal*, 56: 1125–1147.
14. D. H. Zhu & G. Chen, 2015, CEO narcissism and the impact of prior board experience on corporate strategy, *Administrative Science Quarterly*, 60: 31–65; J. J. Marcel, 2009, Why top management team characteristics matter when employing a chief operating officer: A strategic contingency perspective, *Strategic Management Journal*, 30: 647–658.
15. R. P. Rumelt, 1974, *Strategy, Structure, and Economic Performance*, Boston: Harvard Business School; L. Wrigley, 1970, *Divisional Autonomy and Diversification* (Ph.D. dissertation), Harvard Business School.
16. 2015, Tabasco Products, www.tabasco.com, March 24.
17. 2015, United Parcel Service 2014 Annual Report, www.ups.com, March 24.
18. R. Rumelt, 2011, *Good Strategy/Bad Strategy: The Difference and Why It Matters*, New York: Crown Business Publishing.
19. L. R. Gomez-Mejia, J. T. Campbell, G. Martin, R. E. Hoskisson, M. Makri, & D. G. Sirmon, 2014, Socioemotional wealth as a mixed gamble: Revisiting family firm R&D investments with the behavioral agency model, *Entrepreneurship: Theory & Practice*, 38: 1351–1374; L. R. Gomez-Mejia, M. Makri, & M. L. Kintana, 2010, Diversification decisions in family controlled firms, *Journal of Management Studies*, 47: 223–252.
20. 2015, About SANY, www.sanygroup.com, accessed on March 27.
21. A. Barroso & M. S. Giarratana, 2013, Product proliferation strategies and firm performance: The moderating role of product space complexity, *Strategic Management Journal*, 34: 1435–1452.
22. 2015, Publicis Groupe, *Wikipedia*, http:// en.wikipedia.org/wiki/Publicis, March 24.
23. J. H. Lee & A. S. Gaur, 2013, Managing multibusiness firms: A comparison between Korean chaebols and diversified U.S. firms, *Journal of World Business*, 48: 443–454; J. L. Stimpert, I. M. Duhaime, & J. Chesney, 2010, Learning to manage a large diversified firm, *Journal of Leadership and Organizational Studies*, 17: 411–425.
24. G. Smith, 2015, Hutchison Whampoa close to buying UK's 02 for $15 billion, *Fortune*, www.fortune.com, February 3; 2015, Hutchison Whampoa Limited 2014 Annual Report, www.hutchison-whampoa.com, accessed March 25, 2015.
25. R. E. Hoskisson, W, Shi, X. Yi, & J. Jing, 2013, The evolution and strategic positioning of private equity firms, *Academy of Management Perspectives*, 27: 22–38.
26. T. M. Alessandri & A. Seth, 2014, The effects of managerial ownership on international and business diversification: Balancing incentives and risks, *Strategic Management Journal*, 35: 2064–2075; C. N. Chen & W. Chu, 2012, Diversification, resource concentration and business group performance: Evidence from Taiwan, *Asia Pacific Journal of Management*, 29: 1045–1061.
27. S. Pathak, R. E. Hoskisson, & R. A. Johnson, 2014, Settling up in CEO compensation: The impact of divestiture intensity and contextual factors in refocusing firms, *Strategic Management Journal*, 35: 1124–1143; D. H. Ming Chng, M. S. Rodgers, E. Shih, & X. B. Song, 2012, When does incentive compensation motivate managerial behavior? An experimental investigation of the fit between incentive compensation, executive core selfevaluation and firm performance, *Strategic Management Journal*, 33: 1343–1362; J. E. Core & W. R. Guay, 2010, Is CEO pay too high and are incentives too low? A wealth-based contracting framework, *Academy of Management Perspectives*, 24: 5–19.
28. C. Chadwick, J. F. Super, & K. Kwon, 2015, Resource orchestration in practice: CEO emphasis on SHRM, commitment-based HR systems, and firm performance, *Strategic Management Journal*, 36, 360–376; D. G. Sirmon, M. A. Hitt, R. D. Ireland, & B. A. Gilbert, 2011, Resource orchestration to create competitive advantage: Breadth, depth and life cycle effects, *Journal of Management*, 37: 1390–1412.
29. T. Zahavi & D. Lavie, 2013, Intra-industry diversification and firm performance, *Strategic Management Journal*, 34: 978–998; H. Tanriverdi & C. H. Lee, 2008, Within-industry diversification and firm performance in the presence of network externalities: Evidence from the software industry, *Academy of Management Journal*, 51: 381–397.
30. F. Bauer & K. Matzler, 2014, Antecedents of M&A success: The role of strategic complementarity, cultural fit, and degree and speed of integration, *Strategic Management Journal*, 35: 269–291; M. E. Graebner, K. M. Eisenhardt, & P. T. Roundy, 2010, Success and failure of technology acquisitions: Lessons for buyers and sellers, *Academy of Management Perspectives*, 24: 73–92.
31. G. M. Kistruck, I. Qureshi, & P. W. Beamish, 2013, Geographic and product diversification in charitable organizations, *Journal of Management*, 39: 496–530.
32. A. Arora, S. Belenzon, & L. A. Rios, 2014, Make, buy, organize: The interplay between research, external knowledge, and firm structure, *Strategic Management Journal*, 35: 317–337; F. Neffke & M. Henning, 2013, Skill relatedness and firm diversification, *Strategic Management Journal*, 34: 297–316.
33. Y. Chen, Y. Jiang, C. Wang, & W. C. Hsu, 2014, How do resources and diversification strategy explain the performance consequences of internationalization? *Management Decision*, 52, 897–915; M. Makri, M. A. Hitt, & P. J. Lane, 2010, Complementary technologies, knowledge relatedness and invention outcomes in high technology mergers and acquisitions, *Strategic Management Journal*, 31: 602–628.
34. A. V. Sakhartov & T. B. Folta, 2014, Resource relatedness, redeployability, and firm value, *Strategic Management Journal*, 35: 1781–1797; D. Miller, 2006, Technological diversity, related diversification, and firm performance, *Strategic Management Journal*, 27: 601–619.
35. M. V. S. Kumar, 2013, The costs of related diversification: The impact of core business on the productivity of related segments, *Organization Science*, 24: 1827–1846.
36. M. A. Hitt, D. King, H. Krishnan, M. Makri, M. Schijven, K. Shimizu, & H. Zhu, 2012, Creating value through mergers and acquisitions: Challenges and opportunities. In D. Faulkner, S. Teerikangas, & R. Joseph (eds.), *Oxford Handbook of Mergers and Acquisitions*, Oxford, U.K.: Oxford University Press, 2012, 71–113; P. Puranam & K. Srikanth, 2007, What they know vs. what they do: How acquirers leverage technology acquisitions, *Strategic Management Journal*, 28: 805–825.
37. E. R. Feldman, 2014, Legacy divestitures: Motives and implications, *Organization Science*, 25: 815–832; L. B. Lien, 2013, Can the survivor principle survive diversification? *Organization Science*, in press; D. D. Bergh, 1995, Size and relatedness of units sold: An agency theory and resource-based perspective, *Strategic Management Journal*, 16: 221–239.
38. M. Lubatkin & S. Chatterjee, 1994, Extending modern portfolio theory into the domain of corporate diversification: Does it apply? *Academy of Management Journal*, 37: 109–136.
39. M. Menz, S. Kunisch, & D. J. Collis, 2015, The corporate headquarters in the contemporary corporation: Advancing a multimarket firm perspective, *Academy of Management Annals*, forthcoming; T. Kono, 1999, A strong head office makes a strong company, *Long Range Planning*, 32: 225–236.
40. A. Caimo & A. Lomi, 2015, Knowledge sharing in organizations: A Bayesian analysis of the role of reciprocity and formal structure. *Journal of Management*, 41: 665–691; Puranam & Srikanth, What they know vs. what they do; F. T. Rothaermel, M. A. Hitt, & L. A. Jobe, 2006, Balancing vertical integration and strategic outsourcing: Effects on product portfolio, product success, and firm performance, *Strategic Management Journal*, 27: 1033–1056.
41. M. Cui & S. L. Pan, 2015, Developing focal capabilities for e-commerce adoption: A resource orchestration perspective, *Information & Management*, 52: 200–209.
42. C. Huston, 2013, The value of a good name, *Wall Street Journal*, July 18, B5; J. Thottam, 2008, Branson's flight plan, Time, April 28, 40.
43. 2015, Operations overview, Honda Motor Company, www.honda.com, Accessed March 29.
44. N. D. Nguyen & A, Aoyama, A. 2014, Achieving efficient technology transfer through a specific corporate culture facilitated by management

practices, *Journal of High Technology Management Research*, 25: 108–122; L. C. Thang, C. Rowley, T. Quang, & M. Warner, 2007, To what extent can management practices be transferred between countries?: The case of human resource management in Vietnam, *Journal of World Business*, 42: 113–127; G. Stalk Jr., 2005, Rotate the core, *Harvard Business Review*, 83(3): 18–19.

45. U. Andersson, P. J. Buckley, & H. Dellestrand, 2015, In the right place at the right time!: The influence of knowledge governance tools on knowledge transfer and utilization in MNEs, *Global Strategy Journal*, 5: 27–47; J. A. Martin & K. M. Eisenhardt, 2010, Rewiring: Cross-business unit collaborations in multibusiness organizations, *Academy of Management Journal*, 53: 265–301.

46. T. Hutzschenreuter & J. Horstkotte, 2013, Performance effects of top management team demographic faultlines in the process of product diversification, *Strategic Management Journal*, 34: 704–726.

47. E. Linares-Navarro, T. Pedersen, & J. Pla-Barber, 2014, Fine slicing of the value chain and offshoring of essential activities: Empirical evidence from European multinationals, *Journal of Business Economics & Management*, 15: 111–134; S. Gupta, A. Woodside, C. Dubelaar, & D. Bradmore, 2009, Diffusing knowledge-based core competencies for leveraging innovation strategies: Modeling outsourcing to knowledge process organizations (KPOs) in pharmaceutical networks, *Industrial Marketing Management*, 38: 219–227.

48. A. Pehrsson, 2010, Business-relatedness and the strategy of moderations: Impacts on foreign subsidiary performance, *Journal of Strategy and Management*, 3: 110–133; S. Chatterjee & J. Singh, 1999, Are trade-offs inherent in diversification moves? A simultaneous model for type of diversification and mode of expansion decisions, *Management Science*, 45: 25–41.

49. D. Cimilluca, D. Mattioli, & A. Gasparro, 2015, Brazil's 3G in serious talks for Kraft, *Wall Street Journal*, www.wsj.com, March 25.

50. A. Ewing, 2014, Ericsson looks for a home in the cloud, *Bloomberg Businessweek*, November 17, 36–37.

51. H. Kai-Yu & F. Vermeulen, 2014, The structure of competition: How competition between one's rivals influences imitative market entry, *Organization Science*, 25: 299–319; L. Fuentelsaz & J. Gomez, 2006, Multipoint competition, strategic similarity and entry into geographic markets, *Strategic Management Journal*, 27: 477–499; J. Gimeno & C. Y. Woo, 1999, Multimarket contact, economies of scope, and firm performance, *Academy of Management Journal*, 42: 239–259.

52. M. J. De La Merced, 2015, Smucker to buy Big Heart Pet Brands for $5.8 billion, *New York Times*, www.nyt.com, February 3.

53. F. Brahm & J. Tarziján, 2014, Transactional hazards, institutional change, and capabilities: Integrating the theories of the firm, *Strategic Management Journal*, 35: 224–245; T. A. Shervani, G. Frazier, & G. Challagalla, 2007, The moderating influence of firm market power on the transaction cost economics model: An empirical test in a forward channel integration context, *Strategic Management Journal*, 28: 635–652.

54. N. Lahiri & S. Narayanan, 2013, Vertical integration, innovation and alliance portfolio size: Implications for firm performance, *Strategic Management Journal*, 34: 1042–1064; D. J. Teece, 2012, *Strategy, Innovation and the Theory of the Firm*, Northampton, MA: Edward Elgar Publishing Ltd.

55. R. Kapoor & J. M. Lee, 2013, Coordinating and competing in ecosystems: How organizational forms shape new technology investments, *Strategic Management Journal*, 34: 274–296; R. Carter & G. M. Hodgson, 2006, The impact of empirical tests of transaction cost economics on the debate on the nature of the firm, *Strategic Management Journal*, 27: 461–476; O. E. Williamson, 1996, Economics and organization: A primer, *California Management Review*, 38(2): 131–146.

56. R. Kapoor, 2013, Persistence of integration in the face of specialization: How firms navigated the winds of disintegration and shaped the architecture of the semiconductor industry, *Organization Science*, 24: 1195–1213; S. Novak & S. Stern, 2008, How does outsourcing affect performance dynamics? Evidence from the automobile industry, *Management Science*, 54: 1963–1979.

57. C. Weigelt & D. J. Miller, 2013, Implications of internal organization structure for firm boundaries, *Strategic Management Journal*, 34: 1411–1434; E. Rawley, 2010, Diversification, coordination costs and organizational rigidity: Evidence from microdata, *Strategic Management Journal*, 31: 873–891.

58. M. Bucheli & M. Kim, 2015, Attacked from both sides: A dynamic model of multinational corporations' strategies for protection of their property rights, *Global Strategy Journal*, 5: 1–26; C. Wolter & F. M. Veloso, 2008, The effects of innovation on vertical structure: Perspectives on transaction costs and competences, *Academy of Management Review*, 33: 586–605.

59. W. L. Tate, L. M. Ellram, T. Schoenherr, & K. L. Petersen, 2014, Global competitive conditions driving the manufacturing location decision, *Business Horizons*, 57: 381–390; T. Hutzschenreuter & F. Grone, 2009, Changing vertical integration strategies under pressure from foreign competition: The case of U.S. and German multinationals, *Journal of Management Studies*, 46: 269–307.

60. 2015, Flextronics International Ltd., www. flextronics.com, March 28.

61. S. Cabral, B. Quelin, & W. Maia, 2014, Outsourcing failure and reintegration: The influence of contractual and external factors, Long Range Planning, 47: 365–378.

62. J. Sears & G. Hoetker, 2014, Technological overlap, technological capabilities, and resource recombination in technological acquisitions, Strategic Management Journal, 35: 48–67; K. M. Eisenhardt & D. C. Galunic, 2000, Coevolving: At last, a way to make synergies work, Harvard Business Review, 78(1): 91–111.

63. O. Schilke, 2014, On the contingent value of dynamic capabilities for competitive advantage: The nonlinear moderating effect of environmental dynamism, Strategic Management Journal, 35. 179–203, P. David, J. P. O'Brien, T. Yoshikawa, & A. Delios, 2010, Do shareholders or stakeholders appropriate the rents from corporate diversification? The influence of ownership structure, Academy of Management Journal, 53: 636–654; J. A. Nickerson & T. R. Zenger, 2008, Envy, comparison costs, and the economic theory of the firm, Strategic Management Journal, 13: 1429–1449.

64. M. Gottfried, 2015, Walt Disney has built a better mousetrap, Wall Street Journal, Feb 5, C8.

65. T. Zenger, 2013, Strategy: The uniqueness challenge, Harvard Business Review, 91(11): 52–58.

66. F. Anjos & C. Fracassi, 2015, Shopping for Information? Diversification and the Network of Industries, Management Science, 61: 161–183; C. Rudolph & B. Schwetzler, 2013, Conglomerates on the rise again? A crossregional study on the impact of the 2008– 2009 financial crisis on the diversification discount, Journal of Corporate Finance, 22: 153–165; D. W. Ng, 2007, A modern resource-based approach to unrelated diversification. Journal of Management Studies, 44: 1481–1502.

67. Porter, Competitive Advantage. 68.G. Matvos & A. Seru, 2014, Resource allocation within firms and financial market dislocation: Evidence from diversified conglomerates, Review of Financial Studies, 27: 1143–1189; D. Collis, D. Young, & M. Goold, 2007, The size, structure, and performance of corporate headquarters, Strategic Management Journal, 28: 283–405; O. E. Williamson, 1975, Markets and Hierarchies: Analysis and Antitrust Implications, NY: Macmillan Free Press.

69. A. Ataullah, I. Davidson, H. Le, & G. Wood, 2014, Corporate diversification, information asymmetry and insider trading, British Journal of Management, 25: 228–251.

70. B. N. Cline, J. L. Garner, & S. A. Yore, 2014, Exploitation of the internal capital market and the avoidance of outside monitoring, Journal of Corporate Finance, 25: 234–250; R. Aggarwal & N. A. Kyaw, 2009, International variations in transparency and capital structure: Evidence from European firms. Journal of International Financial Management & Accounting, 20: 1–34.

71. D. Buchuk, B. Larrain, F. Muñoz, & I. F. Urzúa, 2014, The internal capital markets of business groups: Evidence from intra-group loans, *Journal of Financial Economics*, 112: 190–212.

72. M. Sengul & J. Gimeno, 2013, Constrained delegation: Limiting subsidiaries' decision rights and resources in firms that compete across multiple industries, *Administrative Science Quarterly*, 58: 420–471; E. Dooms & A. A. Van Oijen, 2008, The balance between tailoring and standardizing control, *European Management Review*, 5: 245–252; M. E. Raynor & J. L. Bower, 2001, Lead from the center: How to manage divisions dynamically, *Harvard Business Review*, 79(5): 92–100.

73. G. Smith, 2015, Siemens' long-feared slimdown isn't as drastic as feared, *Fortune*, www.fortune.com; B. Quint. 2009, Companies deal with tough times through diversification, Information Today, 26: 7–8.

74. H. Zhu & C. Chung, 2014, Portfolios of political ties and business group strategy in emerging economies: Evidence from Taiwan, *Administrative Science Quarterly*, 59: 599–638; S. L. Sun, X. Zhoa, & H. Yang, 2010, Executive compensation in Asia: A critical review, *Asia Pacific Journal of Management*, 27: 775–802; A. Delios, D. Xu, & P. W. Beamish, 2008, Within-country product diversification and foreign subsidiary performance, *Journal of International Business Studies*, 39: 706–724.

75. S. F. Karabag & C. Berggren, 2014, Antecedents of firm performance in emerging economies: Business groups, strategy, industry structure, and state support, *Journal of Business Research*, 67: 2212–2223; Lee, Park, Shin, Disappearing internal capital markets:

Evidence from diversified business groups in Korea; A. Chakrabarti, K. Singh, & I. Mahmood, 2006, Diversification and performance: Evidence from East Asian firms, *Strategic Management Journal*, 28: 101–120.

76. S. Schönhaar, U. Pidun, & M. Nippa, M. 2014, Transforming the business portfolio: How multinationals reinvent themselves, *Journal of Business Strategy*, 35(3): 4–17; D. D. Bergh, R. A. Johnson, & R. L. Dewitt, 2008, Restructuring through spin-off or sell-off: Transforming information asymmetries into financial gain, *Strategic Management Journal*, 29: 133–148; C. Decker & M. Mellewigt, 2007, Thirty years after Michael E. Porter: What do we know about business exit? *Academy of Management Perspectives*, 2: 41–55; S. J. Chang & H. Singh, 1999, The impact of entry and resource fit on modes of exit by multibusiness firms, *Strategic Management Journal*, 20: 1019–135.
77. Hoskisson, Wei, Yi, Jing, The evolution and strategic positioning of private equity firms.
78. 2015, About us, Danaher, www.danaher. com, March 30; S. Ward, 2014, Danaher's best recent deal: Its shares, *Barron's*, June 9, 21.
79. D. H. Frank & T. Obloj, 2014, Firm-specific human capital, organizational incentives, and agency costs: Evidence from retail banking, *Strategic Management Journal*, 35: 1279–1301; R. Coff, 2003, Bidding wars over R&D-intensive firms: Knowledge, opportunism, and the market for corporate control, *Academy of Management Journal*, 46: 74–85.
80. I. Ioannou, 2014, When do spinouts enhance parent firm performance? Evidence from the U.S. automobile industry, 1890–1986, *Organization Science*, 25: 529–551; J. Xia & S. Li, 2013, The divestiture of acquired subunits: A resource-dependence approach, *Strategic Management Journal*, 34: 131–148; C. Moschieri & J. Mair, 2012, Managing divestitures through time— Expanding current knowledge, *Academy of Management Perspectives*, 26: 35–50.
81. T. W. Tong, J. J. Reuer, B. B. Tyler, & S. Zhang, 2015, Host country executives' assessments of international joint ventures and divestitures: An experimental approach, *Strategic Management Journal*, 36: 254–275; H. Berry, 2013, When do firms divest foreign operations? *Organization Science*, 24: 246–261; D. Ma, 2012, A relational view of organizational restructuring: The case of transitional China, *Management and Organization Review*, 8: 51–75.
82. P. Pautler, 2015, A brief history of the FTC's Bureau of Economics: Reports, mergers, and information regulation. *Review of Industrial Organization*, 46: 59–94; M. Lubatkin, H. Merchant, & M. Srinivasan, 1997, Merger strategies and shareholder value during times of relaxed antitrust enforcement: The case of large mergers during the 1980s, *Journal of Management*, 23: 61–81.
83. D. P. Champlin & J. T. Knoedler, 1999, Restructuring by design? Government's complicity in corporate restructuring, *Journal of Economic Issues*, 33: 41–57.
84. R. M. Scherer & D. Ross, 1990, *Industrial Market Structure and Economic Performance*, Boston: Houghton Mifflin.
85. A. Shleifer & R. W. Vishny, 1994, Takeovers in the 1960s and 1980s: Evidence and implications. In R. P. Rumelt, D. E. Schendel, & D. J. Teece (eds.), *Fundamental Issues in Strategy*, Boston: Harvard Business School Press, 403–422.
86. S. Chatterjee, J. S. Harrison, & D. D. Bergh, 2003, Failed takeover attempts, corporate governance and refocusing, *Strategic Management Journal*, 24: 87–96; Lubatkin, Merchant, & Srinivasan, *Merger strategies and shareholder value*; D. J. Ravenscraft, & R. M. Scherer, 1987, *Mergers, Sell-Offs and Economic Efficiency*, Washington, DC: Brookings Institution, 22.
87. D. A. Zalewski, 2001, Corporate takeovers, fairness, and public policy, *Journal of Economic Issues*, 35: 431–437; P. L. Zweig, J. P. Kline, S. A. Forest, & K. Gudridge, 1995, The case against mergers, *BusinessWeek*, October 30, 122–130.
88. E. J. Lopez, 2001, New anti-merger theories: A critique, *Cato Journal*, 20: 359–378; 1998, The trustbusters' new tools, *The Economist*, May 2, 62–64.
89. D. Bush & B. D. Gelb, 2012 Anti-trust enforcement: An inflection point? *Journal of Business Strategy*, 33(6): 15–21.
90. M. C. Jensen, 1986, Agency costs of free cash flow, corporate finance, and takeovers, *American Economic Review*, 76: 323–329.
91. M. A. Hitt, J. S. Harrison, & R. D. Ireland, 2001, *Mergers and Acquisitions: A Guide to Creating Value for Stakeholders*, NY: Oxford University Press.
92. M. T. Brouwer, 2008, Horizontal mergers and efficiencies; theory and antitrust practice, *European Journal of Law and Economics*, 26: 11–26.
93. T. Afza, C. Slahudin, & M. S. Nazir, 2008, Diversification and corporate performance: An evaluation of Pakistani firms, *South Asian Journal of Management*, 15: 7–18; J. M. Shaver, 2006, A paradox of synergy: Contagion and capacity effects in mergers and acquisitions, *Academy of Management Journal*, 31: 962–976.
94. C. Sundaramurthy, K. Pukthuanthong, & Y. Kor, 2014, Positive and negative synergies between the CEO's and the corporate board's human and social capital: A study of biotechnology firms, *Strategic Management Journal*, 35: 845–868; Bauer & Matzler, Antecedents of M&A success: The role of strategic complementarity, cultural fit, and degree and speed of integration.
95. L. E. Palich, L. B. Cardinal, & C. C. Miller, 2000, Curvilinearity in the diversificationperformance linkage: An examination of over three decades of research, *Strategic Management Journal*, 21: 155–174.
96. J. P. O'Brien, P. David, T. Yoshikawa, & A. Delios, 2014, How capital structure influences diversification performance: A transaction cost perspective, *Strategic Management Journal*, 35: 1013–1031; Sirmon, Hitt, Ireland, & Gilbert, Resource orchestration to create competitive advantage; A. E. Bernardo & B. Chowdhry, 2002, Resources, real options, and corporate strategy, *Journal of Financial Economics*, 63: 211–234.
97. T. B. Mackey & J. B. Barney, 2013, Incorporating opportunity costs in strategic management research: The value of diversification and payout as opportunities forgone when reinvesting in the firm, *Strategic Organization*, 11: 347–363; W. H. Tsai, Y. C. Kuo, J. H. Hung, 2009, Corporate diversification and CEO turnover in family businesses: Self-entrenchment or risk reduction? *Small Business Economics*, 32: 57–76; N. W. C. Harper & S. P. Viguerie, 2002, Are you too focused? *McKinsey Quarterly*, Mid-Summer, 29–38.
98. J. W. Miller, 2015, Alcoa looks to shed more capacity, *Wall Street Journal*, March 10, B3
99. J. W. Miller, 2015, Alcoa makes deal to broaden reach in aircraft industry, *Wall Street Journal*, March 10, B3.
100. Sakhartov & Folta, Resource relatedness, redeployability, and firm value; T. B. Folta & J. P. O'Brien, 2008, Determinants of firmspecific thresholds in acquisition decisions, *Managerial and Decision Economics*, 29: 209–225.
101. N. M. Kay & A. Diamantopoulos, 1987, Uncertainty and synergy: Towards a formal model of corporate strategy, *Managerial and Decision Economics*, 8: 121–130.
102. R. W. Coff, 1999, How buyers cope with uncertainty when acquiring firms in knowledge-intensive industries: Caveat emptor, *Organization Science*, 10: 144–161.
103. P. B. Carroll & C. Muim 2008, 7 ways to fail big, *Harvard Business Review*, 86(9): 82–91.
104. Y. R. Choi, S. A. Zahra, T. Yoshikawa, & B. H. Han, 2015, Family ownership and R&D investment: The role of growth opportunities and business group membership, *Journal of Business Research*, 68: 1053–1061; S. K. Kim, J. D. Arthurs, A. Sahaym, & J. B. Cullen, 2013, Search behavior of the diversified firm: The impact of fit on innovation, *Strategic Management Journal*, 34: 999–1009; J. Kang, 2013, The relationship between corporate diversification and corporate social performance, *Strategic Management Journal*, 34: 94–109.
105. Sears & Hoetker, Technological overlap, technological capabilities, and resource recombination in technological acquisitions; D. G. Sirmon, S. Gove, & M. A. Hitt, 2008, Resource management in dyadic competitive rivalry: The effects of resource bundling and deployment, *Academy of Management Journal*, 51: 919–935; S. J. Chatterjee & B. Wernerfelt, 1991, The link between resources and type of diversification: Theory and evidence, *Strategic Management Journal*, 12: 33–48.
106. G. Ertug & F. Castellucci, 2015, Who shall get more? How intangible assets and aspiration levels affect the valuation of resource providers, *Strategic Organization*, 13: 6–31; O'Brien, David, Yoshikawa, & Delios, How capital structure influences diversification performance; E. N. K. Lim, S. S. Das, & A. Das, 2009, Diversification strategy, capital structure, and the Asian financial crisis (1997–1998): Evidence from Singapore firms, *Strategic Management Journal*, 30: 577–594; W. Keuslein, 2003, The Ebitda folly, Forbes, March 17, 165–167.
107. C. Zillman, 2014, Michael Dell: Long live the PC, *Fortune*, www.fortune.com, May 23;
108. L. Capron & J. Hull 1999, Redeployment of brands, sales forces, and general marketing management expertise following horizontal acquisitions: A resource-based view, *Journal of Marketing*, 63: 41–54.
109. C. Mims, 2015, In battery revolution, a clean leap forward, *Wall Street Journal*, March 16, B4.
110. M. V. S. Kumar, 2009, The relationship between product and international diversification: The effects of short-run constraints and endogeneity. *Strategic Management Journal*, 30: 99–116; C. B. Malone & L. C. Rose, 2006. Intangible assets and firm diversification, *International Journal of Managerial Finance*, 2: 136–153.
111. J. Chekler, 2015, Alvarez & Marsal to launch investment arm, *Wall Street Journal*, www. wsj.com, March 25.
112. M. Rogan & O. Sorenson, 2014, Picking a (poor) partner: A relational perspective on acquisitions, *Administrative Science Quarterly*, 59: 301–329; C.

Moschieri, 2011, The implementation and structuring of divestitures: The unit's perspective, *Strategic Management Journal*, 32: 368–401; K. Shimizu & M. A. Hitt, 2005, What constrains or facilitates divestitures of formerly acquired firms? The effects of organizational inertia, *Journal of Management*, 31: 50–72.

113. J. Bunge & L. Hoffman, 2014, Tables turn for Hillshire CEO as an acquirer becomes prey, *Wall Street Journal*, June 2, B1; D. Cimilluca & R. Van Daalen, 2013,. A year after its creation, Sara Lee coffee spinoff fetches $9.8 billion. *Wall Street Journal*, April 13, B3; D. Cimilluca & J. Jargon, 2009, Corporate news: Sara Lee weighs sale of European business, *Wall Street Journal*, March 13, B3.

114. M. van Essen, J. Otten, & E. J. Carberry, 2015, Assessing managerial power theory: A meta-analytic approach to understanding the determinants of CEO compensation, *Journal of Management*, 41: 164–202; A. J. Nyberg, I. S. Fulmer, B. Gerhart, & M. A. Carpenter, 2010, Agency theory revisited: CEO return, and shareholder interest alignment, *Academy of Management Journal*, 53: 1029–1049.

115. X. Castañer & N. Kavadis, 2013, Does good governance prevent bad strategy? A study of corporate governance, financial diversification, and value creation by French corporations, 2000–2006, *Strategic Management Journal*, 34: 863–876; D. Souder, Z. Simsek, & S. G. Johnson, 2012, The differing effects of agent and founder CEOs on the firm's market expansion, *Strategic Management Journal*, 33: 23–41; R. E. Hoskisson, M. W. Castleton, & M. C. Withers, 2009, Complementarity in monitoring and bonding: More intense monitoring leads to higher executive compensation, *Academy of Management Perspectives*, 23: 57–74.

116. D. E. Black, S. S. Dikolli, & S. D. Dyreng, 2014, CEO pay-for-complexity and the risk of managerial diversion from multinational diversification, *Contemporary Accounting Research*, 31: 103–135; Pathak, Hoskisson, & Johnson, 2014.

117. E. M. Fich, L. T. Starks, & A. S. Yore, 2014, CEO deal-making activities and compensation, *Journal of Financial Economics*, 114: 471–492; M. van Essen, P. P. Heugens, J. Otto, & J. van Oosterhout, 2012, An institutionbased view of executive compensation: A multilevel meta-analytic test, *Journal of International Business Studies*, 43: 396–423; Y. Deutsch, T. Keil, & T. Laamanen, 2011, A dual agency view of board compensation: The joint effects of outside director and CEO options on firm risk, *Strategic Management Journal*, 32: 212–227.

118. R. Krause, K. A. Whitler, & M. Semadeni, 2014, Power to the principals! An experimental look at shareholder sayon-pay voting, *Academy of Management Journal*, 57: 94–115.

119. Zhu & Chen, CEO narcissism and the impact of prior board experience on corporate strategy; A. J. Wowak & D. C. Hambrick, 2010, A model of personpay interaction: How executives vary in their responses to compensation arrangements, *Strategic Management Journal*, 31: 803–821; J. Bogle, 2008, Reflections on CEO compensation, *Academy of Management Perspectives*, 22: 21–25.

120. E. Y. Rhee & P. C. Fiss, 2014, Framing controversial actions: Regulatory focus, source credibility, and stock market reaction to poison pill adoption, *Academy of Management Journal*, 57: 1734–1758; M. Kahan & E. B. Rock, 2002, *How I learned to stop worrying and love the pill: Adaptive responses to takeover law*, University of Chicago Law Review, 69: 871–915.

121. B. W. Benson, W. N. Davidson, T. R. Davidson, & H. Wang, 2015, Do busy directors and CEOs shirk their responsibilities? Evidence from mergers and acquisitions, *Quarterly Review of Economics & Finance*, 55: 1–19; R. C. Anderson, T. W. Bates, J. M. Bizjak, & M. L. Lemmon, 2000, Corporate governance and firm diversification, *Financial Management*, 29: 5–22; J. D. Westphal, 1998, Board games: How CEOs adapt to increases in structural board independence from management, *Administrative Science Quarterly*, 43: 511–537.

122. C. E. Devers, G. Mcnamara, J. Haleblian, & M. E. Yoder, 2013, Do they walk the talk? Gauging acquiring CEO and director confidence in the value creation potential of announced acquisitions, *Academy of Management Journal*, 56: 1679–1702; S. M. Campbell, A. J. Ward, J. A. Sonnenfeld, & B. R. Agle, 2008, Relational ties that bind: Leader-follower relationship dimensions and charismatic attribution, *Leadership Quarterly*, 19: 556–568; M. Wiersema, 2002, Holes at the top: Why CEO firings backfire, *Harvard Business Review*, 80(12): 70–77.

123. R. E. Hoskisson, J. D. Arthurs, R. E. White, & C. M. Wyatt, 2013, Multiple agency theory: An emerging perspective on corporate governance. In M. Wright, D. S. Siegel, K. Keasey, & I. Filatotchev (eds.), *The Oxford Handbook of Corporate Governance*, Oxford: Oxford University Press; D. Allcock & I. Filatotchev, 2010, Executive incentive schemes in initial public offerings: The effects of multiple-agency conflicts and corporate governance, *Journal of Management*, 36: 663–686; N. Wasserman, 2006, Stewards, agents, and the founder discount: Executive compensation in new ventures, *Academy of Management Journal*, 49: 960–976.

124. E. F. Fama, 1980, Agency problems and the theory of the firm, *Journal of Political Economy*, 88: 288–307.

125. H. Kim, R. E. Hoskisson, & S. Lee, 2015, Why strategic factor markets matter: 'New' multinationals' geographic diversification and firm profitability, *Strategic Management Journal*, 36: 518–536; M. Y. Brannen & M. F. Peterson, 2009, Merging without alienating: Interventions promoting cross-cultural organizational integration and their limitations, *Journal of International Business Studies*, 40: 468–489; M. L. A. Hayward, 2002, When do firms learn from their acquisition experience? Evidence from 1990–1995, *Strategic Management Journal*, 23: 21–39.

126. R. E. Hoskisson, R. A. Johnson, L. Tihanyi, & R. E. White, 2005, Diversified business groups and corporate refocusing in emerging economies, *Journal of Management*, 31: 941–965.

127. R. Chittoor, P. Kale, & P. Puranam, 2015. Business groups in developing capital markets: Towards a complementarity perspective, *Strategic Management Journal*, forthcoming; C. N. Chung & X. Luo, 2008, Institutional logics or agency costs: The influence of corporate governance models on business group restructuring in emerging economies, *Organization Science*, 19: 766–784; W. P. Wan & R. E. Hoskisson, 2003, Home country environments, corporate diversification strategies, and firm performance, *Academy of Management Journal*, 46: 27–45.

7

인수합병 전략

● 학습목표 ●

7-1 글로벌하게 경쟁을 하는 기업들이 인수합병 전략을 사용하는 이유를 설명한다.

7-2 기업의 경쟁 우위 달성을 위해 인수 전략을 사용하는 이유를 논의한다.

7-3 성공적인 인수 전략의 장애물이 되는 일곱 가지 문제점을 논의한다.

7-4 효과적인 인수의 특성을 나열하고 설명한다.

7-5 구조 조정 전략을 정의하고 각 유형 간 차이점을 논의한다.

7-6 구조 조정 전략의 단기 및 장기 효과를 설명한다.

인수합병: 성과 향상을 추구하는 기업에게 매력적인 전략

2015년 중반 한 보고서의 헤드라인은 "인수 자금을 조달하기 위해 기업들이 자본 시장으로 몰려가고 있다"고 기술하였다. 미국 기업의 경우 계획된 합병 및 인수 거래액이 이미 약 2,063억 달러에 달한다. 전 세계적으로는 2015년 중반까지 발표되거나 거래와 완료된 인수합병 거래액은 약 1조 4,700억 달러에 달한다. 이는 2014년 대비 30%나 증가한 수치이며 2007년 이래 가장 많은 인수합병 액수이다. 이러한 추세가 지속된다면 2015년 말에는 인수합병 거래의 글로벌 총액은 3조 7천억 달러를 초과할 전망이다. 많은 경영자가 이러한 추세는 앞으로 수년간 지속적으로 증가할 것이라고 예상한다. 그렇다면 기업들은 왜 다른 기업과 합병 또는 인수를 추진하는가?

BhFoton/Shutterstock.com

이 장에서 설명하겠지만 기업이 인수합병 전략을 사용하는 이유는 다양하고 흥미롭다. 이해관계자들을 위해 가치를 창출하기 위한 동기가 인수합병에 참여하는 주요 이유가 될 수 있다. 기업이 가치를 창출하는 수단은 기업 전략, 다각화 전략, 국제화 전략, 제휴 전략의 성공적 실행 등 다양한 수단이 있다. 때로는 기업이 이러한 수단들 이외에 다른 기업을 인수합병함으로써 추가적 가치를 창출할 수 있다. 이러한 사례는 연구개발 통로가 약하면 다양한 제품을 제공할 수 없어서 결과적으로 이해관계자에게 충분한 가치를 창출하기도 어려워지는 생명과학 기업에게도 적용된다. 생명과학 산업을 분석하는 한 애널리스트는 최근에 "가치 창출에 대한 압력이 산업 전반에 걸쳐 기업의 인수합병, 철수, 및 구조 조정 시도를 주도한다"는 분석을 제시하였다. 생명과학 산업에서의 인수합병 결정에 영향을 미치는 요인은 특허권의 만기, 가격 인하의 압력, 신흥 시장 등 외국 시장에서의 성장 기회 등이다.

기업의 국내 시장 및 해외 시장에서의 자신감의 상승도 인수합병 활동에 영향을 미치는 또 다른 요인이다. 전문가들에 따르면 2007/2008년의 글로벌 경제위기가 기업에 미치는 효과는 퇴색되고 있으며, 이사회 구성원들은 해당 기업이 추구할 수 있는 모든 전략 수단을 동원하여 기업 가치를 증가시키는 노력에 대해 더 많은 자신감을 갖게 되었다고 한다. 이러한 사례는 특히 국내 시장에서 성장이 정체를 경험하고 있는 기업의 경우에 너 두드러진다. 이러한 상황은 많은 일본 기업에게도 적용되는데, 풍부한 현금을 보유하고 있지만 국내 시장의 규모는 축소되는 추세이기 때문이다. 따라서 다수의 일본 기업은 일본 외부의 해외 시장에서 매력적인 인수합병 기회를 모색하고 있다. 이들 기업이 인수합병에 열심인 것은 2015년 1분기 동안 인수를 위해 지불한 평균적 인수 프리미엄이 약 46%에 달한다는 점에서도 알 수 있다.

그러나 인수합병 전략의 실행을 고려하는 기업은 때로는 여러 장애물에 직면하게 되다. 예를 들어, 중국 기업과 합병하거나 중국 기업을 인수하려는 외국 기업들은 종종 복잡한 무역 장벽과 국내 기업을 보호하기 위한 규칙, 절차, 법규 등에 직면한다. 허니웰(Honeywell International Inc.)은 최근에 중국에서 인수 거래를 완료하는 과정에서의 좌절을 경험하였다. 이 기업은 중국에서 약 100억 달러의 인수합병 거래를 2018년까지 완료하고자 하였으나 이 목표를 달성할 수 있을지 확신하지 못하고 있다. 또한, 영국 정부는 자국 기업을 인수하려는 시도에 대해서는 보다 신중하게 조사해야 한다는 입장을 갖고 있다. 많은 정부 관계자들이 해외 기업에 의한 인수합병 거래 중에는 자국 근로자들의 고용 안정성에 위험이 되는 등 공공의 이익을 침해할 수 있는 거래들도 존재한다는 입장을 갖고 있다. 따라서 기업으로 하여금 인수합병을 촉진하는 요인도 있는 반면 현실에서는 기업의 인수합병 활동을 방해하는 조건도 존재한다.

출처: 2015, M&A trends report 2015, Deloitte, www2.deloitte.com, April 21; 2015, For life sciences CFOs: Using M&A to drive shareholder value, *Deloitte*, www2.deloitte.com, April 21; D. Cimilluca, D. Mattioli, & S. Raice, 2015, Rising optimism fuels deal rebound, *Wall Street Journal Online*, www.wsj.com, April 8; A. Fukase, 2015, Japanese M&A overseas takes off, *Wall Street Journal Online*, www.wsj.com, April 28; W. Ma, 2015, China's lower growth goal doesn't spook foreign companies, *Wall Street Journal Online*, www.wsj.com, March 5; L Wei & B. Spegele, 2015, China considering mergers among its big state oil companies, *Wall Street Journal Online*, www.wsj.com, February 17.

6장 기업 전략에서 살펴본 바와 같이, 기업이 사용하는 제품 다각화 전략의 유형과 수준은 이해관계자에게 가치를 창출하고 기업에게 경쟁 우위를 제공하기 위해 결정되어야 한다. 다각화는 기업으로 하여금 기업의 여유 경영 자원을 새로운 기회에 활용할 수 있는 기회를 제공해준다.[1] 이 장에서는 기업의 합병 및 인수 전략에 대해 논의한다. 전 세계의 기업들이 인수합병 전략을 다각화 전략의 일환으로 사용한다. 달리 표현하면, 기업은 인수합병을 통해 더 다각화된 기업이 되는 경향이 있다. 인수합병은 대기업뿐만 아니라 중소기업에게도 유행하고 있지만,[2] 인수합병 전략을 추구하는 기업이 항상 성공하는 것은 아니다.[3] 도입사례에서 설명한 바와 같이, 인수합병 활동을 촉진시키는 영향 요인들도 있는 반면 어떤 요인은 기업의 인수합병 활동에 장애물이 되기도 한다.

이 장의 핵심 목표는 이해관계자에게 가치를 창출하고 기업의 경쟁 우위를 창출할 수 있는 성공적인 인수합병 전략에 대해 설명하는 것이다.[4] 이를 위해 먼저 인수합병 전략의 지속적 유행에 대해 설명한다. 이 과정에서 합병, 인수, 그리고 적대적 인수의 정의를 설명한다. 그리고 인수합병 전략을 선택하는 동기와 인수합병 전략의 실행 과정에서 직면하는 문제점을 설명한다. 이어서 효과적인 인수의 특징을 설명한 후, 구조 조정 전략의 유형에 대해 논의하는 것으로 이 장을 마무리한다. 구조 조정 전략은 일반적으로 효과적이지 못한 인수합병의 문제점을 해결하기 위해 사용된다.

7-1 인수합병 전략의 유행

미국 기업에게 인수합병(M&A) 전략은 지속적으로 인기 있는 전략으로 활용되어 왔다. 혹자는 1980년대와 1990년대에 미국 기업의 구조 조정에 인수합병 전략이 중심적 역할을 담당해 왔으며 이와 같은 인수합병 전략의 구조 조정상의 장점은 21세기에도 지속될 것이라고 주장한다.[5] 본 장의 다른 절에서 논의하는 바와 같이, 인수합병은 미국 외에도 전 세계적으로 빈번하게 이루어지고 있다.[6] 기업은 인수합병 전략을 이해관계자에게 보다 많은 가치를 창출하기 위한 목적으로 사용한다.

비록 가치를 창출하고 초과 이윤을 얻기 위한 방법으로서 유행하기는 하지만, 인수합병 전략의 효과적 실행에는 어려움이 따른다. 이러한 어려움은 특히 피인수 기업보다는 인수 기업에게 더 크다. 연구 결과에 따르면 피인수 기업의 주주들은 종종 해당 인수로 인해 초과 수익률을 얻는 데 비하여 인수 기업의 주주들이 해당 인수로 인해 얻는 수익률은 0에 가까운 것으로 나타났다.[7] 또한, 인수 거래 중 약 3분의 2에 해당하는 경우는 인수 기업의 주가가 인수 계획 공시 직후 하락하는 결과를 보였다. 이러한 부정적 주식시장 반응은, 인수 대상 기업에 대해 지불한 인수 프리미엄을 정당화할만큼의 시너지를 인수 기업이 달성할 확률에 대해 투자자의 회의적 시각을 보여준다.[8]

이 장의 후반부에서 좀 더 자세히 논의하겠지만, 인수 대상 기업에게 지나친 프리미엄을 지불하는 것은 인수 전략의 성과에 부정적 영향을 미친다. 인수 대상 기업의 가치를 결정하는 어려운 과제이다. 이러한 가치 평가의 어려움이 인수 대상 기업에 지나친 프리미엄을 제공하게 되는 주요한 원인이 된다. 프리미엄은 인수 기업이 인수 대상 기업의 가치가 독립적인 소유하에서 또는 제3자의 소유하에서의 가치보다 인수 후 통합된 기업에서의 가치가 더 크다고 판단할 때 지불된다. 예를 들어, 알렉시온(Alexion Pharmaceuticals Inc.)은 시나제바 바이오파마(Synageva BioPharma Corp.)의 인수를 위해 124%의 인수 프리미엄을 지불하였다. 인수 거래 당시에 인수 대상 기업이 시장에 출시한 제품은 없었지만, 시나제바는 희귀 유전병 치료제 개발이 진전된 상태였다. 알렉시온은 이 제품과 시나제바의 혁신 역량을 높게 평가했다. 다음에 인용된 알렉시온 최고 경영자의 발언은 왜 이 기업이 인수를 위해 많은 프리미엄을 지불했는지를 보여준다.

> "우리는 시나제바가 다른 누구의 소유 아래 있는 것보다 우리 소유로 있을 때 가치 있다고 생각하기 때문에 가치 평가는 적절하게 이루어졌다고 생각한다."[9]

이 사례의 경우, 이러한 판단이 옳을 수도 있다. 그러나 일반적으로는 인수 대상 기업이 인수 기업과 통합되어 발생하는 가치를 초과하는 프리미엄을 지불하는 것은 인수 성과에 부정적 영향을 미치게 된다.[10]

7-1a 합병과 인수의 차이점

합병은 두 기업이 자사의 사업을 단일 기업으로 통합하는 전략을 의미하며 비교적 동등한 입장에서 통합이 이루어진다.

합병(merger)은 두 기업이 자사 사업을 단일 기업으로 통합하는 전략을 말하며 비교적 동등한 입장에서의 통합이 이루어진다. 캐나다 광업기업인 알라모스(Alamos Gold Inc.)와 오리코(AuRico Gold Inc.) 간의 동등 합병 계획(proposed merger of equals)은 2015년 중반에 공시되었다. 이 두 소규모 광업 기업 간의 합병은 비용 절감을 통해 시너지를 창출할 것으로 평가되었다. 이 합병이 동등 합병이 될 것이라고 공개적으로 언급하면서, 알라모스의 최고 경영자는 "세 개의 광산으로부터의 생산과 저비용 성장 투자안을 결합한다면 두 기업 주주들 모두에게 의미 있는 기회가 될 것"[11] 이라고 하였다.

알라모스와 오리코 간에 제안된 합병은 동등 합병이었지만, 실증 결과에 따르면 동등 합병 계획을 실현하는 것은 어려운 과제이다. 한 애널리스트의 말에 따르면 "동등 합병의 성패는 경영진이 기업 간 연합(corporate tie-ups)에 대해 어떻게 제시하는가에 달려있다. 수십억 달러에 달하는 사업들의 경영권을 어떻게 나눌지와 합병으로 인해 기업 가치가 하락할 것을 걱정하는 주주들을 어떻게 설득할지는 현실에서 해결하기 쉽지 않은 과제이다."[12]

실무적으로, 합병된 기업의 경영을 누가 담당할지, 상이한 기업 문화를 어떻게 융합시킬지, 합병 이전의 각 기업의 가치 평가액에 대해 어떻게 합의에 도달할지 등의 이슈가 동등 합병을 추구하는 기업이 공통적으로 직면하는 과제이다.

동등 합병을 제안하는 기업이 직면하는 이슈를 보다 구체적으로 검토하기 위해 **전략 포커스**에서 스위스 기업 홀심(Holcim)과 프랑스 기업 라파즈(Lafarge) 간의 합병에 대해 논의한다. 합병 결정 이전에 두 기업은 오랜 기간 경쟁 관계였다. **전략 포커스**에서

Hand-out/AURICO GOLD INC./Newscom

알라모스와 오리코는 합병되어 한 기업이 되었다.

전략 포커스

동등 합병: 실행은 쉽지 않다!

프랑스에서 1833년에 창업한 라파즈는 시멘트, 콘크리트 등의 제품을 생산하는 글로벌한 산업재 기업이 되었다. 라파즈와 동등 합병을 하기로 발표한 홀심은 스위스에서 1912년에 창업한 건축자재 기업이다. 홀심은 초기부터 해외 시장에 진출하여 1920년대에 프랑스에서 시작하여 유럽과 중동 시장에 진출하였다. 이러한 해외 시장 진출이 라파즈와 홀심 간에 장기적인 경쟁 관계를 형성하였다.

2014년 4월에 라파즈와 홀심은 동등 합병을 위한 조건에 합의하였다고 발표하였으며 따라서 합병 계획에 대한 규제 당국의 승인을 추진하기로 하였다. 글로벌 사업 범위로 인해 15개국 이상의 사법 당국으로부터 합병에 대한 제약이 있을 수 있기 때문에 이러한 규제 당국의 승인에는 어려움이 따른다.

합병 승인 과정에서의 어려움이 예상되는데도 불구하고 라파즈와 홀심이 동등 합병을 추진하는 이유는 무엇일까? 지배적인 의견에 따르면, 동등 합병은 늘 서로 다른 두 기업 간의 문화를 효과적으로 융합해야 하는 필요성과 새로 탄생하는 통합 기업의 운영을 책임질 경영진(leadership structure) 구성에서의 어려움 때문에 무산될 가능성이 더 높다. 또한 각 기업의 주주들에게 가치를 증가시켜야 한다는 재무적 측면도 핵심 난제 중의 하나이다.

이러한 어려움에도 불구하고, 라파즈와 홀심은 동등 합병이 경쟁력 있는 통합 기업을 만들어낼 수 있다고 생각했다. 두 기업의 경영자들은 라파즈홀심(LafargeHolcim)이라는 이름으로 출범할 합병 기업이 건축 자재 산업에서 가장 균형 있고 다각화된 사업 포트폴리오를 갖게 될 것이라고 결론내렸다. 두 기업은 사업의 통합으로 약 15억 달러에 해당하는 연간 비용 절감이 발생할 것으로 기대하였다. 종합하면, 홀심의 마케팅 강점과 라파즈의 혁신 역량을 융합하면 합병으로 인해 성과를 향상시킬 수 있다고 양사의 경영자들은 생각했다.

라파즈와 홀심 간에 제안된 합병 거래는 거의 무산될 위기에 처하기도 했다. 2015년 3월에 홀심의 이사회는 "라파즈와 440억 달러 규모 합병에 합의한 이후 홀심의 가치를 평가절하한 점 때문에 거래 조건을 기각하였고 경영진의 구성도 합병에 대한 우려 사항 중 하나였다"고 언급하였다. 이러한 이사회의 반대는 해당 합병 계획이 유럽연합, 인도, 미국을 비롯한 각국의 규제 당국으로부터 글로벌 시장에서의 산업 집중도 억제를 위해 철수가 필요한 사업부문의 수에 관해 조건부 승인을 받은 이후에 수면 위로 부상하였다.

이 분쟁의 핵심에는 홀심 이사회 입장에서 재무 관련 조직이 주주에게 더 매력적이어야 한다는 점과 라파즈의 최고 경영자가 합병 기업의 최고 경영자로 임명되어서는 안 된다는 점이 쟁점이 되었다. 홀심은 이러한 주장의 근거로 합병 합의 후 1년이 가깝도록 홀심의 영업 성과 및 주가가 라파즈의 영업 성과 및 주가보다 훨씬 높았다는 점이 지적했다. 합병 거래의 재무 조건을 조정하고 다른 최고 경영자를 선임한다는 합의하에 94%의 홀심 주주들이 합병 거래 조건을 승인하였다.

이러한 어려운 과정을 거쳐 라파즈홀심은 2015년 7월에 동등 합병을 한 회사로 탄생하였다. 이 합병 기업의 미래에 대해 한 이사회 임원은 "단순한 합병이 아니라 우리 산업의 1위 사업자를 탄생시키는 기회다"라고 평가했다.

이 동등 합병이 기대한 잠재적 시너지를 달성한다면 합병 과정에서의 노력은 정당화될 것이다. 그러나 여전히 실행상의 어려움은 남아있다. 최소한 단기적으로는 홀심의 분권화된 관리 방식과 라파즈의 중앙집권식 관리 방식 간 불일치 때문에 어려움이 예상된다. 두 기업 간 통합 과정에서 이러한 실행상의 여러 이슈에 대해 주목할 필요가 있다.

FRANCK FIFE/AFP/Getty Images

홀심 이사회 의장인 Rolf Soiron(왼쪽)과 라파주의 대표이사인 Bruno Lafant(오른쪽)이 합병 발표 후 악수하고 있다. 이후 Bruno Lafant는 합병된 기업인 라파즈홀심의 대표이사가 되었다.

출처: 2015, Holcim and Lafarge obtain merger clearances in the United States and Canada paving the way to closing their merger, Holcim Home Page, www.Holcim.com, May 4; 2015, Lafarge to cut 380 jobs ahead of merger with Holcim, *Global Cement*, www.globalcement.com, May 19; M. Curtin, 2015, Holcim-Lafarge shows 'merger of equals' doesn't equal smooth sailing, *Wall Street Journal Online*, www.wsj.com, March 16; M. Curtin, 2015, A 'merger of equals' is more fragile, *Wall Street Journal Online*, www.wsj.com, March 16; J. Franklin, 2015, Holcim and Lafarge name postmerger board candidates, *Reuters*, www.reuters.com, April 14; J. Revill, 2015, Holcim moves step closer to Lafarge merger, *Wall Street Journal Online*, www.wsj.com, May 8.

설명하는 바와 같이, 양사의 합병 과정은 평탄하지 않았다.

인수(acquisition)는 피인수 기업을 인수 기업의 사업 포트폴리오상 자회사로 만들기 위한 목적을 가지고 인수 대상 기업 소유 지분 전부 또는 통제 가능 지분(controlling interest)을 매입하는 전략을 말한다. 따라서 인수가 완료된 이후에는 피인수 기업의 경영진은 인수 기업의 경영진에게 보고하고 통제를 받게 된다.

인수는 피인수 기업을 인수 기업의 사업 포트폴리오상 자회사로 만들기 위한 목적을 가지고 인수 대상 기업 소유 지분 전부 또는 통제 가능 지분을 매입하는 전략이다.

대부분의 합병은 본질상 우호적으로 거래가 완료되는데 비해, 인수는 우호적인 인수뿐만 아니라 비우호적인 인수도 이루어질 수 있다. **적대적 인수**(takeover)는 인수 대상 기업이 인수 기업의 입찰을 요청하지 않는 특수한 유형의 인수이며 따라서 비우호적인 인수이다. 10장에서 살펴보겠지만, 기업은 의도하지 않은 적대적 인수 시도로 자사가 인수 당하지 않도록 방어책을 마련해왔다.[13]

적대적 인수는 인수 대상 기업이 인수 기업의 입찰을 요청하지 않는 특수한 유형의 비우호적인 인수이다.

일반적으로 기업은 요청하지 않은 인수 제안에 대해 "적대적" 인수 시도로 간주한다. 이러한 인수 제안이 왔을 때 인수 대상 기업은 적대적 인수 시도가 성공하지 못하도록 저지하는 방어책 마련과 동시에 인수 기업이 지불할 의향이 있는 인수 가격 중 최고가를 결정하도록 노력할 수 있다. 잠재적 인수 기업과 인수 대상 기업이 합의에 도달하기 위해서는 여러 회에 걸친 제안이 이루어질 수 있으며 이러한 과정은 매우 복잡하게 마련이다. 2015년 봄에 테바(Teva Phamaceutical), 밀란NV(Mylan N.V.), 그리고 페리고(Perrigo Company) 간에 오고 간 일련의 제안도 이러한 복잡성을 보여준다. 밀란이 테바의 적대적 인수 제안을 받기 직전에, 밀란도 페리고를 적대적 인수하겠다고 제안하였다. 다음의 논평이 이 상황의 복잡성을 말해준다.

> "만약 밀란이 페리고를 인수한다면 밀란을 인수하기 원하지 않는다고 테바가 말했지만, 페리고는 밀란의 제안을 거절했고 밀란 또한 테바의 인수 제안이 기쁘지 않다고 말했다."[14]

이 세 기업 간의 상황을 정리하기 위해서는 인수 거래를 완료하기 위해 지불할 의향이 있는 인수 가격이 이 적대적 인수의 운명을 결정할 것이라는 의견이 제시되었다.

합병과 적대적 인수보다는 인수가 일반적으로 더 많이 사용된다. 따라서 이 장의 논의는 주로 인수 전략에 초점을 맞추기로 한다.

7-2 인수의 동기

본 절에서는 어느 기업이 다른 기업을 인수하기로 결정하게 만드는 동기를 논의한다. 본 절에서 살펴보는 바와 같이, 기업이 인수 전략을 선택하는 동기는 다양하다.

7-2a 시장 지배력 강화

시장 지배력의 강화는 인수를 시도하는 주요 동기이다.[15] 6장에서 정의한 바와 같이, 시장 지배력은 어느 기업이 자사의 제품 및 서비스를 경쟁 시장에서의 가격보다 높은 가격으로 판매할 수 있거나, 주요 가치 활동 및 보조 가치 활동에 소요되는 비용을 경쟁 시장에서의 비용보다 낮은 비용으로 생산할 수 있을 때 발생한다. 시장 지배력은 주로 기업의 규모, 경쟁에 활용하는 경영 자원의 질, 시장 점유율 등에 의해 창출된다.[16] 따라서 대다수의 인수는 경쟁자,

공급자, 유통업자, 및 인수 기업이 핵심 시장에서의 경쟁 우위 향상에 도움이 될 수 있는 관련 산업의 사업체를 인수하여 시장 지배력 강화 목적으로 시도된다.

시장 지배력 강화를 목적으로 시도되는 수평적, 수직적, 관련 인수 등 세 가지 유형의 인수 전략에 대해 논의할 것이다. 적극적인 인수 기업은 서로 다른 유형의 인수 전략을 동시에 추진한다. 예를 들어, 아마존은 "오랜 기간 동안 수평적 및 수직적 측면 모두에서 사업의 규모와 범위를 확장해왔다."[17] 이 세 가지 유형의 인수 및 이에 따른 향후 합병 계획은 다양한 정부 기관의 규제 심사에 직면한다. 때로는 이러한 심사 결과에 따라 계획된 인수합병 거래가 종료되기도 한다. 예를 들어 2015년에 컴캐스트(Comcast)는 타임워너(Time Warner)를 452억 달러에 인수하려는 시도를 미국 법무부의 심사 결과에 의해 철회하였다.[18]

수평적 인수

인수 기업과 동일한 산업에서 경쟁하는 기업을 인수하는 전략을 수평적 인수(horizontal acquisition)라고 한다. 수평적 인수는 비용 기반 및 매출액 기반 시너지 활용을 통해 인수 기업의 시장 지배력을 강화시킨다.[19] 특히 제약 산업에서 수평적 인수가 빈번하게 이루어진다. 한 예로서, 2015년 초반에 인수 계획이 발표되거나 인수 거래가 완료된 액수는 약 1,800억 달러에 달했다. 밀란은 최근 몇 년간 여러 기업을 인수한 덕분에 미국 복제약(generic drug) 판매 기업 중 2위 사업자가 되었다.[20] 연구 결과에 따르면, 수평적 인수 전략은 인수 기업과 피인수 기업 간에 전략, 경영 스타일, 경영 자원 배분 패턴 등에서 유사한 특성을 보일수록 성과가 높은 것으로 나타났다.[21] 이러한 경영상의 유사성이 인수 기업과 피인수 기업 간 통합 노력의 효과를 높일 수 있기 때문이다. 수평적 인수는 많은 경우에 인수 기업이 자사가 보유한 자산에 피인수 기업의 자산을 효과적으로 통합할 경우에 성과를 높일 수 있으며, 이러한 통합 노력은 통합된 기업의 핵심 역량을 보완하지 못하는 초과 설비 등에 대한 평가와 매각(divesting)이 이루어진 이후에만 유효하다.[22]

수직적 인수

수직적 인수는 어느 기업이 자사 제품의 공급업자 또는 유통업자를 인수하는 전략을 말한다. 수직적 인수를 통해 수직적 통합을 이룬 기업은 가치사슬 상의 추가적인 가치 활동을 통제하게 되고(3장 참조),[23] 이러한 수직적 인수가 시장 지배력을 강화시킬 수 있다.

수직적 통합을 통해서, 해당 기업은 자사가 경쟁하지 않던 가차사슬 상의 활동에서 발생하는 가치를 자사의 몫으로 차지하거나 자사의 기존 가치 활동에 대한 통제력을 강화시킬 수 있다. 이러한 요소들이 델타항공이 2012년에 정유 사업을 인수하는 데 영향을 미쳤다.[24] 항공기 원료를 공급하는 원천이 되는 공급업자를 소유함으로써 서비스 생산 요소의 공급 부족 등의 불확실성이 발생하는 확률을 감소시킬 수 있기 때문이다. 동일한 논리로 이탈리아 제과 기업인 페레로(Ferrero)가 터키의 헤이즐넛 기업인 Oltan Gida를 인수한 이유를 설명할 수 있다. 이는 페레로 입장에서 핵심 원료를 적정한 가격에 원활하게 접근할 수 있도록 보장하는 것이 초과 이윤을 얻기 위한 노력에 기여할 수 있기 때문이다.[25]

관련 인수

관련성이 높은 산업에 종사하는 기업을 인수하는 전략을 관련 인수라고 한다. 관련 인수를 통해, 해당 기업은 경영 자원 및 역량을 통합함으로써 발생하는 시너지를 통해 가치를 창출하고자 시도한다.

시스코(Cisco Systems)는 네트워크 장비를 설계, 제조, 판매한다. 오랜 기간 동안 이 기업은 다른 제품 시장에서 공격적인 경쟁을 시도하기 위해 관련 인수를 해왔다. 예를 들어, 소프트웨어가 점점 더 네트워킹 제품의 요소 중 하나로 통합되기 시작함에 따라 시스코는 중소 규모의 소프트웨어 기업 인수를 계획하고 있다. 이러한 인수를 통해 시스코가 투자하는 SDN(software-defined networking) 분야에서 경쟁력을 확보하기 위해서이다. 관련 사업에 속한 기업을 인수하는 것이 시스코의 일반적 인수 전략 방향이며 이러한 전략은 애널리스트 분석에 따르면 "이 기업의 역사에서 지속적으로 시장 기회를 열어주었다."[26]

7-2b 진입 장벽 극복

2장에서 소개된 진입 장벽은 어느 시장에서 현재 경쟁하는 기업들로 인해 새로 그 시장에 진입하려고 노력하는 기업들이 직면하는 비용과 어려움에 관련된 요소이다. 예를 들어, 이미 시장에서 잘 정착한 기업은 자사가 생산하는 제품과 서비스에 대해 규모의 경제를 누릴 수 있다. 또한, 고객과의 지속적인 관계는 종종 신규 진입 기업들은 극복하기 어려운 고객의 충성도를 창출하기도 한다. 차별화된 제품과의 경쟁에 직면할 때, 신규 진입 기업들은 대개 상당한 경영 자원을 광고에 사용해야 하며 신규 고객을 확보하기 위해 경쟁자보다 낮은 가격으로 판매해야 할 필요성을 느끼게 된다.

규모의 경제 및 차별화된 제품과 같은 진입 장벽에 직면하여, 신규 진입자들은 기존에 시장에서 경쟁력을 갖춘 기업을 인수하는 것이 고객에게 익숙하지 않은 낯선 제품을 제공하는 기업으로서 새롭게 진입하는 것보다 효과적일 수 있다는 점을 발견한다. 실제로, 시장 진입의 장벽이 높을수록 진입 장벽을 극복하기 위한 수단으로 기존 기업을 인수할 확률도 더 높다. 예를 들어, 스크립스 네트워크스(Scripps Networks Interactive)는 라이프스타일 케이블방송 채널로서 Food Network, HGTV, Travel TV 등의 사업 포트폴리오를 보유하고 미국 시장 이외의 해외 시장에서 성장 기회를 찾기 원한다. 다수의 해외 시장에서 독자적인 방송 채널 운영 사업을 설립하기보다는, 스크립스는 진입 장벽을 극복하기 위한 수단으로 기존 기업을 인수하고 있다. 최근에, 스크립스는 폴란드 TV 사업자인 TVN의 다수 지분을, 미래에 잔여 지분을 추가 인수할 가능성이 있다는 전제하에, 인수하였다.[27] TVN의 "엄청난 방송 채널 및 서비스 포트폴리오"로 인해 스크립스의 임원들은 이 인수 거래를 "국제 경영 전략 개발의 중요한 이정표"로 생각하고 있다.[28]

이러한 논의가 제시하는 바와 같이, 진입 장벽 극복을 목적으로 인수 전략을 사용하는 경우 핵심적 우위는 인수 기업 입장에서 자사에게 매력적인 시장에 즉각적인 진입이 가능하다는 점이다. 이러한 우위는 특히 스크립스의 사례와 같이 해외 시장에 진출하고자 하는 기업의 경우에 매우 중요하다.

해외 인수

서로 다른 국가에 본사를 둔 기업 간에 이루어지는 인수를 해외 인수(Cross-Border Acquisitions)라고 한다.[29] 역사적으로는 북미와 유럽의 기업들이 해외 시장에서 적극적으로 인수를 해왔다. 그러나 오늘날의 글로벌 경쟁 상황에서는 전 세계에서 해외 인수가 다양한 이유로 이루어지고 있다. **전략 포커스**에서는 서로 다른 전략적 동기에 의해 최근에 이루어진 여러 해외 인수 사례에 대해 논의한다.

기업은 **전략 포커스**에서 논의된 해외 인수 사례들은 충분한 전략적 동기를 바탕으로 한 완결된 인수 거래도 위험으로부터 완전히 자유로울 수 없다는 점을 시사한다. 예를 들어, 중국은 인수 위험을 증가시키는 정치적, 법률적 장애물들로 잘 알려져 있다.[30] 중국 기업을 인수할 경우에는, 피인수 기업의 재무 자료 및 기업 지배 관행에 대한 투명한 정보가 부족하다는 점 때문에 효과적인 실사(due diligence) 과정을 실행하기가 어려울 수 있다.[31] 예를 들어, 건설 장비 기업인 캐터필러(Caterpillar)는 중국 사업을 위해 시웨이(Siwei)를 인수하였다. 그러나 캐터필러는 "여러 해에 걸쳐 의도적인 시웨이의 회계 부정"을 발견하였다고 발표했다. 문제를 해결하려는 복잡한 노력 끝에, 캐터필러는 시웨이 인수 대금 6억 7,700만 달러의 86%에 해당하는 금액을 상각해야만 했다.[32] 해외 인수를 고려하는 기업은 이로 인한 잠재적 이익뿐만 아니라 위험에 대해서도 신중하게 분석해야 한다.

7-2c 신제품 개발 비용 및 신속한 시장 진입

새로운 제품을 내부적으로 개발하고 이를 성공적으로 시장에 소개하기 위해서는 시간을 비롯하여 상당한 기업의 경영 자원을 투자하여야 하며, 이러한 노력은 신속한 이익 창출을 어렵게 한다.[33] 혁신 노력의 약 88%는 적적한 수익 달성에 실패하는 것으로 추정되기 때문에, 기업의 입장에서는 자사의 신제품 개발 및 상용화에 투자된 자본에 대해 적적한 수익률이 달성될지에 대한 염려가 존재한다. 혁신의 결과로 얻게 된 특허권의 약 경쟁 기업에 의해 60%가 4년 이내에 모방당한다는 점도 신제품 개발 투자에 따른 적정 수준 이하의 수익률의 잠재적 원인이 된다. 이러한 결과들은 경영자로 하여금 내부적인 제품 개발 노력이 고위험 투자라는 인식을 갖게 만든다.[34]

인수 전략은 인수 기업이 피인수 기업에 의해 이루어진 새로운 제품의 개발 활동 또는 인수 기업이 생산하지 않는 피인수 기업의 기존 제품의 사업에 진출할 수 있는 기회를 제공해준다. 내부적 제품 개발 과정과 비교할 때, 인수 전략은 보다 예측 가능한 수익률과 보다 신속한 시장 진출을 가능하게 한다. 인수로 인한 수익률의 예측 가능성이 높은 이유는 피인수 기업 제품의 성과가 인수 거래를 완료하는 과정에서 평가될 수 있기 때문이다.[35]

웰치알린(WelchAllyn)은 의료 진단 기기를 생산하는 글로벌 기업이다. 웰치알린은 변화하는 의료 환경에 신속하게 적응하기 위한 수단으로 다수의 인수를 추진해왔다. 자사가 판매하기 원하는 전 제품을 내부적으로 연구개발하기보다는, 이 기업은 자사의 소비자와 동일한 소비자를 대상으로 하는 제품을 신속하게 제공하기 위해 기술력을 갖춘 기업들을 인수하는 전략을 선택해왔다. 예를 들어, 최근에는 "의료용 저울 및 환자 체중계" 등을 생산하는 중소기업인

전략 포커스

해외 인수를 추구하는 서로 다른 전략적 동기

동일한 국가에 본사를 둔 기업 간 인수와 마찬가지로, 모든 해외 인수에 대해서도 분명한 전략적 동기가 인수 전략의 기초가 되어야 한다. 인수에 대한 최종적 의사결정 이전에 인수 대상 기업 후보군의 파악, 인수 대상 기업에 대한 가치 평가, 인수 결정에 대한 핵심 의사결정자들 간의 동의 등이 신중하게 이루어져야 한다. 해외 인수의 경우를 포함하여 대부분의 성공적인 인수는 제안된 인수 거래가 전략적 동기에 의해 설명되는 합리적 의사결정 과정의 산물이다.

전략적 동기에 기초하여 어떤 인수 기업들은 미래의 완전 인수 이전에 인수 대상 기업의 일정 지분을 소유함으로써 적합한 미래의 인수 대상 기업인지 여부를 검증하고자 한다. 거래 물량 기준 세계 최대 전자상거래 기업인 알리바바(Alibaba Group Holding Limited)는 아직 자사의 모국인 중국 시장에 사업의 초점이 유지되고 있으며 이러한 전략적 동기를 가진 경우에 해당한다. 사업 범위를 확대하기 위해 이 기업은 "반드시 글로벌화해야 하고 글로벌화 노력은 반드시 성공해야 한다"는 목표를 천명하고 있다. 이에 따라 알리바바의 최고 경영자는 글로벌한 사고를 강조하고 이에 수반된 기업 활동을 실천할 의지를 갖고 있다. 더 글로벌한 기업이 되는 전략적 동기를 기반으로 미국의 온라인 유통업자인 쥴리(Zulily Inc.)의 지분 9%를 매입하고, 모바일 메시징 앱을 제공하는 탱고(Tango)에 투자하는 등 해외 시장에서의 인수를 시도하고 있다. "우리는 우리의 사용자 기반을 확장하고, 클라우드 컴퓨팅 사업을 향상시키며, 보완적 제품과 기술뿐만 아니라 우리의 생태계를 강화시켜줄 수 있는 전략적인 투자와 인수를 해왔고 앞으로도 계속할 계획이다." 이 말은 알리바바의 해외 인수 동기와 논리를 설명한다.

알리바바의 전략적 인수의 일부는 중국에서 이루어진 반면, 많은 다른 인수 거래는 해외 인수로 이루어졌다.

해외 인수를 시도하는 전략적 동기 중 다른 사례로는 기업의 경쟁 범위 변경을 위한 인수 전략을 들 수 있다. 예를 들어, 영국 옥스포드에 본사를 둔 서카시아(Circassia Pharmaceuticals PLC)는 최근에 스웨덴 기업인 Aerocrine AB를 인수하였다. 역사적으로, 서카시아는 알러지 백신을 생산하는 데 사용되는 기술 플랫폼용 레이저류(laser-like focus) 시장에서 경쟁해왔다. Aerocrine는 천식 진단 기업이다. 서카시아의 최고 경영자에 따르면, 이 인수 거래는 자사의 "알러지와 천식에 집중하는 바이오 의학 전문 기업"이 되겠다는 목표에 한걸음 다가서는 시도이다.

스페인에 기반을 둔 파퓰러은행(Banco Popular Espanol S.A.)는 해외 시장에서 인수를 추진하고 있다. 이 은행의 최고 경영자는 이러한 해외 인수 시도의 동기가 국내 시장에 지나치게 의존할 경우 국내 경제가 위기를 겪게 되었을 때 이로 인한 타격이 너무 크다는 점 때문이라고 지적하였다. 그는 "미래에 경제 위기가 닥칠 경우, 지금처럼 국내 시장에만 의존하지 않고 국가 시장의 다각화가 더욱 잘 이루어진 은행이 되기 원한다. 이 다각화는 중남미 국가들을 중심으로 서두르지 않고 점진적으로 이루어지는 다각화가 될 것이다."라고 했다. 이 은행은 각각의 인수 대상 은행을 인수해야 할지 결론을 내리기 이전에 신중한 검토를 할 준비가 되어 있다.

2015년 중반에 룩셈부르크에 본사를 둔 케이블 및 통신사업 기업인 알티스(Altice SA)는 미국 기업 서든링크(Suddenlink)를 80~100억 달러의 거래액으로 인수할 협상을 진행 중이었다. 이미 프랑스에서 카리브해까지 여러 국가에서 인수로 사업을 확장해왔기 때문에 서든링크를 인수하는 것은 알티스를 세계 케이블 및 브로드밴드 시장에서 대규모 사업자 중의 하나로 만들 수 있다. 한 애널리스트는 알티스를 소유한 프랑스 투자자 패트릭 드라히(Patrick Drahi)가 일련의 해외 인수를 추진해온 전략적 동기를 다음과 같은 방식으로 묘사하였다. "드라히는 통신 산업의 미래가 케이블 및 브로드밴드 사업자들이 모바일 사업자와 결합하여 고객에게 TV, 유선 인터넷, 유선 전화, 모바일 서비스를 번들로 제공하는 네 달려있다고 예측하고 있다."

글로벌 통신 시장은 높은 수준의 분화 상태이기 때문에 드라히와 같은 공격적인 투자자들이 해외 인수를 통해 글로벌한 통합을 추구할 수 있는 기회를 제공한다. 따라서 해외 인수에는 여러 가지 동기가 작용한다. 성공적인 해외 인수는 강력하고 분명한 전략적 동기에 기반을 두고 있다.

Zulily.PNG

알리바바는 글로벌 사업을 위해 미국 전자상거래 기업인 쥴리의 지분을 매입했다.

출처: R. Bender, S. Ramachandran, & S. Raice, 2015, Altice in advanced talks to buy cable company Suddenlink, *Wall Street Journal Online*, www.wsj.com, May 19; J. Neumann, 2015, Spain's Banco Popular seeking acquisitions abroad, *Wall Street Journal Online*, www.wsj.com, May 18; D. Roland, 2015, U.K. biotech Circassia moves into asthma with two acquisitions, *Wall Street Journal Online*, www.wsj.com, May 15; C. Tejada, 2015, Alibaba to focus on expansion abroad, CEO says, *Wall Street Journal Online*, www.wsj.com, May 14; M. J. de la Merced, 2014, Alibaba's acquisition strategy focused: Focused largely on China and mobile, *New York Times*, www.nytimes.com, May 7.

스케일트로닉스(Scale-Tronix)를 인수하였다.[36] 의료 분야에서 스케일트로닉스가 보유한 저울 제품에 대한 전문성이 웰치알린의 제품 범위를 신속하게 확장하는 데 도움이 되기 때문이다.

7-2d 상대적 위험 감소

인수로 인한 결과는 내부 제품 개발 과정에 비해 보다 용이하고 정확하게 그 결과를 추정할 수 있다. 따라서 경영자는 인수가 더 위험 부담이 적은 선택으로 인식할 가능성이 높다.[37] 그러나 기업이 인수를 내부적 신제품 개발 대비 상대적 위험 감소 수단으로 사용할 때는 주의가 필요하다. 실제로 인수는 내부적 혁신 노력의 대체 수단이 될 가능성이 있다.

장기간 다른 기업에게 혁신 활동을 의존하는 것은, 특히 혁신을 가치 창출의 동인으로 삼고자 한다면, 인수 기업을 역량을 약화시켜 취약하게 만들 수 있다. 따라서 **전략 포커스**에서 살펴본 바와 같이 인수를 시도하는 분명한 전략적 동기의 확인이 필요하다. 어느 피인수 기업을 특정 혁신 활동에 대한 역량 획득을 목적으로 인수하였다면 인수 기업은 인수를 통해 획득된 해당 혁신 활동이 자사의 혁신 관련 역량과 결합하여 어떠한 전략적 목적을 위해 사용될 수 있는지 구체적으로 명시할 수 있어야 한다.

7-2e 다각화 동기

인수는 기업의 다각화를 시도하기 위한 수단으로도 사용된다. 기존의 경험을 통해 통찰력을 얻을 수 있기 때문에, 기업은 흔히 현재 사업을 하고 있는 시장에 새로운 제품을 개발하여 소개하는 것이 더 용이하다는 점을 발견한다. 반면에, 자사의 경험이 부족한 다른 사업 분야에서 제품을 개발하는 것은 더 어려운 과제이다. 따라서 사업 분야를 다각화하는 데 있어 신제품을 내부적으로 개발하는 것은 흔하지 않다.[38]

인수 전략은 관련 및 비관련 다각화 전략 모두의 경우에 활용할 수 있다. 6장에서 언급한 바와 같이, 캠벨수프(Campbell Soup)은 제약적 관련 다각화 전략을 사용한다. 이 글로벌 기업은 매년 800억 달러 이상의 매출을 얻고 있다. 이 기업을 대표하는 수프뿐만 아니라 Pepperidge Farm 쿠키, Arnott's Kjeldsens and Royal Dansk 비스킷, Pace 멕시칸 소스 등의 브랜드를 보유하고 있다. 캠벨은 최근에 지역 시장 기준의 구조 조정 대신 제품군을 기준으로 하여 구조 조정을 실시하였다. Americas Simple Meals and Beverages, Global Biscuits and Snacks, 그리고 Packaged Fresh가 새로 추가된 사업 분야이다. 이 기업의 새로운 조직 구조는 "기업의 핵심 성장 전략에 잘 부합하는" 것으로 평가된다.[39] 이러한 사업 재조정의 결과로 캠벨은 스스로 "인기 있고 성장 가능성이 높은 브랜드들"을 인수하기에 더 유리한 입장이 되었다고 인식하게 되었다.[40] 물론, 캠벨의 다각화 전략으로 인해 인수한 브랜드들은 이 기업이 새로 개발한 제품군들과 일정한 유사성을 가진다.

Campbell Soup Company

캠벨수프의 Packaged Fresh 사업 분야의 신제품들.

캠벨과는 대조적으로, 대규모 기업 집단(conglomerate)인 삼성그룹은 비관련 다각화 전략을 추구한다. 삼성의 사업 포트폴리오는 전자, 건설, 생명보험, 패션 등 약 70개의 비관련 사업 분야로 다양하게 구성된다. 삼성은 한국 최대의 재벌 그룹이다. 그룹의 핵심 사업체 중 하나인 삼성전자는 전 세계 소비자에게 잘 알려진 모바일 디바이스, 반도체 등의 전자 부품, 그리고 디스플레이 패널 사업을 주력 사업으로 삼는다. 2015년 중반 기준으로 약 560억 달러의 현금을 보유한 삼성전자는 이 보유 현금 중 상당한 금액을 "일련의 비관련 인수합병 거래"라고 부르는 딜을 성사시키는 데 사용하고 있다. 인수 대상이 되는 프린팅 솔루션 기업, 모바일 결제 스타트업, 배터리 제조사 등이 삼성의 다각화 수준을 증가시킨 최근의 인수 사례이다.[41]

인수 전략의 사용 관련, 일반적으로 피인수 기업과 인수 기업 간 관련성이 높을수록 해당 인수가 성공할 확률이 높다고 알려져 있다.[42] 따라서 수평적 인수와 관련한 인수가 인수 기업과 피인수 기업 간 제품 시장이 상이한 비관련 인수에 비해 기업의 경쟁력 향상에 더 기여할 가능성이 높다 하겠다. 그럼에도 불구하고, 삼성 등이 실행하는 비관련 다각화 전략 역시 기업 가치를 향상시킬 수 있는 방식으로 활용되기만 하면 기업의 경쟁력에 기여할 수도 있다.

7-2f 기업의 경쟁 범위 재조정

2장에서 논의한 바와 같이 경쟁 관계의 강도는 기업의 수익성에 영향을 미치는 산업 특성 중 하나이다.[43] 경쟁 강도와 기업 수익성 간 음의 관계를 감소시키기 위해서, 기업은 인수 전략을 제품 및 시장 의존도를 감소시키는 수단으로 활용할 수 있다. 특정한 제품 또는 시장에 대한 의존도를 감소시키는 노력은 기업의 경쟁 범위를 재조정하게 만든다. 예를 들어 캠벨수프는 신규 진출한 포장 신선 식품 사업 분야에서 유기농 식품에 대한 시장 지위를 향상시키기 위해 수프와 같은 전통적 비성장 사업 분야에 대한 의존도를 감소시키고 있다. 캠벨이 포장 신선 식품에 대한 의존도를 계속 높여 나간다면 기업의 경쟁 범위 또한 변하게 될 것이다.

7-2g 학습 및 신규 역량의 개발

기업은 때로 자사에 부족한 역량을 습득하기 위해 인수를 성사시킨다. 연구 결과에 따르면 기업은 인수를 통해 자사의 지식 기반을 확장하고 조직의 타성(inertia)을 감소시킬 수 있다.[44] 또한 해외 인수를 통해 다양한 재능을 확보함으로써 기업 역량의 잠재력도 향상시킬 수 있다.[45] 물론, 이러한 인수를 통해 학습한 역량은 해당 기업의 현재 역량과 유사성이 높을수록 그 학습 효과가 커진다. 따라서 인수 전략을 사용하는 기업들은 자사의 고유한 지식 기반과 다르지만 동시에 관련성을 가진 보완적 역량의 추구하여야 한다.

미국 기반의 다국적 통신 기업인 센추리링크(CenturyLink)는 기업, 정부, 가정용 통신 및 데이터 서비스를 제공한다. 대규모 빅데이터 분석에 대한 고객의 수요를 충족시키기 위해 센추리링크는 최근에 "신속한 애플리케이션 개발을 위한 데이터베이스 관리를 제공하는" 오케스트레이트(Orchestrate)를 인수하였다. 이 인수를 통해 센추리링크의 클라우드 플랫폼 역량을 강화하고자 하였다.[46] 오케스트레이트의 데이터 서비스팀과 센추리링크의 제품 개발팀 간의 보완적 역량 통합을 통해 센추리링크는 빅데이터 분석을 원하는 고객의 수요를 더 효과적으로 충족시킬 수 있는 역량을 학습할 수 있을 것으로 기대하고 있다.

7-3 인수 성공의 장애 요인

효과적이고 적절한 인수 전략의 사용은 인수 기업이 경쟁자 대비 초과수익률을 달성할 수 있도록 도울 수 있다. 그러나 가치 창출 동기에 의해 추진된다 하더라도 인수 전략에 수반되는 위험을 무시해서는 안 된다. 인수 전략의 사용 동기와 인수 성공에 장애 요인이 되는 문제점은 〈그림 7-1〉에 요약되어 있다.

연구 결과에 따르면 약 20%의 인수합병이 성공적인데 반해 약 60%의 인수합병은 실망스러운 결과를 얻고, 나머지 20%의 경우는 명백한 실패를 야기하며 특히 기술확보 목적의 인수의 경우 높은 실패확률을 보이는 것으로 나타났다.[47] 일반적으로 기업들이 인수 전략을 통해 경쟁력의 향상시키는 것으로 보이지만, 성공적인 인수를 결정하는 특성들을 정리해볼 필요가 있다. 다음 절에서 인수 성공을 이끄는 특성들에 대해 논의할 것이다(표 7-1 참조). 동시에 인수 전략을 사용하는 기업은 인수 성공을 방해하는 요인에 대해 주의를 기울여야 한다.

그림 7-1 인수의 동기와 인수 성공의 장애 요인

표 7-1 성공적인 인수의 특성

특성	결과
1. 피인수 기업이 인수 기업의 핵심 사업과 보완적인 자산과 경영 자원을 보유	1. 시너지 및 경쟁 우위 창출 가능성 증대
2. 우호적인 인수	2. 신속하고 효과적인 통합
3. 인수 기업이 인수 대상 기업의 선정하고 재무적 건전성을 평가하는 효과적인 실사 수행	3. 가장 보완성이 강한 인수 대상 기업이 인수되며 과도한 인수 프리미엄 지불 회피
4. 인수 기업이 재무적 여유 자원을 보유	4. 자금 조달이 용이하며 자본 비용을 낮출 수 있음
5. 통합된 기업이 중간 수준 이하의 부채 비율을 유지	5. 낮은 재무 비용과 낮은 위험 수준
6. 인수 기업이 지속적으로 연구개발 및 혁신에 대한 강조를 유지	6. 시장에서 장기적인 경쟁력을 유지
7. 인수 기업이 변화를 효과적으로 관리하는 유연한 조직인 경우	7. 신속하고 효과적인 통합이 시너지의 달성을 촉진

7-3a 통합의 어려움

성공적인 인수에서 통합의 중요성은 과소평가되어서는 안 된다.[48] 실제로 많은 이가 합병 또는 인수의 성공에 있어 통합 과정이 가장 중요한 결정 요인이라고 믿는다. 이러한 믿음은 인수 후 통합이 어렵고 복잡한 조직화 과정(organizational process)이라는 점에 기인한다. 통합 과정은 조직 내 정치적 역학 및 인수 기업과 피인수 기업 간 문화적 충돌 때문에 불확실성과 저항을 야기하기도 한다.[49] 인수에 관련된 종업원과 관리자들이 통합 과정에서 얼마나 공정한 대우를 받는가는 인수 후 통합에 있어 중요하게 고려해야 할 사안이다. 통합 과정에서 발생하는 주요한 어려움 들은 다음과 같이 요약할 수 있다.

- 둘 이상의 고유한 기업 문화의 융화하는 과정에서의 어려움
- 상이한 재무 및 통제 시스템 통합상의 어려움
- 경영 스타일이 상이할 경우 효과적인 협력 관계 구축의 어려움
- 통합 후 출범한 기업 경영진의 리더십 구조와 관련한 어려움[50]

이러한 통합상의 어려움이 노키아(Nokia)가 제안한 알카텔 루슨트(Alcatel-Lucent) 인수에 영향을 미칠 수 있다. 2015년 중반에 핀란드의 통신 관련 제조기업인 노키아는 자사의 경쟁자인 프랑스 기업 알카텔 루슨트를 인수하려는 협상을 진행하였다. 이 인수 계약이 완결되면 전 세계 모바일 기기 제조 기업 중 2위의 사업자가 탄생할 수 있다. 이 인수를 통해 노키아는 미국 시장에서의 시장 지위를 강화하고 중복되는 사업 영역을 정리하여 비용을 절감하는 시너지 및 기업 규모 증가에 따른 가격 결정력의 증가를 추구하고자 한다. 이 인수 제안에 대한 애널리스트의 반응은 긍정적이었다. 한 애널리스트는 "경쟁이 치열한 시장에서 소규모 사업자는 바람직하지 않은 선택"이라는 언급을 하며 인수 거래의 완결이 더 바람직하다고 평가하였다.[51]

인수 제안에 대한 전반적으로 긍정적인 평가에도 불구하고, 노키아와 알카텔 루슨트가 어

떻게 효과적으로 통합 과정을 완료할지에 대한 염려가 동시에 제기되었다. 한 애널리스트는 이수의 실행은 인수의 재무적인 구조를 결정하는 것보다 훨씬 더 까다롭다는 점을 강조하였다. 통합의 쟁점은 통신 산업에서의 통합은 어렵기로 악명이 높다는 점과 통합되는 기업 간 상이한 운영 플랫폼으로 인해 두 기업의 고객을 어떻게 통합해야 하는지 각별한 주의가 필요하다는 점이다. 두 기업 모두 인수 제안이 있기 전부터 독자적인 구조 조정 노력을 기울여왔다는 점으로 인해, 인수 후 통합으로 인해 발생하는 추가적인 비용 절감에 대해 지나치게 낙관적으로 평가한 것은 아닌지도 의문이 제기된다.[52] 이에 따라 노키아와 알카텔 루슨트 통합에 관련된 의사결정자들은 이러한 어려움을 극복해야 하는 상황이다.

7-3b 피인수 기업 가치 평가상의 오류

실사(due diligence)는 잠재적 인수 기업이 피인수 기업의 가치를 평가하는 과정을 말한다. 효과적인 실사 과정에서는, 인수 거래를 위한 자금 조달 방법, 인수 기업과 피인수 기업 간 문화적 차이, 두 기업 종업원을 성공적으로 융합하기 위해 필요한 대응 방안 등 수많은 평가 항목이 검토된다. 많은 경우에 실사는 도이치뱅크(Duetsche Bank), 골드만삭스(Golman Sachs), 모건스탠리(Morgan Stanley) 같은 투자은행이나 회계사, 변호사, 경영 컨설턴트 등에 의해 이루어진다. 인수를 적극적으로 활용하는 기업은 사내에 독자적인 실사 전담 부서를 운영하기도 한다. 인수 기업이 독자적인 실사 담당 부서를 활용하는 경우에도 실사를 돕기 위해 외부의 투자은행 등과 협력하는 경우가 대부분이다. 흥미로운 점은, 연구 결과에 따르면, 투자은행이 인수 기업의 실사를 지원한 횟수가 누적될수록 인수 성과에 긍정적 영향을 미치지만 한편으로 특정 투자은행에 독점적으로 실사 과정을 의존하는 경우에는 인수 성과에 부정적 영향을 미치는 것으로 나타났다.[53] 따라서 인수합병의 실사를 위해 투자은행에게 실사 관련 업무를 의뢰하는 것은 인수 기업 경영자의 주의 깊은 관심이 요구되는 복잡한 안건이다.

앞 절에서 언급한 바와 같이, 캐터필러가 중국 기업인 시웨이를 인수하기 이전에 해산 실사는 부적절했을 뿐만 아니라 효과적이지 못했다. 실사가 사용된 회계 기준 및 재무 상태의 정확성을 평가하는 데 초점을 맞추기는 하지만(재무적 감사), 또 한편으로는 실사 과정에서 인수 기업이 피인수 기업을 인수함으로 인해 얻을 수 있는 잠재적 이익을 효과적인 통합을 통해 실현할 수 있는지 전략적 적합성(strategic fit)을 평가하는 작업이 필요하다.[54] 포괄적인 실사 과정을 통해 캐터필러가 시웨이를 인수했을 때 경험한 것과 같은 실패 확률을 줄일 수 있다.

프랑스 IT 기업인 카프제미니(Cap Gemini S.A.)는 미국 기업인 아이게이트(iGate Corporation)을 40억 4천만 달러에 인수하기로 결정하기 이전에 실사 과정을 효과적으로 수행했다고 평가받는다. 이 인수는 유럽 기업에 의해 이루어진 미국 기업 대상 인수 중 역대 10위의 인수 규모이다. 인수 기업과 피인수 기업 모두에게 이 인수는 사업 간의 보완성과 재무적 측면에서 긍정적 효과를 기대할 수 있다고 평가하면서, 애널리스트들은 두 기업 간의 전략적 적합도가 높으며 카프제미니 입장에서 인수를 시도할 강력한 전략적 동기가 있다고 본다. 이러한 측면에서, "유럽 사업자인 카프제미니 입장에서 항상 어려움이 되어왔던 세계 최대 시장 미국으로의 진출 및 매출 확대를 한번의 인수 거래로 달성한 것은 막대한 이득이다"라는 평이 제기된다.[55] 이러한 긍정적 평가에도 불구하고 통합 과정에서의 노력은 여전히 중요하다.

일반적으로 인수 기업은 평균을 상회하는 초과 수익률을 얻을 수 있다고 믿기 때문에 인수 프리미엄을 지불할 의향을 갖는다. 그러나 지불해야 할 적절한 인수 프리미엄을 정확하게 평가하는 것은 어려운 과제이다. 인수 기업이 기대되는 시너지의 가치를 추정하기는 하지만 이는 추정에 불과하다. 기업 간 통합을 추지하고 시장에서 경쟁을 시작해야 비로소 시너지의 실제 가치가 알려진다.

따라서 인수 기업이 시너지의 가치 또는 인수로 인한 미래 성장 잠재력의 가치를 과대 추정하면 지나치게 높은 인수 프리미엄을 지불하기 마련이다. 과도한 인수 프리미엄 지불은 인수 후 출범하는 기업의 단기 및 장기 주당 순이익 잠재력을 희석시키는 결과를 초래한다. 예를 들어, 2011년 11월에 길리드 사이언시스(Gilead Sciences)는 팜애셋(Pharmasset)를 인수하면서 89%의 인수 프리미엄을 지불하였다.[56] 언뜻 보기에 과도한 인수 프리미엄으로 보였지만 인수가 완료된 후 길리드의 주가는 치솟았다. 게다가 길리드의 팜애셋 인수로 인해 획득한 C형 간염 프랜차이즈의 매출이 2014년 124억 달러에 달해 큰 성공을 거두게 된다. 이러한 사례로 볼 때 길리드가 지불한 인수 프리미엄은 과도하지 않았다고 할 수 있다. 경영자에게 각 인수 대상 기업의 프리미엄을 어떻게 효과적으로 평가하고 결정할 것인가는 어려운 과제이다.

7-3c 과도한 부채

1980년대와 1990년대에 이루어진 다수의 인수로 인해 인수 기업들의 부채 비율이 증가했다. 최근에는 기업이 인수를 위해 지나치게 부채에 의존하는 선택에 대해 신중한 편이지만, 인수를 고려하는 기업은 인수로 인한 재무적 지출, 이로 인한 부채 비율의 상승과 관련한 문제가 발생할 수 있음을 인식할 필요가 있다. 이러한 점에서 인수 전략을 사용하는 기업은 인수로 인해 자사의 지급 능력에 영향을 미치는 부채 수준이 되지 않도록 사전에 검토해야 한다.

1980년대와 1990년대에는 정크 본드(junk bonds)라고 불리는 재무적 혁신 덕분에 부채를 활용한 인수 시도가 활발하게 이뤄질 수 있었다. 최근에는 하이일드 본드(high-yield bonds)라고 불리며 사용 빈도가 높지 않은 정크 본드는 채권자에게 높은 수익률을 제공하는 조건으로 위험 수준이 높은 인수를 부채에 의존하여 추진할 수 있게 해주는 자금 조달 수단이다. 정크 본드가 특정 자산을 담보로 제공하지 않는 채권이기 때문에 1980년대에는 18~20%에 이르는 높은 이자율이 제공되었다.[57]

또한 정크 본드의 이자율은 변동성이 높기 때문에 해당 기업들을 높은 재무적 위험에 노출시킨다.[58] 재무경제학자들은 부채의 사용을 경영자들이 주주의 이익에 부합하도록 행동하게 만드는 수단으로 인식한다.[59] 이러한 관점을 가진 경영자라면 부채를 사용하여 인수를 할 때 덜 염려하는 경향을 보일 것이다. 그러나 최근에는 부채 사용과 관련한 이러한 견해는 예전만큼 광범위한 공감을 얻지 못하고 있다.[60]

인수 기업이 피인수 기업을 인수하는 결정에 지나치게 몰두한 나머지 발생하는 인수 경쟁은 과도한 부채를 야기할 수 있다. 재무 이론에 따르면 경영자가 인수 과정에서 합리적 의사결정을 내린다고 가정하지만, 다른 연구 결과는 인수 결정이 반드시 합리적인 기준에 의해 이루어지지는 않는다고 한다. 오만, 특정 인수 거래를 반드시 완결해야 한다는 지나친 몰입 심리, 사적인 이해관계 등이 경영자가 지나친 인수 프리미엄을 지불하도록 만들고, 이로 인해 지나친 부채를 발생시키기도 한다. 경영자들은 이러한 가능성을 인식하고 인수 전략에 있어 합리적인 의사결정을 해야 한다.

7-3d 시너지 달성 실패

함께 일한다라는 의미의 그리스어 synergos에서 파생된 개념인 시너지는 각 사업단위가 독립적으로 일하였을 때 얻게 되는 가치의 합보다 같이 일하였을 때 얻는 가치가 더 클 때 발생한다(6장 참조). 그러므로 시너지가 존재할 때는 서로 다른 자산의 가치가 독자적으로 사용되었을 때보다 동시에 사용되었을 때 더 크다. 주주에게는 주주 자신의 포트폴리오 다각화 결정으로는 얻을 수 없는 부를 창출한다.[61] 시너지는 인수로 인해 새롭게 형성된 기업의 사업 간 경영 자원을 공유함으로써 얻어지는 범위의 경제와 규모의 경제로 인한 효율성을 통해 창출된다.[62]

기업은 사적인 시너지를 창출하는 경우에만 인수 전략을 통해 경쟁 우위를 개발할 수 있다. 사적인 시너지(private synergy)란 인수 기업과 피인수 기업의 자산 결합을 통해 이 두 기업 중 어느 한 기업이 제3의 기업과 역량 및 자산을 결합할 때는 얻지 못하는 가치가 창출되는 두 기업만의 배타적 시너지를 말한다. 따라서 사적인 시너지는 두 기업이 보유한 자산이 특유의 방식으로 보완적이어야 발생한다. 즉, 독특한 방식의 자산 보완성은 서로 다른 기업 간의 자산을 결합한다고 해서 자동적으로 발생하는 것이 아니다.[63] 비록 창출하기는 어렵지만 그 독특성으로 인해 사적인 시너지는 경쟁자들이 이해하거나 모방하기 어렵다는 점에서 매력적이고 경쟁 우위를 창출할 가능성을 높여준다.

사우스웨스트 항공(Southwest Airlines)의 에어트레인(AirTran) 인수가 사적인 시너지를 창출한 사례이다. 이 인수로 인해 사우스웨스트는 21개 도시에 신규 취항할 수 있게 되었으며 이 중 7개 도시는 국제 노선이다. 인수 이전에 사우스웨스트는 미국 국내 노선에만 취항하였다. 이 인수에 대해 한 관찰자는 다음과 같이 논평하였다. "사우스웨스트는 에어트레인 통합 작업을 훌륭하게 해냈다. 사우스웨스트는 에어트레인의 아틀랜타 노선을 허브로 남겨두기보다는 다른 거점 도시들과 마찬가지로 자연스럽게 흡수하였다."[64] 중요한 점은 사우스웨스트가 원가 우위 전략을 추구하는데, 통합된 원가 구조가 제트블루(JetBlue) 등 주요 경쟁자들보다 더 낮은 원가를 유지할 수 있다는 것이다. 따라서 이러한 낮은 원가를 기반으로 경쟁 우위를 창출할 수 있다. 인수 이후 사우스웨스트의 이익은 2011년 1억 7,800만 달러, 2012년 4억 2,100만 달러, 2013년 7억 5,400만 달러, 2014년 9억 6,400만 달러로 괄목할만한 증가세를 기록하였다. 이러한 재무 성과로 미루어 볼 때 사우스웨스트는 에어트레인의 인수를 통해 사적 시너지를 창출했다고 볼 수 있다.

기업이 사적 시너지에 창출하는 과정에서 발생하는 비용에 대해 설명할 필요가 있다. 기업이 인수 전략을 통해 시너지를 창출하는 과정에서 여러 비용이 발생하는데 이를 거래 비용(transaction costs)이라고 한다.[65] 거래 비용은 직접 비용일 수도 있고 간접 비용이 될 수도 있다. 직접 비용의 예로는 인수 기업의 실사 과정을 진행하기 위한 법률 자문 비용 및 투자은행에 지불하는 수수료 등이 포함된다. 간접 비용의 예로는 인수 대상 기업을 평가하고 협상을 진행하기 위한 경영진의 시간 및 에너지 사용 및 인수 이후 통합 과정에서 핵심 관리자 및 종업원의 이탈 등을 들 수 있다.[66] 캐나다에 본사를 둔 휠스그룹(Wheels Group Inc.)을 인수한 이후에, 래디언트(Radiant Logistics)의 이익은 인수 관련 단기적 거래 비용의 영향을 받았다. 미국에 본사를 둔 화물 운송사인 래디언트는 미국과 캐나다 간 분리된 시장에서 영업을 통합하여 해외 시장의 범위와 고객 기반을 확대하기 위한 목적으로 휠스를 인수하였다.[67] 관계자에 따르면 일회성 인수 비용의 지불 후에 통합 기업의 수익성은 빠르게 회복될 것으로 기대하고 있다. 기업들은 피인수 기업의 자산을 인수 기업의 자산과 통합함으로써 창출되는 시너지의 가치를 평가할 때 간접 비용의 규모를 과소 추정하는 경향이 있다.

7-3e 과도한 다각화

6장에서 설명한 바와 같이, 다각화 전략은 기업이 효과적으로 사용되기만 하면 초과 이윤을 창출하는 데 도움이 된다. 일반적으로 관련 다각화 전략의 사용은 비관련 다각화 전략의 사용에 비해 성과에 도움이 된다. 하지만 비관련 다각화를 추구하는 대규모 기업 집단도 성공적인 다각화를 추구할 수 있다.

어떤 시점에 기업은 지나치게 다각화될 수 있다. 각 기업이 다각화를 관리할 수 있는 역량은 차이가 있으므로 지나친 다각화 수준의 기준도 기업마다 다를 수 있다. 6장에서 논의한 바와 같이 관련 다각화는 비관련 다각화보다 더 많은 정보 처리가 요구된다. 추가적인 정보처리의 필요성 때문에 관련 다각화 기업의 경우에는 비관련 다각화 기업보다 더 적은 수의 사업을 보유하더라도 지나친 다각화 수준에 이를 수 있다.[68] 그러나 실행하는 다각화 전략의 유형에 관계없이, 지나친 다각화 수준에 도달한 기업의 성과 하락을 경험하며 일부 사업에서 철수하는 결정을 내릴 가능성이 높다.[69] 일반적으로 이러한 철수(divestments)는 기업의 구조 조정 전략의 일부로서 기업의 경쟁 범위를 재조정하게 만든다.

높은 수준의 다각화는 장기적 성과에 부정적 영향을 미칠 수도 있다. 예를 들어, 다각화 수준이 증가하면 경영자들이 사업단위별 성과를 평가할 때 재무적 통제 대신 재무적 통제에 의존할 가능성이 커진다(재무적 통제와 전략적 통제는 11장과 12장에서 자세히 논의). 최고 경영진이 해당 사업에 대한 목표와 전략에 대한 풍부한 이해를 하지 못할수록 성과를 평가할 때 재무적 통제에 의존할 가능성이 높아지기 때문이다. 투자수익률(return on investment: ROI) 같은 재무적 통제를 사용하는 것은 각 사업부문 관리자들로 하여금 장기적 투자를 희생하고 단기적 성과에 집중하도록 유도한다. 단기적 이윤 창출을 위해 장기적 투자를 감소시키는 것은 기업의 전반적 경쟁력에 부정적 영향을 미친다.[70]

지나친 다각화로 인한 또 다른 문제점은 자체적인 혁신 노력 대신에 인수를 통해 해결하려는 경향을 강화시킬 수 있다는 점이다. 일반적으로 경영자가 인수로 내부적 연구개발 노력을 대신하려는 경향이 존재하는 것은 아니지만, 이를 강화하는 순환 관계는 존재한다. 인수로 인해 과다한 비용이 발생하면 결과적으로 연구개발과 같은 다른 활동들에 대해서는 경영 자원 배분이 적게 이루어진다. 적절한 연구개발 투자가 이루어지지 않으면 기업의 혁신 역량은 위축되기 시작한다. 연구 결과에 따르면 인수 때문에 내부적 혁신 활동이 위축되는 기업은 성과 문제에 직면하는 것으로 나타났다.[71]

7-3f 경영자의 지나친 인수 의존

인수 전략이 성공적으로 사용되려면 경영자의 시간 및 에너지의 상당 부분을 투자하는 노력이 요구된다. 인수 전략을 위해 경영자에게 요구되는 활동을 예를 들면 다음과 같다.

- 실행 가능한 인수 대상 후보군의 탐색
- 효과적인 실사 과정의 완료
- 협상의 준비
- 인수 거래의 완료 후 통합 과정의 관리

최고 경영자는 인수를 하는 데 필요한 모든 정보와 자료를 수집하지는 않는다. 그러나 이들은 피인수 기업의 선정과 인수 협상의 중점 사항 등 핵심적인 의사결정을 내려야 한다. 여러 기업의 경험에 따르면, 인수 의사결정과 관련된 활동에 참여하고 감독하는 것이, 다른 사업 기회들을 파악하거나 중요한 외부 관계자들과 소통하는 등과 같은 경영자 입장에서 장기적 성과에 중요한 활동에서 관심을 빼앗는 결과를 가져온다고 한다.[72]

이론 및 실증 연구 모두에서 경영자는 인수 의사결정 과정에 지나치게 몰두하게 되는 경우가 있다고 지적한다.[73] 한 분석에 따르면 "어떤 경영자는 피인수 기업의 선정하고 확보하는 스릴 때문에 인수합병 거래의 성사 자체에 사로잡혀 버린다."[74] 인수에 대한 지나친 몰입은 실수로부터의 학습과 이사회에서 다양한 의견을 수렴함으로써 극복할 수 있다. 인수와 관련한 이사회 구성원 간의 이견은 모든 문제점을 검토하는 데 도움이 된다. 예를 들어, 인수 건에 대한 이사회 결정에 있어 집단적인 편향이 있을 수 있다. 이러한 잠재적인 집단적 편향성으로 인해 피인수 기업에 대한 인수 프리미엄 결정 과정에서 지나치게 낮거나 지나치게 높은 인수 가격을 결정할 가능성이 있다.[75] 인수 실패 시, 경영자는 인수 과정에 대한 지나친 몰입보다는 예측 불가능한 상황 등 외부요인에 실패 원인을 돌리고자 할 수 있다. 최고 경영자 입장에서 기업의 인수 전략에 대한 적절한 정도의 몰입 수준을 찾는 것은 어렵지만 매우 중요한 과제이다.

7-3g 지나치게 큰 사업 규모

대부분의 인수는 규모의 경제 효과를 향상시켜야 하는 더 큰 규모의 기업을 탄생시킨다. 또한 규모의 경제는 보다 효율적인 사업 운영을 가능하게 한다. 예를 들어, 통합된 조직의 판매 인력이 두 기업의 제품을 모두 판매할 수 있다면 통합된 판매 조직은 두 기업의 판매 인력을 합한 인원보다 더 적은 인력만으로도 통합할 수 있다(이러한 효과는 인수 기업과 피인수 기업의 제품의 관련성이 높을 때 더 크다).[76] 그러나 인수 후 통합으로 인해 더 커진 기업 규모는 경영상의 복잡성과 범위의 비경제(diseconomies of scope)를 증가시킨다. 즉 인수로 인한 경제적 이익이 인수로 인해 더 복잡한 조직이 탄생함으로써 발생하는 관리 비용을 초과하지 못하는 경우가 발생한다.

따라서 많은 기업이 잠재적인 규모의 경제 효과와 강화된 시장 지배력을 누리기 위해 인수합병 등을 통해 기업 규모의 증가를 추구하기는 하지만, 일정 수준을 넘어서면 거대한 규모의 기업을 관리하기 때문에 추가되는 비용이 규모의 경제 및 시장 지배력 향상으로 인한 이익을 초과할 수 있다. 인수합병을 통해 거대해진 기업 규모로 인해 발생하는 복잡성은 종종 경영자로 하여금 관료주의적 통제를 실행하도록 유도한다. 관료주의적 통제는 기업 내 사업단위 간 의사결정의 일관성을 보장하기 위해 설계된 공식화된 관리 감독 및 행동 규칙 등을 말한다. 그러나 이러한 공식적인 통제는 종종 경직되고 표준화된 경영자의 행동을 유발한다.[77] 분명한 점은, 장기적으로는 경직되고 표준화된 경영자의 행동으로 인해 위축된 기업의 유연성으로 인해 혁신 활동은 감소하게 된다는 것이다. 경쟁력 확보에 있어 혁신의 중요성을 감안하면, 인수 전략의 사용으로 인해 거대 기업이 되는 것은 기업의 성과에 일정 부분 부정적인 영향을 미칠 수 있다. 따라서 경영자들이 자사의 수익 성장률 증대를 위해 인수를 결정할 수 있으나, 동시에 경영자들은 인수로 인해 규모가 커진 통합기업이 비효율적이고 효과적이지 못한 조직이 되는 지나친 규모 확장은 피해야 한다.

7-4 효과적인 인수

앞에서 언급한 바와 같이 인수 전략은 인수 기업의 주주들에게 항상 평균 수준을 상회하는 초과 이윤을 가져다 주는 것은 아니다.[78] 그럼에도 불구하고, 어떤 기업들은 인수 전략을 사용함으로써 가치를 창출할 수 있는 능력을 갖고 있다.[79] 실증 연구 결과에 따르면 인수를 통해 가치를 창출할 확률은 〈표 7-1〉에서 보는 바와 같은 "성공적인 인수의 특성"에 인수의 본질과 과정이 부합할 때 증가한다.[80] 예를 들어, 피인수 기업의 자산인 인수 기업의 자산과 보완적 관계일 경우, 인수는 더 성공 가능성이 높다. 보완적 자산 덕분에 두 기업 간의 사업 통합이 시너지를 창출할 가능성이 더 높기 때문이다. 두 기업의 보완적 자산들을 통합하는 것은 빈번하게 독특한 핵심 역량을 만들어낸다. 보완적 자산으로 인해 인수 기업은 기존의 핵심 사업에 대한 집중을 유지하면서 피인수 기업의 자산 및 역량을 활용할 수 있다. 효과적인 인수의 경우에는 인수 대상 기업은 상당히 많은 경우 인수 이전에 협력 관계를 통해 선택된다.[81] 9장에서 논의할 주제 중의 하나로, 기업이 전략적 제휴를 미래의 인수 또는 합병의 타당성을 검증하는 수단으로 활용하기도 하고, 이러한 경험이 인수 성공에도 공헌할 수 있다.

실증 연구 결과에 따르면 우호적인 인수가 인수 기업과 피인수 기업 간의 통합을 촉진한다고 한다. 물론, 인수 대상 기업이 인수 기업의 인수 제의에 긍정적으로 반응할수록 인수 거래가 우호적으로 이루어질 확률이 높아진다. 예를 들어, 어드밴스드캐스(AdvancedCath)는 커넥터, 센서 등의 제품 설계에 세계적인 명성을 보유한 TE커넥티비티(TE Connectivity)의 인수 제의에 긍정적으로 반응하였다. 어드밴스드캐스는 TE의 의료 관련 제품 사업을 보완할 수 있는 도뇨관 제품의 주요 사업자이다. 인수로 인해 창출될 가치에 대해 어드밴스드캐스의 최고 경영자는 "TE의 글로벌 사업 범위 덕분에 우리의 글로벌 고객을 보다 효과적으로 지원할 수 있다"고 논평하였다.[82] 우호적인 인수의 완료 후, 두 기업은 사업의 통합을 통해 시너지를 창출하기 위한 협력을 진행하고 있다.[83] 이러한 사례는 통합된 기업의 경영진 구성이나 사업 운영 방법에 대한 이견 등으로 인해 발생하는 적대적 인수합병(hostile takeover)과는 대조적이다. 적대적 인수합병의 경우에는 통합 과정을 통한 시너지의 창출이 매우 어려워진다.

또한 신중한 인수 대상 기업의 선정과 인수 대상 기업의 재무적 건전성, 문화적 적합성, 인적자원의 가치 등을 신중하게 평가하는 효과적인 실사 과정이 성공적인 인수에 기여한다.[84] 인수 기업과 피인수 기업의 재무적 여유 자원(financial slacks)도 성공적인 인수에 기여할 수 있다. 재무적 여유 자원이 인수를 위한 자금 조달에 기여하기는 하지만, 부채 비용을 낮추기 위해서는 인수 후 부채 비율이 지나치게 높아지지 않도록 유지할 필요가 있다. 인수 자금의 조달을 위해 상당한 부채가 사용되었다면, 인수 이후에 보완성이 부족하거나 성과가 부진한 일부 사업 부문을 매각하는 등 부채 비율을 신속하게 줄일 필요가 있다.

성공적인 인수 전략을 위한 또 하나의 요건은 연구개발 활동에 대한 지속적인 투자로 대표되는 혁신에 대한 강조이다.[85] 혁신은 노키아의 알카텔 루슨트 인수 성공에도 매우 중요하다. 노키아 관계자에 따르면 "통합된 두 기업은 알카텔 루슨트의 벨랩스(Bell Labs)와 노키아의 퓨처워크스(FutureWorks) 및 노키아 테크놀로지스의 혁신 역량을 보유하게 될 것이다." 통합 초기에 연구개발 인력은 4만 명 이상이며 연구개발 예산은 첫 해에 47억 유로에 달한다.[86] 따라서 이 인수는 통합 기업의 혁신 목표에 부합할 것으로 평가된다.

유연성(flexibility)과 적응성(adaptability)은 인수 성공의 또 다른 요인이다. 인수 기업과 대상 기업의 경영자가 인수로 인한 조직 변화와 학습에 대한 경험을 보유하고 있는 경우 새로운 경영 환경에 대해 적응할 수 있는 역량을 더 갖추고 있을 가능성이 높다.[87] 결과적으로, 이러한 경험을 갖춘 경영자는 두 기업 간의 조직 문화가 상이한 경우에도 두 조직을 통합하는 데 더 능숙한 관리를 할 수 있다.

위에서 설명한 바와 같이, 인수 전략을 사용하는 기업은 초과 수익률 달성을 통해 부를 창출하고자 한다. 그러나 때로는 인수 전략의 결과에 기대에 미치지 못할 수 있다. 이런 경우에는 해당 기업은 구조 조정 전략을 고려하게 된다.

7-5 구조 조정

구조 조정은 기업이 사업의 구조 또는 재무 구조를 변경하는 전략이다.

구조 조정(restructuring)은 기업이 사업의 구조 또는 재무 구조를 변경하는 전략을 말한다.[88] 구조 조정은 전 세계적인 현상이다.[89] 역사적으로는, 기업의 사업 포트폴리오에서 일부 사업을 철수하고 다운사이징하는 것이 구조 조정 전략의 다수를 차지해왔다. 기업이 구조 조정을 추진하는 경우에 공통적으로 더 적은 제품과 시장에 집중하게 된다.

구조 조정 전략이 일반적으로 기대에 미치지 못한 인수에 대처하기 위해 사용되기는 하지만, 기업들은 때로 외부 환경에 변화에 대응하기 위해 구조 조정 전략을 사용하기도 한다. 예를 들어, 기업의 다각화 전략 추구하는 과정에서의 외부 환경 변화가 가치 창출 기회를 제공하기도 한다. 이러한 경우에는 이해관계자들에게 더 많은 가치를 제공할 수 있는 수단으로 구조 조정 전략이 적절하다.[90]

기업의 구조 조정 전략은 다운사이징, 다운스코핑, 레버리지 바이아웃으로 구분된다.

7-5a 다운사이징

다운사이징(downsizing)은 어느 기업의 종업원 수 감소, 또는 영업 부서 수를 감소시키는 것을 말하며, 기업의 사업 포트폴리오 구성이 다운사이징으로 인해 변화하는 것은 아니다. 따라서 다운사이징은 기업의 성과 향상을 위한 의도적인 관리 전략이라고 할 수 있다. 반면에, 조직의 축소는 종업원의 수와 영업 부서의 수가 비효과적인 전략에 따른 경영 자원의 감소의 결과로 줄어드는 의도하지 않은 결과로 볼 수 있다.[91] 다운사이징의 경우에는 해당 기업은 유지해야 할 경영 자원과 제거해야 할 경영 자원에 대한 의도적인 의사결정을 내린다. 그러나 조직 감소는 해당 기업이 현재 및 미래 성과에 결정적 영향을 미치는 경영 자원의 손실을 경험한다. 따라서 다운사이징은 정당한 전략의 일부이며 조직 감소의 증거로 볼 필요는 없다.[92]

다운사이징은 특히 인수 기업과 피인수 기업 간에 현저한 영업 및 전략적 관계가 있을 때, 인수 완료 후 사용하는 적합한 전략이 될 수 있다. 인수 후 통합된 기업이 판매, 제조, 유통, 인적자원 관리 등 각 경영 기능 부서에서 잉여 역량이 발생할 수 있기 때문이다. 필요 이상의 잉여 역량이 발생하면 통합으로 인한 시너지의 실현과 관련 비용의 감소에 방해 요인이 될 수 있다.[93] 경영자는 전략으로서의 다운사이징은 그 의사결정 과정에서 절차적 정의(procedural justice)와 공정성(fairness)을 보장하는 인적자원 관리 관행을 일관되게 유지하는 경우에 훨씬 그 효과가 크다는 점을 인식해야 한다.[94]

7-5b 다운스코핑

다운스코핑(downscoping)은 기업의 핵심 사업과 관련성이 약한 사업 부문을 철수, 분사(spin-off) 등의 방법을 통해 사업 포트폴리오에서 제외하는 전략을 의미한다. 다운사이징과 비교하면, 다운스코핑은 기업 성과에 더 긍정적 영향을 준다.[95] 다운스코핑은 해당 기업이 자사의 핵심 사업 분야에 다시 집중하게 돕기 때문이다.[96] 기업의 다각화 범위가 줄수록 경영상의 효과도 향상될 수 있고, 최고 경영진이 남은 사업 분야를 이해하고 관리하는 데 더 유리하기 때문이다.[97]

다운스코핑과 다운사이징은 동시에 사용되기도 한다. 동시에 사용하는 경우, 기업의 핵심 역량에 영향을 미칠 수 있는 핵심 종업원들을 정리해고하지 않도록 주의할 필요가 있다. 다운스코핑과 다운사이징을 동시에 사용하는 기업은 사업 포트폴리오의 다양성을 감소시켜 결과적으로 핵심 사업에 집중할 수 있어야 하므로, 의도적으로 기업의 규모를 감소시켜야만 한다.[98]

일반적으로 미국 기업은 유럽 기업에 비해 구조 조정 전략으로 더 많이 다운스코핑을 활용한다. 최근에는 아시아와 중남미의 많은 비관련 다각화를 추구하는 기업들도 핵심 사업에 재집중하는 전략으로 다운스코핑을 선택하고 있다. 이러한 최근의 다운스코핑 추세는 글로벌화의 진전으로 인한 경쟁 심화와 함께 등장하고 있다.[99]

7-5c 레버리지 바이아웃

레버리지 바이아웃(leveraged buyout: LBO)는 사모펀드(private equity firm)와 같은 인수 기업이 인수 대상 기업의 모든 자산을 매입하여 비상장 사기업으로 만드는 구조 조정 전략을 말한다.[100] 인수 기업이 거래를 완결하면 인수 대상 기업의 모든 주식은 더 이상 일반 투자자에게 거래되지 않는다.

전통적으로 레버리지 바이아웃은 경영상의 실수나 경영자가 주주의 이익이 아닌 사적인 이익을 추구함으로 인해 기업 가치가 훼손되는 문제점을 해결하기 위한 구조 조정 전략으로 활용되었다.[101] 어떤 기업들은 단순히 재무적인 곤경에 처한 인수 대상 기업의 자산을 구조 조정 하는 목적뿐만 아니라 기업 경영 자원을 개발하고 사업을 확대하는 목적으로도 활용한다.

레버리지 바이아웃의 자금 조달을 위해 일반적으로 상당한 양의 부채가 사용된다. 부채를 상환하고 피인수 기업의 핵심 사업에 집중하는 다운스코핑을 위해 인수 기업은 피인수 기업의 자산을 신속하게 매각한다. LBO를 통해 인수한 기업을 5~8년 이내에 이윤을 얻고 매각하는 경우는 흔한 일이다.

경영진의 자사주 매입(management buyout: MBO), 종업원의 공동 출자 인수(employ buyout: EBO) 등도 LBO의 유형에 해당한다. 경영자의 유인 체계 때문에 MBO가 EBO보다 다운스코핑, 전략적 초점, 성과 면에서 더 우수한 결과를 보였다.[102] 연구 결과에 따르면 MBO는 창업 활동과 성장에 기여하는 것으로 나타났다.[103] 이처럼 바이아웃은 기업가 정신을 촉진시키고 성장과 생산성을 강화하는 기업 재탄생의 수단이 될 수 있다.[104]

7-5d 구조 조정의 결과

앞에서 언급한 세 가지 구조 조정 전략의 단기 및 장기적 결과는 〈그림 7-2〉에 정리되어 있다. 다운사이징은 일반적으로는 성과 향상에 기여하지 못한다.[105] 연구 결과에 따르면 미국 기업과 일본 기업 모두의 경우에 다운사이징을 실시한 기업의 주식시장 수익률이 더 낮은 것으로 나타났다. 두 국가의 주식시장에서 모두 기업의 다운사이징에 대해 부정적 반응을 보여 기업의 경쟁력 면에서 장기적 성과에 부정적일 수 있다고 시장 참가자들이 인식한다는 점을 알 수 있다. 또한 주식시장 참가자들은 다운사이징이 해당 기업의 다른 문제들로 인해 발생한 결과로 인식하는 경향이 있다고 연구 결과는 지적한다.[106] 이러한 가정은 주요한 다운사이징 계획의 공시가 이루어질 때마다 해당 기업의 평판에 부정적인 영향을 미쳤다는 관찰에 기반을 둔다.[107]

다운사이징의 또 다른 잠재적 문제점은 인적 자본의 손실이다 (그림 7-2 참조). 다운사이징으로 경험이 풍부한 종업원들이 회사를 떠나는 것은 기업의 지식의 중대한 손실을 의미한다. 3장에서 논의한 바와 같이, 글로벌 경제에서 지식은 경쟁력 확보에 필수적이다. 연구에 따르면 인적 자본의 손실은 고객 불만족으로 이어지는 결과를 보였다.[108] 일반적으로 다운사이징 전략의 가치는 전략적(장기적)이기 보다는 전술적(단기적)이라고 볼 수 있다. 따라서 기업의 다운사이징을 구조 조정 전략 사용에는 주의가 필요하다.

다운사이징 및 레버리지 바이아웃과 비교하면 다운스코핑이 일반적으로 더 긍정적인 단기 및 장기 성과를 만들어낸다. 다운스코핑을 통해 장기 성과를 향상시킬 수 있는 이유는 부채 비용을 감소시킬 수 있고 핵심 사업에 대한 전략적 통제를 강화할 수 있기 때문이다. 이를 통해 재집중한 기업은 경쟁력을 향상시킬 수 있다.[109]

그림 7-2 구조 조정의 결과

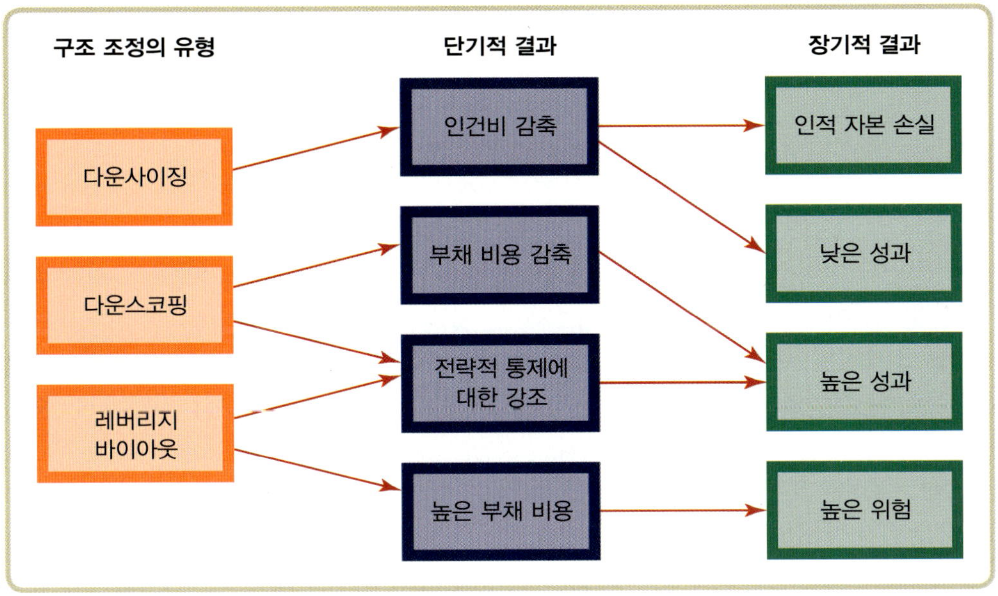

한 기업이 인수 대상 기업 전체를 매입하는 전사 LBO(whole-firm LBO)는 인수 대상 기업의 재무적 구조 조정을 위한 혁신적인 전략이다. 그러나 이러한 유형의 구조 조정은 해외의 인수 대상 기업을 인수하는 경우 더 복잡한 문제를 야기한다.[110] 이러한 형태의 LBO는 종종 부정적인 상충 관계(trade-offs)도 발생시킨다.[111]

첫째로, LBO로 인해 발생하는 과도한 부채는 재무적 위험을 증가시킨다. 그 예로 1990년대에 LBO를 실시한 후 파산 신청을 한 기업들이 발생하였다. 그리고 때로는 새로운 피인수 기업의 소유주의 입장에서 5~8년 이내에 피인수 기업의 효율성을 향상시켜 매각해야 한다는 압박은 단기적이고 위험 회피적인 경영을 하게 만들기도 한다.[112] 결과적으로, 이러한 경우에는 적절한 연구개발 투자를 하지 못하거나 경쟁 기업과 성공적인 경쟁을 위해 필요한 전략적 행동들을 취하지 못하게 된다.[113] 대부분의 바이아웃이 상당한 부채를 발생시키기 때문에 LBO는 현금 흐름이 안정적이고 예측 가능한 성숙한 산업에서 주로 이루어진다. 안정적인 현금 흐름으로 인해 인수 기업의 부채 상환이 용이해지기 때문이다.

요약

- 합병과 인수는 전 세계에 걸쳐 유행하는 기업 전략 중 하나이다. 기업은 인수합병 전략을 통해 가치 창출과 경쟁자 대비 높은 성과를 추구한다. 대기업과 중소기업 모두 글로벌화 및 산업의 규제 완화 추세에 따라 인수합병 전략을 활발하게 사용하고 있다.

  기업의 인수 전략 사용의 동기는 다음과 같다.
  - 시장 지배력 강화
  - 신규 시장 진입 장벽 극복
  - 신제품 개발 비용 감소 및 신속한 시장 진입
  - 신규 사업 진출 위험 감소
  - 다각화 추구
  - 경쟁 범위의 재조정
  - 새로운 역량 개발의 기반이 되는 학습 능력 향상

  인수 전략 사용에 있어 발생하는 문제점은 다음과 같다.

- 인수 기업과 피인수 기업 간 효과적인 통합의 어려움
- 인수 대상 기업의 가치를 부적절하게 평가할 가능성
- 인수로 인한 부채 증가가 적절한 장기적 연구개발 투자를 저해할 가능성
- 잠재적 시너지를 과대평가할 위험
- 지나친 다각화
- 경영자들이 인수 전략에 지나친 시간과 에너지를 사용하게 만드는 내부 환경 조성
- 지나친 규모확대로 관료적 조직을 만들 가능성

효과적인 인수는 다음과 같은 특성을 가진다.

- 인수 기업과 인수 대상 기업이 새로운 역량 개발의 기초가 되는 보완적 경영 자원을 보유
- 기업 간 경영 자원의 통합을 촉진하는 우호적인 인수
- 인수 대상 기업이 철저한 실사 과정을 통해 선정되고 인수됨
- 인수 기업과 인수 대상 기업이 충분한 재무적 잉여 자원을 보유함
- 인수 후 출범하는 통합 기업이 피인수 기업의 일부를 매각하거나 인수 기업의 경영 부진 사업을 매각하는 등의 방식을 통해 일정 수준 이하의 부채 비율을 유지함
- 인수 기업과 피인수 기업이 조직 변화 및 적응에 대한 경험을 보유
- 새로운 통합 기업이 연구개발 및 혁신을 강조함

- 구조 조정은 비효율적인 경영으로 인해 발생하는 문제점을 해결하여 기업의 성과를 향상시키기 위한 전략으로서 사용된다. 다운사이징을 통한 구조 조정은 종업원 수의 감소를 야기한다. 다운사이징이 단기적으로 비용감소에 도움이 되지만 이로 인해 소중한 인적자원과 지식을 잃는다면 기업의 평판과 장기적 성과에 부정적 영향을 미칠 수 있다.
- 다운스코핑을 통한 구조 조정의 목표는 기업의 다각화 수준을 감소시키는 것이다. 이러한 목표를 달성하기 위해 비관련 사업에서 철수하기도 한다. 비관련 사업을 사업 포트폴리오에서 제외함으로써 최고 경영진이 자사의 핵심 사업에 재집중할 수 있다.
- LBO를 통해 인수 대상 기업은 비상장 사유 기업이 된다. LBO는 인수를 위해 대부분 부채에 의존한다. LBO의 세 가지 유형은 MBO, EBO, 전사 LBO로 구분할 수 있다. 경영진의 유인 체계 때문에 MBO의 성과가 가장 높게 나타나는 편이다. LBO의 주요 목적은 5~8년 이내에 이윤을 남기고 매각하는 것이다.
- 일반적으로 구조 조정 전략의 목표는 해당 기업에 대한 효과적인 전략적 통제를 재구축하는 것이다. 세 가지 구조 조정 전략 중에서 다운스코핑이 다른 두 전략 유형(다운사이징과 LBO)에 비해 이러한 목표를 달성하기에 상대적으로 더 적합하다.

핵심 용어

구조 조정 216　　**인수** 201　　**적대적 인수** 201　　**합병** 199

복습 문제

1. 글로벌하게 경쟁하는 기업들이 인수합병 전략을 사용하는 이유는 무엇인가?
2. 경쟁 우위 달성을 위해 인수 전략을 사용하는 이유는 무엇인가?
3. 인수 전략을 성공적으로 사용하는 데 장애가 되는 일곱 가지 문제점은 무엇인가?
4. 성공적인 인수 전략의 특성은 무엇인가?
5. 구조 조정 전략의 정의는 무엇이며 어떠한 유형이 있는가?
6. 각 구조 조정 전략 유형의 단기 및 장기 결과물은 무엇인가?

[Mini Case] 전략적 인수와 신속한 인수 통합이 시스코의 핵심 역량이다

시스코(Cisco Systems)는 인터넷이 작동할 수 있게 해주는 인프라 스트럭처를 구축하는 사업을 하고 있다. 인터넷이 진화함에 따라 시스코의 사업에도 변화가 요구된다. 이러한 환경 변화에 대응하여 시스코는 관련 및 비관련 제품 분야 모두에서 인수 전략을

사용해왔다. 초기에는 이메일과 웹브라우징을 통한 디지털 연결성이 중요했다. 기술의 진화는 전자상거래, 디지털 공급사슬, 디지털 협력 등을 강조하는 네트워크 경제를 촉진시켰다. 그리고 디지털 상호작용 단계로 진화하자 시스코는 소셜 미디어, 모바일 및 클라우드 컴퓨팅 등의 인프라 개발에 주력하고 있다. 아마도 다음 진화 단계는 사람, 프로세스와 자료를 연결하는 "모든 것의 인터넷화" 단계가 될 것으로 보인다. 이 진화 단계에서는 클라우드 컴퓨팅을 통해 라우팅 및 스위칭, 그리고 데이터 센터 등이 시각화되어야 한다. 비디오는 전략의 기초를 구성하는 요소로 전환될 것이다. 또한 강력한 디지털 보안의 역할도 더 중요해질 것이다.

시스코는 상당히 많은 사업 분야에 인수를 통해 진출하였다. 예를 들어, 2012년에는 방송 소프트웨어 개발업체인 NDS를 50억 달러에 인수하였다. NDS그룹은 TV 방송국용 소프트웨어를 개발하는 기업이며, 특히 이 기업의 솔루션은 유선 방송 사업자들이 디지털 콘텐츠를 TV, DVR, PC 등의 기기에 송출할 수 있게 해준다. 이 솔루션을 통해 유료 가입자만이 해당 디지털 콘텐츠를 이용할 수 있다. 시스코의 고객 중심 지향성 때문에 시스코는 고객이 이러한 니즈를 충족시킬 수 있도록 도와야 한다. 물론 시스코는 비디오 데이터와 이메일 통신이 서버를 통해 동시에 작동할 수 있는 라우터도 구축하고 있다. 이와 같은 라우터와 서버가 NDS의 소프트웨어가 이용 가능하게 해주는 비디오를 모바일 기기에서 클라우드 컴퓨팅을 통해 이용할 수 있도록 해준다.

또한 2012년에 시스코는 머라키(Meraki)를 12억 달러에 인수하였다. 머라키는 클라우드 서비스를 최적화하는 솔루션을 제공하는 기업이다. 예를 들어, 고객에게 클라우드 서버로부터 와이파이, 스위칭, 보완, 모바일 기기 관리 서비스를 중앙 집중식으로 제공한다. 당신이 대학을 방문한 손님이라면 당신의 개인 기기를 사용해서 게스트 네트워킹을 사용하고 애플리케이션들을 통제할 수 있도록 해준다. 또한 이 솔루션을 사용하여 보안을 위한 방화벽 등도 관리할 수 있다.

시스코의 최고 경영자인 존 챔버스(John Chambers)는 앞서 언급한 기업의 여러 전환 과정을 도와왔다. 정보 통신 분야에서 약 90%의 인수는 실패한다. 챔버스는 "우리가 다른 기업보다 더 인수 전략을 잘 활용하지만, 우리의 인수도 약 3분의 1은 기대한 결과 달성에 실패한다는 것을 잘 알고 있다"고 말했다. 또한 그는 "무엇보다도 나는 시스코가 거대한 전환과 흐름을 발견할 수 있는 기업이 되기 원한다"고 술회하였다. 시스코가 이러한 목표를 달성하는 방법 중의 하나는 필요한 변화를 이해하기 위해 "고객의 목소리에 매우 가까이에서 귀기울이는" 것이다.

시스코가 사물 네트워크로 사업 방향을 전환하게 되면 클라우드를 관리해야 할 뿐만 아니라, 이동통신 네트워크에서 작동하는 모바일 기기를 제공해야 한다. 이에 따라 시스코는 자기최적화 네트워크 소프트웨어 개발업체인 인투셀(Intucell)을 4억 7,500만 달러에 인수하였다. 또한 네트워크 데이터 분석을 제공하는 터비소(Turviso Inc.)를 비공개 가격에 인수하였다. 시스코는 가장 최근에는 이동통신 서비스 사업자들에게 트래픽 이전을 통해 비용 절감하도록 돕는 사업자인 유비쿼시스(Ubiquisys)를 인수하였다. 이 트래픽 이전 방식은 특히 "경기장, 전시장, 지하철 역 등에서 커버리지를 향상시키고자 할 때" 더 효율적이다. 이 인수들로 인해 시스코는 이동통신 서비스 사업자들이 데이터, 이메일, 비디오 서비스를 제공함에 있어 네트워크를 보다 효율적으로 관리하게 도와준다. 이와 같은 일련의 인수 전략에서 보듯이, 시스코는 경영 환경 변화에 대응하여 신규 사업 영역 진입, 새로운 기술의 학습 등을 위해 사용해왔다.

이러한 급속한 변화의 과정에서 시스코는 피인수 기업을 통합하는 특유의 역량을 개발해왔다. 시스코가 인수를 고려할 때 적절한 인수 가격을 지불했는지를 확인하는 재무적인 실사뿐만 아니라 가능한 한 구체적으로 인수 후 통합에 대한 계획을 수립한다. 시스코는 인수 초기 단계부터 이해관계자들과 인수 후 통합 계획에 관한 커뮤니케이션을 시작한다. 또한 향후에 이루어지는 인수에 대해 보다 효율적이고 효과적인 통합 방법을 찾기 위해 각 인수 거래의 사후에 분석을 실시한다. 또한 인수 거래의 협상이 타결되면 이 협상을 효과적으로 공시할 방법을 모색한다. 시스코는 "인수 첫날부터 어떻게 두 기업이 인수 결정을 하게 되었으며 이 인수로 인해 얻게 되는 차별화된 가치 및 가치를 실현하기 위한 통합 계획에 대해 설명할" 준비가 되어있다. 시스코는 피인수 기업이 통합 과정이 원활하지 않아 "교착 상태에 빠지는 조직"이 되기를 원하지 않는다. 또한 통합 과정 도중에 통합 작업이 어디까지 진행되야야 하는지 아는 것이 중요하다. 때로는 지나친 통합 시도로 인수에서 얻고자 하는 가치가 파괴될 수도 있다. 때로는 필요한 학습이 완료될 때까지 피인수 기업의 사업이 시스코의 다른 사업 분야들과 통합되지 않고 독자적으로 운영되는 것이 더 바람직할 수도 있다. "시스코는 복잡한 인수 협상에 있어 어떻게 가치를 창출해야 하는지의 구체적인 계획을 이미 알고 있어야 한다는 점을 경험을 통해 배웠다."

출처: L. Capron, 2013, Cisco's corporate development portfolio: A blend of building, borrowing, and buying, *Strategy & Leadership*, 41(2): 27–30; D. FitzGerald & S. Chaudhuri, 2013, Corporate news: Cisco doubles down on small-cell transmitters with Ubiquisys, *Wall Street Journal*, April 4, B7; T. Geron, 2012, Meraki-Cisco deal a boost for Sequoia, Google-connected VCs, *Forbes*, November 19, 18; R. Karlgaard, 2012, Cisco's Chambers: Driving change, *Forbes*, February 22, 68; A. Moscaritolo, 2012, Cisco to acquire TV software developer NDS for $5 billion, *PC Magazine*, March 1; B. Worthern, D. Cimilluca, & A. Das, 2012, Cisco hedges bet on video delivery, *Wall Street Journal*, March 16, B1; R. Myers, 2011, Integration acceleration, *CFO*, 27: 52–57.

토의 문제

1. 이 장에서 논의한 "인수의 전략적 동기"를 참고하면 어떤 동기가 시스코의 인수 전략에 가장 중요한 요인이 되는가?
2. 시스코가 완료한 인수 중에서 수평적 인수에 해당하는 사례는 무엇이며, 수직적 인수에 해당하는 사례는 무엇인가? 이들 인수 중에서 가장 성공 확률이 높은 인수는 어떤 것이며 그 이유는 무엇인가?
3. 존 챔버스의 인수에 대한 견해를 설명하라. 그의 견해가 시스코의 인수 전략 특징에 어떤 영향을 미쳤는가?
4. 시스코가 피인수 기업을 통합하는 과정을 관리하는 핵심 계획을 설명하라. 이 계획의 장점과 잠재적 문제점은 무엇인가?

미주

1. M. Menz, S. Kunisch, & D. J. Collis, 2015, The corporate headquarters in the contemporary corporation: Advancing a multimarket firm perspective, *Academy of Management Annals*, 9: 633–714; M. Gruber, I. C. MacMillan, & J. D. Thompson, 2012, From minds to markets: How human capital endowments shape market opportunity identification of technology start-ups, *Journal of Management*, 38: 1421–1449; D. J. Teece, 2010, Alfred Chandler and "capabilities" theories of strategy and management, *Industrial and Corporate Change*, 19: 297–316.
2. R. Ragozzino & D. P. Blevins, 2015, Venturebacked firms: How does venture capital involvement affect their likelihood of going public or being acquired? *Entrepreneurship Theory and Practice*, in press; H. R. Greve, 2011, Positional rigidity: Low performance and resource acquisition in large and small firms, *Strategic Management Journal*, 32: 103–114; R. Ragozzino & J. J. Reuer, 2010, The opportunities and challenges of entrepreneurial acquisitions, *European Management Review*, 70: 80–90.
3. P. X. Meschi & E. Metais, 2015, Too big to learn: The effects of major acquisition failures on subsequent acquisition divestment, *British Journal of Management*, in press; K. Muehlfeld, P. Rao Sahib, & A. Van Witteloostuijn, 2012, A contextual theory of organizational learning from failures and successes: A study of acquisition completion in the global newspaper industry, 1981–2008, *Strategic Management Journal*, 33: 938–964; M. A. Hitt, D. King, H. Krishnan, M. Makri, M. Schijven, K. Shimizu, & H. Zhu, 2009, Mergers and acquisitions: Overcoming pitfalls, building synergy and creating value, *Business Horizons*, 52: 523–529.
4. D. A. Basuil & D. K. Datta, 2015, Effects of industry-and region-specific acquisition experience on value creation in crossborder acquisitions: The moderating role of cultural similarity, *Journal of Management Studies*, in press; A. S. Gaur, S. Malhotra, & P. Zhu, 2013, Acquisition announcements and stock market valuations of acquiring firms' rivals: A test of the growth probability hypothesis in China, *Strategic Management Journal*, 34: 215–232; G. M. McNamara, J. Haleblian, & B. J. Dykes, 2008, The performance implications of participating in an acquisition wave: Early mover advantages, bandwagon effects, and the moderating influence of industry characteristics and acquirer tactics, *Academy of Management Journal*, 51: 113–130.
5. C. Moschieri & J. M. Campa, 2014, New trends in mergers and acquisitions: Idiosyncrasies of the European market, *Journal of Business Research*, 67: 1478–1485; J. J. Reuer, T. W. Tong, & C. Wu, 2012, A signaling theory of acquisition premiums: Evidence from IPO targets, *Academy of Management Journal*, 55: 667–683.
6. J. B. Edwards, 2015, M&A deal-makers are dealing in 2014: A commentary, *Journal of Corporate Accounting & Finance*, 26: 19–24.
7. J. S. Ang & A. K. Ismail, 2015, What premiums do target shareholders expect? Explaining negative returns upon offer announcement, *Journal of Corporate Finance*, 30: 245–256; M. Cornett, B. Tanyeri, & H. Tehranian, 2011, The effect of merger anticipation on bidder and target firm announcement period returns, *Journal of Corporate Finance*, 17: 595–611.
8. A. Kaul & X. (Brian) Wu, 2015, A capabilitiesbased perspective on target selection in acquisitions, *Strategic Management Journal*, in press; J. Cicon, J. Clarke, S. P. Ferris, & N. Jayaraman, 2014, Managerial expectations of synergy and the performance of acquiring firms: The contribution of soft data, *Journal of Behavioral Finance*, 15: 161–175; J. Sears & G. Hoetker, 2014, Technological overlap, technological capabilities, and resource recombination in technological acquisitions, *Strategic Management Journal*, 35: 48–67.
9. P. Loftus, J. D. Rockoff, & M. Farrell, 2015, Alexion-Synageva deal shows lure of raredisease drugs, *Wall Street Journal Online*, www.wsj.com, May 6.
10. J. Y. (Jay) Kim, S. Finkelstein, & J. Haleblian, 2015, All aspirations are not created equal: The differential effects of historical and social aspirations on acquisition behavior, *Academy of Management Journal*, in press; V. Ambrosini, C. Bowman, & R. Schoenberg, 2011, Should acquiring firms pursue more than one value creation strategy? An empirical test of acquisition performance, *British Journal of Management*, 22: 173–185; K. J. Martijn Cremers, V. B. Nair, & K. John, 2009, Takeovers and the cross-section of returns, *Review of Financial Studies*, 22: 1409–1445.
11. J. McKinnon, 2015, Canada's Alamos Gold and AuRico Gold to merge, *Wall Street Journal Online*, www.wsj.com, April 13.
12. M. Curtin, 2015, A 'merger of equals' is more fragile, *Wall Street Journal Online*, www.wsj. com, March 16.
13. N. Aktas, E. Croci, & S. A. Simsir, 2015, Corporate governance and takeover outcomes, Corporate Governance: *An International Review*, in press; M. Humphery-Jenner, 2014, Takeover defenses as drivers of innovation and value-creation, *Strategic Management Journal*, 35: 668–690.
14. R. Barusch, 2015, Dealpolitik: Three ways to look at the three-way pharma scrum, *Wall Street Journal Online*, www.wsj.com, April 23.
15. K. Huschelrath & K. Muller, 2015, Market power, efficiencies, and entry evidence from an airline merger, *Managerial and Decision Economics*, 36: 239–255; J. Garcia- Quevedo, G. Pellegrino, & M. Vivarelli, 2014, R&D drivers and age: Are young firms different? *Research Policy*, 43: 1544–1556.
16. V. Bilotkach & P. A. Lakew, 2014, On sources of market power in the airline industry: Panel data evidence from the US airports, *Transportation Research Part A: Policy and Practice*, 59: 288–305; M. A. Hitt, D. King, H. Krishnan, M. Makri, M. Schijven, K. Shimizu, & H. Zhu, 2012, Creating value through mergers and acquisitions: Challenges and opportunities, in D. Faulkner, S. Teerikangas, & R. Joseph (eds.), *Oxford Handbook of Mergers and Acquisitions*, Oxford, U.K.: Oxford University Press, 71–113; J. Haleblian, C. E. Devers, G. McNamara, M. A. Carpenter, & R. B. Davison, 2009, Taking stock of what we know about mergers and acquisitions: A review and research agenda, *Journal of Management*, 35: 469–502.
17. P. Mourdoukoutas, 2014, Amazon's big problem, *Forbes*, www.forbes.com, May 7.
18. H. Furchtgott-Roth, 2015, Comcast and Time Warner Cable: Autopsy of a failed merger, *Forbes*, www.forbes.com, April 24.
19. D. Burghardt & M. Helm, 2015, Firm growth in the course of mergers and acquisitions, *Small Business Economicx*, 44: 889–904; 'D. K. Oler, J. S. Harrison, & M. R. Allen, 2008, The danger of misinterpreting shortwindow event study findings in strategic management research: An empirical illustration using horizontal acquisitions, *Strategic Organization*, 6: 151–184.
20. J. D. Rockoff & J. Walker, 2015, Meet pharma's newest movers and shakers, *Wall Street Journal Online*, www.wsj.com, April 22.
21. W. Moatti, C. R. Ren, J. Anand, & P. Dussauge, 2015, Disentangling the performance effects of efficiency and bargaining power in horizontal growth strategies: An empirical investigation in the global retail industry, *Strategic Management Journal*, 36: 745–757; C. E. Fee & S. Thomas, 2004, Sources of gains in horizontal mergers: Evidence from customer, supplier, and rival firms, *Journal of Financial Economics*, 74: 423–460.
22. T. H. Reus, B. T. Lamont, & K. M. Ellis, 2015, A darker side of knowledge transfer following international acquisitions, *Strategic Management Journal*, in press; G. E. Halkos & N. G. Tzeremes, 2013, Estimating the degree of operational efficiency gains from a potential bank merger and acquisition: A DEA

bootstrapped approach, *Journal of Banking & Finance*, 37: 1658–1668; L. Capron, W. Mitchell, & A. Swaminathan, 2001, Asset divestiture following horizontal acquisitions: A dynamic view, *Strategic Management Journal*, 22: 817–844.

23. C. H. Chou, 2014, Strategic delegation and vertical integration, *Managerial and Decision Economics*, 35: 580–586; J. Shenoy, 2012, An examination of the efficiency, foreclosure, and collusion rationales for vertical takeovers, *Management Science*, 58: 1482–1501.

24. K. Favaro, 2015, Vertical integration 2.0: An old strategy makes a comeback, *Strategy & Business*, www.strategy-business. com, May 6.

25. N. Wilson, 2014, Nutella maker Ferrero buys Turkey's biggest Hazelnut company, *International Business Times*, www.ibtimes. co/uk, July 7.

26. P. Burrows, 2015, Cisco CEO says company remains in hunt for software makers, *Bloomberg*, www.bloomberg.com, February 19; C. Talbot, 2015, Cisco targets software companies for acquisition, *FierceEnterpriseCommunications*, www.fierceenterprisecommunications.com, February 23.

27. L. Beilfuss, 2015, Scripps Networks profit falls on acquisitions, restructuring costs, *Wall Street Journal Online*, www.wsj.com, May 7.

28. 2015, Scripps Networks Interactive to acquire controlling interest in Polish TV operator TVN, *Scripps Networks Interactive Home Page*, www.scrippsnetworksinteractive.com, March 16.

29. B. B. Fancis, I. Hasan, X. Sun, & M. Waisman, 2014, Can firms learn by observing? Evidence from cross-border M&As, *Journal of Corporate Finance*, 25: 202–215; I. Erel, R. C. Liao, & M. S. Weisbach, 2012, Determinants of cross-border mergers and acquisitions, *Journal of Finance*, 67: 1045–1082; K. Boeh, 2011, Contracting costs and information asymmetry reduction in cross-border M&A, *Journal of Management Studies*, 48: 568–590; R. Chakrabarti, N. Jayaraman, & S. Mukherjee, 2009, Mars-Venus marriages: Culture and crossborder M&A, *Journal of International Business Studies*, 40: 216–237.

30. Y. Chen, W. Li, & K. J. Lin, 2015, Cumulative voting: Investor protection or antitakeover? Evidence from family firms in China, *Corporate Governance: An International Review*, 23: 234–238; J. Lahart, 2012, Emerging risk for multinationals, *Wall Street Journal*, November 15, C12; Y. W. Chin, 2011, M&A under China's Anti-Monopoly Law, *Business Law Today*, 19: 1–5.

31. 2015, China 2015 regulatory transparency scorecard, The US-China Business Council, www.uschina.org, March; L. Burkitt, 2015, Nine out of 10 Chinese charities fail transparency text, report finds, *Wall Street Journal Online*, www.wsj.com, April 1. 32. 2014, Special report—How Caterpillar got bulldozed in China, *Reuters Industries*, www. reteurs.com, January 22; S. Montlake, 2013, Cat scammed, Forbes, March 4, 36–38.

33. H. Liu, X. H. Ding, H. Guo, & J. H. Luo, 2014, How does slack affect product innovation in high-tech Chinese firms: The contingent value of entrepreneurial orientation, *Asia Pacific Journal of Management*, 31: 47–68; L. Capron & W. Mitchell, 2012, *Build, Borrow or Buy: Solving the Growth Dilemma*, Cambridge: Harvard Business Review Press; G. K. Lee & M. B. Lieberman, 2010, Acquisition vs. internal development as modes of market entry, *Strategic Management Journal*, 31: 140–158.

34. H. Berends, M. Jelinek, I. Reymen, & R. Stultiens, 2014, Product innovation processes in small firms: Combining entrepreneurial effectuation and managerial causation, *Journal of Product Innovation Management*, 31: 616–635; H. Evanschitzky, M. Eisend, R. J. Calantone, & Y. Jiang, 2012, Success factors of product innovation: An updated meta-analysis, *Journal of Product Innovation Management*, 29: 21–37; H. K. Ellonen, P. Wilstrom, & A. Jantunen, 2009, Linking dynamiccapability portfolios and innovation outcomes, *Technovation*, 29: 753–762.

35. U. Stettner & D. Lavie, 2014, Ambidexterity under scrutiny: Exploration and exploitation via internal organization, alliances, and acquisitions, *Strategic Management Journal*, 35: 1903–1929; M. Makri, M. A. Hitt, & P. J. Lane, 2010, Complementary technologies, knowledge relatedness, and invention outcomes in high technology M&As, *Strategic Management Journal*, 31: 602–628; M. A. Hitt, R. E. Hoskisson, R. A. Johnson, & D. D. Moesel, 1996, The market for corporate control and firm innovation, *Academy of Management Journal*, 39: 1084–1119.

36. 2015, Welch Allyn continues acquisitions, buys scale maker, *Wall Street Journal Online*, www.wsj.com, May 6.

37. C. Grimpe & K. Hussinger, 2014, Resource complementarity and value capture in firm acquisitions: The role of intellectual property rights, *Strategic Management Journal*, 35: 1762–1780; W. P. Wan & D. W. Yiu, 2009, From crisis to opportunity: Environmental jolt, corporate acquisitions, and firm performance, *Strategic Management Journal*, 30: 791–801; G. Ahuja & R. Katila, 2001, Technological acquisitions and the innovation performance of acquiring firms: A longitudinal study, *Strategic Management Journal*, 22: 197–220.

38. O. Koryak, K. F. Mole, A. Lockett, J. C. Hayton, D. Ucbasaran, & G. P. Hodgkinson, 2015, Entrepreneurial leadership, capabilities and firm growth, *International Small Business Journal*, 33: 89–105; N. Zhou & A. Delios, 2012, Diversification and diffusion: A social networks and institutional perspective, *Asia Pacific Journal of Management*, 29: 773–798; M. A. Hitt, R. E. Hoskisson, R. D. Ireland, & J. S. Harrison, 1991, Effects of acquisitions on R&D inputs and outputs, *Academy of Management Journal*, 34: 693–706.

39. 2015, Campbell announces plans for a reorganization of its business operations and appoints the presidents of its three new business divisions, *Campbell Soup Home Page*, www.campbellsoupcompany. com, January 29.

40. J. Kell, 2015, Campbell Soup is still searching for its recipe for success, *Fortune*, www. fortune, February 25.

41. M. J. Lee, 2015, Samsung's latest acquisition: Utah-based Yesco Electronics, *Wall Street Journal Online*, www.wsj.com, March 5.

42. A. Chakrabarti & W. Mitchell, 2015, The role of geographic distance in completing related acquisitions: Evidence from U.S. chemical manufacturers, *Strategic Management Journal*, in press; F. Bauer & K. Matzler, 2014, Antecedents of M&A success: The role of strategic complementarity, cultural fit, and degree and speed of integration, *Strategic Management Journal*, 35: 269–291; T. Laamanen & T. Keil, 2008, Performance of serial acquirers: Toward an acquisition program perspective, *Strategic Management Journal*, 29: 663–672.

43. T. J. Hannigan, R. D. Hamilton, III, & R. Mudambi, 2015, Competition and competitiveness in the US airline industry, *Competitiveness Review*, 25: 134–155; D. G. Sirmon, S. Gove, & M. A. Hitt, 2008, Resource management in dyadic competitive rivalry: The effects of resource bundling and deployment, *Academy of Management Journal*, 51: 919–933.

44. S. Banerjee, J. C. Prabhu, & R. K. Chandy, 2015, Indirect learning: How emergingmarket firms grow in developed markets, *Journal of Marketing*, 79: 10–28; A. Kaul, 2012, Technology and corporate scope: Firm and rival innovation as antecedents of corporate transactions, *Strategic Management Journal*, 33: 347–367; M. Zollo & J. J. Reuer, 2010, Experience spillovers across corporate development activities, *Organization Science*, 21: 1195–1212.

45. A. Hajro, 2015, Cultural Influences and the mediating role of socio-cultural integration processes on the performance of cross-border mergers and acquisitions, *International Journal of Human Resource Management*, 26: 192–215; A. Ataullahm, H. Le, & A. S. Sahota, 2014, Employee productivity, employment growth, and the cross-border acquisitions by emerging market firms, *Human Resource Management*, 53: 987–1004; T. Gantumur & A. Stephan, 2012, Mergers & acquisitions and innovation performance in the telecommunications equipment industry, *Industrial & Corporate Change*, 21: 277–314.

46. 2015, CenturyLink acquires Orchestrate to enhance cloud platform with new database capabilities, *CenturyLink Home Page*, www.centurylink.com, April 20.

47. M. G. Colombo & L. Rabbiosi, 2014, Technological similarity, post-acquisition R&D reorganization, and innovation performance in horizontal acquisitions, *Research Policy*, 2014, 43: 1039–1054; M. E. Graebner, K. M. Eisenhardt, & P. T. Roundy, 2010, Success and failure in technology acquisitions: Lessons for buyers and sellers, *Academy of Management Perspectives*, 24, 73–92; J. A. Schmidt, 2002, Business perspective on mergers and acquisitions, in J. A. Schmidt (ed.), *Making Mergers Work*, Alexandria, VA: Society for Human Resource Management, 23–46.

48. A. Trichterborn, D. Z. Knyphausen- Aufseb, & L. Schweizer, 2015, How to improve acquisition performance: The role of a dedicated M&A function, M&A learning process, and M&A capability, *Strategic Management Journal*, in press; A. Zaheer, X. Castañer, & D. Souder, 2013, Synergy sources, target autonomy, and integration in acquisitions, *Journal of Management*, 39: 604–632; K. M. Ellis, T. H. Reus, & B. T. Lamont, 2009, The effects of procedural and informational justice in the integration of related acquisitions, *Strategic Management Journal*, 30: 137–161.

49. R. Shen, Y. Tang, & G. Chen, 2014, When the role fits: How firm status differentials affect corporate takeovers, *Strategic Management Journal*, 35: 2012–2030; T. H. Reus, 2012, Culture's consequences for emotional attending during cross-border acquisition implementation, *Journal of World Business*, 47: 342–351.

50. H. Zhu, J. Xia, & S. Makino, 2015, How do high-technology firms create value in international M&A? Integration, autonomy and cross-border contingencies, *Journal of World Business*, in press; J. Q. Barden, 2012, The influences of being acquired on subsidiary innovation adoption, *Strategic Management*

Journal, 33: 1269–1285; H. G. Barkema & M. Schijven, 2008, Toward unlocking the full potential of acquisitions: The role of organizational restructuring, *Academy of Management Journal*, 51: 696–722.

51. T. Hua, 2015, Nokia can't cut its way to success with Alcatel, *Wall Street Journal Online*, wsj.com, April 14.
52. T. Hua, 2015, Nokia's ambitions could crack under integration pressure, *Wall Street Journal Online*, www.wsj.com, April 15.
53. S. F. Rockart & N. Dutt, 2015, The rate and potential of capability development trajectories, *Strategic Management Journal*, 36: 53–75; A. Sleptsov, J. Anand, & G. Vasudeva, 2013, Relationship configurations with information intermediaries: The effect of firm-investment bank ties on expected acquisition performance, *Strategic Management Journal*, 34: 957–977.
54. J. B. Edwards, 2014, The urge to merge, *Journal of Corporate Accounting & Finance*, 25: 51–55; R. Duchin & B. Schmidt, 2013, Riding the merger wave: Uncertainty, reduced monitoring, and bad acquisitions, *Journal of Financial Economics*, 107: 69–88; J. DiPietro, 2010, Responsible acquisitions yield growth, *Financial Executive*, 26: 16–19.
55. 2015, Capgemini to acquire iGate for $4 billion, *livemint*, www.livemint.com, April 28.
56. J. Wieczner, 2015, Fat pharma: Pfizer-Hospira and the top 10 overpriced drug deals ever, *Fortune*, www.fortune.com, February 6.
57. B. Becker & V. Ivashiina, 2015, Reaching for yield in the bond market, *Journal of Finance*, in press; G. Yago, 1991, *Junk Bonds: How High Yield Securities Restructured Corporate America*, NY: Oxford University Press, 146–148.
58. D. H. Kim & D. Stock, 2014, The effect of interest rate volatility and equity volatility on corporate bond yield spreads: A comparison of noncallables and callables, *Journal of Corporate Finance*, 26: 20–35.
59. M. C. Jensen, 1986, Agency costs of free cash flow, corporate finance, and takeovers, *American Economic Review*, 76: 323–329.
60. I. M. Pandey & V. Ongpipattanakul, 2015, Agency behavior and corporate restructuring choices during performance decline in an emerging economy, *International Journal of Managerial Finance*, 11: 244–267; S. Guo, E. S. Hotchkiss, & W. Song, 2011, Do buyouts (still) create value? *Journal of Finance*, 66: 479–517.
61. K. Craninckx & N. Huyghebaert, 2015, Large shareholders and value creation through corporate acquisitions in Europe: The identity of the controlling shareholder matters, *European Management Journal*, 33: 116–131; M. Rahman & M. Lambkin, 2015, Creating or destroying value through mergers and acquisitions: A marketing perspective, *Industrial Marketing Management*, 46: 24–35; S. W. Bauguess, S. B. Moeller, F. P. Schlingemann, & C. J. Zutter, 2009, Ownership structure and target returns, *Journal of Corporate Finance*, 15: 48–65; H. Donker & S. Zahir, 2008, Takeovers, corporate control, and return to target shareholders, *International Journal of Corporate Governance*, 1: 106–134.
62. J. Jaffe, J. Jindra, D. Pedersen, & T. Voetmann, 2015, Returns to acquirers of public and subsidiary targets, *Journal of Corporate Finance*, 31: 246–270; C. Tantalo & R. L. Priem, 2015, Value creation through stakeholder synergy, *Strategic Management Journal*, in press; Y. M. Zhou, 2011, Synergy, coordination costs, and diversification choices, *Strategic Management Journal*, 32: 624–639.
63. G. Speckbacher, K. Neumann, & W. H. Hoffmann, 2015, Resource relatedness and the mode of entry into new businesses: Internal resource accumulation vs. access by collaborative arrangement, *Strategic Management Journal*, in press; J. B. Barney, 1988, Returns to bidding firms in mergers and acquisitions: Reconsidering the relatedness hypothesis, *Strategic Management Journal*, 9 (Special Issue): 71–78.
64. Trefis team, 2014, What has AirTran done for Southwest Airlines? *Forbes*, www.forbes. com, December 11.
65. A. Chakrabarti, 2015, Organizational adaptation in an economic shock: The role of growth reconfiguration, *Strategic Management Journal*, in press; O. E. Williamson, 1999, Strategy research: Governance and competence perspectives, *Strategic Management Journal*, 20: 1087–1108.
66. R. Stunda, 2014, The market impact of mergers and acquisitions on firms in the U.S., *Journal of Accounting and Taxation*, 6: 30–37; S. Snow, 2013, How to avoid a post-acquisition idea slump, *Fast Company*, February, 50; M. Cleary, K. Hartnett, & K. Dubuque, 2011, Road map to efficient merger integration, *American Banker*, March 22, 9; S. Chatterjee, 2007, Why is synergy so difficult in mergers of related businesses? *Strategy & Leadership*, 35: 46–52.
67. P. Page, 2015, Canada acquisition weighs on Radiant's earnings in recent quarter, *Wall Street Journal Online*, www.wsj.com, May 18.
68. P. X. Meschi & E. Metais, 2015, Too big to learn: The effects of major acquisition failures on subsequent acquisition divestment, *British Journal of Management*, in press; W. P. Wan, R. E. Hoskisson, J. C. Short, & D. W. Yiu, 2011, Resource-based theory and corporate diversification: Accomplishments and opportunities, *Journal of Management*, 37: 1335–1368; E. Rawley, 2010, Diversification, coordination costs and organizational rigidity: Evidence from microdata, *Strategic Management Journal*, 31: 873–891.
69. S. Schonhaar, U. Pidun, & M. Nippa, 2014, Transforming the business portfolio: How multinational reinvent themselves, *Journal of Business Strategy*, 35: 4–17; S. Pathak, R. E. Hoskisson, & R. A. Johnson, 2014, Settling up in CEO compensation: The impact of divestiture intensity and contextual factors in refocusing firms, *Strategic Management Journal*, 35: 1124–1143; M. L. A. Hayward & K. Shimizu, 2006, De-commitment to losing strategic action: Evidence from the divestiture of poorly performing acquisitions, *Strategic Management Journal*, 27: 541–557.
70. J. B. Edwards, 2015, M&A deal-makers are dealing in 2014: A commentary, *Journal of Corporate Accounting & Finance*, 26: 19–24; J. Hagedoorn & N. Wang, 2012, Is there complementarity or substitutability between internal and external R&D strategies? *Research Policy*, 41: 1072–1083; P. David, J. P. O'Brien, T. Yoshikawa, & A. Delios, 2010, Do shareholders or stakeholders appropriate the rents from corporate diversification? The influence of ownership structure, *Academy of Management Journal*, 53: 636–654; R. E. Hoskisson & R. A. Johnson, 1992, Corporate restructuring and strategic change: The effect on diversification strategy and R&D intensity, *Strategic Management Journal*, 13: 625–634.
71. F. Szucs, 2014, M&A and R&D: Asymmetric effects on acquirers and targets? *Research Policy*, 43: 1264–1273; R. D. Banker, S. Wattal, & J. M. Plehn-Dujowich, 2011, R&D versus acquisitions: Role of diversification in the choice of innovation strategy by information technology firms, *Journal of Management Information Systems*, 28: 109–144; J. L. Stimpert, I. M. Duhaime, & J. Chesney, 2010, Learning to manage a large diversified firm, *Journal of Leadership and Organizational Studies*, 17: 411–425; T. Keil, M. V. J. Maula, H. Schildt, & S. A. Zahra, 2008, The effect of governance modes and relatedness of external business development activities on innovative performance, *Strategic Management Journal*, 29: 895–907.
72. B. E. Perrott, 2015, Building the sustainable organization: An integrated approach, *Journal of Business Strategy*, 36: 41–51; A. Kacperczyk, 2009, With greater power comes greater responsibility? Takeover protection and corporate attention to stakeholders, *Strategic Management Journal*, 30: 261–285; M. L. Barnett, 2008, An attention-based view of real options reasoning, *Academy of Management Review*, 33: 606–628.
73. M. V. S. Kumar, J. Dixit, & B. Francis, 2015, The impact of prior stock market reactions on risk taking in acquisitions, *Strategic Management Journal*, in press; J. A. Martin & K. J. Davis, 2010, Learning or hubris? Why CEOs create less value in successive acquisitions, *Academy of Management Perspectives*, 24: 79–81; M. L. A. Hayward & D. C. Hambrick, 1997, Explaining the premiums paid for large acquisitions: Evidence of CEO hubris, *Administrative Science Quarterly*, 42: 103–127; R. Roll, 1986, The hubris hypothesis of corporate takeovers, *Journal of Business*, 59: 197–216.
74. F. Vermeulen, 2007, Business insight (a special report): Bad deals: Eight warning signs that an acquisition may not pay off, *Wall Street Journal*, April 28, R10.
75. D. H. Zhu, 2013, Group polarization on corporate boards: Theory and evidence on board decisions about acquisition premiums, *Strategic Management Journal*, 34: 800–822.
76. G. Kling, A. Ghobadian, M. A. Hitt, U. Weitzel, & N. O'Regan, 2014, The effects of cross-border and cross-industry mergers and acquisitions on home-region and global multinational enterprises, *British Journal of Management*, 25: S116–S132; V. Swaminathan, F. Murshed, & J. Hulland, 2008, Value creation following merger and acquisition announcements: The role of strategic emphasis alignment, *Journal of Marketing Research*, 45: 33–47.
77. O. P. Kauppila, 2014, So, what am I supposed to do? A multilevel examination of role clarity, *Journal of Management Studies*, 51: 737–763; M. Wagner, 2011, To explore or to exploit? An empirical investigation of acquisitions by large incumbents, *Research Policy*, 40: 1217–1225; H. Greve, 2011, Positional rigidity: Low performance and resource acquisition in large and small firms, *Strategic Management Journal*, 32: 103–114.
78. D. N. Angwin, S. Paroutis, & R. Connell, 2015, Why good things don't happen: The micro-foundations of routines in the M&A process, *Journal of Business Research*, 68: 1367–1381; E. Gomes, D. N. Angwin, Y. Weber, & S. Tarba, 2013, Critical success factors through the mergers and acquisitions process: Revealing pre- and post-M&A connections for improved performance, *Thunderbird International Business Review*, 55: 13–35;

M. Cording, P. Christmann, & C. Weigelt, 2010, Measuring theoretically complex constructs: The case of acquisition performance, *Strategic Organization*, 8: 11–41.

79. D. Gamache, G. McNamara, M. Mannor, & R. Johnson, 2015, Motivated to acquire? The impact of CEO regulatory focus on firm acquisitions, *Academy of Management Journal*, inn press; A. Riviezzo, 2013, Acquisitions in knowledge-intensive industries: Exploring the distinctive characteristics of the effective acquirer, *Management Research Review*, 36: 183–212; S. Chatterjee, 2009, The keys to successful acquisition programmes, *Long Range Planning*, 42: 137–163.

80. O. Ahlers, A. Hack, & F. W. Kellermanns, 2014, Stepping into the buyers' shoes: Looking at the value of family firms through the eyes of private equity investors, *Journal of Family Business Strategy*, 6: 384–396; M. A. Hitt, R. D. Ireland, J. S. Harrison, & A. Best, 1998, Attributes of successful and unsuccessful acquisitions of U.S. firms, *British Journal of Management*, 9: 91–114.

81. S. R. Jory & T. N. Nog, 2014, Cross-border acquisitions of state-owned enterprises, *Journal of International Business Studies*, 45: 1096–1114; K. Uhlenbruck, M. A. Hitt, & M. Semadeni, 2006, Market value effects of acquisitions involving Internet firms: A resource-based analysis, *Strategic Management Journal*, 27: 899–913.

82. 2015, TE Connectivity to acquire AdvancedCath, *Pr NewsWire*, www. prnewswire.com, March 4.

83. M. Humphery-Jenner, 2014, Takeover defenses, innovation, and value creation: Evidence from acquisition decisions, *Strategic Management Journal*, 35: 668–690; A. Rouzies & H. L. Colman, 2012, Identification processes in post-acquisition integration: The role of social interactions, *Corporate Reputation Review*, 15: 143–157; D. K. Ellis, T. Reus, & B. Lamont, 2009, The effects of procedural and informational justice in the integration of related acquisitions, *Strategic Management Journal*, 30: 137–161.

84. S. Graffin, J. Haleblian, & J. T. Kiley, 2015, Ready, AIM, acquire: Impression offsetting and acquisitions, *Academy of Management Journal*, in press; R. Agarwal, J. Anand, J. Bercovitz, & R. Croson, 2012, Spillovers across organizational architectures: The role of prior resource allocation and communication in post-acquisition coordination outcomes, *Strategic Management Journal*, 33: 710–733; M. E. Graebner, 2009, Caveat venditor: Trust asymmetries in acquisitions of entrepreneurial firms, *Academy of Management Journal*, 52: 435–472.

85. F. Szucs, 2014, M&A and R&D: Asymmetric effects on acquirers and targets? *Research Policy*, 43: 1264–1273; Y. Suh, J. You, & P. Kim, 2013, The effect of innovation capabilities and experience on cross-border acquisition performance, *Global Journal of Business Research*, 7: 59–74; J. Jwu-Rong, H. Chen-Jui, & L. Hsieh-Lung, 2010, A matching approach to M&A, R&D, and patents: Evidence from Taiwan's listed companies, *International Journal of Electronic Business Management*, 8: 273–280.

86. 2015, Nokia and Alcaltel-Lucent to combine to create an innovation leader in next generation technology and services for an IP connected world, *Nokia Home Page*, www.nokia.com, April 15.

87. D. N. Angwin & M. Meadows, 2015, New integration strategies for post-acquisition management, *Long Range Planning*, in press; K. H. Heimeriks, M. Schijven, & S. Gates, 2013, Manifestations of higherorder routines: The underlying mechanisms of deliberate learning in the context of postacquisition integration, *Academy of Management Journal*, 55: 703–726; M. L. McDonald, J. D. Westphal, & M. E. Graebner, 2008, What do they know? The effects of outside director acquisition experience on firm acquisition performance, *Strategic Management Journal*, 29: 1155–1177.

88. M. McCann & R. Ackrill, 2015, Managerial and disciplinary responses to abandoned acquisitions in bidding firms: A new perspective, *Corporate Governance: An International Review*, in press; C. Moschieri & J. Mair, 2012, Managing divestitures through time—Expanding current knowledge, *Academy of Management Perspectives*, 26: 35–50; D. Lee & R. Madhaven, 2010, Divestiture and firm performance: A meta-analysis, *Journal of Management*, 36: 1345–1371.

89. N. Kavadis & X. Castaner, 2015, Who drives corporate restructuring? Co-existing owners in French firms, *Corporate Governance: An International Review*, in press; Y. G. Suh & E. Howard, 2009, Restructuring retailing in Korea: The case of Samsung-Tesco, *Asia Pacific Business Review*, 15: 29–40; Z. Wu & A. Delios, 2009, The emergence of portfolio restructuring in Japan, *Management International Review*, 49: 313–335.

90. E. R. Feldman, 2015, Corporate spinoffs and analysts' coverage decisions: The implications for diversified firms, *Strategic Management Journal*, in press; A. Fortune & W. Mitchell, 2012, Unpacking firm exit at the firm and industry levels: The adaptation and selection of firm capabilities, *Strategic Management Journal*, 33: 794–819; J. L. Morrow, Jr., D. G. Sirmon, M. A. Hitt, & T. R. Holcomb, 2007, Creating value in the face of declining performance: Firm strategies and organizational recovery, *Strategic Management Journal*, 28: 271–283.

91. W. McKinley, S. Latham, & M. Braun, 2014, Organizational decline and innovation: Turnarounds and downward spirals, *Academy of Management Review*, 39: 88–110.

92. C. Tangpong, M. Agebe, & Z. Li, 2015, A temporal approach to retrenchment and successful turnaround in declining firms, *Journal of Management Studies*, in press; H. A. Krishnan, M. A. Hitt, & D. Park, 2007, Acquisition premiums, subsequent workforce reductions and post-acquisition performance, *Journal of Management*, 44: 709–732.

93. I. Paeleman & T. Vanacker, 2015, Less is more, or not? On the interplay between bundles of slack resources, firm performance and firm survival, *Journal of Management Studies*, in press; D. K. Lim, N. Celly, E. A. Morse, & W. Rowe, 2013, Rethinking the effectiveness of asset and cost retrenchment: The contingency effects of a firm's rent creation mechanism, *Strategic Management Journal*, 34: 42–61.

94. L. S. Alberet, D. G. Allen, J. E. Diggane, & Q. (Kathy) Ma, 2015, Attachment and responses to employment dissolution, *Human Resource Management*, 25: 94–106; R. Iverson & C. Zatzick, 2011, The effects of downsizing on labor productivity: The value of showing consideration for employees' morale and welfare in high-performance work systems, *Human Resource Management*, 50: 29–43; C. O. Trevor & A. J. Nyberg, 2008, Keeping your headcount when all about you are losing theirs: Downsizing, voluntary turnover rates, and the moderating role of HR practices, *Academy of Management Journal*, 51: 259–276.

95. T. J. Chemmanur, K. Krishnan, & D. K. Nandy, 2014, The effects of corporate spin-offs on productivity, *Journal of Corporate Finance*, 27: 72–98; R. E. Hoskisson & M. A. Hitt, 1994, *Downscoping: How to Tame the Diversified Firm*, NY: Oxford University Press.

96. E. R. Feldman, R. (Raffi) Amit, & B. Villalonga, 2015, Corporate divestitures and family control, *Strategic Management Journal*, in press; A. T. Nicolai, A. Schulz, & T. W. Thomas, 2010, What Wall Street wants—Exploring the role of security analysts in the evolution and spread of management concepts, *Journal of Management Studies*, 47: 162–189; L. Dranikoff, T. Koller, & A. Schneider, 2002, Divestiture: Strategy's missing link, *Harvard Business Review*, 80(5): 74–83.

97. A. Nadolska & H. G. Barkema, 2014, Good learners: How top management teams affect the success and frequency of acquisitions, *Strategic Management Journal*, 35: 1483–1507; R. E. Hoskisson & M. A. Hitt, 1990, Antecedents and performance outcomes of diversification: A review and critique of theoretical perspectives, *Journal of Management*, 16: 461–509.

98. E. Vidal & W. Mitchell, 2015, Adding by subtracting: The relationship between performance feedback and resource reconfiguration through divestitures, *Organization Science*, in press; S. Schonhaar, U. Pidun, & M. Nippa, 2014, Transforming the business portfolio: How multinationals reinvent themselves, *Journal of Business Strategy*, 35: 4–17.

99. W. G. Xavier, R. Bandeira-de-Mello, & R. Marcon, 2014, Institutional environment and business groups' resilience in Brazil, *Journal of Business Research*, 67: 900–907; H. Berry, 2013, When do firms divest foreign operations? *Organization Science*, 24: 246–261; C. Chi-Nien & L. Xiaowei, 2008, Institutional logics or agency costs: The influence of corporate governance models on business group restructuring in emerging economies, *Organization Science*, 19: 766–784; R. E. Hoskisson, R. A. Johnson, L. Tihanyi, & R. E. White, 2005, Diversified business groups and corporate refocusing in emerging economies, *Journal of Management*, 31: 941–965.

100. H. D. Park & P. C. Patel, 2015, How does ambiguity influence IPO underpricing? The role of the signaling environment, *Journal of Management Studies*, in press.

101. A. N. Link, C. J. Ruhm, & D. S. Siegel, 2014, Private equity and the innovation strategies of entrepreneurial firms: Empirical evidence form the small business innovation research program, *Managerial and Decision Economics*, 35: 103–113; S. N. Kaplan & P. Stromberg, 2009, Leveraged buyouts and private equity, *Journal of Economic Perspectives*, 23: 121–146.

102. S. Pathak, R. E. Hoskisson, & R. A. Johnson, 2014, Settling up in CEO compensation: The impact of divestiture intensity and contextual factors in refocusing firms, *Strategic Management Journal*, 35: 1124–1143; N. Wilson, M. Wright, D. S. Siegel, & L. Scholes, 2012, Private equity portfolio company performance during the global recession, *Journal of Corporate Finance*, 18: 193–205; R. Harris, D. S. Siegel, & M. Wright, 2005, Assessing the impact of management buyouts on economic efficiency: Plantlevel evidence from the United Kingdom, *Review of Economics and Statistics*, 87: 148–153.

103. E. Autio, M. Kenney, P. Mustar, D. Siegel, & M. Wright, 2014, Entrepreneurial innovation: The importance of context, *Research Policy*, 43: 1097–1108; H. Bruining, E. Verwaal, & M. Wright, 2013, Private equity and entrepreneurial management in management buy-outs, *Small Business Economics*, 40: 591–605; M. Meuleman, K. Amess, M. Wright, & L. Scholes, 2009, Agency, strategic entrepreneurship, and the performance of private equity-backed buyouts, *Entrepreneurship Theory and Practice*, 33: 213–239.

104. F. Castellaneta & O. Gottschalg, 2015, Does ownership matter in private equity? The sources of variance in buyouts' performance, *Strategic Management Journal*, in press; W. Kiechel III, 2007, Private equity's long view, *Harvard Business Review*, 85(4): 18–20; M. Wright, R. E. Hoskisson, & L. W. Busenitz, 2001, Firm rebirth: Buyouts as facilitators of strategic growth and entrepreneurship, *Academy of Management Executive*, 15: 111–125.

105. Y. Y. Ji, J. P. Guthrie, & J. G. Messersmith, 2014, The tortoise and the hare: The impact of employment instability on firm performance, *Human Resource Management Journal*, 24: 355–373; E. G. Love & M. Kraatz, 2009, Character, conformity, or the bottom line? How and why downsizing affected corporate reputation, *Academy of Management Journal*, 52: 314–335; J. P. Guthrie & D. K. Datta, 2008, Dumb and dumber: The impact of downsizing on firm performance as moderated by industry conditions, *Organization Science*, 19: 108–123.

106. M. Brauer & T. Laamanen, 2014, Workforce downsizing and firm performance: An organizational routine perspective, *Journal of Management Studies*, 51: 1311–1333; H. A. Krishnan & D. Park, 2002, The impact of work force reduction on subsequent performance in major mergers and acquisitions: An exploratory study, *Journal of Business Research*, 55: 285–292; P. M. Lee, 1997, A comparative analysis of layoff announcements and stock price reactions in the United States and Japan, *Strategic Management Journal*, 18: 879–894.

107. S. Mariconda & F. Lurati, 2015, Ambivalence and reputation stability: An experimental investigation on the effects of new information, *Corporate Reputation Review*, 18: 87–98; D. J. Flanagan & K. C. O'Shaughnessy, 2005, The effect of layoffs on firm reputation, *Journal of Management*, 31: 445–463.

108. J. Habel & M. Klarmann, 2015, Customer reactions to downsizing: When and how is satisfaction affected? *Journal of the Academy of Marketing Science*, in press; P. Williams, K. M. Sajid, & N. Earl, 2011, Customer dissatisfaction and defection: The hidden costs of downsizing, *Industrial Marketing Management*, 40: 405–413.

109. F. Bertoni & A. P. Groh, 2014, Cross-border investments and venture capital exits in Europe, *Corporate Governance: An International Review*, 22: 84–99; C. Moschieri & J. Mair, 2011, Adapting for innovation: Including divestitures in the debate, *Long Range Planning*, 44: 4–25; K. Shimizu & M. A. Hitt, 2005, What constrains or facilitates divestitures of formerly acquired firms? The effects of organizational inertia, *Journal of Management*, 31: 50–72.

110. J X. Cao, D. Cumming, M. Qian, & X. Wang, 2015, Cross-border LBOs, *Journal of Banking and Finance*, 50: 69–80.

111. K. Cao, J. Coy, & T. Nguyen, 2015, The likelihood of management involvement, offer premiums, and target shareholder wealth effects: Evidence from the 2002–2007 LBO wave, *Research in International Business and Finance*, in press; P. G. Klein, J. L. Chapman, & M. P. Mondelli, 2013, Private equity and entrepreneurial governance: Time for a balanced view, *Academy of Management Perspectives*, 27: 39–51; D. T. Brown, C. E. Fee, & S. E. Thomas, 2009, Financial leverage and bargaining power with suppliers: Evidence from leveraged buyouts, *Journal of Corporate Finance*, 15: 196–211.

112. H. C. Huang, Y. C. Su, & Y. H. Chang, 2014, Dynamic return-order imbalance relationship response to leveraged buyout announcements, *Global Journal of Business Research*, 8: 55–63; S. B. Rodrigues & J. Child, 2010, Private equity, the minimalist organization and the quality of employment relations, *Human Relations*, 63: 1321–1342; G. Wood & M. Wright, 2009, Private equity: A review and synthesis, *International Journal of Management Reviews*, 11: 361–380.

113. L. Bouvier & T. M. Misar, 2015, Design and impacts of securitized leveraged buyouts, *Cogent Economics & Finance*, 3: http://dx.doi.org/10.1080/23322039.2015.1009307; M. Goergen, N. O'Sullivan, & G. Wood, 2011, Private equity takeovers and employment in the UK: Some empirical evidence, *Corporate Governance: An International Review*, 19: 259–275; W. F. Long & D. J. Ravenscraft, 1993, LBOs, debt, and R&D intensity, *Strategic Management Journal*, 14 (Special Issue): 119–135.

8

국제화 전략

● 학습목표 ●

8-1 기업이 국제화 전략을 채택하도록 영향을 미치는 요인에 대해 설명한다.

8-2 국제화 전략을 성공적으로 수행했을 때 달성할 수 있는 세 가지 기본적 장점을 파악한다.

8-3 사업 차원 국제화 전략의 기반이 되는 국가경쟁력의 결정 요인을 알아본다.

8-4 세 가지 유형의 기업 차원 국제화 전략을 설명한다.

8-5 국제화 전략 선택에 영향을 미치는 환경적 추세를 논의한다.

8-6 기업이 국제 시장에 진출하는 데 사용하는 다섯 가지 진출 방식을 설명한다.

8-7 국제화 전략 채택 시 발생하는 두 가지 유형의 주요 위험 요인에 대해 논의한다.

8-8 해외 시장 다각화 등 국제화 전략의 성과에 대해 논의한다.

8-9 기업이 국제화 전략 채택 시 알아야 할 주요 이슈에 대해 설명한다.

넷플릭스는 해외 시장 진출을 통해 성장을 추구하지만 동시에 더 치열한 경쟁에 직면한다

넷플릭스(Netflix)는 미국 내 시장에서 기술 혁신을 통해 강력한 역량을 개발한 후 이 기술을 해외 시장 진출에 활용하는 전형적 국제화 전략을 추구해왔다. 넷플릭스의 기술적 역량은 소비자의 시청 패턴에 대한 이해를 바탕으로 방송사, 영화 제작사, 자체 제작한 콘텐츠 등 광범위한 콘텐츠 조합 고객에게 제공하는 데 초점을 맞춘다.

그러나 넷플릭스는 미국 내 국내 시장에서는 거의 포화된 시장 상황에 도달하였다. 시장 확대를 위해, 미국 시장과 문화적, 지리적으로 인접한 캐나다, 북유럽, 중남미 시장에 진출해 왔다. 메리어트(Mariott)와 같은 호텔업체들과 파트너십을 통해 성장 확대를 도모하기는 하지만, 주요 성장 목표는 가입자 확대를 통해 한 국가당 발생하는 고정 비용을 감소시킬 수 있는 해외 시장 진출을 통한 시장 확대이다. 2014년 4분기에 넷플릭스는 미국 시장 스트리밍 가입자 수가 190만 명 가량 증가하였다. 또한 2014년 전체 스트리밍 서비스 가입자는 해외 시장 성장세에 힘입어 약 430만 명 가량 증가하였다. 이미 약 50개국에서 서비스를 제공하고 있으며, 2015년 1분기에는 호주와 뉴질랜드에 진출하였고, 중국에서 스트리밍 서비스를 제공하기 위한 정부 허가 취득을 모색하고 있다.

넷플릭스의 해외 시장 진출을 통한 성장 전략은 여러 복합성을 야기시킨다. 첫째, 넷플릭스 입장에서 계약된 콘텐츠 제공 사업자와 글로벌 라이선스를 체결해야만 한다. 그러나 해당 콘텐츠 제공 사업자들 역시 독자적으로 자사의 콘텐츠를 해외 시장에 유통시키기 원한다. 따라서 넷플릭스는 글로벌 라이선스 획득을 위해서는 더 많은 비용을 지불해야 한다. 이러한 비용으로 인해 최소한 해외 시장 진출 초기에는 막대한 비용을 부담해야 한다.

둘째, 글로벌 스트리밍 전략을 추구하게 되면, 동일한 전략을 추구하는 해외 사업자의 미국 시장 신규 진출로 인해 국내 시장에서의 경쟁이 격화될 가능성이 커진다. 예를 들어, 중국 기업인 알리바바(Alibaba)는 독자 제작 콘텐츠를 포함한 비디오 스트리밍 서비스를 개시할 계획임을 밝혔다. 이는 넷플릭스의 전략을 모방한 것으로 볼 수 있다. 한 가지 흥미로운 추측은, 알리바바가 중국 시장의 거대한 규모와 기업 상장으로 확보한 현금 자산을 활용하여 미국 시장 진출 목적으로 넷플릭스 인수를 시도할 수도 있다는 예측이 제기된다는 점이다. 넷플릭스에게는 이미 아마존과 훌루(Hulu)를 포함한 여러 경쟁자가 존재한다.

예를 들어, 미국 시장에서 훌루는 방송사들과의 파트너십을 통해 가입자 수를 크게 증가시켰다. 넷플릭스의 경우 과거 콘텐츠를 선별하여 낮은 가격에 계약하였지만, 이제는 프라임 콘텐츠를 선택하기 위해서는 더 높은 가격을 지불해야 하는 상황이다. 반면에 훌루는 애초에 방송사들에 의해 설립되었다는 점을 활용하여 콘텐츠 공급 사업자들과 우호적인 관계를 맺고 있다. 따라서 훌루는 방송사의 프라임 콘텐츠를 확보하기 위해서는 더 높은 가격을 지불할 의향이 있다. 이러한 전략에 힘입어 훌루는 2014년에 가입자 600만 명을 달성하였고 2015년에는 900만 명을 달성할 것으로 기대한다. 뿐만 아니라, 방송사들은 넷플릭스가 자체 비디오 콘텐츠를 제작한다는 점 때문에 경쟁자라는 시각을 갖게 되었다. 넷플릭스로서는 자체 제작 콘텐츠에 대해서는 글로벌 시장 유통 과정에서 라이선스 취득과 같은 계약상의 복잡함을 겪지 않아도 된다는 장점이 있다.

Alibaba Drone.PNG

요약하면, 해외 시장 진출을 통한 국제화 전략이 가입자 수를 확대하고 콘텐츠 유통 및 제작의 고정 비용을 여러 국가 시장에 분산시킬 수 있다는 장점이 있지만, 이러한 전략은 한편으로는 경영 구조의 복잡성을 증가시킨다. 또한, 주요 콘텐츠 제공 사업자와의 글로벌 계약에 따르는 어려움은 해외 시장에서의 경쟁뿐만 아니라 국내 시장에서의 경쟁에도 영향을 준다.

출처: M. Armenta & S. Ramachandran, 2015, Business news: Netflix builds steam abroad—International operations spilled red ink but growth in number of subscribers propels the stock higher, *Wall Street Journal*, April 16, B3; B. Darrow, 2015, Alibaba to opening streaming video service in China, *Fortune*, www.fortune.com, June 15; K. Hagey & S. Ramachandran, 2015, Hulu courts TV networks in bid to catch up with Netflix, *Wall Street Journal*, A1, A2; J. Lansing, 2015, TV everywhere: The thundering head, *Broadcasting & Cable*, May 11, 19; S. Ramachandran, 2015, Netflix steps up foreign expansion, subscriber additions top streaming service's forecast, helped by growth in markets abroad, *Wall Street Journal*, www.wsj.com, January 21; A. Tracy, 2015, Marriott and Netflix have partnered up, *Forbes*, June 10, 22; F. Video, 2015, Netflix eyes China for continued global expansion, *Fortune*, www.fortune.com, June 11; S. Saghoee, 2014, Who could buy Netflix?, *Fortune*, www.fortune.com, November 18.

그림 8-1 기회와 국제화 전략의 결과

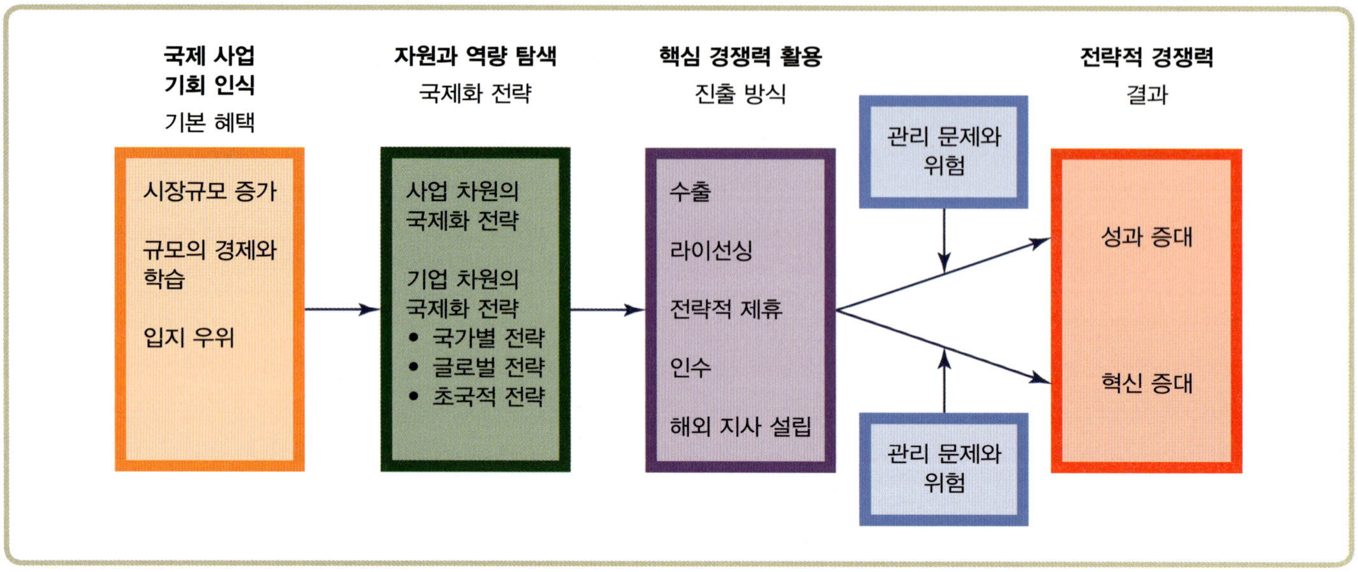

이 장의 도입사례로 소개한 넷플릭스의 사례는 기업 입장에서 해외 시장의 중요성을 보여준다. 넷플릭스는 해외 시장에서의 성장을 국내 시장인 미국에서의 가입자 감소를 극복하는 데 활용하고 있다. 기업의 국내 시장뿐만 아니라 다른 국가와 지역에서 효과적으로 경쟁하는 것은 모든 유형의 기업에게 점점 더 중요해지고 있다. 그 이유 중 하나는 글로벌화로 인해 국내 기업만이 성공적으로 경쟁할 수 있는 시장의 수가 감소하고 있기 때문이다. 역사적으로 비교적 안정적이고 예측 가능한 시장으로 알려진 국내 시장에서도, 경쟁력을 갖추기 위해서는 전 세계 다양한 기업과 경쟁해야 한다.[1] 국내 시장에 비해, 해외 시장은 상대적으로 더 불안정하고 예측이 어려운 시장이다.

이 장의 목표는 국제화 전략이 글로벌 시장에서 경쟁하는 기업에게 어떻게 경쟁 우위의 원천이 될 수 있는지를 논의하는 것이다. 이를 위해 다양한 주제를 살펴볼 것이다(그림 8-1 참조). 우선 기업의 해외 시장 기회 파악에 영향을 미치는 동기를 살펴본 후, 국제화 전략을 성공적으로 수행할 때 얻게 되는 세 가지 이익에 대해 논의한다. 그리고 사업 차원과 기업 차원의 국제화 전략의 주요 유형을 알아보고 해외 시장 진출에 사용하는 다섯 가지 진출 방식에 대해 논의한다. 기업이 국제화 전략을 추진할 때 경제적, 정치적 위험에 직면하게 된다. 혹자는 이러한 위험을 경제적 및 정치적 제도(institutions)라 지칭한다.[2] 이러한 위험은 기업이 성과를 향상시키고 혁신을 추구하기 위해서는 효과적으로 관리해야 한다. 기업이 국제화 전략을 통해 추구하는 성과에 대해 논의한 후 국제화 전략을 추구하는 기업이 명심해야 할 두 가지 사항을 언급하며 본 장을 마무리한다.

8-1 해외 시장 기회의 파악

국제화 전략은 기업이 제품과 서비스를 국내 시장 범위를 벗어나 해외 시장에 판매하는 전략이다.

국제화 전략(international strategy)은 기업이 제품과 서비스를 국내 시장 범위를 넘어 해외 시장에 판매하는 전략을 말한다.[3] 종종 국제화 전략을 채택하는 기업은 다양한 국가와 지역에

그림 8-2 국제화 전략의 인센티브와 장점

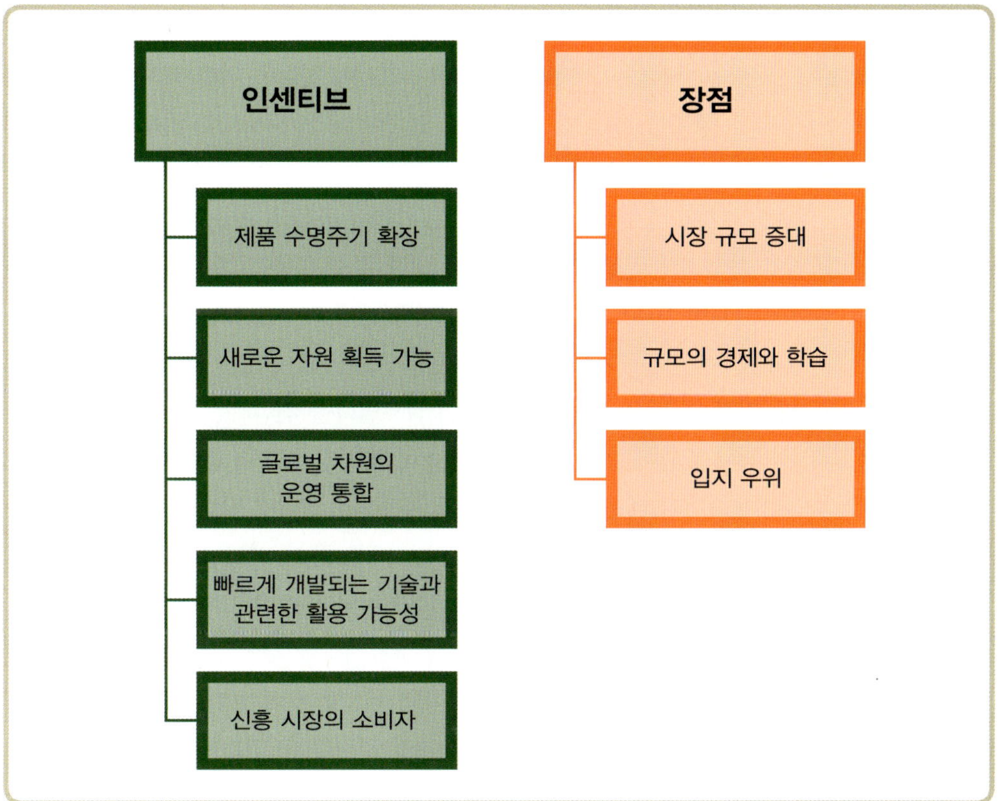

서 경쟁하기 때문에 시장 범위가 다각화된 기업이 된다. 전 세계 50개국에서 경쟁하는 넷플릭스도 이러한 경우에 해당한다. 또 다른 경우에, 국제화 전략을 채택하는 기업이 국내 시장 외에 소수의 국가 시장에서만 경쟁하기 때문에 시장 범위의 다각화는 제한되는 경우도 있다.

기업이 국제화 전략을 채택하여 시장 범위를 다각화하게 만들고 전략의 성공적 실행 시 이익을 얻게 만드는 몇 가지 유인이 있다.[4] 〈그림 8-2〉는 국제화 전략의 유인과 장점을 요약하여 보여준다.

8-1a 국제화 전략의 동기

레이몬드 버논(Raymond Vernon)은 국제화 전략의 전통적 근거를 제시하였다.[5] 그의 이론에 따르면, 선진국 시장 기업의 혁신적 발견은 주로 자국 시장에서 이루어진다. 자국 시장에서 개발된 제품의 수요가 다른 국가 시장으로 확산되면 수출을 시작하게 된다. 해외 시장 수요의 지속적 증가는 본 장의 넷플릭스 사례에서 보는 바와 같이, 본격적인 해외 시장 영업 기반을 마련하는 근거를 제공하게 된다. 따라서 버논에 의하면 국제화 전략의 채택은 기업의 제품 수명주기의 연장에 도움이 된다.

희소한 필요 경영 자원에 대한 접근 또한 기업이 국제화 전략을 채택하는 중요한 동기가 될 수 있다. 산업에 따라 원자재의 공급은 기업의 생산을 위해 필수적이다. 에너지 및 광업 분야 기업들은 전 세계 사업망을 통해 원자재의 공급을 확보한다. 리오틴토(Rio Tinto) 그룹은 6개

대륙에 7,1000명 종업원을 보유한 세계적인 광업 회사이다. 이 그룹은 자사의 기술 및 혁신, 마케팅, 생산 프로세스 역량 등을 전 세계 광물 자원을 파악, 채굴, 판매하는 데 사용한다.[6] 인건비가 총비용의 많은 부분을 차지하는 다른 산업에서는, 인건비 절감을 위해 해외에 생산 기지를 설립하기도 한다. 많은 경우에 의류 및 전자 제조 업종이 이러한 이유로 국제화 전략을 추진하는 산업에 해당한다.

사업 활동을 글로벌 규모로 통합해야 하는 압력도 기업이 국제화 전략을 추구하는 중요한 동기가 된다. 국가별로 산업화가 진행될수록, 제품에 대한 수요는 점점 더 동질화되는 경향을 보인다. 국경을 넘어서 글로벌 브랜드 제품 수요는 선진국 간에 라이프스타일이 유사해질수록 증가한다. 글로벌 커뮤니케이션의 증가도 국가 간에 문화 차이로 인한 라이프스타일의 차이가 감소하는데 공헌한다. 점점 더 많은 산업에서 기술이 글로벌화를 견인하는 이유는 비용을 감소시키기 위한 규모의 경제 효과가 갈수록 중요해져서 국내 시장 규모를 충족시키는 투자보다 더 큰 규모의 투자액이 필요하기 때문이다. 또한 신흥 시장에서 인터넷 및 모바일 기술의 급속한 수용은 보다 강한 무역, 자본, 인력 통합을 가져온다. 예를 들어, 베트남은 2015년 기준 인구의 40%가 스마트폰과 인터넷을 사용하고 있는데, 10년 전의 사용률 12%와 비교하면 "모바일 혁명"을 경험하고 있으며 40억 달러 규모의 전자상거래 시장을 견인하고 있다.[7] 기술은 서로 다른 국가 간 시장과 사업 활동을 연결하고 통합하는 역할을 하고 있다. 또한 국제화 전략은 기업이 기술을 활용하여 글로벌 사업 활동을 원활하게 조직할 수 있도록 해준다.[8]

중국과 인도 등 신흥 시장에서의 잠재적 수요는 기업이 국제화 전략을 추구하게 만드는 또 다른 동기가 된다.[9] 프랑스에 본사를 둔 유럽 1위, 세계 2위 유통업체인 까르푸(Carrefour)의 사례를 살펴보면, 이 회사는 다섯 가지 유형의 점포를 운영하며 온라인 판매도 실시한다.[10] 까르푸는 2014년에 예를 들어 인도 시장에서 철수하는 등, 일부 국가에서 부진한 경영 성과를 보였다. 한 전문가에 따르면, "까르푸와 테스코(TESCO)는 자사의 비핵심 시장에서 장기적 수익을 기대할 수 없기 때문에 철수하였다. 두 기업 모두 핵심 사업인 국내 시장 매출을 간과하였다"고 평가하였다.[11] 두 기업 모두 자사의 비즈니스 모델을 국내 시장과 해외 시장 모두에서 조정하려는 시도를 해오고 있다.

비록 인도가 정치, 문화적으로 서구 사회와 많은 차이가 있으나 한편으로는 거대한 잠재 시장을 제공하고 정부 역시 해외 직접 투자에 더 많은 지원을 하고 있다.[12] 인도와 중국의 문화 및 경제 시스템이 서구 사회의 문화 및 경제 시스템과 차이가 있다는 점이 서구 기업의 국제화 전략 성공에 어려움으로 작용한다. 따라서 신흥 시장에서 고객 수요를 충족시키는 국제화 전략을 추구할 기업은 본 장의 후반부에서 논의할 정치적, 경제적 위험 요소를 어떻게 효과적으로 관리해야 하는지를 학습해야 한다.[13]

이제까지 논의한 국제화 전략의 동기를 바탕으로 국제화 전략을 성공적으로 사용한 기업은 다음의 세 가지 장점을 누릴 수 있다.

1. 시장 규모의 확대
2. 규모의 경제 및 학습의 향상
3. 입지기반 경쟁 우위의 개발

본 장에서는 세 가지 국제화 전략의 장점을 그 비용과 어려움의 측면에서 논의할 것이다.[14]

8-1b 국제화 전략의 세 가지 장점

앞에서 언급한 바와 같이, 국제화 전략은 기업에게 세 가지 장점을 제공할 수 있다. 이러한 장점이 기업으로 하여금 국제화 전략을 통해 경쟁력을 향상시키는 노력을 촉진한다.

시장 규모 확대

기업은 국내 시장뿐만 아니라 해외 시장에서의 시장 지위를 강화함으로써 자사의 시장 규모를 확대할 수 있다. 까르푸는 중국 시장의 성장의 주요 원천으로 간주하고 있다.

중국의 WH 그룹은 미국의 주요 돈육 사업자인 스미스필드푸드(Smithfield Foods)를 인수하였다. 중국 총 육류 소비량의 약 60%를 차지하는 돈육 사업자를 인수함으로써 해외 돈육 사업자가 중국에 수출할 기회를 창출하고 잠재적 무역 장벽을 극복할 수 있다. 또한 피인수 기업은 필요한 역량을 습득하고 인수 기업인 WH 그룹은 글로벌 이미지를 향상시킬 수 있다. 또한 두 기업 모두 시장 규모를 증가시킬 수 있다.[15]

넷플릭스, 까르푸, WH 그룹과 같은 기업들은 서로 다른 국가에서 문화 차이로 인한 소비자 기호의 차이를 효과적으로 관리하는 것이 어렵다는 점을 이해하고 있다. 이러한 어려움에도 불구하고, 기업의 규모와 성과를 향상시킬 수 있는 기회라는 점에서 국제화 전략 추구에 따른 어려움을 감수한다. 국제화 전략 추구 시의 어려움을 감수하는 많은 기업은 국내 시장에서의 제한된 성장 기회를 이유로 국제화 전략을 추구한다. 코카콜라와 펩시의 경우도 상당 기간 미국 내 시장에서 성장이 정체되었기 때문에 해외 시장에서 성장을 추구해왔다. 해외 시장의 전반적 규모는 기업이 국제화 전략을 통해 얻게 될 이익을 예측하는 데 도움이 된다. 일반적으로, 해외 시장의 규모가 클수록, 국제화 전략 추구를 통해 더 많은 수익과 더 낮은 수준의 위험을 기대할 수 있다. 또한, 연관 요인으로 해외 시장의 과학 기술 수준이 중요한데, 이는 해외 시장에서의 효과적인 판매와 생산을 위해서는 과학 지식 및 인적 자본의 뒷받침이 필수적이기 때문이다.[16]

규모의 경제 및 학습효과

경쟁하는 시장의 수를 확장함으로써 기업은 특히 생산 측면에서의 규모의 경제 효과를 누릴 수 있다. 보다 넓은 의미에서 많은 수의 시장에서 경쟁함으로써 기업은 비용을 절감할 수 있는 지속적인 프로세스 향상을 달성할 수 있고 이를 통해 소비자 가치를 증진시킬 수 있다. 예를 들어 경쟁 관계에 있는 에어버스(Airbus)와 보잉(Boeing)은 전 세계에 제조 설비 및 외주를 운영함으로써 규모의 경제를 달성하고 소비자 가치를 창출할 수 있다.

항공기 제조 산업 외에도 여러 산업에서 규모의 경제는 중요한 역할을 담당한다. 자동차 제조업체들도 국제화 전략을 통해 규모의 경제 달성을 추구한다. 포드(Ford Motor Company)는 북미, 중남미, 유럽, 중동, 아프리카, 아시아태평양 등 전 세계 6개 지역에 22만 4,000명의 종업원을 보유하고 있으며 특히 아시아 지역에서의 매출 신장에 주력하고 있다.[17] 미국 시장 외의 해외 시장에서 매출 노력을 강화하는 가운데 2014년에는 유럽 시장에서의 시장 점유율이 증가하였다.

포드의 이러한 국제화 전략은 이 회사가 전 세계 시장에서 동일 승용차와 트럭을 생산하고 판매하는 단일 사업 조직으로 운영된다는 점을 보여준다.[18] 기업은 또한 사업단위 간 지식 및 경영 자원의 공유 및 국가 간 네트워크 파트너와의 협력을 통해 해외 시장에서 핵심 역량을 활용할 수 있다.[19] 경영 자원 및 지식의 공유를 통해, 기업은 어떻게 시너지를 창출할 수 있는지 또 결과적으로 어떻게 저비용으로 고품질의 제품을 생산할 수 있는지를 배울 수 있다.

여러 해외 시장에서의 사업 활동은 기업으로 하여금 학습 기회를 제공할 수 있으며 특히 연구개발 활동의 학습 기회를 제공한다.[20] 연구개발 역량에 대한 투자는 혁신을 증진시켜 단기 및 장기 성과에 모두 중요하다. 그러나 연구 결과에 따르면, 해외 연구개발 활동을 효과적으로 활용하기 위해서는 해외 지식을 습득할 수 있는 연구개발 시스템을 먼저 갖추어야 한다.[21]

입지 기반 우위

국내 시장 대신 해외 시장에 사업설비 입지를 정하는 것은 종종 기업의 비용 절감에 도움이 된다. 이러한 국제화 전략의 장점은 기업이 해외 시장 중 인건비, 에너지, 원재료 등의 측면에서 경쟁력이 높은 입지를 선정할 때 발생한다. 또다른 대표적 입지 우위는 핵심적인 공급자와 소비자의 입지로 진출함으로써 얻게 되는 이익이다. 매력적 입지에 사업을 위치시킨 이후에도 기업은 입지 우위가 충분히 발휘될 수 있게 효과적으로 현지 사업을 관리하여야 한다.[22]

해외 시장 소비자 니즈의 특징뿐만 아니라 제조 및 유통 관련 비용도 입지 우위를 활용한 이익의 극대화에 영향을 미친다.[23] 문화적 요인 또한 입지 우위 및 입지 열위 결정에 영향을 준다. 국제 사업에서의 거래는 거래 상대방 간의 문화적 적합도가 높을 때 보다 쉽게 이루어진다.[24] 또한, 이미 결정된 입지에서의 효과적 관리뿐만 아니라 본국과 현지국 간의 물리적 거리도 입지 결정에 중요한 영향을 미친다.[25]

8-2 국제화 전략의 유형

기업의 국제화 전략은 사업 차원의 전략과 기업 차원의 전략으로 구분하여 고려할 수 있다. 사업 차원의 국제화 전략은 기업이 개발 사업부가 해외 시장에서 경쟁 우위의 원천으로 원가 우위, 차별화우위, 집중화 전략, 통합 전략 중 어떠한 경쟁 우위를 추구할지를 선택하는 의사결정을 의미한다. 기업 차원의 국제화 전략은, 국가별(multidomestic), 글로벌(global), 초국적(transnational) 전략이 고려된다. 기업의 국제화 전략이 성과 향상과 혁신에 기여하기 위해서는 기업이 선택한 어떠한 전략 유형도 기업이 보유한 핵심 역량에 기반을 두어야 한다.[26]

8-2a 사업 차원의 국제화 전략

국제화 전략을 고려하는 기업은 우선 사업 차원 및 기업 차원의 국내 시장 전략을 수립한다. 이는 넷플릭스의 사례에서 살펴본 바와 같이, 국내 시장에서 개발한 핵심 역량이 해외 시장에서 성공하기 위한 기초가 되기 때문에 매우 중요하다. 그러나 연구 결과에 따르면, 국내 시장에서 개발된 핵심 역량에 의존하여 해외 시장에서 창출하는 가치는 기업의 해외 시장 범위가 증가할수록 감소하는 것으로 나타났다.[27]

5장 경쟁의 역동성에서 학습한 바와 같이, 기업은 전략 선택 시에 시장의 경쟁 상황과 무관하게 선택하지 않는다. 국제화 전략의 경우는, 해당 기업의 국내 시장에서의 조건이 해외 시장에서 핵심 역량을 구축할 수 있는 정도에 영향을 미친다. 그 이유는 마이클 포터가 주장한 특정 국가의 산업들이 다른 국가의 산업들보다 경쟁력이 강한 이유를 설명한 분석에 기초한다. 포터의 핵심 주장은 기업이 기반을 둔 모국의 조건이 각 개별 기업이 추구하는 사업 차원 국제화 전략의 성공 확률을 높이거나 낮추는 요인으로 작용한다는 것이다. 포터는 국가 경쟁력의 구성 요소로 네 가지 요인을 제시하고 있다(그림 8-3 참조).[28] 이 네 가지 요소 간의 상호작용이 기업의 사업 차원 국제화 전략의 선택에 영향을 미친다.

국가 우위(national advantage)의 첫 번째 결정 요인은 생산 요소이다. 생산 요소는 기업이 각 산업에서 경쟁하기 위해 필요한 노동, 토지, 천연자원, 자본, 인프라스트럭처 등의 투입 요소 를 말한다. 생산 요소를 기본 및 첨단 요소로 구분하면, 천연자원 및 노동력은 기본 요소로 볼 수 있고 디지털 통신 시스템이나 고학력 인력은 첨단 요소로 볼 수 있다. 또한 일반 요소와 특화 요소로 구분하면, 고속도로나 자본 공급은 일반요소로, 특정 산업을 위해 훈련된 인력은 특화 요소로 볼 수 있다. 어느 국가가 첨단 및 특화 생산 요소를 보유한 경우에는 강력한 자국 기업과의 경쟁에서 경쟁력을 축적한 기업은 성공적인 글로벌 경쟁자로 성장할 수 있다.

역설적으로 기본 생산 요소가 부족한 국가들이 종종 첨단 및 특화 생산 요소 개발에 집중적 투자를 한다. 예를 들어, 한국의 경우 천연자원은 빈약하나 근면한 인력과 다수의 엔지니어를 양성하여 제조업에 특화된 역량을 창출하였다. 유사한 예로, 식민지에서 안정적으로 천연 인디고를 공급받은 영국과는 달리, 독일의 획스트(Hoechst)와 BASF는 해외 수입 의존도를 줄일 수 있는 합성 인디고를 개발하는 데 장기간 노력했고, 결과적으로 독일은 화학 산업의 강자가 될 수 있었다.[29]

그림 8-3 국가 경쟁력 결정 요인

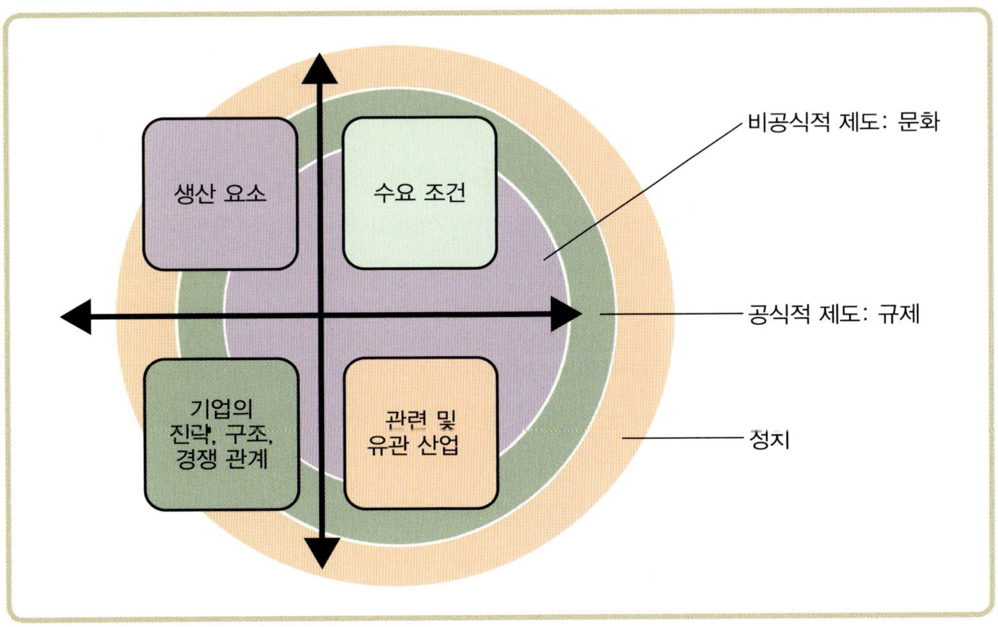

국가 우위의 두 번째 요소인 수요 조건은 기업이 경쟁하고 생산하는 모국 시장 소비자의 특성 및 규모에 의해 결정된다. 자국 시장의 소비자 규모가 클 경우 이러한 소비자 수요를 충족시키기 위해서는 기업은 생산 효율성을 달성할 수 있는 규모의 설비를 갖추어야 하고 이러한 대규모 생산 설비를 효과적으로 운영할 수 있는 핵심 역량을 개발하여야 한다. 이러한 역량의 향상이 이루어진다면 자국에서의 핵심 역량을 기반으로 해외 시장에 다각화할수록 더 큰 이익을 얻을 수 있기 때문이다.

이러한 예에 해당하는 사례로 사업의 규모의 경제 달성을 위해 장기간 노력하였으나 지나치게 많은 사업 분야에 진출한 치키터(Chiquita Brands International)를 들 수 있다. 최근에 이 기업은 바나나와 포장 샐러드에 사업의 초점을 맞추면서 중남미 바나나 생산의 약 3분의 1을 차지하고 있다. 또한 이 기업은 유럽 바나나 시장의 선도 기업이며 북미 시장 2위를 기록하고 있다. 치키터는 바나나 재배 및 유통에 관한 자사의 핵심 역량을 해외 시장에 집중해왔다. 그러나 2015년에 치키터는 오렌지, 사과, 복숭아 등 과일 사업에 다각화된 브라질 커트랄리(Cutrale Group)에게 인수되었다.[30]

포터의 국가 우위 모형의 세 번째 요소는 관련 및 지원 산업이다. 이탈리아는 관련 및 지원 산업 덕분에 구두 산업의 선도적 지위를 누려왔다. 예를 들어, 잘 발달된 가죽 가공 산업은 구두 관련 제품의 생산에 필요한 양질의 가죽을 제공한다. 또한, 많은 관광객이 가죽 관련 제품을 구매하기 위해 이탈리아를 방문한다는 점은 구두와 같은 가죽 제품 유통을 지원하는 요소가 된다. 가죽 가공용 기계 및 디자인 서비스 등 지원 산업의 도움도 이탈리아 구두 산업의 성공에 공헌하는 요소이다. 일본의 경우에는 카메라와 복사기가 관련 산업이 된다. 유사한 예로, 독일은 공작 기계, 벨기에는 숙련 제조업으로 유명하다.

국가 우위의 마지막 결정 요인으로는 기업의 전략, 구조, 및 경쟁 관계를 들 수 있다. 기업의 전략, 구조, 경쟁 관계의 유형은 국가마다 다양한 형태로 나타난다. 독일의 우수한 기술 훈련 체계는 지속적 제품 및 공정의 향상을 가져올 수 있다. 이탈리아의 자국 디자이너에 대한 자부심은 구두 산업뿐만 아니라 스포츠카, 패션의류, 가구 등 다른 산업의 경쟁력에도 기여할 수 있다. 미국의 경우, 컴퓨터 제조업자 및 소프트웨어 사업자 간의 경쟁이 해당 산업의 지속적 발전을 이끌고 있다.

국가 우위의 네 가지 결정 요인(그림 8-3 참조)은 특정 국가의 국가 우위를 결정하는 구조적 특성과 국가 요인에 기반을 둔 기업의 사업 차원 국제화 전략의 선택을 강조한다. 즉, 각국의 정부 정책이 국가 우위 결정 요인의 특성에 영향을 미칠 뿐만 아니라, 정부 정책의 범위 내에서 전략을 선택해야 하는 개별 기업의 경쟁 양상에도 영향을 미친다는 것이다.[31] 외부 환경을 분석할 때(2장 참조), 기업은 잠재적인 진출 대상 국가의 정부 정책에 대한 정보를 수집하여 이러한 각국의 정책이 다른 국가에 진출할 경우에 대비하여 자사의 경쟁력에 어떤 영향을 미칠지를 고려한다. 마찬가지로, 기업은 해당 산업에서 글로벌 차원의 경쟁을 하는 데 필요한 자원을 해당 국가 시장에 진출하여 획득하면 경쟁력이 상승할 수 있을지를 검토한다.

선도 기업은 국가 경쟁력이 강한 국가에 기반을 두었다는 점 자체가 성공적 사업 차원의 국제화 전략이 보장되는 것이 아니라는 점을 인식해야 한다. 해외 시장 진출 시에 경영자가 결정하는 실제 전략적 선택이 성공과 실패를 결정하기 때문이다. 따라서 〈그림 8-3〉에 설명된 국가 우위 요인은 특정 국가 우위 요인에 기반을 둔 적절한 사업 차원 국제화 전략이 수립되고 실행될 수 있는 기초를 제공할 뿐이다. 따라서, 각 국가 우위 요인들은 전략 수립시에 면밀한 검토가 필요하고, 서로 다른 국가 시장의 소비자 수요를 반영한 지속적인 조정이 필요하다. 예를 들어, 도요타의 렉서스(Lexus)는 중국의 고급차 시장에서 목표 시장 점유율을 달성하지 못했다. 따라서 도요타는 중국 시장에서의 자사 차별화 전략을 소비자 수요에 맞게 조정하고 있다. 그러나 여전히 BMW, 아우디 등 다른 고급차 브랜드의 성장 속도가 렉서스보다 빠르다. 산업 분석가들은 렉서스가 중국에 생산 설비를 갖추지 않아 25%에 달하는 수입 관세를 부담해야 하기 때문이라고 보고 있다.[32]

8-2b 기업 차원의 국제화 전략

이제까지 논의한 개별 사업 차원의 국제화 전략은 기업 전체 차원의 국제화 전략에도 기반을 두고 있다. 어떤 유형의 기업 차원 국제화 전략은 개별 현지국의 자회사로 하여금 독자적인 사업 차원 전략을 수립하도록 자율성을 부여하는 반면, 또 다른 유형의 기업 차원 국제화 전략은 국가 간의 자원공유와 제품 표준화를 위해 본사에서 모든 사업 차원 전략을 결정하기 때문이다.[33]

기업 차원 국제화 전략은 해당 기업이 지리적인 시장 다각화(geographic diversification)를 추구하는 과정에서 기업의 사업 범위에 초점을 둔다.[34] 따라서 기업 차원 국제화 전략은 기업이 여러 국가 시장 또는 지역(예: 동남아시아 또는 EU)에서 복수의 산업에서 경쟁하고 복수의 제품을 소비자에게 판매하고자 할 때 특히 중요하다. 〈그림 8-4〉와 같이, 기업 차원 국제화 전략은 글로벌 통합의 필요성과 현지 시장 대응의 필요성이라는 두 차원을 기준으로 세 가지 유형의 전략으로 구분할 수 있다.

그림 8-4 기업 차원의 국제화 전략

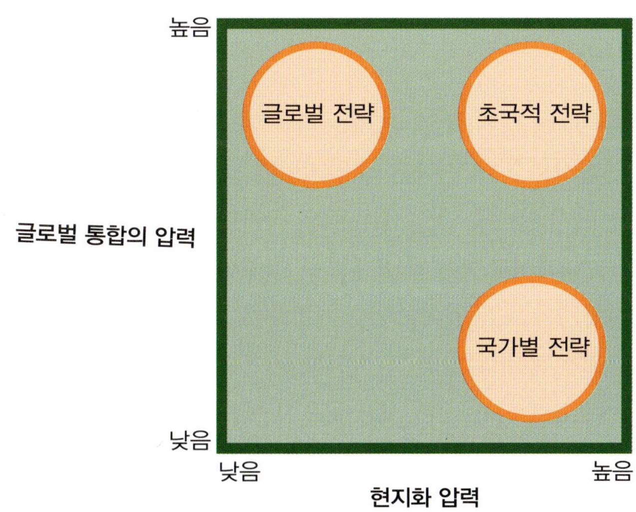

국가별 전략

국가별 전략은 전략 및 영업 의사결정이 개별 현지국의 전략사업단위에게 분권화된 전략이다.

*국가별 전략은 다국적 전략이라고도 한다. 하지만 다국적기업(multinational corporation)은 다양한 국제화 전략을 전개하므로 용어의 혼용을 방지하기 위해, 본 서에서는 국가별 전략라고 한다. – 역자주

국가별 전략(multidomestic strategy)은 전략 및 영업 의사결정이 개별 현지국의 전략사업단위(strategic business unit)에게 분권화된 전략이다. 국가별 전략*의 목표는 각 국의 전략사업단위 조직이 현지 시장에 적합한 제품을 제공하도록 허용하는 것이다.[35] 따라서 국가별 전략은 글로벌 통합의 필요성은 낮고 현지 시장 대응의 필요성은 높은 경우에 채택한다. 이러한 필요성에 영향을 미치는 요인인 기업이 인식하는 소비자 욕구, 산업 경쟁 상황, 법적/정치적 구조, 사회 규범 등은 현지국마다 다를 수 있다. 따라서 국가별 전략은 소비자 수요가 국가 단위로 세분화될 수 있다고 가정하고 국가별 경쟁에 초점을 맞춘다. 현지 소비자의 특정한 니즈와 수요를 충족시키기 위해 국가 또는 지역단위 관리자들이 자율권을 가지고 자사의 제품을 현지화한다. 그러므로 국가별 전략은 각 시장 특유의 요구 사항에 대한 경쟁적 반응을 극대화해야 한다.[36] 국가별 전략은 기업이 진출한 국가의 특성과 해당 국가 소비자의 특성의 차이가 뚜렷할 때 적합한 전략이다.

국가별 전략의 사용은 현지 고객의 니즈에 대응한다는 점 때문에, 개별 국가 시장에서의 시장 점유율을 높인다. 그러나 국가별 전략의 사용은 각 시장 간의 차이, 분권화된 의사결정, 국가 시장별로 상이한 사업 전략 등으로 인해 기업 차원의 지식 공유는 활발하게 이루어지지 않는다.[37] 또한 국가별 전략은 규모의 경제 효과를 허용하지 않으므로 비용을 증가시킨다는 단점이 있다.

유럽의 소비재 기업인 유니레버(Unilever)는 180개국 이상의 국가 시장에서 제품을 판매한다. 이 기업은 식품, 가정 용품, 개인 용품 등 3개 사업 영역에 걸쳐 400개 이상의 글로벌 브랜드를 보유하고 있다. 역사적으로 유니레버는 자사의 글로벌 브랜드를 관리하기 위해 분권화된 관리 방식을 사용해 왔다. 이 방식은 각 지역별 관리자로 하여금 서로 다른 시장의 소비자 수요에 맞게 제품을 현지화할 수 있는 자율권을 부여해왔다. 그러나 최근에는 유니레버도 보다 강력한 글로벌 브랜드의 구축을 위해 서로 독립적이던 자회사 간 활동의 조율을 강화하고 있다. 5개 글로벌 지역별 사장이 최고 경영진으로 구성되어 각 지역 시장 간의 조율이 이루어진다.[38] 이와 같이 유니레버는 국가별 전략에서 초국적 전략으로 방향 전환을 하고 있다.

글로벌 전략

글로벌 전략은 기업의 본사가 각 국가 또는 지역의 사업단위가 수행할 전략을 결정하는 방식을 말한다.

글로벌 전략(global strategy)은 기업의 본사가 각 국가 또는 지역의 사업단위가 수행할 전략을 결정하는 방식을 말한다.[39] 이 전략은 해당 기업이 글로벌 통합을 해야 할 필요는 큰 반면, 현지화를 할 필요는 크지 않다는 것을 의미한다. 국가별 전략과 비교하면, 글로벌 전략은 서로 다른 국가 시장에 대해서도 제품의 표준화를 추구한다. 따라서 글로벌 전략을 추구하는 기업은, 각국 소비자의 수요가 동질적이라는 가정하에, 동일한 제품을 생산하고 유통하여 규모의 경제를 달성하고자 한다. 글로벌 전략은 한 국가 시장에서 기업 차원의 혁신 활동을 통해 개발한 제품을 기반으로 다른 국가 시장에도 진출하고자 할 때 기회가 창출된다.[40] 글로벌 회계 기준의 향상도 이러한 글로벌 전략의 사용을 촉진한다.[41] 그러므로 글로벌 전략은 해당 기업이 진출한 국가 간 소비자 간 차이가 미미할 때 가장 효과적이다.

성공적 글로벌 전략의 실행에는 효율적 사업 운영이 요구된다. 해외 사업의 효율성 향상을

전략 포커스

거대 가구기업 이케아의 글로벌 전략

스웨덴에서 창업한 이케아는 우수한 디자인과 저렴한 가격의 가구 유통에 있어 글로벌 전략을 추구해왔다. 다른 글로벌 전략 추구 기업들과 유사하게 이케아도 글로벌 효율성을 강조한다. 특히 이케아가 배송 중량을 최소화하기 위해 채택하는 전략은 효율적인 포장이다. 효율적 포장을 통해 운송비를 절감하는 것은 "이케아 이윤 창출의 핵심"이 된다. 예를 들어 2011년에 이 기업은 식탁 다리 부분을 줄여서 중량과 재료비를 감소시킨 덕분에 Bjursta라는 레이블 식탁의 가격을 279유로에서 199유로로 인하하였다. 이케아는 점점 더 많은 제품에 효율성 향상에 초점을 두고 생산과 포장까지 염두한 제품 디자인을 하고 있다. 종종 이러한 효율성 추구는 소비자 불만족 증가라는 상충 관계에 직면하는데, 소비자 입장에서는 제품 조립 시의 복잡성이 포장의 효율성에 비례하여 커지기 때문이다. 따라서 조립의 편리성 또한 중요한 기준이 된다.

총 315개의 매장을 보유한 이케아는 2015년 한 해에만도 13개의 신규 매장을 열 계획이다. 인도에서는 첫 매장을 개설하기 위한 토지 매입을 추진하고 있다. 또한 27개국 중 13개국에서만 가능했던 온라인 사업의 매출도 증대하려 한다. 2013년에 2억 회에 불과하던 온라인 조회 수가 2014년에는 15억 회로 증가하였기 때문이다. 이에 따라 이케아는 온라인으로 주문하고 매장에서 수령하는 "click-and-collect" 방식의 확산을 추진하고 있다.

또한 도시 외곽의 주요 매장뿐만 아니라 상대적으로 매장 규모가 작은 시내 매장 개발에도 집중하고 있다. 물론, 도시 외곽 매장의 위치도 지하철역과 같은 교통 허브에서 도보로 접근할 수 있는 위치를 고수하고자 한다.

이케아의 사업이 효율성에 중점을 두기는 하지만, 새로운 국가 시장에 진출할 때는 오랫동안 시장을 조사한다. 특히 중산층이 두텁고 증가 속도가 빠른 개발도상국으로의 진출에 초점을 맞춘다. 중국 시장에 이미 진출했을 뿐만 아니라, 인도와 브라질 시장에도 진출을 고려하고 있다. 이들 국가 모두 중산층이 증가하는 경제 단계에 있다. 이러한 국가에서도 이케아는 자사만의 "스웨덴 스타일 가구 제품을 운반과 조립이 간단한 납작한 형태의 포장(flat packing)으로 제공하는" 전략을 추구한다.

최근의 이케아가 집중하는 전략은 건전한 지속가능성을 통해 기업 이미지를 향상시키는 것이다. 매장 지붕에 태양전지판을 부착한다거나 9개국에서 314개의 풍력터빈을 운영할 계획을 갖고 있는 등 2020년까지는 독자적 에너지를 사용할 수 있도록 마련하는 등 지속가능성 향상을 목표로 한다. 이케아는 가구 생산에서 발생하는 나무 찌꺼기와 포장에 사용되는 비닐 제품을 활용하여 Skrutt라는 책상용 깔개 제품을 생산한다. 또한 매장에서 LED를 사용하지 않는 백열전구를 단계적으로 철수하고 태양전지판 판매를 시작했다. 이러한 전략을 활용하여 이케아는 해외 시장 진출 시 사회적 책임(corporate social responsibility)을 다하는 기업 이미지 구축을 기대하고 있다. 나아가 이 과정에서 비용 절감도 동시에 추구할 수 있을 것으로 기대한다.

Face to Face/UPPA/Photoshot

이케아 매장 앞에 서 있는 창업주 잉그바르 캄프라드(Ingvar Kamprad).

출처: S. Chaudhury, 2015, IKEA's favorite design idea: Shrink the box, *Wall Street Journal*, June 18, B10; B. Kowitt, 2015, How IKEA took over the world, *Fortune*, www.fortune.com, March 13; M. Locker, 2015, IKEA is getting into the wedding business, *Time*, www.time.com, April 20; A. Molin, 2015, IKEA builds momentum in Europe, *Wall Street Journal*, www.wsj.com, January 29; J. Sanburn, F. Trianni, & D. Tsai, 2015, Find out why you overshop in IKEA, *Time*, www.time.com, March 17; C. Zillman, 2015, Here's how IKEA is fighting climate change, *Fortune*, www.fortune.com, June 11.

위해서는 서로 다른 시장 간에 자원 공유 및 조율이 필요하다. 또한 본사에 의해 계획된 집권적 의사결정이 자원의 공유 및 조율 방식을 결정한다. 연구 결과에 따르면 글로벌 전략 사용은 국가 간 지역 통합이 발생하는 사업 영역에서 더 효과적이다.[42]

전략 포커스에서 설명한 바와 같이, 이케아는 글로벌 전략을 실행해왔다. 이케아는 디자인, 포장 등을 포함한 다양한 경영 활동을 중앙집권적 방식으로 운영해 왔다. 따라서 기업의 가치사슬의 여러 보조적 기능도 통합적으로 운영한다. 이러한 통합과 집권화를 통해 이케아는 비용을 절감하고 생산성을 향상시키는 규모의 경제 효과를 누리고 있다.

초국적 전략은 기업이 글로벌 효율성과 현지화라는 두 가지 목표를 모두 추구하는 국제화 전략이다.

초국적 전략

초국적 전략(transnational strategy)은 기업이 글로벌 효율성과 현지화(local responsiveness)라는 두 가지 목표를 모두 추구하는 국제화 전략이다. 이 두 가지 전략적 목표를 모두 실현하는 것은 글로벌 통합의 달성을 위해 밀접한 글로벌 조율이, 현지화 달성을 위해 각국 자회사에 유연성 확보가 필요하다는 점에서 어려운 과제이다. 초국적 전략의 실행에는 "유연한 조율(flexible coordination)", 즉 통합된 네트워크를 통해 공유된 비전을 수립하고 각 자회사가 그 비전의 실행에 헌신하는 것이 요구된다. 통합된 네트워크를 통해 해당 기업은 고객, 공급자, 파트너와 시장 거래보다 더 효율적인 거래관계를 형성할 수 있다.[43] 이와 같이 상충되는 목표 때문에 초국적 전략은 사용하기 어렵다. 초국적 전략의 장점은, 효과적으로 실행하기만 하면, 국가별 전략 또는 글로벌 전략을 채택한 기업보다 우월한 성과를 얻을 수 있다는 점이다.[44]

해외 시장에서 성공적으로 경쟁하기 위해 초국적 전략은 점점 더 중요해지고 있다. 첫 번째 이유는 글로벌 경쟁자에 의한 원가 절감 압력이 거세지고 있기 때문이다. 동시에, 소비자의 특정한 니즈를 충족시켜야 하는 특화된 제품의 제공 필요성도 증가하고 있다. 국가 간 문화적 제도적 환경의 차이도 제품의 현지 시장별 차별화 필요성을 높이는 요소이다. 그러나 해외 시장에서 성공적으로 경쟁하기 위해 반드시 초국적 전략이 필요한 것은 아니라는 주장도 있다. 이러한 주장은 대부분의 다국적기업들은 국가단위보다는 유럽연합과 같은 지역단위(regional level)로 경쟁한다는 점에 기반을 두고 있다. 이러한 주장에 따르면, 현지국 시장에 특화된 제품을 제공함과 동시에 규모의 경제를 통한 원가 절감을 추구해야 할 필요성은 상대적으로 감소한다.[45]

반면, 글로벌 시장 경쟁에 따른 복잡성은 초국적 전략 사용의 필요성을 증가시킨다. 몬델리즈(Mondelez International)는 빠르게 성장하는 스낵류 사업에 집중하기 위해 크래프트(Kraft)에서 분사된 기업으로 설립되었다. 몬델리즈는 2014년에 매출액 340억 달러를 기록하였고 파워 브랜드(글로벌 브랜드)와 로컬 브랜드를 모두 보유하고 있다.[46] 파워 브랜드 사업의 글로벌 통합과 로컬 브랜드의 현지화를 모두 달성하기 위해 몬델리즈는 초국적 전략을 추구한다. 이 기업은 비스킷, 초콜릿, 캔디의 글로벌 시장 리더이며 추잉검과 커피의 세계 시장 2위이다. 이 기업 매출의 약 45%가 신흥 시장에 판매되는 다양한 브랜드에 의해 발생하기 때문에 몬델리즈는 자사의 전략을 이에 맞게 조정해야 한다. 예를 들어, 최근에 구글과 온라인 및 소셜 미디어 광고계약을 체결했을 뿐만 아니라, 각 브랜드별로 로컬 브랜드인지 글로벌 브랜드인지 결정하여 광고비 지출을 결정해야 한다.[47]

초국적 전략을 실행하는 몬델리즈의 다양한 국제 브랜드.

8-3 환경적 요인

초국적 전략이 실행상의 어려움이 존재하나 점점 더 많은 산업에서 격화되는 글로벌 경쟁에 대응하여 글로벌 생산 효율성의 중요성을 강조하고 있다. 동시에, 이들 제품의 현지 수요에 적응하기 위한 맞춤식 제품의 제공 필요성도 증가하고 있다. 이러한 현지화 요구는 소비자(소비자 기호에 따른 현지화 요구)뿐만 아니라 현지국 정부(정부 규제에 따른 현지화 요구)에 의해서도 제기된다. 게다가 넷플릭스 사례에서 살펴본 바와 같이, 많은 다국적기업이 국가 간 긴밀한 조율과 자원 공유를 통해 비용 절감을 추구한다.[48]

이러한 조건 때문에 사업 분야가 다각화된 일부 거대 다국적기업은 특정 사업 분야에 대해서는 국가별 전략을, 또 다른 사업에 대해서는 글로벌 전략을 사용한다. 지속적 환경 변화 때문에 많은 다국적기업이 이러한 전략적 유연성을 선호한다.

기업의 국제화 전략, 특히 기업 차원의 국제화 전략 선택에 영향을 미치는 두 가지 중요한 환경적 요인인 외국인 비용과 지역화에 대해 논의하기로 한다.

8-3a 외국인 비용

도요타나 소니 같은 일본 기업이 1980년대에 미국 및 국제 시장에서 눈부신 성공을 거두었기 때문에 미국 기업 경영자들도 해외 시장에서 경쟁하는 국제화 전략의 중요성을 깨닫기 시작했다. 또한 21세기 들어 BRIC(브라질, 러시아, 인도, 중국) 등 신흥 시장에서의 시장 기회는 많은 선진국 기업의 해외 시장에 대한 관심을 증가시켰다. 또한 다른 신흥 시장 국가에서도 급속한 경제 성장, 인터넷 보급, 법치주의의 향상 등 시장 환경이 개선되었다.[49] 그러나 BRIC 국가처럼 매력적으로 평가되는 해외 시장에서조차도, 이들 국가에 진출하는 기업에게 위험 요인 또한 지적된다. 기업이 해외 시장의 경제적, 행정적, 문화적 차이로 인해 익숙하지 않은 사업 환경에 직면할 때 발생하는 다양한 비용을 외국인 비용(liabilities of foreignness)라고 한다.[50] 익숙하지 않은 해외 시장에 외국 기업으로서 진출할 때 직면하는 일련의 비용을 의미한다.[51] 외국인 비용을 발생시키는 국가 간 차이는 크게 문화적, 정부 규제, 지리적, 경제적 거리 등 크게 네 가지 유형으로 구분할 수 있다.[52]

디즈니는 해외 시장에 놀이공원 사업 진출 시 다양한 외국인 비용을 경험하였다. 예를 들어 디즈니는 파리 디즈니랜드와 관련하여 소송을 당했다. 디즈니 본사로부터 이전된 인사 정책과 프랑스 종업원 간의 갈등이 있었기 때문이다.[53] 디즈니는 이러한 경험을 통해 홍콩 디즈니랜드 설립 시에는 "놀이공원에 대한 현지 기호에 맞추기 위해 본사 방침으로부터 탈피"하는 전략을 채택하였다.[54] 디즈니랜드의 사례에서 보는 바와 같이, 해외 시장에 진출하는 기업들은 본국과 현지국 간 문화적, 정부 규제, 지리적, 경제적 거리를 고려하여 이들 중 어느 유형의 거리가 외국인 비용을 크게 발생시킬 수 있는지 고려하여야 한다.

8-3b 지역화

지역화(regionalization)는 국제화 전략의 선택에 영향을 미치는 두 번째 글로벌 경영 환경 요인이다. 지역화 추세는 기업이 어디에서 경쟁할지 선택함에 따라 경쟁력이 결정될 때에 더 현저해진다.[55] 따라서 각 기업은 해외 시장 입지 선정에 있어 특정 개별 국가 단위로 진출을 결정할 것인지, 아니면 지역 시장을 기준으로 진출을 결정할지 선택해야 한다.

최근의 추세는 순수한 글로벌 전략은 실행상의 어려움으로 인해 채택 빈도가 낮은 편이다. 인터넷 기반의 전략을 사용하는 기업의 경우에도 국가 간 국경은 영향을 미치기 때문이다.[56] 또한, 한정된 경영 자원과 고객을 상대로 한 치열한 경쟁 요구가 서로 다른 지역에 위치한 각 개별 국가 시장에 모두 집중하기보다는 특정 지역에 집중하도록 제약하는 요인이다. 따라서 지역적 집중(regional focus)은 기업이 복수의 국가 시장에서 한정된 경영 자원으로 인해 어려움을 겪기보다 효과적으로 경영 자원을 활용할 수 있도록 유도한다.[57]

그러나 국가 간 차이가 심해 국가별 전략을 채택해야 하는 산업에서는 보다 협소한 지역 시장에 초점을 맞추어 전략을 실행할 가능성이 있다. 이러한 집중화를 통해 진출 시장의 문화, 법률, 사회적 규범을 더 잘 이해할 수 있기 때문이다. 예를 들어, 아시아 시장에만 집중하는 기업은 중동, 유럽, 아시아 등 세 지역 모두에서 경쟁하는 기업보다 더 동질적 특성을 가진 시장을 상대로 국가 시장 간 조율과 자원 공유가 가능해진다. 이러한 방식으로, 자사가 경쟁하는 시장에 대한 이해도를 높이고, 국가별 전략을 채택해야 하는 입장임에도 불구하고 일정 수준의 규모의 경제 달성이 가능하다. 연구 결과에 따르면 대부분의 거대 유통 기업은 순수한 글로벌 사업자보다는 특정 지역에 기반을 둔 경우 성과가 높게 나타났다.[58] 많은 기업이 자국 시장에 인접한 국가들에 주로 진출하는 경향을 보인다.[59]

각국이 자국이 속한 지역의 경제력을 증대하기 위해 결성하는 경제 통합 노력이 이러한 지역화 현상을 가속화한다. 유럽연합과 남미의 OAS(Organization of American States)는 각 지역에서 국가 간 무역을 촉진하기 위해 체결된 경제 통합의 대표적인 예이다.[60] 많은 유럽 기업이 유럽연합이 유럽을 단일 시장으로 만들려는 정부 간 노력이라는 점을 활용하여 유럽 내에서 기업 인수를 하고 사업 활동을 통합하여 범유럽 브랜드를 구축하려고 한다. 이러한 과정은 경제 통합 협정에 신규 가입국이 추가되는 동안 지속될 가능성이 높다.

북미자유무역협정(NAFTA)은 미국, 캐나다, 멕시코 간에 무역 활성화를 위해 1993년에 체결되었다. NAFTA는 역내 사업 활동에 대해 각종 제약을 완화시켜주고 지역 기반의 국제화 전략을 추구할 수 있는 기회를 제공한다.[61]

대부분의 기업이 지역 시장 권역 내 가장 익숙한 시장에서 시장하여 순차적으로 진출한다. 또한 가장 성공 가능성이 높은 핵심 사업부터 순차적으로 진출한다. 추가적으로 진출하는 후속 사업은 대개 최초 투자 지역으로 진출한다.[62] 그러나 연구 결과에 따르면 이러한 입지 결정은 시장 규모와 산업 특성의 영향을 받는다.[63]

지역화는 전 세계 다양한 지역에 진출한 다국적기업에게도 중요한 의미를 가진다. 예를 들어, 대부분의 거대 다국적기업들은 조직 구조를 설계할 때, 관리 및 조율을 위해 동일지역 내 서로 다른 국가의 사업을 동일 부서에 편제시킨다. 지역단위로 다국적기업의 사업을 관리하는 것은 서로 다른 국가 시장의 복잡성에 대응하는 효과적인 방법이다. 넷플릭스 사례에서 시사하는 바와 같이, 관리하는 지역 시장의 수가 증가할수록 그 장점에도 불구하고 더 많은 비용이 발생한다.

8-4 해외 시장 진출 방식 선택

기업이 해외 시장에 진출하는 방식은 크게 다섯 가지로 분류된다. 각 진출 방식의 명칭과 특징은 <그림 8-5>에 정리되어 있다. 각 진출 방식은 모두 고유의 장점과 단점이 있으므로 그 성공 여부는 국제화 전략의 실행에 달려있다.[64] 다수 국가 시장에서 경쟁하는 기업은 하나의 진출 방식을 고수하기도 하지만 많은 경우에 다섯 가지 진출 방식 모두를 사용한다.[65]

8-4a 수출

수출은 많은 기업이 해외 시장 진출 시 최초로 사용하는 진출 방식이다.[66] 수출은 국내 시장에서 생산한 제품을 해외 시장에 판매하는 진출 방식을 말한다.[67]

미국 중소기업의 국제화 전략 채택은 증가하고 있으며 2018년까지 약 50%의 미국 중소기업들이 수출을 통해 기업 국제화를 추진할 것으로 예상된다.[68] 수출을 통해 기업은 현지국에서 직접 사업을 운영해야 하는 비용을 피할 수 있다. 그러나 수출의 경우에도 마케팅 및 제품 유통의 수단은 구축해야 한다. 대개, 현지국 기업과 계약을 맺어 마케팅과 제품 유통을 담당하게 한다. 수출에 수반되는 비용으로는 수송비와 관세에 따른 비용을 들 수 있다. 또한, 현지국 기업으로 하여금 마케팅과 유통을 담당하게 함으로써 지나치게 비용이 증가한다면 수출

그림 8-5 진출 방식과 특징

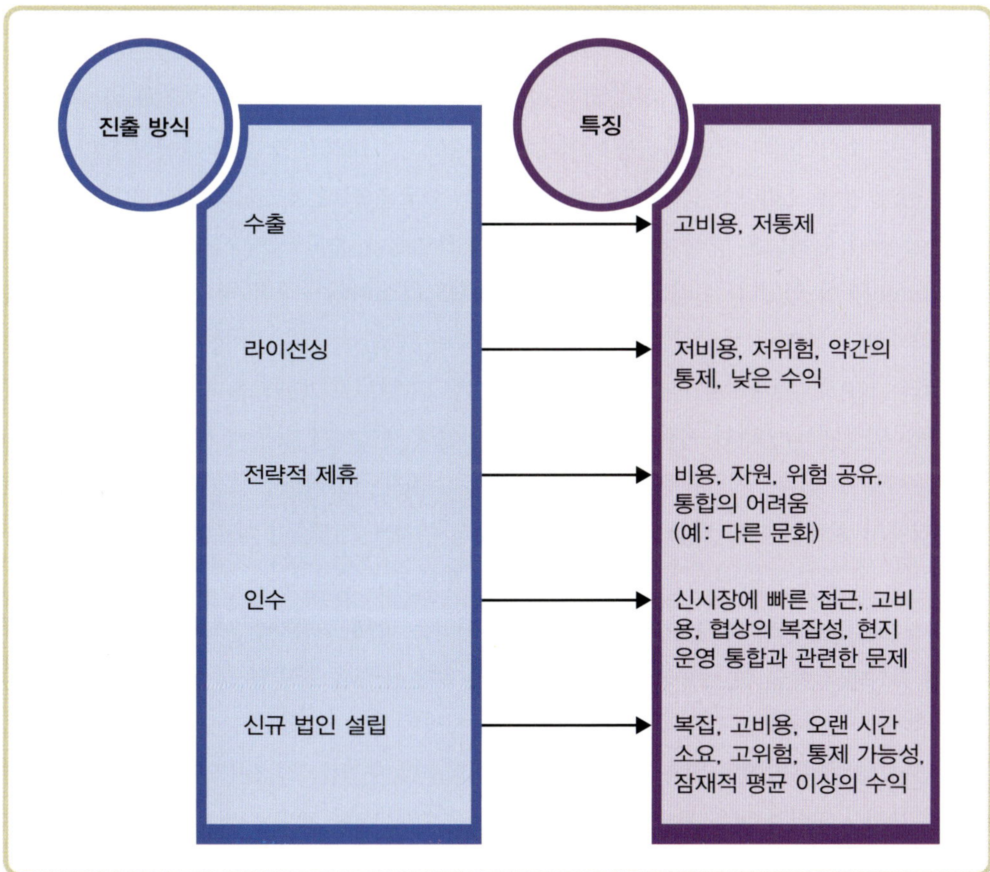

을 통한 이윤 창출이 어려울 수 있다.[69] 연구 결과에 따르면 선진국 시장에서 원가 우위 전략의 수출을 추구할 때와 신흥 시장에 차별화 우위 전략의 수출을 추구할 때 성과향상 효과가 가장 좋은 것은 나타났다. 이 두 경우 모두, 강력한 경영진과 시장 지향성(market orientation)과 관련한 역량을 갖추고 기업의 역사가 비교적 짧은 신생 기업들이 보다 더 성공적인 것으로 나타났다.[70]

수출 기업들은 대부분 자신의 생산 설비와 지리적으로 인접한 국가에 수출함으로써 수송비를 절감하고 지리적 유사성에 따른 장점을 극대화하려고 노력한다. 예를 들어, 미국의 북미자유무역협정 파트너인 멕시코와 캐나다는 텍사스주 수출의 절반 이상을 차지한다. 인터넷 기술도 기업의 수출을 보다 쉽게 해준다. 기업의 규모가 작더라도 인터넷을 통해 현지국의 경쟁 상황과 잠재적 고객 명단 등 목표 시장에 대한 중요한 정보에 접근하고 활용할 수 있기 때문이다.[71] 정부 또한 기업들이 수출 및 수입 면허를 신청하는 등의 무역 관련 활동을 인터넷으로 할 수 있게 지원하여 무역 활성화에 기여한다.

8-4b 라이선싱

라이선싱은 현지국 시장의 기업과 계약을 체결하여 라이선싱을 허가받은 현지국 기업(라이선시licensee)이 해외 시장에서 활용하고자 하는 경쟁 우위를 보유한 기업(라이선서licensor)의 제품을 제조하고 판매하는 권리를 취득하는 방식의 진출 방식이다.[72] 라이선서는 통상적으로 제조 또는 판매되는 제품량에 비례하여 로열티를 지급받는다. 라이선시는 당사자 위험 부담 하에 생산 설비에 투자하고 제품을 마케팅, 유통시키는 역할을 담당한다. 결과적으로, 라이선싱은 해외 시장 다각화에 있어 가장 적은 비용의 진출 방식이 될 수 있다. 수출과 마찬가지로, 라이선싱도 중소기업과 비교적 신생 기업에게 더 매력적인 해외 시장 진출 대안이 된다.[73]

전 세계 담배 소비량의 약 3분의 1을 차지하는 중국은 담배 제조업자에게 거대한 시장이다. 미국 담배 업체들은 중국 시장에 진출하고자 하였으나 중국 국영 사업자의 로비로 인해 진출의 어려움이 있었다. 이러한 문제 때문에 필립모리스(PMI)는 중국 국영 사업자들과 계약을 체결하였다. 2005년 체결된 CNTC(China National Tabacco Corporation)와 라이선싱 계약을 통해, 라이선시인 CNTC는 세계에서 가장 유명한 담배 브랜드인 말보로 브랜드를 사용할 수 있게 되었다.[74] PMI 입장에서는 해외 직접 투자가 아닌 라이선싱 계약이기 때문에, 중국 사업자가 유통망을 통제할 수 있다. 중국의 독점 국영 사업자인 CNTC는 이 라이선싱 계약을 통해 일부 해외 시장에서 자체 브랜드 제품을 유통시키는 합작 투자도 PMI와의 파트너십을 통해 시작할 수 있었다. 이 중국산 담배는 체코와 폴란드 등에 유통되고 있다.[75]

라이선싱 진출 방식을 통한 또 다른 잠재적 편익은 국내 시장뿐만 아니라 해외 시장에서 기업의 혁신에 기반을 둔 제품을 판매함으로써 더 많은 수익을 창출할 수 있다는 점이다.[76] 국내 시장에서만 판매하는 대안과 비교할 때, 해외 시장에서도 자사의 혁신적 제품이 판매됨으로써 연구개발에 투자했던 비용을 보다 신속하게 회수할 수 있는 장점이 있다. 또한 이러한 편익을 추가적인 위험과 비용 부담을 최소화하고 얻을 수 있다는 점도 장점이다.

라이선싱의 단점은, 라이선서 입장에서 일단 라이선싱을 시작한 이후에는 제품에 대한 통제 권한을 갖지 못한다는 점이다. 라이선싱 계약 체결 과정에서, 양측 당사자의 이해관계를 보호하고 당사자 간의 관계 결속력을 강화하는 노력이 이러한 단점을 완화시킬 수 있다.[77] 또한, 라이선싱은 계약 당사자 간에 이익을 공유해야 하기 때문에 이익 극대화에 적합한 진출 방식은 아니다. 또 다른 라이선싱의 단점은 라이선시가 계약 종료 후에 해당 제품을 모방한 경쟁 제품을 출시할 가능성이 있다는 점이다. 이러한 예로는, 고마쓰(Komatsu)가 캐터필러(Caterpillar)와 경쟁하기 위해 초기에는 여러 미국 기업으로부터 기술을 라이선스 받았다. 이후에 이 기술을 활용한 자사의 독자적인 제품을 출시하였다.[78] 이러한 단점으로 인해 라이선싱 계약 당사자는 각 당사자의 이익을 최대한 보장받은 후에 계약을 확정해야 한다.

8-4c 전략적 제휴

기업의 국제화 전략 채택과 관련하여 전략적 제휴는 그 사용 빈도가 점점 증가하고 있다.[79] 전략적 제휴는 기업이 다른 기업과 해외 시장에 진출하기 위한 목적으로 협력하는 전략을 말한다.[80] 전략적 제휴 선택 시, 해당 기업은 파트너 기업과 해외 시장에 진출하는 과정에서 필요한 경영 자원을 공유하고 위험을 같이 부담해야 한다.[81] 또한 파트너가 전략적 제휴의 성공을 위해 자신의 고유한 경영 자원을 투입하게 되기 때문에 이를 통한 새로운 역량의 개발도 가능하며, 특히 기업의 경쟁력 향상에 공헌하는 핵심 역량도 개발할 수 있는 기회가 된다.[82] 실제로, 새로운 역량을 개발하고 어떻게 사용할지 학습하는 것은 기업이 전략적 제휴를 진출 방식으로서 선택하는 핵심목적이 된다.[83] 특히 전략적 제휴를 통해 기술적 역량을 개발하고 관리하는데 파트너와의 신뢰를 구축하는 것이 중요한 역할을 한다는 점을 인식할 필요가 있다.[84]

프랑스 기업 리마그랭(Limagrain)은 자회사인 발모앵&씨에(Vilmorin & Cie)를 통해 세계 4위의 종자 생산 기업이다. 리마그랭의 전략은 지속적으로 새로운 해외 시장에 진출해서 경쟁하는 성장 방식을 추구한다. 특히 리마그랭은 전략적 제휴를 진출 방식으로 사용한다. 2011년에 이 기업은 브라질의 종자 기업인 세멘테스 게라(Sementes Guerra)와 전략적 제휴를 체결하였다. 두 기업은 합작 투자의 명칭을 Limagrain Guerra do Brasil로 정했으며 합작 투자의 초점은 옥수수의 생산이었다. 게라는 옥수수와 밀 생산 및 종자 연구에 특화된 기업이다. 리마그랭은 브라질 진출 이전에 미국에서 성공적 합작 투자 경험을 갖고 있었다. 이 합작 투자의 명칭은 AdReliant Genetics로 주로 옥수수 및 콩 생산에 초점을 맞추었다.[85]

해외 시장 진출 목적의 전략적 제휴가 항상 성공적인 것은 아니다.[86] 양립성이 부족한 파트너로 인해 파트너 간 갈등이 발생하면 전략적 제휴를 통한 진출은 실패 가능성이 높다. 또 다른 이슈는 국제 전략적 제휴는 특히 관리하기 어렵다는 점이다. 파트너 간 신뢰는 조심스럽게 관리해야 할 제휴의 중요한 측면이다. 파트너 간 신뢰 정도가 제휴의 성공에 강한 영향을 미치기 때문이다. 따라서 제휴의 성공 확률은 파트너 간 신뢰 수준이 높아질수록 커진다. 신뢰의 구축을 위한 노력은 최소한 다음과 같은 네 가지 요소에 의해 영향을 받는다. 관계의 초기 조건, 합의에 도달하는 협상 과정, 파트너 간 상호 관계, 그리고 외부적 요인.[87] 그리고 신뢰는 제휴에 참여하는 파트너의 국가 문화와 각 파트너의 모국 정부 간의 관계에 영향을 받는다.[88] 제휴에 참여하는 기업들은 적절하게 신뢰를 관리하기 위해 이러한 이슈를 숙지하여야 한다.

연구 결과에 따르면, 기업이 제휴에 대해 소유권 기반의 통제 권한을 가질 수 있는 지분 제휴 방식이 더 수익률을 높일 수 있는 것으로 나타났다.[89] (지분 제휴 방식의 전략적 제휴에 대해서는 9장에서 논의함.) 그러나 제휴를 통해 새로운 역량을 개발할 때 신뢰가 요구된다면, 지분기반의 통제는 관계형성의 장애물이 될 수도 있다. 신뢰는 아웃소싱의 경우와 같이 기업이 가치사슬에서 복수의 파트너가 공급업자가 되어 거래를 할 때 특히 중요하다.[90] 전략적 제휴를 진출 방식으로 선택해서 파트너 간 갈등이 관리하기 어려운 수준인 경우 인수 방식이 해외 시장에 진출하기 위한 더 나은 대안이 될 수 있다.[91]

8-4d 인수 방식 진출

한 기업이 해외 시장 진출을 위해 다른 기업을 인수할 때, 이를 국제 인수(cross-border acquisition) 방식 진출이라고 한다. 보다 구체적으로, 일국의 기업이 다른 국가의 기업의 지분 일부 또는 전부를 취득함으로써 해외 시장에 진출하는 방식을 말한다.[92]

글로벌 시장에서 자유무역이 증가함에 따라 기업들은 다수의 국제 인수를 시도하고 있다. 이와 같은 국제 인수 방식 진출 증가의 원인으로는 새로운 시장에 신속하게 진출할 수 있다는 점을 들 수 있다. 실제로, 위 다섯 가지 해외 시장 진출 방식 중 인수 방식이 종종 해외 시장에 가장 신속하게 진출할 수 있는 방식이다.[93]

LAURIE DIEFFEMBACQ/Getty Images

아홀트의 대표이사(왼쪽)와 벨기에의 라이벌 기업 델하이즈의 대표이사가 국제 식품 유통망 합병 발표 전 악수하고 있다.

예를 들어, 유럽의 두 거대 슈퍼마켓 체인이 미국 시장에 큰 영향을 미칠 수 있는 합병을 시도해왔다. 네덜란드 기업인 아홀트(Ahold)와 벨기에 기업인 델하이즈(Delhaize) 간의 290억 달러 규모 합병 제안은, 성사되면 미국 소매 유통 시장 점유율 4.6% 매출액 기준 4위의 거대 사업자를 탄생시킬 예정이다. 아홀트는 미국 온라인 소매업체인 피팟(Peapod)을 소유하고 있으며, 델하이즈는 벨기에 외에도 그리스에 알파베타체인(Alpha Beta Chains)을 그리고 동유럽에도 매장을 보유하고 있다.[94]

흥미롭게도 해외 인수를 사용하는 기업들은 정부 부패가 기업 거래에 영향을 미치는 국가에는 진출하지 않는 경향이 있다. 오히려, 기업들은 정부 부패가 이슈가 되는 국가에 합작 투자 방식으로 진출하기를 선호한다. (합작 투자는 두 개 이상의 기업이 법적으로 독립된 기업을 설립하여 경영 자원을 공유하고 사업을 운영하는 전략적 제휴의 한 방식이다. 보다 자세한 논의는 9장 참조). 그러나 합작 투자는 정부 부패가 심한 국가에서의 사업 경험이 있는 기업의 경우에는 실패 확률이 상대적으로 낮기는 하지만 일반적으로 실패 확률이 높다. 이러한 국가에 인수가 이루어질 때, 인수 기업은 일반적으로 더 적은 인수 프리미엄을 지급한다.[95]

비록 인수 방식 진출이 매력적이기는 하지만, 인수 방식 진출에는 비용이 발생하며 쉽게 거래를 성사시키거나 운영할 수 있는 것은 아니다. 해외 인수에는 국내 시장 인수에 비해 몇 가지 단점이 존재한다(7장 참조). 또한, 해외 인수는 종종 거래 성사를 위해 부채를 통한 자본 조달이 필요하며 이는 추가적 비용을 발생시킨다. 해외 인수 시 기업이 고려해야 할 추가적 이슈는 해외 인수의 협상 과정에서의 복잡성은 국내 시장 인수 과정에서의 복잡성과 비교할 때 지나치게 높다는 점이다. 인수 협상을 위해 피인수 기업 모국의 법률 및 규제 요건에 대한 적절한 정보를 취득하는 것은 빈번한 어려움 중의 하나이다. 또한 피인수 기업을 인수 기업과 하나의 기업으로 통합하는 작업 역시 국내 인수에 비해 복잡하다. 해외 인수 거래를 성사시킨 기업은 상이한 기업 문화와 사회문화적 관행에 직면하기 때문이다.[96] 이러한 차이점은 인수 후 통합 과정을 어렵게 만드는데 문화적 차이로 인해 통합 작업이 지연되면 인수를 통한 잠재적 시너지 창출을 어렵게 만든다.[97] 그러므로 해외 인수는 새로운 시장에 신속한 접근을 가능하게 해준다는 점 때문에 매력적인 진출 방식이기는 하지만, 해외 인수를 고려하는 기업은 이에 수반되는 비용과 위험 요인을 충분히 인식해야 한다.

8-4e 신규 설립 단독 투자

신규 설립 법인은 다른 국가 시장에 직접 단독 투자한 자회사를 설립하는 진출 방식이다.

신규 설립 법인(greenfield venture)은 다른 국가 시장에 직접 단독 투자한 자회사를 설립하는 진출 방식이다. 신규 설립 법인을 만드는 과정은 종종 복잡하고 비용이 많이 발생할 수 있지만, 기업의 국제화 전략을 실행하는 데 있어 최대 한도의 사업통제와 경쟁력 향상에 기여할 수 있는 잠재력을 보장해준다. 이러한 잠재력은 강력한 무형적인 역량을 기반으로 신규 설립 법인 투자를 하는 기업에게 더 잘 실현될 수 있다.[98] 특히, 해외 시장 사업에 대해 더 많은 통제 권한을 갖는 것은 독점적 기술(proprietary technology)을 보유한 기업일수록 더 유리하다.

연구에 따르면, 단독 투자 자회사에 주재원(expatriate staff)을 파견하여 경영하는 것은 "최종 고객과의 밀접한 교류"와 "고난도의 전문적 능력 및 특화된 노하우"가 요구되는 서비스 산업에서 더 선호하는 경향이 있다.[99] 또 다른 연구에 따르면 신규 설립 단독 투자는 사업의 성공 여부가 자본 집약적 제조 설비의 질에 의해 결정되는 경우 더 많이 사용된다고 한다. 이와 대조적으로, 해외 인수의 경우는 기업의 사업이 인적 자본 집약적인 경우에 사용할 가능성이 높은 진출 방식이다. 예를 들어, 인수 기업의 모국과 피인수 기업의 모국 간 문화적 거리가 멀고 현지국의 노동조합이 강력한 경우 신규 설립 투자를 통해 지식을 이전하는 것은 어려울 수 있다.[100]

신규 설립 투자에 수반되는 위험은 새로운 국가 시장에 새로운 사업을 설립하는 데에는 막대한 비용이 투입되어야 한다는 점을 감안할 때 높다고 볼 수 있다. 해외 시장에서의 신규 사업을 지원하기 위해, 기업들은 현지국 출신의 전문가를 고용하거나 컨설턴트를 고용하기도 한다.

이러한 새로운 지식과 전문가는 새로운 설비의 구축, 유통망의 설립, 새로운 시장에서의 성공에 필요한 마케팅 전략의 학습 등을 위해 필요하다.[101] 중요한 점은, 이러한 학습 과정에서 단독 투자를 한 기업은 자사 제품의 기술, 마케팅, 유통에 대한 통제 권한을 유지한다는 점이다. 연구 결과에 따르면, 현지국의 국가 위험이 큰 경우, 기업은 단독 투자 대신 합작 투자를 통해 진출하는 것을 선호한다고 한다. 그러나 해당 국가에서 과거 사업 경험이 있는 기업은 합작 투자 대신 단독 투자를 선호하기도 한다.[102]

중국은 월마트와 같은 외국 유통업체에게 거대한 시장 규모와 구매력 때문에 매력적 시장이 되었다. 예를 들어, 2005년까지 300개 이상의 해외 유통업자들이 중국 시장에 진출하였으며 이들 외국 기업 상당수는 신규 설립 투자를 선택하였다. 중국은 문화적으로도 독특한 시장이지만, 정부의 통제와 개입으로 인해 독특한 시장 환경을 제공한다. 지방정부 및 중앙정부와의 좋은 관계는 중국에서의 외국 기업의 성공에 매우 중요하다. 이러한 환경적 복잡성과 어려움 때문에, 매력적인 시장 기회에도 불구하고 중국 시장에서의 해외 유통기 업의 성공은 쉽지 않았다. 향후의 해외 유통 기업의 중국 내 사업 확장은 알리바바(Alibaba)와 같은 온라인 유통 기업과의 경쟁으로 인해 더 어려워질 전망이다. 따라서 중국과 같은 독특한 시장에 진출하는 경우 진출 방식 선택에 있어 더욱 숙고할 필요가 있다.[103]

8-4f 진출 방식의 다이나믹스

앞에서 살펴본 바와 같이 해외 시장 진출 방식의 결정에 다양한 요인이 영향을 미친다. 최초의 해외 시장 진출은 흔히 해외 생산의 전문성을 요구하지 않는 수출 방식에 의해 이루어진다. 고마쓰의 예에서 살펴본 바와 같이, 라이선싱은 해외 시장 진출에 필요한 제품 향상을 촉진시킬 수 있다. 전략적 제휴는 진출 대상 시장의 경험을 이미 보유한 파트너와 연계할 수 있다는 점에서 빈번히 사용되는 진출 방식이다. 이러한 장점 때문에, 신흥 시장과 같이 불확실성과 위험 수준이 큰 시장에 지역적으로 다각화하는 기업은 전략적 제휴를 선호한다. 그러나 신흥 시장에서 자사의 지적재산권이 보호되기 어렵거나, 산업 내 기업의 수가 빠르게 증가하고, 글로벌 통합의 필요성이 높으면 단독 투자 자회사 설립과 같은 진출 방식이 선호된다.[104] 결론적으로, 수출, 라이선싱, 전략적 제휴 모두 해외 시장에 처음 진출하여 교두보를 구축하는 진출 방식으로서는 효과적인 수단이 될 수 있다.

인수 방식과 신규 설립 방식, 때로는 합작 투자 방식의 진출은 해외 시장에서 보다 강력한 사업 근거를 마련하고자 할 때 사용된다. 에어버스와 보잉 같은 항공 제조업체들은 거대 시장으로의 진출을 활성화하기 위해 합작 투자를 사용해 왔으며, 탈레스(Thales SA)는 해외 시장 진출을 위해 인 수방식을 활용한다. 일본 자동차 업체 도요타의 경우 미국 시장 진출에 신규 설립 단독 투자와 합작 투자를 활용하였다. 자사의 효과적 제조 공정에 대한 통제 권한을 유지하기 위해 도요타는 신규 설립 방식 투자를 선호하였고, 공급업자와의 사업 조율 및 연구개발 활동을 위한 지역 센터를 미시건에, 그리고 북미 지역 본사는 텍사스에 설립하였다.[105] 인수 방식 및 신규 설립 투자 모두 기업의 국제화 전략 발전 단계에서 후반부에 선택될 가능성이 높다.

글로벌 시장에 진출하기 위해 각 기업은 자사가 처한 상황에 가장 적합한 진출 방식을 선택해야 한다. 어떤 경우에는, 다양한 진출 방식 대안이 수출에서 시작해서 신규 설립 투자로 순차적으로 선택된다. 또 다른 경우에는, 서로 다른 국가에서 각각 다른 진출 방식을 선택한다. 각각의 해외 시장 진출 결정 상황에서 어떤 진출 방식을 선택할지는 산업의 경쟁 상황, 현지국의 정부 정책, 기업 특유의 경영 자원 및 핵심 역량 등 다양한 요소를 모두 고려하여야 한다.

멕시코의 대기업 펨사(FEMSA)는 최근에 여러 국가, 특히 다른 중남미 국가에 주로 진출하였다. 특히 브라질에서는 일련의 인수를 통해 음료 사업을 확장하였다. 펩사는 코카콜라의 최대 병입 생산 기업이기도 하다. 이 기업의 해외 시장 확장에서 주로 사용한 진출 방식은 인수이며 이는 국내 성장 과정에서 인수에 의존한 경험이 크게 작용하였다.[106]

8-5 국제화 전략의 위험 요인

기업의 국제화 전략은 다각화된 지역 시장을 상대로 사업을 해야 한다는 점에서 위험을 수반한다. 새로운 국가 시장에 진출하는 기업은 다양하고 복잡한 제도적 위험(institutional risks)에 직면한다.[107] 정치적 및 경제적 위험은 국제화 전략을 추구하는 기업들이 간과할 수 없는 위험 요인이다(그림 8-6 참조).

8-5a 정치적 위험

정치적 위험은 "현지국, 모국, 또는 국제 환경의 변화로 인해 발생하는 정치적 압력 및 사건 때문에 다국적기업의 사업을 제약할 확률"을 의미한다.[108] 국제화 전략을 실행을 추진하는 과정에서 다국적기업의 사업을 어렵게 만드는 잠재적 문제점은 정부 규제로 인해 발생하는 불확실성, 상충 관계에 있는 사법기관 또는 정부 부패, 그리고 잠재적인 사유 재산의 국유화 가능성 등이다.[109] 해외 시장에 투자하는 기업들은 국제화 전략을 실행하는 데 있어 현지국 정부의 안정성 여부와 정부 불안정 시 투자 자산에 대한 염려를 갖게 된다.[110] 최근 연구에 따르면, "아랍의 봄" 혁명이 여러 중동 국가에 확산된 것처럼 한 국가에서의 정치적 위험은 다른 국가로 확산되기도 한다.[111] 이러한 위험에 대처하기 위해 기업은 진출 예정 국가 및 지역에 대해(진출 방식별) 정치적 위험 분석을 실시할 필요가 있다. 정치적 위험 분석을 통해 기업은 자사가 직면할 정치적 위험의 원천을 검토할 수 있다.[112] 그러나 때로는 기업이 현지국의 정치적(제도적)

그림 8-6 국제 환경과 관련한 위험

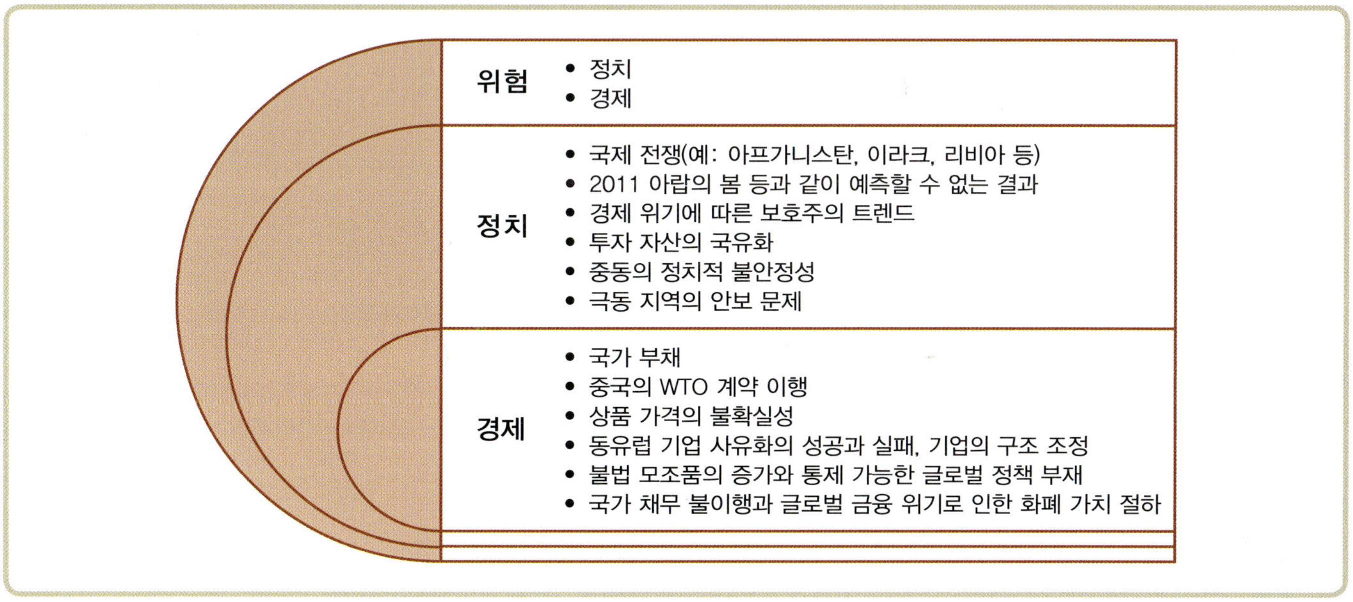

전략 포커스

글로벌 축구 산업과 FIFA 스캔들의 영향

국제축구연맹(FIFA)은 1904년에 파리에서 창설되었으며 창설 당시 유럽 국가들만이 참가하는 연맹이었다. 이후에 남미 국가들과 아프리카, 아시아 국가들이 회원국으로 참가하였지만 1974년에 브라질 출신의 주앙 아벨란제(Joao Havelange)가 회장으로 선출되기 전에는 유럽 출신만이 회장을 역임하였다. 아벨란제는 월드컵을 유럽과 남미 국가뿐만 아니라 전 세계 국가가 모두 본격적으로 참여하는 토너먼트로 전환시켰다. 이를 계기로 기업들은 월드컵을 통한 광고 기회를 잡기 위해 스폰서 권한을 확보하는 노력을 하기 시작했다. 아디다스와 코카콜라 등이 최초의 스폰서 업체이다. 아벨란제는 또한 방송 중계권료의 인상에도 관여하였다. 이러한 과정에서 아벨란제는 약 5천만 달러에 달하는 뇌물을 수수한 혐의를 받는 등 부패 스캔들의 중심에 있다.

아벨란제는 조제프 블라터(Joseph Sepp Blatter)의 1998년 FIFA 회장 당선을 지원하였으며, 블라터 역시 아벨란제의 정치적 노선을 계승하였다. FIFA가 전 세계적인 조직이 된 이후에, 중남미, 아프리카, 카리브해 지역의 개발도상국 회원국 축구협회 임원 중 다수가 이 부패 스캔들에 연루된 것으로 추정된다. 한 분석에 따르면 "FIFA는 부패 관행 없이는 빈곤한 국가에서의 축구 발전을 도모하지 못했을 것이다"라고 주장했다. 물론, 개발도상국뿐만 아니라 영국 및 미국과 같은 선진국에서도 노골적 뇌물 거래가 아니었을 뿐 부패한 관행이 지속되어온 것으로 추정된다.

2015년 5월에 미국 법무성과 FBI는 다수의 FIFA 임원을 기소하고 체포하였다. 이 기소가 이루어진 지 며칠 후 블라터는 본인이 기소되지 않았지만 FIFA 회장직을 사임하였다.

이 부패 스캔들에 연루된 금액의 규모 관련, 2010년 월드컵의 시청자는 약 10억 명이었다. 같은 해 미국 프로 미식축구 NFL 결승전인 슈퍼볼 시청자 수는 약 1억 1,440만 명에 불과했다. 10억 명의 월드컵 시청자 수를 고려할 때 후원사, 스폰서, 또는 중계권을 확보한 방송사 등은 사업적으로 월드컵에 참여하기를 갈망한다. 하지만 스폰서 기업들은 대규모 스캔들에 연루되길 원하지는 않는다. 코카콜라, 아디다스, 맥도날드, 현대자동차 등의 후원사들은 모두 FBI의 수사와 미국 법무부의 기소에 대해 "깊은 우려"를 표명하였다.

대다수 후원사는 FIFA와 같이 정치적으로 부패한 조직을 후원하는 결정에 대해 조심스런 입장을 취하고 있다. 이러한 뇌물 수수가 이루어졌다면 중간에 매개 역할을 담당한 당사자가 있을 것이라는 점은 명백하다. 이러한 역할을 한 조직들이 FIFA와 관련한 각 지역 및 국가별 축구협회 임원들에게 뇌물을 제공했다는 혐의를 받고 있다. 예를 들어, 나이키가 브라질축구협회 후원 계약을 체결할 때 1996년부터 1999년까지 스포츠 마케팅 에이전시인 트래픽 브라질(Traffic Brazil)에 3천만 달러를 지불하였으며, 이 금액의 일부는 뇌물과 리베이트로 사용되었다. 이를 통해 나이키는 브라질축구협회 CBF의 공동 협찬 기업이 되었다. 이 스폰서 협정을 체결한 나이키의 전략적 의도는 아디다스와의 경쟁 상황을 호전시키려는 것이었다. 2014년 브라질 월드컵에서 나이키는 축구 관련 제품 매출 23억 달러를 달성하여 약 21%의 연매출액 성장을 기록하였다. 이러한 수치는 스폰서 기업과 방송사 입장에서 FIFA 주관 사업에 참여할 유인이 얼마나 강력한지를 보여준다. 매출 창출 기회와 광고 노출 기회의 규모는 막대하기 때문이다.

그러나 많은 국가의 제도적 기반이 열악하다는 점 때문에 뇌물 거래가 이루어질 가능성도 높다. FIFA의 각 지역 및 국가별 협회 사업의 관계자들이 이러한 제도적 공백을 활용해서 사적 이익을 추구해온 것으로 보인다. 예를 들어, 파라과이는 남미지역 축구협회인 CONMEBOL의 회원국이다. CONMEBOL의 본부는 1998년부터 파라과이에 위치해 있는데 그 이유는 파라과이 출신의 회장인 니콜라스 레오즈(Nicolas Leoz)가 협회 본부를 파라과이에 유치할 수 있도록 파라과이 의회와 협상하여 이 협회가 기소되지 않는 면책특권을 누리도록 조치하였기 때문이다. 따라서 CONMEBOL이, 마치 외국 대사관이 면책특권을 누리듯이, 파라과이 사법 당국의 법적 제재로부터 보호받는 여건을 조성하였다. 레오즈는 자신의 CONMEBOL 재임 시절 스포츠 마케팅 에이전시로부터 받은 자금과 관련하여 뇌물 수수 및 자금 세탁 등의 혐의로 다른 13명의

VALERIANO DI DOMENICO/Getty Images

취리히 본부 기자 회견 중 블라터 FIFA 회장이 짧게 사임 의사를 밝히고 있다.

FIFA 관계자와 함께 미국 법무부에 의해 기소되었다. 흥미로운 사실은, 파라과이 의회가 이 기소 후에 CONMEBOL에 대한 면책특권을 폐지했다는 점이다.

미국 법무부뿐만 아니라, 스위스, 남미를 비롯한 여러 사법 기관이 자체적인 조사를 시작하였다. 전 세계 축구팬들은 최근의 일련의 기소로 인해 축구계의 부패가 청산되기를 기대하고 있다. 이러

전략 포커스

한 FIFA 관련 부패 스캔들 사례는 법치주의가 선진국만큼 강하게 확립되어 있지 않은 개발도상국에서 기업이 사업 활동을 할 때, 특히 뇌물 거래와 같은 부패 관행이 간접적으로 정부와 연결되어 있는 경우, 위험에 직면할 수 있다는 점을 상기시켜 준다.

출처: 2015, A timeline of the FIFA scandal, *LA Times*, www.latimes.com, June 2; P. Blake, 2015, FIFA scandal: Why the US is policing a global game, *BBC News*, www.bbc.com, May 28; M. Futterman, A. Viswanatha, & C. M. Matthews, 2015, Soccer's geyser of cash, *Wall Street Journal*, May 28, A1, A10; S. Germano, 2015, Nike is cooperating with investigators, *Wall Street Journal*, May 28, A11; P. Keirnan, R. Jelmayer, & L. Magalhaes, 2015, Soccer boss learned ropes from his Brazilian mentor, *Wall Street Journal*, May 30–31, A4; K. Malic, 2015, The corruption rhetoric of the FIFA scandal, *New York Times*, www.nytimes.com, June 16; S. S. Munoz, 2015, FIFA pro shows soccer state within a state, *Wall Street Journal*, June 20–21, A7; S. Varinca, T. Micklel, & J. Robinson, 2015, Scandal pressures soccer's sponsors, *Wall Street Journal*, May 29, A1, A8; A. Viswanatha, S. Germano, & P. Kowsmann, 2015, U.S. probes Nike Brazil money, *Wall Street Journal*, June 13–14, B1, B4; M. Yglesias & J. Stromberg, 2015, FIFA's huge corruption and bribery scandal, explained, *VOX*, www.vox.com, June 3; C. Zillman, 2015, Here's how major FIFA sponsors are reacting to the scandal, *Fortune*, www.fortune.com, May 28.

취약점을 기회 요인으로 활용하여, 모국의 이해관계자들이 바람직하지 않게 인식하는 사업 관행을 현지국으로 이전시켜, 모국에서 논쟁이 되는 사업 활동을 통한 수익 창출을 유지하는 기회로 삼을 수도 있다.[113]

월드컵을 주최하는 FIFA는 **전략 포커스**에 소개된 바와 같이 부패 관행으로 비난에 직면하고 있다. 비난의 대상이 되고 있는 부패 관행들이 많은 부분 축구가 인기 스포츠인 저개발국 정부의 특징과 관련되어 있다. 특히 최근 결정된 2018년 및 2022년 월드컵 개최지 선정과 관련하여 아프리카 국가들에 뇌물이 제공된 것으로 알려졌다.[114] 브라질과 파라과이를 포함하여 여러 국가가 이 뇌물 스캔들로 인해 자국 축구협회를 점검하고 있다.[115]

러시아는 공산 정부 붕괴로 보다 민주적 정부로 이양되는 기간 동안 제도적 불안정성이 높았다. 중앙정부의 통제를 강화하고 분권화로 인한 혼란을 감소시키기 위한 노력의 일환으로, 러시아 정부는 민간 기업의 임원을 기소하거나, 기업 자산에 대한 국가 통제를 강화하거나, 러시아 기업이 해외 기업에 매각되는 것을 불허하는 등의 조치를 취했다. 이러한 중앙정부의 조치로 인한 초기의 제도적 불안정성 때문에 러시아로의 해외 직접 투자를 지연하거나 기피하는 현상이 발생하였다. 이러한 위험성은 러시아가 우크라이나 동부 지역의 크림반도를 장악함으로써 더 악화되었다. "이로 인한 미국과 유럽연합의 경제적 제재는 유가 하락과 함께 러시아 경제의 위기를 야기했다. 루블화의 가치는 절반 수준으로 하락했으며, 세계은행 보고서에 따르면 러시아 경제 규모는 2015년 한 해에만도 2.7% 축소되었다."[116]

8-5b 경제적 위험

경제적 위험은 어느 국가 또는 지역 경제의 근본적 악화로 인해 기업의 국제적 전략을 성공적으로 수행하는 데 장애 요인이 될 수 있는 잠재적 위험을 말한다. 러시아의 제도적 불안정성 및 재산권 예가 설명하는 바와 같이, 정치적 위험과 경제적 위험은 상호 연관되어 있다. 기업이 자신의 지적재산권을 보호할 수 없다면, 상당한 직접 투자가 요구되는 해외 시장에는 진출할 가능성이 낮을 것이다. 따라서 해외 직접 투자를 유치하기 원하는 국가들은 강력한 지적재산권 보호를 유지하고 이행하여야 한다.[117]

신흥국 시장에서는 중요한 경제적 위험 요인 중 하나가 충분한 전력 공급을 보장하는 것과 같은 중요한 인프라스터럭처가 이용 가능한가 여부이다. 종종, 비효율적인 국영 전력 공급

2014년 에스콤의 발전소 건설 거부로 인해 남아프리카공화국 요하네스버그 근교에서 정전이 발생했다.

업체로 인해 정전 사태에 직면하기 때문이다. 광업과 같이 지속적 생산 공정이 중요한 산업에서 예기치 않은 전력 공급 중단은 치명적 손실로 이어질 수 있다. 남아프리카공화국의 경우 예전에는 안정적으로 전력 공급이 이루어졌다. 그러나 국영 전기 공급 사업자인 에스콤(Eskom Holdings Ltd.)이 신규 발전소 건설을 거부하였다. 이로 인해 12시간까지도 지속되는 간헐적 정전이 발생하기 시작했다. 이로 인해 남아프리카공화국 수출의 약 60%를 차지하는 주요 산업인 광업의 생산성이 급격히 하락하였다. 광업이 남아프라카공화국 전력 사용의 약 15%나 차지하기 때문에 에스콤은 자사의 대형 고객 기업들에게 피크타임의 전력 사용을 감소시키는 협상을 시도하였다. DRDGOLD의 금 생산은 2014년 마지막 분기에 3% 감소하였다. 이러한 예가 시사하는 바와 같이, 인프라스트럭처는 남아프리카공화국과 같은 신흥 개발도상국에서는 중요한 경제적 위험 요인이 될 수 있다.[118]

또 다른 유형의 경제적 위험은 외국 기업이 주요 천연자원을 취득하는 외국 기업 또는 전략적 지적재산권을 취득하는 외국 기업에 대해 현지국 이해관계자들이 인식하는 안보 위험이다. 예를 들어, 호주 및 중남미에서 주요 천연자원 관련 기업을 인수하는 중국 기업 또는 미국에서 제조업체를 인수하는 중국 기업에 대해 현지국 정부를 비롯한 이해관계자의 염려가 존재한다. 현지국 정부는 이러한 자국의 전략적 자산이 중국의 국영 기업 통제하에 관리되는 상황에 긴장하게 된다.[119] 테러의 위협 또한 유사한 염려를 야기할 수 있다. 인도네시아 경우는 상대적으로 인지된 안보 위험이 낮은 수준으로 평가되는 중국이나 인도에 비해 투자에서 불리함을 경험할 수 있다.

앞에서 언급한 바와 같이 통화 간 가치의 차이와 변동성은 국제화 전략 사용에 있어 매우 중요한 경제적 위험 요인이 된다.[120] 특히 기업의 지역적 다각화가 심화되어 거래에 사용하는 통화도 많아지면 이러한 위험 요인의 중요성은 커진다. 미국 기업의 경우 다른 통화 대비 달러화 가치의 변동이 해외 자산 및 이익에 영향을 줄 수 있다. 예를 들어, 미국 달러화 가치의 상승은 미국 기업 해외 자산 및 이익의 달러 환산액을 감소시키는 효과를 가져온다. 또한 통화 가치의 변동은 때로는 기업의 해외 시장 가격 경쟁력에 중대한 영향을 미칠 수 있다. 달러화 가치의 상승은 미국 기업의 해외 시장 수출에 부정적 영향을 미친다. 예를 들어, 존슨앤존슨(Johnson & Johnson)이 최근에 보고한 해외 시장 영업 성과는 미국 달러화 가치 상승에 의해 부정적 영향을 받았으나, 반면에 유니레버의 영업 성과는 달러화 대비 유로화의 가치 하락으로 인해 도움을 받은 것으로 나타났다.[121] 그러므로 정부의 금융 자본 및 기업 지배 구조 규칙에 대한 통제가 자국 경제 활동에만 영향을 미치는 것이 아니라 해당 국가로의 해외 투자 유입에도 영향을 미친다.[122]

8-6 국제화 전략의 경쟁력 성과

앞에서 설명한 바와 같이, 기업의 국제화 전략은 시장 규모 확대, 규모의 경제 및 학습, 입지우위 라는 세 가지 기본적 장점을 제공한다. 그러나 이러한 장점은 기업이 국제화 전략을 실행하는 과정에서 다양한 정치적, 경제적 위험을 효과적으로 관리해야만 얻을 수 있다. 따라서, 이러한 국제화 전략의 장점들은 기업의 국제화를 통한 경쟁력 향상 노력의 핵심이 된다(그림 8-1 참조).

전반적으로, 기업의 국제화 전략을 통한 경쟁력 향상 효과는 해외 시장 다각화를 효과적으로 수행했을 때 증가한다. 국제화 전략의 연장선상에서, **국제 다각화 전략**(international diversification strategy)은 기업이 다수의 국가 시장에서 제품과 서비스를 판매하는 전략을 말한다. 소수의 특정 시장에 집중하기보다는, 국제 다각화 전략은 사업 차원 또는 기업 차원 국제화 전략을 다수의 지역 시장에 진출하는 목적으로 사용한다.

국제 다각화 전략은 기업이 다수의 국가 시장에서 제품과 서비스를 판매하는 전략이다.

8-6a 국제 다각화와 수익률

실증 분석에 따르면 기업이 국제 다각화 전략을 사용하는 이유는 다양하다.[123] 국제 다각화 전략이 투자 대비 수익률로 측정되는 성과를 향상시킬 수 있다는 의미이다. 연구 결과에 따르면, 국제 다각화 전략을 택할 때 기업의 수익률은 초기에는 하락하나 지역적으로 분산된 해외 사업을 어떻게 관리해야 하는지를 학습하게 되면 급격히 향상되는 것으로 나타났다.[124] 특히, 주식시장은 해외 시장에 대한 투자에 매우 민감하게 반응한다. 다수의 해외 시장에 다각화된 기업의 주가 수익률은 핵심 사업에 대해 해외 시장에 다각화할 때 주가 상승률이 높게 나타나는 경향을 보인다.[125]

국제 다각화와 수익률 간의 양의 관계를 설명하는 요인으로는 민간 대 정부 소유 지분율, 잠재적 규모의 경제 효과 및 경험, 입지 우위, 시장 규모 확대, 수익 안정화 기회 등이 있다. 국제 다각화를 통한 수익 안정화는 기업의 전반적 위험 수준을 감소시키는 효과를 가져올 수 있다.[126] 또한 국제 다각화 전략을 성공적으로 실행하면 대기업과 신생 기업 모두 수익률에 도움이 될 수 있다. 펩사의 경우 국제 다각화 과정에서 인수 방식을 사용하였다. 이 기업의 재무 성과를 살펴보면 국제 다각화 전략을 통해 수익률 향상을 달성한 것으로 나타난다.

8-6b 혁신 향상 효과

1장에서 논의한 바와 같이, 새로운 기술의 개발은 기업 경쟁력의 핵심이 된다. 국가 우위 결정 요인에서 토의한 바와 같이(그림 8-3 참조), 국가 경쟁력은 일부분, 해당 국가의 산업별 혁신 역량에 좌우된다. 궁극적으로 경쟁 기업들은 혁신에 실패하는 기업들의 성과를 넘어설 것이기 때문이다. 그러므로 개별 국가 및 개별 기업이 경쟁 우위를 유지하는 유일한 방법은 혁신을 통해 기존의 경쟁 우위를 업그레이드 하는 것이다.[127]

국제 다각화 전략은 연구개발 투자에 대한 위험을 감소시킴과 동시에, 혁신 투자에 대한 수익률을 향상시킬 수 있는 잠재적 기회를 제공한다. 또한 대규모 연구개발 활동에 필요한 경영 자원을 창출하기 위해서는 국제 다각화가 필요하다. 급속하게 기술이 노후화되는 환경은 새로운 기술에 대한 투자와 자본 집약적 사업 운영을 어렵게 만드는 요소이다. 국내 시장에서만 영업하는 기업의 경우에는 기술 개발 투자에 대한 회수 기간이 길어지므로 이러한 투자가 더 어려워진다. 다수의 해외 시장에 다각화된 기업은 국내의 경쟁자가 혁신에 기반을 둔 초기 경쟁 우위를 극복하기 이전에 혁신 투자에 대한 추가적 수익을 해외 시장에서 달성할 수 있다.[128] 또한, 해외 시장에 진출한 기업은 새로운 제품과 공정에 노출된다. 이러한 신제품과 신공정을 통해 획득한 지식을 기존의 사업에 통합하면 추가적인 혁신이 이루어질 수 있다. 해외 시장에서 이루어진 학습을 자체적 연구개발 과정에 반영하기 위해서는 연구개발 과정을 새로운 지식의 흡수를 효과적으로 수행할 수 있는 방식으로 관리해야 한다.[129] 이와 같은 다양한 이유로 국제 다각화 전략은 기업이 혁신을 추구할 유인을 제공한다.[130]

국제 지역 다각화와 혁신, 수익률 간의 상호 관계는 단순하지 않다. 기업이 지역적으로 다각하기 위한 경영 자원을 확보하려면 일정 수준의 기존 성과가 필수적이다. 역으로, 시장 다각화를 추구할수록 연구개발 투자에 필요한 경영 자원이 제공되고 추구할 유인이 커진다. 효과적인 연구개발 투자는 기업의 수익률을 향상시키며, 향상된 성과는 지속적 시장 다각화와 이를 위한 연구개발 투자를 유도한다.[131] 물론, 이 관계에서 발생한 수익률은 경영관리가 효과적일수록 더 높을 것이다. 실증 분석에 따르면, 문화적으로 다양한 최고 경영자팀일수록 해외 시장에 대한 지식을 더 많이 보유하고 있으며 최고 경영진의 유인 체계에 의해 기업 경영진의 국제화 성향은 영향을 받는 것으로 나타났다.[132] 또한, 지역적으로 다각화된 다국적기업의 사업 분야를 관리한다는 것은 각 개별 사업의 관리하는 것뿐만 아니라 서로 다른 국가와 지역이 위치한 사업 때문에 제공되는 다양한 관점을 조율해야 하는 과제가 포함된다. 이러한 조율을 잘 수행할 수 있는 기업일수록 경쟁 기업 대비 성과를 향상시킬 가능성이 높다.[133]

8-7 국제화 전략의 성공 장애 요인

국제화 전략을 효과적으로 사용하면 그 장점을 활용할 수 있고 경쟁력을 향상시킬 수 있으나, 여러 장애 요인 때문에 그 효과적 실행에는 어려움이 따른다.

8-7a 국제화 전략 관리의 복잡성

국제화 전략의 추구, 특히 국제 다각화 전략을 추구할 때 기업 규모의 증가와 함께 사업의 복잡성도 증가한다. 달리 표현하면, 전략 추구 과정에서 기업 규모 증가와 사업 복잡성 증대로 인해 해외 사업의 관리가 더 어려워진다. 이러한 어려움이 일정 수준을 넘어서면, 효과적인 해외 사업의 관리가 사실상 불가능해지거나, 국제화 전략으로 인해 창출되는 가치보다 관리 비용이 더 커지는 상황을 초래한다. 국제화 전략을 사용할 때 모국과 현지국 간 상이한 문화 및 제도적 관행(예: 정부기관) 등이 또한 어려움을 발생시킬 수 있다.[134]

기업은 해외 시장에서 직면하는 장애 요인을 극복하기 위한 역량과 우위를 개발해야 한다. 예를 들어 자국 시장에서 독점력을 보유한 신흥 시장 기업은 이러한 자국 기반 우위를 해외 시장에서의 경쟁력 향상에 활용하기도 한다.[135] 핵심은 그 원천에 관계없이 기업은 다양한 외국인 비용을 극복해야 한다.

8-7b 해외 시장 진출의 한계점

국제화 전략의 효과적 관리 방법을 학습하는 것은 성과 향상과 같은 전략 목표를 달성할 가능성을 높인다. 그러나 일정 수준을 넘어서면, 해외 시장 및 제품 시장 다각화 수준이 높을수록 오히려 수익률에 악영향을 주는 효과가 발생할 수 있다.[136]

해외 시장 다각화의 수익률 향상 효과를 제약하는 요인은 다음과 같다. 첫째, 다각화된 지역 시장에서 사업한다는 것은 다른 국가 시장 간 사업을 조율하는 비용을 증가시킨다. 이러한 효과는 다양한 국가 내 제도적 환경이 존재하는 국가 시장에서 더 크게 나타난다. 둘째, 무역 장벽, 물류 비용, 국가 간 문화적 차이 등이 국제화 전략의 실행을 복잡하게 한다.[137]

제도적, 문화적 요인은 한 국가로부터 다른 국가로 핵심 역량을 이전하여 활용하는 데 중요한 장애 요소가 된다.[138] 기업이 새로운 시장에 진출할 때 종종 마케팅 프로그램을 새롭게 준비하고 새로운 유통 네트워크를 구축해야 한다. 또한 기존 시장과는 다른 노동 비용과 자본 비용을 직면할 수도 있다. 일반적으로, 기업의 지역 시장 범위가 증가할수록 해외 사업의 효과적인 실행, 관리, 통제는 어려워진다.[139]

기업이 관리할 수 있는 해외 사업의 다각화 범위는 기업에 따라 차이가 있으며, 특히 경영자가 모호성과 복잡성을 관리하는 능력에 따라 영향을 받는다. 다국적기업 본사에서 효과적으로 조율 및 통합하는 데 따른 어려움은 진출한 국가 시장들이 자국 시장과 지리적, 문화적으로 인접할수록 감소한다. 이러한 경우에는 무역 장벽에 덜 직면하며, 현지국 법률과 관습이 이해하기 상대적으로 용이하며, 현지 시장에 제품을 적응시키기가 더 수월하다.[140] 예를 들어, 미국 기업은 아시아 국가에 비해 멕시코, 캐나다, 서유럽 국가에 진출하는 것이 더 수월할 수 있다.

국제화 전략을 채택하는 기업과 기업이 경쟁하는 국가의 관계 또한 제약 요인이 된다.[141] 국가별로 정부 정책 및 관행은 상당히 다를 수 있기 때문에 기업으로 하여금 이러한 국가 간 정부 정책 차이에 대해 학습을 요구한다. 일정 수준 이상의 차이가 존재하면 기업이 전략을 성공적으로 수행하기가 어려워진다. 전략적 제휴를 이용하는 것이 이러한 제약 요인들을 우회하는 방법이 될 수 있다. 각 국가별로 현지 파트너에게 현지국의 법률, 규제, 관습에 어떻게 대응할지 의존할 수 있기 때문이다. 그러나 전략적 제휴와 같은 파트너십도 위험을 수반하며, 파트너십 관리도 결코 쉬운 것이 아니다.[142]

요약

- 기업의 국제화 전략 채택은 계속 증가하고 있으며, 다음과 같은 요소와 조건이 영향을 미치고 있다.
  - 제품의 수명주기 연장
  - 핵심적인 원자재에 대한 접근 또는 저렴한 노동력에 대한 접근
  - 기업의 사업 활동을 글로벌 스케일로 통합
  - 글로벌 통신 매체와 인터넷 기술의 발달로 보다 동질화된 소비자 대응
  - 신흥 시장에서 급증하는 제품과 서비스에 대한 수요 충족
- 국제화 전략은 효과적으로 사용하면 다음과 같은 세 가지 장점을 누릴 수 있다. 시장 규모의 확대, 규모의 경제와 학습, 입지 우위. 기업은 사업 범위의 지역적 다각화를 위해 사업 차원 및 기업 차원의 국제화 전략을 사용한다.
- 사업 차원의 국제화 전략은 대개의 경우 자국 기반 우위에 기

초를 두고 있다. 기존 연구에 따르면, 국가 우위의 네 가지 결정 요인은 생산 요소, 수요 조건, 관련 및 지원 산업, 기업 전략, 구조 및 경쟁 관계의 패턴 등이다.

- 기업 차원의 국제화 전략은 세 가지 유형으로 구분된다. 국가별 전략은 각 기업이 진출한 개별 국가에서의 경쟁에 초점을 맞춘다. 국가별 전략을 채택하는 기업은 현지국에서 사업단위별로 전략적, 영업적 의사결정을 분권화하여 각 현지 시장의 조건에 맞게 제품을 현지화하도록 노력한다. 반면에 글로벌 전략은 서로 다른 국가 간에도 제품을 표준화하는 것을 전제로 한다. 이 경우, 기업의 경쟁 전략은 본사의 직접 통제를 받는 집권화된 방식을 취한다. 흔히, 다각화된 사업을 보유한 다국적기업은 특정 사업 분야에서는 국가별 전략을, 또 다른 사업 분야에서는 글로벌 전략을 채택하기도 한다.
- 초국적 전략은 국가별 전략과 글로벌 전략의 통합을 추구한다. 즉, 현지 시장 대응과 글로벌 통합을 동시에 강조하는 것을 목표로 하는 전략이다.
- 외국인 비용과 지역화라는 두 가지 글로벌 경영 환경 요인은 기업의 국제화 전략 선택 과정뿐만 아니라 실행 과정에서 영향을 미친다.
- 기업은 해외 시장에 진출하는 다섯 가지의 진출 방식인 수출, 라이선싱, 전략적 제휴, 인수, 그리고 그린필드라고 불리는 신규 설립 단독 투자 중 한 가지 또는 복수의 진출 방식을 선택한다. 많은 기업이 비용과 위험 감소 목적으로 수출 및 라이선싱 방식을 통해 해외 시장 진출을 시작한다. 그 이후에는 전략적 제휴와 인수 방식을 통해 많이 진출한다. 새로운 해외 시장에 진출할 때 가장 비용과 위험 수준이 큰 진출 방식은 신규 설립 단독 투자(그린필드)이다. 고비용과 고위험에도 불구하고 단독 투자는 해당 기업이 자회사에 대한 경영 통제를 극대화할 수 있는 우위를 제공하고, 성공할 경우 이익을 극대화할 수 있게 해준다. 지역적으로 다각화된 대기업은 서로 다른 시장에 적합한 국제화 전략을 실행하기 위해 종종 이 다섯 가지 해외 시장 진출 방식을 모두 사용하기도 한다.
- 기업이 국제화 전략을 실행할 때 다양한 위험에 직면한다. 국제화 전략을 통해 해외 시장에 다각화할 때 기업이 이해해야 하는 두 가지 주요 위험 요인은 정치적 위험과 경제적 위험이다.
- 성공적인 해외 시장 다각화 전략의 활용은 기업의 경쟁력에 성과 향상과 혁신 증진에 기여할 수 있다. 해외 시장 다각화가 기업의 혁신을 촉진할 수 있는 이유는 혁신에 대한 투자를 할 때보다 광범위한 지역 및 국가 시장에서 빠르고 규모가 큰 수익을 기대할 수 있기 때문이다. 또한, 해외 시장 다각화는 대규모 연구개발 투자에 필요한 경영 자원을 보다 쉽게 창출하게 해준다.
- 일반적으로 해외 시장 다각화는 다각화 전략의 관리가 잘 이루어져 효과적으로 실행된다는 전제하에 고수익을 달성하는데 도움이 된다. 그 이론적 근거는 해외 시장 다각화를 통해 범위의 경제와 학습이 가능하기 때문이다.
- 경쟁력 강화를 목적으로 국제화 전략을 추구하는 기업은 종종 복잡한 어려움에 직면한다. 이는 해외 시장 다각화가 서로 다른 국가에서 진행되는 사업들의 조율 비용과 유통 비용을 증가시키기 때문이다. 또한, 무역 장벽, 물류 비용, 국가 간 문화적 차이 등이 이러한 복잡성을 증가시킨다.

핵심 용어

국가별 전략 238
국제 다각화 전략 253
국제화 전략 230
글로벌 전략 238
신규 설립 법인 247
초국적 전략 240

복습 문제

1. 기업이 국제화 전략을 채택하도록 유인하는 동기는 무엇인가?
2. 국제화 전략을 성공적으로 실행할 때 달성되는 세 가지 장점은 무엇인가?
3. 사업 차원 국제화 전략의 기초가 되는 네 가지 국가 우위 요인은 무엇인가?
4. 기업 차원 국제화 전략의 세 가지 유형은 무엇이며, 각 유형별 장점과 단점은 무엇인가?
5. 국제화 전략 선택에 영향을 미치는 글로벌 환경 요인은 무엇인가?
6. 기업이 해외 시장 진출 시에 선택하는 다섯 가지 진출 방식은

무엇인가? 진출 방식은 어떤 순서로 선택되는가?

7. 정치적 위험 및 경제적 위험은 무엇이며, 기업은 이러한 위험에 어떻게 대응해야 하는가?
8. 기업이 국제화 전략, 특히 국제적 다각화를 통해 달성할 수 있는 전략적 경쟁 성과는 무엇인가?
9. 기업의 성공적인 국제화 전략의 활용에 잠재적으로 영향을 미칠 수 있는 두 가지 중요한 이슈는 무엇인가?

[Mini Case] 국제화 전략이 ABB의 미래를 결정한다

스위스 취리히에 본사를 둔 ABB는 전 세계 발전 및 자동화 기술 산업의 주요 기업이다. ABB는 약 100개국에 14만 명의 종업원을 고용하고 있다. 이 기업의 5개 주요 사업 분야는 발전 제품, 발전 시스템, 이산 자동화(discrete automation), 저전압 제품, 공정 자동화 등이다. 또한 이 기업은 (1) 북유럽, (2) 중유럽, (3) 지중해, (4) 북미, (5) 남미, (6) 인도, 중동, 아프리카, (7) 북아시아, (8) 남아시아라는 8개의 주요 지역 시장에서 사업 활동을 하고 있다. 오랜 기간 동안 ABB는 지역 시장 다각화를 통해 글로벌 사업에서의 경쟁 우위를 추구하였다.

ABB 사례는 기업이 국제화 전략을 관리하는 것이 얼마나 어려운지를 보여준다. 예를 들어, 발전 시스템 사업은 주로 일부 국가에서의 경제 불황의 영향으로 최근에 성과에 어려움을 경험해 왔다. 신흥 시장에서의 경영상의 어려움이 더 크기는 하지만, 발전 설비와 같은 국가 인프라스트럭처 를 향상시켜야 하는 필요성 증대로 신흥 시장에서의 성장이 두드러진다. 2014년에 아시아, 중동, 아프리카 지역이 ABB 총매출의 약 37%인 153억 달러를 기록한 것으로 공시되었다. 또한 "2015년부터 2020년까지 성장의 약 3분의 2를 신흥 시장이 담당할 것으로 예측하고 있다."

최근 ABB의 신규 시장 진출 및 기존 시장 추가 투자는 주로 현지 기업을 인수하는 방식으로 이루어지고 있다. 예를 들어 시멘스(Siemens)의 태양 에너지 사업을 담당하는 파워원(Power-One)을 인수하였다. 애널리스트들이 장기적으로 태양열 산업에 대해 긍정적 전망을 제시하기는 하지만, 파워원의 인수는 태양열 산업의 침체로 주요한 위험 요인이 될 수 있다. ABB가 해외 시장 진출 시 사용하는 또 다른 진출 방식은 2013년에 중국 Jinagsu Jinke Smart Electric Company와 맺은 고전압 기기 변압기 설계, 생산 및 서비스 목적의 합작 투자 사례가 있다.

2008년 시작된 글로벌 경기 침체의 영향을 받아 ABB의 성과는 기내지보다 저소했다. 결과적으로 최고 경영자와 기술 담당 최고 임원이 2013년에 사임하였다. 이러한 부진한 성과에도 불구하고 ABB는 여전히 세계 최상위 브랜드이며, 일부 국가에서 사업을 철수하는 등 최근의 변화를 통해 매출 및 이익이 다시 증가하기 시작했다. 이러한 긍정적 변화는 주로 북미 시장에서의 성공에 힘입은 바가 크다. 예를 들어, 산업용 모토 생산자인 발더(Baldor)를 2010년에 인수한 결정과 토마스앤베티스(Thomas & Bettis)를 2012년에 인수한 결정이 북미 시장 매출액 증가에 기여한 것으로 평가된다. 또한 미국에 본사를 둔 로보틱스 사업에서도 성공을 거두었다. ABB는 맥주 산업에서 중소기업을 지원하는 생산 공정 자동화를 추진하는 등 경영 환경의 불확실성하에서도 밝은 미래를 기대하고 있다.

출처: 2015, About ABB, www.abb.com, accessed on June 18; J. R. Hagerty, 2015, Meet the new robots, *Wall Street Journal*, June 3, R1–R2; 2104, Emerging markets key to ABB's growth strategy, *MEED: Middle East Economic Digest*, September 12, 14; J. Revill, 2014, Robots keep the beer flowing. *Wall Street Journal*, December 27, B4; 2013, ABB procures contract in Brazil, *Zacks Equity Research*, www.zacks.com, May 14; 2013, ABB's South African project, *Zacks Equity Research*, www.zacks.com, May 13; P. Winters, 2013, ABB loses Banerjee after Hogan's decision to step down, *Bloomberg Businessweek*, www.businessweek.com, May 13; J. Revill & A. Morse, 2013, ABB CEO to resign, *Wall Street Journal*, www.wsj.com, May 10; 2013, ABB strengthens footprints in China, *Zacks Equity Research*, www.zacks.com, May 10; J. Revill, 2013, ABB buys US gas analyzer company Los Gatos Research, *Wall Street Journal*, www.wsj.com, May 3; 2013, ABB/Power-One: Shining example, *Financial Times*, www.ft.com, April 22; W. Pentland, 2013, ABB gambles big on solar power, *Forbes*, www.forbes.com, April 22; M. Scott, 2013, ABB to buy Power-One for $1 billion, *New York Times Dealbook*, http://dealbook.nytimes.com, April 22; J. Shotter, 2013, ABB boosted by US ventures, *Financial Times*, www.ft.com, February 14; J. Shotter, 2012, ABB overhauls power systems division, *Financial Times*, www.ft.com, December 14.

토의 문제

1. ABB가 해외 시장에 진출한 중요한 이유는 무엇인가?
2. ABB가 채택한 기업 차원 국제화 전략의 유형은 무엇인가? 그것을 채택한 이유는 무엇인가?
3. 해외 시장 진출 시에 ABB는 왜 인수와 합작 투자를 주요 진출 방식으로 사용하였는가?
4. 신흥 시장에 중점을 둔다는 점을 고려할 때, ABB가 고려해야 하는 정치적, 경제적 위험은 무엇인가?
5. 국제화 전략을 관리할 때 ABB가 직면하는 조직 운영상의 복잡성은 무엇인가?

미주

1. C. G. Asmussen & N. J. Foss, 2014, Competitive advantage and the existence of the multinational corporation: Earlier research and the role of frictions, *Global Strategy Journal*, 4: 49–54; C. N. Pitellis & D. J. Teece, 2012, Cross-border market co-creation, dynamic capabilities and the entrepreneurial theory of the multinational enterprise. In D. J. Teece (ed.), *Strategy, Innovation and the Theory of the Firm*, Cheltenham, U.K.: Edward Elgar, 341–364; M. J. Nieto & A. Rodriguez, 2011, Offshoring of R&D: Looking abroad to improve innovation performance, *Journal of International Business Studies*, 42: 345–361.
2. S. K. Majumdar & A. Bhattacharjee, 2014, Firms, markets, and the state: Institutional change and manufacturing sector profitability variances in India, *Organization Science*, 25: 509–528; R. M. Holmes, T. Miller, M. A. Hitt, & M. P. Salmador, 2013, The interrelationship among informal institutions, formal institutions and inward foreign direct investment, *Journal of Management*, 39: 531–566.
3. A. Gaur & A. Delios, 2015, International diversification of emerging market firms: The role of ownership structure and group affiliation, *Management International Review*, 55: 235–253; J. L. Arregle, L. Naldi, M. Nordqvist, & M. A. Hitt, 2012, Internationalization of family-controlled firms: A study of the effects of external involvement in governance, *Entrepreneurship Theory and Practice*, 36: 1115–1143; M. A. Hitt, L. Tihanyi, T. Miller, & B. Connelly, 2006, International diversification: Antecedents, outcomes and moderators, *Journal of Management*, 32: 831–867.
4. H. Kim, R. E. Hoskisson, & S. Lee, 2015, Why strategic factor markets matter: 'New' multinationals' geographic diversification and firm profitability, *Strategic Management Journal*, 36: 518–536; M. F. Wiersema & H. P. Bowen, 2011, The relationship between international diversification and firm performance: Why it remains a puzzle, *Global Strategy Journal*, 1: 152–170.
5. R. Vernon, 1996, International investment and international trade in the product cycle, *Quarterly Journal of Economics*, 80: 190–207.
6. 2015, Our strategy, *Rio Tinto homepage*, www.riotinto.com, accessed on June 16.
7. J. Hookway, Vietnam's mobile revolution, *Wall Street Journal*, June 15, B4.
8. M. J. Mol & C. Brewster, 2014, The outsourcing strategy of local and multinational firms: A supply base perspective, *Global Strategy Journal*, 4: 20–34; J. Li, Y. Li, & D. Shapiro, 2012, Knowledge seeking and outward FDI of emerging market firms: The moderating effect of inward FDI, *Global Strategy Journal*, 2: 277–295.
9. J. P. Murmann, S. Z. Ozdemir, & D. Sardana, 2015, The role of home country demand in the internationalization of new ventures, *Research Policy*, 44: 1207–1225; K. E. Meyer, R. Mudambi, & R. Nanula, 2011, Multinational enterprises and local contexts: The opportunities and challenges of multiple embeddedness, *Journal of Management Studies*, 48: 235–252.
10. 2015, Our stores, *Carrefour Group homepage*, www.carrefour.com, June 18.
11. D. Gray, 2014, What Tesco can learn from Carrefour, *Stores Magazine*, September, 66.
12. V. Mallet, 2014, Narendra Modi prepares to raise India's FDI limits, *Financial Times*, www.ft.com, May 30; T. R. Annamalai & A. Deshmukh, 2011, Venture capital and private equity in India: An analysis of investments and exits, *Journal of Indian Business Research*, 3: 6–21.
13. S. L. Fourné, J. P. Jansen, & T. M. Mom, 2014, Strategic agility in MNEs: Managing tensions to capture opportunities across emerging and established markets, *California Management Review*, 56(3): 13–38; R. Ramamurti, 2012, What is really different about emerging market multinationals? *Global Strategy Journal*, 2: 41–47.
14. P. Regnér & J. Edman, 2014, MNE institutional advantage: How subunits shape, transpose and evade host country institutions, *Journal of International Business Studies*, 45: 275–302; M. Carney, E. R. Gedajlovic, P. M. A. R. Heugens, M. van Essen, & J. van Oosterhout, 2011, Business group affiliation, performance, context, and strategy: A meta-analysis, *Academy of Management Journal*, 54: 437–460; B. Elango, 2009, Minimizing effects of "liability of foreignness": Response strategies of foreign firm in the United States, *Journal of World Business*, 44: 51–62.
15. 2013, Midrange growth strategy starting from fiscal year 2013, *News Release*, www. takeda.com, May 9; K. Inagaki & J. Osawa, 2011, Takeda, Toshiba make $16 billion M&A push, *Wall Street Journal*, www.wsj.com, May 20; K. Iagaki, 2011, Takeda buys Nycomed for $14 billion, *Wall Street Journal*, www.wsj.com, May 20.
16. K. Kalasin, P. Dussauge, & M. Rivera- Santos, 2014, the expansion of emerging economy firms into advanced markets: The influence of intentional path-breaking change, *Global Strategy Journal*, 4: 75–103; A. Verbeke & W. Yuan, 2013, The drivers of multinational enterprise subsidiary entrepreneurship in China: A resourcebased view perspective, *Journal of Management Studies*, 50: 236–258; S. B. Choi, S. H. Lee, & C. Williams, 2011, Ownership and firm innovation in transition economy: Evidence from China, *Research Policy*, 40: 441–452.
17. 2015, Corporate, Ford Motor Company, www.ford.com, accessed June 19; N. E. Boudette, 2011, Ford forecasts sharp gains from Asian sales, *Wall Street Journal*, www.wsj.com, June 8.
18. D. McCann, 2014, One Ford, One Finance. *CFO*, July, 16–17.
19. R. Erkelens, B. Hooff, M. Huysman, & P. Vlaar, 2015, Learning from locally embedded knowledge: Facilitating organizational learning in geographically dispersed settings, *Global Strategy Journal*, 5: 177–197; A. H. Kirka, G. T. Hult, S. Deligonul, M. Z. Perry, & S. T. Cavusgil, 2012, A multilevel examination of the drivers of firm multinationality: A meta-analysis, *Journal of Management*, 38: 502–530; L. Nachum & S. Song, 2011, The MNE as a portfolio: Interdependencies in MNE growth trajectory, *Journal of International Business Studies*, 42: 381–405.
20. M. Kim, 2015, Geographic scope, isolating mechanisms, and value appropriation, *Strategic Management Journal*, in press; G. Qian, T. A. Khoury, M. W. Peng, & Z. Qian, 2010, The performance implications of intra-and inter-regional geographic diversification, *Strategic Management Journal*, 31: 1018–1030; H. Zou & P. N. Ghauri, 2009, Learning through international acquisitions: The process of knowledge acquisition in China, *Management International Review*, 48: 207–226.
21. R. Sambharya & J. Lee, 2014, Renewing dynamic capabilities globally: An empirical study of the world's largest MNCs, *Management International Review*, 54: 137–169; Y. Zhang, H. Li, Y. Li, & L. A. Zhou, 2010, FDI spillovers in an emerging market: The role of foreign firms' country origin diversity and domestic firms' absorptive capacity, *Strategic Management Journal*, 31: 969–989; J. Song & J. Shin, 2008, The paradox of technological capabilities: A study of knowledge sourcing from host countries of overseas R&D operations, *Journal of International Business Studies*, 39: 291–303.
22. N. Hashai & P. J. Buckley, 2014, Is competitive advantage a necessary condition for the emergence of the multinational enterprise? *Global Strategy Journal*, 4: 35–48; F. J. Froese, 2013, Work values of the next generation of business leaders in Shanghai, Tokyo and Seoul, *Asia Pacific Journal of Management*, 30: 297–315.
23. F. Lo & F. Lin, 2015, Advantage transfer on location choice and subsidiary performance, *Journal of Business Research*, 68: 1527–1531; A. Gambardella & M. S. Giarratana, 2010, Localized knowledge spillovers and skill-based performance, *Strategic Entrepreneurship Journal*, 4: 323–339; A. M. Rugman & A. Verbeke, 2009, A new perspective on the regional and global strategies of multinational services firms, *Management International Review*, 48: 397–411.
24. C. Peeters, C. Dehon, & P. Garcia-Prieto, 2015, The attention stimulus of cultural differences in global services sourcing, *Journal of International Business Studies*, 46: 241–251; O. Shenkar, 2012, Cultural distance revisited: Towards a more rigorous conceptualization and measurement of cultural differences, *Journal of International Business Studies*, 43: 1–11; R. Chakrabarti, Gupta-Mukherjee, & N. Jayaraman, 2009, Mars-Venus marriages: Culture and cross-border M&A, *Journal of International Business Studies*, 40: 216–236.
25. S. L. Sun, M. W. Peng, R. P. Lee, & W. Tan, 2015, Institutional open access at home and outward internationalization, *Journal of World Business*, 50: 234–246; B. T. McCann & G. Vroom, 2010, Pricing response to entry and agglomeration effects, *Strategic Management Journal*, 31: 284–305.
26. Sambharya & Lee, Renewing dynamic capabilities globally: An empirical study of the world's largest MNCs; Y. Y. Chang, Y. Gong, & M. Peng, 2012, Expatriate knowledge transfer, subsidiary absorptive capacity and subsidiary performance, *Academy of Management Journal*, 55: 927–948; P. Kappen, 2011, Competencecreating overlaps and subsidiary technological evolution in the multinational corporation, *Research Policy*, 40: 673–686.
27. H. Liang, B. Ren, & S. L. Sun, 2015, An anatomy of state control in the globalization of state-owned enterprises, *Journal of International Business Studies*, 46: 223–240; Y. Fang, M. Wade, A. Delios, & P. W. Beamish, 2013, An exploration of multinational

enterprise knowledge resources and foreign subsidiary performance, *Journal of World Business*, 48: 30–38; A. Arino, 2011, Building the global enterprise: Strategic assembly, *Global Strategy Journal*, 1: 47–49.

28. M. E. Porter, 1990, *The Competitive Advantage of Nations*, NY: The Free Press.
29. Ibid., 84.
30. D. Dulaney, 2014, Chiquita agrees to $742 million buyout, *Wall Street Journal*, www. wsj.com, October 28; D. Englander, 2013, Chiquita Brands—Stocks with appeal, *Wall Street Journal*, www.wsj.com, April 28.
31. M. Bucheli & M. Kim, M. 2015, Attacked from both sides: A dynamic model of multinational corporations' strategies for protection of their property rights, *Global Strategy Journal*, 5: 1–26; C. Wang, J. Hong, M. Kafouros, & M. Wright, 2012, Exploring the role of government involvement in outward FDI from emerging economies, *Journal of International Business Studies*, 43: 655–676; J. Nishimura & H. Okamuro, 2011, Subsidy and networking: The effects of direct and indirect support programs of the cluster policy, *Research Policy*, 40: 714–727.
32. C. Trundell & Y Hagiwara, 2015, Lexus flag China ambitions with new ES's Shanghai debut, *Bloomberg Business*, www. bloombergbusiness.com, April 9.
33. S. Song, M. Makhija, & S. Lee, 2014, Withincountry growth options versus acrosscountry switching options in foreign direct investment, *Global Strategy Journal*, 4: 127–142.
34. Kim, Hoskisson, & Lee, Why strategic factor markets matter: 'New multinationals' geographic diversification and firm profitability; M. Musteen, D. K. Datta, & J. Francis, 2014, Early internationalization by firms in transition economies into developed markets: The role of international networks, *Global Strategy Journal*, 4: 221–237.
35. R. Qu & Z. Zhang, 2015, Market orientation and business performance in MNC foreign subsidiaries—moderating effects of integration and responsiveness, *Journal of Business Research*, 68: 919–924.
36. W. Aghina, A. De Smet, & S Heywood, 2014, The past and future of global organizations, McKinsey Quarterly, March, 97–106; S. Zaheer & L. Nachum, 2011, Sense of place: From location resources to MNE locational capital, *Global Strategy Journal*, 1: 96–108; N. Guimaraes-Costs & M. P. E. Cunha, 2009, Foreign locals: A liminal perspective of international managers, *Organizational Dynamics*, 38: 158–166.
37. S. C. Schleimer & T. Pedersen, T. 2014, The effects of MNC parent effort and social structure on subsidiary absorptive capacity, *Journal of International Business Studies*, 45: 303–320; J. S. Chen & A. S. Lovvorn, 2011, The speed of knowledge transfer within multinational enterprises: The role of social capital, *International Journal of Commerce and Management*, 21: 46–62; H. Kasper, M. Lehrer, J. Muhlbacher, & B. Muller, 2009, Integration-responsiveness and knowledge-management perspectives on the MNC: A typology and field study of cross site knowledge sharing practices, *Journal of Leadership & Organizational Studies*, 15: 287–303.
38. 2015, Introduction to Unilever global, *Unilever homepage*, www.unilever. com, accessed on June 19; J. Neff, 2008, Unilever's CMO finally gets down to business, *Advertising Age*, July 11.
39. K. E. Meyer & S. Estrin, 2014, Local context and global strategy: Extending the integration responsiveness framework to subsidiary strategy, *Global Strategy Journal*, 4: 1–19; M. P. Koza, S. Tallman, & A. Ataay, 2011, The strategic assembly of global firms: A microstructural analysis of local learning and global adaptation, *Global Strategy Journal*, 1: 27–46; P. J. Buckley, 2009, The impact of the global factory on economic development, *Journal of World Business*, 44: 131–143.
40. H. Berry, 2014, Global integration and innovation: Multicountry knowledge generation within MNCs, *Strategic Management Journal*, 35: 869–890; A. Zaheer & E. Hernandez, 2011, The geographic scope of the MNC and its alliance portfolio: Resolving the paradox of distance, *Global Strategy Journal*, 1: 109–126.
41. C. Wang, 2014, Accounting standards harmonization and financial statement comparability: Evidence from transnational information transfer, *Journal of Accounting Research*, 52: 955–992; L. Hail, C. Leuz, & P. Wysocki, 2010, Global accounting convergence and the potential adoption of IFRS by the U.S. (part II): Political factors and future scenarios for U.S. accounting standards, *Accounting Horizons*, 24: 567–581; R. G. Barker, 2003, Trend: Global accounting is coming, *Harvard Business Review*, 81(4): 24–25.
42. J. U. Kim & R. V. Aguilera, 2015, The world is spiky: An internationalization framework for a semi-globalized world, *Global Strategy Journal*, 5: 113–132; J. L. Arregle, T. Miller, M. A. Hitt, & P. W. Beamish, 2013, Do regions matter? An integrated institutional and semiglobalization perspective on the internationalization of MNEs, *Strategic Management Journal*, 34: 910–934; L. H. Shi, C. White, S. Zou, & S. T. Cavusgil, 2010, Global account management strategies: Drivers and outcomes, *Journal of International Business Studies*, 41: 620–638.
43. S. Morris, R. Hammond, & S. Snell, 2014, A microfoundations approach to transnational capabilities: The role of knowledge search in an ever-changing world, *Journal of International Business Studies*, 45: 405–427; R. Greenwood, S. Fairclough, T. Morris, & M. Boussebaa, 2010, The organizational design of transnational professional service firms, *Organizational Dynamics*, 39: 173–183.
44. K. J. Breunig, R. Kvålshaugen, & K. M. Hydle, 2014, Knowing your boundaries: Integration opportunities in international professional service firms, *Journal of World Business*, 49: 502–511; C. Stehr, 2010, Globalisation strategy for small and medium-sized enterprises, *International Journal of Entrepreneurship and Innovation Management*, 12: 375–391; A. M. Rugman & A. Verbeke, 2008, A regional solution to the strategy and structure of multinationals, *European Management Journal*, 26: 305–313.
45. X. Zhang, W. Zhong, & S. Makino, 2015, Customer involvement and service firm internationalization performance: An integrative framework, *Journal of International Business Studies*, 46: 355–380; 2010, Regional resilience: Theoretical and empirical perspectives, *Cambridge Journal of Regions, Economy and Society*, 3–10; Rugman & Verbeke, A regional solution to the strategy and structure of multinationals.
46. 2015, Unleashing a global snacking powerhouse, *Mondelez International*, www. mondelezinternational. com, accessed on June 22.
47. A. Millington, 2015, Mondelez splashes £10m to grow savoury snacks business as it looks to balance its portfolio, *Marketing Week*, www.marketingweek. com, April 10.
48. M. W. Peng & Y. Jiang, 2010, Institutions behind family ownership and control in large firms, *Journal of Management Studies*, 47: 253–273; A. M. Rugman & A. Verbeke, 2003, Extending the theory of the multinational enterprise: Internationalization and strategic management perspectives, *Journal of International Business Studies*, 34: 125–137.
49. I. Bremmer, E. Fry, & D. Shanker, 2015 The new world of business, *Fortune*, February 1, 86–92; D. Klonowski, 2011, Private equity in emerging markets: Stacking up the BRICs, *Journal of Private Equity*, 14: 24–37.
50. F. Jiang, L. Liu, & B. W. Stening, 2014, Do Foreign Firms in China Incur a Liability of Foreignness? The Local Chinese Firms' Perspective, *Thunderbird International Business Review*, 56: 501–518; J. Mata & E. Freitas, 2012, Foreignness and exit over the life cycle of firms, *Journal of International Business Studies*, 43: 615–630. R. G. Bell, I. Filatotchev, & A. A. Rasheed, 2012, The liability of foreignness, in capital markets: Sources and remedies, *Journal of International Business Studies*, 43: 107–122.
51. J. Aguilera-Caracuel, E. M. Fedriani, & B. L. Delgado-Márquez, 2014, Institutional distance among country influences and environmental performance standardization in multinational enterprises, *Journal of Business Research*, 67: 2385–2392; R. Salomon & Z. Wu, 2012, Institutional distance and local isomorphism strategy, *Journal of International Business Studies*, 43: 347–367.
52. T. Hutzschenreuter, I. Kleindienst, & S. Lange, 2014, Added psychic distance stimuli and MNE performance: Performance effects of added cultural, governance, geographic, and economic distance in MNEs' international expansion, *Journal of International Management*, 20: 38–54; J. T. Campbell, L. Eden, & S. R. Miller, 2012, Multinationals and corporate social responsibility in host countries: Does distance matter? *Journal of International Business Studies*, 43: 84–106; P. Ghemawat, 2001, Distance still matters, *Harvard Business Review*, 79(8): 137–145.
53. N. Y. Brannen, 2004, When Mickey loses face: Recontextualization, semantic fit and semiotics of foreignness, *Academy of Management Review*, 29: 593–616.
54. M. Schuman, 2006, Disney's Hong Kong headache, *Time*, www.time.com, May 8.
55. G. Suder, P. W. Liesch, S. Inomata, I. Mihailova, & B. Meng, 2015, The evolving geography of production hubs and regional value chains across East Asia: Trade in value-added, *Journal of World Business*, 50: 404–416; Arregle, Miller, Hitt, & Beamish, Do regions matter?; J. Cantwell & Y. Zhang, 2011, Innovation and location in the multinational firm, *International Journal of Technology Management*, 54: 116–132.
56. L. Stevens, 2015, Borders matter less and less in e-commerce, *Wall Street Journal*, June 24, B8; K. Ito & E. L. Rose, 2010, The implicit return on domestic and international sales: An empirical analysis of U.S. and Japanese firms, *Journal of International Business Studies*, 41. 1074–1089; A. M. Rugman & A. Verbeke, 2007, Liabilities of foreignness and the use of firm-level versus country level data: A response to Dunning et al. (2007), *Journal of International Business Studies*, 38: 200–205.
57. A. Ghobadian, A. M. Rugman, & R. L. Tung, 2014, Strategies for firm globalization and regionalization, *British Journal of Management*, 25: S1–S5; Arregle, Miller, Hitt, & Beamish, Do regions matter?; E. R.

Banalieva, M. D. Santoro, & R. J. Jiang, 2012, Home region focus and technical efficiency of multinational enterprises: The moderating role of regional integration, *Management International Review*, 52: 493–518.

58. B. V. Dimitrova, B. Rosenbloom, & T. L. Andras, 2014, Does the degree of retailer international involvement affect retailer performance? *International Review of Retail, Distribution & Consumer Research*, 24: 243–277; A. M. Rugman & S. Girod, 2003, Retail multinationals and globalization: The evidence is regional, *European Management Journal*, 21: 24–37.
59. D. E. Westney, 2006, Review of the regional multinationals: MNEs and global strategic management (book review), *Journal of International Business Studies*, 37: 445–449.
60. S. Arita & K. Tanaka, 2014, Heterogeneous multinational firms and productivity gains from falling FDI barriers, *Review of World Economics*, 150: 83–113; R. D. Ludema, 2002, Increasing returns, multinationals and geography of preferential trade agreements, *Journal of International Economics*, 56: 329–358.
61. L Caliendo & F. Parro, 2015, Estimates of the trade and welfare effects of NAFTA, *Review of Economic Studies*, 82: 1–44; M. Aspinwall, 2009, NAFTA-ization: Regionalization and domestic political adjustment in the North American economic area, *Journal of Common Market Studies*, 47: 1–24.
62. N. Åkerman, 2015, Knowledgeacquisition strategies and the effects on market knowledge—profiling the internationalizing firm, *European Management Journal*, 33: 79–88; D. Zu & O. Shenar, 2002, Institutional distance and the multinational enterprise, *Academy of Management Review*, 27: 608–618.
63. P. J. Buckley & N. Hashai, 2014, The role of technological catch up and domestic market growth in the genesis of emerging country based multinationals, *Research Policy*, 43: 423–437; A. Ojala, 2008, Entry in a psychically distant market: Finnish small and medium-sized software firms in Japan, *European Management Journal*, 26: 135–144.
64. V. Hernández & M. J. Nieto, 2015, The effect of the magnitude and direction of institutional distance on the choice of international entry modes, *Journal of World Business*, 50: 122–132; K. D. Brouthers, 2013, Institutional, cultural and transaction cost influences on entry mode choice and performance, *Journal of International Business Studies*, 44: 1–13.
65. J. F. Hennart & A. H. L. Slangen, A. 2015, Yes, we really do need more entry mode studies! A commentary on Shaver, *Journal of International Business Studies*, 46: 114–122; B. Maekelburger, C. Schwens, & R. Kabst, 2012, Asset specificity and foreign market entry mode choice of small and mediumsized enterprises: The moderating influence of knowledge safeguards and institutional safeguards, *Journal of International Business Studies*, 43: 458–476.
66. S. Gerschewski, E. L. Rose, & V. J. Lindsay, 2015, Understanding the drivers of international performance for born global firms: An integrated perspective, *Journal of World Business*, 50: 558–575; C. A. Cinquetti, 2009, Multinationals and exports in a large and protected developing country, *Review of International Economics*, 16: 904–918.
67. S. T. Cavusgil & G. Knight, 2015, The born global firm: An entrepreneurial and capabilities perspective on early and rapid internationalization, *Journal of International Business Studies*, 46: 3–16; P. Ganotakis & J. H. Love, 2012, Export propensity, export intensity and firm performance: The role of the entrepreneurial founding team, *Journal of International Business Studies*, 43: 693–718.
68. I. Zander, P. McDougall-Covin, & E. L. Rose, 2015, Born globals and international business: Evolution of a field of research, *Journal of International Business Studies*, 46: 27–35; M. Bandyk, 2008, Now even small firms can go global, *U.S. News & World Report*, March 10, 52.
69. S. Sui & M. Baum, 2014, Internationalization strategy, firm resources and the survival of SMEs in the export market, *Journal of International Business Studies*, 45: 821–841; B. Cassiman & E. Golovko, 2010, Innovation and internationalization through exports, *Journal of International Business Studies*, 42: 56–75.
70. E. Golovko & G. Valentini, 2014, Selective learning-by-exporting: Firm size and product versus process innovation, *Global Strategy Journal*, 4: 161–180; X. He, K. D. Brouthers, & I. Filatotchev, 2013, Resource-based and institutional perspectives on export channel selection and export performance, *Journal of Management*, 39: 27–47; M. Hughes, S. L. Martin, R. E. Morgan, & M. J. Robson, 2010, Realizing product-market advantage in high-technology international new ventures: The mediating role of ambidextrous innovation, *Journal of International Marketing*, 18: 1–21.
71. A. Troianovski, 2014, German seeds web shopping in the developing world, *Wall Street Journal*, January 14, A1, A12; P. Ganotakis & J. H. Love, 2011, R&D, product innovation, and exporting: Evidence from UK new technology-based firms, *Oxford Economic Papers*, 63: 279–306; M. Gabrielsson & P. Gabrielsson, 2011, Internet-based sales channel strategies of born global firms, *International Business Review*, 20: 88–99.
72. B. Bozeman, H. Rimes, & J. Youtie, J. 2015, The evolving state-of-the-art in technology transfer research: Revisiting the contingent effectiveness model, *Research Policy*, 44: 34–49; P. S. Aulakh, M. Jiang, & Y. Pan, 2010, International technology licensing: Monopoly rents transaction costs and exclusive rights, *Journal of International Business Studies*, 41: 587–605; R. Bird & D. R. Cahoy, 2008, The impact of compulsory licensing on foreign direct investment: A collective bargaining approach, *American Business Law Journal*, 45: 283–330.
73. M. Bianchi, M. Frattini, J. Lejarraga, & A. Di Minin, 2014, Technology exploitation paths: combining technological and complementary resources in new product development and licensing, *Journal of Product Innovation Management*, 31: 146–169; M. S. Giarratana, & S. Torrisi, 2010, Foreign entry and survival in a knowledge-intensive market: Emerging economy countries' international linkages, technology competences, and firm experience, *Strategic Entrepreneurship Journal*, 4: 85–104; U. Lichtenthaler, 2008, Externally commercializing technology assets: An examination of different process stages, *Journal of Business Venturing*, 23: 445–464.
74. N. Byrnes & F. Balfour, 2009, Philip Morris unbound, *BusinessWeek*, May 4, 38–42.
75. 2015, PMI around the world, *Philip Morris International homepage*, www.pmi.com, accessed on June 23.
76. J. Li-Ying & Y. Wang, 2015, Find them home or abroad? The relative contribution of international technology in-licensing to "indigenous innovation" in China, *Long Range Planning*, 48: 123–134; E. Dechenaux, J. Thursby, & M. Thursby, 2011, Inventor moral hazard in university licensing: The role of contracts, *Research Policy*, 40: 94–104; S. Hagaoka, 2009, Does strong patent protection facilitate international technology transfer? Some evidence from licensing contrasts of Japanese firms, *Journal of Technology Transfer*, 34: 128–144.
77. A. Agarwal, I. Cockburn, & I. Zhang, L. Deals not done: Sources of failure in the market for ideas, *Strategic Management Journal*, 36: 976–986; U. Lichtenthaler, 2011, The evolution of technology licensing management: Identifying five strategic approaches, *R&D Management*, 41: 173–189; M. Fiedler & I. M. Welpe, 2010, Antecedents of cooperative commercialisation strategies of nanotechnology firms, *Research Policy*, 39: 400–410.
78. C. A. Barlett & S. Rangan, 1992, Komatsu Limited. In C. A. Bartlett & S. Ghoshal (eds.), *Transnational Management: Text, Cases and Readings in Cross-Border Management*, Homewood, IL: Irwin, 311–326.
79. F. J. Contractor & J. J. Reuer, 2014, Structuring and governing alliances: New directions for research, *Global Strategy Journal*, 4: 241–256; S. Veilleux, N. Haskell, & F. Pons, 2012, Going global: How smaller enterprises benefit from strategic alliances, *Journal of Business Strategy*, 33(5): 22–31; C. Schwens, J. J. Eiche, & R. Kabst, 2011, The moderating impact of informal institutional distance and formal institutional risk on SME entry mode choice, *Journal of Management Studies*, 48: 330–351.
80. J. J. Reuer & R. Ragozzino, 2014, Signals and international alliance formation: The roles of affiliations and international activities, *Journal of International Business Studies*, 45: 321–337; T. Barnes, S. Raynor, & J. Bacchus, 2012, A new typology of forms of international collaboration, *Journal of Business and Strategy*, 5: 81–102; S. Prashantham & S. Young, 2011, Postentry speed of international new ventures, *Entrepreneurship Theory and Practice*, 35: 275–292.
81. F. J. Contractor & J. A. Woodley, 2015, How the alliance pie is split: Value appropriation by each partner in crossborder technology transfer alliances, *Journal of World Business*, 50: 535–547; Z. Bhanji & J. E. Oxley, 2013, Overcoming the dual liability of foreignness and privateness in international corporate citizenship partnerships, *Journal of International Business Studies*, 44: 290–311; J. S. Harrison, M. A. Hitt, R. E. Hoskisson, & R. D. Ireland, 2001, Resource complementarity in business combinations: Extending the logic to organization alliances, *Journal of Management*, 27: 679–690.
82. W. Shi, S. L. Sun, B. C. Pinkham, & M. W. Peng, 2014, Domestic alliance network to attract foreign partners: Evidence from international joint ventures in China, *Journal of International Business Studies*, 45: 338–362; R. A. D'Aveni, G. B. Dagnino, & K. G. Smith, 2010, The age of temporary advantage, *Strategic Management Journal*, 31: 1371–1385; M. A. Hitt, D. Ahlstrom, M. T. Dacin, E. Levitas, & L. Svobodina, 2004, The institutional effects on strategic alliance partner selection in transition economies: China versus Russia, *Organization Science*, 15: 173–185.
83. Z. Khan, Y. K. Lew, & R. R. Sinkovics, 2015, International joint ventures as boundary spanners: Technological knowledge transfer in an emerging economy, *Global Strategy Journal*, 5: 48–68; ; G. Vasudeva, J. W. Spencer, & H. J. Teegen, 2013, Bringing the institutional context back in: A

crossnational comparison of alliance partner selection and knowledge acquisition, *Organization Science*, 24: 319–338; R. A. Corredoira & L. Rosenkopf, 2010, Should auld acquaintance be forgot? The reverse transfer of knowledge through mobility ties, *Strategic Management Journal*, 31: 159–181.

84. X. Jiang, F. Jiang, X. Cai, & H. Liu, 2015, How does trust affect alliance performance? The mediating role of resource sharing, *Industrial Marketing Management*, 45: 128–138; J-P. Roy, 2012, IJV partner trustworthy behavior: The role of host country governance and partner selection criteria, *Journal of Management Studies*, 49: 332–355; M. J. Robson, C. S. Katsikeas, & D. C. Bello, 2008, Drivers and performance outcomes of trust in international strategic alliances: The role of organizational complexity, *Organization Science*, 19: 647–668.

85. 2015, A culture of partnership in favor of collective intelligence, *Limagrain*, www. limagrain.com, accessed on June 23; 2011, Limagrain signs strategic alliance to enter Brazilian corn market, *Great Lakes Hybrids*, www.greatlakeshybrids.com, February 14.

86. M. del Mar Benavides-Espinosa & D. Ribeiro-Soriano, 2014, Cooperative learning in creating and managing joint ventures, *Journal of Business Research*, 67: 648–655; S. Kotha & K. Srikanth, 2013, Managing a global partnership model: Lessons from the Boeing 787 'dreamliner' program, *Global Strategy Journal*, 3: 41–66; C. Schwens, J. Eiche, & R. Kabst, 2011, The moderating impact of informal institutional distance and formal institutional risk on SME entry mode choice, *Journal of Management Studies*, 48: 330–351.

87. R. Kumar, 2014, Managing ambiguity in strategic alliances, *California Management Review*, 56(4): 82–102; Y. Luo, O. Shenkar, & H. Gurnani, 2008, Control-cooperation interfaces in global strategic alliances: A situational typology and strategic responses, *Journal of International Business Studies*, 39: 428–453.

88. I. Arikan & O. Shenkar, 2013, National animosity and cross-border alliances, *Academy of Management Journal*, 56:516–1544; T. K. Das, 2010, Interpartner sensemaking in strategic alliances: Managing cultural differences and internal tensions, *Management Decision*, 48: 17–36.

89. A. Iriyama & R. Madhavan, 2014, Postformation inter-partner equity transfers in international joint ventures: the role of experience, *Global Strategy Journal*, 4: 331–348; B. B. Nielsen, 2010, Strategic fit, contractual, and procedural governance in alliances, *Journal of Business Research*, 63: 682–689; D. Li, L. Eden, M. A. Hitt, & R. D. Ireland, 2008, Friends, acquaintances and stranger? Partner selection in R&D alliances, *Academy of Management Journal*, 51: 315–334.

90. A. M. Joshi & N. Lahiri, 2015, Language friction and partner selection in crossborder R&D alliance formation, *Journal of International Business Studies*, 46: 123–152; P. D. O. Jensen & B. Petersen, 2013, Global sourcing of services. Risk, process and collaborative architecture, *Global Strategy Journal*, 3: 67–87.

91. T. W. Tong, J. J. Reuer, B. B. Tyler, & S. Zhang, 2015, Host country executives' assessments of international joint ventures and divestitures: An experimental approach, *Strategic Management Journal*, 36: 254–275; S. F. S. Chen, 2010, A general TCE model of international business institutions; market failure and reciprocity, *Journal of International Business Studies*, 41: 935–959; J. Wiklund & D. A. Shepherd, 2009, The effectiveness of alliances and acquisitions: The role of resource combination activities, *Entrepreneurship Theory and Practice*, 33:193–212.

92. G. Kling, A. Ghobadian, M. A. Hitt, U. Weitzel, & N. O'Regan, 2014, The effects of cross-border and cross-industry mergers and acquisitions on home-region and global multinational enterprises, *British Journal of Management*, 25: S116–S132.

93. A. Arslan & Y. Wang, Y. 2015, Acquisition entry strategy of Nordic multinational enterprises in China: An analysis of key determinants, *Journal of Global Marketing*, 28: 32–51; A. Guar, S. Malhotra, & P. Zhu, 2013, Acquisition announcements and stock market valuations of acquiring firms' rivals: A test of the growth probability hypothesis in China, *Strategic Management Journal*, 34: 215–232; M. A. Hitt & V. Pisano, 2003, The cross-border merger and acquisition strategy, *Management Research*, 1: 133–144.

94. I. Walker & A. Gasparro, 2015, Merge unites major supermarket players, *Wall Street Journal*, June 25, B1

95. P. C. Narayan & M. Thenmozhi, 2014, Do cross-border acquisitions involving emerging market firms create value: Impact of deal characteristics, *Management Decision*, 52: 1–23; S. Malhotra, P. C. Zhu, & W. Locander, 2010, Impact of hostcountry corruption on U.S. and Chinese cross-border acquisitions, *Thunderbird International Business Review*, 52: 491–507; P. X. Meschi, 2009, Government corruption and foreign stakes in international joint ventures in emerging economies, *Asia Pacific Journal of Management*, 26: 241–261.

96. F. J. Contractor, S. Lahiri, B. Elango, & S. K. Kundu, Institutional, cultural and industry related determinants of ownership choices in emerging market FDI acquisitions, *International Business Review*, 23: 931–941; J. Li & C. Qian, 2013, Principal-principal conflicts under weak institutions: A study of corporate takeovers in China, *Strategic Management Journal*, 34: 498–508; A. Madhok & M. Keyhani, 2012, Acquisitions as entrepreneurship: Asymmetries, opportunities, and the internationalization of multinationals from emerging economies, *Global Strategy Journal*, 2: 26–40.

97. S. Lee, J. Kim, & B. I. Park, 2015, Culture clashes in cross-border mergers and acquisitions: A case study of Sweden's Volvo and South Korea's Samsung, *International Business Review*, 24: 580–593; E. Vaara, R. Sarala, G. K. Stahl, & I. Bjorkman, 2012, *Journal of Management Studies*, 49: 1–27; D. R. Denison, B. Adkins, & A. Guidroz, 2011, Managing cultural integration in cross-border mergers and acquisitions. In W. H. Mobley, M. Li, & Y. Wang (eds.), *Advances in Global Leadership*, vol. 6, Bingley, U.K.: Emerald Publishing Group, 95–115.

98. U. Stettner & D. Lavie, 2014, Ambidexterity under scrutiny: Exploration and exploitation via internal organization, alliances, and acquisitions, *Strategic Management Journal*, 35: 1903–1929; S. J. Chang, J. Chung, & J. J. Moon, 2013, When do wholly owned subsidiaries perform better than joint ventures? *Strategic Management Journal*, 34: 317–337; Y. Fang, G. L. F. Jiang, S. Makino, & P. W. Beamish, 2010, Multinational firm knowledge, use of expatriates, and foreign subsidiary performance, *Journal of Management Studies*, 47: 27–54.

99. S. Lahiri, B. Elango, & S. K. Kundu, 2014, Cross-border acquisition in services: Comparing ownership choice of developed and emerging economy MNEs in India, *Journal of World Business*, 49: 409–420; C. Bouquet, L. Hebert, & A. Delios, 2004, Foreign expansion in service industries: Separability and human capital intensity, *Journal of Business Research*, 57: 35–46.

100. O. Bertrand & L. Capron, L. 2015, Productivity enhancement at home via cross-border acquisitions: The roles of learning and contemporaneous domestic investments, *Strategic Management Journal*, 36: 640–658; C. Schwens, J. Eiche, & R. Kabst, 2011, The moderating impact of informal institutional distance and formal institutional risk on SME entry mode choice, *Journal of Management Studies*, 48: 330–351; K. F. Meyer, S. Estrin, S. K. Bhaumik, & M. W. Peng, 2009, Institutions, resources, and entry strategies in emerging economies, *Strategic Management Journal*, 30: 61–80.

101. G. O. White, T. A. Hemphill, J. R. Joplin, & L. A. Marsh, 2014, Wholly owned foreign subsidiary relation-based strategies in volatile environments, *International Business Review*, 23: 303–312; Chang, Chung & Moon, When do wholly owned subsidiaries perform better than joint ventures?; K. D. Brouthers & D. Dikova, 2010, Acquisitions and real options: The greenfield alternative, *Journal of Management Studies*, 47: 1048–1071.

102. 2015. Walmart's China expansion won't be easy, *Fortune*, www.fortune.com, May 6; Y. Parke & B. Sternquist, 2008, The global retailer's strategic proposition and choice of entry mode, *International Journal of Retail & Distribution Management*; 36: 281–299.

103. X. He, J. Zhang, & J. Wang, 2015, Market seeking orientation and performance in China: The impact of institutional environment, subsidiary ownership structure and experience. *Management International Review*, 55: 389–419; L. Q. Siebers, 2012, Foreign retailers in China: The first ten years, *Journal of Business Strategy*, 33(1): 27–38.

104. White, Hemphill, Joplin, & Marsh, Wholly owned foreign subsidiary relation-based strategies in volatile environments; A. M. Rugman, 2010, Reconciling internalization theory and the eclectic paradigm, *Multinational Business Review*, 18: 1–12; J. Che & G. Facchini, 2009, Cultural differences, insecure property rights and the mode of entry decision, *Economic Theory*, 38: 465–484.

105. J. Muller, 2015, Toyota is laying down deeper roots in Michigan. *Forbes*, June 11, 24.

106. 2014, Corporate with the best regional strategy, *LatinFinance*, July–August, 31.

107. A. Cuervo-Cazurra, A. Inkpen, A. Musacchio, & K. Ramaswamy, 2014, Governments as owners: State-owned multinational companies, *Journal of International Business Studies*, 45: 919–942; B. Batjargal, M. Hitt, A. S. Tsui, J. L. Arregle, J. Webb, & T. Miller, 2013, Institutional polycentrism, entrepreneurs' social networks and new venture growth, *Academy of Management Journal*, 56: 1024–1049.

108. C. Giersch, 2011, Political risk and political due diligence, *Global Risk Affairs*, www. globalriskaffairs. com, March 4.

109. G. G. Goswami & S. Haider, 2014, Does political risk deter FDI inflow? An analytical approach using panel data and factor analysis, *Journal of Economic Studies*, 41: 233–252; J. Li & Y. Tang, 2010, CEO hubris

and firm risk taking in China: The moderating role of managerial discretion, *Academy of Management Journal*, 53: 45–68; I. Alon & T. T. Herbert, 2009, A stranger in a strange land: Micro political risk and the multinational firm, *Business Horizons*, 52: 127–137; P. Rodriguez, K. Uhlenbruck, & L. Eden, 2003, Government corruption and the entry strategies of multinationals, *Academy of Management Review*, 30: 383–396.

110. A. Jiménez, I. Luis-Rico, & D. Benito-Osorio, 2014, The influence of political risk on the scope of internationalization of regulated companies: Insights from a Spanish sample, *Journal of World Business*, 49: 301–311; D. Quer, E. Claver, & L. Rienda, 2012, Political risk, cultural distance, and outward foreign direct investment: Empirical evidence from large Chinese firms, *Asia Pacific Journal of Management*, 29: 1089–1104; O. Branzei & S. Abdelnour, 2010, Another day, another dollar: Enterprise resilience under terrorism in developing countries, *Journal of International Business Studies*, 41: 804–825.

111. G. Bekaert, C. R. Harvey, C. T. Lundblad, & S. Siegel, 2014, Political risk spreads, *Journal of International Business Studies*, 45: 471–493.

112. C. L. Brown, S. T. Cavusgil, & A. W. Lord, 2015, Country-risk measurement and analysis: A new conceptualization and managerial tool, *International Business Review*, 24: 246–265; Giersch, Political risk and political due diligence.

113. D. L. Keig, L. E. Brouthers, & V. B. Marshall, 2015, Formal and informal corruption environments and multinational enterprise social irresponsibility, *Journal of Management Studies*, 52: 89–116; J. Surroca, J. A. Tribo, & S. A. Zahra, 2013, Stakeholder pressure on MNEs and the transfer of socially irresponsible practices to subsidiaries, *Academy of Management Journal*, 56: 549–572.

114. A. Flynn, 2015, Questions re-emerge on World Cup venues, *Wall Street Journal*, May 28, A10.

115. R. Johnson, R. Jelmaye, & L. Magalhaes, Scandal spurs overhaul of Brazil's soccer body, *Wall Street Journal*, June 12, A9.

116. O. Matthews, 2015, Russia retreats. *Newsweek Global*, June 19, 12–16.

117. C. Grimpe & K. Hussinger, 2014, Resource complementarity and value capture in firm acquisitions: The role of intellectual property rights, *Strategic Management Journal*, 35: 1762–1780.

118. A. Wexler, 2015, Power outages mar South Africa's economic expansion, *Wall Street Journal*, www.wsj.com, May 8.

119. P. Kiernan & P. Trevisani, 2015, China seeks to keep its ties tight with South America, *Wall Street Journal*, May 20, A14; G. Fornes & A. Butt-Philip, 2011, Chinese MNEs and Latin America: A review, *International Journal of Emerging Markets*, 6: 98–117; S. Globerman & D. Shapiro, 2009, Economic and strategic considerations surrounding Chinese FDI in the United States, *Asia Pacific Journal of Management*, 26: 163–183.

120. E. Beckmann & H. Stix, 2015, Foreign currency borrowing and knowledge about exchange rate risk, *Journal of Economic Behavior & Organization*, 11: 21–16; C. R. Goddard, 2011, Risky business: Financial-sector liberalization and China, *Thunderbird International Business Review*, 53: 469–482; I. G. Kawaller, 2009, Hedging currency exposures by multinationals: Things to consider, *Journal of Applied Finance*, 18: 92–98.

121. P. Loftus & T. Stynes, 2015, J&J'S weak results tied to U.S. Dollar, device revenues, *Wall Street Journal*, April 15, B6; P. Evans, 2015, Unilever gets boost from Euro's weakness, *Wall Street Journal*, April 17, B6.

122. R. G. Bell, I. Filatotchev, & R. Aguilera, 2014, Corporate governance and investors' perceptions of foreign IPO value: An institutional perspective, *Academy of Management Journal*, 57: 301–320.

123. M. Alessandri & A. Seth, 2014, The effects of managerial ownership on international and business diversification: Balancing incentives and risks, *Strategic Management Journal*, 35: 2064–2075; F. J. Contractor, 2012, Why do multinational firms exist? A theory note about the effect of multinational expansion on performance and recent methodological critiques, *Global Strategy Journal*, 2: 318–331; P. David, J. P. O'Brien, T. Yoshikawa, & A. Delios, 2010, Do shareholders or stakeholders appropriate the rents from corporate diversification? The influence of ownership structure, *Academy of Management Journal*, 53: 636–654.

124. L. Zhou & A. Wu, A. 2014, Earliness of internationalization and performance outcomes: Exploring the moderating effects of venture age and international commitment, *Journal of World Business*, 49: 132–142; L. Li, 2007, Multinationality and performance: A synthetic review and research agenda, *International Journal of Management Reviews*, 9: 117–139; J. A.Doukas & O. B. Kan, 2006, Does global diversification destroy firm value? *Journal of International Business Studies*, 37: 352–371

125. H. Tan & J. A. Mathews, 2015, Accelerated internationalization and resource leverage strategizing: The case of Chinese wind turbine manufacturers, *Journal of World Business*, 50: 417–427; J. H. Fisch, 2012, Information costs and internationalization performance, *Global Strategy Journal*, 2: 296–312; S. E. Christophe & H. Lee, 2005, What matters about internationalization: A market-based assessment, *Journal of Business Research*, 58: 636–643.

126. S. Kraus, T. C. Ambos, F. Eggers, & B. Cesinger, 2015, Distance and perceptions of risk in internationalization decisions, *Journal of Business Research*, 68: 1501–1505; H. Berry, 2013, When do firms divest foreign operations? *Organization Science*, 24: 246–261; T. J. Andersen, 2011, The risk implications of multinational enterprise, *International Journal of Organizational Analysis*, 19: 49–70.

127. Berry, Global integration and innovation: Multi-country knowledge generation within MNCs; A. Y. Lewin, S. Massini, & C. Peeters, 2011, Microfoundations of internal and external absorptive capacity routines, *Organization Science*, 22: 81–98.

128. P. C. Patel, S. A. Fernhaber, P. P. McDougal- Covin, & R. P. van der Have, 2014, Beating competitors to international markets: The value of geographically balanced networks for innovation, *Strategic Management Journal*, 35: 691–711.

129. S. Awate, M. M. Larsen, & R. Mudambi, 2015, Accessing vs sourcing knowledge: A comparative study of R&D internationalization between emerging and advanced economy firms, *Journal of International Business Studies*, 46: 63–86; O. Bertrand & M. J. Mol, 2013, The antecedents and innovation effects of domestic and offshore R&D outsourcing: The contingent impact of cognitive distance and absorptive capacity, *Strategic Management Journal*, 34: 751–760; B. S. Reiche, 2012, Knowledge benefits of social capital upon repatriation: A longitudinal study of international assignees, *Journal of Management Studies*, 49: 1052–1072.

130. J. Alcacer & J. Oxley, 2014, Learning by supplying, *Strategic Management Journal*, 35: 204–223; G. R. G. Benito, R. Lunnan & S. Tomassen, 2011, Distant encounters of the third kind: Multinational companies locating divisional headquarters abroad, *Journal of Management Studies*, 48: 373–394; M. A. Hitt, L. Tihanyi, T. Miller, & B. Connelly, 2006, International diversification: Antecedents, outcomes, and moderators, *Journal of Management*, 32: 831–867.

131. R. Belderbos, B. Lokshin, & B. Sadowski, 2015, The returns to foreign R&D, *Journal of International Business Studies*, 46, 491–504; I. Guler & A. Nerkar, 2012, The impact of global and local cohesion on innovation in the pharmaceutical industry, *Strategic Management Journal*, 33: 535–549.

132. M. Alessandri & A. Seth, 2014, The effects of managerial ownership on international and business diversification: Balancing incentives and risks, *Strategic Management Journal*, 35: 2064–2075; X. Fu, 2012, Foreign direct investment and managerial knowledge spillovers through diffusion of management practices, *Journal of Management Studies*, 49: 970–999; D. Holtbrugge & A. T. Mohr, 2011, Subsidiary interdependencies and international human resource management practices in German MNCs, *Management International Review*, 51: 93–115.

133. B. B. Nielsen & S. Nielsen, S. 2013, Top management team nationality diversity and firm performance: A multilevel study. *Strategic Management Journal*, 34, 373–382; M. Halme, S. Lindeman, & P. Linna, 2012, Innovation for inclusive business: Intrapreneurial bricolage in multinational corporations, *Journal of Management Studies*, 49: 743–784; I. Filatotchev & M. Wright, 2010, Agency perspectives on corporate governance of multinational enterprises, *Journal of Management Studies*, 47: 471–486.

134. C. Hsu, Y. Lien, & H. Chen, H. 2015, R&D internationalization and innovation performance, *International Business Review*, 24: 187–195; J. I. Siegel & S. H. Schwartz, 2013, Egalitarianism, cultural distance and foreign direct investment: A new approach, *Organization Science*, 24: 1174–1194; G. A. Shinkle & A. P. Kriauciunas, 2012, The impact of current and founding institutions on strength of competitive aspirations in transition economies, *Strategic Management Journal*, 33: 448–458.

135. R. Chittoor, P. S. Aulakh, & S. Ray, 2015, Accumulative and assimilative learning, institutional infrastructure, and innovation orientation of developing economy firms, *Global Strategy Journal*, 5: 133–153; P. C. Nell & B. Ambos, 2013, Parenting advantage in the MNC: An embeddedness perspective on the value added by headquarters, *Strategic Management Journal*, 34: 1086–1103; J. F. Hennart, 2012, Emerging market multinationals and the theory of the multinational enterprise, *Global Strategy Journal*, 2: 168–187.

136. S. Schmid & T. Dauth, 2014, Does internationalization make a difference? Stock market reaction to announcements of international top executive appointments, *Journal of World Business*, 49: 63–77; Wiersema & Bowen, The relationship between international diversification and firm performance; C. F. Wang, L. Y. Chen, & S. C. Change, 2011,

International diversification and the market value of new product introduction, *Journal of International Management*, 17: 333–347.

137. J. U. Kim & R. V. Aguilera, 2015, The world is spiky: An internationalization framework for a semi-globalized world, *Global Strategy Journal*, 5: 113–132; R. Belderbos, T. W. Tong, & S. Wu, 2013, Multinationality and downside risk: The roles of option portfolio and organization, *Strategic Management Journal*, in press; W. Shi, S. L. Sun, & M. W. Peng, 2012, Sub-national institutional contingencies, network positions and IJV partner selection, *Journal of Management Studies*, 49: 1221–1245.

138. P. Regnér & J. Edman, J. 2014, MNE institutional advantage: How subunits shape, transpose and evade host country institutions, *Journal of International Business Studies*, 45: 275–302; B. Baik, J. K. Kang, J. M. Kim, & J. Lee, 2013, The liability of foreignness in international equity investments: Evidence from the U.S. stock market, *Journal of International Business Studies*, 44: 391–411.

139. S. Song, 2014, Entry mode irreversibility, host market uncertainty, and foreign subsidiary exits, *Asia Pacific Journal of Management*, 31: 455–471; S. H. Lee & S. Song, 2012, Host country uncertainty, intra-MNC production shifts, and subsidiary performance, *Strategic Management Journal*, 33: 1331–1340.

140. D. W. Williams & D. A. Grégoire, 2015, Seeking commonalities or avoiding differences? Re-conceptualizing distance and its effects on internationalization decisions, *Journal of International Business Studies*, 46: 253–284; L. Berchicci, A. King, & C. L. Tucci, 2011, Does the apple always fall close to the tree? The geographical proximity choice of spin-outs, *Strategic Entrepreneurship Journal*, 5: 120–136; A. Ojala, 2008, Entry in a psychically distant market: Finnish small and medium-sized software firms in Japan, *European Management Journal*, 26: 135–144.

141. W. Shi, R. E. Hoskisson, & Y. Zhang, 2015, A geopolitical perspective into the opposition to globalizing state-owned enterprises in target states. *Global Strategy Journal*, in press; M. L. L. Lam, 2009, Beyond credibility of doing business in China: Strategies for improving corporate citizenship of foreign multinational enterprises in China, *Journal of Business Ethics*, 87: 137–146.

142. M. H. Ho & F. Wang, 2015, Unpacking knowledge transfer and learning paradoxes in international strategic alliances: Contextual differences matter, *International Business Review*, 24: 287–297; E. Fang & S. Zou, 2010, The effects of absorptive capacity and joint learning on the instability of international joint ventures in emerging economies, *Journal of International Business Studies*, 41: 906–924; D. Lavie & S. Miller, 2009, Alliance portfolio internationalization and firm performance, *Organization Science*, 19: 623–646.

9

협력 전략: 전략적 제휴

● 학습목표 ●

9-1 협력 전략을 정의하고 기업이 협력 전략을 사용하는 이유를 설명한다.

9-2 전략적 제휴의 세 가지 주요 유형을 정의하고 논의한다.

9-3 사업 차원 협력 전략을 나열해보고 각각의 목적을 논의한다.

9-4 기업 차원 협력 전략의 목적을 논의한다.

9-5 국제 전략적 제휴의 중요성을 이해한다.

9-6 협력 전략의 위험 요인에 대해 설명한다.

9-7 협력 전략 관리에 사용되는 두 가지 접근 방법에 대해 설명한다.

구글, 인텔, 태크호이어의 스마트워치 생산을 위한 협력

다양한 유형의 협력 전략을 사용하여 제휴에 참여한 기업은 공동의 목표를 달성하기 위해 각 기업이 보유한 특유한 경영 자원을 공유한다. 제휴 관계 형성의 핵심적 이유는 때로는 기업이 자사의 경영 자원을 독자적으로는 활용하는 것만으로는 달성할 수 없는 사업 기회을 파악할 수 있게 되기 때문이다.

어떤 종류의 파트너십은 유사한 기업 간에 규모를 증대하여 경쟁력을 향상할 목적으로 결성된다. 오랜 기간 동안 자동차 생산 기업들은 이러한 이유로 다양한 파트너십을 형성해왔다. 이와 다른 이유로는 서로 다른 산업에 속한 기업 간에 가치 창출을 할 수 있을 것으로 기대하는 공동의 목표를 달성하기 위해 각자의 특유한 경영 자원을 결합하기도 한다. 구글, 인텔, 태그호이어 간의 파트너십도 이러한 이유로 맺어졌다. 시장에서 이 세 기업 간의 파트너십을 긍정적으로 평가한 이유는, 태그호이어의 경우 경쟁력 있는 스마트워치를 개발할 기술이 부족한 반면, 구글과 인텔은 성공적인 스마트워치를 개발할 수 있는 디자인 역량이 부족하기 때문이다.

이 세 기업이 협력하게 된 이유 중 하나는 애플이 아이워치(iWatch)를 출시한 결정에 대한 전략적 대응이기도 하다. 스위스 시계 제조업체들의 공통적 평가는 애플의 아이워치 출시에 대한 최악의 결정은 무대응이라는 것이다. 제휴를 맺은 구글, 인텔과 태그호이어 입장에서는, 애플이 1만 달러에서 1만 7천 달러 사이 가격대의 고급 스마트워치를 시장 목표로 하고 있고 또 이 제품을 생산하는 데 필요한 기술을 고려할 때 자신들이 아이워치에 대응하는 제품을 출시할 적임자라고 믿고 있다. 태그호이어뿐만 아니라 다른 스위스 시계 제조업체들도 스마트워치의 위협에 대한 대응을 하고 있다. "스와치(Swatch), 브라이틀링(Breitling), 몽블랑(Montblanc), 프레드릭콘스탄트(Frederique Constant) 등이 손목시계 밴드에 메시지 전송 기능과 건강 관리 기능이 부가된 스마트한 금도금 시계 등을 내세워 경쟁에 참여하고 있다." 이렇게 스마트워치 경쟁을 뒷받침하는 요인은 이 시장의 규모인데, 2014년에 전 세계 기준으로 약 460만 개의 스마트워치가 판매되었다. 애널리스트들은 스마트워치의 2015년 판매량이 3천만 개까지 폭증할 것으로 예상했다. 반면에 스위스 시계의 2015년 판매량은 전년 대비 약 6.3% 감소할 것으로 예상된다.

태그호이어 최고 경영자인 장 클로드 비버(Jean-Claude Biver)는 자사의 스마트워치 제휴에 대해 "이 제휴는 시계 제작의 기술 혁신을 가져오는 스위스 시계와 실리콘 밸리 간의 결혼이다. 우리의 제휴는 시너지를 창출하여 윈윈 파트너십을 보여줄 것이다"라고 평가했다. 즉, 이 제휴의 핵심은 구글과 인텔이 혁신적 기술을 제공하고 태그호이어는 스위스 시계 제조업체로서의 명성과 시계 제작 기술을 제공하는 것이다. 태그호이어 시계가 명품으로 인정받는 이유 중 하나는 이 기업이 프랑스에 본사를 둔 명품 브랜드 기업인 LVMH(Moet Hennessy Louis Vuitton SA.)의 자회사이기 때문이다. 제휴의 결성에 영향을 미친 요인으로는 태그호이어가 기술에 민감한 고객의 니즈에 부합하는 첨단기술이 첨가된 시계를 디자인하고 생산하고자 하는 목표뿐만 아니라, 구글 입장에서 자사의 소프트웨어가 웨어러블 기기에서 효과적으로 작동하는 것을 증명하고자 하는 목표, 그리고 인텔의 입장에서 자사의 반도체 칩이 웨어러블 기기에서 사용되기 원하는 목표가 부합하였기 때문이다. 명품 시장 영역에서의 사업 확장을 위해 구글과 인텔은 별도의 제휴 관계를 구축하였다. 인텔은 룩소티카(Luxottica Group SpA)와 스마트 아이웨어(smart eyewear) 생산 제휴를, 그리고 구글은 같은 기업과 구글글래스 디자인을 위한 제휴를 맺었다.

Alibaba Drone.PNG

모든 전략이 마찬가지이지만, 구글, 인텔, 태그호이어 간의 제휴도 위험을 감수해야 한다. 혁신에 혁신을 거듭해야 하는 기술 기반 기업의 문화와 정밀함을 최우선으로 하는 스위스 명품 시계 제조업체의 문화는 효과적으로 통합하는 것은 제휴 성공의 중요한 관건이 된다. 또 다른 위험 요인은 세 회사 모두 전 세계적인 공급망을 보유한 기업이며, 기업의 본사가 다른 국가에 위치하고 있는 점을 감안할 때 효율적인 사업 운영의 통합을 위해서는 고강도의 조율이 필요하다. 이러한 잠재적 위험에도 불구하고, 급속하게 성장하는 글로벌 시장에서의 혁신 기회는 이 세 기업이 스마트워치 개발 및 생산을 위한 제휴를 맺기에 충분한 것으로 보인다.

출처: A. Chen, 2015, Google, Intel, TAG Heuer to collaborate on Swiss smartwatch, *Wall Street Journal Online*, //www.wsj.com, March 19; M. Clerizol, 2015, There's something in the way they move, *Wall Street Journal Online*, www.wsj.com, March 18; L. Dignan, 2015, Can TAG Heuer, Intel, Google collaborate and create a smart enough watch? *ZDNET Online*, www.zdnet.com, March 19; S. Kessler, 2015, Intel, Google, and TAG Heuer announce a Swiss smartwatch, *Fast Company Online*, www.fastcompany.com, March, 19; J. Newman, 2015, TAG Heuer, Google, and Intel get together to announce a conceptual smartwatch, *PCWorld Online*, www.pcworld.com, March 19; J. Revill, 2015, Swiss watchmakers rise to the smartwatch challenge, *Wall Street Journal Online*, www.wsj.com, March 19; K. Sintumuang, 2015, Will the Apple watch eclipse the classic Swiss watch? *Wall Street Journal Online*, www.wsj.com, April 17.

5장에서 구글의 스마트워치 시장 진출 계획에 대해 언급한 바 있다. 본 장 도입사례는 구글이 스마트워치 시장에 진출하기 위해 행하고 있는 구체적인 행동을 제휴 전략을 중심으로 서술하고 있다. 구글, 인텔, 태그호이어(TAG Heuer)는 디지털 기술혁신을 스마트워치라는 명품 패션에 적용하기 위해 제휴를 형성하였다. 제휴에 참가하는 세 기업 중 어느 기업도 파트너 기업의 협력 없이는 단독으로 특정 유형의 스마트워치를 개발할 수 없다. 3사 간의 협력의 특징은 각 사의 고유한 경영 자원 및 그 경영 자원에 의해 창출되는 핵심 역량을 특정 시장을 겨냥한 제품의 디자인, 생산, 제품 출시에 사용해야 하는 종류의 제휴이다. 그러므로 제휴에 참가하는 3사는 각자의 경영 자원을 이해관계자 가치가 극대화되는 방식으로 사용하고자 한다.[1]

협력 전략은 기업들이 공통의 목표를 달성하기 위해 협력하는 수단이다.

구글, 인텔, 태그호이어 간에 형성된 제휴와 같은 방식의 협력은 기업들의 공통 목표인 기업 성장을 추구하는 데 도움을 줄 수 있다. **협력 전략**(cooperative strategy)은 기업들이 공통의 목표를 달성하기 위해 협력하는 수단을 의미한다.[2] 다른 기업과 협력하는 것은 해당 기업이 단독으로는 창출할 수 없는 소비자 가치를 창출하기 위해 사용하는 전략이다. 구글, 인텔, 태그호이어의 경우에도 어느 기업도 단독으로는 의도한 특정 스마트워치를 개발할 역량이 없었으며 3사의 경영 자원 결합을 통해서만 가능한 과업이기 때문에 제휴가 형성되었다.

기업들은 또한 협력 전략을 통해 경쟁 우위 창출을 시도한다.[3] 협력 전략을 통해 창출된 경쟁 우위를 종종 협업적(collaborative) 또는 관계적 우위(relational advantage)라고 부르며, 이는 협력 파트너와 형성된 관계가 경쟁 우위를 형성하는 원천이 될 수 있다는 의미이다.[4] 협력 전략을 성공적으로 활용하는 기업들은 경쟁 기업 대비 경쟁력과 수익성 측면에서 더 높은 성과를 보인다.[5]

본 장에서는 우선 전략적 제휴의 정의를 살펴본다. 이어서 전략적 제휴의 유형으로서 사업 차원, 기업 차원, 국제적, 네트워크 전략적 제휴에 대해 살펴본다. 이어서 전략적 제휴에 수반되는 위험 유형에 대해 논의하면서 본 장을 마무리한다.

9-1 협력 전략으로서의 전략적 제휴

전략적 제휴는 기업들이 경쟁 우위를 창출하기 위해 자신의 경영 자원을 결합하는 형태의 협력 전략이다.

전략적 제휴(strategic alliance)는 기업들이 경쟁 우위를 창출하기 위해 자신의 경영 자원을 결합하는 형태의 협력 전략을 말한다. 따라서 전략적 제휴는 제품 및 서비스를 공동으로 개발, 판매, 서비스하기 위한 일정 정도의 경영 자원의 교환 및 공유가 이루어지는 것을 전제로 한다.[6] 또한, 기업은 전략적 제휴를 파트너의 경영 자원을 활용해 추가적 경영 자원을 개발하는 목적과 함께 기존의 경영 자원을 활용하기 위해 활용한다.[7] 현재의 추세로는, 전략적 제휴는 경쟁 기업과의 경쟁에서 승리하기 위한 수단으로 활용되고 있다.[8]

주니퍼(Juniper)와 아루바(Aruba Networks) 간의 제휴가 개별 기업의 특유한 경영 자원을 결합하여 경쟁 우위를 창출하기 위한 일례에 해당한다. 주니퍼와 아루바는 복잡한 기업 문제의 해결할 혁신 역량의 향상을 위해 제품 개발 단계 및 제품 판매 단계에서 협력하는 제휴를 형성하였다. 이 제휴에 관해 한 분석가는 주니퍼는 유선 인프라스트럭처(기업용 스위치 및 라우터) 분야의 전문성을 공헌하고 아루바는 모바일 솔루션을 제공하는 협력 관계라고 평한다.[9]

전략적 제휴의 세 가지 주요 유형과 사용 동기에 대해 서술하기 전에 모든 제휴 전략은 파트너의 협력적 행동을 이끌어내야 성공 확률이 높다는 점을 언급할 필요가 있다. 제휴의 성공을 이끄는 협력적 행동의 예로는 적극적인 문제 해결, 신뢰 가능한 관계, 그리고 파트너의 경영 자원을 결합하여 새로운 가치를 창출하는 시도 등을 들 수 있다.[10]

9-1a 전략적 제휴의 유형

전략적 제휴의 주요 유형은 합작 투자, 지분 전략적 제휴, 비지분 전략적 제휴 세 가지로 분류할 수 있다. 세 가지 유형의 차이를 구분하는 중요한 기준은 파트너 간 지분의 소유 여부이다.

합작 투자(joint ventures)는 둘 또는 그 이상의 기업이 합작 투자의 모기업과는 법적으로 별개 기업을 설립하여 경쟁 우위 창출을 위한 자원 공유를 시도하는 전략적 제휴 유형을 말한다. 많은 경우에, 합작 투자 파트너들은 서로 동등한 소유지분을 보유한다. 종종 불확실한 경쟁 환경하의 경쟁력 향상을 위해 형성되기 때문에, 합작 투자의 장기적 파트너 관계 형성과 파트너 간 암묵적 지식 이전에 효과적이다.

합작 투자는 둘 또는 그 이상의 기업이 합작 투자의 모기업과는 법적으로 별개의 기업을 설립하여 경쟁 우위 창출을 위한 자원 공유를 시도하는 전략적 제휴이다.

GM은 판매 물량 기준 중국 최대 자동차업 체인 상하이자동차(SAIC Motor Corp.)와 최근에 중국 소비자를 겨냥한 신차 개발 합작 투자를 체결하였다. 상하이GM(Shanghai GM Co.)이라는 명칭의 합작 투자는 두 기업이 50%씩 지분을 보유하고, 2016년부터 2020년까지 약 164억 달러를 투자하여 중국 시장 내 그린 기술에 투자하여 경쟁사 제품과 차별화를 시도할 계획을 갖고 있다.[11] 오늘날의 경영 환경에서 성공적인 경쟁의 복잡성을 보여주는 사례가 상하이자동차는 폭스바겐(Volkwagen)과도 합작 투자를 하고 있다는 점이다. SAIC-VW 합작 투자가 생산하는 제품 중에는 중국 시장 SUV 1위인 티구안(Tiguan sport-utility) 모델도 있다.[12]

암묵적 지식은 문서화하기 어렵기 때문에 기업의 경쟁 우위 개발 노력에서 그 중요성이 커지고 있다. 암묵적 지식은 합작 투자를 통해 파트너 기업과 같이 일하는 등의 경험을 통해 축적된다.[13] 전반적으로, 기업이 경쟁 우위의 창출을 위해 외부의 경영 자원을 결합하고자 할 때, 그리고 불확실성이 높은 경영 환경에서 경쟁할 때 합작 투자는 최적의 협력 전략 유형이 된다.

지분 기반 전략적 제휴는 경쟁 우위 창출을 위한 경영 자원의 결합을 돕기 위해 파트너 기업 간 제휴 사업에 대한 지분의 보유를 통해 사업의 연계가 이루어진다.

지분 기반 전략적 제휴(equity strategic alliance)는 경쟁 우위 창출을 위한 경영 자원의 결합을 돕기 위해 파트너 기업 간 제휴 사업에 대한 지분의 보유를 통해 사업의 연계가 이루어지는 형태이다. 다국적기업의 중국 시장 내 해외 직접 투자는 많은 경우에 지분 기반 전략적 제휴를 통해 이루어진다. 예를 들어, 보스턴사이언티픽(Boston Scientific)은 중국의 프랑켄만(Frankenman Medical Equipment Company)의 주주가 되어 프랑켄만의 지속적 성장에 필요한 전문성을 제공할 예정이다. 보스턴사이언티픽의 내시경 기술과 프랑켄만의 현지 시장 역량의 결합을 목표로 한다.[14] 마찬가지로, 많은 중국 국영 기업이 해외 시장에 투자할 때 지분 제휴 방식을 사용한다.[15]

Shanghai GM.PNG
상하이GM 합작 투자사의 사진.

기업은 종종 경쟁 우위 창출을 위한 수단의 하나로 전략의 재집중을 위해 지분 제휴를 사용한다. 존슨콘트롤즈

(Johnson Controls)가 YATS(Yanfeng Automotive Trim Systems Co.)와 맺은 제휴가 이러한 예에 해당한다. Yanfeng Automotive Interiors라는 명칭의 이 제휴는 인도, 일본, 중국, 유럽, 미국 등에서 운전 조작부과 바닥 콘솔부 등을 생산하여 판매할 예정이다. 존슨이 30%, YATS가 70%의 지분을 소유한다. 이 제휴 관계를 통해 존슨은 자동차 인테리어 사업을 분사하는 효과를 얻을 수 있다. 분석가들은 이 제휴 관계의 형성을 통해 존슨은 상업 건물용 에어컨 설비와 같은 마진율이 더 높은 자동차 외 사업 영역에 집중할 수 있을 것으로 분석한다.[16]

비지분 전략적 제휴는 두 개 이상의 기업이 경쟁 우위의 창출을 위한 경영 자원 공유를 위해 계약 관계를 형성하는 제휴이다.

비지분 전략적 제휴(non-equity strategic alliance)는 두 개 이상의 기업이 경쟁 우위의 창출을 위한 경영 자원 공유를 위해 계약 관계를 형성하는 제휴를 말한다.[17] 이러한 유형의 제휴는 파트너 간에 별개의 기업을 설립하지는 않기 때문에 지분을 소유하지도 않는다. 이러한 이유로, 비지분 제휴는 합작 투자 및 지분 전략적 제휴에 비해 덜 공식적이고 파트너 몰입(commitments)도 덜 요구되므로 파트너 간 친밀한 관계가 형성될 가능성도 적다. 그럼에도 불구하고 연구 결과는 제휴 파트너 간에 비지분 제휴를 통해 가치 창출이 가능하다고 한다.[18] 제휴의 성공을 위해 파트너 간 암묵적 지식을 효과적으로 이전해야 하는 경우는 비지분 제휴의 상대적인 비공식성과 낮은 몰입도 수준 때문에 부적합할 가능성이 있다.[19] 라이선싱 계약, 판매 대리점 계약, 공급자 계약 등이 비지분 제휴의 예에 해당한다.

많은 경우에 아웃소싱 계약은 비지분 제휴의 형태로 체결된다. 애플 등 컴퓨터, 태블릿 PC, 스마트폰을 판매하는 기업들은 생산의 거의 모든 과정들을 아웃소싱에 의존하고 있다. 예를 들어, 애플은 생산을 전통적으로 폭스콘(Foxconn Technology Group)에 아웃소싱 해왔다. 최근에 폭스콘은 아이폰 S6 생산의 약 70%를 담당하였다.[20] 이와 같이 기업들은 중국 제조업체의 규모의 경제 기반 비용 효율성을 활용하기 위한 목적으로 생산 활동을 아웃소싱하는 비지분 제휴를 자주 선택한다.[21] 따라서 디자인을 담당하는 애플과 생산을 담당하는 폭스콘과의 협력 관계는 지속될 것으로 보인다. 이러한 이유로는 폭스콘과 같은 공급업자가 산업의 생태시스템(ecosystem) 내에서 활동하기 때문이다. 효과적인 에코시스템은 경쟁자가 모방하기 어려운 경쟁 우위를 창출할 수 있다.[22]

Courtesy of ZDnet

아이폰 S6를 생산하는 팩스콘 종업원.

9-1b 전략적 제휴의 동기

협력 전략은 많은 기업에게 경쟁 상황과 통합(연결)되어 있다. 전형적 기업의 경우 제휴에 의해 발생하는 매출의 비중이 25% 이상된다는 점이 협력 전략의 중요성을 말해 준다. 영리 조직 간 파트너십뿐만 아니라, 교육 기관 및 대학 기반 연구 개발 목적의 개인 회사 간에도 파트너십이 형성된다.[23] 또한 두 기업 간의 파트너십뿐만 아니라 일부 산업에서는 제휴 네트워크 간 경쟁이 발생하고 있다. 이러한 경쟁의 양상은 개별 항공사 간의 경쟁뿐만 아니라 제휴 네트워크(예: 스타, 원월드, 스카이팀 등)를 형성하여 제휴 네트워크 간 경쟁이 이루어지는 글로벌 항공 운송 산업에도 존재한다.[24] 이러한 제휴 양상은 경쟁력 향상을 위해 기업 간 협력이 효과적 대안이 될 수 있음을 시사한다.

일반적으로 제휴를 형성하는 동기는 시장의 순환주기가 느린지, 빠른지, 표준적인지에 따라 달라질 수 있다.

전략적 제휴 형성의 첫 번째 중요한 동기로는 개별 기업 단독으로는 창출하기 어려운 가치를 창출하고 시장에 신속하게 진입하기 위함이다.[25] 가디언즈(The Guardians), CNN(CNN International), 파이낸셜 타임즈(Financial Times), 이코노미스트(The Economist) 간 온라인 뉴스 제공 파트너십은 광고주로 하여금 온라인 독자에 규모의 경제를 달성할 수 있는 방식으로 접근할 수 있게 하기 위한 목적으로 형성된 제휴이다. 판게아(Pangea)라는 명칭의 이 제휴는 해당 기업들이 글로벌 시장에 효율적으로 진출하도록 도울 수 있다. 이 제휴에 대한 한 기업의 임원은 다음과 같이 논평하였다. "우리는 참여 기업의 고품질 서비스가 규모를 갖추어 제공되도록 보장하기 위해 함께 하였다."[26]

전략적 제휴 형성의 두 번째 주요 동기는 기업이 설정한 성과 목표를 달성하기 위한 실행 과정에서 대부분의 기업이 시장 기회 추구에 필요한 완전한 경영 자원을 보유하지는 못했기 때문에 목표 달성을 위해 자사가 보유하지 못한 경영 자원 보유한 다른 기업과 협력하는 것이 현실적이라는 점을 인식하기 때문이다. 이러한 경영 자원 제약하에서, 기업은 신규 고객의 확보 또는 제품 종류 및 유통 채널의 확대를 추가적 비용부담을 최소화하면서 추구하기 위한 목적으로 제휴를 형성할 수 있다.

익스피디아(Expedia)와 남미의 온라인 여행사 Decolar.com 간의 파트너십은 두 기업 모두 독자적으로는 달성하기 어려운 목표를 공동으로 달성하고자 결성되었다. 이 파트너십을 통해 익스피디아는 남미시장 여행자 고객을 추가로 확보하고 Docolar.com은 익스피디아와 계약된 전 세계 호텔 포트폴리오를 활용할 수 있다.[27]

5장에서 논의한 바와 같이, 경쟁 관계와 역학을 고려할 때 경쟁 상황은 저속, 고속, 표준 순환주기 시장으로 분류할 수 있다.[28] 〈그림 9-1〉에 설명하는 바와 같이, 각각의 사장 유형은 서로 다른 전략적 제휴 동기를 제공한다.

요약하면, 저속 순환주기 시장은 기업의 기존 경쟁 우위가 경쟁자의 모방 노력에도 불구하고 장기간 유지되어 경쟁자의 모방에는 비용이 많이 소요되는 경쟁 상황을 의미하며 역사적으로 통신, 금융 서비스 등이 이러한 저속 순환주기 시장에 해당한다. 고속 순환주기 시장은 기업의 기존 경쟁 우위가 경쟁자의 모방에 의해 쉽게 잠식당해 경쟁 우위의 지속가능성이 약한 시장을 말한다. 표준 순환주기 시장에서는 경쟁 우위의 모방 가능성은 저속 순환주기 와 고속 순환주기 시장의 중간 수준이므로 경쟁 우위의 지속기간도 고속 순환주기 시장보다는 길고 저속 순화주기 시장보다는 짧은 특징을 보인다.

저속 순환주기 시장

저속 순환주기 시장에서 경쟁하는 기업은 진출제약이 있는 시장 진출을 위해서 또는 새로운 시장에 프랜차이즈를 하는 방식으로 전략적 제휴를 사용한다. 예를 들어, 카니발 크루즈 라인(Carnival Cruise Line)을 소유한 카니발(Carnival Corporation)은 중국의 재무 투자 및 부동산 및 여행

그림 9-1 시장 유형에 따른 전략적 제휴

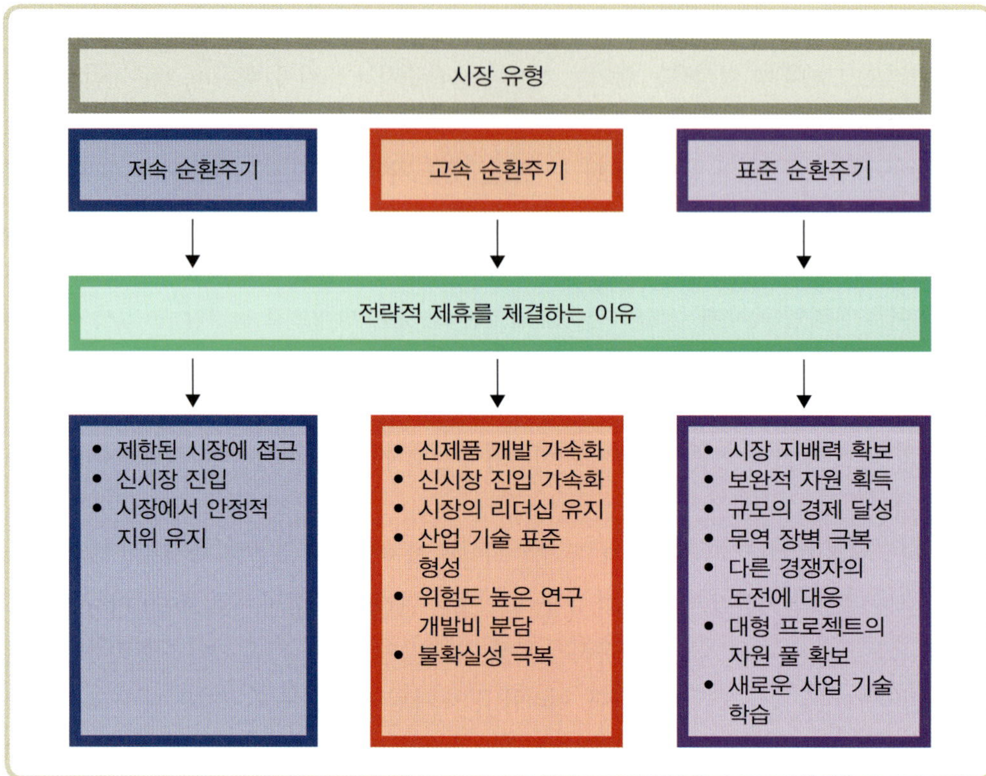

업 분야의 국영 기업인 초상국(China Merchants Group)과 두 개의 합작 투자를 체결하였다. 한 합작 투자는 선박 건조에 집중하고 다른 합작 투자는 항만 개발용 투자이다. 이 합작 투자를 통해 카니발은 급속히 성장하는 중국 크루즈 산업에서의 규모 확대를 모색하고 초상국은 미래 성장을 위한 투자 차원에서 파트너십을 형성하였다.[29]

저속 순환주기 시장은 21세기 경쟁 환경에서 점차 사라지고 있다. 그 이유로는 산업의 민영화, 인터넷 기술의 급속한 발전에 따른 신속한 정보의 확산, 기술의 발전으로 복잡한 제품도 모방이 더 용이해지고 있다는 점 등을 들 수 있다.[30] 따라서 현재 저속 순환주기 시장에서 경쟁하는 기업들은 미래에는 자사의 경쟁 우위가 부분적으로만 지속 가능하거나 지속 불가능해질 수도 있다는 점을 인식해야 한다. 협력 전략은 크루즈 여행 산업처럼 상대적으로 경쟁 강도가 약한 산업으로부터 경쟁 강도가 더 심한 산업으로 이전될 수 있게 한다.[31]

think4photop/Shutterstock.com

카니발 크루즈 라인의 배는 합작 투자를 체결한 초상국과 함께 중국 고객을 수송할 예정이다.

고속 순환주기 시장

고속 순환주기 시장은 불안정하고, 예측이 어려우며 복잡한 초경쟁(hypercompetitive) 시장을 말한다.[32] 이러한 시장 경쟁 특성은 지속적 경쟁 우위의 확보를 어렵게 하기 때문에 기업들이 계속해서 새로운 경쟁 우위를 모색하게 만든다. 기업 간 제휴는 새로운 시장에 신속하게 진출할 수 있는 기회를 제공한다. 따라서 고속 순환주기 시장에서 경쟁하는 기업에게는 협업적 사고 방식이 더 중요하다.[33]

마이크론(Micron Technology)과 시게이트(Seagate Technology)는 지속 가능한 경쟁 우위의 구축이 매우 어려운 저장 장치 제조 분야에서 경쟁 관계에 있다. 따라서 저장 장치 제조업과 같은 하이테크 산업에서는 혁신이 성공에 필수적 요건이 된다. 마이크론과 시게이트는 각 기업의 혁신 및 전문성을 결합하기 위한 목적의 전략적 제휴를 체결하였다. 이 협력 관계를 통해 두 기업은 고객에게 산업을 선도하는 스토리지 솔루션을 제공할 수 있을 것으로 기대한다. 보다 빠른 혁신을 통해 새로운 제품을 제공할 수 있기 때문이다. 두 기업 간의 제휴와 관련, 한 고객은 "마이크론과 시게이트의 전략적 제휴는 혁신적인 플래시 저장 장치를 제공할 것이다"라고 말했다.[34]

표준 순환주기 시장

표준 순환주기 시장에서 전략적 제휴는 주로 보완적 경영 자원을 보유한 파트너 간에 이루어진다. 항공사 간의 제휴 역시 표준 순환주기 제휴의 한 예이다.

초기의 항공사 간 제휴는 미국 및 유럽의 주변 공항 이용 승객의 편의를 증진시키기 위해 항공사 간 보완적 경영 자원을 공유하기 위한 목적으로 시작되었다. 오늘날의 항공사 간 제휴는 글로벌한 특성을 보이며, 비용 감소의 기회와 추가적인 국제선 노선에 접근할 수 있는 기회가 된다.[35] 특히 새로운 국제선 노선에의 접근은 새로운 매출 및 이익 창출의 기회가 되기 때문에 가장 중요한 제휴 참여의 동기가 된다. 비용 통제를 위해서, 제휴 항공사 간에는 공동구매 또는 공항 고객센터 및 승객 라운지 등의 시설을 공유하기도 한다. 고객 입장에서도 항공사 간 제휴는 복잡한 국제선 노선의 경우에도 쉽게 항공권 발권을 할 수 있고 마일리지 적립도 쉽게 할 수 있는 이점이 있다.

현재 세 개의 주요 항공사 간 제휴가 존재한다. 아시아나항공이 포함된 스타얼라이언스(StarAlliance)는 27개 회원사를 보유하여 제휴 규모가 가장 크다. 원월드(OneWorld)는 16개 회원사로 가장 규모가 작으며, 스카이팀(SkyTeam)의 경우에는 20개의 회원사가 참여하고 있는데 대한항공은 이 제휴에 참여하고 있다. 세 개의 제휴 모두 시장 범위(geographic coverage)를 확대하기 위해 계속 새로운 회원사를 확보하고 있다. 일반적으로 항공사 간 제휴는 규모의 경제 달성과 경쟁 상황에 대응하기 위한 동기로 형성된다. 코드 공유 및 구매 관련 비용 절감이 규모의 경제 달성을 위한 주요한 수단이 된다.[36]

9-2 사업 차원 협력 전략

사업 차원 협력 전략(business-level cooperative strategy)은 기업이 하나 또는 그 이상의 제품 시장 등 특정 사업에서의 경쟁 우위 창출을 목적으로 기업 간 경영 자원을 결합하는 전략을 말한다. 4장에서 논의한 바와 같이 사업 차원 전략은 특정 제품 시장에서의 경쟁 우위를 다룬다. 따라서 기업은 특정 제품 시장에서 독자적으로는 경쟁 우위를 창출하기 어렵다고 판단될

사업 차원 협력 전략은 기업이 하나 또는 그 이상의 제품 시장 등 특정 사업에서의 경쟁 우위 창출을 목적으로 기업 간 경영 자원을 결합하는 전략이다.

그림 9-2 사업 차원 협력 전략

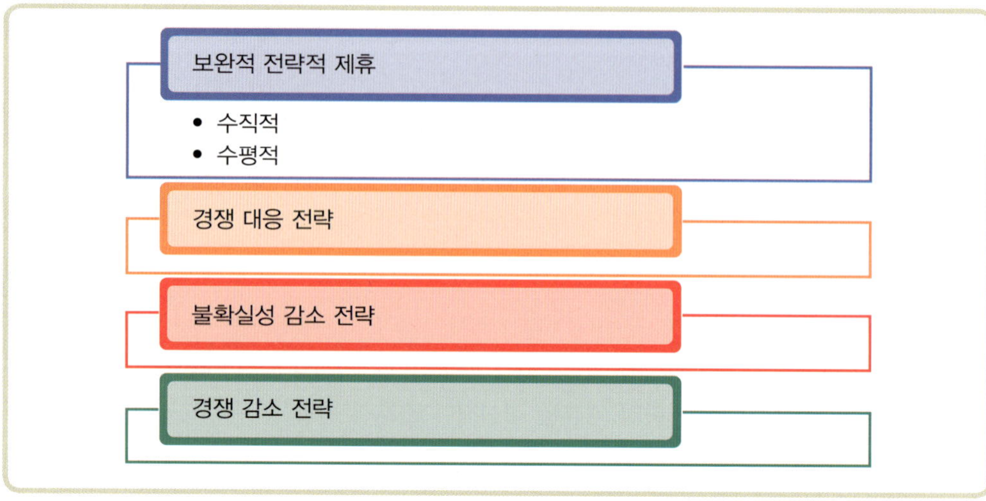

경우, 사업 차원 협력 전략을 선택할 수 있다. 〈그림 9-2〉는 네 가지 유형의 사업 차원 협력 전략을 보여준다.

9-2a 보완적 전략적 제휴

보완적 전략적 제휴는 경쟁 우위를 창출하기 위해 경영 자원을 보완적 방식으로 공유하는 사업 차원 제휴이다.

보완적 전략적 제휴(complementary strategic alliance)는 경쟁 우위를 창출하기 위해 경영 자원을 보완적 방식으로 공유하는 사업 차원 제휴를 말한다.[37] 보완적 전략적 제휴의 유형은 수직적 제휴와 수평적 제휴로 구분된다(그림 9-2 참조).

수직 보완적 전략적 제휴

수직 보완적 제휴(vertical complementary strategic alliance)에 참여하는 기업은 경쟁 우위 창출 목적으로 서로 다른 가치사슬 단계의 경영 자원을 공유한다.[38] 때때로 수직 보완적 제휴는 경영 환경 변화에 적응하기 위해 형성된다.[39] 때로는 이러한 환경 변화가 적응 과정에서 참여 기업이 혁신할 수 있는 기회가 되기도 한다.[40]

기업들은 스마트폰, GPS, 무선 인터넷의 사례에서 보는 것과 같이 오늘날의 소비자가 각종 기기의 사용에 있어 예전보다 네트워크를 통한 연결에 훨씬 더 관심을 가진다는 사실을 인식하고 있다. GE(GE Lighting)와 퀄컴 아데로스(Qualcomm Atheros)는 최신 기술을 선호하는 고객에게 새로운 방식의 기능을 제공하기 위하여 수직 보완적 제휴를 체결했다. 퀄컴의 무선 기술과 GE의 LED 전구 관련 기술을 결합하여 유통 사업자들이 고객의 쇼핑 중에 소통할 수 있는 기능을 제공한다. 네트워크를 통한 실시간 연결이 가능하게 제품을 구성하여 실내 네비게이션, 제품 정보 및 특별 할인 제공 등의 정보를 유통 사업자의 앱을 통해 다운로드가 가능하도록 하였다.[41]

수평 보완적 전략적 제휴

수평 보완적 전략적 제휴(horizontal complementary strategic alliance)는 경쟁 우위 창출 목적으로 동일한 가치사슬 단계의 경영 자원을 공유하는 제휴이다. 자동차나 제약 제조사는 이러한 유형

그림 9-3 수직적/수평적 보완 전략적 제휴

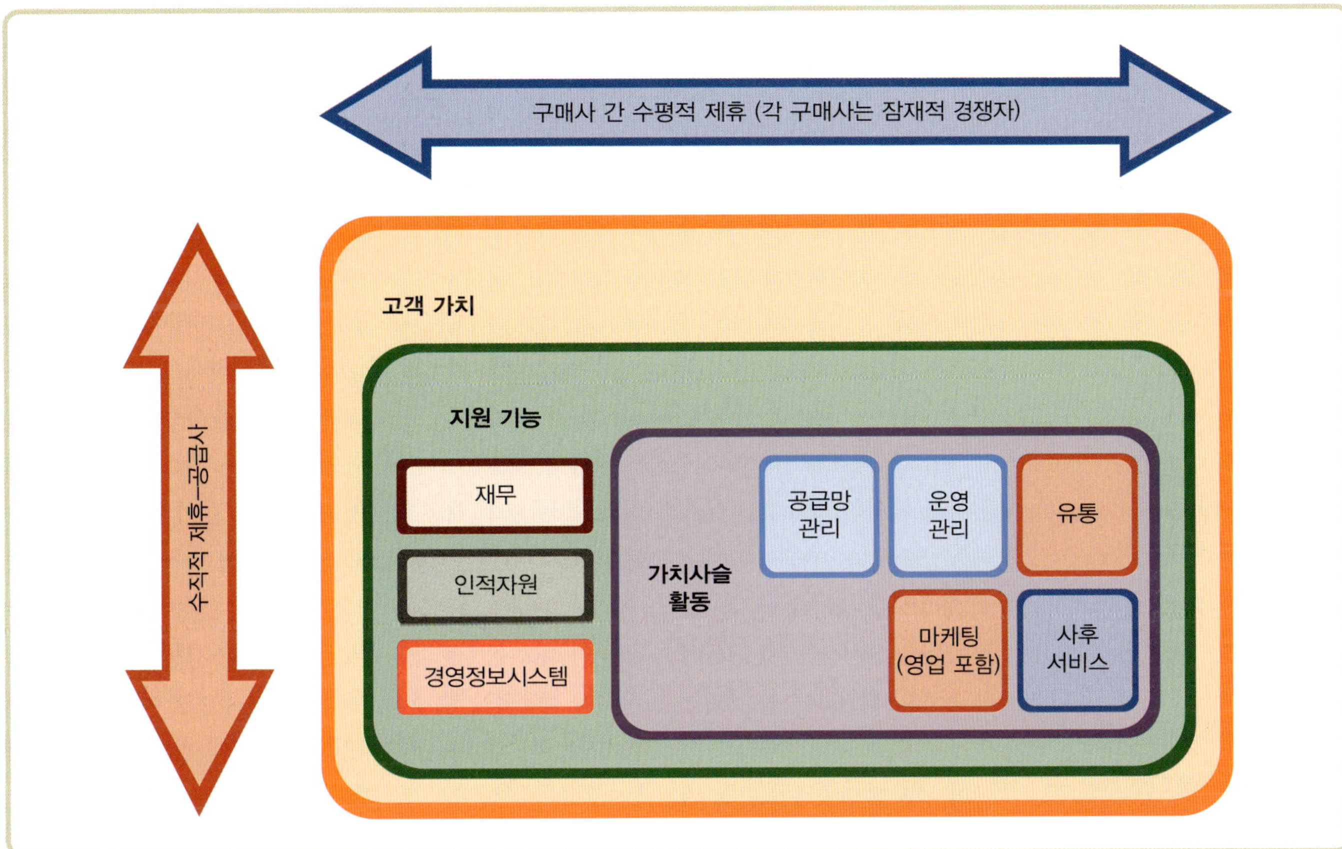

의 제휴를 자주 활용한다. 이러한 측면에서, 소렌토(Sorrento Therapeutics)는 내트워크스(Natworks LLC)와 "암 및 자기면역 질환을 위한 차세대 면역 요법" 개발을 위한 제휴를 체결하여 협력하고 있다.[42] 화이자(Pfizer), 브리스톨마이어스스킵(Bristol-Myers Squibb), 글락소스미스클라인(GlaxoSmithKline), 일라이 릴리(Eli Lilly) 등 세계적인 제약 회사는 미국의 국립보건원을 통해 자사의 고유 자산을 공유하고 있다. 5년 기한으로 체결된 이 파트너십은 중증 질환의 치료 약품을 신속하게 개발하기 위한 것이었다.[43]

Ringgo Chiu/ZUMA Press, Inc./Alamy

내트워크스의 대표이사 패트릭 순시옹(Patrick Soon-Shiong). 이 기업은 소렌토와 협력하여 암 치료제와 같은 혁신적인 의약품을 개발했다.

기업은 장기적으로 제품 개발 및 유통 기회를 위해 보완적 전략적 제휴를 활용하기도 한다.[44] 예를 들어, 보잉(Boeing)과 록히드마틴(Lockheed Martin)은 최근에 "재사용 가능한 엔진과 절감된 인공위성 비용이 가능한 새로운 로켓 개발을 통해 수익성이 높은 국방성 우주 로켓 사업의 기득권을 보호하기 위해" 제휴 관계를 체결하였다.[45] 이 제휴의 핵심은 우주산업의 독점적 운영을 할 수 있는 기회를 추구하는 것이다.

9-2b 경쟁 대응 전략

5장에서 논의한 바와 같이 기업은 경쟁자를 공격하고 대처하기 위해 (전략적 또는 전술적으로) 경쟁한다. 사업 차원의 전략적 제휴는 이러한 경쟁자의 공격에 대응하기 위해 사용되기도 한다. 구글, 인텔, 태그호이어 간의 제휴는 애플의 아이워치 출시라는 전략적 행동에 대한 대응으로 볼 수 있다. 일단 경쟁적 대응을 개시하면 철회하기 어렵고 비용이 많이 들기 때문에 대부분의 경쟁 대응 목적의 제휴는 전략적 차원에서 이루어진다.

2007년 10월에 SAB밀러(SABMiller)와 몰슨쿠어스(Molson Coors Brewing)가 파트너십을 형성하였다. 제휴 형성 시점에 두 기업은 미국 맥주 시장의 2위와 3위 시장 점유율을 차지하고 있었다. 이 제휴의 명칭은 밀러쿠어스(MillerCoors)로 미국 맥주 시장의 약 29%를 차지하게 되었지만, 안호이저부시(Anheuser-Busch)가 시장의 49%를 차지하고 있었다. 사실 SAB밀러와 몰슨쿠어스 간의 제휴는 안호이저부시의 규모에 대응하기 위한 것이었다. 이 제휴가 현저한 비용 감소와 규모의 경제 향상을 가져올 것이라는 기대를 갖고 밀러쿠어스 제휴 담당자는 다음과 같이 언급하였다. "밀러와 쿠어스 간 제휴는 미국 시장에서 독자적인 경쟁을 할 때와 비교해서 더 강력하게 경쟁력을 향상시킬 것이다." 분석가들은 이러한 견해에 동의하면서 "시장 1위인 안호이저부시의 시장 점유율을 잠식하는 데 도움이 될 것이다"라고 논평했다.[46] 상당 기간 동안 경쟁자에 성공적 대응 전략이 되어왔던 이 제휴는 소비자의 점증하는 수제 맥주와 칵테일 수요로 인해 경쟁에 어려움을 겪고 있다.[47] 따라서 현 시점에서는 이 제휴를 효과적으로 관리할 방법을 찾는 것이 미래의 성과를 담보하기 위해 매우 중요하다.

9-2c 불확실성 감소 전략

기업은 특히 고속 순환주기 시장에서 위험 및 불확실성의 헤징 수단으로 사업 차원의 제휴를 사용하기도 한다.[48] 이러한 불확실성 감소 차원의 협력 전략은 신흥 시장 등 새로운 시장에 진출할 때 사용된다.

하이브리드 차량과 배터리의 관계와 같이 불확실성이 높은 상황에서는 불확실성 감소 목적으로 제휴를 형성하기도 한다. 구체적으로 하이브리드 차량에 필요한 배터리의 유형별 수요를 모두 충족시키기에 산업의 생산 설비 규모는 충분하지 않은 형편이다. 전기 배터리를 충분히 공급하지 못하는 상황은 자동차 업체에게 불확실성을 증가시킨다. 이러한 불확실성을 감소시키기 위해 자동차 업체 간의 제휴가 형성되었다. 예를 들어, 다임러(Daimler AG)는 테슬라(Tesla)와 파트너십을 형성하여 다임러가 테슬라의 배터리를 자사의 "스마트" 미니카와 프레이트라이너(Freightliner) 트럭 등 상용차에 장착하고자 한다. 이러한 협력 관계는 최근에 다임러가 테슬라 지분 4%를 매각했음에도 불구하고 지속되고 있다.[49] 테슬라가 생산한 양질의 배터리 사용이 가능하다는 점을 알고 있기 때문에 다임러의 부품 조달 관련 불확실성은 감소된다.

9-2d 경쟁 감소 전략

경쟁 감소 목적의 담합 전략(collusive strategies)은, 흔히 담합이 불법적 기업 간 협력이라는 점에서, 전략적 제휴와는 구분된다. 담합 전략은 명시적 담합(explicit collusion)과 암묵적 담합(tacit

전략 포커스

테슬라 모터스 사업의 기반이 되는 전략적 제휴

2003년에 설립된 전기 자동차 생산기업인 테슬라 모터스(Tesla Motors)는 설립 초기부터 경쟁의 수단으로서 제휴를 추구해왔다. 예를 들어, 다나홀딩(Dana Holding Corporation)과의 파트너십은 자동차 배터리의 발열을 통제할 수 있는 시스템의 공동 설계 및 생산을 목적으로 체결되었다. 전반적으로는, 테슬라는 자사 제품의 생산에 사용되는 가치사슬상의 기업과 주로 제휴 관계를 형성해왔다. 이러한 의미에서 제휴 관계는 공급업자, 연구개발 전문 기업은 물론이고 OEM(original equipment manufacturer) 방식의 구매자인 다임러와도 지속되어 왔다. 다임러와 테슬라가 협력하는 프로젝트 중의 하나는 벤츠의 전기자동차 모델인 B-Class Electric Drive이다. 다른 주요 제휴 관계는 프랑스 기업 소티라(Sotira)와의 비지분 제휴와 일본 기업 파나소닉(Panasonic)과의 지분 제휴를 들 수 있다.

최근의 진행하고 있는 배터리 사업 관련, 창업자이자 최고 경영자인 엘론 머스크(Elon Musk)의 견해에 의하면 테슬라는 자동차 생산업체보다는 오히려 배터리 생산업체가 될 수도 있다. 테슬라는 가정 및 전력 회사용 메가 배터리를 제작해서 판매할 계획이다. 이를 위해 1천만 제곱피트 규모의 거대한 배터리 공장(일명 기가 팩토리)을 설립하기로 결정했다. 이러한 결정은 테슬라가 전기 자동차 외에 다른 분야 배터리 제조에도 진출할 수 있음을 시사한다. 초기 투자 규모 550억 달러의 이 공장은 세계 최대의 리티움-이온-배터리 생산 시설이다. 기가 팩토리의 목표 중 하나는 배터리를 저렴하게 만들어 전기 자동차가 전통적 가솔린 엔진과 경쟁할 수 있는 가격 수준으로 만드는 것이다. 흥미로운 점은 기가 팩토리의 규모가 전기 자동차 생산에 필요한 배터리의 필요 설비 규모를 훨씬 초과한다는 점이다. 따라서 애널리스트들은 테슬라가 자사의 혁신적 배터리의 수요처가 될 추가적 파트너십을 모색할 것으로 전망한다.

2015년에 애플은 내부 프로젝트의 하나로 애플 브랜드 전기 자동차의 개발을 추진하고자 했다. 타이탄(Titan)이라는 명칭의 이 프로젝트는 미니밴과 유사한 전기 자동차를 디자인하는 것이 목표였다. 초기의 평가는 애플이 전기 자동차 시장에 진출하기로 결정한다면 테슬라와 직접적 경쟁을 벌여야 한다는 것이었다. 애플이 전기 자동차 시장에 진출하고자 하는 의지가 얼마나 진지한지 여부는, 이 기업이 프로토타입 제품을 개발한 후에 해당 제품의 상용화를 포기할지 여부를 결정해온 의사결정 패턴을 고려하면 분명하게 확인되지는 않는다. 또한, 전기 자동차 설계 및 생산에 관련된 복잡성을 감안하면 애플이 설사 전기 자동차 시장 진출을 결정한다고 해도 이를 실행하기에는 수년의 기간이 소요될 것이다. 그럼에도 불구하고 여전히 테슬라의 경영진 입장에서는 애플의 혁신적 성공 경험을 염두에 두고 타이탄 프로젝트의 진행을 주의깊게 관찰할 것으로 보인다.

테슬라와 애플의 관계와 관련하여, 애플이 테슬라를 약 750억 달러에 인수할 가능성이 있다는 최근 소문이 있다. 반면, 일부 애널리스트는 "이 두 기업이 합작 투자를 추진하거나 기타 다른 형태의 전략적 제휴를 맺을 가능성이 있다"고 예측한다. 테슬라의 입장에서는 혁신적이며 자금력을 갖춘 애플과 제휴하는 것이 성장을 위한 대안이 될 수 있을까? 아니면, 조금 더 범위를 넓혀 생각했을 때, 시장에서 상당한 영향력을 행사하는 두 거대 기술 기업이 전기 자동차 사업을 장기적으로는 대량 소비재 시장으로 탈바꿈힐 수 있을까?

출처: K. Finley, 2015, Tesla isn't an automaker. It's a battery company, *Wired*, www.

Doug Cheeseman/Getty Images

테슬라 Roadster 전기차의 배터리.

wired.com, April 22; N. Gordon-Bloomfield, Move over Tesla: LG Chem now largest manufacturer of electric car battery packs thanks to Daimler deal, *Transport Evolved*, www.transportevolved.com, April 2; T. Lee, 2015, Apple, Tesla alliance still makes most sense for electric car, *San Francisco Chronicle Online*, www.sfchronicle.com, February 17; D. Wakabayashi & M. Ramsey, 2015, Apple gears up to challenge Tesla in electric cars, *Wall Street Journal Online*, www.wsj.com, February 13; C. Trudell & A. Ohnsman, 2014, Why the Tesla-Toyota partnership short-circuited, *Bloomberg News Online*, www.bloomberg. com, August. 7.

collusion)으로 구분할 수 있다.

명시적 담합은 둘 또는 그 이상의 기업이 생산량이나 가격을 공동으로 결정하는 협상을 직접적으로 진행하는 경우에 발생한다.[50] 명시적 담합은 미국을 비롯한 많은 선진국에서 불법이다. 따라서 명시적 담합을 선택하는 기업은 자신의 행동이 경쟁자와 규제 당국에 의해 제약을 받을 수 있다는 점을 인식해야 한다.

암묵적 담합은 산업 내 여러 기업이 간접적으로 그들의 생산 및 가격 결정을 조율할 때 발생한다.[51] 암묵적 담합은 주로 소수의 대기업이 지배하는 산업에서 발생하는 경향이 있다. "암묵적 담합의 경우에 기업이 가격을 조율하지는 않지만 소수의 경쟁자만 존재한다는 점에서 경쟁자들이 어떻게 행동할지 서로 잘 이해하고 있고, 이러한 이해를 바탕으로 서로 급격한 가격 인하와 같은 행동은 삼가한다."[52] 암묵적 담합은 완전 경쟁 상황과 비교할 때 생산량을 감소시키고 가격을 상승시킨다. 특정 산업 내 암묵적 담합뿐만 아니라, 두 기업 간 암묵적 담합은 해당 기업이 경쟁하는 다른 시장에서도 경쟁 감소 효과를 가져올 수 있다.[53]

암묵적 담합은 항공 산업이나 시리얼 산업과 같이 산업 집중도가 높은 산업에서 경쟁 감소 목적의 사업 전략으로 활용되는 경향이 있다. 항공 산업 대상 연구에 따르면 암묵적 담합은 서비스 품질과 적시 운항을 감소시킨다.[54] 이러한 산업에 참여하는 기업은 경쟁자 간의 상호 의존성에 대해 잘 이해하고 있다. 이러한 상호 의존성에 대한 이해가 경쟁자 간의 암묵적 담합 가능성을 높인다.

오랜 기간 동안 미국 시리얼 시장의 매출액 약 80%를 켈로그(Kellogg Company), 제너럴밀즈(General Mills Inc.), 랄콥(Ralcorp Holdings), 퀘이커(Quaker Foods North America)가 차지하고 있다.[55] 시리얼 제품의 글로벌 시장은 매년 약 4% 정도 성장하여 2019년에는 약 432억 달러의 시장 규모가 될 것으로 예측된다.[56] 혹자는 시리얼 산업의 높은 산업 집중도 때문에 소비자 가격이 생산 및 판매 원가 대비 과도하게 높다고 믿고 있다. 가격이 완전 경쟁 시의 가격에 비해 월등히 높다면 시장을 주도하는 기업들이 암묵적 담합을 했을 가능성이 존재하기 때문이다.

상호 자제(mutual forbearance)는 동일한 라이벌 기업이 복수의 시장에서 경쟁을 해야 할 경우 서로 경쟁적 행동을 자제하는 형태의 암묵적 담합을 말한다. 라이벌 기업들은 여러 다른 시장에서 동시에 경쟁하면 상대방 기업의 경쟁적 행동을 어떻게 억제해야 하는지를 학습하게 된다. 서로 경쟁자의 행동을 예측할 수 있다는 전제하에 다수의 시장에서 서로 파괴적인 결과를 야기할 수 있는 경쟁적 행동을 스스로 억제하는 경향을 갖게 된다.[57]

일반적으로, 자유시장의 정부는 경쟁 기업 간에 정부의 규제를 위배하지 않고 경쟁력을 향상시킬 수 있는 기업 간 협력을 장려한다.[58] 그러나 이러한 정책 과제는 암묵적 담합의 경우 매우 어려운 숙제가 된다. 예를 들어, 미국 증권 애널리스트에 대한 규제 공정 공시 를 통한 규제는 기업 내부 정보에 대한 독점적 접근을 제한하여 잠재적으로 더 치열한 경쟁을 유도하고 있다. 한 연구 결과는 규제 공정 공시로 인해 경쟁자의 기업 정보를 서로 더 잘 알게 되었기 때문에 상호 자제를 통한 암묵적 담합 가능성이 증가한다는 역설적인 결과를 보여준다.[59] 개별 기업은 경쟁 감소 목적의 협력 전략이 성과에 미치는 영향을 분석하여 해당 전략을 촉진할지 또는 억제할지 결정해야 한다.

9-2e 사업 차원 협력 전략의 평가

기업이 사업 차원 협력 전략을 사용하는 근본적 이유는 시장에서 성공하는 데 필요한 경쟁 우위를 개발하기 위함이다. 실증 분석에 따르면, 특히 수직 보완적 제휴의 사용이 경쟁 우위의 창출 및 지속가능성을 높이는 것으로 나타났다.[60] 수평 보완적 제휴는 잠재적 경쟁자 간의 협력을 요구하기 때문에 때때로 유지하기 어렵다. 예를 들어, 항공사들은 각자 고유의 시장과 고객을 상대로 서비스를 제공하기 때문에 치열한 경쟁을 전제로 한다. 그러나 규모의 경제를 달성하고 경영 자원을 공유하는 공동의 목적을 달성하기 위해 경쟁자와의 협력도 동시에 해야 한다. 이러한 어려움으로 인해 각 기업은 경쟁적 행동과 협력 행동을 동시에 추구하는 과정에서 가치 창출을 극대화할 수 있는 방법을 찾아야 한다.

경쟁 대응 또는 불확실성 감속 목적의 제휴가 경쟁 우위 창출에 기여하기는 하지만 이러한 우위는 보완적 제휴를 통해 창출되는 경쟁 우위와 비교하면, 상당히 많은 경우 일시적인 우위가 될 수 있다. 그 이유는 보완적 제휴는 다른 유형의 제휴보다 가치 창출에 초점이 맞추어져 있기 때문이다.

9-3 기업 차원의 협력 전략

기업 차원의 협력 전략(corporate-level cooperative strategy)은 특정 기업이 자사의 사업 확장을 위해 한 개 이상의 다른 기업과 협력하는 전략을 지칭한다. 대표적인 기업 차원 협력 전략으로는 다각화 추구 전략적 제휴, 시너지 추구 전략적 제휴, 프랜차이징 등이 있다 (그림 9-4 참조).

기업 차원의 협력 전략은 특정 기업이 자사의 사업 확장을 위해 한 개 이상의 다른 기업과 협력하는 전략이다.

다각화 추구 제휴와 시너지 추구 제휴를 선택하는 기업은 기업의 유기적 성장이나 인수합병 이외의 방식을 통해 성과를 향상시키고자 한다.[61] 현지국 정부가 인수합병을 금지하는 정책을 추진하는 국가의 시장에 다각화하고자 하는 경우 제휴는 적절한 대안이 될 수 있다. 인수합병과 비교하면, 기업 전략적 제휴는 특히 더 적은 규모의 경영 자원 투입[62]과 더 많은 유연성을 제공한다는 점에서 매력적이다.[63] 또한 협력 전략은 제휴 파트너가 미래의 잠재적 인수합병 대상이 될 수 있을지 결정하기 위한 방법으로도 활용될 수 있다. 이러한 제휴 테스트 과정은 기업들이 보유한 특유의 기술적 역량과 자원을 결합하기 위한 목적의 제휴를 결정짓는다.[64]

9-3a 다각화 추구 전략적 제휴

다각화 추구 전략적 제휴(diversifying strategic alliance)는 서로 다른 기업 간에 제품 및 시장 범위 다각화를 위해 경영 자원을 공유하는 전략이다. 이 전략을 주로 사용하는 기업은 기존 제품으로 새로운 시장에 진출하거나 새로운 제품으로 시장에 진출하기 원할 때 이 전략을 사용한다. 유나이티드테크놀로지스(United Technologies Corporation)의 자회사인 시코르스키(Sikorsky Aircraft Corporation)는 타타(Tata Advanced Systems)와 제휴를 형성하여 다각화를 추진하였다. 이 파트너십을 통해 시코르스키의 S-92 헬리콥터 생산은 5,000개 이상의 부품과 함께 인도에서 이루어지며

다각화 추구 전략적 제휴는 서로 다른 기업 간에 제품 및 시장 범위 다각화를 위해 경영 자원을 공유하는 전략이다.

그림 9-4 기업 차원의 협력 전략

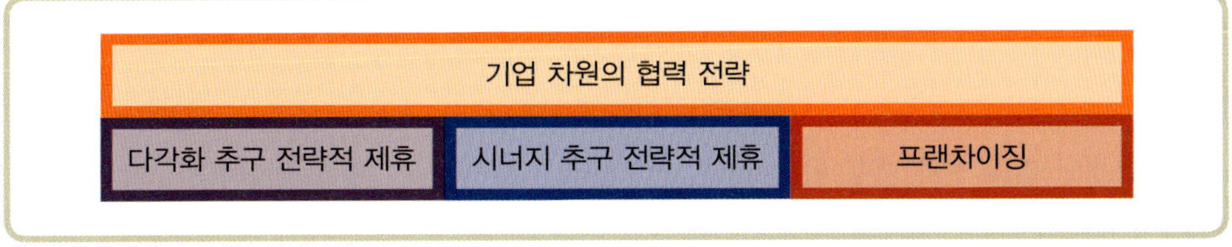

이 제휴로 시코르스키는 글로벌 공급망을 다각화할 수 있다.[65]

9-3b 시너지 추구 전략적 제휴

시너지 추구 전략적 제휴는 서로 다른 기업 간에 범위의 경제를 창출하기 위해 경영 자원을 공유하는 전략이다.

시너지 추구 전략적 제휴(synergistic strategic alliance)는 서로 다른 기업 간에 범위의 경제를 창출하기 위해 경영 자원을 공유하는 전략이다. 사업 차원 수평적 보완적 제휴와 유사하게 시너지 추구 전략적 제휴는 파트너 기업 간 여러 개의 경영 기능 또는 여러 사업에 걸친 시너지를 추구한다. 프랑스 기업 르노와 일본 기업 닛산과의 파트너십은 1999년에 자동차 생산 플랫폼을 공동 개발하기 위해 자원을 공유함으로써 범위의 경제 효과를 추구하는 시너지 추구 전략적 제휴 목적으로 시작되었다. BMW는 중국에서 자사의 3시리즈와 5시리즈, 그리고 소형 SUV 제품 엔진 생산을 중국 자동차 업체인 브릴리어스(Brilliance)와의 협력에 의존하고 있다.[66] 이 협력 관계는 전 세계 자동차 시장의 5분의 1을 차지하는 중국에서 BMW가 매출 성과를 유지하는 데 중요한 역할을 담당한다.

9-3c 프랜차이징

프랜차이징은 해당 기업(프랜차이저)이 파트너 기업(프랜차이지)과 계약 관계를 맺고, 그 계약을 통해 협력 사업을 통제하고 파트너 기업들과 자원을 공유하는 협력 전략이다.

프랜차이징(franchising)은 해당 기업(프랜차이저franchisor)이 파트너 기업(프랜차이지franchisee)과 계약 관계를 맺어 계약을 통해 협력 사업을 통제하고, 파트너 기업들과 자원을 공유하는 협력 전략이다.[67] 프랜차이즈(franchise)는 "어느 기업이 이미 보유하고 있는 성공적 제품 또는 서비스를 초기 프랜차이즈 수수료와 성과에 비례한 로열티 수입을 받는 것을 댓가로 다른 사업자에게 상표와 사업 방식을 사용할 수 있도록 허가하는 방식의 사업 조직"을 말한다.[68] 프랜차이징과 같은 형태의 전략적 제휴 성공 여부는 얼마나 프랜차이저가 자사의 성과를 다수의 프랜차이지에 효율적인 비용으로 전수할 수 있는지에 달려 있다.[69] 다각화 추구 및 시너지 추구 제휴와 마찬가지로 프랜차이징도 기업 성장 전략에 있어 인수합병의 대안이 될 수 있다. 맥도날드, 힐튼(Hilton International), 메리어트(Marriott International), 서브웨이 등이 프랜차이즈 기반 기업 전략을 추구하는 기업이다.

프랜차이징은 특히 유통, 호텔 등과 같이 세분화된 산업에서 매력적인 전략이다. 세분화된 산업에서는 다수의 중소 규모 기업이 경쟁하지만 산업을 지배하는 기업은 존재하지 않는 경우가 많다. 따라서 프랜차이징과 같은 계약 관계를 통해 기업을 통합하는 것이 독립적으로 사업을 운영하는 것보다 시장 점유율을 높이는데 유리하다.

대부분의 성공적인 프랜차이징 전략에서 파트너인 프랜차이저와 프랜차이지가 밀접하게 협력한다.[70] 프랜차이저의 핵심적 책임은 프랜차이지에게 전수하여 현지 시장에서 성공할 수 있는 지식과 기술 프로그램을 개발하는 것이다.[71] 또한 프랜차이지는 경영 성과에 대한 피드백을 프랜차이저에게 제공해야 한다.[72] 긴밀한 협력 관계를 통해 파트너 쌍방은 프랜차이징 경쟁 우위를 결정하는 요인인 브랜드 가치를 제고할 수 있는 방법을 찾을 수 있다.[73]

9-3d 기업 차원 협력 전략의 평가

각 유형의 협력 전략 실행에는 비용이 발생한다.[74] 사업 차원 협력 전략과 비교할 때 기업 차원 협력 전략은 일반적으로 더 광범위하고 복잡한 실행을 요구하기 때문에 더 많은 비용이 발생한다.

이러한 비용에도 불구하고 기업 차원 협력 전략을 효과적으로 사용면 경쟁 우위 및 소비자 가치를 창출할 수 있다.[75] 성공적 제휴 경험을 내부화하는 것은 이러한 우위의 창출 가능성을 높여준다. 다시 말해, 제휴의 형성과 실행에 관련된 경험이 추후 사업 성공에 필요한 지식 창출에 활용될 수 있다는 것이다. 성공적 제휴 경험을 내부화하는 것은 향후 경쟁 우위를 창출하는 전략을 확보할 가능성을 높인다. 달리 말하면, 기업 차원 협력 전략에 참여하는 기업들은 이 제휴 경험을 통해 미래 사업을 위해 필요한 지식을 개발해야 한다. 이러한 경험적 지식의 가치를 극대화하기 위해서는 제휴를 통해 습득된 지식이 당사자에게 효과적으로 조직되고 전파되는지를 검증해야 한다.

6장의 기업 전략에서 기업은 다음의 두 가지 질문에 답해야 한다고 설명했다. "해당 기업이 어떤 사업에서 경쟁해야 하는가?" "이 사업이 어떻게 관리되어야 하는가?" 기업 전략의 목적은 이 두 질문에 답하는 것이다. 따라서 기업 차원 협력 전략을 가치 있고, 희소하고, 모방이 어렵고, 대체 불가능한(3장 참조) 방식으로 개발할 수 있는 기업은 경쟁 우위를 구축할 수 있다.

9-4 국제 협력 전략

새로운 경쟁 환경에서 기업은 다양한 목적을 가지고 해외 사업에 임한다. 7장과 8장에서 해외 인수를 통해 기업이 해외 시장에 진출하는 전략을 논의하였다. 본 장에서는 기업이 다양한 목적의 달성을 위해 어떻게 국제 전략적 제휴를 활용하는지를 검토해본다.

국제 전략적 제휴(cross-border strategic alliances)는 다른 국가에 본사를 둔 기업 간에 경쟁 우위의 창출을 위해 각자가 보유한 경영 자원을 결합하는 전략이다. 거의 모든 산업에서 국제 전략적 제휴의 빈도는 증가하고 있다.[76] 국제 전략적 제휴는 보다 높은 위험을 감수해야 하는 인수합병의 대안적 전략으로서 선택되기도 한다. 국제 전략적 제휴 그 자체로 복잡하고 관리에 어려움이 있으나,[77] 자국 시장 외에서 가치 창출에 도움이 되는 방식으로 경영 자원을 활용하는 데 유용하다. 앞서 언급한 르노와 닛산 간 제휴는 자동차 산업에서 가장 성공적인 국제 전략적 제휴로 인용된다.[78] 이 제휴를 통해 두 파트너 기업은 전 세계 시장에서의 개발, 조달, 생산 프로세스 측면에서 단독으로는 달성하기 어려운 가치를 창출해낼 수 있었다.

국제 전략적 제휴는 다른 국가에 본사를 둔 기업 간에 경쟁 우위의 창출을 위해 각자의 경영 자원을 결합하는 전략이다.

국제 전략적 제휴의 중요한 동기는 국내 시장에서의 제한된 성장 기회로 해외 시장에 진출할 경우 외국 정부의 경제 정책과 관련이 있다. 8장에서 논의한 바와 같이, 여러 국가에서 외국인의 내국 기업의 소유 지분 제한은 중요한 국가 정책 목표이다. 예를 들어, 인도와 중국 정부는 라이선싱을 선호하는 정책을 갖고 있다. 따라서 이런 현지국에 진출할 경우에는 진출 방식을 자유롭게 선택하지 못할 수 있다. 실제로, 외국인의 소유 지분을 제한받는 상황에서는 현지국 기업과의 파트너십을 통한 국제 전략적 제휴가 유일한 대안이 될 수 있다. 또한 국제 전략적 제휴에서 중요한 점은 현지 파트너와의 전략적 제휴가 해외 시장에서 외국 기업이 직면하는 현지 문화에 대한 지식 또는 제도적 규범에 대한 지식 부족으로 인한 외국인 비용을 극복하는 데 도움이 된다는 것이다.[79] 국제 전략적 제휴는 해외에서 진출하는 파트너에게 영업 활동 측면에서 도움이 될 수 있다. 이는 현지 파트너가 현지국의 소비자, 자본 공급자, 법률 제도, 정치 환경에 대해 더 많은 정보를 보유하고 있기 때문이다.[80] 연구 결과에 따르면 해외 사업을 보유한 기업이 국내 사업만 보유한 기업보다 더 장수하는 것으로 나타났지만, 이러한 장점은 해외 사업 에서의 경쟁이 심할수록 감소되는 것으로 나타났다.[81]

일반적으로 국제 전략적 제휴는 국내 시장 전략적 제휴에 비해 더 복잡하고 더 많은 위험을 수반한다. 에어버스(Airbus Group)과 한국항공우주산업(Korea Aerospace Industries Ltd.) 간에 최근에 성사된 제휴는 이러한 복잡성과 위험을 보여주는 좋은 예이다. 이 제휴는 한국에서 최소 300대 이상의 군수용 및 민간용 헬리콥터 생산을 계획하고 있다.[82] 이 제휴가 내포하고 있는 복잡성은 제휴를 통해 두 파트너가 한국형 군수용 및 민간용 "차세대 경량 헬리콥터"의 설계와 생산을 계획하고 있다는 점을 통해 확인할 수 있다. 위험 요소는 상대적으로 저비용으로 짧은 기간 내에 차세대 제품을 설계하는 데 있어 기업 특유의 문화와 관행에 의존해야 한다는 것이다. 이러한 위험 요인에도 불구하고 에어버스와 한국항공은 국내 시장에서만 설계 및 생산 활동을 하는 사업자에 비해 국제 시장에서 경쟁하는 것이 성과에 도움이 된다는 판단으로 국제 전략적 제휴를 체결하였다.

9-5 네트워크 협력 전략

네트워크 협력 전략은 여러 기업이 공동의 목표를 달성하기 위해 복수의 제휴 관계 형성에 동의하는 전략이다.

개별 기업 간의 제휴 관계 형성뿐만 아니라 점점 더 많은 기업이 복수의 파트너 기업과 복수의 파트너십을 형성하고 있으며 이를 네트워크라고 부른다.[83] **네트워크 협력 전략**(network cooperative strategy)은 여러 기업이 공동의 목표를 달성하기 위해 복수의 제휴 관계 형성에 동의하는 전략을 말한다.

시스코(Cisco)는 자사의 글로벌 파트너 네트워크를 통해 IBM, 인텔, 노키아 등 다수의 기업과 제휴 관계를 형성하고 있다. 시스코는 자사의 제휴 네트워크를 성장을 추구하고, 경쟁자와 차별화를 추구하며, 새로운 사업 영역에 진출하고, 경쟁 우위를 창출하기 위한 목적에 활용하고 있다. 최근에는 시스코가 제휴를 통해 얻는 연매출액이 50억 달러를 넘어섰다. 종종 시스코와 개별적 제휴 관계를 형성한 여러 기업이 공동의 목표를 달성하기 위한 네트워크를 형성한다.[84]

네트워크 협력 전략의 복잡성은 시스코가 자사와 제휴 관계에 있는 파트너 기업들과 경쟁 관계에도 직면해야 한다는 점이 잘 보여준다. 예를 들어, 시스코는 서버를 판매하고 서비스하는 사업에서는 IBM과 경쟁해야 한다. 동시에 두 기업 간의 제휴는 "사람들을 연결하고, 데이터를 공유하며, 분석적인 인사이트를 창출하는 데 보다 나은 방법을 찾기 위한"[85] 노력을 통해 높은 성과를 달성하기 위한 적극적인 협력을 추구한다. 이렇게 시스코와 IBM 간 협력(cooperative)과 경쟁(competitive)이 동시에 이루어지는 관계는 기업들이 소비자에게 다양한 제품과 서비스를 더 많은 지역 시장에서 제공함으로써 소비자 가치를 창출하기 위해 네트워크 협력 전략을 어떻게 활용하는지 보여준다.

네트워크 협력 전략은 캘리포니아의 실리콘밸리나 이탈리아 로마의 항공 산업 클러스터와 같이 지역적으로 밀집된 기업 간에 특히 높은 효과를 얻을 수 있다.[86] 파트너 간의 자원 공유 과정에서 효과적인 사회적 관계를 형성하고 상호작용을 하는 것은 네트워크 협력 전략의 성공 확률을 높일 수 있다.[87] 네트워크에 참여하는 기업들은 다양한 원천을 통해 정보 및 지식을 취득할 수 있다. 이질적인 지식 원천을 통해 정보를 얻기 때문에 혁신에도 도움이 된다. 결과적으로, 제휴 네트워크에 참여하는 기업들은 더 혁신적 성향을 보인다.[88] 그러나 제휴 네트워크 참여의 단점은 기존의 파트너에게 고착되어 다른 파트너와의 제휴를 형성할 가능성이 낮아진다는 점이다. 일본의 계열(keiretsu)*과 같은 특정 제휴 네트워크에서는 네트워크에 속한 기업은 네트워크 내 다른 기업의 협조 요청이 있을 때마다 지원할 것이라는 파트너의 기대가 존재한다. 이러한 기대가 부담이 되고 기업 성과에 장기적으로는 악영향을 줄 수도 있다.[89]

*계열(系列, keiretsu)은 일본식 기업 집단이다. – 역자주

9-5a 네트워크 협력 전략의 유형

네트워크 협력 전략의 중요한 장점은 자사의 제휴 파트너가 제휴 관계를 맺고 있는 다른 기업에게 간접적으로 연결된다는 점이다. 복수의 협력 관계를 형성함으로써 공유되는 경영 자원의 총합을 증가시켜 추가적인 경쟁 우위를 창출할 수 있는 확률을 높일 수 있다.[90] 나아가 새로운 경영 자원을 개발함으로써 글로벌 경쟁력에 필수적인 제품 혁신을 촉진시킬 수 있다.

기업이 네트워크 협력 전략을 개발하는 과정에서 형성하는 파트너 관계를 총칭하여 제휴 네트워크(alliance network)라고 부른다. 기업의 제휴 네트워크 특성은 산업에 따라 다양하게 나타난다. 안정적 제휴 네트워크는 수요가 상대적으로 고정되어 있고 예측 가능한 성숙 산업에서 주로 형성된다. 따라서 안정적 네트워크는 주로 항공 산업이나 자동차 산업 같이 파트너 간에 존재하는 규모 및 범위의 경제를 활용하기 위한 목적으로 구축된다.[91]

동적 제휴 네트워크(dynamic alliance networks)는 빈번한 제품 혁신과 짧은 제품 수명주기로 특징 지워지는 산업에서 사용된다.[92] 애플과 IBM이 경쟁하는 산업도 이러한 예에 해당된다. 이 두 기업 간의 파트너십은 "더 많은 아이폰과 아이패드를 기업 고객에게 보급하고, 더 많은 IBM 서비스를 모바일 기기에서 제공하는" 것을 목표로 한다.[93] 물론 두 기업 모두 이 파트너십의 성공을 위해 필요한 제품을 생산하는 일군의 공급업체와 관계를 형성하고 있다. 이 관계의 네트워크가 애플과 IBM이 추구하는 파트너십의 목표 달성에 핵심적인 역할을 담당하게 된다.

이러한 동적 네트워크에서는 참여하는 파트너들이 전형적으로 새로운 아이디어와 제품 혁신, 신규 시장 진출 등의 잠재적 가능성을 모색하는 경향을 갖게 된다. 연구 결과에 따르면, 기업 간의 파트너 관계에서 브로커 역할을 담당하는 기업이 네트워크 참여자들이 변화함에 따라 중요한 네트워크 참여자의 위치를 차지하게 되는 경향을 발견하였다.[94] 소프트웨어 및 제약 분야 대기업들이 중소 규모의 벤처 기업들과 혁신 기반의 성과물을 목표로 하는 관계의 네트워크를 형성하는 사례가 많이 발견된다.[95] 제휴 네트워크 내에서 대기업과 성공적인 파트너 관계를 형성한 중소기업은 대기업과의 연계를 통해 시장에서 긍정적인 평판을 얻을 수 있다.[96]

중간에 있는 기업은 전략의 중심에서 제휴 네트워크를 연결한다.

9-6 협력 전략 관련 경쟁 위험

협력 전략의 실패 확률은 높다. 실증 분석 결과에 따르면, 협력 전략의 약 3분의 2가 최초 2년 이내에 심각한 어려움에 직면하며 약 50%는 실패하는 것으로 나타났다. 이렇게 높은 실패율이 시사하는 바는 잠재적 보완성과 시너지에도 불구하고 제휴의 성공은 쉽지 않다는 것이다.[97] 제휴의 실패가 바람직한 결과는 아니지만 소중한 학습 경험이 될 수 있으며, 협력 전략의 실패 경험을 통해 미래의 제휴 관계 형성 및 관리에 대한 통찰력을 얻는 계기로 삼을 수 있다.[98] 〈그림 9-5〉는 협력 전략에서 관리해야 할 주요 위험 요인을 보여준다.

협력 전략의 주요 위험 요인 중 하나는 해당 기업이 파트너 입장에서 기회주의적이라고 판단할 수 있는 방식으로 행동하는 것이다. BP(BP plc)와 로즈네프트(OAO Rosneft)는 러시아 북극해 원유 탐사를 위한 합작 투자를 결성하였다. 그러나 로즈네프트의 대주주인 러시아 정부가 합작 투자 거래로부터 사적 이익을 취할 것이라는 우려 때문에 소수 지분을 보유한 파트너의 투자는 감소하였다.[99] 일반적으로 파트너의 기회주의적 행동은 공식적 계약이 기회주의적 행동을 방지하지 못하거나 파트너 신뢰 가능성에 대한 부정확한 인식 때문에 발생한다. 기회주의적 기업일수록 파트너 기업의 암묵적 지식을 최대한 획득하려고 노력한다.[100] 따라서 파트너가 해당 제휴를 통해 얻고자 하는 것이 무엇인지를 온전하게 파악함으로써 파트너의 기회주의적 행동을 미연에 방지할 수 있다.[101]

어떤 경우에는 해당 기업이 제휴 관계에서 파트너에게 공헌할 수 있는 적합한 경영 자원을 제공하지 않기 때문에 협력 전략이 실패하기도 한다. 이러한 위험은 파트너가 제공해야 할 경영 자원이 무형 자산인 경우 더 빈번하게 발생한다. 예를 들어, 현지 시장에 대한 지식을 파트너가 제공하기로 약속했음에도 불구하고 종종 파트너는 이런 약속을 이행하지 않을 수 있다. 이러한 위험에 대응하는 효과적인 방법 중 하나는 파트너로 하여금 제휴 관계에서 제공하기로 한 경영 자원의 보유 여부에 대한 증거를 제공하도록 요청하는 것이다.[102]

그림 9-5 협력 전략의 경쟁 위험 관리

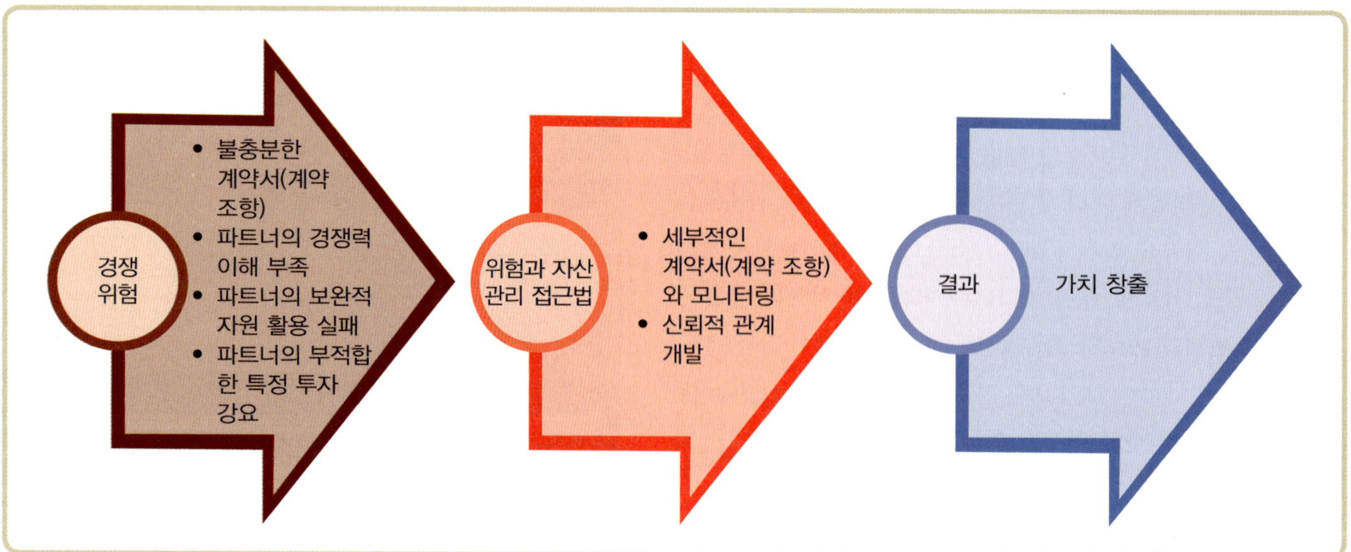

전략 포커스

협력 전략의 목표 달성 실패

성공적인 제휴를 방해하는 주 요인은 협력 전략의 복잡성 때문이다. 이러한 복잡성의 원천 중 하나는 특정 제휴 프로젝트를 완료하기 위해 협력하는 기업들은 동시에 서로 경쟁하는 관계라는 점이다. 이러한 현실은 앞에서 설명한 시스코와 IBM 간의 관계에도 적용되며, 스타, 원월드, 스카이팀 등 세 가지 항공사 제휴 네트워크의 경우에도 해당한다. 또 다른 복잡성의 원천은 종종 제휴 파트너십의 형성이 그 자체로 제3의 기업과의 자동적 파트너십을 형성시킨다는 점이다. 예를 들어, 포드(Ford Motor Company)는 탄소 제조업체인 다우악사(DowAksa)와 합작 투자를 형성하였다. 파트너인 다우악사는 그 자체로 다우케미컬(Dow Chemical Company)과 악사(Aksa Akrilik Kimya Sanayil A.S.) 간에 체결된 합작 투자이다. 포드와 다우악사 간 합작 투자의 목적은 포드사 자동차 생산에 사용할 저렴한 탄소섬유 부품을 개발하는 것이다. 탄소섬유는 철강보다 가볍기 때문에, 자동차 생산업체들이 자동차 중량을 줄일 수 있도록 도와 결과적으로 연비를 향상시킬 수 있다. 이처럼 여러 가지 이유로 협력 전략의 복잡성이 효과적인 실행을 어렵게 하고 제휴 실패의 원인이 될 수 있다.

레드박스(Redbox)와 버라이즌(Verizon)은, 레드박스의 DVD 렌탈 서비스 고객이 스트리밍 서비스에도 가입할 수 있도록 지원하는 제휴 관계를 불과 2년만에 종료하였다. 넷플릭스 등 다른 업체와의 경쟁에서 레드박스의 스트리밍 서비스는 충분한 고객 확보에 실패하였는데 이는 부분적으로는 제공되는 콘텐츠가 경쟁 기업들도 이미 제공하고 있는 콘텐츠라는 점에 기인한다. 경쟁 기업들과는 달리, 레드박스는 고객에게 특유한 가치를 제공할 수 있는 독자적 콘텐츠 개발 노력을 기울이지 않았다. 이 스트리밍 서비스가 계속 적자에 시달리고 충분한 수의 고객이 확보되지 않아 레드박스와 버라이즌 간의 제휴 관계는 종료되었다.

계획된 협력 전략의 구체적인 운영 방안을 신중하게 실행하는 것은 전략의 성패를 결정할 수 있다. 예를 들어, 2015년에 미국 태양전지판 생산의 최대 사업자인 퍼스트솔라(FirstSolar Inc.)와 썬파워(SunPower Corporation)는 합작 투자를 계획하고 있었다. 그러나 2015년 1분기에 썬파워는 퍼스트솔라와협력 관계를 구축하는 데 발생하는 비용으로 인해 적자를 기록하였다. 이러한 사례는 제휴 관계를 구축하는 데 효율적이고 효과적인 방법을 파악하는 것이 제휴 성공에 얼마나 중요한지 보여준다.

앞서 언급한 바와 같이 몰슨쿠어스와 SAB밀러 간의 밀러쿠어스 합작 투자 또한 곤경에 직면하였다. 일부 애널리스트는 그 이유로 첫 6년간은 규모의 경제 효과를 통해 현저하게 비용을 감소시킬 수 있었으나 Miller Lite와 Coors Light라는 중요한 두 제품에서의 시장 점유율 증대에 실패하였다고 분석한다. 이러한 사례는 장기적 협력 전략의 성공은 단순한 비용 감소뿐만 아니라, 고객에게 가치를 창출할 수 있는 특유의 방법을 파트너 간에 발견할 수 있을 때 달성된다는 점을 말해준다.

Who is Danny/Shutterstock.com

파트너십은 서로를 필요로 하는 양자가 성공을 위한 사업적 협력을 약속하는 것이다.

출처: M. Armental, 2015, SunPower swings to loss on costs related to planned joint venture, *Wall Street Journal Online*, www.wsj.com, April 30; D. Harris, 2015, China joint ventures: How not to get burned, *Above the Law*, www.abovethelaw.com, February 9; Molson Coors, U.S. joint venture MillerCoors facing stiff challenges, *Wall Street Journal Online*, www.wsj.com, May 7; J. D. Stoll, 2015, Ford to develop carbon-fiber material for cars, *Wall Street Journal Online*, www.wsj.com, April 17; P. E. Farrell, 2014, The 7 deadly sins of joint ventures, *Entrepreneur*, www.entrepreneur.com, September 2; Q. Plummer, 2014, Redbox instant will be killed Oct. 7: A failed joint venture, *Tech Times*, www.techtimes.com, October 6.

예를 들어 대형 제약 회사와 아웃소싱 기업 간의 비지분 전략적 제휴 형태의 협력 관계는 "가용 경영 자원의 불일치(misrepresentation of available resources)" 위험의 한 예가 된다. 3장에서 논의한 바와 같이, 제약 회사들은 약품 안전성에 대한 감독 활동을 필요한 인적자원을 보유했다고 주장하는 기업에게 아웃소싱하고 있다. 그러나 실제로 그러한가? 이러한 주장에 모두가 동의하는 것은 아니다. 사실 이러한 주장을 비판하는 의견에 따르면 "의약품에 대한 감독 활동은 생화학 및 약학 관련 지식뿐만 아니라 다양한 경험을 요구하기 때문에 이러한 활동을 아웃소싱하는 것은 신규 개발 의약품의 부작용을 방치하는 부정적 결과를 가져올 수 있다"라고 평한다.[103] 따라서 제약 회사들은 그들의 아웃소싱 파트너가 제공하는 인적 자본의 수준에 대해 면밀하게 검토해야 한다.

제휴 상대방 기업이 제휴 관계에서 공헌하기로 약속한 경영 자원을 고의로 제공하지 않는 것이다. 이러한 위험은 특히 신흥 시장에서 서로 다른 국가의 기업 간 전략적 제휴를 추진할 때 흔히 발생한다.[104] 이러한 상황에서는 국가 간 상이한 문화와 언어가 계약 조건에 대한 오해, 또는 신뢰 관계에 대한 서로 다른 기대치가 오해를 야기할 수 있다.

마지막으로, 한 기업이 해당 제휴에 특화된 투자를 실행했음에도 불구하고 파트너 기업이 제휴에 특화된 투자를 하지 않은 경우에 발생하는 위험이다. 예를 들어, 어느 기업이 해당 제휴관련 제품의 생산에만 사용 가능한 제조 설비에 투자했는데도 불구하고 파트너 기업이 제휴에 특화된 어떤 투자도 하지 않는다면 실제로 제휴에 특화된 투자를 한 기업은 제휴로 얻게 되는 투자대비 수익률 측면에서 상대적으로 불이익을 당하게 된다.

9-7 협력 전략의 관리

관리의 어려움에도 불구하고 협력 전략은 기업 성장과 성과 증대에 중요한 수단이 된다. 일반적으로 제휴 관계를 효과적으로 관리하는 능력은 기업마다 다르므로, 뛰어난 제휴 관리 능력을 보유한 임원과 전담팀에게 협력 전략의 관리를 담당하게 하는 것은 협력 전략의 성공 확률을 높인다. 따라서 성공적인 협력 전략 관리능력 그 자체가 경쟁 우위가 될 수 있다.[105]

기업의 협력 전략을 관리하는 경영자들은 제휴 활동의 조정에 필요한 조치를 취해야 하고, 기존의 제휴 경험을 통해 학습한 지식을 분류하여야 하며, 해당 기업이 제휴의 효과적 관리를 위해 필요한 지식을 적합한 시기에 적합한 담당자에 의해 사용될 수 있도록 확인하여야 한다. 특히 제휴에 참여하는 기업은 유형 자산의 관리뿐만 아니라, 지식과 같은 무형 자산의 효과적 관리 방법을 학습하여야 한다. 파트너 기업들이 제휴 관련 유형 자산의 관리를 위해 제휴에 필요한 무형 자산의 관리를 소홀히 하는 경우가 상당히 많다.[106]

기업이 협력 전략을 관리하는 접근 방식은 비용 최소화와 기회극대화로 구분할 수 있다(그림 9-5 참조).[107] 비용 최소화 접근법에 따르면, 기업은 파트너와의 공식적 계약의 체결에 주력하여야 한다. 계약에는 파트너의 행동을 감독하고 통제할 수 있는 방법이 명시되어야 한다. GM차이나와 상하이자동차와의 합작 투자는 주로 공식적 계약 관계를 통해 제휴 관계를 관리하였다. 비용 최소화 접근법의 목표는 파트너의 기회주의적 행동 방지를 통해 제휴 관계에 따른 비용을 최소화하는 것이다.

기회 극대화 접근법의 초점은 파트너십을 활용하여 가치 창출 기회를 만드는 것이다. 이 경우에, 파트너들은 상대편으로부터 학습한 역량을 토대로 예상하지 못한 기회를 활용하려고 시도하며 추가적인 시장 기회도 모색하려는 노력을 기울인다. 파트너의 행동을 가급적 적게 제약할 수 있는 비공식적 계약(less formal contracts)을 통해 경영 자원의 공유가 다양한 방식으로 이루어질 수 있도록 유도한다. 앞에서 언급한 온라인 뉴스 제공 사업자 간의 판게아 파트너십의 경우가 기회 극대화 접근 방식에 해당된다. 베타 테스트 단계부터 파트너십의 모든 기업이 참가하는 단일팀이 조직되었다.[108] 협력의 추가적인 방법을 모색하는 것이 이러한 단일팀 구성의 목표 중 하나였다.

기업이 비용 최소화 접근법과 기회 극대화 접근법을 모두 성공적으로 활용하는 것이 불가능한 일은 아니다. 그러나 비용 최소화 접근법을 사용하여 최대한 구체적인 계약 내용을 확정하고 파트너의 행동을 감독하려면 상당한 비용을 감수해야 한다. 파트너에 대한 감시 체계를 통해 파트너의 사익 추구는 감소시킬 수 있지만, 새로운 기회에 대응하여 각 기업의 독특한 경영 자원을 어떻게 활용할지 자발적인 노력을 유도하기는 쉽지 않다. 따라서 공식적 계약과 광범위한 파트너 감독은 협력 전략에 경영 자원을 집중적으로 투자하고 최대의 가치를 창출하도록 유도하는 데에는 불리하게 작용할 수 있다.[109]

기회 극대화 접근법을 사용할 때 직면하는 구체성과 공식성의 부족은 파트너 공동의 이익을 위해 파트너십에 참여하는 각 기업이 협력할 것이라는 신뢰 관계 형성을 요구한다. 제휴 관계에서 심리적 측면의 신뢰는 제휴 상대방이 기회주의적 행동을 할 수 있는 기회가 주어지고, 그 기회주의적 행동으로 인해 미래의 불이익 가능성이 적더라도 파트너 공동의 이익 극대화를 위해 기회주의적 행동을 하지 않을 것이라는 믿음을 의미한다. 파트너가 서로를 신뢰할 때, 제휴 관계 내 기업의 행동을 특정하는 구체적 계약 체결의 필요성도 감소하며,[110] 제휴 관계가 안정적으로 유지될 가능성도 높다.[111] 국내 시장에서의 제휴와 해외 시장에서의 제휴를 비교하면, 서로 다른 국가의 제휴 파트너 간 신뢰 관계의 형성이 더 어렵다고 볼 수 있다. 무역 정책, 문화, 법률, 정치적 차이가 이러한 신뢰 관계 형성을 더 어렵게 하기 때문이다.

협력 전략 관리와 관련한 연구 결과는, 파트너 간 신뢰 관계가 형성되어 있을수록 제휴의 성공 가능성이 높은 것으로 나타나 기회 극대화를 접근방식의 장점을 부각시켜 주었다. 또한 신뢰는 제휴 파트너의 행동에 영향을 주고 통제하는 데 중요한 요인이 될 수 있다. 즉 신뢰가 가치 있고, 희소하고, 모방이 어려우며, 대체가 불가능한 역량이라고 볼 수 있다.[112] 따라서 신뢰할만한 파트너로 알려진 기업들은 협력 전략의 수립에 있어 경쟁 우위를 보유한 셈이 된다. 제휴 관계에서 신뢰의 중요성이 증가하는 이유는 파트너의 행동을 통제하고 제약하는 공식적 계약 내용을 모든 발생 가능한 상황에 대해 미리 계약서에 규정하는 것이 불가능하기 때문이다. 따라서 제휴에서 파트너에 대한 신뢰는 공식적 계약을 통한 파트너 행동 통제의 어려움에 대한 우려를 감소시켜 준다.

요약

- 협력 전략은 기업 간에 공동의 목표를 달성하기 위한 협력을 총칭한다. 전략적 제휴는 경쟁 우위 달성이라는 목표를 위해 서로 다른 기업이 경영 자원을 결합하는 전략을 말한다. 협력 전략의 주요 형태는 합작 투자, 지분 기반 전략적 제휴, 비지분 전략적 제휴, 등 세 가지 유형으로 구분할 수 있다. 3장에서 논의된 아웃소싱은 통상적으로 비지분 전략적 제휴의 형태로 이루어진다.
- 담합 전략은 사업 차원 협력 전략의 한 유형이다. 명시적 담합

은 많은 국가에서 불법화되어 정부 정책에 의한 제재를 받는다. 암묵적 담합의 한 형태인 상호 자제는 경쟁 기업 간 암묵적 협력을 기반으로 산업 전체 생산량 과소로 가격이 결과적으로 높게 책정되는 암묵적 협력 관계를 의미한다.

- 기업의 전략적 제휴 채택 동기는 시장 상황이 저속 순환주기, 고속 순환주기, 표준 순환주기인가에 따라 다르다. (1) 제약이 있는 시장으로의 진출, (2) 새로운 경쟁 우위의 선점, (3) 시장 지배력의 획득 등이 각 시장 상황에 따른 제휴 동기가 된다.
- 개별 제품 시장에서의 성과향상을 위해, 다음의 네 가지 사업 차원 협력 전략이 사용된다.
  - 수직적 또는 수평적 보완적 제휴를 통해, 기업들은 가치사슬의 다른 영역(수직적) 또는 동일 영역(수평적) 에서 경영 자원의 결합을 추구한다.
  - 경쟁 대응 제휴는 경쟁자의 전략적 행동에 대응하기 위한 목적으로 사용한다.
  - 불확실성 감소 제휴는 신규제품 시장과 같이 불확실한 경쟁 환경으로 인해 발생하는 위험을 헷지하기 위한 수단으로 사용한다.
  - 경쟁 감소 제휴는 기업의 경영 자원을 경쟁력 향상을 위해 사용하는 가운데 과도한 경쟁을 회피하기 위한 수단으로 사용한다.

  보완적 제휴가 경쟁 우위 확보 가능성을 가장 높일 수 있으며, 반면에 경쟁 감소 제휴를 통한 경쟁 우위 확보 가능성은 상대적으로 낮다.
- 기업 전략적 제휴는 제품 또는 시장 다각화 목적으로 사용된다. 기업은 다각화 추구 제휴를 통해 새로운 시장의 진출을 촉진시킬 수 있는 방식으로 경영 자원을 공유하고자 노력한다. 시너지 추구 제휴는 범위의 경제 효과를 얻을 수 있도록 경영 자원을 파트너 간 공유하는 전략이다. 프랜차이징은 계약 관계를 통해 프랜차이저의 경영 자원이 어떻게 프랜차이지에게 공유될지를 결정하는 기업 전략이다.
- 국경을 넘어선 협력 전략의 일환으로, 국제 제휴는 국내 시장에서 우월한 성과를 보인 기업의 해외 시장 진출, 현지국 정부의 인수합병 규제 등 다양한 동기가 존재한다. 보통 국제 제휴는 국내 시장 제휴보다 더 높은 수준의 위험을 수반하며 따라서 국제 제휴에 참가하는 기업은 이러한 위험 요인에 대해 충분히 인지하고 있어야 한다.
- 네트워크 협력 전략은 복수의 기업이 복수의 파트너십을 형성하고 공동의 목표를 달성하고자 하는 전략이다. 네트워크 협력 전략의 중요한 장점은 자사 파트너의 다른 파트너가 보유한 경영 자원에 접근할 수 있는 기회가 제공된다는 점이다. 성숙 산업에서는 신규 사업에 기존 사업의 경쟁 우위를 확장하기 위한 안정적 네트워크가 사용된다. 경영 환경이 급변하는 산업에서는 혁신의 도구로 동적 네트워크가 주로 사용된다.
- 협력 전략에는 위험이 수반된다. 계약이 적절하게 체결되지 않거나 파트너가 필요한 경영 자원을 보유하고 있지 않거나 또는 필요한 경영 자원을 제공하지 않을 경우 제휴는 실패할 가능성이 높다. 또한 제휴 관계에서 파트너와 관계에 특화된 투자의 필요성 때문에 부적합한 투자를 강요당하는 것과 같은 파트너 대상 투자를 요구 받는 상황에 처할 수 있다.
- 파트너 간 신뢰는 성공적 협력 전략을 위해 점점 더 중요한 요소가 되고 있다. 파트너와의 관계를 통한 기회 창출을 강조하는 기업은 신뢰를 중요시한다. 즉 파트너 간 신뢰 관계가 형성되면 제휴를 통한 기회가 극대화될 수 있다. 반면에 신뢰 관계가 형성되지 않은 경우, 공식적 계약과 지속적 감독 시스템을 통해 제휴 관계를 관리하게 된다. 이러한 접근 방법을 "비용 최소화" 방식이라고 한다.

핵심 용어

국제 전략적 제휴 279
기업 차원 협력 전략 277
네트워크 협력 전략 280
다각화 추구 전략적 제휴 277
보완적 전략적 제휴 272
비지분 전략적 제휴 268
사업 차원 협력 전략 271
시너지 추구 전략적 제휴 278
전략적 제휴 266
지분 기반 전략적 제휴 267
프랜차이징 278
합작 투자 267
협력 전략 266

복습 문제

1. 협력 전략의 정의는 무엇이며, 협력 전략이 21세기 경쟁 상황에서 중요한 이유는 무엇인가?
2. 전략적 제휴는 무엇인가? 경쟁 우위 개발을 목표로 하는 전략적 제휴의 세 가지 주요 유형은 무엇인가?
3. 사업 차원 협력 전략의 네 가지 유형은 무엇인가? 각 유형 간 차이점은 무엇인가?
4. 기업 차원 협력 전략의 세 가지 유형은 무엇인가? 경쟁 우위의 창출을 위해 기업은 이 전략들을 어떻게 사용하는가?
5. 기업들은 왜 국제 전략적 제휴를 사용하는가?
6. 협력 전략을 기업이 채택할 때 수반되는 위험은 어떤 것들이 있는가?
7. 협력 전략을 관리하는 비용 최소화 접근 방식과 기회 극대화 접근 방식 간에는 어떠한 차이가 있는가?

[Mini Case] 글로벌 자동차 산업에서의 제휴

제휴에 대한 연구 문헌은 최근에 흥미로운 연구 결과를 보고하고 있다. 동일한 국가에 위치하거나 동일한 국가 내 동일 지역에 위치한 기업일수록 주요 프로젝트를 위한 협력이 용이하다는 것이다. 이에 따르면 경쟁은 글로벌하게 하더라도 협력은 지역 내에서 집중적으로 이루어질 수도 있다. 그간 기업들은 일반적으로 경쟁 강도가 강할 때 제휴를 추구해야 한다고 알고 있었다. 이러한 역설에는 다음과 같은 몇 가지 이유가 있다. 첫째, 강도 높은 경쟁 관계가 존재할 때, 시장 지배력을 유지하기는 힘들다. 따라서 협력 전략의 사용은 더 적합한 경쟁의 규범을 제시하여 경쟁 기업의 시장 지배력을 감소시킬 수 있다. 이러한 협력 방식을 "상호 자제(mutual forbearance)"라고 한다. 또 다른 이유는 경영 자원 기반 기업 이론에 기초한다(3장 참조). 경쟁을 위해서, 해당 기업은 종종 자사가 보유하지 않은 경영 자원을 다른 기업 또는 산업 외부에서 보완해야 한다.

이러한 "보완적 자원(complementary resources)"은 대기업들이 동일 산업 또는 수직 연관 산업에서 합작 투자와 전략적 제휴를 형성하는 이유를 설명해준다.

기업들이 같은 위치에 입지해있고 유사한 니즈를 갖고 있다면 협력하기도 보다 용이해진다. 이러한 점은 푸조-시트로엥(Peugeot-Citroen)과 오펠-복스홀(Opel-Vauxhall)(GM의 자회사) 간의 제휴에서 분명하게 나타난다. 또 포드와 GM 간 두 미국 기업의 트랜스미션 개발 제휴도 마찬가지 이유이다. 이 두 회사는 연료 효율성 향상과 새로운 연방정부 연비 가이드라인에 부합하는 11 및 12-속도 트랜스미션을 공동 개발할 계획이다.

경영 자원의 파트너 간 보완성에 관한 한 매우 성공적이었던 제휴는 1999년에 결성된 프랑스 르노(Renault)와 일본 닛산(Nissan) 간의 협력 관계이다. 두 기업 모두 1990년대 글로벌 자동차 시장 경쟁에서 필수적인 규모의 경제 및 범위의 경제를 독자적으로는 달성하지 못했다. 제휴 형성 시 파트너 간에 상대방 기업의 지분을 소유하게 되었다. 더 규모가 큰 르노가 닛산의 지분 43.3%를 소유하고, 닛산은 르노의 지분 15%를 보유한다. 흥미로운 점은 카를로스 곤(Carlos Ghosn)이 두 기업의 최고 경영자를 겸임한다는 점이다. 제휴 관계가 진화함에 따라, 이 기업 차원 제휴는 두 기업에게 세 가지 가치를 가이드라인으로서 제시하였다.

1. 신뢰 (공정하고 프로페셔널하게 일한다)
2. 존중 (공신과 책임을 존중한다)
3. 투명성 (개방적이고 솔직하게 의사소통한다)

이러한 원칙하에 두 기업 간 제휴는 성공적이었다. 성공의 원인에 대해서는 파트너 간 보완성이 주요 이유로 거론 될 수 있다. 예를 들어, 닛산은 아시아 시장에서 강하고 르노는 유럽 시장에서 강하다. 두 기업이 협력하여 중남미와 같이 독자적으로는 생산 입지로 선택하지 못할 지역에 진출할 기회를 얻을 수 있다.

일부 기업은 경쟁에서 "중간에 끼인(squeezed in the middle)" 상태를 타개하기 위해 제휴를 형성하기도 한다. 즉, 대규모 시장을 겨냥하지만 중간 수준의 생산 규모 때문에 규모의 경제 달성이 어려운 기업의 경우이다. 예를 들어, 피아트-크라이슬러(Fiat-Chrysler)는 연 매출액을 43억 달러 규모에서 약 60억 달러 규모로 확대하고, 성장 속도가 빠른 아시아 시장에서의 시장 지위를 강화하는 목표를 갖고 있다. 이러한 목표를 달성하기 위해 일본 자동차기업 중 규모가 상대적으로 작은 마쯔다(Mazda) 및 스즈키(Suzuki)와 합작 투자를 체결했다. 그러나 기존의 제휴 역사를 보면 피아트와 GM의 제휴, 크라이슬러와 다임러의 제휴, 마쯔다와 포드의 제휴는 결별로 종료되었다.

유럽 시장에서 푸조-시트로엥과 오펠-복스홀의 의 제휴는 미래 생산 모델 투자에 필요한 자본을 확보하기 위해 생산 플랫폼과 엔진을 공유하는 협약을 포함한다. 앞에서 살펴본 예들과 마찬가지로, 제휴를 통해 추가적인 시장 점유율 확보도 필요하지만 동시에 시장 지배력 실현에 필요한 투자를 하기 위해서는 충분한 자본의 확보 또한 필요하다.

결국, 기업이 경쟁뿐만 아니라 협력하는 이유는 시장 지배력 강화, 보완적 자산의 활용, 동일 국가 및 동일 지역 인접 기업과의 협력 등이다.

출처: Sources: 2013, Markets and makers: Running harder, *Economist*, April 20, ss4–ss7; J. Boxell, 2013, Peugeot reaffirms push into BRICs, *Financial Times*, www.ft.com, February 7; D. Pearson & J. Bennett, 2013, Corporate news: GM, Peugeot pledge to deepen car alliance – Tough market in Europe has slowed progress, but automakers now see opportunities to cooperate outside the region, *Wall Street Journal Online*, www.wsj.com, January 10; J. B. White, 2013, Mazda uses alliances to boost sales, *Wall Street Journal Online*, www.wsj.com, January 27; T. Yu, M. Subramaniam, & A. A. Cannella, Jr., 2013, Competing globally, allying locally: Alliances between global rivals and host-country factors, *Journal of International Business Studies*, 44: 117-137; W. Kim, 2012, The voyage of the Renault-Nissan alliance: A successful venture, *Advances in Management*, 5(9): 25–29.

토의 문제

1. 자원 기반 모델은 기업이 전략적 제휴나 합작 투자와 같은 협력 전략을 사용하는 이유를 이해하는 데 어떠한 도움을 제공할 수 있는가?
2. 기업이 보유한 핵심 역량과 기업이 필요로 하는 역량, 그리고 협력 전략 결정 간에는 어떠한 관계가 있는가?
3. 제휴 파트너가 보완적 자산을 보유한다는 것은 무슨 의미인가? 르노와 닛산은 어떤 보완적 자산을 공유하는가?
4. 르노와 닛산의 기업 전략적 제휴에 수반되는 위험에는 어떤 것이 있는가? 이러한 위험을 감소시키기 위해 이들은 어떠한 노력을 했는가?
5. 이 사례에 언급된 기업들 간에 네트워크 협력 전략을 맺는 것은 가능한가? 가능하다면, 어떤 조건들이 해당 기업들의 협력 전략 결정에 영향을 미칠 수 있는가?

미주

1. B. B. Tyler & T. Caner, 2015, New product introductions below aspirations, slack and R&D alliances: A behavioral perspective, *Strategic Management Journal*, in press; O. Schilke, 2014, Second-order dynamic capabilities: How do they matter? *Academy of Management Perspectives*, 28: 368–380; U. Wassmer & P. Dussauge, 2012, Network resource stocks and flows: How do alliance portfolios affect the value of new alliance formations? *Strategic Management Journal*, 33: 871–883.
2. A. L. Brito, E. P. Z. Brito, & L. H. Hashiba, 2014, What type of cooperation with suppliers and customers leads to superior performance? *Journal of Business Research*, 67: 952–959; R. A. Heidl, H. K. Steensma, & C. Phelps, 2014, Divisive faultlines and the unplanned dissolutions of multipartner alliances, *Organization Science*, 25: 1351– 1371; D. Lavie, P. R. Haunschild, & P. Khanna, 2012, Organizational differences, relational mechanisms, and alliance performance, *Strategic Management Journal*, 33: 1453–1479.
3. Z. Khan, O. Shenkar, & Y. K. Lew, 2015, Knowledge transfer from international joint ventures to local suppliers in a developing economy, *Journal of International Business Studies*, in press.
4. S. J. D. Schillebeeckx, S. Chaturvedi, G. George, & Z. King, 2015, What do I want? The effects of individual aspiration and relational capability on collaboration preferences, *Strategic Management Journal*, in press; R. J. Arend, P. C. Patel, & H. D. Park, 2014, Explaining post-IPO venture performance through a knowledge-based view typology, *Strategic Management Journal*, 35: 376–397; J. H. Dyer & H. Singh, 1998, The relational view: Cooperative strategy and sources of interorganizational competitive advantage, *Academy of Management Review*, 23: 660–679.
5. R. R. Kehoe & D. Tzabbar, 2015, Lighting the way or stealing the shine? An examination of the duality in star scientists' effects on firm innovative performance, *Strategic Management Journal*, 36: 709–727; R. Vandaie & A. Zaheer, 2014, Surviving bear hugs: Firm capability, large partner alliances, and growth, *Strategic Management Journal*, 35: 566–577; J. Walter, F. W. Kellermanns, & C. Lechner, 2012, Decision making within and between organizations: Rationality, politics, and alliance performance, *Journal of Management*, 38: 1582–1610.
6. C. Lioukas & J. Reuer, 2015, Isolating trust outcomes from exchange relationships: Social exchange and learning benefits of prior ties in alliances, *Academy of Management Journal*, in press; J. Charterina & J. Landeta, 2013, Effects of knowledge-sharing routines and dyadbased investments on company innovation and performance: An empirical study of Spanish manufacturing companies, *International Journal of Management*, 30: 197–216.
7. J. Wu & P. Olk, 2014, Technological advantage, alliances with customers, local knowledge and competitor identification, *Journal of Business Research*, 67: 2106–2114; J. L. Cummings & S. R. Holmberg, 2012, Best-fit alliance partners: The use of critical success factors in a comprehensive partner selection process, *Long Range Planning*, 45: 136–159.
8. N. Rahman & H. J. Korn, 2014, Alliance longevity: Examining relational and operational antecedents, *Long Range Planning*, 47: 245–261; S. Xu, A. P. Fenik, & M. B. Shaner, 2014, Multilateral alliances and innovation output: The importance of equity and technological scope, *Journal of Business Research*, 67: 2403–2410.
9. Treflis team, 2014, Juniper collaborates with Aruba to expand converged networking solutions portfolio, *Forbes Online*, www. forbes.com, June 13.
10. Y. Liu & T. Ravichandran, 2015, Alliance experience, IT-enabled knowledge integration, and ex-ante value gains, *Organization Science*, 26: 511–530; J. Roy, 2012, IJV partner trustworthy behaviour: The role of host country governance and partner selection criteria, *Journal of Management Studies*, 49: 332–355.
11. C. Murphy, 2015, GM China venture to spend $16 billion to develop new products, *Wall Street Journal Online*, www.wsj.com, April 19.
12. R. Yu, 2015, SAIC Motor's tie-ups with Volkswagen, GM rev up 2014 profit, *Wall Street Journal Online*, www.wsj.com, April 2.
13. J. H. Love, S. Roper, & P. Vahter, 2014, Learning from openness: The dynamics of breadth in external innovation linkages, *Strategic Management Journal*, 35: 1703–1716; E. Chrysostome, R. Nigam, & C. Jarilowski, 2013, Revisiting strategic learning in international joint ventures: A knowledge creation perspective, *International Journal of Management*, 30(1): 88–98; D. Tan & K. E. Meyer, 2011, Countryof- origin and industry FDI agglomeration of foreign investors in an emerging economy, *Journal of International Business Studies*, 42: 504–520.
14. 2015, Boston Scientific signs strategic alliance with Frankenman Medical Equipment Company, *Boston Scientific Company Home Page*, www. bostonscientific. com, April 14.
15. W. (Stone) Shi, S. L. Sun, B. C. Pinkham, & M. W. Peng, 2014, Domestic alliance network to attract foreign partners: Evidence from international joint ventures in China, *Journal of International Business Studies*, 45: 338–362; L. Cui & F. Jiang, 2012, State ownership effect on firms' FDI ownership decisions under institutional pressure: A study of Chinese outwardinvesting firms, *Journal of International Business Studies*, 43: 264–284; J. Xia, J. Tan, & D. Tan, 2008, Mimetic entry and bandwagon effect: The rise and decline of international equity joint venture in China, *Strategic Management Journal*, 29: 195–217.
16. C. Dulaney, 2015, Johnson Controls auto-interiors spinoff expected to begin operations in July, *Wall Street Journal Online*, www.wsj.com, April 14.

17. J. Reuer & S. Devarakonda, 2015, Mechanisms of hybrid governance: Administrative committees in non-equity alliances, *Academy of Management Journal*, in press; A. Majocchi, U. Mayrhofer, & J. Camps, 2013, Joint ventures or non-equity alliances? Evidence from Italian firms, *Management Decision*, 51: 380–395.
18. B. T. McCann, J. J. Reuer, & N. Lahiri, 2015, Agglomeration and the choice between acquisitions and alliances: An information economics perspective, *Strategic Management Journal*, in press; S. P. Gudergan, T. Devinney, N. Richter, & R. Ellis, 2012, Strategic implications for (non-equity) alliance performance, *Long Range Planning*, 45: 451–476.
19. F. J. Contractor & J. J. Reuer, 2014, Structuring and governing alliances: New directions for research, *Global Strategy Journal*, 4: 241–256; J. J. Reuer, E. Klijn, & C. S. Lioukas, 2014, Board involvement in international joint ventures, *Strategic Management Journal*, 35: 1626–1644; J. Schweitzer & S. P. Gudergan, 2011, Contractual complexity, governance and organisational form in alliances, *International Journal of Strategic Business Alliances*, 2: 26–40.
20. 2015, Will Tim Cook stop outsourcing the manufacture of Apple products to homophobic China? *Ricochet*, www. ricochet.com, March 31.
21. B. Shobert, 2015, Will Apple's business model work on pharmaceuticals? *Forbes Online*, www.forbes, March 11.
22. J. Righetti, 2014, 5 reasons why China will remain the world's factory, www.linkedin.com/pulse, August 21.
23. D. Aristie, M. Vecchi, & F. Venturini, 2015, University and inter-firm R&D collaborations: Propensity and intensity of cooperation in Europe, *Journal of Technology Transfer*, in press; D. Mindruta, 2013, Value creation in university-firm research collaborations: A matching approach, *Strategic Management Journal*, 34: 644–665.
24. K. Lange, M. Geppert, A. Saka-Helmhout, & F. Becker-Ritterspach, 2015, Changing business models and employee representation in the airline industry: A comparison of British Airways and Deutsche Lufthansa, *British Journal of Management*, in press; X. Hu, R. Caldentey, & G. Vulcano, 2013, Revenue sharing in airline alliances, Management Science, 59: 1177–1195; U. Wassmer, 2010, Alliance portfolios: A review and research agenda, *Journal of Management*, 36: 141–171.
25. W. Yang & K. E. Meyer, 2015, Competitive dynamics in an emerging economy: Competitive pressures, resources, and the speed of action, *Journal of Business Research*, 68: 1176–1185; T. de Leeuw, B. Lokshin, & G. Duysters, 2014, Returns to alliance portfolio diversity: The relative effects of partner diversity on firm's innovative performance and productivity, *Journal of Business Research*, 67: 1839–1849.
26. J. Marshall, 2015, News publishers for programmatic advertising alliance, *CMO Today*, www.blogs.wsj.com/cmo, March 18.
27. Treflis team, 2015, Expedia seeks Latin American dominance: Strengthens partnership with Decolar.com, *Forbes Online*, www.forbes.com, March 12.
28. D. J. Teece, 2014, A dynamic capabilitiesbased entrepreneurial theory of the multinational enterprise, *Journal of International Business Studies*, 45: 8–37; J. R. Williams, 1998, *Renewable Advantage: Crafting Strategy Through Economic Time*, New York: Free Press.
29. L. Burkitt, 2015, Carnival in talks with China Merchants on cruise ports, ships, *Wall Street Journal Online*, www.wsj.com, January 26.
30. S. Artinger & T. C. Powell, 2015, Entrepreneurial failure: Statistical and psychological explanations, *Strategic Management Journal*, in press; H. Rahmandad & N. Repenning, 2015, Capability erosion dynamics, *Strategic Management Journal*, in press; A. Tafti, S. Mithas, & M. S. Krishnan, 2013, The effect of information technology-enabled flexibility on formation and market value of alliances, *Management Science*, 59: 207–225.
31. J. J. Reuer & R. Ragozzino, 2014, Signals and international alliance formation: The roles of affiliations and international activities, *Journal of International Business Studies*, 45: 321–337; H. K. Steensma, J. Q. Barden, C. Dhanaraj, M. Lyles, & L. Tihanyi, 2008, The evolution and internalization of international joint ventures in a transitioning economy, *Journal of International Business Studies*, 39: 491–507.
32. C. B. Bingham, K. H. Heimeriks, M. Schijven, & S. Gates, 2015, Concurrent learning: How firms develop multiple dynamic capabilities in parallel, *Strategic Management Journal*, in press; S. T. Cavusgil & G. Knight, 2014, The born global firm: An entrepreneurial and capabilities perspective on early and rapid internationalization, *Journal of International Business Studies*, 46: 3–16; H. E. Posen & D. A. Levinthal, 2012, Chasing a moving target: Exploitation and exploration in dynamic environments, *Management Science*, 58: 587–601.
33. H. Milanov & S. A. Fernhaber, 2014, When do domestic alliances help ventures abroad? Direct and moderating effects from a learning perspective, *Journal of Business Venturing*, 29: 377–391; X. Yin, J. Wu, & W. Tsai, 2012, When unconnected others connect: Does degree of brokerage persist after the formation of a multipartner alliance? *Organization Science*, 23: 1682–1699.
34. 2015, Micron, Seagate announce strategic alliance, *Micron Home Page*, www.micron. com, February 12.
35. H. M. Khameseh & M. Nasiriyar, 2014, Avoiding alliance myopia: Forging learning outcomes for long-term success, *Journal of Business Strategy*, 35: 37–44; A. P. de Man, N. Roijakkers, & H. de Graauw, 2010, Managing dynamics through robust alliance governance structures: The case of KLM and Northwest Airlines, *European Management Journal*, 28: 171–181.
36. Airline alliances, 2015, Maps of the World, www.mapsoftheworld.com, April 22.
37. Q. Gu & X. Lu, 2014, Unraveling the mechanisms of reputation and alliance formation: A study of venture capital syndication in China, *Strategic Management Journal*, 35: 739–750; G. Vasudeva, J. W. Spencer, & H. J. Teegen, 2013, Bringing the institutional context back in: A crossnational comparison of alliance partner selection and knowledge acquisition, *Organization Science*, 24: 319–338; W. Shi & J. E. Prescott, 2011, Sequence patterns of firms' acquisition and alliance behavior and their performance implications, *Journal of Management Studies*, 48: 1044–1070.
38. U. Stettner & D. Lavie, 2014, Ambidexterity under scrutiny: Exploration and exploitation via internal organization, alliances, and acquisitions, *Strategic Management Journal*, 35: 1903–1929; N. Lahiri & S. Narayanan, 2013, Vertical integration, innovation and alliance portfolio size: Implications for firm performance, *Strategic Management Journal*, 34: 1042–1064; S. M. Mudambi & S. Tallman, 2010, Make, buy or ally? Theoretical perspectives on knowledge process outsourcing through alliances, *Journal of Management Studies*, 47: 1434–1456.
39. R. Kapoor & P. J. McGrath, 2014, Unmasking the interplay between technology evolution and R&D collaboration: Evidence from the global semiconductor manufacturing industry, 1990–2010, *Research Policy*, 43: 555–569; J. Hagedoorn & N. Wang, 2012, Is there complementarity or substitutability between internal and external R&D strategies? *Research Policy*, 41: 1072–1083; M. Meuleman, A. Lockett, S. Manigart, & M. Wright, 2010, Partner selection decisions in interfirm collaborations: The paradox of relational embeddedness, *Journal of Management Studies*, 47: 995–1019.
40. E. Revilla, M. Sáenz, & D. Knoppen, 2013, Towards an empirical typology of buyer–supplier relationships based on absorptive capacity, *International Journal of Production Research*, 51: 2935–2951; J. Zhang & C. Baden-Fuller, 2010, The influence of technological knowledge base and organizational structure on technology collaboration, *Journal of Management Studies*, 47: 679–704; J. Wiklund & D. A. Shepherd, 2009, The effectiveness of alliances and acquisitions: The role of resource combination activities, *Entrepreneurship Theory and Practice*, 33: 193–212.
41. 2015, GE intelligent lighting to transform retail experience through Qualcomm collaboration, *GE Home Page*, www.ge.com, May 4.
42. T. Stynes, 2015, Sorrento reaches collaboration deal valued at $110 million, *Wall Street Journal Online*, www.wsj.com, March 16.
43. J. Wieczner, 2014, Can drugmakers find profit in collaboration? *Fortune Online*, www.fortune.com, February 11.
44. H. Parker & Z. Brey, 2015, Collaboration costs and new product development performance, *Journal of Business Research*, 68: 1653–1656; C. Häeussler, H. Patzelt, & S. A. Zahra, 2012, Strategic alliances and product development in high technology new firms: The moderating effect of technological capabilities, *Journal of Business Venturing*, 27: 217–233; M. Makri, M. A. Hitt, & P. J. Lane, 2010, Complementary technologies, knowledge relatedness, and invention outcomes in high technology mergers and acquisitions, *Strategic Management Journal*, 31: 602–628.
45. D. Cameron, 2015, Boeing-Lockheed venture plans new rocket with reusable engine, *Wall Street Journal Online*, www.wsj.com, April 13.
46. A. Martin, 2007, Merger for SABMiller and Molson Coors, *New York Times Online*, www.nytimes.com, October 10.
47. T. Mickle, 2015, Molson Coors, U.S. joint venture MillerCoors facing stiff challenges, *Wall Street Journal Online*, www.wsj.com, May 7.
48. H. Yang & H. K. Steensma, 2014, When do firms rely on their knowledge spillover recipients for guidance in exploring unfamiliar knowledge? *Research Policy*, 43: 1496–1507; N. Mouri, M. B. Sarkar, & M. Frye, 2012, Alliance portfolios and shareholder value in post-IPO firms: The moderating roles of portfolio structure and firm-level uncertainty, *Journal of Business*

Venturing, 27: 355–371; J. J. Reuer & T. W. Tong, 2005, Real options in international joint ventures, *Journal of Management*, 31: 403–423.

49. 2014, Tesla Motors in talks with BMW, possible alliance in batteries, carbon fiber body parts, *Tesla Home Page*, www. myteslamotors.com, November 23.

50. H. T. Normann, J. Rosch, & L. M. Schultz, 2015, Do buyer groups facilitate collusion? *Journal of Economic Behavior & Organization*, 109: 72–84; M. A. Fonseca & H. Normann, 2012, Explicit vs. tacit collusion—The impact of communication in oligopoly experiments, *European Economic Review*, 56: 1759–1772; M. Escrihuela-Villar & J. Guillén, 2011, On collusion and industry size, *Annals of Economics and Finance*, 12: 31–40.

51. J. Boone & K. Zigic, 2015, Trade policy in markets with collusion: The case of North- South R&D spillovers, *Research in Economics*, in press; M. Van Essen & W. B. Hankins, 2013, Tacit collusion in price-setting oligopoly: A puzzle redux, *Southern Economic Journal*, 79: 703–726; Y. Lu & J. Wright, 2010, Tacit collusion with price-matching punishments, *International Journal of Industrial Organization*, 28: 298–306.

52. J. Handy, 2014, Can a DRAM oligopoly really work? *Forbes Online*, www.forbes.com, May 30.

53. F. J. Mas-Ruiz, F. Ruiz-Moreno, & A. L. de Guevara Martinez, 2014, Asymmetric rivalry within and between strategic groups, *Strategic Management Journal*, 35: 419–439; R. W. Cooper & T. W. Ross, 2009, Sustaining cooperation with joint ventures, *Journal of Law, Economics, and Organization*, 25: 31–54.

54. M. T. Gustafson, I. T. Ivanov, & J. Ritter, 2015, Financial condition and product market cooperation, *Journal of Corporate Finance*, 31: 1–16; L. Zou, C. Yu, & M. Dresner, 2012, Multimarket contact, alliance membership, and prices in international airline markets, *Transportation Research Part E: Logistics and Transportation Review*, 48: 555–565; J. T. Prince & D. H. Simon, 2009, Multimarket contact and service quality: Evidence from on-time performance in the U.S. airline industry, *Academy of Management Journal*, 52: 336–354.

55. B. Chidmi, 2012, Vertical relationships in the ready-to-eat breakfast cereal industry in Boston, *Agribusiness*, 28: 241–259; N. Panteva, 2011, IBISWorld Industry Report 31123: Cereal production in the U.S., January.

56. E. Shroeder, 2014, Global breakfast cereal market to reach $43.2 billion by 2019, *Food Business News Online*, www. foodbusinessnews.com, February 14.

57. P. F. Skilton & E. Bernardes, 2015, Competition network structure and product market entry, *Strategic Management Journal*, in press; R. M. Bakker & J. Knoben, 2014, Built to last or meant to end: Intertemporal choice in strategic alliance portfolios, *Organization Science*, 26: 256–276; Z. Guedri & J. McGuire, 2011, Multimarket competition, mobility barriers, and firm performance, *Journal of Management Studies*, 48: 857–890.

58. I. K. Wang, H. S. Yang, & D. J. Miller, 2015, Collaboration in the shadow of the technology frontier: Evidence from the flat panel display industry, *Managerial and Decision Economics*, in press; P. Massey & M. McDowell, 2010, Joint dominance and tacit collusion: Some implications for competition and regulatory policy, *European Competition Journal*, 6: 427–444.

59. A.H. Bowers, H. R. Greve, H. Mitsuhashi, & J. A. C. Baum, 2014, Competitive parity, status disparity, and mutual forbearance: Securities analysts' competition for investor attention, *Academy of Management Journal*, 57: 38–62.

60. Y. Liu & T. Ravichandran, 2015, Alliance experience, IT-enabled knowledge integration, and ex-ante value gains, *Organization Science*, 26: 511–530; P. Dussauge, B. Garrette, & W. Mitchell, 2004, Asymmetric performances: The market share impact of scale and link alliances in the global auto industry, *Strategic Management Journal*, 25: 701–711.

61. M. Rogan & H. R. Greve, 2014, Resource dependence dynamics: Partner reactions to mergers, *Organization Science*, 26: 239–255; L. Capron & W. Mitchell, 2012, *Build, Borrow or Buy: Solving the Growth Dilemma*, Cambridge: Harvard Business Review Press; C. Häussler, 2011, The determinants of commercialization strategy: Idiosyncrasies in British and German biotechnology, *Entrepreneurship Theory and Practice*, 35: 653–681.

62. F. Castellaneta & M. Zollo, 2014, The dimensions of experiential learning in the management of activity load, *Organization Science*, 26: 140–157; Y. Lew & R. R. Sinkovics, 2013, Crossing borders and industry sectors: Behavioral governance in strategic alliances and product innovation for competitive advantage, *Long Range Planning*, 46: 13–38; P. Ritala & H. K. Ellonen, 2010, Competitive advantage in interfirm cooperation: Old and new explanations, *Competitiveness Review*, 20: 367–383.

63. H. M. Khamesh & M. Nasiriyar, 2014, Avoiding alliance myopia: Forging learning outcomes for long-term success, *Journal of Business Strategy*, 35(4): 37–44; H. Liu, X. Jiang, J. Zhang, & X. Zhao, 2013, Strategic flexibility and international venturing by emerging market firms: The moderating effects of institutional and relational factors, *Journal of International Marketing*, 21: 79–98; J. Anand, R. Oriani, & R. S. Vassolo, 2010, Alliance activity as a dynamic capability in the face of a discontinuous technological change, *Organization Science*, 21: 1213–1232.

64. B. T. McCann, J. J. Reuer, & N. Lahiri, 2015, Agglomeration and the choice between acquisitions and alliances: An information economics perspective, *Strategic Management Journal*, in press; S. Chang & M. Tsai, 2013, The effect of prior alliance experience on acquisition performance, *Applied Economics*, 45: 765–773.

65. 2013, TATA Sikorsky JV delivers first fully indigenous S-92 helicopter cabin, *United Technologies Home Page*, www.utc.com, October 24.

66. 2014, BMW expands joint venture with Chinese carmaker Brilliance, *DW*, www.dw.de, December 14.

67. I. Ater & O. Rigbi, 2015, Price control and advertising in franchising chains, *Strategic Management Journal*, in press; V. K. Garg, R. L. Priem, & A. A. Rasheed, 2013, A theoretical explanation of the cost advantages of multi-unit franchising, *Journal of Marketing Channels*, 20: 52–72; J. G. Combs, D. J. Ketchen, Jr., C. L. Shook, & J. C. Short, 2011, Antecedents and consequences of franchising: Past accomplishments and future challenges, *Journal of Management*, 37: 99–126.

68. B. R. Barringer & R. D. Ireland, 2016, *Entrepreneurship: Successfully Launching New Ventures*, 5th ed., Prentice-Hall, 510.

69. C. W. Wu, 2015, Antecedents of franchise strategy and performance, *Journal of Business Research*, 68: 1581–1588; W. E. Gillis, J. G. Combs, & D. J. Ketchen, Jr., 2014, Using resource-based theory to help explain plural form franchising, *Entrepreneurship Theory and Practice*, 38: 449–472; D. Grewal, G. R. Iyer, R. G. Javalgi, & L. Radulovich, 2011, Franchise partnership and international expansion: A conceptual framework and research propositions, *Entrepreneurship Theory and Practice*, 35: 533–557.

70. J. S. Chiou & C. Droge, 2015, The effects of standardization and trust on franchisee's performance and satisfaction: A study on franchise systems in the growth stage, *Journal of Small Business Management*, 53: 129–144; N. Mumdziev & J. Windsperger, 2013, An extended transaction cost model of decision rights allocation in franchising: The moderating role of trust, *Managerial and Decision Economics*, 34: 170–182; J. McDonnell, A. Beatson & C. H. Huang, 2011, Investigating relationships between relationship quality, customer loyalty and cooperation: An empirical study of convenience stores' franchise chain systems, *Asia Pacific Journal of Marketing and Logistics*, 23: 367–385.

71. A. El Akremi, R. Perrigot, & I. Piot-Lepetit, 2015, Examining the drivers for franchised chains performance through the lens of the dynamic capabilities approach, *Journal of Small Business Management*, 53: 145–165; B. Merrilees & L. Frazer, 2013, Internal branding: Franchisor leadership as a critical determinant, *Journal of Business Research*, 66: 158–164; T. M. Nisar, 2011, Intellectual property securitization and growth capital in retail franchising, *Journal of Retailing*, 87: 393–405.

72. I. Alon, M. Boulanger, E. Misati, & M. Madanoglu, 2015, Are the parents to blame? Predicting franchisee failure, *Competitiveness Review*, 25: 205–217; D. Grace, S. Weaven, L. Frazer, & J. Giddings, 2013, Examining the role of franchisee normative expectations in relationship evaluation, *Journal of Retailing*, 89: 219–230; W. R. Meek, B. Davis-Sramek, M. S. Baucus, & R. N. Germain, 2011, Commitment in franchising: The role of collaborative communication and a franchisee's propensity to leave, *Entrepreneurship Theory and Practice*, 35: 559–581.

73. M. W. Nyadzayo, M. J. Matanda, & M. T. Ewing, 2015, The impact of franchisor support, brand commitment, brand citizenship behavior, and franchisee experience on franchisee-perceived brand image, *Journal of Business Research*, in press; N. Gorovaia & J. Windsperger, 2013, Real options, intangible resources and performance of franchise networks, *Managerial and Decision Economics*, 34: 183–194; T. W. K. Leslie & L. S. McNeill, 2010, Towards a conceptual model for franchise perceptual equity, *Journal of Brand Management*, 18: 21–33.

74. H. Parker & Z. Brey, 2015, Collaboration costs and new product development performance, *Journal of Business Research*, 68: 1653–1656; S. Demirkan & I. Demirkan, 2014, Implications of strategic alliances for earnings quality and capital market investors, *Journal of Business Research*, 67: 1806–1816; M. Onal Vural, L. Dahlander, & G. George, 2013, Collaborative benefits and coordination costs: Learning and capability development in science, *Strategic Entrepreneurship Journal*, 7: 122–137.

75. C. E. Eesley, D. H. Hsu, & E. B. Roberts, 2014, The contingent effects of top management teams on venture performance: Aligning founding team composition with innovation strategy and

commercialization environment, *Strategic Management Journal*, 35: 1798–1817; G. Ahuja, C. M. Lampert, & E. Novelli, 2013, The second face of appropriability: Generative appropriability and its determinants, *Academy of Management Review*, 38: 248–269; C. Choi & P. Beamish, 2013, Resource complementarity and international joint venture performance in Korea, *Asia Pacific Journal of Management*, 30: 561–576.

76. Z. Khan, O. Shenkar, & Y. K. Lew, 2015, Knowledge transfer from international joint ventures to local suppliers in a developing economy, *Journal of International Business Studies*, in press; R. Belderbos, T. W. Tong, & S. Wu, 2014, Multinationality and downside risk: The roles of option portfolio and organization, *Strategic Management Journal*, 35: 88–106; S. Veilleux, N. Haskell, & F. Pons, 2012, Going global: How smaller enterprises benefit from strategic alliances, *Journal of Business Strategy*, 33(5): 22–31;

77. A. Dechezlepretre, E. Neumayer, & R. Perekins, 2015, Environmental regulation and the cross-border diffusion of new technology: Evidence from automobile patents, *Research Policy*, 44: 244–257; I. Arikan & O. Shenkar, 2013, National animosity and cross-border alliances, *Academy of Management Journal*, 56: 1516–1544.

78. Y. Kubota & J. Chow, 2015, French clout at Renault roils Nissan deal, *Wall Street Journal Online*, www.wsj.com, April 20.

79. Q. Gu & X. Lu, 2014, Unraveling the mechanisms of reputation and alliance formation: A study of venture capital syndication in China, *Strategic Management Journal*, 35: 739–750; L. Li, G. Qian, & Z. Qian, 2013, Do partners in international strategic alliances share resources, costs, and risks? *Journal of Business Research*, 66: 489–498; A. Zaheer & E. Hernandez, 2011, The geographic scope of the MNC and its alliance portfolio: Resolving the paradox of distance, *Global Strategy Journal*, 1: 109–126.

80. Z. Khan, Y. K. Lew, & R. R. Sinkovics, 2015, International joint ventures as boundary spanners: Technological knowledge transfer in an emerging economy, *Global Strategy Journal*, 5: 48–68; M. Meuleman & M. Wright, 2011, Cross-border private equity syndication: Institutional context and learning, *Journal of Business Venturing*, 26: 35–48.

81. J. J. Hotho, M. A. Lyles, & M. Easterby- Smith, 2015, The mutual impact of global strategy and organizational learning: Current themes and future directions, *Global Strategy Journal*, 5: 85–112; B. B. Nielsen & S. Gudergan, 2012, Exploration and exploitation fit and performance in international strategic alliances, *International Business Review*, 21: 558–574; D. Kronborg & S. Thomsen, 2009, Foreign ownership and long-term survival, *Strategic Management Journal*, 30: 207–219.

82. I. S. Nam & R. Wall, 2015, Airbus, Korea Aerospace sign helicopter deal, *Wall Street Journal Online*, www.wsj.com, March 16.

83. S. Xu, A. P. Fenik, & M. B. Shaner, 2014, Multilateral alliances and innovation output: The importance of equity and technological scope, *Journal of Business Research*, 67: 2403–2410; D. Lavie, C. Lechner, & H. Singh, 2007, The performance implications of timing of entry and involvement in multipartner alliances, *Academy of Management Journal*, 50: 578–604.

84. 2015, Cisco Partner Summit, *Cisco homepage*, www.cisco.com, May 7.

85. 2015, Strategic alliances—IBM, *Cisco Home Page*, www.cisco.com, May 7.

86. C. Geldes, C. Felzensztein, E. Turkina, & A. Durand, 2015, How does proximity affect interfirm marketing cooperation? A study of an agribusiness cluster, *Journal of Business Research*, 68: 263–272; W. Fu, J. Revilla Diez, & D. Schiller, 2013, Interactive learning, informal networks and innovation: Evidence from electronics firm survey in the Pearl River Delta, China, *Research Policy*, 42: 635–646; A. T. Ankan & M. A. Schilling, 2011, Structure and governance in industrial districts: Implications for competitive advantage, *Journal of Management Studies*, 48: 772–803.

87. A. Phene & S. Tallman, 2014, Knowledge spillovers and alliance formation, *Journal of Management Studies*, 51: 1058–1090; C. Casanueva, I. Castro, & J. L. Galán, 2013, Informational networks and innovation in mature industrial clusters, *Journal of Business Research*, 66: 603–613; J. Wincent, S. Anokhin, D. Örtqvist, & E. Autio, 2010, Quality meets structure: Generalized reciprocity and firm-level advantage in strategic networks, *Journal of Management Studies*, 47: 597–624; D. Lavie, 2007, Alliance portfolios and firm performance: A study of value creation and appropriation in the U.S. software industry, *Strategic Management Journal*, 28: 1187–1212.

88. Y. Zheng & H. Yang, 2015, Does familiarity foster innovation? The impact of alliance partner repeatedness on breakthrough innovations, *Journal of Management Studies*, 52: 213–230; L. Dobusch & E. Schübler, 2013, Theorizing path dependence: A review of positive feedback mechanisms in technology markets, regional clusters, and organizations, *Industrial & Corporate Change*, 22: 617–647; A. M. Joshi & A. Nerkar, 2011, When do strategic alliances inhibit innovation by firms? Evidence from patent pools in the global optical disc industry, *Strategic Management Journal*, 32: 1139–1160.

89. S. Perkins, R. Morck, & B. Yeung, 2014, Innocents abroad: The hazards of international joint ventures with pyramidal group firms, *Global Strategy Journal*, 4: 310–330; J. P. MacDuffie, 2011, Interorganizational trust and the dynamics of distrust, *Journal of International Business Studies*, 42: 35–47; H. Kim, R. E. Hoskisson, & W. P. Wan, 2004, Power, dependence, diversification strategy and performance in keiretsu member firms, *Strategic Management Journal*, 25: 613–636.

90. B. Kang & K. Motohashi, 2015, Essential intellectual property rights and inventors' involvement in standardization, *Research Policy*, 44: 483–492; V. Van de Vrande, 2013, Balancing your technology-sourcing portfolio: How sourcing mode diversity enhances innovative performance, *Strategic Management Journal*, 34: 610–621; A. V. Shipilov, 2009, Firm scope experience, historic multimarket contact with partners, centrality, and the relationship between structural holes and performance, *Organization Science*, 20: 85–106.

91. K. H. Huarng & A. Mas-Tur, 2015, Sprit of strategy (S.O.S.): The new S.O.S. for competitive business, *Journal of Business Research*, 68: 1383–1387; S. Gupta & M. Polonsky, 2014, Inter-firm learning and knowledge-sharing in multinational networks: An outsourced organization's perspective, *Journal of Business Research*, 67: 615–622; A. S. Cui & G. O'Connor, 2012, Alliance portfolio resource diversity and firm innovation, *Journal of Marketing*, 76: 24–43.

92. F. Collet & D. Philippe, 2014, From hot cakes to cold feet: A contingent perspective on the relationship between market uncertainty and status homophily in the formation of alliances, *Journal of Management Studies*, 51: 406–432; G. Cuevas-Rodriguez, C. Cabello-Medina, & A. Carmona-Lavado, 2014, Internal and external social capital for radical product innovation: Do they always work well together? *British Journal of Management*, 25: 266–284; G. Soda, 2011, The management of firms' alliance network positioning: Implications for innovation, *European Management Journal*, 29: 377–388.

93. E. Lam & C. Pellegrini, 2014, Apple-IBM deal snaps Blackberry rally on turnaround doubt, *BloombergBusiness*, www. bloomberg.com, July 17.

94. I. Castro & J. L. Roldan, 2015, Alliance portfolio management: Dimensions and performance, *European Management Review*, in press; C. Martin-Rios, 2014, Why do firms seek to share human resource management knowledge? The importance of inter-firm networks, *Journal of Business Research*, 67: 190–199.

95. A. Gambardella, C. Panico, & G. Valentini, 2015, Strategic incentives to human capital, *Strategic Management Journal*, 36: 37–52; A. G. Karamanos, 2012, Leveraging microand macro-structures of embeddedness in alliance networks for exploratory innovation in biotechnology, *R&D Management*, 42: 71–89; D. Somaya, Y. Kim, & N. S. Vonortas, 2011, Exclusivity in licensing alliances: Using hostages to support technology commercialization, *Strategic Management Journal*, 32: 159–186.

96. U. Ozmel & I. Guler, 2015, Small fish, big fish: The performance effects of the relative standing in partners' affiliate portfolios, *Strategic Management Journal*, in press; M. J. Nieto & L. Santamaría, 2010, Technological collaboration: Bridging the innovation gap between small and large firms, *Journal of Small Business Management*, 48: 44–69; P. Ozcan & K. M. Eisenhardt, 2009, Origin of alliance portfolios: Entrepreneurs, network strategies, and firm performance, *Academy of Management Journal*, 52: 246–279.

97. L. Y. Wu, P. Y. Chen, & K. Y. Chen, 2015, Why does loyalty-cooperation behavior vary over buyer-seller relationship? *Journal of Business Research*, in press; H. R. Greve, H. Mitsuhashi, & J. A. C. Baum, 2013, Greener pastures: Outside options and strategic alliance withdrawal, *Organization Science*, 24: 79–98; H. R. Greve, J. A. C. Baum, H. Mitsuhashi, & T. J. Rowley, 2010, Built to last but falling apart: Cohesion, friction, and withdrawal from interfirm alliances, *Academy of Management Journal*, 53: 302–322.

98. S. Dasi-Rodriguez & M. Pardo-del-Val, 2015, Seeking partners in international alliances: The influence of cultural factors, *Journal of Business Research*, 68: 1522–1526; G. Vasudeva & J. Anand, 2011, Unpacking absorptive capacity. A study of knowledge utilization from alliance portfolios, *Academy of Management Journal*, 54: 611–623; J. Y. Kim & A. S. Miner, 2007, Vicarious learning from the failures and near-failures of others: Evidence from the U.S. commercial banking industry, *Academy of Management Journal*, 50: 687–714.

99. J. Marson, 2013, TNK-BP investors appeal to Rosneft's chief over shares, *Wall Street Journal Online*, www.wsj.com, April 17.

100. B. Kang & R. P. Jindal, 2015, Opportunism in buyer-seller relationships: Some unexplored antecedents, *Journal of Business Research*, 68: 735–742; L. Y. Wu, P. Y. Chen, & K. Y. Chen, 2015, Why does loyalty-cooperation behavior vary over buyer-seller relationship? *Journal of Business Research*, in press; K. Zhou & D. Xu, 2012, How foreign firms curtail local supplier opportunism in China: Detailed contracts, centralized control, and relational governance, *Journal of International Business Studies*, 43: 677–692.

101. A. Spithoven & P. Teirlinck, 2015, Internal capabilities, network resources and appropriate mechanisms as determinants of R&D outsourcing, *Research Policy*, 44: 711–725; A. V. Werder, 2011, Corporate governance and stakeholder opportunism, *Organization Science*, 22: 1345–1358; T. K. Das & R. Kumar, 2011, Regulatory focus and opportunism in the alliance development process, *Journal of Management*, 37: 682–708.

102. I. Stern, J. M. Dukerich, & E. Zajac, 2014, Unmixed signals: How reputation and status affect alliance formation, *Strategic Management Journal*, 35: 512–531; A. S. Cui, 2013, Portfolio dynamics and alliance termination: The contingent role of resource dissimilarity, *Journal of Marketing*, 77: 15–32; M. B. Sarkar, P. S. Aulakh, & A. Madhok, 2009, Process capabilities and value generation in alliance portfolios, *Organization Science*, 20: 583–600.

103. S. McLain, 2015, New outsourcing frontier in India: Monitoring drug safety, *Wall Street Journal Online*, www.wsj.com, February 1.

104. M. Kafouros, C. Wang, P. Piiperopoulos, & M. Zhang, 2015, Academic collaborations and firm innovation performance in China: The role of region-specific institutions, *Research Policy*, 44: 803–817; S. Kraus, T. C. Ambos, F. Eggers, & B. Cesinger, 2015, Distance and perceptions of risk in internationalization decisions, *Journal of Business Research*, 68: 1501–1505; M. Nippa & S. Beechler, 2013, What do we know about the success and failure of international joint ventures? In search of relevance and holism, in T. M. Devinney, T. Pedersen, & L. Tihanyi (eds.), *Philosophy of Science and Meta-knowledge in International Business and Management*, 26: 363–396

105. M. Menz & C. Scheef, 2014, Chief strategy officers: Contingency analysis of their presence in top management teams, *Strategic Management Journal*, 35: 461–471; I. Neyens & D. Faems, 2013, Exploring the impact of alliance portfolio management design on alliance portfolio performance, *Managerial & Decision Economics*, 34: 347–361; D. G. Sirmon, M. A. Hitt, R. D. Ireland, & B. A. Gilbert, 2011, Resource orchestration to create competitive advantage: Breadth, depth, and life cycle effects, *Journal of Management*, 37: 1390–1412; M. H. Hansen, R. E. Hoskisson, & J. B. Barney, 2008, Competitive advantage in alliance governance: Resolving the opportunism minimization-gain maximization paradox, *Managerial and Decision Economics*, 29: 191–208.

106. G. Speckbacher, K. Neumann, & W. H. Hoffmann, 2015, Resource relatedness and the mode of entry into new businesses: Internal resource accumulation vs. access by collaborative arrangement, *Strategic Management Journal*, in press; C. C. Chung & P. W. Beamish, 2010, The trap of continual ownership change in international equity joint ventures, *Organization Science*, 21: 995–1015.

107. D. J. Harmon, P. H. Kim, & K. J. Mayer, 2015, Breaking the letter vs. spirit of the law: How the interpretation of contract violations affects trust and the management of relationships, *Strategic Management Journal*, 36: 497–517; M. H. Hansen, R. E. Hoskisson, & J. B. Barney, 2008, Competitive advantage in alliance governance: Resolving the opportunism minimization-gain maximization paradox, *Managerial and Decision Economics*, 29: 191–208.

108. J. Marshall, 2015, News publishers for programmatic advertising alliance, *Wall Street Journal Online*, ww.wsj.com, March 18.

109. T. Felin & T. R. Zenger, 2014, Closed or open innovation? Problem solving and the governance choice, *Research Policy*, 43: 914–925; N. N. Arranz & J. C. F. de Arroyabe, 2012, Effect of formal contracts, relational norms and trust on performance of joint research and development projects, *British Journal of Management*, 23: 575–588.

110. B. S. Vanneste, P. Puranam, & T. Kretschmer, 2014, Trust over time in exchange relationships: Meta-analysis and theory, *Strategic Management Journal*, 35: 1891–1902; G. Ertug, I. Cuypers, N. Noorderhaven, & B. Bensaou, 2013, Trust between international joint venture partners: Effects of home countries, *Journal of International Business Studies*, 44: 263–282; J. J. Li, L. Poppo, & K. Z. Zhou, 2010, Relational mechanisms, formal contracts, and local knowledge acquisition by international subsidiaries, *Strategic Management Journal*, 31: 349–370.

111. H. Yang, Y. Zheng, & X. Zhao, 2014, Exploration or exploitation? Small firms' alliance strategies with large firms, *Strategic Management Journal*, 35: 146–157; S. E. Fawcett, S. L. Jones, & A. M. Fawcett, 2012, Supply chain trust: The catalyst for collaborative innovation, *Business Horizons*, 55: 163–178; H. C. Dekker & A. Van den Abbeele, 2010, Organizational learning and interfirm control: The effects of partner search and prior exchange experience, *Organization Science*, 21: 1233–1250.

112. A. Shipilov, R. Gulati, M. Kilduff, S. Li, & W. Tsai, 2014, Relational pluralism within and between organizations, *Academy of Management Journal*, 57: 449–459; R. Kumar & A. Nathwani, 2012, Business alliances: Why managerial thinking and biases determine success, *Journal of Business Strategy*, 33(5): 44–50; C. C. Phelps, 2010, A longitudinal study of the influence of alliance network structure and composition on firm exploratory innovation, *Academy of Management Journal*, 53: 890–913.

10

기업 지배 구조

● 학습목표 ●

10-1 기업 지배 구조에 대한 정의를 내리고 기업 지배 구조가 어떻게 최고 경영진의 의사결정 활동을 감시하고 통제하는지에 대하여 설명한다.

10-2 소유권이 조직 내 경영자의 통제 활동과 완전히 구분되는 이유를 설명한다.

10-3 대리인 관계와 경영자 기회주의에 대한 정의와 함께 전략적 시사점을 제시한다.

10-4 경영자의 의사결정 활동을 감시 및 통제하는 데 사용되는 세 가지 기업 내부의 지배 구조 메커니즘에 대하여 설명한다.

10-5 최고 경영진에 대한 보상의 유형이 경영자의 의사결정 활동에 미치는 영향에 대하여 논한다.

10-6 기업 외부의 지배 구조 메커니즘(시장의 기업 통제 기능)이 어떻게 최고 경영진의 의사결정 활동을 제약하는지에 대하여 설명한다.

10-7 기업 지배 구조의 속성과 활용 실태의 국가 간 차이점에 대하여 특히 독일, 일본 및 중국을 중심으로 논한다.

10-8 기업 지배 구조가 어떻게 최고 경영자가 보다 윤리적 의사결정을 하도록 조장해주는지에 대하여 설명한다.

주주권 행사의 주체로 변신한 1980년대의 기업 사냥꾼

1980년대에는 굴지의 행동주의 주주(activist shareholder)들이 부채 부담을 안고서도 상당한 규모의 주식을 매입하여 그동안 다각화로 확장해온 사업들을 정리하고 대량 해고도 불사하는 구조 조정을 실시하도록 기업에 압력을 가했다. 경영자가 그들의 제안을 받아들이지 않을 경우에는 흔히 '그린메일(greenmail)'이라 불리는 압력 행사, 즉 대량으로 구입한 해당 기업의 주식을 시가보다 더 비싸게 다시 사가도록 실력 행사도 마다하지 않았다. 요즘 들어서는 행동주의 투자자들이 그와 유사한 압력을 가하는데, 이는 주로 행동주의 투자자의 지도나 지원을 받은 기관 투자자들에 의해 행해 진다. 흥미로운 사실은 2010년에 76개 정도였던 행동주의 펀드가 2014년에는 344개로 급증하였다. 시티그룹(Citigroup)의 애널리스트 토바이어스 레브코비치(Tobias Levkovich)는 행동주의자들의 세계는 한정적이므로 이들이 개입할 수 있는 기회는 결국 소멸될 것으로 보고 있다.

행동주의 주주들의 전략 중 하나는 해당 기업의 이사회에 자신들의 대표를 임명하도록 하는 것이다. 또 다른 전략으로는 주주를 대신하여 대리인이 표결에 참여하도록 하는 방법인데 이는 이미 법원의 판결을 거쳐 미국 증권거래위원회에서도 보다 많은 주주가 대리인을 통해 그들의 의견을 반영하도록 하고 있다. 이에 대하여 미국 상공회의소와 기업중역및지배인협회(Society of Corporate Secretaries & Governance Professionals)에서는 '특정 이해관계'를 가진 사람이 주주를 대신하여 참여하는 추세가 증가되면 결국 장기적으로는 주주들에게 피해를 입히게 된다고 반박하였다. 그럼에도 불구하고 규제 기관에서는 보다 많은 대리인이 참여하도록 결정내렸다. 이처럼 기업의 주주들은 행동주의 주주들과 그들의 의견을 대변해주는 이사회 구성원 선출을 통하여 전략적 이슈에 대한 표결권을 행사하고 있다.

이 같은 현상은 듀퐁(DuPont), 비방디(Vivendi), 퀄컴(QUALCOMM) 같은 대기업에서 특히 부각되는데, 그 예로 듀퐁의 최고 경영자인 엘렌 쿨먼(Ellen Kullman)이 매스콤에서 대리인 논쟁을 펼친 경우를 들 수 있다. 즉, 넬슨 펠츠(Nelson Peltz) 회장이 이끄는 트라이언(Trian Fund Management L.P.)사 대표단은 마치 쿨먼 회장이 그랬듯이 전국을 순회하면서 듀퐁 이사회에 주주들을 대표하여 임원자리를 요구하는 주장을 펼친 것이다. 트라이언에서는 펠츠 회장을 포함하여 네 명의 임원자리와 함께 이사회 내의 주요 위원회 위원장들을 물갈이 하도록 요구하였다. 쿨먼 회장은 "펠츠가 뒤에서 조정하는 막후 경영진을 만들어 단기 성과만 노린다"고 반박하였다. 그동안 듀퐁은 10억 달러 이상의 비용 절감을 실현하고, 여러 분야에서 효율성을 제고시켰는데, 펠츠가 이끄는 트라이언펀드에서는 전문성도 없고 인내심도 없는 사람들이 혁신적 제품 생산을 위해서는 적어도 10년 이상 투자해야 하는 농업이나 화학 산업에 투입하려 한다며, "당장에 비용을 절감하고 실적은 올릴 수도 있을 것이지만 2년 후, 5년 후에는 무엇을 어떻게 할 것인가? 도대체 당신들이 10년이라도 버틸 수 있다고 생각하는가?"라고 반박하였다. 흔히 이들 행동주의 투자자는 실적이 낮은 사업을 팔아 치우거나 주식을 되팔거나 배당을 올리는 등 온갖 방법을 동원하기도 한다. 이 같은 적극적 행동주의자들 때문에 기업 지배 구조 조정의 필요성과 함께 최고 경영자에 대한 감시 활동이 강화되어야 한다는 여론이 거세지고 있다.

하지만 이들 행동주의자의 접근 방식에는 허브라이프

Heidi Gutman/CNBC/NBCU Photo Bank/Getty Images

(Herblife)사 갈등 사례에서 보듯이 분명 위험이 따른다. 윌리엄 액크맨(William Ackman)이 창립한 퍼싱스퀘어(Pershing Square Capital Management L.P.)사에서 영양 제품 업체인 허브라이프를 불법적인 피라미드 방식 회사로 비난한 것이 그 예이다. 비록 행동주의 투자자들이 기업의 리더십 변화, 주식 환매, 사업 분화 등과 같은 단기적 가치 제고를 추구하지만 이에 반대하는 주장도 존재하게 마련이다. 즉, 단기적 가치 제고만 관철하려는 이들 때문에 허브라이프의 재원이 위축되고, 혼란이 야기되면서 기업 주가까지 하락하는 약점이 표출되었다는 것이다. 결국 허브라이프에 대한 투자펀드사의 비판으로 허브라이프는 증권거래소와 연방통상위원회로부터 조사를 받게 되고 주가가 폭락하게 되었다. 일반적으로 단기 예측 매각인이라 불리는 공매자들은 자칫 정부 기관으로부터 세무 조사를 받거나 감사 대상이 될 것을 우려하여 그들의 입장을 공표하지 않는 것이 관례이지만 액크맨 회장처럼 허브라이프를 대놓고 비판하여 감사 대상이 되도록 하는 경우도 나타난다.

이와 같은 적극적 행동주의는 기업 경영권에 혼돈을 야기시키기도 하지만, 전반적으로는 긍정적 효과를 가져다 주며, 사업에 더욱 집중하도록 하고 기업 지배 구조와 전략적 이슈에 대한 주주들의 의견이 반영될 수 있도록 해준다. 바로 여기에 본 서의 핵심이 담겨 있다. 이 장에서는 지배 구조 형성에 대한 다양한 방법을 살펴봄으로써 이들 이슈에 대한 보다 명확한 이해를 도모하고자 한다.

출처: A. Ackerman & J. S. Lublin, 2015, Activists win ground in major boardrooms, *Wall Street Journal*, March 17, 215 B1, B2; R. Bender, 2015, Shareholder presses Vivendi further, *Wall Street Journal*, March 15, B3; D. Benoit, 2015, Herbalife fracas puts activist risk right in the spotlight, *Wall Street Journal*, March 17, C3; D. Benoit & D. Clark, 2015, Activists puts pressure on Qualcomm, *Wall Street Journal*, April 13, B1, B2; J. Bunge & C. Dulaney, 2015, DuPont posts declines ahead of vote, *Wall Street Journal*, April 22, b4; S. Gandel, 2015, In DuPont fight, Nelson Peltz pushes for open proxy, *Fortune*, www.fortune.com, March 13; A. Gara, 2015, DuPont spinoff fans flames in Trian Management's scorched earth fight. *Forbes*, www.forbes.com, March 30; L. Hoffman & D. Benoit, 2015, Activist investors ramp up, and boardroom rifts ensue, *Wall Street Journal*, April 17, C1, C2; B. Levisohn, 2015, Activism's Dark Side, Barron's, March 2, 11; A. VanderMey, 2015, Actively mediocre: Activist investors scold CEOs over stock prices, but their returns are just so-so, *Fortune*, May 1, 12.

도입사례에서 보여주듯이 기업 지배 구조는 매우 복잡하지만 회사가 어떻게 운영되는지를 일견할 수 있도록 디자인된 것이다. 보다 넓게 해석한다면, 지배 구조란 기업들이 경쟁하는 한 나라의 양상을 보여주는 기본 골격이라 할 수 있다. 물론 정부 차원의 지배 구조를 다루기도 하지만 본 서에서는 기업에서 활용하는 전략 경영의 과정에 초점을 둔 기업 지배 구조를 다루었다. 도입사례에서 보듯이 지배 구조 시스템에는 진정한 견제와 균형을 위한 복잡하고 잠재된 문제점이 담겨 있다.

다루는 범위가 넓고 속성이 복잡한 기업의 지배 구조는 회사와 경영진이 도전해야 하는 책임 과제에 해당한다. 실제로 기업 지배 구조는 회사의 성공을 위한 결정적 요인이므로 이와 같은 책임을 적절히 수행하는 도전적 활동은 매우 중요하다. 전략 경영의 프로세스에 있어서 기업 지배 구조 문제가 중요한 이유도 바로 여기에 있다.[1] 한 예로 이사회에서 최고 경영자를 잘못 선임하는 결정을 내린 경우에는 결국 주주와 기업 스스로 역경을 맞게 된다는 것이다. 반면에 최고 경영자가 회사의 주요 안건 해결을 위해 특히 주주를 위해 최선을 다할 경우에는 기업 가치도 따라서 상승하게 될 것이다. 또한 이사회에서 효과적으로 리더십 승계 계획(경영 승계 계획)을 마련하고 적절하게 감시를 하면서 방향을 설정하면 기업의 성과도 긍정적으로 나타나게 된다.

기업 지배 구조란 이해관계자들과의 관계관리 및 조직의 전략적 방향과 성과를 결정하고 통제하는 하나의 메커니즘 체제를 의미한다.

기업 지배 구조(corporate governance)란 이해관계자들과의 관계관리 및 조직의 전략적 방향과 성과를 결정하고 통제하는 하나의 메커니즘 체제를 의미한다.[2] 기업 지배 구조의 핵심 사항은 의사결정(특히 전략적 의사결정)을 효과적으로 하도록 해주는 방안을 확인함으로써 기업의 전략적 경쟁력 강화가 수월하게 이루어지도록 지원하는 데 있다.[3] 한편 지배 구조는 갈등 관계에 있는 여러 부문(기업 소유주와 최고 경영진 등) 간에 조화를 이루고 또한 유지되도록 해주는 수단으로 보기도 한다.

미국이나 영국처럼 서구화된 오늘날의 기업에서는 최고 경영자의 주안점이 바로 이해관계자, 특히 주주들의 관심 사항과 일치된 모습을 보여주는데 바로 여기에 지배 구조의 일차적인 목적이 있다. 이처럼 기업 지배 구조에는 소유주, 경영자, 이사회 구성원 등 이해 상충 집단의 제반 문제가 내재되어 있다. 특히 기업의 이사회 구성과 관련된 절차 중에서 최고 경영자는 임원에 대한 연봉 책정과 회사의 전반적 경영 방침 등에 보다 세심한 조점을 둔다.[4] 또한 기업 지배 구조는 회사를 운영하는 지속적인 프로세스이므로 2장에서 살펴본 기업의 외부 환경 변화 형태에 따라 그 속성도 진화를 거듭하게 된다.

최근 국제적으로 기업 지배 구조 문제가 부각되는 이유는 (도입사례의 행동파 투자자들 간에 지배 구조 이슈에 대한 관심이 고조되고 있는 것처럼) 최고 경영자의 의사결정 활동을 적절하게 감시하고 통제하는 기업의 지배 구조 메커니즘이 확실히 잘못된 점을 보고 있기 때문이다. 한편 기업 지배 구조 메커니즘을 통하여 바람직하지 않거나 수용하기 어려운 결과를 낳는 현상은 보다 효과적인 지배 구조를 기대하면서 새로운 이사회 구성원을 선출하려는 변화의 바람을 몰고 있다. 두 번째 이유이자 보다 긍정적인 이유는 기업 지배 구조 시스템이 잘 작동하는 회사의 경우 경쟁 우위를 갖는 현상을 보여주기 때문이다.[5]

앞에서 언급했듯이 기업 지배 구조는 개별 기업뿐만 아니라 국가 차원의 관심 영역이기도 하다.[6] 즉 기업 지배 구조가 기업의 표준 잣대가 될 수도 있지만, 한 국가의 표준화된 사회적 잣대를 집단적으로 반영하기도 한다는 것이다.[7] 지배 구조 관련 변화상에 대한 싱가포르의 한 공무원이 언급하듯이 "양호한 기업 지배 구조는 싱가포르 자본 시장이 효과적으로 운영될 수 있도록 해주는 매우 중요한 역할을 한다"는 것이다.[8] 이사회 구성원과 역할의 독립성 보장으로 기업의 내부 통제 기능을 보다 효과적으로 수행하도록 한 것이 최근 싱가포르의 지배 구조 변화상을 보여주는 한 예인데, 이러한 노력은 정부가 기업들로 하여금 투자 관련 의사결정을 할 때 영향을 미치는 매우 중요한 잣대가 된다. 즉 기업의 투자 활동은 국가 차원의 지배 구조에서 규정하는 허용 범위 내에서 이루어진다는 것이다.[9] 이는 특히 새롭게 떠오르는 지역의 시장에 기업들이 사업을 확장하려 할 때 보다 중요한 기준이 된다.

이 장의 첫 부분에서는 주로 현대 기업들이 구축해온 사용자와 경영자들 간의 관계에 대한 설명과 함께 소유주가 경영자를 관리하는 다양한 메커니즘 및 이해관계자들의 욕구, 특히 주주를 만족시키기 위한 경영자의 책임 문제에 대하여 많은 부분을 할애하였다.

현대 기업에서는 주로 세 가지의 내부 지배 구조 및 한 가지의 외부 지배 구조 메커니즘을 활용하고 있다. 세 가지 내부 지배 구조 메커니즘으로는 (1) 주주 집단의 유형에 따른 경영자 감시 및 소유권 집중, (2) 이사회, (3) 경영진에 대한 보상 등에 관하여 다루었다. 그리고 외부적 기업 지배 구조 메커니즘으로는 기업 통제를 위한 시장 메커니즘에 대하여 살펴보도록 하였다. 여기에서 시장(market)이란 본질적으로 저평가된 기업을 매수하여 효과적이지 못한 최고 경영진을 교체함으로써 평균 이상의 수익을 올리려는 일단의 잠재적 소유주 집단을 말한다.[10] 이후 본 장에서는 국제적 기업 지배 구조에 대하여 논할 것이다. 즉 미국과 영국 이외의 국가에서 지배 구조에 대한 접근 방법은 어떠한지 살펴보았다. 이 논의에서는 신진국 및 신흥 경제국에서 경쟁을 하고 있는 글로벌 기업의 지배 구조는 차이점보다 유사점이 더 많다는 현상도 나타나고 있다. 기업 지배 구조에 대한 마지막 부분은 조직의 윤리적 행동을 격려하고 지원하기 위한 지배 구조의 통제 메커니즘에 대한 필요성을 중점적으로 다루었다.

10-1 소유권과 경영권의 분리

역사적으로 미국 기업은 창업 소유주와 그 자손에 의해 운영됨으로써, 기업의 소유권(ownership)과 경영권(control)은 동일한 인물에게 주어졌다. 한편 기업이 커나가면서 "대부분의 대규모 기업에서는 소유권과 경영권이 분리되는 경영 혁명과 함께 기업의 경영권은 창업가로부터 전문 경영자에게 이전되고, 한편으로 소유권은 기업의 일상적인 경영 활동에서 배제된 수많은 비조직적 주주에게 분산되었다."[11] 이와 같은 변화에 따라 소유권과 경영권이 분리된 현대적 공기업이 나타났다. 소유와 경영의 분리를 옹호하는 법적인 기본 전제는 바로 기업 활동은 수익성 증대에 있으며, 이를 통해 주주(소유주) 집단의 경제적 이득을 부여하는 데 있다.[12]

소유와 경영이 분리됨에 따라 투자자는 주식을 구매할 수 있게 되었으며, 이를 통하여 기업 운영의 결과로 나타나는 이윤을 나누어 갖는 수입도 기대하게 되었다. 이러한 주주의 권리에는 기업 활동의 결과, 수입이 비용보다 더 커야 한다는 위험이 따랐다. 투자 위험을 관리하기 위해서 주주들은 여러 기업에 분산 투자하는 포트폴리오를 통하여 종합적인 위험을 낮추는 방안을 택한다.[13] 즉 한두 기업의 낮은 성과가 전체 투자 포트폴리오 가치에 미치는 영향을 완화시키려 한다. 이처럼 주주는 투자 위험을 관리하는 데만 몰두하게 된다.

흔히 소규모 기업에서는 오너의 지분이 매우 높게 나타나므로 소유와 경영의 분리가 거의 나타나지 않는다. 대부분의 가족소유 기업에서도 소유와 경영의 분리가 거의 나타나지 않는데, 연구 결과 가족 중 한 사람이 최고 경영자로 있는 경우가 외부 인사를 경영자로 영입했을 때보다 성과가 더 높게 나타났다.[14]

미국보다 남미, 아시아, 그리고 유럽 지역에서는 가족소유 기업의 경쟁력 우위가 지배적으로 나타난다.[15] 이들 기업의 주된 목표는 가족의 부를 축적하는 것인데, 바로 여기에 외부로부터 CEO를 영입하는 것보다 가족 중 CEO를 선정하는 것이 더 좋다는 이유가 있다. 가족 소유권 체제는 미국 기업에서도 높게 나타나는데 S&P 500대 기업 중 약 3분의 1이 회사 주식의 평균 18% 정도를 가족이 소유하고 있는 것으로 나타난다.[16]

한편 가족경영 기업(family-controlled firms)의 경우 기업 지배 구조상 적어도 다음 두 가지의 치명적 약점이 표출된다. 첫째, 가족경영 기업이 성장해 가면서 기업을 효과적으로 운영하여 가족을 위한 이윤 극대화를 실현할 수 있는 역량이 결여될 수 있다. 그러므로 외부 인사를 통한 성장 촉진 활동을 지원할 것이 요구된다. 또한 외부로부터 자금을 조달함으로써 소유권 포기가 요구되기도 하는데, 이 경우에는 소액 주주들의 권리를 보호하는 것이 중요한 과제가 된다.[17] 이처럼 가족기업의 성장과 함께 복잡성이 증대됨으로써 발생 가능한 문제를 피해가기 위해 소유 경영자들이 전문 경영자들과 계약을 통한 경영권 위임을 하게 된다. 전문 경영자는 소유주의 기업에서 주요 의사결정을 담당하며, 그들의 의사결정 역량에 따라 보상을 받는다. 연구 결과에 따르면 주요 경영권은 행사하지 않지만 이들에게 영향을 미칠 수 있을 만큼 주식을 충분히 보유한 가족기업 체제에서 최고의 전략적 의사결정이 이루어진다고 한다.[18]

위험 부담을 전담하는 소유주(주주)와 의사결정을 전담하는 경영진의 분리가 이루어지지 않을 경우에는 위험에 따른 전략적 의사결정과 경영 활동을 동시에 효과적으로 해야 하는 소유 경영자의 몫으로 모든 것이 제약되게 마련이다. 그러므로 소유권(위험 부담)과 경영권(의사결정)의 분리 및 역할 분담을 통해서만 기업 소유주를 위한 수익을 극대화할 수 있다.

10-1a 대리인 관계

소유주와 경영자의 분리는 대리인 관계를 낳는다. 대리인 관계는 주체(principal)에 해당하는 한 사람 또는 여러 사람이 서비스를 수행하도록 의사결정 전문가를 대리인(agent)으로 고용할 때 형성된다.[19] 이처럼 **대리인 관계**(agency relationships)는 한 측에서 다른 측에 일정 보상을 조건으로 의사결정에 대한 책임을 위임할 때 발생한다(그림 10-1 참조).

대리인 관계는 한 측에서 다른 측에 일정 보상을 조건으로 의사결정에 대한 책임을 위임할 때 발생한다.

주주와 최고 경영진 이외에 컨설턴트와 고객 및 보험 가입자와 보험 업자 간에도 대리인 관계가 존재한다. 나아가서 조직 내에서도 경영자와 종업원 간, 최고 경영자와 기업 소유주 간 대리인 관계가 형성된다.[20] 하지만 이 장에서는 기업 소유주(주체)와 최고 경영진(주체의 대리인) 간의 대리인 관계에 초점을 맞추었다. 이는 경영자가 바로 기업의 성과에 지대한 영향을 미치는 기업 전략을 수립하여 실천하는 책임을 져야 하기 때문이다.[21]

소유권과 경영권의 분리는 매우 중요한 문제 대상이 된다. 연구를 통해 밝혀진 사실에 따르면 현대 기업에서 대리인 문제는 다양하게 나타난다.[22] 문제가 표출되는 이유는 주체와 대리인 간의 상이한 견해와 목적 또는 대량으로 시중에서 거래되는 기업의 사업 활동에 대한 주주들의 직접적 통제가 결여될 수밖에 없기 때문이다. 또한 주체 집단인 주주들과 상이한 목표를 추구하는 대리인의 의사결정 활동이 갈등을 유발시키는 등 문제가 표출되기도 한다. 이처럼 소유권과 경영권의 분리는 주체와 대리인 간의 관심사가 나뉘어지면서 관리적 기회주의를 유발하게 된다.

관리적 기회주의(managerial opportunism)란 간교한 술수나 속임수로 자신의 사리사욕을 추구하는 행동이나 태도를 말한다. 기회주의에는 성향과 같은 태도와 특정한 사심이 개입된 행동 둘 다 포함된다.[24] 주체 집단으로서는 사전에 과연 대리인이 기회주의적으로 행동할 것인지를 알 수 없다. 최고 경영자의 명성도 불완전한 예측 기준이며 기회주의적 행동은 그것이 발생하기 이전에는 사실 파악할 수 없기 때문이다. 그러므로 주주로서 주체 집단은 비록 그대로 실

관리적 기회주의란 간교한 술수나 속임수로 자신의 사리사욕을 추구하는 것이다.

그림 10-1 대리인 관계

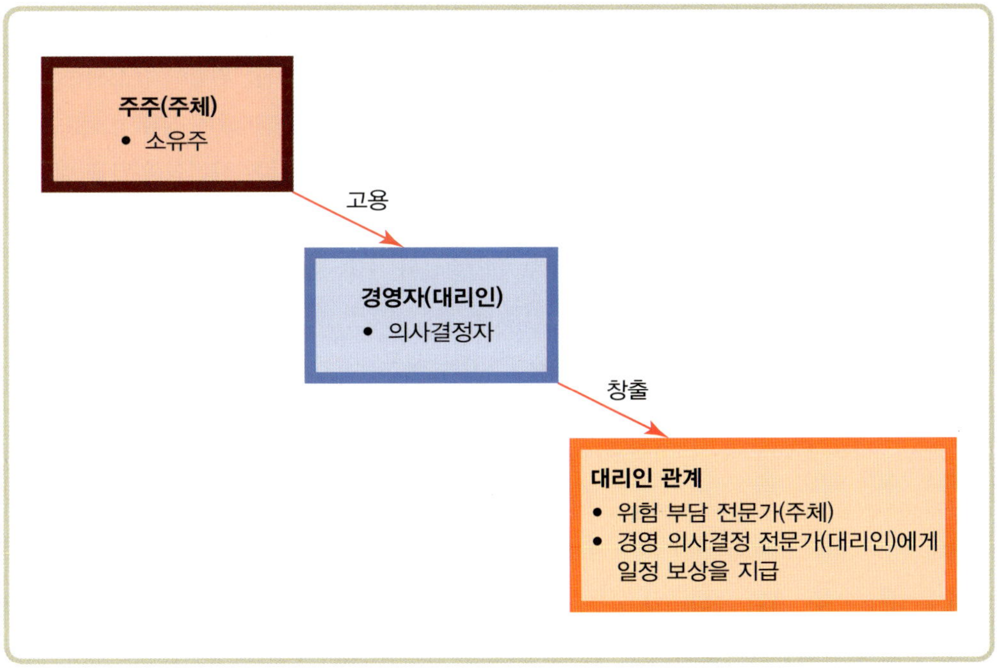

천되는 경우는 드물다 하더라도 지배 구조와 경영권에 대한 통제 메커니즘을 확립하여 대리인들이 기회주의적 행위를 하지 못하도록 제약을 가하는 것이다. 흥미로운 사실은 CEO가 이러한 지배 구조 메커니즘에 의해 스스로 제약된다고 느낄 경우 외부 자문을 받아 전략적 의사결정을 무난히 내리는 경향이 있다고 한다.[25]

대리인 관계에서는 주체 집단인 주주들이 대리인에게 의사결정 책임을 위임할 경우 이해충돌에 따른 기회주의적 행동은 항상 나타나게 마련이다. 예를 들면, 최고 경영층에서는 스스로 최대의 복리와 최소의 위험을 추구하는 전략적 의사결정을 한다는 것이다.[26] 물론 이와 같은 의사결정은 주주들의 부를 극대화시키는 데 있어서는 걸림돌이 되는데, 제품 다각화 관련 의사결정을 해야 하는 상황이 그 한 예가 된다.

10-1b 대리인 문제의 예시: 제품 다각화

6장에서 살펴본 바와 같이 회사의 제품라인 다각화 같은 기업 전체 수준의 전략으로서 회사의 전략적 경쟁력 제고와 수입 증대를 추구하는 것은 주주와 최고 경영자는 물론 모든 이해관계자의 공통된 관심사라 할 수 있다. 하지만 제품 다각화(product diversification)를 통한 경쟁력 제고와 수입 증대라는 두 가지 혜택은 주주들의 몫이 아니라 최고 경영자를 위한 것이 될 수 있으며, 주주들보다 최고 경영자가 제품 다각화를 더 선호한다고 볼 수 있다.[27]

제품 다각화가 대부분 회사의 규모를 키워주며, 규모가 커질수록 임원진의 연봉이 올라간다는 사실이 다각화에 의해 최고 경영자에게 주어지는 두 가지 혜택 중 하나라는 점을 보여준다. 한편 다각화는 회사의 경영 활동과 사업 네트워크의 복잡성을 증대시키므로 이들 복잡성을 관리하는 추가적인 대가를 요구하게 된다.[28] 그러므로 제품 다각화는 최고 경영층의 보상을 증가시켜주는 기회를 제공해준다.[29]

제품 다각화 및 사업 포트폴리오의 다각화에 따라 최고 경영자에게 주어지는 두 번째 혜택은 바로 고용상의 위험을 줄여준다는 점이다. 경영자의 고용 위험(managerial employment risk)으로는 해직 위험, 보상 철회 및 보직 해임 등이 있다.[30] 다각화에 따라 이들 위험이 감소되는 이유는 제품이나 사업의 수가 감소되더라도 상급 관리자들에게 미치는 피해는 상대적으로 낮기 때문이다. 이와 관련된 이슈는 록히드(Lockheed)에서 발생한 다음과 같은 사건의 일말을 살펴보면 보다 잘 이해할 수 있다.

수년에 걸쳐 록히드는 최대 고객인 미국 연방정부와 주요 방위 산업 계약을 체결해왔다. 록히드에서는 수많은 제품과 서비스(미국 연방 통계에 따르면, 매년 6천억 달러의 사회보장연금 관리 및 글로벌 항공 교통의 50% 이상을 관리)를 제공하고 있지만, 수입의 82%는 미국 정부(국방부가 61%를 차지)로부터 나온다. 이와 같은 단일의 대고객에게 의존하는 것은 위험한데, 이는 이라크와 아프카니스탄에서 철수가 이루어지면서 미국 정부가 전반적인 예산 감축을 시작하면서 명확하게 나타났다. 그러므로 록히드로서는 필히 다각화를 위해 노력해야 할 시점에 있다. 물론 이전에도 다른 고객 시장에로의 제품 다각화를 시도했었지만 대부분 성공하지 못하였다. 한 예로 록히드가 통신 산업에 진출하기 위해 컴캐스트(Comcast)를 인수했지만 결국 다시 매각하는 실패를 보았다. 본질적으로 록히드의 조직과 운영 방식은 정부, 특히 국방부를 대상으로 구축되어 있으며, 실제로 미국의 기존 무기 시스템은 매년 470억 달러씩 록히드로부터 구입된 것이다.

록히드사의 신임 CEO인 마릴린 휴슨(Marillyn Hewson)의 미래 청사진에도 다각화 전략이 포함되어 있다. 록히드의 혁신 센터(Center for Innovation)는 건강 관리와 사이버 보안 관련 제품과 서비스 개발을 담당하고 있는데 본 연구소에서는 타사에서 이미 개발된 내용보다는 회사 자체적으로 기존 역량을 활용하여 새로운 다각화에 주력하고 있다. 휴슨 회장도 "이제 록히드는 글로벌 보안 회사이다"라는 새로운 비전에 초점을 두고 있다. 비록 과거에도 다각화 사업이 실패로 끝난 경우가 많았지만 록히드는 신임 회장과 함께 내부 혁신을 다져가고 있다.[31]

잉여 현금 흐름(free cash flow) 역시 대리인 문제의 한 원천이 된다. 경영 활동상의 자금, 즉 현금 흐름에서 자본 지출(capital expenditure)을 공제한 잉여 자금은 모든 사업에 투자하고 남은 현금으로서 기존 사업을 통한 잉여적 순현재가치(positive net present value)를 의미한다.[32] 이를 가지고 최고 경영자는 기존의 사업 품목 이외의 새로운 분야에, 마치 록히드에서 실행한 것처럼 다각화 수준을 높이는데 투자하는 것이다. 하지만 만일 경영자가 이해관계자, 특히 주주에게 부가적 가치를 창출해주기 어려운 분야까지 잉여 자금으로 다각화를 시도할 경우에는 회사의 과도한 다각화가 나타나게 된다. 바로 이처럼 과도한 다각화가 대표적인 자기 잇속만 챙기는 기회주의적 경영 활동이다. 경영자와는 달리 주주들은 현금 투자에 대한 경영 통제 활동의 한 방식으로 잉여 자금을 주식에 대한 배당금으로 나누어 주기를 원하기 때문이다.[33]

〈그림 10-2〉의 S곡선은 주주의 최적 다각화 수준을 보여준다. 즉, 회사의 소유주와 주주들은 회사의 총체적 실패 위험을 감소시켜주는 동시에 규모의 경제 및 범위의 경제를 통하여 회사의 가치가 증대되도록 요구한다(6장 참조). 〈그림 10-2〉의 S곡선을 보면 주주들은 기업 차원

그림 10-2 경영자 및 주주 위험과 다각화

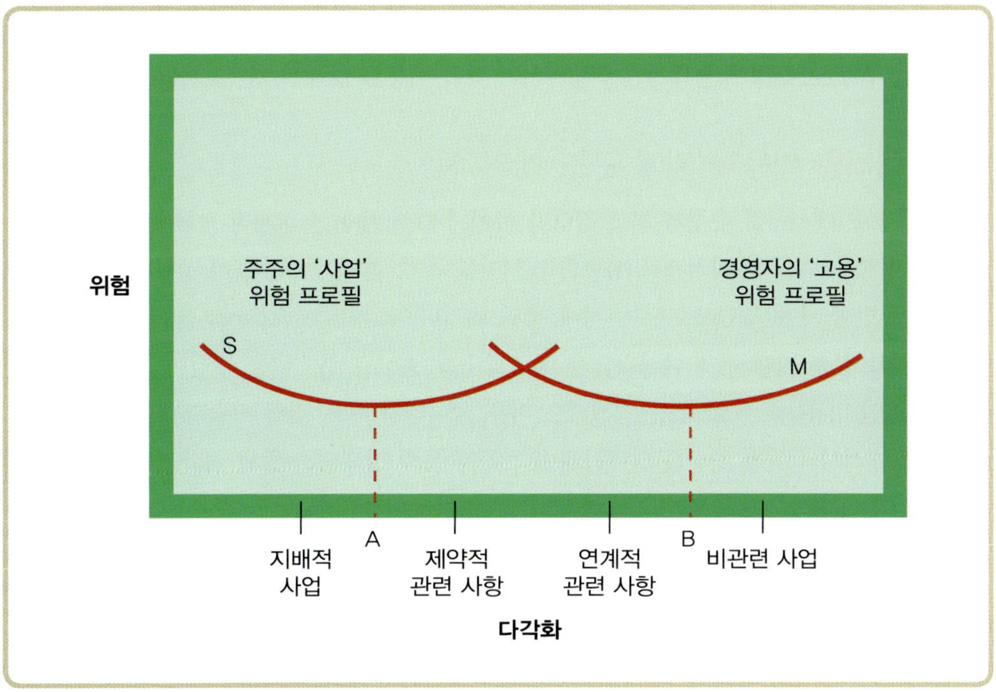

의 네 가지 다각화 전략 중 지배적 사업과 제약적 관련 사업의 중간점에 해당하는 A 수준의 다각화 전략을 선호한다. 물론 소유주들이 추구하는 최적 수준의 다각화는 기업마다 달리 나타나게 마련이다.[34] 주주의 선호도에 영향을 미치는 요인으로는 회사가 소속된 주요 산업, 산업 내 경쟁의 강도, 다각화 전략을 전개하면서 겪은 최고 경영진의 경험, 신규 사업 진출을 통해 숙지한 전문성 및 해외 시장 진입 시 다른 기업들의 대응 전략 등이 고려된다.[35]

주체 집단의 사례에서와 마찬가지로 대리인으로서 최고 경영자 역시 최적의 다각화 수준을 결정하려는 노력을 한다. 지나친 다각화로 인한 성과하락이 표출되면 시장에서 해당 기업을 통제하려는 세력인 외부 투자자들이 경영권을 행사할 목적으로 주식의 일부 또는 전부를 매입하려는 움직임이 나타난다. 만일 회사가 매수될 경우에는 최고 경영진의 고용 위기가 강하게 몰려오게 마련이다. 나아가서 이들 최고 경영자에 대한 외부의 인식이 악화되어 12장에서 보았듯이 새로운 고용 기회도 약화되므로 최고 경영자로서는 회사의 다각화를 더 선호하게 된다. 그럼에도 불구하고 이들은 고용 위험이 증가되는 수준보다는 낮으면서 고용 기회가 다소 감소되는 수준의 다각화 수준을 결정하게 된다.[36] 〈그림 10-2〉의 M곡선은 최고 경영자가 주주들보다는 더 높은 수준의 제품 다각화를 선호하는 특성을 보여주는데, 이들은 M곡선의 B 수준을 최적의 다각화 수준으로 결정한다는 것이다.

일반적으로 주주들은 다소 위험이 따르면서 보다 집중화된 다각화를 선호하는데, 이들은 포트폴리오 분산 투자를 통해 위험을 감소시킨다. 반면에 경영자들은 여러 회사를 포트폴리오하여 고용 위험을 균형 잡도록 감소시키는 전략을 사용할 수 없다. 그러므로 경영자는 위험을 줄여주면서 회사의 규모와 자신의 연봉을 최대화시키는 수준의 다각화를 선호하게 된다. 물론 경영자가 적정 수준의 다각화를 하는 것이 결코 쉬운 일이 아니며, 지나친 다각화는 회사의 혁신 창출 역량에 부정적인 영향을 미친다는 연구 결과도 있다.[37] 하지만 과도하거나 부적합한 다각화는 경영 활동의 관심 사항을 기업의 사회적 책임(CSR)과 같은 회사의 중요 이슈와 동떨어진 방향으로 가게 할 수도 있다.[38] 그러므로 제품 다각화는 대리인 문제의 원인이자 주체 집단(주주)으로 하여금 대리인을 통제하기 위한 비용을 증대시키는 요인이라 할 수 있다.

10-1c 대리인 비용과 지배 구조 메커니즘

〈그림 10-2〉에서처럼 주주와 최고 경영자 사이에 발생 가능한 잠재적 갈등 문제와 함께 과연 어느 경영자가 기회주의적으로 행동할 것인지를 주체 집단인 주주들이 정확하게 예측하기가 어려운 만큼 주체 집단으로서는 지배 구조 메커니즘(governance mechanism)을 구축하게 된다. 하지만 이와 같은 지배 구조 메커니즘을 구축할수록 회사로서는 비용 부담이 증가되게 마련이다. **대리인 비용**(agency costs)에는 인센티브 비용, 모니터링 비용, 집행 비용 및 지배 구조 메커니즘으로 대리인의 위법 행위를 완벽하게 통제하지 못해 발생되는 주체 집단, 즉 주주 개개인의 금전적 손실 등이 모두 포함된다. 회사 내 감시 활동이 어려운 만큼 주주들의 대리인 비용은 회사의 다각화에 따라 복잡성 증대와 함께 증가된다.[39]

대리인 비용에는 인센티브 비용, 모니터링 비용, 집행 비용 및 지배 구조 메커니즘으로 대리인의 위법 행위를 완벽하게 통제하지 못해 발생되는 주체 집단, 즉 주주 개개인의 금전적 손실 등이 모두 포함된다.

일반적으로 경영자가 자율적으로 전략적 의사결정을 할 수 있는 경우처럼 지배 구조 메커니즘이 비효과적으로 약화된 상태에서는 경영자들의 의사가 주도적으로 작용한다. 한편, 이사회에서 경영자의 자율권을 통제하거나 강력한 지배 구조 메커니즘을 가동할 경우에는 이해관계자, 특히 주주들의 이익을 보다 잘 대변해준다.[40] 한 예로, 효과적인 기업 지배 구조는 경영자들이 녹색 전략(green strategy) 같은 환경에 대한 관심을 더 강하게 갖도록 해준다.[41]

최근 들어 회사의 지배 구조를 살펴보는 기관에서는 엔론(Enron)이나 월드콤(WorldCom)에서 나타난 것처럼 그냥 비효과적인 기업 전략 차원이 아니라 완전히 잘못된 기업의 행태에 보다 많은 관심을 갖고 있는데, 이러한 행태는 최근에도 주요 금융 기관에서 심심찮게 발생하고 있다. 부분적인 대응책이기는 하지만 미국 의회에서 2002년 사베인스옥슬리(Sabanes-Oxley: SOX)법* 제정, 그리고 2010년에는 도드프랭크(Dodd-Frank) 월스트리트 개혁안 및 도드프랭크 소비자보호법을 통과시키는 조치가 있었다.

* 사베인스옥슬리법(2002년 7월 30일 발효)은 "상장회사 회계 개선과 투자자 보호법"(상원) 또는 "법인과 회계 감사 책임법"(하원) 또는 SOX로 불리는 미국 회계 개혁에 관한 연방법률이다. — 역자주

이 두 가지 법안 덕분에 기업 지배 구조에 대한 면밀한 조사가 이루어지게 되었다.[42] SOX법 시행은 일부 취지와는 상반되는 점도 있지만 대부분 사람은 이해관계자와 특히 주주들의 이익을 대변해주는 전반적으로 긍정적 효과를 기대하도록 해주었다. 예를 들면 SOX법 제404조에 따라 기업의 회계 및 감사 등과 관련된 내부 통제 활동상 철저한 투명 경영의 개선이 이루어져 기업 재무제표에 대한 엄밀한 조사와 함께 신뢰가 증대되었다. 나아가서 제404조와 관련된 내부 통제 활동으로 주주들의 가치가 증대되었다는 연구 결과도 나오고 있다.[43] 그럼에도 불구하고 제404조를 포함한 SOX법의 적용은 기업으로 하여금 엄청난 비용 부담을 안도록 한다는 비판의 목소리도 있다. 게다가 외국 기업의 미국 증시 상장이 감소되고 외환 시장으로 이전되는 결과도 보였다. SOX법 시행에 따른 비용 증가가 결국 미국 증권시장에 상장하려는 기업의 발목을 잡는 결과를 낳았다.

도드프랭크법은 미국의 대공황 이래 가장 강력한 기업 금융규제 혁신법으로 알려져 있는데, 법안의 취지는 금융 기관의 행위와 사회의 관심을 일치시키는데 있다. 도드프랭크법에서는 소비자 보호, 시스템적 위험 감독, 임원 연봉 및 은행에서 요구하는 자본금 등에 대한 조항을 담고 있다. 법률 분석가들의 의견에 따르면 "도드프랭크 법조항 덕분에 재무부 장관이 주재하는 금융안전감독위원회가 설치되어 금융 회사의 청산에 대한 새로운 시스템의 도입으로 금융 파생 상품에 대한 새로운 규제 조치가 이루어질 수 있게 되었으며, 기업 지배 구조에 대한 새로운 요건과 신용 평가 기관에 대한 보다 엄밀한 감독이 가능하게 되고, 또한 이 법에 의해 정부 기관으로 소비자보호국이 새로 설치되어 금융 서비스 관련 소비자 보호 부분이 더욱 확장되는 효과를 낳게 되었다"고 한다.[44]

이처럼 사베인스옥슬리법과 도드프랭크법 같은 법 제정으로 지배 구조 메커니즘이 보다 강력하게 적용된 결과 기업의 전략적 선택 활동이 변화되고 있다. 예를 들면, 강화된 지배 구조 체제에서는 기업이 주주들의 부를 잠식시킬 수 있는 위험한 사업에는 거의 뛰어들지 않는다는 것이다. 도드프랭크 법주항이 실제로 은행 감독 활동에 어떤 영향을 미치는가에 대하여 미국의 한 연방규제 담당 공무원은 "단순이 본 조항을 적용만 해도 은행들의 지나친 위험과 복잡성을 걷어낼 수 있다"고 한다.[45] 담당자의 말처럼 주주의 이익과 어느 정도의 위험을 감수하는 기업의 실천 전략 사이에 균형을 갖도록 하는 것은 결코 쉬운 일이 아니라는 점을 알 수 있다.

다음에서는 기업 전략과 관련된 경영 의사결정에 대한 세 가지 내부 지배 구조 메커니즘의 효과에 대하여 살펴보도록 한다.

10-2 소유권 집중

소유권 집중은 대주주 집단의 수와 그들이 보유하고 있는 지분의 비율로 정의된다.

대주주 집단은 전형적으로 회사가 발행한 주식의 5% 이상을 보유하고 있다.

소유권 집중(ownership concentration)은 대주주 집단의 수와 그들이 보유하고 있는 지분의 비율로 정의된다. **대주주 집단**(large-block shareholders)은 전형적으로 회사가 발행한 주식의 5% 이상 보유하고 있다. 지배 구조 메커니즘으로서 소유권 집중이 대주주들로부터 갈수록 관심을 받게 된 배경에는 그들의 요구 사항을 가장 잘 반영할 수 있는 효과적인 지배 구조 메커니즘으로 보기 때문이다.[46] 최근 들어 개인이 대주주가 되는 경우가 줄어들고 있는데, 이는 기관 투자자들이 개인 대신에 대주주 집단으로 대체되고 있기 때문이다.

일반적으로 소유권 분산(수많은 소액 주주로 구성되어 대주주 집단이 거의 없는 상태)은 경영자의 의사결정 활동을 감시하는 데 취약하다는 단점이 있다. 그 이유 중 하나는 소유권 분산이 소유주로 하여금 효과적인 조정 활동을 하기 어렵게 만들기 때문이다. 앞에서도 언급했듯이 최적 수준을 넘어서는 다각화는 경영자의 의사결정 활동을 효과적으로 감시하지 못할 경우에 발생한다. 경영자에 대한 고도의 감시 활동이 이루어지면 지나친 다각화 같은 주주의 가치를 해치는 경영자의 의사결정 활동은 자제된다. 연구 결과에 따르면 소유권이 집중될수록 제품의 다각화는 줄어든다고 한다.[47] 이처럼 소유권이 집중될수록 경영자의 의사결정은 주주 가치를 최적화시키는 방향으로 이루어진다.[48] 하지만 유럽의 경우 노동자 대표들의 이사회 진입으로 대주주 집단의 영향력이 그만큼 약화되는 모습도 나타난다.[49]

이미 설명했듯이 소유권 집중은 회사에서 집행하는 전략 및 전략 실행에 의해 창출될 가치에 대한 의사결정 활동에 영향을 미친다. 일반적으로 소유권 집중이 기업의 전략과 경영 성과에 미치는 영향은 긍정적으로 나타난다. 예를 들면, 대주주 집단의 축적된 부가 클수록 소액 주주들보다 회사의 부를 마음대로 전용하는 영향력도 더 커지는데, 이는 대주주 집단이 경영진으로 직접 활동할 경우에 더욱 부각된다. 미국과는 달리 개도국일수록 소액 주주들의 권리가 배제되고 대주주들의 지나친 개입이 공통적으로 나타난다. 실제로 이들 국가 중에는 국영 기업에 대한 정부의 지분 소유가 소액이라 하더라도 이들 잠재적 문제를 다루는 수단으로 활용하기도 한다.[50] 특히 창업 소유주가 떠나고 2세 경영자를 중심으로 한 가족 구성원이 주주들의 부를 전횡하려는 경우가 쉽게 발생하므로 이사회는 이러한 전횡을 완화시켜야 하는 중요한 역할을 갖고 있다.[51] 일반적으로 가족경영 사업체가 비가족 사업체보다 성과가 높게 나타나는데, 특히 소규모 민간업체일수록 가족의 부를 축적시키면서 가족사업을 유지하려는 중요성이 부각된다.[52] 하지만 가족기업에서도 경제적 목표와 비경제적 목표 간의 균형을 유지하려는 모습도 나타나는데, 이는 어느 정도의 위험 회피와 함께 사업의 혁신성을 동시에 도모해 주기도 한다.[53]

10-2a 기관 소유주(기관 투자자)의 영향력 증대

1930년대 고전파 학자들은 소유와 경영의 분리를 "현대" 기업의 특성이라 하였다.[54] 이와 같은 변화는 기업이 성장하면서 복잡성도 증가함에 따라 창업 소유주(founder-owner)가 이 두 가지 역할을 수행하기가 어렵게 되었기 때문이다. 최근 들어서 새로운 변화가 나타나고 있다. 즉, 개별 주주 대신에 기관 투자자들에 의해 현대 기업의 소유권이 집중되고 있다는 것이다.[55]

기관 소유주(institutional owner)는 뮤추얼 펀드나 연금 펀드 등 대주주 집단의 지위를 갖고 있는 금융 기관이다. 기관 투자자들이 대주주 집단으로 현저하게 대두되면서 이들이 강력한 지배 구조 메커니즘을 형성시키고 있다. 미국 기업들의 경우에는 약 60~75% 정도의 지분이 기관 투자자들에 의해 소유되고 있다. 최근 경제 전문가들에 의하면 연금 펀드가 전체 경제에서 매우 중요한 비중을 차지한다고 한다. 즉, "연금 펀드가 미국의 경제 성장과 경제 활동의 동력이 되는 이유는 연금 펀드가 장기적이면서도 지속적인 유일한 자본이기 때문이다"라는 것이다.[56]

기관 소유주는 뮤추얼 펀드나 연금 펀드 등 대주주 집단의 지위를 갖고 있는 금융 기관을 말한다.

투자 주체로서 기관 소유주들은 비효과적인 기업 최고 경영자를 지도하고 회사의 전략과 전략적 의사결정에 지대한 영향을 미칠 수 있는 충분한 자본 규모를 보유하고 있다.[57] 도입사례에서 보았듯이 기존에는 회사의 비즈니스 활동에 별 관련이 없었던 기관 투자자와 기타 대주주 집단들이 갈수록 기업의 전략적 의사결정에 실질적으로 영향을 미치고 있다. 우선 행동주의 주주들과 기관 투자자들은 최고 경영자의 성과와 책임을 집중적으로 따지고, 이들을 해임시키는 역할을 주도한다. 최근 들어서는 이들 행동주의 주주는 주주의 의사결정권을 강화하는 방안으로 대리 투표 등을 제시하면서 이사회 활동이 효과적이지 못할 경우 이사회 운영에 직접 개입하기도 한다.[58] 미국증권거래위원회 규정에서는 대주주(기업 주식의 1~5%를 소유) 집단이 이사회 멤버의 25%까지 지명하도록 허용함으로써 주주들의 의사결정권을 강화시켰다.[59]

기관 투자자로서 블랙록(BlackRock, Inc.)은 대부분의 글로벌 대기업에 약 4조 달러를 투자 및 지분 보유를 하고 있는 세계 최대의 금융 자산 운영사이다. 흥미로운 사실은 그동안 "침묵하는 거인(silent giant)"으로 불리며 주주 행동주의를 보이지 않았는데, 최근 드디어 잠자던 거인이 깨어나 보유 투자 지분이 높은 기업을 대상으로 더 많은 문제 제기와 요구 사항을 던지고 있다. 그들의 행동은 장막 뒤에서 주로 이루어지지만, 그러한 점잖은 방식으로 기업의 행동이 변화되지 않을 경우에는 경영진 선임이나 기업의 제안 사항에 대한 표결권을 통하여 실행된다. 블랙록이 갈수록 "대립적"인 자세를 취하는 이유는 바로 투자자의 가치 증대와 함께 자신의 실력 행사 역량을 대주주로서 보여주려는 데 있다.[60] 블랙록의 래리 핑크(Larry Fink) 회장이 최근 S&P 500대 기업에게 보낸 편지에는 경영자가 보다 장기적으로 경영할 것으로 촉구하고 있다. "기업의 지도자가 항상 살피고 충성을 다해야 하는 대상은 특정 시점에 기업의 주식을 거래하고 이를 보유하고 있는 모든 사람이 아니라 바로 기업 자신과 장기적으로 주식을 소유하고 있는 사람이나 기관이다."[61] 지금까지 연구된 바에 의하면 행동주의 기관 투자자들이 회사의 성과에 미치는 영향은 직접적이거나 강력하지는 않지만 간접적으로 특정 기업이 국제적 다각화 전략이나 혁신 전략을 펼치려 할

Bloomberg/Getty Images

세계 최대의 뮤추얼 펀드사인 블랙록의 래리 핑크 회장은 경영자가 단기 거래 대상보다는 장기적 전략에 초점을 맞추어야 한다고 강조한다.

때 영향을 미친다고 한다. 이처럼 행동주의 기관 투자자들은 경영자를 다루는 잠재력을 보유하고 있으며, 특히 인적자원에 대한 투자 등 주주들의 관심 대상이 되는 이슈에 대한 향후 개입 행동이 증대될 것으로 전망된다.[62]

10-3 이사회

이사회는 공식적으로 회사의 최고 경영진에 대한 감시와 감독 활동을 수행함으로써 주주들의 최대 관심사에 대한 책임을 최우선으로 하는 선출된 대표들로 구성된 집단이다.

주주들은 회사의 이사회 구성원을 선출한다. **이사회**(board of directors)는 공식적으로 회사의 최고 경영진에 대한 감시와 감독 활동을 수행함으로써 주주들의 최대 관심사에 대한 책임을 최우선으로 하는 선출된 대표들로 구성된 집단이다.[63] 이들 선출직 이사에게는 경영자가 주주, 특히 소유주의 관심 사항을 위하여 최선을 다하도록 감독하는 임무가 부과되어 있다. 이사들의 목표를 수행할 수 있도록 해주는 권력이 바로 조직의 제반 활동 및 최고 경영진에 대한 보상과 규범 준수를 통제하는 데 있다.

물론 모든 주주에게 중요한 사항이지만 소액 주주 역시 자신의 관심사를 표명하기 위해서는 이사회에 크게 의존하게 된다. 불행하게도 실제로는 이사회가 최고 경영자의 의사결정 활동과 이를 실천하는 행동을 효과적으로 감시 감독하지 못하고 있다.[64] 상대적으로 효과적이지 못한 이사회의 역할과 최근의 금융 위기 등에 따라 경영자가 자신의 이해만 충족시키는 의사결정을 하지 못하도록 이사회의 역할이 강화되어야 한다는 압력을 주주와 입법 기관 및 행정 규제 기관으로부터 강하게 받고 있다. 또한 이사회의 감시 감독 역할 이외에 이사들은 개인의 지식과 경험 및 대내외의 다양한 조직과 구축하고 있는 관계력 등과 같은 개인적 자원도 투입하여야 한다.[65] 이사로 불리는 이사회 멤버들은 다음 〈표 10-1〉의 세 가지 집단 중 하나에 소속된다. 사내이사(insiders)는 기업의 현역 임원으로서 회사의 일상적 활동과 관련된 정보를 제공해주는 원천이 되므로 선임된 경영자이다.[66] 관계 기관 사외이사(related outsiders)는 회사와의 계약 관계 등으로 일정한 관계가 있는 인사로서 독립적인 지위에서 질문을 던질 수 있지만 회사의 일상적인 활동에는 관여하지 않는다. 사외이사(outsiders)는 타 회사의 최고 경영자이거나 현직 최고 경영자의 임기 시작 전에 선출된 인사로서 독립적 지위에서 조언을 한다.[67]

표 10-1 이사회 구성원의 분류

사내이사
• 회사의 최고 경영자 및 임원
관계 기관 사외이사
• 일상 업무는 수행하지 않지만 회사와 관계를 맺고 있는 인사
사외이사
• 회사의 일상 업무 및 기타 관계에 있어서 독립적인 인사

전통적으로 사내이사들이 회사의 이사회를 지배해왔다. 이처럼 대부분의 이사회 구성원이 내부 임원으로 이루어진 경우에는 경영 의사결정에 대한 감시 감독 활동은 당연히 상대적으로 취약하다는 것이 일반적인 견해이다.[68] 감시 감독 활동이 약한 이사회로 운영될 경우에는 경영자 마음대로 임원을 선발하고 그들과의 관계를 악용하기도 한다. 감사위원회는 사외이사로 구성되도록 하는 SEC의 권고에 따라 1984년 뉴욕증권거래소에서는 사외이사가 감사위원장을 맡도록 해야 한다는 규정을 제정하였다. 이어서 중요한 위원회, 즉 감사위원회, 보상위원회, 선임위원회 등에도 사외이사가 위원장을 맡도록 하였다.[69] 이 권고 사항들은 SOX법 통과에 따라 입법화되었으며, 뉴욕증권거래소에서는 사외이사 위주로 이사회를 구성하고 사외이사로만 구성된 독립 감사위원회를 두도록 규정하였다. 이처럼 기업 지배 구조의 실태가 보다

면밀하게 이루어지자 자격을 갖춘 사외이사 선임에 주력하게 되고 이를 통하여 주주들의 이해를 충분히 반영하는 이사회 운영을 위해 엄청난 관심과 주의를 기울이게 되었다.[70]

비평가들도 이사회 전체 구성원의 대부분을 사외이사로 선임해야 한다는 개혁안을 지지하였는데, 연구 결과 이러한 지지 활동의 결과가 성과 향상으로 나타났다고 한다.[71] 하지만 최고 경영자의 파워가 이사회의 의사결정에 영향을 미칠 만큼 강한 경우에는 사외이사로 이사회를 구성하더라도 별 효과가 없다고 한다. 그래서 제시된 방안이 이사회 의장과 최고 경영자의 파워를 한 사람이 맡지 않도록 분리하자는 것이다.[72] 한 개인이 최고 경영자직과 이사회 의장 직을 동시에 맡을 경우 CEO duality라는 경영자 이중성이 나타난다. JP모건체이스(JP Morgan Chase)의 제이미 다이먼(Jamie Dimon) 회장의 경영자 이중성 문제에서 보았듯이 일단 한 사람한테 최고 경영자직과 이사회 의장직이 일단 주어진 이후에는 이를 다시 분리시키기란 정말 어렵다는 것이다.[73] 비록 이사회가 최고 경영자의 의사결정과 실천 행동을 적극적으로 감시한다고 경영 성과가 높게 나타나지는 않는다는 사실이다. 한편, 이사들이 회사에 제공해주는 가치는 회사의 경영 성과에 영향을 미친다. 예를 들면, 회사 업무와 직결된 경험과 지식을 갖춘 이사회 멤버는 분명 효과적인 전략 수립 및 그 실천에 큰 도움이 된다는 것이다.[74]

반면에 지나치게 사외이사로만 구성된 이사회의 부작용도 있다. 왜냐하면 이들은 기업의 일상 업무에 대한 정보를 즉각 접하지도 않으며, 경영자와 그의 경영 기법에 대한 정보도 부족하고 그들의 의사결정 활동이나 주도력을 효과적으로 평가할 수 있는 통찰력도 부족하기 때문이다.[75] 물론 이사회의 구성원인 사내이사들과의 이사회 활동 중 교류 활동을 통하여 경영진 및 그들의 의사결정 활동에 대한 이해도를 증진시킬 수는 있다.

사내이사들은 일상적으로 기업을 이끌어 가는 주체로서 적절하게 전략을 수립하고 실천하는 데 도움이 되는 제반 정보를 접할 수 있다. 이에 따라 사내이사가 주를 이루는 이사회가 추진하려는 전략에 대한 정보를 용이하게 접하게 되므로 전략 수행을 통한 기대 성과를 올리는데 보다 더 효과적이라는 연구 결과도 있다.[76] 이러한 방식의 정보를 접하기 어려운 사외이사 중심의 이사회에서는 전략적 이슈보다 경영과 사업부의 성과를 재무적 이슈 중심으로만 다루는 현상이 나타난다. 재무적 평가에 의존된 경우에는 이를 최고 경영자의 위험으로 다루게 되므로 최고 경영자는 자신의 이익을 극대화시키고 직위 보장을 안정시키는 방향으로 의사결정을 하게 된다. R&D 투자의 감소, 사업의 다각화, 고액 연봉의 추진 등이 바로 사외이사 중심으로 구성된 이사회에서 강조하는 재무적 성과를 만족시키기 위한 경영자의 활동으로 나타난다.[77] 한편, 의사결정 프로세스의 취약성 때문에 이사회의 전략적 의사결정이 잘못 이루어지기도 하며, 기업의 특수한 욕구 및 승계 후보자에 대한 주요 정보를 확보하지 못하여 경영권 승계와 관련된 의사결정이 잘못되기도 한다. 종합하면, 이해할 수준으로 균형 잡힌 이사회 구성이 이루어지면 항상 효과적인 이사회 운영이 이루어질 수 있다는 것이다.[78]

10-3a 이사회의 효과성 제고

기업 지배 구조에 있어서 이사회의 역할이 중요하고 또한 대규모 기관 투자자를 비롯한 주주의 감시 기능이 강화되면서 이사회 구성원 한 사람 한 사람의 성과에 대한 평가도 보다 공식적 기준에 따라 엄밀하게 이루어지고 있다.[79] 책임성의 수준이 올라가고 성과 제고 등이 강조되면서 이사회 스스로 변신을 도모하는 경향도 나타나고 있다. 이런 변화 중 몇 가지를 살펴보면 다음과 같다.

1. 이사회 구성원 출신 배경의 다양성 증가(공무원, 학자, 연구원; 인종적 소수 집단과 여성비율 증대; 미국 기업의 경우 외국인 비중 증대 등)
2. 기업 내부 경영 및 회계 감사 시스템의 강화
3. 이사회 구성원에 대한 공식적 평가 프로세스의 구축 및 일관성
4. 연봉 관련 스톡 옵션 등을 삭제하는 등 임원 보수의 변화
5. "선임 이사(lead director)" 제도를 도입하여 이사회 안건 관리 및 비상임 이사의 활동을 총괄하도록 하는 역할 부여 등

기업 경영의 전략적 의사결정 프로세스에 대한 이사회의 개입이 증가될수록 이사회 구성원과 최고 경영진 간의 효과적인 협력이 요구된다. 이와 관련하여 이사회의 효과성을 제고시키기 위해서는 경영자 및 경영 성과에 대한 감시 감독을 위한 이사회의 의사결정 프로세스부터 개선해야 한다는 주장이 있다.[81] 나아가서 소유주의 압력이 증가하고 이사회 구성원들 간의 잠재적 갈등이 유발될 수 있으므로 이사회 기능이 효과적으로 작동될 수 있도록 지원해주는 프로세스 정립과 함께 책임을 어느 정도 완화해주어야 한다는 견해도 있다.

한편, 상당한 수준의 지분을 보유하고 있는 주주 중 사외이사를 선임해야 한다는 논지도 강조되고 있다. 연구 결과에 따르면 사외이사가 지분을 갖고 있을 때 더 높은 성과를 낸다고 한다. 추세적으로는 스톡 옵션은 줄이되 보유 주식에 따라 이사들에 대한 보수 수준을 달리하고 있다.[82] 또 다른 연구에서는 이와 달리 너무 지나친 지분 소유는 이사회 구성원의 독립성을 약화시킨다고 한다.[83] 기타 이사회 구성원의 다양성이 보다 효과적인 전략적 의사결정과 함께 지속적인 성과 향상을 유도해준다고 한다.[84] 독립적이고 다양성을 갖춘 이사회가 효과적이라는 데 있어서는 아직도 의문의 여지가 있지만 독립성 보장과 다양성 확보는 하나의 추세로 자리잡아가고 있다.

10-3b 임원의 보수

최고 경영진에 대한 보수는 세간의 관심사이자 주요 이슈로 부각된다. 최고 경영진은 엄청난 책임을 져야 하므로 이에 상응하는 보상을 받아야 한다는 주장도 많다.[85] 다른 한편으로는 이들, 특히 최고 경영자의 경우 과도한 보수를 받고 있으며 실제로 성과와 무관한 경우도 많다는 주장도 있다.[86] 세 가지 내부 지배 구조 메커니즘 중 하나는 바로 이 이슈를 다루고 있다. 특히 **임원 보수**(executive compensation)는 임금, 보너스, 그리고 스톡 옵션과 주식 보상 등 장기적 인센티브를 통하여 경영자와 소유주의 이해관계를 조율하는 지배 구조 메커니즘이다.[87]

임원 보수는 임금, 보너스, 그리고 스톡 옵션과 주식 보상 등 장기적 인센티브를 통하여 경영자와 소유주의 이해관계를 조율하는 지배 구조 메커니즘이다.

미국 기업에 있어서는 장기적 인센티브 플랜(주로 스톡 옵션이나 주식 보상으로 운영)이 최고 경영자에 대한 보상 시스템의 주요 부분을 차지하고 있다. 이론상 장기적 인센티브 플랜은 경영자에 대한 보상을 일반 주주들의 부와 연계시킴으로써 발생 가능한 대리인 문제를 회

피하는 데 도움이 된다.[88] 장기적 인센티브 플랜을 효과적으로 설계하면 대주주 집단(기관 투자자 등)이 이사회 구성이나 최고 경영진의 변화에 대한 압력을 막아주는데, 이는 잘만 작동되면 최고 경영자의 행동이 주주의 최대 관심사 위주로 움직이게 되기 때문이다. 또한 주주들은 사외이사들이 이사회를 주도할 경우 경영자의 보수 수준이 기업 성과와 연계하여 적절하게 주어질 것으로 기대한다. 연구 결과에 따르면 경영자의 사기 행각은 수익 조작 등을 통하여 스톡 옵션을 받는 형태로 나타나므로,[89] 이사회가 지배 구조 메커니즘의 하나로 이들 임원에 대한 보상 시스템을 철저히 감시하는 활동은 매우 중요하다고 할 수 있다.

임원 보수 체계를 효과적으로 활용하는 지배 구조 메커니즘은 특히 국제화 전략을 펼칠 때 중요한 도전 과제가 된다. 예를 들면, 다국적기업의 소유주들은 해외 각 지사별로 보상 플랜을 달리 만들도록 요구한다.[90] 보상 플랜을 하나로 통일하여 운영할 경우에는 추가적인 감시 활동 및 대리인 비용을 본사에서 추가적으로 부담해야 한다. 중요한 사실은 임금 수준이 나라마다 다르다는 점이다. 예를 들면 임원의 보수 수준은 미국이 가장 높고 아시아권에서는 훨씬 낮다는 것이다. 역사적으로 인도의 최고 경영자 보수 수준이 항상 낮게 나타나는 이유 중 하나가 바로 대기업이 대부분 가족소유권 및 가족경영 방식으로 운영되고 있기 때문이다.[91] 또한 기업을 합병하거나 해외 기업과 합작 회사를 운영하게 되면 내부 기업 지배 구조 메커니즘으로 임원 보수를 관리하는 이사회의 활동 자체가 매우 복잡해진다.[92]

10-3c 임원 보수의 효과성

내부 기업 지배 구조 메커니즘으로서 임원 보수 체계, 특히 장기적 인센티브 플랜은 여러 가지 이유에서 매우 복잡한 양상을 갖고 있다. 첫째, 최고 경영자의 전략적 의사결정은 복잡하고 비정형적이므로 이들 의사결정을 이사회 등에서 액면 그대로 평가하는 것은 실제 가치 평가를 위해서는 비효과적인 방법이라는 것이다. 흔히 이사회에서는 재무적 성과 위주로 최고 경영자의 보수를 결정하는 경향이 있다. 이는 두 번째 이슈를 유발하는데, 최고 경영자의 의사결정 효과는 단기 성과보다는 장기적 성과로 나타난다는 사실이다. 이와 같은 현상, 즉 정기적인 연도 단위로 평가할 경우에는 의사결정의 효과를 측정하기가 사실 매우 어렵다는 것이다. 셋째, 기업의 경영 성과는 최고 경영자의 의사결정 및 실천 행동 이외의 수많은 변수에 의해 영향을 받는다는 사실이다. 경제적, 인구적, 정치적, 법적 등 다양한 외부 환경 변화(2장 참조)는 기업 성과에 영향을 미치는 외부 환경의 변화와 최고 경영자의 의사결정 효과를 구분하기가 어렵다는 것이다.

최고 경영자의 인센티브 보상 플랜을 적절하게 수립하는 것은 주주의 기대에 부응하고 기업의 가치도 제고시켜주지만 이들 플랜 역시 관리상의 조작을 피하기 어렵다.[93] 또한 연도별 보너스 역시 장기적 관점보다는 단기적 목표 달성을 주구하도록 설계되어 있다. 장기적 성과 기반 인센티브가 단기적 투자에 대한 유혹을 억제하는 효과가 있지만 경영자가 시장의 변동이나 산업의 침체 등 직접 통제가 불가능한 상황에 노출되는 경우가 증대된다. 즉, 장기적 관점으로 인센티브 보상이 강조될수록 최고 경영자가 감당해야 할 장기적 위험 역시 증대한다는 것이다. 또한 장기적 인센티브가 비탄력적으로 회사에 대한 경영자의 전반적 성과 기여도를 고려하므로 다양한 투자 활동을 통해 수익을 올리려는 외부 투자자들에 비해 실제로 경영자는 이러한 인센티브와 소유권의 가치를 별로 인정하지 않는다.[94] 결국 회사로서는 장기적 인센티브를 통하여 경영자에게 과도한 보상을 하게 된다.[95] 다음 **전략 포커스**에서는 "이사회가 최고 경영자에게 어느 정도의 보수를 지급해야 하는가"하는 문제와 관련된 확인 사항을 제시하고 있다. 언론 매체에서도 특히 근로자 평균 임금 대비 최고 경영자의 연봉 총액 규모가 너무 높을 경우 이를 집중 보도하기도 한다.

최고 경영자에 대한 보수 수준은 대부분 스톡 옵션과 장기 인센티브에 의해 결정된다. 비록 스톡 옵션 위주의 보상 플랜에서 주식의 현재 가격보다 훨씬 높은 주식 옵션 권리 행사 가격(strike price)을 보이도록 잘 설계되어 있는 듯 하지만, 흔히 이러한 방법 역시 임원들이 더 많은 보수를 챙기도록 해주는 수단으로 볼 수 있다. 스톡 옵션 조정 가격에 대한 연구에 따르면 권리 행사 가격이 원래의 주가보다 더 낮은 경우가 많으며, 권리 행사 즉, 옵션 처분 시점도 위험이 매우 높은 상황이라고 한다.[96] 하지만 옵션 주가의 조정은 흔히 회사의 성과가 낮을 경우 스톡 옵션의 인센티브 효과를 회복시켜주기 위해 이루어진다. 실제로 정책적 개입에 의해 "옵션 소급(option backdating)"을 해주는 것도 나타난다. 이러한 현상을 통해서 기업 내부의 지배 구조 메커니즘은 결코 완벽할 수 없으며, 기업이 추구하는 방식대로 보상 플랜을 설계한다는 것이다. 최근 연구에 의하면 경영자가 보다 환경친화적으로 활동하도록 장기적 보상 방식을 적용한 결과 공해 방지를 위한 성과가 높게 나타나고 있다.[98]

다음의 **전략 포커스** 내용을 보면, 이들 내부 지배 구조 메커니즘은 비록 강도 높은 감시는 받겠지만 계속 유지될 것으로 전망하고 있다. 즉, 설계를 잘하고 활용을 효과적으로 한다면 이 세 가지 지배 구조 메커니즘은 이해관계자 집단, 특히 주주들의 이익을 대변해주는 방식으로 회사를 운영하는 데 이바지할 수 있다는 것이다. 물론 이들 세 가지 메커니즘 어느 하나도 완벽할 수는 없으므로 기업 통제를 위한 시장 등 외부의 기업 지배 구조 메커니즘 역시 필요한 수단이라 할 것이다.

전략 포커스

최고 경영자는 과연 엄청난 보상을 받을 자격이 있는가?

이 질문은 널리 알려진 대기업의 리더로서 최고 경영자가 받고 있는 고객의 연봉에 대하여 언론 매체에서 자주 언급되는 주제이다. 미디어에서 부정적으로 보는 측면은 임원의 고액 연봉과 미국 일반 근로자의 평균 임금 간에 불균형이 가속화되고 있다는 점이다. 1983년 당시 미국의 6대 은행 최고 경영자의 평균 급여는 미국 전체 근로자의 40배 수준, 그리고 포춘500대 기업의 최고 경영자 평균 급여는 38배가 조금 안되는 수준이었다. 이후 이들 은행의 최고 경영자 급여는 기하급수적으로 증가하여 이제는 일반 행원 대비 208배가 되었으며, 비금융권의 최고 경영자 평균 급여는 근로자 대비 224배로 급증하였다. 달리 말하자면 대기업 최고 경영자들의 연봉은 은행 임원들보다도 더 급증했다는 것이다. 지난 30년 동안 일반 근로자의 급여가 2.9배 상승한 데 비해 은행 임원은 15.4배, 일반 기업 임원은 17.4배가 증가했다.

2014년 디스커버리 커뮤니케이션스(Discovery Communications)의 데이비드 자슬라브(David Zaslav) 사장의 15,610만 달러라는 엄청난 보상에 대하여 방송 매체마다 앞다투어 다루었다. 디스커버리 커뮤

전략 포커스

니케이션스는 주로 디스커버리, 애니멀플래닛(Animal Planet) 및 TLC 같은 케이블 채널 위주로 성장하였다. 2014년 최고 경영자의 연봉은 이렇게 급증했지만 디스커버리의 주가는 25%나 하락하였다. 언론에서는 이러한 성과와 연봉의 불일치 문제를 꼬집었던 것이다. 하지만 실제로 최고 경영자의 연봉 책정 문제는 언론에서 헤드라인 이슈로 다루는 이상으로 매우 복잡하다. 비록 주가는 하락했지만 회사의 매출은 13% 증대했고 수입도 5.6% 증가 했다. 자슬라브의 연봉 계약에는 매출과 순이익에 따라 연봉을 받는 사항이 있었다. 임금 계약 사항에는 그의 리더십 덕분에 시장가치가 50억 달러에서 200억 달러로 올라간 부분도 다루도록 되어 있었다. 연봉 설정의 또 다른 항목에는 지난 기간에 대비하여 창출된 가치와 향후에 행사권이 제약된 스톡 옵션도 포함되어 있다. 이러한 연봉 설정의 복잡성에도 불구하고 과거의 금융 위기 이전만큼은 아니지만 최고 경영자의 보상 수준은 계속 증가할 것으로 예측된다.

흥미로운 사실은 JP모건체이스, 시티그룹, 모건스탠리(Morgan Stanley), 골드만삭스(Goldman Sachs), 웰스파고(Wells Fargo) 등 대규모로 다각화된 금융 기관의 2014년도 최고 경영자 평균 연봉은 1,800만 달러 수준으로 동일 금융 기관의 일반 직원 대비 121배로 나타났다. 이는 금융 위기의 말기인 2006년도에 273배나 되었던 수준에 비하면 약 55%나 감소된 수준이다. 이러한 부분적 제재 현상은 도드프랭크법 등 금융권에 대한 보다 엄중한 규제가 이루어지면서 나타났다. 나아가서 미국 증권거래위원회(SEC)에서는 이 법을 모든 공기업에 적용하여 일반 종업원 대비 최고 경영자의 연봉이 몇 배나 되는지를 보고하도록 하는 법안을 최종 정리 중에 있다. 이에 따라 언론 매체에서도 지난 30년 동안 지속적으로 증가되면서 최고 경영자에게 지불하는 과도한 연봉을 완화하도록 압력을 가하고 있다. 사회학자들의 연구에 따르면 이들 최고 경영자 연봉은 단순히 경영 성과에 의거한 것이 아니라 임원보상위원회 위원, 이사회 멤버 등과의 밀착 관계, 그리고 타 기업과의 비교에 의해 결정된다고 한다. 이사회 내부의 네트워크 관계는 대부분 타사 대비 보수 수준을 맞추어 올리는 방향으로 회사에 영향을 미친다는 것이다. 또한 대규모의 금융 기관 간의 합병에 따라 최고 경영자가 다루어야 할 회사의 규모와 복잡성이 증대되면서 이와 연관된 연봉도 증가된다고 한다.

재무 관리 분야의 연구에서는 최고 경영자들에 대한 급여 방식의 변화상을 보여준다. 스톡 옵션 위주로부터 제한적 주식 소유권 부여, 즉 기간 내 목표 성과를 달성하지 못할 경우에는 예정된 주식을 받지 못하도록 함으로써 이들 대기업에서 재앙적인 결과를 초래할지도 모르는 위험 부담적 의사결정이 줄어들고 있으며, 경영자는 보상 방식에 따라 보다 계산된 위험 정도만 부담하려 한다는 것이다.

요약하면, 임원의 보수 결정은 매우 복잡한 이슈로서 연봉 책정 기준만으로 다룰 것은 아니라는 것이다. 비록 임원의 연봉이 급증하였지만 여기에는 적법한 사항과 불법적인 요소가 함께 존재한다. 그러므로 각 사례별로 과도한 수준인지 적절한 수준인지를 면밀히 살펴보아야 할 것이다. 하지만 일반 직원에 비해 불평등하게 많이 받는 그들의 연봉에 대한 사회적 문제는 여전히 존재한다. 그러므로 임원 보수에 대한 이슈는 정책적 차원에서 살펴볼 것이 요구된다. 경영자의 인적 자본 가치는 그가 가치 창출 역량에 의해 보상받도록 해야 하지만 하급 직원의 인적 자본 가치 역시 개선되도록 해주는 기회가 함께 병존해야 한다.

Frederick M. Brown/Getty Images

사진은 컨퍼런스에서 발표하고 있는 디스커버리 커뮤니케이션스의 데이비드 자슬라브로, 그는 2014년 받은 엄청난 연봉 때문에 언론 매체로부터 혹독한 비판을 받았다.

출처: D. Fitzgerald, 2015, Staples CEO Sargent's pay grew 15% to $12.4 million last year; Chief executive earned $2.6 million in non-equity incentive compensation in 2014, *Wall Street Journal*, www.wsj.com, April 13; K. Hagey, 2015, Discovery Communications CEO gets 2014 compensation of $1.561 million, *Wall Street Journal*, www.wsj.com, April 6; J. W. Kim, B. Kogut, & J.-S. Yang, 2015, Executive compensation, fat cats and best athletes, *American Sociological Review*, 80: 299–328; E. K. Lim, 2015, The role of reference point in CEO restricted stock and its impact on R&D intensity in high-technology firms, *Strategic Management Journal*, 36: 872–889; P. Rudegear, 2015, Wall Street's pay gap slims, *Wall Street Journal*, April 6, A1, A4; E. M. Fich, L. T. Starks, & A. S. Yore, 2014, CEO deal-making activities and compensation, *Journal of Financial Economics*, 114: 471–492; S. Williams, 2014, BG Group draws more heat over CEO compensations; one of the biggest revolts against executive pay in the U.K. in recent years, *Wall Street Journal*, www.wsj.com, November 28; R. Wilmers, 2014, Why excessive CEO pay is bad for the economy, American Banker, www.americanbanker.com, March 14.

10-4 기업 지배권 시장

기업 지배권 시장은 회사의 내부 지배 구조 메커니즘이 실패할 경우에 작동되는 외부 지배 구조 메커니즘이다.

기업 지배권 시장(market for corporate control)은 회사의 내부 지배 구조 메커니즘이 실패할 경우에 작동되는 외부 지배 구조 메커니즘이다.[99] 기업 지배권 시장은 사내에 별도 본부를 설치하거나 두 개 이상의 기업을 합병하는 등 저평가된 기업의 소유권을 매수하는 개인 또는 법인으로 구성된다. 흔히 저평가된 기업의 성과는 최고 경영자의 책임으로 간주되므로 대부분 경영자의 교체가 따르게 된다. 효과적인 기업 지배권 시장은 비효과적 또는 기회주의적인 최고 경영자들을 긍정적으로 만들어주는 토대가 된다.[100]

기업 지배권 시장의 대상이 되는 기업 경영진과 이사회 구성원은 시장에서 인수 대상 표적이 되는 것 자체가 그들의 책임 수행상의 무능함이나 비효과성을 드러내는 것이므로 매우 민감해질 수밖에 없다. 최고 경영자로서는 이사회에서 기업 인수를 승낙하는 것이 그들 자리를 내놓아야 하는 것으로 보게 된다. 왜냐하면 인수자는 다른 사람이 기업을 이끌어주기를 바라기 때문이다. 기업 인수를 부결시킨 경우에도 최고 경영자에게는 실직의 위험이 증대되는데 이는 이사회와 주주로부터 기업의 성과를 실질적으로 향상시켜야 한다는 압력이 들어오기 때문이다.[101]

투자 펀드의 일종인 행동주의 헤지 펀드(hedge fund)는 매우 다양한 투자 전략, 즉 장단기 시점 관리, 중재자 활용, 투자자의 수익성을 극대화시키기 위한 저평가 주식의 매입과 매각 등을 실시한다. 증가일로에 있는 헤지 펀드의 수준은 2014년의 3조 달러에서 2018년에는 5조 달러로 지속적인 확산이 예상된다. 그리고 이들 중 약 65% 정도가 기관 투자자에 의해 이루어진다고 한다.[102] 저성과 펀드와 그 경영자에 대한 투자자의 요구가 거세지면서 헤지 펀드는 기업 지배권 시장에서 더욱 적극적으로 활동하게 된다.[103] 예를 들면, "베이커휴(Baker Hughs)와 핼리버턴(Halliburton), 앨러간(Allegan)과 액타비스(Actavis), 스테이플스(Staples)와 오피스데포(Office Depot), 워너케이블(Warner Cable)과 컴캐스트(Comcast) 등 복잡한 인수합병 거래가 이루어지는 시장에서는 거물급 헤지 펀드가 주도적인 주주로 개입한다." 이들 헤지펀드에서는 합병 기업의 전향적 발전을 제시하며 거래를 종결시킨다.[104]

일반적으로 행동주의 연금 펀드(기관 투자자이자 내부 지배 구조 메커니즘)는 저성과 기업으로 평가할 경우 즉각적인 대응을 하는 속성이 있다. 반면에 행동주의 헤지 펀드(기업 지배권 시장의 일원)는 전향적 자세로 "기업의 성과가 개선될 수 있는지를 확인한 다음 그 기업에 투자"를 한다.[105] 그러한 예는 도입사례의 펠츠 회장이 이끄는 트라이언펀드를 통해 살펴볼 수 있다. 펠츠는 듀퐁 이사회 구성원 중 네 명을 자신의 행동주의 헤지 펀드사에 유리한 인사로 교체하는 전략을 사용하였다. 하지만 행동주의 투자사인 트라이언은 주주들에 의한 이사진 교체에 실패했고, 듀퐁 역시 펠츠의 요구대로 분사화 전략이 이루어지지 않았다.[106] 흥미로운 사실은 새로운 기회가 주어지면 헤지 펀드에서는 기술 회사에 대한 투자를 늘려 왔다. 2014년의 경우, 약 20%의 투자가 기술 분야에서 이루어졌는데 이는 전체 산업 분야 중 가장 높은 비중이다. 전통적으로 헤지 펀드사는 기술 분야에 대한 투자를 회피해왔었는데, 이는 기술 분야는 급속한 변화와 함께 예측이 힘들기 때문이다. 종합하면, 행동주의 투자자들의 이사회 비중이 강화되면서 인수합병과 자회사 매각(divestiture), 그리고 칼 아이칸(Carl Icahn) 의장이 애플에 제

시한 자기주식 매입 프로그램 등과 같은 행동이 확산되고 있다.[107]

한편, 연구 결과에 따르면 고성과 기업에 대한 소유권 획득을 위해 기업 지배권 시장을 활용하는 투자자, 즉 지배 구조 메커니즘도 나타나고 있다.[108] 1980년대의 행동주의 기업 사냥꾼들에 대한 연구에서는 평균 이상의 성과를 내는 기업을 인수하는 시도가 있음을 보여준다.[109] 이들 연구 및 최근의 연구에서는 기업 지배권 시장 역시 불완전한 지배 구조 메커니즘이라는 점을 지적하고 있다.[110] 실제로 흡수합병(M&A)은 다양한 의도와 잠재적 성과를 고려한 매우 복잡한 전략적 행동이라 할 수 있다. 7장에서 논의했듯이 성공할 수 있는 잠재력으로 성공한 경우도 있지만 그렇지 않을 경우도 있다. 왜냐하면 서로 상이한 두 기업을 합병하면 그들의 역량 발휘는 제한적으로 나타나기 때문이다.[111]

요약하면, 기업 지배권 시장은 기업 지배 구조를 위한 다소 무딘 방법이지만 그래도 이러한 지배 구조 메커니즘은 주주들의 최대 관심사를 대변해주는 잠재력을 갖고 있다. 결국 최고 경영자는 싫든 좋든 간에 기업 외부의 행동주의 투자자들이 강요하는 방식대로 회사를 운영하게 된다.

기업 인수에 대응하여 최고 경영자가 사용할 수 있는 방어 전략은 무수히 많다. 고성과 조직의 경영자라면 외부에서 인수하려는 의도를 좌절시키려 할 것이다. 또한 비록 대상 기업이 타사 보다 저성과 상태에 있더라도 경영자 자신의 이익을 위해 방어 전략을 사용하게 된다. 그만큼 경영자가 활용하는 방어 전략은 속성상 자신을 위한 것으로 볼 수 있을 것이다.

10-4a 경영자의 방어 전략

기업 지배권 시장의 작동은 대부분 적대적 인수 방법으로 이루어진다. 적대적 인수자(hostile takeover)는 피인수 기업의 경영자들과 합의를 하지 않고 직접 그 주주들을 통하거나 합병 승낙을 받기 위해 현 경영진을 교체시키는 투쟁 방법을 사용한다.[112]

적대적 인수 대상 기업으로서는 이러한 인수 의도를 좌절시키기 위해 복합적인 방어 기법을 사용하게 된다. 기업 지배권 시장을 활용하면서 인수 활동에 대비하는 경영자의 방어 기법도 점점 정교해지고 있다.

기업 지배권 시장이 커지면서 경영자의 위험이 증대되는 만큼 회사가 인수되어 경영자가 떠날 때 3년치 정도의 고액 퇴직금을 보장받듯이 간접적으로 급여가 증대되는 경향이 있다. 다른 방어 기법들도 유사하지만 고액 퇴직금제는 논란의 대상이 된다 .

또 다른 인수 방어 전략은 전통적으로 알려진 포이즌필(poison pill)이다. 포이즌필 전략은 인수 의향자들이 일정 수준 이상의 주식(보통은 10~20% 정도)을 취득할 경우 인수 의향자 집단을 제외한 주주들이 "주주권(shareholders' rights)"을 대량의 보통주로 전환시키는 것을 허용하는 방법이다. 즉, 전체 발행 주식(outstanding share) 수를 증대하여 인수 의향자의 지분 보유율을 희석시키는 방법인데 이는 인수 의향자가 소유권을 유지하거나 강화시키려면 고가의 할증 가격으로 추가 지분을 사들여야 한다. 추가로 지분을 매입하는 것은 이들에게 분명 비용 부담이 된다. 어떤 기업에서는 사규를 개정하여 이사회 구성원을 매년 3분의 1만 교체하도록 함으로써 이사회가 흔들리지 않도록 하고 있다. 연구 결과에 따르면 이러한 방법이 약점을 보완하고 인수

표 10-2 적대적 인수에 대한 방어 전략

방어 전략	전략 성공률	주주 이익 효과
자본 구조 변화: 인수 대상 기업이 주식을 희석하여 인수하려는 기업에서 더 많은 지분을 사도록 비용 지출을 유도하는 전략(종업원지주제도(ESOPs), 자본 재편, 추가 사채 발행, 주식 환매 등)	중간	미확정
사규 개정: 인수 대상 기업의 사규를 개정하여 한꺼번에 이사회 구성원 선출하지 않도록 함으로써, 한 해에 인수 기업이 완전히 새로운 이사회를 만들지 못하도록 사규를 변경	매우 낮음	부정적
고액 퇴직금: 기업이 인수될 경우 일시불 현금으로 경영자에게 주어지는 퇴직금	낮음	미미함
주식 매점: 인수 의향자가 인수 대상 기업 주식을 매점한 후 더 이상 인수 의향이 없음을 조건으로 다시 높은 가격으로 제시하는 주식을 되사는 고육지책 전략	중간	부정적
적대적 인수 의향자에 대한 법적 소송: 독점 방지법에 의하거나 부당한 폭로에 대응하여 인수 대상 기업이 법에 호소하는 전략	낮음	긍정적
포이즌필: 피인수 기업이 인수 의향자로 하여금 자사의 주식에 대한 매력을 떨어뜨리도록 하는 행위	높음	긍정적
정지 협정(standstill agreement): 피인수 기업과 인수 의향 기업 간에 피인수 기업이 일정 비용을 부담하는 대신에 특정 기간 동안 인수 의향 기업이 추가적으로 주식을 매입하지 않는다는 협정 체결	낮음	부정적

출처: L. Guo, P. Lach, & S. Mobbs, 2015, Tradeoffs between internal and external governance: Evidence from exogenous regulatory shocks. *Financial Management*, 44: 81–114; H. Sapra, A. Subramanian, & K. V. Subramanian, 2014, Corporate governance and innovation: Theory and evidence, *Journal of Financial & Quantitative Analysis*, 49: 957–1003; M. Straska & G. Waller, 2014, Antitakeover provisions and shareholder wealth: A survey of the literature, *Journal of Financial & Quantitative Analysis*, 49: 1–32; R. Campbell, C. Ghosh, M. Petrova, & C. F. Sirmans, 2011, Corporate governance and performance in the market for corporate control: The case of REITS, *Journal of Real Estate Finance & Economics*, 42: 451–480; M. Ryngaert & R. Schlten, 2010, Have changing takeover defense rules and strategies entrenched management and damaged shareholders? The case of defeated takeover bids, *Journal of Corporate Finance*, 16: 16–37; N. Ruiz-Mallorqui & D. J. Santana-Martin, 2009, Ultimate institutional owner and takeover defenses in the controlling versus minority shareholders context, *Corporate Governance: An International Review*, 17: 238–254; J. A. Pearce II & R. B. Robinson, Jr., 2004, Hostile takeover defenses that maximize shareholder wealth, *Business Horizons*, 47(5): 15–24.

의향자들로부터 경영권을 방어해준다고 한다.[113] 기타 인수 방어 전략은 〈표 10-2〉에 열거되어 있다.

물론 대다수 기관 투자자는 경영자의 이러한 방어 전략에 반대하고 있다. 미국 교원연기금보험사인 TIAA-CREF와 캘리포니아퇴직자연금기관인 CalPERS에서는 회사들이 포이즌필을 사용하지 못하도록 행동을 취하여 실제로 성공하였으며, 기타 많은 기관 투자자 역시 퇴직 수당(severance package)이나 골든 패러슈트(golden parachute) 같은 고액 퇴직금 지급에 반대하고 있는데 유럽에서도 이러한 여론이 확산되고 있다.[114] 반면 퇴직 수당 옹호론자들은 주주들의 이익을 최대로 보장해줄 수 있도록 경영진이 기관 투자자들의 지배권 인수를 수락하도록 만드는 데 도움이 된다고 한다.[115] 이러한 방어 전략은 오히려 경영자들로 하여금 단기적 업적에 치중해야 하는 기관 투자자의 압력에서 벗어나 보다 장기적 관점에서 주주들의 이익을 보호해줄 확률이 더 높다는 연구 결과도 있다. 이들 기업에서는 더 많은 투자가 이루어지고 혁신을 추구하는 경향이 있는데, 이를 통하여 기업의 시장 가치가 제고되고 주주들의 혜택 역시 증가한다는 것이다.[116]

경영자는 개인(예: 칼 아이칸)이든 집단(예: 헤지 펀드)이든 외부 투자자들의 위협을 인식하게 되면 기업의 이해관계자, 특히 주주 이익을 대변하기 위해 긍정적인 행동을 취하게 된다. 또한 외부적 지배 구조 메커니즘이 작동하는 기업 지배권 시장 덕분에 많은 기업의 전략이 주주들의 이익을 대변하는 방향으로 개선된 것은 사실이다.[117] 하지만 이러한 소유권에 대한 인식 역시 최고 경영자 스스로 회사의 정체성을 만드는 것은 자기 자신이라고 느끼는 나르시시즘에 빠져 있을 경우에는 그 개선의 길은 멀다고 보아야 할 것이다.[118]

10-5 국제적 기업 지배 구조

기업 지배 구조는 개발도상국을 비롯한 전 세계적으로 주요 경제적 이슈로 부각되고 있다. 무역과 투자와 주식 시장의 세계화는 기업 활동을 지배하는 유사한 방식으로 전 세계를 통하여 기업의 잠재적 가치를 제고시켜 준다. 나아가서 세계화는 주요 기업들마다 해외 투자 유치를 기대하게 해준다. 이 경우 해외 투자자들은 그들의 투자를 보호해주는 기업 지배 구조 메커니즘이 적절한지부터 살펴보게 된다.

이처럼 글로벌화가 기업 지배 구조의 개선과 지역별 차이나 각국 정부의 지배 구조가 가능하면 차이가 없도록 바라지만,[119] 실제로 나라마다 상이한 지배 구조 시스템을 갖고 있다. 일단 국가별 지배 구조의 상이함을 인정하고, 또한 지배 구조의 변화를 기대한다면 외국에 진출하는 기업으로서 세계 시장에서 성공적으로 경쟁할 수 있을 것이다. 다음에서는 이러한 국가별 지배 구조의 차이에서 나타나는 공통적인 이슈와 함께 지배 구조 시스템의 변화상을 중심으로 독일과 일본 등 양대 선진국과 성장 중인 중국의 기업 지배 구조에 대하여 살펴보도록 한다.

10-5a 독일과 일본의 기업 지배 구조

독일의 민간 기업은 소유주와 경영자가 동일한 경우가 많다. 이러한 경우에는 대리인 문제가 나타나지 않는다.[120] 증시에 상장된 기업 중에서도 개인 소유의 기업이 허다하다. 이처럼 독일 기업의 소유권 집중은 미국에서처럼 기업 지배 구조의 핵심 수단이다.[121]

역사적으로 은행이 독일의 기업 지배 구조 시스템의 중심에 위치하고 있다. 이는 이탈리아와 프랑스 등 유럽식이라 할 수 있다. 기업들이 주식 시장을 통해 자금 조달을 하거나 은행에서 차입을 할 경우에는 대출자로서 은행이 주요 주주가 된다. 지분율은 일반적으로 10% 미만이지만 은행은 단일 소유권자 지위를 갖는데, 은행 자기자본의 15% 이상이 되어서는 안 된다는 제약이 있다. 비록 주주들이 은행에 자신의 소유권자 지위를 어떻게 표결하면 좋겠느냐는 문의를 하더라도 은행은 대부분 그러한 주주로서의 지위 행사를 하지 않는다. 은행은 대출자이자 주주로서 감사역회(supervisory board)의 대표자 선출을 통하여 경영자에 대한 감시 감독을 한다.

2,000명 이상의 종업원을 가진 독일 기업은 2단계의 이사회 구조를 통하여 경영(또는 감사 supervisory) 의사결정과 집행에 대한 감시 감독 책임을 각기 다른 집단에 부여하고 있다.[122] 전략 및 경영 관련 제반 기능은 경영위원회(management board, vorstand)에 주어지는데, 경영위원회 위원 지명권은 감사역회(supervisory tier, Aufsichtsrat)의 책임으로 되어 있다. 감사역회의 위원은 종업원, 노조원, 그리고 주주들이 지명한다. 독일식 지배 구조를 지지하는 사람들은 독단적인 최고 경영자에 의한 기업의 잘못된 행동이나 경솔한 의사결정을 미리 예방해주기 때문이라고 한다. 이에 대한 비판도 만만찮은데, 의사결정이 느리다는 점, 그리고 간혹 최고 경영자와의 결탁이 문제라는 것이다. 독일은 기업 지배 구조 관행 때문에 미국 기업처럼 신속한 의사결정을 하도록 기업 재설계를 하기가 매우 어렵다. 특히 지방정부의 이사회 구조 및 독일식 기업 지배 구조에서의 은행의 막강한 권력, 그리고 일반 민간 주주들이 주요 소유권자로 독일 기업을 지배하기가 어렵기 때문이다. 또한 기업 간의 상호 지분 소유(cross-shareholdings) 역시 엄청난 수준이다.[123]

그렇지만 연금 펀드(은행 및 보험사 이외의 기관으로서 연금 운영 기관)와 같은 대규모 기관 투자자 역시 기업 주식을 별로 소유하지 않고 있다. 이처럼 독일은 역사적으로 미국이나 영국에서처럼 경영자가 주주의 이익을 극대화시키기 위한 역할을 하는 것은 아니다.[124]

하지만 최근 들어 독일도 기업 지배 구조 운영 방식이 변하고 있다. 즉, 미국식 지배 구조 메커니즘으로 기우는 기업이 늘고 있다. 최근의 연구에 따르면 독일의 전통적 시스템에서는 외부의 소유권 영향력이 결여되어 대리인 비용을 유발시킨다고 한다. 흥미로운 사실은 미국 증시에 상장된 독일 기업들이 갈수록 장기적 인센티브 급여 정책으로 임원 스톡 옵션 보수 체제를 도입하고 있는 점이다.[125] **전략 포커스**에서 보듯이 비록 미국이나 영국처럼 경영자와의 대립적인 양상을 보이는 것은 아니지만 행동주의 투자자들이 독일과 일본에서도 경영자들과 협약을 맺는 양상이 나타난다.

일본의 기업 지배 구조에서는 의무감, 가족, 그리고 합의적 태도가 큰 영향을 미친다. 회사 가족의 한 일원으로서 개인은 그들의 삶을 영위시켜주는 단위조직의 한 구성원이며, 사원들 가족 역시 회사에 대한 충성과 애정을 보인다. 일본의 기업은 미국 기업보다 종업원, 공급업체, 고객 등 이해관계자들에게 보다 폭넓은 관심을 보인다.[126] 또한 기업 계열(keiretsu)(상호 지분 소유 방식으로 연결된 기업 집단) 체제는 단순히 경제적 단위가 아니라 하나의 가족처럼 운영된다. 물론 이러한 상호 지분 소유의 확산 때문에 일본의 지배 구조가 개선되기 어려운 구조적 문제가 있다고 한다. 하지만 최근 일본에서도 지배 구조법이 제정됨으로써 기업 지배 구조의 개선이 시작되고 있다.[127] 일본식 기업 지배 구조의 또 하나의 핵심 요소인 합의(consensus) 방식 역시 최고 경영층에서 제시하는 정책을 거스르는 방향으로 사람들의 자세를 수정하려 할 경우 엄청난 에너지를 요구하게 만든다.[128] 그만큼 합의 방식은 의사결정을 느리고 소극적으로 만들기도 하지만 매우 중시되는 일본인들의 가치관이라 할 수 있다.

독일과 마찬가지로 일본의 은행은 대기업에 대한 자금 조달과 감시 활동을 하는 중요한 역할을 한다.[129] 계열 체제(재벌 체제)의 주거래 은행이 가장 큰 지분과 부채를 관리하므로 최고 경영진과 가장 밀접한 관계에 놓여 있다. 주거래 은행은 기업의 자금 관리에 대한 자문과 함께 경영자들을 밀착하여 감시한다. 그러므로 미국에서는 시장 기반(market-based) 자금 및 지배 구조를 구축한 데 비해 일본은 비록 최근에 일부 변화가 있다고 하지만 전통적으로 은행 기반(bank-based) 자금 및 기업 지배 구조 체제를 갖고 있다.[130] 미국에서는 일반 시중 은행들이 법적으로 상장 기업의 지분을 소유하지 못하도록 하고 있다.

일본에서는 은행들이 자금 대출 이외에 기업 지분의 5%까지 소유할 수 있도록 허용하고 있다. 그리고 관련 금융 기관에서는 40%까지 소유할 수 있다. 대부분의 경우에는 주거래 은행이 계열사로 존재한다. 계열사 간에는 2% 미만의 상호 지분 소유가 인정되는데 거의 예외 없이 최고 한도분의 지분을 상호 보유하고 있다. 그 결과 30%에서 최고 90% 정도의 지분을 계열사 간에 보유하고 있다. 그러므로 계열 체제는 하나의 투자 관계라 할 수 있다.

일본의 기업 지배 구조는 최근 많은 변화를 보이고 있다. 그 한 예가 일본 은행들이 경제적 조직으로서 계속 발전하기 위하여 기업의 경영 활동과 경영 성과에 대한 감시 감독 활동을 과거에 비해 현저하게 줄이고 있다는 점이다.[131] 또한 금융 산업에 대한 규제 완화가 적대적 인

전략 포커스

일본, 독일, 중국의 "계약형" 투자자 vs. "행동주의" 투자자

일본의 경우, 기업 통제를 위한 행동주의 투자자 및 강력한 시장 체제는 전통적으로 존재하지 않는다. 최근 들어 주주들의 보다 적극적인 행동이 나타나고 있는데, 그중 "계약형(engagement)" 펀드로 불리는 집단이 가장 성공적인 모습을 보이고 있다. 이러한 변화의 징조는 일본 정부 연금 투자 펀드가 약 1조 달러에 해당하는 자금 운영을 미국계 계약형 펀드로서 행동주의 투자 기관인 Taiyo Pacific Partners LP에 의뢰한 데서 찾아볼 수 있다. Taiyo Pacific의 최고 경영자인 브라이인 헤이우드(Brian Heywood)는 "일본의 경영자들 역시 해외 영업의 확대와 해외 연수의 확산 등으로 대외적 관점으로 보다 개방적 자세를 보인다"고 했다. 또한 일본의 금융 서비스 기관도 "스튜어드십 코드(stewardship code)"를 도입하면서 투자자들이 "더 큰 투자 수익을 위한 압력"을 행사하도록 종용하고 있다. 이처럼 일본의 환경 역시 계약형 대 행동주의형 간의 대립을 명백하게 보이면서도 투자자들의 권리를 강조하는 방향으로 가고 있다.

일본의 이러한 새로운 행동주의는 독일을 포함한 전 세계적으로 확산되고 있다. 행동주의 펀드인 세비안 캐피탈(Cevian Capital)은 티센크로프(ThyssenKrupp)사 및 Bilfinder사에, 그리고 또 다른 행동주의 펀드인 엘리엇(Elliott Management)은 셀레시오(Celesio)사와 카벨 도이칠란트(Kabel Deutschland)사에 지분 투자를 하였다.

비록 독일을 비롯한 기타 유럽의 경영자들은 이러한 행동주의 펀드의 개입에 대해 회의적인 태도를 보이고 있지만, "독일의 경우에는 인수 협상 시에 소액 투자자에 대한 보호를 강조하므로 행동주의 투자 활동이 부각될 수도 있다"고 한다.

한편, 중국 본토에서도 행동주의 투자 활동이 나타나고 있는데, 이미 홍콩은 행동주의 투자자들의 표적이 된 지 오래이다. 즉, 상장된 홍콩 기업들은 해외 투자자들에 대한 제약이 풀리면서 지배 구조와 투명 경영에 보다 주의를 기울이고 있다. 이에 비해 중국 본토의 기업들은 모기업에서 지분을 대부분 점유하고 있거나 상대적으로 연륜이 짧아 아직도 창업가들이 지분을 대부분 소유하고 있다. 그러므로 경영 의사결정에 미치는 투자자들의 영향력은 상대적으로 약한 형국이다. 그럼에도 불구하고 Shanghai-Hong Kong Stock Connect(후강퉁) 프로그램에 의해 외국 금융 기관 등 행동주의 투자자들의 중국 본토에 대한 투자가 보다 자유롭게 되었다. 이는 중국 본토에 상장된 기업의 주주로서 해외 투자자들의 행동주의적 표결권 행사력이 강화되고 있다는 것을 의미한다.

그렇다면 신흥 개도국 및 정부 소유의 기업 소유주들은 해외에 투자하는 기업에 어떤 영향을 미치게 되는가? 흥미롭게도 신흥 개발도상국들의 국부 펀드(sovereign wealth fund)들이 개발도상국뿐만 아니라 선진국에 대한 투자를 주도하고 있다. 그들 방식대로 행동주의 투자자 역할을 하는데, 예를 들면 글로벌 경제 위기 이후부터 많은 독일 기업들이 중동 지역의 걸프 제국(Gulf States in the Mideast)으로 부터 투자 유치를 촉진해오고 있다. 특히 독일의 주요 자동차 제조 회사들은 금융 위기에서 촉발된 구조 조정 압력에 대응하기 위해 페르시아만 6개국 협력 기구인 걸프협력회의(Gulf Cooperation Council)의 국부 펀드로부터 많은 투자를 받고 있다. 이들 국부 펀드는 장기적 투자자들로서 적대적 경영권 인수를 추구하지 않으므로 독일 기업들의 지배 구조 정상화에 도움이 되기 때문이다.

한편 국부 펀드들은 기후 변화에 대한 적극적 행동을 보이기도 한다. 예를 들면 노르웨이의 국부 펀드는 석탄 자원에 투자하고 있는데, 이는 지속가능성 이슈에 초점을 두고 국부 펀드를 투자하는 전략이다.

또 다른 예로는 브라질개발은행(Brazilian Development Bank: BNDES)의 국부 펀드를 지원받은 브라질의 다국적기업들에 의한 기업 인수 활동을 들 수 있다. BNDES는 대규모 인수합병에 개입하여 JBS-Friboi 같은 브라질 정육 업체가 미국의 Swift and Pilgrim's Pride사 같은 대기업을 흡수합병할 수 있도록 적극 지원하고 있다. 요약하면, 행동주의 투자 활동이 전 세계적으로 확산되고 있으며, 신흥 개발도상국 투자자들이 국부 펀드를 활용하여 지분 비율을 증대하면서 개발도상국뿐만 아니라 선진국 기업에 대한 기업경영권이나 구조 조정을 주도하고 있다는 것이다. 이들 국부 펀드는 정부 정책에 발 맞추어 투자되기도 하는데, 경제 발전에 필수적인 자원 획득을 추진하고 있는 중국 정부의 에너지 정책이 그 한 예가 된다. 한편 국부 펀드는 노르웨이처럼 사회적 및 정치적 차원에서 요구되는 지속가능성 제고에 초점을 둔 정부 정책에 부응하는 투자를 하기도 한다.

Courtesy of The Hedgefund Journal.com

세비안 캐피탈의 공동 창업가인 Lars Forberg와 Christer Gardell은 펀드 투자를 통해 주주들의 가치를 창출하는 데 역점을 두고 있다.

출처: B. Alhashel, 2015, Sovereign wealth funds: A literature review, *Journal of Economics & Business*, 78: 1–13; L. Havelock, 2015, New battlegrounds: A global activism update, *IR Magazine*, www.irmagazine.com, March 10; K. M. Howl, 2015, Norway oil fund sheds more coal assets, *Wall Street Journal*, www.wsj.com, May 5; K. Narioka, 2015, Activist investors in Japan find some doors cracking open, *Wall Street Journal*, www.wsj.com, January 29; M. Goranova & L. V. Ryan, 2014, Shareholder activism: A multidisciplinary review, *Journal of Management*, 40: 1230–1268; D. Haberly, 2014, White knights from the Gulf: Sovereign wealth fund investment and the evolution of German industrial finance, *Economic Geography*, 90: 293–320; S. G. Lazzarini, A. Musacchio, R. Bandeira-de-Mello, & R. Marcon, R. 2015, What do state-owned development banks do? Evidence from BNDES, 2002–09 World Development, 66: 237–253; A. Musacchio & S. G. Lazzarini, 2014, *Reinventing State Capitalism: Leviathan in Business, Brazil and Beyond*, Cambridge: Harvard University Press; X. Sun, J. Li, Y. Wang, & W. Clark, 2014, China's sovereign wealth fund investments in overseas energy: the energy security perspective, *Energy Policy*, 65: 654–661.

수에 대한 대응 비용을 줄여주고 있다.[132] 이처럼 이전에는 없었던 규제 완화 덕분에 일본 시장에서 기업 지배권 통제에 대한 활동이 확산되고 있다. 여기에는 경영 성과가 저조한 일본 기업에 대한 변화를 촉구하는 압력도 한몫을 하였다. 실제로 2011년의 대지진 및 쓰나미로 발생한 후쿠시마 원전 사고 이후 동경 전력의 기업 지배 구조에 대한 비판이 들끓기도 했다. 대부분의 일본 기업 이사회는 기업 내 임원들로 구성되어 있으므로 최고 경영진의 의사를 반영하는 체제로 되어 있다. 하지만 새로운 기업 지배 구조법에 의거하여 일본 기업에서도 이사회의 사외이사 비중이 증가되는 추세를 보인다.[133] 한마디로 **전략 포커스**에서 보듯이 계약형 펀드에 의해 일본 기업에서도 큰 변화의 바람이 일고 있다는 것이다.

10-5b 중국의 기업 지배 구조

중국은 시장 지향적이면서도 사회주의가 혼합된 매우 특유한 거대 경제권이다. 중국 정부 역시 상장 기업들의 기업 지배 구조 개선을 위한 조치를 여러 번 취했다.[134] 이러한 조치에 따라 갈수록 민영화되어가고 주식시장도 번창하면서 기업 지배 구조의 변화가 이루어지고 있다. 하지만 아직 중국의 주식 시장은 초창기이자 발전의 여지가 있는데, 이는 내부자 거래가 만연하고 있다는 점이 문제로 남아 있으면서 강력한 지배 구조 덕분에 시장의 활성화도 이루어지고 있다는 점으로 요약된다.[135]

그동안 중국은 국영기업의 지분이 점차 감소되고 수적으로나 비율적으로 민간 기업이 증대되고 있지만, 직·간접적으로 정부의 기업 경영 전략에 대한 영향력은 아직도 강하게 남아 있다. 민간 기업의 정부 의존성은 자원 조달 및 경제적 활동에 있어서 정부와의 연계가 필요하기 때문이다.[136] 장기적 성공 가능성 측면에서 볼 경우, 지나친 정부 소유 체제는 기업의 시장 가치 저하와 시황에 따른 불안정성을 보일 수 있다. 이처럼 중국에서는 정부의 정책으로 강조되듯이 기업의 대리인 갈등 이슈나 경영진의 이익 극대화 이슈에만 몰두하는 것이 아니라 사회적 목표도 만족시키려 한다는 것이다.[137] 그 결과 기업 경영의 주체 간, 특히 국영 기업에서 정부의 소유권과 주식 소유권자 간의 잠정적 갈등이 존재하게 된다.[138]

한편 중국의 기업 지배 구조 형태가 서구화되고 있다는 연구 결과도 있다. 최근 들어 중국 기업의 최고 경영진에 대한 보수가 기업의 경영 성과 기준을 중심으로 설정되는 현상이 뚜렷하다는 것이다.[139] 또한 제도적 취약성 때문에 소유주 체제 기업에서의 재무적 성과가 더 높게 나타난다는 연구 결과도 있다.[140]

나라마다 지배 구조 시스템의 개선을 위한 노력에는 복잡한 문제가 따르게 마련이다. 이처럼 중국에서도 정부와 기업과 국민에 최적화된 지배 구조 메커니즘을 구축하기 위한 각 집단별(예: 자유 시장 경제를 지향하는 중국 정부의 적극적인 활동 등) 노력에 따라 시간을 갖고 지속적인 진화가 이루어질 것으로 전망된다. 하지만 특정 국가의 지배 구조 시스템이 변화하면서 다국적기업의 경영진과 이사회 역시 진화의 과정을 거치게 될 것이다. 예를 들면, 해외 시장에 뛰어든 기업일수록 국제적 경험이 풍부한 경영진으로 구성될 것이며, 외국인 소유 지분 및 이사회에서의 외국인 이사들의 비율이 더 증가할 것이라는 것이다.[141]

10-6 지배 구조 메커니즘과 윤리적 행동

기업 내부의 세 가지 그리고 외부의 한 가지 지배 구조 메커니즘은 모두 기업 소유주의 대리인, 즉 최고 경영자가 모든 이해관계자의 요구를 최대로 만족시켜주는 전략적 의사결정을 내릴 수 있도록 디자인된 방식이다. 미국의 경우에는 주주들을 이해관계자 중 가장 중요한 집단으로 고려한다. 하지만 갈수록 최고 경영자가 시장 제품 이해관계집단(예: 고객, 공급자, 지역 주민), 조직 기관 이해관계 집단(예: 관리자 집단, 일반 종업원 집단) 등의 요구에도 부응하는 기업 경영을 해야 한다는 압력이 증대되고 있다.[142] 그러므로 경영자의 행동과 성과로 표출되는 모든 사항은 이들 이해관계자 집단의 요구를 최소한 만족시켜야 한다. 왜냐하면 불만족한 이해관계자는 해당 기업에 대한 지원을 철회하고 다른 기업으로 옮아가기 때문이다(예: 보다 적절한 제안을 하는 공급자를 택하여 제품을 구입하는 고객의 행동).

내부적 기업 지배 구조 메커니즘이 디자인되어 윤리적으로 책임성 있는 리더에 의해 운영되면 이해관계자들의 요구에 대한 적어도 최소한의 만족은 보장해준다는 연구 결과가 있다.[143] 엔론, 월드콤, 헬스사우스(HealthSouth), 그리고 인도에 본사를 둔 IT 업계의 대기업인 사티얌(Satyam) 등에서 처럼 엄청난 스캔들에 휩싸인 기업들의 사례는 이해관계자들을 만족시켜주는 노력이 결여된 비윤리적 행동의 부정적 결과를 여실히 보여준다. 이처럼 세계 어느 나라에서든지 이해관계자를 위한 최고의 덕목인 최고 경영자의 윤리적 행동은 매우 중요한 이슈로 다루어진다.[144]

이사회의 의사결정과 행동은 이러한 최고 경영자의 비윤리적 행동을 효과적으로 억제시켜주는 역할을 한다. 실제로 효과적인 이사회일수록 기업의 경영 윤리와 가치 기준을 확실히 제시하고 있다.[145] 윤리적 행동 범주가 설정되고 윤리 헌장으로 공식화된 이후, 이사회에서는 기업의 경영진은 물론 이해관계자 집단(예: 고객 및 공급자)에 대하여 이를 충분히 이해하도록 제품의 생산과 판매 활동 전반에 걸쳐 상호 명확한 소통이 이루어져야 한다. 그리고 기업 소유주의 대리인으로서 최고 경영자는 내부 지배 구조 메커니즘으로 활동하는 이사회가 윤리적인 행동만 하도록 조직 문화를 구축하도록 그들을 지원하고 책임을 부여한다는 점을 분명히 이해하고 있어야 한다. 기업의 CEO는 윤리적 행동을 개선시켜가는 주도적 역할 모델이 되어야 한다는 것이다(12장 참조).[146]

해외 시장에서 활동하고 있는 다국적기업들이 당면하게 되는 가장 심각한 이슈는 바로 뇌물 수수이다.[147] 전반적으로 뇌물 수수에 대한 제도적 장치가 취약한 나라일수록 수출 활동이 감소되는데, 특히 중소기업들이 뇌물 수수의 희생양이 되기 쉽다. 이처럼 뇌물 수수는 경제 성장의 주춧돌이 되는 기업가 정신을 위축시키게 된다. 반면에 대규모 다국적기업들은 해외 시장 선정에 있어서 어디에 진출할 것인지, 그리고 어떻게 진출할 것인지에 대한 윤리적 리더십을 발휘할 수 있는 충분한 파워가 있으므로 상대적으로 부정적인 결과는 거의 나타나지 않는 편이다.[148]

잘 디자인된 지배 구조 메커니즘과 적절한 정부의 제도적 장치, 그리고 협력적인 관계를 구축한 최고 경영진에 의해 전략을 수립한 효과적인 지배 구조 하에서는 전략적 경쟁력 제고는 물론 평균 이상의 투자수익률을 보여준다. 반면에 지배 구조 메커니즘이 비효과적인 회사에서는 다른 경쟁사들의 지배 구조 활동이 더욱 부각되어 나타나게 된다.

World Finance에서는 전 세계 기업 지배 구조의 실천력에 대한 평가를 하는데, 2015년도의 "최우수 기업 지배 구조 대상" 기업으로는 캐나다의 마그나 인터내셔널(Magna International), 중국의 중국 커뮤니케이션 서비스(China Communications Services Corporation), 독일의 BASF, 노르웨이의 프로세이프(Prosafe), 영국의 브리티시 텔레콤(British Telecom), 그리고 미국의 인텔 등을 선정하였다. 기업 지배 구조 심사평가를 위해서 이사회의 책무와 재무성과 공개, 임원 보수, 주주 권리, 소유권 기반, 경영권 인수조건, 기업의 윤리적 행동 및 기업의 전반적 책임수행 등과 같은 지표가 적용된다.[149]

요약

- 기업 지배 구조는 회사의 방향과 성과를 결정하고 통제하는데 사용되는 이해관계자들 간의 관계이다. 기업에서 최고 경영자들의 의사결정과 행동을 어떻게 감시 감독하는가 하는 활동은 전략 수립에 영향을 미친다. 경영자의 의사결정과 주주들의 관심 사항을 일치시켜 주는 효과적인 지배 구조는 회사의 경쟁우위를 제고시켜 준다.
- 현대 기업에서는 세 가지의 내부 지배 구조 메커니즘을 활용하고 있다.
  - 소유권 집중
  - 이사회
  - 임원 보수
- 기업 통제를 위한 시장은 외부 지배 구조 메커니즘으로 경영자의 의사결정 활동 및 그에 따라 창출되는 경영 성과에 영향을 미친다.
- 현대 기업에서는 소유권과 경영권이 분리되어 있다. 기업의 주체인 소유주는 대리인으로 경영자를 고용하여 그들이 회사의 가치를 극대화시켜주는 의사결정을 하도록 한다. 투자 위험을 관리하기 위해서 주주들은 여러 기업에 분산 투자하는 포트폴리오를 통하여 종합적인 위험을 낮추는 방안을 택한다. 소유주는 그들의 대리인(기업의 최고 경영자로서 의사결정 전문가)들로 하여금 회사의 가치를 극대화시키는 의사결정을 기대한다. 이처럼 현대 기업은 기업의 소유주로서 고용을 하는 측과 최고 경영자로서 의사결정 기법을 사용함으로써 급여를 받는 측 간의 대리인 관계를 통하여 특정지워진다.
- 소유와 경영의 분리에 따라 대리인이 주체인 소유주와 상이한 목표를 추구하면 대리인 문제가 발생한다. 주체 집단에서는 이러한 문제를 다루기 위해 지배 구조 메커니즘을 구축하여 활용한다.
- 소유권 집중은 대주주 집단의 수와 그들이 보유하고 있는 지분의 비율로 정의된다. 뮤추얼 펀드나 연금 펀드 같은 기관 투자자의 지분율이 높아지면 최고 경영진의 의사결정과 행동에 영향을 미치게 된다. 주식의 분산 소유에 의해 감시 감독 활동이 취약해지지 않도록 해주는 소유권 집중은 보다 적극적이고 효과적인 감시 감독 활동을 가능케 해준다. 미국 기업에 있어서 기관 투자자들은 경영자 및 이사회가 주주들의 관심사에 부응하는 최고의 의사결정을 하도록 만드는 강력한 영향력을 발휘한다.
- 미국과 영국에서는 주주들의 관심 사항을 대변하도록 내부 임원, 관련 기관 사외이사, 사외이사 등으로 구성되는 이사회가 지배 구조 메커니즘을 형성한다. 이제는 사외이사의 비중이 사내이사보다 높은 편이다. SOX법이 발효되면서 사외이사들은 사내 출신 이사들보다 훨씬 최고 경영자로부터 독립적으로 활동하게 되었다. 특히 SEC의 규정이 적용되면서 대주주들이 사외이사 선임과 그 독립성 보장을 위해 적극 개입할 수 있게 되었다. 여기에 도드프랭크법에 의하여 지배 구조 관련 규제가 더욱 강화되고 있다.
- 임원에 대한 보수는 지배 구조 메커니즘에서 특히 부각되며 비판의 대상이 되기도 한다. 급여, 보너스, 장기적 인센티브 등이 경영자와 주주 간의 이해 조정 대상이 된다. 회사의 이사회가 바로 이러한 임원 보수 시스템을 효과적으로 결정하는 책임을 진다. 경영자들의 효과적인 의사결정 시스템 구축은 주주들의 최대 관심 사항이다.
- 일반적으로 주주와 이사회가 경영 의사결정에 대한 통제 집단으로 부각된다. 하지만 이들 역시 완벽하거나 충분하다고 할 수 없다. 이처럼 내부 통제 메커니즘이 실패할 경우에는 외부적 지배 구조 메커니즘인 기업 경영권 통제 시장을 활용하는

것이 바람직하다. 외부적 경영권 시장 역시 완벽하지는 않지만 비효율적인 다각화 또는 보다 효과적인 전략적 의사결정을 내리는 데는 매우 효과적인 수단이다.

- 독일, 일본 및 중국의 기업 지배 구조는 미국의 구조와는 상이하다. 역사적으로 미국의 지배 구조는 주주들의 가치를 극대화시키는 데 초점을 두고 있다. 독일의 경우에는 종업원이 이해관계자의 한 집단으로 지배 구조상 중요한 역할을 한다. 이와는 반대로 일본의 주주들은 최근까지도 최고 경영자를 감시 감독하는 데 있어서는 실제로 거의 역할을 하지 않았다. 하지만 일본 기업들도 행동주의 투자자들에 의해 도전을 받고 있다. 중국에서는 중앙정부가 기업 지배 구조 활동에 있어서 주도적인 역할을 하고 있다. 국제적으로 비교해보면 이들 각국의 지배 구조 시스템이 서로 유사한 방향으로 변화되고 있는데, 이는 개발도상국인 브라질, 인도에서뿐만 아니라 선진국인 프랑스와 스페인 등 대부분의 지배 구조 시스템에서 동일하게 나타나고 있다.
- 효과적인 지배 구조 메커니즘은 이해관계자들의 관심 사항을 만족시켜 준다. 이처럼 전략적 경쟁력은 적어도 자본 시장의 이해관계자 집단(예: 주주), 제품 시장 이해관계자 집단(예: 고객 및 공급자), 조직 기관 이해관계자 집단(예: 경영자 및 일반 종업원 집단. 2장 참조) 등을 최소한 어느 정도 만족시켜주는 결과를 보여준다. 나아가서 효과적인 지배 구조는 전략의 수립과 실천 활동에 있어서 윤리적인 행동을 유도해준다.

핵심 용어

관리적 기회주의 299	기업 지배권 시장 312	대주주 집단 304	임원 보수 308
기관 소유주 305	대리인 관계 299	소유권 집중 304	
기업 지배 구조 296	대리인 비용 302	이사회 306	

복습 문제

1. 기업 지배 구조란 무엇인가? 행동주의 투자자, 비즈니스 언론 기자, 학자 등 여러 집단으로부터 기업 지배 구조가 엄청난 주목을 받고 있는 핵심 요인은 무엇인가? 경영자의 의사결정을 감독하기 위한 수단으로 지배 구조가 필요한 이유는 무엇인가?
2. 기업에서 소유와 경영의 분리란 무엇을 의미하는가? 이와 같은 분리가 존재하는 이유는 무엇인가?
3. 대리인 관계란 무엇인가? 관리적 기회주의란 무엇인가? 기업의 소유주가 대리인으로서 경영자에 대한 가정은 어떻게 갖고 있는가?
4. 세 가지 내부 기업 지배 구조(소유권 집중, 이사회, 임원 보수)는 기업의 소유주와 경영 대리인 간의 이해관계 조정을 위해 각각 어떻게 사용되는가?
5. 임원 보수의 추세는 어떻게 나타나는가? 최고 경영자의 전략적 의사결정에 대한 장기적 인센티브 적용 사례가 증가되는 효과는 어떻게 나타나는가?
6. 기업 지배권 시장이란 무엇인가? 어떤 환경 조건들이 이러한 외부적 지배 구조 메커니즘을 활발하게 만드는가? 이러한 메커니즘은 최고 경영자들의 의사결정과 행동을 어떻게 제약하는가?
7. 독일, 일본, 중국의 기업 지배 구조 특성은 어떠한가?
8. 기업 지배 구조는 대리인으로서 경영자들의 윤리적 의사결정과 윤리적 행동을 어떻게 유도해주는가?

[Mini Case] JP모건체이스 최고 경영자 제이미 다이먼의 황제 경영

JP모건체이스의 최고 경영자인 제이미 다이먼은 수많은 대형 은행 및 주요 금융 기관이 감당하기 어려운 위험에 봉착하면서 2008년부터 촉발되기 시작한 엄청난 경제적 침체에도 불구하고 전연 영향을 받지 않은 몇 안 되는 최고 경영자이다. 아울러 다이먼은 카리스마를 가진 탁월한 리더로 평가된다. 하지만 2012년에는 JP모건체이스도 극단적인 위험 감수 전략 때문에 큰 곤혹을

치르게 된다. 이는 런던 지점 직원들이 일상적 분석 모델에서 허용하는 위험 한계를 불법적으로 뛰어 넘는 엄청난 신용 파생 상품 거래를 할 수 있도록 함으로써 야기된 스캔들로, JP모건체이스는 결과적으로 60억 달러 이상의 손실을 보았다. 흔히 런던에서 근무하던 고래 같은 큰 손이 엄청난 실패를 했다는 의미로 이 사건을 '런던 고래의 참사(London Whale trading debacle)'로 부른다.

이와 같은 참사를 부른 천문학적 손실과 실패의 책임을 물어 주주 권익 보호 단체들이 다이먼은 CEO 지위만 맡고 CEO와 이사회 의장직을 분리해야 한다는 행동을 개시하였다. 특히 미국 공무원 노조인 AFSCME(American Federation of State, County and Municipal Employees)와 기관 투자자문서비스회사인 ISS(Institutional Shareholder Services)가 선봉에 나섰는데, AFSCME는 JP모건체이스의 CEO 자리와 이사회 의장 자리의 분리, 그리고 ISS는 주주들이 이사회 정책위원회의 현직 이사 세 명이 맡고 있는 자리에 대한 선임 투표를 하도록 압력을 가했다.

이에 대응하여 다이먼은 파생상품 거래로 대규모 손실을 낸 런던 고래 참사가 단지 몇 명의 문제 직원의 부적절한 행동 때문에 발생한 예외적인 비정상적 현상이라고 강변하였다. 그럼에도 불구하고 이 사건은 엄청난 위험이 따른 은행측의 실수라는 여론이 강하게 제기되었다.

JP모건체이스의 임원과 이사회는 이와 같은 반발을 무마시키려고 무던히 노력했다. 특히 근 25년간 이사회 이사로 있었던 엑슨모빌(Exxon Mobil)의 전임 회장 리 레이먼드(Lee Raymond)는 다이먼을 지지하며 부정적 표결이 나오지 않도록 앞장섰다. 기관 투자자를 대상으로 한 로비 활동은 물론 클린턴 전 대통령에게도 AFSCME와의 타협을 주선해주도록 요청했다(클린턴은 이를 거절함). 또한 다이넘에게 뭔가 역할이 주어지지 않을 경우에는 그가 사직할 것이 분명하며 결국 주가하락으로 이어지는 사태가 올 것이란 주장도 하였다. 이러한 노력의 결과 전체 3분의 2나 되는 압도적인 표결 결과로 다이먼이 회장직과 이사회 의장직을 둘 다 맡게 되었다.

전문가들의 분석에 따르면, 반대표를 던진 나머지 3분의 1의 주주 역시 다이먼에 대한 신임 투표를 했다고 볼 수 없다고 하였다. 표결 결과가 예상 외로 나왔다고 할 수 없는 이유는 은행의 10대 기관 투자자 회장 중 7명이나 이사회 의장직을 겸직하고 있었기 때문이다. 그러므로 자신의 조직에서 이러한 겸직을 하면서 어떻게 JP모건체이스는 그렇게 해서는 안 된다고 할 수 있겠는가? 게다가 이들 주요 기관 투자자들 역시 고수익을 추구하는 고위험 투자 활동을 선호하고 있었다. 이와 같은 현상은 정부 정책상 대형 은행이 흔들리도록 방치할 수 없으므로 결국 손실을 볼 위험이 낮은 경우 더더욱 확산되게 마련이다.

이를 두고 파이낸셜 타임지의 한 분석가는 바람직한 기업 지배 구조를 위한 투표라기보다는 혹시 다이먼 같은 인물을 잃어버릴지도 모른다는 우려 때문에 나온 결과라는 의견과 함께 미국의 주주 권리가 실제로 얼마나 무기력한가를 보여주는 하나의 증거라고 꼬집었다. 또 다른 분석가는 회장직과 의장직을 분리한다고 바람직한 지배 구조를 갖춘다는 보장은 할 수 없으며, 단지 이는 바람직한 지배 구조를 위한 하나의 전제 조건에 불과하다고 하였다. 리 레이먼드는 조만간 이사회의 새로운 조치가 있을 것이라 했는데, 전문가들은 이러한 이사회의 조치가 다이먼 회장을 겨냥하기보다는 이사회 내 위험 관리와 감사위원회를 구성하는 방법상의 변경일 것으로 내다보았다. 일부에서는 이사회 구성원 중 몇몇은 자신의 업무에 대한 지식이 전무하거나 은행과 재무적 관계에 있으므로 이해관계상 잠재적 갈등의 소지를 안고 있다는 점을 지적하고 있다. 다이먼을 변호해주는 한 요인으로는 JP모건체이스가 지배 구조에 대한 혹평에도 불구하고 지속적으로 양호한 성과를 보이고 있다는 점을 들 수 있다.

출처: E. Bloxham, 2015, J.P. Morgan: Taking on more risk than it can handle? *Fortune*, www.fortune.com, May 14; S. Gandel, 2015, After complaining about regulations, JPMorgan Chase beats estimates—again. *Fortune*, www.fortune.com, April 29; E. Glazer, 2014, J.P. Morgan's decade of Dimon, *Wall Street Journal*, June 30, C1; J. Eisinger, 2013, Flawed system suits the shareholders just fine, *New York Times DealBook*, http://dealbook.nytimes.com, May 29; J. Plender, 2013, The divine right of the imperial CEO, *Financial Times*, www.ft.com, May 26; J. Sommer, 2013, The CEO triumphant (at least at Apple and Chase), *New York Times*, www.nytimes.com, May 25; H. Moore, 2013, JP Morgan CEO Jamie Dimon remains the Indiana Jones of corporate America, *The Guardian*, www.guardian.com, May 21; J. Silver-Greenberg & S. Craig, 2013, Strong lobbying helps Dimon thwart a shareholder challenge, *New York Times DealBook*, http://dealbook.nytimes.com, May 21; D. Fitzpatrick, J. S. Lublin, & J. Steinberg, 2013, Vote strengthens Dimon's grip, *Wall Street Journal*, www.wsj.com, May 21; A. T. Crane & A. Currie, 2013, Dimon's Pyrrhic victory, *New York Times DealBook*, http://dealbook.nytimes.com, May 21; D. Benoit, 2013, J.P. Morgan's powerful board members, *Wall Street Journal*, www.wsj.com, May 20; M. Egan, 2013, Top J.P. Morgan directors back Dimon as CEO, Chair, *Fox Business*, www.foxbusiness.com, May 10.

토의 문제

1. 주주들의 관심 사항을 보호해주는 데 있어서 JP모건체이스의 지배 구조가 어느 정도 잘 작동하고 있다고 생각하는가?
2. JP모건체이스의 상황으로서는 어떤 특별한 지배 구조 방식이 바람직한 지배 구조 구축에 지원 또는 방해가 될 수 있는가?
3. JP모건체이스의 지배 구조 시스템을 개선하기 위해서는 어떤 특별한 제안을 할 수 있는가? 그리고 10장에서 서술한 보다 일반적인 관점에서 지배 구조 개선을 위한 방법으로는 무엇이 있는가?

미주

1. G. Subramanian, 2015, Corporate governance 2.0. *Harvard Business Review*, 93(3): 96–105; X. Castaner & N. Kavadis, 2013, Does good governance prevent bad strategy? A study of corporate governance, financial diversification, and value creation by French corporations, 2000–2006, *Strategic Management Journal*, 34: 863–876.
2. I. Filatotchev & C. Nakajima, C. 2014, Corporate governance, responsible managerial behavior, and corporate social responsibility: Organizational efficiency versus organizational legitimacy? *Academy of Management Perspectives*, 28: 289–306; A. P. Cowen & J. J. Marcel, 2011, Damaged goods: Board decisions to dismiss reputationally compromised directors, *Academy of Management Journal*, 54: 509–527.
3. J. Joseph, W. Ocasio, & M. McDonnell, 2014, The structural elaboration of board independence: Executive power, institutional logics, and the adoption of CEO-only board structures in U.S. corporate governance, *Academy of Management Journal*, 57: 1834–1858; P. J. Davis, 2013, Senior executives and their boards: Toward a more involved director, *Journal of Business Strategy*, 34(1): 3–40.
4. S. Ayuso, M. A. Rodríguez, R. García- Castro, & M. A. Ariño, 2014, Maximizing stakeholders' interests: An empirical analysis of the stakeholder approach to corporate governance, *Business & Society*, 53: 414–439; D. R. Dalton, M. A. Hitt, S. T. Certo, & C. M. Dalton, 2008, The fundamental agency problem and its mitigation: Independence, equity and the market for corporate control, in J. P. Walsh and A. P. Brief (eds.), *The Academy of Management Annals*, NY: Lawrence Erlbaum Associates, 1–64; E. F. Fama & M. C. Jensen, 1983, Separation of ownership and control, *Journal of Law and Economics*, 26: 301–325.
5. H. Zeitoun, M. Osterloh, & B. S. Frey, 2014, Learning from ancient Athens: Demarchy and corporate governance, *Academy of Management Perspectives*, 28: 1–14; J. S. Harrison, D. A. Bosse, & R. A. Phillips, 2010, Managing for stakeholders, stakeholder utility functions, and competitive advantage, *Strategic Management Journal*, 31: 58–74.
6. B. Soltani & C. Maupetit, 2015, Importance of core values of ethics, integrity and accountability in the European corporate governance codes, *Journal of Management & Governance*, 19: 259–284; T. J. Boulton, S. B. Smart, & C. J. Zutter, 2010, IPO underpricing and international corporate governance, *Journal of International Business Studies*, 41: 206–222.
7. A. Capasso, G. Dagnino, & W. Shen, 2014, Special issue on 'corporate governance and strategic management in different contexts: Fostering interchange of a crucial relationship', *Journal of Management & Governance*, 18: 921–927; E. Vaara, R. Sarala, G. K. Stahl, & I. Bjorkman, 2012, The impact of organizational and national cultural differences on social conflict and knowledge transfer in international acquisitions, *Journal of Management Studies*, 49: 1–27; W. Judge, 2010, Corporate governance mechanisms throughout the world, *Corporate Governance: An International Review*, 18: 159–160.
8. L. S. Tsui-Auch & T. Yoshikawa, 2015, Institutional change versus resilience: A study of incorporation of independent directors in Singapore banks, *Asian Business & Management*, 14: 91–115.
9. G. Bell, I. Filatotchev, & R. Aguilera, 2014, Corporate governance and investors' perceptions of foreign IPO value: An institutional perspective, *Academy of Management Journal*, 57: 301–320; W. Kim, T. Sung, & S. J. Wei, 2011, Does corporate governance risk at home affect investment choice abroad? *Journal of International Economics*, 85: 25–41.
10. H. Servaes & A. Tamayo, 2014, How do industry peers respond to control threats?. *Management Science*, 60: 380–399; J. Lee, 2013, Dancing with the enemy? Relational hazards and the contingent value of repeat exchanges in M&A markets, *Organization Science*, 24: 1237–1256; M. A. Hitt, R. E. Hoskisson, R. A. Johnson, & D. D. Moesel, 1996, The market for corporate control and firm innovation, *Academy of Management Journal*, 45: 697–716.
11. G. E. Davis & T. A. Thompson, 1994, A social movement perspective on corporate control, *Administrative Science Quarterly*, 39: 141–173.
12. F. Bertoni, M. Meoli, & S. Vismara, 2014, Board Independence, Ownership structure and the valuation of IPOs in Continental Europe, *Corporate Governance: An International Review*, 22:116–131; V. V. Acharya, S. C. Myers, & R. G. Rajan, 2011, The internal governance of firms, *Journal of Finance*, 66: 689–720; R. Bricker & N. Chandar, 2000, Where Berle and Means went wrong: A reassessment of capital market agency and financial reporting, *Accounting, Organizations, and Society*, 25: 529–554.
13. T. M. Alessandri & A. Seth, 2014, The effects of managerial ownership on international and business diversification: Balancing incentives and risks, *Strategic Management Journal*, 35: 2064–2075; A. M. Colpan, T. Yoshikawa, T. Hikino, & E. G. Del Brio, 2011, Shareholder heterogeneity and conflicting goals: Strategic investments in the Japanese electronics industry, *Journal of Management Studies*, 48: 591–618; R. M. Wiseman & L. R. Gomez-Mejia, 1999, A behavioral agency model of managerial risk taking, *Academy of Management Review*, 23: 133–153.
14. M. Essen, M. Carney, E. R. Gedajlovic, & P. R. Heugens, 2015, How does family control influence firm strategy and performance? A meta-analysis of US publicly listed firms, *Corporate Governance: An International Review*, 23: 3–24; D. L. Deephouse & P. Jaskiewicz, 2013, Do family firms have better reputations than non-family firms? An integration of socioecomotional wealth and social identity theory, *Journal of Management Studies*, 50: 337–360; A. Minichilli, G. Corbetta, & I. C. MacMillan, 2010, Top management teams in family-controlled companies: 'Familiness', 'faultlines', and their impact on financial performance, *Journal of Management Studies*, 47: 205–222.
15. D. Miller, I. Le Breton-Miller, & R. Lester, 2013, Family firm governance, strategic conformity and performance: Institutional vs. strategic perspectives, *Organization Science*, in press; M. W. Peng & Y. Jiang, 2010, Institutions behind family ownership and control in large firms, *Journal of Management Studies*, 47: 253–273.
16. Essen, Carney, Gedajlovic, & Heugens, How does family control influence firm strategy and performance? A. meta-analysis of US publicly listed firms; E. Gedajlovic, M. Carney, J. J. Chrisman, & F. W. Kellermans, 2012, The adolescence of family firm research: Taking stock and planning for the future, *Journal of Management*, 38: 1010–1037; R. C. Anderson & D. M. Reeb, 2004, Board composition: Balancing family influence in S&P 500 firms, *Administrative Science Quarterly*, 49: 209–237.
17. Y. Cheung, I. Haw, W. Tan, & W. Wang, 2014, Board Structure and intragroup propping: Evidence from family business groups in Hong Kong. *Financial Management*, 43: 569–601; E. Lutz & S. Schrami, 2012, Family firms: Should they hire an outside CFO? *Journal of Business Strategy*, 33(1): 39–44; E. T. Chen & J. Nowland, 2010, Optimal board monitoring in family owned companies: Evidence from Asia, *Corporate Governance: An International Review*, 18: 3–17.
18. J. L. Arregle, L. Naldi, M. Nordquvist, & M. A. Hitt, 2012, Internationalization of family controlled firm: A study of the effects of external involvement in governance, *Entrepreneurship Theory and Practice*, 36: 1115–1143; D. G. Sirmon, J. L. Arregle, M. A. Hitt, & J. W. Webb, 2008, Strategic responses to the threat of imitation, *Entrepreneurship Theory and Practice*, 32: 979–998.
19. R. M. Wiseman, G. Cuevas-Rodriguez, & L. R. Gomez-Mejia, 2012, Towards a social theory of agency, *Journal of Management Studies*, 49: 202–222; G. Dushnitsky & Z. Shapira, 2010, Entrepreneurial finance meets organizational reality: Comparing investment practices and performance of corporate and independent venture capitalists, *Strategic Management Journal*, 31: 990–1017.
20. A. K. Hoenen & T. Kostova, 2014, Utilizing the broader agency perspective for studying headquarters-subsidiary relations in multinational companies, *Journal of International Business Studies*, 46: 104–113; T. J. Quigley & D. C. Hambrick, 2012, When the former CEO stays on as board chair: Effects on successor discretion, strategic change and performance, *Strategic Management Journal*, 33: 834–859.
21. R. Krause, M. Semadeni, & A. A. Cannella, 2013, External COO/presidents as expert directors: A new look at the service role of boards, *Strategic Management Journal*, 34: 1628–1641; A. Mackey, 2008, The effects of CEOs on firm performance, *Strategic Management Journal*, 29: 1357–1367.
22. W. Li & Y. Lu, 2012, CEO dismissal, institutional development and environmental dynamism, *Asia Pacific Journal of Management*, 29: 1007–1026; L. L. Lan & L. Heracleous, 2010, Rethinking agency theory: The view from law, *Academy of Management Review*, 35: 294–314; Dalton, Hitt, Certo, & Dalton, 2008, The fundamental agency problem and its mitigation: Independence, equity and the market for corporate control.
23. B. Kang & R. P Jindal, 2015, Opportunism in buyer-seller relationships: Some unexplored antecedents, *Journal of Business Research*, 68: 735–742; K. Vafai, 2010, Opportunism in organizations, *Journal of Law, Economics, and Organization*, 26: 158–181; O. E. Williamson, 1996, *The Mechanisms of Governance*, NY: Oxford University Press, 6.
24. Y. Luo, Y. Liu, Q. Yang, V. Maksimov, & J. Hou, 2015, Improving performance and reducing cost in buyer-

supplier relationships: The role of justice in curtailing opportunism, *Journal of Business Research*, 68: 607–615; F. Lumineau & D. Malhotra, 2011, Shadow of the contract: How contract structure shapes interfirm dispute resolution, *Strategic Management Journal*, 32: 532–555.

25. B. Balsmeier, A. Buchwald, & J. Stiebale, 2014, Outside directors on the board and innovative firm performance, *Research Policy*, 43: 1800–1815; M. L. McDonald, P. Khanna, & J. D. Westphal, 2008, Getting them to think outside the circle: Corporate governance CEOs' external advice networks, and firm performance, *Academy of Management Journal*, 51: 453–475.

26. Y. Ning, X. Hu, & X. Garza-Gomez, 2015, An empirical analysis of the impact of large changes in institutional ownership on CEO compensation risk, *Journal of Economics & Finance*, 39: 23–47; J. Harris, S. Johnson, & D. Souder, 2013, Model theoretic knowledge accumulation: The case of agency theory and incentive alignment, *Academy of Management Review*, 38: 442–454; L. Weber & K. J. Mayer, 2011, Designing effective contracts: Exploring the influence of framing and expectations, *Academy of Management Review*, 36: 53–75.

27. T. J. Boulton, M. V. Braga-Alves, & F. P. Schlingemann, 2014, Does equitybased compensation make CEOs more acquisitive? *Journal of Financial Research*, 37: 267–294; T. Hutzschenreuter & J. Horstkotte, 2013, Performance effects of top management team demographic faultlines in the process of product diversification, *Strategic Management Journal*, 34: 704–726; E. Levitas, V. L. Barker, III, & M. Ahsan, 2011, Top manager ownership levels and incentive alignment in inventively active firms, *Journal of Strategy and Management*, 4: 116–135.

28. D. E. Black, S. S. Dikolli, & S. D. Dyreng, 2014, CEO pay-for-complexity and the risk of managerial diversion from multinational diversification, *Contemporary Accounting Research*, 31: 103–135 P. David, J. P. O'Brien, T. Yoshikawa, &. A. Delios, 2010, Do shareholders or stakeholders appropriate the rents from corporate diversification? The influence of ownership structure, *Academy of Management Journal*, 53: 636–654; G. P. Baker & B. J. Hall, 2004, CEO incentives and firm size, *Journal of Labor Economics*, 22: 767–798.

29. A. S. Hornstein & Z. Nguyen, 2014, Is more less? Propensity to diversify via M&A and market reaction, *International Review of Financial Analysis*, 34: 76–88; S. W. Geiger & L. H. Cashen, 2007, Organizational size and CEO compensation: The moderating effect of diversification in downscoping organizations, *Journal of Managerial Issues*, 9: 233–252.

30. B. W. Benson, J. C. Park, & W. N. Davidson, 2014, Equity-based incentives, risk aversion, and merger-related risk-taking behavior, *Financial Review*, 49: 117–148; M. Larraza-Kintana, L. R. Gomez-Mejia, & R. M. Wiseman, 2011, Compensation framing and the risk-taking behavior of the CEO: Testing the influence of alternative reference points, *Management Research: The Journal of the Iberoamerican Academy of Management*, 9: 32–55.

31. 2014, Lockheed Martin, Annual Report, www.lockheedmartin.com, May 20; B. Kowitt, 2013, Lockheed's secret weapon, *Fortune*, May 20, 196–204.

32. M. S. Jensen, 1986, Agency costs of free cash flow, corporate finance, and takeovers, *American Economic Review*, 76: 323–329.

33. J. P. O'Brien, P. David, T. Yoshikawa, & A. Delios, 2014, How capital structure influences diversification performance: A transaction cost perspective, *Strategic Management Journal*, 35: 1013–1031; R. E. Meyer & M. A. Hollerer, 2010, Meaning structures in a contested issue field: A topographic map of shareholder value in Austria, *Academy of Management Journal*, 53: 1241–1262; M. Jensen & E. Zajac, 2004, Corporate elites and corporate strategy: How demographic preferences and structural position shape the scope of the firm, *Strategic Management Journal*, 25: 507–524.

34. T. B. Mackey & J. B. Barney, 2013, Incorporating opportunity costs in strategic management research: The value of diversification and payout as opportunities forgone when reinvesting in the firm. *Strategic Organization*, 11: 347–363; S. F. Matusik & M. A. Fitza, 2012, Diversification in the venture capital industry: Leveraging knowledge under uncertainty, *Strategic Management Journal*, 33: 407–426; G. Kenny, 2012, Diversification: Best practices of the leading companies, *Journal of Business Strategy*, 33(1): 12–20.

35. T. M. Alessandri & A. Seth, 2014, The effects of managerial ownership on international and business diversification: Balancing incentives and risks, *Strategic Management Journal*, 35: 2064–2075; M. V. S. Kumar, 2013, The costs of related diversification: The impact of the core business on the productivity of related segments, *Organization Science*, 24: 1827–1846; F. Neffke & M. Henning, Skill relatedness and firm diversification, *Strategic Management Journal*, 34: 297–316.

36. S. Pathak, R. E. Hoskisson, & R. A. Johnson, 2014, Settling up in CEO compensation: The impact of divestiture intensity and contextual factors in refocusing firms, *Strategic Management Journal*, 35: 1124–1143; D. D. Bergh, R. A. Johnson, & R. L. Dewitt, 2008, Restructuring through spin-off or sell-off: Transforming information asymmetries into financial gain, *Strategic Management Journal*, 29: 133–148.

37. S. K. Kim, J. D. Arthurs, A. Sahaym, & J. B. Cullen, 2013, Search behavior of the diversified firm: The impact of fit on innovation, *Strategic Management Journal*, 34: 999–1009.

38. J. Kang, 2013, The relationship between corporate diversification and corporate social performance, *Strategic Management Journal*, 34: 94–109.

39. K Kong-Hee & A. A. Rasheed, 2014, board heterogeneity, corporate diversification and firm performance, *Journal of Management Research*: 14: 121–139; E. Rawley, 2010, Diversification, coordination costs, and organizational rigidity: Evidence from microdata, *Strategic Management Journal*, 31: 873–891; T. K. Berry, J. M. Bizjak, M. L. Lemmon, & L. Naveen, 2006, Organizational complexity and CEO labor markets: Evidence from diversified firms, *Journal of Corporate Finance*, 12: 797–817.

40. U. V. Lilienfeld-Toal & S. Ruenzi, 2014, CEO ownership, stock market performance, and managerial discretion, *Journal of Finance*, 69: 1013–1050; R. Krause & M. Semadeni, 2013, Apprentice, departure and demotion: An examination of the three types of CEO-board chair separation, *Academy of Management Journal*, 56: 805–826.

41. W. Rees & T. Rodionova, 2015, The Influence of family ownership on corporate social responsibility: An international analysis of publicly listed companies, *Corporate Governance: An International Review*, 23: 184–202; J. L. Walls, P. Berrone, & P. H. Phan, 2012, Corporate governance and environmental performance: Is there really a link? *Strategic Management Journal*, 33: 885–913; C. J. Kock, J. Santalo, & L. Diestre, 2012, Corporate governance and the environment: What type of governance creates greener companies? *Journal of Management Studies*, 49: 492–514.

42. J. C. Coates & S. Srinivasan, 2014, SOX after ten years: A multidisciplinary review, *Accounting Horizons*, 28: 627–671; M. Hossain, S. Mitra, Z. Rezaee, & B. Sarath, 2011, Corporate governance and earnings management in the pre-and post-Sarbanes-Oxley act regimes: Evidence from implicated option backdating firms, *Journal of Accounting Auditing & Finance*, 28: 279–315; V. Chhaochharia & Y. Grinstein, 2007, Corporate governance and firm value: The impact of the 2002 governance rules, *Journal of Finance*, 62: 1789–1825.

43. S. C. Rice, D. P. Weber, & W. Biyu, 2015, Does SOX 404 have teeth? Consequences of the failure to report existing internal control weaknesses, *Accounting Review*, 90: 1169–1200; Z. Singer & H. You, 2011, The effect of Section 404 of the Sarbanes-Oxley Act on earnings quality, *Journal of Accounting and Finance*, 26: 556–589.

44. 2010, The Dodd-Frank Act: Financial reform update index, Faegre & Benson, www. faegre.com, September 7.

45. B. Appelmaum, 2011, Dodd-Frank supporters clash with currency chief, *New York Times*, www.nytimes.com, July 23.

46. B. J. Bushee, M. E. Carter, & J. Gerakos, 2014, Institutional investor preferences for corporate governance mechanisms, *Journal of Management Accounting Research*, 26: 123–149; M. Goranova, R. Dhanwadkar, & P. Brandes, 2010, Owners on both sides of the deal: Mergers and acquisitions and overlapping institutional ownership, *Strategic Management Journal*, 31: 1114–1135; F. Navissi & V. Naiker, 2006, Institutional ownership and corporate value, *Managerial Finance*, 32: 247–256.

47. J. C. Hartzell, L Sun, & S. Titman, S. 2014, Institutional investors as monitors of corporate diversification decisions: Evidence from real estate investment trusts, *Journal of Corporate Finance*, 25: 61–72; B. L. Connelly, R. E. Hoskisson, L. Tihanyi, & S. T. Certo, 2010, Ownership as a form of corporate governance, *Journal of Management Studies*, 47: 1561–1589; M. Singh, I. Mathur, & K. C. Gleason, 2004, Governance and performance implications of diversification strategies: Evidence from large U.S. firms, *Financial Review*, 39: 489–526.

48. I. Busta, E. Sinani, & S. Thomsen, 2014, Ownership concentration and market value of European banks, *Journal of Management & Governance*, 18: 159–183; K. A. Desender, R. A. Aguilera, R. Crespi, & M. Garcia-Cestona, 2013, When does ownership matter? Board characteristics and behavior, *Strategic Management Journal*, 34: 823–842; J. Wu, D. Xu, & P. H. Phan, 2011, The effects of ownership concentration and corporate debt on corporate divestitures in Chinese listed firms, Asia Pacific *Journal of Management*, 28: 95–114.

49. M. van Essen, J. van Oosterhout, & P. Heugens, 2013, Competition and cooperation in corporate governance: The effects of labor institutions on blockholder effectiveness in 23 European countries, *Organization Science*, 24: 530–551.
50. C. Inoue, S. Lazzarni, & A. Musacchio, 2013, Leviathan as a minority shareholder: Firmlevel implications of equity purchases by the state, *Academy of Management Journal*, 56: 1775–1801.
51. C. Singla, R. Veliyath, & R. George, 2014, Family firms and internationalizationgovernance relationships: Evidence of secondary agency issues, *Strategic Management Journal*, 35: 606–616; S. Y. Collin & J. Ahlberg, 2012, Blood in the boardroom: Family relationships influencing the functions of the board, *Journal of Family Business Strategy*, 3: 207–219.
52. A. Zattoni, L. Gnan, & M. Huse, 2015, Does family involvement influence firm performance? Exploring the mediating effects of board processes and tasks, *Journal of Management*, 41: 1214–1243; D. Miller, A. Minichilli, & G. Corbetta, 2013, Is family leadership always beneficial? *Strategic Management Journal*, 34: 553–571; J. J. Chrisman, J. H. Chua, A. W. Pearson, & T. Barnett, 2012, Family involvement, family influence and family-centered non-economic goals in small firms, *Entrepreneurship Theory and Practice*, 36: 1103–1113.
53. L. R. Gomez-Mejia, J. T. Campbell, G. Martin, R. E. Hoskisson, M. Makri, & D. G. Sirmon, 2014, Socioemotional wealth as a mixed gamble: Revisiting family firm R&D investments with the behavioral agency model, *Entrepreneurship: Theory & Practice*, 38: 1351–1374; A. Konig, N. Kammerlander, & A. Enders, 2013, The family innovator's dilemma: How family influence affects the adoption of discontinuous technologies by incumbent firms, *Academy of Management Review*, 38: 418–441; J. J. Chrisman & P. C. Patel, 2012, Variations in R&D investments of family and nonfamily firms: Behavioral agency and myopic loss aversion perspectives, *Academy of Management Journal*, 55: 976–997.
54. A. Berle & G. Means, 1932, *The Modern Corporation and Private Property*, NY: Macmillan.
55. M. Wang, 2014, Which types of institutional investors constrain abnormal accruals? *Corporate Governance: An International Review*, 22: 43–67; R. A. Johnson, K. Schnatterly, S. G. Johnson, & S. C. Chiu, 2010, Institutional investors and institutional environment: A comparative analysis and review, *Journal of Management Studies*, 47: 1590–1613; M. Gietzmann, 2006, Disclosure of timely and forward-looking statements and strategic management of major institutional ownership, *Long Range Planning*, 39: 409–427.
56. D. Marchick, 2011, Testimony of David Marchick—The power of pensions: Building a strong middle class and a strong economy, *The Carlyle Group homepage*, www.carlyle.com, July 12.
57. J. Chou, L. Ng, V. Sibilkov, & Q. Wang, 2011, Product market competition and corporate governance, *Review of Development Finance*, 1: 114–130; S. D. Chowdhury & E. Z. Wang, 2009, Institutional activism types and CEO compensation: A time-series analysis of large Canadian corporations, *Journal of Management*, 35: 5–36.
58. R. Krause, K. A. Whitler, & M. Semadeni, 2014, Power to the principals! An experimental look at shareholder sayon- pay voting, *Academy of Management Journal*, 57: 94–115; Y. Ertimur, F. Ferri, & S. R. Stubben, 2010, Board of directors' responsiveness to shareholders: Evidence from shareholder proposals, *Journal of Corporate Finance*, 16: 53–72.
59. C. Mallin, 2012, Institutional investors: the vote as a tool of governance, *Journal of Management & Governance*, 16: 177–196; D. Brewster, 2009, U.S. investors get to nominate boards, *Financial Times*, www. ft.com, May 20.
60. S. Craig, 2013, The giant of shareholders, quietly stirring, *New York Times*, www. nytimes.com, May 18.
61. 2015, BlackRock's Fink tells S&P 500 firms to think long-term, *Fortune*, www.fortune. com, April 29
62. X. Liu, D. D. van Jaarsveld, R. Batt, & A. C. Frost, 2014, The influence of capital structure on strategic human capital: Evidence from U.S. And Canadian firms. *Journal of Management*, 40: 422–448; M. Hadani, M. Goranova, & R. Khan, 2011, Institutional investors, shareholder activism, and earnings management, *Journal of Business Research*, 64: 1352–1360; L. Tihanyi, R. A. Johnson, R. E. Hoskisson, & M. A. Hitt, 2003, Institutional ownership differences and international diversification: The effects of boards of directors and technological opportunity, *Academy of Management Journal*, 46: 195 211.
63. M. L. Heyden, J. Oehmichen, S. Nichting, & H. W. Volberda, 2015, Board background heterogeneity and explorationexploitation: The role of the institutionally adopted board model, *Global Strategy Journal*, 5: 154–176; S. Garg, 2013, Venture boards: Differences with public boards and implications for monitoring and firm performance, *Academy of Management Review*, 38: 90–108; O. Faleye, R. Hoitash, & U. Hoitash, 2011, The costs of intense board monitoring, *Journal of Financial Economics*, 101: 160–181.
64. D. Barton & M. Wiseman, 2015, Where boards fall short, *Harvard Business Review*, 93(1/2): 98–104; J. T. Campbell, T. C. Campbell, D. G. Sirmon, L. Bierman, & C. S. Tuggle, 2012, Shareholder influence over director nomination via proxy access: Implications for agency conflict and stakeholder value, *Strategic Management Journal*, 33: 1431–1451; C. M. Dalton & D. R. Dalton 2006, Corporate governance best practices: The proof is in the process, *Journal of Business Strategy*, 27(4): 5–7.
65. A. Tushke, W. G. Sanders, & E. Hernandez, 2014, Whose experience matters in the boardroom? The effects of experiential and vicarious learning on emerging market entry, *Strategic Management Journal*, 35: 398–418; T. Dalziel, R. J. Gentry, & M. Bowerman, 2011, An integrated agencyresource dependence view of the influence of directors' human and relational capital on firms' R&D spending, *Journal of Management Studies*, 48: 1217–1242.
66. P. Khanna, C. D. Jones, & S. Boivie, 2014, Director human capital, information processing demands, and board effectiveness, *Journal of Management*, 40: 557–585; O. Faleye, 2011, CEO directors, executive incentives, and corporate strategic initiatives, *Journal of Financial Research*, 34: 241–277; C. S. Tuggle, D. G. Sirmon, C. R. Reutzel, & L. Bierman, 2010, Commanding board of director attention: Investigating how organizational performance and CEO duality affect board members' attention to monitoring, *Strategic Management Journal*, 31: 946–968.
67. C. Sundaramurthy, K. Pukthuanthong, & Y. Kor, 2014, Positive and negative synergies between the CEO's and the corporate board's human and social capital: A study of biotechnology firms, *Strategic Management Journal*, 35: 845–868; S. Chahine, I. Filatotchev, & S. A. Zahra, 2011, Building perceived quality of founder-involved IPO firms: Founders' effects on board selection and stock market performance, *Entrepreneurship Theory and Practice*, 35: 319–335; Y. Ertimur, F. Ferri, & S. R. Stubben, 2010, Board of directors' responsiveness to shareholders: Evidence from shareholder proposals, *Journal of Corporate Finance*, 16: 53–72.
68. E. Peni, 2014, CEO and Chairperson characteristics and firm performance, *Journal of Management & Governance*, 18: 185–205; M. A. Valenti, R. Luce, & C. Mayfield, 2011, The effects of firm performance on corporate governance, *Management Research Review*, 34: 266–283; D. Reeb & A. Upadhyay, 2010, Subordinate board structures, *Journal of Corporate Finance*, 16: 469–486.
69. A. D. Upadhyay, R. Bhargava, & S. D. Faircloth, 2014, Board structure and role of monitoring committees, *Journal of Business Research*, 67: 1486–1492; B. Bolton, 2014, Audit committee performance: ownership vs. independence—Did SOX get It wrong? *Accounting & Finance*, 54: 83–112.
70. D. H. Zhu, W. Shen, & A. J. Hillman, 2014, Recategorization into the in-group: The appointment of demographically different new directors and their subsequent positions on corporate boards, *Administrative Science Quarterly*, 59: 240–270; A. Holehonnur & T. Pollock, 2013, Shoot for the stars? Predicting the recruitment of prestigious directors at newly public firms, *Academy of Management Journal*, 56: 1396–1419; M. McDonald & J. Westphal, 2013, Access denied: Low mentoring of women and minority first-time directors and its negative effects on appointments to additional boards, *Academy of Management Journal*, 56: 1169–1198.
71. Joseph, Ocasio, & McDonnell, The structural elaboration of board independence: Executive power, institutional logics, and the adoption of CEO-only board structures in U.S. corporate governance; R. C. Anderson, D. M. Reeb, A. Upadhyay, & W. Zhao, 2011, The economics of director heterogeneity, *Financial Management*, 40: 5–38; S. K. Lee & L. R. Carlson, 2007, The changing board of directors: Board independence in S&P 500 firms, *Journal of Organizational Culture*, Communication and Conflict, 11: 31–41.
72. R. Krause, M. Semadeni, & A. A. Cannella, 2014, CEO Duality: A review and research agenda, *Journal of Management*, 40: 256–286; S. Crainer, 2011, Changing direction: One person can make a difference, *Business Strategy Review*, 22: 10–16; R. C. Pozen, 2006, Before you split that CEO/chair, *Harvard Business Review* 84(4): 26–28.
73. E. Glazer, 2014, J.P. Morgan's decade of Dimon, *Wall Street Journal*, June 30, C1.
74. Barton & Wiseman, Where boards fall short; M. Huse, R. E. Hoskisson, A. Zattoni, & R. Vigano, 2011, New perspectives on board research: Changing the research agenda, *Journal of Management and Governance*, 15: 5–28; M. Kroll, B. A. Walters, & P. Wright, 2008, Board vigilance, director experience and corporate outcomes, *Strategic Management Journal*, 29: 363–382.

75. J. L. Coles, N. D. Daniel, & L. Naveen, 2014, Co-opted boards, Review of Financial Studies, 27: 1751–1796; S. Boivie, S. D. Graffin, & T. G. Pollock, 2012, Time for me to fly: Predicting director exit at large firms, *Academy of Management Journal*, 55: 1334–1359; A. Agrawal & M. A. Chen, 2011, Boardroom brawls: An empirical analysis of disputes involving directors, http://ssrn. com/abstracts=1362143.

76. J. C. Bedard, R. Hoitash, & U. Hoitash, 2014, Chief financial officers as inside directors, *Contemporary Accounting Research*, 31: 787–817; S. Muthusamy, P. A. Bobinski, & D. Jawahar, 2011, Toward a strategic role for employees in corporate governance, *Strategic Change*, 20: 127–138; Y. Zhang & N. Rajagopalan, 2010, Once an outsider, always an outsider? CEO origin, strategic change, and firm performance, *Strategic Management Journal*, 31: 334–346.

77. R. Krause & G. Bruton, 2014, Agency and monitoring clarity on venture boards of directors, *Academy of Management Review*, 39: 111–114; B. Baysinger & R. E. Hoskisson, 1990, The composition of boards of directors and strategic control: Effects on corporate strategy, *Academy of Management Review*, 15: 72–87.

78. B. Balsmeier, A. Buchwald, & J. Stiebale, 2014, Outside directors on the board and innovative firm performance, *Research Policy*, 43: 1800–1815; D. H. Zhu, 2013, Group polarization on corporate boards: Theory and evidence on board decisions about acquisition premiums, *Strategic Management Journal*, 800–822; G. A. Ballinger & J. J. Marcel, 2010, The use of an interim CEO during succession episodes and firm performance, *Strategic Management Journal*, 31: 262–283.

79. 2014, Low director turnover draws investor scrutiny, Directors & Boards, 38: 61; Boivie, Graffin, & Pollock, Time for me to fly; C. Shropshire, 2010, The role of the interlocking director and board receptivity in the diffusion of practices, *Academy of Management Review*, 35: 246–264.

80. 2015, Lead director charter, www. franklinresources. com, accessed on June 6; D. Carey, J. J. Keller, & M. Patsalos-Fox, 2010, How to choose the right nonexecutive board leader, *McKinsey Quarterly*, May.

81. A. J. Hillman, 2015, Board diversity: Beginning to unpeel the onion, *Corporate Governance: An International Review*, 23: 104–107; M. K. Bednar, 2012, Watchdog or lapdog? A behavioral role view of the media as a corporate governance mechanism, *Academy of Management Journal*, 55: 131–150; D. Northcott & J. Smith, 2011, Managing performance at the top: A balanced scorecard for boards of directors, *Journal of Accounting & Organizational Change*, 7: 33–56.

82. E. K. Lim & B. T. Mccann, 2013, The influence of relative values of outside director stock options on firm strategic risk from a multiagent perspective, *Strategic Management Journal*, 34: 1568–1590; I. Okhmatovskiy & R. J. David, 2011, Setting your own standards: Internal corporate governance codes as a response to institutional pressure, *Organization Science*, 1–22; J. L. Koors, 2006, Director pay: A work in progress, *The Corporate Governance Advisor*, 14: 14–31.

83. Y. Deutsch & M. Valente, 2013, The trouble with stock compensation, *MIT Sloan Management Review*, 54: 19–20; Y. Deutsch, T. Keil, & T. Laamanen, 2007, Decision making in acquisitions: The effect of outside directors' compensation on acquisition patterns, *Journal of Management*, 33: 30–56.

84. C. Post & K Byron, 2015, Women on boards and firm financial performance: A metaanalysis, *Academy of Management Journal*, in press; D. Cumming, T. Y. Leung, & O. Rui, 2015, Gender diversity and securities fraud, *Academy of Management Journal*, in press; A. J. Hillman, C. Shropshire, & A. A. Cannella, Jr., 2007, Organizational predictors of women on corporate boards, *Academy of Management Journal*, 50: 941–952.

85. E. A. Fong, X. Xing, W. H. Orman, & W. I. Mackenzie, 2015, Consequences of deviating from predicted CEO labor market compensation on long-term firm value, *Journal of Business Research*, 68: 299–305; M. van Essen, P. Heugens, J. Otten, & J. van Oosterhout, 2012, An institutionbased view of executive compensation: A multilevel meta-analytic test, *Journal of International Business Studies*, 43: 396–423; M. J. Conyon, J. E. Core, & W. R. Guay, 2011, Are U.S. CEOs paid more than U.K. CEOs? Inferences from risk-adjusted pay, *Review of Financial Studies*, 24: 402–438.

86. M. van Essen, J. Otten, & E. J. Carberry, 2015, Assessing managerial power theory: a meta-analytic approach to understanding the determinants of CEO compensation, *Journal of Management*, 41: 164–202; C. Mangen & M. Magnan, 2012, "Say on pay": A wolf in sheep's clothing? *Academy of Management Perspectives*, 26: 86–104; E. A. Fong, V. F. Misangyi, Jr., & H. L. Tosi, 2010, The effect of CEO pay deviations on CEO withdrawal, firm size, and firm profits, *Strategic Management Journal*, 31: 629–651; J. P. Walsh, 2009, Are U.S. CEOs overpaid? A partial response to Kaplan, *Academy of Management Perspectives*, 23: 73–75.

87. A. Pepper & J. Gore, 2015, Behavioral agency theory: New foundations for theorizing about executive compensation, *Journal of Management*, 41: 1045–1068; G. P. Martin, L. R. Gomez-Mejia, & R. M. Wiseman, 2013, Executive stock options as mixed gambles: Revisiting the behavioral agency model, *Academy of Management Journal*, 56: 451–472; K. Rehbein, 2007, Explaining CEO compensation: How do talent, governance, and markets fit in? *Academy of Management Perspectives*, 21: 75–77.

88. E. Croci & D. Petmezas, 2015, Do risktaking incentives induce CEOs to invest? Evidence from acquisitions, *Journal of Corporate Finance*, 32: 1–23: T. M. Alessandri, T. W. Tong, & J. J. Reuer, 2012, Firm heterogeneity in growth option value: The role of managerial incentives, *Strategic Management Journal*, 33: 1557–1566; D. H. M. Chng, M. S. Rodgers, E. Shih, & X. B. Song, 2012, When does incentive compensation motivate managerial behaviors? An experimental investigation of the fit between compensation, executive core self-evaluation, and firm performance, *Strategic Management Journal*, 33: 1343–1362.

89. S. Jayaraman & T. Milbourn, 2015, CEO equity incentives and financial misreporting: The role of auditor expertise, *Accounting Review*, 90: 321–350; E. A. Fong, 2010, Relative CEO underpayment and CEO behavior towards R&D spending, *Journal of Management Studies*, 47: 1095–1122; X. Zhang, K. M. Bartol, K. G. Smith, M. D. Pfarrer, & D. M. Khanin, 2008, CEOs on the edge: Earnings manipulations and stockbased incentive misalignment, *Academy of Management Journal*, 51: 241–258; J. P. O'Connor, R. L. Priem, J. E. Coombs, & K. M. Gilley, 2006, Do CEO stock options prevent or promote fraudulent financial reporting? *Academy of Management Journal*, 49: 483–500.

90. J. J. Gerakos, J. D. Piotroski, & S. Srinivasan, 2013, Which U.S. market interactions affect CEO pay? Evidence from UK companies, *Management Science*, 59: 2413–2434; Y. Du, M. Deloof, & A Jorissen, 2011, Active boards of directors in foreign subsidiaries, *Corporate Governance: An International Review*, 19: 153–168; J. J. Reuer, E. Klijn, F. A. J. van den Bosch, & H. W. Volberda, 2011, Bringing corporate governance to international joint ventures, *Global Strategy Journal*, 1: 54–66.

91. S. Tsao, C. Lin, & V. Y. Chen, V. Y. 2015, Family ownership as a moderator between R&D investments and CEO compensation, *Journal of Business Research*, 68: 599–606; A. Ghosh, 2006, Determination of executive compensation in an emerging economy: Evidence from India, Emerging Markets, *Finance & Trade*, 42: 66–90.

92. J. J. Reuer, E. Klijn, & C. S. Lioukas, 2014, Board involvement in international joint ventures, *Strategic Management Journal*, 35: 1626–1644; M. Ederhof, 2011, Incentive compensation and promotion-based incentives of mid-level managers: Evidence from a multinational corporation, *The Accounting Review*, 86: 131–154; C. L. Staples, 2007, Board globalization in the world's largest TNCs 1993–2005, *Corporate Governance*, 15: 311–332.

93. G. Pandher & R. Currie, 2013, CEO compensation: A resource advantage and stakeholder-bargaining perspective, *Strategic Management Journal*, 34: 22–41; Y. Deutsch, T. Keil, & T. Laamanen, 2011, A dual agency view of board compensation: The joint effects of outside director and CEO stock options on firm risk, *Strategic Management Journal*, 32: 212–227.

94. Krause, Whitler, & Semadeni, Power to the principals! An experimental look at shareholder say-on-pay voting; L. K. Meulbroek, 2001, The efficiency of equitylinked compensation: Understanding the full cost of awarding executive stock options, *Financial Management*, 30: 5–44.

95. L H. Chan, K. W. Chen, C. Tai Yuan, & Y. Yangxin, 2015, Substitution between real and accruals-based earnings management after voluntary adoption of compensation clawback provisions, *Accounting Review*, 90: 147–174; 2013, The experts: Do companies spend too much on 'superstar' CEOs? *Wall Street Journal*, www.wsj.com, March 14.

96. E. K. Lim, 2015, The role of reference point in CEO restricted stock and its impact on R&D intensity in high-technology firms, *Strategic Management Journal*, 36: 872–889; Z. Dong, C. Wang, & F. Xie, 2010, Do executive stock options induce excessive risk taking? *Journal of Banking & Finance*, 34: 2518–2529; C. E. Devers, R. M. Wiseman, & R. M. Holmes, Jr., 2007, The effects of endowment and loss aversion in managerial stock option valuation, *Academy of Management Journal*, 50: 191–208.

97. C. Veld & B. H. Wu, 2014, What drives executive stock option backdating? *Journal of Business Finance & Accounting*, 41: 1042–1070; T. G. Pollock, H. M. Fischer, & J. B. Wade, 2002, The role of politics in reprising executive options, *Academy of Management Journal*, 45: 1172–1182.

98. P. Berrone & L. R. Gomez-Mejia, 2009, Environmental performance and executive compensation: An integrated agencyinstitutional perspective, *Academy of Management Journal*, 52: 103–126.

99. R. V. Aguilera, K. Desender, M. K. Bednar, & J. H. Lee, 2015, Connecting the dots: Bringing external corporate governance into the corporate governance puzzle, *Academy of Management Annals*, 9:483–573; V. V. Acharya, S. C. Myers, & R. G. Rajan, 2011, The internal governance of firms, *Journal of Finance*, 66: 689–720; R. Sinha, 2006, Regulation: The market for corporate control and corporate governance, *Global Finance Journal*, 16: 264–282.

100. T. Laamanen, M. Brauer, & O. Junna, 2014, Performance of divested assets: Evidence from the U.S. software industry, *Strategic Management Journal*, 35: 914–925; T. Yoshikawa & A. A. Rasheed, 2010, Family control and ownership monitoring in family-controlled firms in Japan, *Journal of Management Studies*, 47: 274–295; R. W. Masulis, C. Wang, & F. Xie, 2007, Corporate governance and acquirer returns, *Journal of Finance*, 62: 1851–1889.

101. A. Macias & C. Pirinsky, C. 2015, Employees and the market for corporate control, *Journal of Corporate Finance*, 31: 33–53; C. Devers, G. McNamara, J. Haleblian, & M. Yoder, 2013, Do they walk the talk? Gauging acquiring CEO and director confidence in the value-creation potential of announced acquisitions, *Academy of Management Journal*, 56: 1679–1702; P. X. Meschi & E. Metais, 2013, Do firms forget about their past acquisitions? Evidence from French acquisitions in the United States (1988–2006), *Journal of Management*, 39: 469–495; J. A. Krug & W. Shill, 2008, The big exit: Executive churn in the wake of M&As, *Journal of Business Strategy*, 29(4): 15–21.

102. H. Touryalai, 2014, Everybody loves hedge funds, assets hit record $3 trillion, *Forbes*, www.forbes.com, March 25.

103. M. Hitoshi, 2014, Hedge Fund activism in Japan: The limits of shareholder primacy, *Administrative Science Quarterly*, 59: 366–369; N. M. Boyson & R. M. Mooradian, 2011, Corporate governance and hedge fund activism, *Review of Derivatives Research*, 169–204; L. A. Bebchuk & M. S. Weisbach, 2010, The state of corporate governance research, *Review of Financial Studies*, 23: 939–961.

104. A. Gara, 2015, Breakup artist hedge funds betting billions on corporate marriages, *Forbes*, February 18, 6.

105. S. Bainbridge, 2011, Hedge funds as activist investors, ProfessorBainbridge.com, www.professorbainbridge.com, March 21.

106. D. Benoit & J. Bear, 2015, Goldman Sachs recaptures mojo with DuPont win, *Wall Street Journal*, www.wsj.com, May 22.

107. S. Ovide & D. Clark, 2015, Silicon Valley grits teeth over activist investors, *Wall Street Journal*, May 27, B1.

108. M. Cremers & A. Ferrell, 2014, Thirty years of shareholder rights and firm value, *Journal of Finance*, 69: 1167–1196; M. L. Humphery- Jenner & R. G. Powell, 2011, Firm size, takeover profitability, and the effectiveness of the market for corporate control: Does the absence of anti-takeover provisions make a difference? *Journal of Corporate Finance*, 17: 418–437.

109. J. P. Walsh & R. Kosnik, 1993, Corporate raiders and their disciplinary role in the market for corporate control, *Academy of Management Journal*, 36: 671–700.

110. K. Amess, S. Girma, & M. Wright, 2014, The wage and employment consequences of ownership change, *Managerial & Decision Economics*, 35: 161–171; M. Schijven & M. A. Hitt, 2012, The vicarious wisdom of crowds: Toward a behavioral perspective on investor reactions to acquisition announcements, *Strategic Management Journal*, 33: 1247–1268; J. Haleblian, C. E. Devers, G. McNamara, M. A. Carpenter, & R. B. Davison, 2009, Taking stock of what we know about mergers and acquisitions: A review and research agenda, *Journal of Management*, 35: 469–502.

111. F. Bauer & K. Matzler, 2014, Antecedents of M&A success: The role of strategic complementarity, cultural fit and degree and speed of integration, *Strategic Management Journal*, 35: 269–291; S. Mingo, 2013, The impact of acquisitions on the performance of existing organizational units In the acquiring firm: The case of the agribusiness company, *Management Science*, 59: 2687–2701; A. Sleptsov, J. Anand, & G. Vasudeva, 2013, Relational configurations with information intermediaries: The effect of firm-investment bank ties on expected acquisition performance, *Strategic Management Journal*, 34: 957–977.

112. 2014, Hostile takeover, Investopedia, www.investopedia.com, accessed on June 8.

113. M. Straska & G. Waller, 2014, Antitakeover provisions and shareholder wealth: A survey of the literature, *Journal of Financial & Quantitative Analysis*, 49: 1–32; P. Jiraporn & Y. Liu, 2011, Staggered boards, accounting discretion and firm value, *Applied Financial Economics*, 21: 271–285; O. Faleye, 2007, Classified boards, firm value, and managerial entrenchment, *Journal of Financial Economics*, 83: 501–529.

114. M. Holmén, E. Nivorozhkin, & R. Rana, 2014, Do anti-takeover devices affect the takeover likelihood or the takeover premium? *European Journal of Finance*, 20: 319–340; T. Sokoly, 2011, The effects of antitakeover provisions on acquisition targets, *Journal of Corporate Finance*, 17: 612–627; 2007, Leaders: Pay slips; management in Europe, *Economist*, June 23, 14.

115. J. A. Pearce II & R. B. Robinson, Jr., 2004, Hostile takeover defenses that maximize shareholder wealth, *Business Horizons* 47: 15–24.

116. M. Humphery-Jenner, 2014, Takeover defenses, innovation and value creation: Evidence from acquisition decisions, *Strategic Management Journal*, 35: 668–690; A. Kacperzyk, 2009, With greater power comes greater responsibility? Takeover protection and corporate attention to stakeholders, *Strategic Management Journal*, 30: 261–285.

117. P. Sieger, T. Zellweger, & K. Aquino, 2013, Turning agents into psychological principals: Aligning interests of nonowners through psychological ownership, *Journal of Management Studies*, 50: 361–388.

118. B. M. Galvin, D. Lange, & B. E. Ashforth, 2015, Narcissistic organizational identification: Seeing oneself as central to the organization's identity, *Academy of Management Review*, 40: 163–181.

119. E. Schiehll, C. Ahmadjian, & I. Filatotchev, 2014, National governance bundles perspective: Understanding the diversity of corporate governance practices at the firm and country levels, *Corporate Governance: An International Review*, 22: 179–184; A. Rasheed & T. Yoshikawa, 2012, The convergence of corporate governance: Promise and prospects, Basingstoke: Palgrave Macmillan; I. Haxhi & H. Ees, 2010, Explaining diversity in the worldwide diffusion of codes of good governance, *Journal of International Business Studies*, 41: 710–726.

120. M. P. Leitterstorf & S. B. Rau, 2014, Socioemotional wealth and IPO underpricing of family firms, *Strategic Management Journal*, 35: 751–760; P. C. Patel & J. J. Chrisman, 2014, Risk abatement as a strategy for R&D investments in family firms, *Strategic Management Journal*, 35: 617–627.

121. A. Haller, 2013, German corporate governance in international and European context, *International Journal of Accounting*, 48: 420–423; P. Witt, 2004, The competition of international corporate governance systems—a German perspective, *Management International Review*, 44: 309–333; A. Tuschke & W. G. Sanders, 2003, Antecedents and consequences of corporate governance reform: The case of Germany, *Strategic Management Journal*, 24: 631–649.

122. Tuschke, Sanders, & Hernandez, Whose experience matters in the boardroom?; D. Hillier, J. Pinadado, V. de Queiroz, & C. de la Torre, 2010, The impact of countrylevel corporate governance on research and development, *Journal of International Business Studies*, 42: 76–98.

123. Tuschke, Sanders, & Hernandez, Whose experience matters in the boardroom?

124. T. Duc Hung, 2014, Multiple corporate governance attributes and the cost of capital—Evidence from Germany, *British Accounting Review*, 46: 179–197; J. T. Addison & C. Schnabel, 2011, Worker directors: A German product that did not export? *Industrial Relations: A Journal of Economy and Society*, 50: 354–374; P. C. Fiss & E. J. Zajac, 2004, The diffusion of ideas over contested terrain: The (non)adoption of a shareholder value orientation among German firms, *Administrative Science Quarterly*, 49: 501–534.

125. M. Roth, 2013, Independent directors, shareholder empowerment and longtermism: The transatlantic perspective, *Fordham Journal of Corporate & Financial* Law, 18: 751–820; A. Chizema, 2010, Early and late adoption of American-style executive pay in Germany: Governance and institutions, *Journal of World Business*, 45: 9–18; W. G. Sanders & A. C. Tuschke, 2007, The adoption of the institutionally contested organizational practices: The emergence of stock option pay in Germany, *Academy of Management Journal*, 50: 33–56.

126. J. P. O'Brien & P. David, 2014, Reciprocity and R&D search: Applying the behavioral theory of the firm to a communitarian context, *Strategic Management Journal*, 35: 550–565.

127. N. Kosaku, 2014, Japan seeks to lure investors with improved corporate governance, *Wall Street Journal*, www.wsj. com, June 28.

128. S. Varma, R. Awasthy, K. Narain, & R. Nayyar, 2015, Cultural determinants of alliance management capability—an analysis of Japanese MNCs in India, *Asia Pacific Business Review*, 21: 424–448; D. R. Adhikari & K. Hirasawa, 2010, Emerging scenarios of Japanese corporate management, *Asia-Pacific Journal of Business Administration*, 2: 114–132; M. A. Hitt, H. Lee, & E. Yucel, 2002, The importance of social capital to the management of multinational enterprises: Relational networks among Asian and Western firms, *Asia Pacific Journal of Management*, 19: 353–372.

129. T. Yeh, 2014, Large shareholders, shareholder proposals, and firm performance: Evidence from Japan, *Corporate Governance: An International Review*, 22: 312–329; W. P. Wan, D. W. Yiu, R. E. Hoskisson, & H. Kim, 2008, The performance implications of relationship banking during macroeconomic

expansion and contraction: A study of Japanese banks' social relationships and overseas expansion, *Journal of International Business Studies*, 39: 406–427.

130. H. Aslan & P. Kumar, P. 2014, National governance bundles and corporate agency costs: A cross-country analysis, *Corporate Governance: An International Review*, 22: 230–251; P. M. Lee & H. M. O'Neill, 2003, Ownership structures and R&D investments of U.S. and Japanese firms: Agency and stewardship perspectives, *Academy of Management Journal*, 46: 212–225.

131. H. Sakawa, M. Ubukata, & N. Watanabel, 2014, Market liquidity and bank-dominated corporate governance: Evidence from Japan, *International Review of Economics & Finance*, 31: 1–11; X. Wu & J. Yao, 2012, Understanding the rise and decline of the Japanese main bank system: The changing effects of bank rent extraction, *Journal of Banking & Finance*, 36: 36–50.

132. K. Harrigan, 2014, Comparing corporate governance practices and exit decisions between US and Japanese firms, *Journal of Management & Governance*, 18: 975–988; K. Kubo & T. Saito, 2012, The effect of mergers on employment and wages: Evidence from Japan, *Journal of the Japanese and International Economics*, 26: 263–284; N. Isagawa, 2007, A theory of unwinding of cross-shareholding under managerial entrenchment, *Journal of Financial Research*, 30: 163–179.

133. D. G. Litt, 2015, Japan's new corporate governance code: Outside directors find a role under 'Abenomics,' *Corporate Governance Advisor*, 23: 19–23.

134. F. Jiang & K. A. Kim, 2015, Corporate governance in China: A modern perspective, *Journal of Corporate Finance*, 32: 190–216; J. Yang, J. Chi, & M. Young, 2011, A review of corporate governance in China, *Asian-Pacific Economic Literature*, 25: 15–28.

135. R. Morck & B. Yeung, 2014, Corporate governance in China, *Journal of Applied Corporate Finance*, 26: 20–41; H. Berkman, R. A. Cole, & L. J. Fu, 2010, Political connections and minority-shareholder protection: Evidence from securitiesmarket regulation in China, *Journal of Financial and Quantitative Analysis*, 45: 1391–1417; S. R. Miller, D. Li, E. Eden, & M. A. Hitt, 2008, Insider trading and the valuation of international strategic alliances in emerging stock markets, *Journal of International Business Studies*, 39: 102–117.

136. X. Yu, P. Zhang, & Y. Zheng, 2015, Corporate governance, political connections, and intra-industry effects: Evidence from corporate scandals in China, *Financial Management*, 44: 49–80; W. A. Li & D. T. Yan, 2013, Transition from administrative to economic model of corporate governance, *Nankai Business Review International*, 4: 4–8.

137. T. M. Rooker, 2015, Corporate governance or governance by corporates? Testing governmentality in the context of China's national oil and petrochemical business groups, *Asia Pacific Business Review*, 21: 60–76; J. Chi, Q. Sun, & M. Young, 2011, Performance and characteristics of acquiring firms in the Chinese stock markets, *Emerging Markets Review*, 12: 152–170; Y. L. Cheung, P. Jiang, P. Limpaphayom, & T. Lu, 2010, Corporate governance in China: A step forward, *European Financial Management*, 16: 94–123.

138. G. Jiang, P. Rao, & H. Yue, 2015, Tunneling through non-operational fund occupancy: An investigation based on officially identified activities, *Journal of Corporate Finance*, 32: 295–311; J. Li & C. Qian, 2013, Principal-principal conflicts under weak institutions: A study of corporate takeovers in China, *Strategic Management Journal*, 34: 498–508; S. Globerman, M. W. Peng, & D. M. Shapiro, 2011, Corporate governance and Asian companies, *Asia Pacific Journal of Management*, 28: 1–14.

139. W. M Peng, S. L. Sun, & L. Markóczy, 2015, Human capital and CEO compensation during institutional transitions, *Journal of Management Studies*, 52: 117–147; P. Adithipyangkul, I. Alon, & T. Zhang, 2011, Executive perks: Compensation and corporate performance in China, *Asia Pacific Journal of Management*, 28: 401–425; T. Buck, X. Lui, & R. Skovoroda, 2008, Top executives' pay and firm performance in China, *Journal of International Business Studies*, 39: 833–850.

140. R. Amit, Y. Ding, B Villalonga, & H. Zhang, H. 2015, The role of institutional development in the prevalence and performance of entrepreneur and family-controlled firms, *Journal of Corporate Finance*, 31: 284–305; A. Cai, J. H. Luo, & D. F. Wan, 2012, Family CEOs: Do they benefit firm governance In China? *Asia Pacific Journal of Management*, 29: 923–947.

141. H. Berkman, R. A. Cole, & L. J. Fu, 2014, Improving corporate governance where the state is the controlling block holder: Evidence from China, *European Journal of Finance*, 20: 752–777; L. Oxelheim, A. Gregoric, T. Randoy, & S. Thomsen, 2013, On the internationalization of corporate boards: The case of Nordic firms, *Journal of International Business Studies*, 44: 173–194.

142. S. Young & V. Thyil, 2014, Corporate social responsibility and corporate governance: Role of context in international settings, *Journal of Business Ethics*, 122: 1–24; S. Muthusamy, P. A. Bobinski, & D. Jawahar, 2011, Toward a strategic role for employees in corporate governance, *Strategic Change*, 20: 127–138; C. Shropshire & A. J. Hillman, 2007, A longitudinal study of significant change in stakeholder management, *Business & Society*, 46: 63–87.

143. G. K. Stahl & M. S. De Luque, 2014, Antecedents of responsible leader behavior: A research synthesis, conceptual framework, and agenda for future research, *Academy of Management Perspectives*, 28: 235–254; J. M. Schaubroeck, S. T. Hannah, B. J. Avolio, S. W. J. Kozlowski, R. G. Lord, L. K. Trevino, N. Dimotakis, & A. C. Peng, 2012, Embedding ethical leadership within and across organizational levels, *Academy of Management Journal*, 55: 1053–1078; R. A. G. Monks & N. Minow, 2011, *Corporate governance*, 5th ed., NY: John Wiley & Sons.

144. A. Soleimani, W. D. Schneper, & W. Newburry, 2014, The impact of stakeholder power on corporate reputation: A cross-country corporate governance perspective, *Organization Science*, 25: 991–1008; J. S. Chun, Y. Shin, J. N. Choi, & M. S. Kim, 2013, How does corporate ethics contribute to firm financial performance? The mediating role of collective organizational commitment and organizational citizenship behavior, *Journal of Management*, 39: 853–877; S. P. Deshpande, J. Joseph, & X. Shu, 2011, Ethical climate and managerial success in China, *Journal of Business Ethics*, 99: 527–534.

145. S. Kaplan, J. Samuels, & J. Cohen, 2015, An examination of the effect of CEO social ties and CEO reputation on nonprofessional investors' say-on-pay judgments, *Journal of Business Ethics*, 126: 103–117; A. P. Cowan & J. J. Marcel, 2011, Damaged goods: Board decisions to dismiss reputationally compromised directors, *Academy of Management Journal*, 54: 509–527; J. R. Knapp, T. Dalziel, & M. W. Lewis, 2011, Governing top managers: Board control, social categorization, and their unintended influence on discretionary behaviors, *Corporate Governance: An International Review* 19: 295–310.

146. D. Gomulya & W. Boeker, 2014, How firms respond to financial restatement: CEO successors and external reactions, *Academy of Management Journal*, 57: 1579–1785.

147. Y. Li, F. Yao, & D. Ahlstrom, 2015, The social dilemma of bribery in emerging economies: A dynamic model of emotion, social value, and institutional uncertainty, *Asia Pacific Journal of Management*, 32: 311–334; Y. Jeong & R. J. Weiner, 2012, Who bribes? Evidence from the United Nations' oil-for-food program, *Strategic Management Journal*, 33: 1363–1383.

148. S. H. Lee & D. H. Weng, 2013, Does bribery in the home country promote or dampen firm exports? *Strategic Management Journal*, 34: 1472–1487; J. O. Zhou & M. W. Peng, 2012, Does bribery help or hurt firm growth around the world? *Asia Pacific Journal of Management*, 29: 907–921.

149. 2015, Corporate governance awards 2015, *World Finance*, www.worldfinance.com/ awards, March 4.

11

조직 구조와 통제

● 학습목표 ●

11-1 조직 구조와 통제 활동에 대한 정의를 내리고, 전략적 통제와 재무적 통제의 차이점에 대하여 논한다.

11-2 전략과 구조 간의 관계를 설명한다.

11-3 사업 차원의 전략을 실행하는 데 활용되는 각 기능별 구조에 대하여 논한다.

11-4 제반 다각화 전략을 실행하는 데 활용되는 세 가지 유형의 복합 사업부 구조에 대하여 설명한다.

11-5 세 가지 국제화 전략을 실행하는 데 활용되는 조직 구조에 대하여 논한다.

11-6 전략적 네트워크에 대한 정의를 내리고, 전략적 센터 기업이 사업 차원, 기업 차원 및 국제 차원에서 각각 전략적 네트워크를 어떻게 실행하는지에 대하여 논한다.

룩소티카의 공동 대표이사 체제: 장기적 성공의 발판인가? 새로운 문제의 씨앗인가?

1961년에 창업한 세계 최대의 이탈리아 안경 회사인 룩소티카(Luxottica)는 주요 안경 브랜드 제품의 80% 이상을 점유하고 있다. 그 대표적 특허 브랜드로는 Alain Miki, Arnette Oakley, Persol 등이 있다. 룩소티카는 Armani, Bulgari, Burberry, Coach, Tiffany & Co., Tory Burch, Versace 같은 유명 브랜드 기업과 라이선스 계약을 맺고 희귀 명품도 만들고 있다. 또한 룩소티카는 LensCrafters, Pearle Vision, Laubman & Pank, Sears Optical 등의 브랜드로 엄청난 스토어프론트 안경 매장을 소유 및 운영하고 있다. 안경 산업에서 룩소티카의 위상을 보여주는 또 다른 사업으로는 "아이메드(EyeMed)사를 통한 미국 최대 규모의 시력 관리 의료 사업 네트워크, 2위 규모의 렌즈 완제품 네트워크, 3개의 중앙연구소, LensCrafters 매장 내 900여 개의 현장 실험실, 전담 연구소인 Oakley Lab 및 북미 지역 안경점 납품용 중국 생산 기지" 등을 들 수 있다.

이들 제시된 제품이나 시장에서의 지위를 보면 룩소티카가 안경 산업 전반에 걸친 주도적 지배력을 알 수 있다. 지배력의 원천은 회사가 수직적으로 통합되어 자사 제품 디자인을 직접하고, 전 세계에 걸쳐 있는 자사 공장에서 직접 생산하여, 앞에서 설명한 자기 소유의 매장에서 직접 판매한다는 데서 찾아볼 수 있다. 기업을 이끌어 가는 측면에서 룩소티카의 거의 완벽에 가까운 수직적 통합은 분명 경쟁 우위에 해당한다. 룩소티카 스스로 경쟁사에 비해 자사 제품이 디자인과 품질이 탁월하다고 한다.

2014년 말에 룩소티카의 조직 구조 변화가 있었는데, 그 주요 사항은 바로 공동 대표이사제를 도입한 것이다. 오랜 기간 P&G(Procter & Gamble) 임원을 지낸 아딜 메붑칸(Adil Mehboob-Khan)이 회사의 영업 부문 유통 담당 대표이사직을 맡고, 또한 오랜 기간 룩소티카 경영자로 활동해온 마시모 비안(Massimo Vian)이 제품 및 운영 담당 공동 대표이사로 지명된 것이다. 새로운 조직 체제로는 도매 및 소매 안경 매장, 일반 상가 점포 및 전자상거래 부서 등이 유통 부문에 포함되었다. 그리고 제품 및 운영 부문에는 스타일과 디자인, R&D 및 엔지니어링, 품질 보증 및 구매부서 등이 포함되었다. 그리고 이들 두 명의 공동 대표이사 모두 회사의 이사회 멤버로 되어 있다.

공동 대표이사제는 흔치 않은 방식이다. 이러한 리더십 구조로는 장기적인 성공을 지탱하기 어려울 것이라는 전망도 많다. 한 논평가는 "공동 대표제 모델을 도입하는 것은 흔히 약점을 보이는 징조이기도 한데, 한 자리에 두 명의 대표를 선임하는 것은 리더십이 구축되지 않았다는 것이며, 그 때문에 상당한 혼란이 유발될 수도 있다"고 일침을 가했다. 이를 달리 말하자면 한 배에 두 명의 선장이 있다는 것은 결국 선장이 없다는 것과 마찬가지라는 것이다.

다른 나라에서는 별로 나타나지 않지만, 이탈리아에서는 공동 대표 체제를 흔히 볼 수 있는데, 이는 룩소티카처럼 특히 가족이 소유 및 경영을 하는 기업에서 더 자주 볼 수 있다. 통계상으로도 "연 매출 5천만 유로의 이탈리아 가족기업 중 3분의 1은 적어도 두 명 이상의 대표이사를 두고 있다."

공동 대표 체제의 핵심 이슈는 "왜 이러한 방식을 활용하려 하는가" 하는 데 있다. 만일 공동 대표 체제에 대한 강력한 전략적 논지가 있다면 그 회사는 분명하게 이를 도입할 수 있어야 한다. 룩소티카의 임원들은 자신이 바로 그 사례라며, "이러한 공동 대표 체제는 룩소티카의 전략적 비전과 맞물려 복잡성 증대와 함께 경쟁 상태가 역동적으로 변화하는 글로벌 경쟁 시장에서 새로운 도약을 위한 기회를 부여할 것"으로 공언하고 있다. 현재 룩소티카는 미래형 안경 제품인 차세대 구글글래스 개발을 공동으로 하는 시장 진출 기회도 맞고 있다. 구글이 룩소티카와 파트너십을 체결한 배경은 초기 제품에 대한 불만 때문이다. 치열한 경쟁 상태는 바로 온라인 소매업체인 와비파커(Warby Parker)가 연매출 12조 달러나 되는 급성장을 보이는 데서 살펴볼 수 있는데, 룩소티카의 이러한 공동 대표 체제가 와비파커와 경쟁하는 데 도움이 될 것으로 보고 있다. 물론 와비파커의 저가 공세는 룩소티카의 차별화된 안경 제품들이 상대적으로 고비용 제품이라는 점을 공략하는 경쟁적 도전인 것은 분명한 사실이다.

비록 흔한 사례는 아니지만 공동 대표 체제는 룩소티카에 잘 정착할 것으로 보인다. 그렇지만 최종 분석 차원에서 룩소티카의 이사회는 과연 공동 대표 체제가 회사의 성과에 긍정적 효과를 가져오는지를 면밀히 살펴보아야 하며, 그러한 구조가 회사의 최대 관건이라면 필히 공동 대표 체제하에서 새로운 변화를 도모할 준비를 해야 할 것이다.

출처: 2015, Company profiles, Luxottica Home Page, www.luxottica.com, May 12; 2015, Our business model, Luxottica Home Page, www.luxottica.com, May 12; D. Macmillan, 2015, Eyeglass retailer Warby Parker is valued at $1.2 billion, *Wall Street Journal Online*, www.wsj.com, April 30; M. Mesco, 2015, Luxottica's profit surges as sales rise in North America, *Wall Street Journal Online*, www.wsj.com, May 4; M. Mesco, 2015, Italian eyewear maker Luxottica working on new version of Google Glass, CEO says, *Wall Street Journal Digits*, www.blogs.wsj.com, April 24; M. Mesco, 2015, Luxottica reports profit but looks for areas of growth, *Wall Street Journal Online*, www.wsj.com, March 2; 2014, Luxottica announces the implementation of a new governance structure based on a co-CEO model, Luxottica Home Page, www.luxottica, September 1.

4장에서 설명했듯이 어느 기업에서든지 하나 이상의 사업 차원 전략을 사용한다. 룩소티카 역시 디자인, 제조, 그리고 브랜드 네임 같은 경쟁 영역에서 차별화된 안경 제품 관련 차별화 전략을 사용하고 있다. 6장에서 9장에 이르기까지 본 서에서는 각 개별 기업이 주도 집단에 의해 결정된 방식대로 기업에서 활용하는 전략(전사적 차원, 흡수 합병, 국제적 및 협력적 전략)에 대하여 살펴보았다. 일단 전략이 수립되면 조직에서 의도하는 결과를 효과적으로 달성하도록 실천에 옮겨야 한다.

이 장의 주제인 조직 구조와 통제 활동은 전략을 실행하기 위한 기본 틀로써, 영리 조직이나 비영리 단체 어디에서나 활용된다.[1] 하지만 서로 다른 전략들을 성공적으로 추진하기 위해서는 앞에서 이미 설명했듯이 구조와 통제를 분리하여 운영해야 한다. 어느 조직에서나 최고경영자는 전략과 그에 부응하는 적절한 조직 구조를 결합시키고 필요에 따라서는 변화를 주어야 하는 책임을 안고 있다. 전략과 구조 간의 적합 또는 결합은 평균 이상의 수익을 창출하는데 영향을 미친다.[2] 그러므로 효과적인 전략적 리더십을 발휘하기 위해서는 적절한 전략을 수립하고 이를 적합한 조직 구조와 결합하는 역량이 무엇보다 중요하다.[3] 그런 의미에서 최근 룩소티카가 도입한 공동 대표 체제가 회사의 전략과 효과적으로 매칭되고 있는지를 살펴보는 것은 매우 흥미로운 이슈이다.

이 장에서는 조직 구조와 통제 활동에 대한 설명부터 하고, 다음으로는 이들 회사의 전략과 구조가 적절하게 결합되기 위한 조건에 대하여 보다 상세하게 살펴 보도록 한다. 전략과 구조 간의 상호 영향관계는 개별 전략에 적합한 구조를 갖추려는 회사의 의도에도 영향을 준다.[4] 구조가 전략에 영향을 미치기도 하지만 실제로 전략이 구조에 훨씬 더 중요한 영향을 미친다.[5] 이어서 이 장에서는 성장과 회사의 성공적 경험으로서 구조적 변화 간의 관계에 대하여 살펴본다. 그리고 사업 전략, 기업 전략, 국제 전략, 협력 전략 등 각 전략의 실행을 위한 여러 가지 조직 구조에 대하여 논의하고, 이해를 돕기 위해 각 전략별로 적합한 각 구조를 강조한 도표를 함께 정리해 두었다. 연륜과 경험이 쌓이면서 특히 대규모의 복잡성을 가진 조직일수록 그들 특유의 요구에 부응하여 이들 일반적 조직 구조에 맞추려는 노력을 한다.[6] 전형적으로 기업들은 자사의 전략을 용이하게 실천할 수 있는 매우 복잡한 조직 구조를 설계하지만, 모든 부서와 구성원이 이를 이해하고 활용하도록 보다 간결하게 명시해야 하는 어려움도 있다.[7]

11-1 조직 구조와 통제 활동

연구 결과에 따르면, 조직 구조와 통제 활동은 구조가 기업 성과에 영향을 미친다는 논지의 일부분이라고 한다.[8] 특히 기업의 전략이 조직의 구조 및 통제 활동과 적절하게 매칭되지 않으면 성과는 하락한다는 증거도 있다.[9] 이들 연구물에서는 비록 전략과 구조 간에 부적합한 결합이 나타나기도 하지만 경영자들은 기업의 구조를 형성 또는 변화시킬 경우에는 필히 합리적으로 구상해야 한다는 점을 강조하고 있다.[10]

2장의 도입사례에서는 맥도날드가 외부 환경 변화에 대응하여 효과적인 경영 활동을 추진하면서 발생한 문제점을 보여주었다. 즉, 건강 식품을 선호하는 고객 집단을 위한 새로운 메뉴를 개발하는 과정에서 맥도날드는 보다 폭넓은 변화로서 회사의 성과를 제고시켜주는 조직 구조를 새롭게 설계하고자 한 것이다. 다음에서 자세히 다루겠지만 조직 구조는 회사의 전략을 완결할 수 있도록 업무를 명확하게 설정해주는 데 그 본질이 있다.

맥도날드 최고 경영자 스티브 이스터브룩(Steve Easterbrook)을 비롯한 경영진은 회사의 조직 구조 변화가 효율성(일상적 영업 활동)과 효과성(고객 서비스 개선)을 제고시켜줄 것으로 확신하고 있다. **전략 포커스**에서 맥도날드의 조직 구조 변화에 대한 이슈를 다루도록 한다.

11-1a 조직 구조

조직 구조는 기업의 공식적 보고 체계, 절차, 통제 활동 및 권한과 의사결정 과정을 명시해준다.

조직 구조(organizational structure)는 기업의 공식적 보고 체계, 절차, 통제 활동 및 권한과 의사결정 과정을 명시해준다.[11] 기업의 구조는 조직 내 구성원 개개인이 내려야 할 의사결정 사항 및 그에 따라 완수해야 할 업무 사항을 결정하고 명시해준다.[12] 조직 루틴(organizational routine)은 각 개인별 전략에 의해 완수해야 할 업무의 통상적인 프로세스와 방법을 보여준다.[13]

기업의 전략을 효과적으로 지원해주는 조직 구조를 개발하는 것은 사실 매우 어려운 작업이다. 특히 급속하게 변화하는 글로벌 경제의 경쟁 환경하에서 그 원인-효과 간 인과 관계의 복잡성(예측 불가능한 변화) 때문에 더욱 그러하다.[14] 조직 구조의 구성 요소(보고 활동 관계, 운영 절차 등) 간에 정렬이 잘 이루어지면, 조직 구조는 경쟁자에 대응하여 경쟁과 도전을 하는 원인-효과 관계를 보다 쉽게 이해할 수 있도록 해주는 원천이 된다. 그러므로 조직 구조는 환경의 불확실성에 효과적으로 대응하도록 지원하고 경쟁자를 뛰어 넘는 전략을 실행하는 데 기여하게 된다.[15]

조직 구조가 적절하게 설계되면 안정적으로 기존의 경쟁 우위를 지속시켜 주는 전략의 수립, 그리고 향후 경쟁 우위 창출을 위해 요구되는 유연성을 성공적으로 갖도록 해준다.[16] 보다 자세히 설명하면, 구조적 안정성(structural stability)은 회사의 일상적 업무 루틴을 일관성 있게, 그리고 예측 가능하도록 해주는 역량을 키워준다.[17] 한편, 구조적 유연성(structural flexibility)은 기업이 기회를 포착하고 미래 성장을 기약해주는 방향으로 자원을 배분하는 데 도움이 된다.[18] 이처럼 효과적으로 유연한 조직 구조를 갖추면 기존의 경쟁 우위를 활용하면서 한편으로는 미래를 대비하는 새로운 강점을 개발할 수 있다.[19] 반면에 비탄력적이고 비효과적인 조직 구조는 생산적인 종업원들까지도 자신의 업무에 대한 좌절감과 새로운 가치를 창출하는 데 있어서 무기력함을 보이며 떠나게 만든다. 생산적인 직원을 잃는다는 것은 사내 축적된 지식의 상실과 직결된다. 이는 특히 무형의 암묵적 지식을 상당히 지닌 직원이 경쟁사로 이직할 때 엄청난 손실로 나타나게 된다.

현행 전략의 변화나 새로운 전략의 선택이 이루어지면 그에 따른 조직 구조의 변화도 요구된다. 하지만 연구 결과에 따르면 비록 지금이 조직 구조를 변화해야 할 시점이라는 경영 성과의 하락을 보면서도 조직의 관성은 이러한 변화를 가로막기 일수라고 한다.[20] 조직 구조 연구의 개척자인 알프레드 챈들러(Alfred Chandler)는 조직은 비효율성 때문에 문제가 심각할 때 바로 조직 구조를 변화시킨다고 한다.[21] 챈들러는 조직 구조에 대한 이해 및 조직 구조와 전략 및 성과와의 관계를 이해하는 데 크게 기여하였다. 실제로 챈들러는 "조직 구조를 강조함으로써

전략 포커스

맥도날드의 조직 구조 변화: 성과 향상을 위한 지름길인가?

전 세계 37,000개의 레스토랑을 운영하는 맥도날드는 연매출 900억 달러를 올리는 거대 기업으로 차순위 경쟁사인 버거킹이나 웬디스(Wendy's)보다 몇 배나 더 크다. 맥도날드 레스토랑은 미국과 캐나다는 물론 프랑스, 독일, 러시아 및 영국에서도 엄청나게 산재해 있다.

하지만 맥도날드라고 해서 모든 상황이 좋은 것은 아니다. "우리의 실태는 최근의 성과가 초라하다는 것이다. 실적으로 나타나는 숫자는 절대 거짓말을 하지 않기 때문이다." 최고 경영자로 지명된 스티브 이스터브룩(Steve Easterbrook)의 표현이다. 이스터브룩의 말처럼 2014년도의 영업 실적은 맥도날드 60년 역사 중 최악으로 나타났다. 결국 새로운 변화가 요구되었고, 회장 취임 33일째 되는 날에 스스로 내부 행동주의자를 자임하면서 맥도날드는 이제 "진보적 버거 회사"로 거듭나야 한다고 천명하였다. 조직 구조의 변화는 이러한 목표 달성을 위한 결정적 요인이다. "시급한 일은 사업을 새로 꾸려가는 데 있다"라는 말도 서슴지 않고 내뱉으며 이스터브룩은 새로운 맥도날드의 도전을 감행하고 있다.

그동안 맥도날드는 아메리카, 유럽, 아시아태평양 지역, 중동 및 아프리카 등 지역별 사업단위로 운영되어 왔다. 하지만 이러한 지역별 구조는 맥도날드가 "매일 6,900만 명이나 되는 고객의 욕구에 효과적으로 대응하기에는 너무 느슨한 체제"라는 심각한 문제점이 드러났다. 이처럼 지역 기반 조직 구조는 관리 활동이나 운영 효율성 측면에 있어서 매우 복잡하고 번거로운 현상만 초래한 것이다. 프랜차이즈 가맹점들부터 맥도날드 경영진에게 이러한 운영상의 비효율성을 야기하는 조직 구조의 문제점이 보고되자, "여러분이 우리 회사에는 너무 많은 계층이 존재하며, 계획 활동과 의사소통 활동이 중첩적으로 일어나고, 사업의 우선 순위에 대한 충돌, 효과적인 의사결정을 가로막는 장애물도 많고, 특히 고객에 대한 의견보다는 우리 자신에 대한 불만이 많다고 한다"라며 이들의 불평에 대하여 맥도날드 경영진이 요약하여 답하였다. 결국 회사와 관련된 누가 보더라도 조직 구조의 변화는 명백한 것으로 보였다.

드디어 맥도날드의 조직 구조에 변화가 이루어졌다. "모든 것을 더욱 단순하게, 단순하게, 단순하게"를 외치는 이스터브룩의 요지는 고객의 관심 사항을 완벽하게 이해하고 적절하고 신속하게 대응함으로써 맥도날드에 만연된 관료적 현상을 제거하자는 데 있다. 그리고 조직 구조를 지역 기반에서 "사업적 논리"로 탈바꿈하자고 강조하였다.

이들 사항을 전반적으로 고려한 이후 맥도날드의 조직 재설계 방향은 "고객 욕구의 유사성, 도전적 활동 및 성장 기회 등을 고려하여 시장을 네 가지로 구분"하였다. 2015년 7월 맥도날드가 공표한 조직 재설계에 따른 4대 시장 세분화는 다음과 같다.

1. 미국 시장: 총수입의 40% 이상을 책임지는 최대의 시장권
2. 해외 주력 시장: 호주, 캐나다, 프랑스, 독일, 영국 등 경제적 상황과 경쟁 상황 및 성장 기회 등이 유사한 시장권
3. 고성장 시장: 중국, 이탈리아, 폴란드, 러시아, 한국, 스페인, 스위스, 네덜란드 등 맥도날드 레스토랑이 다른 지역과 비교하여 확산되고 잠재적 가맹점의 수도 증가하는 시장권
4. 기반 시장: 기타 맥도날드의 가맹점이 증가할 가능성이 있는 시장권

과연 새로운 조직 구조가 맥도날드의 수익성과 매출 증대에 기여할 수 있을 것인가? 경영진은 이번에야 말로 뭔가를 보여줄 것이라며 낙관적으로 내다보고 있다. 즉, 경영진은 새로운 조직 구조 덕분에 각 세분 시장별 고객과 시장의 공통적 욕구에 성공적으로 대응하고, 나아가서는 고객을 위한 가치 창출 혁신 활동을 유연하게 추진함으로써 이에 따른 전사적 차원의 가치 창출도 이루어질 것으로 확신하고 있다.

Courtesy of AG's Globalization

붉은색이 맥도날드가 진출한 지역이다.

출처: 2015, McDonald's announces initial steps in turnaround plan including worldwide business restructuring and financial updates, McDonald's Home Page, www.mcdonalds.com, May 4; 2015, McDonald's challenges: Make it simpler, but add choices, *New York Times Online*, www.nytimes.com, May 4; L. Baertlein, 2015, McDonald's reset to change structure, cut costs, boost franchises, *Reuters*, www.reuters.com, May 4; C. Choi, 2015, McDonald's to simplify structure, focus on customers, *Spokesman*, www.spokesman.com, May 5; A. Gasparro, 2015, McDonald's to speed refranchising, cut costs, *Wall Street Journal Online*, www.wsj.com, May 4; A. Gasparro, 2015, McDonald's new chief plots counter attack, *Wall Street Journal Online*, www.wsj.com, Marcy 1; A. Gasparro, 2015, McDonald's shareholder group calls for changes to board of directors, *Wall Street Journal Online*, www.wsj.com, February 13; R. Neate, 2015, McDonald's plans huge shakeup as CEO admits: 'Our performance has been poor,' *The Guardian*, www.theguardian.com, May 4.

비즈니스 분야의 역사를 새롭게 썼다"는 학자도 있으며, 다른 학자들은 "챈들러 이전의 시대를 경영의 기원전 시기, 즉 B.C.(before Chandler)"로 표현하기도 한다.[22]

일반적으로 기업은 절대적으로 변화할 수밖에 없는 상황에 이르기 전까지는 이미 친숙해진 기존의 구조를 더 선호하게 마련이다.[23] 그리고 최고 경영자는 기존의 조직 구조나 경영 전략에 문제점이 있다는 결론을 선뜻 내리지 않는데, 그 이유는 바로 이를 인정하는 것 자체가 지금까지 자신이 선택한 결정이 최선의 방법이 아니라는 사실을 자인하는 것이 되기 때문이다. 이러한 타성에 젖은 경영자들의 성향은 스스로 치유하기 어렵기 때문에 도저히 성과 하락을 용인할 수 없다고 판단한 이해관계자(자본 시장 및 고객 등)들에 의해 구조 변화가 시도되기도 한다. 대형 백화점인 JC페니(J.C. Penny)에서 그러한 예를 볼 수 있다. 전임 마이런 울먼(Myron Ullman)을 이어 선임된 론 존슨(Ron Johnson)이 수익 창출을 위한 전환 전략에 실패하자 행동주의 투자자인 빌 애크맨(Bill Ackman)이 개입하여 다시 바로 전임 사장이었던 울먼으로 교체하였다.[24] 일부에서는 고작 18개월간의 재임은 전임 울먼의 뒤처리를 하는 기간도 안 된다는 평도 있었다.[25] 연구 결과에 따르면, 조직 구조 변화를 위한 적정 타이밍은 최고 경영자가 현재의 조직 구조로는 더 이상 전략을 성공적으로 실천하기 위한 조정 활동과 관리 활동을 할 수 없다고 판단할 때라고 한다.[26] 흥미롭게도 조직 변화는 경기가 하락하는 시기에 나타나는데, 그 이유는 기업의 저조한 성과로부터 조직의 약점이 표출되기 때문이라고 한다. 다음에서 볼 조직의 통제 활동은 경영자로 하여금 기업의 조직 구조를 재설계해야 할 시점이 언제인지를 인식하도록 해준다.

Bloomberg/Getty Images

알프레드 챈들러 교수는 조직 구조와 전략에 대한 이해를 드높혀준 학자로 유명하다.

11-1b 조직의 통제 활동

조직 통제(organizational control)는 조직 구조의 중요한 부분이다.[27] 조직의 통제 활동은 전략의 활용 지침, 실적과 목표 간의 비교 방법, 그리고 이들 간의 차이가 수용 범위 밖에 있을 경우에 내리는 시정 조치 등을 말한다. 효과적인 조직 통제 없이는 기업이 경쟁 우위를 성공적으로 갖추기 어렵다. 그러므로 조직 통제가 적절하게 설계되면 조직 성과 제고를 위한 명확한 통찰력을 갖게 된다.[28] 기업에서는 전략을 수행하는 지원 활동으로 전략적 통제와 재무적 통제 둘 다 사용한다.

조직 통제 활동은 전략의 활용 지침, 실적과 목표 간의 비교 방법, 그리고 이들 간의 차이가 수용 범위 밖에 있을 경우에 내리는 시정 조치 등을 말한다.

전략적 통제(strategic control)는 과연 외부 환경 상황과 기업의 경쟁 우위 조건 등에 적합한 전략을 사용하고 있는지를 확인해주는 다소 주관적인 잣대를 말한다. 이처럼 전략적 통제는 기업이 외부 환경의 기회를 포착하여 "해볼만한(might do)" 것과 기업 내부의 자원, 가용성 및 핵심 역량 등의 수준에 따라 "할 수 있는(can do)" 것 간의 적합도를 평가하는 활동이다. 효과적인 전략적 통제는 기업이 특히 중차대한 전략적 변화가 요구되는 시점에 있을 경우, 어떻게 성공적으로 추진해야 할 것인지를 이해하도록 해준다.[29] 전략적 통제를 위해서는 이를 적용하는 경영자들이 기업의 성과를 판단하고 또한 주요 책임자(중간 관리자 및 일선 관리자)들이 기업의 전략을 수행하는 데 있어서 상호 충분한 의사소통을 하도록 요구한다. 이러한 관리자들 간의

전략적 통제는 과연 외부 환경 상황과 기업의 경쟁 우위 조건 등에 적합한 전략을 사용하고 있는지를 확인해주는 다소 주관적인 잣대를 말한다.

상호작용은 속성상 공식적 그리고 비공식적 활동 모두 요구된다.[30]

전략적 통제는 전략 실행을 위한 제반 요건의 충족 수준을 평가하는 데도 활용된다. 예를 들어, 전략적 통제는 사업 차원의 전략의 경우, 주요 사업 활동과 기능에 주력하여 과연 적절하게 실행되었는지 그 사업 활동의 가치사슬 및 지원 기능(그림 3-3~3-5 참조)을 확인하는 데 활용된다. 이들 다각화 전략에 대한 평가용으로 효과적인 전략적 통제를 위해서는 본사의 임원들부터 사업 전략이 각 전략사업단위(strategic business unit)별로 잘 실행되고 있는지에 대한 충분한 이해를 하도록 해야 한다.[31]

재무적 통제는 계량적 지표를 기반으로 하여 과거 대비 기업의 성과를 측정하는 데 사용되는 객관적 잣대를 말한다.

재무적 통제(financial control)는 계량적 지표를 기반으로 하여 과거 대비 기업의 성과를 측정하는데 사용되는 객관적 잣대를 말한다. 재무적 통제에서는 이전 성과와의 비교, 경쟁사 성과와의 비교 및 해당 산업의 평균 성과와의 비교 등으로 당해 성과를 평가하는 방법을 사용한다. 재무적 통제의 예로는 투자수익률(return on investment: ROI), 총자산순이익률(return on assets: ROA) 같은 회계 지표, 경제적 부가 가치(economic value added: EVA) 같은 기반 지표 등이 있다. 실제로 전략적 통제는 다양하게 다각화된 사업을 대상으로 적용하기에는 어려움이 따르므로,[32] 기업에서는 재무적 통제를 활용하여 비관련 다각화 전략에 대한 기업의 성과를 평가한다. 비관련 다각화 전략에 초점을 두고 있는 재무적 성과(6장 참조)는 사업부 간, 그리고 사업본부장 간의 성과를 비교할 수 있는 표준화된 재무적 통제가 요구된다.[33]

앞에서 언급했듯이 전략적 통제와 재무적 통제는 둘 다 기업 조직 구조의 중요한 단면을 보여주는데, 조직 구조의 효과성은 전략적-재무적 통제를 "균형적"으로 사용하는 배합 수준에 의해 결정된다. 하지만 특정 시점에서 이들 전략적-재무적 통제 활동의 최적 균형점을 찾는 것은 어려운 도전적 과제인데, 통제 활동의 상대적 활용 수준은 전략의 유형에 따라 달라지기 때문이다. 예를 들면, 원가 우위 전략(cost leadership strategy)으로 사업을 다각화한 기업이나 사업부에서는 재무적 통제(계량적 비용 목표 등)를 강조하는 데 비해, 차별화 전략(differentiation strategy)을 사용하는 기업이나 사업부에서는 전략적 통제(제품 개발팀의 효과성 측정 같은 주관적 지표 등)를 강조한다.[34] 이미 설명했듯이 전사적 차원에서는 전략적 통제를 강조하므로 각 사업부(관련 다각화 전략) 간의 성과분담이 중요하지만, 재무적 통제는 사업단위간 분담이 없는 사업별 독자적 전략에 대하여 사업 활동 및 역량 평가(비관련 다각화 전략)를 강조한다. 그러므로 전략이 어떻게 실천되는가 하는 실천성과 관련된 의사결정을 할 경우에는 전략의 유형에 따라 상대적으로 달라지는 전략적-재무적 통제 간의 균형점을 찾는 것이 무엇보다 중요하다는 사실에 유의해야 한다.

11-2 전략과 구조 간의 관계

전략과 구조는 상호 인과 관계를 갖고 있으므로 적절하게 결합되면 성과를 향상시켜준다.[35] 이러한 관계는 전략 수립(4장, 6~9장)과 전략 실행(10~13장) 간의 상호 연계성을 밝혀준다. 일반적으로 이들 상호적 관계를 통하여 "조직 구조는 기업에서 택한 전략으로부터 나오거나 전략을 따른다"고 한다. 하지만 조직 구조가 현행 전략적 실천 활동 및 향후 전략의 선택활동에 영향을 미칠 수도 있다. 앞서 맥도날드 사례에서 보았듯이 새로운 조직 구조의 도입은 변화하는 고객의 욕구를 보다 잘 파악하고 만족시켜주는 전략의 실행 활동에 영향을 줄 수 있다.[36] 종합하면, 기업의 전략 경영 프로세스는 전략-구조 간의 관계에서 기업의 전략이 변하면 조직은 그러한 변화된 전략을 완수하는 방법도 새롭게 요구한다는 것이다.

또한 조직 구조는 고려 대상이 되는 잠정적 대안의 범위를 제약시킨다는 점에서 전략에 영향을 미치기도 한다. 그러므로 기업에서는 조직 구조가 어떻게 선택된 전략의 실행에 영향을 미치며, 또한 조직 구조가 가능한 미래 전략의 입지를 어떻게 제약하는지에 대하여 세심한 주의를 기울이도록 해야 한다. 비록 구조가 전략에 영향을 미치지만 종합적으로 보면 전략이 구조에 미치는 영향이 훨씬 크다고 할 수 있다.

전략과 구조 간의 이 같은 상호 인과 관계의 강도에 관계 없이 현행 전략의 안정적 실행 및 미래 경쟁 우위를 위한 유연성 확보를 위해서는 각 전략과 구조가 적합하게 결합되도록 하는 기업의 전략과 구조를 선택할 것이 요구된다. 그러므로 일단 전략의 변화가 있으면 기업에서는 이와 동시에 새로운 전략을 지원해주는 새로운 구조를 고려해야 한다. 왜냐하면 적절하게 전략과 구조가 결합되면 기업의 경쟁 우위가 창출되기 때문이다. 이러한 프로세스는 외부로부터 영향을 받기도 하는데, 예를 들면 매스컴으로부터 주목을 받으면서 변화가 촉진되거나 때로는 방해를 받는 경우가 발생하기 때문이다.[37]

11-3 전략과 조직 구조의 진화 형태

연구물에 따르면 대부분의 기업이 전략과 구조 간에 일정 형태의 관계를 보이는 경험을 한다고 한다. 챈들러[38]에 의하면 기업은 어느 정도 예측 가능한 형태로 성장한다고 하는데, 바로 "초기에는 양적 규모(volume), 다음으로는 지리(geography), 통합(수직적 또는 수평적), 그리고 최종 단계는 제품/사업 다각화(product/business diversification)"의 단계로 유형 변화가 이루어진다는 것이다(그림 11-1 참조).[39] 챈들러의 주장은 "기업의 성장 형태가 조직 구조의 유형을 결정한다"는 것으로 해석된다.

〈그림 11-1〉에서 보듯이 매출이 증대하면서 기존의 조직 구조로는 효율적으로 다루기 어려운 조정과 통제 문제가 야기된다. 조직이 성장하면 보다 성공적으로 성장하기 위하여 기업은 새로운 전략의 변화를 시도하는 기회를 맞게 된다. 하지만 기존 조직 구조의 공식 보고 체계, 업무 수행 절차, 성과 평가 통제 활동, 권한 체계 및 의사결정 프로세스로는 새로운 전략 실행에 요구되는 정교함을 갖추지 못한 상태이므로[40] 새로운 조직 구조가 필요하게 된다는 것이다.[41]

기업은 전략 실행을 위해 이들 세 가지 주요 조직 구조 유형 — 단순 구조, 기능별 구조, 복합 사업부 구조 — 중 한가지를 택하게 되는데, 시간이 지나면서 기업은 성장 전략에 따른 변화에 성공적으로 부응하기 위해 단순 구조에서 기능별 구조로, 그리고 다시 복합 사업부 구조로 이전해간다.

그림 11-1 전략과 구조의 성장 형태

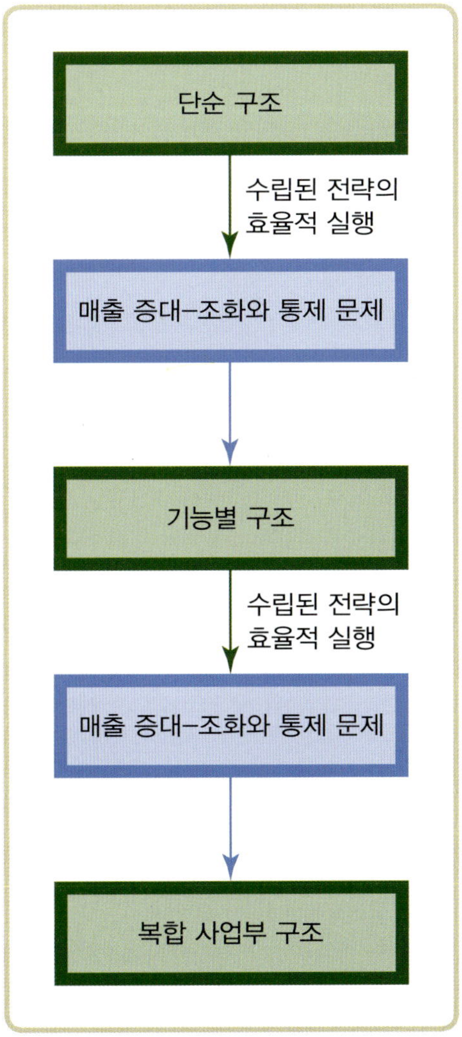

11-3a 단순 구조

단순 구조는 소유경영자가 모든 주요 의사결정을 내리고, 모든 활동을 감시하며, 관리자는 경영자의 감독권 연장선 상에서 업무를 수행하는 구조이다.

단순 구조(simple structure)는 소유경영자가 모든 주요 의사결정을 내리고, 모든 활동을 감시하며, 관리자는 경영자의 감독권 연장선 상에서 업무를 수행하는 구조이다.[42] 전형적인 소유경영자는 일상적으로 매우 부지런하게 일한다. 비공식적 관계 중시, 규정이 거의 없는 상태, 한정된 과업 전문화 수준, 그리고 초보적 정보 시스템 등이 그 특성으로 나타난다. 소유경영자와 직원들 간 비공식적인 잦은 의사소통 활동은 상대적으로 원활한 작업 수행을 위한 조정 활동 역할을 한다. 이러한 단순 구조는 단일 제품으로 특정 시장에서 경쟁하는 집중화 전략(focus strategy)과 사업 차원의 전략(business-level strategy)을 실행하는 데 적합하다. 단순 구조를 사용하는 예로는 지방의 식당, 수선 가게 및 특정 사업에 전문화된 업체 등을 들 수 있다.

소기업의 규모가 커지면서 복잡성이 증대됨과 동시에 관리적 그리고 구조적 문제가 표출된다. 예를 들면, 경쟁 관련 정보 분석의 필요성과 함께 소유경영자에 대한 압력이 크게 증가한다는 것이다. 또한 기업의 성장과 성공은 새로운 전략을 요구하기도 한다. 비록 전략의 변화가 없더라도 기업의 규모 증대는 보다 명확한 작업 흐름도(workflow)와 통합적 운영 메커니즘을 요구한다. 이러한 진화의 시점에 기업은 단순 구조로부터 기능별 조직 구조에로의 전환을 도모한다.[43]

11-3b 기능별 구조

기능별 구조는 최고 경영자와 생산, 회계, 마케팅, R&D, 엔지니어링 및 인적자원 부서 등 조직의 주요 활동 분야에 한정된 기능별 라인 관리자로 구성된다.

기능별 구조(functional structure)는 최고 경영자와 생산, 회계, 마케팅, R&D, 엔지니어링 및 인적자원 부서 등 조직의 주요 활동 분야에 한정된 기능별 라인 관리자로 구성된다.[44] 이러한 기능별 구조는 기능 분야의 전문화를 통하여,[45] 각 기능 부서 내의 지식 공유를 촉진시켜준다. 지식 공유(knowledge sharing)는 경력 경로와 함께 기능별 전문가들이 프로페셔널 역량을 개발하도록 해준다. 하지만 기능별 구조는 각 기능 부서 간의 업무 조정과 의사소통 활동에 있어서는 부정적인 효과를 가져올 수 있다. 그러므로 최고 경영자는 특정 부서의 의사결정과 업무수행 활동이 그 한 부서의 발전이 아니라 회사 전체를 위한 것이 되도록 확인해야 한다. 기능별 구조는 사업 다각화가 별로 없는 사업 차원의 전략 및 일부 전사 차원의 전략(단일 또는 주요 사업)에 적합한 조직 구조이다. 하지만 단순 구조로부터 기능별 구조로 전환되어 갈 경우에는 전략 실행 활동으로서 각 구성원의 혁신적 노력이 가치 파괴적인 관료적 절차 때문에 손상되지 않도록 주의해야 한다.

11-3c 복합 사업부 구조

복합 사업부 구조는 본사 부서와 현장 사업부로 구성되는데, 각 현장 사업부는 서로 분리된 독립 채산 단위로서 회사의 최고 경영자로부터 일상적 사업 운영과 사업단위 전략에 대한 책임을 위임 받은 사업본부장에 의해 운영된다.

기업이 지속적으로 성공과 성장을 거듭해 가면 흔히 과감한 다각화를 추구하게 된다. 기업이 하나의 제품으로 여러 시장(시장 다각화 또는 지역 다각화)에 진출하거나 다양한 제품을 여러 시장(제품 다각화)에 내놓는 다각화 전략을 성공적으로 사용하기 위해서는 실제로 엄청난 데이터와 정보를 분석할 것이 요구된다. 그리고 기존의 기능별 구조로 고도의 다각화된 사업들을 관리하는 데에는 필히 심각한 조정 및 통제[46]상의 문제점이 표출되게 마련이다.[47]

복합 사업부 구조(multidivisional structure)(또는 M형 구조M-form structure)는 본사 부서와 현장

사업부로 구성되는데, 각 현장 사업부는 서로 분리된 독립 채산 단위로서 회사의 최고 경영자로부터 일상적 사업 운영과 사업단위 전략에 대한 책임을 위임 받은 사업본부장에 의해 운영된다. 각 본부는 타 본부와 명확하게 구분된 자족적(self-contained) 사업단위로서 본부 자체의 기능별 위계 구조를 갖추고 있다.[48] 처음부터 설계되어 있듯이 복합 사업부 구조는 다음과 같은 세 가지 장점이 있다. (1) 본사 간부들이 각 사업부의 성과를 더 정확하게 점검할 수 있도록 해줌으로써 보다 간단하게 통제할 수 있다. (2) 사업부 간의 비교를 가능하게 함으로써 자원 배분의 절차를 개선시켜준다. (3) 성과가 저조한 사업부의 부서장들이 성과 개선 방안을 찾도록 자극을 준다.[49] M형 구조로 성과에 대한 점검 활동을 활발하게 하면 각 사업부 책임자들이 내린 의사결정이 이해관계자들의 최대 관심사에 더욱 부응하게 된다. 특히 글로벌 경제하에서는 전사적 차원의 전략으로 대부분 다각화를 추진하므로 M형 조직 구조가 널리 활용되고 있다.[50]

관련 및 비관련 다각화 전략을 실행하는 데 있어서 M형 조직 구조는 다각화에 따라 요구되는 다양한 문제를 성공적으로 해결하는 데 도움이 된다.[51] 챈들러는 1920년대에 널리 확산되어 있던 기능별 조직 구조에서 야기되는 조정과 통제 문제에 혁신적으로 대응하는 방안으로 M형 구조를 제시하였는데, 이후 듀퐁(DuPont)이나 GM(General Motors) 같은 대기업에서도 활용하기 시작하였다.[52] 연구 결과에 따르면 M형 구조는 특히 다각화로 성장해온 기업에 보다 적합하다고 한다.[53] 다각화된 기업에 그 진가를 발휘한다는 사실이 확인되면서부터 복합 사업부 구조를 20세기 최고의 조직 혁신 중 하나로 평가하기도 한다.[54]

기본적으로 세 가지 조직 구조(단순 구조, 기능별 구조, 복합 사업부 구조) 중 한 가지가 다른 구조보다 우수하다고 할 수는 없다. 이에 대하여 피터 드러커(Peter Drucker)는 다음과 같이 언급하였다.

> "유일하게 올바른 조직이란 존재하지 않는다. … 그보다도 우리의 과제는 … 특정 과업과 사명을 동시에 수행할 수 있는 조직을 선택하는 데 있다."[55]

드러커의 주장은 수립된 전략을 성공적으로 수행할 수 있는 "올바른(right)" 구조를 선택해야 한다는 것이다. 모든 상황에 최적화된 단 하나의 조직 구조가 존재하지 않는 만큼, 경영자는 "최적의 구조"를 추구하기보다는 전략과 구조 간에 상호 적합성을 갖추도록 하는 데 주력해야 할 것이다. 다음에서는 기업 성과에 긍정적인 영향을 미치는 전략-구조 간의 적합성에 대하여 살펴보도록 한다.

11-3d 사업 차원의 전략과 기능별 구조 간의 적합성

기업에서는 원가 우위, 차별화, 원가 우위와 차별화 통합 등과 같은 전략 수행을 위해서 각기 다른 유형의 기능별 조직 구조를 활용한다. 이들 상이한 유형은 전문화(specialization)(작업 완수에 요구되는 직무의 형태 및 개수와 관련),[56] 집권화(centralization)(최고 경영층의 의사결정권 수준),[57] 그리고 공식화(formalization)(작업 관련 공식적 규정 및 추진 절차의 수립 수준)[58] 등 세 가지 주요 구조적 특성에 의해 결정된다.

원가 우위 전략 수행을 위한 기능별 구조 활용

원가 우위 전략을 사용하는 기업은 해당 산업의 전형적인 고객을 대상으로 표준화된 제품을 대량으로 판매한다. 이러한 원가 우위 전략을 사용하는 기업에서는 효율성 달성과 경쟁사보다 낮은 비용으로 제품을 생산할 수 있는 조직 구조를 필요로 한다.[59] 단순한 보고 체계, 의사결정 및 권한 체계 단계의 단축, 본사 간부에의 집권화, 그리고 제품 R&D 활동에 주력하여 신제품을 개발하기보다는 제조 공정 개선에 역점을 둠으로써 요구되는 효율성을 달성하는 것이 바로 기능별 구조로 원가 우위를 추구하는 전략 유형의 본질이라 할 수 있다(그림 11-2 참조).[60] 기능별 구조는 종업원의 작업 수행시에 발생하는 비용을 감소시키려 하는 상시적 노력이 따르는 저비용 문화(low-cost culture)를 조성하는 데 도움이 된다.[61] 이를 위해서는 단순하고 용이한 제조 활동을 위한 제품 디자인의 개발과 함께 제품 생산을 위한 효율적 프로세스를 개발해야 한다.[62]

집권화란 각 조직 기능(엔지니어링, 마케팅 등)별로 비용 절감을 위해 의사결정권이 스태프, 즉 지원 부서에 집중된 것을 말한다. 집권화된 지원 부서의 역할은 지속적인 비용 절감을 독려하면서 한편으로는 한 기능 부서의 추가적인 비용 절감 노력 때문에 혹시 다른 기능 부서들의 생산성을 저해하지는 않는가를 확인하는 데 있다.[63]

원가 우위 전략을 추구하는 기능별 조직 구조에서는 직무가 고도로 전문화되어 작업은 각각 동질성을 갖춘 하위 집단으로 나누어진다. 하위 집단은 생산 제품별 또는 대응 고객별로 구성되기도 하지만, 대부분 조직 기능별로 나뉘는 것이 일반적이다. 종업원들이 효율성 제고를 위해 전문화를 추구하는 만큼 비용 절감도 이루어진다. 이러한 기능별 구조에서는 흔히 집

그림 11-2 원가 우위 전략 수행을 위한 기능별 구조

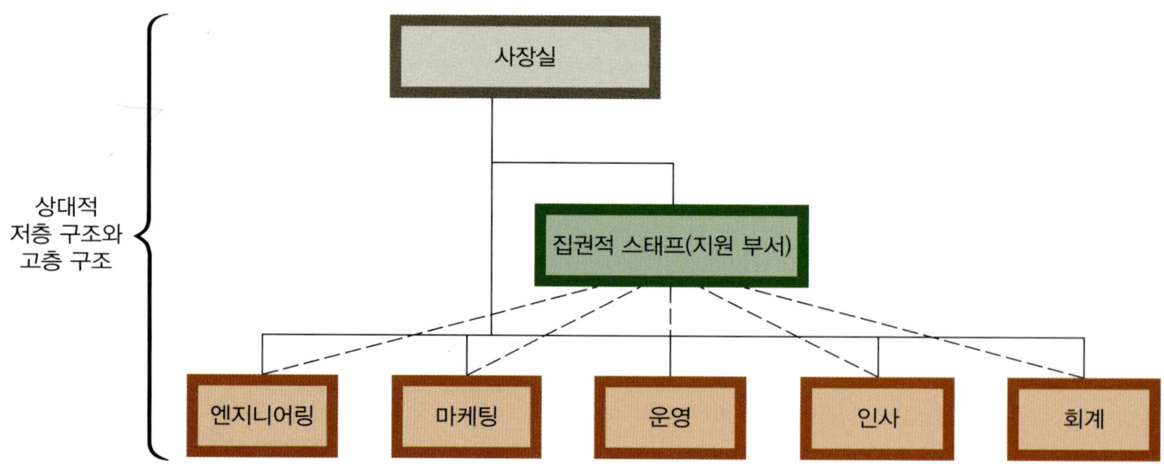

주:
- 기능별 구조에서는 운영 부서가 주 기능 부서
- 신제품 연구 개발보다 프로세스 엔지니어링을 강조
- 상대적으로 집권화된 스태프 부서에서 기능별 부서를 조정
- 공식적 절차는 저비용 문화를 형성
- 전체 구조는 기계적이며, 고도로 구조화된 직무 역할 강조

권화된 스태프 부서로부터 나오는 고도의 공식적 규정과 절차에 의해 개인별 작업이 명시되고 수행된다.

월마트(Walmart Stores, Inc.)의 3대 계열사인 월마트US(Walmart U.S.), 샘스클럽(Sam's Clubs), 월마트 인터내셔널(Walmart International) 등에서도 각각 원가 우위 전략을 실행하기 위한 기능별 구조를 사용하고 있다. 그룹사 전체 매출에서 가장 큰 부분을 차지하고 있는 월마트US는 슈퍼센터(Supercenter), 디스카운트(Discount), 네이버후드마켓(Neighborhood Market), 그리고 기타 통신 소매 방식(digital retail format) 등의 영업 조직에 원가 우위 전략을 적용하고 있다.[64] 회사 전체 차원에서 "고객의 지갑을 절약해서 보다 나은 생활을 보장해준다"는 데 모두 공감하고 있다.[65] 그런데 몇 년에 걸친 경쟁자들의 "월마트 성공법 따라하기" 전략(원가 우위 전략)은 실패로 나타났는데, 그 주요 원인 중 하나가 바로 효과적인 전략-구조의 적합화 부족으로, 이들과는 달리 월마트에서는 전략의 특성이 요구하는 원가 우위 전략과 기능별 구조 간의 적합화를 구축했기 때문이다.

차별화 전략 수행을 위한 기능별 구조 활용

차별화 전략은 고객이 느끼기에 색다른 가치를 창출해주는 제품을 생산하기 위해 기업에서 사용하는 전략이다. 기업에서는 차별화 전략으로 고객의 특유한 욕구에 부응하는 비표준화된 제품을 생산한다. 기능별 구조의 차별화 유형은 상대적으로 복잡하고 유연한 보고 체제, 교차 기능적 제품 개발팀의 활용, 그리고 제조 및 프로세스 연구개발보다는 마케팅 및 제품 연구개발 활동에 주력하는 것으로 그 특성이 나타난다(그림 11-3 참조). 이러한 구조에서는 종업원들이 기존의 제품과 차별되는 새로운, 그리고 고도로 차별화된 제품을 개발하려는 개발 지향적 문화가 형성된다.[66]

그림 11-3 차별화 전략을 실행하기 위한 기능별 구조

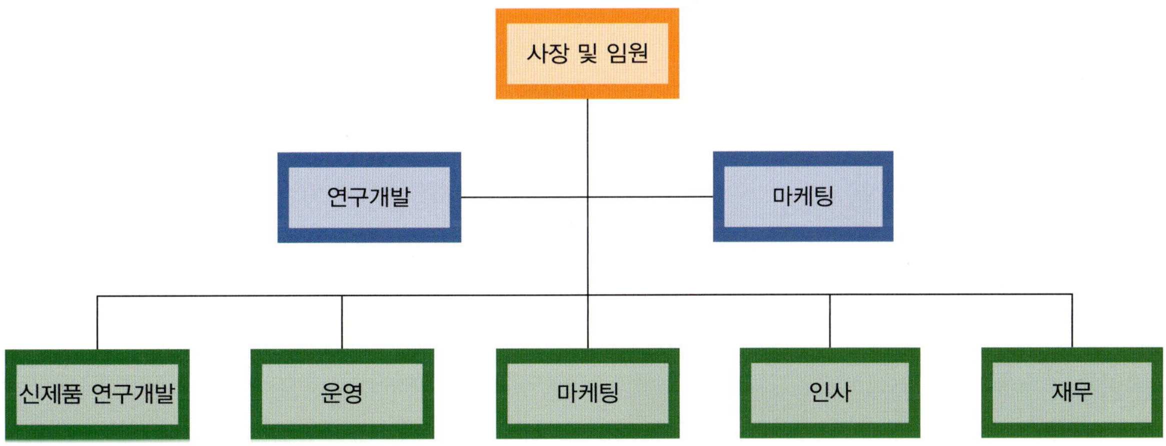

주
- 신제품 아이디어 추진을 위해 마케팅 부서가 주 기능 부서
- 신제품 연구개발을 강조
- 연구개발 및 마케팅만 본사 스태프로 밀접한 집권 체제이고, 나머지 대부분 기능은 분권화
- 신속한 변화와 신제품 아이디어 권장을 위해 공식화는 제한적으로만 실시
- 전반적으로 유기적 구조이며, 직무 역할의 구조화도 낮음

지속적인 제품 혁신을 위해서는 조직 구성원 모두 때로는 불명확하고 불완전하며 불확실한 정보를 분석 및 해석하여 조치를 취하도록 해야 한다. 외부 환경에 역점을 두고 새로운 기회를 포착하기 위해서는 기업 외부(고객 및 공급자 등)로부터 정보를 수집해야 한다. 수집된 정보로부터 가능성이 나타나면 신속한 대응을 하는 것이 필요한데, 이를 위해서는 의사결정의 책임과 권한을 분권화할 것이 요구된다. 차별화 전략은 또한 경쟁사와의 경쟁 활동을 위한 전략적 유연성과 강력한 기술 역량 개발을 지원해주는 구조를 요구한다. 이들 강력한 기술 역량과 전략적 유연성은 시장 변화에서 표출되는 새로운 기회를 포착하는 역량을 제고시켜준다.[67]

필요한 창의력을 지원하고, 차별화와 신제품의 원천을 계속 추구할 수 있도록 차별화 전략-기능별 구조에서는 직무의 전문화가 고도로 이루어지지는 않는다. 이러한 전문화의 부족은 직무 기술서에 수행해야 할 과업이 상대적으로 많이 열거된다는 의미이기도 하다. 차별화 전략-기능별 구조에서는 공식적 절차나 규정이 거의 없다는 것도 중요한 특징으로 나타난다. 낮은 공식화, 의사결정 권한과 책임의 분권화, 낮은 직무 과업 전문화 등에 의해 향후 활발한 차별화된 신제품 개발 아이디어를 창출하고 기존 제품을 보다 새롭게 차별화하기 위해서는 어떻게 해야 할 것인지를 자유롭게 논의할 수 있도록 하자는 것이다.

스포츠용 의류 제조사인 언더아머(Under Armour)는 스포츠 의류 시장에서의 성공적 성장을 위해 차별화 전략에 적합한 조직 구조를 도입하였다. 언더아머의 목표는 혁신적 디자인, 테스팅 및 마케팅 활동으로 고객의 운동 성과를 향상시키는 데 두고 있다. 회사의 제품은 초보 수준에서 프로 선수에 이르기까지 모든 수준의 운동선수를 위한 제품 생산을 겨냥하고 있다. 또한 언더아머 제품으로 각 개별 고객이 그들의 성과를 향상할 수 있도록 고안하여, "모든 사람을 위한 성과 보증(Universal Guarantee of Performance: UGOP)"이라는 슬로건과 함께 "언더아머 제품은 바로 여러분을 위한 것입니다. 당연히 여러분을 보다 가치 있게 해줍니다"라는 의미를 강조하고 있다.[68]

Syda Productions/Shutterstock.com

사진의 여성처럼 사람들은 언더아머 의류 장비와 도구를 착용하고 운동하면 "효과가 좋다"고 인식한다.

원가 우위와 차별화 통합 전략 수행을 위한 기능별 구조 활용

원가 우위와 차별화 통합 전략을 사용하는 기업에서는 상대적으로 낮은 비용과 합리적인 차별화의 원천으로 새로운 가치를 창출해주는 제품을 판매한다. 즉, 이들 제품의 비용은 원가 우위 제품의 가격보다 "상대적"으로 낮으며, 이들 제품의 차별화는 독특하게 차별화된 제품에 비해 "합리적" 수준으로 이루어진다는 것이다.

원가 우위와 차별화 통합 전략은 사실 실행하기에 어려운 문제가 따르지만 글로벌 경제의 확산으로 자주 활용되고 있다. 여기에서 도전이 요구된다는 것은 원가 우위와 차별화 전략을 사용할 경우 각각 상이한 가치사슬과 지원 활동을 필요로 하기 때문이다(3장 참조). 원가 우위의 지위를 유지하기 위해서는 제품의 변화가 거의 없는 생산 활동 및 프로세스 엔지니어링이 요구된다. 한편 차별적 지위를 달성하기 위해서는 생산 활동이나 프로세스 엔지니어링보다도 마케팅 활동과 신제품 개발 활동에 역점을 두어야 한다. 이처럼 통합형 전략을 효과적으로 사용하기 위해서는 제품의 차별화를 창출하기 위한 활동 및 비용을 절감하기 위한 활동 간에 성공적인 배합이 이루어져야 한다. 그러므로 통합형 기능별 구조는 집권화와 분권화가 혼재된 의사결정 패턴을 보이게 된다. 나아가서 직무 역시 부분 전문화(semi-specialized)된 상태로 제공되며, 규정과 절차도 공식적-비공식적 직무 수행 방식이 혼재된 방식으로 주어진다. 결국 시점과 부서에 따라 유연성을 보이는 것이 무엇보다 중요하다는 것이다.[69]

11-3e 전사 차원의 전략과 복합 사업부 구조 간의 적합성

앞에서 설명했듯이, 챈들러는 기업의 성공이 계속되면 제품과 시장의 다각화가 각각 또는 둘 다 따르게 된다고 하였다.[70] 기업의 다각화 수준은 사업의 수와 유형에 대한 의사결정 함수로서 이를 통하여 타사와의 경쟁 및 사업을 운영한다(6장 참조). 개별 조직의 기능을 설계하고 다각화를 확산해 가는 활동은 기능별 구조로서는 다루기 어려운 정보 처리, 조정, 그리고 통제 활동과 관련된 문제를 유발시킨다. 그러므로 다각화 전략을 사용할 경우에는 전략-구조 간의 적합성 확보를 위해 기능별 구조로부터 복합 사업부 구조로 변화할 것이 요구된다.

〈그림 6-1〉에서 정의하였듯이 전사 차원의 전략은 제품과 시장의 상이한 다각화 수준을 보여준다. 상이한 수준의 다각화로부터 발생하는 요구 사항은 각 전략별로 효과적인 실행을 위한 특유의 조직 구조가 필요하다는 점이다(그림 11-4 참조). 여기에서는 세 가지 다각화 전략들 간의 관계 및 각 전략에 적합한 특유의 조직 구조에 대하여 살펴보도록 한다.

그림 11-4 복합 사업부 구조의 세 가지 유형

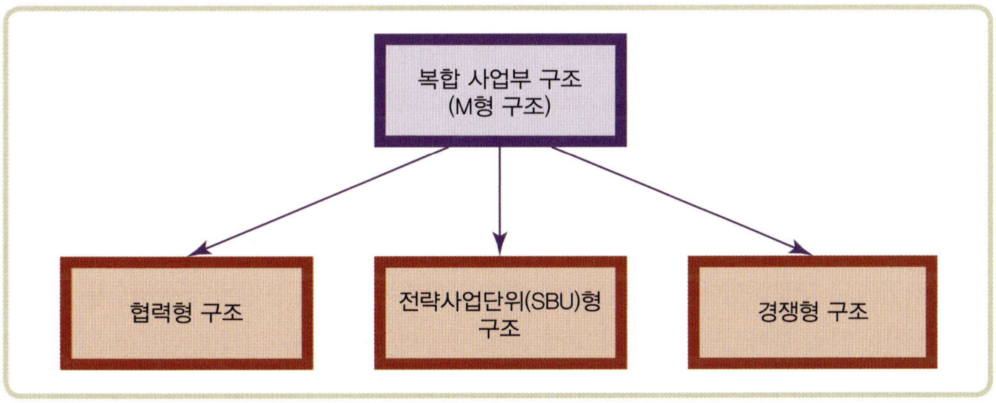

제약적 관련 다각화 전략 실행을 위한 협력형 복합 사업부 구조 활용

복합 사업부 구조(M형 구조) 중 하나인 **협력형**(cooperative form) 구조는 사업본부 간의 협력을 유도하기 위해 수평적 통합 방법을 사용한다. 제약적 관련 다각화 전략(related constrained diversification strategy)을 사용하는 사내 사업부는 흔히 제품별, 시장별 또는 제품 및 시장별 기준으로 형성된다. 〈그림 11-5〉는 시장별 사업부 또는 시장별 사업부와 제품별 사업부를 모두 활용할 수도 있지만, 단순히 제품별 사업부로 구성된 협력형 복합 사업부 구조를 예시하여 보여준다.

협력형은 M형 구조의 하나로 사업본부 간의 협력을 유도하기 위해 수평적 통합 방법을 사용한다.

그림 11-5 제약적 관련 다각화 전략 실행을 위한 협력형 복합 사업부 구조

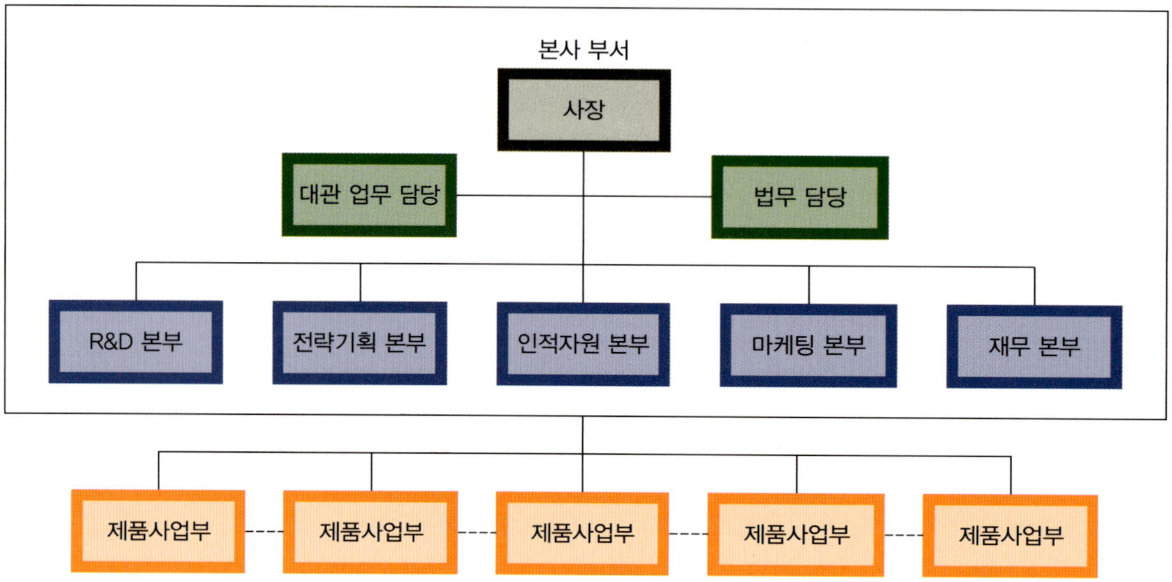

주:
- 구조적 통합 방식으로 모든 사업부 간의 긴밀한 연계성 구축
- 본사 부서는 집권적 전략 기획, 인적자원 및 마케팅 활동에 초점을 두고 사업부 간 협력을 조장
- 연구개발 활동은 집권화 방법으로 운영
- 사업부 단위별 성과에 추가하여 전사 차원의 성과를 고려한 주관적 평가에 따른 보상
- 조직 문화적으로 협력적 공유 활동을 강조

6장의 P&G 사례를 통해 제약적 관련 다각화 전략을 살펴보았다. 여기에서는 이러한 전략을 효과적으로 실행하는 데 적합한 협력형 복합 사업부 구조에 대하여 살펴본다. 6장에서의 설명처럼 제약적 관련 다각화 전략은 기업 내 사업부 간 자원과 활동을 분배하는 방안이다. P&G의 5대 핵심 강점(core strengths, core resources)은 고객 이해, 규모, 혁신, 고객 밀착 역량(go-to-market capabilities),* 브랜드 구축 등으로 나타나는데, P&G에서는 이를 기반으로 4대 산업 기반 핵심 사업 분야에 협력형 복합 사업부 조직 구조를 구축하였다. 4대 핵심 사업 분야는 유아용품, 여성 및 가정 용품과 미용, 두발 및 개인 생활용품, 위생 및 자가 치료 용품과 건강 및 치장 용품 등으로 구분하였다. P&G에서 5대 주요 강점을 4대 사업 분야에 공유하도록 조정한 이유는 이들 사업 분야 모두 "공통의 고객 욕구, 공통의 기술 공유, 그리고 공통의 경쟁자"를 대상으로 하기 때문이다.[71] 이처럼 P&G는 조직 구조를 활용하여 수평적 관계로 사업 체제를 통합함으로써 4대 사업 분야 간 협력적 활동을 강화시키고 있다.

*GTM(go-to-market) 전략은 기업이 시장 및 최종 고객의 욕구 변화에 부응하여 조직과 자원을 재배치함으로써 경쟁 우위를 추구하는 고객 밀착형 실행 전략이다. — 역자주

사업부의 역량을 공유하면 기업 차원에서 범위의 경제(economies of scope)를 쉽게 달성할 수 있다. 6장에서 설명하였듯이 범위의 경제(사업부 간에 각각 구축해온 역량을 공유함으로써 비용 절감을 달성)는 제약적 관련 다각화 전략을 성공적으로 활용하는 것과 연결되어 있다. 즉, P&G의 사례처럼 사업부 간 역량을 공유하는 것은 협력형 복합 사업부 구조를 활용한 협력 활동에 전적으로 의존되어 있다.[72]

협력형 구조는 집권화, 표준화, 공식화 등 조직 구조의 3대 상이한 특성을 활용하여 사업

부 간 협력을 조장시키는 통합적 메커니즘을 구축해준다. 여기에서 사업부 경영자 간의 잦은 직접적인 접촉과 통합적 운영 메커니즘을 통하여 협력과 지식 공유 및 역량이나 자원을 공유하도록 독려하고 지원함으로써 새로운 경쟁 우위를 창출하게 된다.[73] 그리고 간혹 이들 사업부 경영자의 역할을 서로 연계함으로써 타 사업부에서 발생하는 일과 자기 사업부의 일을 통합하고 조정하는 데 드는 시간을 절약하기도 한다. 그리고 여러 사업부 간의 자원 배분이 중시되는 프로젝트의 성공을 위해 때로는 임시팀이나 태스크포스팀을 활용하기도 한다. 이러한 임시팀이나 태스크포스팀을 자주 활용할 경우에는 아예 공식적 통합 부서로 이를 확정하여 운영하기도 한다.

한편, 궁극적으로는 매트릭스 조직을 구축하여 제약적 관련 다각화 전략을 실행한다. 매트릭스 조직(matrix organization)은 기능별 전문화와 사업 제품 또는 프로젝트 전문화를 둘 다 결합한 이중 구조(dual structure)를 활용한다.[74] 다소 복잡한 문제는 있지만 매트릭스 구조는 기업 내 사업부 간의 조정 활동을 개선시키는 데 매우 효과적인 방법이다.[75]

협력형 복합 사업부 구조의 성공 여부는 사업부의 정보 제공 활동에 달려 있다. 하지만 사업부 간의 협력 활동이라는 의미에는 단위 사업부의 자율성이 위축된다는 뜻이 담겨 있는 만큼 사업부 경영자로서는 협력형 구조에서 요구되는 통합적 정보 처리 활동에 선뜻 동의하지 않게 된다. 게다가 사업부 간 조정 활동이 사업부 경영자의 성과를 긍정적으로 모두 동일하게 지원해주지도 않는다. 결국 성과에 대한 보상 기준이 각 사업부 단위별 성과에 의존되어 있는 만큼 사업부 경영자(사업본부장)는 일부 다른 손실을 감수하더라도 기업의 역량을 지원받아 자기 사업부에 더 큰 도움을 받으려 할 것이다. 그러므로 바로 여기에 과연 한 사업부가 타 사업부에 얼마나 협력적으로 활동하였는지 하는 사업본부장의 활동에 대한 평가 등 전략적 통제 활동이 중시된다. 또한 각 개별 사업부의 성과와 함께 전사적 차원의 성과를 강조하는 방법도 협력형 구조에서 발생되는 문제를 해결하는 데 도움이 된다. 한편, 조정에 따르는 비용과 조직의 오랜 타성 때문에 실제로 관련 다각화 전략의 효과는 그 한계가 있다(예: 범위의 경제 효과가 제한적으로 표출).[76]

연계적 관련 다각화 전략 실행을 위한 SBU형 복합 사업부 구조 활용

사업부 간에 연계나 제한적 연계가 별로 없는 기업에서는 연계적 관련 다각화 전략을 사용한다. **전략사업단위형**(strategic business unit form: SBU form) 복합 사업부 구조는 이러한 전략을 위한 것이다. SBU형 구조는 기업 본부, SBU, 그리고 SBU 사업부 등 3개 단계로 구성된 M형(복합 사업부) 구조이다(그림 11-6 참조). SBU형 구조는 관련 조직들의 규모와 제품 및 시장의 다양성 때문에 복잡성이 높게 나타나는 대규모 조직에서 주로 사용된다.

전략사업단위(SBU)형은 기업 본부, SBU, 그리고 SBU 사업부 등 3개 단계로 구성된 M형 구조이다.

각 SBU별 소속 사업부는 제품과 시장 각각 또는 둘 다를 공유하는 방식으로 연계되어 있으며, 타 SBU의 사업부들 간에는 거의 공통점이 없다. 각 SBU 소속 사업부에서는 제품 또는 시장에 대한 역량을 공유하여 범위의 경제와 함께 규모의 경제(economies of scale)를 키워간다. 이러한 조직 구조에서 사용되는 통합적 메커니즘은 SBU형 복합 사업부 구조의 한 부분으로써 각 개별 SBU 소속 사업부들도 마찬가지로 활용될 수 있다. 여기에서 각 SBU는 하나의 독립채산제, 즉 이익 센터(profit center)로서 본사 부서로부터 통제 및 평가를 받는다. 재무적 통제와

그림 11-6 연계적 관련 다각화 전략 실행을 위한 SBU형 복합 사업부 구조

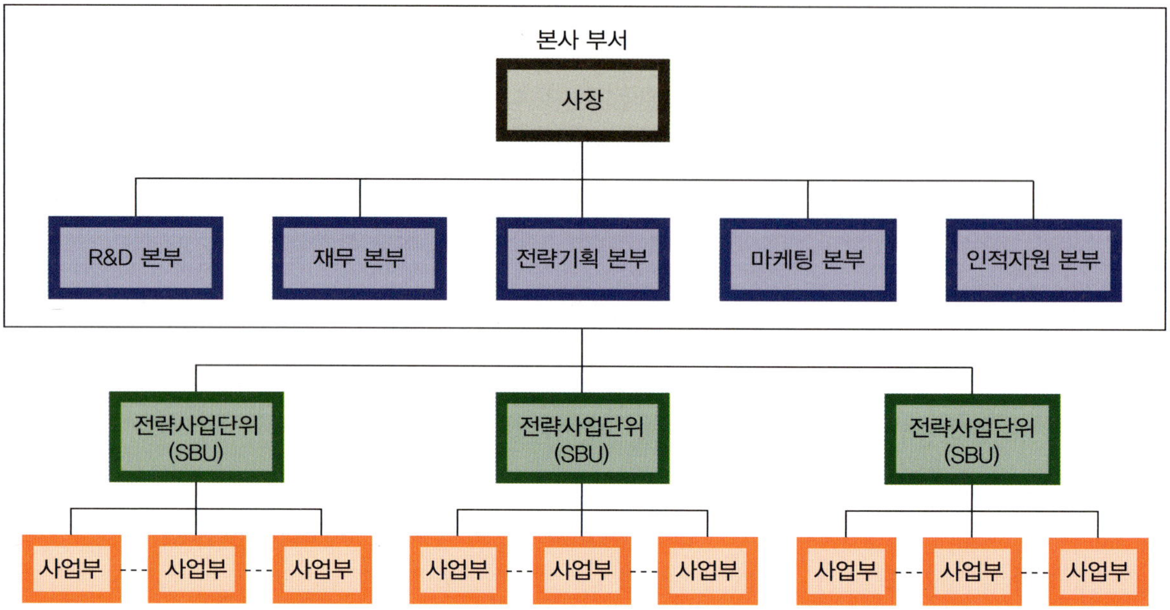

주:
- SBU 간의 구조적 통합은 하되, 각 SBU의 독립성은 유지
- 전략 기획은 SBU의 전략 기획 사안에 대한 사장의 결재를 받도록 관리하는 주요 기능
- 각 SBU는 통합 활동 담당 스태프를 위한 경비를 분담
- 협력형 구조에서 기업 본부 스태프는 제품 전략에 대한 직접적 관여보다는 SBU와 사업부에 대한 컨설턴트 역할을 수행

전략적 통제 모두 중요하지만, 상대적으로 본사 부서의 평가 활동에서는 각 SBU에 대한 재무적 통제에 역점을 둔다. 전략적 통제는 각 SBU의 책임자가 소속 사업부들의 성과를 평가할 때 특히 중시된다. 또한 전략적 통제는 기업 본사에서 사업 포트폴리오의 질적 수준에 대한 평가 및 이들 사업이 과연 성공적으로 운영되고 있는지를 평가할 때도 중시된다. 각 SBU 소속 사업부 간에 역량을 공유하는 것은 SBU형 복합 사업부 구조의 중요한 특성으로 강조된다(그림 11-6 주석 참조).

연계적 관련 다각화 전략의 단점으로는 비록 복합 사업부 구조에 의해 적절한 지원을 받아 실행에 옮기더라도 이들 전략과 구조를 결합하여 주주와 기타 투자자들에게 그 가치를 효과적으로 이해시키고 소통하는 것이 쉽지 않다는 데 있다.[77] 나아가서 SBU 간에 조정이 요구될 경우에는 다음에서 볼 경쟁형 구조에서처럼 SBU 간 협력을 위한 준비가 되어 있지 않다는 문제점이 드러난다. 그러므로 연계적 관련 다각화 전략을 추진하는 주체 집단은 앞에서 언급한 통합적 메커니즘을 성공적으로 구축하여 활용하는 데 역점을 둘 것이 요구된다.

오랜 기간 동안 소니(SONY)에서는 협력형 복합 사업부 구조로 제약적 관련 다각화 전략을 실천해오다가 최근 기업 성과의 하락에 직면하자 새로운 전략으로 연계적 관련 다각화 전략과 SBU형 복합 사업부 구조로 전환하였다. **전략 포커스**에서 볼 수 있듯이 소니는 효율성(주어진 일을 올바르게 하는 것doing things right)과 효과성(올바른 일을 하는 것doing the right things)을 제고시키기 위한 회사의 전략과 조직 구조에 변화를 가한 것이다.

전략 포커스

소니의 새로운 조직 구조: 재무 성과에 대한 책임 제고 및 자원 배분에 초점

1946년 일본에서 개업한 소니는 전 세계로 시장을 넓힌 혁신적 제품을 생산하는 기업으로 명성을 드높여 왔다. 사실 소니는 1960~1980년대의 일본이 강력한 수출국으로서 발전하는 데 중요한 역할을 했다. 소니는 혁신적 제품, 그리고 때로는 혁신 활동으로 신속하게 제품의 성능을 제고시키는 시장 선점(first to market) 기업이기도 하였다. 1979년에 첫 출시한 소니 워크맨(Walkman)은 휴대용 스테레오 테이프데크(personal stereo tape deck)로 소니의 대표적 '시장 선점' 제품이다. 트랜지스터 라디오는 원래 레전시 일렉트로닉스(Regency Electronics)와 테사스 인스트루먼트(Texas Instruments) 합작으로 상용화된 제품인데 소니는 이를 혁신적 제품으로 새로 출하한 것이다. 수많은 제품 시장에서 소니는 어떤 경쟁에서든 혁신 활동이 결정적 역할을 했다.

한편 수십년 동안 지속된 소니의 성공 배경에는 다양한 사업 긴의 자원과 능력 및 핵심 역량 공유가 창출해주는 가치를 인식하고, 필름, 음악, 그리고 디지털 전자 등 다양한 사업 활동을 연결하여 운영하는 "융합(convergence)" 중시 풍토가 있었다. 본질적으로 소니는 제약적 관련 다각화 전략을 효과적으로 실행하여 성공했던 회사였다. 하지만 앞서 언급했듯이 제약적 관련 다각화 전략을 실행하기 위해서는 이에 적합한 협력형 복합 사업부 구조가 요구되는데, 이러한 구조에서는 효율적인 정보 처리와 사업단위 조직 간의 통합적으로 정비된 조정 활동이 어렵다는 문제가 표출된다. 바로 이러한 현상이 소니에서도 나타났다. 최근 10년 넘도록 성과 부진 문제에 직면하게 되자, 소니의 최고 경영자는 조직 구조의 대대적인 변화를 선언하였다. 2015년 10월에 도입된 새로운 조직 구조는 고객을 위한 가치 창출과 주주를 위한 부의 창출을 내세우며 소니의 능력을 향상시키기 위한 초석으로 받아들여졌다.

구조적 변화의 핵심은 소니의 상급 관리자들이 재무적 자본을 보다 효과적으로 배분하도록 노력하는 데 있다. 즉, 주된 목표는 매출 성장 자체가 아닌 수익성을 갖춘 사업에 자본을 배분하는 것이다.

현재 소니의 사업 구조는 성장 주도 사업단위, 안정적 수익 창출 사업단위 및 변동 관리(volatility management) 사업단위 등 세 가지 핵심 분야로 구성되어 있다. 새로운 조직 구조의 본질은 바로 SBU형 복합 사업부 구조에 있다. 최고 경영자의 평에 의하면 이들 조직 단위는 "매출액보다 수익성에 중점을 둔 것으로 각 사업단위의 자율성을 보장하고, 주주 가치를 중시하며, 소니 내에서 각 사업단위의 위상을 명확하게 정의내려 준 것"이라고 한다. 성장 주도 사업 분야에는 디바이스, 게임 및 네트워크 서비스, 영상, 음악 등이 포함되어 있다. 소니에서는 이들 분야에 대대적으로 투자하고 있다. 안정적 수익 창출 사업 분야에는 이미징 제품과 솔루션, 그리고 비디오 및 음향 등이 포함되어 있다. 이 사업들은 안정된 수익 창출과 현금 흐름이 기대되는 분야이다. 마지막으로 TV와 모바일 커뮤니케이션 등이 변동 관리 사업단위에 포함된다. 도전적이고 경쟁적인 변화무쌍한 시장에서 이루어지는 이들 사업의 목표 역시 안정된 수익을 창출하는 것이다. 이들 3대 분야의 성과 기준으로는 자기자본이익률(return on equity: ROE)이 사용되는데 이를 통하여 사업의 성공 여부를 판가름하게 된다. 연도별 ROE 수순은 이늘 세 가지 분야 모두 약 10%선을 기준으로 한다.

SBU형 복합 사업부 구조를 사용하는 세 가지 목적은 다음과 같다. 첫째, 소니의 최고 경영자로서는 이러한 조직 구조를 통하여 각 사업단위의 의무와 책임을 명확하게 보여주기를 기대하고 있다. 두 번째 목적은 경영 정책과 추진 방향을 지속적인 수익 창출과 각 시업부 운영의 연속성에 두고 있다. 세 번째 목적은 불필요한 관리 계층을 없앰으로써 사업단위 구성원 누구나 혁신에 동참할 수 있도록 하는 것이다.

소니의 경영진은 연계적 관련 다각화 전략 실행에 적합한 SBU형 복합 사업부 구조를 통하여 긍정적인 성과 창출이 이루어질 것으로 확신하고 있다. 하지만 소니에서 도입한 새로운 조직 구조 역시 연계적 관련 다각화 전략을 성공적으로 실행하는 데 도움이 되는 여러 가지 방안 중 하나라는 점에 유의해야 할 것이다.

Barone Firenze/Shutterstock.com

사진의 제품은 미국 샌프란시스코에 전시된 소니의 PS Vita이다.

출처: 2015, Corporate Information, Sony Home Page, www.sony.com, May 17; 2015, Here's Sony's new business strategy, *Business Insider*, www.businessinsider.com, February 21; T. Mochizuki & E. Pfanner, 2015, Sony expects profits to surge this fiscal year, *Wall Street Journal Online*, www.wsj.com, April 30; T. Mochizuki & E. Pfanner, How Sony makes money off Apple's iPhone, *Wall Street Journal Online*, www.wsj.com, April 28; E. Pfanner & T. Mochizuki, 2015, Sony's mobile unit seeks profit, innovation, *Wall Street Journal Online*, www.wsj.com, March 2; M. Schilling, 2015, Sony strategy centers on splitting businesses, not selling—for now, *Variety*, www.variety.com, February 26.

비관련 다각화 전략 실행을 위한 경쟁형 복합 사업부 구조 활용

비관련 다각화 전략을 사용하는 기업에서는 효율적인 내부 자본 배분이나 구조 조정, 사업체 매입과 매각 등으로 가치를 창출한다.[78] 경쟁형 복합 사업부 구조는 바로 이러한 전략을 실행하는 데 도움이 된다.

경쟁형 복합 사업부 구조는 각 사업부가 완전 독립적으로 기업 자원 활용을 위해 경쟁하는 구조이다.

경쟁형(competitive form) 복합 사업부(M형) 구조는 각 사업부가 완전 독립적으로 기업의 자원을 활용하기 위해 경쟁하는 구조이다(그림 11-7 참조). 협력형 구조의 사업부와는 달리 경쟁형 구조의 사업부는 기업의 강점 요인을 공유하지 않는다. 그러므로 통합적 메커니즘은 경쟁형 복합 사업부 구조에서는 전연 나타나지 않는다.

효율적인 내부 자본 시장은 비관련 다각화 전략을 사용하는 기반으로서 사업부 간의 협력 활동보다는 경쟁을 중시하는 방식으로 조직을 재정비하도록 요구한다.[79] 내부 경쟁의 촉진은 다음과 같은 세 가지 장점을 보여준다. 첫째, 내부 경쟁은 유연성(예: 본사 차원에서 각각 상이한 기술과 프로젝트로 각 사업부의 잠재력을 최대화시키는 효과)을 창출한다. 이를 통하여 기업 본부에서는 전사적 차원의 성공을 이끌어주는 잠재력을 보이는 사업부에 더 많은 자원을 배분해준다. 둘째, 내부 경쟁은 현행 수준과 타성 타파를 강조하는데, 이는 각 사업부 책임자가 이미 "향후 자원 배분은 현행의 탁월한 성과 및 향후 성과의 우월적 향상 수준에 의해 결정된다"는 사실을 잘 알고 있기 때문이다. 셋째, 동료 집단과의 내부 경쟁은 외부 경쟁자들과의 경쟁만큼이나 엄청난 노력이 요구된다는 동기를 유발시킨다.[80] 이러한 구조에서는 조직적 통제

그림 11-7 비관련 다각화 전략 실행을 위한 경쟁형 복합 사업부 구조

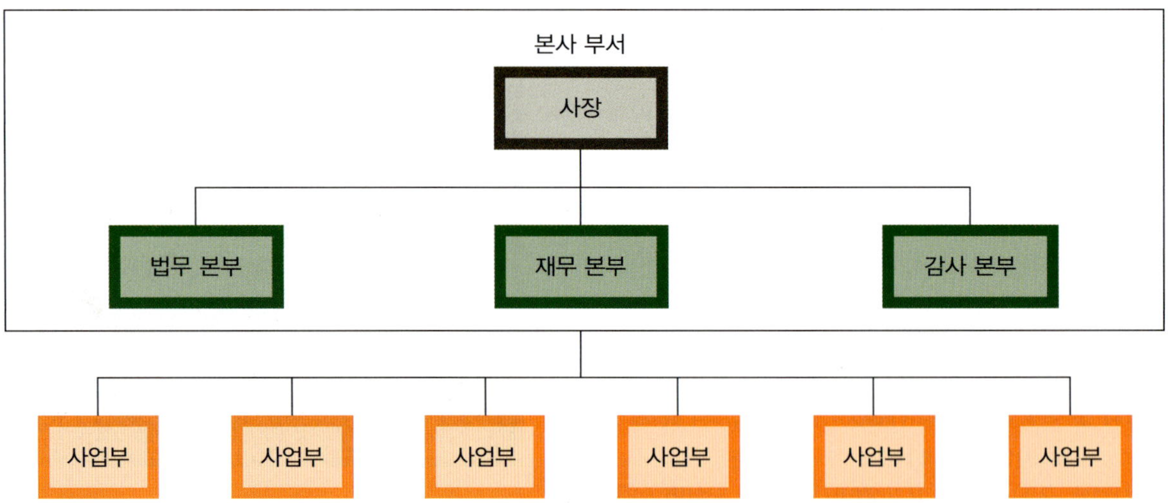

주:
- 소규모의 기업 본부 스태프
- 본사 부서의 핵심 기능은 재무 및 감사 활동으로, 자금 운영과 함께 사업부들의 성과 자료의 정확성을 확인
- 법무 기능은 기업에서 자산을 매입하거나 처분할 때 중시됨
- 사업부는 재무적 평가를 위해 각각 독립적으로 분리됨
- 각 사업부는 독자적으로 전략적 통제를 하지만, 현금 관리는 본사 부서에서 담당
- 각 사업부는 기업 자원 획득을 위해 서로 경쟁

활동의 초점도 각 사업부 간의 내부 경쟁을 조장하는 데 둠으로써 회사 자본 배분도 이들 사업부의 성과에 따라 주어진다.

다양한 복합 산업 분야에서 활동하고 있는 텍스트론(Textron) 사는 회사들을 확인, 조사, 선별, 인수 및 통합시키는 의사결정의 확고한 기준을 새롭게 구축하였다. 이에 따라 텍스트론에서는 비핵심 자산의 매각, 장기적 성장 잠재력을 갖춘 매력적인 유명 사업체의 인수 등을 통한 사업 포트폴리오를 끊임 없이 개선 및 재구성하고 있다.

mojil11/Shutterstock.com

사진은 텍스트론 사업부에서 제조한 Bell Helicopter이다.

텍스트론은 Bell Helicopter, Textron Aviation, Textron Specialized Vehicles, Textron Finance 등 수많은 독립적 사업체를 운영하고 있으며, 각 사업체별 경영자는 일상적으로 효과적인 경쟁 활동을 위해 책임을 다하고 있다. 경쟁형 복합 사업부 구조에서 요구하듯이 "텍스트론의 본사 부서는 이들 사업체에 대한 감독, 지시 및 지원 활동을 맡고 있다."[81] 텍스트론 내의 각 사업부에 대한 평가는 창출 수익에 의해 이루어지며, 이는 향후 자본 배분의 기준이 된다.[82]

사업부 간의 경쟁을 조장하기 위해 본사의 스태프는 이들과 긴밀한 관계를 유지하면서 특히 감사 활동 및 실적이 부진한 사업부의 간부 교육에 초점을 두고 있다. 즉, 본사 스태프에 의한 사업부 간의 경쟁 조장 활동은 수익률 기준에 대한 전략적 통제, 그리고 이들 목표에 따른 사업부 성과를 감시하는 재무적 통제로 이루어진다. 이에 따라 본사 스태프 부서에서는 매출량에 따른 자동적인 배분이 아니라 경쟁력 기준으로 자본을 지원 및 배분하는 역할을 맡고 있다. 이처럼 본사 스태프는 각 사업부가 재무적 성과를 성공적으로 보여주는 사업 포트폴리오가 유지되는지를 확인하기 위하여 업적 평가, 자원 배분 및 장기 계획 등에 초점을 둔다.

연계적 관련 다각화 전략은 기본적으로 주주와 투자자들이 과연 비관련 다각화 전략을 실행하고 있는 사업부들의 성과가 효과적으로 나타날 것인지를 이해하기 어렵다는 문제를 안고 있다.[83] 그러므로 최고 경영진에서는 기업의 이와 같은 투자 활동이 보여줄 가치 창출 내용에 대하여 효과적으로 의사소통을 하는 방법부터 파악해야 한다.

이처럼 복합 사업부 구조의 세 가지 유형은 각각 적합한 전사적 전략과 결합되어야 하는데, 〈표 11-1〉에서는 이들 구조의 특성을 보여준다. 집권화의 수준, 성과 평가의 초점, 수평적 구조(메커니즘의 통합), 그리고 인센티브 보상 체제 등은 각각 달리 나타난다. 집권화와 비용은 협력형 구조에서 가장 높게 나타난다. 이에 비해 경쟁형 구조가 집권화의 수준이나 관료적 비용이 가장 낮게 나타난다. 한편, SBU형 구조는 부분적 집권화 및 사업부 간의 연계성 확보를 위한 부분적 동합 메커니즘을 필요로 한다. 사업부의 인센티브 보상 역시 SBU별 성과와 전사 차원의 성과를 모두 고려하여 배분된다.

표 11-1 제약적 관련 다각화, 연계적 관련 다각화, 비관련 다각화 등 세 가지 전략의 실행에 필요한 각 조직 구조별 특성

구조적 특성	전체 구조의 유형		
	협력형 M형 구조 (제약적 관련 다각화 전략)	SBU형 M형 구조 (연계적 관련 다각화 전략)	경쟁형 M형 구조 (비관련 다각화 전략)
운영의 집권화 수준	본부부서에 집권화	부분적 집권화(SBU별)	사업부에 분권화
통합적 메커니즘 활용	광범위하게 활용	보통수준으로 활용	전연 활용하지 않음
사업부 성과 평가	주관적(전략적, 정성적) 기준 강조	주관적(전략적, 정성적) 및 객관적(재무적, 정량적) 기준 혼용	객관적(재무적, 정량적) 기준 강조
사업부 인센티브 보상	전사 차원 성과와 연결	전사 차원, SBU, 사업부 성과의 혼합적 연결	사업부 성과와 연결

11-3f 국제화 전략과 범세계적 구조의 적합화

8장에서 보았듯이 국경 없는 글로벌 경제에서 장기적 경쟁 우위를 성공적으로 갖추기 위해서는 국제화 전략이 갈수록 중시된다.[84] 이를 통하여 기업은 무엇보다 국제화 전략의 실행을 위한 새로운 시장의 개척 및 필요 역량을 구축하는 효과를 보게 된다.[85]

사업 차원 및 전사 차원의 전략과 함께 각 국제화 전략을 성공적으로 실행하기 위해서는 해당국의 문화적, 제도적, 법적 환경 등의 차이를 고려한 특유의 조직 구조가 요구된다.[86] 국제화 전략과 조직 구조 간의 적절한 결합은 글로벌 사업 운영을 효과적으로 조정하고 통제하는 기업의 활동을 지원해준다. 특히 연구 결과를 통해서도 국제화 전략과 구조 간의 적합성에 대한 타당성이 검증되고 있다.[87]

국가별 전략 실행을 위한 범세계 지리지역형 구조 사용

범세계 지리지역형 구조는 국가별 관심 사항을 중시하여 기업이 현지의 상이한 욕구를 만족시키려는 활동을 용이하게 수행하도록 해준다.

국가별 전략(multidomestic strategy)은 사업부가 각국의 기호에 맞춘 제품 특성을 고려하도록 전략적 및 업무적 의사결정을 분권화시켜 준다. 국가별 전략을 사용하는 기업은 글로벌 경쟁 시장으로부터 보호될 수 있는 시장 지배력을 구축하거나 해외 국가별로 상이한 현지 산업 분야별 경쟁 활동을 통하여 본국과 현지국을 분리하여 운영한다. 범세계 지리지역형 구조는 바로 이러한 전략 실행에 사용된다. **범세계 지리지역형 구조**(worldwide geographic area structure)는 국가별 관심 사항을 중시하여 기업들이 현지의 상이한 욕구를 만족시키려는 활동을 용이하게 수행하도록 해준다(그림 11-8 참조).

국가별 전략에서는 국가별로 상이한 시장 간에 조정 활동이 거의 필요 없으므로 전 세계에 걸쳐 있는 사업부 간의 공식적 통합 메커니즘도 요구되지 않는다. 실제로 기업의 범세계 지리지역형 조직 구조에 설치된 사업단위 간에는 본질적으로 비공식적 차원에서만 조정 활동이 이루어진다.

역사적으로 국가별 전략과 범세계 지리지역형 구조 간의 적합화 이슈는 다국적 체제인 유럽 시장의 자연스런 성장과 함께 진화되어 왔다. 즉, 해외에 독립적 지사 개설을 위해 파견된 주력 사업 조직 소속 친구나 가족 구성원들에 의해 흔히 범세계 지리지역형 구조가 구축되기도 하는데, 이 경우, 본사의 본부와 해외 사업부 간에는 비공식적 커뮤니케이션 활동을 통해 관계가 정립된다.

그림 11-8 국가별 전략 실행을 위한 범세계 지리지역형 구조

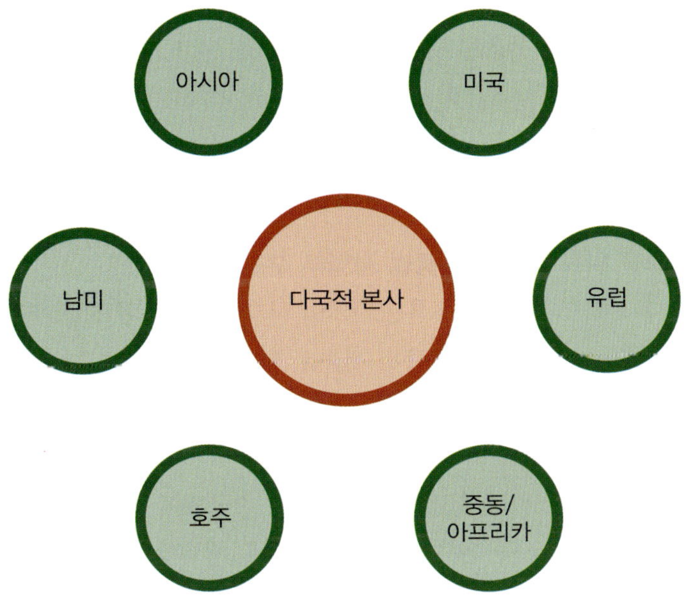

주: • 각 원은 분권화된 사업체를 표시
• 지역 또는 국가 문화에 맞춘 현지 중심 차별화를 강조
• 기업 본사에서 각 독립 계열사 대상 재정 자원을 조정
• 조직은 분권화된 연방 체제로 운영

2009년 미국 샌프란시스코에서 출범한 우버(Uber Technologies, Inc)사에서는 "승객과 기사 간의 끊임 없는 연결로 택시 승객에게는 더 많은 탑승 가능성, 그리고 기사에게는 더 많은 영업 활동을 부여하는 시대 흐름에 따라 진화한다"고 주장한다.[88] 미국 자체 시장 이외에 해외 특히 아시아권 시장에서 야심찬 성장 목표를 내세우고 있다. 아시아 시장의 핵심 지역인 중국에서의 초기 진입이 성공적으로 나타난 것부터 매우 고무적인데, 우버의 시장 개발 담당자의 말을 빌리면 "중국 시장은 우리가 꿈도 꾸기 어려울 수준으로 성공"하였다고 한다.[89] 이러한 중국 시장에서의 성공은 중국 고객을 상대로 한 "지역 품기(go local)" 서비스 방식에 기인한 것으로 평가된다. 길 찾기 서비스 기술, 현장 직불 결제 시스템, 그리고 사업 운영 마케팅 활동 등을 초기에 진입한 13개 도시에 맞게 모두 현지화한 것이 그 주요 성공 전략이라 할 수 있다. 실제로 우버는 이들 13개 도시 모두 천만 명 이상의 인구를 가진 사실 하나의 독립된 나라로 보는 사업 결정을 내린 것이다.

국가별 전략과 범세계 지리지역형 구조를 효과적으로 접목하여 사용할 경우에는 글로벌 효율성 창출이 어렵다는 난제에 직면하게 된다. 이러한 난제는 특정 고객 집단의 욕구에 부응하는 서비스 활동만 강조할 때 표출된다. 그러므로 이와 같은 전략과 구조 간의 적합화로 글로벌 효율성을 제고시키기 위해서는 현지 고객의 특유한 욕구에 부응하면서 한편으로는 비용도 통제할 수 있는 방법을 찾도록 해야 한다.

글로벌 효율성 창출을 하지 못하는 것이 우버의 문제점으로 부각되지는 않는가? 그럴 수

도 있을 것이다. 같은 이유로서 회사에서 각기 다른 시장의 독특한 고객 욕구를 확인하고 서비스를 제공하는 한 단순히 규모의 경제가 다소 흔들린다고 세계 시장에서 우버의 성공가도가 타격을 받지 않을 것으로 전망된다.

또 다른 사례로는 해외의 시장 및 시장 상황에서 판매하려는 제품은 속성상 당연히 글로벌 차원에서도 규모의 경제를 추구하도록 요구된다. 이러한 요구는 기업들로 하여금 글로벌 전략과 구조 간의 적합성 확보를 위해 범세계적 차원의 제품 사업부 구조를 택하도록 한다.

글로벌 전략 실행을 위한 범세계 제품별 사업부 구조 사용

경쟁 전략을 내세우는 기업 본사에서는 각국의 시장에 표준화된 제품으로 승부하는 글로벌 전략을 주로 사용한다. 이러한 표준화된 제품은 특정 또는 독특한 고객의 욕구에 부응하는 것이 아니라 기본적으로 글로벌 차원에서 경쟁하기 위해 규모의 경제를 강화하는 역량의 제고로 성공하기 위한 수단이다.

범세계 제품별 사업부 구조는 의사결정권이 집권화된 범세계 사업 본부에서 각 사업부 단위조직 간의 의사결정 및 실행 활동을 조정하고 통합하도록 되어 있다.

범세계 제품별 사업부 구조는 글로벌 전략 실행에 요구된다. **범세계 제품별 사업부 구조**(worldwide product divisional structure)는 의사결정권이 집권화된 범세계 사업 본부에서 각 사업부 단위조직 간의 의사결정 및 실행 활동을 조정하고 통합하도록 되어 있다(그림 11-9 참조).

범세계 제품별 사업부 구조를 효과적으로 사용하기 위해서는 통합적 메커니즘이 매우 중요하다. 경영자 간의 직접적인 접촉, 부서 간 그리고 임시적 태스크포스팀과 상시적 팀 조직 간의 연결 역할(liaison role) 등이 통합적 메커니즘의 예가 된다. 이와 같은 글로벌 전략과 범세계

그림 11-9 글로벌 전략 실행을 위한 범세계 제품별 사업부 구조

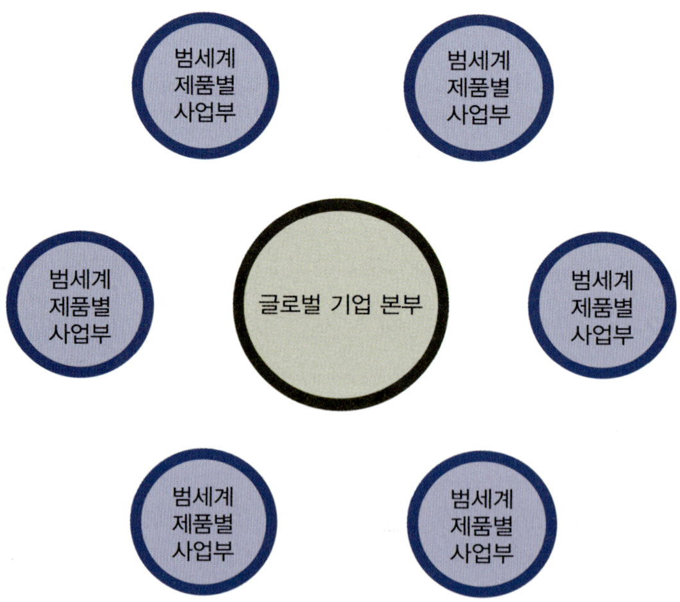

주:
- "본사"는 범세계적 제품에 대한 정보의 흐름을 조정하기 위해 집권화 체제로 운영
- 본사에서는 글로벌 규모 및 범위의 경제를 위해 상호 조정 방안을 사용
- 본사는 전사적 차원에서 재무적 자원을 배분
- 조직은 집권적 연방 체제로 구축

적 구조 간의 적합화 방식이 안고 있는 단점은 각국에 걸친 의사결정을 조정 및 실행하는 것이 어렵다는 점, 그리고 각 지역별 요구와 선호에 즉각적으로 대응하지 못한다는 데 있다. 이러한 단점을 극복하기 위해서 기업에서는 지역별 기준과 제품별 기준을 동시에 적용하기도 한다. 이는 다음에서 논의할 병합형 구조와 유사하다.

초국적 전략 실행을 위한 병합형 구조 사용

초국적 전략은 기업이 글로벌 전략의 효율성과 국가별 전략의 현지 대응성을 동시 병합적으로 활용하도록 요구한다. 그러므로 이러한 전략을 사용하는 기업에서는 국가별 대응력과 글로벌 효율성의 장점을 모두 기대하게 된다.[90] 병합형 구조는 바로 초국적 전략의 실행에 사용된다. **병합형 구조**(combination structure)는 범세계 지리지역별 구조와 범세계 제품별 사업부 구조의 특성과 메커니즘을 모두 갖춘 구조이다. 초국적 전략은 글로벌 매트릭스 구조 및 하이브리드 글로벌 디자인(hybrid global design)(혼합형 글로벌 설계 구조), 이 두 가지 가능한 구조의 병합으로 실행된다.[91]

병합형 구조는 범세계 지리지역별 구조와 범세계 제품별 사업부 구조의 특성과 메커니즘을 모두 갖춘 구조이다.

글로벌 매트릭스 구조는 국가별 시장과 제품 전문가를 한 팀으로 구성하여 글로벌 시장을 개척 및 대응하도록 설계된다. 그러므로 글로벌 매트릭스 구조는 고객의 욕구에 대응하여 탄력적으로 제품을 디자인하도록 해준다. 하지만 이러한 방법을 사용하는 데에는 직원 한 사람이 여러 명의 관리자와 업무를 수행해야 하는 책임이 주어지므로 상당한 제약이 주어지게 마련이다. 즉, 상시적으로 한 직원은 여러 기능 부서 또는 제품그룹팀 구성원으로의 책임을 지게 된다는 것이다. 이처럼 중첩적 멤버십 상태에서는 모든 부서에 충성도를 보이기 어렵다는 문제가 발생한다. 비록 매트릭스 구조에서도 주도하는 부서의 장에게 권한이 주어지지만, 실제로 복잡하고 불분명한 보고 체계로부터 표출되는 어려운 문제점과 함께 주요 의사결정에 대한 결제가 지연되는 문제도 발생하게 된다.

〈그림 11-10〉은 혼합형 하이브리드 구조를 보여준다. 이러한 조직 설계는 일부 사업부는 제품별, 그리고 다른 사업부들은 시장 지역별 기준으로 이루어진다. 그러므로 지리지역별 기준이 강조되면 사업본부장은 지역 기반으로 임명된다. 한편, 범세계 제품별 조정과 효율성이 강조될 경우에는 사업본부장은 주로 제품 기반으로 임명된다.

국가별 전략과 범세계 지리지역별 구조 간의 적합성, 그리고 글로벌 전략과 범세계 제품별 사업부 구조 간의 적합성은 명확하게 나타난다. 이에 비해 병합형 구조를 사용하여 국가별 전략과 글로벌 전략을 동시에 실행하려는 기업에서는 이에 부합되는 통합 메커니즘의 구축 여부는 불투명하다. 초국적 전략 실행을 위한 조직 구조는 집권화와 분권화, 통합화와 분산화, 공식화와 비공식화 등이 각각 동시에 구비되어야 한다. 간혹 조직 구조가 극단적으로 복잡해지면 경영자들은 과연 기업에서 사용하는 하이브리드 혼합형 구조가 초국적 전략을 효과적으로 지원해주는지 항상 살펴보아야 한다.

마쓰시타(Matsushita)로 불리는 일본의 파나소닉(Panasonic Corporation)이 수십 년 전 중국 시장에 가전 제품을 판매할 때는 선진국 시장의 표준 제품보다 저가의 제품을 내놓았다. 일본 기업들은 글로벌 전략과 범세계 제품별 사업부 구조하에서 표준화된 제품으로 세계 시장에 진출하는 것이 통상적이었다. 그런데 중국 시장의 하이얼(Haier) 같은 회사의 자국 시장 점유율이 앞서

그림 11-10 초국적 전략의 실행을 위한 하이브리드 병합형 구조

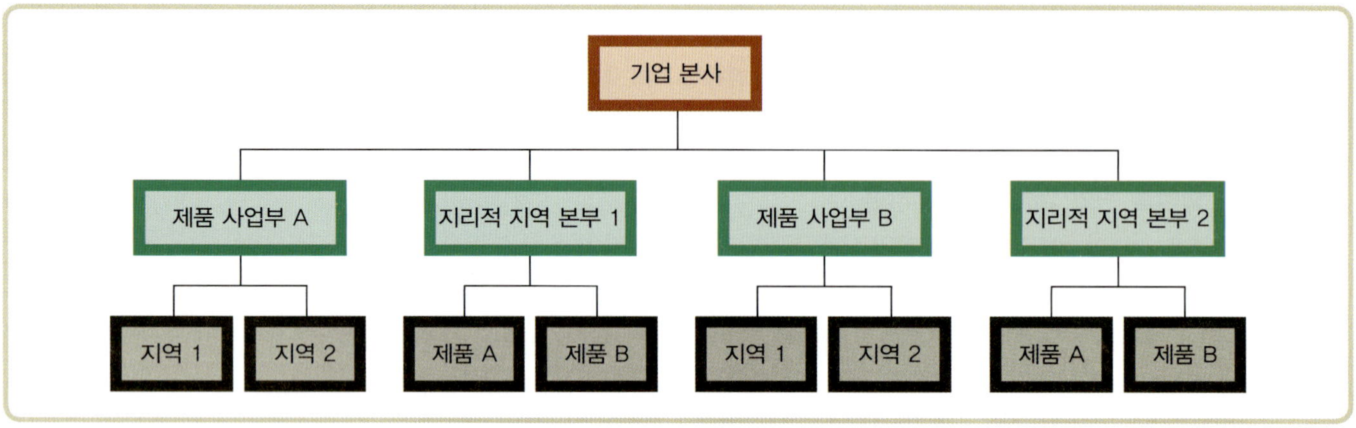

는 현상을 보게 된다. 이러한 경험은 파나소닉으로 하여금 한 국가 내 또는 한 지역 내의 현지 고객에게 보다 밀착하여 제품을 내놓아야 한다는 학습 효과를 주었다.[92] 그 결과 파나소닉에서는 하이브리드 혼합형 구조로 초국적 전략을 실행하도록 전환하였다.[93] 최근 파나소닉의 이러한 포트폴리오에는 복합 사업단위 형태의 473개 회사가 포함되어 있다. 파나소닉의 사례는 기업의 규모와 복잡성 증대에 따라 전 세계 지역 및 국가에서 경쟁자보다 높은 성과 창출을 내기 위해 각 개별 전략에 적합한 최적의 조직 구조를 결정할 때 직면하게 되는 도전 과제를 여실히 보여준다.[94]

11-3g 기업 전략과 네트워크 구조의 적합화

9장에서 논의하였듯이, 네트워크 전략이란 협력 활동을 기반으로 제휴 네트워크에 의한 성과 향상을 위해 파트너사와 다양한 제휴를 맺는 전략이다.[95] 기업 환경의 복잡성과 불확실성이 고도로 높아지면 기업은 전략적 제휴 같은 협력 전략을 사용하게 된다.[96] 기업에서는 고객 집단, 공급업체, 경쟁사 등 다양한 이해관계자와 협력적 관계를 구축할 수 있다. 이처럼 기업이 협력적 관계의 조합에 들어가면 전략적 네트워크, 제휴 집단(alliance constellation) 또는 제휴 포트폴리오의 한 구성원이 된다.[97]

전략적 네트워크(strategic network)는 다수의 협력적 체제에 참여하여 가치를 창출하기 위한 기업 집단이다. 효과적인 전략적 네트워크는 개별 기업이 포착하기 어려운 기회를 발견하는데 도움이 된다. 즉, 전략적 제휴는 제휴 회원사 개별적으로는 구축하기 어려운 경쟁자들의 모방 전략 방지와 같은 새로운 가치 창출로 경쟁 우위의 원천을 제공해준다.[98] 이러한 전략적 네트워크는 사업 차원 전략, 전사적 차원 전략 및 국제적 협력 전략의 실행에 사용된다.

전략적 네트워크의 전형은 회원사들이 유연성에 기반을 둔 네트워크 운영 체제에 느슨한 연맹 방식으로 참여하는 것이다. 전략적 네트워크의 중심 또는 중간에는 전략적 센터 기업(strategic center firm)이 있으며, 그 주변으로 협력적 관계가 태양계처럼 형성된다(그림 11-11 참조).

전략적 센터 기업은 전략적 네트워크 구조의 기반이 된다. 공식적 보고 체계와 업무 수행 프로세스 등 조직 구조와 관련된 다양한 이슈와 관련하여 전략적 센터 기업이 때로는 복잡하

그림 11-11 전략적 네트워크

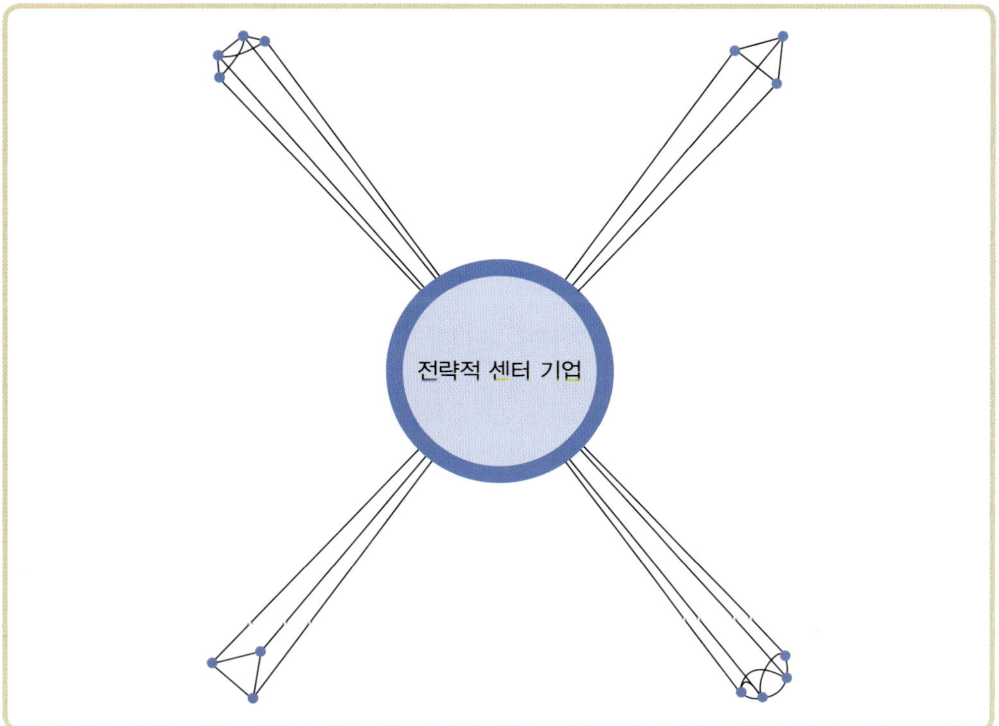

기도 한 제휴사간의 협력적 상호작용을 주도적으로 관리한다. 다음에서 다룰 과제들을 수행하기 위해서 전략적 센터 기업은 네트워크 제휴사들이 지속적으로 함께하도록 이들을 대상으로 하는 인센티브를 확실히 해주어야 한다.[99] 이처럼 전략적 센터 기업은 전략적 네트워크와 운영상 통제 활동을 관리하기 위해 다음 네가지 주요 과제를 수행할 것이 요구된다.

- **전략적 아웃소싱**(strategic outsourcing): 전략적 센터 기업은 타 네트워크 회원사들보다 아웃소싱을 많이 하고 파트너 기업의 수도 더 많아야 한다. 동시에 이들 네트워크 파트너사가 단순 계약 관계 이상의 관계를 갖도록 해야 한다. 회원사들은 협력적 작업을 통하여 새로운 가치를 창출할 수 있는 기회를 네트워크 제휴로부터 기대할 수 있어야 한다.[101]
- **핵심 역량**(core competencies): 효과적인 네트워크 구축을 위해서는 전략적 센터 기업이 이들 파트너사가 네트워크 전체에 도움을 주면서 자체적으로 핵심 역량을 제고할 수 있도록 지원해주어야 한다.
- **기술**(technology): 전략적 센터 기업 네트워크 회원사 간에 기술 기반 아이디어를 개발하고 공유할 수 있도록 관리하는 책임을 진다. 이를 원활하게 진행하기 위해서는 각 회원사가 공식적 보고 체계에 따라 기술 지향적 결과물에 대한 상세한 자료를 제출할 것이 요구된다.
- **경쟁적 학습**(race to learn): 전략적 센터 기업은 가치사슬 및 가치사슬 네트워크에 경쟁의 주안점을 둔다. 이러한 상호 연계성 확립을 통하여 각 개별 회원사의 취약한 가치사슬 부분이 전략적 네트워크의 강점을 지원받을 수 있게 된다. 이러한 집권화된 의사결정권과 책임으로 전략적 센터 기업은 회원사가 네트워크 특유의 경쟁 우위를 구축하도록 지원해준다.

> 또한 각 참여 기업이 독자적 역량을 제공하여 네트워크의 경쟁 우위에 기여함으로써 네트워크의 새로운 가치 창출을 신속히 추진하는 데에는 상호 우호적인 경쟁도 요구된다.[102]

전략적 네트워크를 사용하는 이유로서 전략적 센터 기업이 회원사들을 효과적, 그리고 효율적으로 관리하고 전략을 실행한다는 점을 제시하는 것도 매우 흥미롭다. 또한 첨단 정보 시스템과 의사소통 능력(예: 인터넷) 향상이 효과적인 조직과 전략적 네트워크 사용을 조장해주는 수단이 된다.

11-4 사업 차원의 협력형 전략 실행

9장에서 설명하였듯이 사업 차원의 제휴 전략으로는 수직적, 수평적 두 가지 보완 관계에 있는 유형이 있다. 가치사슬상 서로 다른 단계의 역량을 갖춘 기업은 상이하지만 보완적인 기술 등 각 단계별 역량을 협력적으로 통합하기 위해 수직적 제휴 형태를 갖추게 된다. 한편 가치사슬상 동일한 수준에서 가치 창출을 하는 역량을 병합하려는 기업에서는 수평적 제휴 형태를 사용한다. 도요타(Toyota)에서는 수평적 제휴 형태보다 상호 보완적인 수직적 전략적 제휴 형태를 개발하여 사용하고 있다.[103]

공급업체(협력사)와 수직적 관계로 전략적 네트워크를 구축하고 있는 도요타 자동차 같은 일본 기업들은 전략의 실행과 관련하여 많은 이슈를 안고 있다.[104] 첫째, 전략적 센터 기업(예: 도요타)은 기술적, 재정적 지원과 함께 하청 업체들의 시설 현대화를 권장해야 한다. 둘째, 전략적 센터 기업은 하청 업체들과 장기적 계약을 통하여 하청 업체들이 장기적으로 생산성을 향상하도록 지원하면서 거래 비용을 절약해야 한다. 이는 각 사업단위별로 가격 관리를 하는 단기적 계약 및 협상 활동과는 완전히 다른 접근 방식이다. 셋째, 전략적 센터 기업은 공급업체 등 전방 사슬에 있는 기업의 엔지니어들이 다른 계약 관계에 있는 기업들과 의사소통을 원활하게 하도록 지원해야 한다. 결국 공급업체와 전략적 센터 기업은 각 독립성은 줄이고 상호 의존성을 강화시켜가야 한다.

도요타와 몇몇 회사에 의해 주도된 적량 생산 방식(lean production system)은 수직적 보완형 전략적 제휴 형태로 산업계에 널리 확산되었다.[105] 도요타와 공급업체 간의 수직적 보완형 전략적 제휴(vertical complementary strategic alliance)는 기업의 조직 구조에서 보이듯이 전략적 센터 기업이 명확하게 나타난다. 이에 비해 동일한 분야의 가치사슬에서 가치 창출을 추구하는 수평적 보완형 전략적 제휴(horizontal complementary strategic alliance)에서는 어느 기업이 전략적 센터 기업인지가 불분명하다. 예를 들면, 항공사 간의 제휴에 있어서는 흔히 마케팅과 영업 활동 분야가 가치사슬의 핵심 활동 분야로 가치 창출을 추구한다. 왜냐하면 항공사들은 복수의 수평적 보완형 제휴에 가입하는데, 예를 들면 American Airlines, British Airways, Iberia, Japan Airlines, TAM Airlines 및 기타 항공사들로 구성된 원월드(Oneworld Alliance)를 들 수 있다. 항공사들이 여러 제휴팀에 가입할 경우 진정한 충성도와 협력 의지에 문제가 생길 수 있다. 그리고 경쟁 관계에 있는 회사들이 한데 모여 너무 많은 협력 활동을 할 경우에는 제휴사 간에 운임 등에 대한 담합을 공공연히 할 것이라는 정부로부터의 의심도 받을 수 있다(9장 참조). 이러한 이유 때문에 수평적 보완형 제휴는 수직적 제휴보다 별로 사용되지 않으며, 자동차 제조와 항공기 제조 회사 간의 성공적 제휴 사례가 있기는 하지만, 일반적으로 성공적이지 못한 편이다.

11-5 전사 차원의 협력형 전략 실행

전사 차원의 전략은 비용 절감을 위해 사용된다. 이는 상호 협력을 전제로 건강과 미용 제품을 파는 약국 체인 월그린(Walgreens)사 및 스위스의 알리안스 부츠(Alliance Boots)사 간에 처음으로 이루어졌다. 양사의 협력적 파트너십으로, 제약사로부터 낮은 가격에 약품을 공급받음으로써 전반적 비용 절감도 이루어졌다.[106]

유니레버(Unilever)에서는 또 다른 목적으로 파트너십을 구축하였다. 즉, 회사의 성장 이슈와 생산 활동이 환경과 사회에 미치는 부정적 효과를 분리시키기 위해 2010년 제이콥 엔지니어링 그룹(Jacobs Engineering Group)과 제휴를 맺고 전 세계 모든 유니레버 공장의 탄소량 배출, 용수 사용량 및 폐기물 처리량을 줄여갔다. 국제적 비정부(NGO) 단체인 열대우림연합(Rainforest Alliance)과 파트너십을 맺은 유니레버는 "Lipton과 PG Tips의 홍차 원료를 열대우림연합으로부터 공인받은 재배업자로부터 사들여 100% 공급하였나."[107] (유니레버가 체결한 지속가능성 약정에 대한 추가 정보는 본 장의 Mini-Case 참조.) 그리고 아직까지는 프랜차이징(franchising) 같은 전사 차원의 협력형 전략으로 제품 및 시장의 다각화를 추진하고 있다. 협력형 전략인 프랜차이징은 흡수합병 방법을 사용하지 않으면서 자사의 제품과 시장을 확대하고 다각화하는 데 효과적이다.[108]

전사 차원의 협력형 전략을 사용하는 주된 이유는 시너지를 창출하는 데 있는데, 월그린, 유니레버, 맥도날드 같은 대표적 프랜차이즈 회사에서 볼 수 있다.[109] 역사적으로 맥도날드는 제한된 가치 대비 가격 메뉴에 초점을 둔 프랜차이징을 전사 차원의 협력형 전략으로 사용해 왔다. 하지만 앞서 **전략 포커스**에서 다루었듯이 맥도날드는 회사의 조직 구조를 변경하였다. 조직 구조 변경의 주된 목적은 2017년 말까지 3억 달러의 비용을 절감하는 데 있다. 즉, 비용 절감을 위해 2018년까지 3,500여 개의 맥도날드 소유 레스토랑을 프랜차이즈 가맹점에 매각한다는 것이다. 이들 직영 레스토랑을 매각하면, 맥도날드의 글로벌 프랜차이즈 점유비는 약 90%에 이르게 된다.[110] 이러한 맥도날드의 프랜차이징 시스템이 바로 전략적 네트워크의 전형이다. 요약하면, 이는 맥도날드 본사가 전략적 센터 기업으로서 프랜차이즈 네트워크를 운영하는 방식인데, 본사 부서는 프랜차이즈들의 영업 활동이 전체 네트워크의 가치 창출을 극대화시켜 주는지를 확인하기 위해 전략적, 그리고 재무적 통제 기능을 수행한다.

11-6 국제적 협력형 전략의 실행

국제적 협력형 전략을 실행하기 위해 형성된 전략적 네트워크는 여러 나라에 걸쳐 경쟁 활동을 하게 된다.[111] 나라마다 상이한 규제 환경은 경영자가 국제적 네트워크를 관리하고 확인하도록 요구하는데, 네트워크에 의한 영업 활동들은 적어도 각국의 법적 기준에는 필히 부응하도록 해야 한다.[112]

그림 11-12 분산형 전략적 네트워크

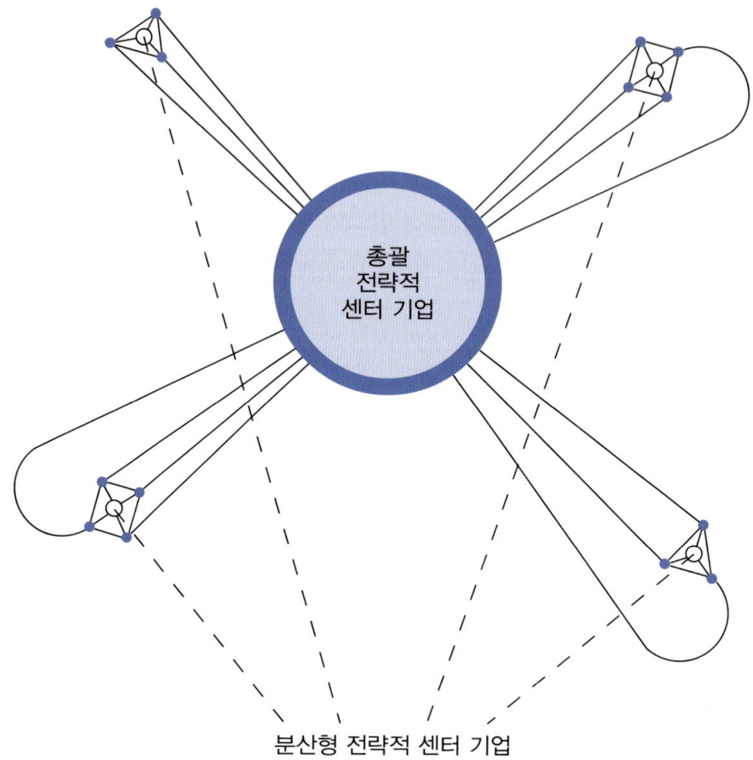

분산형 전략적 네트워크(distributed strategic network)는 국제적 협력형 전략을 실행하는 데 사용되는 조직 구조이다. 〈그림 11-12〉에서 보듯이 분산형 네트워크에 속해 있는 각 지역별 전략적 센터 기업들은 파트너 기업들 간의 복합적인 협력 관계 및 조정 역할을 맡게 된다.[113] 국제적 협력형 전략 실행을 위한 조직 구조는 복잡한 만큼 성공적인 운영을 위해서는 세심한 주의가 요구된다.

요약

- 조직 구조는 기업의 공식적 보고 체계, 절차, 통제 및 권한과 의사결정 프로세스를 명시해준다. 본질적으로 기업의 구조는 조직 내 구성원 개개인이 내려야 할 의사결정 사항 및 그에 따라 완수해야 할 업무 사항을 결정하고 명시해준다. 조직의 통제 활동은 전략의 활용 지침, 실적과 목표 간의 비교 방법, 그리고 이들 간의 차이가 수용 범위 밖에 있을 경우에 내리는 시정 조치 등을 말한다. 효과적인 조직 통제 없이는 기업이 경쟁 우위를 성공적으로 갖추기 어렵다. 전략과 구조가 적절하게 매치되면 경쟁 우위를 갖추게 된다.
- 전략적 통제(대부분 주관적 기준)와 재무적 통제(대부분 객관적 기준)는 전략의 실행을 위해 사용되는 두 가지 유형의 조직 통제 방식이다. 비록 전략과 구조 간의 적합도 수준에 따라 강조하는 수준이 달라지지만 이들 두 가지 통제 활동은 매우 중요하다.
- 전략과 구조는 상호 영향을 미치는데, 전반적으로는 그래도 전략이 구조에 더 큰 영향을 준다. 연구물에 따르면 성과 하락이 조직의 구조를 변경하도록 만든다고 한다. 효과적인 경영자라면 상황에 맞추어 기업의 전략에 보다 잘 부응하는 구조적 변화를 기대하며 신속하게 구조를 변경해야 한다.
- 기능별 구조는 사업 수준의 전략을 실행하는 데 사용된다. 원

가 우위 전략은 제조 활동의 효율성 및 프로세스 엔지니어링이 중시되는 경우처럼 집권적 기능별 구조를 필요로 한다. 차별화 전략의 기능별 구조는 실행 관련 의사결정 활동을 분권화시켜주는데, 이는 각 개별 조직의 기능 부서 중에서도 특히 마케팅 부서가 부각된다. 소규모 조직에서 흔히 나타나는 집중화 전략은 제품 및 시장의 다각화가 충분히 이루어지기 전에는 단순 조직 구조를 요구한다.

- 복합 사업부 구조의 상이한 유형을 상이한 전사 차원의 다각화 전략에 각각 특유한 조합으로 매칭시키면 이들 전략을 효과적으로 실행할 수 있다. 협력형 M형 구조는 집권적 본사 부서와 확산적 통합 메커니즘으로 전사 차원의 제약적 관련 다각화를 실행하는 데 사용된다. 사업부별 인센티브는 회사의 종합적 성과와 연결시켜 사업부 간 협력을 조장해준다. 연계적 관련 SBU M형 구조는 다각화된 기업 내에 독립 채산 체제를 구축하는데, 각 SBU 또는 독립 채산형 이익 센터는 유사한 제품을 다루는 사업부들로 구성되지만 이들 SBU는 서로 비관련적일 경우가 많다. 경쟁형 복합 사업부 구조는 비관련 다각화 전략을 실행하기 위해 사용되는데, 통합 메커니즘이 거의 없으며 각 단위별 성과 평가를 위해서는 객관적 재무 기준을 적용한다.
- 국가별 전략은 범세계 지리지역형 구조를 사용하여 실행하는데, 분권화를 통하여 모든 기능별 활동을 본국 또는 지리지역별로 분산하여 운영한다. 범세계 제품별 사업부 구조는 글로벌 전략의 실행에 사용된다. 이러한 구조는 글로벌 범위의 경제와 규모의 경제를 위해 각 사업부 단위 조직 간의 의사결정 및 실행 활동을 조정하고 통합하도록 범세계 사업 본사에 집권화되어 있다.
- 초국적 전략은 국가별 전략이 글로벌 전략의 효율성과 국가별 욕구에 대한 반응도를 동시 병합적으로 추진할 것을 요구하는데 이를 위해 병합형 구조를 사용한다. 초국적 전략 실행을 위한 병합형 조직 구조는 집권화와 분권화, 통합화와 분산화, 공식화와 비공식화 등을 동시에 요구하므로 구조를 구축하고 관리하기가 매우 어렵다. 초국적 전략의 실행에는 두 가지 가능한 구조가 있다. 글로벌 매트릭스 구조 및 하이브리드 구조(지리적 및 제품별 사업부)
- 성공적인 경쟁 우위 확보를 위해 갈수록 전략적 네트워크 기반 조직 구조를 통하여 협력형 전략을 실행하고 있다. 전략적 네트워크 관리를 위해서는 전략적 센터 기업이 핵심적 역할을 맡는다. 수직적, 수평적 제휴 네트워크에서는 흔히 사업 차원 전략을 활용한다. 전사 차원의 협력형 전략은 제품-시장 다각화를 위해 사용된다. 전사 차원의 전략인 프랜차이징 역시 전략 실행을 위해 전략적 네트워크를 사용한다. 이는 분산형 네트워크를 사용하는 국제적 협력형 전략에서도 마찬가지로 나타난다.

핵심 용어

경쟁형 348
기능별 구조 338
단순 구조 338
범세계 제품별 사업부 구조 352
범세계 지리지역형 구조 350
병합형 구조 353
복합 사업부(M형) 구조 338
재무적 통제 336
전략사업단위(SBU)형 345
전략적 통제 335
조직 구조 333
조직 통제 335
협력형 343

복습 문제

1. 조직 구조란 무엇인가, 조직 통제란 무엇인가? 전략적 통제와 재무적 통제의 차이점은 무엇인가? 이들 차이점이 중요한 이유는 무엇인가?
2. 전략과 구조가 상호작용 관계에 있다는 것은 무엇을 의미하는가?
3. 원가 우위 전략, 차별화 전략, 통합적 원가 우위와 차별화 통합 전략 및 집중화 전략 등에 사용되는 상이한 기능별 구조의 특성은 어떻게 나타나는가?
4. 제약적 관련 다각화 전략, 연계적 관련 전략 및 비관련 다각화 전략 등에 사용되는 세 가지 형태의 복합 사업부 구조 간의 차이점은 무엇인가?
5. 국가별 전략, 글로벌 전략 및 초국적 국제화 전략 등의 실행을 위해서는 어떤 조직 구조들이 사용되는가?
6. 전략적 네트워크란 무엇인가? 전략적 센터 기업이란 무엇인가? 전략적 센터 기업은 사업 차원 전략, 기업(전사) 차원 전략 및 국제적 협력형 전략 등에서 각각 어떻게 사용되는가?

[Mini Case] 비영리 조직 및 기업 간 협력으로 지속 가능한 환경을 조성하는 유니레버의 전략 실행

소비재 생산업체인 유니레버의 유럽 본사(네덜란드와 영국 소재)에서는 대규모의 식음료 제품군을 제조하면서 지속 가능 환경 전략을 실행하고 있다. 역사적으로 소비재 산업체, 특히 유럽의 경우에는 세계 각 지역 및 시장에 적응하기 위해 국가별 전략을 추진하면서 범세계 지리지역별 구조를 사용하였다. 한편, 에이본(Avon) 같은 소비재 산업체는 효율성 제고를 위해 범세계 제품별 구조를 사용하기도 하는데, 유니레버 역시 이를 활용하고 있다. 하지만 유니레버의 경우에는 지리지역별 구조를 더욱 강조하는 편이다. 유니레버는 초국적 전략으로 글로벌 효율성 제고와 함께 각 현지 시장에 즉각 반응할 수 있는 병합형 구조도 구축하였다. 2009년 CEO가 된 폴 풀먼(Paul Pullman)은 "이제 우리의 목표는 크나큰 행복(greater good)을 제공하기 위한 지속 가능형 비즈니스 모델을 만드는 데 있다"라는 새로운 도전을 제시하였다.

이를 위해 유니레버에서는 2020년 지속 가능형 생활 플랜(Sustainable Living Plan)이라는 성명서(manifesto)를 냈다. 이 플랜은 2020년까지 매출은 두 배로 늘이면서 환경 폐기물(environmental footprint)은 절반으로 줄이자는 것이다. 그중 하나로 회사의 농작물 구입을 "지구 황폐화 방지"에 두고 실천하는 예를 들 수 있다. 유니레버의 슬로건 중에는 관련 10억 명을 대상으로 "세수와 양치질하기, 저염분 및 저지방 식품 제공" 등을 내세워 인간의 웰빙 생활에 기여하자는 내용도 있다. 회사에서는 이를 실천하기 위해 수많은 기업, 즉 영리-비영리 조직과 함께하는 협력형 전략을 사용하고 있다.

한 예로, 2010년 유니레버는 제이콥 엔지니어링 그룹과 글로벌(모든 소속사 포함) 제휴 계약을 맺고 전 세계 유니레버 사업의 자본 증식 프로젝트를 추진하고 있다. 현재 전 세계 250여 개의 생산 기지를 보유하고 있는 유니레버는 특히 개발도상국과 신흥경제국에서의 대대적인 사업 확장으로 목표를 달성하려고 한다. 장기적으로 유니레버의 매출 성장 75%가 이들 지역에서 도출될 것으로 기대하고 있다. 제이콥 엔지니어링은 유니레버와의 제휴로 싱가포르를 벗어나 전 세계를 무대로 유니레버의 제조 활동을 지원하게 된 것이다. 이들 양사는 "한 팀이 되어 지속 가능 성장 모델을 확립"하고, 비용 절감과 함께 "공동 혁신 활동 및 조화로운 교차 품목(cross-category) 디자인 표준화"를 추진하고 있다. 양사 제휴로 형성된 공급사슬팀의 팀원들 활동 역시 디자인에서 시장 출하까지의 신속한 처리를 통하여 "제조 공장에서 나오는 탄소 배출 및 용수 사용량 및 폐기물(waste footprint)을 감소"시키는 데 주력하고 있다.

한편 마케팅 성장 목표 달성을 위한 책임은 유니레버 뉴트리션 네트워크(Nutrition Network)사가 주도하고 있다. 유니레버 뉴트리션 네트워크는 전 세계를 6개의 지역으로 구분하고, 최고의 영양 제품 및 혁신적 건강 증진 상품을 제공하는데, 그 목표는 기존 제품의 브랜드 가치를 강화하면서 동시에 새로운 지속 가능 제품의 개발을 촉진시켜주는 아이디어를 창출하는 데 있다. 이와 같은 유니레버의 총체적 전략에는 새로운 사회적 마케팅 활동의 플랫폼으로 "영업 사원 뒷담화(Sales Force's Chatter)" 기법이 사용되고 있다. 이 기법은 유니레버 제품을 판매하는 현지 시장 및 대리점들이 유니레버의 마케팅팀과 합작으로 그들의 통찰력과 베스트 프랙티스(best practice)를 공유하도록 함으로써 유니레버의 "생활 가꾸기 브랜드" 창출 전략을 함께 추진하는 수단이다.

최근 유니레버의 지속 가능형 생활 플랜 보고서에는 외부 NGO, NPO와의 협력으로 실제 이슈, 지속 가능 생활을 위한 공급업체의 문제 해결 지원, 고객의 식품 안전과 빈민 기아 구제를 위한 지속 가능 방안 관련 정보 제공 등이 자세히 나타나 있다. 대표적으로 협력 관계에 있는 NGO 단체는 Consumer Goods Forum, World Business Council for Sustainable Development, World Economic Forum, Tropical Forest Alliance 2020, Refrigerants Naturally, Global Green Foundation Forum, Zero Hunger Challenge, 그리고 UN의 지원을 받는 Scale-Up Nutrition initiatives 등이 있다.

흥미로운 사실 하나는 유니레버의 경우 분기별 수익 실적 보고서를 더 이상 발간하지 않음으로써 이해관계자들이 보다 장기적 목표에 초점을 두는 데 공감하도록 하고 있다는 점이다. 또한 2009년 풀먼 회장이 취임한 이후 유니레버의 수입 성과와 주가가 계속 호조를 보이고 있다. 이처럼 조직을 새롭게 디자인하고, 인류의 미래를 바라보는 고결한 목표(lofty objective)를 설정하여 추진한 점, 그리고 제이콥 엔지니어링을 위시한 기타 NGO 단체 등과 함께 수많은 협력형 전략을 사용한 점도 유니레버의 성공에 일조를 하고 있다.

출처: 2013, In the green corner: How IBM, Unilever and P&G started winning again: Why big business is wising up to sustainability, *Strategic Direction*, 29(5): 19–22; 2013, Our nutrition network, www.unilever.com, accessed June 17; 2013, Unilever drives efficiency in capital investment program, www.unilever.com, accessed June 17; 2013, Unilever Sustainable Living Plan, www.unilever.com, accessed June 17; 2013, Unilever Annual Report 2012, www.unilever.com, accessed June 17; S. Anand & N. Gopalan, 2013, Consumers in India are an M&A target, *Wall Street Journal Online*, www.wsj.com, May 1; M. Gunther, 2013, Unilever's CEO has a green thumb, *Fortune*, June 10, 124–128; R. Shields, 2013, Unilever boosts international collaboration with social rollout, *Marketing Week*, www.marketingweek.com, May 2; A. Ignatius, 2012, Captain planet, *Harvard Business Review*, 90(6): 112–118.

토의 문제

1. 유럽에 본사를 둔 소비재 생산 기업에서는 역사적으로 왜 국가별(multidomestic) 전략을 사용해왔는가? 당신은 이러한 국제

화 전략이 효과적이라 생각하는가? 그 여부와 이유를 밝혀보라.

2. 유니레버에서 "지속 가능형 비즈니스 모델"을 실행하기 위해 어떤 유형의 전략을 구상하고 있는가? 그 이유는 무엇인가?

3. 유니레버의 지속가능성 목표를 달성하기 위해서는 어떤 조직 구조가 요구되는가?

4. 지속가능성을 추구하기 위해 유니레버가 제시하고 있는 전략과 목표 때문에 조직 구조상 어떤 이슈들이 표출되는가?

미주

1. A. Arora, S. Belenzon, & L. A. Rios, 2014, Make, buy, organize: The interplay between research, external knowledge, and firm structure, *Strategic Management Journal*, 35: 317–337; T. Felin, N. J. Foss, K. H. Heimeriks, & T. L. Madsen, 2012, Microfoundations of routines and capabilities: Individuals, processes, and structure, *Journal of Management Studies*, 49: 1351–1374; K. M. Eisenhardt, N. R. Furr, & C. B. Bingham, 2010, Microfoundations of performance: Balancing efficiency and flexibility in dynamic environments, *Organization Science*, 21: 1263–1273.
2. D. A. Levinthal & A. Marino, 2015, Three facets of organizational adaptation: Selection, variety, and plasticity, *Organization Science*, in press; R. Wilden, S. P. Gudergan, B. Nielsen, & I. Lings, 2013, Dynamic capabilities and performance: Strategy, structure and environment, *Long Range Planning*, 46: 72–96; R. E. Miles & C. C. Snow, 1978, *Organizational Strategy, Structure and Process*, NY: McGraw-Hill.
3. C. Heavey & Z. Simsek, 2015, Transactive memory systems and firm performance: An upper echelons perspective, *Organization Science*, in press; M. A. Valentine & A. C. Edmondson, 2015, Team scaffolds: How mesolevel structures enable role-based coordination in temporary groups, *Organization Science*, in press; Y. Y. Kor & A. Mesko, 2013, Dynamic managerial capabilities: Configuration and orchestration of top executives' capabilities and the firm's dominant logic, *Strategic Management Journal*, 34: 233–244; E. M. Olson, S. F. Slater, & G. T. M. Hult, 2007, The importance of structure and process to strategy implementation, *Business Horizons*, 48: 47–54.
4. M. Josefy, S. Kuban, R. D. Ireland, & M. A. Hitt, 2015, All things great and small: Organizational size, boundaries of the firm, and a changing environment, *Academy of Management Annals*, 9: 715–802; P. Boumgarden, J. Nickerson, & T. R. Zenger, 2012, Sailing into the wind: Exploring the relationships among ambidexterity, vacillation, and organizational performance, *Strategic Management Journal*, 33: 587–610; T. Amburgey & T. Dacin, 1994, As the left foot follows the right? The dynamics of strategic and structural change, *Academy of Management Journal*, 37: 1427–1452.
5. M. Menz, S. Kunisch, & D. J. Collis, 2015, The corporate headquarters in the contemporary corporation: Advancing a multimarket firm perspective, *Academy of Management Annals*, 9: 633–714; L. F. Monteiro, N. Arvidsson, & J. Birkinshaw, 2008, Knowledge flows within multinational corporations: Explaining subsidiary isolation and its performance implications, *Organization Science*, 19: 90–107; B. Keats & H. O'Neill, 2001, Organizational structure: Looking through a strategy lens, in M. A. Hitt, R. E. Freeman, & J. S. Harrison (eds.), *Handbook of Strategic Management*, Oxford, U.K.: Blackwell Publishers, 520–542.
6. A. Shipilov, R. Gulati, M. Kilduff, S. Li, & W. Tsai, 2014, Relational pluralism within and between organizations, *Academy of Management Journal*, 57: 449–459; R. E. Hoskisson, C. W. L. Hill, & H. Kim, 1993, The multidivisional structure: Organizational fossil or source of value? *Journal of Management*, 19: 269–298.
7. B. Grøgaard, 2012, Alignment of strategy and structure in international firms: An empirical examination, *International Business Review*, 21: 397–407; E. M. Olson, S. F. Slater, & G. T. M. Hult, 2005, The performance implications of fit among business strategy, marketing organization structure, and strategic behavior, *Journal of Marketing*, 69: 49–65.
8. M. Ahearne, S. K. Lam, & F. Kraus, 2014, Performance impact of middle managers' adaptive strategy implementation: The role of social capital, *Strategic Management Journal*, 35: 68–87; F. A. Csaszar, 2012, Organizational structure as a determinant of performance: Evidence from mutual funds, *Strategic Management Journal*, 33: 611–632; T. Burns & G. M. Stalker, 1961, *The Management of Innovation*, London: Tavistok; P. R. Lawrence & J. W. Lorsch, 1967, *Organization and Environment*, Homewood, IL: Richard D. Irwin; J. Woodward, 1965, *Industrial Organization: Theory and Practice*, London: Oxford University Press.
9. A. K. Hoenen & T. Kostova, 2014, Utilizing the broader agency perspective for studying headquarters-subsidiary relations in multinational companies, *Journal of International Business Studies*, 46: 104–113; A. M. Rugman & A. Verbeke, 2008, A regional solution to the strategy and structure of multinationals, *European Management Journal*, 26: 305–313; H. Kim, R. E. Hoskisson, L. Tihanyi, & J. Hong, 2004, Evolution and restructuring of diversified business groups in emerging markets: The lessons from chaebols in Korea, *Asia Pacific Journal of Management*, 21: 25–48.
10. B. McEvily, G. Soda, & M. Tortoriello, 2014, More formally: Rediscovering the missing link between formal organization and informal social structure, *Academy of Management Annals*, 8: 299–345; M. Reilly, P. Scott, & V. Mangematin, 2012, Alignment or independence? Multinational subsidiaries and parent relations, *Journal of Business Strategy*, 33(2): 4–11.
11. T. Felin, N. J. Foss, & R. E. Ployhart, 2015, The microfoundations movement in strategy and organization theory, *Academy of Management Annals*, 9: 575–632; J. Qiu, L. Donaldson, & B. Luo, 2012, The benefits of persisting with paradigms in organizational research, *Academy of Management Perspectives*, 26: 93–104; R. Greenwood & D. Miller, 2010, Tackling design anew: Getting back to the heart of organization theory, *Academy of Management Perspectives*, 24: 78–88.
12. M. Dobrajska, S. Billinger, & S. Karim, 2015, Delegation within hierarchies: How information processing and knowledge characteristics influence the allocation of formal and real decision authority, *Organization Science*, in press; D. Laureiro-Martinez, 2014, Cognitive control capabilities, routinization propensity, and decision-making authority, *Organization Science*, 25: 1111–1133.
13. M. Loock & G. Hinnen, 2015, Heuristics in organizations: A review and a research agenda, *Journal of Business Research*, in press; S. E. Perkins, 2014, When does prior experience pay? Institutional experience and the multinational corporation, *Administrative Science Quarterly*, 59: 145–181.
14. J. Reuer & S. Devarakonda, 2015, Mechanisms of hybrid governance: Administrative committees in non-equity alliances, *Academy of Management Journal*, in press; C. Cella, A. Ellul, & M. Giannetti, 2013, Investors' horizons and the amplification of market shocks, *Review of Financial Studies*, 26: 1607–1648; T. Yu, M. Sengul, & R. H. Lester, 2008, Misery loves company: The spread of negative impacts resulting from an organizational crisis, *Academy of Management Review*, 33: 452–472; R. L. Priem, L. G. Love, & M. A. Shaffer, 2002, Executives' perceptions of uncertainty sources: A numerical taxonomy and underlying dimensions, *Journal of Management*, 28: 725–746.
15. A. Engelen, H. Kube, S. Schmidt, & T. C. Flatten, 2014, Entrepreneurial orientation in turbulent environments: The moderating role of absorptive capacity, *Research Policy*, 43: 1353–1369; E. Claver-Cortés, E. M. Pertusa-Ortega, & J. F. Molina-Azorín, 2012, Characteristics of organizational structure relating to hybrid competitive strategy: Implications for performance, *Journal of Business Research*, 65: 993–1002.
16. J. B. Craig, C. Dibrell, & R. Garrett, 2014, Examining relationships among family influence, family culture, flexible planning systems, innovativeness and firm performance, *Journal of Family Business Strategy*, 5: 229–238; R. Kapoor & J. Lee, 2013, Coordinating and competing in ecosystems: How organizational forms shape new technology investments, *Strategic Management Journal*, 34: 274–296.
17. H. Merchant, 2014, Configurations of governance structure, generic strategy, and firm size: Opening the black box of value creation in international joint ventures, *Global Strategy Journal*, 4: 292–309; M. S. Feldman & W. J. Orlikowski, 2011, Theorizing practice and practicing theory, *Organization Science*, 22: 1240–1253; J. Rivkin & N. Siggelkow, 2003, Balancing search and stability: Interdependencies among

elements of organizational design, *Management Science*, 49: 290–311.

18. A. N. Kiss & P. S. Barr, 2015, New venture strategic adaptation: The interplay of belief structures and industry context, *Strategic Management Journal*, in press; A. J. Bock, T. Opsahl, G. George, & D. M. Gann, 2012, The effects of culture and structure on strategic flexibility during business model innovation, *Journal of Management Studies*, 49: 279–305; S. Nadkarni & V. K. Narayanan, 2007, Strategic schemas, strategic flexibility, and firm performance: The moderating role of industry clockspeed, *Strategic Management Journal*, 28: 243–270.
19. V. Gerasymenko, D. De Clercq, & H. J. Sapienza, 2015, Changing the business model: Effects of venture capital firms and outside CEOs on portfolio company performance, *Strategic Entrepreneurship Journal*, 9: 79–98; S. A. Fernhaber & P. C. Patel, 2012, How do young firms manage product portfolio complexity? The role of absorptive capacity and ambidexterity, *Strategic Management Journal*, 33: 1516–1539; S. Raisch & J. Birkinshaw, 2008, Organizational ambidexterity: Antecedents, outcomes, and moderators, *Journal of Management*, 34: 375–409.
20. C. A. Chen, 2014, Revisiting organizational age, inertia, and adaptability: Developing and testing a multi-stage model in the nonprofit sector, *Journal of Organizational Change Management*, 27: 251–272; M. Zhao, S. H. Park, & N. Zhour, 2014, MNC strategy and social adaptation in emerging markets, *Journal of International Business Studies*, 45: 842–861; B. W. Keats & M. A. Hitt, 1988, A causal model of linkages among environmental dimensions, macroorganizational characteristics, and performance, *Academy of Management Journal*, 31: 570–598.
21. A. Chandler, 1962, *Strategy and Structure*, Cambridge, MA: MIT Press.
22. D. Martin, 2007, Alfred D. Chandler, Jr., a business historian, dies at 88, *New York Times*, www.nytimes.com, May 12.
23. D. Albert, M. Kreutzer, & C. Lechner, 2015, Resolving the paradox of interdependency and strategic renewal in activity systems, *Academy of Management Review*, 40: 210–234; B. T. Pentland, M. S. Feldman, M. C. Becker, & P. Liu, 2012, *Dynamics of organizational routines*: A generative model, Journal of Management Studies, 49: 1484–1508; R. E. Hoskisson, R. A. Johnson, L. Tihanyi, & R. E. White, 2005, Diversified business groups and corporate refocusing in emerging economies, *Journal of Management*, 31: 941–965.
24. P. Wahba, 2015, J.C. Penney still blaming Ron Johnson-era for flow profit, growth, *Fortune*, www.fortune.com, February 26; D. Moin & E. Clark, 2013, Ullman returns as Johnson exits, *WWD: Women's Wear Daily*, April 9, 1.
25. M. Townsend, 2015, J.C. Penney marks two years since Johnson nearly ruined it, *Bloomberg*, www.bloombergnews.com, April 8.
26. R. V. D. Jordao, A. A. Souza, & E. A. Avelar, 2014, Organizational culture and postacquisition changes in management control systems: An analysis of a successful Brazilian case, *Journal of Business Research*, 67: 542–549; S. Sonenshein, 2014, How organizations foster the creative use of resources, *Academy of Management Journal*, 57: 814–848.
27. M. R. Allen, G. K. Adomdza, & M. H. Meyer, 2015, Managing for innovation: Managerial control and employee level outcomes, *Journal of Business Research*, 68: 371–379; G. Valentini, 2015, The impact of M&A on rivals' innovation strategy, *Long Range Planning*, in press; L. Marengo & C. Pasquali, 2012, How to get what you want when you do not know what you want: A model of incentives, organizational structure, and learning, *Organization Science*, 23: 1298–1310;
28. D. F. Kuratko, J. G. Covin, & J. S. Hornsby, 2014, Why implementing corporate innovation is so difficult, *Business Horizons*, 57: 647–655; D. W. Lehman & J. Hahn, 2013, Momentum and organizational risk taking: Evidence from the National Football League, *Management Science*, 59: 852–868; M. A. Hitt, K. T. Haynes, & R. Serpa, 2010, Strategic leadership for the 21st century, *Business Horizons*, 53: 437–444.
29. L. Thomas & V. Ambrosini, 2015, Materializing strategy: The role of comprehensiveness and management controls in strategy formation in volatile environments, *British Journal of Management*, 26: S105–S124; R. MacKay & R. Chia, 2013, Choice, chance, and unintended consequences in strategic change: A process understanding of the rise and fall of Northco Automotive, *Academy of Management Journal*, 56: 208–230; I. Filatotchev, J. Stephan, & B. Jindra, 2008, Ownership structure, strategic controls and export intensity of foreign-invested firms in transition economies, *Journal of International Business Studies*, 39: 1133–1148.
30. S. Groda., A. J. Nelson, & R. M. Slino, 2015, Help-seeking and help-giving as an organizational routine: Continual engagement in innovative work, *Academy of Management Journal*, 58: 136–168; D. Minbaeva, T. Pedersen, I. Bjorkman, C. F. Fey, & H. J. Park, 2014, MNC knowledge transfer, subsidiary absorptive capacity and HRM, *Journal of International Business Studies*, 45: 38–51; D. M. Cable, F. Gino, & B. R. Staats, 2013, Breaking them in or eliciting their best? Reframing socialization around newcomers' authentic selfexpression, *Administrative Science Quarterly*, 58: 1–36.
31. M. Menz & C. Scheef, 2014, Chief strategy officers: Contingency analysis of their presence in top management teams, *Strategic Management Journal*, 35: 461–471; K. Favaro, 2013, We're from corporate and we are here to help: Understanding the real value of corporate strategy and the head office, *Strategy+Business Online*, www.strategy-business.com, April 8; M. A. Hitt, R. E. Hoskisson, R. A. Johnson, & D. D. Moesel, 1996, The market for corporate control and firm innovation, *Academy of Management Journal*, 39: 1084–1119.
32. S. Karim & A. Kaul, 2015, Structural recombination and innovation: Unlocking intraorganizational knowledge synergy through structural change, *Organization Science*, 26: 439–455; W. P. Wan, R. E. Hoskisson, J. C. Short, & D. W. Yiu, 2011, Resource-based theory and corporate diversification: Accomplishments and opportunities, *Journal of Management*, 37: 1335–1368; M. A. Hitt, L. Tihanyi, T. Miller, & B. Connelly, 2006, International diversification: Antecedents, outcomes, and moderators, *Journal of Management*, 32: 831–867; R. E. Hoskisson & M. A. Hitt, 1988, Strategic control and relative R&D investment in multiproduct firms, *Strategic Management Journal*, 9: 605–621.
33. W. Su & E. Tsang, 2015, Product diversification and financial performance: The moderating role of secondary stakeholders, *Academy of Management Journal*, in press; I. Clark, 2013, Templates for financial control? Management and employees under the private equity business model, *Human Resource Management Journal*, 23: 144–159; D. Collis, D. Young, & M. Goold, 2007, The size, structure, and performance of corporate headquarters, *Strategic Management Journal*, 28: 383–405.
34. R. Amit & C. Zott, 2015, Crafting business architecture: The antecedents of business model design, *Strategic Entrepreneurship Journal*, in press; X. S. Y. Spencer, T. A. Joiner, & S. Salmon, 2009, Differentiation strategy, performance measurement systems and organizational performance: Evidence from Australia, *International Journal of Business*, 14: 83–103.
35. P. Almodovar & A. M. Rugman, 2014, The M curve and the performance of Spanish international new ventures, *British Journal of Management*, 25: S6–S23; M. Dass & S. Kumar, 2014, Bringing product and consumer ecosystems to the strategic forefront, *Business Horizons*, 57: 225–234; X. Yin & E. J. Zajac, 2004, The strategy/ governance structure fit relationship: Theory and evidence in franchising arrangements, *Strategic Management Journal*, 25: 365–383.
36. A. Gasparro, 2015, McDonald's puts its plan on display, *Morningstar*, www.morningstar. com, May 3.
37. G. Shani & J. Westphal, 2015, Persona non grata? Determinants and consequences of social distancing from journalists who engage in negative coverage of firm leadership, *Academy of Management Journal*, in press; E. Kulchina, 2014, Media coverage and location choice, *Strategic Management Journal*, 35: 596–605; M. K. Bednar, S. Boivie, & N. R. Prince, 2013, Burr under the saddle: How media coverage influences strategic change, *Organization Science*, 24: 910–925.
38. D. C. Mowery, 2010, Alfred Chandler and knowledge management within the firm, *Industrial & Corporate Change*, 19: 483–507; Chandler, Strategy and Structure.
39. Keats & O'Neill, Organizational structure, 524.
40. K. Srikanth & P. Puranam, 2014, The firm as a coordination system: Evidence from software services offshoring, *Organization Science*, 25: 1253–1271; E. Rawley, 2010, Diversification, coordination costs and organizational rigidity: Evidence from microdata, *Strategic Management Journal*, 31: 873–891.
41. S. M. Wagner, K. K. R. Ullrich, & S. Transchel, 2014, The game plan for aligning the organization, *Business Horizons*, 57: 189–201; A. Campbell & H. Strikwerda, 2013, The power of one: Towards the new integrated organization, *Journal of Business Strategy*, 34: 4–12.
42. S. Amdouni & S. Boubaker, 2015, Multiple large shareholders and owner-manager compensation: Evidence from French listed firms, *Journal of Applied Business Research*, 31: 1111–1129; C. Levicki, 1999, *The Interactive Strategy Workout*, 2nd ed., London: Prentice Hall.
43. M. Perkmann & A. Spicer, 2014, How emerging organizations take form: The role of imprinting and values in organizational bricolage, *Organization Science*, 25: 1785–1806; P. L. Drnevich & D. C. Croson, 2013, Information technology and businesslevel strategy: Toward an integrated theoretical perspective, *MIS Quarterly*, 37: 483–509; H. M. O'Neill, R. W. Pouder, & A. K. Buchholtz, 1998, Patterns in the diffusion

of strategies across organizations: Insights from the innovation diffusion literature, *Academy of Management Review*, 23: 98–114.

44. J. Davoren, 2015, Functional structure organization strength & weaknesses, *Small Business*, http://smallbusiness.chron.com, May 10.

45. D. Antons & F. Piller, 2015, Opening the black box of 'not-invented-here': *Academy of Management Perspectives*, in press; P. Leinwand & C. Mainardi, 2013, Beyond functions, *Strategy+Business*, www.strategy-business.com, Spring, 1–5.

46. O. E. Williamson, 1975, *Markets and Hierarchies: Analysis and Anti-Trust Implications*, NY: The Free Press.

47. M. J. Sanchez-Bueno & B. Usero, 2014, How may the nature of family firms explain the decisions concerning international diversification? *Journal of Business Research*, 67: 1311–1320; T. Hutzschenreuter & J. Horstkotte, 2013, Performance effects of top management team demographic faultlines in the process of product diversification, *Strategic Management Journal*, 34: 704–726; Chandler, Strategy and Structure.

48. Y. M. Zhou, 2015, Supervising across borders: The case of multinational hierarchies, *Organization Science*, 26: 277–292; J. Joseph & W. Ocasio, 2012, Architecture, attention, and adaptation in the multibusiness firm: General Electric from 1951 to 2001, *Strategic Management Journal*, 33: 633–660; J. Greco, 1999, Alfred P. Sloan, Jr. (1875–1966): The original "organization" man, *Journal of Business Strategy*, 20(5): 30–31.

49. R. E. Hoskisson, C. E. Hill, & H. Kim, 1993, The multidivisional structure: Organizational fossil or source of value? *Journal of Management*, 19: 269–298.

50. A. Zimmermann, S. Raisch, & J. Birkinshaw, 2015, How is ambidexterity initiated? The emergent charter definition process, *Organization Science*, in press; V. Binda, 2012, Strategy and structure in large Italian and Spanish firms, 1950–2002, *Business History Review*, 86: 503–525.

51. J. Hautz, M. Mayer, & C. Stadler, 2014, Macrocompetitive context and diversification: The impact of macroeconomic growth and foreign competition, *Long Range Planning*, 47: 337–352; C. E. Helfat & K. M. Eisenhardt, 2004, Inter-temporal economies of scope, organizational modularity, and the dynamics of diversification, *Strategic Management Journal*, 25: 1217–1232; A. D. Chandler, 1994, The functions of the HQ unit in the multibusiness firm, in R. P. Rumelt, D. E. Schendel, & D. J. Teece (eds.), *Fundamental Issues in Strategy*, Cambridge, MA: Harvard Business School Press, 327.

52. O. E. Williamson, 1994, Strategizing, economizing, and economic organization, in R. P. Rumelt, D. E. Schendel, & D. J. Teece (eds.), *Fundamental Issues in Strategy*, Cambridge, MA: Harvard Business School Press, 361–401.

53. V. A. Aggarwal & B. Wu, 2014, Organizational constraints to adaptation: Intrafirm asymmetry in the locus of coordination, *Organization Science*, 26: 218–238; Hoskisson, Hill, & Kim, The multidivisional structure: Organizational fossil or source of value?

54. D. J. Teece, 2014, A dynamic capabilitiesbased entrepreneurial theory of the multinational enterprise, *Journal of International Business Studies*, 45: 8–37; R. Duchin & D. Sosyura, 2013, Divisional managers and internal capital markets, *Journal of Finance*, 68: 387–429; O. E. Williamson, 1985, *The Economic Institutions of Capitalism: Firms, Markets, and Relational Contracting*, New York: Macmillan.

55. M. F. Wolff, 1999, In the organization of the future, competitive advantage will lie with inspired employees, *Research Technology Management*, 42(4): 2–4.

56. S. Y. Lee, M. Pitesa, S. Thau, & M. Pillutla, 2015, Discrimination in selection decisions: Integrating stereotype fit and interdependence theories, *Academy of Management Journal*, in press; E. Schulz, S. Chowdhury, & D. Van de Voort, 2013, Firm productivity moderated link between human capital and compensation: The significance of task-specific human capital, *Human Resource Management*, 52: 423–439.

57. N. Malhotra, C. R. (Bob) Hinings, 2015, Unpacking continuity and change as a process of organizational transformation, *Long Range Planning*, 48: 1–22; L. G. Love, R. L. Priem, & G. T. Lumpkin, 2002, Explicitly articulated strategy and firm performance under alternative levels of centralization, *Journal of Management*, 28: 611–627.

58. S. Biancani, D. A. McFarland, & L. Dahlander, 2014, The semiformal organizational, *Organization Science*, 25: 1306–1324; T. F. Gonzalez-Cruz, A. Huguet-Roig, & S. Cruz-Ros, 2012, Organizational technology as a mediating variable in centralization-formalization fit, *Management Decision*, 50: 1527–1548.

59. D. G. Sirmon, M. A. Hitt, R. D. Ireland, & B. A. Gilbert, 2011, Resource orchestration to create competitive advantage: Breadth, depth and life cycle effects, *Journal of Management*, 37: 1390–1412.

60. N. J. Foss, J. Lyngsie, & S. A. Zahra, 2015, Organizational design correlates of entrepreneurship: The roles of decentralization and formalization for opportunity discovery and realization, *Strategic Organization*, in press. J. B. Barney, 2001, *Gaining and Sustaining Competitive Advantage*, 2nd ed., Upper Saddle River, NJ: Prentice Hall, 257.

61. H. Brea-Solis, R. Casadesus-Masanell, & E. Grifell-Tatje, 2015, Business model evaluation: Unifying Walmart's sources of advantage, *Strategic Entrepreneurship Journal*, 9: 12–33.

62. D. Martinez-Simarro, C. Devece, & C. Liopis- Albert, 2015, How information systems strategy moderates the relationship between business strategy and performance, *Journal of Business Research*, 68: 1592–1594; V. K. Garg, R. L. Priem, & A. A. Rasheed, 2013, A theoretical explanation of the cost advantages of multi-unit franchising, *Journal of Marketing Channels*, 20: 52–72; H. Wang & C. Kimble, 2010, Low-cost strategy through product architecture: Lessons from China, *Journal of Business Strategy*, 31: 12–20.

63. M. Dobrajska, S. Billinger, & S. Karim, 2015, Delegation within hierarchies: How information processing and knowledge characteristics influence the allocation of formal and real decision authority, *Organization Science*, in press.

64. P. Soni, 2015, What investors need to know about Walmart's US segment, *Finance.yahoo*, www.finance.yahoo.com, May 14.

65. 2015, Our story, Walmart Corporate, *www.walmartstores.com*, May 13.

66. J. Schmidt, R. Makadok, & T. Keil, 2015, Customer-specific synergies and market convergence, *Strategic Management Journal*, in press; A. Ma, Z. Yang, & M. Mourali, 2014, Consumer adoption of new products: Independent versus interdependent self-perspectives, *Journal of Marketing*, 78: 101–117; N. Takagoshi & N. Matsubayashi, 2013, Customization competition between branded firms: Continuous extension of product line from core product, *European Journal of Operational Research*, 225: 337–352.

67. P. C. Patel, S. Thorgren, & J. Wincent, 2015, Leadership, passion, and performance: A study of job creation projects during the recession, *British Journal of Management*, 26: 211–224; D. Singh & J. S. Oberoi, 2014, A rule-based fuzzy-logic approach for evaluating the strategic flexibility in manufacturing organizations, *International Journal of Strategic Change Management*, 5: 281–296; K. Z. Zhou & F. Wu, 2010, Technological capability, strategic flexibility and product innovation, *Strategic Management Journal*, 31: 547–561.

68. 2015, About Under Armour, *www.underarmour.com*, May 15.

69. J. H. Burgers & J. G. Covin, 2015, The contingent effects of differentiation and integration on corporate entrepreneurship, *Strategic Management Journal*, in press; L. Mirabeau & S. Maguire, 2014, From autonomous strategic behavior to emergent strategy, *Strategic Management Journal*, 35: 1202–1229; E. Claver-Cortés, E. M. Pertusa-Ortega, & J. F. Molina-Azorín, 2012, Characteristics of organizational structure relating to hybrid competitive strategy: Implications for performance, *Journal of Business Research*, 65: 993–1002.

70. Chandler, Strategy and Structure.

71. 2015, Strength in structure, *Procter & Gamble Home Page*, www.pg.com, May 9.

72. D. Maslach, 2015, Change and persistence with failed technological innovation, *Strategic Management Journal*, in press; S. Wagner, K. Hoisl, & G. Thoma, 2014, Overcoming localization of knowledge—the role of professional service firms, *Strategic Management Journal*, 35: 1671–1688; Y. M. Zhou, 2011, Synergy, coordination costs, and diversification choices, *Strategic Management Journal*, 32: 624–639; C. W. L. Hill, M. A. Hitt, & R. E. Hoskisson, 1992, Cooperative versus competitive structures in related and unrelated diversified firms, *Organization Science*, 3: 501–521.

73. M. Tortoriello, 2015, The social underpinnings of absorptive capacity: The moderating effects of structural holes on innovation generation based on external knowledge, *Strategic Management Journal*, 36: 586–597; M. Makri, M. A. Hitt, & P. J. Lane, 2010, Complementary technologies, knowledge relatedness and invention outcomes in high technology mergers and acquisitions, *Strategic Management Journal*, 31: 602–628.

74. M. Palmie, M. M. Keupp, & O. Gassmann, 2014, Pull the right levers: Creating internationally "useful" subsidiary competence by organizational architecture, *Long Range Planning*, 47: 32–48; J. Wolf & W. G. Egelhoff, 2013, An empirical evaluation of conflict in MNC matrix structure firms, *International Business Review*, 22: 591–601; S. H. Appelbaum, D. Nadeau, & M. Cyr, 2008, Performance evaluation in a matrix organization: A case study (part two), *Industrial and Commercial Training*, 40: 295–299.

75. T. W. Tong, J. J. Reuer, B. B. Tyler, & S. Zhang, 2015, Host country executives' assessments of international joint ventures and divestitures: An experimental approach, *Strategic Management Journal*, 36: 254–275;

S. H. Appelbaum, D. Nadeau, & M. Cyr, 2009, Performance evaluation in a matrix organization: A case study (part three), *Industrial and Commercial Training*, 41: 9–14.

76. A. V. Sakhartov & T. B. Folta, 2014, Resource relatedness, redeployability, and firm value, *Strategic Management Journal*, 35: 1781–1797; O. Alexy, G. George, & A. J. Salter, 2013, Cui bono? The selective revealing of knowledge and its implications for innovative activity, *Academy of Management Review*, 38: 270–291; E. Rawley, 2010, Diversification, coordination costs, and organizational rigidity: Evidence from microdata, *Strategic Management Journal*, 31: 873–891.

77. E. R. Feldman, S. C. Gilson, & B. Villalonga, 2014, Do analysts add value when they most can? Evidence from corporate spin-offs, *Strategic Management Journal*, 35: 1446–1463; M. Kruehler, U. Pidun, & H. Rubner, 2012, How to assess the corporate parenting strategy? A conceptual answer, *Journal of Business Strategy*, 33(4): 4–17; M. M. Schmid & I. Walter, 2009, Do financial conglomerates create or destroy economic value? *Journal of Financial Intermediation*, 18: 193–216.

78. T. M. Alessandri & A. Seth, 2014, The effects of managerial ownership on international and business diversification: Balancing incentives and risks, *Strategic Management Journal*, 35: 2064–2075; N. T. Dorata, 2012, Determinants of the strengths and weaknesses of acquiring firms in mergers and acquisitions: A stakeholder perspective, *International Journal of Management*, 29: 578–590; R. E. Hoskisson & M. A. Hitt, 1990, Antecedents and performance outcomes of diversification: A review and critique of theoretical perspectives, *Journal of Management*, 16: 461–509.

79. Y. Yang, V. K. Narayanan, & D. M. De Carolis, 2014, The relationship between portfolio diversification and firm value: The evidence from corporate venture capital activity, *Strategic Management Journal*, 35: 1993–2011; A. Varmaz, A. Varwig, & T. Poddig, 2013, Centralized resource planning and yardstick competition, *Omega*, 41: 112–118; Hill, Hitt, & Hoskisson, *Cooperative versus competitive structures*, 512.

80. M. Arrfelt, R. M. Wiseman, G. McNamara, & G. T. M. Hult, 2015, Examining a key corporate role: The influence of capital allocation competency on business unit performance, *Strategic Management Journal*, in press; D. Holod, 2012, Agency and internal capital market inefficiency: Evidence from banking organizations, *Financial Management*, 41: 35–53.

81. 2015, How is Textron organized? *Textron Home Page*, www.textron.com, May 15.

82. 2015, Our company, *Textron Home Page*, www.textron.com, May 15

83. C. Custodio, 2014, Mergers and acquisitions accounting and the diversification discount, *Journal of Finance*, 69: 219–240.

84. R. Belderbos, T. W. Tong, & S. Wu, 2014, Multinationality and downside risk: The roles of option portfolio and organization, *Strategic Management Journal*, 35: 88–106; R. M. Holmes, Jr., T. Miller, M. A. Hitt, & M. P. Salmador, 2013, The interrelationships among informal institutions, formal institutions and inward foreign direct investment, *Journal of Management*, 39: 531–566; T. Yu & A. A. Cannella, Jr., 2007, Rivalry between multinational enterprises: An event history approach, *Academy of Management Journal*, 50: 665–686.

85. T. Huang, F. Wu, J. Yu, & B. Zhang, 2015, Political risk and dividend policy: Evidence from international political crises, *Journal of International Business Studies*, in press; A. H. Kirca, G. T. M. Hult, S. Deligonul, M. Z. Perryy, & S. T. Cavusgil, 2012, A multilevel examination of the drivers of firm multinationality: A meta-analysis, *Journal of Management*, 38: 502–530.

86. G. Vasudeva, E. A. Alexander, & S. L. Jones, 2015, Institutional logics and interorganizational learning in technological arenas: Evidence from standard-setting organizations in the mobile handset industry, *Organization Science*, in press; J. L. Arregle, T. Miller, M. A. Hitt, & P. W. Beamish, 2013, Do regions matter? An integrated institutional and semiglobalization perspective on the internationalization of MNEs, *Strategic Management Journal*, 34: 910–934.

87. L. Li, G. Qian, & Z. Ian, 2014, Inconsistencies in international product strategies and performance of high-tech firms, *Journal of International Marketing*, 22: 94–113; P. Almodóvar, 2012, The international performance of standardizing and customizing Spanish firms: The M curve relationships, *Multinational Business Review*, 20: 306–330; G. R. G. Benito, R. Lunnan, & S. Tomassen, 2011, Distant encounters of the third kind: Multinational companies locating divisional headquarters abroad, *Journal of Management Studies*, 48: 373–394.

88. 2015, Our company, *Uber Home Page*, www.uber.com, May 15.

89. R. Fannin, 2015, Uber proves going local and partnering works in China, *Forbes*, www.forbes.com, April 30.

90. H. Merchant, 2014, Configurations of governance structure, generic strategy, and firms size: Opening the black box of value creation in international joint ventures, *Global Strategy Journal*, 4: 292–309; B. Brenner & B. Ambos, 2013, A question of legitimacy? A dynamic perspective on multinational firm control, *Organization Science*, 24: 773–795; M. P. Koza, S. Tallman, & A. Ataay, 2011, The strategic assembly of global firms: A microstructural analysis of local learning and global adaptation, *Global Strategy Journal*, 1: 27–46.

91. K. Bondy & K. Starkey, 2014, The dilemmas of internationalization: Corporate social responsibility in the multinational corporation, *British Journal of Management*, 25: 4–22; J. Qiu & L. Donaldson, 2012, Stopford and Wells were right! MNC matrix structures do fit a "high-high" strategy, *Management International Review*, 52: 671–689; B. Connelly, M. A. Hitt, A. DeNisi, & R. D. Ireland, 2007, Expatriates and corporate-level international strategy: Governing with the knowledge contract, *Management Decision*, 45: 564–581.

92. T. Wakayama, J. Shintaku, & A. Tomofumi, 2012, What Panasonic learned in China, *Harvard Business Review*, 90(12): 109–113.

93. Wakayama, Shintaku, & Tomofumi, *What Panasonic learned in China*.

94. 2015, A better life, a better world, *Panasonic Home Page*, www.panasonic.com, May 15.

95. Y. Lku & T. Ravichandran, 2015, Alliance experience, IT-enable knowledge integration, and ex-ante value gains, *Organization Science*, 26: 511–530; I. Neyens & D. Faems, 2013, Exploring the impact of alliance portfolio management design on alliance portfolio performance, *Managerial & Decision Economics*, 34: 347–361.

96. D. Filiou & S. Golesorkhi, 2015, Influence of institutional differences on firm innovation from international alliances, *Long Range Planning*, in press; V. A. Aggarwal, N. Siggelkow, & H. Singh, 2011, Governing collaborative activity: Interdependence and the impact of coordination and exploration, *Strategic Management Journal*, 32: 705–730; J. Li, C. Zhou, & E. J. Zajac, 2009, Control, collaboration, and productivity in international joint ventures: Theory and evidence, *Strategic Management Journal*, 30: 865–884.

97. W. (Stone) Shi, S. L. Sun, B. C. Pinkham, & M. W. Peng, 2014, Domestic alliance network to attract foreign partners: Evidence from international joint ventures in China, *Journal of International Business Studies*, 45: 338–362; R. Gulati, P. Puranam, & M. Tushman, 2012, Metaorganization design: Rethinking design in interorganizational and community context, *Strategic Management Journal*, 33: 571–586; J. Wincent, S. Anokhin, D. Örtqvist, & E. Autio, 2010, Quality meets structure: Generalized reciprocity and firm-level advantage in strategic networks, *Journal of Management Studies*, 47: 597–624.

98. P. C. Patel, S. A. Fernhaber, P. P. McDougall-Covin, & R. P. van der Have, 2014, Beating competitors to international markets: The value of geographically balanced networks for innovation, *Strategic Management Journal*, 35: 691–711; V. Van de Vrande, 2013, Balancing your technology-sourcing portfolio: How sourcing mode diversity enhances innovative performance, *Strategic Management Journal*, 34: 610–621; T. P. Moliterno & D. M. Mahony, 2011, Network theory of organization: A multilevel approach, *Journal of Management*, 37: 443–467.

99. F. J. Contractor & J. J. Reuer, 2014, Structuring and governing alliances: New directions for research, *Global Strategy Journal*, 4: 241–256; L. Dooley, D. Kirk, & K. Philpott, 2013, Nurturing life-science knowledge discovery: Managing multiorganisation networks, *Production Planning & Control*, 24: 195–207; A. T. Arikan & M. A. Schilling, 2011, Structure and governance of industrial districts: Implications for competitive advantage, *Journal of Management Studies*, 48: 772–803.

100. C. Bellavitis, I. Filatotchev, & D. S. Kamuriwo, 2014, The effects of intra-industry and extra-industry networks on performance: A case of venture capital portfolio firms, *Managerial and Decision Economics*, 35: 129–144; R. Vandaie & A. Zaheer, 2014, Alliance partners and firm capability: Evidence from the motion picture industry, *Organization Science*, 26: 22–36.

101. M. A. O. Dos Santos, G. Svensson, & C. Padin, 2014, Implementation, monitoring and evaluation of sustainable business practices: Framework and empirical illustration, *Corporate Governance*, 14: 515–530; B. Baudry & V. Chassagnon, 2012, The vertical network organization as a specific governance structure: What are the challenges for incomplete contracts theories and what are the theoretical implications for the boundaries of the (hub-) firm? *Journal of Management & Governance*, 16: 285–303.

102. Z. Kahn, Y. K. Lew, & R. R. Sinkovics, 2015, International joint ventures as boundary spanners: Technological knowledge transfer in an emerging economy, *Global Strategy Journal*, 5: 48–68; R. Gulati, F.

Wohlgezogen, & P. Zhelyazkov, 2012, The two facets of collaboration: Cooperation and coordination in strategic alliances, *Academy of Management Annals*, 6: 531–583; M. H. Hansen, R. E. Hoskisson, & J. B. Barney, 2008, Competitive advantage in alliance governance: Resolving the opportunism minimization-gain maximization paradox, *Managerial and Decision Economics*, 29: 191–208; G. Lorenzoni & C. Baden-Fuller, 1995, Creating a strategic center to manage a web of partners, *California Management Review*, 37: 146–163.

103. F. Zambuto, G. L. Nigro, & J. P. O'Brien, 2015, The importance of alliances in firm capital structure decisions: Evidence from biotechnology firms, *Managerial and Decision Economics*, in press; A. C. Inkpen, 2008, Knowledge transfer and international joint ventures: The case of NUMMI and General Motors, *Strategic Management Journal*, 29: 447–453; J. H. Dyer & K. Nobeoka, 2000, Creating and managing a high-performance knowledge-sharing network: The Toyota case, *Strategic Management Journal*, 21: 345–367.

104. A. Lipparini, G. Lorenzoni, & S. Ferriani, 2014, From core to periphery and back: A study on the deliberate shaping of knowledge flows in interfirm dyads and networks, *Strategic Management Journal*, 35: 578–595; N. Lahiri & S. Narayanan, 2013, Vertical integration, innovation and alliance portfolio size: Implications for firm performance, *Strategic Management Journal*, 34: 1042–1064; L. F. Mesquita, J. Anand, & J. H. Brush, 2008, Comparing the resource-based and relational views: Knowledge transfer and spillover in vertical alliances, *Strategic Management Journal*, 29: 913–941; M. Kotabe, X. Martin, & H. Domoto, 2003, Gaining from vertical partnerships: Knowledge transfer, relationship duration and supplier performance improvement in the U.S. and Japanese automotive industries, *Strategic Management Journal*, 24: 293–316.

105. Y. Luo, Y. Liu, Q. Yang, V. Maksimov, & J. Hou, 2015, Improving performance and reducing cost in buyer-supplier relationships: The role of justice in curtailing opportunism, *Journal of Business Research*, 68: 607–615; S. G. Lazzarini, D. P. Claro, & L. F. Mesquita, 2008, Buyer-supplier and supplier-supplier alliances: Do they reinforce or undermine one another? *Journal of Management Studies*, 45: 561–584; P. Dussauge, B. Garrette, & W. Mitchell, 2004, Asymmetric performance: The market share impact of scale and link alliances in the global auto industry, *Strategic Management Journal*, 25: 701–711.

106. Treflis team, 2015, Walgreens reports a strong Q2 driven by growth in holiday sales and Medicare Part D scripts, *Forbes*, www.forbes.com, April 10.

107. 2015, Strategic alliances: Not so niche anymore, *Coherence*, www.coherence360. com, May 10.

108. W. E. Gillis, J. G. Combs, & D. J. Ketchen, Jr., 2014, Using resource-based theory to help explain plural form franchising, *Entrepreneurship Theory and Practice*, 38: 449–472; A. M. Hayashi, 2008, How to replicate success, *MIT Sloan Management Review*, 49: 6–7; M. Tuunanen & F. Hoy, 2007, Franchising: Multifaceted form of entrepreneurship, *International Journal of Entrepreneurship and Small Business*, 4: 52–67.

109. R. Hahn & S. Gold, 2014, Resources and governance in "base of the pyramid"- partnerships: Assessing collaborations between businesses and non-business actors, *Journal of Business Research*, 67: 1321–1333; W. Vanhaverbeke, V. Gilsing, & G. Duysters, 2012, Competence and governance in strategic collaboration: The differential effect of network structure on the creation of core and noncore technology, *Journal of Product Innovation Management*, 29: 784–802; A. Zaheer, R. Gözübüyük, & H. Milanov, 2010, It's the connections: The network perspective in interorganizational research, *Academy of Management Perspectives*, 24: 62–77.

110. L. Baertlein, 2015, McDonald's reset to change structure, cut costs, boost franchises, *Reuters*, www.reuters.com, May 4.

111. C. Lioukas & J. Reuer, 2015, Isolating trust outcomes from exchange relationships: Social exchange and learning benefits of prior ties in alliances, *Academy of Management Journal*, in press; Y. Lew & R. R. Sinkovics, 2013, Crossing borders and industry sectors: Behavioral governance in strategic alliances and product innovation for competitive advantage, *Long Range Planning*, 46: 13–38; T. W. Tong, J. J. Reuer, & M. W. Peng, 2008, International joint ventures and the value of growth options, *Academy of Management Journal*, 51: 1014–1029.

112. A. Peterman, A. Kourula, & R. Levitt, 2014, Balancing act: Government roles in an energy conservation network, *Research Policy*, 43: 1067–1082; H. Liu, X. Jiang, J. Zhang, & X. Zhao, 2013, Strategic flexibility and international venturing by emerging market firms: The moderating effects of institutional and relational factors, *Journal of International Marketing*, 21(2): 79–98; M. W. Hansen, T. Pedersen, & B. Petersen, 2009, MNC strategies and linkage effects in developing countries, *Journal of World Business*, 44: 121–130; A. Goerzen, 2005, Managing alliance networks: Emerging practices of multinational corporations, *Academy of Management Executive*, 19(2): 94–107.

113. M. de Vaan, 2014, Interfirm networks in periods of technological turbulence and stability, *Research Policy*, 43: 1666–1680; C. C. Phelps, 2010, A longitudinal study of the influence of alliance network structure and composition on firm exploratory innovation, *Academy of Management Journal*, 53: 890–913; L. H. Lin, 2009, Mergers and acquisitions, alliances and technology development: An empirical study of the global auto industry, *International Journal of Technology Management*, 48: 295–307.

12

전략적 리더십

● 학습목표 ●

12-1 전략적 리더십을 정의하고, 최고 경영자의 중요성에 대해 설명한다.

12-2 최고 경영진에 대해 설명하고, 최고 경영진이 기업의 업무 성과에 미치는 영향에 대해 설명한다.

12-3 내부 및 외부 관리자 노동 시장을 이용한 경영승계 프로세스에 대해 설명한다.

12-4 기업의 전략적 방향 결정 시, 전략적 리더십의 가치에 대해 논의한다.

12-5 기업의 자원을 관리하는 데 있어 전략적 리더의 중요성에 대해 기술한다.

12-6 기업이 효과적인 기업 문화를 유지하고자 할 때 반드시 해야 할 일에 대해 설명한다.

12-7 윤리적 업무 관행 확립을 위한 전략적 리더의 역할에 대해 설명한다.

12-8 조직 통제의 중요성과 활용에 대해 논의한다.

스티브 잡스 사후의 애플과 새로운 CEO 팀 쿡

스티브 잡스(Steve Jobs)는 애플(Apple)의 창립자이자 조직의 우상인 CEO였다. 애플의 엄청난 성공 사례들, 특히 2000년대 이후 애플의 성공 사례들의 상당 부분은 스티브 잡스의 천재성과 리더십에 기인한 것이다. 팀 쿡(Tim Cook)이 스티브 잡스와 상당히 다른 리더십 스타일을 가지고 있었기에 팀 쿡의 성공 가능성은 낮은 편이었다. 하지만 팀 쿡이 CEO에 취임한 지 몇 년이 지난 2014년에는, 팀 쿡의 표현을 따르자면, 애플은 믿기 어려울 정도로 좋은 한 해를 보냈다. 이 해 애플은 2억 대의 아이폰을 판매했고 2,000억 달러의 수입을 올렸다. 애플의 주가는 65% 증가했고, 기업 가치는 7,000억 달러에 달했는데 이는 미국 기업 중 가장 높은 수준이었다. 7,000억 달러는 마이크로소프트(Microsoft)나 엑손모빌(Exon Mobile) 기업 가치의 두 배가 넘는 것이었다. 쿡은 운영 부분의 관리자로 일해왔고 CEO 역할을 맡기 전에는 애플의 COO 역할을 맡고 있었다. 애플 매출의 대부분은 잡스의 시기에 개발되어 시장에 출시된 제품들에 의해 발생했다. 이 때문에 잡스가 강점을 보였던 신제품 개발과 시장에서의 성공과 관련한 쿡에 대한 평가는 그리 좋지 못했다.

쿡의 리더십 스타일은 잡스의 접근 방법과는 크게 차이가 있었다. 잡스는 강박적으로 신제품 개발과 시장에서 매력적으로 보일 고품질의 제품을 제공하는 데 집중했다. 하지만 쿡이 가지고 있는 지식과 기술은 제품 개발, 디자인, 마케팅 분야가 아니었다. 그래서 쿡은 이런 분야에 대한 권한은 위임하고, 리더와 의사결정자 역할을 맡았다. 쿡은 잡스에 의해 만들어진 애플의 문화를 유지하고 완충하는 역할을 수행했다. 따라서 시장에서 높게 평가되는 혁신을 지속적으로 강조했다. 쿡은 능력 있는 최고 경영진 영입의 중요성과 새로운 최고 경영진은 애플의 문화와 잘 맞는 사람이어야 한다고 생각했다. 쿡은 성공적으로 몇몇 임원의 영입에 성공했는데, 이 중에는 애플에게 매우 중요한 소매 분야를 이끄는 안젤라 아렌츠(Angela Ahrendts)도 포함된다. 쿡은 잡스보다 덜 감성적인 접근을 해나갔다. 혹자는 이를 "리더십에 대한 신중한 감정적 접근법"이라고 불렀다. 쿡은 자신의 팀에게 각자의 기능적 분야를 경영하도록 권한을 위임하고 장기적인 관점을 유지해야 할 필요성에 대해 강조하였다.

전략적 리더십 접근법 측면에서 국과 잡스의 차이는 몇 가지가 더 있다. 쿡은 자신 외에 자신의 리더십팀이 함께 주목을 받도록 하는 반면, 잡스는 자신만이 주목을 받도록 했다. 한 분석가는 쿡을 자신 주변에 유능한 팀을 만들어낸 좋은 리더로 평가하였다. 쿡이 이끄는 애플은 과거보다 박애주의적이다. 그의 전략은 대형 기업 인수(예: 30억 달러에 달하는 오디오 업체 인수)와 기업의 IT 부서를 위한 산업용 프로그램으로 이어졌는데 이는 잡스가 피했던 방향이다. 애플은 IBM과 제휴를 맺고 새로운 버전의 아이패드를 이용한 기업 영역의 응용 프로그램을 개발하고 있다.

Bloomberg/Getty Images

팀 쿡의 리더십 아래에서 개발된 혁신에는 2015년 4월에 시장에 소개된 애플워치가 포함된다. 많은 사람이 이런 시도의 성공 여부를 기다리고 있다. 출시 후 보고서에 따르면 애플워치의 수요가 공급을 초과하는 것으로 나타났고 애플은 생산량을 늘리고 있다. 쿡은 애플이 텔레비전 시장에 진입을 고려하고 있다고 언급한 바 있다. 무엇보다 중요한 쿡의 목표는 사람들이 일하는 방식을 바꾸는 것이며 이러한 목적을 달성하기 위한 제품 개발에 집중하고 있다고 말했다.

출처: T. Loftus, 2015, The morning download: Apple will 'change the way people work,' CEO Tim Cook says, *CIO Journal*, blogs.wsj.com, January 28: 2015, Apple's Tim Cook cites record sales and 'unbelievable' year, *New York Times*, www.nytimes.com, March 10; A. Chang, 2015, Apple CEO Tim Cook is forging an unusual path as a social activist, *Los Angeles Times*, www.latimes.com, March 31, A. Lashinsky, 2015, Becoming Tim Cook, *Fortune*, April 1, 60–72; T. Higgins, 2015, Apple iPhones sales in China outsell the U.S. for first time, *BloombergBusiness*, www.bloomberg.com, April 27; J. Lewis, 2015, Tim Cook: A courageous innovator, *Time*, April 27, 26; J. D'Onfro, 2015, Tim Cook dropped a major clue about Apple's next big product, *Yahoo Finance*, finance.yahoo.com, April 28.

애플 도입사례가 보여주듯이 전략적 리더의 업무는 부담이 크고 도전적이다. 그리고 장기적인 성과와 단기적 성과 간 균형도 맞춰야 한다. 해당 직위에 얼마나 오래 머무르건 간에 CEO와 같은 전략적 리더는 기업의 실적에 영향을 미친다.[1] 스티브 잡스는 성공적으로 애플을 이끌어 매우 높은 성과를 낸 CEO로 잘 알려져 있다. 잡스 사후에 애플의 다른 CEO도 잡스와 마찬가지로 성공할 수 있을까에 대한 의문이 애플의 새로운 CEO인 팀 쿡에게 계속 따라 다녔다. 하지만 쿡이 CEO로 재직한 3년 반 동안 애플은 믿기 어려울 정도로 성공적인 업적을 달성했으며 기업 가치 7,000억 달러를 달성한 첫 번째 기업이 되었다.

이 장의 핵심 메시지는 효과적인 전략적 리더십이 전략 경영 프로세스를 효과적으로 이용하기 위한 토대라는 것이다. 1장의 〈그림 1-1〉에서 확인할 수 있듯이 분석(Analysis)–전략(Strategy)–성과(Performance) 프로세스를 통해 전략적 리더는 미션과 비전을 형성시키는 방향으로 기업을 이끌어 나간다. 이런 과정에서 전략적 리더는 기업의 모든 구성원이 능력을 발휘하게 하는 목표를 설정함으로써 기업의 성과를 향상시킨다. 이러한 기업 목표 설정의 성공적 결과는 조직 구성원들의 획기적 사고를 촉진시켜 혁신을 일궈내는 전략적 리더의 역량과 관련이 있다.[2] 이외에 전략적 리더는 A-S-P 모델의 분석과 전략 부분이 효율적으로 완료되었는지를 검증하고, 이를 통해 기업이 전략적 경쟁력을 확보하고 평균 이상의 수익을 올릴 수 있도록 다른 사람들과 협력한다. 〈그림 12-1〉은 효과적인 전략적 리더십이 어떻게 이런 일들을 가능하게 하

그림 12-1 전략적 리더십과 전략 경영 프로세스

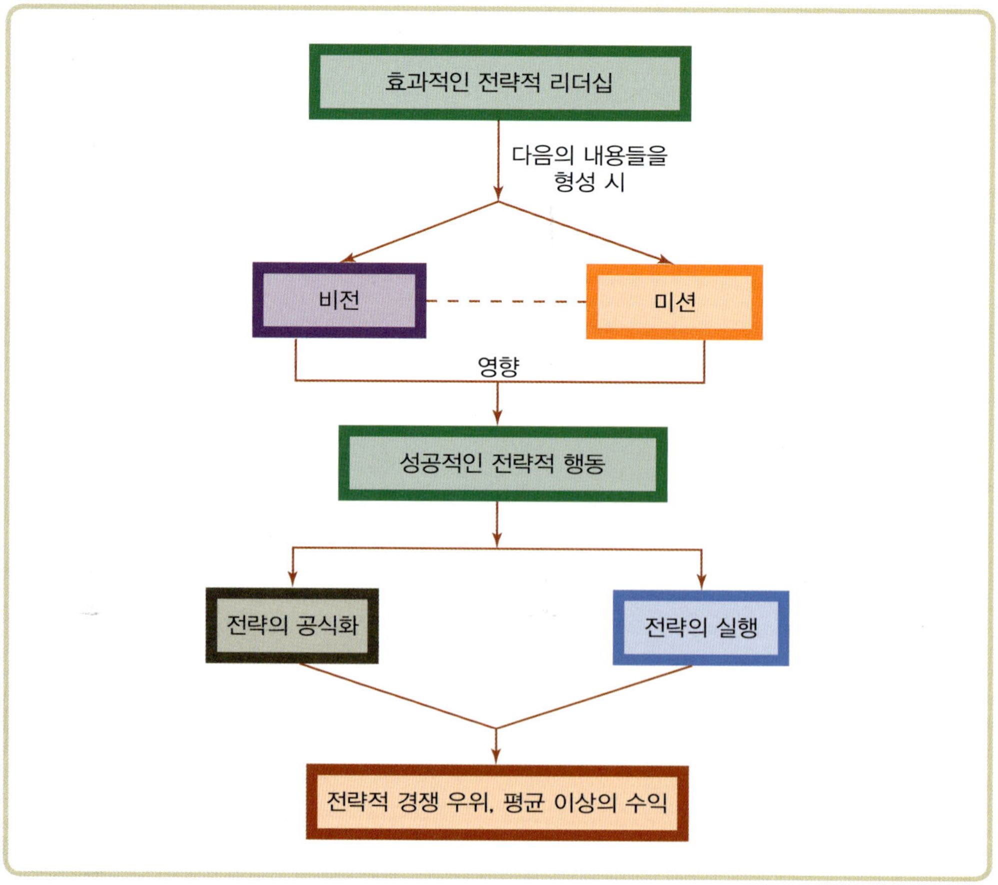

는지 보여준다.[3]

본 장은 전략적 리더십에 대해 정의하고 전략적 리더십의 중요성과 함께 어떻게 전략적 리더가 기업의 경쟁 우위의 근원이 될 수 있는지에 대해 논의할 것이다. 도입부에는 전략적 리더가 취할 수 있는 다양한 스타일에 대해 언급한다. 다음으로 최고 경영자와 최고 경영진의 역할과 이들이 혁신과 전략적 변화 및 기업의 성과에 미치는 영향을 검토한다. 다음으로 경영 승계(특히 전략적 리더를 뽑을 바탕이 되는 내부와 외부 관리자 시장 측면)에 대해 논의한다. 이 장의 마지막 부분은 효과적인 전략적 리더십에 기여할 수 있는 다섯 가지 핵심적인 리더십 행동, 즉 전략적 방향을 결정, 기업의 자원 포트폴리오를 효율적으로 관리, 효율성 높은 기업 문화 유지, 윤리적 업무 행위에 대한 강조, 균형 잡힌 조직 관리(organizational controls)에 대해 설명한다.

12-1 전략적 리더십과 스타일

전략적 리더십(strategic leadership)은 미래를 예상하여 형상화하고, 유연성을 유지하며, 다른 사람에게 권한을 부여함으로써 필요한 전략적 변화를 만들어내는 역량이다. **전략적 변화**(strategic change)는 어떤 기업이 전략적인 선택과 실행의 결과로 인해 나타나는 변화를 말한다. 전략적 리더십은 태생적으로 다기능(multifunctional)이다. 전략적 리더십은 다른 사람을 관리하는 일이며, 개별 기능 단위보다 전체 조직을 대상으로 관리하는 일이고, 글로벌 경제에서 점차 증가하고 있는 변화에 적응하는 일이다. 글로벌 경제는 매우 복잡하므로, 전략적 리더는 불확실한 환경 속에서 어떻게 해야 효과적으로 사람의 행동에 영향을 끼칠 수 있는지를 학습해야 한다.[4] 말이나 개인적인 본보기, 미래에 대한 전망을 제시하는 등의 방법을 통해 전략적 리더는 같이 일하는 사람들의 행동이나 사고, 감정에 의미 있는 영향을 줄 수 있다.[5]

전략적 리더십은 미래를 예상하고 유연성을 유지하며 다른 사람에게 권한을 부여함으로써 필요한 전력적 변화를 만들어내는 역량이다.

전략적 변화는 어떤 기업이 전략을 채택하고 실행한 결과로 인해 나타나는 변화이다.

인적 자본의 마음을 끌고 그들을 관리하는 능력은 아마 전략적 리더에게 가장 필요한 기술일 것이다.[6] 특히 유능한 인적 자본이 부족하여 기업의 성장을 이루지 못하고 있는 경우에는 더더욱 그렇다. 실제로 21세기에는, 기업의 인적 자본이 보유하고 있는 지적 자본(intellectual capital)과 함께, 지식을 관리하며 혁신을 이뤄낼 수 있는 능력이 전략적 리더의 성공에 영향을 미치고 있다.[7]

또한 효과적인 전략적 리더는 이해관계자들(피고용자, 고객, 공급자 등)이 최대한의 능률을 보일 수 있는 환경을 만들고 지원한다.[8] 인적 자본을 끌어들이고 관리할 수 있는 능력과, 기업이 성장할 수 있는 환경을 마련하고 또 키워갈 수 있는 능력을 보여주는 것은 매우 중요하다. 특히 전략적 리더십의 핵심이 기업의 활동을 효과적으로 관리하고, 장긴간 높은 수준의 성과를 유지하는 것이므로 위와 같은 능력은 매우 중요하다.[9]

효과적인 전략적 리너십의 일차적인 책임은 조직의 상층부, 특히 CEO에게 있다. 이사회 임원, 최고 경영진, 부서장 등이 전략적 리더이다. 사실 인적 자본이나 기업 각 부서(예: 생산 부서)의 성과에 책임이 있는 모든 사람은 전략적 리더라고 할 수 있다. 각자의 직함이나 기업에서 맡고 있는 역할이 무엇이건 간에, 전략적 리더는 다른 사람에게 위임할 수 없는 의사결정 책임을 맡게 된다.[10] 전략적 리더십은 복잡하지만 매우 중요한 형태의 리더십이다. 효과적인 전

PATRIK STOLLARZ/Getty Images

티센크루프의 이사회 의장인 하인리히 히싱거가 주주들에게 신뢰의 중요성에 대해 말하고 있다.

략적 리더 없이는 평균 이상의 수익을 내기 위한 전략을 공식화하거나 실행하는 일이 이뤄지지 않는다.

전략적 리더로서 기업의 CEO는 다양한 과업에 관련되어 있는데 이런 과업들은 전략 경영 프로세스의 효과적인 사용과 밀접하게 연관되어 있다.[11] 티센크루프(ThyssenKrupp)는 독일 최대 철강 생산 회사의 지위를 오래도록 누려왔다. 하지만 티센크루프는 재무적 문제에 봉착하게 되었고, 기업의 성과를 향상시키기 위해 새 CEO가 영입되었는데, 기업의 구조를 재조정하고 당면한 문제점들을 해결하기 위해 영입된 사람은 공학박사인 하인리히 히싱어(Heinrich Hiesinger)였다. 독일의 대기업인 시멘스(Siemens)에서 근무했던 히싱거는 2011년 1월에 이사회 의장에 취임했다. 히싱거는 티센크루프에서 여러 가지 문제에 직면했다. 예를 들어, 티센크루프는 2011~2012년에 심각한 수준의 적자를 기록했고, 2013년도에도 약간의 적자를 기록했다. 2013년 3월에 일어난 감사역회 의장(supervisory chair)의 사직과 해당 책임자의 재직 동안 일어난 다수의 스캔들도 히싱거가 해결해야 할 문제였다. 히싱거가 다뤄야 했던 문제들은 전략적 리더의 업무가 얼마나 복잡하며, 이런 업무가 기업에 얼마나 큰 영향을 미치는지를 잘 보여주고 있다. 2014년에 회복된 티센크루프의 수익성은 2015년에도 계속 유지되고 있어 히싱거가 조직의 문제를 효과적으로 처리했음을 짐작할 수 있다.[12]

리더의 스타일과 기업의 문화가 종업원들의 생산성에 영향을 주는 경우가 많다. 티센크루프의 하인리히는 이런 현실에 대해 언급하면서, 티센크루프에서는 전관예우와 이들의 네트워크, 조직에 대한 맹목적인 충성심을 기업의 성공보다 더 중시하는 것을 리더십으로 이해하는 경향이 있었다고 말했다.[13] 히싱거는 기업의 이해관계자들로부터 신뢰를 얻기 위해 열심히 일했다.

최고 경영자가 구사하는 리더십 스타일은 매우 중요하다. 이런 리더의 스타일은 적어도 부분적으로는 리더의 개인적인 이념이나 경험에서 기인할 가능성이 크다.[14] 예를 들자면, 애플의 CEO인 팀 쿡은 자신의 이념에 근거하여 기업 내에서의 박애주의적인 여러 활동을 시작했고, 인종이나 성적 지향성, 성별에 의한 차별이 없어야 한다는 등의 사회적 이슈에 대한 발언을 하고 있다. 또한 책임과 권한을 다른 애플 리더십 팀원들에게 위임하고 실행 권한을 부여하고 있다. 이런 방법을 통해, 쿡은 (기업의 이해관계자와 사회에 대한 관심을 표명하는) 책임 있는 리더십(responsible leadership)으로 불리는 리더십의 형태를 보여주고 있다.[15] 쿡은 애플의 기업 문화를 지키기 위해서도 노력했지만, 직원의 관리 방법과 보다 넓은 범위에서의 기업의 초점을 확실히 바꾸는 데 많은 기여를 했다. 따라서 쿡의 스타일은 변혁적 리더십(transformational leadership)이기도 하다.

변혁적 리더십은 효과가 매우 큰 리더십 스타일 중의 하나이다. 변혁적 리더십은 추종자들이 자신들이 타인으로부터 받는 기대를 뛰어넘도록 동기를 부여하고, 지속적으로 추종자들의 능력의 질을 높이며, 기업의 이익을 자신들의 이해관계보다 중시하도록 한다.[16] 변혁적 리더는 기업을 위한 비전을 만들고 소통하며, 이런 비전을 달성하기 위한 전략을 공식화한다. 변혁적 리더는 추종자들에게 기업이 가치 있는 결과물을 만들어내어야 할 필요성에 대해 인식시키고, 보다 높은 수준의 성취를 추구하도록 꾸준히 격려한다.

변혁적 리더는 높은 품성과 진실성을 가져야 한다. 어떤 CEO는 품성에 대해 다음과 같이 이야기한 바 있다.

> "리더는 품성에 의해 형성되고 정의된다. 리더는 다른 사람들이 훌륭한 일을 하고 자신의 잠재력을 깨달을 수 있도록 영감을 불어넣어야 한다. 그 결과로 리더는 성공적이고 오래 지속되는 조직을 이룩하게 된다."[17]

여기에 더해 변혁적 리더는 감성적 지능을 가져야 한다. 감성 지능이 있는 리더는 스스로를 이해하고, 강하게 동기부여가 되어 있으며, 다른 이들에게 공감하고, 효과적인 대인 관계 기술을 가지고 있다.[18] 이런 특성들로 인해 변혁적 리더는 기업의 혁신을 촉진하고 양성시킨다.[19]

12-2 최고 경영자의 역할

최고 경영자는 전략적 행동이나 경쟁자들의 행동에 대해 적시에 반응하는 등 여러 가지 의사결정을 해야 한다(5장 참조). 최고 경영자는 기업의 전략을 선택 및 실행하기 위한 여러 가지 결정을 한다.

전략 경영 프로세스를 이용한 의사결정을 할 때, 최고 경영자는 본인의 재량에 따라 결정하는 경우가 많다.[20] 경영상의 재량권은 산업에 따라 크게 다르지만, 최고 경영자의 결정 재량권을 결정하는 주된 요소는 다음과 같다.

1. 외부 환경 요소(산업 구조, 해당 산업의 성장률, 제품의 특화 정도)
2. 기업의 특성(기업의 규모, 존속 기간, 자원 및 문화)
3. 경영자의 특성(기업 및 전략적 성과에의 헌신, 불확실한 상황에 대한 인내, 다른 사람과 함께 근무하기 위한 기술, 열정)

전략적 리더의 결정은 기업이 경쟁자들보다 뛰어난 성과를 얻을 수 있도록 이뤄져야 하므로, 경영자가 어떤 결정을 할 때 재량을 어떻게 행사하는지가 기업의 성공[21]과 기업 문화 형성에 큰 영향을 준다.

기업이 효과적으로 전략 경영 프로세스를 이용하고 있는가를 검증하는 데 있어 최고 경영자의 역할은 복잡하고도 도전적인 과제이다. 그렇기 때문에 보통 고위 경영자 단독보다는 최고 경영진에 의해 이런 결정이 이뤄지게 된다.[22]

12-2a 최고 경영진

최고 경영진(top management team)은 기업이 전략 경영 프로세스를 이행하도록 하는 데 책임이 있는 사람들의 집합으로, 특히 전략 경영 프로세스에서 전략의 선택 및 실행을 담당하는 사람들을 말한다. 일반적으로 최고 경영진에는 부사장(vice president)과 같은 직함을 가진 중역이

최고 경영진은 기업이 전략 경영 프로세스를 이행하도록 하는 데 책임이 있는 사람들의 집합으로, 특히 전략 경영 프로세스에서 전략의 선택 및 실행을 담당한다.

그림 12-2 경영상의 재량권에 영향을 주는 요소

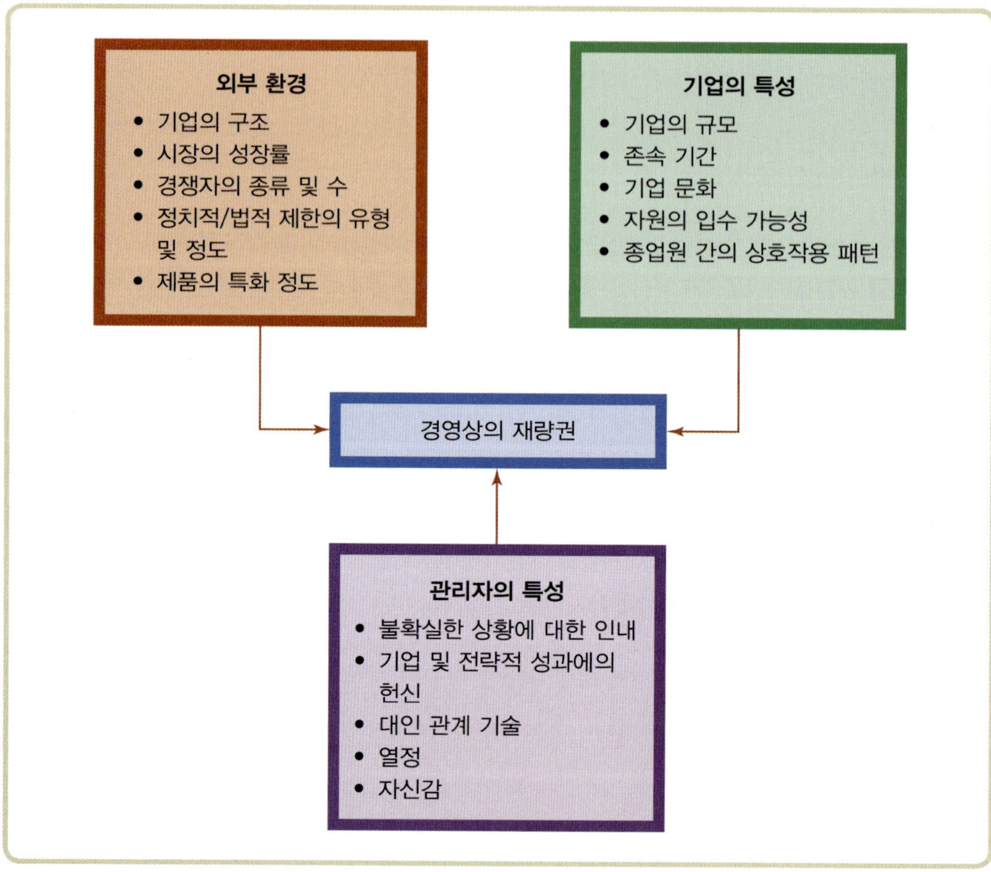

출처: Adapted from S. Finkelstein & D C. Hambrick, 1996, *Strategic Leadership: Top Executives and Their Effects on Organizations*, St. Paul, MN: West Publishing Company.

나 이사회 임원이 포함된다.[23] 최고 경영진이 내리는 결정이 기업의 혁신 능력과 평균 이상의 수익을 내기 위한 방법을 변경하는 데 가장 큰 영향을 준다.[24]

앞에서 언급되었듯이 대부분의 조직이 직면하고 있는 문제들의 복잡성 때문에 대부분의 기업은 고위 경영자의 단독 경영보다 경영진에 의한 전략적 리더십을 필요로 한다. 기업이 어떻게 시장에서 경쟁해나갈 것인가에 대한 팀 단위의 결정은, CEO 혼자만의 독단적인 결정보다 실수를 줄일 수 있는 방법이기도 하다. 연구 결과에 의하면 CEO가 선택적으로 언론의 희망적인 이야기만을 믿기 시작하고, 자신이 실수할 가능성이 거의 없다고 느끼는 경우, 그들이 내리는 의사결정의 질이 악화된다는 사실을 보여준다.[25] 최고 경영자는 자기 확신을 가져야 하지만 이런 자기 확신이 오만이나 자신이 무적이라는 잘못된 믿음으로 변하지 않도록 스스로 감시해야 한다.[26] 기업은 CEO가 과신이나 잘못된 결정을 내리는 것을 막기 위해 최고 경영진을 이용하여 전략 경영 프로세스에 필요한 결정을 내리도록 하는 경우가 많다.

최고 경영진, 기업의 성과, 전략적 변화

최고 경영자의 업무는 매우 복잡하므로, 기업의 내부 조직(3장 참조)에 대한 폭넓은 이해와 함께 기업의 세 가지 외부적 환경(일반 환경, 산업 환경, 경쟁자 환경, 2장 참조)에 대한 지식

이 필요하다. 따라서 기업은 내부 조직을 운영하기 위한 지식 및 전문성이 있고, 이해관계자와 경쟁업체들에게 적절히 대응할 수 있는 최고 경영진을 구성하려고 한다.[27] 또한 최고 경영진은 구성원의 전문성을 잘 활용할 수 있는 방식으로 구성되어야 한다.[28] 이를 위해서는 보통 최고 경영진을 이질적으로 구성하게 된다. **이질적 최고 경영진**(heterogeneous top management team)은 다양한 기능적 배경과 경험, 교육을 가진 사람들로 이뤄지는데, 대부분의 기업이 세계화 시대에 국제 시장에서 경쟁을 해야 하므로, 바람직한 최고 경영진을 구성할 때 국제적인 경험이 있는 사람을 포함시키는 것이 점점 더 중요해지고 있다.[29]

이질적 최고 경영진은 다양한 기능적 배경과 경험, 교육을 가진 사람들로 이루어진다.

여러 연구 결과가 각기 다른 성향의 이질적인 인원으로 구성된 최고 경영진의 구성원은 서로 다른 관점을 가지고 사안을 논의함으로써 동질적인 경영진에 비해 장점이 있음을 보여준다.[30] 많은 경우 이런 식의 논의와 논의에 따른 논쟁들이 의사결정의 질을 높이는 데 도움이 된다. 이는 특히 팀이 서로 다른 관점들을 평가한 다음 팀 내에서 통합된 의견을 도출해낼 수 있을 경우 그러하다.[31] 사실상 최고 경영진의 구성원은 서로에게 배움으로써 보다 나은 결정을 할 수 있게 된다.[32] 결과적으로 이렇게 얻어진 양질의 의사결정은 보다 확실한 기업 실적으로 이어진다.[33]

구성의 이질성 외에 최고 경영진의 업무 효율에 영향을 주는 것은, 경영진이 화합하여 일할 때 얻어지는 가치(value)이다. 일반적으로는 경영진의 규모가 커지고, 이질성이 커질수록 서로 화합하여 기업의 전략을 효과적으로 추진하기가 어려워진다.[34] 배경과 인지 기술(cognitive skill)이 서로 다른 최고 경영자 사이에서 소통의 문제가 있는 경우에는 전략을 수행하는 데 부정적인 영향을 준다는 연구 결과가 있다는 점에 유의할 필요가 있다.[35] 결과적으로, 다양한 출신 배경을 지닌 고위 간부들을 제대로 관리하지 않는다면 의사결정 절차가 저해될 수 있다. 이런 경우 최고 경영진이 다가올 위험과 기회에 대해 포괄적으로 검토하지 못해 최적의 의사결정을 내리지 못할 수도 있다. 따라서 CEO는 팀 구성원 간의 행위 통합(behavioral integration)을 이루도록 노력해야 한다.[36]

실질적인 전문성을 가진 인재를 기업의 핵심 사업 부문에 포함하는 것 또한 최고 경영진의 효율성을 높이는 데 있어서 중요한 요소이다.[37] 특히 성장 전략을 취하고 있는 고도 기술 산업의 경우에는, 연구개발에 전문성이 있는 인력을 기업의 최고 경영진 중에 포함시키는 것이 중요하다. 하지만 의사결정에 그들이 미치는 궁극적인 영향은 경영진의 전문성 외에도 팀이 관리되는 방식 그리고 경영진이 결정을 내리는 전후 사정(기업의 경영 구조, 성과 보수 등)에도 영향을 미치게 된다.[38]

최고 경영진의 특성이나, CEO 및 다른 임원들의 성격 또한 혁신이나 전략적 변화와 연관되어 있다.[39] 예를 들어, 보다 이질적인 구성원으로 이뤄진 최고 경영진은 혁신이나 전략적 변화와 양에 상관 관계를 보이는데, 어느 정도의 이질성은 경영진의 구성원이 의사결정을 하고 행동을 취하는 데 있어 보다 창의적으로 생각할 수 있도록 영향을 주는 것으로 생각된다.[40]

따라서 자사의 전략을 바꿈으로써 이익을 얻을 수 있는 기업은 다양한 배경과 전문 지식을 지닌 최고 경영진을 구성하는 경우 이런 변화를 이루어낼 수 있는데, 이와 관련하여, 산업 외부에서 CEO가 영입된 경우, 동종 산업이나 기업 내부에서 CEO를 선택하는 것보다 전략적 변화의 확률이 더 높다는 근거가 발표되어 있다.[41] 새로운 CEO를 산업 외부에서 영입하는 것은 경영진에 다양성을 더해주지만, 중요한 이해관계자인 고객이나 직원 들과의 관계에 영향을 미칠 수 있다는 것을 고려해야 한다.[42] 앞서 언급했듯이, 우리는 CEO가, 기업의 능력과 핵심 역량에 따라 새로운 전략을 계획하고 이를 실행하기 위한 기반으로 기업의 강점과 주변 환경 변화에 따른 기회를 일치시키는 등의 변혁적 리더십이 전략적 변화에 갖는 가치를 강조하고자 한다.[43]

CEO와 최고 경영진의 권한

10장에서는 이사회가 기업의 전략적 방향을 모니터링하고, 이해관계자, 특히 주주의 이익을 대변하기 위한 중요한 지배 구조 메커니즘(governance mechanism)이라는 점을 살펴본 바 있다. 실제로, 이사회가 기업의 전략적 방향을 구성하는 데 직접적으로 참여하는 경우, 높은 성과가 나타나는 것이 일반적이다.[44]

하지만 강력한 CEO나 최고 경영진이 있는 경우, 이사회가 이들에게 의사결정 내용을 알리고 행동으로 연결시키는 일이 쉽지만은 않다.[45] 강력한 CEO는 이사회 밖에 자신에게 동조하는 직원을 임명하거나, 최고 경영진에 속하는 이사회 임원 중 자신에게 보고를 하는 사람을 만들어두는 경우가 많다.[46] 두 경우 모두, CEO는 이사회 임명 등의 행위에 중대한 영향을 미칠 수 있다. 따라서 결정권을 행사하는 데 있어서 CEO의 재량권은 이사회 및 이사회가 CEO 및 다른 최고 경영진에게 허락된 결정 허용 범위와 관련되어 있다.[47]

CEO와 최고 경영진은 다른 방법으로도 권력을 성취할 수 있는데, 예를 들면, 이사회의 의장을 맡고 있는 CEO는 그렇지 않은 경우보다 보통 더 많은 권력을 갖게 된다.[48] 일부 기업 분석가나 시민 단체들은 이런 CEO 겸직(CEO duality)(CEO가 CEO 직위와 이사회 의장직을 동시에 가지고 있는 경우)을 비난하는데, 이러한 경우에 이사회가 CEO나 최고 경영진에 대한 모니터링을 느슨하게 하게 되어 기업의 성과가 떨어지거나, 변화에 대한 대응이 늦어질 수 있기 때문이다.[49]

산업 간에 다소의 차이는 있지만, CEO의 겸직은 보통 대기업에서 흔하게 나타난다. 이해관계자의 참여가 확대됨에 따라 CEO 겸직 상태는 미국이나 유럽의 기업에서는 비판의 대상이 되고 있다. 이 점과 관련하여 이 책의 10장에서 다수의 기업 분석가, 규제자 및 기업의 이사들이, CEO 겸직이 없는 독립적인 리더십 구조의 이사회가 최고 경영진의 결정과 행동, 경제적 성과 등을 모니터링하는 데 있어 전반적으로 긍정적인 효과를 보일 수 있다고 언급한 바 있다. 하지만 CEO 겸직이 기업의 성과, 특히 재무적 성과에 미치는 영향에 대해서는 아직 결론이 나지 않은 상태이다.[50] 그럼에도 불구하고, 최근 나온 연구 결과들은 일부 기업이 CEO와 이사회 의장직을 분리하기 시작했다는 점을 보여준다.[51] 이러한 리더십 구조의 분리는 부분적으로는 부진한 성과 때문이지만 모든 경우가 그런 것은 아니다. 경험 많은 이사회 의장이 신임 CEO를 멘토링하며 일정 기간 도제식 수업을 받을 수 있게 하기 위한 경우도 있다.[52] 따라서 기업의 성과에 CEO 겸직이 미치는 영향을 분석하고자 할 때는 반드시 상황을 감안한 분석이 필요하다. 예를 들어, 대형 공공 기업이라고 하더라도, 한 가족이 주된 소유권을 가지고 있는 경우에는, 최고 경영진 간에도 권력 격차가 발생하기도 한다. 이런 경우 고위 관리자가 그 가족의 일원인 경우에, 경영진 간에 권력 분산이 잘 이뤄지지 않은 경우라면, 해당 관리자는 특별한 형태의 권력을 가지게 될 가능성이 크고, 이런 권력은 갈등을 초래할 수 있다.[53]

최고 경영진과 재임 기간이 많이 남아 있는 CEO는 이사회의 결정에 보다 큰 영향을 미칠 수 있다. 일반적으로 긴 재임 기간은 중역의 지식 기반을 제한하는 경향이 있다. 제한적인 지식 기반은 한정된 관점으로 연결되고, 이런 한정된 관점에 빠진 장기 재임 중역은 전략적 의사결정을 할 때 만들어내는 대안의 수가 적어진다는 일부 연구 보고도 있다.[54] 반면에 장기 재임 중역은 보다 효과적인 전략적 통제(strategic control)를 발휘함으로써 이사회 임원이 개입해야 할 필요성을 없앨 수 있는데, 이는 효과적인 전략적 통제는 보통 더 높은 성과로 이어지기 때문이다.[55] 흥미롭게도 "짧은 재임 기간으로 인한 손해가 장점보다 많은 것으로 생각되는 반면, 장기 재임으로 인한 장점 – 각 기업에 특유한 인적·사회적 자본, 지식과 권력 – 은 경직성이나 현상 유지에 따른 불이익을 상회하는 것으로 보인다."[56] 일반적으로 CEO의 재임 기간과 기업의 성과 사이의 상관 관계는 매우 복잡하므로,[57] 이사회가 기업의 성과를 높이기 위해서는 반드시 이사회와 최고 경영진 간에 효과적인 업무 관계를 구축해야 한다.

상황을 보아 대처해야 할 또 다른 미묘한 경우로는, CEO가 기업 자산에 대해 청지기(steward)처럼 행동하는 경우가 있다. 이런 경우에는, CEO와 이사회 의장직을 겸임함으로써, 이해관계자에게 도움이 되는 의사결정과 결정된 사항의 실행이 원활하게 된다. 이 바탕에 깔린 논리는, 기업의 자산에 대해 최선의 청지기가 되고자 하는 CEO는, CEO 겸직 상태를 통해 효율성을 얻을 수 있다는 것이다.[58] 이에 더해 이런 사람의 긍정적인 오리엔테이션과 행동을 통해, 독립된 이사회 구조를 유지하는 데 필요한 운영 및 조율을 위한 노력이 불필요해지는 효과가 있을 수 있다.[59]

요약하면 이사회와 최고 경영진이 가지는 상대적인 권력의 정도는 반드시 각 기업의 상황에 따라 검토해보아야 한다. 예를 들어, 기업 외부 환경에 충분한 자원이 있지만 환경이 급변하고 있다면 이런 상황은 이사회와 최고 경영진 사이의 이상적인 권력 분배 비율에 영향을 줄 수 있다. 더욱이 변동이 심하고 불안한 환경은 강력한 CEO가 보다 빠른 행보를 보이는 상황으로 이어지기 쉽다. 이와 같은 경우, 다양한 최고 경영진에서 팀 구성원 사이의 응집력은 보다 떨어지고, 적시에 적절한 의사결정을 하기가 힘들어지거나, 의사결정 자체를 막는 경우로까지 이어질 수 있다. 최종적으로 이사회와 CEO, 최고 경영진 간에 효과적인 업무 관계를 갖추는 것이 기업과 연관된 이해관계자의 이익을 최대한 확보할 수 있는 결정이 이뤄질 수 있는 기반이 된다.[60]

12-3 경영 승계

고위 경영자, 특히 CEO를 결정하는 것은 기업의 성과에 큰 영향을 미치는 중대한 결정이다.[61] 10장에서 논의했듯이, CEO를 선임하는 것은 이사회 임원 중 기업 이해관계자들의 이익을 가장 잘 대변할 수 있는 가장 중요한 책임을 지는 이사회 임원을 선출하는 일이다. 많은 기업에서는 CEO를 뽑을 때 리더십 선별 시스템을 이용하여 전략적 리더십 측면의 잠재성을 평가하거나, CEO 직위에 어울리는 자격 조건을 가지고 있는가에 대한 선별 기준을 이용하곤 한다.

© Corepics VOF/Shutterstock.com
리더십 훈련 프로그램에 참여하고 있는 관리자들.

이런 선별 시스템은 기업 내의 인물 평가를 할 때 가장 효과적이지만, 다른 기업의 전략적 리더를 평가할 때도 중요한 정보를 얻을 수 있다.[62] 이런 평가 결과를 기초로 하여, 전략적 리더로서의 잠재력을 지닌 사람들을 미리 선별함과 동시에, 기술을 연마할 수 있도록 교육 및 개발 프로그램을 제공한다.

많은 기업이 양질의 리더십 프로그램을 운용하고 있는데, 이런 기업에는 P&G, GE, IBM, 다우케미컬 등이 있다. 예를 들어, P&G는 전사에 걸쳐 현 직위보다 높은 직위로 승진할 준비가 된 인재들을 갖추고 있다고 알려져 있다. 글로벌하게 전사적 차원에서 인재를 경영함으로써, P&G는 지속적으로 기업의 모든 레벨에 있는 리더들에게 의미 있는 업무와 상당한 책임을 부여하며 직원들의 능력을 개발하고 있다. GE의 뛰어난 리더십 프로그램의 가치와 효율성은 많은 기업이 GE에서 리더십 훈련을 받은 능력 있는 인재를 영입하고 있다는 점에서 프로그램의 가치를 알 수 있다.[63]

양질의 리더십 프로그램이 만들어낼 수 있는 가치에도 불구하고, 많은 기업이 최고 경영진이나 핵심적인 리더의 직위(예: 부서장department heads, 부처장section heads)에 있는 직원들에 대한 교육이나 직위 승계 프로그램을 제공하지 않고 있다. 미국에서 사업을 하고 있는 가족 소유 기업을 대상으로 한 최근의 연구를 보면, 41%만이 유사시 리더십 승계 계획(leadership contingency plans)을 가지고 있고, 나머지 49%는 "경영상의 변동이 생겨 이런 계획이 필요해질 때만 승계 계획을 검토한다"라고 답변했다.[64] 아시아, 유럽, 라틴아메리카의 가족 소유 기업을 대상으로 한 보다 넓은 규모의 연구에서도 유사한 결과가 나타났으며, 큰 성공을 거둔 기업만이 CEO 승계 절차의 중요성에 대해 명확히 이해하고 있었다. 연구에 참여한 기업의 44%에서, 이사회가 CEO 승계 절차를 담당하고 있었다.[65] 최근의 연구에서 "34개국에 걸친 45%의 중역만이 CEO 승계 계획을 수행하기 위한 절차를 가지고 있는"것으로 나타났다.[66] 하지만 기업의 전략 경영 프로세스를 이용하기 위한 연속성은 효과적인 승계 계획과 절차가 확립되어 있지 않다면 달성하기 어렵다.

내부 관리자 노동 시장은 기업 내의 채워야 하는 관리직 자리와 그 자리에 대한 자격을 갖춘 기업 내 인력으로 구성된다.

외부 관리자 노동 시장은 경력 개발 기회를 가진 관리직 자리와 자격을 갖춘 외부 인재로 구성된다.

조직이 전략적 리더나 경영자를 채용할 수 있는 관리자 인력 시장에는 내부와 외부 두 가지 종류가 있다.[67] **내부 관리자 노동 시장**(internal managerial labor market)은 기업 내의 채워야 하는 관리직 자리와 그 자리에 대한 자격을 갖춘 기업 내 인력으로 구성된다. **외부 관리자 노동 시장**(external managerial labor market)은 경력 개발 기회를 가진 관리직 자리와 자격을 갖춘 외부 인재로 구성된다.

직원들은 새 CEO나 최고 경영진을 고를 때, 내부 관리자 노동 시장을 통해 고르기를 원하는 것이 일반적이다. 연구를 통한 근거도 이런 경우가 많다는 걸 보여주는데, 포춘 500에 속하는 대기업의 새 CEO중 66%가 내부 승진을 통한 경우였고, 이런 CEO의 해당 기업에서의 재임기간 평균은 12.8년이었다.[68] 이 장의 도입사례에서 언급된 팀 쿡도 스티브 잡스의 뒤를 이어 내부 승진한 사례이다.

CEO를 내부에서 고르는 것에는 몇 가지 장점이 있는데, 이런 장점에는 새 CEO가 기업의 현재 미션, 비전 및 전략을 실행하기 위해 지속적으로 몰입한다는 점 외에 새 CEO는 기업과 시장 상황에 많은 경험을 가지고 있으므로, 기업이 만드는 제품, 시장, 기술 및 운영 절차에 대해 익숙하다는 장점이 있다. 또 다른 장점으로 각 기업에 특유한 지식 및 기술을 익히고 있는 인원들에 대한 조직 개편 범위가 적어진다는 점도 있다. 요약하자면, 기업 내부에서 선출된 CEO는 다음과 같은 장점을 가지고 있다.

1. 기업의 인적자원과 그들의 역량에 대한 이해
2. 기업의 문화와 연관된 핵심 가치에 대한 이해
3. 기업의 핵심 역량에 대한 깊은 지식 및 새로운 핵심 역량을 개발할 수 있는 능력
4. 기업 내부에서 해야 할 것과 하지 말아야 할 것에 대한 "감(feel)"[69]

위에서 본 것과 같이 CEO를 내부에서 선임하는 것에 대한 합리적인 이유가 있을 수 있지만, 다음과 같은 경우에는 이사회에서 외부 출신 CEO 영입을 선호할 수 있다.

1. 혁신을 위한 능력을 강화해야 할 기업의 필요가 있는 경우
2. 부진한 성과를 반전시키기 위한 기업의 필요가 있는 경우
3. 기업이 속해 있는 산업 환경이 급격한 성장을 보이는 경우
4. 전략적 변화가 필요한 경우[70]

전체적으로 볼 때, 기업의 새 CEO를 내부와 외부 중 어느 곳 에서 고르는가는 그 기업이 무엇을 기대하는가에 달려있다. 즉, 이사회가 새 CEO나 최고 경영진에게 무엇을 성취할 것을 바라는가의 문제이다. 〈그림 12-3〉에 고용 시장에 따른 CEO 승계와 최고 경영진의 구성이 전략과 상호작용하는 영향을 정리하였다. 예를 들면, 최고 경영진이 동질적(구성원들이 업무상 경력이나 교육 배경이 유사한 경우)이고, 새로운 CEO가 기업 내부에서 선임된 경우라면 현재의 기업 전략이 바뀔 가능성은 낮다. 만약 기업의 성과가 절대적 기준이나 상대적 기준으로 볼 때 좋다면, 현재 전략을 유지하는 것이 이사회에서 원하는 행동일 것이다. 다른 예를 보면, CEO가 기업 외부에서 선임되고 최고 경영진이 이질적으로 구성된 경우라면 기업의 전략이 변경될 가

그림 12-3 CEO 승계와 최고 경영진 구성이 전략에 미치는 영향

최고 경영진의 구성 \ 고용 시장: CEO 승계	내부 CEO 승계	외부 CEO 승계
동질적	안정된 전략	모호함: 최고 경영진이나 전략의 변동이 있을 수 있음
이질적	혁신을 동반한 안정된 전략	전략적 변화

능성이 높다. 이런 조합은 기업의 성과가 떨어지는 경우 이사회가 선호하는 방향일 것이다. 신임 CEO가 기업 내부 출신이고 이질적으로 구성된 최고 경영진이 구성되어 있을 때라면 전략은 변하지 않겠지만 혁신은 지속될 가능성이 있다. CEO가 외부에서 영입되고, 동질적 최고 경영진이 구성되어 있는 경우라면 상황은 보다 모호해진다. 외부 CEO가 큰 변화를 불러오는 경우 업무 성과가 향상되는 경우가 많긴 하지만, 외부자에 의한 커다란 전략적 변화는 업무 성과의 저하와 연관되는 경우가 있다.[71] 요약하면, 기업의 이사회는 신규 CEO를 내부와 외부 시장 중 어디에서 영입할지를 고민할 때, 〈그림 12-3〉에 나타난 통찰을 활용할 필요가 있다.

주로 기업에 승계 계획이 없거나, 새로운 CEO를 임명해야 할 긴급 상황이 발생했을 때 임시 CEO가 임명되며, 세계적으로도 이런 경향이 있다.[72] 임시 CEO는 대부분 기업 내부에서 선임된다. 이들은 기업 내부의 업무에 익숙하므로 당분간 "질서를 유지"하기 위한 임시 CEO의 임명 목적에 도움이 된다. 임시 CEO를 임명함으로써 얻어지는 효익은, 이사회가 내, 외부 노동시장을 통해 새로운 CEO 후보를 검증할 수 있는 충분한 시간을 확보하는 데 있다.

하지만 CEO를 교체하는 것이 항상 성공하는 것은 아니다. 일례로 일부 일본 기업은 전략적 변화를 촉진하기 위해 외국인 CEO를 영입한 바 있다. 하지만 기업 내의 다른 관리자나 직원들의 인정을 받지 못한 외국인 CEO는 효과적으로 변화를 수행할 수 없었다. 이에 외국인 CEO를 고용하고자 하는 대부분의 일본 기업은 일본의 기업 문화나 업무 관행을 이해하고 있는 일본에서의 근무 경험이 있는 CEO를 구하게 되었다.[73] 또한 새로운 기업을 인수합병할 때 해당 기업의 중역을 계속 고용하는 것이 일반적으로 중요한 것으로 나타났는데, 그렇지 않은 경우 대개 새로 인수된 기업을 모기업에 통합하는 것이 어려워졌다. 그리고 인수되는 기업의 중역들은 가치 있는 경험과 능력을 가지고 있는 경우가 많아, 이들을 해고한다면 그런 경험이 사라지게 된다. 따라서 이런 임원들의 이직은 인수를 시도한 기업 입장에서 보면 인수된 기업의 가치를 떨어뜨리는 일이 된다.[74]

CEO 외의 최고 경영진의 변화 또한 중요하다. 이런 변화는 유망한 관리자가 다른 기업으로 스카우트될 때 주로 발생하는데, 애플의 안젤라 아렌트가 소매업 분야를 담당하기 위해 영입된 것이 이런 사례이다. 이 장의 도입사례에서 살펴보았듯이 아렌트를 애플에 영입하기 위해 매우 매력적인 보상 조건(compensation package)이 제공되었다. 애플과 아렌트의 사례에서 보듯이 중요한 직위에 높은 성과를 보이는 관리자를 영입하는 것은 기업이 능력을 향상시키는 데 도움이 된다. 반면 일부 관리자는 자신이 맡고 있는 업무에서의 성과가 낮기 때문에 해고되는데,[75] 애플의 소매 분야를 담당하고 있던 아렌트의 전임자가 이런 경우이다. 구글이 2015년에 CFO를 변경한 것은 업무 성과가 문제되었기 때문이 아니었다. 당시 구글의 CFO를 맡고 있던 패트릭 피체트(Patrick Pichette)는 7년 후에 퇴임할 계획이라고 발표했다. 그는 가족과 보다 많은 시간을 갖고, 일과 가족 간의 균형을 확보하고 싶어했다. 피체트의 부인도 은퇴 후 함께 여행을 다니는 계획을 지지했다. 그의 후임자는 모건 스탠리에서 CFO직을 맡았던 루스 포라트(Ruth Porat)였다.[76]

Helga Esteb/Shutterstock.com

하워드 스트링거(Howard Stringer) 경은 일본 소니(Sony)의 최초 외국인 CEO이다.

앞에서 논의했듯이 CEO 직위의 승계는 기업에서 매우 중요한 일이다. **전략 포커스**에서 언급된 GM의 메리 바라 사례는 CEO의 선택의 중요성을 보여준다. 내부 승진에

전략 포커스

커다란 시련: GM의 CEO 승계 과정

2013년 말, GM(General Motors)이 심한 비판의 대상이 되고 있었을 때 GM의 CEO인 댄 애커슨(Dan Akerson)은 예정된 것보다 일찍 은퇴하겠다는 계획을 밝혔다. 원래의 퇴임 계획은 2014년 말이었으나, 부인이 큰 병을 앓고 있다는 것을 알게 되자 애커슨은 조기 퇴임을 결정하였다. 애커슨의 후임으로는 매리 바라(Mary Barra)가 선임되었다. 바라는 세계의 주요 자동차 제조업체 중 첫 여성 CEO였는데, 남성 위주 산업이었던 자동차 업계의 '유리천장'을 깬 사례라 할 것이다. 바라는 GM에서 계속 근무하여 왔기 때문에 내부 승진된 CEO이다.

바라는 낡은 구조와 기업 경영 시스템에 변화를 주느라 분주했다. 일례로, 수년간 GM은 새로운 제품 하나당 세 명의 수석 엔지니어를 두었는데, 이는 가외의 시간과 조율 비용이 들어가는 비효율적인 구조였다. 바라는 새로 개발되는 차량 프로젝트마다 한 명의 수석 엔지니어만을 두겠다고 밝혔다. 하지만 비효율적인 구조 정도는 그녀가 마주치게 될 문제에 비하면 상대적으로 덜 중요한 문제에 불과했다. 바라는, GM에서 생산되는 차량의 점화스위치의 문제로 인해 사고, 부상 심지어 사망 사고까지도 일어날 수 있다는 점을 알게 되었다. 보다 큰 문제는 점화 스위치 문제가 수년 전부터 알려져 있던 문제였지만, 그때까지 해결을 위한 행동이나, 문제를 인정하는 태도가 없다는 점이었다. 바라가 이 문제를 알게 되었을 때, 그녀는 (비록 몇몇 사람은 충분히 빠르지 않았다고 생각하였으나) 신속한 조치를 취했다. GM은 이 문제를 인정하고 결함이 있는 점화 스위치 사고로 인해 사망한 사람들의 가족에게 배상을 제안하였다. 이에 더해, GM은 거의 3천만 대의 차량을 리콜해서 문제를 수정하였다. 하지만 이 사건은 공공 관계에서의 엄청난 악재였고, 바라는 이 문제에 대한 국회 청문회에서 증언을 해야 했다.

위와 같은 시정 조치 외에, 바라는 이런 문제가 향후에는 다시 발생하지 않도록 기업의 문화를 바꾸기 위한 노력을 기울였다. 그녀가 '커다란 시련'을 겪었다는 점이 GM 이사회에서 인정되어 바라의 2014년도 연봉은 1,620만 달러로 전임자보다 80%나 많았다. 바라의 도전은 계속되고 있다. 바라는 20%의 자산을 현재의 제품 라인을 개선하고 보다 나아진 전기 자동차를 개발하는 데 사용하고자 한다. 그러나 동시에 유럽과 라틴아메리카 시장에서 GM의 이윤이 감소하고 있는 문제도 해결해야 하는 과제가 남아 있다.

이런 문제점들에 개의치 않고, 바라는 생산직 노동자들에게 노조 협상에서 요구된 것보다 큰 폭의 2015년도 보너스를 지급함으로써 GM 직원들에게 커미트먼트하고 있음을 보여줬다. 그리고 2016년 말까지는 주주들에게 50억 달러의 배당금을 지급하겠다는 계획을 밝혔다. 또 같은 기간에 50억 달러 상당의 주식을 매입함으로써 GM의 주식가액 상황이 개선될 것을 기대하고 있다. 메리 바라는 GM의 CEO가 됨으로써 역사에 남을 만한 일을 했고, 아직도 남아 있는 커다란 여러 문제에 직면하고 있다. 바라는 커다란 시련을 견뎌내었으며, 미래에 대한 비전을 가지고 있다.

JEWEL SAMAD/AFP/Getty Images

GM의 CEO 마리 바라가 쉐보레 Volts를 소개하고 있다.

출처: G. Gardner, 2013, Dan Akerson leaves GM stronger than he found it, *Detroit Free Press*, www.freep.com, December 10; J. Jusko, 2014, CEO Mary Barra is driving culture change at General Motors, *IndustryWeek*, www.industryweek.com; 2014, Mary Barra General Motors, *European CEO*, www.europeanceo.com, November 27; B. Vlasic, 2015, General Motors chief pledges to move beyond recalls, *New York Times*, www.nytimes.com, January 8; C. M. Portillo, 2015, Let's take a peek at Mary Barra's 2015 to-do list at General Motors, *bizwomen*, www.bizjournals.com/bizwomen, January 14; B. Vlasic, 2015, Despite recalls, GM pays workers a big bonus, *New York Times*, www.nytimes.com, February 4; M. Lewis, 2015, GM's Barra bets she can deliver where predecessors fell short, *New York Times*, www.nytimes.com, March 9; R. Wright, 2015, GM disappoints as Europe and South America reverse, *Financial Times*, www.ft.com, April 23; J. D. Stoll, 2015, GM chief executive Mary Barra earned $16.2 million in 2014, *Wall Street Journal*, www.wsj.com, April 24.

의한 CEO였지만, 바라는 효율을 높이기 위한 몇 가지 변화(예: 신제품 개발을 담당하는 선임 엔지니어의 수를 세 명에서 한 명으로 축소)를 기업 문화의 변화로까지 연결시켰다. 기업 문화의 변화는 GM의 자동차에서 안전 문제를 일으켰던 점화 스위치 문제와 유사한 문제가 앞으로 생기지 않도록 하는 데 매우 중요하다. 바라는 GM의 신임 CEO로서 매우 좋은 선택을 했다. 다음으로는 유능한 전략적 리더가 기업이 전략 경영 프로세스를 이용하도록 하면서 보여주는 핵심 행동에 대해 논의할 것이다.

12-4 핵심 전략적 리더십 행동

효과적인 전략적 리더십에서 나타나는 특징적인 행동들의 예를 〈그림 12-4〉에 도시하였다. 대부분의 행동은 상호작용적인데, 예를 들자면, 기업의 자원을 효과적으로 관리하는 방법에는 인적 자본의 개발, 전략적 방향의 확보, 효과적인 문화의 육성, 핵심 역량의 개척, 균형 잡힌 조직 관리 시스템, 윤리적 업무 관행 확립 등이 있다. 유능한 전략적 리더는 각각의 핵심적인 전략적 리더십 행동에 관한 결정을 하여야 할 때 실용적인 선택지를 만들어낼 수 있다.[77]

12-4a 전략적 방향 결정

전략적 방향 결정은 기업의 비전과 이런 비전을 실현하기 위한 전략을 상세하게 풀어서 구술하는 과정이다.

전략적 방향 결정(determining strategic direction)은 기업의 비전과 이런 비전을 실현하기 위한 전략을 상세하게 풀어서 구술하는 과정이다.[78] 전략적 방침은, 전략적 리더가 약 3~5년 내에 마주칠 것으로 예상하는 상황(예: 기회 및 위기) 안에서 틀을 잡게 된다.

이상적인 장기 전략적 방향 설정은 두 가지 부분, 즉 핵심 이념과 미래의 비전으로 구성된다. 핵심 이념은 기업의 전통을 통해 직원들을 동기부여시키는 반면, 미래의 비전은 직원들을 자신이 성취할 수 있을 것으로 예상한 정도를 넘어서 성취하도록 격려하며, 달성하기 위해서는 중대한 변화와 성취를 필요로 한다.[79] 미래의 비전은 많은 측면에서 기업의 전략 실행 프로세스의 각종 측면(동기부여, 리더십, 권한의 위임, 조직 디자인)에 대한 지표 역할을 한다. 전략적 방침에는, 새로운 국제 시장에의 진입, 기업의 가치사슬에 새로운 공급자를 추가하기 등과 같은 활동이 포함된다.[80]

하지만 간혹 전략적 리더가 하는 일이, 기업이 비전을 이루기 위한 전략을 채택하는 데 적절하지 못한 경우가 있다. 이런 일은 최고 경영진, 특히 CEO가 현상 유지에 집착하는 경우에 발생하기 쉽다. 기업의 전략적 방침은 상당 기간 변화하지 않는 반면, 비전을 이루기 위해 전략을 실행하는 행동은 보다 유연해야만 하며, 이렇게 함으로써 기업은 외부 환경에서 예기치 못하게 떠오른 기회나 위협에 대처할 수 있는 것이다. 전략을 적절히 수정하지 못하는 일은

그림 12-4 효과적인 전략적 리더십의 실행

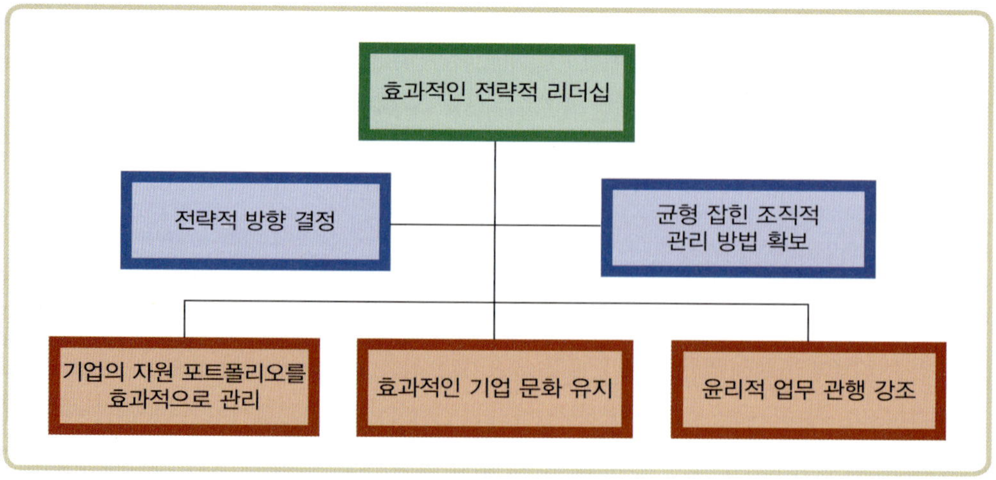

의사결정자가 위험한 행동이라고 규정한 일을 극구 피하려고 하는 경우에 흔하게 발생한다. 위험한 행동을 피하려고 하는 것은 과거에 좋은 성과를 보였던 기업이나 오래 자리를 지키고 있는 CEO에서 흔하게 나타나는 일이다.[81] 연구 결과를 보면, 외부의 경쟁 환경이 급변하고, 최선의 전략을 찾기가 어려울 경우에 일부 CEO는 변덕스러운 결정이나 심지어 양가감정적인(erratic or even ambivalent) 결정을 내리기도 한다.[82] 물론 이런 태도가 높은 성과를 낼 가능성은 낮으며, CEO 교체로 연결될 공산이 높다. 재미있는 점은 스톡옵션과 같은 인센티브형의 보상은 재능 있는 중역들이 최선의 전략을 찾는 것을 촉진함으로써 높은 성과를 달성한다는 연구 결과가 있다는 것이다. 하지만 재능이 부족한 중역들에게 제공된 인센티브는 낮은 성과를 보였다.[83]

위험을 피하는 유형의 CEO와는 반대로, 카리스마형 CEO는 새로운 비전과 전략적 방향을 향한 이해관계자의 몰입(commitment)을 촉진시킬 수 있다. 하지만 카리스마형 CEO의 지도하에서 새로운 전략적 방향으로 변화해 갈 때라도 기업 스스로의 강점과 약점에 대한 시야를 잃어서는 안 된다. 가장 효과적인 카리스마형 CEO는 기업의 핵심 역량이 허용하는 범위의 행동과 기업 문화와 부합하는 방향을 통해 기업을 이끌어간다.[84]

마지막으로, 두 종류의 서로 다른 문화가 혼합된 문화는 기업의 전략적 방향을 결정하고, 거기에 도달하기 위한 전략을 고르는 일을 촉진한다. 두 종류의 다른 문화가 섞여있다는 것은, 각각의 문화적 근원이 어디건 간에 전략적 리더가 전략의 실행을 위해 최선의 활동이 무엇인가를 찾는 데 전념한다는 것이다.[85] 두 종류의 다른 문화가 섞인 행동(ambicultural actions)은 장기적인 측면에서 비전을 이루기 위한 기초가 되는 기업의 단기적인 성공을 돕는다.[86]

12-4b 효과적인 기업의 자원 포트폴리오 관리

기업의 자원 포트폴리오를 효과적으로 관리하는 것 또한 매우 중요한 전략적 리더십 행동이다. 기업의 자원은 금융 자본, 인적 자본, 사회적 자본 및 조직 자본 등으로 나눠볼 수 있는데 조직 자본에는 조직 문화가 포함된다.[87]

금융 자본이 조직의 성공에 있어 핵심적인 부분이라는 점은 명백하며, 전략적 리더는 이런 현실을 잘 알고 있다.[88] 하지만 가장 성공적인 전략적 리더는 금융 자본에 못지않게 나머지 다른 자원들의 관리와 자원들 간의 통합(예: 금융 자본을 이용하여 기업의 인적자원에게 교육 기회를 제공)이 중요하다는 점을 인식하고 있다. 무엇보다 성공적인 전략적 리더는 기업의 자원 포트폴리오를 역량에 맞춰 조직하고, 이런 역량을 쉽게 이용할 수 있도록 기업을 구조화하며, 소비자를 위한 가치 창출을 할 수 있도록 역량을 중심화하고 극대화하는 전략을 채택한다.[89] 핵심 역량과 기업의 사회적 자본을 활용하고 유지하는 것은 이런 중요한 목표에 이르게 위한 행동이다.

핵심 역량의 활용과 유지

1장과 3장에서 살펴보았듯이, 핵심 역량은 기업이 상대 기업에 대해 가질 수 있는 경쟁 우위의 원천이다. 보통 핵심 역량은 조직의 기능(예: 제조, 금융, 마케팅 및 연구개발)에 연관된 기술과 관련이 있다. 전략적 리더는 전략을 선택할 때나 전략의 실행 시 강조되는 부분에 대해 기업의 핵심 역량이 잘 반영되어 있는가에 대해 확인할 필요가 있다. 예를 들어 애플은 디자인 능력을 강조하는 반면, 넷플릭스(Netflix)는 실물, 디지털 및 독창적 콘텐츠를 전달할 수 있는 자사의 역량에 집중하고 있다.[90]

핵심 역량은 기업이 경쟁사와의 경쟁 과정을 통해 얻은 결과에서 학습한 내용에 따라 시간이 지나면서 점점 발달하게 된다. 학습한 내용에 따라 기업은 자사가 하나 이상의 전략적 우위를 가질 수 있는 핵심 역량이 배양되어 사용되고 있는지를 지속적으로 검증하는 능력을 고쳐나가게 된다.

댄 애커슨은 2009년 7월에 GM의 CEO로 선임되었는데, 이때는 GM이 세계적인 경쟁 회사들과 성공적으로 경쟁하여 살아남을 수 있도록 하기 위한 탈바꿈이 필요한 시점이었다. 애커슨이 내린 최초의 결정은 기술 개발과 마케팅 분야, 그 중에서도 고객 서비스 분야에서 새로운 역량을 개발하도록 자원을 배분하는 것이었다. 애커슨은 GM의 실적이 호전되는 데 일조했고, 파산으로부터 구했으며, 핵심 역량의 질을 높이기 위해 노력하였다. 그 이후 **전략 포커스**에서 설명했듯이 매리 바라는 GM의 문화를 바꾸고 있으며, GM의 효율을 높이기 위해 노력하고 있다. 여기에 더해 바라는 인적 자본의 신뢰를 얻고자 하는 노력(예: 생산직 노동자들에게 특별 보너스를 지급하는 등)을 보임으로써 자신의 기업 내부에서의 사회적 자본을 쌓아가고 있다. 튼튼한 인적 자본 및 사회적 자본은 GM이 강한 핵심 경쟁력을 개발, 유지하는 데 있어서 중요한 요소이다. 다음 부분에서 살펴보겠지만, 인적 자본 및 사회적 자본은 기업의 성공에 있어 필수적이다. 이렇듯 GM은 성과를 향상시키기 위해서 지속적으로 노력해왔다. 인적 자본의 중요성을 한 마디로 하자면 인적 자본이라는 자원을 통해 핵심 역량이 만들어지고, 이용된다는 점을 들면 충분하다.

인적 자본 및 사회적 자본 개발하기

인적 자본이란 기업에 속한 모든 직원의 지식과 기술을 말한다. 인적 자본의 관점에서, 직원은 지속적으로 투자를 필요로 하는 가장 중요한 자원이다.

인적 자본(human capital)이란 기업에 속한 모든 직원의 지식과 기술을 말한다. 인적 자본의 관점에서, 직원은 지속적으로 투자를 필요로 하는 가장 중요한 자원이다.[91]

재능 있는 인적 자본을 영입하고, 이런 직원을 개발하는 것은 긍정적인 결과를 낼 가능성이 높다. 이렇게 되는 가장 중요한 이유는 많은 국제적 기업(예: 자동차 산업)뿐 아니라 내수 기업(예: 이탈리아의 피혁, 구두 제조업체)에서도 개인의 지식과 기술이 기업의 성공에 핵심적인 요소라는 것이 밝혀지고 있기 때문이다. 이런 사실은 "경쟁이 가속화되는 상황에서, 인적 자본만이 아마도 유일하게 경쟁적 우위를 유지할 수 있게 하는 지속 가능 자원이다"라는 말의 뜻을 보여준다.[92] 크건 작건, 생긴지 얼마 되지 않았건 오래되었건 간에, 모든 조직에서 인적 자본의 중요성이 커지고 있다는 사실은 기업의 인적 자본 관리 기능이 중요하다는 점을 보여준다.[93] 3장에서 보았듯이 인적 자본 관리는 기업이 가치를 창출하기 위한 지원 기능 중의 하나이며, 기업의 전략 선택이나 수행이 원활하게 이뤄지도록 하는 역할도 한다.[94]

효과적인 교육 및 훈련 프로그램은 기업의 인적 자본 중에서 유능한 전략적 리더가 나올 가능성을 높여준다. 효과적인 프로그램과 기업의 성공과의 연관성은 점점 더 강해지고 있는데, 이는 이런 프로그램을 이수하면서 얻은 지식이 기업의 경쟁 우위를 확보하고, 지속해가는 데 있어 핵심적인 역할을 하기 때문이다.[95] 또한 이런 프로그램은 인적 자본의 지식과 기술을 확립하는 것 이외에, 공통되는 핵심 가치를 주입하고, 기업에 대한 체계적인 관점을 제공함으로써 비전의 형성과 효과적인 기업 문화의 형성을 촉진한다.

효과적인 교육 및 훈련 프로그램은 핵심 역량을 만들어내려는 기업의 노력에 긍정적인 역할을 한다.[96] 또한 이런 프로그램은 전략적 리더가 효과적인 전략적 리더십을 수행하기 위한 과업(예: 기업의 전략적 방침 설정, 기업의 핵심 역량 활용과 유지, 윤리적 관행을 지원하는 기업 문화 개발)을 행하는 데 필수적인 기술을 향상시키는 것을 돕는다. 따라서 인적 자본을 확립하는 것은 전략적 리더십의 효과적인 실천을 위해 반드시 필요하다.

양질의 훈련이나 개발 프로그램을 제공하는 등의 인적 자본 투자가 성공한다면, 지속적 학습이 가능한 인력을 확보할 수 있다. 이렇게 확장되는 기업의 지식 기반에 대한 학습을 지속하는 것은 전략적 성공으로 이어지기 때문에 매우 중요한 결과라고 할 수 있다.[97]

학습은 오류를 방지할 수도 있다. 전략적 리더는 성공보다 실패에서 더 많은 것을 배울 수 있는데, 리더들이 간혹 성공을 위한 원인을 잘못 추정할 수 있기 때문이다.[98] 예를 들면, 어떤 접근 방법이나 지식의 효과는 특정 상황에서만 나타날 수 있기 때문이다. 따라서 어떤 "최선의 행동(best practices)"이 모든 상황에서 통용되지는 않는다. 팀을 통해 결정을 내리는 것이 효과적인 경우도 있지만, 금융 위기처럼 빠른 결정 및 실행이 필요한 때는 리더가 단독으로 결정을 내리는 것이 더 나을 수 있다.[99] 그렇기 때문에 뛰어난 전략적 리더는 기업이 전략적 관리 프로세스를 이용하면서 성공뿐 아니라 실패로부터 배우는 것이 중요하다는 것을 인식하고 있다. 전략적 관리 프로세스를 효과적으로 이용하기 위해 최고 경영진을 다양하게 구성하는 경향이 나타나고 있다.[100]

어려운 상황에 처했을 때, 기업은 인적 자본의 일부를 휴직 처리할 수 있는데 이런 결정은 기업이 보유한 지식의 손실로 이어진다. 연구 결과, 어느 정도 규모의 휴직 조치는 단기적으로 기업의 성과를 향상시키지만, 대규모의 휴직은 인적 자본의 손실로 인해 커다란 성과 하락을 일으킨다는 점을 볼 수 있다.[101] 구조 조정을 하면서 기업의 교육 및 훈련 프로그램에 대한 투자를 줄이는 일이 드물지 않지만, 구조 조정 기간이야말로 이런 교육 프로그램에의 투자를 늘릴 수 있는 기회가 될 수 있다. 구조 조정 중인 기업은 느슨하거나 보통 때만큼의 실수를 받아들일 수 없고, 구조 조정 후에 남은 직원들은 자신의 위치에서 가치를 창출하기 위한 지식이나 기술을 전부 갖추고 있지 않을 수 있기 때문이다.

직원을 최소화해야 할 비용으로 보지 않고, 최대화해야 할 자원으로 간주하는 관점은 기업 전략의 원활한 실행을 돕는데, 이렇게 함으로써 전략적 리더가, 해고를 해야 하는 상황에서 직원들이 공정하다고 믿는 방식으로 대응할 수 있게 된다. 정리 해고 때 직원들의 입장에서 중요한 것은 정리 해고의 공정성 및 동료 그룹과 비교했을 때의 처우이기 때문이다.[102]

사회적 자본(social capital)이란 과업을 완수하고, 이해관계자를 위한 가치를 창출할 수 있도록 돕는 기업 내·외부를 통한 관계를 말한다.[103] 직원뿐 아니라 공급자 및 고객 등도 서로 협력하여야 업무를 완수할 수 있으므로 사회적 자원은 매우 중요한 자산이다. 다국적기업에서 직원들은 업무목표를 달성하기 위해 국가의 경계를 넘어 R&D 업무 등의 활동을 벌이게 된다.[104]

사회적 자본이란 과업을 완수하고, 이해관계자를 위한 가치를 창출할 수 있도록 돕는 기업 내부적, 외부적 관계를 의미한다.

경쟁자와 경쟁을 하기 위한 자원을 기업 내에 모두 확보하고 있는 기업은 거의 없으므로,

기업 외부의 사회적 자원이 기업의 성공을 위해 점점 더 중요해지고 있다. 기업은 9장에서 살펴본 것처럼 전략적 제휴 같은 협동 전략을 이용하여 사회적 자원을 개발한다. 기업이 상호 보완적인 자원을 공유함에 따라 전략적 제휴를 통해 사회적 자본이 쌓인다. 자원을 공유할 때는 상대편 기업이 이쪽을 신뢰하고 기꺼이 자원을 공유할 수 있도록 효과적으로 관리하여야 한다.[105] 이런 방식으로 쌓인 사회적 자원에는 여러 가지 장점이 있다. 일례로, 강한 사회적 자원을 갖고 있는 기업은 보다 다재다능해질 수 있는데, 이는 위험에 대처할 때나, 기회를 만났을 때 보다 유연한 대처를 하는 것이 가능하다는 의미이다.[106]

연구 결과는 다양한 종류의 기업의 성공 중 적어도 일부는 사회적 자원에 기인함을 시사하고 있다. 대규모 다국적기업들은 새로운 외국 시장에 진입하기 위해서는 제휴 관계를 맺는 경우가 많고, 기업가적인 기업은 벤처 기업이나 다른 형태의 자원(예: 기업가적 기업이 자사 내에 갖추기 어려운 특정한 전문적 기능)에 접근하기 위해 제휴를 한다.[107] 하지만 양질의 인적 자본을 보유하며, 강한 사회적 내부 자본을 유지할 수 있는 능력은 기업의 문화에 의해 영향을 받는다.

전략 포커스에서 볼 수 있듯이 NBC, 노키아(Nokia), 스탠다드차타드은행(Standard Chartered Bank)은 모두 고위 관리자의 잘못된 결정 때문에 실패를 경험했다. NBC는 인적 자본 관리 과정에서 잘못된 결정을 했기에 시청자들의 신뢰를 잃었다(사회적 자본의 상실). 노키아의 최고 경영진은 너무나 보수적인 결정을 하면서, 교과서에 사례로 실릴 만한 큰 오류를 범했으며, 스탠다드차타드은행은 매우 잘못된 결정(그리고 비윤리적 행태)으로 인해 투자자의 신뢰를 잃었다.

12-4c 효과적인 조직 문화 유지

1장에서 기업과 조직 문화를 기업 내부에서 널리 공유되는 이데올로기와 상징, 핵심 가치의 복합체로 기업이 사업을 수행해나가는 방향에 영향을 주는 것으로 정의한 바 있다. 기업문화는 기업이 사업을 수행하는 방식에 영향을 미치고, 직원의 행동을 규제하는 것을 도우므로 경쟁 우위의 원천으로 작용할 수 있다.[108] 각 기업의 문화는 각 기업에 고유한 것이므로, 활기 있는 조직 문화는, 기업이 전략적 경쟁력을 확보하고, 평균 이상의 수익을 올리고자 할 때 점차 중요한 차별점을 제공하게 된다. 따라서 기업의 전략을 만들고 실행해 갈 수 있는 조직 문화의 흐름을 형성하는 것은 또 다른 핵심적인 전략적 리더십 행동이라고 할 수 있다.[109]

기업가적 사고 방식

특히 대형 조직에서는, 기업 문화가 전략적 리더가 기업가적 기회를 추구하거나 추구하지 않도록 하는 데 영향을 주곤 한다(기업가적 기회의 정의 및 추가적인 논의는 13장에서 다룰 예정이다). 이는 영리 기관 또는 비영리 기관 모두에서 마찬가지인데,[110] 이 주제가 중요한 이유는 기업가적 기회가 성장과 혁신의 근원이기 때문이다.[111] 따라서 전략적 리더가 반드시 취해야 할 행동은 기업가적 기회를 추구하는 것을 격려함으로써 혁신을 촉진하는 것이다.[112]

혁신을 촉진하는 방법 중 하나는 어느 시점에 기회를 이용할 수 있는 방법을 마련하기 위해 미리 기회에 투자하는 것(real option)이다.[113] 예를 들어, 기업이 장차 규모가 늘어나서 공간이 필요해질 것이 예상되고, 해당 지역이 그 기업에 대해 갖는 가치가 올라갈 것이라고 생각될

전략 포커스

이렇게나 다양한 실패 방법이!

NBC 뉴스는 2014년에 몇 가지 커다란 문제를 겪었다. 그중에 가장 큰 일은, 유명 뉴스 앵커인 브라이언 윌리엄스(Brian Williams)가 과거 이라크전 취재 중 겪었던 일을 부풀려서 말한 것 때문에 정직 처분을 받은 사건이었다. 이 사건이 드러났을 때 윌리엄스의 신뢰성, 나아가 NBC 뉴스의 신뢰성에 대한 우려가 제기되었고, NBC의 인기 아침 방송이던 '투데이쇼'의 인기 순위도 떨어지자 경영진이 조치를 취하지 않을 수 없었다. ESPN에 근무하던 제이미 호로위츠(Jamie Horowitz)가 중대한 변화를 위해 채용되었지만 호로위츠와 스태프진 간에는 커다란 의견의 차이가 있었고, 호로위츠가 스태프를 다루는 방법에도 문제가 제기되었다. 이런 뚜렷한 충돌 때문에 최고 경영진은 호로위츠를 내보내야 했다. 결과적으로 NBC 뉴스의 전 사장이던 앤드류 랙(Andrew Lack)이 NBC유니버설 뉴스그룹의 회장인 패트리시아 필리-크루셀(Patricia Fili-Krushel)을 대신하기 위해 채용되었다. 랙이 NBC에 안정과 신뢰성, 높은 인기 순위를 회복시켜 줄 수 있을지는 시간이 지나보아야 알 수 있을 것이다.

노키아는 기업의 몰락에 대한 거의 교과서적인 사례이다. 2009년의 노키아는 세계 스마트폰 시장에서 주도적인 기업이었지만, 2014년에는 시장에서 거의 보이지 않게 되었다. 노키아 브랜드가 사라진 것이다. 노키아는 애플 아이폰 출시 전에 터치스크린 기술을 접했고, 노키아의 기술 전문가들은 자사 스마트폰에 이 기술을 도입할 것을 권고했다. 그러나 최고 경영진은, 노키아는 지금까지 잘해 왔고 터치스크린 기술을 도입하는 데는 위험이 수반된다는 이유로 이를 기각했다. 경쟁자였던 애플과 삼성은 이 기술을 도입하였고, 이 기업들이 스마트폰 시장에서 노키아 지분을 차지했다. 노키아의 경영진은 대단히 큰 실수를 범했고, 이 실수로 인해 몰락했다.

스탠다드차타드은행의 2014년도 이윤은 그 전년도에 비해 37% 감소했다. 대부분의 사람들은 스탠다드차타드은행의 실적 문제가 이 은행의 취약한 자본과 아시아 시장의 위험 요소에 심각하게 노출되었기 때문인 것으로 보았다. 투자자와 관계자들은 CEO였던 피터 샌즈(Peter Sands)가 은행을 효과적으로 경영할 수 있다는 데 대한 신뢰를 잃었고, 샌즈에게 사임을 요구했다. 샌즈는 CEO로서 작은 변화는 몇 가지 가져왔으나(예: 원가절감) 기업의 성과를 호전시키기 위해 필요한 커다란 변화는 거부했다. 샌즈를 대신하기 위해 스탠다드차타드은행은 JP모건체이스(J. P. Morgan Chase) 투자 은행의 사장이던 윌리엄 윈터스(William T. Winters)를 영입했다. 스탠다드차타드은행이 근래 겪은 문제점는 여러 가지다. 우선 악성 대출로 인한 손실이 늘고 있었고, 2012년에는 이란 및 다른 송금이 금지된 국가로의 송금과 관련된 6억 6천만 달러에 달하는 벌금을 부과받았다. 2014년에는 위험도가 높은 고객과의 수상스런 거래를 컴퓨터 시스템이 확인하지 못했다는 것에 대한 보상 청구 합의를 위해 3억 달러를 지불했다. 윈터스는 매우 요령 있는 위기 관리자로 알려져 있는데, 전문성과 올바른 판단을 할 수 있는 리더가 필요한 스탠다드차타드은행의 투자자들은 그러기를 바라고 있다.

위에서 언급한 기업들이 겪은 문제는 모두 잘못된 경영진의 판단에 따른 것이었다. NBC의 경우 최고 경영진이 뉴스의 신뢰성을 확보하기 위해 필요한 관리 감독을 하지 못했고 인력에 대한 결정도 올바로 이뤄지지 않았다. 노키아의 경우에는 과도한 보수적 자세가 제품과 관련된 매우 잘못된 결정으로 이어졌다. 스탠다드차타드은행 경영자들은 잘못된 결정을 내린 것 이외에 위기 관리에도 실패했다. 벌금을 부과 받은 비윤리적 결정 외에 부적합한 기술 적용으로 인해 추가적인 실패를 겪은 것이다.

Bobby Bank/Getty Images

NBC유니버설 뉴스그룹의 이사회 의장 앤드류 랙.

출처: J. Bean, 2014, Bye Nokia—A failure of management over leadership, *Jonobean*, jonobean.com, November 12: P. J. Davies, 2015, How to give Standard Chartered breathing room it needs, *Wall Street Journal*, www.wsj.com, February 26; J. Anderson & C. Bray, 2015, Standard Charter overhauls leadership, *New York Times*, www.nytimes.com, February 26; J. Flint, 2015, NBC News bringing in new leadership, after high-profile stumbles, *Wall Street Journal*, www.wsj.com, March 3; C. Bray, 2015, Standard Charter profit fell 37% in 2014, *New York Times*, www.nytimes.com, March 4.

때, 미래에 건물을 올릴 수 있는 옵션을 갖기 위해 땅을 구입하는 것과 같은 행위를 말한다. 정유 회사들은 석유 탐사를 위한 시추를 할 때 토지 임대 방법을 이용한다. 기업들도 비슷한 이유 때문에 전략적 제휴를 한다. 이 경우 제휴는 제휴 대상이 되는 회사와 파트너가 되거나

보다 긴밀한 관계(예: 새로운 합작 투자)를 맺기 위한 옵션이 되는 셈이다.[114]

13장에서는 다양한 규모의 기업들이 어떻게 전략적 기업가 정신(strategic entrepreneurship)을 이용하여 기업가적 기회(entrepreneurial opportunities)를 추구하고 평균 이상의 수익을 올릴 수 있는가를 살펴볼 것이다. 기업의 종업원들이 기업가적 사고 방식을 공유하고 있다면, 기업이 전략적 기업가 정신을 이용하여 성공할 수 있는 가능성이 훨씬 커진다.[115]

기업의 기업가적 사고 방식에는 다섯 가지 관점이 있는데, 이는 자율성(autonomy), 혁신성(innovativeness), 위험 감수(risk taking), 능동성(proactiveness), 경쟁적 공격성(competitive aggressiveness)이다.[116] 이런 관점들은 전략 경영 프로세스를 실행할 때 기업의 혁신적인 행동에 영향을 미친다.

자율성은 기업가적인 지향 방향의 다섯 가지 관점 중에서 첫 번째에 해당한다. 자율성은 직원이 조직의 제약 없이 행동을 취할 수 있게 하며 또 이런 행동을 장려한다. 두 번째 관점인 혁신성은 "새로운 아이디어나 실험, 새로운 제품이나 서비스, 기술로 이어지는 창의적인 업무 절차에 관여하고 지원하려는 기업의 경향을 반영한다."[117] 혁신성과 연관된 문화는 직원에게 현재의 지식이나 기술, 각종 지표를 넘어 가치를 더하기 위한 창의적인 방법을 찾도록 격려한다. 위험 감수는 종업원과 기업이 사업 상의 기회를 추구할 때 어느 정도 수준의 위험도 감수하려는 의지이다. 네 번째 관점인 능동성은 기업이 시장 상황을 따라가는 것이 아니라 선도할 수 있는 능력을 말한다. 선제적 대응을 하는 기업 문화는, 장래 시장의 니즈를 예측하고 그를 만족시킬 수 있는 방안을 다른 경쟁자들보다 앞서서 찾기 위한 프로세스를 지속적으로 유지하도록 한다. 마지막으로, 경쟁적 공격성은 기업이 경쟁자에 대해 지속적으로 상당한 우위를 점할 수 있도록 하기 위한 행동을 취하려는 경향을 뜻한다.[118]

기업 문화와 조직 구조 변화

기업 문화를 변화시키는 것은 유지하는 것보다 어려운 일이지만 전략적 리더는 언제 변화가 필요한지를 알고 있다. 기업 문화의 점진적인 변화는 보통 전략을 실행하기 위해 사용된다.[119] 보다 의미심장하고, 과격할 수도 있는 기업 문화의 변화는 기업이 지녀왔던 전략과는 다른 전략을 선택하는 데 도움이 된다. 변화의 이유가 무엇이건 간에 새로운 문화를 만들고 강화하려면 효과적인 의사소통과 문제해결 능력 외에도 몇 가지가 더 필요하다. 조직에서 필요로 하는 가치관을 지닌 적절한 사람을 고르는 것과 새로운 핵심 가치를 지원하는 목표를 설정하고, 이 목표를 향한 개인의 진도를 측정하는 효율적으로 업적을 평가하기, 그리고 새로운 핵심 가치를 반영하는 바람직한 행동에 대해 보상하는 합당한 보상 시스템을 운영하기 등이 있다.[120]

문화를 바꾸는 일은 기업의 CEO와 핵심적인 최고 경영진, 중간 관리자 등의 적극적인 지원이 있을 때만 성공한다는 증거가 있다.[121] 변화에 영향을 주고자 하면, 기업 문화에 힘을 불어 넣고 기업의 미션 및 비전과 기업 문화의 방향을 일치시킬 수 있는 간부 특히 중간 관리자에 대한 훈련이 필요하다.[122] 이에 더해 관리자들은 조직 문화의 변화에 따른 영향을 민감하게 살펴야 한다. 예를 들면, 인력 감축(downsizing)은 조직 문화에 부정적인 영향을 주는 편인데, 특히 조직이 가진 핵심 가치에 맞게 이뤄지지 않는 경우에는 더욱더 그러하다.[123] 앞에서 살펴본 **전략 포커스**에서 언급했듯이 메리 바라는 GM의 기업 문화를 변화시키고자 하였다. 바라는 그 과정 중 적절한 인물을 주요 관리직에 임명하는 데 주의를 기울였고, 기업이 점화 스위치 문제로 인한 기업의 손해와 그 때문에 일어난 대규모 리콜 사태 때문에 비용이 크게 증가하였을 때도 생산직 직원들에게 보너스를 지급함으로써 직원들을 지지했다.

12-4d 윤리적 업무 관행

기업의 전략을 실행하기 위한 프로세스의 효율성은 이런 프로세스가 윤리적 업무 관행에 기초하고 있을 경우에 더 증가한다. 윤리적 기업은 소속 직원들이 전략을 실행할 때 직급에 상관없이 윤리적으로 행동할 것을 장려한다. 결과적으로 윤리적 업무 관행과 윤리적 업무 관행에 근거한 판단은 그 기업의 "사회적 자본"을 창출하게 되고, 기업 내의 "개인이나 단체에 대한 호감도(goodwill available to individuals and groups)"를 증가시키게 된다.[124] 바꿔 말하자면 조직 내에서 비윤리적 업무 관행이 진행된다면, 이런 관행은 많은 관리자 및 직원들에게 받아들여질 수 있다.[125] 이런 비윤리적 업무 관행이 용납할 만한 것으로 간주된다면, 직원들은 자신의 목표를 달성하기 위한 현재의 노력이 목표를 달성하기에 부족할 경우, 비윤리적 업무 관행에 손을 댈 가능성이 커진다.[126]

직원의 판단과 행동에 적절한 영향을 주기 위해서는 반드시 윤리적 업무 관행이 기업의 의사결정 절차를 형성해야 하며, 조직 문화에서 필수적인 부분이 되어야 한다. 실제로 가치 기반의 기업 문화(values-based culture)는 직원들이 기업의 윤리 기준을 따르도록 하는 가장 효과적인 방법이다. 하지만 이런 문화를 만들어내기 위해서는 기업의 지속적인 보살핌과 지원이 필요하다.[127]

10장에서 설명했듯이, 어떤 전략적 리더나 관리자는 자신에게 최대한 이익이 되는 쪽으로 기회주의적인 의사결정을 내리기도 한다. 특히, 이런 일은 기업이 리더나 관리자의 윤리적 행동에 대한 기대를 느슨하게 책정할 경우에 발생한다. 바꿔서 말하면, 기회주의적으로 행동하는 사람들이 그 직위를 이용하여 이익을 보며, 기업의 이해관계자들의 이익을 해치지만 자신에게는 이익이 되는 결정을 내린다는 이야기이다.[128] 중역들이 이런 행동을 하는 것은 탐욕이나 오만 때문일 수도 있다.[129] 하지만 재정 수익에 대해 고쳐 말해야 할 일이 생겼을 때처럼 중역들의 비리에 대한 증거가 있을 때 이해관계자나 다른 투자자들은 매우 부정적으로 반응한다. 실제로 이러한 부정 사건으로 인해 신임 CEO가 선임되는 것도 아주 드문 일은 아니다.[130]

기업이 대규모의 윤리 교육을 거쳐 업무와 통합시킨 명확한 윤리 규정을 가지고 있고, 이해관계자들이 윤리적인 행동을 원한다면, 전략적 리더와 기업에서 일하는 직원들이야말로 윤리적 가치관에 의해 판단을 할 사람들이다.[131] 따라서 의미 있는 윤리 규정을 확립하고 시행하는 것은 전략 경영 프로세스 이용의 기초가 되는 윤리적 결정을 독려하기 위해 중요한 행동이다.

윤리적 기업 문화를 만들고 지원하기 위해 전략적 리더가 취할 수 있는 다음과 같은 행동들이 있다.

1. 기업의 윤리 기준을 기술하기 위한 특정 목표 설정과 소통(예: 윤리 강령을 만들고 주위에 전파)
2. 기업 내의 직원들과 여러 이해관계자의 조언을 반영한 지속적인 윤리 강령의 개정과 갱신
3. 기업의 윤리 강령을 모든 이해관계자에게 배포하고 기업의 윤리적 기준과 행동에 대한

공유

4. 기업의 윤리적 기준을 달성하기 위해 필요한 방법과 절차를 개발하고 실행(예: 윤리 기준에 맞춰 내부 감사 시행)
5. 용감한 행위에 대해서 보상할 수 있는 명확한 보상 시스템을 개발과 운용(예: 부정 행위를 발견하였을 때 올바른 경로와 절차를 통해 신고한 사람에게 보상)
6. 모든 직원이 존중 받는 작업 환경 조성[132]

이런 행동의 효과는 상호 보완적인 이런 조치들을 동시에 시행했을 때 더 커진다. 전략적 리더와 기업의 다른 직원들이, 윤리적 문화가 확립되지 않았다는 등의 이유로 이런 행동을 취하지 못했을 때 문제가 발생할 가능성이 커진다.

12-4e 균형 잡힌 조직의 통제

11장에서 다뤘던 조직 관리 방법은 오랫동안 전략 경영 프로세스, 특히 전략 경영 프로세스의 실행 쪽에서 중시되어 왔다(그림 1-1 참조). 관리 방법은 기업이 목표를 달성할 수 있도록 하는 데 필요하다. 관리 방법을 정의하자면, "관리자가 기업의 활동 패턴을 유지하거나 바꾸고자 할 때 사용하는 공식적이고 정보에 기반을 둔 … 업무 절차"라고 할 수 있다. 관리 방법은 전략적 리더가 신뢰를 확립하고, 기업의 이해관계자들에게 전략의 가치를 실증하며, 전략적 변화를 촉진 및 지원하는 일을 돕는 데 도움을 준다.[133] 가장 중요한 것은, 관리 방법은 전략을 실행할 때나 실행 과정에 연관된 조정이 필요할 때 기준 역할을 해준다는 점이다. 예를 들어 KPMG LLP사는 내부자 거래 스캔들이 있었을 때 자사의 교육 및 모니터링 프로그램을 점검하였다. 이 회사는 현재 "직원에 대한 교육, 내부 고발자 시스템, 파트너와 관리자의 개인 투자에 대한 모니터링"을 안전장치로 가지고 있다. KPMG사는 내부자 거래 스캔들과 회사 차원에서 연루되어 있지는 않았지만 자사의 평판을 보호하기 위해 위와 같은 안전장치를 실행했다.[134]

이 장에서는 11장에서 소개했던 두 가지의 조직 관리 방법, 즉 전략적 조직 관리 방법과 재무적 관리 방법에 대해서 집중적으로 살펴보고자 한다. 전략적 리더는 기업이 이런 두 가지 조직 관리 방법을 개발하고, 적절하게 사용할 수 있도록 할 책임이 있다.

11장에서 설명했듯이 재무적 관리 방법은 단기적인 재무적 성과에 집중한다. 반면, 전략적 관리 방법은 전략적 행동의 결과보다는 전략적 행동의 내용에 집중하는 경향이 있다. 일부의 전략적 행동들은 옳은 방향의 행동임에도 불구하고 경기 침체나 국내외 정치적의 불안, 자연재해 등의 외부 요인에 의해 재무적 성과가 낮을 수도 있다. 따라서 재무적 관리 방법을 강조하는 경우에는 보다 단기적이고 위험을 회피하는 쪽으로 결정이 이뤄질 가능성이 큰데, 이는 재무상의 결과가 리더나 관리자의 직접적 통제를 벗어난 사건들에 의해 정해질 수 있기 때문이다. 그 대신 전략적 관리 방법은 낮은 직급의 관리자에게 어느 정도의 위험성이 포함된 결정을 하도록 격려하는데, 이는 전 기업에 걸친 리더나 관리자들이 그런 결정에 따른 결과나 행동에 대한 책임을 공유하기 때문이다. 전략적 리더가 주의해야 할 일은 기업의 성과를 높이기 위한 노력을 지원하기 위해 전략적 관리 방법과 재무적 관리 방법 간의 균형을 맞추는 일이다. 이런 균형을 맞출 때 전략적 리더가 도움을 받을 수 있는 도구가 균형성과표이다.

균형성과표

균형성과표(balanced scorecard)는 기업이 성과에 긍정적 영향을 주기 위해 전략적, 재정적 관리 방법(controls)을 균형 있게 사용하고 있는가를 결정하기 위해 사용하는 도구이다.[135] 균형성과표는 사업단위(business-level) 전략을 평가할 때 가장 적합하지만, 기업이 실시하고 있는 다른 전략들에 대해서도 적용할 수 있다(예: 기업, 국제, 협력적 전략).

균형성과표는 기업이 성과에 긍정적 영향을 주기 위해 전략적, 재정적 관리 방법을 균형 있게 사용하고 있는가를 결정하기 위해 사용하는 도구이다.

균형성과표의 전제는, 전략적 관리 방법을 대가로 재무적 관리 방법을 강조한다면 기업의 장래 성과가 위험에 빠지게 된다는 것이다.[136] 이는 재무적 관리 방법은 과거의 성과물에 대한 피드백을 제공하는 반면, 장래의 성과를 이끌어가는 동인과는 소통이 이루어지지 않기 때문이다. 따라서 재무적 관리 방법을 과도하게 강조하다 보면, 기업의 장기적인 가치 창조 잠재력을 희생해서 단기적인 성과만을 추구하는 태도를 조장할 수 있다. 사실상 단기적인 이익에만 집중한다면 관리자들이 자기 이익만 챙기는 결정을 내릴 수 있다. 연구 결과들은 단기적인 목표와 장기적인 목표 사이에서 조화를 이루는 결정이 더 높은 성과로 이어진다는 점을 보여주고 있다.[137] 한쪽만을 강조하기보다, 전략적 관리 방법과 재무적 관리 방법 사이에 적절한 균형을 유지하는 것이, 기업이 보다 높은 수준의 성과를 이룰 수 있도록 하는 것이다.

균형성과표는 네 가지 관점이 통합되어 이뤄진다.

- 재무적 관점(주주의 관점에서의 성장, 수익성 및 위험)
- 고객 관점(기업의 제품으로 인해 고객이 느낄 수 있는 가치)
- 내부 사업 프로세스 관점(고객과 이해관계자들을 만족시키기 위한 다양한 업무 절차의 우선 순위)
- 학습과 성장 관점(변화와 혁신, 성장을 촉진하는 환경을 조성하려는 기업의 노력)

이와 같이 균형성과표를 이용함으로써 주주에게 대응하고 있는가(재무적 관점), 고객은 어떻게 보고 있는가(고객 관점), 경쟁적 우위를 이용하기 위해서는 어떤 프로세스를 강조해야 하는가(내부 사업 프로세스 관점), 기업이 성장하기 위해 어떤 성과를 개선해야 하는가(학습과 성장 관점)를 살펴볼 수 있다.[138] 일반적으로, 기업은 학습과 성장 관점에 관한 성과를 측정할 때 전략적 관리 방법을 강조하고, 재무적 관점에서 성과를 평가하고자 할 때는 재무적 관리 방법을 강조하는 경향이 있다.

기업은 자사의 순위를 파악하기 위해 균형성과표의 네 가지 관점과는 다른 기준을 사용한다. 〈그림 12-5〉가 다른 기준의 예이다. 기업은 너무 지엽적 세부 사항에 빠지지 않고 자신이 올린 성과를 전략적, 재무적 측면에서 이해할 수 있도록 해주는 지표들을 채택해야 한다.[139]

전략적 리더는, 기업이 소규모로 단일 품종 사업을 하건, 대규모로 다양한 품목을 취급하건 간에 전략적 관리 방법과 재무적 관리 방법 사이의 적당한 균형을 결정하는 데 있어 중요한 역할을 한다. 관리 방법 간의 적절한 균형은 중요한데, 이를 다시 말하면 "전략적 리더십이 시행되고 있는 조직에서는 부의 창출이 일어나는데, 이는 이런 리더들이 장래의 생존을 위해 (전략적 관리 방법을 통해) 적절한 투자를 하고, 현재를 위해(재무적 관리 방법을 통해) 적당한 수준의 재무적 안정성을 유지하기 때문이다."[140] 실제로 많은 기업 구조 조정이 기업을 해

그림 12-5 균형성과표 틀에서의 전략적 관리 방법 및 재무적 관리 방법

관점	판단 기준
재무적 관점	• 현금흐름 • 자기자본이익률(return on equity: ROE) • 총자산이익률(return on assets: ROA)
고객 관점	• 고객니즈를 예상할 수 있는 능력에 대한 평가 • 고객서비스 업무의 효율 • 지속적인(반복적) 거래의 비율 • 고객과의 소통의 질
내부 사업 프로세스 관점	• 자산 이용법의 개선 • 직원 사기의 향상 • 직원 이직률의 변화
학습과 성장 관점	• 혁신능력의 개선 • 경쟁업체와의 신제품 수 비교 • 구성원의 기술 향상

당 기업의 핵심 사업에 다시 집중시키는 방식으로 이뤄지며, 이렇게 함으로써 최고 경영진이 각각의 사업부(business units)에 대해 전략적 관리 방법을 복구시킬 수 있게 된다.[141]

전략적 관리 방법의 효과적인 사용은, 하부 조직의 자율성을 적절하게 보장함으로써 각각의 시장에서 경쟁 우위를 얻도록 하는 방법과 연관된 경우가 많다.[142] 전략적 관리 방법을 이용함으로써 기업의 포트폴리오 내에 포함된 서로 독립적인 사업 간에 유형, 무형 자원의 공유를 촉진할 수 있다. 이에 더하여, 자율성의 보장은 시장에서 생기는 기회를 적시에 활용할 수 있는 유연성을 부여한다. 결론적으로, 전략적 리더십은 전략적 관리 방법과 자율성을 동시에 이용할 것을 권장하는 셈이다.

이 장에서 설명했듯이 전략적 리더는 기업이 전략 경영 프로세스와 전략적 기업가 정신의 모든 부분을 활용할 수 있는 능력을 중시한다. 전략적 기업가 정신은 본 서의 "전략" 부분의 분석-전략-성과(A-S-P) 모델에 포함된 마지막 주제이다. 이 주제에 대해 13장에서 집중적으로 살펴보도록 하자.

요약

- 효과적인 전략적 리더십은 전략적 관리 프로세스를 성공적으로 사용하는 전제 조건이다. 전략적 리더십은 사건을 예상하고 가능성을 내다보고 융통성을 유지하고 전략적 변화를 창출하는 권능을 타인에게 부여하는 능력을 필요로 한다.
- 기업이 경쟁 우위를 개발하고 활용함에 있어 최고 경영자들은 중요한 자원이 된다. 전략적 리더들과 이들의 일이 가치 있고,

진귀하며 모방하기 어렵고 대체 불가능할 때, 전략적 리더들은 기업의 경쟁 우위에 기여할 수 있다.

- 최고 경영진은 기업의 전략을 선택하고 실행함에 있어서 중요한 역할을 하는 주요 관리자들로 구성된다. 최고 경영진을 구성하는 주요 관리자들은 임원 및 이사이다.
- 최고 경영진의 특징, 회사의 전략, 회사의 성과는 상호 관련되어 있다. 예를 들어 마케팅과 연구와 개발에 대하여 상당한 지식을 가지고 있는 최고 경영진은 성장 전략을 기업이 활용하는 데 긍정적으로 기여한다. 다양한 기술을 갖는 것은 최고 경영진의 효율성을 향상시킨다.
- 이사회가 기업의 전략적 방향을 실현하는 데 참여할 경우 성과가 향상된다. 하지만 최고 경영자가 많은 권력을 가질 경우, 이사회는 전략 형성과 실행에 관한 결정에 참여할 기회가 적어진다. 이사회에 자신의 가신을 임명하고 최고 경영자와 이사회 의장으로서 동시에 활동함으로써 최고 경영자는 권력을 강화한다.
- 경영 승계에 있어서 전략적 리더는 내부 관리자 노동 시장이나 외부 관리자 노동 시장으로부터 선택된다. 전략적 리더의 선택은 기업의 효과성에 영향을 미친다. 기업은 내부나 외부에서 전략적 리더를 선택하기 위하여 다양한 요인을 사용한다. 대부분의 경우에서는 최고 경영자를 선택하는 데 내부 시장이 사용된다. 하지만 최고 경영자로서 외부 인사를 선택하는 경우가 증가하고 있다. 외부 인사들은 전략에 있어서의 중대한 변화를 시작하기 위해 선택되기도 한다.
- 효과적인 전략적 리더십은 다음과 같은 다섯 개의 주요 구성 요소를 갖는다. 첫째, 기업의 전략 방향을 정한다. 둘째, 기업의 자원 구성을 효과적으로 관리한다(핵심 역량을 활용하고 유지하며 인적 자본과 사회적 자본을 관리하는 것을 포함). 셋째, 효과적인 조직 문화를 유지한다. 넷째, 윤리적 관행을 강조한다. 다섯 째, 균형 잡힌 조직 관리를 확립한다.
- 전략적 리더는 기업의 전략적 방향을 제시해야 한다. 전략적 방향은 기업이 발전시키기를 원하는 이미지와 개성을 정한다. 전략적 방향을 정하기 위해 전략적 리더는 상태를 평가해야 하며(예: 외부환경에서의 기회와 위협) 기업이 향후 3~5년 동안 직면할 수도 있는 상황을 예상해야 한다.
- 전략적 리더는 고객을 위한 가치를 창출하는 제품을 생산하기 위해 사용되는 핵심 역량을 기업이 활용할 수 있도록 해야 한다. 특히 다각화 기업과 대기업에서는 부문과 제품들에서 전략을 공유하여 핵심 역량이 활용된다.
- 기업의 자원을 관리하고 기업의 전략을 효과적으로 실행하기 위해 사용되는 방법을 관리하는 역량은 전략적 리더십의 중요한 요인이다. 자원 관리에는 경쟁 우위를 만들기 위한 전략을 통해 능력을 창조하고 활용할 수 있는 자원을 통합하는 것이 포함된다. 인적 자본과 사회적 자본은 가장 중요한 자원이다.
- 기업의 자원을 관리하는 일환으로서 전략적 리더는 기업의 인적 자본을 개발해야 한다. 유능한 전략적 리더는 인적 자본을 최소화해야 하는 비용이 아닌, 최대화해야 하는 자원으로 간주한다. 전략적 리더는 기업의 인적 자본을 육성하기 위해 필요한 기술을 함양시키는 데 도움이 되는 프로그램을 개발하고 사용한다.
- 유능한 전략적 리더는 내부 사회 자본과 외부 사회 자본을 만들고 유지한다. 내부 사회 자본은 부서들 간의 협력과 조정을 증진한다. 외부 사회 자본은 기업이 효과적으로 경쟁하기 위해 필요한 자원에 대한 접근을 제공한다.
- 기업의 문화를 형성하는 것은 유능한 전략적 리더십의 중점적인 과제이다. 적절한 조직 문화는 직원들 간의 기업가적 지향의 발전과 필요에 따라 문화를 변화시키는 능력의 발전을 장려한다.
- 윤리적 조직에서는 구성원이 윤리적 판단을 하고 윤리적으로 행동하도록 장려된다. 윤리적 관행의 향상은 사회적 자본을 증진한다. 기업의 윤리적 기준을 만족시키기 위해 목표를 정하고 행위 규범을 사용하고 윤리적 행동에 보상을 하고 구성원들이 존엄성 있게 취급 받는 작업 환경을 만드는 것은 윤리적 행동을 조성하고 지원하는 행동이다.
- 균형 잡힌 조직 관리를 만들고 활용하는 것은 유능한 전략적 리더십을 실행함에 있어서 핵심 구성 요소이다. 균형성과표는 기업의 전략적 통제와 재정 통제의 효율성을 측정하는 도구이다. 전략적 통제와 재정 통제 간의 효과적인 균형은 핵심 역량의 융통성 있는 사용을 가능하게 한다.

핵심 용어

균형성과표 389
내부 관리자 노동 시장 376
사회적 자본 383
외부 관리자 노동 시장 376
이질적 최고 경영진 373
인적 자본 382
전략적 리더십 369
전략적 방향 결정 380
전략적 변화 369
최고 경영진 371

복습 문제

1. 전략적 리더십은 무엇인가? 최고 경영자가 조직에서 중요한 자원으로 간주되는 이유는 무엇인가?
2. 최고 경영진은 무엇인가? 최고 경영진은 기업의 성과에 어떻게 영향을 미치는가? 최고 경영진은 혁신을 하고 전략적 변화를 설계하고 유발하는 능력에 어떻게 영향을 미치는가?
3. 경영 승계 프로세스는 무엇인가? 경영 승계 프로세스에 내부 관리자 노동 시장과 외부 관리자 노동 시장은 얼마나 중요한가?
4. 기업의 전략적 방향 결정에 전략적 리더십은 어느 정도 영향을 미치는가?
5. 핵심 역량, 인적 자본, 사회적 자본을 활용하여 경쟁 우위를 달성하기 위하여 전략적 리더들은 조직의 자원을 어떻게 효과적으로 관리하는가?
6. 효과적인 조직 문화를 조성하고 유지하기 위하여 전략적 리더는 무엇을 해야 하는가?
7. 전략적 리더는 조직에서 윤리적 관행을 확립하고 강조하기 위해 어떤 조치를 할 수 있는가?
8. 전략적 리더십과 기업의 전략 경영 프로세스에서 전략적 통제와 재정적 통제가 중요한 이유는 무엇인가?

[Mini Case] P&G 최고 경영진의 변화: 최고 경영자의 중요성

라플리(A. G. Lafley)는 식기 세척 세제인 조이(Joy)의 브랜드 담당자로 1977년 P&G(Procter & Gamble)에 입사하였다. 입사 후 그는 세탁 부문에서 근무하며 P&G 내 입지를 다졌으며 액상 세탁 세제인 타이드(Tide)의 출시를 포함한 수많은 성공으로 주목받는 인물이 되었다. 그는 뛰어난 업적을 인정받아 2000년 6월 P&G의 최고 경영자(CEO)가 되었고 2009년 퇴직하였다. 1980년 P&G에 입사한 밥 맥도날드(Bob McDonald)는 라플리의 지명 후계자였다. 맥도날드는 2009년 7월 P&G의 최고 경영자로 임명되었으나 2013년 5월 사직하였다. 맥도날드의 사직 후 라플리는 P&G의 사장, 이사회 의장, CEO로 복귀 요청을 받게 된다. 라플리는 P&G에 복귀하면서 "회사의 실적을 향상시키기 위해 필요한 기간만" P&G에서 근무하겠다고 말했다. 사람들은 라플리가 P&G에 복귀한다고 해도 3년 이상은 회사에서 근무하지 않을 것이라고 생각하였다.

P&G에 오랫동안 근무하여 P&G라는 조직에 대해 잘 알고 있었으며 라플리의 지원을 받은 맥도날드에게 무슨 문제가 있었던 것인가? 혹자는 맥도날드의 리더십 아래 P&G가 신흥 시장에서의 치열한 경쟁에 효율적으로 대처하지 못했고 이는 글로벌한 실행을 어렵게 했다고 비판한다. 또한 회사 비용에 대한 통제 실패와 종업원들의 자신감 상실을 맥도날드 리더십의 실패로 꼽는다. 어떤 사람들은 맥도날드가 경기 침체가 미국 소비자에게 미치는 영향을 충분히 이해하지 못했다고 말한다. 맥도날드가 라플리의 지명을 받아 P&G의 최고 경영자로 취임할 당시 미국은 심각한 경기 침체를 겪고 있었다. 맥도날드를 비판한 이들은 리플리의 P&G는 경기 침체로 경제적인 어려움을 겪는 소비자에게 경제적인 기아자동차 대신 비싼 BMW를 판매하고 있었다고 지적하기도 했다. 이러한 문제로 인해 P&G는 유니레버(Unilever)와 같은 경쟁업체에게 뒤처지게 되었다. 투자자들은 P&G의 경쟁사 대비 저조한 매출 성장률과 주가 수익률에 실망하게 되었다.

그렇다면 무엇이 라플리로 하여금 P&G에 다시 돌아오도록 만들었는가? 한마디로 말한다면 그가 전에 거두었던 성공 때문이다. 그가 P&G의 전략적 리더로 재직하는 동안 거두었던 성과는 대단했다. 라플리는 P&G의 미용 비즈니스를 성장시켰고, 질레트(Gillette)를 인수했으며, 신흥 시장에서의 P&G의 존재를 확대하고, 스위퍼(Swiffer)나 페브리즈(Febreze)와 같은 상품을 시장에 성공적으로 출시했다. 라플리가 최고 경영자로서 재직하는 동안 P&G의 주식가치는 63% 상승한 반면, S&P 주가지수는 37% 하락하였다. 투자자와 고용인을 포함한 수많은 이해관계자는 라플리가 P&G를 2000~2009년에 경험한 "영광의 시대"로 되돌릴 것이라고 생각하였다.

제품 혁신은 시장의 주요 관심사이다. 분석가들은 P&G가 과거 스위퍼나 페브리즈 제품과 같이 완전히 새로운 제품 범주를 창조하면서 점진적 혁신 이상의 혁신을 추구해야 한다고 언급했다. 하지만 P&G의 연구개발 프로그램에 대한 투자가 감소되었기 때문에 이러한 혁신은 어려워 보인다. 연구개발 프로그램에 대한 투자 축소는 신제품 개발보다는 기존 제품 개선에 초점을 두도록 만들었다. P&G는 현재 비대해진 비용 구조를 줄여가면서 경쟁력 있는 활동을 다시 활성화하려는 노력을 진행하고 있다.

P&G의 브랜드와 제품을 4개 부문으로 구조 조정(restructuring)하고 부문별 사장이 각 사업부를 이끌게 하는 것이 라플리가 추진하는 주요한 변화이다. 현재 P&G는 2개의 글로벌 비즈니스 부

문 – 미용 부문과 생활용품 부문 – 으로 조직이 구성되어 있다. 2013년 중반까지 4개 사업 부문을 어떻게 구성할지에 관한 최종 의사결정은 내려지지 않았다. 각 부문은 "다양한 사업 간의 시너지를 반영하도록" 만들어질 것이라고 추측되었다. 예를 들어 종이 타월인 바운티(Bounty), 화장지인 차민(Charmin), 기저귀인 팸퍼스(Pampers), 여성 케어 제품인 올웨이즈(Always)와 같은 종이 기반 제품이 결합되어 하나의 부문이 될 수 있다. 그리고 새로운 4개 사업 부문을 이끌 네 명의 중 한 명이 라플리의 후임자가 될 것으로 예상되었다. .

출처: D. Benoit, 2013, Critical P&G analysts still waiting on results, *Wall Street Journal*, www.wsj.com, May 24; D. Benoit, 2013, Procter & Gamble gets an upgrade, *Wall Street Journal*, www.wsj.com, May 24; J. Bogaisky, 2013, Congrats, Bill Ackman: Bob McDonald out at P&G; A. G. Lafley returning as CEO, *Forbes*, www.forbes.com, May 23; E. Byron & J. S. Lublin, 2013, Embattled P&G chief replaced by old boss, *Wall Street Journal*, www.wsj.com, May 23; L. Coleman-Lochner & C. Hymowitz, 2013, Lafley's CEO encore at P&G puts rock star legacy at risk: Retail, *Bloomberg*, www.bloomberg.com, May 28; J. S. Lublin & S. Ng, 2013, P&G lines up executives in race for CEO Lafley's successor, *Wall Street Journal*, www.wsj.com, May 30; J. Ritchie, 2013, P&G's hiring of Lafley may buy time for innovation, *Business Courier*, www.bizjournals.com/cincinnati, May 31.

토의 문제

1. 최고 경영자의 직무를 복잡하게 만드는 것은 무엇인가? 미니케이스를 활용하여 답하라.
2. 사직한 전직 최고 경영자를 재고용 하는 것은 좋은 관행인가? 장점과 단점에 대하여 기술하라.
3. 라플리가 다시 사직한다면 P&G는 어떻게 해야 하는가? 라플리의 후임자 승계를 준비하기 위하여 어떤 조치를 취해야 하는가?

미주

1. M. C. Diaz-Fernandez, M. R. Gonzales-Rodriguez, & B. Simonetti, 2015, Top Management team's intellectual capital and firm performance, *European Management Journal*, in press; D. C. Hambrick & T. J. Quigley, 2014, Toward more accurate contextualization of the CEO effect on firm performance, *Strategic Management Journal*, 35: 473–491; A. Mackey, 2008, The effect of CEOs on firm performance, *Strategic Management Journal*, 29: 1357–1367.
2. V. Govindarajan, 2012, The timeless strategic value of unrealistic goals, *HBR Blog Network*, www.hbr.org, October 22.
3. D. Martin, 2014, Thinking about thinking, *Journal of Business Strategy*, 35(5): 49–54; B. J. Moon, 2013, Antecedents and outcomes of strategic thinking, *Journal of Business Research*, 66: 1698–1708; M. A. Hitt, K. T. Haynes, & R. Serpa, 2010, Strategic leadership for the 21st century, *Business Horizons*, 53: 437–444; R. D. Ireland & M. A. Hitt, 2005, Achieving and maintaining strategic competitiveness in the 21st century: The role of strategic leadership, *Academy of Management Executive*, 19: 63–77.
4. D. Cooper, P. C. Patel, & S. M. B, Thatcher, 2014, It depends: Environmental context and the effects of faultlines on top management team performance, *Organization Science*, 25: 633–652.
5. T. von den Driesch, M. E. S. da Costa, T. C. Flatten, & M. Brettel, 2015, How CEO experience, personality, and network affect firms' dynamic capabilities, *European Management Journal*, in press: M. T. Hansen, H. Ibarra, & U. Peyer, 2013, The bestperforming CEOs in the world, *Harvard Business Review*, 91(1): 81–95.
6. M. A. Hitt, C. Miller, & A. Colella, 2015, *Organizational Behavior*, 4th ed., Hoboken, NJ: John Wiley & Sons; D. Frank & T. Obloj, 2014, Firm-specific human capital, organizational incentives, and agency costs: Evidence from retail banking, *Strategic Management Journal*, 35: 1279– 1301; B. A. Campbell, R. Coff, & D. Kryscynski, 2012, Rethinking sustained competitive advantage from human capital, *Academy of Management Review*, 37: 376–395.
7. M. A. Axtle-Ortiz, 2013, Perceiving the value of intangible assets in context, *Journal of Business Research*, 56: 417–424.
8. P. J. H. Schoemaker, S. Krupp, & S. Howland, 2013, Strategic leadership: The essential skills, *Harvard Business Review*, 91(1-2): 131–134.
9. C. Chadwick, J. F. Super, & K. Kwon, 2015, Resource orchestration in Practice: CEO emphasis on shrm, commitment-based hr systems and firm performance, *Strategic Management Journal*, 36: 360–376; J. J. Sosik, W. A. Gentry, & J. U. Chun, 2012, The value of virtue in the upper echelons: A multisource examination of executive character strengths and performance, *Leadership Quarterly*, 23: 367–382.
10. D. M. Cable, F. Gino, & B. R. Staats, 2013, Breaking them in or eliciting their best? Reframing socialization and newcomers' authentic self-expression, *Administrative Science Quarterly*, 58: 1–36; T. Hulzschenreuter, I. Kleindienst, & C. Greger, 2012, How new leaders affect strategic change following a succession event: A critical review of the literature, *The Leadership Quarterly*, 23: 729–755.
11. C. Crossland, J. Zyung, N. J. Hiller, & D. C. Hambrick, 2014, CEO career variety: Effects on firm-level strategic and social novelty, *Academy of Management Journal*, 57: 652–674.
12. C. Alessi, 2015, ThyssenKrup swings to profit on cost-cutting, weaker euro, *Wall Street Journal*, www.wsj.com, February 13; S. Reed, 2014, ThyssenKrup post first annual profit in 3 years, *New York Times*, www. nytimes.com, November 20; T. Andresen, 2013, Thyssen woes tarnish 99-year-old steel baron's legacy, *Bloomberg*, www. bloomberg.com, May 21; J. Hromadko, 2013, ThyssenKrupp offers workers amnesty to resolve corruption case, *Wall Street Journal*, www.wsj.com, April 16.
13. J. Ewing, 2012, Embattled German steel maker reports a huge loss, *New York Times*, www.nytimes.com, December 11.
14. F. Briscoe, M. K. Chin, & D. C. Hambrick, 2014, CEO ideology as an element of the corporate opportunity structure for social activists, *Academy of Management Journal*, 57: 1786–1809.
15. J. P. Doe & N. R. Quigley, 2014, Responsible leadership and stakeholder management: Influence pathways and organizational outcomes, *Academy of Management Perspectives*, 28: 255–274.
16. X. Zhang, N. Li, J Ulrich, & R. von Dick, 2015, Getting everyone on board: The effect of differentiated transformational leadership by CEOs on top management team effectiveness and leader-rated firm performance, *Journal of Management*, in press; J. C. Ryan & S. A. A. Tipu, 2013, Leadership effects on innovation propensity: A two-factor full range of leadership model, *Journal of Business Research*, 66: 2116–2129; A. E. Colbert, A. L. Kristof-Brown, B. H. Bradley, & M. R. Barrick, 2008, CEO transformational leadership: The role of goal importance congruence in top management teams, *Academy of Management Journal*, 51: 81–96.
17. H. S. Givray, 2007, When CEOs aren't leaders, *BusinessWeek*, September 3, 102.
18. Y. Dong, M. G. Seo, & K. Bartol, 2014, No pain, no gain: An affect-based model of developmental job experience and the buffering effects of emotional intelligence, *Academy of Management Journal*, 57: 1056–1077; D. Goleman, 2004, What makes a leader? *Harvard Business Review*, 82(1): 82–91.
19. C. M. Leitch, C. McMullan, & R. T. Harrison, 2013, The development of entrepreneurial leadership: The role of human, social and institutional capital, *British Journal of Management*, 24: 347–366; Y. Ling, Z. Simsek, M. H. Lubatkin, & J. F. Veiga, 2008, Transformational leadership's role in promoting corporate entrepreneurship: Examining the CEO-TMT interface, *Academy of Management Journal*, 51: 557–576.
20. T. Hutzschenreuter & I. Kleindienst, 2013, (How) does discretion change over time? A contribution toward a dynamic view of managerial discretion, *Scandinavian Journal of Management*, 29: 264–281; T. L. Waldron, S. D. Graffin, J. F. Porac, & J. B. Wade, 2013, Third-party endorsements of CEO quality, managerial discretion, and stakeholder reactions, *Journal of Business Research*, 66: 2592–2599.
21. B. E. Lewis, J. L. Walls, & G. W. S. Dowell, 2014, Difference in degrees: CEO characteristics and firm environmental disclosure, *Strategic Management Journal*, 35: 712–722; R. Klingebiel, 2012, Options in the implementation plan of entrepreneurial initiatives: Examining firms' attainment of flexibility

benefit, *Strategic Entrepreneurship Journal*, 6: 307–334; D. G. Sirmon, J. L. Arregle, M. A. Hitt, & J. W. Webb, 2008, The role of family influence in firms' strategic responses to threat of imitation, *Entrepreneurship Theory and Practice*, 32: 979–998.

22. O. R. Mihalache, J. J. P. Jansen, F. A. J. van den Bosch, & H. W. Volberda, 2014, Top management team shared leadership and organizational ambidexterity: A moderated mediation framework, *Strategic Entrepreneurship Journal*, 8: 128–148.

23. M. Menz, 2012, Functional top management team members: A review, synthesis, and research agenda, *Journal of Management*, 38: 45–80; A. M. L. Raes, U. Glunk, M. G. Heijitjes, & R. A. Roe, 2007, Top management team and middle managers, *Small Group Research*, 38: 360–386.

24. A. Ganter & A. Hecker, 2014, Configurational paths to organizational innovation: Qualitative comparative analyses of antecedents and contingencies, *Journal of Business Research*, 67:1285–1292; O. R. Mihalach, J. J. P. Jansen, F. A. J. Van Den Bosch, & H. W. Volberda, 2012, Offshoring and firm innovation: The moderating role of top management team attributes, *Strategic Management Journal*, 33: 1480–1498.

25. K. T. Haynes, M. A. Hitt, & J. T. Campbell, 2015, The dark side of leadership: Toward a mid-range theory of hubris and greed in entrepreneurial contexts, *Journal of Management Studies*, 52: 479–505; J. Li & Y. Tang, 2010, CEO hubris and firm risk taking in China: The moderating role of managerial discretion, *Academy of Management Journal*, 53: 45–68; M. L. A. Hayward, V. P. Rindova, & T. G. Pollock, 2004, Believing one's own press: The causes and consequences of CEO celebrity, *Strategic Management Journal*, 25: 637–653.

26. A. Y. Ou, A. S Tsui, A. J. Kinicki, D. A. Waldman, Z. Xiao, & L. J. Song, 2014, Humble chief executive officers' connections to top management team integration and middle manager response, *Administrative Science Quarterly*, 59: 34–72; P. J. C. Patel & D. Cooper, 2014, The harder they fall, the faster they rise: Approach avoidance focus in Narcissistic CEOs, *Strategic Management Journal*, 35: 1528–1540.

27. A. Carmeli, A. Tishler, & A. C. Edmondson, 2012, CEO relational leadership and strategic decision quality in top management teams: The role of team trust and learning from failure, *Strategic Organization*, 10: 31–54; V. Souitaris & B. M. M. Maestro, 2010, Polychronicity in top management teams: The impact on strategic decision processes and performance in new technology ventures, *Strategic Management Journal*, 31: 652–678.

28. D. C. Hambrick, S. E. Humphrey, & A. Gupta, 2015, Structural interdependence, within top management teams: A key moderator of upper echelon predictions, *Strategic Management Journal*, 36: 449–461.

29. O. Levy, S. Taylor, N. A. Boyacigiller, T. E. Bodner, M. A. Peiperl, & S. Beechler, 2015, Perceived senior leadership opportunities in MNCs: The effect of social hierarchy and capital, *Journal of International Business Studies*, 46: 285–307.

30. R. Olie, A. van Iteraon, & Z. Simsek, 2012–13, When do CEOs versus top management teams matter in explaining strategic decision-making processes? Toward an institutional view of strategic leadership effects, *International Studies of Management and Organization*, 42(4): 86–105; Y. Ling & F. W. Kellermans, 2010, The effects of family firm specific sources of TMT diversity: The moderating role of information exchange frequency, *Journal of Management Studies*, 47: 322–344.

31. R. Klingebiel & A. De Meyer, 2013, Becoming aware of the unknown: Decision making during the implementation of a strategic initiative, *Organization Science*, 24: 133–153; A. Srivastava, K. M. Bartol, & E. A. Locke, 2006, Empowering leadership in management teams: Effects on knowledge sharing, efficacy, and performance, *Academy of Management Journal*, 49: 1239–1251; D. Knight, C. L. Pearce, K. G. Smith, J. D. Olian, H. P. Sims, K. A. Smith, & P. Flood, 1999, Top management team diversity, group process, and strategic consensus, *Strategic Management Journal*, 20: 446–465.

32. A. Nadolska & H. G. Barkema, 2014, Good learners: How top management teams affect the success and frequency of acquisitions, *Strategic Management Journal*, 35: 1483–1507.

33. T. Buyl, C. Boone, W. Hendricks, & P. Matthyssens, 2011, Top management team functional diversity and firm performance: The moderating role of CEO characteristics, *Journal of Management Studies*, 48: 151–177; B. J. Olson, S. Parayitam, & Y. Bao, 2007, Strategic decision making: The effects of cognitive diversity, conflict, and trust on decision outcomes, *Journal of Management*, 33: 196–222.

34. S. Finkelstein, D. C. Hambrick, & A. A. Cannella, Jr., 2008, *Strategic Leadership: Top Executives and Their Effects on Organizations*, NY: Oxford University Press.

35. A Minichilli, G. Corbetta, & I. C. Macmillan, 2010, Top management teams in familycontrolled companies: 'Familiness', 'faultlines', and their impact on financial performance, *Journal of Management Studies*, 47: 205–222; J. J. Marcel, 2009, Why top management team characteristics matter when employing a chief operating officer: A strategic contingency perspective, *Strategic Management Journal*, 30: 647–658.

36. T. Buyl, C. Boone, & W. Hendriks, 2014, Top management team members' decision influence and cooperative behavior: An empirical study in the information technology industry, *British Journal of Management*, 25: 285–304; Z. Simsek, J. F. Veiga, M. L. Lubatkin, & R. H. Dino, 2005, Modeling the multilevel determinants of top management team behavioral integration, *Academy of Management Journal*, 48: 69–84.

37. A. A. Cannella, J. H. Park, & H. U. Lee, 2008, Top management team functional background diversity and firm performance: Examining the roles of team member collocation and environmental uncertainty, *Academy of Management Journal*, 51: 768–784.

38. J. W. Ridge, F. Aime, & M. A. White, 2015, When much more of a difference makes a difference: Social comparison and tournaments in the CEO's top team, *Strategic Management Journal*, 36: 618–636; A. S. Cui, R. J. Calantone, & D. A. Griffith, 2011, Strategic change and termination of interfirm partnerships, *Strategic Management Journal*, 32: 402–423.

39. P. Herrmann & S. Nadkarni, 2014, Managing strategic change: The duality of CEO personality, *Strategic Management Journal*, 35: 1318–1342; A. E. Colbert, M. R. Barrick, & B. H. Bradley, 2014, Personality and leadership composition in top management teams: Implications for organizational effectiveness, *Personnel Psychology*, 67: 351–387.

40. C. Shalley, M. A. Hitt, & J. Zhou, 2015, Integrating creativity, innovation and entrepreneurship to successfully navigate in the new competitive landscape, in C. Shalley, M. A. Hitt, & J. Zhou (eds.) *Handbook of Creativity, Innovation and Entrepreneurship*, NY: Oxford University Press, pp. 1–14; K. Liu, J. Li, W. Hesterly, & A. A. Cannella, Jr., 2012, Top management team tenure and technological inventions at post-IPO biotechnology firms, *Journal of Business Research*, 65: 1349–1356.

41. J. Tian, J. Haleblian, & N. Rajagopalan, 2011, The effects of board human and social capital on investor reactions to new CEO selection, *Strategic Management Journal*, 32: 731–747; Y. Zhang & N. Rajagopalan, 2003, Explaining the new CEO origin: Firm versus industry antecedents, *Academy of Management Journal*, 46: 327–338.

42. X. Luo, V. K. Kanuri, & M. Andrews, 2014, How does CEO tenure matter? The mediating role of firm-employee and firm-customer relationships, *Strategic Management Journal*, 35: 492–511.

43. P. Y. T. Sun & M. H. Anderson, 2012, Civic capacity: Building on transformational leadership to explain successful integrative public leadership, *The Leadership Quarterly*, 23: 309–323; I. Barreto, 2010, Dynamic capabilities: A review of the past research and an agenda for the future, *Journal of Management*, 36: 256–280.

44. D. H. Zhu & G. Chen, 2015, CEO narcissism and the impact of prior board experience on firm strategy, *Administrative Science Quarterly*, 60: 31–65; M. L. McDonald & J. D. Westphal, 2010, A little help here? Board control, CEO identification with the corporate elite, and strategic help provided to CEOs at other firms, *Academy of Management Journal*, 53: 343–370; L. Tihanyi, R. A. Johnson, R. E. Hoskisson, & M. A. Hitt, 2003, Institutional ownership and international diversification: The effects of boards of directors and technological opportunity, *Academy of Management Journal*, 46: 195–211.

45. K. B. Lewellyn & M. I. Muller-Kahle, 2012, CEO power and risk taking: Evidence from the subprime lending industry, *Corporate Governance: An International Review*, 20: 289–307; S. Wu, X. Quan, & L. Xu, 2011, CEO power, disclosure quality and the variability in firm performance, *Nankai Business Review International*, 2: 79–97.

46. J. Joseph, W. Ocasio, & M. H. McDonnell, 2014, The structural elaboration of board independence: Executive power, institutional logics, and the adoption of CEO-only board structures in U.S. corporate governance, *Academy of Management Journal*, 57: 1834–1858; S. Kaczmarek, S. Kimino, & A. Pye, 2012, Antecedents of board composition: The role of nomination committees, *Corporate Governance: An International Review*, 20: 474–489.

47. M. van Essen, P. J. Engelen, & M. Carney, 2013, Does 'good' corporate governance help in a crisis? The impact of country- and firm-level governance mechanisms in the European financial crisis, *Corporate Governance: An International Review*, 21: 201–224; M. A. Abebe, A. Angriawan, & Y. Lui, 2011, CEO power and organizational turnaround in declining firms: Does environment play a role? *Journal of Leadership and Organizational Studies*, 18: 260–273.

48. C. H. Liao & A. W. H. Hsu, 2013, Common membership and effective corporate governance: Evidence from audit and compensation committees, *Corporate Governance: An International Review*, 21: 79–92.

49. P. Cullinan, P. B. Roush, & X. Zheng, 2012, CEO/

Chair duality in the Sarbanes-Oxley era; Board independence versus unity of command, *Research on Professional Responsibility and Ethics in Accounting*, 16: 167–183; C. S. Tuggle, D. G. Sirmon, C. R. Reutzel, & L. Bierman, 2010, Commanding board of director attention: Investigating how organizational performance and CEO duality affect board members' attention to monitoring, *Strategic Management Journal*, 32: 640–657; J. Coles & W. Hesterly, 2000, Independence of the chairman and board composition: Firm choices and shareholder value, *Journal of Management*, 26: 195–214.

50. R. Krause & M. Semadeni, 2013, Apprentice, departure, and demotion: An examination of the three types of CEO-board chair separation, *Academy of Management Journal*, 56: 805–826.
51. M. van Essen, P. J. Engelen, & M. Carney, 2013, Does "good" corporate governance help in a crisis? The impact of country- and firm-level governance mechanisms in the European financial crisis, *Corporate Governance: An International Review*, 21: 201–224.
52. R. Krause & M. Semadeni, 2014, Last dance or second chance? Firm performance, CEO career horizon, and the separation of board leadership roles, *Strategic Management Journal*, 35: 808–825.
53. P. C. Patel & D. Cooper, 2014, Structural power equality between family and nonfamily TMT members and the performance of family firms, *Academy of Management Journal*, 57: 1624–1649.
54. E. Matta & P. W. Beamish, 2008, The accentuated CEO career horizon problem: Evidence from international acquisitions, *Strategic Management Journal*, 29: 683–700; N. Rajagopalan & D. Datta, 1996, CEO characteristics: Does industry matter? *Academy of Management Journal*, 39: 197–215.
55. W. Lewis, J. L. Walls, & G. W. S. Dowell, 2014, Difference in degrees: CEO characteristics and firm environmental disclosure, *Strategic Management Journal*, 35: 712–722; R. A. Johnson, R. E. Hoskisson, & M. A. Hitt, 1993, Board involvement in restructuring: The effect of board versus managerial controls and characteristics, *Strategic Management Journal*, 14 (Special Issue): 33–50.
56. Z. Simsek, 2007, CEO tenure and organizational performance: An intervening model, *Strategic Management Journal*, 28: 653–662.
57. M. A. Fitza, 2014, The use of variance decomposition in the investigation of CEO effects: How large must the CEO effect be to rule out chance? *Strategic Management Journal*, 35: 1839–1852; X. Luo, V. K. Kanuri, & M. Andrews, 2014, How does CEO tenure matter? The mediating role of firmemployee and firm-customer relationships, *Strategic Management Journal*, 35: 492–511.
58. M. Hernandez, 2012, Toward an understanding of the psychology of stewardship, *Academy of Management Review*, 37: 172–193.
59. J. W. Ridge & A. Ingram, 2015, Modesty in the top management team: Investor reaction and performance implications, *Journal of Management*, in press; K. Boyd, D. Miller, I. LeBreton-Miller, & B. Scholnick, 2008, Stewardship vs. stagnation: An empirical comparison of small family and non-family businesses, *Journal of Management Studies*, 51: 51–78; J. H. Davis, F. D. Schoorman, & L. Donaldson, 1997, Toward a stewardship theory of management, *Academy of Management Review*, 22: 20–47.
60. M. Menz & C. Scheef, 2014, Chief strategy officers: Contingency analysis of their presence in top management teams, *Strategic Management Journal*, 35: 461–471; A. Holehonnur & T. Pollock, 2013, Shoot for the stars? Predicting the recruitment of prestigious directors at newly public firms, *Academy of Management Journal*, 56: 1396–1419; B. Espedal, O. Kvitastein, & K. Gronhaug, 2012, When cooperation is the norm of appropriateness: How does CEO cooperative behavior affect organizational performance? *British Journal of Management*, 23: 257–271.
61. X. Zhang, N. Li, J. Ullrich, & R. van Dick, 2015, Getting everyone on board: The effect of differentiated transformational leadership by CEOs on top management team effectiveness and leader-related firm performance, *Journal of Management*, in press; J. G. Messersmith, J. Y. Lee, J P. Guthrie, & Y. Y Ji, 2014, Turnover at the top: Executive team departures and firm performance, *Organization Science*, 25: 776–793.
62. C. H. Mooney, M. Semadeni, & I. F. Kesner, 2015, The selection of an interim CEO: Boundary conditions and the pursuit of temporary leadership, *Journal of Management*, in press; S. D. Graffin, S. Boivie, & M. A. Carpenter, 2013, Examining CEO succession and the role of heuristics in early-stage CEO evaluation, *Strategic Management Journal*, 34: 383–403.
63. J. P. Donlon, 2013, 40 best companies for leaders 2013, *Chief Executive*, www.chiefexecutive.net, January 12.
64. 2013, Deloitte, Perspectives on familyowned businesses: Governance and succession planning, *www.deloitte.com*, January.
65. C. Peterson-Withorn, 2015, new survey pinpoints what keeps family businesses going for generations, *Forbes*, www.forbes.com, April 23.
66. 2013, Intersearch survey reveals status of CEO succession plans in companies around the world, Intersearch, www.pendlpiswanger.at/images/content/file/ Artikel/CEOsuccession, February.
67. S. Mobbs & C. G. Raheja, 2012, Internal managerial promotions: Insider incentives and CEO succession, *Journal of Corporate Finance*, 18: 1337–1353; S. Rajgopal, D. Taylor, & M. Venkatachalam, 2012, Frictions in the CEO labor market: The role of talent agents in CEO compensation, *Contemporary Accounting Research*, 29: 119–151.
68. 2015, CEO Statistics, Statistic Brain Research Institute, *www.statisticbrain.com*, March 11.
69. M. Nakauchi & M. F. Wiersema, 2015, Executive succession and strategic change, *Strategic Management Journal*, 36: 298–306; M. Elson & C. K. Ferrere, 2012, When searching for a CEO, there's no place like home, *Wall Street Journal*, www.wsj.com, October 29.
70. W. Li & J. Lu, 2014, Board independence, CEO succession and the scope of strategic change, *Nankai Business Review International*, 5: 309–325.
71. J. J. Marcel, A. P. Cowen, & G. A. Ballinger, 2015, Are disruptive CEO successions viewed as a governance lapse? Evidence from board turnover, *Journal of Management*, in press; Y. Zhang & N. Rajagopalan, 2010, Once an outsider, always an outsider? CEO origin, strategic change and firm performance, *Strategic Management Journal*, 31: 334–346.
72. V. Mehrotra, R. Morck, J. Shim, & Y. Wiwattanakantang, 2013, Adoptive expectations: Rising sons in Japanese family firms, *Journal of Financial Economics*, 108: 840–854; G. A. Ballinger & J. J. Marcel, 2010, The use of an interim CEO during succession episodes and firm performance, *Strategic Management Journal*, 31: 262–283.
73. S. Pandey & S. Rhee, 2015, An inductive study of foreign CEOs of Japanese firms, *Journal of Leadership and Organizational Studies*, 22: 202–216.
74. J. A. Krug, P. Wright, & M. J. Kroll, 2014, Top management turnover following mergers and acquisitions; Solid research to date but still much to be learned, *Academy of Management Journal*, 28: 147–163.
75. T. Buyl, C. Boone, & J. B. Wade, 2015, non-CEO executive mobility: The impact of poor firm performance and TMT attention, *European Management Review*, in press.
76. J. Baer, 2015, Google hires Morgan Stanley's Porat as finance chief, *Wall Street Journal*, www.wsj.com, March 24; C. Dougherty, 2015, Google CFO is retiring to spend more time with family (No, really), *New York Times*, bits.blogs.nytimes.com, March 10.
77. D. H. Weng & Z. Lin, 2014, Beyond CEO tenure: The effect of CEO newness on strategic changes, *Journal of Management*, 40: 2009–2032; T. Hutzschenreuter, I. Kleindienst, & C. Greger, 2012, How new leaders affect strategic change following a succession event: A critical review of the literature, *The Leadership Quarterly*, 23: 729–755; J. Kotter, 2012, Accelerate! *Harvard Business Review*, 90(11): 45–58.
78. F. F. Jing, G. C. Avery, & H. Bergsteiner, 2014, Enhancing performance in small professional firms through vision communication and sharing, *Asia Pacific Journal of Management*, 31: 599–620; L. Mirabeau & S. Maguire, 2014, From autonomous strategic behavior to emergent strategy, *Strategic Management Journal*, 35: 1202–1229; G. A. Shinkle, A. P. Kriauciunas, & G. Hundley, 2013, Why pure strategies may be wrong for transition economy firms, *Strategic Management Journal*, 34: 1244–1254.
79. Herrmann & Nadkarni, 2014, Managing strategic change; T. Barnett, R. G. Long, & L. E. Marler, 2012, Vision and exchange in intra-family succession: Effects on procedural justice climate among nonfamily managers, *Entrepreneurship Theory and Practice*, 36: 1207–1225.
80. S. Mantere, H. A. Schildt, & J. A. A. Sillince, 2012, Reversal of strategic change, *Academy of Management Journal*, 55: 172–196; S. Sonenshein, 2012, Explaining employee engagement with strategic change implementation: A meaning-making approach, *Organization Science*, 23: 1–23.
81. P. Chaigneau, 2013, Explaining the structure of CEO incentive pay with decreasing relative risk aversion, *Journal of Economics and Business*, 67: 4–23; G. Chen & D. C. Hambrick, 2012, CEO replacement in turnaround situations: Executive (mis) fit and its performance implications, *Organization Science*, 23: 225–243; P. L. McClelland, X. Ling, & V. L. Barker, 2010, CEO commitment to the status quo: Replication and extension using content analysis, *Journal of Management*, 36: 1251–1277.
82. S. Nankarni & J. Chen, 2014, Bridging yesterday, today and tomorrow: CEO temporal focus, environmental dynamism and rate of new product introduction, *Academy of Management Journal*, 57: 1810–1833; J. R. Mitchell, D. A. Shepherd, & M. P. Sharfman, 2011, Erratic strategic decisions: When and why managers are inconsistent in strategic decision making, *Strategic Management Journal*, 32: 683–704.

83. R. Mudambi & T. Swift, 2014, Knowing when to leap: Transitioning between exploitative and explorative R&D, *Strategic Management Journal*, 35: 126–145; J. Wowak & D. C. Hambrick, 2010, A model of person-pay interaction: How executives vary in their response to compensation arrangements, *Strategic Management Journal*, 31: 803–821.
84. G. A. Shinkle & B. T. McCann, 2014, New product deployment: The moderating influence of economic institutional context, *Strategic Management Journal*, 35: 1090–1101; P. M. Wilderom, P. T. van den Berg, & U. J. Wiersma, 2012, A longitudinal study of the effects of charismatic leadership and organizational culture on objective and perceived corporate performance, *The Leadership Quarterly*, 23: 835–848.
85. M. J. Chen & D. Miller, 2012, West meets east: Toward an ambicultural approach to management, *Academy of Management Perspectives*, 24: 17–24; M. J. Chen & D. Miller, 2011, The relational perspective as a business mindset: Managerial implications for East and West, *Academy of Management Perspectives*, 25: 6–18.
86. U. Stettner & D. Lavie, 2014, Ambidexterity under scrutiny: Exploration and exploitation via internal organization, alliances and acquisitions, *Strategic Management Journal*, 35: 1903–1925; M. Y. C. Chen, C. Y. Y. Lin, H. E. Lin, & E. F. McDonough, III, 2012, Does transformational leadership facilitate technological innovation? The moderating roles of innovative culture and incentive compensation, *Asia Pacific Journal of Management*, 29: 239–264.
87. A. Gambardella, C. Panico, & G. Valentini, 2015, Strategic incentives to human capital, *Strategic Management Journal*, 36: 37–52; M. D. Huesch, 2013, Are there always synergies between productive resources and resource deployment capabilities? *Strategic Management Journal*, 34: 1288–1313; J. Kraaijenbrink, J. C. Spender, & A. J. Groen, 2010, The resource-based view: A review and assessment of its critiques, *Journal of Management*, 36: 349–372.
88. S. D. Julian & J. C. Ofori-dankwa, 2013, Financial resource availability and corporate social responsibility expenditures in a sub-Saharan economy: The institutional difference hypothesis, *Strategic Management Journal*, 34: 1314–1330; T. Vanacker, V. Collewaert, & I. Pacleman, 2013, The relationship between slack resources and the performance of entrepreneurial firms: The role of venture capital and angel investors, *Journal of Management Studies*, 50: 1070–1096.
89. Y. Li, H. Chen, Y. Liu, & M. W. Peng, 2014, Managerial ties, organizational learning, and opportunity capture: A social capital perspective, *Asia Pacific Journal of Management*, 31: 271–291; E. A. Clinton, S. Sciascia, R. Yadav, & F. Roche, 2013, Resource acquisition in family firms: The role of family-influenced human and social capital, *Entrepreneurship Research Journal*, 3: 44–61; H. A. Ndofor, D. G. Sirmon, & X. He, 2011, Firm resources, competitive actions and performance: Investigating a mediated model with evidence from the in-vitro diagnostics industry, *Strategic Management Journal*, 32: 640–657.
90. A. Carr, 2013, Death to core competency: Lessons from Nike, Apple, Netflix, *Fast Company*, www.fastcompany.com, February 14.
91. P. M. Wright, R. Coff, & T. P. Moliterno, 2014, Strategic human capital: Crossing the great divide, *Journal of Management*, 40: 353–370; R. E. Ployhart, C. H. Van Idderkinge, & W. J. MacKenzie, 2011, Acquiring and developing human capital in service contexts: The interconnectedness of human capital resources, *Academy of Management Journal*, 54: 353–368.
92. M. A. Hitt, L. Bierman, K. Uhlenbruck, & K. Shimizu, 2006, The importance of resources in the internationalization of professional service firms: The good, the bad and the ugly, *Academy of Management Journal*, 49: 1137–1157; M. A. Hitt, L. Bierman, K. Shimizu, & R. Kochhar, 2001, Direct and moderating effects of human capital on strategy and performance in professional service firms: A resource-based perspective, *Academy of Management Journal*, 44: 13–28.
93. A. Mackey, J. C. Molloy, & S. S. Morris, 2014, Scarce human capital in managerial labor markets, *Journal of Management*, 40: 399– 421; H. Aquinis, H. Joo, & R. K. Gottfredson, 2013, What monetary rewards can and cannot do: How to show employees the money, *Business Horizons*, 56: 241–249.
94. A. Chatterji & A. Patro, 2014, Dynamic capabilities and managing human capital, *Academy of Management Perspectives*, 28: 395–408; R. R. Kehoe & P. M. Wright, 2013, The impact of high-performance human resource practices on employees' attitudes and behaviors, *Journal of Management*, 39: 366–391.
95. Z. J. Zhao & J. Anand, 2013, Beyond boundary spanners: The 'collective bridge' as an efficient interunit structure for transferring collective knowledge, *Strategic Management Journal*, 34: 1513–1530; J. Pfeffer, 2010, Building sustainable organizations: The human factor, *Academy of Management Perspectives*, 24(1): 34–45.
96. K. Z. Zhou & C. B. Li, 2012, How knowledge affects radical innovation: Knowledge base, market knowledge acquisition, and internal knowledge sharing, *Strategic Management Journal*, 33: 1090–1102.
97. J. R. Lecuona & M. Reitzig, 2014, Knowledge worth having in 'excess': The value of tacit and firm-specific human resource slack, *Strategic Management Journal*, 35: 954–973; T. R. Holcomb, R. D. Ireland, R. M. Holmes, & M. A. Hitt, 2009, Architecture of entrepreneurial learning: Exploring the link among heuristics, knowledge, and action, *Entrepreneurship, Theory & Practice*, 33: 173–198.
98. Y. Zheng, A. S. Miner, & G. George, 2013, Does the learning value of individual failure experience depend on grouplevel success? Insights from a university technology transfer office, *Industrial and Corporate Change*, 22: 1557–1586; R. Hirak, A. C. Peng, A. Carmeli, & J. M. Schaubroeck, 2012, Linking leader inclusiveness to work unit performance: The importance of psychological safety and learning from failure, *The Leadership Quarterly*, 23: 107–117.
99. Hitt, Miller, & Colella, Organizational Behavior.
100. A. Cook & C. Glass, 2014, Above the glass ceiling: When are women and racial/ethnic minorities promoted to CEO? *Academy of Management Journal*, 35: 1080–1089.
101. R. Hoskisson, W. Shi, H. Yi, & J. Jin, 2013, The evolution and strategic positioning of private equity firms, *Academy of Management Perspectives*, 27: 22–38; P. M. Norman, F. C. Butler, & A. L. Ranft, 2013, Resources matter: Examining the effects of resources on the state of firms following downsizing, *Journal of Management*, 39: 2009–2038; R. D. Nixon, M. A. Hitt, H. Lee, & E. Jeong, 2004, Market reactions to corporate announcements of downsizing actions and implementation strategies, *Strategic Management Journal*, 25: 1121–1129.
102. R. J. Bies, 2013, The delivery of bad news in organizations: A framework for analysis, *Journal of Management*, 39: 136–162; B. C. Holtz, 2013, Trust primacy: A model of the reciprocal relations between trust and perceived justice, *Journal of Management*, 39: 1891–1923.
103. C. Galunic, G. Krtug, & M. Gargiulo, 2012, The positive externalities of social capital: Benefiting from senior brokers, *Academy of Management Journal*, 55: 1213–1231; P. S. Adler & S. W. Kwon, 2002, Social capital: Prospects for a new concept, *Academy of Management Review*, 27: 17–40.
104. M. Ahearne, S. K. Lam, & F. Krause, 2014, Performance impact of middle managers' adaptive strategy implementation: The role of social capital, *Strategic Management Journal*, 35: 68–87; Y. Y. Chang, Y. Gong, & M. W. Peng, 2012, Expatriate knowledge transfer, subsidiary absorptive capacity, and subsidiary performance, *Academy of Management Journal*, 55: 927–948; S. Gao, K. Xu, & J. Yang, 2008, Managerial ties, Absorptive capacity & innovation, *Asia Pacific Journal of Management*, 25: 395–412.
105. K. H. Heimeriks, M. Schijven, & S. Gates, 2012, Manifestations of higher-order routines: The underlying mechanisms of deliberate learning in the context of postacquisition integration, *Academy of Management Journal*, 55: 703–726; P. Ozcan & K. M. Eisenhardt, 2009, Origin of alliance portfolios: Entrepreneurs, network strategies, and firm performance, *Academy of Management Journal*, 52: 246–279; W. H. Hoffmann, 2007, Strategies for managing a portfolio of alliances, *Strategic Management Journal*, 28: 827–856.
106. A. M. Kleinbaum & T. E. Stuart, 2014, Inside the black box of the corporate staff: Social networks and the implementation of corporate strategy, *Strategic Management Journal*, 35: 24–47.
107. D. K. Panda, 2014, Managerial networks and strategic orientation in SMEs: Experience from a transition economy, *Journal of Strategy and Management*, 7: 376–397; B. J. Hallen & K. M. Eisenhardt, 2012, Catalyzing strategies and efficient tie formation: How entrepreneurial firms obtain investment ties, *Academy of Management Journal*, 55: 35–70.
108. A. Klein, 2011, Corporate culture: Its value as a resource for competitive advantage, *Journal of Business Strategy*, 32(2): 21–28; J. B. Barney, 1986, Organizational culture: Can it be a source of sustained competitive advantage? *Academy of Management Review*, 11: 656–665.
109. B. Schneider, M. G. Ehrhart, & W. H. Macey, 2013, Organizational climate and culture, *Annual Review of Psychology*, 64: 361–388; E. F. Goldman & A. Casey, 2010, Building a culture that encourages strategic thinking, *Journal of Leadership and Organizational Studies*, 17: 119–128.
110. C. B. Dobni, M. Klassen, & W. T. Nelson, 2015, Innovation strategy in the US: Top executives offer their views, *Journal of Business Strategy*, 36(1): 3–13; P. G. Klein, J. T. Mahoney, A. M. McGahan, & C. N. Pitelis, 2013, Capabilities and strategic entrepreneurship in public organizations, *Strategic Entrepreneurship Journal*, 7: 70–91; R. D. Ireland, J. G. Covin, & D. F. Kuratko, 2009, Conceptualizing

corporate entrepreneurship strategy, *Entrepreneurship Theory and Practice*, 33: 19–46.

111. M. S. Wood, A. McKelvie, & J. M. Haynie, 2014, Making it personal: Opportunity individuation and the shaping of opportunity beliefs, *Journal of Business Venturing*, 29: 252–272; R. D. Ireland & J. W. Webb, 2007, Strategic entrepreneurship: Creating competitive advantage through streams of innovation, *Business Horizons*, 50: 49–59.

112. P. L. Schultz, A. Marin, & K. B. Boal, 2014, The impact of media on the legitimacy of new market categories: The case of broadband internet, *Journal of Business Venturing*, 29: 34–54; S. A. Alvarez & J. B. Barney, 2008, Opportunities, organizations and entrepreneurship, *Strategic Entrepreneurship Journal*, 2: 171–174.

113. Y. Tanq, J. Li, & H. Yang, 2015, What I see, what I do: How executive hubris affects firm innovation, *Journal of Management*, in press; R. E. Hoskisson, M. A. Hitt, R. D. Ireland, & J. S. Harrison, 2013, *Competing for Advantage*, 3rd ed., Mason, OH: Thomson Publishing.

114. G. Cao, Z. Simsek, & J. J. P. Jansen, 2105, CEO social capital and entrepreneurial orientation of the firm: Bonding and bridging effects, *Journal of Management*, in press; T. W. Tong & S. Li, 2013, The assignment of call option rights between partners in international joint ventures, *Strategic Management Journal*, 34: 1232–1243.

115. C. Bjornskov & N. Foss, 2013, How strategic entrepreneurship and the institutional context drive economic growth, *Strategic Entrepreneurship Journal*, 7: 50–69; M. A. Hitt, R. D. Ireland, D. G. Sirmon, & C. A. Trahms, 2011, Strategic entrepreneurship: Creating value for individuals, organizations and society, *Academy of Management Perspectives*, 25: 57–75; P. G. Kein, 2008, Opportunity discovery, entrepreneurial action and economic organization, *Strategic Entrepreneurship Journal*, 2: 175–190.

116. A. Engelen, C. Neumann, & S. Schmidt, 2015, Should entrepreneurially oriented firms have narcissistic CEOs? *Journal of Management*, in press; G. T. Lumpkin & G. G. Dess, 1996, Clarifying the entrepreneurial orientation construct and linking it to performance, *Academy of Management Review*, 21: 135–172.

117. Lumpkin & Dess, *Clarifying the entrepreneurial orientation construct*, 142.

118. Ibid., 137.

119. C. L. Wang & M. Rafiq, 2014, Ambidextrous organizational culture, contextual ambidexterity and new product innovation: A comparative study of UK and Chinese high-tech firms, *British Journal of Management*, 25: 58–76; P. Pyoria, 2007, Informal organizational culture: The foundation of knowledge workers' performance, *Journal of Knowledge Management*, 11: 16–30.

120. C. Kane & J. Cunningham, 2014, Turnaround leadership core tensions during the company turnaround process, *European Management Review*, 32: 968–980; W. Langvardt, 2012, Ethical leadership and the dual roles of examples, *Business Horizons*, 55: 373–384.

121. M. N. Kastanakis & B. G. Voyer, 2014, The effect of culture on perception and cognition: A conceptual framework, *Journal of Business Research*, 67: 425–433; J. Kotter, 2011, Corporate culture: Whose job is it? *Forbes*, http://blog.forbes.com/ johnkotter, February 17.

122. M. I. Garces & P. Morcillo, 2012, The role of organizational culture in the resourcebased view: An empirical study of the Spanish nuclear industry, *International Journal of Strategic Change Management*, 4: 356–378; E. Mollick, 2012, People and process, suits and innovators: the role of individuals in firm performance, *Strategic Management Journal*, 33: 1001–1015.

123. W. McKinley, S. Latham, & M. Braun, 2014, Organizational decline and innovation: Turnarounds and downward spirals, *Academy of Management Review*, 39: 88–110; R. Fehr & M. J. Gelfand, 2012, The forgiving organization: A multilevel model of forgiveness at work, *Academy of Management Review*, 37: 664–688; E. G. Love & M. Kraatz, 2009, Character, conformity, or the bottom line? How and why downsizing affected corporate reputation, *Academy of Management Journal*, 52: 314–335.

124. Adler & Kwon, Social capital.

125. J. L. Campbell & A. S. Goritz, 2014, Culture corrupts! A qualitative study of organizational culture in corrupt organizations, *Journal of Business Ethics*, 120: 291–311; J. Pinto, C. R. Leana, & F. K. Pil, 2008, Corrupt organizations or organizations of corrupt individuals? Two types of organization-level corruption, *Academy of Management Review*, 33: 685–709.

126. A. Arnaud & M. Schminke, 2012, The ethical climate and context of organizations: A comprehensive model, *Organization Science*, 23: 1767–1780; M. E. Scheitzer, L. Ordonez, & M. Hoegl, 2004, Goal setting as a motivator of unethical behavior, *Academy of Management Journal*, 47: 422–432.

127. J. A. Pearce, 2013, Using social identity theory to predict managers' emphases on ethical and legal values in judging business issues, *Journal of Business Ethics*, 112: 497–514; M. Zhao, 2013, Beyond cops and robbers: The contextual challenge driving the multinational corporation public crisis in China and Russia, *Business Horizons*, 56: 491–501.

128. H. A. Ndofor, C. Wesley, & R. L. Priem, 2015, Providing CEOs with opportunities to cheat: The effects of complexity based information asymmetries on financial reporting fraud, Journal of Management, in press; I. Okhmaztovksiy & R. J. David, 2012, Setting your own standards: Internal corporate governance codes as a response to institutional pressure, *Organization Science*, 23: 155–176; X. Zhang, K. M. Bartol, K. G. Smith, M. D. Pfaffer, & D. M. Khanin, 2008, CEOs on the edge: Earnings manipulation and stock-based incentive misalignment, *Academy of Management Journal*, 51: 241–258.

129. K. T. Haynes, J. T. Campbell, & M. A. Hitt, 2015, When more is not enough: Executive greed and its influence on shareholder wealth. *Journal of Management*, in press; Haynes, Hitt, & Campbell, The Dark Side of Leadership; P. M. Picone, G. B. Dagnino, & A. Mina, 2014, The origin of failure: A multidisciplinary appraisal of the hubris hypothesis and proposed research agenda, *Academy of Management Perspectives*, 28(4): 447–468.

130. K. A, Gangloff, B. L. Connelly, & C. L. Shook, 2015, Of scapegoats and signals: Investor reactions to CEO succession in the aftermath of wrongdoing, *Journal of Management*, in press; D. Gomulya & W. Boeker, 2014, How firms respond to financial restatement: CEO successors and external reactions, *Academy of Management Journal*, 57: 1759–1785.

131. M. S. Schwartz, 2013, Developing and sustaining an ethical corporate culture: The core elements, *Business Horizons*, 56: 39–50; J. M. Stevens, H. K. Steensma, D. A. Harrison, & P. L. Cochran, 2005, Symbolic or substantive document? Influence of ethics codes on financial executives' decisions, *Strategic Management Journal*, 26: 181–195.

132. W. H. Bishop, 2013, The role of ethics in 21st century organizations, *Journal of Business Ethics*, 118: 635–637; B. E. Ashforth, D. A. Gioia, S. L. Robinson, & L. K. Trevino, 2008, Re-viewing organizational corruption, *Academy of Management Review*, 33: 670–684.

133. Control (management), 2015, *Wikipedia*, http://en.wikipedia.org/wiki/control, May 18; M. D. Shields, F. J. Deng, & Y. Kato, 2000, The design and effects of control systems: Tests of direct- and indirect-effects models, Accounting, *Organizations and Society*, 25: 185–202.

134. M. Rapoport, 2013, KPMG finds its safeguards 'sound and effective,' *Wall Street Journal*, www.wsj.com, June 4.

135. Balanced scorecard, 2015, *Wikipedia*, en. wikipedia. org/wiki/Balanced_scorecard, May 18; M. Friesl & R. Silberzahn, 2012, Challenges in establishing global collaboration: Temporal, strategic and operational decoupling, *Long Range Planning*, 45: 160–181; R. S. Kaplan & D. P. Norton, 2009, The balanced scorecard: Measures that drive performance (HBR OnPoint Enhanced Edition), *Harvard Business Review*, March.

136. B. E. Becker, M. A. Huselid, & D. Ulrich, 2001, *The HR Scorecard: Linking People, Strategy, and Performance*, Boston, MA: Harvard Business School Press, 21.

137. K. T. Haynes, M. A. Josefy, & M. A. Hitt, 2015, Tipping point: Managers' selfinterest, greed, and altruism, *Journal of Leadership & Organizational Studies*, 22: 265–279; R. S. Kaplan & D. P. Norton, 2001, Transforming the balanced scorecard from performance measurement to strategic management: Part I, *Accounting Horizons*, 15 (1): 87–104.

138. R. S. Kaplan, 2012, The balanced scorecard: Comments on balanced scorecard commentaries, *Journal of Accounting and Organizational Change*, 8: 539–545; R. S. Kaplan & D. P. Norton, 1992, The balanced scorecard—measures that drive performance, *Harvard Business Review*, 70(1): 71–79.

139. A. Danaei & A. Hosseini, 2013, Performance measurement using balanced scorecard: A case study of pipe industry, *Management Science Letters*, 3: 1433–1438; M. A. Mische, 2001, *Strategic Renewal: Becoming a High-Performance Organization*, Upper Saddle River, NJ: Prentice Hall, 181.

140. G. Rowe, 2001, Creating wealth in organizations: The role of strategic leadership, *Academy of Management Executive*, 15: 81–94.

141. J. Xia & S. Li, 2013, The divestiture of acquired subunits: A resource dependence approach, *Strategic Management Journal*, 34: 131–148; R. E. Hoskisson, R. A. Johnson, D. Yiu, & W. P. Wan, 2001, Restructuring strategies of diversified business groups: Differences associated with country institutional environments, in M. A. Hitt, R. E. Freeman, & J. S. Harrison (eds.), *Handbook of Strategic Management*, Oxford, UK: Blackwell Publishers, 433–463.

142. J. Wincent, S. Thorgren, & S. Anokhin, 2013, Managing maturing governmentsupported networks: The shift from monitoring to embeddedness controls, *British Journal of Management*, 24: 480–497.

13

전략적 기업가 정신

● 학습목표 ●

13-1 전략적 기업가 정신과 기업의 기업가 정신을 정의한다.

13-2 기업가 정신과 기업가 정신의 기회를 정의하고 설명한다.

13-3 발명, 혁신, 모방을 정의하고 관계를 설명한다.

13-4 기업가와 기업가적 사고 방식을 설명한다.

13-5 국제적 기업가 정신과 그 중요성에 대해 설명한다.

13-6 기업이 어떻게 내부 혁신을 개발하는지 설명한다.

13-7 기업이 혁신을 하기 위해 어떻게 전략적 협업을 사용하는지 설명한다.

13-8 기업이 혁신의 수단으로서 인수를 설명한다.

13-9 전략적 기업가 정신이 어떻게 기업 가치 창출에 기여하는지 설명한다.

기업가 정신의 열정과 혁신이 디즈니의 성공을 이끌다

디즈니의 창업주인 월트 디즈니(Walt Disney)는 상상력이 존재하는 이상, 디즈니랜드는 절대 사라지지 않을 것이라고 말했다. 다시 말해 디즈니 내부에 기업가 정신과 혁신이 존재하는 한 디즈니는 사라지지 않을 것이다.

페이스북의 최고 운영자(COO)이며 디즈니의 이사인 셰럴 샌드버그(Cheryl Sandberg)는 어떤 회사들은 기술에 집중하기도 하고 다른 회사들은 콘텐츠에 집중하기도 하는데, 디즈니는 이 두 분야를 연계하고 통합하고 있다고 말한다. 디즈니는 애니메이션 캐릭터인 미키마우스, 디즈니랜드, 디즈니월드로 유명하다. 최근 디즈니는 다른 사업 분야에서도 두각을 나타내고 있다. 예를 들어, 디즈니의 최고 경영자 로버트 아이거(Bob Iger)는 디즈니는 애니메이션 회사인 픽사(Pixar), 수퍼히어로를 제작한 마블(Marvel Entertainment), 스타워즈를 제작한 루카스필름(Lucasfilm), 매직밴드(Magic Bands) 등 외부 기업을 사들였다. 디즈니는 인수한 기업들의 혁신 역량과 창의성을 통합하고 개발하고 있다.

Frazer Harrison/Getty Images

디즈니의 수많은 사업부와 인수된 회사들은 이전에 볼 수 없었던 새로운 기술에 의해 영향을 받고 있다. 디즈니의 5개 연구소 중 하나인 Imagineering 연구소에서는 새로운 혁신과 관련한 가장 경제적인 선택을 위해 최고 경영자인 아이거와 연구소 업무 관계자들이 함께 사전 리뷰를 통해 혁신을 개발한다. 현재 디즈니가 보유한 특허 중 84% 는 2005년 이후에 출원되었다. 디즈니의 새로운 기술은 여러 분야에서 두각을 나타내지만 가장 돋보이는 곳은 디즈니의 영상과 픽사, 마블, 루카스필름이다. 디즈니는 여러 캐릭터를 교차해서 새로운 사업을 만들고 있다. 예를 들어, 한 영화의 캐릭터가 다른 영화의 캐릭터로도 사용되어, 서로 독특하지만 상호 연결된 디즈니만의 영화가 제작된다. 마블의 Cinematic Universe에 속한 영화들은 총 72억 달러 수익을 창출하였으며, 역대 가장 수익 높은 영화 상위 10위에 마블의 영화 2개가 올라있다.

디즈니는 지속적으로 창조하려고 노력한다. 예를 들어, 디즈니가 2012년에 인수한 루카스필름은 새로운 스타워즈 영화인 「스타워즈: 깨어난 포스」를 2015년 12월에 개봉했다. 그리고 스타워즈 반란군, 애니메이션 시리즈를 제작해 남자 아이들을 목표 시장으로 삼아 스타워즈 시리즈를 디즈니 케이블 방송에서 방영했다. 디즈니가 루카스필름을 인수하기 전, 루카스필름은 '팬 동호회'를 만들고 관리하는 데 많은 노력을 기울였다. 예를 들어 팬 동호회 관리자 직위를 만들어 2년에 한 번씩 미팅을 했다. 이 미팅 이름은 'Star Wars Celebration'인데 스타워즈 이야기 및 캐릭터에 관심 있는 사람 45,000명이 모였다. 디즈니는 새롭게 인수한 회사들로부터 학습한 내용을 디즈니에도 확대 적용하여 디즈니 본사에도 팬 동호회 관리자 직위를 신설했다.

픽사는 2015년과 2016년에 개봉할 새로운 애니매이션 영화를 제작했는데 「굿 다이노」, 「도리를 찾아서」, 「주토피아」, 「모아나」 등이 포함된다. 「겨울왕국」과 「빅 히어로 6」는 과거 높은 수준의 매출을 올렸던 흥행작으로 매우 창의적이고 독특한 애니메이션 영화로 평가받는다. 이러한 과거의 성공에 비추어 새롭게 개봉할 디즈니의 애니메이션 영화들도 성공 확률이 높을 것으로 예상한다. 디즈니의 수익은 영화 외 사업 영역에서도 창출된다. 예를 들어, 영화 주인공 캐릭터를 활용해 개발한 다양한 소비자 상품으로도 수익을 창출하고 있는데 캐릭터에 관련된 제품들은 디즈니 놀이공원에 전시를 위해 설치될 예정이다.

2015년 디즈니는 아이맥스(IMAX)사와 계약을 맺고 아이맥스 극장에서 디즈니의 애니메이션과 영화를 상영하기로 했다. 이 계약은 3년 동안 지속되고 디즈니 엔터테인먼트의 새로운 영화 상영관에서 상영된다. 이러한 방법으로 디즈니 브랜드는 사람들에게 더 많이 인식되었으며 주식 가치도 증대되었다.

디즈니의 가장 높은 수익은 디즈니의 미디어 분야에서 창출되는데 ABC와 ESPN 사업이 포함된다. ESPN은 수익이 매우 높은 사업으로 ESPN 채널은 약 9,500만 가구에 전파된다. ESPN 채널은 패키지 상품과 케이블을 통해서 가장 많이 판매되지만 디즈니는 곧 개별적으로 ESPN에 가입할 수 있는 상품을 도입할 계획이다. 이러한 상품을 기반으로 한 디즈니의 혁신과 창의적인 고객 대응 노력이 높은 수준의 수익 창출을 가능케 한다.

출처: M. Lev-Ram, 2015, Empire of Tech, *Fortune*, January 1, 48–56; A. Chen, 2015, Disney, IMAX sign three-year agreement, *Wall Street Journal*, www.wsj.com, April 8; B. Barnes, 2015, For Lucasfilm, the way of its force lies in its 'Star War's fans, *New York Times*, www.nytimes.com, April 17; A. Sakoui & C. Palmeri, 2015, My universe is bigger than your universe, *BloombergBusiness*, www.bloomberg.com, April 23; A. Sakoui, 2015, Disney boosts 'Avengers' U.S. sales total to $191.3 million, *BloombergBusiness*, www.bloomberg.com, May 4; N. Tartaglione, 2015, Disney/Pixar spotlight on 'Finding Dory', 'Good Dinosaur' & more charms Cannes, *Deadline Breaking News*, www.deadline.com, May 20.

6장 기업 전략에서 디즈니의 다각화를 설명한 바 있다. 디즈니 다각화의 주요 동기는 위험 감소였는데 이 전략은 성공적이었다. 예를 들어, 2015년 반기 재무적 성과로 디즈니는 10%의 수익 증가율을 보고했는데, 이 수치는 기업 분석가들의 전망치를 상회하는 수준이었다. 영화와 케이블 방송의 매출이 감소하였지만, 놀이공원, 크루즈 라인, 미디어 및 네트워크 비즈니스, 그리고 소비자 상품의 수익은 상당히 증가하였다. 영화 사업은 순조롭게 진행되었지만 영화 부분의 수익은 전년 개봉된 「겨울왕국」보다 낮은 수준이었다. 하지만 다른 사업의 수익이 영화의 부족한 매출을 메워주었다. 디즈니의 가장 수익이 높은 사업 분야는 미디어 및 네트워크(ESPN과 ABC 사업)이다. 하지만 디즈니 사례에서 설명했듯이 엔터테인먼트와 양방향 인터렉티브 사업에서 디즈니의 혁신(창의성과 기술)은 미래 수익과 매출을 견인할 것으로 전망된다. 물론, 디즈니의 영화 사업의 성공적인 혁신은 다른 소비자 상품과 놀이공원 사업에도 반영되어 다양한 사업에서 시너지 효과를 추구할 것으로 보인다(6장 참조).[1] 도입사례에서 설명했듯이 디즈니는 창의적인 회사이지만, 최근 디즈니의 성공적인 혁신은 픽사, 마블, 루카스필름과 같은 혁신적인 외부 기업의 인수를 통해 달성한 것이라고 볼 수 있다. 인수의 결과가 성공적인 이유는 혁신적인 기업으로부터 확보한 지식을 디즈니의 다른 사업 분야에 의미 있게 적용하여 더 나은 혁신을 추구했기 때문이다. 예를 들어 디즈니는 팬 동호회의 형성과 유지와 관련한 커뮤니티 중요성을 인수 업체인 루카스필름으로부터 학습했다.[2] 인수 및 네트워킹을 통해서 외부로부터 축적되는 가치 있는 지식은 혁신을 추구하는 데 기여하며, 기업이 국내적으로 국제적[3]으로 경쟁할 수 있도록 도와준다. 이러한 정보와 지식은 현재 상황에서 틈새 시장을 공략할 수 있도록 도와주며, 나아가 기업이 미래 지향적인 전략적 기회를 찾을 수 있도록 지원하기도 한다.[4]

전략적 기업가 정신은 전략적 관점을 활용한 기업가적 활동을 포함한다.

본 장의 핵심 주제는 전략적 기업가 정신이다. 전략적 기업가 정신은 기업이 효과적으로 기업가적, 전략적 활동을 통합하고 운영하는 데 사용할 수 있는 프레임워크이다. **전략적 기업가 정신**(strategic entrepreneurship)은 전략적 관점을 활용한 기업가적 활동을 포함한다. 이 과정에서는 기업은 외부 환경으로부터 혁신을 활용할 수 있는 새로운 기회를 찾으려고 노력한다. 혁신을 통하여 기회를 확인하고 포착하는 것이 전략적 기업가 정신에서의 기업가 정신이다. 기업이 혁신을 추구하는 노력을 가장 성공적으로 살펴볼 수 있는 것이 전략적 차원이다.[5] 따라서 기업은 전략적 기업가 정신을 사용하여 시장의 기회를 찾아 혁신을 하고, 혁신으로부터 창출된 가치를 전유(appropriation)하기* 위한 전략 실행과 관련한 일련의 기업 활동을 통합한다.[6]

* 혁신의 전유성(appropriation)은 배타적으로 혁신의 결과물을 확보하고 보호할 수 있는 정도를 의미한다. 특히, 영업 비밀 등을 활용할 수 있다. — 역자주

본 장에서는 전략적 기업가 정신을 보다 상세히 설명하기 위해 다양한 주제를 살펴볼 것이

다. 첫째, 전략적 맥락에서 기업가 정신과 혁신을 살펴본다. 기업가 정신의 정의, 사업적 기회와 사업가(기업가 정신을 가지고 사업적 기회를 추구하는 사람)를 설명한다. 둘째, 국제적 기업가 정신을 설명한다. 국제적 기업가 정신은 기업이 해외 부분에서 기업가의 행동을 취하는 것이다. 셋째, 기업이 혁신하는 세 가지 방법(내부 혁신, 협력 전략, 인수)을 설명한다.[7] 대형 기업은 이 세 가지 방법을 모두 이용하여 혁신을 한다. 본 장에서는 어떻게 회사들이 전략적 기업가 정신을 사용하여 가치를 창출하는지를 설명하면서 마치려고 한다.

본 장에서 설명하는 대부분의 내용은 이미 잘 안착된 기업이나 조직에서 실행되고 있는 기업가 정신과 혁신과 관련한 것이다. 이러한 현상은 **사내 기업가 정신**(corporate entrepreneurship)이라고 하는데 사내 기업가 정신은 기업 내에서 사용하거나 적용되고 있는 기업가 정신이라 할 수 있다.[8] 사내 기업의 기업가 정신은 영리 목적의 조직[9]이나 공공 기관이 생존을 위해서 반드시 필요하다.[10] 물론 혁신과 기업가 정신은 스타트업과 같은 벤처 사업의 성공에도 매우 중요한 역할을 한다. 이런 이유로 본 장에서 살펴보는 대부분의 내용은 이미 정착된 조직과 벤처 사업 모두에게 중요하다.

사내 기업가 정신은 기업 내에서 사용하거나 적용되고 있는 기업가 정신이다.

13-1 기업가 정신과 기업가적 기회

기업가 정신(entrepreneurship)은 개인, 팀, 조직이 관리하는, 기존에 보유하고 있는 자원으로부터 즉각적인 제약을 받지 않고 기업가적 기회를 찾고 추구하는 과정이라 할 수 있다.[11] **기업가적 기회**(entrepreneurial opportunities)는 새로운 상품 또는 서비스로 시장의 니즈를 만족시킬 수 있는 상태이다. 이러한 기업가적 기회는 시장에서의 불완전한 경쟁과 생산에 영향을 주는 다양한 요인 등에 의해 만들어지기도 하지만, 기업가에 의해 기회는 개발될 수도 있다.[12] 기업가적 기회는 여러 방법으로 나타날 수 있다. 예를 들어 신제품을 개발하고 판매하고 신시장에 기존의 제품을 판매할 수 있는 기회 등이 있다.[13] 기업은 새로운 기업가적 기회를 언제 어디서든 받아들일 준비가 되어 있어야 한다.

기업가 정신은 개인, 팀, 조직이 관리하는, 기존에 보유하고 있는 자원으로부터 즉각적인 제약을 받지 않고 기업가적 기회를 찾고 추구하는 과정이다.

기업가적 기회는 새로운 제품이나 서비스가 시장의 니즈를 만족시킬 수 있는 상태이다.

위 기업가 정신과 기업가적 기회의 정의가 보여주듯이 기업가 정신의 핵심은 기업가적 기회(다른 기업들이 확인하지 못한 기회나 이들이 제품이나 서비스의 상용화 가능성을 인지하지 못한 기회)를 확인하여 활용하고 위기 관리에 적절히 대응하는 것이다.[14] 과정(process)적 측면에서 기업가 정신은 현재 제공하는 제품이나 서비스 또는 신제품을 새로운 방법으로 생산 방법의 '창조적 파괴(creative destruction)'의 결과일 수 있다. 기업가 정신은 기존의 제품과 생산 방법을 대체하기도 한다.[15] 따라서 기업가 정신에 깊게 몰입하는 기업들은 개별 혁신과 지속적인 혁신 능력에 대해 높은 가치를 부여한다.[16]

본 장은 기업가 정신을 개별 기업의 수준에서 살펴볼 것이다. 하지만, 기존의 연구 결과는 기업가 정신이 글로벌화된 경쟁 환경에서 국가의 경제발전을 촉진하는 성장엔진 역할임을 보여준다.[17] 즉 기업가 정신과 혁신은 글로벌화된 환경에서 경쟁하는 기업뿐만 아니라, 국민의 생활 수준을 향상시키는 국가단위에서도 매우 중요한 역할을 담당한다.

13-2 혁신

발명이란 새로운 제품이나 프로세스를 창조하고 개발하는 활동이다.

혁신은 발명품 상용화하는 과정이다.

모방은 다른 기업의 유사한 혁신을 채택하는 것이다.

조지프 슘페터(Joseph Schumpeter)의 대표적인 논문 「The Theory of Economic Development」에서 슘페터는 기업은 세 가지 유형의 혁신 활동을 한다고 주장한 바 있다.[18] 첫째, 새로운 제품이나 프로세스를 창조하고 개발하는 **발명**(invention)이다. 둘째, **혁신**(innovation)은 발명품을 상용화(commercialization)하는 과정이다.[19] 다시 말해 발명은 혁신의 선행 조건이다. 발명은 새로운 것을 창조하고 혁신은 새로 창조된 발명을 상용화시킨다. 따라서 기술적 요건은 발명의 성공을 결정하고, 상용화 요건은 혁신의 성공을 결정하게 된다.[20] 마지막으로 **모방**(imitation)은 다른 기업의 유사한 혁신을 채택하는 것이다. 모방은 시장에서 제품이 표준화되고 모방된 상품들의 기능을 단순화하여 저가에 출시되기도 한다. 기업가 정신은 발명과 혁신 간 연결고리 역할을 담당하므로 혁신 활동에 있어서 기업가 정신은 매우 중요하다.[21]

대다수 기업에게 혁신은 위 세 가지 혁신 활동 중 가장 중요한 요소이다. 그 이유는 대다수 기업은 새로운 발명을 만들어내는 아이디어를 만들 수 있지만, 이러한 아이디어를 상품화시키는 데 어려움을 겪는다.[22] 특허는 전략적인 자산이며 특허를 지속적으로 만들 수 있는 능력은 기업 경쟁 우위의 중요한 원천이 된다. 특정 기업이 발명을 상용화하려고 할 때, 그리고 특정 기업이 지식 집약적인 산업에서 경쟁할 때 특허는 매우 중요하다(예: 제약 산업).[23] 경쟁 측면에서 특허를 통해 기업은 경쟁자에게 시장 진입을 어렵게 하는 높은 진입 장벽을 만든다.[24]

피터 드러커(Peter Drucker)는 '혁신은 기존 사업, 공공 기관, 신생 벤처 기업 어디서든 나타날 수 있는 기업가 정신의 특정한 기능이다'라고 말한 바 있다.[25] 드러커는 혁신은 '기업가가 새로운 부를 창조하기 위한 자원을 개발하는 방법, 또는 이미 존재하는 기술을 기부하여 새로운 부의 창조 가능성을 만드는 것이다'라고 언급했다.[26] 기업가 정신과 혁신의 결과는 전략적 경쟁력과 평균 이상의 수익을 찾는 기업에 매우 중요하다.

글로벌 경쟁에서 시장 선도 기업이 되기 위해서 기업은 정기적으로 혁신을 해야만 한다. 다시 말해, 혁신은 모든 기업의 행동에 내재되어야 한다. 최근 연구 결과는 '혁신'이라는 단어가 미국 기업의 분기별 보고서와 연차 보고서에 33,000회 인용되었다고 한다. 즉 기업의 성공에 혁신의 중요성을 강조했다.[27] 더불어 기업은 혁신을 성공적으로 이끌기 위한 인적자원의 중요성과 노력도 인지해야만 한다.[28] 따라서 혁신은 기업가 정신을 통해서 확인하고자 하는 핵심 결과이며 특히 불명확한 환경과 과다한 경쟁에 있는 기업들의 경우에는 경쟁력 향상을 위한 핵심 자원이다.[29]

13-3 기업가

기업가는 독립적으로 활동하거나 조직에서 활동하며, 기업가적 기회를 인식하고 위험을 감수하며 혁신을 개발하고 활용하는 사람이다.

기업가(entrepreneurs)는 독립적으로 활동하거나 조직에서 활동하며, 기업가적 기회를 인식하고 위험을 감수하며 혁신을 개발하고 활용하는 사람을 말한다. 기업가는 공통적인 특징을 가지고 있다고 보고된다. 이들은 동기가 매우 높고, 본인의 프로젝트에 대한 책임을 다 하고자 하며, 자신감이 있으며, 긍정적으로 사고한다.[30] 또한 기업가는 자신의 혁신적인 아이디어에 강한 열정을 보이며 감성적인 애착을 가진다.[31] 이들은 불확실성에 잘 대처하며 다른 사람들보다 기회 포착에 더 민감하다.[32] 성공적인 기업가는 사회적 기술을 보유해야 하며 기획 능력도 우수해야 한다(예: 창업 투자사로부터 초기 사업투자 자금 획득을 위해 필요).[33] 성공을 위해 기업가 정신에 상당히 많은 노력이 수반되어야 하지만 목표를 이뤘을 때의 만족감은 매우 높다. 기업가가 본인의 열정을 인지하고 열정을 향해 돌진할 때 더 높다. 아맘존닷컴의 설립자인 제프 베조스(Jeff Bezos)에 의하면 "사람들의 흔한 실수는 자신에게 흥미를 강압적으로 유도한다는 것이다. 열정은 선택하는 것이 아니고 열정을 향해 나아가는 것이다."[34]

성공적인 기업가는 국내외 경쟁의 중요성을 인지하고 기업가적 사고 방식을 보유한 것으로 보고되고 있다.[35] 기업가적 사고 방식은 지식이 기업 내에서 많이 창출될 때 지원되고 발전된다. **기업가적 사고 방식**(entrepreneurial mind-set)을 보유한 사람은 시장에서의 불확실성을 가치를 부여하고 혁신을 통해 해당 시장에서 지속적으로 기회를 찾으려고 한다.[36] 하지만 기업가적 사고 방식이 부족한 사람은 혁신의 기회를 위협으로 간주한다.

기업가적 사고 방식을 보유한 사람은 시장의 불확실성에 가치를 부여하고 혁신을 통해 위해 해당 시장에서 지속적으로 기회를 찾으려고 한다.

기업가적 사고 방식은 지속적인 혁신을 이끌어낼 수 있기 때문의 개인의 기업가적 사고 방식은 기업 경쟁 우위의 원천이 된다. 기업가적 사고 방식은 기업 전반에서 지식을 쉽게 접할 수 있을 때 발전되고 지원된다. 연구에 의하면 기업의 사업부 또는 팀은 직원이 새로운 지식에 접근 가능할 때 더 혁신적이다.[37] 지식의 이동이나 이전에는 어려움이 따르는데, 이는 지식을 전달받는 조직이나 개인의 흡수 능력(absorptive capacity)에 의해 좌우되고, 지식의 흡수 능력에 따라 지식을 이해하고 생산적으로 사용하는 데 차이를 나타낸다. 학습은 새로운 지식과 기존 지식 사이의 연결고리 역할을 한다.[38] 그러므로 관리자는 인적자원의 능력을 개발시키는 데 있어서 현재의 지식을 기반으로 점진적으로 확장시켜야 한다.[39]

일부 기업은 기업가 정신에 공을 들이는 것으로 잘 알려져 있다. 이는 회사 내부에서 일하는 직원들도 기업가적 사고 방식을 보유하고 있음을 보여준다. 2015년 패스트컴퍼니(Fast Company)는 와비파커(Warby Parker)를 가장 혁신적인 회사로 발표했는데 애플, 알리바바(Alibaba), 구글, 인스타그램 등이 상위 5위에 올랐다.[40] 와비파커는 인터넷에서 주문 생산 가능한 가장 인기 있는 안경 제품을 개발한 회사로 2015 가장 혁신적인 기업으로 선정되었다. 5년만에 와비파커의 수익은 1억 달러가 넘었다. 와비파커의 설립자들은 자신의 브랜드가 안경 제품 외 다른 상품도 개발할 수 있을 것이라 자신한다.[41]

Astrid Stawiarz/Getty Images

2015년 가장 혁신적인 기업으로 선정된 와비파커의 제품들.

13-4 국제적 기업가 정신

국제적 기업가 정신(international entrepreneurship)은 국내 시장이 아닌 해외 시장에서 창의적으로 새로운 기회를 찾고 활용하려는 과정이다.[42] 즉, 기업가 정신은 수많은 기업이 국내 및 국외에서 실행하는 과정이다.[43] 벤처 기업의 증가율(약 50%)이 보여주듯 국제적 수준의 기업가 정신은 벤처 기업의 국제 시장 진출에서 잘 나타난다. 대규모 회사들은 해외 시장에서 안정적으로 사업을 운영하고 있음에도 불구하고 국제시장에서 새로운 기업을 설립한다.[44]

국제적 기업가 정신은 국내 시장이 아닌 해외 시장에서 창의적으로 새로운 기회를 찾고 활용하려는 과정이다.

기업이 국제적 기업가 정신을 창출하려고 하는 이유는 국제적 기업가 정신이 기업의 성과를 증대시키기 때문이다.[45] 그럼에도 불구하고, 선도 기업들의 국제적 기업가 활동에는 어려움과 위험을 수반한다. 이러한 위험에는 외화 변동, 시장 비효율성, 사업 지원 기반의 부족, 그리고 시장의 규모에 의한 위험성 등을 포함한다.[46] 따라서 국제적 수준의 기업가 정신과 관련한 의사결정에는 세밀한 분석이 필요하다.

기업가 정신이 전 세계적인 현상이긴 하지만 기업가 정신을 받아들이고 사용하고 있는 비율은 각 국가마다 다르다. 최근 발표된 보고서에 의하면, 2014년 기업가적인 성향이 강한 국가는 인도, 터키, 미국, 브라질, 중국, 아이슬란드, 아일랜드, 러시아, 에스토니아, 오스트리아 순으로 발표되었다. 이 보고서에 의하면 대부분의 기업가적인 국가는 현재 부상하고 있는 성장성이 높은 국가였다. 또한 기업가적 국가에서는 개인 및 국가의 성장 속도가 더 높은 것으로 나타났다.[47] 따라서 한 국가의 기업가 정신의 수준과 경제 개발 간에는 높은 수준의 양의 상관관계가 있다.

국가별로 기업가 정신의 수준이 상이한 이유는 국가별 문화의 차이를 꼽을 수 있다. 연구에 의하면 기업가적 행동을 촉진시키기 위해서는 혁신의 개인 주도, 협력 정신, 그리고 그룹 오너십 간의 균형이 필요하다. 즉, 기업이 기업가 정신을 제고하기 위해서는 적절한 수준의 자율권과 개인 주도에 대해 인센티브를 제공해야 하는 동시에, 기업가 정신의 활용에 기반이 되는 혁신에 대한 그룹 오너십과 협력을 촉진시켜야 한다. 따라서 국제적 기업가 정신은 독특한 기술과 자원을 보유한 사람들로 구성된 팀을 필요로 한다. 특히 개인주의적 성격 또는 공동체 인식이 강한 문화권에서 더 필요하다. 개인 주도와 협력 간의 균형에 대한 가치와 함께 국제적 수준의 기업가적 활동을 하는 기업은 국내 수준에서 기업가적 활동을 하는 기업보다 더 혁신 역량 구축을 추구하고, 혁신이 성공적으로 활용될 수 있도록 하는 의사결정에 필요한 자원의 획득에 집중해야만 한다.[48]

자국 시장 외에서의 신생 벤처 기업의 투자 정도는 국제적 기업가 정신의 중요한 요소이다. 실제로 글로벌화의 진전으로 인해 많은 신생 벤처 기업은 태생적 글로벌 기업(born global) 성격을 갖는다.[49] 이러한 현상이 나타나는 이유는 국제 시장에 진출하는 신생 벤처들이 새로운 기술 지식에 대한 학습 능력을 향상시킴으로써 성과를 창출하기 때문이다.[50] 또한 이들은 전략적 제휴를 통해 새로운 해외 시장의 외부 네트워크(예: 공급자, 고객)를 만들어 지식을 증대시킨다.[51]

국제 시장에 성공적으로 진입과 경쟁은 기업의 전략적 리더, 특히 국제적 경험을 갖춘 최고 경영자에 의해 증진된다.[52] 국제 시장에서 사업 활동으로 얻을 수 있는 학습, 규모의 경제, 범위의 경제로 인해 해외 시장에서 다각화된 신생 기업들은 본국의 국내 시장에서도 강한 경쟁력을 갖게 된다. 기존의 여러 연구 결과는 해외 시장에 다각화 수준이 높은 기업일수록 더 혁신적인 경향이 있다고 보고하고 있다.[53]

기업이 성장하고 경쟁 우위를 지속하는 능력은 그 기업의 혁신 능력을 기반으로 국제적 기업가 정신을 실행하고 있는 기업에서 나타난다. 기업은 내부 혁신을 위해 다양한 경로를 따를 수 있다. 다음 절은 기업이 혁신을 도모하는 세 가지 방법 중 내부 혁신을 설명한다.

13-5 내부 혁신

기업의 연구개발(R&D) 노력은 내부 혁신의 주요 원천이 된다. 효과적인 연구개발을 통해 기업은 특허를 출원할 수 있는 혁신적인 프로세스와 상품을 만들어낸다. 성공적인 연구개발은 글로벌 인적자원으로부터 활용 가용한 기술의 통합을 통해 이루어진다. 그러므로 혁신에 기반을 둔 기업의 경쟁 우위는 글로벌한 인적자원을 통합시킴으로써 획득 가능하다.[54]

연구개발, 새로운 제품과 프로세스는 글로벌 환경에서 경쟁하면서 평균 이상의 수익을 획득하려는 기업의 노력에 영향을 미친다. 기업은 혁신적인 기술과 제품을 생산하기 위해 연구개발 실험실(R&D labs)을 활용한다. 연구개발 투자는 장기적인 성공에 중요하지만, 그 투자의 결과는 불확실하며 단기적으로 얻기 힘들기 때문에 기업은 연구개발 활동의 결과를 평가할 때는 인내가 필요하다.[55]

앞서 언급한 바와 같이, 성공적인 연구개발 프로그램을 위해서 기업은 우수한 인적자원과 과학자를 보유할 필요가 있다. 하지만, 모든 아이디어는 항상 실험실에서 시작되는 것은 아니다. 예를 들어, 고객의 니즈는 우수한 신제품을 개발하기 위한 좋은 자원이 된다.[56] 기업은 과학자, 출판된 연구, 파트너(이 장 후반부에서 논의됨)[57] 등과 같은 외부 네트워크도 활용할 수 있다. 또한 기업은 현재 시장에서 폭넓게 활용되는 지식이나 기술을 활용하여, 더 향상된 기술 또는 완전히 새로운 기술을 개발할 수 있다.[58]

기업은 직원들의 아이디어를 통해 신제품과 혁신을 만들어내기도 한다. 예를 들어 링크드인(LinkedIn)은 사원들이 혁신을 위한 아이디어를 제시하고 아이디어를 개발하기 위한 팀을 구성하고 경영진과 혁신적 아이디어를 공유하는 것을 장려한다. 월풀(Whirlpool)은 혁신을 위한 아이디어를 구하기 위해 직원들의 아이디어 개발 회의를 활용한다. 에릭슨(Ericsson)은 직원들이 아이디어 박스에 참여하도록 장려한다. 직원들이 아이디어를 제출한 후, 아이디어가 실행 가능하고 유용한지를 판단하기 위해 '아이디어에서 혁신으로(idea-to-innovation)' 매니저들과 협의한다. 에릭슨에는 가장 우수한 아이디어를 위한 창업 자본을 제공하는 사내 벤처 자금 지원 그룹을 두고 있다.[59]

13-5a 점진적 혁신과 새로운 혁신

기업은 점진적(incremental) 혁신과 새로운(novel) 혁신, 이 두 가지 혁신을 위해 연구개발에 투자한다. 대부분의 혁신은 점진적 혁신이다. 즉, 기존 지식에 근거하여 현재의 제품을 소폭 개선한다. 점진적 혁신은 다소 점진적이며 선형적이다.[60] 일반적으로 점진적 혁신은 고객이 제품의 특징을 이해하고 받아들이는 기존 시장에 도입되는 경향이 있다. 점진적 혁신은 현재의 제품을 개선하기 위해 기존의 기술을 이용한다. 기업의 관점에서 본다면 고객에게 제품을 제공하는 기업 간의 경쟁이 가격의 변화에 기초하므로 점진적 혁신은 새로운 혁신이나 획기적 혁신에 비해 낮은 이윤을 가져다준다.[61] 점진적 혁신의 예로는 세제에 다양한 종류의 표백제를 추가하는 것, 텔레비전 기능의 소폭 개선(예: 화질 개선)을 들 수 있다. 새로운 혁신에 비해, 점진적 혁신은 더 저렴하고 쉽고 신속하게 진행될 수 있으며 위험이 적기 때문에 기업은 시장에 새로운 혁신보다 점진적 혁신을 더 많이 도입한다. 하지만 기업은 점진적 혁신에만 의존할 수는 없다. 기업이 점진적 혁신에만 의존한다면 시장에서 선도 기업으로써의 위치를 상실할 수도 있다.[62] 하지만 점진적 혁신의 도입 빈도가 기업이 흡수 가능한 수준보다 더 많은 변화를 유발한다면 점진적 혁신의 위험은 증가할 수 있다.[63]

점진적 혁신과는 달리, 새로운 혁신이나 획기적(breakthrough) 혁신은 상당한 기술적 변화(획기적 발전)를 제공하고 새로운 지식을 낳는다.[64] 새로운 혁신은 혁명적이고 비선형적이며, 새롭게 창출된 시장에 적합한 신기술을 활용한다. 과거 개인용 컴퓨터의 개발은 획기적인 혁신에 해당한다.

구글의 자율 주행차는 새로운 혁신의 예이다. 다년간의 연구개발 끝에 구글은 2015년 도시의 거리에서 시제품 차량을 테스트할 것이라고 발표하였다. 구글에 의하면 새로운 자율 주행차는 안전하다고 한다. 현재 시장에 자율 주행 차량 도입과 관련한 가장 큰 장애물은 도로와 고속도로에서 자동차를 운전하는 것과 관련된 법규를 준수하는 능력과 안전과 관련한 문제와 관련한 정부의 정책 담당자를 설득하는 것이다.[65] 새로운 혁신이나 획기적인 혁신은 사용자를 위한 새로운 기능을 제공하므로, 혁신의 결과는 기업의 수익성 향상에 기여할 수 있다. 예를 들어, 최초의 대량 생산 수소 전기차인 도요타의 프리우스 모델에 구현된 혁신은 자동차 산업에서 수소 전기차 부문을 크게 변화시켰다.[66] 새로운 공정을 개발하는 것도 새로운 혁신을 낳는 데 중요한 요소다. 점진적 혁신과 새로운 혁신 모두 가치를 창출할 수 있다. 이는 기업이 점진적 혁신이나 새로운 혁신을 강조하는 것이 적절한 시기를 결정해야 함을 의미한다. 새로운 혁신은 점진적 혁신에 비해 위험하지만 기업은 점진적 혁신보다는 새로운 혁신을 통해 평균 이상의 수익을 획득할 가능성이 더 높다.

새로운 혁신이나 획기적 혁신에는 많은 어려움과 위험이 따르기 때문에 새로운 혁신이나 획기적 혁신은 드물게 일어난다. 기술의 가치와 시장 기회는 매우 불확실하다.[67] 새로운 혁신은 새로운 지식을 낳고, 기업의 기존 제품이나 기술 지식을 거의 사용하지 않거나 낮은 수준에서 사용하므로 새로운 혁신에는 창의성이 요구된다. 창의성은 영리 기업의 혁신 활동뿐만 아니라 비영리 조직에서의 혁신 활동에서도 중요하다.[68] 창의성은 상상력의 소산이다. 프라이스라인닷컴(Priceline.com)의 창립자인 제이 워커(Jay Walker)는 "상상력은 연료이다. 상상력이 없다면 혁신에 도달할 수 없다"라고 언급한 바 있다. 상상력은 변화하는 세상에서 고객이 원하는 것을 기업이 이해하는 데 도움이 된다. 워커는 혁신을 모색하는 자는 고객이 원하는 것을 알기 위해 노력할 수 있다고 언급하였다.[69] 상상력은 점진적 혁신에 비해, 새로운 혁신에 더 중요하다.

David Paul Morris/Bloomberg/Getty Images

구글의 자율 주행 차량은 새로운(novel) 혁신의 예이다.

하지만 창의성만이 혁신에 직접적인 영향을 주는 것은 아니다. 상상력을 통해 발생하는 창의성은 다양한 분야에서 지식을 발견하게 하고 발견한 지식을 결합시키고 융합시킨다.[70] 많은 기업은 제품에 유익한 혁신이 될 수 있을지를 이해하기 위해 기존 사용자들부터 지식을 얻고자 노력한다.[71] 수집된 지식은 새로운 시장의 진입, 새로운 고객의 유치, 새로운 자원에 접근을 가능케

전략 포커스

쿼키의 혁신

쿼키(Quirky)는 2009년 설립된 혁신적인 벤처 기업이다. 쿼키는 사물 인터넷에 의해 제공되는 기회와 비즈니스의 물리적 세계(예: 산업 디자인, 제조, 마케팅)를 결합하는 독특하고 새로운 혁신을 추구한다. 사람들은 쿼키를 혁신을 만드는 기계라고도 언급한다. 쿼키의 사명은 신제품 아이디어를 상업화하는 것이다. 쿼키의 창립자이자 최고 경영자인 벤 카프만(Ben Kaufman)은 쿼키의 목표가 "모든 종류의 제품에 대한 아이디어를 인식하고 개발하는 과정을 가속화하는 엔진을 만드는 것이다"라고 언급하였다.

쿼키는 발명가들의 사회적 네트워크를 만들었으며 발명가들은 신제품에 대한 아이디어를 제출하고 시장성과 제조 타당성 등과 관련한 신제품 아이디어를 평가하였다. 앞에서 언급한 네트워크에 참여한 약 백만 명의 사람들은 제품 아이디어를 개선할 방법에 대한 아이디어를 제공하였다. 쿼키는 매주 약 4,000개의 제품 아이디어를 받고 2015년까지 시장에 400개의 신제품을 소개하였다. 쿼키는 GE를 포함한 대기업과 대형 벤처 캐피털 회사로부터 자금을 제공받았다(GE은 쿼키에 3천만 달러를 투자함).

제품 아이디어를 평가하고 개선한 후, 쿼키는 시제품을 만들기 위해 대형 3D프린터를 사용한다. 쿼키는 제조업체를 찾으면서 동시에 홈데포(HomeDepot), 타깃(Target), 월마트 등과 같은 소매업자를 통해 시장을 찾는다. 쿼키는 발명품을 상용화할 수 있는 역량을 보유했기 때문에 벤처 자금 1억 8,500만 달러를 유치하였으며, 현재 종업원 300명의 규모의 기업으로 성장했다. 쿼키는 뉴욕에 본사를 두고 있으며 캘리포니아주에도 지사를 두고 있다.

쿼키는 괄목할만한 성과를 달성했지만, 많은 문제를 경험하기도 했다. 어떤 제품은 시장에서 마켓 선도 제품이 되지 못했고(마케팅 조사에 사회적 네트워크 평가가 적절하지 않았음), 어떤 제품은 품질 관리 부족으로 인한 제품에 문제가 있었다. 쿼키는 제품을 시장에 출시하기 위해 지나치게 서두르기도 했다. 이로 인해 1억 2천만 달러의 손실을 입었으며 재무적 문제를 해결하기 위해 사업을 축소하고 약 20%의 직원을 해고해야 했다.

쿼키는 주요 고객사인 GE뿐만 아니라 더 많은 기업 파트너와 협력하는 것에 주안점을 두기로 하였다. 쿼키는 스마트폰이나 홈 와이파이 네트워크 통신 제품의 개발에 주력하고 있다. 쿼키의 제품인 Wink 스마트폰과 태블릿 애플리케이션은 전등, 잔디 스프링클러, 차고 도어, 공기 조화 등과 같은 스마트 홈 장치들을 연결하고 제어하기 위한 디지털 대시보드를 제공한다. 쿼키는 Wink 스마트폰에서 이용 가능한 60여 개의 제품들 제공하는 15개 외부 기업과 협력하고 있다. 이러한 파트너는 GE, 허니웰(Honeywell), 필립스(Philips) 등이며 쿼키의 제품은 이들 파트너사의 브랜드로 시중에 판매되고 있으나 제품에는 "Powered by Quirky"라고 표시되어 있다.

Courtesy of Innovation excellence

GE와의 파트너십을 통해 쿼키는 혁신적인 제품을 개발했다.

출처: S. Lohr, 2014, Quirky to create a smart-home products company, *New York Times*, www.nytimes.com, June 22; G. Karol, 2014, NYC startup Quirky launches platform for Internet of things, *FOXBusiness*, www.foxbusiness.com, June 24; M. Baratz, 2014, Counting down with... Ben Kaufman, *Fortune*, fortune.com, July 21; S. Lohr, 2015, The invention mob, brought to you by Quirky, *New York Times*, www.nytimes.com, February 14; B. Popper, 2015, How the invention factory at Quirky almost imagined its way out of business, *The Verge*, www.theverge.com, April 24; J. D'Onfro, 2015, How a Quirky 28-year-old plowed through $15 million and almost destroyed his startup, *Business Insider*, www.businessinsider.com, April 29.

하고 이러한 지식은 신제품 개발에 활용된다.[72] 이러한 혁신은 종종 기업 내 별도의 사내 벤처 조직을 통해 개발되기도 한다.[73]

새로운 혁신을 개발하기 위해 필요한 창의성과 상상력을 위해서는 강력하고 지원적인 리더십이 요구된다. 창의성은 "혼란스럽고 심지어 혐오스러우며 실패, 실험, 무질서의 악취"이므로"[74] 창의성이 성공에 기여하기 위해서는 리더십이 중요하다. 이러한 논의는 내적으로 개발된 점진적 혁신과 새로운 혁신은 의도된 노력으로부터 생긴다는 점을 강조한다. 이러한 의도된 노력은 "내부 기업 벤처(internal corporative venturing)"라고 불리는데, 이는 기업이 내부 발명, 특히 혁신을 도모하는 활동이다.[75]

그림 13-1 내부 기업 벤처 모델

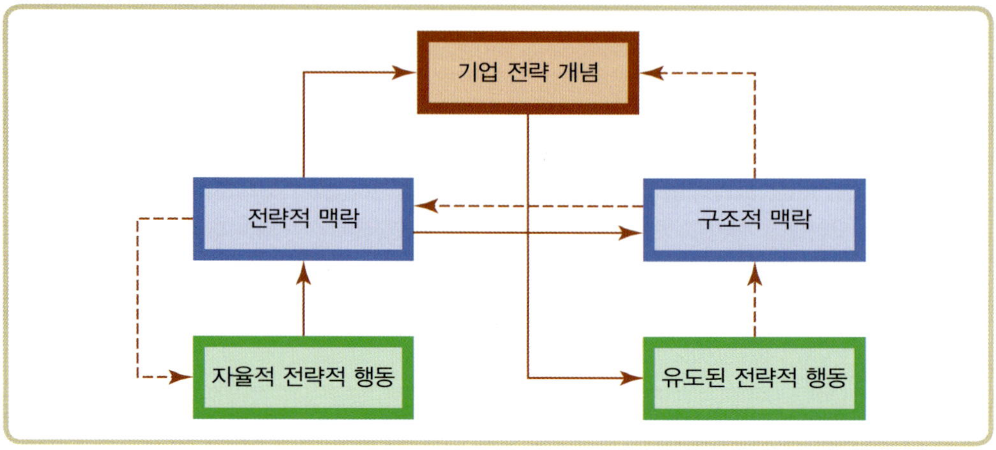

출처: Adapted from R. A. Burgelman, 1983, A model of the interactions of strategic behavior, corporate context, and the concept of strategy, *Academy of Management Review*, 8: 65.

전략 포커스의 쿼키 사례는 새로운 발명과 상용화와 관련한 창조적인 혁신의 잠재력, 위험, 불확실성을 보여준다. 쿼키는 발명가들에 의해 제공된 신제품 아이디어를 취하여 평가하는 독특하고 가치 있는 회사이다. 잠재적 가치가 있다고 여기는 것에 대하여 쿼키는 시제품을 개발하고 제조업체를 구하고 제품을 출시한다. 이를 통해 쿼키는 혁신을 가능하게 한다. 쿼키는 많은 위험을 경험하면서 새로운 아이디어에 대한 철저한 시장 조사와 시장에 출시할 제품에 대한 높은 수준의 품질 관리의 중요성을 절감하게 되었다. 쿼키는 보다 효율적이고 규모의 경제 실현을 가능케 하는 분야에 더 집중하고 있다.

〈그림 13-1〉은 내부 기업 벤처의 두 가지 유형인 자율적인 전략적 행동을 보여주고 있다. 이러한 내부 기업 벤처의 유형은 점진적 혁신과 새로운 혁신의 개발을 촉진시킨다. 대부분의 새로운 혁신은 자율적 전략적 행동으로부터 만들어지는 반면, 다수의 점진적 혁신은 유도된 전략적 행동으로부터 만들어진다. 자율적 전략적 행동은 기업의 전략과 구조를 변화시키는 데 큰 영향을 준다. 반면, 이와는 대조적으로 유도된 전략적 행동은 혁신을 위한 활동을 지원하기 위해 기업이 현재 실행하고 있는 전략과 구조로부터 영향을 받는다(그림 13-1 참조). 다음은 이러한 내부 기업 벤처 활동의 두 가지 유형을 설명하고 있다.

13-5b 자율적인 전략적 행동

자율적 전략적 행동은 혁신과 시장에 혁신을 도입을 위해 필요한 활동을 개발하고 조정 방법으로 제품 챔피언이 새로운 아이디어를 추진하는 상향식 과정이다.[76] 앞서 **전략 포커스**에서 설명한 쿼키의 사용한 혁신 과정은 자율적인 전략적 행동 예이다. 조직의 제품 챔피언은 혁신 개발을 지원하는 조직 내 기업가적 사고 방식를 가진 사람으로 제품 챔피언은 혁신을 추진함에 있어서 중요한 역할을 담당한다.[77] 제품 챔피언은 회사 내에서 비공식적인 네트워크를 만들기 위해 사회적 자본(social capital)을 활용한다. 시간이 경과함에 따라, 이러한 비공식 네트워크는 시장에서 혁신을 성공시키기 위한 수단으로 공식화된다.[78] 예를 들어 쿼키는 개별 조직의 경계 외부에서 제품 챔피언으로서의 역할을 담당한다. 자율적 전략적 행동으로부터 만들어지는 내부 혁신은 새로운 시장과 가치를 창출하는 새로운 방법을 고려한다는 점에서 기업의 현재 전략 및 구조와는 다르다. 혁신의 수단으로써 자율적 전략적 행동은 새로운 지식(특히, 암묵적 지식)이 기업 전체에 지속적으로 확산될 때 더 효과적으로 작용한다.[79]

13-5c 유도된 전략적 행동

유도된 전략적 행동, 즉 혁신이 내부적으로 개발되는 전략적 벤처의 두 번째 유형은 기업의 현재 전략과 구조가 혁신을 발전시키도록 만드는 상의하달 과정이다.[80] 유도된 전략적 행동에서는 전략이 구조화된 수직적 계층과 일치를 통해 여과된다. 유도된 전략적 행동은 기업의 현재 전략과 일치하는 내부 혁신을 낳는다. 그러므로 기업의 최고 경영자와 최고 경영진은 유도된 전략적 행동에서 적극적이고 핵심적인 역할을 담당한다.[81] 이것은 IBM의 사례에서 잘 나타난다. IBM의 최고 경영자 버지니아 로메티(Virginia Rometty)는 사원들이 "새로운 컴퓨팅 모델로 이동하려는" 회사의 노력을 촉진하는 혁신을 발전시키기 위해 "더욱 신속하게 움직이고 고객에게 더욱 빠르게 반응할 것"을 요청하였다.[82]

유도된 혁신은 기업과 기업의 관리자들이 혁신의 유형과 규모와 관련한 의사결정을 가능하게 한다.[83] 예를 들어 기업은 신제품을 정기적으로 소개하여 산업 리더가 되기 위해 집중적인 혁신 과정을 개발할 수 있다.[84] 인텔은 이러한 방법으로 혁신을 추구해왔다. 혁신과 관련한 유도된 전략적 행동은 개방형 혁신(open innovation)을 추구할지, 아니면 폐쇄형 혁신(closed innovation)을 추구할지 결정하기 위해 사용된다.[85] 대부분의 혁신은 폐쇄형 혁신이지만, 특정 산업에서는 개방형 혁신이 더욱 일반화되고 있다. 기업은 시간이 경과함에 따라 기업이 가진 경로 의존적(path dependent)인 연구개발을 활용한 (기존 지식에 기반을 둔 경로 의존성이 강한) 진화적인 점진적 혁신을 활용하기도 한다.[86]

13-6 내부 혁신의 실행

기업가적 사고 방식은 혁신을 추구하는 내부 혁신에 매우 중요하다. 기업가적 사고 방식은 혁신을 상용화하기 위한 활동과 관련한 환경, 시장의 불확실성을 관리하는 데 도움이 된다.[87] 기업이 불확실성에 직면하면 전략적으로 혁신을 추구할 수 있는 가장 좋은 기회를 찾으려고 한다. 따라서 기업은 기회를 찾고 혁신을 개발하고 시장에서 찾은 기회를 성공적으로 이용할 전략을 집행하기 위하여 기업가적 사고 방식을 활용한다.[88] 기업은 내부 혁신을 성공적으로 발전시키기 위한 토대로서 구성원들이 기업가적 사고 방식을 갖도록 장려하기도 한다.[89]

기업은 개발한 혁신을 성공적으로 이용할 수 있는 과정과 구조를 갖추는 것이 중요하다. 내부 기업 벤처의 맥락에서 관리자는 자원을 할당하고 활동을 조정하며, 조직에 있는 다양한 당사자와 소통하며 자율적인 전략적 행동이나 유도된 전략적 행동에서 발생하는 혁신을 성공적인 시장 진출로 발전시키기 위한 일련의 의사결정을 내려야 한다.[90] 11장에서 기술한 바와 같이 조직 구조는 조직의 공식적인 관계의 집합으로 프로세스 관리자들이 기업의 혁신을 활용할 수 있도록 한다.

내부 기업 벤처에서 만들어진 점진적인 혁신과 새로운 혁신을 실행하기 위해서는 엔지니어링에서 제조 및 유통에 이르는 내부 혁신 활동과 관련된 기능들의 효과적인 통합이 요구된다.[91] 조직 내 다양한 기능의 통합을 위해서 제품 개발팀을 활용할 수 있다. 조직 기능의 통합은 혁신을 극대화하기 위해 다양한 기능의 지식과 기술을 조정하고 적용하는 것과 관련된다.[92] 이러한 팀들은 어떤 프로젝트를 계속 진행해야 하고, 어떤 프로젝트를 종료해야 할지를 결정하는 데 도움이 되어야 한다. 이러한 과정에서 감정적인 몰입은 혁신적인 프로젝트 종료와 관련한 의사결정을 어렵게 만들기도 한다.

13-6a 교차적 상호 기능 상품 개발팀

교차적 상호 기능 상품 개발팀(cross-functional product development team)은 설계, 제조, 마케팅과 같이 조직의 다양한 기능과 관련된 활동을 통합하는 노력을 용이하게 한다. 교차적 상호 기능 상품 개발팀의 구성원에는 기술 지식을 그룹 개발 결정을 위해 제공할 수 있는 과학자도 포함된다.[93] 이러한 팀에는 기업의 혁신에 유용한 정보를 제공할 수 있는 주요 공급자도 포함될 수 있다.[94] 교차 기능팀이 협력할 경우 신제품 개발 과정은 더 신속하게 완료될 수 있으며 신제품은 더 쉽게 시장에 상용화될 수 있다.[95] 교차 기능팀을 활용할 때 제품 개발 단계는 유사한 프로세스들로 분류하고 그룹화된다. 기업은 이러한 제품 개발 노력을 기업의 핵심 역량과 시장의 니즈에 맞추게 된다. 수평적인 조직 구조는 조직의 기능에서의 혁신 기반 활동을 통합하려는 노력에 있어서 교차 기능팀을 지원한다.[96] 따라서 조직이 혁신을 만들어내고 효과적으로 관리하기 위해서는 수직적 위계 기능이나 부서를 중심으로 조직을 설계할 것이 아니라, 수평적인 핵심 프로세스를 중심으로 설계해야 한다. 혁신에 중요한 수평적 프로세스 가운데 일부는 공식적이며 절차와 사례로서 정의되고 기록되기도 한다. 하지만 대개 주요 프로세스들은 비공식적이며 수평적 조직 구조를 통해 지원된다. 특히, 이러한 수평적 조직 구조에서는 개인 간의 대면 의사소통이 활발하다.

팀 구성원들이 독립성을 선호하는 것과 조직의 정치는 교차적 기능팀이 조직의 다양한 기능을 효과적으로 통합하고 활용하는 데 방해가 되는 두 요소이다.[97] 특정 전문 분야(예: 특수한 조직 기능)에서 작업하는 팀 구성원들은 공통적인 배경 및 경험에 근거하여 독립적인 프레임을 가질 수 있다. 이들은 의사결정 시, 제품 개발 노력과 같은 문제를 평가하기 위해 동일한 결정 기준을 사용할 가능성이 있다.

연구에 의하면 기능적인 부서는 시간 방침, 대인 관계 방침, 목표 방침, 구조 등 네 개의 차원에 따라 차이가 있음을 시사한다.[98] 그러므로 이러한 차원에 대하여 상이한 방침을 가지고 있는 부서 출신의 구성원들은 혁신과 관련된 활동을 서로 다르게 인식할 수 있다. 예를 들어, 디자인 엔지니어는 제품의 기능성과 실행 가능성을 가장 중요하다고 생각할 수 있다. 하지만 마케팅 직무 출신의 구성원은 고객의 요구를 만족시키는 특징이 가장 중요하다고 판단할 가능성이 높다. 앞에서 언급한 차원은 기능 간의 효과적인 커뮤니케이션에 장벽을 만들어 회사 내 다양한 부서가 혁신을 위해 협력할 때 팀 간의 갈등을 유발시킬 수 있다.[99]

어떤 조직은 상당한 정치적 활동(조직 내 정치)을 경험한다. 자원을 다양한 기능에 할당하는 방법은 정치적 활동의 주요 원천이다. 이는 부서 간의 갈등이 자원을 얻기 위한 경쟁에서 기인할 수 있음을 의미한다. 이러한 부서 간의 갈등은 기능 간의 통합을 어렵게 한다. 교차적 상호 기능 상품 개발팀을 조직하려는 이들은 조직 정치가 미치는 부정적인 영향을 완화시킬 수 있는 방법을 모색한다. 기업은 각각의 기능이 행하는 전사적인 혁신 과정상 중요성과 역할을 강조함으로써 부서 간 상호 협력의 가치의 이해도를 증진시킬 수 있다.

13-6b 통합과 혁신 추진

공유된 가치와 효과적인 리더십은 조직의 교차 기능을 통합과 내부 혁신의 실행에 중요하다.[100] 조직 문화의 일부로서 공유된 가치는 기업의 비전과 사명을 중심으로 형성되며 기능적 조직 단위 간의 통합을 촉진하는 접착제 역할을 한다.

전략적 리더십은 교차 기능 간 통합을 획득하고 내부 혁신을 촉진시키는 데 매우 중요하다. 리더는 목표를 정하고 목표를 달성하기 위해 필요한 자원을 할당할 책임이 있다. 목표는 신제품의 개발과 상용화가 포함한다. 전략적 리더는 교차 기능 간 통합을 촉진하는 우수한 의사소통 시스템을 보장한다. 효과적인 의사소통의 장점은 팀 구성원들 간에 지식을 공유 가능하게 한다. 팀 구성원들은 혁신의 존재와 혁신의 중요성을 조직 내의 타 구성원에게 전달한다. 가치 공유와 리더십은 기업 전반에 혁신과 관련된 지식의 공유를 가능하게 하는 의사소통 루틴을 형성케 한다.[101]

13-6c 내부 혁신을 통한 가치 창출

〈그림 13-2〉의 모델은 기업이 내부 혁신 프로세스(자율적 전략적 행동과 유도된 전략적 행동)를 통해 가치를 창출하는 방법을 보여준다. 〈그림 13-2〉에서 보여주는 것처럼 기업가적 사고 방식은 기업이 혁신을 통해 전략적으로 추구할 수 있는 기회를 식별하는 데 기반이 된다. 교차 기능팀은 신제품의 설계와 관련한 아이디어를 고취시키고 아이디어 실행의 참여를 이끌어내는 데 중요하다. 유효한 리더십과 공유된 가치는 혁신을 위한 통합과 비전을 증진시킨다. 성공적인 혁신의 결과는 고객이나 주주와 같은 이해관계자들을 위한 가치의 창출이다.[102] 경

그림 13-2 내부 혁신 프로세스를 통한 가치 창출

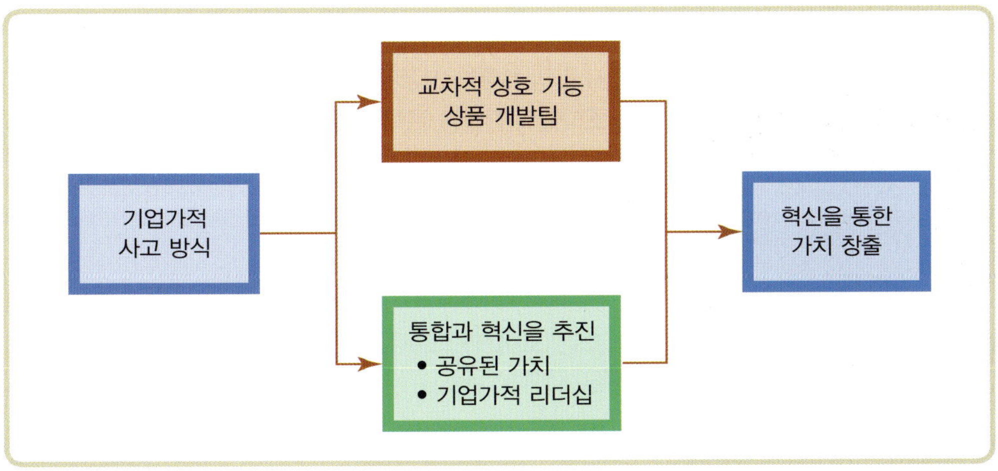

쟁 구도(5장 참조)는 혁신을 통해 기업이 성취하는 성공 정도에 영향을 미친다. 따라서 기업은 경쟁자들이 혁신에 필요한 지식을 어떻게 습득하는지, 그리고 시장 상황의 변화에 따라 경쟁자들의 어떻게 혁신 노력을 중단하는지 등과 관련한 경쟁자들의 반응을 주의 깊게 살펴봐야 한다.[103]

13-7절과 13-8절에서 혁신을 위한 기업의 협력 전략과 인수 방법에 대해 논의한다.

13-7 협력 전략을 통한 혁신

다른 기업과의 제휴는 여러 가지 방식으로 혁신에 기여할 수 있다. 첫째, 제휴는 새로운 사업 기회와 혁신에 대한 정보를 제공한다.[104] 기업은 미래의 혁신에 기여할 수 있는 보완적 자산을 보유하고 활용하기 위해 협력 전략을 사용한다. 혁신과 관련한 다른 접근법과 비교해서 제휴를 통해 보완 자산을 결합하면 획기적 혁신을 만들어낼 가능성이 높아진다.[105]

빠르게 변화하는 기술, 글로벌화, 탁월한 혁신의 요구 등은 타기업과의 협력을 통해 혁신하려는 기업의 의사결정에 큰 영향을 미친다. 이러한 요인들로 인해 기업은 혁신의 경로로, 글로벌 경제에 있어서 성공의 경로로 협력 전략을 활용하고 있다.[106]

신생 벤처 기업과 시장에 안착한 전통적인 기업 모두 혁신을 위해 협력 전략을 사용한다. 예를 들어 벤처 기업은 투자 자본을 유치하거나, 시장에 혁신적인 제품을 소개하기 위해 대기업과 유통 역량 강화를 위한 협력을 모색할 수 있다.[107] 또한 기존 기업은 기술력이 우수한 벤처 기업의 새로운 기술 지식에 접근하기 위해 벤처 기업과 협력 전략 추진할 수 있다.[108] 신제품 개발과 시장 출시를 위한 대규모 제약 회사와 생명공학 회사 간의 지식과 자원을 통합하기 위한 제휴는 증가하고 있다.

대기업 간 혁신을 위해 제휴를 하는 경우도 있다. 예를 들어 이케아 가구 브랜드의 모기업인 인터이케아그룹(Inter IKEA Group)과 메리어트(Marriott International)는 제휴를 통해 디자인과 가치에 있어 혁신적인 새로운 호텔 브랜드 목시(Moxy)를 개발하였다. 이케아는 새롭고 혁신적인 시공 기술을 제공하여 제조 원가를 절감하였으며, 메리어트는 독특한 디자인으로 가치를 제공하였다. 즉 목시 브랜드는 가치와 스타일을 혁신적으로 결합하기 위해 개발되었다. 메리어트의 최고 경영자는 다음과 같이 언급하였다.

목시 호텔은 디자인과 고객 가치 창출에 있어 혁신적이다.

"양사 간의 제휴는 시장에 매우 새로운 혁신 방법으로 가치와 스타일의 결합을 통해 많은 혜택을 제공한다. 유럽의 수많은 가치 제품 중에서 멋스러운 스타일을 찾아 보기란 쉽지 않다."

이 호텔은 밀레니엄 세대에게 적절한 가격과 음악이 있는 오픈 로비, 레스토랑, 바에서 고객이 노트북이나 스마트폰 등과 같은 개인용 기기를 사용하여 일을 할 수 있는 공간을 제공한다. 첫 목시 호텔은 2014년 여름에 문을 열었다.[109]

하지만 혁신을 위해 추진하는 제휴에는 위험이 수반된다. 제휴에 있어 서로 다른 기업이 공동의 목표 달성을 위해 협력할 때 발생하는 갈등이 있을 수 있다. 뿐만 아니라 제휴의 구성원이 기술과 지식을 도용하여 자신의 이익을 위해 이용하는 경우도 있다.[110] 제휴 파트너를 주의 깊게 선택하면 이러한 위험을 줄일 수 있다. 이상적인 제휴는 기업들이 상호 보완적인 기술뿐만 아니라 양립하는 전략적 목표를 갖는 제휴이다.[111] 이를 통해 기업은 혁신을 위해 체결한 제휴를 효과적으로 관리함으로써 위험을 줄일 수 있다. 하지만 기업이 지나치게 많은 제휴를 체결할 경우 성공적인 제휴 관리에 방해가 되므로 혁신을 위해 적절한 수의 제휴를 맺는 것이 바람직하다.[112]

13-8 인수를 통한 혁신

기업은 혁신을 위해 외부 기업을 인수(acquisitions)하기도 한다.[113] 기업이 혁신을 위해 외부 기업을 인수하는 이유 중 하나는 자본 시장에서 기업 가치를 증대시키기 위함이다. 인수는 신속한 제품 군을 신속하게 확장과 수익을 증대시키는 수단이 될 수 있다.[114] 이러한 장점에도 불구하고 인수 기업은 외부 기업 인수와 관련한 의사결정은 선택적으로 내려야 한다. 일반적으로 기업이 외부 기업을 인수하는 전략적 이유는 피인수 대상 기업이 보유한 혁신과 혁신 역량을 획득하려는 데 있다. 수많은 기술 기반의 대기업은 이러한 목적으로 외부 기업을 인수하였다. 예를 들어, 마이크로소프트는 마인크래프트(Minecraft)의 기술 역량에 접근하기 위하여 2014년 모장AB(Mojang AB)를 인수한 바 있다. 마인크래프트는 비디오게임이지만 일반적인 비디오게임과는 다르다. 마인크래프트는 게임 플레이어가 스스로 게임 공간 내에서 자신의 영역과 스토리를 구축하도록 제공하고, 게이머들은 게임 내 공간에서 자신이 원하는 것을 얻는다. 즉, 게이머 자신이 원하는 혁신을 게임 공간에서 만들 수 있다. 마인크래프트는 게임사가 제공하는 구성이 아닌 게이머 스스로가 게임 내용을 결정하는 게임이다. 모장AB는 마인크래프트의 인기로 인해 높은 수준의 재무적 성과를 달성했다. 있다. 2013년 모장AB는 매출 2억 9,100만 달러, 수익 1억 1,500만 달러를 달성하였으며, 투자 대비 약 40%의 수익을 올렸다. 이는 시장의 평균 수익률을 훨씬 상회하는 것으로 믿기 힘들 정도로 높은 수준이다. 마이크로소프트는 모장AB을 약 25억 달러에 인수하였다.[115]

사내 기업 벤처 및 전략적 제휴와 마찬가지로 인수도 혁신과 관련하여 위험으로부터 자유롭지는 않다. 인수와 관련된 주된 위험은 기업이 스스로 내부에서 혁신 할 수 있는 역량을 인수를 통한 외부의 혁신 역량으로 대체할 수 있다는 것이다. 이러한 위험은 인수 기업이 피인수 기업의 혁신 역량이 아닌, 재무적 평가와 관리 등과 관련한 재무적 통제에 중심을 둘 때 발생할 수 있다. 전략적 통제는 혁신을 개발하기 위한 수단으로 기업이 외부 기업을 인수하는 전략적 이유가 된다. 기업이 재무적 통제와 전략적 통제 간의 적절한 균형을 이룬다면 혁신을 위한 노력이 성공할 가능성은 증가한다. 상호 보완적 역량과 지식을 가진 기업을 인수하는 것은 기업이 성공적 혁신에 도움을 준다.[116] 혁신에 있어 성공적이지 못했던 기업이 충분한 자본을 보유하고 있다면 탁월한 기술 역량을 보유하고 있거나 새롭고 잠재적인 혁신을 보유한 기업을 인수할 가능성이 크다.[117] 예를 들어, 최근 새로운 획기적인 약품을 생산하는 데 성공하

전략 포커스

아메리칸 익스프레스의 혁신 부족: 자만심인가? 타성인가? 역량 부족인가?

아메리칸 익스프레스(American Express)(이하 아멕스AmEx)에서의 혁신 부족은 자만심, 타성 및 능력의 부족에 기인했을 가능성이 있다. 2014년 아멕스는 끔찍한 한 해를 보냈다. 두 핵심 파트너사와 제휴를 종료했으며, 소송 건에서도 패소했는데 이러한 사건은 아멕스의 수익에 부정적인 영향을 미쳤다. 아멕스는 비용을 삭감하였으며 4,000명의 직원을 해고할 계획이다.

2014년 아멕스는 소매업체인 코스트코(Costco)와의 독점적 공동 브랜드 신용카드 제휴를 상실하였다. 이 당시 코스트코와의 독점적 공동 브랜드 신용카드 비즈니스가 아멕스의 총 수익의 약 8&를 차지하고 있었음을 감안하면 이 전략적 제휴의 종료는 아멕스에 재무적으로 큰 충격을 주었다. 제휴의 의도와 달리 카드 고객은 코스트코 외 다른 상점에서 아멕스 카드를 사용하였다. 아멕스 카드에 의해 발생된 수익의 약 70%는 코스트코 외 다른 구매에서 발생했다. 또한 아멕스는 2014년 제트블루(Jet Blue) 항공사와의 제휴도 상실하였다.

동년 아멕스는 소송에서도 패소했다. 아멕스는 비자(Visa)나 마스터카드(Master Card)와 같은 경쟁 신용카드 회사에 비해 더 높은 수수료를 책정해 가맹점에 부과하였다. 아멕스는 가맹점이 고객에게 다른 카드를 사용하도록 권유하거나 다른 카드에 할인을 제공하는 것을 허용하지 않는다는 계약을 맺기도 했다. 법원은 아멕스의 이러한 요구는 거래에 대한 제약에 해당하므로 독점 금지법을 위반한 것이라고 판결하였다. 이 판결로 인해 아멕스는 가맹점에게 수수료를 줄여야 했고 이로 인해 아멕스의 고객에게 돌아가는 보상이 줄어들게 되었다. 경쟁사 대비, 아멕스 카드가 제공하는 보상의 축소는 고객 탈퇴로 이어졌다.

아멕스는 구매과 관련한 기술 분야에서 경쟁사에 앞서 있지 않았지만, 고객 대상 차량 렌털 서비스나 음식점 예약 서비스 등의 분야에는 경쟁력이 있었다. 시장에서 아멕스 카드는 가장 명성 있는 카드로 간주되었고, 이는 아멕스의 브랜드 이미지 구축에 큰 도움을 주었다. 이를 통해 아멕스 카드는 부유한 고객층을 유치할 수 있었지만, 최근 아멕스 카드는 이러한 우량 고객을 잃고 있다. 이러한 고객 중에는 아멕스 카드의 오랜 충성 고객도 포함되었다. 아멕스 카드의 고객 중 일부는 경쟁 카드사가 제공하는 보다 우수한 보상 프로그램 때문에 카드를 교체했다. 예를 들어 어떤 고객은 거의 모든 거래에 교체한 카드를 사용하여 수천 달러 가치의 보상을 받기도 했다.

아멕스는 최근 부유한 고객에게 중점을 두어 '골드 카드'를 보유하고 사용하는 고객에게 더욱 많은 혜택을 제공할 것이라고 발표했다. 아멕스는 음식점과 여행 서비스에 대해 더블 포인트를 제공할 예정이다. 프리미어 골드 카드의 연회비는 11% 상승, 일반 골드 카드의 연회비는 약 28% 증가했다. 아멕스의 경영진은 성장 목표에 주안점을 두겠다고 언급했지만, 기업 분석가들은 향후 1~2년 동안 아멕스의 수익은 하락할 것으로 예상한다. 아멕스에는 혁신과 새로운 전략이 필요하다.

American Express.PNG

새로운 아멕스 골드 카드는 아멕스의 경쟁적 시장 지위 탈환에 기여할 수 있을까?

출처: E. Dexheimer, 2015, AmEx is losing its millionaires, *BloombergBusiness*, www.bloomberg.com, February 12; J. Davidson, 2015, Why American Express users should be worried about their rewards, *Money*, www.money.com, February 20; H. Stout, 2015, With revamped gold cards, bruised American Express returns focus to affluent, *New York Times*, www.nytimes.com, February 26; J. Kell, 2015, Visa replaces American Express as Costco's credit card, *Fortune*, www.fortune.com, March 2; H. Tabuchi, 2015, Amex to ask for stay of ruling prohibiting merchants from promoting other cards, *New York Times*, www.nytimes.com, March 25; J. Carney, 2015, American Express struggles to keep up, *Wall Street Journal*, www.wsj.com, April 6; 2015, Stronger dollar drives revenue down at American Express, *New York Times*, www.nytimes.com, April 16.

지 못한 대규모 제약 회사들은 피인수 기업이 보유한 새롭고 가치 있는 약품에 접근하기 위하여 인수를 활용하고 있다. 혁신과 관련한 활동을 촉진시키는 새로운 학습 역량은 인수 기업이 피인수 기업으로부터 인수를 통해 얻을 수 있는 이익이다. 혁신을 강조하며 혁신과 기술 역량을 중요시하는 인수 대상 기업을 신중하게 선별할 수 있는 기업은 지속적으로 혁신적일 수 있다.[118] 내부에서 혁신을 창조하는 기업이 있는가 하면 혁신을 위해 외부 지식과 자원을 사용하는 기업도 있다.

내부 지식이나 외부 지식을 활용한 혁신 전략은 효과적으로 실행되어야 성공 가능성이 높다.[119] 예를 들어, 상당한 시장 지배력을 가진 대기업의 경우 합병은 기업을 고립시킬 수도 있다. 그 이유는 인수 기업이 특정 기술에 대해 시장에서 독점할 수 있기 때문이다. 이러한 인수는 기업의 경로 의존적 지식 개발과 점진적 혁신에 중점을 둔다. 하지만 이러한 유형의 인수는 신생 기업의 시장 진입을 어렵게 할 수 있기 때문에, 산업 내 기업가적 활동을 위축시킬 수도 있다.[120]

전략 포커스에서 기술한 바와 같이 아멕스는 상당한 어려움에 직면하였다. 연간 수익의 약 10%를 차지하는 2개의 핵심 파트너를 상실했으며, 소송에서의 패소는 아멕스의 수익 감소와 비용 증가로 이어졌다. 아멕스 사례는 경쟁업체들이 혁신적인 새로운 서비스를 도입하고 시장을 점유하는 동안 혁신에 뒤처진 기업의 미래는 암울할 수 있음을 보여준다. 조직적 관성과 자만심으로 인해 아멕스는 기존의 전략만을 유지하여 산업 내 경쟁 우위를 상실한 것으로 보인다. 아멕스의 경영진은 기업가적인 동시에 전략적이어야 한다. 즉 아멕스의 경영진은 전략적 기업가 정신을 가져야 한다. 13-9절에서는 전략적 기업가 활동이, 기업이 이해관계자를 위한 가치를 창출하는 데 어떻게 기여하는지 기술하고 있다.

13-9 전략적 기업가 활동을 통한 가치 창출

기존 기업에 비해 벤처 기업과 신생 기업은 기회를 더 효과적으로 활용하는 경향이 있다.[121] 벤처 기업은 기존 기업에 비해 더 획기적인 혁신을 만들어낸다. 벤처 기업의 전략적 유연성과 위험을 감수하는 자발성은 기회를 확인하고 획기적인 혁신을 발전시키는 원동력이 된다. 하지만 이러한 혁신은 새로운 것이기에 위험을 내재한다. 때로는 이러한 위험으로 인해 실패하는 벤처 기업도 있다.[122] 시장에서 확실한 지위를 차지하고 있는 기업은 확인된 기회를 이용하기 위해 활용할 수 있는 자원과 역량이 비교적 풍부하다. 그러나 이러한 기업에 의한 혁신적인 노력은 획기적 혁신보다는 점진적 혁신을 낳는 경향이 있다. 예를 들어 보잉(Boeing)은 787 Dreamliner와 같은 새로운 항공기를 만들기 위해 점진적 혁신에 중점을 두었다. 현재 보잉은 기존의 기술을 활용하여 일곱 가지 새로운 모델을 개발하고 있다.[123]

신생 벤처 기업은 전략적 기업가 정신의 기업가 활동에 우월한 반면, 기존 기업은 전략적 기업가 정신의 전략적 관점을 활용하는 데 있어 우월하다. 다시 말하면, 벤처 기업은 기업가적 기회 탐색 활동에 뛰어난 반면, 대기업은 전략적 기업가 정신의 전략적 활용에 우위가 있다고 할 수 있다. 경쟁자에 비해 탁월한 실행력은 기업이 기회를 활용하고 경쟁 우위를 확립하는 데 도움이 된다.[124] 상대적으로 벤처 기업은 더 전략적일 필요가 있고, 기존 대기업은 더 기업가적일 필요가 있다.

기업가적인 동시에 전략적인 기업이 되고자 하는 기업(전략적 기업가 정신을 활용하고자 하는 기업)의 기업가는 기회를 발견하고 기업의 핵심 역량과 경쟁 우위에 토대가 되는 역량을 개발해야 한다. 기회를 발견하고 확인하는 것은 기업가적인 것이지만, 기회의 확인만으로는 기업의 가치 창출 극대화나 생존에 충분하지 않다. 기업가적 기업의 초기 목표는 생존하고 성장하는 것이다.[125] 따라서 3장에서 언급한 바와 같이 기회를 성공적으로 활용하기 위해서 기업은 가치 있고, 희소하고, 모방하기 어려우며, 대체 불가능한 역량을 개발해야 한다. 기업의 역량이 이러한 네 가지 기준을 만족시킬 경우, 기업은 확인된 기회의 활용에 있어 경쟁 우위를 갖게 된다. 경쟁 우위가 없다면 기업의 성공은 일시적일 수밖에 없다(1장 참조). 시장 관점에서 초기의 혁신은 대개 가치 있고 희소하다. 경쟁 우위 획득을 위해 기업은 신제품을 시장에 출시하고 경쟁자로부터 시장에서 방어하기 위해 경쟁적 행동을 취해야 한다.[126] 경쟁적 행동은 전략적 기업가 활동에 해당된다.

어떤 대기업은 전략적 기업가 활동을 더욱 효과적으로 활용하기 위해 노력한다. 예를 들어 웬디스 인터내셔널(Wendy's International), 구찌그룹(Gucci Group), 스타벅스, 페리엘리스 인터내셔널(Perry Ellis International) 등을 포함한 다수의 대기업은 대표이사나 부사장이라고 불리는 최상위 직책을 만들었다. 코카콜라, GE, 월풀, 휴매나(Humana)와 같은 기업은 혁신을 중점적으로 다루는 최고 경영팀 내에 직책을 마련하였다.[127] 이들은 최고 혁신 책임자라고 불린다.

브랜드나 혁신에 중점을 두는 최고 경영자의 주요 책임은 기업이 기회를 발굴하고 있는지를 확인하는 것이다. 이 관리자들은 어떤 혁신프로젝트에 더 많은 투자를 필요로 하고 어떤 혁신프로젝트가 종료되어야 하는지를 결정하고 혁신 프로젝트를 효과적으로 관리해야 한다.[128] 이 관리자들은 혁신 프로젝트가 실패할 경우 더욱 많은 프로젝트가 성공할 수 있도록 하기 위해 혁신 프로젝트로부터 교훈을 얻기 위해 노력해야 한다.[129] 최고 혁신 책임자는 신제품이 기업의 전략적 접근법에 부합하도록 하기 위해 최고 전략 책임자와 협력해야 한다. 기업이 추구하는 기회를 식별하는 관리자와 이러한 기회를 추진하기 위하여 기업이 사용하는 전략의 선택과 실행을 담당하는 관리자는 기업이 전략적 관점을 활용하여 기업가 활동을 하고 있는지 검증하는 책임을 공유한다. 이러한 관리자들은 기회를 추진하기 위해 필요한 혁신이 기업 내부의 기업 전략을 통해 이뤄져야 하는지 외부 기업의 인수합병을 통해 이뤄져야 하는지 등과 관련한 기업의 의사결정에 도움을 준다. 최종 분석에서 최고 경영자의 목표는 기업이 기회를 식별하고 성공적으로 점진적 혁신과 획기적 혁신 및 전략을 개발하는 데 도움을 주는 것이다.

기업은 혁신 포트폴리오를 주의 깊게 분석하고 더욱 새로운 제품이나 기술을 개발할 필요가 있을 때 어떤 제품이나 기술을 이용할 것인지를 결정해야 한다. 앞에서 언급한 바와 같이, 보잉은 새로운 항공기를 개발하기 위해 많은 투자를 하여 787 Dreamliner를 개발하였다. 현재 보잉은 점진적 혁신으로 전술한 혁신을 이용하기 위해 노력하고 있다. 하지만 혁신적인 기술의 강조가 경로 의존적이 되어 새로운 혁신을 개발할 필요가 있을 때 점진적 혁신에서 벗어나기가 어려울 수도 있다는 것에 보잉은 주의해야 한다.[130]

The Asahi Shimbun/Getty Images
혼다의 혁신적인 신형 7인용 개인 제트기 HondaJet의 가격은 450억 달러에 달한다.

혼다는 보수적인 혁신 전통에서 벗어나 HondaJet이라고 불리는 신형 제트기를 개발하였다. HondaJet은 7인승 제트기인데 그 가격은 약 450억 달러에 달한다. 혼다는 자동차뿐만 아니라 로봇, 보트, 잔디 깎는 기계를 생산하고 있다. HondaJet 제품 개방을 통해 혼다는 새로운 산업에 진출하였다. 혼다 에어크래프트(Honda Aircraft Co.)의 최고 경영자 후지노 미치마사(Michimasa Fujino)는 혼다가 미래의 장기적 번영을 모색하고 있다고 언급하였다.[131]

기업 분석가들은 글로벌 시장에서 경쟁력을 갖추기 위해서 혁신이 필요하다고 강조한다. 위에서 기업가 정신에 대한 상위 10개 국을 열거하였다. 미국은 3위이지만 기업가 정신을 장려하기 위해 노력하는 신흥 경제국에 속했다. 혁신에 투자하고 혁신을 낳는 상위 국가의 목록은 기업가 정신에 대한 상위 국가의 목록과는 다르다. 혁신에 투자하고 혁신을 만들어내는 국가 리스트에서 미국은 6위를 차지하였다. 혁신 상위 10개국으로 한국, 일본, 독일, 핀란드, 이스라엘, 미국, 스웨덴, 싱가포르, 프랑스, 영국 등이 있다.[132] 기업 경쟁력 유지와 생존을 위해서는 아멕스와 같은 유명한 회사도 혁신을 추구해야만 한다. 기업은 전략적 기업가 정신을 실행해야 한다.

요약

- 전략적 기업가 정신은 전략적 관점에서 기업가적 활동을 실행하는 것을 의미한다. 전략적 기업가 정신을 사용하는 기업은 새로운 기회를 지속적으로 발견하고 혁신 개발과 활용을 위한 기회 탐색 활동과 우위 탐색 행위를 동시에 하게 된다.
- 기업가 정신은 기업가적 기회를 식별하기 위해 개인, 팀, 조직에 의해 사용되는 프로세스이다. 사내 기업가 정신은 조직 내에서 기업가 정신의 응용하는 것으로 기업가적 기회의 식별을 포함한다. 기업가적 기회는 시장에서의 요구를 새로운 상품이나 서비스가 만족시킬 수 있는 상태이다. 기업가 정신은 기업의 성과에 기여하며 국가 경제의 성장도 촉진시킨다.
- 기업은 다음과 같은 세 가지 종류의 혁신 활동을 한다.
  - 새로운 상품이나 프로세스를 만드는 발명
  - 발명으로부터 상품을 만드는 혁신이나 프로세스
  - 다른 기업들이 기존의 혁신을 모방

  발명은 새로운 것을 만들어내고, 혁신은 새로운 것을 사용하도록 만든다.
- 기업가는 기회를 포착하거나 상상하며 혁신을 개발하고 이용하기 위한 활동을 한다. 성공적인 기업가는 기회를 중시하는 기업가적 사고 방식을 가지고 있다. 기업가적 사고 방식은 불확실한 환경이 초래하는 시장에의 잠재적 가능성에 대해 가치를 부여하는 한다.
- 해외 시장에서 기회를 발견하고 활용하는 방법이나 국제 기업가 정신은 전 세계 모든 기업에게 중요하다. 연구 결과에 의하면 국제적 수준의 기업가 정신을 효과적으로 실행할 수 있는 기업의 성과는 내수 시장에서만 경쟁하는 기업의 성과보다 우수하다.
- 혁신을 위해 사용되는 세 가지 기본적인 접근법은 다음과 같다.
  - 연구개발과 관련한 사내 벤처를 만드는 내부 혁신
  - 전략적 제휴와 같은 협력 전략
  - 인수

  사내 벤처의 두 가지 형태는 자율적 전략적 행동과 유도된 전략적 행동으로 구분할 수 있다. 자율적 전략적 행동은 상향식이며 자율적 전략적 행동을 통해 제품 챔피언은 혁신의 상용화를 촉진한다. 반면, 유도된 전략적 행동은 기업의 현재 전략과 구조가 제품 혁신이나 프로세스 혁신의 개발과 실행을 촉진하는 하향식이다. 유도된 전략적 행동은 조직의 현재 전략에 의해 작동된다. 하지만 자율적인 전략적 행동은 기업의 현재 전략과 구조에 변화를 낳는다.
- 기업은 두 가지 형태의 혁신 — 점진적 혁신과 자율적인 전략적 행동이나 유도된 전략적 행동의 형태로 발생하는 내부 혁신을 통한 새로운 혁신 — 을 만들어낼 수 있다. 기업은 일반적으로 아주 새로운 혁신보다는 점진적 혁신을 많이 하는 경향이 있지만, 새로운 혁신은 점진적 혁신에 비해 수익을 크게 증가시킬 가능성이 더 많다. 교차적 상호 기능의 통합은 기업의 사내 벤처 활동의 개발과 실행, 그리고 혁신의 상용화에 필수적이다. 교차적 상호 기능팀에는 기업 내부 조직뿐만 아니라, 공급자와 같은 외부 조직이 포함될 수도 있다. 나아가 공유된 가치의 개발과 전략적 리더십의 효과적 활용은 통합과 혁신을 촉진시킨다.
- 글로벌 경제 환경에서 요구되는 전문적인 지식에 접근하기 위해 기업은 외부 기업과의 전략적 제휴와 같은 협력 관계를 만

들어 나간다.

- 인수는 기업이 혁신을 하기 위해 사용할 수 있는 수단이다. 기업은 직접적 인수를 통해 혁신을 이룰 수 있다. 기업은 인수를 통해 새로운 역량을 학습함으로써 내부 혁신 역량을 향상시킬 수 있다.
- 전략적 기업가 정신의 실행은 기업을 둘러싼 전체 이해관계자, 특히 주주와 소비자를 위해 가치를 창출에 기여하며 나아가 국가의 경제 발전에도 기여한다.

핵심 용어

국제적 기업가 정신 403
기업가 402
기업가 정신 401
기업가적 기회 401
기업가적 사고 방식 402
모방 402
발명 402
사내 기업가 정신 401
전략적 기업가 정신 400
혁신 402

복습 문제

1. 전략적 기업가 정신은 무엇인가? 사내 기업가 정신은 무엇인가?
2. 기업가 정신과 기업가적 기회는 무엇인가? 이들이 전략적 관리 프로세스에서 중요한 이유는 무엇인가?
3. 발명, 혁신, 모방은 무엇인가? 이 세 가지 개념은 어떻게 상호 연관되어 있는가?
4. 기업가는 누구이며, 기업가 정신은 무엇인가?
5. 국제적 기업가 정신은 무엇이며, 왜 중요한가?
6. 기업은 어떻게 내부 혁신을 개발할 수 있는가?
7. 기업은 어떻게 기업 전략을 사용하여 혁신하는가? 그리고 어떻게 혁신 역량을 개발하는가?
8. 기업은 혁신 역량을 개발하고 증대시키기 위해 어떠한 방법으로 다른 기업을 인수하는가?
9. 전략적 기업가 정신이 어떻게 기업의 가치 창출에 도움을 주는가?

[Mini Case] JC페니의 혁신 실패: 원인과 결과

론 존슨(Ron Johnson)은 JC페니(JC Penny) 백화점(이하 JCP)의 최고 경영자로 부임한 후, JCP를 위한 새로운 전략을 수립하고 실행하고자 했다. 하지만 기업의 주 소비자인 중간 시장 소비자(middle market)는 새로운 전략과 연관된 혁신에 별 반응을 보이지 않았다. 존슨이 추구한 새로운 전략과 혁신이 전통적인 JCP의 대상 고객들을 소외시킨 것으로 보는 견해도 있다.

존슨은 타깃과 애플에서 성공적인 경력을 쌓은 뒤 JCP에 최고 경영자로 부임했다. 애플에서 존슨은 '소매업의 새로운 세계 기준'이라고 애플스토어 프로젝트를 주도적으로 이끌었고 큰 성공을 이루었다. JCP의 중역들은 존슨의 개척자적인 비전과 그 비전 달성을 위해 혁신을 이뤄내는 역량에 큰 기대를 걸었다.

존슨은 최고 경영자에 취임하면서 혁신만이 JCP를 대대적으로 개혁시킬 수 있는 열쇠라고 믿었다. 존슨은 자신이 JCP의 최고 경영자에 취임한 것은 작은 성과 개선을 이루는 것이 아니라, JCP를 새롭게 '탈바꿈시키기 위함'이라고 강조했다. 부임 전, 존슨은 JCP의 혁신 관련, "미국에서 백화점은 멋진 스타일과 재미있는 공간을 제공하는 시장의 선두 주자가 될 수 있다. JCP에서는 곧 진정한 혁신이 일어날 것이다."라고 말했다.

존슨은 JCP에서 두 가지 비전을 제시했다. 첫째, 존슨은 JCP가 상품 가격을 올린 상태에서 할인 행사를 하거나, 과도한 판촉 행사를 하는 일, 할인 기회만을 노리는 고객에게 쿠폰을 배부하는 활동을 없앴다. 그대신 존슨은 세 단계에 걸친 가격 구조를 만들었는데, 이 구조 중 '항상 낮은 가격(everyday low price)'이라고 부르는 저가 전략에 집중했다. 하지만 소비자는 JCP의 새로운 가격 구조를 매우 혼란스러워했으며 상품 가격이 다른 경쟁업체에 비해서 정말로 낮은지에 대한 확신도 갖지 못했다.

존슨의 두 번째는 비전은 혁신과 관련한 것이었다. 이 비전의 목표는 JCP에 젊은 이미지를 부여하는 것이었다. JCP에 젊은 이미지를 부여하기 위해 시행한 혁신에는 JCP 백화점 내에 유명 상표의 부티크 상점을 도입하는 것이었다. 이를 위해 유명 부티크와 함께 '널찍한 통로나 거리를 따라서 잠시 앉아서 커피를 마시거나, 레고를 가지고 놀 수 있는' 여러 공간을 만들었다. 존슨은 2015년까지 JCP 내에 브랜드 상점 100개 입점 시키는 것을 목표로 하고 '널찍한 거리와 공간이 있는 백화점을 상상하며 새로운 방법으로 고객과 소통'하고자 했다. 디즈니사도 브랜드 상점에 포함되었고, 카리부커피(Caribu Coffee)와 달라스에 본점이 있는 Paciugo Gellato & Cafe도 포함되었다. 그리고 혁신적이고 예쁜 '아기들의 필수품'을 제공해서 '부모 역할을 편하게 해주는' 기글(Giggle) 브랜드도 입점할 상점 목록에 포함되었다. 이외에 4장 Mini Case에서 언급했던 리바이스, 아이조드(IZOD), 리즈클레이본(Liz Claiborne), 마사 스튜어트(Martha Stewart) 등과 같은 브랜드들도 포함되었다.

하지만 위와 같은 혁신과 혁신을 이루기 위한 전략은 효과가 미미했다. 그렇다면 무엇이 문제였을까? 〈그림 13-2〉에 제시한 모델의 구성 요소를 살펴보면 이 질문의 답에 대한 실마리를 찾을 수 있다. 존슨이 기업가적 사고 방식을 가지고 있었던 것은 사실이지만, JCP 내 부티크 상점과 같은 혁신 안의 실행을 촉진하기 위한 JCP 내 교차적 상호 기능 팀은 조직적으로 부재했다. 존슨은 JCP 내에서 부티크들을 어떻게 활용하여야 하고, 어떻게 운영해야 할지에 관한 JCP 내부 관리자들의 참여 없이 독단적으로 주요 사안들을 결정했던 것이다. JCP의 역사적인 뿌리였던 백화점과 할인 매장 사이의 중개자 역할에서, 젊고 유행을 선도하는 이미지로 바꾸고자 했던 존슨의 노력은 기업의 이해관계자들과 공유되지 않았다. 기업가적 리더로서 존슨의 노력은 그리 성공적이지 못했다. 이와 같은 오류로 인해 JCP는 내부 혁신을 통해 달성할 수 있으리라 기대했던 성과는 달성하지 못했던 것으로 평가받는다.

출처: 2013, J.C. Penney ousts CEO Ron Johnson, *Wall Street Journal*, www.wsj.com, April 8; D. Benoit, 2013, J.C. Penney asks customers for second chance, *Wall Street Journal*, www.wsj.com, May 1; D. Benoit, 2013, Ackman thought Johnson could turn around 'Titanic' JCPenney, *Wall Street Journal*, www.wsj.com, April 8; S. Gerfield, 2013, J.C. Penney rehires Myron Ullman to clean up Ron Johnson's mess, *Bloomberg Businessweek*, www.businessweek.com, April 11; S. Clifford, 2013, J.C. Penney's new plan is to reuse its old plans, *New York Times*, www.nytimes.com, May 16; S. Denning, 2013, J.C. Penney: Was Ron Johnson's strategy wrong? *Forbes*, www.forbes.com, April 9; M. Halkias, 2012, J.C. Penney's Ron Johnson shows off his vision of future to 300 analysts, *Dallas News*, www.dallasnews.com, September 19.

토의 문제

1. JCP의 신임 최고 경영자가 도입했던 혁신은 점진적 혁신이었는가? 아니면 다소 급진적인 새로운 혁신이었는가?.
2. JCP가 시도한 혁신이 흥미로운 이유는 무엇인가?
3. JCP의 신임 최고 경영자가 시도했던 혁신이 실패한 이유는 무엇인가?
4. JCP의 성과를 향상을 위해 어떤 해결책을 제시할 수 있는가?

미주

1. B. Fritz, 2015, Disney unveils details on 'Star Wars: VIII' and 'Frozen' Sequel, *Wall Street Journal*, www.wsj.com, March 12; M. Lev-Ram, 2015, Empire of Tech, *Fortune*, January 1, 48–56.
2. B. Yu, S. Hao, D. Ahlstrom, S. Si, & D Liang, 2014, Entrepreneurial firms' network competence, technological capability, and new product development performance, *Asia Pacific journal of Management*, 31: 687–704; A. Lipparini, G. Lorenzoni, & S. Ferriani, 2014, From core to periphery and back: A study on the deliberate shaping of knowledge flows in interfirm dyads and networks, *Strategic Management Journal*, 35: 578–595.
3. L. Dai, V. Maksimov, B. A. Gilbert, & S. A. Fernhaber, 2014, Entrepreneurial orientation, and international scope: The differential roles of innovativeness, proactiveness and risk taking, *Journal of Business Venturing*, 29: 511–524; P. C. Patel, S. A. Fernhaber, P. P. McDougall-Covin, & R. P. van der Have, 2014, Beating competitors to international markets: The value of geographically balanced networks for innovation, *Strategic Management Journal*, 35: 691–711.
4. M. Gruber, S. M. Kim, & J. Brinckmann, 2015, What is an attractive business opportunity? An empirical study of opportunity evaluation decisions of technologists, managers and entrepreneurs, *Strategic Entrepreneurship Journal*, in press.
5. M. Wright, B. Clarysse, & S. Mosey, 2012, Strategic entrepreneurship, resource orchestration and growing spin-offs from universities, *Technology Analysis & Strategic Management*, 24: 911–927.
6. T. Felin, S. Kauffman, R. Koppl, & G. Longo, 2014, Economic opportunity and evolution: Beyond landscapes and bounded rationality, *Strategic Entrepreneurship Journal*, 8: 269–282; M. A. Hitt, R. D. Ireland, D. G. Sirmon, & C. A. Trahms, 2011, Strategic entrepreneurship: Creating value for individuals, organizations, and society. *Academy of Management Perspectives*, 25: 57–75.
7. H. Yang, Y. Zheng, & X. Zhao, 2014, Exploration or exploitation? Small firms' alliance strategies with large firms, *Strategic Management Journal*, 35: 146–157; J. Q. Barden, 2012, The influences of being acquired on subsidiary innovation adoption, *Strategic Management Journal*, 33: 1269–1285.
8. D. Kuratko, 2015, Corporate entrepreneurship: Accelerating creativity and innovation in organizations, in C. Shalley, M. A. Hitt, & J. Zhou (eds.), *The Oxford Handbook of Creativity, Innovation and Entrepreneurship*, NY: Oxford University Press, 477–488; D. F. Kuratko & D. B. Audretsch, 2013, Clarifying the domains of corporate entrepreneurship, *International Entrepreneurship and Management Journal*, 9: 323–335; K. Shimizu, 2012, Risks of corporate entrepreneurship: Autonomy and agency issues, *Organization Science*, 23: 194–206.
9. S. L. Sun, X. Yang, & W. Li, 2014, Varianceenhancing corporate entrepreneurship under deregulation: an option portfolio approach, *Asia Pacific Journal of Management*, 31: 733–761; D. Urbano & A. Turro, 2013, Conditioning factors for corporate entrepreneurship: An in(ex)ternal approach, *International Entrepreneurship and Management Journal*, 9: 379–396.
10. V. Hinz & S. Ingerfurth, 2013, Does ownership matter under challenging conditions? *Public Management Review*, 15: 969–991.
11. M. Keyhani, M. Levesque, & A. Madhok, 2015, Toward a theory of entrepreneurial rents: A simulation of the market process, *Strategic Management Journal*, 36: 76–96; P. M. Moroz & K. Hindle, 2012, Entrepreneurship as a process: Toward harmonizing multiple perspectives, *Entrepreneurship Theory and Practice*, 36: 781–818.
12. J. T. Perry, G. N. Chandler, & G. Markova, 2012, Entrepreneurial effectuation: A review and suggestions for future research, *Entrepreneurship Theory and Practice*, 36: 837–861; S. A. Alvarez & J. B. Barney, 2008, Opportunities, organizations and entrepreneurship, *Strategic Entrepreneurship Journal*, 2: 265–267.
13. N. J. Foss, J. Lyngsie, & S. A. Zahra, 2013, The role of external knowledge sources and organizational

design in the process of opportunity exploitation, *Strategic Management Journal*, 34: 1453–1471; P. G. Klein, 2008, Opportunity discovery, entrepreneurial action and economic organization, *Strategic Entrepreneurship Journal*, 2: 175–190.

14. D. A. Shepherd, T. A. Williams, & H. Patselt, 2015, Thinking about entrepreneurial decision making: Review and research agenda, *Journal of Management*, 41: 11–46; J. Tang, K. M. Kacmar, & L. Busenitz, 2012, Entrepreneurial alertness in the pursuit of new opportunities, *Journal of Business Venturing*, 27: 77–94; S. A. Zahra, 2008, The virtuous cycle of discovery and creation of entrepreneurial opportunities, *Strategic Entrepreneurship Journal*, 2: 243–257.

15. J. Schumpeter, 1934, *The Theory of Economic Development*, Cambridge, MA: Harvard University Press.

16. E. E. Powell & T. Baker, 2014, It's what you make of it: Founder identity and enacting strategic responses to adversity, *Academy of Management Journal*, 57: 1406–1433; C. A. Siren, M. Kohtamaki, & A. Kuckertz, 2012, Exploration and exploitation strategies, profit performance, and the mediating role of strategic learning: Escaping the exploitation trap, *Strategic Entrepreneurship Journal*, 6: 18–41; J. H. Dyer, H. B. Gregersen, & C. Christensen, 2008, Entrepreneur behaviors and the origins of innovative ventures, *Strategic Entrepreneurship Journal*, 2: 317–338.

17. C. Bjornskov & N. Foss, 2013, How strategic entrepreneurship and the institutional context drive economic growth, *Strategic Entrepreneurship Journal*, 7: 50–69; W. J. Baumol, R. E. Litan, & C. J. Schramm, 2007, *Good Capitalism, Bad Capitalism, and the Economics of Growth and Prosperity*, New Haven, CT: Yale University Press.

18. Schumpeter, The Theory of Economic Development.

19. L. Aarikka-Stenroos & B. Sandberg, 2012, From new-product development to commercialization through networks, *Journal of Business Research*, 65: 198–206.

20. M. I. Leone & T. Reichstein, 2012, Licensing-in fosters rapid invention! The effect of the grant-back clause and technological unfamiliarity, *Strategic Management Journal*, 33: 965–985; R. A. Burgelman & L. R. Sayles, 1986, *Inside Corporate Innovation: Strategy, Structure, and Managerial Skills*, NY: Free Press.

21. K. R. Fabrizio & L. G. Thomas, 2012, The impact of local demand on innovation in a global industry, *Strategic Management Journal*, 33: 42–64; M. W. Johnson, 2011, Making innovation matter. *Bloomberg Businessweek*, www.businessweek.com, March 3.

22. R. Aalbers & W. Dolfsma, 2014, Innovation despite reorganization, *Journal of Business Strategy*, 35(3): 18–25; S. F. Latham & M. Braun, 2009, Managerial risk, innovation and organizational decline, *Journal of Management*, 35: 258–281.

23. L. Marengo, C. Pasquali, M. Valente, & G. Dosi, 2012, Appropriability, patents, and rates of innovation in complex products industries, *Economics of Innovation and New Technology*, 21: 753–773; S. Moon, 2011, How does the management of research impact the disclosure of knowledge? Evidence from scientific publications and patenting behavior, *Economics of Innovation & New Technology*, 20: 1–32.

24. M. Ridley, 2013, A welcome turn away from patents, *Wall Street Journal*, www.wsj.com, June 21.

25. P. F. Drucker, 1998, The discipline of innovation, *Harvard Business Review*, 76(6): 149–157.

26. Ibid.

27. C. B. Dobni, M. Klassen, & T. Nelson, 2015, Innovation strategy in the U.S.: Top executives share their views, *Journal of Business Strategy*, 36(1): 3–13; B. R. Bhardwaj, Sushil, & K. Momaya, 2011, Drivers and enablers of corporate entrepreneurship: Case of a software giant from India, *Journal of Management Development*, 30: 187–205.

28. J. Brinckmann & S. M. Kim, 2015, Why we plan: The impact of nascent entrepreneurs' cognitive characteristics and human capital on business planning, *Strategic Entrepreneurship Journal*, in press; Y. Yanadori & V. Cui, 2013, Creating incentives for innovation? The relationship between pay dispersion in R&D groups and firm innovation performance, *Strategic Management Journal*, 34: 1502–1511.

29. C. Shalley, M. A. Hitt, & J. Zhou, 2015, Introduction: Integrating creativity, innovation, and entrepreneurship to enhance the organizations capability to navigate in the new competitive landscape, in C. Shalley, M. A. Hitt, & J. Zhou (eds.), *The Oxford Handbook of Creativity, innovation and Entrepreneurship*, NY: Oxford University Press, 1–14; J. Lampel, P. P. Jha, & A. Bhalla, 2012, Test-driving the future: How design competitions are changing innovation, *Academy of Management Perspectives*, 26: 71–85.

30. J. Raffiee & J. Feng, 2014, Should I quit my day job?: A hybrid path to entrepreneurship, *Academy of Management Journal*, 57: 936–963; D. Ucbasaran, P. Westhead, M. Wright, & M. Flores, 2010, The nature of entrepreneurial experience, business failure and comparative optimism, *Journal of Business Venturing*, 25: 541–555; K. M. Hmielski & R. A. Baron, 2009, Entrepreneurs' optimism and new venture performance: A social cognitive perspective, *Academy of Management Journal*, 52: 473–488.

31. Y. Yamakawa, M. W. Peng, & D. L. Deeds, 2015, Rising from the ashes: Cognitive determinants of venture growth after entrepreneurial failure, *Entrepreneurship Theory and Practice*, 39: 209–236; M. D. Foo, 2011, Emotions and entrepreneurial opportunity evaluation, *Entrepreneurship: Theory & Practice*, 35: 375–393; M. S. Cardon, J. Wincent, J. Singh, & M. Drovsek, 2009, The nature and experience of entrepreneurial passion, *Academy of Management Review*, 34: 511–532.

32. C. Schlaegel & M. Koenig, 2014, Determinants of entrepreneurial intent: A meta-analytic test and integration of competing models, *Entrepreneurship Theory and Practice*, 38: 291–332; M. McCaffrey, 2014, On the theory of entrepreneurial incentives and alertness, *Entrepreneurship Theory and Practice*, 38: 891–911; M. S. Wood, A. McKelvie, & J. M. Haynie, 2014, Making it personal: Opportunity individuation and the shaping of opportunity beliefs, *Journal of Business Venturing*, 29: 252–272.

33. Y. Bammens & V. Collewaert, 2014, Trust between entrepreneurs and angel investors: Exploring the positive and negative implications for venture performance assessments, *Journal of Management*, 40: 1980–2008; S. W. Smith & S. K. Shah, 2013, Do innovative users generate more useful insights? An analysis of corporate venture capital investments in the medical device industry, *Strategic Entrepreneurship Journal*, 7: 151–167; W. Stam, S. Arzlanian, & T. Elfring, 2014, Social capital of entrepreneurs and small firm performance: A meta-analysis of contextual and methodological moderators, *Journal of Business Venturing*, 29: 152–173.

34. T. Prive, 2013, Top 32 quotes every entrepreneur should live by, *Forbes*, www.forbes.com, May 2.

35. J. G. Covin & D. Miller, 2014, International entrepreneurial orientation: Conceptual considerations, research themes, measurement issues, and future research directions, *Entrepreneurship Theory and Practice*, 38: 11–44.

36. J. York, S. Sarasvathy, & A. Wicks, 2013, An entrepreneurial perspective on value creation in public-private ventures, *Academy of Management Review*, 28: 307–309; A. Chwolka & M. G. Raith, 2012, The value of business planning before startup — A decision-theoretical perspective, *Journal of Business Venturing*, 27: 385–399.

37. W. Drechsler & M. Natter, 2012, Understanding a firm's openness decisions in innovation, *Journal of Business Research*, 65: 438–445; W. Tsai, 2001, Knowledge transfer in intraorganizational networks: Effects of network position and absorptive capacity on business unit innovation and performance, *Academy of Management Journal*, 44: 996–1004.

38. S. Artinger & T. C. Powell, 2015, Entrepreneurial failure: Statistical and psychological explanations, *Strategic Management Journal*, in press; M. Spraggon & V. Bodolica, 2012, A multidimensional taxonomy of intra-firm knowledge transfer processes, *Journal of Business Research*, 65: 1273–1282; S. A. Zahra & G. George, 2002, Absorptive capacity: A review, reconceptualization, and extension, *Academy of Management Review*, 27:185–203.

39. G. Cassar, 2014, Industry and startup experience on entrepreneur forecast performance in new firms, *Journal of Business Venturing*, 29: 137–151.

40. 2015, The world's 50 most innovative companies, *Fast Company*, March, 67–134.

41. M. Chafkin, 2015, #1—Warby Parker, *Fast Company*, March, 68–71.

42. S. Terjesen, J. Hessels, & D. Li, 2015, Comparative international entrepreneurship: A review and research agenda, *Journal of Management*, in press; P. McDougall-Covin, M. V. Jones, & M. G. Serapio, 2014, High-potential concepts, phenomena, and theories for the advancement of international entrepreneurship research, *Entrepreneurship Theory and Practice*, 38: 1–10.

43. A. Al-Aali & D. J. Teece, 2014, International entrepreneurship and the theory of the (long-lived) international firm: A capabilities perspective, *Entrepreneurship Theory and Practice*, 38: 95–116; A. N. Kiss, W. M. Davis, & S. T. Cavusgil, 2012, International entrepreneurship research in emerging economies: A critical review and research agenda, *Journal of Business Venturing*, 27: 266–290.

44. H. Berry, 2014, Global integration and innovation: Multicountry knowledge generation within MNCs, *Strategic Management Journal*, 35: 869–890.

45. L. Sleuwaegen & J. Onkelinx, 2014, International commitment, post-entry growth and survival of international new ventures, *Journal of Business Venturing*, 29: 106–120; P. Almodovar & A. M. Rugman, 2014, The M curve and the performance of Spanish international new ventures, *British Journal of Management*, 25: S6–S23.

46. K. D. Brouthers, G. Nakos, & P. Dimitratos, 2015, SME entrepreneurial orientation, international performance and the moderating role of strategic alliances, *Entrepreneurship Theory and Practice*, in press; T. A. Khoury, A. Cuervo-Cazurra, & L. A. Dau, 2014,

Institutional outsiders and insiders: The response of foreign and domestic inventors to the quality of intellectual property rights protection, *Global Strategy Journal*, 4: 200–220; P. Stenholm, Z. J. Acs, & R. Wuebker, 2013, Exploring country-level institutional arrangements on the rate and type of entrepreneurial activity, *Journal of Business Venturing*, 28: 176–193.

47. 2014, New report ranks world's most entrepreneurial countries, *Oracle Capital Group*, orcap.co.uk, June 23.

48. W. Q. Judge, Y. Liu-Thompkins, J. L. Brown, & C. Pongpatipat, 2015, The impact of home country institutions on corporate technological entrepreneurship via R&D investments and virtual world presence, *Entrepreneurship Theory and Practice*, 39: 237–266; E. Autio, S. Pathak, & K. Wennberg, 2013, Consequences of cultural practices for entrepreneurial behaviors, *Journal of International Business Studies*, 44: 334–362; U. Stephan & L. M. Uhlaner, 2010, Performance-based vs. socially supportive culture: A cross-cultural study of descriptive norms and entrepreneurship, *Journal of International Business Studies*, 41: 1347–1364.

49. J. F. Hennart, 2014, The accidental internationalists: A theory of born globals, *Entrepreneurship Theory and Practice*, 38: 117–135; T. K. Madsen, 2013, Early and rapidly internationalizing ventures: Similarities and differences between classifications based on the original international new venture and born global literatures, *Journal of International Entrepreneurship*, 11: 65–79.

50. S. T. Cavusgil & G. Knight, 2015, The born global firm: An entrepreneurial and capabilities perspective on early and rapid internationalization, *Journal of International Business Studies*, 46: 3–16; S. A. Fernhaber & D. Li, 2013, International exposure through network relationships: Implications for new venture internationalization, *Journal of Business Venturing*, 28: 316–334; S. A. Zahra, R. D. Ireland, & M. A. Hitt, 2000, International expansion by new venture firms: International diversity, mode of market entry, technological learning and performance, *Academy of Management Journal*, 43: 925–950.

51. M. Musteen, D. K. Datta, & M. M. Butts, 2014, Do international networks and foreign market knowledge facilitate SME internationalization? Evidence from the Czech Republic, *Entrepreneurship Theory and Practice*, 38: 749–774; G. Nakos, K. D. Brouthers, & P. Dimitratos, 2014, International alliances with competitors and non-competitors: The disparate impact on SME international performance, *Strategic Entrepreneurship Journal*, 8: 167–182.

52. D. J. McCarthy, S. M. Puffer, & S. V. Darda, 2010, Convergence in entrepreneurial leadership style: Evidence from Russia, *California Management Review*, 52(4): 48–72; H. U. Lee & J. H. Park, 2008, The influence of top management team international exposure on international alliance formation, *Journal of Management Studies*, 45: 961–981; H. G. Barkema & O. Chvyrkov, 2007, Does top management team diversity promote or hamper foreign expansion? *Strategic Management Journal*, 28: 663–680.

53. R. Belderbos, B. Lokshin, & B. Sadowski, 2015, The returns to foreign R&D, *Journal of International Business Studies*, 46: 491–504; S. Awate, M. M. Larsen, & R. Mudambi, 2015, Accessing vs sourcing knowledge: A comparative study of R&D internationalization between emerging and advanced economy firms, *Journal of International Business Studies*, 46: 63–86.

54. K. Grigoriou & F. T. Rothaermel, 2014, Structural microfoundations of innovation: The role of relational stars, *Journal of Management*, 40: 586–615; A. Teixeira & N. Fortuna, 2010, Human capital, R&D, trade, and long-run productivity: Testing the technological absorption hypothesis for the Portuguese economy, 1960–2001, *Research Policy*, 39: 335–350.

55. R. J. Genry & W. Shen, 2013, The impacts of performance relative to analyst forecasts and analyst coverage on firm R&D intensity, *Strategic Management Journal*, 34: 121–130; L. A. Bettencourt & S. L. Bettencourt, 2011, Innovating on the cheap, *Harvard Business Review*, 89(6): 88–94.

56. A. K. Chatterji & K. R. Fabrizio, 2014, Using users: When does external knowledge enhance corporate product innovation? *Strategic Management Journal*, 35: 1427–1445.

57. R. Funk, 2014, Making the most of where you are: Geography, networks, and innovation in organizations, *Academy of Management Journal*, 57: 193–222; M. Sytch & A. Tatarynowicz, 2014, Exploring the locus of innovation: The dynamics of network communities and firms' invention productivity, *Academy of Management Journal*, 57: 249–279.

58. E. Operti & G. Carnabuci, 2014, Public knowledge, private gain: The effect of spillover networks on firms' innovation performance, *Journal of Management*, 40: 1042–1074.

59. J. Morgan, 2015, Five examples of companies with internal innovation programs, *Huffington Post*, www.huffingtonpost.com, April 9.

60. R. Mudambi & T. Swift, 2014, Knowing when to leap: Transitioning between exploitative and explorative R&D, *Strategic Management Journal*, 35: 126–145; P. Ritala & P. Hurmelinna-Laukkanen, 2013, Incremental and radical innovation in coopetition—The role of absorptive capacity and appropriability, *Journal of Product Innovation Management*, 30: 154–169; C. B. Bingham & J. P. Davis, 2012, Learning sequences: Their existence, effect, and evolution, *Academy of Management Journal*, 55: 611–641.

61. S. Roy & K. Sivakumar, 2012, Global outsourcing relationships and innovation: A conceptual framework and research propositions, *Journal of Product and Innovation Management*, 29: 513–530.

62. S. W. Smith, 2014, Follow me to the innovation frontier? Leaders, laggards and the differential effects of imports and exports on technological innovation, *Journal of International Business Studies*, 45: 248–274.

63. D. McKendrick & J. Wade, 2010, Frequent incremental change, organizational size, and mortality in high-technology competition, *Industrial and Corporate Change*, 19: 613–639.

64. N. Argyres, L. Bigelow, & J. A. Nickerson, 2015, Dominant designs, innovation shocks and the follower's dilemma, *Strategic Management Journal*, 36: 216–234.

65. B. R. Fitzgerald, 2015, Google taking its selfdriving cars to the open road, *Wall Street Journal*, www.wsj.com, May 15.

66. T. Magnusson & C. Berggren, 2011, Entering an era of ferment—radical vs incrementalist strategies in automotive power train development, *Technology Analysis & Strategic Management*, 23: 313–330; 2005, Getting an edge on innovation, *BusinessWeek*, March 21, 124.

67. R. Roy & M. B. Sarkar, 2015, Knowledge, firm boundaries, and innovation: Mitigating the incumbent's curse during radical technological change, *Strategic Management Journal*, in press; B. Buisson & P. Silberzahn, 2010, Blue Ocean or fastsecond innovation? A four-breakthrough model to explain successful market domination, *International Journal of Innovation Management*, 14: 359–378.

68. R. K. Mitchell, J. B. Smith, J. A. Stamp, & J. Carlson, 2015, Organizing creativity: Lessons from the Eureka! Ranch experience, in C. Shalley, M. A. Hitt, & J. Zhou (eds.), *The Oxford Handbook of Creativity, Innovation and Entrepreneurship*, NY: Oxford University Press, 301–337; Z. Lindgardt & B. Shaffer, 2012, Business model innovation in socialsector organizations, *bcg.perspectives*, bcgperspectives.com, November 7.

69. 2013, The power of imagination, *Wall Street Journal*, www.wsj.com, February 25.

70. S. Harvey, 2014, Creative synthesis: Exploring the process of extraordinary group creativity, *Academy of Management Review*, 39: 324–343; D. Lavie & I. Drori, 2012, Collaborating for knowledge creation and application: The case of nanotechnology research programs, *Organization Science*, 23: 704–724.

71. A. K. Chatterji & K. Fabrizio, 2012, How do product users influence corporate invention? *Organization Science*, 23: 971–987.

72. Kuratko, Corporate entrepreneurship; N. R. Furr, F. Cavarretta, & S. Garg, 2012, Who changes course? The role of domain knowledge and novel framing in making technology changes, *Strategic Entrepreneurship Journal*, 6: 236–256; J. M. Oldroyd & R. Gulati, 2010, A learning perspective on intraorganizational knowledge spill-ins, *Strategic Entrepreneurship Journal*, 4: 356–372.

73. M. L. Sosa, 2013, Decoupling market incumbency from organizational prehistory: Locating the real sources of competitive advantage in R&D for radical innovation, *Strategic Management Journal*, 34: 245–255; S. A. Hill, M. V. J. Maula, J. M. Birkinshaw, & G. C. Murray, 2009, Transferability of the venture capital model to the corporate context: Implications for the performance of corporate venture units, *Strategic Entrepreneurship Journal*, 3: 3–27.

74. J. Brady, 2013, Some companies foster creativity, others fake it, *Wall Street Journal*, www.wsj.com, May 21.

75. B. Wu, Z. Wan, & D. A. Levinthal, 2014, Complementary assets as pipes and prisms: Innovation incentives and trajectory choices, *Strategic Management Journal*, 35: 1257–1278; A. Sahaym, H. K. Steensma, & J. Q. Barden, 2010, The influence of R&D investment on the use of corporate venture capital: An industry-level analysis, *Journal of Business Venturing*, 25: 376–388; R. A. Burgelman, 1995, *Strategic Management of Technology and Innovation*, Boston, MA: Irwin.

76. D. Kandemir & N. Acur, 2012, Examining proactive strategic decision-making flexibility in new product development, *Journal of Product Innovation Management*, 29: 608–622.

77. K. B. Kahn, G. Barczak, J. Nicholas, A. Ledwith, & H. Perks, 2012, An examination of new product development best practice, *Journal of Product Innovation Management*, 29: 180–192.

78. S. S. Durmusoglu, 2013, Merits of task advice during new product development: Network centrality antecedents and new product outcomes of knowledge richness and knowledge quality, *Journal*

of *Product Innovation Management*, 30: 487–499; D. Kelley & H. Lee, 2010, Managing innovation champions: The impact of project characteristics on the direct manager role, *Journal of Product Innovation Management*, 27: 1007–1019.

79. N. Kim, S. Im, & S. F. Slater, 2013, Impact of knowledge type and strategic orientation on new product creativity and advantage in high-technology firms, *Journal of Product Innovation Management*, 30: 136–153; U. de Brentani & S. E. Reid, 2012, The fuzzy frontend of discontinuous innovation: Insights for research and management, *Journal of Product Innovation Management*, 29: 70–87.

80. L. Mirabeau & S. Maguire, 2014, From autonomous strategic behavior to emergent strategy, *Strategic Management Journal*, 35: 1202–1229.

81. N. Anderson, K. Potocnik, & J. Zhou, 2014, Innovation and creativity in organizations: A state-of-the-science review, prospective commentary and guiding framework, *Journal of Management*, 40: 1297–1333; S. Im, M. M. Montoya, & J. P. Workman, Jr., 2013, Antecedents and consequences of creativity in product innovation teams, *Journal of Product Innovation Management*, 30: 170–185; S. Borjesson & M. Elmquist, 2012, Aiming at innovation: A case study of innovation capabilities in the Swedish defence industry, *International Journal of Business Innovation and Research*, 6: 188–201.

82. S. E. Ante, 2013, IBM's chief to employees: Think fast, move faster, *Wall Street Journal*, www.wsj.com, April 24.

83. A. Caldart, R. S. Vassolo, & L. Silvestri, 2014, Induced variation in administrative systems: Experimenting with contexts for innovation, *Management Research*, 12: 123–151.

84. S. B. Choi & C. Williams, 2014, The impact of innovation intensity, scope, and spillovers on sales growth in Chinese firms, *Asia Pacific Journal of Management*, 31: 25–46.

85. P. T. Gianidodis, J. E. Ettlie, & J. J. Urbana, 2014, Open service innovation in the global banking industry: Inside-out versus outside-in strategies, *Academy of Management Perspectives*, 28: 76–91.

86. A. Compagni, V. Mele, & D. Ravasi, 2015, How early implementations influence later adoptions of innovation: Social positioning and skill reproduction in the diffusion of robotic surgery, *Academy of Management Journal*, 58: 242–278; T. Vanacker, S. Manigart, & M. Meuleman, 2014, Path-dependent evolution versus intentional management of investment ties in science-based entrepreneurial firms, *Entrepreneurship Theory and Practice*, 38: 671–690.

87. J. Jia, G. Wang, X. Zhao, & X. Yu, 2014, Exploring the relationship between entrepreneurial orientation and corporate performance: The role of competency of executives in entrepreneurial-oriented corporations, Nankai, *Business Review*, 5: 326–344.

88. T. Kollmann & C. Stockmann, 2014, Filling the entrepreneurial orientation— performance gap: The mediating effects of exploratory and exploitative innovations, *Entrepreneurship Theory and Practice*, 38: 1001–1026.

89. P. Patanakul, J. Chen, & G. S. Lynn, 2012, Autonomous teams and new product development, *Journal of Product Innovation Management*, 29: 734–750.

90. S. Kuester, C. Homburg, & S. C. Hess, 2012, Externally directed and internally directed market launch management: The role of organizational factors in influencing new product success, *Journal of Product Innovation Management*, 29: 38–52.

91. G. Barcjak & K. B. Kah, 2012, Identifying new product development best practice, Business Horizons, 56: 291–305; C. Nakata & S. Im, 2010, Spurring cross-functional integration for higher new product performance: A group effectiveness perspective, *Journal of Product Innovation Management*, 27: 554–571.

92. J. P. Eggers, 2012, All experience is not created equal: Learning, adapting, and focusing in product portfolio management, *Strategic Management Journal*, 33: 315–335; R. Slotegraaf & K. Atuahene-Gima, 2011, Product development team stability and new product advantage: The role of decision-making processes, *Journal of Marketing*, 75: 96–108; R. Cowan & N. Jonard, 2009, Knowledge portfolios and the organization of innovation networks, *Academy of Management Review*, 34: 320–342.

93. P. R. Kehoe & D. Tzabbar, 2015, Lighting the way or stealing the shine? An examination of the duality in star scientists' effects on firm innovation performance, *Strategic Management Journal*, 36: 709–727.

94. M. Brettel, F. Heinemann, A. Engelen, & S. Neubauer, 2011, Cross-functional integration of R&D, marketing, and manufacturing in radical and incremental product innovations and its effects on project effectiveness and efficiency, *Journal of Product Innovation Management*, 28: 251–269.

95. D. De Clercq, N. Thongpapanl, & D. Dimov, 2013, Getting more from cross-functional fairness and product innovativeness: Contingency effects of internal resource and conflict management, *Journal of Product Innovation Management*, 30: 56–69; G. Gemser & M. M. Leenders, 2011, Managing cross-functional cooperation for new product development success, *Long Range Planning*, 44: 26–41.

96. F. Aime, S. Humphrey, D. DeRue, & J. Paul, 2014, The riddle of heterarchy: Power transitions in cross-functional teams, *Academy of Management Journal*, 57: 327–352

97. E. L. Anthony, S. G. Green, & S. A. McComb, 2014, Crossing functions above the crossfunctional project team: The value of lateral coordination among functional department heads, *Journal of Engineering and Technology Management*, 31: 141–158; V. V. Baunsgaard & S. Clegg, 2013, 'Walls or boxes': The effects of professional identity, power and rationality on strategies for cross-functional integration, *Organization Studies*, 34: 1299–1325.

98. M. Baer, K. T. Dirks, & J. A. Nickerson, 2013, Microfoundations of strategic problem formulation, *Strategic Management Journal*, 34: 197–214; R. Oliva & N. Watson, 2011, Cross-functional alignment in supply chain planning: A case study of sales and operations planning, *Journal of Operations Management*, 29: 434–448; A. C. Amason, 1996, Distinguishing the effects of functional and dysfunctional conflict on strategic decision making: Resolving a paradox for top management teams, *Academy of Management Journal*, 39: 123–148.

99. T. A. De Vries, F. Walter, G. S. van der Vegt, & P. J. M. D. Essens, 2014, Antecedents of individuals' inter-team coordination: Broad functional experiences as a mixed blessing, *Academy of Management Journal*, 57: 1334–1359; H. K. Gardner, 2012, Performance pressure as a double-edged sword: Enhancing team motivation while undermining the use of team knowledge, *Administrative Science Quarterly*, 57: 1–46; D. Clercq, B. Menguc, & S. Auh, 2009, Unpacking the relationship between an innovation strategy and firm performance: The role of task conflict and political activity, *Journal of Business Research*, 62: 1046–1053;.

100. V. Gupta & S. Singh, 2015, Leadership and creative performance behaviors in R&D laboratories: Examining the mediating role of justice perceptions, *Journal of Leadership and Organizational Studies*, 22: 21–36; Y. Chung & S. E. Jackson, 2013, The internal and external networks of knowledgeintensive teams: The role of task routineness, *Journal of Management*, 39: 442–468; J. Daspit, C. J. Tillman, N. G. Boyd, & V. McKee, 2013, Cross-functional team effectiveness: An examination of internal team environment, shared leadership, and cohesion influences, *Team Performance Management*, 19: 34–56.

101. W. Sun, A. Su, & Y. Shang, 2014, Transformational leadership, team climate, and team performance within the NPD team: Evidence from China, *Asia Pacific Journal of Management*, 31: 127–147; H. K. Gardner, F. Gino, & B. R. Staats, 2012, Dynamically integrating knowledge in teams: Transforming resources into performance, *Academy of Management Journal*, 55: 998–1022.

102. Q. Li, P. Maggitti, K. Smith, P. Tesluk, & R. Katila, 2013, Top management attention to innovation: The role of search selection and intensity in new product introductions, *Academy of Management Journal*, 56: 893–916; N. Stieglitz & L. Heine, 2007, Innovations and the role of complementarities in a strategic theory of the firm, *Strategic Management Journal*, 28: 1–15.

103. V. Gaba & S. Bhattacharya, 2012, Aspirations, innovation, and corporate venture capital: A behavioral perspective, *Strategic Entrepreneurship Journal*, 6: 178–199; K. Wennberg, J. Wiklund, D. R. DeTienne, & M. S. Cardon, 2010, Reconceptualizing entrepreneurial exit: Divergent exit routes and their drivers, *Journal of Business Venturing*, 25: 361–375.

104. U. Stettner & D. Lavie, 2014, Ambidexterity under scrutiny: Exploration and exploitation via internal organization, alliances and acquisitions, *Strategic Management Journal*, 35:1903–1929; H. Milanov & S. A. Fernhaber, 2014, When do domestic alliances help ventures abroad? Direct and moderating effects from a learning experience, *Journal of Business Venturing*, 29: 377–391; S. Terjesen, P. C. Patel, & J. G. Covin, 2011, Alliance diversity, environmental context and the value of manufacturing capabilities among new high technology ventures, *Journal of Operations Management*, 29: 105–115.

105. H. Kim, N. K. Park, & J. Lee, 2014, How does the second-order learning process moderate the relationship between innovation inputs and outputs of large Korean firms? *Asia Pacific Journal of Management*, 31: 69–103; S. Zu, F. Wu, & E. Cavusgil, 2013, Complements or substitutes? Internal technological strength, competitors alliance participation, and innovation development, *Journal of Product Innovation Management*, 30: 750–762.

106. J. West & M. Bogers, 2014, Leveraging external sources of innovation: A review of research on open innovation, *Journal of Product Innovation Management*, 31: 814–831; D. Li, 2013, Multilateral R&D alliances

by new ventures, *Journal of Business Venturing*, 28: 241–260; D. Li, L. Eden, M. A. Hitt, & R. D. Ireland, 2008, Friends, acquaintances, or strangers? Partner selection in R&D alliances, *Academy of Management Journal*, 51: 315–334.

107. C. Shu, C. Liu, S. Gao, & M. Shanley, 2014, The knowledge spillover theory of entrepreneurship in alliances, *Entrepreneurship Theory and Practice*, 38: 913–940; C. Beckman, K. Eisenhardt, S. Kotha, A. Meyer, & N. Rajagopalan, 2012, Technology entrepreneurship, *Strategic Entrepreneurship Journal*, 6: 89–93.

108. Yang, Zheng & Zhao, Exploration or exploitation?; G. Dushnitsky & D. Lavie, 2010, How alliance formation shapes corporate venture capital investment in the software industry: A resource-based perspective, *Strategic Entrepreneurship Journal*, 4: 22–48.

109. G. Oates, 2014, Marriott wants Moxy to deliver the millennial customer with help from Ikea, *Skift*, skift.com, February 3; A. Berzon & K. Hudson, 2013, IKEA's parent plans a hotel brand, *Wall Street Journal*, www.wsj.com, March 5.

110. H. Van Kranenburg, J. Hagedoorn, & S. Lorenz-Orlean, 2014, *Global Strategy Journal*, 4: 280–291; X. Jiang, M. Li, S. Gao, Y. Bao, & F. Jiang, 2013, Managing knowledge leakage in strategic alliances: The effects of trust and formal contracts, *Industrial Marketing Management*, 42: 983–991; A. Kaul, 2013, Entrepreneurial action, unique assets, and appropriation risk: Firms as a means of appropriating profit from capability creation, *Organization Science*, 24: 1765–1781.

111. J. Partanen, S. K. Chetty, & A. Rajala, 2014, Innovation types and network relationships, *Entrepreneurship Theory and Practice*, 38: 1027–1055; G. Cuevas-Rodriguez, C. Cabello-Medina, & A. Carmona-Lavado, 2014, Internal and external social capital for radical product innovation: Do they always work well together? *British Journal of Management*, 25: 266–284; M. A. Hitt, M. T. Dacin, E. Levitas, J. L. Arregle, & A. Borza, 2000, Partner selection in emerging and developed market contexts: Resource-based and organizational learning perspectives, *Academy of Management Journal*, 43: 449–467.

112. B. B. Tyler & T. Caner, 2015, New product introductions below aspirations, slack and R&D alliances: A behavioral perspective, *Strategic Management Journal*, in press; R. Vandaie & A. Zaheer, 2014, Surviving bear hugs: Firm capability, large partner alliances, and growth, *Strategic Management Journal*, 35: 566–577.

113. J. Sears & G. Hoetker, 2014, Technological overlap, technological capabilities and resource recombinations by technological acquisitions, *Strategic Management Journal*, 35: 48–67; A. Madhok & M. Keyhani, 2012, Acquisitions as entrepreneurship: Asymmetries, opportunities, and the internationalization of multinationals from emerging economies, *Global Strategy Journal*, 2: 26–40;

114. M. A. Hitt, D. King, H. Krishnan, M. Makri, M. Schijven, K. Shimizu, & H. Zhu, 2009, Mergers and acquisitions: Overcoming pitfalls, building synergy and creating value, *Business Horizons*, 52: 523–529; H. G. Barkema & M. Schijven, 2008, Toward unlocking the full potential of acquisitions: The role of organizational restructuring, *Academy of Management Journal*, 51: 696–722.

115. I. Mochari, 2014, Gaming DIY: How Minecraft became an innovation powerhouse, *Inc.*, www.inc.com, September 2.

116. C. Grimpe & K. Hussinger, 2014, Resource complementarity and value capture in firm acquisitions: The role of intellectual property rights, *Strategic Management Journal*, 35: 1762–1780; M. Humphrey-Jenner, 2014, Takeover defenses, innovation, and value creation: Evidence from acquisition decisions, *Strategic Management Journal*, 35: 668–690; M. Makri, M. A. Hitt, & P. J. Lane, 2010, Complementary technologies, knowledge relatedness, and invention outcomes in high technology M&As, *Strategic Management Journal*, 31: 602–628.

117. R. Lungeanu, I. Sgtern, & E. J. Zajac, 2015, When do firms change technologysourcing vehicles? The role of poor innovative performance and financial slack, *Strategic Management Journal*, in press.

118. M. Wagner, 2013, Determinants of acquisition value: The role of target and acquirer characteristics, *International Journal of Technology Management*, 62: 56–74; M. E. Graebner, K. M. Eisenhardt, & P. T. Roundy, 2010, Success and failure in technology acquisitions: Lessons for buyers and sellers, *Academy of Management Perspectives*, 24: 73–92; M. A. Hitt, J. S. Harrison, & R. D. Ireland, 2001, *Mergers and Acquisitions: A Guide to Creating Value for Stakeholders*, NY: Oxford University Press.

119. A. Arora, S. Belenzon, & L. A. Rios, 2014, Make, buy, organize: The interplay between research, external knowledge and firm structure, *Strategic Management Journal*, 35: 317–337.

120. S. K. Majumdar, R. Moussawi, & U. Yaylacicegi, 2014, Do incumbents' mergers influence entrepreneurial entry? An evaluation, *Entrepreneurship Theory and Practice*, 38: 601–633.

121. R. Fini, R. Grimaldi, G. L. Marzocchi, & M. Sobrero, 2012, The determinants of corporate entrepreneurial intention within small and newly established firms, *Entrepreneurship Theory and Practice*, 36: 387–414; D. Elfenbein & B. Hamilton, 2010, The small firm effect and the entrepreneurial spawning of scientists and engineers, *Management Science*, 56: 659–681.

122. A. Hyytinen, M. Pajarinen, & P. Rouvinen, 2014, Does innovativeness reduce startup survival rates? *Journal of Business Venturing*, 29: 564–581.

123. J. Ostrower, 2015, At Boeing, innovation means small steps, not giant leaps, *Wall Street Journal*, www.wsj.com, April 2.

124. B. Larraneta, S. A. Zahra, & J. L. G. Gonzalez, 2012, Enriching strategic variety in new ventures through external knowledge, *Journal of Business Venturing*, 27: 401–413; H. Greve, 2011, Positional rigidity: Low performance and resource acquisition in large and small firms, *Strategic Management Journal*, 32: 103–114.

125. L. Naldi & P. Davidsson, 2014, Entrepreneurial growth: The role of international knowledge acquisition as moderated by firm age, *Journal of Business Venturing*, 29: 687–703.

126. R, Klingbiel & C. Rammer, 2014, Resource allocation strategy for innovation portfolio management, *Strategic Management Journal*, 35: 246–268; G. Wu, 2012, The effect of going public on innovative productivity and exploratory search, *Organization Science*, 23: 928–950; D. G. Sirmon & M. A. Hitt, 2009, Contingencies within dynamic managerial capabilities: Interdependent effects of resource investment and deployment on firm performance, *Strategic Management Journal*, 30: 1375–1394.

127. R. B. Tucker, 2013, Are chief innovation officers delivering results? *Innovation Excellence*, www.innovationexcellence.com, March 22.

128. J. Behrens & H. Patzelt, 2015, Corporate entrepreneurship managers' project terminations: Integrating portfolio-level, individual-level and firm-level effects, *Entrepreneurship Theory and Practice*, in press; Y. Yang, V. K. Narayanan, & D. M. De Carolis, 2014, The relationship between portfolio diversification and firm value: The evidence from corporate venture capital activity, *Strategic Management Journal*, 35: 1993–2011.

129. J. P. Eggers, 2014, Competing technologies and industry evolution: The benefits of making mistakes in the flat panel display industry, *Strategic Management Journal*, 35: 159–178.

130. H. R. Greve & M. D. Seidel, 2015, The thin red line between success and failure: Path dependence in the diffusion of innovative production technologies, *Strategic Management Journal*, 36: 475–496.

131. J. Ostrower, 2015, With jet, Honda enters new realm, *Wall Street Journal*, www.wsj. com, May 17.

132. P. Coy, 2015, What's in the innovation sandwich? *Bloomberg BusinessWeek*, January 19, 49–51.

찾아보기

ㅊ

ㅋ

ㅌ

ㅍ

ㅎ

기타

A

B

C

D

E

F

G

H

I

J

K

L

글로벌 시대의 경쟁력 강화를 위한 전략 경영

역　자　류용규, 박태영, 홍성진, 김현정, 박기찬
발행일　2017년 3월 1일
발행처　**한경사**
발행인　이계남
등록사항　제10-1951호 2000년 4월 14일
주　소　서울시 마포구 신수로 59-1 (3층)
전화번호　02_717_7264~5
팩스번호　02_717_7226
홈페이지　hankyungsa.co.kr
전자우편　hankyungsa@hanmail.net
ISBN　978-89-6844-138-7　93320
가　격　30,000원